# RECUEIL
### DES
# LETTRES MISSIVES
# DE HENRI IV

PUBLIÉ

## PAR M. BERGER DE XIVREY

MEMBRE DE L'INSTITUT DE FRANCE
(ACADÉMIE ROYALE DES INSCRIPTIONS ET BELLES-LETTRES)

TOME III
1589 — 1593

PARIS
IMPRIMERIE ROYALE
—
M DCCC XLVI

# AVERTISSEMENT.

Dans ce troisième volume sont rassemblées les lettres de Henri IV, roi de France et protestant : période qui comprend la bataille d'Arques et celle d'Ivry, le grand siége de Paris, le combat d'Aumale, les premières amours de Henri et de Gabrielle, l'abjuration à Saint-Denis.

L'obstacle de la religion levé, la situation change entièrement. Converti et bientôt sacré, le Roi soumet aisément ce qu'il avait trouvé auparavant de plus invincible : la Ligue perd la sympathie des peuples, elle n'est plus que la faction espagnole, et, dès que le Pape accorde au Roi l'absolution, elle se voit abandonnée par son chef français. Les négociations de Vervins et l'édit de Nantes procurent enfin la paix au dedans et au dehors du royaume. Telle sera la matière de notre quatrième volume.

L'allure si vive du jeune roi de Navarre, les ressources pleines de saillies de son esprit aventureux, continuent à caractériser les premières années de ce beau règne, durant la conquête si laborieuse du royaume et de la paix. Ce n'est véritablement qu'à partir du traité de Vervins, en 1598, qu'un état de choses bien régulier succède à la longue anarchie de tant de guerres civiles. Dès lors la marche d'un gouvernement royal, qui n'est plus contesté au dedans ni au dehors, régularise le vaste développement de cette correspondance.

A l'intérieur la reddition de la capitale, la réinstallation du Parlement à Paris, le retour du parlement de Normandie à Rouen, la soumission successive des villes de la Ligue, puis des premiers chefs de ce parti rival de la royauté, préparent un état de choses fixe et régulier. A cette période se rapportent un assez grand nombre de lettres qui ont pu être systématiquement écartées.

Mais on le verra ici même, le système de triage a déjà dû s'appliquer à la partie écrite entre l'avénement et l'abjuration. Car, dès l'arrivée de Henri IV au trône de France, sa correspondance prend nécessairement une extension et une portée toutes nouvelles. Elle s'adresse à cette quantité de gentilshommes revêtus des nombreuses charges de la cour et de l'armée, aux dignitaires du clergé, aux compagnies souveraines, aux corps de ville, à tous les corps de l'État, aux principaux magistrats et officiers dans les différents services publics; puis à tous les souverains des empires, royaumes, principautés; aux républiques et états confédérés, à toutes les puissances enfin avec qui la France était en relations anciennes ou récentes; aux ministres et aux principaux personnages de ces états; aux ambassadeurs que le Roi y entretenait.

Cette dernière partie est celle où il devenait surtout inévitable d'élaguer beaucoup. Quiconque a consulté les recueils diplomatiques sait dans quels détails circonstanciés entrent ces correspondances. Les réponses s'y font point par point, et souvent restent peu intelligibles sans la comparaison des lettres qui les ont amenées. L'étendue des instructions et des renseignements est parfois si considérable que telle affaire fournirait la matière de plusieurs volumes in-folio.

## AVERTISSEMENT.

Toutefois, ce genre de correspondance présente fréquemment les notions historiques les plus précieuses. En tenant les ambassadeurs au courant des nouvelles *de deçà*, les lettres royales offrent le récit continu de ce qui s'est passé d'une lettre à l'autre, et remplissent ainsi les lacunes que peuvent laisser dans la suite des événements les autres parties de la correspondance. Aussi avons-nous publié plusieurs de ces dépêches. Quelquefois même nous avons extrait la partie historique d'une dépêche, dont le reste consistait en affaires d'ambassade et en détails de diplomatie proprement dite.

Les lettres à M. de Beauvoir, ambassadeur en Angleterre, nous ont paru devoir être l'objet d'une légitime exception, par l'intérêt tout particulier des relations de Henri IV avec Élisabeth, entre son avénement et sa conversion. Après avoir intercalé au rang de date toutes celles de ces lettres qui nous ont semblé susceptibles d'y prendre place, nous avons imprimé le reste à la fin du volume, pour ne rien omettre des relations entre ces deux grands souverains, au temps de leur plus intime accord.

Les lettres aux parlements et aux villes sont en général assez courtes, mais elles seraient innombrables si les archives municipales et judiciaires subsistaient partout. Dans le petit nombre des archives conservées et classées, ce qui reste des pièces de tel ou tel ordre supplée à la perte des analogues, et fait connaître les relations de la royauté avec les principaux corps de l'État, sans entraîner des développements hors de proportion. Si tout se fût trouvé conservé, il aurait fallu dans ce genre de lettres, ainsi que dans la correspondance diplomatique, se borner à un choix. Ce choix n'aurait guère pu mieux se fixer, pour les lettres aux villes, que sur Bordeaux, et plus tard sur Paris et Lyon; pour celles aux parlements, que sur celui de Normandie, et plus tard sur celui de Paris. Ces pièces-là nous sont heureusement parvenues; toutefois, elles ont dû être encore l'objet d'un triage, et n'exclure pas, à l'occasion, d'autres lettres à des villes ou à des compagnies moins considérables, lorsque ces lettres offraient quelque intérêt particulier.

Mais afin que ce recueil historique présente un répertoire, sinon complet, ce qu'on ne saurait espérer[1], du moins aussi complet que possible, on trouvera à la fin de chaque volume, pour la période qu'il embrasse, une liste de celles des lettres de Henri IV que nous n'avons point jugées susceptibles d'être publiées. Ce relevé en indique exactement la date, l'adresse, le sujet et la source de provenance, afin que ceux qui auraient un intérêt quelconque à les consulter le puissent aisément.

Les lettres les plus nombreuses de ce volume sont celles au duc de Nevers, qui fut, de 1590 à 1595, le principal lieutenant de Henri IV, qui était déjà en première ligne à la cour de Henri III, et qui, par sa réputation de fervent catholique, opposait l'effet moral d'une adhésion imposante à la révolte appuyée de scrupules religieux, tant que la cour de Rome refusa l'absolution, et à plus forte raison avant que le Roi eût abjuré. Ces lettres avaient déjà été imprimées presque toutes dans les Mémoires de Nevers, mais d'une manière assez incor-

---

[1] Il ne nous est toujours rien parvenu de l'Espagne; plusieurs riches dépôts d'archives restent à classer dans les villes de France; beaucoup de familles conservent de nombreux papiers encore en désordre, et dont le classement ultérieur, comme celui des archives publiques, doit mettre au jour de nouvelles lettres de Henri IV. Ceci nous semble inévitable et rejette indéfiniment ces annexes. Mais on peut dire que, pour obtenir la communication de tout ce qui est connu dans les collections publiques et particulières, en France et même en Europe, rien n'a été négligé des moyens si étendus de la correspondance officielle.

## AVERTISSEMENT.

recte et avec de fréquentes erreurs de dates. Nous les avons transcrites sur les originaux conservés à la bibliothèque du Roi, et nous pensons avoir classé d'une manière certaine celles qui sont incomplétement datées.

Il en est de même pour la fin des lettres à Corisande d'Andouin, comtesse de Gramont[1], et pour le commencement de celles à Gabrielle d'Estrées. La plupart[2] avaient déjà été publiées, mais sans aucun ordre, entremêlées confusément avec celles à la marquise de Verneuil, et sans le moindre essai d'un classement chronologique. Feu M. Soulié, l'un des bibliothécaires de l'Arsenal, l'avait entrepris; mais ce travail, dont il m'avait parlé comme achevé, qu'il n'a pu cependant publier, n'est point venu à ma connaissance. Aucun autre secours que le texte même de ces charmants billets ne m'a donc aidé dans leur classement. Un assez grand nombre ne fournissant pas la moindre trace de quelque fait connu, se refusent à toute classification; et force sera de les réunir en bloc dans la partie de l'ouvrage répondant à l'époque qui suit la mort de Gabrielle d'Estrées.

Dans ses lettres d'amour et dans les billets de la familiarité la plus intime, le style du Roi de France est toujours tel qu'on a vu celui du roi de Navarre. Il n'en est pas tout à fait de même pour les lettres de politique et d'administration. Les secrétaires gascons du prince béarnais sont remplacés par les secrétaires du feu Roi: Potier, Ruzé, Revol, formés de longue main au ton de la cour et au langage des grandes affaires. De ses premiers secrétaires, il conserve Pierre Forget, admiré des

---

[1] Ce volume en ajoute une qui était restée inédite et dont l'original appartient à madame la duchesse de Vicence. Voyez page 186.

[2] Quelques-unes cependant avaient échappé aux éditeurs et paraîtront pour la première fois dans ce recueil.

contemporains pour l'ampleur de son style nombreux, pour l'énergie touchante, la souplesse persuasive d'une rédaction qu'il savait si bien adapter aux exigences de la situation de son maître. « Tout ce qui venoit, dit Pierre Mathieu, de la belle et riche plume de Forget, son secretaire, estoit rare et excellent. » Le même historien dit ailleurs : « Le style des lettres du Roy, au commencement de ce regne, estoit accommodé au temps et à la necessité de ses affaires; il a esté retenu du depuis à l'egal de la majesté de ceste Coronne : et cela s'est veu aux lettres de la façon de Villeroy. »

La préface succincte placée en tête de notre premier volume trace le plan de cette publication, tel que nous continuons à l'observer dans tous les points principaux, toujours prêt cependant à admettre les utiles modifications de détail que les avis d'une critique éclairée peuvent indiquer comme perfectionnement, sans disparate. Ce qu'on a bien voulu nous faire remarquer d'une fidélité trop scrupuleuse à reproduire, dans l'orthographe, les innombrables irrégularités de la manière d'écrire au XVIe siècle, nous a décidé à mettre moins de scrupule dans l'établissement du texte, et à nous rapprocher un peu plus d'une orthographe uniforme, en recourant davantage (et toujours appuyé de bons exemples du temps) à la seule règle que comporte, jusqu'à un certain point, l'écriture française d'alors, l'étymologie; mais en tenant compte de quelques anomalies d'un usage constant, et telles qu'on en trouve encore aujourd'hui dans notre orthographe rigoureusement fixée[1].

Le protocole des lettres du roi de Navarre, premier prince du sang, n'avait pas la régularité invariable de celles du Roi

---

[1] Ne serait-ce pas une faute d'orthographe aujourd'hui d'écrire *honeur*, en revenant à l'étymologie, qu'on n'a point cessé d'observer dans *honorer, honorable?* Par un

de France. Aussi dans nos deux premiers volumes, lorsque nous avions à imprimer une copie où les derniers mots de la lettre étaient remplacés par un *et cætera*, nous constations l'absence de la formule finale de salutation, dont les légères variétés pouvaient n'être pas toujours indifférentes. Mais dans la période où nous entrons, excepté un petit nombre de billets familiers, dont le ton est fort aisé à reconnaître, le Roi ne s'écarte pas de la formule reçue : *Je prie Dieu qu'il vous ait en sa saincte et digne garde.* Rien ne devait donc nous empêcher de la suppléer dans l'impression des copies où elle manque. C'est ce que nous avons fait, sans l'indiquer par quelqu'un de ces signes particuliers, utiles pour les restitutions quelque peu arbitraires, mais qui auraient ici surchargé inutilement l'impression. Il en est de même de toutes celles des suscriptions dont nous trouvons le protocole invariable dans plusieurs manuscrits du temps, notamment dans un précieux manuscrit des Archives de la couronne, qui a beaucoup enrichi ce troisième volume. Nous avons pu suppléer ces adresses avec assurance, en tête des copies incomplètes.

Répétons, pour tout le reste de l'ouvrage, que nous ne

---

caprice analogue on écrivait constamment au xvi<sup>e</sup> siècle *cappitaine*. Il y a plus d'un cas où la forme d'à présent se trouve moins régulière que celle du xvi<sup>e</sup> siècle. Notre manière d'écrire le subjonctif du verbe *faire* est une sorte de malentendu qui semble confondre ce mot avec un imparfait du subjonctif de la première conjugaison. La forme ancienne *que je face, que tu faces*, etc. est la seule qu'une déduction grammaticale rigoureuse puisse admettre. Plusieurs verbes où nous redoublons la consonne à certains temps, en n'en laissant qu'une à d'autres, *jeter*, *appeler*, s'écrivaient alors partout avec la double consonne, comme le voudrait l'étymologie. Nous l'avons fait pour guider la prononciation. Cette raison-là faisait redoubler la consonne dans certains mots comme *depputé*, *fidelle*, afin d'indiquer le son que nous rendons aujourd'hui par l'accent. Il n'y a d'accent, à cette époque, que sur les dernières syllabes, et c'est l'aigu, rarement le grave (qui ne porte jamais sur l'*e*) ; le circonflexe n'était pas encore d'usage. Ces signes sont habituellement remplacés par l'addition d'une lettre : *aage*, *maistre*, *estant*, *deuxiesme*, etc.

revenons point sur des personnages dont les noms ont été l'objet de notes dans un des volumes précédents, les tables de chaque volume faisant connaître les noms qui y sont annotés. C'est seulement la table générale de l'ouvrage, où seront fondues ces tables partielles, qui pourra renvoyer le lecteur à toutes les notes.

Pour la désignation des titres, qui reviennent si fréquemment dans ces notes biographiques, il peut n'être pas inutile de bien fixer le lecteur sur l'emploi de certaines expressions, d'un usage sans doute peu habituel aujourd'hui, mais qui sont reçues dans ces matières. Ainsi, *chevalier de l'Ordre du Roi,* ou simplement *chevalier de l'Ordre,* signifie chevalier de Saint-Michel, tandis que chevalier *des Ordres du Roi,* ou simplement *des Ordres,* se dit des chevaliers du Saint-Esprit, qui avaient tous en même temps, comme on sait, le collier de Saint-Michel. Un capitaine de cinquante hommes d'armes est le chef d'une compagnie des ordonnances, qui se composaient toutes de ce nombre, excepté celles des princes du sang et de quelques personnages très-élevés, dont les compagnies étaient de cent hommes d'armes. La pratique du recueil familiarisera aisément avec quelques autres termes particuliers à des usages de ces temps-là. Nous nous sommes attaché à concilier la brièveté des notes avec les explications qui nous ont paru nécessaires à l'éclaircissement du texte, principalement sous le rapport de la biographie, de la chronologie et de la géographie.

Pour les différentes parties de ce travail, nous devons signaler de nouveau le concours plein de zèle et d'intelligence de MM. Bernhard et de Chevallet, restés nos collaborateurs[1],

---

[1] M. de Fréville a cessé d'être attaché à notre travail.

## AVERTISSEMENT.

et dont nous reconnaissons chaque jour davantage l'instruction solide et variée, le sens juste et sûr.

Beaucoup de nouvelles communications, en augmentant nos matériaux déjà si abondants, témoignent de la sympathie qu'a rencontrée partout cette entreprise toute française. A la fin du recueil la liste complète des sources d'où proviennent les lettres de la seconde période énumérera, comme pour la première, ce qui est dû, non-seulement à chaque dépôt public, mais aux archives des familles et aux collections des curieux.

La plupart des personnes qui avaient obligeamment secondé nos premiers efforts par divers renseignements veulent bien nous continuer leur utile appui. D'autres ont apporté à ce volume un concours non moins gracieux et non moins profitable. Au résumé du travail nous serons heureux de citer honorablement leurs noms et ceux qui pourront s'y joindre encore, comme nous l'avons fait pour les premiers, dans la préface de l'ouvrage.

Mais dès à présent nous devons répondre par un hommage tout spécial aux encouragements si bienveillants par lesquels M. le comte de Salvandy, ministre de l'instruction publique, a accueilli la continuation de ce recueil. Sa haute appréciation de l'importance historique et de l'intérêt éminemment national du sujet sont, pour le perfectionnement d'un si long travail, la plus précieuse des garanties.

# SOMMAIRE HISTORIQUE

## DES ANNÉES COMPRISES DANS LE IIIᵉ VOLUME.

### 1589 (SUITE).

Le 2 août, vers 4 heures du matin, le roi de Navarre, âgé de trente-cinq ans et huit mois, devient Roi de France, par la mort de Henri III. La situation où il se trouve alors entre les catholiques et les protestants semble lui opposer des difficultés insurmontables. L'armée royale et même une grande partie des troupes que le roi de Navarre lui-même avait amenées à Henri III étaient catholiques, comme les principaux seigneurs de l'armée. Au milieu de toutes les fidélités chancelantes, des calculs de parti ou d'égoïsme, et des plus exorbitantes prétentions, l'armée prête à se dissoudre entièrement, le baron de Sancy donne le signal d'un dévouement français, en allant, dès le premier jour, s'assurer des Suisses qu'il avait levés pour Henri III, et il les conserve à Henri IV. Les efforts de son habileté, secondés par les démonstrations favorables du prince de Conti, du duc de Montpensier, du duc de Longueville, du duc de Piney-Luxembourg, des maréchaux de Biron et d'Aumont, et par une parole entraînante de Givry [1], amenèrent la plus grande partie de la noblesse catholique, le 4 août, à reconnaître Henri IV pour Roi, à la suite de la déclaration par laquelle il promet de maintenir partout, sans y rien innover, la religion catholique, apostolique et romaine, de s'y faire instruire dans les six mois, de ne donner qu'à des catholiques les gouvernements des villes qui viendront à être conquises, et de convoquer les états généraux. Les princes du sang, ducs et pairs, officiers de la couronne et autres seigneurs et gentilshommes prêtent alors le serment de fidélité en signant une déclaration où il est dit : « Recognoissons pour nostre Roy et prince naturel, selon la loi fondamentale de ce Royaume, Henry quatriesme, Roy de France et de Navarre, et luy promettons tous services et obeissance, sur le serment et promesse qu'il nous

---

[1] « Vous êtes le Roi des braves et ne serez abandonné que des poltrons. »

a faicte, cy-dessus escripte, et aux conditions que dans deux mois Sa Majesté fera interpeller et assembler les dicts princes, ducs et pairs et officiers de la Couronne, et aultres subjects qui estoient fideles serviteurs du feu Roy lors de son deces, pour tous ensemble prendre plus ample deliberation et resolution pour les affaires du Royaume, attendans les decisions des conciles et estats generaux, ainsy qu'il est porté par la dicte promesse de la dicte Majesté, laquelle aura aussy agreable, comme nous l'en supplierons trés humblement, que de nostre part soyent deleguez quelques notables personnages vers Nostre Sainct Pere le Pape, pour luy representer particulierement les raisons qui nous ont mus de faire ceste promesse. »

Les seigneurs catholiques qui, par scrupule de religion vrai ou feint, ne signèrent point cette déclaration, se retirèrent, comme Vitry, qui se rallia à la Ligue avec les Parisiens, après s'être démis du gouvernement qu'il tenait du Roi, et le duc d'Épernon, qui, tout en protestant de sa fidélité, remmena les troupes nombreuses qu'il avait levées pour Henri III, forçant ainsi Henri IV à lever le siége de Paris. Ce prince envoie en Champagne une partie des forces qui lui demeurent, et passe en Picardie avec le reste, composé de trois mille hommes de pied français, des deux régiments suisses que Sancy lui avaient assurés et d'environ quatorze cents chevaux, pour conduire à Compiègne le corps du feu Roi, qu'il dépose dans l'église de Sainte-Cornille, après avoir pris, chemin faisant, quelques petites places; puis il s'assure de la personne du cardinal de Bourbon, son oncle, que les Seize venaient de reconnaître pour Roi. Du Plessis-Mornay transfère ce prélat de Chinon à Fontenay-le-Comte, où il le fait étroitement garder.

Le 24 août, le Roi entre en Normandie, où l'appelaient les fidèles Dieppois et le commandeur de Chatte, leur gouverneur. Au pont Saint-Pierre, le duc de Montpensier, gouverneur de la province, amène deux cents gentilshommes et quinze cents fantassins; et Le Blanc Rolet, gouverneur du Pont-de-l'Arche, vient remettre spontanément les clefs de sa ville. Accueilli avec transport à Dieppe, le 26 août, Henri IV a dès lors l'assurance d'une libre communication avec l'Angleterre. De là il fait un mouvement sur Rouen, où dominait la Ligue et où il comptait sur quelques intelligences. Mais le duc de Mayenne se hâte de venir au secours, force Henri à regagner Dieppe, se rend maître des places circonvoisines, arrive à la vue de cette ville, y resserre le Roi de toutes parts, au point de pouvoir écrire avec vraisemblance qu'il va le forcer à se rendre ou à sauter dans la mer. Grande joie de la Ligue; consternation des villes royalistes; conseil donné au Roi de passer en Angleterre, ou du moins à la Rochelle.

Par son énergie, l'ardeur de toute sa noblesse et le dévouement des Dieppois, Henri IV surmonte une situation aussi critique. Il sort de la place, établit un camp retranché à Arques, et, dans une suite de brillants combats, dont le plus mémorable est placé au 21 septembre (journée dite *de la bataille d'Arques*), il tient en échec une armée quadruple de la sienne, assez longtemps pour voir enfin arriver douze mille hommes d'infanterie et deux mille chevaux, amenés par le comte de Soissons, le duc de Longueville et le maréchal d'Aumont, puis, du côté de l'Angleterre, le secours de quatre mille Anglais, de deux mille Écossais, d'argent et de munitions de toute espèce qu'envoyait Élisabeth. A cette nouvelle, Mayenne n'attend pas la double jonction. Avant l'arrivée des princes français, il lève son camp, et part pour Amiens au commencement d'octobre.

Le 20 du même mois, le Roi quitte Dieppe et marche sur Paris, dont il emporte d'assaut tous les faubourgs de la rive gauche, le 1er novembre. Le lendemain, le duc de Mayenne arrive à Paris. Le Roi lui présente vainement la bataille, et se retire le 3 novembre pour aller à Tours. Depuis la journée des Barricades, cette ville était comme le siège du gouvernement royal, où se tenaient le Parlement et le conseil d'état. Dans le trajet, les villes d'Étampes, Joinville et Vendôme sont prises. M. de Maillé, gouverneur de cette dernière place, du domaine paternel de Henri IV, qui la lui avait confiée, a la tête tranchée. Le Roi fait son entrée à Tours le 21 novembre. Le lendemain il donne audience publique à l'ambassadeur de la seigneurie de Venise, la première puissance catholique qui l'ait reconnu; il tient une séance royale au Parlement, et saisit cette compagnie de la requête de la reine douairière pour obtenir justice des complices de l'assassinat de Henri III. Le même jour, à Paris, les membres du parlement ligueur enregistrent solennellement l'acte par lequel le cardinal de Bourbon est reconnu Roi sous le nom de Charles X.

Peu de jours après, le Roi entre dans le Maine, et il emploie la plus grande partie de décembre à réduire la capitale et les principales villes de cette province; puis il repasse en Normandie et s'empare d'Alençon.

Il redemande les sceaux au cardinal de Vendôme, son cousin, qu'il en avait provisoirement chargé, et fait dès lors sceller en conseil par d'O et le maréchal de Biron.

## 1590.

Le duc de Piney arrive à Rome, le 8 janvier, et est bien accueilli de Sixte-Quint. Le cardinal Gaëtan, légat en France, était déjà parti avec des instructions de neutralité qu'il ne suivit pas. Arrivé à Paris, le 21 janvier, il s'unit immédiatement aux ligueurs, et fit rendre le mois suivant par la Sorbonne un décret pour défendre de traiter avec Henri, même s'il se faisait catholique.

Ce prince continue ses conquêtes en Normandie. Il prend Seez, Argentan, Falaise, Lisieux, Verneuil, Domfront, Pont-Audemer, Honfleur. Laissant, à la fin de janvier, le duc de Montpensier recevoir cette dernière ville d'après la capitulation, le Roi se rend en hâte au secours de Meulan, que le duc de Mayenne assiégeait. Après la prise de Poissy par le baron de Biron, et quelques autres diversions dans les environs de Meulan, la nouvelle de la surprise du château de Rouen sur les ligueurs, le 21 février, décide le Roi à se reporter aussitôt sur cette capitale de la Normandie. Il est suivi par le duc de Mayenne. Meulan se trouve ainsi délivré. Mais le château de Rouen avait été repris au bout d'un jour. Le Roi et le duc, prévenus en route, changent leur marche : Mayenne pour aller recevoir à la frontière les troupes espagnoles qui lui arrivaient de Flandre, amenées par le comte d'Egmont ; et le Roi pour assiéger Dreux, qu'il investit le 28 février. Le duc, avec les renforts qu'il vient de recevoir, s'avance pour secourir la place. Le Roi lève le siège, le 12 mars, et va occuper la plaine située entre Anet et Ivry, où Mayenne, après avoir traversé l'Eure, le trouve prêt à la bataille. Elle se donne le 14, et Henri IV remporte la célèbre victoire d'Ivry, une des plus complètes qui aient jamais été gagnées.

Le comte d'Egmont tué, l'armée de la Ligue en pleine déroute, Mayenne se retire avec sa cavalerie, en faisant couper derrière lui le pont d'Ivry, se sauve à Mantes, de là à Saint-Denis, puis à Paris. Le Roi fit passer au fil de l'épée tous les lansquenets, dont la trahison avait failli le perdre à Arques ; mais il reçut à composition les régiments suisses, restés seuls sur le champ de bataille, leur rendit toutes leurs enseignes, et les fit reconduire honorablement dans leurs cantons, qui devinrent dès lors ses plus fidèles alliés.

Le même jour où se livrait la bataille d'Ivry, Chabannes, marquis de Curton, à la tête de la noblesse royaliste de l'Auvergne, remporte à Issoire, sur les ligueurs de la province, une victoire signalée, où périt le comte de Randan, leur chef.

C'est vers cette époque que Henri IV commence à oublier madame de Gramont, par sa passion pour la marquise de Guercheville.

La Ligue se relève un peu de sa première consternation pendant le séjour du Roi à Mantes, où il reste jusqu'au 28 mars, séjour diversement expliqué par les historiens. Durant les derniers jours de ce mois et le suivant, les villes de Corbeil, Lagny, Crécy, Melun, Provins, Montereau, Pont-sur-Seine, Bray, Nogent-sur-Seine, furent soumises au Roi, qui s'assure de tous les passages de l'Yonne et de la haute Seine, arrive à Chelles le 9 mai, et commence le siége de Paris. Le même jour le cardinal de Bourbon meurt dans sa prison de Fontenay.

Le duc de Mayenne va chercher des secours en Flandre. La Ligue déploie tous les moyens pour exalter l'esprit des Parisiens. De son côté le Roi leur écrit le 15 juin pour les éclairer sur leur position. Bientôt à la cherté des vivres succède la famine la plus horrible. Saint-Denis se rend, le 5 juillet, au Roi, qui écrit de nouveau, le 16, aux Parisiens pour les exhorter à se soumettre. Le duc de Nevers, resté neutre dans son duché depuis la mort du feu Roi jusqu'à la bataille d'Ivry, s'étant alors ouvertement déclaré pour la cause royale, arrive, avec une belle troupe de noblesse, au siége de Paris. Le vicomte de Turenne amène en même temps de Guienne six mille hommes de pied et mille chevaux. Le chancelier de Chiverny vient reprendre les sceaux. Un assaut général est donné, le 24, et tous les faubourgs sont emportés. Le cardinal de Gondi, évêque de Paris, et l'archevêque de Lyon ouvrent des conférences avec le Roi; mais elles restent sans résultat, ainsi que la lettre de S. M. au duc de Nemours, gouverneur de Paris pour la Ligue. Henri IV accorde, le 20 août, un sauf-conduit pour laisser sortir de la ville trois mille âmes, vieillards, femmes et enfants. Les Parisiens sont réduits à la dernière extrémité, lorsque l'arrivée du duc de Parme, amené par le duc de Mayenne, et la prise de Lagny par leur armée, forcent le Roi à aller à leur rencontre en levant le siége de Paris. Le duc de Parme évite habilement le combat, jette des vivres dans la capitale, puis au mois d'octobre reprend le chemin des Pays-Bas, harcelé par l'armée royale jusqu'à la frontière, qu'il repasse à la fin de novembre, sans s'être laissé entamer.

Le vicomte de Turenne est envoyé en ambassade aux princes protestants de l'Empire et à la reine Élisabeth. Cette princesse envoie à Henri IV une écharpe brodée de sa main. Elle lui reproche d'avoir manqué la prise de Paris par sa compassion pour les assiégés. Le Roi lui recommande don Antoine, prieur de Crato, reconnu comme roi de Portugal par la France et l'Angleterre.

Le 10 novembre, Henri IV voit pour la première fois Gabrielle d'Estrées.

Une correspondance très-active commence à s'établir entre le Roi et le duc de Nevers, devenu son principal lieutenant. Les villes prises par le duc de Parme sont reprises par les royalistes, qui poursuivent avec énergie leurs succès dans la plupart des provinces. Malheureux en Bretagne, où le duc de Mercœur, assisté d'une flotte espagnole, s'empare de la ville de Hennebond, ils se relèvent en Dauphiné, où Lesdiguières bat le duc de Savoie, qui, déjà presque maître de la Provence, voulait profiter des troubles pour ajouter le Dauphiné à ses états.

Le 22 décembre, Lesdiguières prend Grenoble, après un siège d'un an, et en est fait gouverneur par le Roi.

Sixte-Quint étant mort le 29 août, le duc de Piney-Luxembourg, alors à Florence, avait écrit aux cardinaux en conclave. Urbain VII, successeur de Sixte, meurt treize jours après son exaltation. Il est remplacé par Grégoire XIV, élu le 5 décembre et à qui Luxembourg se hâte d'écrire, mais inutilement, à cause des grandes préventions de ce pape contre Henri IV et le parti royal.

## 1591.

Le chevalier d'Aumale tente de surprendre Saint-Denis, et est tué en y entrant, le 3 janvier. Une tentative du Roi pour surprendre Paris par la porte Saint-Honoré manque également, et est appelée la *journée des Farines*, du genre de stratagème que l'on comptait employer. Les partisans de l'Espagne profitent de cette circonstance pour introduire, le 12 février, quatre mille hommes de troupes espagnoles et napolitaines dans Paris, où leur parti devient ainsi dominant. Le duc de Savoie, secondé par la comtesse de Sault, entre dans Marseille le 2 mars.

Dès le milieu de février, le Roi avait investi la ville de Chartres. La longueur du siége, qui dure trois mois, nuit à la réputation de ses armes, et enhardit les princes du sang catholiques à diverses menées. Madame de Gramont, outrée d'être abandonnée ouvertement pour Gabrielle d'Estrées, qui avait suivi le Roi devant Chartres, ranime par correspondance l'amour du comte de Soissons et de Madame Catherine, restée en Béarn. En même temps le jeune cardinal de Bourbon, aîné du comte de Soissons [1], se met à intriguer pour son compte parmi les catholiques royalistes, où il forme la faction appelée le *Tiers-parti*, qui dura deux ans, et fut pour Henri IV une source de nombreuses tracasseries et d'inquiétudes intérieures, jusqu'à sa conversion. A ces nouvelles, le Roi redouble d'efforts pour prendre Chartres, et il force cette ville à se rendre par composition, le 19 avril. Pour contre-balancer ce succès, le duc de Mayenne s'empare de Château-Thierry.

Le nonce Landriano, qui avait remplacé le cardinal Gaëtan, fait publier les lettres monitoriales fulminées le 1er mars précédent. Le Parlement, séant à Tours, les fait lacérer par la main du bourreau et brûler publiquement, en décrétant de prise de corps le nonce de Grégoire XIV. Ce pape emploie une partie du trésor laissé par Sixte-Quint à lever une armée contre la France, et il en donne le commandement à Hercule Sfondrato, son neveu, qu'il crée duc de Montemarciano.

Au mois de mai, les villes d'Auneau, Dourdan, Louviers et le Château-Gaillard tombent au pouvoir du Roi. Le conseil d'état est transféré de Tours à Chartres. Les édits d'union, rendus sous le règne précédent, en faveur de la Ligue, y sont abolis et les édits de pacification rétablis. Au milieu de juin, le Roi va lui-même chercher à Dieppe un convoi de poudres. Le 25, Beauvoir la Nocle, ambassadeur en Angleterre, et Antoine de Moret, seigneur des Réaux, concluent avec la reine Élisabeth un traité par lequel elle s'engage à envoyer quatre mille hommes en Normandie et trois mille en Bretagne. Le vicomte de Turenne n'a pas moins de succès en Hollande et en Allemagne; il obtient du prince Maurice la promesse d'une diversion dans les Pays-Bas, si le duc de Parme rentrait en France; il fait en Allemagne de nombreuses levées. Henri IV continue au prince de Moldavie la protection que lui avait accordée Henri III, et il le recommande vivement à la Porte. Sur

---

[1] Tous deux avaient pour aîné le prince de Conti; mais ses infirmités faisaient supposer alors qu'il ne pouvait avoir d'enfants, et le cardinal de Bourbon, qui n'était que sous-diacre, comptait bien se marier s'il eût pu devenir roi. Du reste l'héritier présomptif de la couronne, suivant l'ordre de la légitimité, était leur neveu, fils du feu prince de Condé, et âgé seulement de trois ans.

la fin de juillet, il met le siége devant Noyon. Au commencement d'août, prise de Saint-Valery. Mort du brave La Noue, au siége de Lamballe. Victoires de Lesdiguières sur don Amédée, bâtard de Savoie, et sur les troupes papales, à Montmélian et à Pontchara.

Le jeune duc de Guise s'évade, le 15 août, de sa prison de Tours, événement qui tourne au profit de la cause royale, par la rivalité qui s'établit presque aussitôt entre le duc de Mayenne et son neveu. Le 18, reddition de Noyon, dont le Roi donne le gouvernement au comte d'Estrées, père de Gabrielle. Le prince de Conti en Poitou et le prince de Dombes en Bretagne font prospérer les affaires du Roi. Le comte d'Essex amène, à la fin d'août, le secours de quatre mille Anglais envoyés par Élisabeth. Au milieu du mois suivant, le Roi se rend en Champagne pour aller recevoir à la frontière l'armée que lui amenaient le vicomte de Turenne et le prince d'Anhalt; il la passe en revue dans la plaine de Vandy, le 29 septembre. Les ducs de Lorraine et de Mayenne se trouvent alors tout près de lui, à Verdun, où ils étaient allés, de leur côté, recevoir les troupes du pape. Le Roi s'avance, le 1er octobre, jusque sous les murs de Verdun, et provoque les ducs inutilement au combat. Le 20, il célèbre le mariage du vicomte de Turenne avec la jeune duchesse de Bouillon, princesse souveraine de Sedan, et le crée maréchal de France. La ville de Stenay est prise par le nouveau duc, la première nuit de ses noces. Mort du pape Gégoire XIV, le 15 octobre; il est remplacé le 27 par Innocent IX. Le Roi revient à Noyon au commencement de novembre, puis passe en Normandie et se rend, avant la fin du mois, au siége de Rouen, que le maréchal de Biron avait investi dès le 11. Le comte d'Essex, qui, en retournant au bout de peu de temps en Angleterre, avait donné au roi sa parole de venir le retrouver dès que le siége serait mis devant Rouen, repasse la mer, malgré Élisabeth, aussitôt qu'il en apprend la nouvelle, et vient se joindre à Henri IV. Le 16, à Paris, la faction des Seize fait pendre le président Brisson, Larcher, conseiller au parlement; et Tardif, conseiller au Châtelet, qui leur étaient suspects, et ils écrivent au roi d'Espagne pour offrir le trône à sa fille. L'Aragon est bouleversé par des troubles violents que suscite le ministre disgracié Antonio Perez, qui, au mois de novembre, se réfugie en Béarn, près de Madame, sœur de Henri IV. Ce prince adresse, le 1er décembre, aux habitants de Rouen une sommation qu'ils dédaignent. Le 4, Mayenne, de retour à Paris, fait pendre, sans forme de procès, trois ligueurs forcenés, coupables de la mort du président Brisson et des deux autres magistrats. Du Plessis-Mornay entame avec Villeroy des négociations secrètes pour la soumission du duc de Mayenne. Mort du pape Innocent IX, le 27 décembre.

## 1592.

Le 1ᵉʳ janvier, à Darnetal près de Rouen, le Roi fait tenir par le maréchal de Biron un chapitre de l'ordre du Saint-Esprit. Le comte d'Essex est rappelé de la manière la plus pressante par Élisabeth, et refuse de quitter le siége de Rouen. Grandes plaintes de la reine d'Angleterre à Mornay, que Henri IV envoie à Londres demander de nouveaux renforts. Elle fait du retour d'Essex la condition du succès de cette mission. Embarras du Roi; Essex finit par obéir. Villars, gouverneur de Rouen[1], presse Mayenne de venir au secours de la place. Le duc de Parme, appelé de nouveau par la Ligue, rentre en France, en se faisant remettre d'abord la ville de la Fère pour y garder son artillerie. A la nouvelle de l'approche des ennemis, le Roi marche au-devant d'eux, du côté de la Picardie, rencontre, le 5 février, leurs avant-postes près d'Aumale, où il est blessé d'un coup d'arquebuse dans une brillante et dangereuse escarmouche, en s'aventurant avec témérité. La grande circonspection du duc de Parme lui fait manquer cette occasion d'accabler l'armée royale, dont le duc de Nevers put assurer la retraite; seulement il reste maître d'Aumale, et, le 11, prend Neufchâtel. Le 18, entre cette ville et Dieppe, le Roi emporte les quartiers du duc de Guise et du comte de Chaligny, et ce prince, beau-frère du feu roi, est fait prisonnier. Le 25, Villars, dans une célèbre sortie de toute la garnison de Rouen, attaque avec succès l'armée royale, et dégage le fort Sainte-Catherine. Le maréchal de Biron est blessé dans cette affaire. Pendant qu'il est retenu par sa blessure, et avant que le Roi soit revenu au siége, le duc de Parme veut, par une bataille livrée dans ce moment avantageux, porter le coup décisif, différé jusque-là; mais le duc de Mayenne s'y oppose. Philippe Séga, légat en France, nommé cardinal par Innocent IX, reçoit de nouveaux pouvoirs de Clément VIII, élu pape le 30 janvier, et il vient se joindre aux ducs. La mort de Bernard de Nogaret, seigneur de la Valette, gouverneur de Provence, tué, le 25 jan-

---

[1] Du moins l'était-il par le fait, le duc de Mayenne ayant donné le gouvernement en titre au duc d'Aiguillon, son fils aîné, trop jeune pour pouvoir s'acquitter lui-même d'une charge aussi importante.

vier, au siége de Roquebrune, excite un regret général, et met en péril les affaires du Roi dans la Provence, où Alphonse d'Ornano est envoyé pour remplacer provisoirement la Valette. Le Roi revient au siége de Rouen le 19 mars; mais en son absence le comte de Soissons avait quitté l'armée et s'était rendu rapidement en Béarn, où madame de Gramont avait préparé Madame Catherine à l'épouser dès son arrivée. Les ordres énergiques du Roi font manquer cette combinaison. La nouvelle activité que la présence de Sa Majesté imprime au siége de Rouen et plusieurs sorties malheureuses des assiégés réduisent la ville à une situation fort critique, au milieu d'avril. Villars fait dire alors au duc de Parme que, s'il n'est secouru avant le 20, il sera forcé de se rendre. Le général espagnol rassemble en un jour son armée et fait, à marches forcées, en trois jours, le trajet de l'embouchure de la Somme à Darnetal près de Rouen, où il arrive le 20 au matin, et dont il fait aussitôt décamper le Roi.

Le duc de Mayenne s'oppose à la poursuite de l'armée royale, et ils vont assiéger Caudebec, qui est investi le 24. Le duc de Parme y reçoit la blessure aux suites de laquelle il succomba à la fin de cette année. Rouen bien ravitaillé, Caudebec est rendu le 27. Les ducs, aux approches de l'armée royale, établissent un camp retranché à Yvetot. Le Roi arrive le 29 et les attaque; tous les jours suivants, avec de brillants succès, puis leur coupe les vivres en interceptant la communication avec Lillebonne; enfin il les contraint de se retirer de nuit à Caudebec, où, acculés à la Seine, ils allaient se trouver à la discrétion du Roi, lorsque, par une des plus belles opérations stratégiques, le duc de Parme, malgré l'excessive largeur de la Seine en cet endroit, la passe, le 22 mai, avec toute son armée, sur un pont de bateaux, sans rien sacrifier. Ensuite il continue sa route à si grandes journées que le Roi renonce à le poursuivre, arrive à Charenton, fait jeter un pont sur la Seine, traverse la Brie et parvient à Château-Thierry, où il séjourne en attendant l'argent pour la paye de ses troupes, puis se retire en Flandre.

Henri IV refuse à Élisabeth la cession du port de Brest, qu'elle demandait avec beaucoup d'insistance. En Dauphiné, la Ligue s'empare de Vienne et de Saint-Marcellin. En Provence, Antibes est repris par le duc de Savoie; mais Lesdiguières entre, en septembre, dans le Piémont, où la diversion de ses nombreux succès, pendant le mois suivant, rappelle le duc de Savoie et dégage la Provence.

Épernay, que le duc de Parme avait pris pendant son séjour à Château-Thierry, est repris, au milieu d'août, par le Roi, qui y perdit, le 9 juillet, le maréchal de Biron, tué d'un coup de canon; son fils est fait amiral de France. Le maréchal d'Aumont est envoyé par le Roi en Bretagne, pour réparer le grave échec qu'y avait essuyé le prince de Dombes, défait complétement par le duc de Mercœur. Mort du duc de Montpensier. Henri IV reprend Provins au commencement de septembre. Il rassemble son conseil pour examiner quelle attitude on doit prendre vis à vis de la cour de Rome, qui continue à se montrer fort hostile. La proposition d'établir un patriarche, chef de l'Église de France, est écartée; l'utilité de la déférence envers le Saint-Siége est démontrée, et, le 8 octobre, le marquis de Pisany part pour Rome avec le cardinal de Gondi (qui s'était vu obligé de quitter Paris), portant au nouveau pape une dépêche des principaux seigneurs catholiques du parti du Roi et une lettre de Sa Majesté pour rendre obédience au Saint-Père. Le duc de Nevers remplace le prieuré de Gournay par un fort sur la Marne, pour commander cette rivière et empêcher par là l'arrivée des vivres aux Parisiens. Le Roi passe en Beauce, où il emploie la fin de novembre et le mois de décembre à la reprise de plusieurs places.

Le duc de Joyeuse, grand-prieur de Toulouse, nommé maréchal de la Ligue en Languedoc, est défait devant Villemur par les seigneurs catholiques de la province, et, en se retirant, se noie dans le Tarn, le 19 octobre. En Bretagne, au contraire, les revers des royalistes continuent. L'arrivée du maréchal d'Aumont et les secours d'Élisabeth n'arrêtent point les succès du duc de Mercœur. Le duc de Bouillon prend au duc de Lorraine Dun-sur-Meuse au commencement de décembre. Le 2 le duc de Parme meurt à Arras, des suites de sa blessure.

## 1593.

Le duc de Mayenne fait publier à son de trompe à Paris son manifeste du mois précédent pour la convocation des états généraux du royaume. Il en fait lui-même l'ouverture le 26. Un grand nombre de membres du clergé et du tiers-état se trouvent à cette assemblée, où l'on voit peu de noblesse. Dès le lendemain est rédigé, à Chartres, l'acte signé par le secrétaire d'état Revol et intitulé : *Proposition des princes, prélats, officiers de la*

Couronne et principaux seigneurs catholiques tant du conseil du Roy que autres estans prez de Sa Majesté, tendans à fin de parvenir au repos tant necessaire à ce Royaume, pour la conservation de la religion catholique et de l'Estat, faicte à monsieur le duc de Mayenne et autres princes de sa maison, prelats, sieurs et autres personnes envoyées par aucunes villes et communautez, se trouvans à present assemblez en la ville de Paris.* Le 28 arrive à Paris un trompette, porteur de cette pièce, qui, après beaucoup d'oppositions et de pourparlers, fut communiquée aux états. Le 29 le Roi publie une ample déclaration en réponse au manifeste du duc de Mayenne. Le duc va recevoir les nouvelles troupes étrangères que lui amène le comte de Mansfeld. Le Roi se rend à Tours au milieu de février, et, le 28, va trouver à Saumur sa sœur, arrivée de Béarn depuis deux mois, et accompagnée d'Antonio Perez. Le duc de Mayenne et les états répondent à la proposition de conférence en l'acceptant. Les princes et seigneurs royalistes répliquent, le 25 mars, pour demander qu'on désigne les personnes qui seront députées à cette conférence. Le même jour le comte de Mansfeld s'empare de Noyon. Roger Williams conduit au Roi le secours de quinze cents Anglais que lui envoie Élisabeth. Arrivée à Paris du duc de Féria, ambassadeur d'Espagne, assisté du jurisconsulte Inigo de Mendoza. Il présente aux états, le 2 avril, une lettre de son maître pour les engager à élire un roi. Néanmoins, le 5 avril, la conférence avec les seigneurs du parti royal, d'un commun accord entre ceux-ci et les états, est fixée au 16. Douze députés sont choisis en conséquence de part et d'autre; mais elle ne commença que le 29, à Surène: elle dura tout le mois de mai, et se continua en juin. Les dernières séances furent à la Villette.

Pendant ce temps, Henri IV, voyant le danger de l'élection d'un roi par les états devenir de plus en plus imminent, avait déclaré ouvertement l'intention bien arrêtée de sa conversion prochaine, par des lettres de convocation ostensibles, adressées, dès le 18 mai, aux docteurs et autres personnages qu'il voulait réunir à cet effet pour lever ses derniers doutes. Cette réunion est différée par le siége de Dreux, où il se rendit le 11 juin et dont il repartit le 9 juillet, après avoir pris la ville et le château. — L'ambassadeur d'Espagne avait fini par notifier en conseil l'intention où était Philippe II de placer l'infante sa fille sur le trône de France, comme petite-fille de Henri II par sa mère. Il avait ensuite proposé de la marier à l'archiduc Ernest, qui régnerait conjointement avec elle. Cette proposition ôta aux Espagnols toute popularité; et la partie du Parlement restée à Paris rendit, le 28 juin, un arrêt où il était dit : « La cour, toutes les Chambres assemblées, n'ayant, comme elle n'a jamais eu, autre intention que de maintenir la religion catholique, apostolique et romaine en l'Estat et Couronne de France, sous la protection d'un Roy très chrestien, catholique et françois, a ordonné et ordonne que remonstrances seront faites ceste aprés-dînée par monsieur le president le Maistre, assisté d'un bon nombre de la dicte cour, à monsieur de Mayenne, lieutenant general de l'Estat et Couronne de France, en la presence des princes et officiers de la Couronne estans de present en ceste ville, à ce que aucun traicté ne se face pour transferer la couronne en la main de princes ou princesses estrangers; que les loix fondamentales du Royaume seront gardées.... qu'il ait à employer l'authorité qui luy est commise pour empescher que, sous le pretexte de la religion, la couronne ne soit transferée en mains estrangeres, contre les loix du Royaume..... et neantmoins dés à present a declaré et declare tous traictez faicts et qui se feront cy-aprés, pour l'establissement d'un prince ou princesse estrangere, nuls et de nul effect et valeur, comme faicts au prejudice de la loi salique. » — L'ambassadeur d'Espagne propose alors le mariage de l'infante avec un prince français, de la maison de Lorraine, et enfin il nomme le duc de Guise, comme choisi, à cet effet, par Philippe II. Le duc de Mayenne depute aussitôt vers le Roi pour traiter d'une trêve. Le 22 juillet, le Roi arrive de Mantes à Saint-Denys, et le lendemain devant l'assemblée des théologiens des deux religions, où se trouvent trois curés de Paris, expose ses derniers doutes. A la suite de la discussion établie entre les ministres protestants et les docteurs catholiques, Henri IV se déclare converti aux sentiments de ces derniers, et fait dresser la formule de sa profession de foi.

Le dimanche 25 juillet, à neuf heures du matin, dans l'abbaye de Saint-Denys, en présence d'une foule d'habitants de Paris, accourus malgré les défenses et les menaces du légat, le Roi fait solennellement son abjuration entre les mains de l'archevêque de Bourges, reçoit l'absolution et entend la messe.

# RECUEIL

DES

# LETTRES DE HENRI IV.

# RECUEIL
### DES
# LETTRES MISSIVES DE HENRI IV.

## SECONDE PÉRIODE.
### APRÈS L'AVÉNEMENT AU TRÔNE DE FRANCE.

### 1589–1610.
#### CORRESPONDANCE DE HENRI IV.

### SUITE DE L'ANNÉE 1589.

#### 1589. — 2 AOÛT. — Ire.

Orig. — B. R. Fonds Béthune, Ms. 9104, fol. 2. — Archives de la ville de Rennes, de la ville de Metz, etc.
Cop. — B. R. Suppl. fr. Ms. 1009-3, etc.
Imprimé in-fol. à Metz, 1820, etc.

#### CIRCULAIRE AUX PRINCIPALES VILLES DU ROYAUME.

De par le Roy[1] :

Chers et bien amez, La rage et cruaulté des ennemys du Roy et de cest Estat les a poulsez sy avant, que d'avoir faict entreprendre malheureusement sur sa vie par un Jacobin, introduict de bonne foy,

---

[1] Cette circulaire est le premier écrit où Henri IV fait acte de roi de France. Les mots *De par le Roy* précédaient, comme l'on sait, toutes les lettres que nos rois écrivaient aux corps de villes, aux cours souveraines et autres corporations

pour la reverence de son habit, à luy parler en sa chambre hier matin, où il luy auroit donné un coup de cousteau dans le ventre, qui ne monstroit apparence de danger, au premier appareil, ny tout le long de la journée : neantmoings il a rendu l'ame à Dieu ceste nuict, laissant à tous ses bons serviteurs qui sont icy un extresme ennuy et desplaisir, tous bien resolus avec nous d'en poursuivre la justice; à quoy de nostre part nous n'espargnerons jusques à la derniere goutte de nostre sang, puisqu'il a pleu à Dieu nous appeller, en son lieu, à la succession de ceste Couronne, ayant bien deliberé aussy de donner tout le meilleur ordre que faire se pourra, avec le bon conseil et advis des princes et aultres principaux seigneurs, à ce qui sera du bien et conservation de l'Estat, sans y rien innover au faict de la religion catholicque, apostolique et romaine, mais la conserver de nostre pouvoir, comme nous en ferons plus particuliere et espresse declaration; et ne ferons aussy, en ce qui concerne l'Estat, aucune chose qui ne soit trouvée bonne pour le bien public. Sur quoy nous avons bien voulu escrire la presente, pour vous asseurer de nostre bonne intention; à ce que vous soyés d'autant plus confortez à perseverer en la fidelité que vous avés par cy-devant gardée à vostre Roy, vous asseurant que, ce faisant, vous recevrés de nous le meilleur traictement et soulaigement, en ce qui concerne vostre particulier, qui nous sera possible. Sur ce, nous prions Dieu qu'il vous ayt, Chers et bien amez, en sa saincte garde. Escript au camp de S<sup>t</sup>-Cloud, le ij<sup>e</sup> jour de aoust 1589.

HENRY.

POTIER [2].

publiques du royaume. Nous ne répéterons point cette formule aux lettres de ce genre qui suivront.

[1] Louis Potier, baron de Gesvres, comte de Tresmes, second fils de Jacques Potier, seigneur de Blancmesnil et de Françoise Cueillette, dame de Gesvres, fut introduit dans l'administration dès le règne de Charles IX, par M. de Villeroy, devint, en 1567, secrétaire du Roi, et, en 1578, secrétaire du conseil. Il accompagna Henri III, au sortir de Paris, à la journée des Barricades, fut chargé de l'inventaire des papiers trouvés chez le duc de Guise, après le meurtre de ce prince, et devint secrétaire d'état le 22 février 1589. Il remplit cette charge, sous le règne de Henri IV, jusqu'en 1606; la reprit, sous

[3] Contenés mon peuple en mon obeissance, et vous asseurés de la volonté que j'ay de vous soulaiger et gratiffier.

### 1589. — 2 AOÛT. — IIme. [1]

Orig. — Archives de M. le marquis de Montholon, ancien gentilhomme de la Chambre.
Cop. — B. R. Fonds Béthune, Ms. 8919, fol. 36.

### A MONS[R] DE MONTHOLON,
#### GARDE DES SCEAUX DE FRANCE [2].

Mons[r] le garde des sceaux, Vous aurés entendu la malheureuse entreprise qui fut faicte hier matin sur la vie du feu Roy, mon seigneur

---

[1] La correspondance de Henri IV, lorsqu'il arrive au trône, s'ouvre nécessairement par la notification du décès de son prédécesseur, et par l'exposé de la situation où cette mort violente et imprévue plaçait le nouveau Roi. Nous avons évité de reproduire des lettres circulaires à peu près semblables; mais nous avons dû admettre celles qui, tout en relatant le même événement, en font l'objet de considérations différentes, suivant l'adresse de la missive. La même catastrophe, annoncée aux principales villes du royaume, au garde des sceaux, au parlement de Normandie, au grand personnage, doyen des chevaliers du Saint-Esprit, à un simple gentilhomme et à des puissances étrangères, fournit le sujet d'autant de lettres bien distinctes.

[2] La charge de connétable étant vacante, et le chancelier de Chiverny se trouvant éloigné des affaires, le garde des sceaux était alors un des premiers officiers de la couronne. Cet office était rempli par François de Montholon, seigneur d'Aubervilliers, fils de François de Montholon qui avait été aussi garde des sceaux de France, et de Marie Boudet. Lorsque Henri III ôta les sceaux au chancelier de Chiverny, en novembre 1588, il choisit pour garde des sceaux M. de Montholon « qui, dit Pasquier, estoit simple avocat consultant en la cour de Parlement. — Il est certain, ajoute Pasquier, que le Roy ne l'a choisy que pour sa grande prud'hommie : et est chose digne de vous estre mandée. Il n'avoit jamais veu le Roy; et entrant dans sa chambre pour le saluer, le trouvant assisté des seigneurs de Bellegarde et de Longnac, maistres de sa garderobe, il demanda lequel des trois estoit le Roy, pour ne l'avoir jamais veu, les sup-

aîné, les ducs de Tresmes et de Gesvres.

[3] Ce post-scriptum autographe, ou figuré tel, est pour les magistrats municipaux, et se retrouve, avec quelques variantes, au bas des divers exemplaires de cette lettre circulaire.

Louis XIII, en 1621, après la mort de M. de Sceaux, son troisième fils, qui lui avait succédé, s'en démit de nouveau en faveur de M. d'Ocquère, son neveu, et mourut le 25 mars 1630. C'est de lui que sont descendus, par René Potier, son fils

1.

et frere, par un Jacobin, introduict de bonne foy, pour la reverence de son habit, à luy parler en sa chambre, où il lui donna un coup de cousteau dans le ventre, qui ne monstroit apparence de danger au premier appareil ny tout le long de la journée, ny que sa mort deust suivre de sy prés un sy malheureux coup, comme elle a faict ce matin, environ les deux heures aprés mynuict. Mais puisque Dieu, qui conduict toutes choses par sa providence, en a voulu disposer et m'appeller en son lieu à la succession de ceste Couronne, la mesme loy et la mesme prud'hommie qui vous ont contenu en la fidelité que vous avés gardée au dict feu Roy jusqu'à sa mort, et qui l'ont invité de se servir de vous en la charge honorable qu'il vous a mise entre les mains, promettent de vous la mesme loyauté à moy vostre Roy legitime et naturel par les lois de la France, plein de vie, graces à Dieu, et de volonté, non seulement de vous conserver en la religion catholique, apostolique et romaine sans y changer aucune chose, mais aussy vous maintenir en tous vos droicts et privileges accoustumez, et vous gratifier en tout ce que je pourray, selon le merite de vostre loyauté. Continués donc, je vous prie, l'exercice de vostre charge, comme vous avés accoustumé (ce pendant que j'essayeray par l'advis et conseil de tous les princes, officiers de la Couronne et aultres seigneurs de ceste armée, lesquels tous m'ont juré la fidelité que justement ils me doibvent, de donner le meilleur ordre qu'il me sera possible à ce qui sera de la conservation de cest Estat), selon la confiance que j'en ay en vous: et croyés que vous me trouverés tousjours vostre bon Roy, qui prie

pliant humblement de le vouloir excuser. A quoy le Roy luy fit response qu'il ne le cognoissoit aussy que de reputation. » (Lettre à M. Airault, du 21 novembre 1588, livre XIII, lett. 1.) — Mézerai dit que les gens de bien avaient honoré Montholon du surnom d'*Aristide français*.

Malgré la lettre fort honorable du roi Henri IV, M. de Montholon se fit un scrupule de religion de continuer à servir sous un prince séparé de l'église romaine, et se retira entièrement des affaires. Néanmoins, les sceaux ne furent rendus à M. de Chiverny qu'après la mort de Montholon, arrivée au mois d'octobre 1590, et, dans l'intervalle, furent remis, suivant le président Hénault, « au cardinal de Vendôme, chef du conseil, qui scelloit en plein conseil; ensuite le Roi fit sceller devant lui, mettant le *visa* de sa propre main, ou faisant viser par le sieur de Loménie, lequel avoit la garde de la clef des sceaux. »

DE HENRI IV. 5

Dieu qu'il vous ayt, Monsʳ le garde des sceaux, en sa saincte garde. Au camp de Sᵗ-Clou, le ıJᵉ jour d'aoust 1589.

HENRY.

RUZÉ [3].

### 1589. — 2 AOÛT. — IIIᵐᵉ.

Cop. — Arch. de la Cour royale de Rouen. Registres secrets originaux du Parlement de Normandie, séant à Caen, vol. du 26 juin 1589 au 8 novembre 1591, fol. 37 recto. Communication de M. Floquet, greffier en chef et correspondant de l'Institut.

A NOS AMEZ ET FEAULX CONSEILLERS LES GENS TENANS NOSTRE COURT DE PARLEMENT A CAEN.

Nos amez et feaulx, C'est à nostre grand regret qu'il fault que nous vous donnions une sy triste et deplorable nouvelle que celle de la mort du feu Roy, que Dieu absolve, que ses ennemys et les nostres ont causée par la plus execrable trahison que les plus meschantes ames peussent excogiter; ayant suscité un Jacobin desesperé, lequel, hier matin, luy baillant des lettres en sa chambre, et feignant avoir creance à luy dire, luy donna d'un cousteau dans le ventre; et, bien que ses medecins et cyrurgiens, au premier appareil, n'y veissent nul danger, neantmoins il est trespassé la nuict passée, m'ayant laissé, et tous ses serviteurs de ceste armée, avec un sy extresme regret de la perte

(*Abrégé chronolog.*) Voyez ci-après la lettre au cardinal de Vendôme, du 10 décembre 1589, Iʳᵉ.

⁵ Martin Ruzé, seigneur de Beaulieu, Longjumeau, Chilly et la Pressay, fils de Guillaume Ruzé et de Marie Testu, avait été secrétaire des commandements de Henri III en Pologne, et toujours fort aimé de ce prince, qui, en arrivant au trône de France, l'avait nommé secrétaire des finances, puis secrétaire d'état au commencement de septembre 1588, et, le 10 avril de cette année 1589, grand trésorier de ses ordres. Il en devint officier commandeur à la première promotion du règne de Henri IV, en 1592, et fut, en 1602, grand maître et surintendant des mines et minières de France. Il céda, en 1606, à M. de Loménie, la survivance de sa charge de secrétaire d'état, qu'il continua à exercer jusqu'à sa mort, arrivée le 16 novembre 1613. Il était âgé de quatre-vingt-six ans, et, n'ayant pas d'enfants, il légua ses grands biens à son petit-neveu, Antoine Coiffier, seigneur d'Effiat, depuis premier écuyer et maréchal de France, père du marquis de Cinq-Mars, grand écuyer.

que tout ce Royaulme a faict à sa personne, et nous principalement qui avions cest honneur de luy estre le plus proche, que nous ne le vous sçaurions exprimer. Toutesfois, comme celluy qui est appellé de Dieu à la succession de ceste Couronne, nous nous resolvons d'employer jusques à la derniere goutte de nostre sang pour venger sa mort; à quoy tous ceulx de ceste armée nous ont juré de nous assister; et ne nous en promettons pas moins de tout le reste des bons François de nostre Royaulme, specialement de ce qui despendra du pouvoir de vos charges, que aussy vous nous serés ayde à en faire la justice à l'encontre de ses ennemys. C'est pourquoy, en attendant que nous vous envoyions nos lettres de declaration[1], que nous faisons depescher, pour faire apparoir à ung chascun comme nous ne voulons innover aucune chose en la religion catholique, apostolique et romaine, ny aux privileges et franchises de la noblesse, vous continuerés le service du parlement et exercice de vos charges, ainsy qu'avés accoustumé, et exciterés par vos arrests tous nos subjects de ce qui est de leur debvoir et de l'obeissance qui nous est deue : ce que nous asseurant que ferés, nous prions Dieu qu'il vous ayt, Nos amez et feaulx, en sa saincte garde. Escript au camp, à St-Clou, le deuxiesme jour d'aoust 1589.

HENRY.

POTIER.

[2] Je vous prie tenir la main à ce qui est de mon authorité, et asseurer tous mes subjects de la volunté que j'ay de les soulager et conserver.

---

[1] Cette déclaration fut envoyée au parlement de Normandie le 12 du même mois, comme le prouve la lettre d'envoi, à cette date; et, le 1ᵉʳ septembre suivant, le Roi écrivit encore à la même compagnie pour la remercier d'avoir fait publier cet acte important. Ces deux lettres sont conservées dans les mêmes registres que celle-ci; mais cette simple mention nous a paru suffire. Quant à la déclaration, on la trouve imprimée, d'après les registres du parlement de Paris, séant à Tours, dans le Recueil général des anciennes lois françaises, par MM. Isambert, Taillandier et de Crusy, t. XV, p. 3.

[2] Les registres font précéder le postscriptum de ces mots : « A costé, en marge, est escript de la main de Sa Majesté. »

1589. — 2 AOÛT. — IV$^e$.

Orig. autographe. — B. R. Fonds Béthune, Ms. 9104, fol. 1.
Cop. — B. R. Fonds Fontanieu, Ms. P. 73, fol. 1 recto.
Cop. — B. R. Suppl. fr. Ms. 1009-3.
Imprimé. — *Mémoires de Nevers*, t. II, p. 267.

A MON COUSIN MONS$^R$ LE DUC DE NEVERS.

Mon Cousin, C'est à mon grand regret que je vous donne advis de la mort du feu Roy, que Dieu absolve. Il vous avoit hier escript pour vous advertir du coup que luy avoit donné ung traistre et meschant Jacobin. Depuis, il a pleu à Dieu l'appeller; dont je reçois un extreme desplaisir, comme je m'asseure que font tous ceulx qui ont esté affectionnez à son service, et vous principalement qui avés tousjours esté aimé de luy. J'espere que Dieu me fera la grace, avec tous ceulx qui luy ont esté affectionnez comme vous, d'en faire faire une punition exemplaire. Je vous prie, mon Cousin, faire estat de la bonne volonté que je vous porte, et croire qu'ayant cest honneur de m'appartenir, vous cognoistrés les effects de ma bonne volonté en tout ce que je pourray pour vostre contentement. J'ay faict despescher mes lettres de declaration, par lesquelles je promets à tous mes subjects de les conserver en leur religion catholique, apostolique et romaine, les soulager, et maintenir la noblesse en leurs privileges et franchises, ce que je vous prie faire entendre particulierement à toutes les villes et aux gentilshommes de vos gouvernemens[1], afin qu'ils se contiennent dans leur debvoir; et parce que le feu Roy, que Dieu absolve, vous avoit mandé par sa derniere de rejoindre avec vous les forces du s$^r$ de Tavannes, les reistres et landsquenets qui viennent pour mon service, et tout ce que vous pourriés assem-

---

[1] Le Roi écrivit lui-même aux plus considérables. Nous avons une copie de la lettre du 3 août, datée du camp de Saint-Cloud, que reçut à cette occasion le capitaine Ponsort, commandant à Châlons. L'original en est conservé dans les archives de M. le baron de Ponsort.

bler d'aultres forces pour attaquer les estrangers qui viennent en faveur de mes ennemys, je vous prie continuer ce desseing, et si ne les pouvés combattre, les suivre, et venir joindre mon armée avec les dictes forces, où je desire vous voir, pour, avec vostre prudent advis, donner ordre aux affaires de mon Estat. Je vous prie me faire paroistre en ceste occasion l'affection que me portés[2]; et vous asseurés de ma bonne volonté : et sur ce, je prie Dieu, mon Cousin, vous avoir en sa saincte garde. Du camp de Saint-Cloud, ce deuxiesme jour d'aoust 1589.

HENRY.

1589. — 2 AOÛT. — V$^{me}$.

Orig. — Archives du château de Poyanne. Copie transmise par M. le baron Méchin.

[A MONS$^R$ DE POYANNE.]

Mons$^r$ de Poyanne, Vous avés tousjours montré tant d'affection envers le feu Roy, mon seigneur, que je m'asseure que vous serés de ceulx qui sentiront plus griefvement le malheur advenu de sa mort; et d'aultant plus quand vous sçaurés de quelle façon elle a esté advancée par la meschanceté des ennemys de cest Estat, qui ont rendu le meurtre de leur Roy d'aultant plus remarquable d'impieté, qu'ils l'ont faict commettre par un Jacobin, abusant de la pureté de confiance qui doibt accompagner l'habit, ce qui doibt animer davantage tous les bons et vrais François à poursuivre la justice et punition de ceste cruaulté plus que barbare, contre les malheureux conspirateurs d'ycelle, comme moy et tous les bons serviteurs du dict seigneur qui sont en ceste armée, avons resolu d'y employer tout

---

[2] Le duc de Nevers, très-fervent catholique, mais attaché à la couronne et ennemi des factions, demeura indécis pendant un mois, puis il remit au Roi son gouvernement de Champagne et se retira dans son duché de Nevers, où il resta en repos jusqu'à l'époque de la bataille d'Ivry. Il joignit alors le Roi, et ne cessa, depuis, de l'aider de sa personne et de ses biens avec un zèle et une activité qui lui furent du plus grand secours.

ce qui sera en notre puissance; moy avec les princes, mareschaulx de France et aultres officiers de la Couronne. Ensemble tous les seigneurs et aultres de la noblesse estant icy presens ont faict le serment de fidelité, et promis toute assistance et service, tant en cela qu'en la conduicte des affaires de ce Royaume, comme je leur ay pareillement promis[1] de m'y gouverner, pour le bon et prudent conseil d'un prince de mon sang et aultres princes et seigneurs qui aiment le bien de cest Estat, et ne rien innover en la religion catholique, apostolique et romaine, ains la conserver de tout mon pouvoir, ensemble les ecclesiastiques et les [gens] fonctionnez [d'iceux], ainsy que j'en feray en bref publier une plus ample declaration; attendant laquelle je vous en ay bien voulu faire entendre mon intention par la presente, et vous prier, comme je fais, [continuer] la mesme fidelité et bonne volonté envers moy que vous avés toujours tesmoigné au service du Roy, mon dict seigneur, et par vostre bon moyen disposer à semblable devoir ceulx qui sont soubs vostre charge, tant de la noblesse que aultres ; avec asseurance qu'ils trouveront en moy le plus favorable traictement qui sera possible. Pour vostre esgard vous croirés aussy que je recognoistray les bons services que vous avés cydevant faicts et que vous me ferés cy-après, par toutes les gratifications que je pourray : priant Dieu qu'il vous ayt, Mons$^r$ de Poyanne, en sa saincte garde. Escript au camp de Saint-Cloud, ce ij$^e$ aoust 1589.

HENRY.
REVOL[2].

[1] Le discours que Henri IV prononça dans cette grave conjoncture est conservé en Ms. à la B. R., fonds de Fontette, portefeuille 6, pièces 17 et 18. Il a été imprimé dans les Mémoires de la Ligue, t. IV, p. 34, dans le Journal militaire de Henri IV, publié par le comte de Valori, p. 28, etc. Dupleix, qui a donné une sorte d'abrégé des mêmes paroles (imprimé également par M. de Valori, p. 26), nous apprend dans quelles circonstances critiques elles furent prononcées. (*Histoire de Henri IV*, p. 7.) Le duc d'Angoulême, fils naturel de Charles IX, que Henri III faisait élever avec le plus grand soin, et qui n'avait alors que seize ans, entendit prononcer ce discours, qu'il reproduisit de souvenir dans ses mémoires, au bout d'environ soixante ans. (*Collection complète des mémoires relatifs à l'histoire de France*, I$^{re}$ série, t. XLIV, p. 540.)

[2] Louis Revol. Tout ce qu'on sait de l'ori-

Vous avés sy dignement servy le feu Roy, que je desire que vous me continuiés ceste mesme affection; et croyés que je la recognoistray, ainsy que j'ay commandé à Frontenac et Bissouse vous dire.

1589. — 8 août. — I<sup>re</sup>.

Orig. — Archives royales de Saxe. Copie transmise par M. le ministre d'état baron Lindenau.

[1] A MON COUSIN LE DUC DE SAXE,<br>
ESLECTEUR DU SAINCT EMPIRE.

Mon Cousin, Estant advenu le decez du feu Roy, mon seigneur et frere, au lieu duquel il a pleu à Dieu m'appeller, par legitime droict de succession, à ceste Couronne, j'ay bien voulu me condouloir avec vous de la perte de sy grand prince, duquel je m'asseure que l'amitié vous estoit sy chere que vous participerés au deuil que la privation de sa personne laisse tant à moy qu'à tous ses bons amys et serviteurs; comme je m'asseure aussy que vous detesterés la malheureuse conspiration executée sur sa vie, ainsy que vous aurés peu entendre, et ceulx qui en ont esté les autheurs; et puisque Dieu l'a ainsy permis, j'ay bien voulu aussy vous faire offre de mon amitié, et vous prier continuer en mon endroict celle que vous portiés au Roy, mon dict seigneur et frere; croyant que, de ma part, je l'entretiendrois par tous

---

gine de ce secrétaire d'état, c'est qu'il était d'une famille du Dauphiné. Le duc d'Épernon, qui l'avait employé en Provence, fut l'auteur de sa grande fortune, en le recommandant à Henri III comme un homme sûr. Devenu secrétaire d'état le 15 septembre 1588, à la retraite de MM. de Sillery, Pinart et Villeroy, il entra assez avant dans la confiance de Henri III pour être chargé par ce prince de préparer et de faire exécuter le meurtre des Guises à Blois. Il continua ses fonctions avec beaucoup de zèle et d'habileté sous le règne de Henri IV, jusqu'en 1594, année de sa mort, le 14 septembre, à l'âge de soixante-trois ans. Voyez l'Histoire des secrétaires d'état, par Fauvelet du Toc, 1668, in-4°, p. 62.

---

[1] Pareille lettre fut écrite, le même jour, au duc de Wurtemberg. L'original en est conservé dans les archives royales à Stuttgard, d'où la copie nous en a été transmise.

les bons offices qui pourront despendre de moy. Au demeurant, ayant resolu, pour les troubles et affaires qui me demeurent sur les bras avec la succession de ceste Couronne, de faire lever en Allemaigne un bon nombre de forces, tant de gens de cheval que de gens de pied, je vous prie que, lorsque vous serés requis par ceux qui ont esté chargez de moy de leur donner passage par vos terres et pays, que leur veuillés accorder avec toute la bonne assistance que vous pourriés, tant pour les vivres qui leur seront necessaires que pour toutes aultres choses, en payant raisonnablement, à ce qu'ils ayent autant plus de moyen de passer sans desordre ny foule de vos subjects, comme est mon intention; et se presentant occasion où vous me veuillés employer, vous me trouverés trés disposé à me revancher du plaisir et offices de bonne voisinance que vous me ferés en cest endroict: priant Dieu qu'il vous ayt, mon Cousin, en sa saincte garde. Escript au camp de Poissy, ce viij° jour d'aoust 1589.

HENRY.

REVOL.

## 1589. — 8 AOÛT. — II$^{me}$.

Orig. — Archives du canton de Zurich. Copie transmise par M. le ministre de France en Suisse.

A NOS TRÉS CHERS ET GRANDS AMYS, ALLIEZ ET CONFEDEREZ LES BOURGMESTRES, AVOYERS, AMANS, CONSEIL ET COMMUNAULTÉ DES TREIZE CANTONS DES LIGUES DE SUISSE DES HAULTES ALLEMAIGNES[1].

[2] Henry, par la grace de Dieu, Roy de France et de Navarre.

Trés chers et grands amys, alliez et confederez, L'amitié d'entre

---

[1] Ces lettres adressées aux treize cantons sont conservées dans les archives de Zurich, parce que ce canton fut jusqu'en 1798 le vorort de la Suisse, et, en cette qualité, recevait tout ce qui concernait l'autorité centrale de la confédération.

[2] Un manuscrit des archives de la couronne, précieux à beaucoup d'égards, notamment par les renseignements qu'il fournit sur les protocoles usités au commencement du règne de Henri IV, constate cette coutume de faire précéder les lettres du Roi aux cantons suisses par la formule *Henri, par la grace de Dieu, etc.* qui ne s'emploie jamais pour les autres lettres missives, étant réservée aux lettres pa-

le feu Roy, nostre trés honoré seigneur et frere, de trés heureuse memoire, et vous, a esté entretenue par sy bons et sy evidens offices, que nous sommes asseurez que la nouvelle de sa mort vous sera trés fascheuse et desplaisante. Croyons aussy, sçachans combien vous abhorrés le mal, que vous ne pourrés entendre le malheureux moyen par lequel ses ennemis l'ont advancée, sans estre animez à desirer qu'ils en reçoivent la pugnition que l'enormité du forfaict merite. Et puisque Dieu nous a constituez en son lieu, par droict de legitime succession, nous avons bien voulu nous en condouloir avec vous, et vous asseurer de nostre intention à l'entretenement de l'amitié, confederation et alliance qui a esté de sy longtemps entre les Roys nos predecesseurs et vous; ayant advisé d'envoyer exprés par delà nostre amé et feal conseiller en nostre grand conseil, le s$^r$ Lubert, pour, en compagnie de nostre aussy amé et feal conseiller en nostre conseil d'Estat, ambassadeur ordinaire, le s$^r$ de Sillery³, vous exposer sur ce et sur autres particularitez la charge que luy avons donnée en vostre endroict; en quoy nous vous prions adjouster telle foy à ce qu'il vous dira de nostre part, comme vous feriés à nous mesmes : priant Dieu, Trés chers et grands amys, alliez et confederez, vous avoir en sa saincte garde. Escript au camp de Poissy, le viij$^e$ d'aoust 1589.

HENRY.

REVOL.

tentes, déclarations, etc. Nous ne répéterons point ce protocole dans les autres lettres aux cantons.

³ Nicolas Brulart, seigneur de Sillery, de Puisieux et de Berny, fils aîné de Pierre Brulart, seigneur de Berny, et de Marie Cauchon, dame de Sillery, fut conseiller au Parlement en 1573, puis, sous Henri III, maître des requêtes et ambassadeur en Suisse, charge où il fut continué, comme on le voit ici, par Henri IV, qui l'envoya encore aux cantons en 1595 et en 1602. Ce prince le nomma président au Parlement en 1595, ambassadeur à Rome en 1599, garde des sceaux en 1604, puis chancelier de Navarre, et enfin, le 10 septembre 1607, chancelier de France. Il remit les sceaux à Louis XIII, en 1616, les reprit en 1623, les rendit de nouveau en 1624, et mourut cette année, à Sillery, le 1$^{er}$ octobre.

## 1589. — 8 AOÛT. — III^me.

Orig. — Archives du canton de Berne. Copie transmise par M. le ministre de France en Suisse.

A NOS TRÉS CHERS ET GRANDS AMYS, ALLIEZ ET CONFEDEREZ LES ADVOYERS, CONSEIL ET COMMUNAUTÉ DE LA VILLE ET CANTON DE BERNE [1].

Trés chers et grands amys, alliez et confederez, Par les circulaires que nous escripvons en commun à tous vos cantons vous entendrés la perte que nous avons faicte de feu nostre trez honoré seigneur et frere et la charge que nous avons donnée là dessus au s^r de Sillery, conseiller en nostre conseil d'Estat, et nostre ambassadeur ordinaire, et au s^r Lubert, conseiller en nostre grand conseil, que nous envoyons exprés par delà; et d'aultant que sa mort advenue sy promptement a rompu la depesche que nous estions sur le point d'y faire et le tesmoignage qu'il desiroit vous donner du bon gré qu'il vous sçavoit du secours qu'il avoit receu de vostre part en ses affaires, nous avons bien voulu y suppleer par la presente et vous remercier, comme nous faisons de trés bon cœur, de l'argent que vous luy avés presté pour les affaires et soings de ceste Couronne, à laquelle Dieu nous ayant appellé, nous satisfairons à ceste debte, comme chose de laquelle la charge demeure sur nous avec les aultres de l'Estat, vous prometant que nous ratifierons et aurons agreable ce que les s^rs de Sillery et de Sancy [2] vous ont promis, du temps du dict seigneur Roy

---

[1] Deux lettres sur le même sujet et à la même date furent écrites au canton de Zurich et à celui de Soleure. Nous donnons celle-ci de préférence, parce qu'elle expose les faits avec plus de détails.

[2] Nicolas de Harlay, baron de Maule, seigneur de Sancy, Grosbois, etc. fils aîné de Robert de Harlay et de Jacqueline de Morainvilliers, capitaine de cinquante hommes d'armes des ordonnances, colonel général des Suisses, premier maître d'hôtel du Roi, gouverneur de Châlon-sur-Saône et lieutenant général en Bourgogne, rendit de grands services aux rois Henri III et Henri IV, par son habileté comme négociateur dans ses ambassades en Suisse, en Allemagne et en Angleterre. Personne ne contribua plus que lui, après la mort de Henri III, à faire reconnaître Henri IV par la noblesse catholique. Il fut nommé

defunct, dont nous [ne] vous envoyons à present les circulaires de ratification, par faulte de nos grands sceaux qui sont demeurez à Tours, où le dict seigneur avoit laissé son conseil ; mais elles vous seront envoyées le plus tost qu'il sera possible ; et au surplus nous souvenant de l'amitié particuliere que nous avés monstré par le passé, nous vous asseurons que nous la recognoistrons en tout et où nous aurons moyen de faire chose qui soit à vostre contentement ; ne voulant oublier vous dire pour tesmoignage du soing que ledict seigneur Roy defunct avoit de vos affaires, qu'il avoit resolu d'envoyer bien tost le mareschal d'Aumont en Bourgogne, avec bonnes forces, et charge de vous assister de toute sa puissance en ce que vous eussiés desiré ; ce que sa mort ayant interrompu, nous continuerons en ceste mesme volonté, ainsy que vous cognoistrés par bons effects, comme nous avons donné charge aux dicts s$^{rs}$ de Sillery et Lubert vous asseurer de nostre part ; en quoy vous prions adjouster pareille foy que si vous [l'entendiés de nous-mesmes] : priant Dieu, Trés chers et grands amys, alliez et confederez, vous avoir en sa saincte garde. Escript au camp de Poissy, le viij$^e$ jour d'aoust 1589.

HENRY.

REVOL.

en 1604 pour être chevalier des ordres ; mais son nom ne se trouve pas dans les réceptions ultérieures qui se firent sous le règne de Louis XIII. La plupart des biographies lui donnent aussi le titre de surintendant des finances et bâtiments ; et il succéda en effet à M. d'O dans la direction des finances. Mais il ne paraît pas que la surintendance ait été officiellement confiée à personne entre d'O et le marquis de Rosny. De Thou et plusieurs autres historiens parlent dans les termes les plus honorables du désintéressement de Sancy, et méritent plus de confiance que les sarcasmes outrageants de d'Aubigné dans la satire intitulée *Confession de Sancy.* M. de Sancy mourut le 17 octobre 1629. Un des gros diamants de la couronne portait son nom ; il l'avait cédé à madame de Monglat sa belle-sœur, qui le légua par testament à Louis XIII, dont elle avait été la gouvernante.

## 1589. — 10 AOÛT.

Orig. — Arch. de la famille Le Roux d'Esneval. Copies transmises par M. le préfet de la Seine-Inférieure, et par M. Floquet, correspondant de l'Institut.

### A MONS<sup>R</sup> LE PRESIDENT DE GREMONVILLE.

Mons<sup>r</sup> le president, J'ay veu, par la derniere lettre que vous escriviés au feu Roy, mon seigneur et frere, l'affection que vous et le s<sup>r</sup> de Lanquetot, vostre filz [1], portiés au bien de son service, et les bons effects que vostre sortie de Rouen en ont rendus; de quoy j'ay receu beaucoup de contentement, comme chose qui est retournée pour le bien de mon service et affaires, puisque Dieu m'a appellé à la succession de ceste Couronne, et, pour l'esperance que j'ay que vous et vostre dict filz continuerés en mon endroict la mesme affection et fidelité, ainsy que vous vous pouvés promettre de moy une fort bonne volonté; de laquelle je vous prie croire que je vous feray sentir les effects ez occasions qui s'offriront pour vostre bien et contentement.

Vous verrés la declaration que j'ay faicte en faveur de mes subjects catholicques, laquelle je seray bien ayse que vous faciés entendre à mon peuple; et l'asseurés, de ma part, que je feray pour leur contentement et soulaigement plus que je ne leur promets : et

---

[1] Bretel de Lanquetot, conseiller au parlement de Normandie, fils du président Bretel de Gremonville, et nommé président en survivance de son père, fut, comme lui, au nombre des magistrats de cette compagnie les plus fidèles à Henri IV. L'un et l'autre siégèrent dans le parlement royaliste à Caen jusqu'à la soumission de Rouen; et M. de Lanquetot, à qui sa fidélité fit courir un assez grand danger, lorsqu'il fut pris et emmené au Havre, en 1590, par Fontaines-Martel, chef de la Ligue à Louviers, accompagna à Saint-Denis, en 1593, Claude Groulart, seigneur de la Court, premier président, pour assister avec lui à l'abjuration de Henri IV. Voyez la lettre du 25 mars 1590, et l'Histoire du Parlement de Normandie par M. Floquet, t. III. — Le même jour, puis le 16 du même mois, le Roi écrivit à M. de Lanquetot deux lettres conçues dans des termes également bienveillants et honorables, et qui sont aussi conservées dans les archives de la famille d'Esneval.

sur ce, je prie Dieu qu'il vous ayt, Mons<sup>r</sup> le president, en sa saincte garde. Escript au camp de Pontoise, le x<sup>e</sup> jour d'aoust 1589.

HENRY.
POTIER.

[1589.] — 11 AOÛT.

Orig. autographe. — Collection de M. F. Feuillet de Conches.

A MONS<sup>R</sup> DE S<sup>T</sup> GENIÈS.

Mons<sup>r</sup> de Saint Geniès, Despuis que Dieu m'a appellé à cest Estat, je n'ay eu le moyen ny le loisir de vous escrire, pour les continuelles occupations que j'ay tousjours eu, pour me voir parmy des peuples bizarres, et esloigné des villes et lieux où despuis quinze ans j'ai tousjours esté. J'ay eu nouvelles de mon agent en Espagne, par lesquelles il me mande comme il s'est levé force gens et qui pourroient bien entreprendre quelque chose sur mes pays souverains. Et pour ce je vous prye d'y pourvoir, comme vous avés tousjours accoustumé. Vous me pourrés souvent advertir de ce qui passera, par la voie de Bayonne, droict à M<sup>r</sup> le mareschal de Matignon, à Bordeaux, et l'on fera taxe pour les frais. Croyés, au reste, que comme je suis creu en dignité, je le suis en moyen et bonne volonté de recognoistre les fideles services que vous m'avés tousjours faict, et que je vous prie de me continuer.

HENRY.

De Marines[1], ce xj<sup>e</sup> aoust.

[1] Village du Vexin français, aujourd'hui du département de Seine-et-Oise, chef-lieu de canton dans l'arrondissement de Pontoise.

## 1589. — 15 AOÛT.

Orig. — Arch. municip. de Metz.

Imprimé. — *Lettres de Henri IV aux magistrats et aux habitants de la ville de Metz*, p. 6. Metz, 1820, in-fol.

A NOS CHERS ET BIEN AMEZ LES MAISTRE-ESCHEVIN[1] ET TREIZE DE NOSTRE VILLE DE METZ[2].

Nos chers et bien amez, Nous ne vous sçaurions tesmoigner le contentement que nous apporte la fidelité que nous sçavons que vous avés gardée au feu Roy, nostre trés honoré seigneur et frere, et l'affection que vous avés tousjours portée au bien de son service, pour l'asseurance que ce nous est que vous continuerés de mesme en nostre endroict. Specialement nous vous sçavons fort bon gré des grandes sommes de deniers que nous avons entendu que vous avés fournies et prestées pour l'entretenement de vostre garnison, desquelles nous avons bonne volonté de vous satisfaire. Ce pendant ce porteur vous dira la provision que nous avons donnée pour la dicte garnison, estant bien marrys que la nécessité de nos affaires ne nous permette de pouvoir faire d'advantaige pour le present, comme nous y aurions bonne volonté, vous asseurant que nous aurons tousjours la conservation de vostre ville, et vostre bien et soulaigement, en telle recommandation que vostre fidelité merite[3]. Donné au camp de S<sup>t</sup>-Cloud[4], le xv<sup>e</sup> jour d'aoust 1589.

HENRY.

POTIER.

---

[1] C'était, à Metz, le titre du premier magistrat. Il était vicaire de l'Empire.

[2] Le roi de France possédait alors cette ville importante à titre de protecteur, depuis qu'elle avait ouvert ses portes à Henri II, en avril 1552. Ce fut Louis XIII qui y établit un parlement, et elle continua à battre monnaie à son propre coin, jusqu'en 1662.

[3] Les Messins furent constamment fidèles à Henri IV.

[4] Ce nom semble avoir été écrit par erreur au lieu de *Clermont*.

## 1589. — 16 AOÛT. — I^re.

Orig. — A Bourges. Collection de M. le baron de Girardot, qui en a transmis la copie.

### A MONS^R LE VISCOMTE DE COMBLEZY [1],
#### GOUVERNEUR DE MA VILLE DE CHASTEAU-THIERRY.

Mons^r le viscomte, J'ay veu l'advis que vous m'avés donné par ce porteur, lequel et tous advis que vous me donnerés me seront tousjours bien agreables. Ce pourquoy je vous prie de continuer de me bien servir en toute aultre occasion, vous asseurant que je le recognoistray. Vous avés veu ce que je vous ay escript ces jours-cy, particulierement le desir que j'ay que me veniés trouver avec vostre compaignie. Vous me ferés service trés agreable de la rendre la plus forte que vous pourrés, et la tenir preste pour l'acheminer au lieu que bien tost je vous feray sçavoir. Ce pendant je prie Dieu qu'il vous ayt, Mons^r le viscomte, en sa saincte garde. Du camp de Clermont [2], le xvi^e jour d'aoust 1589.

HENRY.

POTIER.

## 1589. — 16 AOÛT. — II^me.

Orig. — B. R. Fonds Béthune, Ms. 8891, fol. 61.

### A MONS^R LE PRESIDENT DE METZ.

Mons^r le president, J'ay bien cogneu par la lettre que vous m'avés escripte, que je ne me suis point trompé de la bonne opinion que j'avois de vous, ayant veu par ycelle le bon debvoir que vous avés faict pour disposer les habitans de Blois à me recognoistre et me rendre l'obeissance qui m'est deue, dont j'ay receu beaucoup de contente-

---

[1] Claude Pinard, vicomte de Comblizy, marquis de Louvois, gentilhomme de la chambre, capitaine de cinquante hommes d'armes des ordonnances et gouverneur de Château-Thierry. Il était fils de Claude Pinard, seigneur de Cramailles, premier baron de Valois, secrétaire d'état, et de Claude de l'Aubespine. C'était le père qui était gouverneur en titre; mais, ayant été soupçonné de trahison, il avait transmis le commandement de cette ville à son fils, qui la laissa prendre au duc de Mayenne en 1591.

[2] Clermont en Beauvoisis, aujourd'hui département de l'Oise.

ment. Je m'asseure que comme les princes et officiers de la Couronne qui sont en ceste armée, et la pluspart des villes qui tenoient pour le service du feu Roy mon seigneur, m'ont desjà recogneu pour leur Roy, que le reste en fera de mesme, et que la dicte ville de Blois specialement, qui à tousjours sur toutes aultres esté affectionnée à son prince, continuera en mon endroict la mesme desvotion. Aussy se peut-elle promettre et tout le reste de mes subjects, que je ne desire rien tant que de les pouvoir conserver en repos et les maintenir en leur religion. Quant aux affaires de ma ville de Metz, je y ay desjà pourveu; et neantmoings l'advertissement que m'en avés donné m'a esté bien agreable, cognoissant d'aultant plus par là le soing que vous avés de ce qui importe au bien de mes affaires; de quoy j'en auray soubvenance pour le recognoistre aux occasions qui s'en offriront : et en ceste volonté je prie Dieu qu'il vous ayt, Monsr le president, en sa saincte garde. Escript au camp de Clermont, le xvjᵉ jour d'aoust 1589.

HENRY.
POTIER.

## 1589. — 17 AOÛT.

Orig. — Arch. du canton de Soleure. Copie transmise par M. le ministre de France en Suisse.

A NOS TRÉS CHERS ET GRANDS AMYS, ALLIEZ ET CONFEDEREZ, LES ADVOYERS, AMANS, CONSEIL ET COMMUNAULTÉ DU CANTON DE SOLEURE.

Trés chers et grands amys, alliez et confederez, Entre ceulx envers lesquels nous avons trouvé ceste Couronne chargée de debtes, nous desirons vous satisfaire les premiers de ce qui vous est deub, pour le merite, mesmement que aussy à l'equité du faict, la singuliere affection que vous avés tousjours monstré porter, et encore en ces diverses occasions, au bien des affaires de ce Royaume : qui nous faict rechercher tous moyens pour vous en rendre satisfaicts. En attendant ceste commodité, nous ayant esté particulierement faict instance par vos cappitaines qui sont en nostre service, d'asseurer le payement de l'interest annuel de la somme de soixante-douze mille escuz par an, ayant regardé tous expediens dont nous pouvions nous ayder à cest effect, nous n'en avons poinct trouvé de plus seur ny plus propre que de l'assigner sur le sel de Paris, soit à prendre du sel en nature sur le lieu chascun an, jusques à la concurrence de ce que monte le dict interest, ou bien avoir les deniers par les mains du fermier que nous y ferons specialement obliger. Ce que nous avons faict proposer à vos dicts cappitaines et leur en avons donné l'option, laquelle ils se sont voulus dispenser de faire, l'ayant remis à vostre prudence; sur quoy nous attendons de sçavoir vostre resolution, et ycelle entendue, vous en fairons incontinent expedier toutes les provisions et seuretez qu'il sera besoing, comme en toutes aultres choses vous nous trouverés tousjours disposez à vous donner tout aultre contentement qui nous sera possible : priant Dieu, Trés chers et grands amys, alliez et confederez, qu'il vous ayt en sa saincte garde.

Escript au camp de Nully[1], le xvij[e] jour d'aoust 1589[2].

HENRY.

REVOL.

---

[1] Neuilly-Saint-Front, petite ville du Soissonnais, aujourd'hui chef-lieu de canton du département de l'Aisne.

[2] C'est comme écrite du lendemain 18, au camp de Beauvais, que fut composée par les ligueurs une lettre apocryphe aux seigneurs de Berne, répandue avec profusion, pour alimenter les passions aveugles de l'esprit de parti. Les insinuations calomnieuses contenues dans ce pamphlet sont trop grossières pour avoir pu tromper un instant quiconque accordait à Henri IV seulement une habileté ordinaire. Ce pamphlet, conservé en manuscrit à la Bibliothèque royale, dans le fonds Dupuy, Ms. 1191, fol. 3 recto, dans le Suppl. fr. Ms. 1569, fol. 116 verso, dans les archives du département du Nord, etc. a été imprimé à la suite des Sermons de la simulée conversion, par Boucher, juin 1594, in-8°, et dans les Mémoires de la Ligue, t. IV, p. 9. Nous le reproduirons ici, non dans le texte, puisque ce n'est pas une lettre de Henri IV, mais en note, comme pièce du temps et annexe nécessaire de cette correspondance :

« À MESS[rs] DE LA SEIGNEURIE DE BERNE.

« Illustrissimes seigneurs, Sur vos lettres du 6 aoust, nous croyons que, congnoissant l'estat des affaires de France, vous avés, comme nous, loué Dieu de ce qu'il vous a vengé de nostre vieil ennemy, par la main de nos ennemys mesmes. Il sembloit que la necessité des troubles du Royaume l'eust reduict au bon chemin et à nostre party, suivant ce qu'il auroit fait avant sa mort, mais vous sçavés comme les nouvelles reconciliations sont suspectes et perilleuses. Tant est que pour nous rendre successeurs à sa Couronne, et heritiers de ses forces et munitions de guerre, le Seigneur semble avoir voulu choisir

1589. — 18 AOÛT. — I$^{re}$.

Cop. — Arch. de M. le duc de Luynes, membre de l'Institut.

A MON COUSIN MONS$^R$ LE GRAND-DUC DE TOSCANE [1].

Mon Cousin, Ayant à me condouloir avec vous du trespas du feu l'opportunité du temps et du lieu, au coup que miraculeusement il a frappé à nostre advantage. Ceux qui nous sont contraires s'en rejouissent et nous encore plus. Vous jugerés si nous n'en avons pas meilleure raison que les aultres. Toutesfois la discretion nous commande de dissimuler un peu de temps; aultrement nous estions en danger de perdre une bonne partie de l'armée et d'aliener le cœur du peuple, lequel vous congnoissés assez endurcy aux erreurs de sa vieille religion. C'est pourquoy les mieulx advisez et affectionnez de nostre conseil ont trouvé bon de publier certaine declaration, par laquelle jurons et promettons la conservation de la foy romaine, de quoy vos illustres seigneuries seront adverties, ainsy qu'ont esté celles d'Angleterre, d'Allemagne, Hollande, Irlande, Geneve, Sedan et autres villes de la France, affin que les esleuz de Christ n'en prennent aulcun ombrage, jugeant facilement à quelle fin tendent les desseings de nostre intention. Nous nous promettons de nostre part que vous louerés ce stratageme, mais aussy que le ferés approuver par vos confreres et voisins, lesquels vous assurerés de nostre devotion immuable à l'Evangile et à la gloire de l'Eternel, en esperant que doresnavant nous en rendrons bons tesmoignages, en ayant les moyens plus que jamais. Et pour n'en estre ingrat, croyés que nous ne perdrons temps à cultiver l'heritage du Seigneur, pour en tirer le fruict par tout nostre Royaume, mais ce ne sera sans quelque peine au commencement, attendant l'establissement de nostre puissance absolue. L'on s'asseure bien qu'en sy bon œuvre vous n'espargnerés choses quelconques de vos moyens, veu mesmes que nos plus grands ennemys de Rome et de l'Espaigne se declarent ouvertement et ont promis de secourir d'hommes et d'argent pour s'opposer à nous. De Harlay-Sancy va en vos quartiers pour faire levée telle que luy accorderés, et à cest effect a toute charge et procuration necessaire; et entre autres memoires Vos Seigneuries verront, s'il leur plaist, le nouveau serment que nous avons presté à l'advenement de nostre Royaulme d'y maintenir et augmenter la foy en laquelle nous entendons vivre et mourir avec vous, suivant l'instruction receue au berceau; qui servira d'asseurance contre le soupçon de la declaration publiée en nostre nom en ce Royaume. Nous vous prions à ce coup nous assister, comme cy-devant vous avés faict aux occasions qui se sont presentées pour le service du Seigneur, et lorsqu'il y avoit plus de peril que maintenant. Venés donc, non point tant pour combattre que pour recevoir la recompense des travaux passez; car il y a moyen de vous employer et à vous recognoistre amplement. »

---

[1] Ferdinand I$^{er}$, second fils de Cosme de Médicis et d'Éléonore de Tolède, né en 1549, fut nommé cardinal en 1563, succéda dans le duché de Toscane à son frère

Roy, mon seigneur et frere, puisqu'il a pleu à Dieu en faire sa volonté et m'appeller à ceste Couronne, qui me rend obligé à mesme debvoir qu'il avoit à l'endroict de ses bons amys et alliez, j'ay commis à faire cest office de ma part envers vous, et vous asseurer de la continuation que je desire entretenir de la bonne amitié que vous aviés ensemble, à mon cousin le s$^r$ de Luxembourg duc de Pinay[2], pair de France, lequel à ceste cause je vous prie croire de ce qu'il vous dira en mon nom, comme moy-mesme : priant Dieu, mon Cousin, qu'il vous ayt en sa saincte garde. Escript au camp de Neuilly, ce xviij$^e$ aoust 1589.

Vostre bon cousin,

HENRY.

REVOL.

aîné François-Marie, le 19 octobre 1587. Il venait de déposer la pourpre romaine pour son mariage avec Christine de Lorraine, qui s'était célébré le 30 avril de cette année 1589. Il mourut le 17 février 1609.

[2] François de Luxembourg, duc de Piney, prince de Tingry, comte de Roussi et de Ligny, pair de France, chevalier des ordres du Roi, second fils d'Antoine de Luxembourg et de Marguerite de Savoie. Il avait déjà été ambassadeur extraordinaire à Rome, en 1586, et s'était acquitté très-dignement de sa mission. Le nouveau voyage qu'il y fit au commencement du règne de Henri IV fut d'un grand intérêt pour ce prince, en constatant l'adhésion d'une notable partie de la haute noblesse catholique. « Les princes et seigneurs catholiques de l'armée royale, dit Dupleix, deputerent en leur nom François de Luxembourg, duc de Piney, devers le Pape, afin de luy representer les causes qui les avoient meus à declarer le roy de Navarre legitime successeur de la couronne françoise, l'asseurance qu'ils avoient prise de luy pour la manutention de la religion catholique, apostolique et romaine, et pour son instruction en la mesme religion, avec tout ce qui pouvoit servir à l'estat present du Royaume. » (*Histoire de France, Henri IV*, p. 10.) Ses descendants s'allièrent surtout avec les maisons de Montmorency et d'Albert, ce qui a conservé dans les archives de M. le duc de Luynes un certain nombre des lettres écrites par Henri IV au duc de Piney.

## 1589. — 18 AOÛT. — II^me.

Cop. — B. R. Fonds Béthune, Ms. 8682, fol. 133 recto.
Cop. — Arch. de la Couronne, salle 5, anciennes archives, Ms. 30, fol. 29 verso.
Cop. — Bibliothèque de M. Monmerqué, membre de l'Institut, Ms. intitulé : *Depesches, instructions et commissions*, fol. 119 verso.

### A MA NIEPCE MADAME LA GRAND-DUCHESSE.

Ma niepce, Si le dueil et regret pouvoit rechapper la perte de ceulx que l'on aime, je m'asseure que vous seule seriés suffisante de faire revivre le feu Roy, mon seigneur et frere, vostre bon oncle [1], duquel Dieu a permis que nous soyons privez par un acte trés cruel et meschant. Mais n'estant le remede au pouvoir des hommes, je sçais que vous estes sy sage, que vous sçaurés le prendre comme de la main de celuy qui dispose de nous ainsy qu'il lui plaist, et vous conformer à sa volonté; vous priant croire que si vous avés perdu un bon amy, je succede en la mesme affection de vous aimer aultant qu'il l'a faict, dont je vous donneray tous les tesmoignages qui pourront despendre de moy, ainsy que j'ay donné charge à mon cousin le s^r de Luxembourg, duc de Piney, vous asseurer encore plus particulierement de ma part : à la suffisance duquel me remettant, je vous prie le croire comme moy mesme, qui prie sur ce Dieu vous avoir, ma Niepce, en sa saincte et digne garde.

Vostre bon oncle,<br>HENRY.

---

[1] Christine de Lorraine, fille de Charles III, duc de Lorraine, et de Claude de France, était la propre nièce de Henri III. Elle fut élevée par son aïeule, Catherine de Médicis, et mariée, en 1589, à Ferdinand I^er, duc de Toscane. Elle mourut le 20 décembre 1636.

## 1589. — 18 AOÛT. — III$^{me}$.

Cop. — B. R. Fonds Brienne, Ms. 11, fol. 70 verso.

A NOS TRÉS CHERS ET GRANDS AMYS, ALLIEZ ET CONFEDEREZ LES DUC[1] ET SEIGNEURIE DE VENISE.

Trés chers et grands amys, alliez et confederez, Ayant pleu à Dieu de tirer à soy le feu Roy nostre trés honoré seigneur et frere, de trés heureuse memoire, et de nous appeller à ceste Couronne, entre les choses plus pretieuses de ceste succession nous tenons en grande estime l'amitié que vous avés rendu vers nostre dict seigneur et frere, qui nous en fait d'autant plus desirer une bonne et asseurée continuation entre nous : en tesmoing de quoy, nous avons bien voulu nous condouloir avec vous de la mort du dict seigneur Roy, la perte duquel nous croyons vous devoir desplaire comme de l'un de vos meilleurs amys et confederez, mais puisque la volonté de Dieu a esté d'en ordonner ainsy, vous nous recognoissiés trés asseurez successeurs de ceste bonne affection en vostre endroict, comme pareillement nous vous prions de nous rendre jouissans de celle que vous luy portiés, desirans que ceste bonne corespondance demeure toujours entre nous. Et pour mieux confirmer ceste nostre bonne intention, nous avons commis nostre trés cher et amé cousin le s$^r$ de Luxembourg, duc de Pigney, pair de France, pour faire plus amplement cest office de nostre part[2], lequel nous vous prions de croire en tout ce qu'il vous dira de par nous, comme nous-mesme : priant Dieu, Trés chers et grands amys, alliez et confederez, qu'il vous ayt en sa saincte garde. Escript au camp de Neuilly, le xviij$^e$ aoust 1589.

HENRY.

REVOL.

---

[1] Le doge de Venise, appelé duc en France, était alors Pascal Cigogna. Proclamé le 18 août 1585, il mourut le 2 avril 1595.

[2] Voyez ci-après la lettre du 12 décembre 1589.

## 1589. — 19 AOÛT. — I<sup>re</sup>.

Orig. — Musée britannique, bibliothèque Cottonienne, Caligula, E. VII, fol. 313. Copie transmise par M. Delpit, archiviste paléographe.

### A MONS<sup>R</sup> LE GRAND TRESORIER DE LA ROYNE D'ANGLETERRE, MA DAME ET BONNE SOEUR.

Mons<sup>r</sup> le grand tresorier, Le s<sup>r</sup> de Beauvoir [1], conseiller en mon Con[seil d'Estat] et cappitaine de cinquante hommes d'armes de mes ordonnances, que j'e[nvoye vers] la Royne ma bonne sœur, vous fera entendre la charge que je lu[y donne], laquelle tendant à une bonne continuation d'amitié et sincere intelligen[ce entre nous], je m'asseure tant de vostre prudence et de la bonne volonté que vous avés [tesmoignée pour] le passé en mon pa[rticulier], que vous y donnerés volontiers tout l'advancement qu[e vous] pourrés, comme je vous en prie, et de croire que je suis tellement disposé [à tout ce] qu'elle jugera estre du bien commun de nos affaires, que je n'auray en cela aultre volonté que la sienne, ainsy que le dict s<sup>r</sup> de Beauvoir vous dira plus pa[rticulierement] de ma part : à la suffisance duquel me remettant, je prie Dieu, pour fin [de la] presente, qu'il vous ayt, Mons<sup>r</sup> le grand tresorier, en sa saincte garde. Escript de Fresne-Lesguillon [2], le xix<sup>e</sup> jour d'aoust 1589.

HENRY.

REVOL.

## 1589. — 19 AOÛT. — II<sup>me</sup>.

Orig. — A Londres, State paper's office, ancient royal letters, vol. XXII, lett. 142. Copie transmise par M. Lenglet.

### A MONS<sup>R</sup> DE WALSINGHAM,
CONSEILLER ET SÉCRETAIRE D'ESTAT DE LA ROYNE D'ANGLETERRE, MA BONNE SŒUR.

Mons<sup>r</sup> de Walsingham, J'envoye le s<sup>r</sup> de Beauvoir, conseiller en mon conseil d'Estat et cappitaine de cinquante hommes d'armes de mes

---

[1] Jean de la Fin, seigneur de Beauvoir (ou Beauvais)-la-Nocle.

[2] Ecquevilly ou Fresne, bourg de l'Ile-de-France, aujourd'hui dans le département de Seine-et-Oise, arrondissement de Versailles.

ordonnances, vers la Royne ma bonne sœur, sur l'occasion des nouvelles occurrences de ce Royaume, desquelles vous aurés desjà esté adverty, et avec la charge qu'il vous fera entendre. Je sçay que vous avés par le passé embrassé d'affection ce qui s'est présenté pour mes affaires auprés de la dicte dame, et m'asseure que le ferés encores à present plus volontiers, pour le bien que nostre commune intelligence peut apporter à nos royaulmes et subjects. Vous sçavés aussy trés bien juger combien elle est necessaire à nostre commune conservation, et la confiance qu'elle y peut prendre de ma part sur tous aultres, pour les obligations mesmement qu'elle a cy-devant acquises sur moy. Je vous prie luy en confirmer l'asseurance, et par la raison qui m'y lie, et par la parolle que je vous en donne, que tout ce que j'auray de moyen sera tousjours à sa disposition, ainsy que le s$^r$ de Beauvoir le luy fera et à vous plus particulierement entendre : à la suffisance duquel me remettant, je prie [Dieu] qu'il vous ayt, Mons$^r$ de Walsingham, en sa saincte garde. Escript au camp de Fresnoy, le xix$^e$ jour d'aoust 1589.

HENRY.

REVOL.

1589. — 19 AOÛT. — III$^{me}$.

Orig. — Archives de M. le baron de Ponsort.
Imprimé. — *Journal de la Marne*, n° du 6 octobre 1841.

AU CAPPITAINE PONSORT.

Capp$^{ne}$ Ponsort, Vous avés sy bien faict vostre debvoir à ma ville de Chaalons du vivant du feu Roy, mon seigneur et frere, et depuis, que j'ay voulu vous tesmoigner par la presente le contentement que j'en ay; et vous asseure qu'en continuant, comme vous m'asseurés que vous ferés, je le recognoistray. J'envoie par delà mon cousin le mareschal d'Aumont, pour pourveoir aux affaires de la province et s'opposer à mes ennemys. Assistés-le, ainsy qu'il vous commandera, selon que les occasions s'en offriront, et vous nous serés surtout trés agreable : priant Dieu qu'il vous ayt, Capp^ne Ponsort, en sa saincte garde. Escript au camp de Clermont en Beauvoisis, le xix^e aoust 1589.

HENRY.

POTIER.

## 1589. — 23 AOÛT.

Orig. — Musée britannique, bibliothèque Cottonienne. Galba, E. VI, fol. 407. Copie transmise par M. Delpit, archiviste paléographe.
Imprimé. — RYMER, Fœdera, etc. Ed. La Haye, 1742, t. VII, p. 10.

A TRÉS HAULTE, TRÉS EXCELLENTE ET TRÉS PUISSANTE PRINCESSE, NOSTRE TRÉS CHERE ET TRÉS AMÉE BONNE SOEUR ET COUSINE LA ROYNE D'ANGLETERRE.

Trés haulte, trés excellente et trés puissante princesse, nostre trés chere et trés amée bonne sœur et cousine, Ayant pleu à Dieu appeller à soy le feu Roy nostre trés honoré seigneur et frere, nous avons, au plus tost que les affaires dont nous sommes demeurez chargez l'ont permis, advisé d'envoyer vers Vostre Majesté nostre amé et feal le s^r de Beauvoir, conseiller en nostre conseil d'Estat et cappitaine de cinquante hommes d'armes de nos ordonnances, tant pour se condouloir de nostre part avec elle de cet accident, croyant que le regret vous en sera commun avec nous, que pour aultres occasions et affaires que luy avons donné charge faire entendre à Vostre Majesté, touchant la continuation et plus estroict lien d'une bonne et asseurée amitié et intelligence entre nous, pour le bien commun de nos affaires ; en quoy nous vous prions adjouster foy à ce qu'il vous dira en nostre nom, comme vouldriés faire à nous-mesmes : et sur ce, prions Dieu qu'il vous ayt, Trés haute, trés excellente et trés puissante princesse, nostre trés chere et trés amée bonne sœur et cousine, en sa saincte garde. Escript au camp du Pont S^t-Pierre[1], le xxiij^e jour d'aoust 1589.

Vostre bien bon frere,

HENRY.

---

[1] Bourg de Normandie, dans le département de la Seine-Inférieure.

## 1589. — 24 AOÛT.

Imprimé. — *Mémoires de messire Philippes de Mornay*, etc. édit. in-4°, t. II, p. 15.

### A MONS^r DU PLESSIS,
#### GOUVERNEUR ET MON LIEUTENANT EN LA VILLE ET GOUVERNEMENT DE SAUMUR.

Mons^r du Plessis, Le cappitaine Boisguerin m'a faict instance de continuer la fortification de mon chasteau de Loudun; mais encore que cela importe à mon service, et que j'y veuille bien pourveoir selon le merite de la place, le soing toutesfois de mon peuple en la saison qu'il a besoing de reserrer ce qu'il dit luy aider pour sa nourriture et le payement de mes tailles tout au long de l'année, me tient d'y mettre la main, jusqu'à ce que j'aye là-dessus vostre advis. Je vous prie donc, allés sur le lieu, et me mandés, non seulement ce que vous en semble, et ce qui s'y peut faire, mais le moyen d'y satisfaire au plus grand soulagement de mes subjects que vous pourrés; car si la fortification de mes villes est considerable, l'entretenement de mon armée, qui est aujourd'huy le seul establissement de mon authorité et la conservation de mon Estat, ne l'est pas moins. J'envoye par le s^r de Montbazin au s^r de Chavigny[1] sa descharge pour mon oncle le cardinal de Bourbon, et le prie de vous le deslibvrer[2]. S'il est besoing que vous

---

[1] François le Roy, seigneur de Chavigny, comte de Clinchamp, chevalier des ordres du Roi dès la première promotion en 1578, conseiller d'état, capitaine de cinquante lances et des cent gentilshommes de la maison du Roi, lieutenant général aux gouvernements d'Anjou, de Touraine et du Maine, gouverneur de Chinon. Sa grande réputation de loyauté avait engagé Henri III à lui confier la garde du cardinal de Bourbon, après avoir fait arrêter ce prince à Blois, bien que M. de Chavigny fût devenu aveugle depuis cinq mois. L'événement prouva qu'il ne pouvait le confier en des mains plus sûres: après la mort de Henri III, toutes les promesses et les menaces de la Ligue et des princes de la branche de Condé trouvèrent M. de Chavigny inébranlable. Parfaitement secondé par sa femme, dont l'intelligence suppléait à son infirmité, il garda étroitement le cardinal à Chinon, jusqu'au moment où il le remit aux délégués de Henri IV.

[2] Un des premiers soins de Henri IV, après son avénement, fut de confier à du Plessis-Mornay le soin de retirer de Chinon le cardinal son oncle, que la Ligue

y aillés en personne, comme je pense qu'il ne le vouldra pas faire aultrement, vous y irés et en prendrés le soing que j'attends de vostre accoustumée diligence et bonne affection à mon service, aultant que vous sçavés que cela importe au bien de mes affaires, et selon la confiance que j'en ay en vous : priant sur ce Nostre Seigneur vous avoir, Mons$^r$ du Plessis, en sa saincte et digne garde. Escript au camp du Pont S$^t$-Pierre, le xxiiij$^e$ jour d'aoust 1589.

HENRY.
RUZÉ.

³ Je ne vous ay sceu escrire de ma main, pour la grande multitude d'affaires que j'ay; mais je vous prie continuer avec Puicheric ce que je vous ay cy-devant mandé.

1589. — 27 AOÛT. — I<sup>re</sup>.

Imprimé. — RYMER, Fœdera, etc. Éd. de La Haye, 1742, t. VII, p. 11.

A MONS$^R$ DE BUZENVAL.

Mons$^r$ de Buzenval, J'arrivay hier en ceste ville de Dieppe, où j'ay esté trés bien receu, et ay trouvé au [gouverneur]¹ toute la fidé-

---

proclamait roi, sous le nom de Charles X. La manière dont Mornay, quoique fort malade en ce moment, s'acquitta de cette mission si importante, est racontée au long dans sa vie, par David des Licques, et avec plus de détails encore dans celle que composa Françoise Arbaleste, sa femme. On peut voir aussi de Thou, l. XLVII, dont le récit plus abrégé est conforme aux deux précédents. « Le Roi avoit chargé Mornay de luy garder son oncle à quelque prix que ce fust, dit des Liques, et par hyperbole, *y deust y aller de la moitié de son patrimoine.* » Mais la maladie de Mornay ayant augmenté d'une manière inquiétante, il remit ce prisonnier d'état au gouverneur de Fontenay-le-Comte, M. de la Boulaye, entre les mains duquel le prisonnier resta jusqu'à sa mort, arrivée à la fin de cette année. D'Aubigné se vante, dans ses Mémoires, d'avoir eu la garde de ce cardinal, et d'avoir refusé pour le livrer deux cent mille écus comptants, que lui offrait le maréchal de Retz; récit évidemment contredit par les historiens beaucoup plus dignes de foi que nous venons de citer.

³ De la main du Roi.

---

¹ Aymar de Chaste, chevalier de Malte, commandeur de Lormeteau, lieutenant du Roi au bailliage de Caux, gouverneur de Dieppe, ambassadeur en Angleterre, grand

lité que j'eusse sceu desirer[2]. Les lettres que la royne d'Angleterre luy a escriptes et aux gouverneurs de Calais et de Boulogne [n'ont pas peu servy][3]. Je me promets aultant de Boulogne et de Calais et [d'aultres villes] encore. Je n'ay encore receu lettres du [Berry]. Je pars demain pour m'en aller, avec quelques balles et [pouldres que j'ay prinses; et vay] rejoindre mon armée, que j'ay laissée à Dernetal prés de Rouen, sans l'assieger. De là, je repasseray la riviere de [Seine] au [Pont]-de-l'Arche, qui m'est trés asseuré, pour m'en aller à Caen,

---

maître de Saint-Lazare et abbé de Fécamp, était le troisième fils de François, baron de Chaste, et de Paule de Joyeuse. Il rendit à la France un immense service en excitant les Dieppois, dès le 6 août, à reconnaître Henri IV, en lui adressant immédiatement leur serment de fidélité, en lui ouvrant, sans conditions, au commencement de son règne, une ville qui lui assura la libre communication avec l'Angleterre et lui permit ainsi de résister victorieusement aux forces très-supérieures du duc de Mayenne. M. de Chaste devint vice-amiral de France et mourut en 1602.

[2] Nous extrayons d'un ouvrage peu connu, et très-digne d'être cité, les détails suivants sur l'arrivée du Roi à Dieppe : « Henri IV se mit à la tête de deux cents chevaux, traversa la haute Normandie, malgré le danger d'y être pris par les partis de la Ligue qui couvroient tout le pays, et se rendit aux portes de Dieppe, le 26 de ce mois d'août. Les bourgeois n'apprirent sa venue que quelques instants plus tôt, par deux de ses cavaliers qui s'étoient détachés une demie-lieue en avant, et avoient accéléré leur marche. Cette honorable surprise mit toute la ville en mouvement... Le gouverneur monta à cheval pour aller au devant de lui avec sa cornette blanche; mais à peine fut-il sorti de la porte de la Barre, qu'il rencontra dans ce faubourg Sa Majesté. M. de Chaste sauta de cheval, lui rendit hommage, et ajouta qu'il venoit remettre dans ses mains son gouvernement, afin qu'elle en disposât comme elle le jugeroit convenable. Henri IV lui dit... « Ventre saint-gris, je ne connois personne qui en soit plus digne que vous. »

« ...Le Roi n'attendit pas le compliment qu'alloit lui faire le plus ancien des officiers municipaux, en lui présentant les clefs de la ville : ce bon prince, en les abordant, leur dit ces mots, qui des cœurs de nos pères ont passé dans les nôtres : « Mes amis, point de cérémonies, je ne demande que vos cœurs, bon pain, bon vin et bon visage d'hôtes. » (*Mémoires chronologiques pour servir à l'histoire de Dieppe*. Paris, 1785, t. I, p. 266.)

[3] Les textes français donnés par Rymer sont altérés au point de n'offrir aucun sens, et on ne peut s'en servir qu'en essayant de les rétablir dans leur intégrité, à force de conjectures, comme s'il s'agissait de quelque ancienne copié, où les ravages du temps auraient causé de nombreuses lacunes. Nous avons placé entre crochets ces restitutions conjecturales et nécessaires.

où Dieu veuille [que] je trouve la mesme fidelité au gouverneur qu'en celuy d'icy. De là, suivant le conseil de la Royne, je m'achemineray vers la riviere de Loire, pour l'asseurer soubs mon obeissance [et] m'asseurer aussy des prisonniers; ce faict par le secours de la royne d'Angleterre, [avecque] ce que je pourray ramasser de tous costés de mon Royaume, je m'en reviendray [droict] à Paris, d'où je ne bougeray que je n'en aye [l'issue] telle que je me promets. Vous entendrés plus particulierement de mes volontez par le s<sup>r</sup> de Beauvoir la Nocle, qui, bien instruict de toutes choses, partira au premier beau temps. Je remets sur luy le reste des particularitez : et sur ce, je prieray Dieu vous avoir, Mons<sup>r</sup> de Buzenval, en sa saincte garde. De Dieppe, ce xxvij<sup>e</sup> jour d'aoust 1589.

HENRY.

*P. S.* En arrivant en ceste ville, l'on me rapporta que la Royne estoit à la Rye; je ne vous sçaurois dire l'ayse que j'en receus; car j'estois resous de passer pour estre une semaine avec elle et avoir cest heur de luy baiser moy-mesme les mains.

### 1589. — 27 AOÛT. — II<sup>me</sup>.

Orig. — Archives royales de Danemarck. Copie transmise par M. l'ambassadeur de France.

A TRÉS HAULT, TRÉS EXCELLENT ET TRÉS PUISSANT PRINCE, NOSTRE TRÉS CHER ET TRÉS AMÉ COUSIN, AMY, ALLIÉ ET CONFEDERÉ, LE ROY DE DANEMARCK [1].

Trés hault, trés excellent et trés puissant prince, nostre trés cher et trés amé cousin, amy, allié et confederé, Nous ne doubtons que

---

[1] Christian IV, fils de Frédéric II et de Louise de Mecklembourg, qui avait succédé à son père, le 4 avril 1588, n'était encore âgé que de douze ans. Il mourut le 9 mars 1648.

Par deux autres lettres en date du même jour, le Roi annonça les mêmes nouvelles et donna les mêmes assurances à la reine douairière de Danemarck, veuve de Frédéric II et mère de Christian IV, ainsi qu'aux quatre régents du royaume. Cette dernière est adressée *aux magnifiques seigneurs, les conseillers et gouverneurs de l'Estat de Danemarck.* D'après les copies qui ont été en-

Vostre Majesté n'ayt esté advertie des grandes rebellions advenues en ce Royaulme aprés la mort du feu duc de Guyse, contre le feu Roy, nostre trés honoré seigneur et frere, en suite et execution des desseings du dict feu duc et de la Ligue, qu'il avoit bastie pour usurper à ceste Couronne; ceulx de sa maison ayant relevé sa part et faction avec la mesme mauvaise intention et avec les mesmes appuys et intelligences qu'il avoit de son vivant, tant dehors que dedans le Royaulme. En quoy neantmoings Dieu avoit jusques icy tant favorisé le dict seigneur Roy deffunct, que, aprés avoir remis plusieurs villes en son obeissance, aulcunes par la force, aultres par la douceur, ayant son armée belle et puissante jusques aux portes de Paris, il auroit contrainct ses ennemys soy renfermer, avec peu d'espoir d'y estre longuement en seureté : mais la force leur defaillant, le malin Esprit leur a suggeré un aultre moyen et instrument disposé à l'executer, ayant faict tuer le dict seigneur par un moine de l'ordre des Jacobins, introduict en sa chambre le matin du premier de ce mois, soubs bonne foy et feincte de luy voulloir dire quelque chose de secret; qui luy auroit donné un coup de cousteau dans le ventre, dont il mourut le matin ensuivant, nous laissant et toute ceste armée grandement troublez d'une sy importante perte, et encore plus faschez qu'elle soit advenue d'une façon sy meschante et detestable, de laquelle nous avons tous resolu de poursuivre la raison contre ceulx qui l'ont bastie et faict executer, nous ayant les princes, ducs, pairs, mareschaulx de France et aultres officiers de la Couronne, ensemble les autres seigneurs et principaulx gentilz-hommes de ceste dicte armée, faict le serment de fidelité comme à leur Roy qu'ils recognoissent estre justement appellé à la succession de ceste Couronne; sur quoy nous avons advisé de faire ceste depesche, tant pour nous condouloir avec vous de cest accident, lequel nous sommes asseurez que vous entendrés avec grand desplaisir, que pour vous prier continuer en nostre endroict l'amitié et bonne volonté que le feu roy de Dannemarck, nostre bon frere, portoit à ceste

voyées également par M. de Saint-Priest, l'impression de ces lettres à la suite de celle au roi de Danemarck nous a paru surabondante.

H. S. La cousyne
La duchesse de montmorancy

Ma cousyne

Chartier vous dyra ce quyl me samble que l'on doyt fayre pour vos subiects de monmorency. Jay veu ce que l'on vous mande de Languedoc dequoy ie suys tresayse, la mutation de regne ne dymynuera poynt a mon cousyn m' le mareschal lanvye de bien fayre car il est bien que ie layme myeus que ne fesoyt pas lautre, ie vous voyrray demayn quy me fera fynyr bonjour ma cousyne

HENRY

Couronne et à nous particulierement, comme de nostre part nous vous en offrons et promettons toute bonne correspondance, desirant en oultre l'estraindre et establir plus estroictement entre nous et aultres princes ayant interest à la conservation les uns des aultres, comme nous en envoyons presentement faire ouverture à la royne d'Angleterre et aux eslecteurs et aultres princes et Estats du Sainct Empire, vers lesquels nous despeschons expressement nostre amé et feal conseiller en nostre conseil d'Estat et cappitaine de cinquante hommes d'armes de nos ordonnances, le s$^r$ de Sancy, et avec luy nostre amé et feal le s$^r$ de Bongars, ensemblement ou separement l'un en l'absence de l'aultre, et prions Vostre Majesté adjouster mesme foy à ce qui luy sera sur ce dict et proposé en nostre nom, qu'elle vouldroit faire à nostre propre personne, comme aussy à nostre amé et feal ambassadeur ordinaire prés de vous, le s$^r$ de Danzay, auquel nous escrivons pour cest effect : priant Dieu, Trés haut, trés excellent et trés puissant Prince, nostre trés cher et trés amé cousin, amy, allié et confederé, vous avoir en sa saincte garde. Escript au camp de Dieppe, ce xxvij$^e$ aoust 1589.

Vostre bon frere,<br>
HENRY.<br>
REVOL.

[1589. — AOÛT.] — I$^{re}$.

Orig. autographe. — B. R. Fonds Béthune, Ms. 9037, fol. 13.
Cop. — B. R. Suppl. fr. Ms. 1009-2.

A MA COUSINE LA DUCHESSE DE MONTMORENCY[1].

Ma cousine,

Charetier[2] vous dira ce qu'il me semble que l'on doibt faire pour vos subjects de Montmorency. J'ay veu ce que l'on vous mande de Lan-

---

[1] Antoinette de la Marck, fille aînée de Robert de la Marck, duc de Bouillon, prince de Sedan, et de Françoise de Brézé, comtesse de Maulevrier, née en 1542, mariée en 1558 à Henry de Montmorency, et morte en 1591.

[2] Secrétaire du duc de Montmorency.

guedoc, de quoy je suis trés ayse. La mutation de regne ne diminuera poinct à mon cousin m^r le mareschal l'envie de bien faire, car il sçait bien que je l'aime mieux que ne faisoit pas l'aultre. Je vous verray demain; qui me fera finir. Bonjour, ma Cousine.

HENRY.

[1589. — AOÛT.] — II^me.

Orig. autographe. — Arch. de la famille de Crillon. Copie transmise par M. le duc de Crillon, pair de France.
Et cop. — B. R. Suppl. fr. Ms. 1009-4.

A MONS^R DE GRILLON.

Parmy la presse de mille et mille affaires, sy aurés-vous ce mot de ma main, pour vous asseurer combien je prise l'affection que vous m'avés tousjours gardée. Vous aurés beaucoup de regret à nostre commune perte; vous avés perdu un bon maistre; mais vous esprouverés que j'ay succedé en la volonté qu'il vous portoit. A Dieu.

HENRY.

[1589. — VERS LE COMMENCEMENT DE SEPTEMBRE [1].]

Cop. — Arch. de la Couronne, salle 5, anciennes archives, Ms. 30, fol. 80 verso.

A MONS^R LE GRAND TRESORIER D'ANGLETERRE.

Mons^r le grand tresorier, J'escris à la Royne ma bonne sœur, en faveur du s^r de la Noue, pour l'accomplissement de la grace qu'elle

---

[1] Suivant l'historien de la Noue, lors de la mort de ce grand homme, arrivée en 1591, il y avait trois ans que l'on sollicitait pour obtenir la liberté de son fils, prisonnier des Espagnols. « Il avoit escript à la reyne d'Angleterre, pour la supplier trés humblement qu'il luy pleust faire mettre à part quelques-uns des principaux prisonniers que l'on avoit pris en la defaite de la grande armée navale d'Espagne, et qu'on les gardast à deux fins : l'une de les eschanger pour son fils, qu'il sembloit qu'on vouloit retenir en une prison perpetuelle; l'autre, de le liberer en faisant l'eschange, de la promesse qu'il avoit donnée au prince de Parme, quand il luy imposa

luy avoit cy-devant accordé de trois prisonniers espaignolz², pour luy ayder à retirer le s^r de Telligny³, son filz. Je ne vous diray combien la dicte grace est dignement employée, d'autant que vous estes assez informé des merites et vertus du dict s^r de la Noue, et de celles que le filz a desjà faict paroistre en luy. Mais m'asseurant que, pour l'amour de moy, vous les favoriserés encores d'aultant plus vollontiers, je vous en ay bien voulu prier par la presente, comme de chose que j'ay en singuliere affection, voulant bien vous dire que le plaisir que vous leur y ferés sera faict à moy-mesme, et dont je vous sçauray tel gré, que j'en auray particulierement souvenance entre tous ceulx que j'ay receus et puis recevoir de vostre part: priant Dieu qu'il vous ayt, Mons^r le grand tresorier, en sa saincte garde.

HENRY.

1589. — 1^er SEPTEMBRE. — I^re.

Imprimé. — *Mémoires de messire Philippes de Mornay*, etc. édit. in-4°, t. II, p. 19.

[A MONS^R DU PLESSIS.]

Mons^r du Plessis, Vous sçaurés par Armagnac l'occasion pour laquelle j'ay redespesché, ayant veu les memoires de m^r de Chavigny que m^r de Manou¹ m'a apportez, auxquels je pourvoiray: ce pendant

de si dures et si extraordinaires conditions pour sa liberté. La Reyne avoit fait telle consideration de sa vertu et de ses services qu'elle le luy avoit accordé. » (Amirault, p. 362.) La lettre qui réclame l'accomplissement de cette grace doit donc être des premiers temps du règne de Henri IV.

² Amirault en nomme quatre: Don Alonso de Luzon, Rodrigo Micolasso de la Veza, D. Luys et D. Gonzalo de Cordua; « à qui, ajoute-t-il, la Reyne avoit fait dire

qu'ils estoient les prisonniers de la Noue, et qu'ils ne seroient jamais delivrez que par son ordre et avec son consentement. »

³ Odet de la Noue, fils aîné de François de la Noue et de Marguerite de Téligny, appelé du vivant de son père, le seigneur de Téligny, titre qui passa ensuite à son frère puîné Théophile. « Pour un jeune seigneur de vingt-six à vingt-sept ans, dit Amirault, furent eschangés quatre hommes de grande condition et experimentez capitaines. »

---

¹ Jean d'O, seigneur de Manou et de Courteille, capitaine de cent archers de la garde, chevalier des ordres du Roi, second fils de Jean d'O et d'Hélène d'Iliers,

je vous prie de traicter avec luy, et faire en sorte que nous tirions cest homme hors de là, à quoy ne faut rien espargner; sinon, faites moy reserver l'argent que mess^rs du Fay et Bellanger m'apportent, qu'il n'y soit point touché. Je vous envoye deux mandemens, l'un pour les quatre mois de vostre garnison, l'autre pour les cinq cens escus d'Auseré. On dit que m^r de Mayenne tire en deçà. S'il vient à nous, nous ferons une partie du chemin. Armagnac vous dira toutes nouvelles. Achevés de vous guerir, attendant que nous vous voyions. A Dieu. De Dernetal[2], ce premier de septembre 1589.

HENRY.

## 1589. — 1^er SEPTEMBRE. — II^me.

Cop. — Arch. de la cour royale de Rouen. — Reg. secrets originaux du parlement de Normandie, séant à Caen. Vol. du 26 juin 1589 au 8 novembre 1591, fol. 50 recto. Communication de M. Floquet, greffier en chef, correspondant de l'Institut.

A NOS AMEZ ET FEAULX CONSEILLERS LES GENS TENANS NOSTRE COURT DE PARLEMENT DE NORMANDIE ESTABLIE A CAEN.

Nos amez et feaulx, La discontinuation qui a esté faicte de la justice, à l'occasion de la rebellion de nostre ville de Rouen, et la misere de ce temps, nous faict desirer que vous continuiés nostre parlement, pour l'asseurance que nous avons que par ce moyen nos affaires et ceulx de nos subjects en iront mieux. A ces causes, nous vous mandons que vous ne desempariés aulcunement nostre dict parlement; et si quelques uns de vostre compagnie s'estoient desjà separez, vous les rappellerés pour continuer avec vous, comme avés faict jusques icy; sur quoy nous vous eussions depesché nos lettres patentes, si

était le frère puîné de M. d'O, surintendant des finances. Envoyé d'abord par Henri IV à M. de Chavigny, il ne put rien obtenir; ce qui fut cause du mauvais vouloir de son frère, dans le payement des frais qui devaient être payés à M. de Chavigny et à M. du Plessis.

[2] Darnetal ou Dernetal, petite ville de Normandie, aujourd'hui chef-lieu de canton du département de la Seine-Inférieure.

nostre grand sceau eust esté prés de nous [1]; lesquelles neantmoins nous vous envoyerons au plus tost. Ce pendant ne laisserés de ce faire et de tenir la main que nostre chancellerie continue comme il est requis; et vous nous ferés chose trés agreable. Donné au camp devant Rouen, le 1er jour de septembre 1589.

HENRY.

POTIER.

[1589.] — 2 SEPTEMBRE.

Imprimé. — *Histoire des antiquités de la ville et du duché d'Orléans*, par LEMAIRE. Orléans, 1645, in-4°, I<sup>re</sup> partie, p. 490. — *Histoire généalogique des pairs de France*, etc. par COURCELLES, t. II. — *Généalogie de la famille Colas*, p. 7, note.

[AU S<sup>R</sup> DE LA BORDE.]

La Borde [1], J'estois present lorsque le feu Roy, mon seigneur et frere, que Dieu absolve, vous escrivit; et me dict la confiance qu'il avoit en la fidelité et prud'homie du bon homme vostre pere [2] et la vostre; et qu'une sienne servante, qu'il cognoissoit femme de bien et d'honneur, luy tesmoigna [3]. J'ay bien voulu par ceste mesme voie vous

[1] Sur la manière dont les sceaux étaient apposés dans les commencements du règne, voyez, ci-dessus, la lettre du 2 août, II<sup>me</sup>, à M. de Montholon, note 1.

---

[1] Michel Colas, seigneur de la Borde, second fils de François Colas, seigneur des Francs, de Poinville, de la Borde, etc. et de Jeanne Durand, était d'une ancienne et honorable famille d'Orléans, où il remplit, comme plusieurs de ses aïeux, la charge d'échevin. Cette famille s'est continuée et a pour chef aujourd'hui M. Colas de la Noue, ancien président à la cour royale d'Orléans.

[2] François Colas, fils de François Colas et de Madeleine Bourgoing, échevin d'Orléans en 1543, 1544, 1553, 1554, 1559, 1560, 1567 et 1568, maire en 1572, 1580, 1581, 1582 et 1583, mourut dans un âge très-avancé, le 26 octobre 1598.

[3] Malgré cette longue suite de bons et loyaux services, on avait cherché à desservir M. de la Borde, le père, dans l'esprit de Henri III; mais il fut justifié par une dame que ce prince chargea, le 16 juin 1589, de remettre à son fils la lettre rappelée ici par Henri IV. On y lit : « J'ay toujours estimé la preud'homie de vostre bon-homme de pere, dont d'Entraigues

faire entendre, puisqu'il a pleu à Dieu, aprés luy, m'appeler pour vostre Roy, vray et legitime successeur de ceste Couronne, que je ne manqueray point des mesmes promesses qu'elle vous promettra, en quelque sorte que ce soit, avec asseurance que je n'innoveray rien à la religion catholique, apostolique et romaine, et vous recognoistray en telle sorte, que cela sera à jamais marque notable de vostre fidelité et service. Je lui ay amplement escript, sur qui vous rapporterés entierement. Elle sçait et moy la volonté du feu Roy; à quoi je ne failliray aucunement, y estant la mienne assez disposée, et vous rendray sy content, que je suis certain que vous louerés Dieu d'avoir esté instrument d'un tel œuvre. Advisés avec elle, à qui je commanderay, en quelque sorte que ce soit, de parler de vous, afin d'adviser les moyens pour vous faire tenir et asseurer entierement tout ce qui vous sera par elle promis. A Darnetal, ce ij$^e$ septembre.

HENRY.

## 1589. — 7 SEPTEMBRE. — I$^{re}$.

Imprimé. — *Correspondance politique et militaire de Henri le Grand avec J. Roussat, maire de Langres,* page 23. Paris, 1816, in-8°.

### A NOSTRE AMÉ ET FEAL MONS$^R$ ROUSSAT,
#### MAIRE DE NOSTRE VILLE DE LANGRES.

Mons$^r$ Roussat, Nous avons esté advertys comme le duc de Lorraine[1] poursuict maintenant à descouvert les pernicieux desseings que m'a bien asseuré. Toutesfois l'on m'a voulu persuader qu'il s'en estoit refroidy, ce que je n'ay peu croire; et aujourd'huy que j'en ay esté certifié par celle mienne servante, qui m'a bien asseuré ce que vous m'estes et luy aussy, et que desirés l'advancement de mes affaires, qui m'a fait luy commander de vous faire entendre verbalement ma volonté, avec asseurance de vous tenir tout ce qui vous sera par elle promis, etc. » (Lemaire et Courcelles, lieux cités.) La même dame est chargée ici, par Henri IV, d'une négociation très-mystérieuse avec M. de la Borde, si l'on en juge par les réticences et le style entortillé de cette missive.

---

[1] Charles II, dit le Grand, fils de François I$^{er}$, duc de Lorraine, et de Christine de Danemarck, né à Nancy, le 18 février 1543, duc de Lorraine sous la régence de

ceulx de sa maison ont tousjours eu d'empieter sur nostre Estat et troubler le repos de nos subjects, ayant pour cest effect envoyé le marquis du Pont[2], son fils, avec des forces, en nostre province de Champaigne; mais nous esperons que Dieu nous fera la grace de renverser ses desseings et de luy donner la loy, comme nos predecesseurs Roys ont tousjours faict aux siens. Excités la noblesse de nous bien servir en ceste occasion, et de conserver l'honneur et reputation que leurs ancestres leur ont acquis, ayant tousjours empesché que l'estranger n'ayt sceu rien gaigner sur la dicte province; et contenés les habitans de nostre ville de Langres soubs nostre obeissance, les asseurant que nous les sçaurons bien delibvrer de l'oppression et violence de nos dicts ennemys par la force que Dieu nous a mise en main, et remettre parmy eux un bon repos[3]. Escript au camp de Tresport, le vij[e] jour de septembre 1589.

HENRY.
POTIER.

sa mère, le 18 août 1545, mort à Nancy le 14 mai 1608.

[2] Henri de Lorraine, marquis de Pont-à-Mousson, duc de Bar, fils aîné de Charles II, duc de Lorraine, et de Claude de France, né le 20 novembre 1563. Il épousa, le 31 janvier 1599, madame Catherine, sœur de Henri IV, se remaria en 1606, à Marguerite de Gonzague, succéda au duché de Lorraine le 14 mai 1608, et mourut à Nancy le 31 juillet 1624.

La ville de Langres et son digne maire secondèrent admirablement Henri IV, dans les circonstances si difficiles du commencement de son règne : « Aucuns de l'Union de ceste province, dit Cayet, receurent le marquis du Pont pour protecteur : et les habitans de Langres, en ce mesme temps, invitez par le duc de Lorraine de l'assister pour chasser le roy de Navarre (ainsi appelloit-il le Roy), luy respondirent : « Qu'ils l'assisteroient vo« lontiers de leurs vies et biens pour tirer « la raison de ceux qui avoient massacré « leur Roy, que son Altesse de Lorraine « estoit obligée de poursuivre, estant son « beau-frere, et le marquis du Pont son « nepveu. » Sur une autre lettre qui leur fut envoyée pour recognoistre ledit sieur marquis pour roy, ils répondirent : « Nous « ne recognoissons que la fleur-de-lys, et « les princes du sang de nos Rois pour le« gitimes successeurs de cette Couronne. » Le lieutenant Roussat, qui a esté maire de Langres durant tous ces derniers troubles, a maintenu ceste ville en l'obeyssance royale, et le peuple en la religion catholique romaine, sous le gouvernement du sieur Dinteville, lieutenant pour le Roy, en Champaigne. Car, en ceste ville, les maire et hostel de ville se sont conservez en leurs anciens privileges. » (*Chronologie novenaire*, fol. 281.)

1589. — 7 septembre. — II^me.

Orig. — Archives de M. le baron de Ponsort; et imprimé dans le Journal de la Marne, n° du 6 octobre 1841.

AU CAPPITAINE PONSORT.

Capp^ne Ponsort, Encores que je m'asseure que vous m'avés voué tant d'affection et de services, qu'en toutes occasions qui s'offriront vous vous employerés de vous-mesme à me bien servir, sans attendre d'y estre semoncé, neantmoins, sur l'advertissement que j'ay eu des forces que le duc de Lorraine a envoyé en ma province de Champaigne, pour empieter sur ycelle et opprimer mes bons serviteurs et subjects, je vous ay voulu convier par la presente de redoubler et la volonté et la force pour me bien servir en une si juste cause, assistant pour cest effect mon cousin le mareschal d'Aumont, en ce qu'il vous commandera pour le bien de mon service; et je le recognoistray selon vos merites : priant Dieu qu'il vout ayt en sa saincte et digne garde. Du camp de Tresport, le vij^e jour de septembre 1589.

HENRY.

POTIER.

[1589.] — 9 septembre.

Orig. autographe. — Bibliothèque de l'Arsenal, Mss. Histoire 179, t. I.
Cop. — Suppl. fr. Ms. 2289-2, Ms. 1009-4, etc.
Imprimé. — *Vie militaire et privée de Henri IV*, p. 144. — *L'Esprit d'Henri IV*, p. 160. — *Lettres de Henri IV......... publiées par N. L. P.* p. 49. — *Journal militaire de Henri IV,* par le comte DE VALORI, p. 327, etc.

[A MADAME LA COMTESSE DE GRAMONT.]

Mon cœur, C'est merveille de quoy je vis au travail que j'ay. Dieu aye pitié de moy et me face misericorde, benissant mes labeurs, comme il fait en despit de beaucoup de gens! Je me porte bien, et mes affaires vont bien, au prix de ce que pensoient beaucoup de gens.

J'ay prins Eu. Les ennemys, qui sont forts, au double de moy, asteure, m'y pensoient attraper; ayant faict mon entreprinse, je me suis rapproché de Dieppe et les attends à un camp que je fortifie. Ce sera demain que je les verray, et espere avec l'ayde de mon Dieu, que, s'ils m'attaquent, ils s'en trouveront mauvais marchands. Ce porteur part par mer : le vent et mes affaires me font finir, en vous baisant un million de fois. Ce 9ᵉ septembre, dans la tranchée à Arques.

### 1589. — 23 SEPTEMBRE.

Cop. — B. R. Fonds Leydet, Mémoires mss. sur Geoffroy de Vivans, p. 84.

[A MONSᴿ DE VIVANS.]

Monsʳ de Vivans, je m'estonnerois d'avoir sy longtemps demeuré sans entendre de vos nouvelles, n'estoit que je m'asseure que la difficulté des chemins en est la seule cause, comme ce l'est aussy de ce que vous n'avés plus souvent des miennes. Je pensois tousjours me rapprocher de la riviere de Loire, et lorsque les passages de là à vos quartiers ne seroient plus sy mal aysez. Mais mon sejour a esté de deçà plus long que je ne pensois : premierement par occasion, pour y recouvrer plusieurs petites places que y tenoient les ennemys, qui incommodoient fort le pays; et depuis par force, parce que le duc du Mayne et tous ses parens, avec toutes les plus grandes forces qu'ils pourroient avoir de long temps, m'y sont venus trouver et fermer mon passage, publiant desjà la chose que j'espere en Dieu qui ne leur adviendra jamais[1]. Il y a quinze jours que leur armée n'est point à plus

---

[1] « Le duc de Mayenne avoit déjà fait courir le bruit par toute la France, et écrit avec assurance, à tous les princes étrangers, qu'il tenoit le roi de Navarre (il l'appeloit ainsi) acculé dans un petit coin, d'où il ne pouvoit sortir qu'en se rendant à lui, ou en sautant dans la mer. » (Péréfixe, *Histoire du roi Henri le Grand*, Iʳᵉ part.) Bernard Mendoze, ambassadeur d'Espagne, avait même écrit à Rome que Henri IV avait été tué devant Dieppe, et cette fausse nouvelle donna occasion à un pasquil que rapporte Van Hooft, dans son histoire flamande intitulée : *Henrik de Gróte zyn leven en bedryf*, Amsterdam, 1638, in-4°, p. 82. — A Paris, madame

de trois lieues de moy. Il y en a huict entiers que nous sommes logez à deux harquebuzades les uns des aultres[2]. Je ne vous diray point icy les particularitez de ce qui s'est passé, j'ay mieux aimé le vous faire voir en un memoire que j'en ay faict rediger par escript et à la verité, que je vous envoye[3]. Par où vous verrés qu'ils ne se sont gueres bien servis de leur advantaige, lequel j'espere qu'ils ne garderont pas long-temps, et qu'il commencera à tourner de mon costé dans trois ou

---

de Montpensier accréditait les dépêches de son frère par toutes sortes de ruses. Secondée par les prédicateurs, elle annonçait qu'avant huit jours on amènerait en triomphe à Paris le Béarnais garrotté. « De sorte, dit Legrain, qu'il y avoit des-jà des fenestres retenues en la ruë Saint-Anthoine, pour le voir passer quand on l'ameneroit prisonnier en la Bastille. » (*Décade du roy Henry-le-Grand*, l. V.) — De Thou ajoute même que ces fenêtres se louaient fort cher, et que les dames s'amusaient à les pavoiser. (*Histor. sui temporis*, l. XCVII.)

« Par certain discours imprimé à Paris, fut publié que prés d'Arques et de Dieppe, où le roy de Navarre estoit assiegé, le duc de Mayenne avoit gaigné quatorze enseignes d'infanterie et huit cornettes de cavalerie par luy deffaictes. Ces grossiers artifices servoient à entretenir le peuple en sa desbauche. » (*Recueil des choses memorables, etc.* 1606, in-8°, fol. 12 verso.)

[2] La bataille d'Arques fut moins une affaire décisive qu'une suite de rencontres, pendant près d'un mois, au bout duquel le duc de Mayenne opéra sa retraite. La principale journée fut celle du 21 septembre, avant-veille de cette lettre, jour auquel il est d'usage de rapporter la bataille d'Arques.

[3] M. de Valori a publié dans le Journal militaire de Henri IV, p. 54, une relation qui doit être celle dont le Roi fait ici mention. Un autre récit, donné par le même auteur, p. 57, et tiré des manuscrits du dépôt de la guerre, fait connaître cette bataille avec des détails encore plus circonstanciés. On en peut voir une autre relation dans les Mémoires de la Ligue, t. IV, p. 57. Le chapitre III des Mémoires de la Force est consacré tout entier au récit de la bataille d'Arques. Voyez l'édition de M. le marquis de la Grange, t. Ier, p. 65, et l'Histoire du château d'Arques, par M. Achille Deville, Rouen, 1839, in-8°, p. 382, où ce passage des Mémoires de la Force est également imprimé d'après une ancienne copie du cabinet des mss. de la Bibliothèque. M. Deville y a joint le fac-simile du plan tracé à la plume qui est annexé à cette copie. Rosny a laissé dans les *OEconomies royales* (t. Ier, p. 113), quelques renseignements sur la bataille d'Arques, à laquelle il assistait. Nous ne parlons pas des autres historiens contemporains, qui ne furent pas témoins oculaires ; mais, parmi ceux qui le furent, l'auteur du récit le plus intéressant est le comte d'Auvergne, duc d'Angoulême, fils de Charles IX, qui, âgé seulement de seize ans, prit une très-grande part à cette action, où Henri IV voulut lui faire faire ses premières armes, sous la direction du maréchal de Biron. Voyez ses

quatre jours, que mes cousins, le comte de Soissons, de Longueville[4] et mareschal d'Aumont, seront joincts à moy avec plus de deux mille bons chevaux et dix mille hommes de pied qu'ils amenent avec eux, compris les Reistres que a amenez Tisels Schomberg et les Suisses que je leur avois laissez. J'attends aussy en mesme temps quatre mille Anglois que m'envoye la Royne d'Angleterre. Quand tout cela sera joinct ensemble, la troupe sera assez bonne pour leur donner de l'exercice, comme c'est bien mon intention de le faire. Mais la façon dont ils se sont comportez aux precedentes occasions me faict soubsçonner qu'ils ne feront point de conscience de ne nous attendre pas. Je ne leur en donneray pas la peine, si je puis, et seray à eux de sy bonne heure, que la patience n'en sera pas longue. Je prevois que tout ce que je vous en dis ne fera que vous accroistre le regret que vous aurés de ne vous pouvoir trouver en ceste occasion. Je le regrette autant que vous le sçauriés faire, tant pour le contentement que j'aurois de vous veoir prés de moy, que parce que je sçay que vous y seriés trés utile. Mais mes affaires sont en tel estat que en quelque part de mon Royaume que soyent mes serviteurs, ils trouvent assez de quoy s'occuper. J'ay prou de subjects de cognoistre avec quelle affection vous le faictes, aux occasions qui se presentent. J'espere que vous cognoistrés aussy quelque jour que j'auray eu bonne souvenance; car si je reçois quel-

---

Mémoires, dans la collection complète de M. Petitot, 1<sup>re</sup> série, t. XLIV, p. 550 et suiv.

[4] Henri d'Orléans, duc de Longueville, souverain de Neuchâtel en Suisse, comte de Dunois et de Tancarville, pair et grand chambellan de France, gouverneur de Picardie, était le fils aîné de Léonor d'Orléans, duc de Longueville, et de Marie de Bourbon. Il avait épousé, en 1588, Catherine de Gonzague, fille du duc de Nevers. Henri IV le fit chevalier de ses ordres en 1593, et il mourut fort jeune, dans tout l'éclat de la plus belle réputa-

tion, le 29 avril de cette même année, atteint par une balle, dans une salve d'artillerie tirée en son honneur, à l'entrée dans Amiens. L'auteur des *Amours du grand Alcandre* accuse de sa mort Gabrielle d'Estrées, dont il passait pour avoir été l'amant. Il descendait du célèbre comte de Dunois, bâtard du second fils de Charles V. Cette branche de la maison royale s'éteignit dans la personne du petit-fils de Henri d'Orléans, Charles-Pâris, duc de Longueville, tué au passage du Rhin, le 12 juin 1672, comme il allait être élu roi de Pologne.

que contentement de ce qu'il a pleu à Dieu m'appeller à plus grande fortune, c'est principalement pour le desir que j'ay d'en faire part à mes bons et antiens serviteurs, au nombre desquels vous sçavés que je vous ay toujours recogneu, et des premiers. C'est ce que je vous diray pour ceste fois : sur ce, je prie Dieu qu'il vous ayt, Mons$^r$ de Vivans, en sa saincte et digne garde. Escript au camp d'Arques, ce xxiij$^e$ jour de septembre 1589.

HENRY.
FORGET.

1589. — 25 SEPTEMBRE. — I$^{re}$.

Imprimé. — *Annales scientifiques, littéraires et industrielles de l'Auvergne*, t. XI, p. 129. (Extrait par M. Delalo du registre de l'hôtel de ville de Salers.)

A NOS CHERS ET BIEN AMEZ LES CONSULS DE NOSTRE VILLE DE SALERS EN AUVERGNE.

Chers et bien amez, La fidelité que nous sçavons que vous avés tousjours portée au feu Roy, nostre trés honoré seigneur et frere, nous fait croyre que, maintenant que Dieu nous a appellez à ceste Couronne, vous continuerés de nous estre bons et loyaulx subjects, et qu'à l'exemple des aultres villes qui estoient soubs l'obeissance du dict feu seigneur Roy, vous nous assisterés, de tout vostre pouvoir, à poursuivre la punition du detestable assassinat que ses ennemys ont faict commettre en sa personne. Nous vous mandons que vous ayés à vous conduire tout ainsy qu'il vous sera commandé par le s$^r$ comte de Rastignac, en ce qui concernera vostre conservation et le bien de nostre service, et vous asseurer que les effects vous feront paroistre que nul de nos predecesseurs Roys n'a eu plus de volonté de ce que nous avons, de vous maintenir en la religion catholicque, apostolicque et romaine, et de vous soulager et vous conserver en un bon repos : et d'aultant que par la declaration que nous avons faicte à nostre advenement à la Couronne, de laquelle nous envoyons copie au dict s$^r$ de Rastignac, tous nos bons subjects peuvent assez cognoistre avec quelle bonne et droicte intention nous entendons regner, nous remettant à ycelle, ne vous en dirons davantaige, sinon que nous esperons faire, pour le soulagement et contentement [d'iceulx], encore plus que ne vous avons promis. Donné au camp d'Arques, le xxve jour de septembre 1589.

HENRY.

POTIER.

## 1589. — 25 SEPTEMBRE. — II<sup>me</sup>.

Cop. — B. R. Fonds Lamarre, Ms. 9597-77, fol. 16 recto.

### [A MONS<sup>r</sup> DE SENECÉ [1].]

Monsr de Senecé, Ce pourteur m'a faict entendre bien amplement ce que luy avés donné charge de declairer au feu Roy, mon seigneur et frere, et, par mesme moyen, representé les choses comme elles sont passées depuis que vous estes au gouvernement de ma ville d'Auxonne, et singulierement la belle et louable resolution que vous avés prinse de demourer, ainsy que doibt un vray et naturel François, nonobstant toutes les pratiques et offres qu'on vous a faictes pour vous en divertir. Qui faict que, tout ainsy que le Roy, mon dict seigneur et frere, avoit une entiere confiance en vostre fidelité et loyaulté, dont il m'a faict recit à diverses foys, et le tesmoignage general et particulier que j'en ay, conjoincts à ce dernier acte tout louable et remarquable, me font pareillement asseurer que vous continuerés en ceste genereuse et vertueuse deliberation, à l'exemple de laquelle et à vostre imitation, tous les gens de bien se rangeront à ce qui est de leur debvoir : qui vous sera une grande louange, et à moy ung grand contentement. Continués doncques, je vous prie, et prenés creance en moy, comme je la veulx

---

[1] Claude de Bauffremont, baron de Senecey, seigneur de Châtenoy en Franche-Comté, d'Amilly en Brie et de Givry au duché de Bourgogne, chevalier de l'ordre du Roi, capitaine de cinquante hommes d'armes de ses ordonnances, conseiller d'état, gouverneur d'Auxonne, grand bailli de Châlon, lieutenant général au gouvernement de Bourgogne, fils de Nicolas de Bauffremont et de Denise Patarin. Il était né en 1546 et mourut en 1596.

prendre en vous, avec asseurance de l'estime que je fais de vostre vertu, valeur et merites, et combien j'ay en recommandation de les recognoistre par tous bons effects, ainsy que j'ay donné charge à ce dict pourteur de le vous declarer plus particulierement. Cependant j'ay ordonné l'expedition de l'estat et commissions necessaires pour la levée de la solde et entretenement de la garnison que vous avés estimée necessaire pour la conservation de ma dicte ville d'Auxonne; en quoy, si je suis contrainct de me servir d'une imposition, croyés que c'est à mon grand regret, et que, si mes moyens et finances le pouvoient porter, je deschargerois d'aultant trés volontiers mes pauvres subjects et essaierois de vous donner plus de contentement. Mais ce que je ne puis faire à present, pour les occupations de ville et pays, ce sera quelque jour, si Dieu plaist, en telle sorte que vous en demeurerés content.

Au regard des aultres points que me proposés [par] ce dict porteur, je desire et entends les effectuer, tout ainsy que le Roy mon dict seigneur et frere en avoit lui-mesme la volonté, et vous tenir au mesme rang, estime et reputation qu'il vous tenoit, voire les augmenter et accroistre. A cest effect, je vous honoreray de mon ordre, à la premiere celebration que j'en feray faire; et me veulx servir de vous en mon conseil : qui me faict desirer, aprés que vous aurés pourveu à la seureté de vostre place, que me veniés treuver le plus tost que pourrés, pour vous y recepvoir et vous y donner le rang et l'autorité que je desire. Quant au benefice que desirés pour l'un de vos enfans, je vous en gratiffieray des premieres vacances en Champaigne ou Bourgogne, de la valeur que desirerés, voire de plus grande, si la chose vient à propos; mais de vostre part ayés soin de m'en advertir, quand il adviendra; et de la mienne, j'en auray memoire et bonne soubvenance : quoy attendant, je vous ay faict expedier deux brevets pour l'abbaye de Tornus, qui vous est voisine, l'un pour la jouissance des fruicts, et l'aultre pour la reserve. Mais pour y parvenir, advisés de vous saisir dés maintenant de la dicte abbaye et mesmes de la ville du dict Tornus[2], et de

---

[1] L'abbaye de Tournus était d'un revenu considérable.

tout ce que verrés necessaire ez environs, et conservés le tout en telle sorte que cela redonde au bien de mon service et à vostre particuliere commodité.

Il reste le dernier poinct, touchant le commandement, auquel, si les obstacles du temps ne m'eussent retenu, comme vous-mesmes le sçaurés bien juger, j'eusse dés à present effectué la volonté que j'en ay, sçachant trés bien que je ne sçaurois commettre ceste charge à gentilhomme qui s'en puisse mieulx ny plus dignement acquicter que vous; et croyés que ma deliberation est de vous honorer et me servir de vous, non-seulement en ycelle, mais en plus grande. Et neantmoins, pour ne vous mettre hors d'esperance de ceste-cy, j'en communiqueray ou feray communiquer avec mon cousin le mareschal d'Aumont, que j'ay establi mon lieutenant general en la province, qui vous aime et estime, affin que, sans rien alterer, s'il est possible, il essaye de faciliter l'effect et execution de ceste mienne volonté, en laquelle je continueray et entretiendray tout le reste de ce qui est contenu aux articles que j'ay faict respondre. Et devés attendre de moy toute aultre sorte de recompense et gratification; mais faictes-moy entendre le plus seurement que pourrés de vos nouvelles et l'estat de tout ce qui passera par delà: qui sera l'endroit auquel je supplieray le Createur vous tenir, Mons$^r$ de Senecé, en sa trés saincte et digne garde. Escript au camp, à Arques, le xxv$^e$ septembre 1589.

HENRY.

POTIER.

[3] J'ay donné charge à ce porteur [4] de vous dire combien j'ay de confiance en vous et ce que j'ay volonté de faire pour vous. Ne vous

---

[3] Post-scriptum de la main du Roi.

[4] Ce porteur, intermédiaire des ouvertures de M. de Senecey et des réponses si encourageantes que le Roi faisait à ses exorbitantes prétentions, était M. de la Croix, maire d'Auxonne et député en cour par les habitants de cette ville fidèle. On peut voir là-dessus Dom Plancher, *Hist. de Bourgogne*, t. II, p. 476, et t. IV, p. 583. Malgré toutes ces promesses, M. de Senecey ne se décida pas immédiatement à rentrer au service du Roi. Ce ne fut qu'après 1594, à la suite d'un voyage qu'il fit à Rome avec le cardinal de Joyeuse.

lassés de me bien servir, et croyés que vous me trouverés tousjours en volonté de vous gratifier.

1589. — 26 SEPTEMBRE.

Orig. — Arch. de M. le vicomte de Panat, membre de la Chambre des députés.

A MONS<sup>R</sup> DE LESTELLE,
COMMANDANT POUR MON SERVICE A CLAIRAC.

Mons<sup>r</sup> de Lestelle, J'ay esté trés ayse d'entendre de vos nouvelles par vostre lettre que j'ay presentement receue. Je croy que peu de temps aprés que vous l'avés escripte, vous en aurés receu des miennes; et me plaist aussy la resolution que je voy que vous faictes de me venir trouver. Si vous sçaviés l'estat où nous en sommes, je m'asseure que vous auriés regret de n'y estre desjà; y ayant quinze jours que nous avons icy l'ennemy sur les bras avec toutes ses forces, et estant desjà venu trois fois au combat en gros avec luy: tousjours, Dieu mercy, avec sa honte et sa perte, encores qu'ils feussent pour le moins dix contre un. J'envoye presentement un memoire à mon cousin le mareschal de Matignon de tout ce qui s'y est passé, et luy mande de le communiquer à tous mes principaux serviteurs, du nombre desquels il est assez adverty que vous estes; et m'asseure aussy qu'il ne fauldra de vous en faire part. Cela me gardera de vous rien dire icy des particularitez et de vous faire ceste-cy plus longue, que pour vous recommander tousjours ce qui est de vostre charge, et vous asseurer que je n'oublie point mes serviteurs. Escript au camp de Dieppe, ce xxvj<sup>me</sup> jour de septembre 1589.

HENRY.

FORGET.

## 1589. — 27 SEPTEMBRE. — I<sup>re</sup>.

Orig. autographe. — Musée britannique, bibliothèque Lansdowne, vol. LX; art. 69. Copie transmise par M. l'ambassadeur de France à Londres.

[À MONS<sup>R</sup> LE GRAND TRESORIER D'ANGLETERRE.]

Mons<sup>r</sup> le grand tresorier, Ayant entendu les bons offices desquels vous avés usé en ma faveur envers la Royne vostre maistresse, ma bonne sœur, je vous en ay bien voulu remercier par ceste-cy et vous prier me les vouloir continuer, avec asseurance, quand j'auray moyen, de m'en revancher, et vous tesmoigner les effects de mon amitié. Vous m'y trouverés aussy disposé que vous le sçauriés desirer: et sur ce, je prie Dieu vous avoir en sa garde. Escript au camp de Dieppe, ce xxvij<sup>e</sup> septembre 1589.

HENRY.

## 1589. — 27 SEPTEMBRE. — II<sup>me</sup>.

Orig. — Arch. de l'hôtel de ville de Caen. Copie transmise par M. de Formeville, correspondant du ministère de l'Instruction publique.

A NOS CHERS ET BIEN AMEZ LES ESCHEVINS, MANANS ET HABITANS DE NOSTRE VILLE DE CAEN.

Chers et bien amez, Nous escrivons au s<sup>r</sup> de la Verune[1] qu'il face incontinent convertir en farine vingt muidz de bled, mesure de Paris, et les envoyer aussy tost en ce lieu, à diverses voictures, afin que nous puissions estre promptement secourus de ce qui sera envoyé par la premiere, et des aultres par après. Et d'aultant que c'est chose

---

[1] Gaspard de Pelet, vicomte de Cabanes, baron des Deux-Vierges, seigneur de la Vérune, était bailli et gouverneur de Caen, et lieutenant général en Normandie. Il épousa deux ans après Jourdaine-Madeleine de Montmorency. Les conseils du vertueux président Groulart le déterminèrent, vers cette époque, à suivre l'exemple de son parent le commandeur de Chatte, en maintenant dans la fidélité la ville dont il était gouverneur. (Voyez l'Histoire du parlement de Normandie, par M. Floquet, t. III, p. 449.)

qui nous est grandement necessaire, vous nous ferés service trés
agreable d'y user de toute la diligence qui despendra de vostre part,
et faire en sorte que dans six jours nous puissions avoir une partie
des dictes farines. Donné au camp de Dieppe, le xxvij<sup>e</sup> jour de septembre 1589.

HENRY.

POTIER.

Je vous prie donner ordre qu'en faisant amener les dictes farines l'on amene aussy de toutes victuailles necessaires pour mon armée, et principalement de l'avoine et des cidres; les marchands seront payez de tout ce qu'ils ameneront.

[ 1589. — VERS LA FIN DE SEPTEMBRE. ]

Copie. — Arch. de la Couronne, salle 5, anciennes archives, Ms. 30, fol. 113 recto.

[A LA ROYNE D'ANGLETERRE.]

Madame, Vos bienfaicts et faveurs, et la bonne volonté que de plus en plus vous monstrés par effect me porter me donnant souvent subject de nouveaux remerciemens en vostre endroict, je le fais à present de parole, sur l'occasion que vous m'en avés donné, m'accordant sy liberalement et avecq tant de declaration du desir que vous avés de ma conservation et de la prosperité de mes affaires, le prest que je vous ay, en dernier lieu, supplié me faire. Les obligations que je vous en ay sont sy grandes, que je ne me promets pas m'en pouvoir jamais suffisamment acquitter; mais bien vous supplié-je croire que le desir que j'ay de vous faire cognoistre en quelque bonne occasion le ressentiment que j'en ay dans mon cœur me donne plus de force et de courage de soustenir les efforts de mes ennemys, dont j'espere que Dieu me fera la grace, et d'estre encores utile en quelque chose pour vostre service, auquel je demeureray perpetuellement consacré. En attendant ce bonheur, de vous en rendre plus certaine par les effects, je prie Dieu qu'il vous ayt, Madame, en sa trés saincte et digne garde.

Vostre plus affectionné frere<br>et serviteur,<br>HENRY.

## 1589. — 1<sup>er</sup> OCTOBRE.

Cop. — Archives de M. le comte de Sainte-Aulaire, pair de France, ambassadeur en Angleterre, et membre de l'Académie française.

### A MONS<sup>R</sup> DE SAINTE-AULAIRE [1],
#### CAPPITAINE DE CINQUANTE HOMMES D'ARMES DE MES ORDONNANCES.

Mons<sup>r</sup> de Sainte-Aulaire, J'ay cy devant envoyé à mon cousin le comte de la Voulte [2], un memoire bien amplement de tout ce qui

---

[1] Germain de Beaupoil, baron de Sainte-Aulaire, seigneur de Ternac, de la Grennerie, etc. fils aîné de François de Beaupoil, et de Françoise de Volvire-Ruffec. Il fut élevé page de la chambre des rois Henri II et François II, et en 1563 devint panetier du roi Charles IX, en remplacement de son père, qui avait rempli cette charge sous François I<sup>er</sup>, Henri II et François II. A la suite de la bataille de Moncontour, où il s'était signalé, Charles IX le nomma, le 8 octobre 1569, gentilhomme de sa chambre, et le 10 du même mois, chevalier de son ordre. Il fut un des premiers à reconnaître Henri IV, qui, dès le commencement de son règne, le fit capitaine de cinquante hommes d'armes de ses ordonnances. La lettre que ce prince lui adresse ici montre la grande influence que M. de Sainte-Aulaire exerçait dans le Limousin, sa province, où il s'était retiré, et où il prolongea sa carrière au delà de l'année 1603. C'est de son oncle, Pierre de Beaupoil, seigneur de Coutures, que sont issues les deux branches actuelles de la maison de Beaupoil Sainte-Aulaire.

[2] Anne de Lévis, comte de la Voulte, second fils de Gilbert de Lévis, duc de Vantadour, et de Catherine de Montmorency, devint l'héritier de la maison par la mort de son frère aîné, Gilbert, arrivée avant celle de leur père, qui mourut en 1591. M. de la Voulte succéda alors au duché-pairie de Vantadour et à toutes les autres seigneuries paternelles. Suivant le P. Anselme, ce fut alors seulement qu'il devint gouverneur et sénéchal du haut et bas Limousin. Cette lettre prouve que du moins dès 1589 il en remplissait la charge. Il l'échangea, en 1593, contre le gouvernement de Languedoc, dans lequel il succéda au duc de Montmorency, devenu connétable de France, et dont il épousait la fille. Il conserva néanmoins le titre honoraire de gouverneur de Limousin, avec le titre effectif de gouverneur de Languedoc. Il représenta le comte de Champagne, l'un des six anciens pairs laïques, au sacre de Henri IV, et mourut le 3 décembre 1622.

s'est passé icy depuis que les ennemys nous sont venus approcher, que je lui ay specialement recommandé de communiquer aux principaux de mes serviteurs qui sont par delà ; d'entre lesquels sçachant assez le rang que vous tenés, je ne doubte point qu'il n'ayt commencé par vous à en donner la communication. Cela me gardera de vous en faire icy aultre discours, n'ayant pris subject de celle-cy que pour tesmoigner le contentement que j'ay de vos deportemens et du bon exemple que je sçay que vous donnés à ceux de la province où vous estes ; par lequel ils sont retenus en la fidelité et obeyssance qu'ils me doibvent. Je vous prie d'y continuer et d'y adjouster vos admonestemens et exhortations, lesquelles venans de personne de vostre merite, aage et experience, sont les meilleurs et plus salutaires remedes qui se peuvent apporter contre les fausses inductions des ennemys ; qui ont esté les plus asseurez moyens qu'ils ont eu de seduire mes subjects et former le party de leur rebellion, qui ne se peult par aulcun aultre sy facilement destruire. Je vous prie aussy de vouloir assister mon dict cousin le comte de la Voulte, de vostre presence, quand vous pourrés, sinon, par escript, de vos bons conseils et advis, de ce que vous estimerés estre pour le bien de la province ; auxquels il est sy advisé que je m'asseure qu'il deferera, et se sentira fort vostre obligé, comme je ressentiray, pour mon regard, pour un bon et particulier service. Car combien que j'aye toute bonne opinion et contentement de sa vigilance, bonne conduicte et sincere affection, j'auray neantmoins l'esprit plus en repos de tout ce qui pourra survenir en la dicte province, quand je la sçauray assistée de vous et de ceulx qui vous ressemblent, comme je vous prie de faire, et croire que, quand les occasions s'offriront, je prendray plaisir de vous faire ressentir les effects de ma bonne volonté, et cognoistre en quelle estime je tiens vostre vertu et merite. Je ne vous diray que ce mot, sinon que jusques icy les ennemys ont eu l'advantaige en nombre d'hommes, duquel ils ne se sont gueres bien servys, n'ayant rien entrepris où ils n'ayent eu du dommaige. J'espere que, dedans quatre ou cinq jours, ce mesme advantaige tournera de mon costé, par le secours de deux mil cinq cens chevaux et douze cens hommes de pied, que m'amenent mes cousins le comte de Soissons, de Longueville et mareschal d'Aumont; quatre mille³ Anglois qui me doibvent demain arriver, et quinze cens Escossois qui sont dés hier icy⁴; et lors, tout cela estant joinct avec tout ce que j'ay de forces, je fais estat de leur donner plus d'exercice qu'ils ne m'en ont donné jusques icy⁵; mais je crois qu'ils se resouldront de ne l'attendre pas. S'ils le font, je crois que bien tost vous en aurés nouvelles que nous aurons combattu. Je vouldrois estre aussy asseuré d'avoir occasion de les vous dire bonnes, comme j'estime qu'elles vous seroient agreables: et sur ce, je prie Dieu, Monsʳ de Sᵗᵉ-Aulaire, qu'il vous ayt en sa saincte et digne garde.

HENRY.

³ La copie de cette lettre, telle qu'elle est conservée dans les archives de la famille de Beaupoil, donne ici *quatre cents;* mais c'est une faute provenant de ce qu'on aura mal lu le signe abréviatif de *mille.* Il s'agit évidemment ici du secours de quatre mille Anglais, commandés par lord Willughby. « Parmi ce secours anglois, dit le comte d'Auvergne, il y avoit cinquante gentilshommes, personnes de qualité, entre lesquels estoit le comte d'Evreux, frere du comte d'Essex, trés bien fait. » (*Mém. d'Angoulême,* p. 579.)

⁴ Les Mémoires chronologiques pour servir à l'histoire de Dieppe, et ceux du duc d'Angoulême, fixent à douze cents fantassins et soixante cavaliers ce premier secours d'Écossais, arrivé l'avant-veille des quatre mille hommes de lord Willughby. Le Roi a pu augmenter un peu ce nombre dans sa lettre. D'ailleurs, les valets des seigneurs qui commandaient dans cette troupe pouvaient en porter le nombre à quinze cents. « Ils nous appresterent à rire, dit le jeune comte d'Auvergne, à les voir armez et vestus comme les figures de l'antiquité representées dans les vieilles tapisseries, avec jacques de maille et casques de fer, couverts de drap noir comme bonnet de prebstre, se servant de musette et de hautbois lorsqu'ils vont au combat. » (*Mém. d'Angoulême,* p. 585.)

⁵ Aussitôt qu'il eut reçu ce premier secours, Henri IV y joignant les milices de Dieppe, réunit en tout près de huit mille hommes, avec lesquels il alla déloger l'ennemi du bourg de Janval. En revenant à Dieppe, il y trouva lord Willughby, qui venait d'entrer dans le port avec ses quatre mille Anglais. (Voyez les Mémoires chronologiques pour servir à l'histoire de Dieppe, t. I, p. 287.) Sur le jour de l'arrivée des deux secours, il y a quelque différence de date entre ces mémoires, ceux d'Angoulême et la lettre à M. de Sainte-Aulaire. Le témoignage de cette dernière pièce semble devoir être préféré.

[ 1589. — VERS LE 3 OCTOBRE. ]

Cop. — Arch. de la Couronne, salle 5, anciennes archives, Ms. 30, fol. 116 recto.
Cop. — Bibliothèque de M. Monmerqué, Ms. intitulé *Depesches, instructions et commissions*, fol. 109 recto.

[A LA ROYNE D'ANGLETERRE.]

Madame, Je serois indigne de plus participer à vos faveurs, ayant de nouveau sy signallé tesmoignage, comme j'ay, de la vigilance qu'il vous plaist rendre par tout à ma conservation, y employant avec vos moyens vostre bon credit, si je ne vous en recongnoissois l'obligation que merite le soing que vous me faictes ce bien d'avoir de moy, au moins en la confessant et advouant, si aultrement je ne puis satisfaire. C'est, Madame, ce que la presente vous portera de ma part, avec l'humble remerciement que je vous en fais, ensemble du prompt secours qu'il vous a pleu donner à mes affaires du costé de Dieppe, au premier advis que vous avés eu du besoing qu'il y pourroit avoir[1]. Sur quoy pour ne vous ennuyer de longue lettre, j'ay donné charge au sʳ de Beauvoyr, mon ambassadeur, de vous faire plus ample declaration en mon nom de l'affection avec laquelle je sens et reçois tous voz bienfaicts; et desire de m'en revancher par tous les moyens où je vous pourray servir, sans y espargner ma propre vie, que je n'estimeray jamais mieux employée qu'en ce qui vous pourra tourner à service et

---

[1] Voyez les notes 3 et 4 de la lettre précédente à M. de Sainte-Aulaire. Les deux secours de troupes dont il est fait mention dans ces notes avaient été précédés d'un ravitaillement abondant, qui prouve toute la sollicitude qu'Élisabeth mettait à secourir Henri IV. «Le roi estant à Dieppe, dit le comte d'Auvergne, un ambassadeur de la reine d'Angleterre y arriva le 23, nommé Strafford, accompagné d'un gentilhomme françois nommé Bossy, avec treize vaisseaux chargez de deux cent mille livres, toute monnoye d'argent et du pays (Rapin Thoyras, *Hist. d'Angleterre*, l. XVII, dit vingt-deux mille livres sterling en or); soixante-dix milliers de poudre à canon, trois mille boulets de canons, à sçavoir cinq cents pour grosses pièces, et le reste pour couleuvrines bastardes et moyennes; de bleds, biscuits, vins et bieres, avec des draps, jusques à des souliers.» (*Mém. d'Angoulême*, p. 578.)

contentement: et en ceste fermé devotion, vous baisant tres affectueusement les mains, je prie Dieu vous avoir, Madame, en sa trés saincte et digne garde.

Vostre plus affectionné frere<br>et serviteur,<br>HENRY.

1589. — 7 OCTOBRE.

Orig. — Arch. du château de Poyanne. Copie transmise par M. le baron Méchin.

[A MONS<sup>r</sup> DE POYANNE.]

Mons<sup>r</sup> de Poyanne, En mes trois dernieres depesches, je vous ay envoyé trois memoires de tout ce qui s'est passé icy depuis un mois que l'armée des ennemys a tousjours esté logée à une mousquetade de la mienne. Je vous envoye maintenant la continuation et la fin, comme j'estime, de l'histoire de leur voyage, qui n'est pas dissemblable du reste, leur ayant esté sy peu advantageuse et honneste que le commencement[1]. J'espere que Dieu leur fera cognoistre par tels evenemens, qu'il est ennemy des mauvaises et injustes causes, comme est la leur, et qu'il leur inspirera à se ranger d'eulx-mêmes à ce qui est de leur debvoir et de la raison, ou me donnera moyen de les y contraindre par la force; et j'espere que dans peu de jours toute celle qui me vient trouver sera joincte avec moy; et lors nous resouldrons ensemble à quoy plus utilement nous nous pourrons employer, puisque Dieu nous a voulu advancer, dés la fin de cest automne, ce que nous n'esperions avoir que sur le commencement du printemps, qui est d'estre maistre de la campagne. Je vous feray bientost entendre la resolution que je y auray prinse, vous ayant cependant voulu envoyer ce petit memoire de la contraincte des ennemys, que je vous prie communiquer à mes serviteurs le plus tost et le plus diligem-

---

[1] Le duc de Mayenne n'avait pu empêcher la jonction de l'armée du Roi avec celle qu'amenaient à son secours le comte de Soissons, le duc de Longueville et le maréchal d'Aumont.

ment que vous pourrés, afin que, s'ils estoient en quelque apprehension du faulx bruit qu'ils ont faict courir qu'ils m'avoient tellement pressé, et reduict en telle necessité dans Dieppe, qu'ils estoient tout asseurez de m'y forcer, ils ayent occasion de le perdre, sçachans en quels termes nous en sommes demeurez, et ceste forme nouvelle d'assieger les places[2], de n'en approcher pas d'un grand quart de lieue, et de s'en estre levez aprés un sy long sejour, sans avoir faict aulcun approche ny entreprinse ; qui est ce que je vous diray pour ceste fois : priant Dieu, Mons$^r$ de Poyanne, vous tenir en sa saincte et digne garde. Escript au camp, ce vij$^e$ jour d'octobre 1589.

HENRY.

FORGET.

### 1589. — 11 OCTOBRE.

Orig. — Arch. de l'hôtel de ville de Caen. Copie transmise par M. de Formeville, correspondant du ministère de l'Instruction publique.

#### A NOS CHERS ET BIEN AMEZ LES MAIRE, ESCHEVINS, MANANS ET HABITANS DE NOSTRE VILLE DE CAEN.

Chers et bien amez, Nous avons eu trés agreable d'entendre par vostre lettre du dixiesme du passé et par vostre deputé, present porteur, la nouvelle asseurance que vous avés donnée de la louable resolution que vous tous, habitans de ceste ville de Caen, avés faicte de continuer envers nous la mesme fidelité et obeissance qu'avés tousjours portée aux feuz Roys nos predecesseurs : ce qui a d'autant plus confirmé nostre bonne volonté envers vous et augmenté le desir de vous gratifier; pour tesmoignage de quoy nous avons favorablement respondu les articles que vostre depputé nous a presentez de vostre part, et vous pouvons asseurer qu'en continuant à nous estre bons et loyaux subjects, recognoissans et vous tenans unys avec le s$^r$ de la Verune, vostre gouverneur, et apportant l'affection que debvés ez occa-

---

[2] Manière ironique de rappeler les évolutions du duc de Mayenne devant Dieppe.

sions qui s'offriront pour le bien de nostre service, ainsy que nous nous promettons que ferés, nous continuerons aussy de vous estre bon Roy, vous soulaiger et gratifier en toutes occasions qui s'en offriront, et vous delibvrerons bien tost, Dieu aydant, de l'oppression de nos ennemys, s'ils ont l'asseurance de nous attendre, ou bien les ramener plus viste qu'ils ne sont venus. Donné au camp de Dieppe, le xi$^e$ jour d'octobre 1589.

HENRY.

POTIER.

### 1589. — 16 OCTOBRE.

Orig. — Musée britannique, bibliothèque Harléienne, Ms. 4449-3, fol. 28. Copie transmise par M. Lenglet.
Cop. — B. R. Fonds Bréquigny, Ms. 98.
Imprimé. — *Lettres de Henri IV, etc. publiées par N. L. P.* Paris, 1814, in-12, p. 134.

#### A MONS$^r$ LE BARON DE FLERS [1].

Mons$^r$ de Flers, Sçachant, comme je sçais, l'affection que vous avés tousjours eue au service du feu Roy, mon seigneur et frere, et à moy particulierement, je me promets beaucoup de bons services de vous, maintenant que je suis vostre Roy, et m'asseure que, cognoissant, comme c'est à présent que je cognois par les effects, ceulx qui me sont bons serviteurs, vous n'en perdrés aulcune occasion. Je vous prie donc continuer de vous opposer de tout vostre pouvoir aux mauvais desseins de nos ennemys, et vous asseure que je sçauray bien recognoistre vos services selon vos merites, ez endroicts qui s'en offriront. Je renverray dans peu de jours de delà mon cousin le duc de Montpensier avec les forces qu'il m'a amenées et d'aultres, pour chastier ceux qui ont eu mespris contre mon service et qui ont troublé le repos du dict pays. J'espere que Dieu me fera la grace

---

[1] Henri de Peleé, baron de Flers, seigneur de Tracy, etc. chevalier de l'ordre du Roi, fils aîné de Richard de Pelevé, seigneur de Tracy, et de Louise du Gripel. Il avait été chambellan du duc d'Alençon, et était de la même famille que le fameux cardinal de Pelevé, archevêque de Reims, qui jouait alors un rôle si ac-

d'en venir aisement à bout, puisqu'il favorise tellement mes affaires, que d'advancer dés la fin de cest automne ce que je n'esperois qu'au commencement du printemps, qui est d'estre maistre de la campagne, ayant l'armée de mes ennemys (qui s'estoit acheminée de deçà, pensant avoir quelque advantage sur moy, aprés avoir perdu grand nombre d'hommes, et eu de pire tous les jours) esté contraincte de se retirer, sentant approcher les forces que mes cousins le comte de Soissons, duc de Longueville et mareschal d'Aumont, m'ont amenées, avec lesquelles et celles que la Royne d'Angleterre m'a envoyées, je feray tout ce que je pourray pour combattre mes ennemys, ou au moins je les rameneray plus viste qu'ils ne sont venus. Et sur ce, je prie Dieu qu'il vous ayt, Mons$^r$ de Flers, en sa saincte garde. Escript au camp de Dieppe, le xvj$^e$ d'octobre 1589.

HENRY.

## 1589. — 19 OCTOBRE.

Orig. — Arch. de M. le comte de Montbourcher. Copie transmise par M. Maillet, bibliothécaire de Rennes.

### A MONS$^R$ DU BOURDAIGE,

CAPPITAINE DE CINQUANTE HOMMES D'ARMES DE MES ORDONNANCES.

Mons$^r$ du Bourdaige, J'ay infiniment agreables les services que vous avés faicts au feu Roy, mon seigneur et frere, et à moy, ayant conservé ma ville de Vitrey contre mes ennemys rebelles; et vous pouvés asseurer que je recongnoistray ce bon service en ce qui s'offrira pour vostre bien et advancement; ce que j'eusse faict trés volontiers en la charge et gouvernement de Vitrey, s'il eust esté vacant, mais il se trouve que Mommartin [1] est pourveu de la cappitainerye du dict

---

tif dans la ligue, et qui figure au rang des principaux acteurs de la Satire Ménippée.

[1] C'est probablement Jean le Groing, seigneur de Villebouche, vicomte de Mont- martin, etc. fils aîné de Gabriel le Groing, et de Jeanne de Batz. Il épousa, en 1597, Anne Coiffier, sœur du maréchal d'Effiat; et sa famille s'allia avec la maison d'Alègre.

Vitrey par le feu s^r de Laval, et que le s^r d'Allegre[2], oncle du s^r de Laval qui est à present, a esté pourveu par le feu Roy du gouvernement du dict Vitrey, à pas un desquels je ne les puis oster sans leur faire tort, ayant tous deux bien servy comme ils ont faict; mais asseurés-vous que, s'offrant aultre occasion, vous en serés gratiffié. Ce pendant continués de me bien servir, soit prés de mon cousin le prince de Dombes, ou bien pour me venir trouver en mon armée, et croyés que je le recognoistray : et en ceste volonté je prie Dieu qu'il vous ayt, Mons^r du Bordaige, en sa saincte garde. Escript au camp à Dieppe, le xix^e jour d'octobre 1589.

[3] Je suis fort content du service que m'avés faict, et le recognoistray quand l'occasion s'offrira.

HENRY.

1589. — 20 OCTOBRE. — I^re.

Orig. — B. R. Fonds Béthune, Ms. 8859, fol. 85.
Cop. — B. R. Suppl. fr. Ms. 1009-4.

A MON COUSIN LE S^R DE MATIGNON,
MARESCHAL DE FRANCE.

Mon Cousin, Les services que m'a faicts le s^r de Vimbré, prisonnier ez mains de mes ennemys, me font avoir soubvenance de luy et

---

[2] Christophe, marquis d'Alègre, baron de Saint-Just, de la maison de Tourzel, fils aîné de Christophe d'Alègre et d'Antoinette du Prat. Sa sœur, Anne d'Alègre, avait épousé en 1583 Guy-Paul de Coligny, comte de Laval, et, ainsi que nous l'avons dit ci-dessus, t. II, p. 286, était restée veuve en 1586 avec un fils en bas âge. Le marquis d'Alègre, oncle maternel de cet enfant, avait succédé, comme on le voit, à un gouvernement de son père. D'Alègre était d'un caractère féroce, redouté dans toute la Normandie. M. Floquet a cité des exemples de sa tyrannie dans l'Histoire du privilége de saint Romain, t. I^er, p. 392 et suiv., à l'occasion de la grâce qui lui fut accordée en 1593 par le droit du chapitre de Rouen, après avoir assassiné M. de Montmorency de Hallot, nommé en sa place gouverneur de Gisors. Malgré un si grand crime, commis sur un tel personnage, le marquis d'Alègre ayant obtenu que Claude de Péhu, son page, un de ses complices, levât la fierte ou châsse de saint Romain, fut complétement gracié par ce privilége respecté, et prolongea sa carrière jusqu'en 1640.

[3] De la main du Roi.

rechercher sa delibvrance autant qu'il me sera possible; qui est occasion que je vous ay faict la presente pour vous prier de vous employer de bonne sorte, afin qu'il en puisse sortir bien tost et qu'il me vienne rendre le service qu'il me doibt, selon l'affection que je sçay qu'il porte au bien d'iceluy; et croyés que vous ferés chose qui me sera trés agreable : priant sur ce Nostre Seigneur qu'il vous ayt, mon Cousin, en sa saincte et digne garde. Escript à Dieppe, le xx<sup>e</sup> jour d'octobre 1589.

HENRY.<br>RUZÉ.

1589. — 20 OCTOBRE. — II<sup>me</sup>.

Orig. — Musée britannique, bibliothèque Lansdowne, vol. LX, art. 70. Copie transmise par M. l'ambassadeur de France à Londres.

[A MONS<sup>R</sup> LE GRAND TRESORIER D'ANGLETERRE.]

Mons<sup>r</sup> le grand tresorier, J'ay esté bien adverty que l'affection de laquelle la Royne, madame ma bonne sœur, embrasse mes affaires, depuis que je suis en ce lieu, a esté sy bien secondée de vostre part pour en advancer l'execution, qu'il ne s'y pouvoit desirer rien d'advantage. Aussy en ay-je ressenty les effects sy avant, que, oultre l'obligation que j'en ay à la dicte dame, vous avés, en vostre particulier, acquis telle part en mon endroict, que ny le temps ny l'oubliance ne vous en pourront jamais priver, vous priant croire qu'elle vous sera tousjours confirmée avec un singulier desir de mon costé, qu'elle puisse produire quelque chose qui soit à vostre contentement, comme vous m'y trouverés tousjours trés disposé, ainsy que le s<sup>r</sup> de Beauvoir et le s<sup>r</sup> de [Fresnes], que j'envoye presentement par delà, vous diront plus particulierement: auxquels me remettant, je prie Dieu vous avoir, Mons<sup>r</sup> le grand tresorier, en sa saincte garde. Escript au camp de Dieppe, ce xx<sup>e</sup> octobre 1589.

HENRY.

1589. — 20 OCTOBRE. — III^me.

Orig. — A Londres, State paper's office, ancient royal letters, vol. XXII, lett. 144. Copie transmise par M. Lenglet.

### A MONS^R DE WALSINGHAM,
CONSEILLER ET SECRETAIRE D'ESTAT DE LA ROYNE D'ANGLETERRE MA BONNE SOEUR.

Mons^r de Walsingham, Si un plaisir receu merite d'en sçavoir gré à celluy qui l'a faict, à plus forte raison quand il est multiplié par plusieurs actions concurrentes à l'endroict d'un mesme subject : ce que j'ay cogneu estre advenu de vostre part ez offices que vous avés continuellement faicts à l'advantaige de mes affaires, pour me faire promptement recevoir le fruict de la bonne volonté dont il a pleu à la Royne ma bonne sœur les favoriser continuellement par toutes sortes d'aydes et d'assistance, depuis que je suis en ce lieu ; ce qui a gravé en mon cœur sy fermement l'obligation que je luy en ay, que rien n'en peut effacer la memoire. Pour vostre particulier, je vous puis asseurer que, si jamais mon amitié vous peut rapporter quelque fruict, vous cognoistrés y avoir sy bonne part, que vous n'aurés regret de ce que vous avés faict pour l'acquerir ; dont cependant la presente vous servira de gaigeance, avec ce que vous en diront plus particulierement en mon nom le s^r de Beauvoir et le s^r de Fresnes, que j'envoye presentement par delà : auxquels me remettant, je prie Dieu, Mons^r de Walsingham, vous avoir en sa saincte garde. Escript au camp de Dieppe, le xx^e jour d'octobre 1589.

HENRY.

REVOL.

## 1589. — 20 OCTOBRE. — IV$^{me}$.

*Imprimé. — Documents historiques relatifs à l'histoire de France, tirés des archives de la ville de Strasbourg, par M. Ant. DE KENTZINGER. Strasbourg, 1818, in-8°, t. I, p. 162.*

A NOS TRÉS CHERS ET BONS AMYS, LES MAGNÍFFICQUES SEIGNEURS LES STATMEISTRE ET CONSEIL DE LA REPUBLICQUE DE STRASBOURG.

Trés chers et bons amys, Nous avons entendu par le s$^r$ de Fresnes, conseiller en nostre conseil d'Estat, la grande affection que vous avés au bien de nos affaires, laquelle vous avés tesmoignée par plusieurs bons offices, et nommeement par le prest de quarante deux mille florins que le dict de Fresnes a receu de vous pour nostre service, et encores par le notable secours de deniers qu'avés envoyé pour noz affaires de Metz; dont nous recognoissons vous estre grandement obligez, et vous prions de croire que sy tost que Dieu nous aura faict la grace de donner quelque ordre aux confusions qu'avons trouvées à nostre advenement à ceste Couronne, et qui nous empeschent nos receptes et revenus ordinaires, ne fauldrons de vous rembourser des dicts prests à vostre contentement. Ce pendant nous vous envoyons par le dict de Fresnes ratification du contract du prest des dicts quarante deux mille florins, et ordonnerons que les interests vous soient payez, suivant le contenu d'iceluy, attendant le remboursement du principal; et en tout ce que cognoistrés que nous pouvons faire pour vous, soit en general ou en particulier, vous ferés estat de nous comme d'un prince trés desireux de vostre prosperité, et qui vous sera à jamais trés bon voisin et amy : priant Dieu, Trés chers et bons amys, vous avoir en sa saincte garde.

Escript au camp de Dieppe[1], ce xx$^e$ jour d'octobre 1589.

HENRY.

---

[1] Le Roi partit de cette ville le lendemain.

[1589. — 1ᵉʳ NOVEMBRE.]

Orig. autographe. — Archives de la préfecture d'Indre-et-Loire. Copie transmise par M. le préfet.
*Recueil de lettres de Henri IV*, publié par le comte DE VALORI. Paris, F. Didot, 1821, in-8°, p. 390.
— *Lettres de Henri IV*, etc. publiées par N. L. P. in-12. Paris, 1814, p. 78.

[A MONSʳ DE HARAMBURE.]

Borgne, Prenés quarante ou cinquante maistres, et allés donner jusques dans les portes de Paris[1]. Il fault en sçavoir des nouvelles, car l'on tient que l'armée des ennemys revient là. Ce porteur est brave et gentil-homme d'honneur; il sçait tout le pays. Bon soir, Borgne, menés trente harquebusiers.

Vostre meilleur maistre,
HENRY.

1589. — 2 NOVEMBRE.

Imprimé. — *Mémoires de messire Philippes de Mornay*, etc. t. II, p. 39, édit. in-4°.

[A MONSʳ DU PLESSIS.]

Monsʳ du Plessis, Despuis que je suis party de ma ville de Dieppe, j'ay cheminé à petites journées avec mon armée, attendant mes ennemys pour les combattre, ce que j'esperois faire, s'ils n'en eussent autant evité et fuy les occasions, comme je les ay recherchées de ma part. Ayant passé la riviere, encore que ce ne fust mon desseing d'attaquer ma ville de Paris, je m'en suis approché pour faire cognoistre

---

[1] A la faveur d'un épais brouillard qui s'éleva le matin de la Toussaint, le Roi s'était emparé de tous les faubourgs de la rive gauche. Arrivé dans le Pré aux Clercs, il monta au clocher de Saint-Germain-des-Prés pour bien reconnaître Paris et les moyens de l'emporter. L'attaque de M. de Harambure contre la porte Saint-Germain fut combinée avec la tentative que fit la Noue de surprendre la pointe de la Cité en traversant à cheval la moitié de la Seine. Mais son bras de fer ne lui permettant pas de soutenir assez son cheval nageant, il faillit se noyer au tournant de la tour de Nesle ; et la porte Saint-Germain bien barricadée résista à l'attaque de Harambure. Le duc de Mayenne, arrivant le lendemain matin à dix heures, se trouva encore à temps pour maintenir Paris.

à mes dicts ennemys et à ceulx de la dicte ville, que mes forces n'estoient petites, comme ils ont voulu publier partout; ce qu'ils ont cogneu à leurs despens : car ayant hier matin faict attaquer les faux-bourgs de Sainct-Germain, Sainct-Jacques et Sainct-Marcel, ils furent emportez à l'instant; et de seize compagnies qui estoient en garde il fut prins quatorze enseignes, et demeurerent morts sur la place de sept à huict cens hommes, et plusieurs prisonniers. Il a esté aussy prins quatorze ou quinze pieces, tant grosses que petites, qui estoient sur les remparts; et au mesme temps toute mon infanterie se logea aux portes de la dicte ville, sans avoir faict perte aulcune de ceulx de mon armée, au moins sy petite qu'il ne se peut dire. La nuict passée quelques soldats qui s'estoient retirez dans l'abbaye S$^t$-Germain se sont rendus à ma discretion [1], et puisqu'il a pleu à Dieu me favoriser tant en ceste entreprise, j'ay desliberé de suivre ma pointe, attaquer et battre ma dicte ville, laquelle j'espere remettre en mon obeissance, si l'armée de mes dicts ennemys, ou partie des forces d'ycelle, n'entre en la dicte ville dans trois jours; dont je vous ay voulu donner advis, afin que sçachant au vray comme tout s'est passé, vous le faciés entendre à tous mes serviteurs, et que, si mes ennemis en font courir aultres faux bruicts, au prejudice de mon service, comme ils ont accoustumé, personne n'adjoustera foy à leurs malicieux artifices : et sur ce, je prie Dieu qu'il vous ayt, Mons$^r$ du Plessis, en sa saincte garde. Escript au camp devant Paris, le ij$^e$ [2] jour de novembre 1589.

HENRY.

POTIER.

En signant ceste lettre j'ay eu advis que le duc de Mayenne vient d'arriver dans la ville avec son armée, de sorte que, cessant l'appa-

---

[1] Ce fut alors que le Roi, pour reconnaître Paris, « monta, dit l'Estoile, au haut du clocher de Saint-Germain-des-Prés, où un moine le conduisit, avec lequel il se trouva comme seul. En estant descendu, dit au mareschal de Biron qu'une apprehension l'avoit saisi, estant avec ce moine, se souvenant du cousteau de frere Clement. »

[2] Les mémoires de Mornay datent, par erreur, cette lettre du 11, au lieu du 2, qui en est évidemment la date.

rence de pouvoir forcer et la ville et une armée tout ensemble, je suis resolu de demeurer encore demain icy pour voir quel effort fera le dict duc de Mayenne[3], et me retirer aprés-demain à sa veue, pour voir s'il entreprendra; ce qu'il n'a encore osé faire jusques à ceste heure.

## 1589. — 4 NOVEMBRE.

Orig. — Archives de M. le marquis de Bournazel. Copie transmise par M. Belhomme, archiviste de la Haute-Garonne.

### A MONS<sup>R</sup> DE BOURNAZEL[1],
CAPPITAINE DE CINQUANTE HOMMES D'ARMES DE MES ORDONNANCES, SENESCHAL ET GOUVERNEUR DE MON PAYS DE ROUERGUE.

Mons<sup>r</sup> de Bournazel, Je vous escrivis en partant de Dieppe et vous envoyay un memoire de la forme de la retraicte que firent les ennemys de devant mon armée, sy tost qu'ils eurent advis de l'approche du secours que m'amenoient mes cousins le comte de Soissons, de Longueville et mareschal d'Aumont. Vous verrés, par celuy que presentement je vous envoye, ce qui est advenu depuis, et comme, ne leur ayant jamais peu faire prendre envie de venir au combat, par quelque occasion que je leur ay peu offrir, je me suis enfin resolu de passer la riviere et m'en venir droict à Paris, où ils ont veu, encores qu'il y ait eu de la difference du dict Paris à Arques ou à Dieppe, que je ne les ay toutesfois tant marchandez, leur ayant, dés le lendemain de mon arrivée, pris tous leurs faulx-bourgs et tué plus de huict cens hommes dans les tranchées d'iceulx; dont l'espouvantement fut tel dedans la dicte ville, que indubitablement ils estoient perdus et se fussent rendus, si l'armée eust tardé ung peu à y entrer, comme par raison

---

[3] En effet, le lendemain 3 novembre, le Roi resta en bataille dans le Pré aux Clercs depuis huit heures du matin jusqu'à onze heures; mais, personne n'étant sorti de Paris pour venir l'attaquer, il se retira.

---

[1] Antoine de Buisson, seigneur de Bournazel, chevalier de l'ordre du Roi.

elle debvoit faire, si les passages de la riviere leur eussent esté un peu plus empeschez qu'ils ne furent. Cela servira à leur faire cognoistre qu'ils ne doibvent pas legerement croire les impostures que l'on leur donne en la deffaveur de mes affaires, et que, d'assiegé et quasy perdu qu'ils me tenoient, ils m'ont bien tost veu assiegeant à leurs despens, comme vous verrés plus particulierement par le dict memoire, qu'il sera bon que vous communiquiés à mes bons serviteurs de delà; et ne seroit pas mal à propos, pour le rendre plus commun, de le faire imprimer[2]. J'ay sejourné icy deux jours, attendant s'ils vouldroient avoir quelque revanche[3], mais ils prindrent congé de nous, dés leurs faulxbourgs, et ne les avons point veus depuis. Je m'en vais demain reprendre Estampes, et de là je me resouldray à quoy je pourray plus utilement employer ceste armée. Vous en aurés bien tost de plus particulieres nouvelles et de mes aultres affaires par une aultre depesche qui suivra bien prés ceste-cy, que je n'ay loisir de vous faire plus longue: priant Dieu, Mons[r] de Bournazel, vous conserver en sa saincte garde. Escript au camp de Linas[4], le iiij[e] jour de novembre 1589.

HENRY.

## 1589. — VERS LE 5 NOVEMBRE.

Orig. autographe. — Musée britannique, bibliothèque Cottonienne, Galba, E, VI, fol. 411. Copie transmise par M. Delpit, archiviste paléographe.
Imprimé. — RYMER, Fœdera, etc. édit. de La Haye, 1742, t. VII, p. 15.

[A LA ROYNE D'ANGLETERRE.]

Madame,

Vous avés tant de part en nostre guerre par la bonne assistance qu'il vous plaist de m'y faire, qu'il est bien raisonnable que vous sçachiés

[1] C'est probablement la première partie de la pièce imprimée dans le IVe volume des Mémoires de la Ligue, sous ce titre : *Vrai discours de ce qui s'est passé en l'armée conduite par Sa Majesté très-chrétienne, depuis son avénement à la Couronne jusqu'à la fin de 1589.* Cette première partie se termine, en effet, après la prise des faubourgs de Paris. La seconde est intitulée : *Continuation de ce qui est advenu, en l'armée du Roi, depuis la prise des faubourgs de Paris, jusqu'à celle de la ville d'Alençon.*

[3] Voyez la note 3 de la lettre précédente.

[4] Bourg près de Corbeil, dans l'Ile-de-France (Seine-et-Oise).

ce qui s'y passe, joinct que d'ailleurs je le doibs à la bonne volonté que vous me portés et au soin que vous avés de l'advancement de mes affaires, ce qui m'a meu, aprés le succez de l'allarme et frayeur que j'ay donnée à la ville de Paris, qui a failly de peu à faire l'effect tout entier, d'en envoyer le discours au s$^r$ de Beauvoir, comme je fais à present, avec commandement de le vous aller incontinent communiquer; vous voulant bien asseurer, Madame, que j'y ay esté sy vertueusement servy de vos troupes, et avec tant de preuves de sage conduicte et valeur du baron de Wylleby[1], dignement secondé aussy de tous les aultres gentilshommes vos subjects qui sont icy, qu'ils honorent de plus en plus le bon jugement de la bonne election que vous avés faicte, et augmentent l'obligation que je vous en ay, accompagnée de tant d'aultres, qu'il ne reste plus rien en moy mesme que je ne doibve dire estre plus vostre que mien : ce que, sans difficulté je confesse volontiers, d'aultant que ce debvoir ne vous engage rien plus de moy que ce que mon affection vous a de longtemps voué, qui est tout ce que suis et puis, sans aulcune reserve. Sur ce, vous baisant bien humblement les mains, je vous prieray de croire que je seray tousjours plus

Vostre que mien,<br>HENRY.

J'attends avec asseurance la continuation de vostre bonne volonté au fort de mon besoing.

---

[1] L'honorable témoignage que Henri IV rendit de lord Willughby à la reine Élisabeth causa beaucoup de satisfaction à ce seigneur, si nous en jugeons par la lettre que peu de temps après son retour en Angleterre il adressa au Roi. On y lit: « Je me suis entierement desjà desdié à vostre service..... et pour vostre grandeur et pour vos graces envers moy, nommeement pour celles qu'il a pleu à Vostre Majesté dernierement me montrer, en me recommandant tant singulierement à la Royne ma maistresse. » (Egerton, p. 318.)

[1589.] — 6 NOVEMBRE. — I^re.

Orig. autographe. — Arch. de la famille de Crillon. Copie transmise par M. le duc de Crillon, pair de France.
Et cop. — B. R. Suppl. fr. Ms. 1009-4.

A MONS^R DE GRILLON.

Mons^r de Grillon, Pour la multitude d'affaires desquelles j'estois chargé lorsque j'envoyay Mont-Basin par delà, je n'eus le moyen de vous escrire; bien luy commanday-je de vous voir de ma part, et me rapporter de vos nouvelles : à quoy j'estime qu'il a satisfaict, puisqu'il m'a dict que vous vous portiés mieulx, de quoy j'ay esté infiniment ayse. J'ay commandé au s^r de la Borde, que j'ay chargé de ceste-cy, de vous voir de ma part, vous dire de mes nouvelles, et comme nous avons esté trois jours aux faux-bourgs de Paris, et comme j'espere de vous voir bien tost, puisque nous tournons la teste vers la riviere de Loire. Ce pendant, asseurés-vous tousjours de mon amitié, et croyés que vous trouverés en moy ce que vous avés perdu au feu Roy, mon seigneur et frere[1] : et sur ce, je prie Dieu vous avoir, Mons^r de Grillon, en sa saincte garde. Escript au camp d'Estampes, ce vj^e jour de septembre 1589.

HENRY.

---

[1] Crillon était fort aimé de Henri III et de la reine Marguerite, sa sœur. Cette princesse, racontant, dans ses Mémoires, la disgrâce où elle tomba en 1575, pendant laquelle elle fut confinée fort strictement dans son appartement au Louvre, dit : « Je demeure en cest estat quelques mois, sans que personne, ny mesme mes plus privez amis, m'osassent venir voir, craingnants de se ruiner..... Le seul brave Grillon est celuy qui, mesprisant toutes deffenses et toutes des faveurs, vint cinq ou six fois en ma chambre, estonnant tellement de crainte les cerberes que l'on avoit mis à ma porte, qu'ilz n'oserent jamais le dire, ny luy refuser le passage. » (Nouvelle édition. 1842, in-8°, pages 71 et 72.)

1589. — 6 NOVEMBRE. — II<sup>me</sup>.

Imprimé. — *Mémoires de messire Philippes de Mornay, etc.* t. II, p. 32, édit. in-4°.

[A MONS<sup>R</sup> DU PLESSIS.]

[1] Mons<sup>r</sup> du Plessis, Avant qu'Auzou arrivast vers moy avec les vostres du xxii et xxiiii de septembre et les memoires y enclos, j'avois desjà sur ce mesme subject depesché le s<sup>r</sup> de la Borde vers vos quartiers et en Poictou, tant pour ce faict que pour voir de ma part les s<sup>rs</sup> de Lavardin, et mon cousin le duc d'Espernon; mais pour les difficultez des chemins, ainsy que je desirois estre plus advancé où je vay, je l'ay retenu jusques à ceste heure. Il vous communiquera son instruction, sur laquelle, si vous la jugés bien et à propos, veu les humeurs des personnes auxquelles luy et vous aurés affaire pour mon service, vous vous en pourrés servir, sinon la raccommoder et l'instruire; d'aultant que les lettres qu'il a sont de creance, comme vous verrés. Je vous en envoye, suivant ce que vous me mandés, encor que je pense que bien difficilement vous pourrés voir ces gens-là, sans qu'il soit sceu, et que les catholiques n'en entrent en jalousie. C'est pourquoy j'ay commandé à la Borde d'aller visiter toutes les eglises de Poictou, Aunix et Xaintonge de ma part; aussy que je desirois, à ceste heure que vostre santé le vous peust permettre, que vous me vinssiés trouver, jugeant vostre presence necessaire prés de moy. Au demeurant, n'ayés peur que, pour m'avoir fidelement servy, comme vous avés faict, vostre maison tombe en ruine. Je suis trop bon maistre et sçay trés bien recognoistre mes serviteurs et leurs services. Si j'avois parlé un mot à vous, je m'asseure que vous perdriés l'opinion que vous avés. J'ay tout au long consideré vos memoires. N'adjoustés foy aux faux bruicts que l'on pourroit faire courre de moy, lesquels je vous prie de prevenir, et asseurer pour moy un chascun de ma constance en la religion, non obstant toutes difficultez

---

[1] Cette lettre était écrite de la main du Roi.

et tentations. J'ay à me plaindre de beaucoup de choses et de plusieurs personnes; mais je suis content de remettre le tout à vostre venue, laquelle je vous prie de haster. La Borde vous dira toutes nouvelles. Adjoustés-y foy : et sur ce, je prie Dieu qu'il vous ayt, Mons$^r$ du Plessis, en sa saincte garde. Escript au camp d'Estampes, ce vj$^e$ novembre 1589.

HENRY.

## 1589. — 7 NOVEMBRE. — I$^{re}$.

Imprimé. — *Mémoires de messire Philippes de Mornay*, t. II, p. 34, édit. in-4°.

[A MONS$^R$ DU PLESSIS.]

[1] Mons$^r$ du Plessis, Depuis un mois il a passé certain bruict de quelque remuement qu'on s'est efforcé de faire en un colloque tenu à Sainct-Jehan, tendant à l'election d'un nouveau protecteur de nos eglises[2], fondé sur l'incertitude de ma perseverance en la Religion, sur la conservation des personnes, et entremise ou direction des affaires d'icelle; comme si je m'estois du tout jeté entre les bras des uns et que j'eusse quitté ou abandonné les aultres; entre lesquels y a des malcontens qui se servent de tous les artifices qu'ils peuvent pour y attirer nos eglises de deçà. Vous sçavés ce que l'on brassoit sous main à la derniere assemblée tenue à la Rochelle. Ceux-là pensent avoir maintenant trouvé l'occasion tout à propos, pour la prendre au poil, et en espluchant mes actions et desportemens, m'accuser d'inconstance, et, soubs pretexte d'icelle, parvenir à leurs desseins. Il n'est pas que vous n'en ayés ouï parler; mais comme celuy qui sçait les choses passées, et qui peut aultant que nul aultre respondre de ma resolution, je vous prie tenir les dictes eglises, et toutes aultres personnes que pourrés, adverties que telles procedures sont illicites, pleines de calomnies et de mensonge. Je sçay que les gens de bien vous croiront, et leur monstrant ceste lettre y adjousteront foy. Car

---

[1] Cette lettre était écrite de la main du Roi.

[2] Le vicomte de Turenne ambitionnait ce rôle.

si je cognoissois particulierement ceulx qui ourdissent telles entreprinses, je leur escrirois; mais encores afin de les rendre plus capables des choses passées, je vous diray qu'incontinent aprés la mort du feu Roy, ses serviteurs catholiques me vinrent trouver, me recognoissant pour son successeur legitime, et me firent, à la verité, demonstration de beaucoup d'affection. Le seul scrupule de leur religion les retenoit : sur quoy, aprés plusieurs contestations, je fis la protestation qu'avés veue, pour les conserver soubs mon obeissance et l'Estat tout ensemble ; car c'estoit la plus part officiers de la Couronne. A cela j'eus les s$^{rs}$ de Chastillon, de la Noue, de Beauvais-la-Nocle, de Guitry et plusieurs aultres pour tesmoings et conseillers. On se plaint de ces mots *que Dieu absolve,* inserés dans la dicte protestation ; ils en furent par moy rayez, et ne se trouveront point en l'original. Je ne puis pas empescher ceulx qui en ont envoyé des coppies de l'avoir adjousté ou baillé à l'imprimeur[3]. Ils disent que j'ay desmis les officiers de la Religion qui vivoient avec quelque commodité, employez en de petites charges, que les ministres ne sont plus payez, que les commissaires pour l'execution de la trefve ont, contre le contenu d'icelle, remis les offices royaux[4], l'exercice de la religion romaine ; qu'on veut aneantir l'establissement des chambres ; bref qu'en la religion, en la justice et aux finances, leur condition est pire qu'elle n'estoit du vivant du feu Roy, qui n'eust touché à ces choses, ains les eust laissées en l'estat qu'elles estoient, ne se ressentans aulcunement de l'accroissement de ma dignité, ny de la faveur qu'on se promettoit à mon advenement à ceste Couronne ; qu'ils ne voyent aulcun acheminement à la paix, estant jà la trefve plus que demi-passée et les six mois bien advancez.

[3] Nous n'avons pas pu retrouver d'exemplaire d'une de ces éditions altérées, dont se plaint le Roi, et où, après les mots, *le feu Roy mon predecesseur,* se trouvaient les mots *que Dieu absolve.* L'importance attachée ici à cette expression vient de ce que les protestants la regardaient, dans un acte de ce genre, comme une sorte de déclaration de catholicisme.

[4] Le texte des Mémoires de Mornay semble présenter ici une lacune.

Voilà ce dont ils font semence et fondement pour faire naistre ou bastir un nouveau protecteur. Je ne sçay qui pourroit estre cestuy-là qui ayt tant exposé sa vie aux dangers, son labeur et ses biens, pour me priver de cest office, à present confus avec ma dignité, et lorsque j'ay plus de moyen de le rendre plus illustre et plus asseuré pour eux que jamais. De dire que c'est pour doubte que je veuille changer de religion, j'ay persisté, graces à Dieu, constamment jusqu'à ceste heure; mais chascun sçait les brouilleries et difficultez que j'ay eues à mon advenement, et que j'ay encores, combien de personnes farouches j'ay eu à apprivoiser, en leur ostant de la fantaisie que je ne taschois qu'à m'establir, pour puis après renverser leur dicte religion, la peine que j'ay eu de retenir la pluspart de nos Suisses et beaucoup de la noblesse, qui menaçoient de prendre party avec la Ligue, à regagner le peuple, presque partout seduict et desvoyé par les seditieux sermons des prescheurs. Ce non obstant, au milieu de ces travaux, et au plus fort de mes affaires, une bonne partie des nostres m'a laissé; et quelque prière ou remonstrance dont j'aye usé, ils ont voulu retourner chez eux[5]. Je ne les ay point pourtant oubliez, les aimant tous, autant que je feis jamais; mais comme j'avois promis de ne pourveoir aux charges d'aulcunes personnes de la Religion de six mois, il a esté bien raisonnable de communiquer et conferer plus ordinairement avec ceux que j'ay trouvez establis qu'avec les autres qui n'avoient aucune administration, joinct leur fidelité et affection, pour laquelle je ne pouvois moins que les continuer.

Quant à la paix et la condition en laquelle on se plainct estre pirement traicté que l'on n'eust esté du vivant du feu Roy, avec aultres mescontentemens que l'on se forge, vous sçavés, Monsr du Plessis, que ma resolution estoit, il y a deux mois, d'aller à Tours, pour, avec mon conseil et ma court de Parlement, pourveoir à toutes ces choses, et à tous moyens de rendre mes subjects, d'une et d'autre

---

[5] « Pour ceulx qui s'en allerent, dit le duc d'Angoulême, j'en laisse le contrôlle entre les plumes des historiens, me contentant de dire qu'il y en eut autant ou plus de ceux de la religion pretenduē reformée que de catholiques. » (*Mém.* p. 542.)

religion, satisfaits et de mes promesses et du bon traictement qu'ils pouvoient esperer de moy. Pour cest effect j'avois divisé mon armée en trois; l'une pour l'Isle-de-France, l'aultre pour la Champaigne et la Bourgogne, retenant la troisiesme prés de moy. Mais comme je pensois passer au Pont-de-l'Arche, estant conseillé d'aller asseurer ma ville de Dieppe, et pour tirer plusieurs commoditez dont j'ay esté secouru par ma bonne sœur la Royne d'Angleterre, voicy l'armée du duc de Mayenne, avec laquelle j'ay tousjours esté depuis aux mains. Vous sçavés les exploicts qui se sont passez, je n'en diray rien d'avantage, sinon que j'y ai grandement esprouvé la faveur et assistance de Dieu, et n'ay point intermis l'exercice de la Religion partout où j'ay esté, tellement que telle sepmaine sept presches se sont faicts à Dieppe par le s$^r$ d'Amours. Est-ce de là donner argument ou indice de changement? Si je n'ay parlé sy souvent ou caressé ceulx de la Religion, comme ils desiroient, la gravité de tant d'affaires m'en pouvoit dispenser; si je n'ay pourveu à toutes leurs necessitez, le pouvois-je faire de moy-mesme en un tel changement, et ayant une telle armée sur les bras? Cependant l'impatience de telles gens, qui ne voient ny considerent mes actions, qui vouldroient que je bandasse l'arc de mes affaires à la corde de leurs passions, ou bien que je leur rendisse compte de mes conseils, et qui vouldroient encores me donner loy en ce qui despend de l'administration que Dieu m'a commise, tasche de separer de moy ceulx avec lesquels j'ay sy long-temps conversé, ceulx que je pense m'estre doublement acquis, ceulx que j'aime d'un amour paternel, et desquels la conservation ne sçauroit estre sy chere à personne qu'à moy. C'est assez pour vous qui sçavés mes affaires. Je vous donne toute creance pour escrire et dire sur ce subject ce que cognoistrés estre de la verité, selon les circonstances du temps et des personnes que vous jugerés convenables et capables de ces raisons. A Dieu, mons$^r$ du Plessis, auquel je prie vous avoir en sa saincte garde. Au camp d'Estampes, ce vij$^e$ novembre 1589.

HENRY.

## 1589. — 7 NOVEMBRE. — II^me.

Orig. — Collection particulière du Roi.

### A MONS^R LE BARON DE VUILBIE [1],
CAPITAINE GÉNÉRAL DES ANGLOIS.

Mons^r le baron, Voulant avoir la congnoissance de tous ceux qui sont prisonniers en mon armée [2], je vous prie de faire voir tous ceux qui sont entre vos mains ou des vostres au s^r de Richelieu [3], mon grand-prevost, ou à son lieutenant, porteur de la presente, et d'en faire faire un roolle par nom et surnom; ne voulant pour cela faire tort de la rançon que vous en pourriés esperer. Mais aussy ne veux-je qu'il en soit delivré un seul sans mon consentement, pour des raisons que je vous feray particulierement entendre. Ce pendant je prie Dieu qu'il vous ayt, Mons^r le baron, en sa saincte et digne garde. Au camp d'Estampes, le vij^e jour de novembre 1589.

HENRY.

RUZÉ.

---

[1] Lord Peregrin Bastie, baron Willughby de Eresby, suivant les notes de l'histoire de de Thou, texte latin, édition de Londres, 1723, in-folio.

[2] C'étaient les prisonniers faits à la prise des faubourgs de Paris, le jour de la Toussaint, au nombre de plus de quatre cents. Parmi eux se trouvèrent plusieurs ligueurs dangereux, notamment le P. Bourgoin, prieur des jacobins, qui, convaincu d'avoir excité Jacques Clément au régicide, et d'avoir fait ensuite son éloge en chaire, fut condamné par le Parlement, séant à Tours, à être tiré à quatre chevaux, brûlé et ses cendres jetées au vent : ce qui fut exécuté quelques mois après, à la requête de la reine douairière.

[3] François du Plessis, seigneur de Richelieu, chevalier des ordres du Roi, conseiller d'état, et grand prévôt de France. Il était fort aimé de Henri III, qu'il avait accompagné en Pologne, et fut un des premiers à reconnaître Henri IV. Après avoir combattu vaillamment à la bataille d'Arques, à celle d'Ivry, il tomba malade au grand siége de Paris, et mourut le 10 juillet 1590. Il était fils de Louis du Plessis, seigneur de Richelieu, et de Françoise de Rochechouart. Le troisième de ses fils a été le grand cardinal de Richelieu.

## 1589. — 8 NOVEMBRE.

Orig. — Arch. municip. de Saint-Quentin. Copie transmise par M. de Chauvenet, membre de la commission des antiquités du département de l'Aisne.

A NOS CHERS ET BIEN AMEZ LES MAYEUR ET ESCHEVINS, MANANS ET HABITÁNS DE LA VILLE DE S<sup>T</sup>-QUENTIN.

Chers et bien amez, Nous renvoyons nostre cousin le duc de Longueville en son gouvernement de Picardie, auquel nous avons surtout recommandé ce qui concerne le bien, soulaigement et repoz de nos bons subjects; et tout ainsy que nous nous asseurons qu'il y satisfera de sa part, ne faillirés aussy de luy obeir en tout ce qu'il vous commandera pour ce regard et pour le bien de nostre service, vous asseurant que, en consideration de la fidelité que vous nous avés conservée jusques icy, et que nous nous promettons que vous nous continuerés tousjours, vous cognoistrés par les effects, en ce qui s'offrira de vous gratifier, que nous vous avons en particuliere recommandation; que vous n'avés jamais eu Roy qui ayt desiré plus que nous de vous conserver en vos previleges, et sur tout de vous maintenir en la religion catholique, apostolique et romaine.

Donné à Estampes, le viij<sup>e</sup> jour de novembre 1589.

HENRY.

POTIER.

## 1589. — 9 NOVEMBRE.

Cop. — B. R. Fonds Dupuy, vol. LXXXVIII, fol. 200 recto.

[A LA ROYNE DOUAIRIERE[1].]

Madame, Je vous envoye par le s<sup>r</sup> de Migenne la response que j'ay pensé pouvoir faire la plus conforme à vostre intention sur la

---

[1] Louise de Lorraine, fille de Nicolas de Lorraine, comte de Vaudémont, et de Marguerite d'Egmont, née à Nomeny en 1554, mariée, le 15 février 1575, à Henri III, roi de France et de Pologne. Après la mort de ce prince, elle se retira

requeste qu'il m'a presentée de vostre part; et n'adjousteray autre chose à la dicte reponse et à ce que je vous ay cy-devant escript sur pareil sujet², sinon que le faict, de soy, est sy execrable qu'il doibt estre en horreur à tout prince et homme d'honneur. Mais pour vostre contentement et pour satisfaire à moy-mesme, qui me sens infiniment offensé en la perte que j'ay faicte, je n'y espargneray mes forces, mes moyens, mon auctorité, ny ma propre vie, s'il en est besoin. Attendant que les effectz vous en rendent plus asseuré tesmoingnage,

d'abord à Chenonceaux, puis à Moulins, l'une des villes de son douaire, où elle mourut le 29 janvier 1601. Elle avait été citée comme la plus belle princesse de son temps.

² Cette première lettre était une réponse à celle que la reine Louise lui avait adressée le 6 septembre précédent, et dont parlent tous les historiens contemporains. La voici, telle qu'elle nous est parvenue dans les Mss. de Béthune, vol. 9129, fol. 1.

« AU ROY MONSIEUR MON FRÈRE.

« Monsieur mon frère, la violente douleur et passion dont mon ame a esté travaillée sans cesse, depuis ceste tant miserable et desplorable nouvelle de la mort cruelle du feu Roy, mon seigneur, que Dieu absolve, m'a tellement mise hors de moy-mesme, que je n'ay eu la puissance plus tost vous rendre le remerciement bien humble que je dois de la souvenance qu'il vous a pleu avoir de moy en mon extreme affliction, de m'avoir envoyé le s' de Larchant, aussy des offres qu'il vous plaist me faire en ma juste douleur de m'y vouloir assister. J'en demande la justice à Dieu par sa clemence et misericorde, laquelle j'implore, et ne permettra un tel assassinat sans punition exemplaire, faict à la personne du Roy, mon seigneur, qui estoit sacré d'unction de particuliere grace que reçoivent les Roys de ce Royaume de sa Majesté divine. Cet acte, plus que barbare, me fait croire, Monsieur mon frere, tout aide et support de vous, en la justice que vous en demande ceste desolée vefve, qu'il a laissée de ceste enorme et execrable meschanceté, ne desirant plus de vie que pour veoir la punition faite de ceux qui me la rendent sy miserable, vous rendant grace bien humblement aussy du soing et diligence qu'avés rendu à mettre le corps du Roy, mon seigneur et le vostre, que j'ay tant honoré, reveré et aymé, en lieu de seureté. Et aveuglée par l'abondance de mes larmes, suis contraincte de finir ceste lamentable plainte, me remettant au s' de Migennes, que je vous envoye, lequel vous dira le pitoyable estat auquel il m'a laissé. Dieu, par sa bonté, me donne la patience qu'il cognoit m'estre necessaire, et à vous,

« Monsieur mon frere, trés heureuse et longue vie. De Chenonceau, le sixiesme septembre mil cinq cent quatre-vingtz-neuf.

« Vostre bien humble sœur,
« LOUISE. »

Voyez ci-dessus la note 2 de la lettre du 7 novembre. — II°.

je vous supplie le croire ainsy, et que vos affaires seront les miennes, en ce que je vous pourray servir, d'aussy bon cœur que je prie Dieu qu'il vous veuille consoler et donner, Madame, en bonne santé, bonne et longue vie. Au camp d'Estampes, le ix<sup>e</sup> jour de novembre 1589.

Vostre bon frere,<br>HENRY.

## 1589. — 15 NOVEMBRE.

Orig. — Arch. de la ville de Strasbourg. Copie transmise par M. le préfet du Bas-Rhin.

A NOS TRÈS CHERS ET BONS AMYS LES STATEMAISTERS DE STRASBOURG.

Très chers et bons amys, Aulcuns de nos fideles subjects et bons serviteurs de nostre pays et duché de Bourgogne, [meus] du zele qu'ils ont au bien de nos affaires, qui comprend aussy le leur particullier, voulans de leur pouvoir ayder l'entier restablissement de nostre auctorité au dict pays, nous ont offert d'engaiger leurs biens et credict jusques à la somme de soixante mil escuz, pour subvenir aux frais de la guerre qu'il nous convient faire au dict pays, s'il se trouve des personnes qui nous en veuillent accommoder, sous l'obligation qu'ils passeront avec nous du remboursement de la dicte somme, avec les interets; et d'aultant que vous nous avés faict congnoistre tant d'affection à l'advancement de nos dicts affaires par les bons offices que nous y avons desjà receus de vostre part, que nous avons occasion d'esperer que vous y ayderés encore volontiers en ce que vous pourrés, nous avons advisé recourir de nouveau à vous, et vous prier, comme nous faisons bien affectueusement, nous vouloir encores secourir de la susdicte somme de soixante mil escuz, ou de telle partie que vostre commodité pourra porter, soubs l'obligation qui vous en sera faicte, tant de nostre part, suivant le pouvoir que nous avons sur ce faict expedier, que au nom des susdicts, qui vous sera une particuliere et très certaine asseurance, pour estre solvables, comme ils sont, de beaucoup plus grande somme : vous asseurant que, oultre la satisfaction qui vous en sera faicte, nous recongnoistrons, en toutes autres choses que nous pourrons, le plaisir que vous nous ferés en cest endroict, selon le merite dont il sera, estant faict en occasion si preignante et de sy grande consequence au bien de nos dicts affaires, desquels comme vous ayderés, en ce faisant, la prosperité, aussy vous pouvés croire que nous favoriserons tousjours volontiers les vostres, s'en offrant l'occasion, de ce qui sera en nostre pouvoir. Sur ce, nous prions Dieu, Trés chers et bons amys, vous avoir en sa saincte garde. Escript au camp de Chasteaudun, le xv$^e$ jour de novembre 1589.

HENRY.<br>REVOL.

## 1589. — 17 NOVEMBRE.
Orig. — B. R. Fonds Béthune, Ms. 8859, fol. 86.
Cop. — B. R. Suppl. fr. Ms. 1009-4.

### A MON COUSIN LE S$^R$ DE MATIGNON,
MARESCHAL DE FRANCE.

Mon Cousin, Je suis adverty que le chasteau de Badefol et le port qui y est sur la riviere de Dordogne sont trés importans pour mon service, et que, si les ennemys s'en saisissoient, ils s'en pourroient grandement advantaiger à mon prejudice, pour à quoy remedier il seroit bien à propos de faire garder l'un et l'aultre. Ce que je vous en dis icy est par forme d'advis, me remettant à vous de considerer ce qui s'y doibt faire, et d'y establir quelque garde, si voyés qu'elle y soit necessaire; estant trés asseuré que le seigneur de la maison est tant mon serviteur[1] qu'il s'accomodera à ce que vous luy ordonnerés,

---

[1] Hélie de Gontaut, baron de Badefol, était le fils aîné de M. de Saint-Geniez, à qui Henri, roi de Navarre, témoigne tant de confiance et d'amitié dans les deux premiers volumes de cette correspondance; sa mère, Jeanne de Foix, avait été dame d'honneur de Jeanne d'Albret, et il avait épousé Jacqueline de Béthune, sœur de Maximilien de Béthune, baron de Rosny. M. de Badefol, qui avait été chambellan du duc d'Alençon, devint, à la mort de son père en 1591, seigneur de Saint-Geniez, lieutenant général et vice-roi de Navarre. Il mourut en 1598.

comme je desire bien aussy qu'il soit en cela accomodé autant que vous verrés qu'il le pourra estre, ayant merité de moy tout bon et favorable traictement : et n'estant la presente à aultre fin, je ne vous la feray plus longue, priant Dieu, mon Cousin, vous avoir tousjours en sa saincte garde. Escript au camp du faulxbourg de Vendosme, ce xvij° jour de novembre 1589..

HENRY.

FORGET.

### 1589. — 18 NOVEMBRE. — I$^{re}$.

Orig. — B. R. Fonds Béthune, Ms. 8859, fol. 87.
Cop. — B. R. Suppl. fr. Ms. 1009-4.

#### A MON COUSIN LE S$^R$ DE MATIGNON,
MARESCHAL DE FRANCE.

Mon Cousin, J'ay commandé au s$^r$ de S$^t$ Julien[1] de lever et mettre sus ung regiment de dix compaignies de gens de pied pour m'en servir aux occasions qui s'en presenteront ; et d'autant que je veux qu'il dresse les dictes trouppes à la moindre foulle de mon peuple que faire se pourra, je vous prie de luy donner lieu le plus propre que vous verrés pour cest affaire, affin qu'elles puissent estre prestes pour me venir trouver au premier mandement que je leur en feray : et n'estant ceste-ci à aultre fin, je prieray Dieu qu'il vous ayt, mon Cousin, en sa saincte et digne garde. Escript au camp devant Vendosme, le xviij° jour de novembre 1589.

HENRY.

RUZÉ.

---

[1] Étienne de Gontaut de Saint-Geniez, seigneur de Saint-Julien, Culor et la Mouzin, fils de Jean de Gontaut, seigneur de Saint-Geniez. Il était chevalier de l'ordre du Roi.

1589. — 18 NOVEMBRE. — II^me.

Orig. — Arch. de M. le marquis Édouard de la Grange, membre de la Chambre des députés.
Cop. — B. R. Fonds Leydet, liasse 2.

A MONS^r DE LA FORCE,
GOUVERNEUR ET MON LIEUTENANT EN PERIGORD ET ESTENDUE DU GOUVERNEMENT
DE MONTFLANQUIN.

Mons^r de la Force, D'autant que je sçay la grande affection et obeissance que vous avés au bien de mon service, estant adverty des entreprises faictes par les ligueurs et rebelles, sur les villes, places, chasteaulx et forteresses de vostre gouvernement, mesmes sur le chasteau de Castelnau des Mirandes, grandement important à mon dict service, pour estre proche et environné de plusieurs villes et fortz, detenuz par lesdictz ennemys, je vous ay bien voullu faire la presente, à ce que vous ayés à pourveoir à la garde, seureté et deffense du dict chasteau de Castelnau, et y mettre telle garnison de gens, vivres et munitions, qu'il n'en puisse advenir aucune surprinse; et icelluy tenir et garder soubz mon obeissance, y faisant par vous faire bonne et seure garde, encores que je ne doubte aucunement de vostre debvoyr. Sur ce, Mons^r de la Force, je prie Dieu vous avoir en sa saincte garde. Du camp de Vendosme, ce xviij^e novembre 1589.

HENRY.

1589. — 19 NOVEMBRE. — I^re.

Cop. — Arch. de la cour royale de Rouen. — Registres secrets originaux du parlement de Normandie, séant à Caen, vol. du 26 juin 1589 au 8 novembre 1591, fol. 73 verso. Communication de M. Floquet, greffier en chef, correspondant de l'Institut.

A NOS AMEZ ET FEAULX CONSEILLERS LES GENS TENANS NOSTRE COURT
DE PARLEMENT DE NORMANDIE ESTABLIE A CAEN.

Nos amez et feaulx, Nous avons deliberé d'envoyer de bonnes forces à notre cousin le duc de Montpensier pour reduire soubs nostre obeissance les villes que occupent nos ennemys en nostre province de Normandie; et lorsque les affaires du dict pays le requerront, et que ceulx du general de nostre Royaulme le nous pourront permettre, nous nous y acheminerons en personne. Ce pendant nous escripvons à toute la noblesse de par delà, pour assister nostre dict-cousin à la susdicte occasion; et vous prions et enjoignons de tenir la main, de vostre part, à ce qui peut servir à la manutention de nostre dicte auctorité, qui se maintient par la justice, de laquelle vous estes administrateurs, y faisant à cest effect observer nos edicts, à la conservation des gens de bien et chastiement des ennemys de l'Estat et du bien public; assistant au reste nostre dict cousin de tout ce qui despendra de l'auctorité de vos dictes charges, à ce qu'il aura besoing pour le bien de nostre service et soulagement de nos bons subjects : et vous nous ferés chose trés proffitable. Donné au camp de Vendosme, le xix<sup>e</sup> jour de novembre 1589[1].

HENRY.

POTIER.

## 1589. — 19 NOVEMBRE. — II<sup>me</sup>.

Cop. — B. R. Fonds Lamarre, Ms. 9597-77, fol. 19.

A NOS CHERS ET BIEN AMEZ LES MAIRE ET ESCHEVINS DE NOSTRE VILLE DE LANGRES.

Chers et bien amez, Nous ayant le s<sup>r</sup> de la Croix faict entendre que ne pouvant demeurer en asseurance en sa maison, au moyen des forces que nos ennemys entretiennent en ces quartiers, il a voulonté, attendant une meilleure commodité, de se retirer en nostre ville de Langres et y vivre avec vous le plus doucement qu'il pourra, à ces causes, et parce que le dict de la Croix est de nos bons, fidelles et plus affectionnez serviteurs, nous voulons et vous mandons qu'ayés à le recepvoir en vostre ville avecq ses bons serviteurs, luy faire donner logis,

---

[1] Une lettre analogue, en date du lendemain 20 novembre, fut adressée aux échevins et habitants de Caen. M. de Formeville en a transmis une copie d'après l'original conservé à Caen, dans les archives de l'hôtel de ville.

et luy permectre là demeurer en icelle; et il paiera tout ce qui luy sera fourny, et se contiendra en telle modestie que n'aurés occasion d'en venir à plaincte : et nous asseurant que ne fauldrés de satisfaire à ce que dessus, nous supplierons le Createur vous tenir, Chers et bien amez, en sa saincte et digne garde. Escript au camp à Vendosme, le xix<sup>e</sup> jour du mois de novembre 1589.

HENRY.
POTIER.

[ 1589. — VERS LE 20 NOVEMBRE.]

Orig. autographe. — Bibliothèque de l'Arsenal, Mss. Histoire, 179, t. I.
Cop. — B. R. Suppl. franç. Ms. 1009-4 et Ms. 2289-2, etc.
Imprimé. — *L'Esprit d'Henri IV*, p. 162. — *Vie militaire et privée de Henri IV*, p. 152. — *Lettres de Henri IV*, etc. publiées par N. L. P. 1814, in-12, p. 54. — *Journal militaire de Henri IV*, publié par le comte DE VALORI, p. 290, etc.

[*A MADAME LA COMTESSE DE GRAMMONT.*]

Mon cœur, Ne doubtés pas que je ne prenne bien garde à moy, mais ma principale asseurance est en Dieu, qui me gardera par sa grace. Vostre fils sera icy anhuy, du tout guary. Nous sommes devant Vendosme, que j'espere prendre demain, et veulx nettoyer les environs de Tours, devant qu'y aller. Il n'est pas croyable les menées qui se font partout; je dis dedans nous-mesmes; le Diable est deschainé. Dieu sera sur tout, par consequent mes affaires iront bien; car j'ay en luy toute ma confiance. Soyés tousjours asseurée de ma foy, elle est inviolable. Bonjour, mon ame, je m'en vais aux tranchées. Je te baise un million de fois. Nos reitres sont entrez en Champagne, c'est à dire les trois mille, et cinq mille landsquenets; car la grande levée ne viendra qu'en juin. Dans deux jours j'y envoie le mareschal d'Aumont pour les employer en Lorraine, jusqu'à ce qu'ayant faict mes affaires à Tours, je les puisse aller joindre, qui sera à la my-decembre, et pense vous pouvoir asseurer que dés la fin de janvier je seray dans Paris. A Dieu.

1589. — 21 NOVEMBRE.

Cop. — B. R. Fonds Béthune, Ms. 8778, fol. 88 recto.

[A MON COUSIN LE DUC D'ESPERNON.]

Mon Cousin, Je vous escrivis il n'y a que deux jours, faisant bien ample response à celles que j'avois eues par ce porteur. Despuis, j'ay ce jourd'huy receu les trois vostres, escriptes à Confollans, du vii<sup>e</sup> de ce mois; ayant esté bien ayse d'y respondre par ceste mesme voie, encores que je n'aye gueres à adjouster aux miennes precedentes, que vous aurés avec ceste-cy, sinon pour vous dire le grand contentement que j'ay receu de ces deux places que vous avés recouvertes en la Marche, et bien autant que je sois defaict de Puy-Ferrier, en la perte duquel tout le pays aura faict un grand proffict, qui n'est pas moindre pour mon service, car je l'ay toujours ouy nommer pour trés mauvais homme. J'eusse bien desiré qu'il se fust perdu dans la place; mais ainsy que l'accident est advenu, vous en estes hors de toute coulpe; et, sy, elle est auculnement excusable pour ceulx qui l'ont exécuté, lesquels ayant peu ignorer la capitulation, les trouvant sans leur escorte, ont peu ceder cela à la juste douleur qu'ils avoient de la perte de leur cappitaine (que je plains aussy et regreste, parce que je sçais qu'il estoit gentilhomme de valeur et de merite). Le regrest que l'on doibt avoir de luy, et le peu de subject qu'il y a d'en avoir de l'aultre vallent bien que vous pardonniés ceste faulte à ceulx qui l'ont faicte, comme je vous en prie, mon Cousin, et de ne les laisser pas prendre. Nous sommes en saison que les gens de bien comme sont ceulx-là, l'on en peut bien endurer dadvantage, mesmement quand il n'y va rien de nostre honneur, estant chose qui est souvent advenue en beaucoup pires termes que a esté ceste-là, qui peut estre suffisamment excusée par la qualité du dict Puy-Ferrier, duquel la vie a esté telle, que la fin en pouvoit bien estre plus honteuse pour sa memoire.

J'ay veu par une des vostres comme desirés faire venir à vous le sieur Jamet, auquel j'ay commandé que le passeport fust expedié, à la charge qu'en chemin, en allant et venant, il ne se meslera d'aulcune affaire de la Ligue. Par une aultre des vostres j'ay recogneu que vous estiés picqué d'un advis que vous dites vous avoir esté donné, comme vous en auriés grand raison si le subject en estoit veritable; mais je vous puis asseurer que pour ce que l'on y dict estre de mon dessein et intention, qu'il ne l'est pas, et ne crois poinct qu'il le soit aussy pour le reste; pour le moins je vous puis dire qu'il n'en est rien venu à ma cognoissance; et comme mon naturel n'est poinct d'avoir les oreilles ouvertes et faciles aux calomnies de mes amys et bons serviteurs [1], que je n'ay poinct eu de peine de les fermer pour vostre regard, de qui je ne souffriray aussy que l'on me parle que ainsy que l'on doibt de personnes que je fais profession publique d'aimer et estimer. Les charitez ne furent jamais à la verité en plus grand usage; mais il n'y eut aussy jamais meilleur moyen de s'en justifier, chascun ayant quasy à sa porte de quoy de bien servir et convaincre ceulx qui en veulent mal parler. Vous avés faict de sy longue main provision, et la faictes tant encores tous les jours de ceste justification, que la mesdisance et l'envie n'y peuvent mordre [2]. Pour le moins, pouvés-vous estre asseuré que cela ne me fera jamais changer ni diminuer la bonne opinion que j'ay, avec beaucoup de bonnes preuves cogneues de long-temps, de vostre fidélité et particuliere affection à mon service, et en pouvés avoir l'esprit en repos de ce costé.

Je reserve à quand je seray à Tours à satisfaire ce qui est de

---

[1] C'est-à-dire : aux accusations contre mes amis et bons serviteurs. Cet emploi du mot *calomnie* se rapproche du sens de ce mot *calumpnia*, d'un usage si fréquent dans le latin du moyen âge.

[2] La puissance excessive à laquelle était parvenu le duc d'Épernon obligeait aux plus grands ménagements envers cet orgueilleux favori de Henri III. Mais il avait fait un grand tort à Henri IV, et avait donné un très-dangereux exemple, lorsque, mettant en avant des scrupules de religion, il avait pris congé de ce prince quelques jours après la mort de Henri III, et s'était retiré dans son gouvernement de Saintonge, avec toutes les troupes qu'il commandait.

vostre memoire en matiere de finances, comme vous avés veu en ma precedente lettre, en laquelle vous n'avés que la prophetie de la prinse de Vendosme; et en ceste-cy vous en aurés l'accomplissement, et sçaurés comme m'estant resolu de m'attaquer au chasteau, qui est plus fort que la ville, parce que l'ayant prins, la dicte ville ne pouvoit plus eschapper, ayant hier de bon matin faict commencer la batterie à deux tours du dict chasteau, qui servoient de deffense, en moins de cent coups de canon l'on fit plusieurs trous dans les dictes tours, lesquelles estant aperceus par les soldats, il n'y eut ordre de les retenir que, par le plus petit d'iceulx, ils n'entrassent de sy grande furie, que ceulx de dedans en prindrent tel estonnement qu'ils le quicterent incontinent, en se voulant sauver dans la ville. Les nostres les suivirent de sy prés, qu'ils y entrérent peslemesle avec eulx. En fut le chasteau et la ville prinse sans perte d'aulcuns soldats. Les s^rs de Chastillon et baron de Biron y entrerent des premiers, à qui se rendirent Masly Bonehard[3], qui en estoit gouverneur, tous les gentilshommes, cappitaines et soldats, faisans le nombre de trois à quatre cens; et n'y eust ordre de preserver la dicte ville du sac. La penitence en est tombée sur le dict Masly Bonehard, qui eust le mesme jour la teste tranchée[4], et le cordelier Jessé[5], qui fut pendu. Comme l'un et l'aultre avoit bien merité ce traistement, ce a esté un juste jugement de Dieu; car encores que je les eusse durant trois jours

---

[3] Ce nom fort altéré doit être *Maillé Benehard*. Jacques de Maillé, seigneur de Benehard, capitaine de cinquante hommes d'armes des ordonnances, gouverneur de Vendôme et du Vendômois, était fils de Jacques de Maillé, seigneur de Benehard, et de Marie de Villebresme.

[4] La ville de Vendôme était du patrimoine particulier de Henri IV; son père avait même longtemps porté le titre de duc de Vendôme; c'était un de ses plus anciens domaines, et celui où il tenait le plus à faire respecter son autorité personnelle. M. de Maillé, à qui il avait confié ce gouvernement, n'étant encore que roi de Navarre, était donc, d'après les idées de l'époque et les principes de la féodalité, doublement coupable; et l'on voit dans tous les historiens du temps, que l'exécution de ce gouverneur fut approuvée comme un acte de justice et un exemple nécessaire.

[5] Ce cordelier était accusé non-seulement d'avoir animé les Vendômois à la révolte, mais d'avoir excité un feuillant au régicide sous le règne précédent.

faict solliciter, et qu'ils eussent bien la volonté de se rendre, ils ne peurent jamais prendre la resolution. Cest effroy nous a vallu qu'ils ont quicté, depuis, ma maison de Laverdin; et crois qu'ils en feront le semblable de Montoire, où je m'achemine demain, en intention de passer de là au Mans et à Laval, avant que de venir à Tours, s'il est possible. Vous aurés bien tost plus particulierement de mes nouvelles par le gentilhomme que je vous despesche en Guyenne : sur ce, je prie Dieu, mon Cousin, vous conserver en sa saincte garde. Escript au camp de Vendosme, ce xxj$^e$ novembre 1589.

HENRY.
FORGET.

## 1589. — 22 NOVEMBRE.

Orig. — Arch. de la maison de Noailles. Copie transmise par M. le duc de Noailles.

### A MONS$^r$ DE NOAILLES [1],
CAPPITAINE DE CINQUANTE HOMMES D'ARMES DE NOS ORDONNANCES.

Mons$^r$ de Noailles, Si c'estoit par un aultre que le s$^r$ de Rieux [2], conseiller en mon conseil d'Estat et premier mareschal de camp de mon armée, que vous deussiés avoir ceste-cy, je vous y ferois le discours plus long de l'estat de mes affaires: mais l'ayant prié, en fai-

---

[1] Henri, seigneur de Noailles, comte d'Ayen, baron de Chambres, etc. gentilhomme ordinaire de la chambre du Roi en 1583, capitaine de cinquante hommes d'armes des ordonnances en 1585, conseiller d'état en 1597, et lieutenant général pour le Roi dans la haute Auvergne, en 1601. Le P. Anselme ajoute qu'il fut nommé chevalier des ordres du Roi en 1604; mais il paraît qu'il n'aurait pas été reçu, car il n'y eut plus, sous le règne de Henri IV, qu'une seule promotion faite à Rome en 1608, et le nom de Henri de Noailles ne se trouve ni dans cette promotion ni dans celles du règne suivant, qui furent faites avant sa mort, arrivée en 1623. Henri de Noailles était fils d'Antoine de Noailles et de Jeanne de Gontaut.

[2] René de Rieux, seigneur de Sourdeac, marquis d'Ouessant, d'une ancienne famille bretonne, dont plusieurs femmes furent célèbres par leur grande beauté, était le second fils de Jean de Rieux, maréchal de Bretagne, et de Béatrix de Jonchères; il avait été élevé enfant d'honneur de Charles IX, et s'était distingué en beaucoup d'occasions sous le règne de ce prince et sous celui de Henri III, après la mort

sant son voyage de son retour en sa maison³; de vous voir en passant, je luy ay aussy donné charge de vous faire bonne part de nos nouvelles, comme vous ne les pouvés avoir de meilleure main que de la sienne, ayant veu tout ce qui s'est passé, dont il a executé la plus grande partie, ne m'estant reservé pour subject de ceste-cy que pour vous confirmer moy-mesme l'asseurance qu'il vous donnera, de ma part, du contentement que j'ay de vos deportemens et de l'affection particuliere que vous avés à mon service, l'estime et le degré auquel je tiens vostre merite et le desir que j'ay de le recognoistre, ensemble l'estat asseuré que vous devés faire de ma bonne volonté et bonne grace, de laquelle vous pouvés attendre tous les bons effects que les occasions qui s'offriront vous en pourront faire desirer, ainsy que plus particulierement vous entendrés du dict s$^r$ de Rieux, lequel vous croirés de ce qu'il vous dira de ma part, comme vous pourrés aussy luy conferer tout ce que vous estimerés qui merite que je sçache de mes affaires de delà, luy ayant donné charge de recueillir de vous et de mes aultres affectionnez serviteurs qui sont en la province, pour du tout m'en tenir soigneusement adverty⁴. Je sçais que vous l'estes tant de ce qui est de vostre debvoir envers moy, le general de cest Estat et consequemment le vostre particulier, qui en est inseparable, que ne vous en fault faire aultre recommandation, sinon pour le recommander, et advertir les autres de se bien conformer à

duquel il servit très-utilement Henri IV, qui le fit gouverneur de Brest et lieutenant général au gouvernement de Bretagne. Il mourut en 1608.

³ Il remit, en passant par l'Auvergne, cette lettre à M. de Noailles, et une toute semblable, en passant par le Rouergue, à M. de Bournazel, sénéchal de cette province. Une copie de cette dernière lettre, datée du même jour, nous a été communiquée par M. le marquis de Bournazel.

⁴ La fidélité de M. de Rieux justifiait pleinement cette confiance. Saint-Foix rapporte que, sollicité par Aymar Hennequin, évêque de Rennes, de soutenir les prétentions du duc de Mercœur au duché de Bretagne, contre le roi de Navarre, il lui répondit très-fièrement : « Celui que vous appelez le roi de Navarre est roi de France et le légitime souverain. Si j'estois capable de manquer à la fidélité que je lui dois et que je lui ai jurée, ce ne seroit sans doute pas pour aider un cadet de la maison de Lorraine à devenir duc de Bretagne; j'y penserois pour moi. » (*Histoire de l'Ordre du Saint-Esprit.*)

vostre exemple, que je suis asseuré qui ne sera jamais que trés utile pour moy et mon service, et fort honorable pour vous, à qui je n'en diray pas icy dadvantaige : priant Dieu, Mons$^r$ de Noailles, vous tenir en sa saincte garde. Escript à Tours, le xxij$^e$ jour de novembre 1589.

HENRY.

FORGET.

[1589.] — 25 NOVEMBRE.

Orig. autographe. — B. R. Suppl. fr. ms. 1939, fol. 2.
Imprimé. — *Lettres autographes de Henri IV*, lithographiées par le comte DE LASTEYRIE, n° 1. — *Journal militaire de Henri IV*, publié par le comte DE VALORI, p. 370.

A MONS$^R$ DE SOUVRÉ.

Mons$^r$ de Souvré, Tout hyer je sejournay en ceste ville, pour attendre nouvelles de Montrichard ; maintenant je monte à cheval pour m'en aller droict au Mans. Asseurés ceulx du dict Montrichard[1] que si ceste fois ils font les trompeurs, que je les feray tous pendre ; et leur envoyés la presente pour asseurance de ma promesse, à laquelle je vous jure que je ne manqueray nullement[2] : et sur ce, Dieu vous ayt, Mons$^r$ de Souvré, en sa garde. A Tours, ce xxv$^e$ novembre.

HENRY.

[1] Cette ville avait été surprise depuis peu par M. de Marolles, qui la tenait pour la Ligue ; et comme la ville de Tours était fort incommodée de ce voisinage, M. de Souvré s'était réuni à MM. de Montigny et de la Trémouille, pour reprendre cette place.

[2] On ne fut pas obligé d'en venir à l'exécution de cette menace, car cette place se rendit presque aussitôt à MM. de la Trémouille, Montigny et Souvré, qui reprirent de même, en quatre jours, Montoire, Lavardin et le Château-du-Loir. (Voyez la *Chronologie novenaire* de Cayet.)

## 1589. — 27 NOVEMBRE.

Orig. — A Londres, State paper office, Mss. France. — Copie transmise par M. Lenglet.
Cop. — Archives de la Couronne, salle 5, anciennes archives, Ms. 30, fol. 91 verso.
Cop. — Biblioth. de M. Monmerqué, Ms. intitulé *Depesches, instructions et commissions,* fol. 100 recto.
Imprimé. — *The Life of Thomas Egerton, lord chancellor of England,* p. 398.

[A MONS$^R$ DE BEAUVOYR.]

Mons$^r$ de Beauvoyr, Depuis que vous me fites entendre la façon de laquelle la Royne, ma bonne sœur, avoit prins l'office que vous aviés faict envers elle de ma part, à ce qu'elle permist au secretaire que le s$^r$ de Chasteauneuf a laissé en sa charge de s'en revenir avec le reste de sa famille, et luy faire rapporter ses meubles qui y estoient demeurez, je ne vous ay faict aulcune recharge pour ce regard, ayant voulu attendre s'il m'en seroit parlé de la part de la dicte dame, comme elle vous dict qu'elle donneroit charge à son ambassadeur de m'en faire la response ; ce que, toutesfois, n'auroit esté faict. Ce pendant le dict s$^r$ de Chasteauneuf a encores envoyé vers moy, affin de luy bailler lettres, pour faire revenir les dicts gens et meubles; à quoy avant que me resouldre j'ay bien consideré l'occasion que la dicte dame vous a dict avoir de se plaindre de luy, pour ne faillir en rien de ce qui convient à nostre commune amitié, comme je ne vouldrois faire en chose de beaucoup moindre importance que celle qu'elle vous a allegué; mais comme l'ignorance d'icelle m'a rendu justement excusable du premier office que j'ay faict, ainsy que vous luy avés sagement remonstré, aussy n'en ayant aultre preuve ny cognoissance, elle ne doibt prendre en mauvaise part que je face instance de ce que le privilege et merite de la charge requiert de moy; et d'ailleurs, en ce qui regarde la personne, bien qu'il y eust preuve d'avoir transgressé les limites de la dicte charge, cela estant cogneu de peu, je demeure tellement couvert, en la commune opinion, par le temps que la dicte dame l'a encores depuis souffert en mesme fonction prés d'elle, que la pluralité en tirera une forte presumption de son innocence, et, par consequent, si je l'abandonnois en ceste cause, me l'imputeroit plustost à peu de faveur envers les serviteurs du feu Roy, que à ressentiment que la dicte dame eust à present voulu faire contre luy. Pour ces considerations, je n'ay peu moins faire que de luy en escrire encores un mot, qui n'est principalement que en vostre creance, et vous prie de reprendre avec elle le propos que vous luy en aviés desjà tenu, et tascher, par les susdictes raisons et tous les meilleurs moyens possibles, la faire condescendre en ce que du premier coup elle n'a voulu accorder, y adjouxtant toute la plus instante priere de ma part que le subject vous donnera lieu d'y employer, où il s'agit de la conservation du privilege des ambassadeurs, duquel l'infraction seroit de mauvais exemple ; à quoy je m'asseure qu'elle postposera son couroux, quelque juste occasion qu'elle en puisse avoir. Et vous diray aussy, pour fin de la presente, que je seray bien aise de voir le dict s$^r$ de Chasteauneuf hors de la peine où il est, de la retention des dicts gens et meubles, et moy deschargé de la poursuite que aultrement il auroit occasion d'en faire encores en mon endroict, pour la protection que je luy doibs singulierement en cest affaire : priant Dieu, Mons$^r$ de Beauvoyr, qu'il vous ayt en sa saincte garde. Escript au camp de Escoumois, le xxvij$^e$ jour de novembre 1589.

HENRY.<br>REVOL.

## 1589. — 5 DÉCEMBRE. — I$^{re}$.

Cop. — Arch. de la cour royale de Rouen. Reg. secrets orig. du parlement de Normandie, séant à Caen, vol. du 26 juin 1559 au 8 novembre 1591, fol. 76 verso. Communication de M. Floquet.

A NOS AMEZ ET FEAULX LES GENS TENANS NOSTRE COURT DE PARLEMENT DE CAEN.

Noz amez et feaulz, Nous avons donné charge au s$^r$ de Crevecœur de vous faire entendre la resolution que nous avons prise d'envoyer des forces à nostre cousin le duc de Montpensier, pour remettre en nostre obeissance les villes de nostre pays de Normandie que detiennent à present nos ennemys rebelles, et pourvoir à ce qui est necessaire pour la seureté, repos et conservation du dict pays ; à quoy nous esperons, avec l'ayde de Dieu, donner sy bon ordre, dans peu de temps, que nos bons serviteurs et subjects pourront demeurer en tout repos et securité au dict pays, à quoy nous vous prions et ordonnons tenir la main de vostre part, en ce qui despend de l'auctorité de nostre court de parlement, pour contenir tous nos subjects en leur debvoir, et apporter en cela autant de soing, de debvoir et diligence que vous jugerés estre requis, pour remedier aux maulx presens, et restablir tellement nos affaires, que nous soyons obeys et tous noz subjects conservez. Vous croirés ce que le dict s$^r$ de Crevecœur vous en dira de nostre part, et tiendrés la main à tout ce qui sera pour le bien de nostre service. Donné au camp du Mans, le v$^e$ jour de decembre 1589[3].

HENRY.
POTIER.

1589. — 5 DÉCEMBRE. — II$^{me}$.

Orig. — Arch. municipales de Metz.

Imprimé. — *Lettres du roi Henri IV aux magistrats et aux habitants de la ville de Metz*, 1820, in-fol. à Metz, p. 7.

A NOS BIEN AMEZ LES TREIZE ESCHEVINS ET CONSEIL DE LA VILLE DE METZ.

Nos bien amez, L'affection que vos peres ont tousjours monstrée aux Roys nos predecesseurs, et que vous mesmes avés voulu suivre avecq tant de demonstration de bonne volonté à l'endroict du feu Roy nostre trés honoré seigneur et frere, nous faict esperer la continuation d'icelle envers nous, qui eussions bien desiré pouvoir trouver plus tard la commodité d'envoyer par devers vous. Mais les affaires qui nous ont continuellement attaché depuis nostre advenement à la Couronne nous en ont empesché; et afin que vous puissiés estre mieux eclairez de la verité des choses qui se sont passées, à la honte

---

[3] Une lettre analogue, de même date, et dont la copie a été transmise par M. de Formeville, fut adressée aux habitants de la ville de Caen, dans les archives de laquelle elle est conservée. Elle ne contient aucune notion de plus que celle-ci.

et confusion de nos ennemys, nous avons pensé de vous envoyer le s$^r$ de Guitry, l'un de nos mareschaux de camp, que nous avons voulu accompagner de la presente, pour vous asseurer du soing que nous voullons avoir de vostre conservation, et que, si vous avés receu quelques faveurs et bons traictemens des Roys nos predecesseurs, vous n'en debvrés moins attendre de nous, qui ne voulons rien espargner pour vous faire cognoistre combien nous voulons avoir vostre repos et soullagement en singuliere recommandation, tant à l'encontre du duc de Lorraine, que tous autres qui voudroyent entreprendre quelque chose à vostre prejudice, ainsy que nous avons donné charge au dict s$^r$ de Guitry vous asseurer encore plus particulierement de nostre part : sur lequel nous remettans, nous prierons Dieu qu'il vous ayt, Nos bien amez, en sa saincte et digne garde. Escript au camp du Mans, le v$^e$ jour de decembre 1589.

HENRY.

POTIER.

### 1589. — 5 DÉCEMBRE. — III$^{me}$.

Orig. — Arch. de la ville de Bayonne. Transcription de M. J. Balasque, archiviste.

A NOS CHERS ET BIEN AMEZ LES MAIRE ET JURATS DE LA VILLE DE BAYONNE.

Chers et bien amez, Envoyant pour nostre service par delà le s$^r$ Frontenac, l'un de nos chambellans ordinaires, nous luy avons donné charge expresse de vous veoir de nostre part, et vous communiquer de l'heureux succez de nos affaires, n'en pouvant par aultre estre mieulx informez que par luy, qui nous a tousjours accompaigné en nostre armée et esté tesmoing des executions qu'y ont esté faictes, lesquelles Dieu a voulu tant favoriser de sa benediction qu'elles sont toutes reussies, à la honte et confusion de nos ennemys et à nostre trés grand advantaige; dont vous avés à luy rendre graces, et continuer voz bonnes prieres, à ce qu'il luy plaise conduire nostre labeur jusques à la perfection de l'œuvre, qui est, par sa grace, bien advancée ; à quoy pendant que nous travaillons de tout nostre pouvoir pour couper le mal par la racine, et combattre et destruire les chefs de la dicte rebellion et les forces qu'ils ont prés d'eulx, pour avoir aprés plus aiseement la raison des aultres, il faut que de vostre part vous veillés plus soigneusement que jamais à vous preserver de leurs artifices et surprinses, auxquelz ils recourent aultant plus, que plus ils se sentent affoiblys d'ailleurs, et observer aussy de vous recognoistre souvent, afin de separer ce qui se trouvera gasté et corrompu, pour eviter qu'il ne porte contagion aux aultres, n'espargnant peine ny despens pour vous delibvrer à ceste fois de tant d'oppressions que vous en avés souffertes; sur tout de vous maintenir en la fidelité et obeissance qui nous est deue, d'où despend l'unique establissement de vostre repos : de quoy nous sommes bien advertys que vous avés faict jusques icy tout bon debvoir, dont nous sommes aussy trés certains, ainsy que vous entendrés plus particulierement du dict s$^r$ de Frontenac, lequel vous croirés de ce qu'il vous dira de nostre part, comme vous pouvés aussy luy confier tout ce que vous aurés à nous dire de ce que vous congnoissés estre du bien de nostre service, en mesme [temps] pour vostre conservation, de laquelle nous aurons tousjours soing comme de la nostre. Nous remettant à luy du surplus, nous ne vous en dirons pas icy d'advantaige. Donné au camp du Mans, ce v$^e$ jour de decembre 1589.

HENRY.

FORGET.

[1589. — 5 DÉCEMBRE.] — IV$^{me}$.

Orig. autographe. — B. R. Fonds Béthune, Ms. 9037, fol. 5.
Cop. — Suppl. fr. Ms. 1009-2.

A MA COUSINE LA DUCHESSE DE MONTMORENCY.

Ma Cousine, J'envoye Frontenac vers mon cousin vostre mary, pour l'advertir des occasions qui s'offrent et y rendre le soing et l'affection que je me suis promise de luy. Il ne la sçauroit adresser à prince du monde qui en fasse plus d'estat, ny la recognoisse plus volontiers que moy; et desirant vous voir, pour plus particulierement vous dire ma volonté, afin que vous la luy tesmoignés, je vous prie laisser les affaires que vous avés à demesler avec vos beaux-freres jusques en aultre temps qui sera plus propre, et me venir trouver où je seray, resolue de vous en retourner le plus tost qu'il sera possible vers vostre mary pour des choses que je ne puis faire ny commettre à aultre qu'à vous. A Dieu.

HENRY.

Je m'en revay à Poissy et de là vers Clermont près de Merlou, où je seray bien ayse de vous trouver, afin de vous faire resouldre de partir; et je vous feray conduire la plus grande partie du chemin en toute asseurance.

1589. — 5 DÉCEMBRE. — V$^{me}$.

Orig. — Arch. du château de Poyanne. Copie transmise par M. le baron Méchin.

[A MONS$^R$ DE POYANNE.]

Mons$^r$ de Poyanne, Je ne vous puis celer que je suis un peu en peine de n'avoir point encore eu de vos nouvelles ny response à aulcune des lettres que je vous ay escriptes, plus pour crainte que j'ay qu'il vous soit survenu quelque indisposition ou aultre accident, que pour doubte que je face, que vous soyés aultre que mon serviteur trés fidele; car l'ayant esté, de vostre naturelle inclination, dés auparavant que je fusse ce qu'il a pleu à Dieu me faire estre, estant à ceste bonne volonté maintenant conjoinct l'obligation et le debvoir, il y a bien plus de lieu de se confirmer en ceste asseurance que de la mettre en aulcune dispute, comme je ne veux faire, vous ayant tousjours mis au nombre des plus affectionnez à mon service, et de ceulx que je tiens les plus capables de m'en faire. J'ay donné charge au s$^r$ de Frontenac, present porteur, de vous dire plus particulierement quelle est sur ce mon opinion et l'estat et l'estime que je fais de vous et de vostre merite, et comme, sans la crainte que j'ay que vostre absence fist, par delà, faulte à mon service, que j'eusse fort desiré vous avoir icy pour quelques mois en mon armée avec votre trouppe, pour vous faire voir si nous faisons aussy bien la guerre que vous la faictes en Gascogne. Sans la commodité du dict Frontenac, je vous dirois plus particulierement de nos nouvelles; mais en estant trés bien instruict, comme il l'est, je m'en remettray sur luy; et ne vous feray ceste-cy plus longue, que pour vous asseurer que vous ne pouvés desirer d'estre plus aimé et estimé que vous l'estes de moy, qui ne perdray point l'occasion de vous le tesmoigner par effect quand elle s'offrira, attendant laquelle vous pouvés faire estat bien certain de ma bonne grace. Sur ce, je prie Dieu, Mons$^r$ de Poyanne, vous conserver en sa saincte garde. Escript au camp du Mans, ce v$^e$ decembre 1589.

HENRY.
FORGET.

1589. — 5 DÉCEMBRE. — VI$^{me}$.

Orig. — B. R. Fonds Béthune, Ms. 9104, fol. 4.
Imprimé. — *Mémoires de Nevers*, t. II, p. 209.

A MON COUSIN LE DUC DE NIVERNOIS.

Mon Cousin, Aprés qu'il a pleu à Dieu m'appeller à ceste Couronne, je n'ay rien tant desiré que d'observer les reglemens faicts par le feu Roy, mon seigneur et frere, specialement pour le faict de la guerre en laquelle il m'a laissé, recognoissant combien sont dommageables les nouvelletez, et, entre toutes, où il est question du payement des estrangers. C'est pourquoy j'ay confirmé à m$^e$ Pierre Legrand, secretaire de mes finances, la commission de la recepte generalle des deniers du sel, pour les employer à ce qu'il convient journellement payer aux Suisses qui sont en mon armée; car cela est de telle importance qu'à toutes les occasions qui se presenteront je recommande la conservation de la dicte nature de deniers, pour n'y estre en façon que ce soit touché, que pour l'effect auquel ils ont esté destinez, comme je le vous ay cy-devant escript. Je vous ay faict encores ce mót, affin qu'aux villes où vous avés le commandement j'en puisse recevoir le secours, tel que je me le suis promis. En ceste asseurance je ne vous en feray plus expresse recommandation, mais, comme fin de lettre, je prieray Dieu qu'il vous ayt, mon Cousin, en sa saincte et digne garde. Escript au camp du Mans, le v<sup>e</sup> decembre 1589[1].

HENRY.
RUZÉ.

### 1589. — 6 DÉCEMBRE.

Orig. — Collection particulière du Roi.

#### A MONS<sup>R</sup> DE WILIBY,
GENERAL DES REGIMENS ANGLOIS ESTANS A MON SERVICE.

Mons<sup>r</sup> de Wiliby, Le s<sup>r</sup> de Guitry m'a representé ce que vous luy avés escript pour me faire entendre; sur quoy je vous diray que tant s'en fault que j'aye permis à aucuns Anglois de vos trouppes de se retirer, se desbandans des aultres, comme ils monstrent vouloir faire, que au contraire je vous prie faire en sorte que nul ne s'en departe; ains qu'ils attendent jusques à ce que vous les reconduisiés tous ensemble, suivant l'ordre que j'ay donné pour vous faire tous partir bien tost; car je craindrois que ceulx qui s'en iroient separement tumbassent en quelque inconvenient par les chemins : et il n'y va que la patience de peu de jours, pour s'en retourner tous ensemble, qui sera leur seureté, le contentement de la Royne, madame ma sœur, et la dignité de mon service; qui sont considerations auxquelles j'estime qu'ils vouldront tant defferer que de se conformer en ce que je desire en cela d'eulx. Je prie Dieu qu'il vous ayt, Mons<sup>r</sup> de Wiliby, en sa saincte garde. Escript au camp du Mans, le vj<sup>e</sup> decembre 1589.

HENRY.
REVOL.

[1] Une faute d'impression a fait dater cette lettre de 1599, dans les Mémoires de Nevers.

## 1589. — 7 DÉCEMBRE. — I<sup>re</sup>.

Cop. — B. R. Fonds Leydet, Mémoires mss. sur Geoffroy de Vivans, p. 84.

[A MONS<sup>R</sup> DE VIVANS.]

Mons<sup>r</sup> de Vivans, J'envoye le Guarnier, l'ung de mes serviteurs, que vous cognoissés, en Guyenne; et luy ay commandé de vous voir, pour vous faire entendre de mes nouvelles et l'heureux succez qu'il plaist à Dieu de donner à mes affaires. J'espere qu'il continuera ceste mesme benediction envers moy, tant que j'en verray la ruyne de mes ennemys. Croyés-le de ce qu'il vous dira de ma part, et vous disposés pour me venir trouver ce printemps, comme je fais estat que tous mes anciens subjects et serviteurs feront. Vous serés le trés bien venu : à tant je prie Dieu vous avoir, Mons<sup>r</sup> de Vivans, en sa saincte garde. Au Mans, ce vij<sup>e</sup> decembre 1589.

HENRY.

## 1589. — 7 DÉCEMBRE. — II<sup>me</sup>.

Cop. — A Londres, State papers' office. France. Transcription de M. Lenglet.

[A MESS<sup>RS</sup> DE BEAUVOIR ET DE FRESNES.]

Mess<sup>rs</sup>, Je n'ay receu vostre despesche du xvij<sup>e</sup> de novembre que le vij<sup>e</sup> du present, par laquelle j'ay veu la confirmation de celle que m'aviés desjà mandé par les lettres du xij<sup>e</sup> du dict novembre, touchant le prest de cinquante mil escus que la Royne, ma bonne sœur, m'avoit encores accordé, suivant la requeste que luy en avés faicte de ma part. Si vous avés receu la response que je vous feis (qui fut depuis mon partement vers Paris), vous aurés cogneu que je n'ay pas deliberé de me tenir longuement eslongné, ny me servir des deniers du dict prest, si ce n'est aux mesmes affaires pour lesquelles je l'ay demandé, qui est du costé du dict Paris, ou de Normandie; et en ceste intention vous manday que estans portez à Dieppe, je voulois qu'ils y fussent refermez jusques au temps que je pensois me retrouver ez dictes contrées, qui pourroit estre dans six semaines ; et lors, avec le renfort qui pourroit m'estre venu d'Allemaigne, reprendre les ayses de ce qui n'avoit esté trouvé à propos : de poursuivre plus avant sans avoir de plus grandes forces. Ce pendant ne voulant laisser inutiles celles que j'avois, je me resolus de faire ung voyage de par deçà, pour pourveoir à quelques occurences qui s'offroient le long de la riviere de Loire, et, passant pays, prouffiter le temps aussy en aultre chose, comme j'ay faict, ayant commencé par la reprise d'Estampes, aprés laquelle continuant de faire chemin, Joinville me fut rendu ; dont je passay à Chasteaudun, et de là assiegeay Vendosme, qui a esté prins par force. En suite de quoy les places de Laverdin, Montoire et Chasteau-du-Loir se rendirent. J'ay depuis prins ceste ville [1], et comme elle estoit la capitale de la province, et par le moyen d'ycelle tout le reste estoit occupé par les ennemys, aussy la prinse a tiré les aultres places à se soubmettre à mon obeissance, excepté la Ferté-Bernard, que je laisseray pour ceste heure, ayant prins resolution de retourner vers la basse Normandie, sur les advis que j'ay icy de quelques entreprinses qu'il y a, mesme de la part des Espaignols, entre aultres places, en celles de St-Malo, sur laquelle ils ont faict particulier desseing, comme lieu qu'ils ont estimé propre en leur entreprise d'Angleterre ; à quoy j'espere remedier et asseurer à mon obeissance tout le reste de ceste coste-là, par le voyage que j'y vais faire, lequel ne pourra estre qu'agreable à la Royne ma bonne sœur, comme conforme à ce que j'ay cogneu par vostre dicte depesche estre son intention. Et d'autant que j'auray besoing, ce faisant, d'estre soustenu des deniers de son dict prest, je desire qu'ils soient apportez à Dieppe, le plus tost qu'il sera possible ; d'où je les pourray aprés faire venir à Caen, ou en ung aultre endroict de la dicte coste, qui me sera plus à propos, selon les progrez de mon dict voyage [2]............

[1] Le Mans, d'où la lettre est datée.
[2] Le reste consiste en instructions diplomatiques et détails d'affaires d'ambassade.

[1589.] — 8 décembre.

Orig. autographe. — B. R. Fonds Béthune, Ms. 9037, fol. 15 recto.
Cop. — B. R. Suppl. fr. Ms. 1009-2.

A MA COUSINE MADAME DE MONTMORENCY.

Ma Cousine, Je renvoye m$^r$ du Plessis exprés, afin d'advancer vostre partement. Je vous prie le croire de ce qu'il vous dira de ma part comme moy mesmes, et vous asseurer de mon amitié, comme de chose qui ne vous manquera jamais. A Dieu, ma Cousine: je le prie qu'il vous veuille bien conduire. Escript au Mans, le viij$^e$ decembre.

HENRY.

[1589. — 9 décembre.]

Orig. autographe. — B. R. Fonds Béthune, Ms. 9037, fol. 11 recto.
Cop. — Suppl. fr. Ms. 1009-2.

A MA COUSINE MADAME DE MONTMORENCY.

Ma Cousine, J'ay enfin depesché ce porteur et proteste à mon cousin vostre mary que je ne vous retiens plus, afin qu'il ne s'en prenne pas à moy. Toutesfois je ne perds pas encore l'esperance d'avoir ce plaisir de vous voir avant que vous partiés; mais si les affaires ne permettoient que j'y peusse aller sy tost, à ce que cela ne fust cause de vous retenir davantage, je vous enverray dans deux jours le s$^r$ du Plessis[1] avec sa compagnie de chevaulx legers, pour vous faire escorte comme je vous ay promis. Il est vray que les ligueurs sont maintenant sy estonnez et ont eux-memes tant de peine, qu'ils ne nous

[1] « De là eut commandement du Roy de conduire, avec sa compagnie de gendarmes, madame la duchesse de Montmorency jusques en Xaintonge; ce qu'il feit: laquelle s'en retournoit vers monseigneur son mary en Languedoc, luy portant parole de la connestablerie de France. » (*Mémoires de Charlotte Arbaleste, sur la vie de du Plessis-Mornay, son mari*, p. 185.)

en sçauroient faire. Vous me vouldrés mal du souhait que je fais, que vous fussiés desjà où est mon cousin vostre mary, et qu'il fust où vous estes. Je luy envoye par ce porteur les provisions qu'il m'a demandées; s'il y default encores quelque chose, envoyés-moy un courier, et je le vous enverray. Vous sçaurés par ce porteur toutes nos bonnes nouvelles, et que, despuis ceste ville, celle de Laval est desjà rendue, comme je crois que feront toutes les aultres de ces quartiers. Je ne dis pas encore icy le grand adieu, car si je ne le puis porter moy-mesme, je le vous enverray par le s$^r$ du Plessis. Cependant je me recommande à vostre bonne grace et prie Dieu, ma Cousine, vous conserver la sienne.

HENRY.

### 1589. — 10 DÉCEMBRE.

Cop. — B. R. Fonds Béthune, Ms. 8923, fol. 59 recto.

A MON COUSIN LE CARDINAL DE VENDOSME.

Mon Cousin, Je vous prie de croire que je n'ay ny n'auray jamais les oreilles propres à recepvoir aulcune impression qui vous concerne; dont je ne m'offencerois pas moings que vous mesmes. Pour le faict de mes sceaulx, vous devés croire que, sans la necessité où je me trouve ordinairement pour l'expedition des pouvoirs, pardons et privileges, que j'accorde aux villes, et aultres qui ont recours à ma clemence, et desquels ils ne se tiendroient asseurez, s'ils ne les avoient promptement et scelez de mon grand sceau, je n'eusse pensé les retirer, les tenant plus dignement et seurement en vos mains que ne seront jamais en aulcune aultre, et vous prie ne l'interpreter aultrement. Je seray sy peu absent de vous, qu'ils ne feront guere default pour les affaires de mon conseil; et neantmoings je ne laisseray de vous envoyer une declaration, pour autoriser ce que vous en ferés sceller du sceau de la chancellerie de mon Parlement, comme s'il estoit de mon dict grand sceau, ainsy que je sçay qu'il a esté faict du temps du feu roy Charles, en la personne de feu Monsieur, qui estoit son frere. Je suis presentement arrivé en ceste ville, ayant esté arresté prés d'une heure à la porte, pour ouïr tous ceulx du clergé, qui m'y sont venu recepvoir avec leurs ornemens, comme ont faict tous les aultres de ceste dicte ville, ayant eu le plaisir d'oïr chanter *Vive le Roy* en musique par les ecclesiastiques, avec le plus grand applaudissement du peuple que j'oy jamais. J'ay trouvé en ceste ville aulcuns des habitans de ma ville de Mayenne qui sont venus m'asseurer, de celuy qui commande en la dicte ville et des habitans, de leur obeissance. Je vous prie donc, mon Cousin, me renvoyer incontinent Beaulieu[1] avec mes sceaulx. A Dieu; je le prie vous avoir en sa garde. Escript à Laval, le x<sup>e</sup> decembre.

HENRY.

## 1589. — 12 DÉCEMBRE.

Cop. — B. R. Fonds Brienne, Ms. 11, fol. 108 verso.

### A NOS TRÉS CHERS ET GRANDS AMYS, ALLIEZ ET CONFEDEREZ LES DUC ET SEIGNEURIE DE VENISE.

Trés chers et grands amys, alliez et confederez, Ayant pleu à Dieu de tirer à soy, de la façon que vous avés peu entendre, le feu Roy, nostre trés honoré seigneur et frere, de trés heureuse memoire, et nous appeller à ceste Couronne, nous n'avions failly, entre les premiers offices auxquels nous voulions satisfaire, de vous escrire pour vous faire part de cest accident et nous en condouloir avec vous, comme requeroit la sincere amitié et bonne intelligence que nous sçavons avoir esté soigneusement observée entre le dict feu Roy et vous; vous asseurant par mesme moyen de nostre intention à l'inviolable observance d'ycelle, et avecques non moins d'affection que celle que le dict feu seigneur vous a faict cognoistre jusques à l'heure de sa mort : et saichant combien dignement et fidellement nostre amé et feal conseiller en nostre conseil d'estat, le s<sup>r</sup> de Maisse[1], l'avoit servy

---

[1] C'est le secrétaire d'état Ruzé.

---

[1] André Hurault, seigneur de Maisse, conseiller d'état, ambassadeur à Venise, sous Henri III et Henri IV, fils de Nicolas Hurault, seigneur de Boistaillé, et d'Anne Maillard. Il mourut en 1607.

pour la conservation de la dicte amitié et tout ce qui s'estoit présenté pour le bien de ses affaires en la charge qu'il a longuement exercée prés de vous, nous l'avions confirmé et continué en ycelle comme instrument propre à ce que principalement nous desirions, et que nous l'avions, pour ceste occasion, estimé vous devoir estre plus agreable. Mais la despeche que sur ce nous vous avions faicte s'estant perdue par les chemins ², nous avons voulu, pour ne vous laisser plus longuement

---

² Pressé d'arriver à Rome pour y remettre au pape l'acte important de l'adhésion de la haute noblesse dont il était chargé, le duc de Piney ne put se détourner pour porter à Venise la lettre par laquelle Henri IV notifiait à la seigneurie son avénement, et que nous avons donnée ci-dessus, à la date du 18 août. Mais telles étaient à l'égard de ce prince les bonnes dispositions de la politique vénitienne, que, sans attendre la notification officielle, dès qu'ils apprirent la mort de Henri III, ils mirent en délibération s'ils reconnaîtraient immédiatement son successeur.

« Les droits de Henri IV à la couronne, dit M. Daru, ne furent pas le sujet d'un doute..... L'ombrage que faisait la puissance du roi d'Espagne, et le désir d'affaiblir l'autorité dont le pape avait abusé tant de fois, notamment envers la république, déterminèrent le sénat à se déclarer sur-le-champ pour Henri IV. Le peuple en témoigna une joie presque tumultueuse. On acheta, on étala partout le portrait du Roi. » (*Hist. de Venise*, liv. XXVIII.)

« Ils se sont hastés, écrivait dès le 12 septembre l'ambassadeur de France, pour éviter l'importunité du Pape. » (B. R. Fonds Brienne, Ms. II, fol. 43 verso.) Et un peu plus loin, rapportant l'avis que la seigneurie lui donna, d'un conseil tenu à Rome, où le pape avait déclaré Henri IV indigne de succéder à la couronne, « Ces Seigneurs, dit-il, en donnant advis au s$^r$ de Maisse, se sont mocquez, et dit davantage que, si Sa Majesté se rendoit la plus forte, que le Pape lui envoyeroit plus d'absolutions qu'il ne vouldroit. » (B. R. Fonds Brienne, fol. 45 recto.)

Venise fut ainsi la première puissance catholique qui reconnut Henri IV; et cette importante résolution fut prise, non-seulement sans que la lettre confiée au duc de Luxembourg fût parvenue, mais avant même que M. de Maisse eût reçu celle par laquelle le nouveau Roi continuait à l'accréditer, et qui contenait implicitement, mais d'une manière moins officielle, la notification de l'avénement. C'est en effet seulement le 7 octobre que cet ambassadeur écrivit au Roi : « Depuis ma derniere lettre, les ambassadeurs du Pape et du roy d'Espaigne ont faict instances à ces Seigneurs de revocquer l'ambassadeur qu'ils avoient prés Vostre Majesté, et de ne m'accepter pour ambassadeur, ny à l'audience ny aux ceremonies : dont estant adverty, je les fus trouver, et feis en sorte que, sur la lettre de Vostre Majesté du dix-huitiesme aoust, que je receus lors, ces Seigneurs me continuerent avec honneur en ceste charge. » (*Ibid.* fol. 51 recto.)

Ils accréditèrent de plus, auprès de Henri IV l'ambassadeur qui avait résidé pour

incertains de nostre bonne volonté, suppleer par la presente à ce deffaut, ordonnant au dict. sʳ de Maisse, comme nous faisons presentement, de faire le dict office que nous vous prions de recevoir de luy, et toutes aultres choses qu'il traictera de nostre part, comme de nostre ambassadeur, et de la mesme façon qu'il l'estoit du feu Roy, nostre dict seigneur et frere, luy donnant en touttes ces choses la mesme foy et creance que vous vouldriés faire à nostre propre personne : et sur cela, nous prierons Dieu, Trés chers et grands amys, alliez et confederez, qu'il vous ayt en sa saincte garde.

HENRY.

[1589.] — 16 DÉCEMBRE. — Iʳᵉ.

Imprimé. — *Journal militaire de Henri IV*, publié par M. le comte DE VALORI. Paris, F. Didot, 1821, p. 33.

[A MADAME LA DUCHESSE DE NEVERS ¹.]

Ma Cousine, J'ay tousjours eu cette opinion de vostre bonne volonté et affection en mon endroict, comme je cognois mesme par la lettre que m'avés escripte par ce porteur, que j'en ay grande occasion. Vous ne pouviés faire paroistre ceste affection à personne qui vous

eux auprès de Henri III; et le Roi lui avait donné audience la veille, 21 novembre, en arrivant à Tours. Cette démonstration solennelle de la seigneurie de Venise produisit le meilleur effet.

Cayet mentionne ainsi cet événement : « Le mesme jour l'ambassadeur de Venise fut admis à l'audience, où il presenta premièrement des lettres de la Seigneurie au Roy, et puis fit de leur part l'office de conjouissance envers Sa Majesté, pour son heureux advenement à la couronne. Ceux de l'Union qui publioient que le Roy n'estoit recongneu que des princes protestans eurent lors subject de s'en desdire. » (*Chronol. noven*. fol. 296 recto.)

---

¹ Henriette de Clèves, fille de François de Clèves, duc de Nevers, et de Marguerite de Bourbon, née le 31 octobre 1542, fut mariée le 4 mars 1565, à Louis de Gonzague, prince de Mantoue, et lui apporta les duchés de Nevers et de Rethel, qu'elle avait hérités de son frère François II, duc de Nevers. Elle mourut en 1601.

aime plus que moy, et qui desire plus vostre contentement et celuy de mon cousin le duc de Nevers, vostre mary. Vous le cognoistrés tousjours par effect : aussy veux-je croire qu'en tout ce que je puis esperer de secours et d'advancement en mes affaires par le moyen de mon dict cousin et de vous, j'en recevray contentement. Je vous prie faire estat de mon amitié, et tout ainsy que vous m'asseurés que mon dict cousin sera tousjours tel en mon endroict qu'il a esté et qu'il doibt estre, et que j'auray occasion d'estre content de luy, je vous prie aussy luy dire qu'il n'a jamais eu Roi qui l'ayt aimé plus que moy, et qui ayt eu plus de volonté de recognoistre ses services, et le traicter selon ses merites, que j'ay, comme il congnoistra en tout ce qui s'offrira pour son contentement. Conservés-luy donc ceste bonne volonté, et me continués la vostre, et vous trouverés tous deux en moy toute l'amitié que vous sçauriés desirer. Sur ceste verité, je prie Dieu, ma Cousine, vous avoir en sa saincte garde.

Escript à Laval, le xvj<sup>e</sup> decembre.

HENRY.

Ma Cousine, si vous estes honneste femme, vous viendrés à Tours voir vostre cousin, pour y passer une partie de l'hiver; et là nous rirons à bon escient, et passerons bien le temps. Faictes cela, je vous prie.

1589. — 16 DÉCEMBRE. — II<sup>me</sup>.

Cop. — B. R. Fonds Leydet, Mémoires mss. sur Geoffroy de Vivans, p. 77.

[A MONS<sup>r</sup> DE VIVANS.]

Mons<sup>r</sup> de Vivans, Je vous ay, depuis peu de jours, escript par le s<sup>r</sup> de Frontenac, auquel j'ay oultre ordonné charge particuliere de vous veoir, pour vous dire de l'estat de ma disposition et de tous mes affaires, qui vont, Dieu mercy, prosperant de jour à autre. Ceste-cy sera seulement pour vous dire que mon cousin le mareschal de Matignon m'a escript que l'une des deux maisons que vous avés dernierement prinses, estimans qu'elles fussent à ceux de la Ligue, appartient à ung qui est mon serviteur et qui n'est point de la Ligue.

Pour ceste occasion, je desire que vous lui faictes rendre la dicte maison, à la charge, s'il y a quelque fortification, de la faire desmolir, comme pareillement à l'autre, n'estant point necessaire d'y tenir aucune garnison ny y faire, pour ce, lever aucune imposition; n'y ayant rien dont mes pauvres subjects soyent plus travaillez que de tous ces petits forts, desquels en mon cœur, j'ay bien juré la ruine. Il faut venir aider icy à ruiner et rompre la teste à mes ennemys, comme je fais bien estat que vous serés, à ce printemps, de la partie. Je vous prie de vous y disposer de bonne heure, et m'amener la meilleure troupe que vous pourrés. Mon cousin le vicomte de Turenne m'asseure aussy qu'il viendra; et pourrés venir de compagnie. Vous pouvez estre asseuré d'estre tousjours aussy bien veu et receu que jamais. C'est des anciens services que j'ay tousjours la memoire la plus fraische. Vous aurés sceu du dict s$^r$ de Frontenac comme il me laissa au partir du Mans, que je feis conduire l'armée par mon cousin le mareschal de Biron, à Alençon, pendant que je m'en venois faire un petit voyage jusques icy, pour m'asseurer de quelques autres villes de ceste province : ce que j'ai faict, ayant achevé de nettoyer la Touraine, l'Anjou et le Maine. Je partiray demain pour aller trouver mon armée au dict Alençon, que j'espere recouvrer comme les aultres. Et si la Fortune nous veult rire, je vous asseure que le mauvais temps ny les mauvais chemins ne m'empescheront pas de la suivre, en quelque part qu'elle se presente; sans porter envie au duc de Mayenne, qui se repose à Paris, où j'espere bien me reposer aussi quelque jour à mon tour. C'est ce que je vous diray pour ceste fois : priant Dieu, Mons$^r$ de Vivans, qu'il vous ayt en sa saincte et digne garde. Escript à Laval, ce xvj$^e$ jour de decembre 1589.

HENRY.

FORGET.

## 1589. — 18 DÉCEMBRE.

Orig. — Arch. du canton de Soleure. Copie transmise par M. le ministre de France en Suisse.

A NOS TRÉS CHERS ET GRANDS AMYS, ALLIEZ ET CONFEDEREZ LES AVOYERS, AMANS, CONSEIL ET COMMUNAUTÉ DE LA VILLE ET CANTON DE SOLEURE.

Trés chers et grands amys, alliez et confederez, Le collonnel Gallaty et les cappitaines de son regiment nous ayant remonstré le long temps qu'il y a que eulx et leurs soldats sont hors de leurs maisons, et l'incommodité que leur apporte une sy longue absence, nous ont requis leur donner congé de s'y en retourner, en quoy nous avons trouvé leur affection tant raisonnable, que nous n'y avons voulu opposer aulcune consideration de nostre service pour les en divertir; et quand à ce que leur pourra estre par nous deub de leur service, aprés en avoir esté faict compte avec eulx, ne leur en pouvant à present faire satisfaction entiere, nous la leur avons neantmoings donnée telle que l'estat de nos affaires le peut permettre, en sorte qu'eulx mesmes cognoissans que ne pouvions mieux faire, ont tant deferé en nostre service que de s'en contenter; qui nous oblige d'aultant plus à faire ce que nous pourrons pour parfournir au plus tost ce qui reste de leur payement, comme aussy est nostre intention, recognoissant mesmement qu'ils l'ont trés bien merité, pour s'estre tousjours dignement comportez au service de ceste Couronne, et avoir monstré tant de valeur et de courage où l'occasion s'est presentée devant l'ennemy, qu'ils y ont acquis beaucoup d'honneur à vostre nation, specialement au grand combat que nous fismes à Arques, auquel la brave resolution que monstra le s$^r$ colonel, et le bon debvoir qu'il y feist avec une partie seulement de son regiment, ayda beaucoup la victoire et advantaige que Dieu nous y donna contre nos ennemys; dont il luy doibt demeurer ce contentement de plus, que la preuve qu'il y rendit de sa generosité et vertu nous a pour tesmoings à nous-mêmes; de quoy nous lui avons bien aussy voulu rendre tesmoignage en vostre endroict : priant Dieu, Trés chers et grands amys, alliez et confederez, qu'il vous ayt en sa saincte et digne garde.

Escript à Laval, le xviij<sup>e</sup> jour de decembre 1589.

HENRY.

REVOL.

1589. — 28 DÉCEMBRE — I<sup>re</sup>.

Orig. — Arch. royales de Wurtemberg, à Stuttgard. Transcription de M. Kausler.

A MON COUSIN LE DUC DE WIRTEMBERG,
PRINCE DU SAINCT EMPIRE [1].

Mon Cousin, Vous n'avés pas rendu vaine l'esperance que j'ay eu en l'antienne amitié qui de tout temps a esté entre la maison de France et celle de Wirtemberg; qui m'a faict confidemment adresser à vous, pour estre aydé de vos moyens en ce besoing; en quoy le s<sup>r</sup> de Sancy, conseiller en mon conseil d'Estat et cappitaine de cinquante hommes d'armes de mes ordonnances, qui a esté vers vous de ma part, m'a faict entendre qu'il vous a trouvé prompt et liberal à me secourir, ayant accordé, pour vostre part des trois cens mil escus, dont j'ay fait rechercher mes bons amys et voisins, les princes du Sainct-Empire, la somme de trente-six mil florins, dont vous luy en auriés faict delibvrer promptement dix-huict mil. Je n'ay voulu faillir de vous en remercier, et ay commandé aux s<sup>rs</sup> de Schomberg ou de Sancy, qui sont par delà pour mon service, de vous aller faire ceste offre de ma part, et vous porter le contract que je vous ay faict expedier de toute la somme entiere, lequel je vous envoye de mot à mot, tout ainsy que ledict s<sup>r</sup> de Sancy me l'a envoyé, encores qu'il ne soit point aux termes ny en la façon dont les contracts ont accoustumé de se dresser en ce Royaume. Je le vous pourray avec le temps envoyer en autre forme; mais parce que rien ne me combat tant aujourd'hui que le

[1] Louis, duc de Wurtemberg, fils de Christophe le Pacifique et d'Anne de Brandebourg-Anspach, né en 1544, succéda à son père, le 28 décembre 1568, et mourut le 8 août 1593.

default d'argent, qui procède de la rebellion que mes ennemys, par leurs menées et praticques, ont suscité en la meilleure part des bonnes villes de mon Royaume, je vous prie, mon Cousin, faire incontinent delibvrer ce qui reste du dict contract, et croire que je n'estimeray point que le payement de la partie (à quoy je feray fidellement tenir la main) me puisse acquicter de l'obligation que je vous ay. Mais je ne laisseray perdre aulcune occasion de m'en revencher, comme j'ay donné charge aux dicts s$^{rs}$ de Schomberg et de Sancy, ou à celluy d'eulx qui sera porteur de la presente, le vous faire entendre : auxquels je vous prie adjouster foy comme à moy-mesme, qui prie Dieu, mon Cousin, vous avoir en sa saincte garde. Escript au camp d'Alençon, ce xxviij$^e$ decembre 1589.

HENRY.
REVOL.

1589. — 28 DÉCEMBRE. — II$^{me}$.

Orig. — Arch. royales de Saxe. Copie transmise par M. le ministre d'État, baron Lindenau.

## A MON COUSIN LE DUC DE SAXE,
### PRINCE ET ELECTEUR DU SAINT-EMPIRE.

Mon Cousin, Si le s$^r$ de Sancy se monstre diligent à executer les commandemens qu'il a de moy, il n'est moings soigneux à me representer ce qu'il a recogneu d'amitié et bonne volonté en mon endroict ez lieux où sa charge s'adressoit ; m'ayant, entre aultres, bien particulierement faict entendre le gracieux et favorable recueil que vous luy avés faict, pour la qualité qu'il porte de mon serviteur, et de quelle affection vous avés tesmoigné vouloir assister l'establissement de mon auctorité en ce Royaume, où Dieu m'a appelé par legitime succession ; comme aussy la lettre que j'ay receue de vous du XXII$^e$ septembre dernier me rend vostre bonne volonté encore plus cogneue ; dont je n'ay voulu faillir vous remercier trés affectueusement par la presente, et vous asseurer que rien ne me sera jamais plus agreable que l'occasion où je vous pourray faire paroistre que vous ne faictes plaisir à prince qui en voulsist demeurer ingrat, comme j'espere que Dieu avec les aultres graces qu'il luy plaist m'impartir, ne me desniera ceste-là que je luy demande pour l'une des principales, de me donner moyen vous rendre preuve, et à mes aultres bons parens et amys, de l'affection naturelle dont, avec la consanguinité, il m'a lié en vostre endroict. Au demeurant, mon Cousin, encores que je ne doubte que vous ne soyés bien adverty des grands preparatifs que nos communs ennemys font, pour faire un puissant effort, l'année prochaine, sur cest Estat, j'ay donné charge aux s$^{rs}$ de Schomberg et de Sancy, ou l'ung d'eux, vous faire entendre les advis que j'en ay de toutes parts, et les apparences qui s'en descouvrent desjà en plusieurs endroicts; m'asseurant tant de vostre amitié que, cognoissant le besoing que je puis encores avoir des effects d'ycelle, vous ne vouldrés retirer la main que vous y avés desjà sy favorablement prestée; et en ceste confiance, je vous prie en pouvoir encore accroistre l'obligation, selon que les dicts s$^{rs}$ de Schomberg et de Sancy vous en requerront de ma part, afin que le fruict de ce que vous avés desjà faict se puisse tant plus advancer, et à moy le moyen de vous en faire restitution et condigne recognoissance : priant Dieu, mon Cousin, vous avoir en sa saincte garde. Au camp d'Alençon, le xxvij decembre 1589.

HENRY.

REVOL.

1589. — 30 DÉCEMBRE.

Orig. — Arch. de l'hôtel de ville de Caen. Copie transmise par M. de Formeville, correspondant du ministère de l'Instruction publique.

A NOS CHERS ET BIEN AMEZ LES ESCHEVINS ET HABITANS DE NOSTRE VILLE DE CAEN.

Chers et bien amez, N'ayant rien de plus cher que de restituer à nos bons subjects le repos et la liberté que nos ennemys leur ont ostez, premierement à nos bons subjects de nostre ville de Caen, nous nous sommes acheminez en ce pays, avec resolution de reduire soubz nostre obeissance, ce que nos ennemys y occupent, particulierement ez environs de nostre ville de Caën, et nettoyer tout ce qui vous pourroit nuire à l'advenir, afin de vous faire cognoistre combien vostre fidelité nous est recommandée et que nous désirons de faire joyr d'ung bon repos et tranquillité ceulx qui se sont conservez soubz nostre obeissance, ainsy que vous avés faict, esperant vous faire congnoistre d'ailleurs la volonté que nous avons de vous grattiffier et soullager ez occasions qui s'offriront. Ce pendant veillés tousjours à la conservation de vostre ville, et postposés tout aultres affaires pour ceste-cy, qui vous est de plus grande importance que toute autre. Donné au camp de Sees, ce xxxe jour de decembre 1589.

HENRY.

POTIER.

[1589.] — Ire.

Cop. — Arch. de la Couronne, salle 5, anciennes archives, Ms. 30, fol. 107 recto.<br>
Cop. — Bibliothèque de M. Monmerqué, Ms. intitulé : *Despesches, instructions et commissions*, fol. 111 recto.

A MON COUSIN LE CARDINAL, GRAND MAISTRE DE L'ORDRE Sᵗ JEHAN DE HIERUSALEM [1].

Mon Cousin, Il a prins devotion au sʳ de la Mothe Reuilly de se desdier à vostre ordre, pour la profession en laquelle les gentils-

---

[1] Hugues de Loubens de Verdalle, d'une ancienne famille de Languedoc au diocèse de Lavaur, était fils de Philippe de Loubens, seigneur de Coutras et de Verdalle, et d'Anne de Montaut. Son frère aîné, Jacques de Loubens, seigneur de Verdalle, fut capitaine de cinquante hommes d'armes des ordonnances et chevalier des ordres du Roi. Hugues, entré dans l'ordre de Malte, s'y distingua par de nombreux exploits, devint successivement commandeur de Pézénas, puis grand commandeur et chef de la langue de Provence. Il fut élu grand maître le 12 janvier 1582, en remplacement de Jean Levesque de la Cassière, mort le 21 décembre 1581, et sous lequel l'ordre avait été très-divisé. Hugues de Verdalle eut aussi un magistère orageux; les chevaliers lui reprochèrent d'avoir amassé à son profit plus de cent mille écus d'or par des prises faites avec les galères de l'ordre. Pour rétablir la discipline par l'autorité du saint-siége, il se rendit à Rome en 1587, et Sixte-Quint

hommes bien nez y peuvent continuellement exercer leur generosité et vertu, se sentant doué des qualitez et vertus requises pour estre admis en sy digne societé; et encores que les preuves qu'il vous en portera et sa bonne intention le vous pourront assez rendre recommandable pour sa reception, toutes fois, sur le tesmoignage qui m'a esté rendu de son extraction et de ses merites, je l'ay bien voulu accompaigner de la presente, pour vous prier, comme je fais, que luy veuillés, pour l'amour de moy, faire toute la faveur que vous pourrés; et oultre que, ce faisant, vous encouragerés et confirmerés d'autant plus sa bonne volonté, vous me ferés singulier plaisir, que je recognoistray en ce qui s'offrira pour le bien de vous et de vostre dict ordre : priant Dieu qu'il vous ayt, mon Cousin, en sa saincte et digne garde [2].

HENRY,

[1589.] — IIme.

Cop. — Arch. de la Couronne, salle 5, anciennes archives, Ms. 30, fol. 84 recto.
Cop. — Bibliothèque de M. Monmerqué, Ms. intitulé : *Despesches, instructions et commissions*, fol. 202 recto.

A TRÉS HAULT, TRÉS EXCELLENT ET TRÉS PUISSANT PRINCE, NOSTRE TRÉS CHER ET BON AMY L'EMPEREUR DE MAROC, ROY DE FEZ ET DE SUS.

Trés hault, trés excellent et trés puissant prince, nostre trés cher et trés parfaict amy, La communication libre qui a dés longtemps esté prinse entre nos royaumes et subjects a invité plusieurs à rechercher le moyen d'y dresser leur trafficq, comme auroit faict. . . .

le créa cardinal. Ni sa nouvelle dignité, ni les grands travaux d'embellissement qu'il fit exécuter à Malte, n'ayant diminué le mécontentement des chevaliers, il retourna à Rome en 1595, et y mourut le 4 mai.

[2] Le Roi adressa en même temps une lettre analogue *aux commandeurs, chevaliers et frères servans de la langue de France*, pour les prier d'appuyer de leurs suffrages l'élection de M. de la Mothe-Reuilly. Cette lettre est conservée à la suite de celle au grand maître, dans les deux mêmes manuscrits.

pauvre marinier, l'un de nos subjects, lequel estant allé avecq ung petit vaisseau en vos regions, pour le faict de la marchandise, et tascher par là tirer quelque commodité pour l'entretien de sa famille, iceluy auroit e té rencontré par aulcuns de vos vaisseaux qui estoient en mer, qui l'auroient prins et aultres pauvres mariniers qui estoient avec luy, les ayant tous menez et conduicts en vos ports et havres, où ils les detiennent encores, miserables captifs, à leurs trés grande ruine et de leurs femmes et enfans, et n'ont ce pendant moyen de vivre : chose qui estant pleine de pitié et commiseration, nous ne doubtons nullement que, si Votre Haultesse en a la cognoissance, elle le trouvera aussy estrange comme telle licence de soy est de mauvaise consequence, attendu que par là tout le commerce que nos dicts subjects y ont continué jusqu'à present pourra cy-aprés estre interrompu, pour la crainte qu'ils pourront prendre de tomber au mesme danger; dont, pour arrester le cours de ce mal, nous en avons bien voulu rendre informée Votre Haultesse, laquelle nous prions trés affectueusement de vouloir en nostre faveur imposer son commandement sy exprés à ses officiers et subjects trafficquans, et particulierement à ceulx qui ont prins et detiennent les dicts...... et aultres nos subjects, qu'ils puissent estre mis en pleine liberté, leur faisant à ces fins delibvrer ses passeports, necessaires pour leur retour, et pour ce que à l'advenir ses dicts subjects soyent informez et saichent que son intention ne tend qu'à la bonne amitié et correspondance qui a esté jusques icy entre nous, pour s'y conformer, comme de nostre part nous mettrons peine de la conserver et de rendre à ceux qui viendront de vostre part dans nos ports et havres toute la faveur et affection qu'ils pourront desirer de nous: qui prions Dieu, trés haut, trés excellent et trés puissant prince, nostre trés cher et trés parfaict amy, qu'il vous vueille conserver longtemps en fin trés heureuse.

HENRY.

## [1589.] — III.me

Cop. — Arch. de la Couronne, salle 5, anciennes archives, Ms. 30, fol. 86 recto.
Cop. — Bibliothèque de M. Monmerqué, manuscrit intitulé : *Despesches, instructions et commissions*, fol. 202 recto.

A TRÉS ILLUSTRE ET TRÉS EXCELLENT PRINCE, NOSTRE TRÉS CHER ET BON AMY LE GRAND DUC DE RUSSYE, VOLLODOMIRE ET MOSCOWIE, CESARD DE CASSAN ET ASTRACAN [1].

Trés hault, trés excellent et trés puissant prince, nostre trés cher et trés amé bon frère et cousin, salut et toute fraternelle amitié et dillection : Nos bien amez...... marchands, nos subjects et vassaux, nous ont faict entendre comme, il y a environ quatre ans, qu'ils envoyerent, en vostre ville de Mosco, Melchior de Moucheron [2], leur facteur, pour y resider, negotier et trafficquer, affin que par leurs cours et usance d'iceluy trafficq, les pays, provinces et subjects d'entre nous fussent secourus et aydez des commoditez les ungs des aultres. A quoy, depuis le dict temps, le dict facteur se seroit tousjours employé par les moyens, marchandizes et biens des dicts marchands, ses

---

[1] Le czar était alors Fedor Ivanovitch, né en 1547, fils du czar Ivan et de la czarine Nastasia. Il avait succédé à son père en 1584, et il mourut au commencement de 1598.

[2] Le goût des voyages hasardeux et des entreprises lointaines était encore rare en France ; et la famille normande de Boulay-Moucheron devança notablement en cela l'esprit de son temps. Cette lettre montre Melchior Boulay de Moucheron établi de sa personne à Moscou, au commencement du règne de Henri IV, pour diriger lui-même ce qui se faisait alors de commerce entre la France et la Russie. De là il fit sans doute passer à Balthasar de Moucheron, que les troubles religieux avaient fait émigrer en Hollande, des notions neuves et précieuses pour les États de ce pays, qui désiraient envoyer en Chine par la mer Glaciale. En effet, dès 1594, Balthasar de Moucheron est chargé par les États de Hollande de donner les instructions aux trois navires qui furent équipés pour cette expédition, racontée par de Thou, dans le CXIX.e livre de son histoire. La famille de Moucheron s'acquit beaucoup de considération en Allemagne, et continua ses relations avec la branche établie en Russie; car nous voyons en 1634, soit ce même Balthasar de Moucheron, soit plutôt son fils, de mêmes noms que lui, envoyé en Moscovie comme chargé d'affaires du duc de Holstein. C'est ce que constatent les Voyages faits en Moscovie, par Olearius, t. I.er, p. 38.

maistres, lesquels luy auroient envoyé bon nombre de marchandizes. Aussy en auroit-il envoyé deçà, qui ont esté deschargées en nos villes de Caen et Havre de Grace; et d'autant que iceulx marchands desirent que le dict Moucheron, leur facteur, vienne devers eulx, pour leur rendre compte et raison de la charge, maniement et administration qu'il a eue, depuis le dict temps, ez contrées de vostre obeissance, de leurs biens et marchandizes, comme pareillement ils desirent que . . . . . . leur serviteur, qui est à present au dict Mosco, revienne de deçà, chose que, de nostre part, nous aurons trés agreable; neantmoins, attendu que vous, ou les gens de vostre conseil, avés faict contraindre le dict Moucheron de bastir maison en vos contrées, avecq deffenses trés expresses d'en sortir sans vostre congé, ils nous ont trés humblement supplié et requis vous en escrire en leur faveur : ce que vollontiers nous leur avons octroyé, pour l'asseurance que nous avons de vous, selon les lettres que avés cy-devant données à toute bonne correspondance de fraternelle amitié entre nous, et le libre accez, trafficq et commerce des subjects de part et d'autre, sans aulcun empeschement : ce que desirons maintenir et conserver autant qu'il nous sera possible. A ces causes, nous vous prions autant et sy affectueusement que faire pouvons, que, pour l'amour de nous, vous permettiés au dict Moucheron et au dict . . . . . de partir du dict lieu et contrées de vostre obeyssance, pour revenir de deçà rendre ceste raison à leurs susdicts maistres, de la negociation et maniement qu'ils ont eus par delà, et à cette fin commander leur en estre expedié tout passeport et saufconduict necessaire ; vous asseurant que nous serons tousjours bien ayses de faire le semblable envers vos dicts subjects, lorsqu'ils voudront venir trafficquer sur nos terres, selon que vostre bonne amitié et intelligence le requiert. Sur ce, nous prions Dieu, trés hault, trés excellent et trés puissant Prince, qu'il vous ayt en sa saincte et digne garde.

HENRY.

# ANNÉE 1590.

[ 1590. ] — 7 JANVIER.

Orig. — B. R. Fonds Béthune, Ms. 9037, fol. 3.
Cop. — B. R. Suppl. fr. Ms. 1009-2.

A MA COUSINE LA DUCHESSE DE MONTMORENCY.

Ma Cousine, Vous verrés par la lettre que j'escris à mon cousin vostre mary, la bonne affection que je luy porte. Je vous prie me continuer la vostre, et le disposer à me venir trouver le plus tost que faire se pourra. Asseurés-le particulierement que je l'aime et me fie tellement en luy, que je veux, comme il sera prés de moy, m'y reposer de la pluspart de toutes mes affaires, ne trouvant à la verité personne sy capable ny sy digne de me soulaiger que luy, au travail que je prends tous les jours. Je vous prie derechef solliciter fort mon dict cousin de venir promptement. Despuis que je ne vous ay vue, j'ay prins le Mans, Alençon, Argentan et ceste ville de Falaise de force. Je continue tousjours mon voyage ; j'espere que dans huict jours la Normandie sera nette de ligueurs, et qu'il n'y restera que Rouen ; et que la Bretagne sera aussy bien tost aprés au mesme estat. Voilà comment Dieu m'assiste. Je le prie, ma Cousine, qu'il vous ayt en sa garde. Je me recommande à mademoiselle de Rieux[1]. Escript à Falaise, le vij<sup>e</sup> janvier.

HENRY.

---

[1] Suzanne de Rieux, seconde fille de Guy de Rieux, seigneur de Chasteauneuf, et de Jeanne de Chastel, était nièce de Renée de Rieux, dite *la belle Chasteauneuf*, dont Henri III avait été si éperdument épris, et qui tua de sa propre main, en 1577, son premier mari Antonetti. Suzanne de Rieux, pour laquelle le Roi exprime ici une attention galante, épousa Pierre de Montmorency, marquis de Thury, troisième fils de Pierre de Montmorency et de Jacqueline d'Avaugour.

[ 1590. ] — 8 janvier.

Orig. autographe. — Biblioth. de l'Arsenal, Mss. Histoire, n° 179, t. I**.
Cop. — B. R. Suppl. fr. Mss. 1009-4 et Mss. 2289-2, etc.
Imprimé. — *Vie militaire et privée de Henri IV,* p. 155. — *L'Esprit d'Henri IV,* p. 160. — *Lettres de Henri IV.... publiées par N. L. P.* 1814, in-12, p. 50. — *Journal militaire de Henri IV,* publié par le comte de Valori, p. 305, etc.

[ *A MADAME LA COMTESSE DE GRAMONT.* ]

Mon ame, Despuis le partement de Licerace, j'ay prins les villes de Seez, Argentan et Falaise, où j'ay attrapé Brissac[1] et tout ce qu'il avoit mené de secours pour la Normandie. Je pars demain pour aller attaquer Lisieux, en m'approchant du duc de Mayenne, qui tient assiegé Pontoise. Mes troupes sont creuës despuis le despart de Licerace de bien six cens gentils-hommes, et deux mille hommes de pied; de façon que, par la grace de Dieu, je ne crains rien de la Ligue. J'ay faict la cene an'huy, que je ne pensois pas faire en Normandie, il y a un an. Je vous despescheray dans trois jours un de mes laquais par mer, car je suis sur le bord. Certes, je fais bien du chemin, et vay comme Dieu me conduict; car je ne sçay jamais ce que je doibs faire au bout; cependant mes faicts sont des miracles : aussy sont-ils conduicts du grand Maistre. Je n'aime rien que vous, et en ceste resolution je mourray, si ne me donnés occasion de changer. Je me porte trés bien, Dieu mercy; fort à vostre service. A Dieu, mon cœur, je te baise un million de fois. De Falese, ce viij° janvier.

[1] Charles de Cossé, comte de Brissac, second fils de Charles de Cossé, comte de Brissac, maréchal de France, et de Charlotte d'Esquetot, se trouvait, par la mort de son frère aîné, le célèbre Timoléon, en possession des charges héréditaires de grand panetier et grand fauconnier de France. Il servait alors très-activement la Ligue, à laquelle il porta plus tard le coup mortel en remettant au Roi la ville de Paris, dont le duc de Mayenne l'avait nommé gouverneur en remplacement de M. de Bélin. Il fut fait à cette occasion conseiller d'état et maréchal de France, puis, à la première promotion du règne de Henri IV, en 1595, chevalier des ordres du Roi. En 1611, sa terre de Brissac fut érigée en duché-pairie. Il y mourut en 1621.

1590. — 9 JANVIER.

Cop. — B. R. Fonds Béthune, Ms. 9112, fol. 31 verso.

[A MONS<sup>R</sup> DE MANTELAY.]

Mons<sup>r</sup> de Mantelay, Je suis bien ayse d'avoir entendu que la deffaicte que l'on avoit publiée n'a pas esté telle, puisque l'on voit une sy bonne troupe assemblée ; et à ce que j'ay peu entendre, il n'y a pas eu grand combat ny deffaicte de plus de six ou sept vingtz hommes. Vous me ferés plaisir quand vous entendrés quelque nouvelle, digne de me faire sçavoir, de m'en faire part, comme vous avés faict par vos dernieres lettres, desquelles, j'estime, vous aurés desjà receu la response, l'ayant baillée au porteur d'icelle : et sur ce je supplie le Createur vous avoir, Mons<sup>r</sup> de Mantelay, en sa saincte garde. Ce ix<sup>e</sup> janvier 1590.

HENRY.

1590. — 12 JANVIER.

Cop. — Arch. de la cour royale de Rouen. Registres secrets originaux du parlement de Normandie, séant à Caen, vol. du 26 juin 1589 au 8 novembre 1591, fol. 163 recto. Communication de M. Floquet, greffier en chef, et correspondant de l'Institut.

A MONS<sup>R</sup> DE LA COURT,

CONSEILLER EN MON CONSEIL D'ESTAT ET PREMIER PRÉSIDENT EN MA COURT DE PARLEMENT DE CAEN[1].

Mons<sup>r</sup> le president, J'ay faict prendre presentement un petit cordelier qui s'est trouvé en mon armée, habillé en soldat, lequel dit estre

---

[1] Claude Groulart, seigneur de la Court et de Saint-Aubin-le-Cauf, baron de Morville, était fils de Claude Groulard et d'Hélène Bouchard, l'un et l'autre de la religion réformée. Il fut élevé à Genève dans cette religion, qu'il abjura à son retour en France. Il devint conseiller au grand conseil en 1578, et premier président du parlement de Normandie en 1585. Il mourut le 3 décembre 1607 dans l'exercice de ses fonctions, ayant refusé celles de chancelier de France que lui offrait Henri IV, dont il était estimé au plus haut point. Les recherches approfondies de M. Floquet sur le caractère et les services du président Groulart montrent, dans cet illustre

sorty du couvent parce que on l'a fouetté, d'autant qu'il soustenoit mon party; et ayant demandé d'estre envoyé par-devant vous pour se justifier et faire paroistre qu'il a tousjours esté mon bon serviteur, à ceste occasion je le vous envoye, afin que, si cela se trouve veritable, vous le faciés remettre au couvent, et commander au prieur qu'on ne le maltraicte plus[1] : et sur ce je prie Dieu qu'il vous ayt, Mons<sup>r</sup> le president, en sa saincte et digne garde. Au camp de Lisieux, le xij<sup>e</sup> jour de janvier. 1590.

HENRY.

RUZÉ.

1590. — 14 JANVIER.

Orig. — Collection particulière du Roi.

## MONS<sup>R</sup> DE VILEBY,
### COLONEL-GÉNÉRAL DES ANGLOIS.

Mons<sup>r</sup> de Vileby, J'ay entendu du s<sup>r</sup> de Beuvron[1], qu'il y a quelques soldats anglois logez en sa maison de Beuvron, où ils ont faict plusieurs degastz et insolences : dont je suis malcontent, d'autant que le dict

magistrat l'un des grands hommes dont peut s'honorer la France. Voyez principalement les tomes III et IV de l'Histoire du parlement de Normandie. Groulart a laissé des mémoires intitulés *Voyages en cour*, qui ont été publiés pour la première fois par M. Monmerqué à la suite du journal de Lestoile, dans la collection des mémoires de M. Petitot, et réimprimés avec des additions par M. Floquet dans la collection Michaud. M. Sorbier, avocat général à la cour royale de Caen, a écrit un éloge de Groulart. Caen, 1843, in-8°.

[2] Les informations ordonnées par cette lettre du Roi paraissent n'avoir point démenti les assertions du religieux dont il est question; car, après une réprimande du provincial pour avoir quitté son habit, il rentra dans le couvent.

---

[1] Pierre de Harcourt, marquis de Beuvron, comte de Croisy, vicomte de Fontenay-le-Marmion, baron de Crailly, chevalier de l'ordre du Roi en 1574, gentilhomme de sa chambre, conseiller d'état, capitaine de cinquante hommes d'armes des ordonnances en 1580, chevalier du Saint-Esprit en 1611, mort à Caen en 1627. Il était fils de Guy de Harcourt et de Marie de Saint-Germain.

sr de Beuvron est l'un de mes speciaulx serviteurs, lequel me sert à present en mon armée avec sa compaignie de gens d'armes; qui me faict vous prier de donner ordre que les dicts soldats anglois deslogent incontinent de la maison et paroisses du dict sr de Beuvron, et qu'ils luy rendent et restituent les bestiaulx et autres commoditez qu'ils luy ont prins. Vous ferés en cela chose qui me sera très agreable : et n'estant la présente à aultre effect, je prie Dieu, Monsr de Vileby, qu'il vous ayt en sa saincte garde. Du camp devant Lisieux, le xiiije janvier 1590.

HENRY.

POTIER.

1590 — 15 JANVIER.

Imprimé : — *Second volume des Mémoires d'Estat..... en suite de ceux de M. de Villeroy.* Paris, 1636, in-8°, p. 275.

A TRÉS HAULT, TRÉS EXCELLENT ET TRÈS PUISSANT PRINCE NOSTRE TRÉS CHER ET TRÈS AMÉ BON FRERE, COUSIN ET ANTIEN ALLIÉ LE ROY D'ESCOSSE.

Trés hault, trés excellent et trés puissant prince, nostre trés cher et trés amé bon frere, cousin et antien allié, Le sr de Wymes, vostre ambassadeur, nous a faict entendre le desir que vous avés que les antiens traictés d'alliance, confederation et amitié qui ont esté dés sy longtemps faicts et observez entre les roys de France et d'Escosse, nos predecesseurs, au benefice commun de leurs royaumes et subjects, soient entretenus et continuez entre nous ; et comme il nous a en cela asseuré de vostre bonne volonté, il nous a prié non seulement d'y vouloir correspondre de pareille affection, mais aussy vous en donner toute la certitude qui peut despendre de nous : en quoy estant recherché de chose que nous-mesme desirons, le langage qu'il nous a sur ce tenu de vostre part ne nous a peu estre que trés agreable, joinct mesmes que la commodité de nos dicts royaumes et subjects, et la memoire de nos predecesseurs, qui en ont jetté et conservé les fondemens, le requierent de nous reciproquement, comme un devoir annexé à la succession de nos couronnes : qui est argument suffisant pour vous rendre certain que l'observation en sera tousjours ferme et inviolable de nostre part. Toutesfois nous avons bien voulu vous en donner encore particuliere asseurance par la presente, et de plus vous dire que nous avons tousjours eu une naturelle et sy affectionnée inclination de vous aimer, que nous vous rendrons trés volontiers tous les offices de singuliere et parfaicte amitié qui seront en nostre pouvoir, oultre ce qui est du debvoir de nostre ancienne confederation et alliance ; comme, attendant les effects, nous avons particulierement [donné charge] au dict s$^r$ de Wymes pour le vous representer; à la suffisance duquel nous remettons aussy de vous faire part de nos nouvelles et de l'estat de nos affaires, ainsy que l'en avons prié, saichant qu'aurés à plaisir d'entendre la favorable assistance que de jour à aultre nous y recevons de la grace de Dieu : que nous prions, pour fin de la presente, qu'il vous ayt, trés haut, trés excellent et trés puissant Prince, nostre trés cher et trés amé bon frere, cousin et antien allié, en sa trés saincte garde. Du xv$^e$ janvier 1590.

HENRY.

## 1590. — 16 JANVIER. — I$^{re}$.

Imprimé. — *Second volume des Mémoires d'Estat..... en suite de ceux de M. de Villeroy.* Paris, 1636, in-8°, p. 284.

A LA ROYNE D'ANGLETERRE, MADAME MA BONNE SOEUR.

Madame, J'ay ordonné au s$^r$ de Beauvoyr de vous donner compte de l'estat de mes affaires, sçachant que vous avés plaisir d'en entendre le progrez et advancement, qui est tel, que j'ay de plus en plus occasion de louer Dieu; mais le principal est de poursuivre le bon acheminement qu'il m'y donne, comme j'ay bien desliberé de n'y perdre aulcun temps ; et sur ce j'ay donné charge au dict s$^r$ de Beauvoir vous representer l'appuy que vous y pouvés donner, et que je vous supplie y vouloir encore apporter, selon que le besoin se peut offrir, m'asseurant que vous me portés tant de bonne volonté, que vous ne vous tiendrés importunée de ce qu'il vous requerra sur ce de ma part: dont me remettant à ce qu'il vous dira, ensemble à la perpétuelle devotion que vos bienfaicts et vostre amitié ont formé en moy [pour] vous honorer et servir à jamais, je prie Dieu qu'il vous ayt, Madame, en sa trés saincte et digne garde. Du camp de Lizieux, ce xvj$^e$ janvier 1590.

Vostre trés affectionné frere,<br>HENRY.

1590. — 16 JANVIER. — II$^{me}$.

Imprimé. — *Second volume des Mémoires d'Estat.... en suite de ceux de M. de Villeroy.* Paris; 1636, in-8°, p 285.

A LA ROYNE D'ANGLETERRE, MADAME MA BONNE SOEUR.

Madame, La presente est sur le subject dont, par une aultre mienne du mesme jour, j'ay donné charge au s$^r$ de Beauvoir vous parler et réquerir de ma part, envoyant celle-cy au sieur de Gourdan, pour accompagner la requeste qu'il vous pourra faire pour mon service, selon que les occasions le pourront desirer, soit du costé où il est, ou du costé de Dieppe. Je vous supplie, Madame, que, lorsqu'il recourra à vous, ou bien le s$^r$ de Chastes, il vous plaise continuer vostre bonne protection et assistance en mes affaires, comme vous en avés le moyen et la commodité, croyant que vous ne perdrés ce que vous y employerés. Pour le moins vous veux-je asseurer que jamais vous n'aurés occasion de me reprocher le vice d'ingratitude, car je m'estimerois indigne de vivre, si j'en estois entaché en vostre endroit. Je prie Dieu me faire la grace de vous pouvoir tesmoigner que mon cœur ne reçoit sy mauvaise impression, et qu'il vous ayt, Madame, en sa trés saincte garde. Au camp de Lizieux, ce xvj janvier 1590.

Vostre bien bon frere,<br>HENRY.

[ 1590. ] — 16 janvier. — III^me.

Orig. autographe. — Biblioth. de l'Arsenal, Mss. Histoire, 179, t. I^er.
Cop. — B. R. Suppl. fr. Mss. 1009-4 et 2289-2, etc.
Imprimé. — *Vie militaire et privée de Henri IV*, p. 157. — *L'Esprit de Henri IV*, p. 161. — *Lettres de Henri IV*, publiées par N. L. P. 1814, in-12, page 51. — *Journal militaire de Henri IV*, publié par le comte DE VALORI, etc.

[ *A MADAME LA COMTESSE DE GRAMONT.* ]

Mon cœur, Vous n'avés daigné m'escrire par Byçose. Pensés-vous qu'il vous siese bien d'user de ces froideurs? Je vous en laisse à vous-mesme le jugement. J'ay esté trés ayse de sçavoir de luy le bon estre auquel vous estes; Dieu vous y maintienne, et me continue ses benedictions comme il a faict jusques icy. J'ay pris ceste place, sans tirer le canon que par moquerie, où il y avoit mille soldats et cent gentils-hommes. C'est la plus forte que j'aye reduicte en mon obeissance, et la plus utile, car j'en tireray soixante mille escuz. Je vis bien à la huguenote, car j'entretiens dix mille estrangers et ma maison, de ce que j'acquiers chascun jour. Et vous diray que Dieu me benit tellement, qu'il n'y a que peu ou point de maladies en mon armée, qui augmente de jour à autre. Jamais je ne fus si sain, jamais vous aimant plus que je fais. Sur cette verité, je te baise, mon ame, un million de fois. De Lisieux, ce 16^e janvier.

1590. — 19 janvier.

Orig. — Arch. de M. le vicomte de Gauville, à Rouen. Copie transmise par M. Floquet, correspondant de l'Institut.

A MONS^R DE GAUVILLE,
LIEUTENANT DE LA COMPAGNIE D'HOMMES D'ARMES DU SIEUR DE CARROUGE[1].

Mons^r de Gauville, Mon cousin le comte de Soissons m'a faict entendre que vous l'avés assisté à la prinse de Verneuil, dont je vous

[1] Jacques le Veneur, comte de Tillières, baron de Carouges, d'une ancienne et illustre famille de Normandie, fils aîné de Tanneguy le Veneur et de Madeleine de

sçay infiniment bon gré; et d'autant que j'espere que sous quelques jours il fera quelque effect auquel vous serés bien ayse d'avoir esté, je vous prie de vous tenir prés de mon dict cousin et renforcer vostre trouppe, si vous pouvés, pour l'accompagner en l'occasion qui s'offre pour mon service, laquelle il vous fera entendre : et sur ce, je prie Dieu qu'il vous ayt, Mons<sup>r</sup> de Gauville², en sa saincte garde. Du camp de Lisieux, le xix<sup>e</sup> jour de janvier 1590.

HENRY.

1590. — 25 JANVIER.

Cop. — B. R. Fonds Béthune, Mss. 8778, fol. 109 recto.
Imprimé. — *Journal militaire de Henri IV*, publié par le comte DE VALORI, p. 161.

[A MON COUSIN LE DUC D'ESPERNON,
GOUVERNEUR ET MON LIEUTENANT GENERAL EN DAUPHINÉ.]

Mon Cousin, En vous donnant dernierement advis de la prinse de Fallaize, je vous escrivis aussy l'arrivée icy du s<sup>r</sup> de Sallers, lequel, parce que depuis n'ay quasi faict que cheminer, je ne vous ay peu renvoyer sy tost. Mais pour l'interest de son retardement, il vous

Pompadour, était conseiller d'état, capitaine de cinquante hommes d'armes des ordonnances, lieutenant général pour le Roi dans la haute Normandie, et gouverneur du vieux palais de Rouen. Il eut, en 1576, la charge de bailli de cette ville, en survivance de son père, qui y remplaçait François de Montmorency, fut reçu chevalier des ordres en 1586, et nommé lieutenant général en Normandie le 19 septembre 1593. Il mourut en 1596.

² Louis le Pellerin, seigneur de Gauville, chevalier de l'ordre, lieutenant de la compagnie d'ordonnance du seigneur de Carouges, était fils de Jean le Pellerin et de Hallaume de Thère. Il fut d'abord homme d'armes de la compagnie du maréchal de Brissac, puis nommé, en 1562, lieutenant pour le Roi des villes de Honfleur et Montivilliers. Il commanda, la même année, les gentilshommes du ban et de l'arrière-ban d'Évreux, reçut le collier de Saint-Michel en 1569, et fut nommé, en 1575, gentilhomme ordinaire de la chambre du Roi. Après avoir servi longtemps et avec honneur sous Charles IX et Henri III, il ne fut pas moins utile à Henri IV, dans les guerres de Normandie, de 1589 à 1592. Ce prince, en récompense de ses services, lui accorda, vers la fin de 1590, les deux tiers des revenus du prieuré Saint-Nicolas-de-Maupas.

porte la prinse ou reduction de cinq ou six bonnes villes, que j'ay recouvertes depuis le dict Fallaize. J'ay entendu par luy l'histoire bien au long de vostre siege et prinse de Villeboys; comme vous avés veu par mes precedentes lettres combien je m'en estois resjouy et en quel compte je mettois ce service, qui a esté le meilleur moyen de tenir vostre gouvernement en patience, car je croy que de long temps ils ne se resouldront d'y rien entreprendre. Vous avés, depuis le partement dudict Sallers, veu par delà le s$^r$ Lambert, que je vous avois depesché dés le commencement du mois passé et lorsque j'estimois qu'il se traittast encores du faict de Villeboys, pour le remettre entre les mains de mon cousin le mareschal de Matignon, pour en eviter le siege, et la foulle que mon peuple en pouvoit recevoir, selon que vous mesmes me l'aviés escript, qui fut la principale cause qui me feit resoudre d'y envoyer le dict Lambert, affin que, intervenant avec auctorité, le traicté se rendist plus facile. Mais ayant esté plus long en son voyage qu'il ne debvoit, et ne vous estant arrivé que longtemps aprés la prinse du dict Villeboys, ce a deu estre de sa discretion d'accomoder sa legation à ce qui estoit depuis survenu. Pour le moins elle a deu estre rapportée au temps qu'elle avoit esté ordonnée, comme je m'asseure que vous l'aurés sceu bien prendre de ceste sorte; et avés trop d'occasion de l'asseurance de ma bonne grace et de l'affection que je vous porte, pour interpreter rien qui vienne de ma part que à vostre bien et advantaige, et aussy peu croire que je souffre qu'il me soit mal parlé de vous, comme je vois par vos lettres que vous en avés tousjours un peu d'opinion, laquelle vous debvés perdre, et vous asseurer que ce sont les choses et les effects que j'escoute et non pas les parolles, mesmes celles qui n'ont d'autre substance que la calomnie, laquelle j'abhorre de mon naturel (et hais tant le mal que j'en hais mesme le rapport), et parceque je vous prye croire que je ne vois icy personne que je pense que vous debviés tenir pour ennemy. Mais quand il y en auroit, ils ne se prevaudront, par ce moyen, de rien à vostre prejudice; et continuant de faire comme vous avés tousjours bien faict, ils auront le desplaisir de me voir louer vos depportemens, qui sera bien leur faire perdre l'envie d'en vouloir parler au contraire.

J'ay veu, au reste, par vostre dicte lettre, et entendu par le dict Sallers, comme vous estes entré en advance pour le dict siege de Villeboys, de la somme de vingt-cinq mille escuz, que je tiens pour trés bien employez. Mais pour la forme, il sera besoing ici d'envoyer l'estat de ceste despense, pour la faire valider. La difficulté n'est pas en cela; elle est au moyen de remboursement, que je ne cognoy point sy asseuré et prompt que je le desirerois, estans mes affaires en tel estat que je ne fais que appauvrir en acquerant; car l'entretenement des garnisons qu'il me fault laisser aux villes et places que je recouvre sur les ennemys monte plus que ce qui se peut lever sur le peuple, qui est sy affoibly d'ailleurs que la moindre charge l'accable. Pour ceste occasion, je me suis resolu de mettre la main à la reduction de toutes les garnisons qui sont establies en toutes mes provinces, pour, sur ce, y acquerir quelque fonds pour mes autres despenses. Je n'ay point encore touché à celles de vostre gouvernement et ne le veulx point faire qu'avec votre advis; et pour ce, je vous prie d'adviser quel retranchement il se pourroit faire : et considerant le dict estat de mes affaires et celluy aussy de la province, se restreindre à la moindre despense qu'il se pourra, comme, estant resolu de demeurer fort à la campaigne, les grandes garnisons n'en seront pas sy necessaires. Je desire que au plus tost vous m'envoyés sur ce vostre advis, affin que j'acheve de resouldre l'estat general des dictes garnisons que je propose d'entretenir, que j'ay partout ailleurs de beaucoup diminuées, ayant destiné le fonds qui reviendra de celles de vostre dict gouvernement pour le payement et remboursement, tant de la dicte advance que vous avés faicte au dict siege de Villeboys, que de la partie de vingt mille escuz qui vous est deue d'ailleurs, ne voyant aultre meilleur moyen d'y pouvoir promptement satisfaire.

Quand à ce qui deffault du payement des dictes garnisons de l'année derniére, ne pouvant revocquer la grace qui avoit esté faicte par le feu Roy, mon seigneur et frere, que j'ay depuis confermée à ceulx du pays de Xaintonge et Angoulmois, que ce qu'ilz avoient payé à mes officiers avant mon advenement à la Couronne leur tiendroit lieu sur ce qu'ils devoient des tailles des années precedentes, je ne puis vous y donner aultre meilleure provision que de vous laisser le tiers qui m'avoit esté accordé, de ce qui estoit deub des dictes tailles des dictes années precedentes, pour, avec l'autre tiers qui vous en estoit affecté, faire, sinon tout, au moins une partie du remplacement de la dicte faulte de fonds que vous avés de la dicte année passée. Quand à celle de Boulongne, je y ay envoyé un peu de secours, mais non pas tel que j'eusse voulu : ce que je sçay qui y seroit bien necessaire. Je suis tousjours en peine de celles de Metz et de Marsal, estant combattu de ces deux extresmes necessitez, de le debvoir et ne le pouvoir faire. J'ay mandé à ceux qui conduisent les forces d'Allemaigne, du moyen qu'ils auront d'en faire la meilleure part qu'ils pourront aux dictes garnisons. J'espere que Dieu ne permettra pas que nous languissions longuement en ces miseres, et vouldra qu'il s'establisse quelque meilleur ordre aux affaires de cest Estat. A quoy chascun cognoist que je ne m'espargne pas, et y travaille tant que je puis. Au reste je vous ay cy-devant escript, comme, suivant le consentement que j'ay veu en vos dictes lettres, j'avois fait expedier le pouvoir du gouvernement de Provence au s$^r$ de la Valette, vostre frere, vers lequel j'ay depesché un homme exprés, avec les autres expeditions qu'il m'avoit demandées, tant pour la tenue des Estats que autres. Je suis un peu en peine de n'en avoir point eu de nouvelles depuis celles du x$^{me}$ octobre, mais je suis bien adverty d'ailleurs qu'il faict tousjours trés bien pour mon service.

Je vous escrivis dernierement la prinse de Fallaize, et comme je y avois experimenté (comme vous avés faict) que ceux qui ont le plus de braverie sur les levres ne sont pas ceulx qui en ont le plus dans le cœur. Je suis de là venu assieger Lisieux, de laquelle je ne pensois pas avoir sy bonne raison; car la ville est assez bonne, et y estoient dedans plus de huict cens hommes de guerre. Touttesfois, aprés avoir ouy une vollée de canon, ils se rendirent, comme ont faict depuis ceulx de Bayeulx et de Pontaudemer. La ville de Vernueil au Perche a esté aussy recouverte, estant elle et le gouvernement d'icelle remis en mon obeissance. J'ay presentement eu nouvelles que Evreux en a faict de mesme; et y ont laissé entrer mon cousin, le mareschal de Biron, que je y avois envoyé expressement, pendant que je suis au siege de ceste place, où le chevalier de Grillon, qui est dedans, faict mine de se vouloir mieulx garder que les aultres. Pour le moins jusques icy n'a-il pas espargné la pouldre, ayant incessamment tiré et faict aussy bon marché de canonnades que d'harquebusades. Ç'a esté, Dieu mercy, jusques icy sans blesser personne de marque, que le sieur de Born [1], qui a receu un coup de pierre dans le costé (mais l'on tient qu'il en guerira) où le coup n'a emporté que la chair, sans toucher aux costes. Je me remets du surplus de mes nouvelles au dict s[r] de Sallers, que vous croirés aussy de ce que je luy ay commandé vous dire de ma part. Sur ce, je prie Dieu, mon Cousin, vous conserver en sa saincte garde. Escript au camp de Honnefleur, ce xxve jour de janvier 1590.

HENRY.

1590. — 26 JANVIER.

Orig. — Arch. de M. le duc de Crillon, pair de France.
Cop. — B. R. Suppl. fr. Ms. 1009-4.

A MONS[R] DE GRILLON.

Mons[r] de Grillon, J'ay trouvé vostre frere en ceste place de Honfleur, resolu, dit-il, de s'opiniastrer contre l'exemple que vous luy avés donné de meilleur conseil [1]; dont je suis bien marry, pour avoir

---

[1] Jean de Durfort, seigneur de Born, de Saint-Just et de Vatz, conseiller d'état, sénéchal de Rhodez, et lieutenant général de l'artillerie de France, parcourut une longue et brillante carrière militaire, fut reçu chevalier des ordres en 1597, et mourut en 1613. Il était fils ainé d'Armand de Durfort et de Marie de la Lande.

[1] Georges de Berton des Balbes de Crillon, septième fils de Gilles de Berton et de Julie de Sade, était le frère puiné du brave Crillon, et avait été reçu avec lui

cogneu tant d'affection et de valeur en vous, qu'il me vueille faire dommage aux miens, ny entendre quoy que ce soit, à mon trés grand regret. Mais puisque j'en suis sy avant, j'espere que Dieu me donnera aussy bonne issue de ceste mienne entreprise qu'il a faict des autres, et que l'opiniastreté de vostre frere n'apportera aucune mutation ne changement à vostre affection accoustumée à mon service, ny en la bonne volonté que j'ay tousjours eue, et que je veux continuer en vostre endroict, quand l'occasion se rencontrera de la vous faire congnoistre par effect : priant sur ce Nostre Seigneur vous avoir, Mons$^r$ de Grillon, en sa saincte garde. Escript au camp de Honfleur, ce xxvj$^e$ janvier 1590.

HENRY.

RUZÉ.

chevalier de Malte en 1566. Il fut échanson de Henri III, chambellan du duc d'Alençon, gouverneur de Honfleur, de Rue et de Saint-Esprit, lieutenant général au gouvernement de Normandie. Zélé ligueur, il résista opiniâtrément aux conseils de son frère, et défendit contre le Roi la ville de Honfleur, où il avait donné asile aux hommes les plus dangereux du parti de la Ligue. Après sept jours d'un siége meurtrier, voyant qu'il ne pouvait plus tenir avec ses seules ressources, il capitula, le 28 janvier, s'engageant à remettre la place s'il n'était secouru dans quatre jours, et à la condition de sortir librement avec la garnison, vies et bagues sauves. Aussitôt après cet accord, le Roi quitta le siége de Honfleur, où il laissa le duc de Montpensier, gouverneur de la province, qui reçut la ville au jour fixé. Cet événement, ainsi rapporté par Cayet, s'accorde très-bien avec plusieurs des lettres qui suivent, et avec les témoignages de Pierre Matthieu Legrain, Dupleix, des Œconomies royales. Les éditeurs de M. de Thou ont prolongé à tort le millésime de 1589 jusqu'à la fin du livre XCVII, où sont racontés le siége et la prise de Honfleur. Il est évident que la fin de ce livre anticipe sur l'année 1590, à moins qu'on ne commence l'année à Pâques. Après cette prise de Honfleur, ainsi constatée de la manière la plus authentique, le commandeur de Crillon se retrouve à Honfleur en 1592, tyrannisant toute la province, encombrant ses prisons de prisonniers royalistes. (Voyez l'Histoire du parlement de Normandie de M. Floquet, t. III, p. 515, et les registres secrets du parlement cités, à la date du 13 février 1592, par ce savant historien ) De plus, à l'année 1594, Davila raconte en détail le siége et la prise de Honfleur, auxquels il assista, où il eut même un cheval tué sous lui. M. de Sismondi, dans l'Histoire des Français, et M. le marquis de Fortia, dans celle de la maison de Crillon, n'ont parlé que de ce dernier siége. Les autres historiens n'accordent une mention qu'au premier. On verra ci-après Honfleur repris par la Ligue en 1591.

1590. — 29 JANVIER. — I<sup>re</sup>.

Imprimé. — *Second volume des Mémoires d'Estat.... en suite de ceux de M. de Villeroy.* Paris, 1636, in-8°, p. 328.

### A MONS<sup>R</sup> DE SCHOMBERG,

COMTE DE NANTEUIL, CONSEILLER EN MON CONSEIL D'ESTAT, CAPPITAINE DE CINQUANTE HOMMES D'ARMES DE MES ORDONNANCES ET FAILD-MARESCHAL DE MES GENS DE GUERRE ALLEMANDS EN ALLEMAIGNE.

Mons<sup>r</sup> le comte, J'ay vostre vertu et suffisance en telle consideration, que j'ay esté trés ayse que vostre intention se soit trouvée conforme à mon desir, en la resolution que j'attendois de vous pour le regard de mon service, ainsy que je l'ay cogneu par ce que le s<sup>r</sup> Baradat[1], qui est arrivé vers moy depuis quatre jours seulement, m'a faict entendre de vostre part, qui m'a esté d'aultant plus agreable que l'asseurance des paroles est confirmée par les effects que vous en avés desjà rendus par delà et que vous adjoutés de jour à aultre. En quoy, si vostre affection me donne contentement, je ne loue moins vostre bon jugement à prevoir et tascher à disposer les choses à ce qui peut apporter plus de facilité et force à mon establissement, lequel si vous avés interest de desirer, pour la part qui vous en touche, vous n'en avés moins d'occasion pour le bon et favorable traictement que vous y pouvés esperer de moy; et, d'aultant plus, y adjoustant le merite que de nouveau vous y pouvés acquerir, y portant la bonne main et le service que vous avés moyen de m'y rendre, vous asseurant que le fruict vous en sera retribué sy dignement de ma part, que vous aurés occasion de vous en contenter, et n'y aura retardement qu'aultant que l'incommodité du temps en apportera; car ma volonté y est, dés ceste heure, disposée tout ainsy que vous sçauriés desirer; et

---

[1] Guillaume de Baradat, seigneur de Damery, de Fleury, etc. fils de Jean de Baradat et de Marguerite de Copin, avait été gentilhomme servant de Catherine de Médicis. Il était gentilhomme ordinaire de la chambre du Roi, capitaine de Monceaux et d'une compagnie de gens de pied. Henri III l'avait envoyé vers les princes d'Allemagne, auprès desquels il avait continué sa mission pour le service de Henri IV.

comme ceulx qui ont la justice de leur costé, quelque difficulté qui se rencontre en la poursuicte d'icelle, sont consolez de l'opinion d'en avoir bonne isseue, fondez sur les promesses et assistance de celuy qui est le vray protecteur du droict, aussy combattant pour ma cause vous aurés la mesme consolation d'en esperer avec raison un bon et heureux succez du public et pour vostre particulier. Je vous renvoyeray dans peu de jours le s$^r$ Baradat avec la confirmation du pouvoir que le feu Roy vous avoit donné pour la conduicte de l'armée qui aura à venir de delà, et toutes aultres depesches qui seront necessaires sur ce qu'il m'a rapporté de vostre part. Ce pendant le s$^r$ de Fresnes, conseiller en mon conseil d'Estat, que j'avois, il y a quelques mois, envoyé en Angleterre, avec charge de passer aprés en Allemagne, pour s'y employer à mes affaires avec le s$^r$ de Sancy, m'ayant escript de Londres qu'il espere partir à cest effet dans peu de jours, j'ay advisé de vous escrire la presente, que je luy envoye pour la vous faire tenir, afin que, s'il y arrive plus tost que le dict Baradat, vous soyez adverty qu'il est venu seurement, et du contentement que j'ay receu de sa despesche, desirant aussy que vous ayés entiere communication de mes dictes affaires, pour y aider de vostre bon conseil, conduicte et credit, selon que vous cognoistrés estre besoing, comme je vous en prie, et m'asseure que vous en prendrés volontiers la peine. J'entends pareillement que ce qui touche la levée des forces que vous avés à conduire soit principalement remis à vostre discretion et jugement; car ayant à y hazarder vostre vie et honneur, vous avés plus d'interest que nul aultre de travailler pour la rendre la meilleure qu'il sera possible, comme vous cognoissés aussy mieux ceulx qui y peuvent estre plus propres. J'escris sur le tout ma volonté aux dicts s$^{rs}$ de Sancy et de Fresnes, lesquels, je m'asseure, vous y defereront l'honneur et le lieu qui vous est deub, comme ils sçavent estre mon intention. Je ne doubte aussy que m'estans bons serviteurs, comme ils sont, et que le dict s$^r$ de Sancy ayant eu la charge que vous sçavés de mes dictes affaires, vous n'en usiés de façon qu'ils auront autant ou plus d'occasion de faire volontiers ce qu'il ont à faire en cela par mon commandement, qui sera le moyen de former et nourrir une bonne intelligence entre vous, comme il est necessaire pour la conduicte et maniement de mes dictes affaires. Le s**r** de Fresnes a aussy le discours de tout ce que je sçaurois dire de nos nouvelles, dont il vous fera part : priant Dieu qu'il vous ayt, Mons**r** le comte, en sa saincte et digne garde. Du camp de Honfleur, le xxix**e** janvier 1590.

HENRY.

1590. — 29 JANVIER. — II**me**.

Imprimé. — *Second volume des Mémoires d'Estat..... en suite de ceux de M. de Villeroy.* Paris, 1636, in-8°, p. 312.

*(EXTRAITS D'UNE DÉPÊCHE A M. DE FRESNES, ENVOYÉ EN ANGLE- TERRE ET EN ALLEMAGNE.)*

Mons**r** de Fresnes, Vous aurés cogneu par mes precedentes, escriptes de ce lieu, si vous les avés receues, et aussy par la depesche du commissaire Baradat, que j'avois faicte auparavant, en quelle peine j'estois du long temps que j'ay demeuré sans avoir de vos lettres, pour l'incertitude où j'estois, ce pendant, de l'estat de mes affaires de delà, tant pour le regard du reste du dernier prest que la Royne m'a faict, que de vostre voyage d'Allemaigne et de ce qui m'y est necessaire de la part de la dicte dame. A present vous diray la reception de la vostre du trentiesme de ce mois[1], qui me fut rendue hier au soir tout tard, par laquelle j'ay veu l'estat que vous faisiés que le s**r** de Buzanval pourroit partir dans quatre ou cinq jours[2], pour m'apporter le reste du dict prest par la commodité des navires qui devoient estre envoyez pour passer les Anglois, et que vous aviés resolu, suivant ce que je vous avois mandé, de prendre de là vostre chemin droict en Allemaigne, sans revenir par deçà. J'ay esté trés ayse que les choses

---

[1] C'est une erreur de rédaction, puisque cette lettre-ci est du 29 janvier. Celle à laquelle il répond devait être du 30 décembre précédent.

[2] Élisabeth chargea M. de Busenval de la lettre suivante :

« AU ROY TRES CHRESTIEN MON BON FRERE.

« Se retournant vostre tres fidelle et honeste serviteur M. Busenvall, je ne puis permettre qu'il ne vous porte quelque veritable indice de bonne diligence en vos

fussent ainsy disposées pour le regard de l'un et de l'aultre, car je ne vous sçaurois mieux exprimer en quel destroit me tient le retardement des dicts deniers, que de vous dire qu'ils sont dés long-temps vouez et promis aux Suisses, desquels vous cognoissés le naturel et l'impatience, si ce qui leur est accordé ne leur est observé à point nommé. Les dicts Anglois n'ont peu attendre la venue des dicts navires, estans desjà partis[3] sur aultres vaisseaux, tels qu'ils les ont peu recouvrer. Cela pourroit faire retourner les aultres, s'ils se sont rencontrez en mer; toutesfois, si le dict Buzenval venoit quant et yceulx, j'espere affaires, avec tres bonne consideration de rechercher tous bons moyens pour prevenir quelque desastre apres la mort du feu Roy, qui euct peu facilement arriver, sans son œil bien aigu pour contervenir tel desordre, et vous supplie qu'il en resent quelque signe de vostre bonne grace pour mon tesmoignage. Je luy ay retardé le voyage pour peu de jours en attente de quelque bonne nouvelle de vostre part, sur quoi je ly eusse augmenté ses memorielz; mais je prins sur moi trop pour plus le retarder de souhait que tant d'années ly a demouré au cœur; et ly ay chargé de vous ramentevoir de quelques pointz, qui me semble vous estre bien expedientes et qu'il vous plaise de prendre en bonne part, sortant du cœur qui vous souhaite tout ce qu'un prince peult desirer. Quant a vostre Estat, j'en ay la bouche close, pour n'en estre trop instruitte; si est ce que je dirai avec l'Italien : *Per non piu poter, vo quel ch'io posso.* Je loue Dieu infiniment de ce que nos Anglois vous ayent servy à recouvrer quelques lieux de quelque importance et leur desirerois tous morts plutot que negligés le service que tant je tiens a cœur, comme Dieu sait, a qui, après m'estre mille et mille fois recommandé a vos bonnes graces

je prie vous octroyes longues années d'honrable regne.

« Vostre tres fidelle bonne sœur et cousine

« ELIZABETH R. »

[3] Ces Anglais auxiliaires revinrent à Londres avant le départ de M. de Busenval, qu'Élisabeth chargea, à ce sujet, de cette seconde lettre :

« A MON TRES CHER FRERE LE ROY TRES CHRESTIEN.

« Mon tres cher frere,

« Il n'y a chose en ce monde qui me rend plus satisfaicte que d'entendre que mes troupes ont servy en quelque endroict ce prince a qui je desire tout service estre dedié. Il semble bien qu'ilz ont aulcunement respondu au mandement que je leur ay donné, et qu'ilz ont esté licentié par vostre franche volunté de se retourner : se ne seray que pour leur rendre plus suffisans en quelque aultre temps pour finir ce qui leur a manqué en vos guerres; vous merciant bien cordiellement d'avoir pris si honorable consideration de leurs labeurs, lesquelz ils penseront bien emploïé pour se tenir en lieu de boucliers pour vostre

que celuy qui en a la conduicte feroit bien tant pour mon service que d'en faire passer un pour le rendre, et ce qu'il m'apporte, là où j'ay mandé le faire venir, qui est à Caen......

Je ne doubte que vous n'ayés entendu la mauvaise rencontre qu'a eu le s$^r$ de Sancy en la conduicte de la levée qu'il avoit faicte pour mon service, les lansquenets ayant esté chargez sur les terres de Strasbourg, avant qu'estre tous assemblez ny avoir faict monstre, par les forces du duc de Lorraine. De sorte que de 5000 qu'ils estoient, ce qui luy en est demeuré est reduict au nombre de mille ou douze cens, non qu'il en ayt esté tué que bien peu, aussy ne rendirent-ils aulcun combat, mais le reste fut aisé à persuader de s'en retourner. Ce malheur est arrivé, parce que la premiere levée a longuement sejourné

defence et sans ceste volunté je ne leur reputerois au rengs des miens.

« Quant aux calumnies que on vous faict à croyre qui sont parvenues a mes oreilles, je vous promets n'avoir rien ouy qui vous toucheroit l'honneur pour leur traictement; ains leur gouverneur m'a souvent escript l'extresme soing que il vous a pleu tousjours prendre de nos troupes; et qu'ilz n'ont receu leur paye, tant y ait a dire, qu'ilz ne le vous imputent qui que leur ont tant presumé a souhaiter que eussiez aultant pour satisfaire vos affaires grandes et necessaires, comme eulx; ne suis pour respondre à petites hardes et ustensiles. Voilà, je vous assure, le pis que je receu de leur costé avec l'adjoincte d'un aultre desir : que vostre personne ne fust tant hasardé, comme de jour en l'aultre le faictes.

« Que je ne vous envoye ce mois de paye que me desirez, il ne tenoit a moy; car le jour suivant la receipte de vos lettres je receu de lettres de mon general, que tous nos troupes furent licentié et approchés de la mer, et que les uns embarqués et les aultres en prevenant mes navires de conduict avoir pris tels passagiers qu'il ay pu par le chemin, qui me fict retenir ce payement et sitot vostre requeste, vous mander le reste par Buzenvalle, qui presentement vous les apporte : souhaitant que seulement pour vous en ayder, avoir part à l'abondance que mon beau frere tient, vous jurant que n'auriés de besoing de m'en demander, et le ferois d'aussy franche volunté, comme qui seulement me serviroit en mes plus grands besoings.

« Quant a mander en Allemaigne, je seray tousjours tres preste, selon que le temps et les affaires me permettent, et ne failleray de y envoyer quelque gentilhomme exprés pour leur haster, qui sont assez tardifz, n'omettant rien qui vous pourra satisfaire, comme Dieu sait, qui vous garde de tous mauvais esprits et vous conserve.

« Vostre tres fidelle et bonne sœur et cousine,

« ELIZABETH. »

Nous reproduisons minutieusement le texte donné par Egerton d'après les originaux, page 413.

à attendre l'aultre, qui a donné loisir et occasion au dict duc d'y entreprendre, lequel on m'a dict avoir escript que le dict s$^r$ de Sancy s'estoit vanté partout en Allemagne qu'il le ruineroit, chose que sa discretion rend trop peu croyable, avec ce qu'il n'avoit aulcun commandement de moy, de rien faire contre le dict duc. Pour les gens de cheval, il n'y avoit encore que la levée de Donmartin arrivée, qui est de cinq cornettes, lesquelles le dict s$^r$ de Sancy fit advancer avec les dicts mille ou douze cents lansquenets qui se trouverent au rendés-vous qu'il leur avoit donné, et ont faict telle diligence qu'ils ariverent à Sainct-Jean-de-Laune le dernier jour du mois passé ; et du cinquiesme du mois il m'a escript, d'auprés de Seurée, que, dés qu'il auroit trouvé à qui les pouvoir remettre, il s'en retourneroit en Allemagne pour les aultres affaires qui y restent à traicter de ma part, faisant estat qu'ils se deschargeront bientost de la dicte troupe entre les mains du s$^r$ de Tavanes ou du s$^r$ de Dinteville. Je crois que le s$^r$ de Guitry, de qui j'ay receu lettres escriptes de Chaalons, les aura aussy joincts bien tost aprés, lequel j'y avois envoyé pour prendre la dicte conduicte, attendant l'arrivée de mon cousin le mareschal d'Aumont, ainsy que je vous ay cy-devant faict entendre. Quant à l'aultre troupe de French Schelender, il donnoit esperance de venir de jour à aultre, et à ceste occasion le s$^r$ de Reaux estoit demeuré à Strasbourg, pour l'attendre et la conduire aprés l'aultre ; toutefois, je n'en ay pas grande esperance, veu la façon de laquelle le dict French y avoit procedé, et que les empeschemens qui se seront peu presenter en leur passage n'auront pas aidé à eschauffer une volonté invacillante de soy-mesme......

Je vous envoye deux memoires imprimez, qui contiennent nos exploits depuis la mort du feu Roy jusques à la prise de Falaise, suivie de celle de Lisieux, et en mesme temps de la reduction de Verneuil en Perche, où j'avois envoyé mon cousin le conte de Soissons, ainsy que je vous avois escript. Je fis partir du dict Lisieux mon cousin le mareschal de Biron avec quelques troupes de gens de guerre, pour aller vers Evreux ; et m'estant acheminé avec mon armée du costé de deçà, le Ponteau de mer³ me fut rendu; et de là je vins assieger ceste place, que j'ay trouvée bien fortifiée et fournie de grand nombre d'hommes, d'artillerie et munitions de guerre, et y commandant le chevalier de Grillon; et encore qu'ils aient tiré plus de six ou sept cens coups d'artillerie, avec nombre infini d'arquebusades, mousquetades, durant six ou sept jours, toutesfois nous n'en avons, Dieu mercy, receu grand dommage, et n'avons laissé de nous loger sy prés, que nous estions jusques sur le bord du fossé, nostre batterie preste à faire, et toutes choses preparées pour vuider et passer le fossé, qui est grand et plein d'eau, ayant desjà osté, à coups de canon, partie de leurs defenses; sur quoy on recommença à parlementer, et sommes tombez d'accord que, si entre cy et jeudi prochain, le duc de Mayenne ou de Nemours ne vient faire lever le siege, ils me rendront la place. Le dict jour de jeudy, mon cousin le mareschal de Biron a si bien exploité de son costé, qu'il s'est rendu maistre d'Evreux et a reduict aussy plusieurs villes et lieux circonvoisins qui tenoient, et en la pluspart desquels y avoit garnison pour la Ligue. Aprés avoir, ainsy que dict est, asseuré la reddition de ceste place, je me suis resolu de faire une course de ce costé-là avec des gens de cheval seulement; et à cest effect je pars ce matin, laissant icy le reste de mon armée soubs la conduicte de mon cousin le duc de Montpensier, esperant que mon voyage rapportera quelque chose de bon à l'advancement de mes affaires. Le legat est arrivé à Paris sous l'escorte des forces du duc de Lorraine qui, aprés l'exploit susdict des lansquenets, se sont allez rendre en Bourgogne.....

[1590.] — 29 JANVIER. — III$^{me}$.

Orig. autographe. — Bibliothèque de l'Arsenal, Mss. Histoire 179, t. I$^{er}$.

Cop. — B. R. Suppl. fr. Ms. 1009-4, etc.

Imprimé. — *L'Esprit d'Henri IV*, p. 162. — *Vie militaire et privée de Henri IV*, p. 159. — *Lettres de Henri IV....* publiées par N. L. P. Paris, 1814, in-12, p. 53.

[*A MADAME LA COMTESSE DE GRAMONT.*]

Mon cœur, J'ay achevé mes conquestes jusques au bord de la mer.

¹ Souvent ainsi, pour *Pont-Audemer*.

Dieu benisse mon retour comme il a faict le venir. Il le fera par sa grace, car je luy rapporte tous les heurs qui m'arrivent. J'espere que vous oirés bien tost parler de quelqu'une de mes saillies; Dieu m'y assiste par sa grace! Le legat, l'ambassadeur d'Espagne, le duc de Mayenne, tous les chefs des ennemys, sont assemblez à Paris. Les oreilles me devroient bien corner, car ils parlent bien de moy. Je receus hier de vos lettres par l'homme de Revignan; je fus trés ayse de sçavoir vostre bon estat. Pour moy, je me porte à souhait, vous aimant plustost trop qu'aultrement. J'ay failly à estre tué trente fois à ce bordel[1]; Dieu est ma garde. Bon soir, mon ame, je m'en vay plus dormir ceste nuict que je n'ay faict, despuis huict jours. Je te baise un million de fois. Ce xxix<sup>e</sup> janvier.

1590. — 31 JANVIER.

Imprimé. — *Mémoires de messire Philippes de Mornay, etc.* t. II, p. 53, édit. in-4°.

[A MONS<sup>R</sup> DU PLESSIS.]

Mons<sup>r</sup> du Plessis, Je vous ay escript au camp de Lisieux, pour vous prier de vous tenir prest, et tout ce que vous pourrés assembler de forces, pour me venir trouver lorsque vous auriés advis de moy. L'occasion est née; car estant party de mon armée, aprés la prinse de ma ville de Honfleur, pour aller secourir celle de Meulan, et faire lever le siege à mes ennemys, j'ay resolu de ne m'esloigner de mes dicts ennemys, pendant qu'il y aura esperance de les pouvoir combattre, et, quand ils en vouldroient fuir les occasions, d'executer plusieurs belles entreprinses qui peuvent apporter beaucoup de bien en mes affaires et de contentement à ceulx qui m'auront assisté; qui me fait vous prier de monter à cheval incontinent aprés qu'aurés receu la presente, et amener avec vous vostre compagnie et tout ce que vous pourrés assembler de noblesse et d'aultres forces, pour me

---

[1] Ce mot a le sens ancien de *masure, cabane, petite ferme.* (Voyez Ménage et Roquefort, à l'article *Bordel.*) Mais nous ne trouvons dans les historiens aucune mention de ce grand péril que le Roi courut alors et auquel il fait allusion ici.

venir trouver, et vous acheminerés pour cet effect, et viendrés, aux plus grandes journées que vous pourrés, droict à Vernueil au Perche; et m'asseurant que vous ne vouldrés faillir de m'assister et me servir en une sy belle occasion, j'adjousteray seulement que je reputeray pour un signalé service celuy que me ferés en cela, et m'en souviendray pour le recognoistre en ce qui s'offrira pour vostre contentement. Je m'asseure que vous pourvoirés à tout ce qui est necessaire pour la seureté de ce qui despend de vostre gouvernement : et sur ce je prie Dieu qu'il vous ayt, Mons<sup>r</sup> du Plessis, en sa saincte garde. Escript au camp de Bernay, ce dernier jour de janvier 1590.

HENRY.

POTIER.

¹ Si l'argent qui doibt estre apporté de la Rochelle est arrivé, amenés-le avec vous et venés promptement; car j'espere que nous combattrons nos ennemys.

## 1590. — 4 FÉVRIER.

Orig. — B. R. Fonds Béthune, Ms. 9132, fol. 1 bis.
Cop. — B. R. Suppl. fr. Ms. 1009-4.

[A MONS<sup>R</sup> DE HUMIERES.]

Mons<sup>r</sup> de Humieres¹, Estant venu pour secourir Meulan, j'ay trouvé l'armée et les affaires de mes ennemys en tel estat, et la trouppe que

¹ De la main du Roi.

---

¹ Charles, sire d'Humières, marquis d'Encre, fils de Jacques d'Humières et de Renée d'Averton, peut être cité pour la quantité des domaines qu'il avait hérités de son père, se trouvant seigneur de Monchy, Baugy, Braine, Bienville, Villers, Bois d'Osemont, Vignemont, Vandelicourt, Friencourt, Misaumont, Janville, Choisy, Coudun, Ronquerolles, Nointel, Humières, Humerolles, Vaux, Becquencourt, Contay, Agnicourt, Biencourt, Fressencourt, Ville-sous-Corbie, Mercourt, Encre, Bray, Meulle, Bouzincourt, Lulli, Saint-Saulieu, Achaux, Leauvillier, Ribecourt, Dreslincourt, Bechenent, Grandrue et Lassigny. Il était chevalier des ordres du Roi, gouverneur et capitaine de Compiègne, lieutenant général en Picardie,

j'ay prés de moy, disposée à faire quelque bel effect, que j'ay resolu de mander mon armée et ne m'esloigner de mes ennemys que je ne les aye attaquez; dont j'ay donné advis à mon cousin le duc de Longueville, ensemble de ce que je desire sur ceste occasion qu'il face pour mon service. Vous entendrés de mon dict cousin particulierement ce qui est de mon intention, laquelle je vous prie de suivre, et vous asseurer que ceste occasion importe tant au bien de mon service et advancement de mes affaires, que j'auray bonne soubvenance du service que me farés en cest endroict, lequel me sera trés agreable : et n'estant la presente à aultre effect, je prie Dieu qu'il vous ayt, Monsr de Humieres, en sa saincte garde. Du camp d'Ivry-la-Chaussée, le iiije jour de febvrier 1590.

HENRY.

POTIER.

[ 1590.] — 5 FÉVRIER.

Orig. — Arch. de la cour royale de Rouen. Registres secrets originaux du parlement de Normandie, séant à Caen, vol. du 26 juin 1589, au 8 novembre 1591, fol. 91 recto. Communication de M. Floquet, greffier en chef, correspondant de l'Institut.

A MONSr DE LA COURT.

Monsr le president, Pour ce que j'ay mandé mon cousin, mr le duc de Montpensier, pour me venir trouver et admener avec luy le reste de mon armée, et que je crains que plusieurs gentilzhommes et soldats demeurent derriere, j'envoye mr de Hallot[1], present por-

[1] François de Montmorency, seigneur de Hallot, baron de Chantemerle, chevalier de l'ordre du Roi, bailli et gouverneur de Rouen et de Gisors, était fils aîné de gentilhomme de la chambre du Roi et capitaine de cent hommes d'armes. Il fut un des seigneurs catholiques qui rendirent le plus de services à Henri IV dans les guerres contre la Ligue. « Je ne suivrai point mon Roi au presche, lui avait-il dit; mais je le suivrai et prodiguerai partout mon sang contre ses ennemis. » Il tint parole; cette carrière de bravoure et de fidélité se termina glorieusement par un coup de mousquet dont M. d'Humières fut tué, à la prise de Ham sur les Espagnols, le 10 juin 1595. Par sa mort, sans enfants, son immense fortune passa à sa sœur, Jacqueline d'Humières, qui l'apporta en mariage à Louis de Crevant. Leur fils fut le maréchal d'Humières.

teur, pour m'admener tout ce qui sera demeuré derrière, à quoy je vous prie détenir la main; declarant tous ceulx qui portent les armes et qui auront manqué de se trouver à l'occasion qui maintenant se presente, roturiers, en procedant contre eulx par saisies de leurs biens et toutes autres voyes rigoreuses. Vous entendrés par le s<sup>r</sup> de Hallot de mes nouvelles et de celles de mes ennemys, et l'estat auquel ils sont à present. Faictes qu'il me retourne trouver incontinent, de peur de perdre ceste belle occasion. D'Yvry, ce cinquiesme febvrier.

HENRY.

[2] Je vous prie de faire le procés en toute diligence à ceulx qui manqueront de me venir trouver.

## 1590. — 12 FÉVRIER.

Imprimé. — *Second volume des Mémoires d'Estat..... en suite de ceux de M. de Villeroy.* Paris, 1636, in-8°, p. 331.

### A MONS<sup>R</sup> DE BEAUVOIR,

CONSEILLER EN MON CONSEIL D'ESTAT, CAPITAINE DE CINQUANTE HOMMES D'ARMES DE MES ORDONNANCES ET MON AMBASSADEUR EN ANGLETERRE.

Mons<sup>r</sup> de Beauvoyr, Attendant que je vous fasse plus ample depesche sur celles que m'ont apporté le s<sup>r</sup> de Busanval et le commissaire Baradat, je vous diray qu'aprés la composition faicte pour la redition d'Honfleur en mon obeissance, et avant que les ennemys en feussent sortys, dont je leur donnay terme de quatre jours, voyant que le duc de Mayenne qui estoit logé dans la ville de Meulan au delà de la riviere, et aussy tost aussy une partie de ses forces et de

---

François de Montmorency et de Jeanne de Montdragon. Il servit aussi fidèllement Henri IV que Henri III, fut blessé au siége de Rouen, en 1592, et s'étant retiré à Vernon pour s'y faire soigner, y fut assassiné en plein jour, à la porte de sa maison, par le marquis d'Alègre, le 22 septembre de cette même année. (Voyez ci-dessus la lettre du 19 octobre 1589, note 2.)

[2] De la main du Roi.

son artillerie du costé de deçà, pressoit le fort, encore qu'il soit en isle, de façon qu'il couroit danger de se perdre s'il n'estoit secouru, je me resolus de partir avec ce que j'avois de cavalerie et harquebuziers à cheval tant seulement, pour venir joindre ce qu'en avoient desjà mes cousins le comte de Soissons et mareschal de Biron à Verneuil et Evreux, et m'approchant du dict Meulan, essayer d'y mettre quelque rafraischissement pour leur donner moyen et courage de tenir bon jusques à ce que je peusse faire plus grand effort pour contraindre l'ennemy à lever le siege, comme j'esperois que j'en aurois le moyen dans peu de jours, ayant laissé mon cousin le duc de Montpensier à la conduicte du reste de mon armée, pour, aprés que Honfleur auroit esté remis en ses mains, la faire marcher au rendésvous que je luy donnay à Berteuil, et manday la noblesse des provinces voisines pour m'y venir trouver en toute diligence. Mon voyage eut assez bon succez; car aprés avoir prins avec moy mes dicts cousins, avec les troupes desquels je me trouvay environ six cens bons chevaulx et de mille à douze cens harquebusiers à cheval, je m'advançay à Evry prés d'Anet, en esperance, pour avoir esté ma venuë assez soudaine et non attenduë de l'ennemy, que j'aurois moyen de faire quelque bon exploict sur ceulx qui estoient deçà l'eau; mais l'advis leur fust donné assez tost pour avoir loisir de retirer tout à l'aultre costé, de sorte que je fis jetter quelques munitions dans le fort; ce qu'ayant faict, je quittay le logis d'Evry et m'en allay à Berteuil attendre mes forces. L'ennemy prit ceste occasion de s'advancer vers le dict Evry, se vantant que c'estoit pour me combattre, dont il ne se mit pas en grand debvoir; car voyant que j'estois deslogé, il se contenta d'escrire et faire publier que je m'enfuyois, et s'en retourna autour du dict Meulan, d'où, pendant qu'il s'estoit esloigné, ayant laissé des munitions à Fresnes, gardées par quelque nombre d'hommes, ceulx du fort feirent une sortie de ce costé là avec un tel advantage[1].

. . . . . . . . . . . . . . . . . . . . . . . . . . . . . . . . . . . . . . . . . . . . . .

---

[1] Cette lacune se trouve dans les mémoires de Villeroy.

quatre ou cinq caques de pouldre, et tout plein d'aultre chose de l'equipage de l'artillerie. Je n'eus esté deux ou trois jours au dict Berteuil qu'il m'arriva nombre de gens de cheval, et s'estant de l'aultre costé approché mon dict cousin le duc de Montpensier avec le gros de son armée, je la fis rendre dedans Nonancourt, où je m'acheminay aussy, pensant y faire mon premier logis pour m'en retourner vers Meulan. Mais les habitans, pleins de mauvaise volonté, furent sy aveuglez que de vouloir tenir bon, de sorte qu'il fallut quelques heures à les forcer, comme il fut faict à leurs despens; dont ayant laissé la charge à mon dict cousin, je passay encores le dict jour avec la cavalerie seulement, en nombre de plus de douze cens bons chevaulx jusques à Evry, et le matin je poursuivis mon chemin droict à Meulan, où l'on me donnoit opinion que je trouverois encore partie de l'armée de l'ennemy deçà l'eau, parce qu'ils y avoient de l'artillerie, avec laquelle ils avoient battu le jour precedent un portail par où l'on entre sur le pont, et faict effort, par un assaut qu'ils y donnerent, d'y entrer, où ils perdirent temps et beaucoup d'hommes, entre lesquels y avoit cinq ou six cappitaines; et pensoit-on que ne m'estimant pas sy prés, je les pourrois surprendre avant qu'ils eussent repassé la riviere. Toutesfois ils y userent de telle diligence, aprés qu'ils furent repoussez du dict assault, que je ne trouvay plus rien deçà l'eau.

J'entray le mesme jour dans le dict fort, pour voir en quel estat tout y estoit; et sur la resolution en laquelle je vis ceulx de dedans, et l'asseurance qu'ils me donnerent de pouvoir tenir jusques à six sepmaines, je fis dessein de venir attaquer quelques places du costé de deçà, esperant que cela pourroit attirer l'ennemy au combat; à quoy je ne pouvois le contraindre s'il ne passoit la riviere, ou que j'aurois loisir de gagner les dictes places sur luy. Mais le jour mesmes que je partis, ayant faict mon premier logis à Houdan, l'ennemy surprit, sur le disner, un fort qui estoit sur le milieu du pont, du costé de la ville, où ne se trouva personne, ny garde, parce qu'il y avoit une arche coupée qui empeschoit d'y venir, ce qui apporta tel estonnement au dedans du fort que, sans la diligence que je fis d'y envoyer des gens, sur l'advis qu'il m'en vint, environ mynuict, et d'y retourner le lendemain avec toute mon armée, la garnison estoit hors d'esperance de se pouvoir plus desfendre. Je fus trois ou quatre jours à essayer tous moyens de remedier à cest accident; et entre aultres choses, combien qu'il y eust des forces de l'ennemy dans Poissy pour garder ce passage, je me desliberay de tenter de l'emporter sur luy, et y envoyay le baron de Biron avec quelque nombre de gens de pied, où il fit si bien qu'il y entra par escalade, et ayant forcé quelque corps de garde, où les ennemys firent teste, les contraignit, en demeurant plus de cinquante à soixante morts sur la place, d'abandonner la ville, s'estans sauvez dans un fort qu'ils avoient environ le milieu du pont, lequel ils gagnerent de vitesse, et hausserent le pont-levis sur eux, estant l'arche coupée du costé des nostres, qui les empescha de poursuivre plus avant leur victoire.

Le lendemain je fis amener quelques pieces d'artillerie et battre le dict fort. Le duc de Mayenne en fit mettre aussy de l'aultre bout du pont, dont il faisoit tirer sur nous, estant prés de là avec une partie de son armée. Toutesfois, aprés que nostre batterie eut ouvert deux tours qui faisoient le front du dict fort, le pont-levis entre deux, nos gens se coulerent, à chevauchon, par dessus les garde-foux du pont, avec telle resolution et courage que [dés que] les ennemys qui estoient dedans, en nombre de plus de deux cens, les apperceurent entrer, ils s'enfuirent avec tel estonnement, que, laissans leur maistre de camp nommé Conflans, qui y fut tué, [et] se voulans retirer à un aultre fort, au devant duquel y avoit une autre arche coupée, qu'il leur falloit passer par dessus une eschelle, plusieurs tomberent dans la riviere et se noyerent. Le jeune Sigoigne, qui voulut aussy tenir bon, y fut faict prisonnier.

Cela ayant esté faict à la veue du dict duc de Mayenne, y estant aussy le duc d'Aumale, lequel y fut un peu blessé d'une harquebusade à la teste (qui est toutesfois, à ce qu'on dit, sans danger) la nuict, ils firent encore couper deux aultres arches, pour oster le moyen, s'ils estoient contraincts de me quitter le pont, de m'en servir qu'avec beaucoup de peine et longueur; ce qui me fit resouldre de n'y faire plus grand effort, et faire aultre dessein qui pourroit contraindre l'ennemy à lever le siege; et à cet effect m'acheminay comme pour aller vers Paris, où desjà, dés que j'estois approché de Meulan, se voyoit beaucoup d'estonnement; mais estant sur le chemin de Ville-Preux, où estoit mon logis ce jour-là, je receus une lettre du s$^r$ d'Allegre, qui me mandoit avoir faict surprendre le chasteau de Rouen; y estant entrés cent soldats de sa part, et me pressoit d'y aller profiter de ceste occasion. Aussitost je tournay visage et fis reprendre à chascun le logis d'où il estoit party, ayant ce pendant despesché quelques uns pour aller en toute diligence se mettre dans le dict chasteau, et ne perdre aulcun temps avec mon armée, pour y pouvoir bien tost arriver. L'ennemy, qui avoit eu le mesme advis, me voyant acheminé, fit encore donner un assault à Meulan, lequel ne luy estant mieux succedé que ses precedens efforts, il fit mettre le feu à ses barricades, et ayant entierement levé le siege, se mit aussy de son costé à marcher en toute diligence devers Rouen; mais avant que j'arrivasse à Gaillon, la nouvelle me vint que ceulx qui estoient entrez dans le dict chasteau estans investis et battus de quelques pieces de la ville, encore qu'il n'y eust bresche dont gens de guerre eussent deu s'estonner, se rendirent par composition, ce que j'ay trés grand regret qu'il soit advenu, au moins avant que l'ennemy eust esté plus advancé, et moy passé la riviere, pour avoir perdu l'occasion d'une bataille que mal aisement eust-il peu eviter; et ne m'a aussy la precipitation de la dicte entreprise, faicte mal à propos, me voyant sy esloigné, apporté peu de prejudice en chose plus seure dont j'estois en esperance. Or le siege ayant esté levé de devant Meulan, qui a esté la principale cause de m'avoir tiré en ces quartiers, et la riviere m'empeschant de pouvoir venir au combat avec l'ennemy, j'essayeray à profiter de ma venue entre quelque aultre chose, dont attendant subject de vous pouvoir dire d'advantage, j'ay bien voulu vous advertir de ce qui s'est passé jusques icy : priant Dieu, Mons<sup>r</sup> de Beauvoir, qu'il vous ayt en sa saincte et digne garde.

Escript à Gaillon, le xij fevrier 1590 [2].

HENRY.

## 1590. — 17 FÉVRIER.

Cop. — Arch. de la cour royale de Rouen. Registres secrets originaux du parlement de Normandie, vol. du 26 juin 1589 au 8 novembre 1591, fol. 108 verso. Communication de M. Floquet, greffier en chef, correspondant de l'Institut.

A NOS AMEZ ET FEAULX CONSEILLERS LES GENS TENANS NOSTRE COURT DE PARLEMENT DE CAEN.

Nos amez et feaulx, Ayant esté advertys que le s<sup>r</sup> de la Haye, gouverneur de Cherbourg, a pris un appellé La Germoniere, surnommé Lefevre, lequel est accusé de plusieurs crimes, qui ne sont du faict de guerre[1]; et voulant que justice en soit faicte, nous escripvons au dict s<sup>r</sup> de la Haye de le faire conduire seurement en vostre conciergerie : où estant, nous voulons que vous luy faictes son procez sur les dictes accusations; desquelles se trouvant atteinct et convaincu, en procedant au jugement vous aurés la souvenance de adjuger sur ses biens au gouverneur du dict Cherbourg telle somme que verrés estre raisonnable pour le recompenser [2] [de ce] qu'il en auroit peu tirer, estant

---

[2] Suit un long post-scriptum, en date du 14 mars, sur des matières de diplomatie.

---

[1] Le 10 du même mois, le Roi avait écrit à la même cour une lettre datée de Breteuil, pour ordonner, au contraire, qu'un enseigne et un soldat de la compagnie de M. de Sainte-Marie d'Aigneaux, accusés *de quelques faicts de guerre*, fussent renvoyés devant le grand prévôt. La cour décida qu'il serait fait des remontrances au Roi sur cette évocation, genre de mesure qui tendait presque toujours à empêcher l'action salutaire et indépendante de la justice. Néanmoins il fut passé outre, et l'enseigne fut, d'autorité, tiré de prison par un capitaine des gardes du duc de Montpensier, gouverneur de la province. (Registre secret du parlement de Normandie.)

[2] Le dédommager.

son prisonnier de guerre ; ainsy que nous luy avons mandé que ferés. Donné au camp de Thouary[3], le xvij[e] jour de febvrier 1590.

HENRY.
POTIER.

[1590.] — 18 FÉVRIER. — Ire.

Imprimé. — *Économies royales*, t. I, p. 116, édit. originale.

[A MONS[R] DE ROSNY.]

Mons[r] de Rosny, Par vostre importunité je m'achemine au secours de Meulan, mais s'il m'en arrive inconvenient, je vous le reprocheray à jamais[1].

HENRY.

[1590.] — 18 FÉVRIER. — IIme.

Orig. autographe. — B. R. Suppl. fr. Ms. 1939, fol. 26.

A MONS[R] DE SOUVRÉ.

Mons[r] de Souvré, J'ay faict donner ceste nuict dans Poissy, où il y avoit deux regiments de l'ennemy logez, dont celuy de Tremblecourt estoit l'un. Le baron de Biron[1] menoit mes troupes. Ce passage

---

[3] Thoiry, dans l'Ile-de-France, aujourd'hui département de Seine-et-Oise, arrondissement de Rambouillet.

---

[1] Rosny commençait à avoir sur l'esprit de Henri IV une partie de cette influence devenue si célèbre dans l'histoire. Il la fit servir en cette occasion à une expédition dont le but était, pour lui, de mettre en sûreté sa terre de Rosny, menacée par la présence du duc d'Aumale devant Meulan. Au reste, le Roi n'eut rien à lui reprocher; car, dès son arrivée le lendemain 23, il fit lever le siége de Meulan et ravitailla la place.

---

[1] Charles de Gontaut, fils aîné d'Armand de Gontaut, dit *le Boiteux*, maréchal de France, et de Jeanne d'Ormesan, dame de Saint-Blancard, était appelé le baron de Biron du vivant de son père. Ses hauts faits et sa fin tragique tiennent trop

incommodera fort les ennemys. Dieu a tellement beny l'entreprinse, que la ville a esté prinse sans que des miens il y ait eu un seul homme de mort ou de blessé, et, des autres, cinquante ou soixante hommes de morts sur la place, sans ceux qui se sont noyez dans la riviere, se voulans sauver par le pont. On en amene de moment en moment tousjours quelques-uns que l'on trouve de cachez dans les maisons. Je ne sçay encores la qualité ny le nom de ceux qui ont esté tuez, d'autant qu'il est encore deux heures avant jour. Je fay mener deux canons pour battre le pont, et en mesme temps, avec deux pieces que j'ay faict mener ceste nuict dans Meulan, je feray battre le bout du pont que les ennemys ont gaigné, et j'espere que la journée ne se passera point que Dieu ne nous face encores paroistre ses benedictions. Les nostres se sont tellement gouvernez, qu'ils ne sont entrez en aucune maison ; et on y faict les quartiers comme si on y fust entré en plaine paix : ce que n'ont pas faict les ennemys, car les religieuses ont esté toutes pillées. La prinse du dict Poissy pourroit bien faire lever le siege. Adieu. Du camp de Toery, prés Meulan, ce xviij<sup>e</sup> febvrier.

HENRY.

de place dans l'histoire et dans cette correspondance, pour que nous rappelions ici autre chose que des dates. On a vu ci-dessus (t. I<sup>er</sup>, p. 387, note) que, dès l'âge de dix-huit ans, lorsque son père se cassa la jambe en 1580, il l'avait remplacé dans le commandement de l'armée de Guienne, se trouvant déjà formé dans l'art militaire par les leçons d'un aussi grand capitaine. Tous deux reconnurent des premiers, Henri IV après l'attentat de Saint-Cloud. Cette année 1590, ce prince donna au fils l'abbaye de Noaillé et le fit maréchal de camp. En 1591, il fut nommé capitaine de cinquante hommes d'armes des ordonnances. Le 1<sup>er</sup> janvier 1592, il fut reçu chevalier des Ordres, à la première promotion du règne, présidée par le maréchal son père, qui fut tué le 26 juillet suivant. Charles de Gontaut fut cette même année conseiller d'état, conseiller honoraire au Parlement, amiral de France et de Bretagne, charge dont il se démit en 1594. Il devint alors maréchal de France et gouverneur de Bourgogne. Il commanda au siège d'Amiens en 1597 comme maréchal général, fut créé duc et pair en 1598, eut le commandement de l'armée contre le duc de Savoie en 1600, fut ambassadeur en Angleterre en 1601, ambassadeur en Suisse en 1602. Accusé, peu de temps après, des crimes de haute trahison et de lèse-majesté, il fut condamné à mort par arrêt du Parlement, et décapité dans la cour de la Bastille le 30 juillet 1602, à l'âge de quarante ans, sans avoir été marié.

## 1590. — 20 FÉVRIER.

Cop. — Arch. de la cour royale de Rouen. Registres secrets originaux du parlement de Normandie, séant à Caen, vol. du 26 juin 1589 au 8 novembre 1591, fol. 110 verso. Communication de M. Floquet, greffier en chef, correspondant de l'Institut.

### A MONS$^R$ LE PREMIER PRÉSIDENT DE MA COURT DE PARLEMENT DE CAEN.

Mons$^r$ le president, J'ay veu, par l'arrest donné par ma court de parlement, l'ordre que vous avés pour faire monter à cheval les gentilzhommes de Normandie, comme leur honneur et debvoir leur commande ; à quoy j'estime que satisferont ceulx qui ont l'honneur devant les yeux ; et pour le regard de ceulx qui n'obeiront au contenu du dict arrest, je desire qu'ilz soient traictez selon la rigueur d'iceluy, principalement ceulx qui portent les armes contre mon service : à quoy je vous prie tenir la main, comme aussy à faire chastier La Heronnyere, qui est prisonnier entre les mains du gouverneur de Cherebourg, selon que vous trouverés qu'il a merité. Je seray bien ayse que vous me donniés souvent advis des occurences de delà, et tenés la main pour faire renger pres du s$^r$ de Canizy[1] les compaignies qui sont dans le pays. M'estant approché de mes ennemys, j'ay resolu de ne m'en eslongner que je n'aye premierement recherché toutes les occasions de les combattre ; et ayant donné ordre aux affaires de deçà, je pourvoiray pour ce qui reste à faire en la Normandye, advertissant ceulx qui ont en garde Le Cocle, de le garder seurement et l'empescher de conferer. Je loue le debvoir que vous avés faict, de prier Dieu pour la prosperité de mes affaires, et c'est celluy duquel j'attens le plus grand secours ; et ayant esté assisté de sa bonté en toutes les occasions qui se sont cy-devant passées, j'espere qu'il me

---

[1] M. de Canisy, gendre du maréchal de Matignon, préparait une entreprise sur Avranches. Le mauvais vouloir des gentilshommes du Cotentin la fit manquer. « Vostre vertu, répondit le Parlement de Normandie au marquis de Canisy, se sçaura bien revenger de ce traict, nous vous ayderons. Malgré les considerations de quelques-uns, nous procederons par telles contrainctes, que chacun congnoistra à quoy il est obligé au bien du pays. » (*Hist. du parlement de Normandie*, par M. Floquet, t. III, p. 502.)

conduira à faire quelque plus grand effort pour le bien de cest Estat et le repos universel de mon Royaulme, ainsy que je l'en supplie de tout mon cœur, et qu'il vous ait, Mons\*r\* le president, en sa saincte et digne garde.

Du camp de Thoery, le xx\*e\* de febvrier 1590.

HENRY.

POTIER.

## 1590. — 25 FÉVRIER.

Orig. — A Londres, State paper office, ancient royal letters, vol. XXII, lett. 151. Copie transmise par M. Lenglet.

A TRÉS HAULTE, TRÉS EXCELLENTE ET TRÉS PUISSANTE PRINCESSE LA ROYNE D'ANGLETERRE, NOSTRE TRÉS CHERE ET TRÉS AMÉE BONNE SOEUR ET COUSINE.

Trés haulte, trés excellente et trés puissante princesse, nostre trés chere et trés amée bonne sœur et cousine, Nous ayant nostre cousin le duc de Holstein fort bien servy aux occasions qui se sont presentées, depuis qu'il est en nostre Royaume, il luy est survenu un accident par une blessure qu'il a eue, laquelle l'empesche de se pouvoir ayder d'un bras : dont les medecins ont perdu l'esperance de toute guarison, si ce n'est par le moyen des bains d'Angleterre. C'est pourquoy nous ayant prié de luy permettre d'y faire un voyage, nous l'avons voulu accompagner de la presente, pour vous supplier, comme nous fesons bien humblement, de le vouloir gratiffier et favorablement traicter, comme personnage de merite, afin qu'il puisse recevoir le fruict qu'il espere de son voyage ; et vous nous ferés singulier plaisir. A tant nous prions Dieu qu'il vous ayt, Trés haulte, trés excellente, et trés puissante princesse, nostre trés chere et trés amée bonne sœur et cousine, en sa saincte et digne garde. Escript au camp de la Clere[1], le xxv\*e\* jour de febvrier 1590.

Vostre bien bon frere et cousin,

HENRY.

---

[1] Cleres, aujourd'hui chef-lieu de canton du département de la Seine-Inférieure.

## 1590. — 28 FÉVRIER.

Orig. — Arch. de M. Paul de Lalande, au château de la Bonnetière, près Loudun. Copie transmise par M. de Chergé, président de la société des Antiquaires de l'Ouest.

### AU CAPPITAINE BOISGUERIN,
COMMANDANT POUR MON SERVICE À LOUDUN [1].

Capp<sup>ne</sup> Boisguerin, J'envoye le s<sup>r</sup> de Chouppes en la charge que je luy ay donnée de gouverneur, et pour commander en ma ville et chasteau de Loudun [2], sur la confiance que j'ay en luy, par les bonnes preuves qu'il m'a cy-devant rendues de sa valleur et de ses merites. Vous le recevrés et le respecterés comme tel, et luy rendrés l'honneur et l'assistance qui est deue à sa qualité, comme je m'asseure que vous le sçaurés bien faire et qu'il en sçaura aussy bien user, en sa prudence accoustumée. Remettant sur le dict s<sup>r</sup> de Chouppes ce qui s'est passé en mon armée, et mon intention de ce que je veulx estre faict par delà pour le bien de mon service, je prie Dieu qu'il vous ayt, Capp<sup>ne</sup> Boisguerin, en sa saincte et digne garde. Au camp d'Anet, le xxviij<sup>e</sup> jour de febvrier 1590.

HENRY.

RUZÉ.

## 1590. — 2 MARS.

Orig. — Arch. de M. le marquis de Bournazel. Copie transmise par M. Belhomme, archiviste du département de la Haute-Garonne.

### A MONS<sup>R</sup> DE BOURNAZEL,
CAPPITAINE DE CINQUANTE HOMMES D'ARMES DE MES ORDONNANCES, GOUVERNEUR DE MON PAYS DE ROUERGUE.

Mons<sup>r</sup> de Bournazel, Je vous renvoyay un des vostres, partant de Honnefleur, au commencement du mois passé, qui m'apporta de vos

---

[1] Claude du Perrier, seigneur de Boisguerin, avait remplacé, au mois de février 1589, M. de Rozilly, capitaine du château de Loudun, qui s'était démis de sa charge.

[2] M. de Chouppes remplaçait, comme gouverneur, M. de Charbonnières, qui avait également donné sa démission.

lettres qui estoient de bien ancienne date. Vous aurés par luy esté bien particulierement informé de l'estat de mes affaires et du contentement que j'ay de l'affection et du soing qui paroist aux effects que vous apportés à mon service par delà. Despuis et bientost après, arriva icy le sieur de Brandelas, pour la creance, memoires et instructions duquel j'ay esté autant parfaitement esclaircy que je le pouvois desirer de l'estat de mes provinces qui sont soubs vostre charge; et ay bien recogneu que mon esloignement et la difficulté qu'il y a eue de vous faire entendre plus souvent de mes nouvelles et de recevoir des vostres ne vous a point empesché ny tenu en incertitude, que vous ne vous y soyés aussy bien et prudemment comporté, et selon mon intention, que si j'eusse esté sur les lieux pour la vous prescrire; qui est une preuve bien certaine de vostre prudence et bonne conduicte, et de la ferme resolution en laquelle vous estes constamment demeuré de me fidellement servir et recognoistre, encores que j'aye bien veu par les copies des lettres qui vous ont esté escriptes, que l'on n'a rien oublié pour vous solliciter du contraire, qui vous est d'autant plus d'honneur, que de tous ces artiffices et fausses inductions la victoire en soit demeurée à vostre vertu, et à moy plus d'occasion de vous tenir et recognoistre tousjours pour ce que vous estes et avés tousjours esté.

J'ay retenu le dict porteur un peu plus longuement, parce qu'il vous dira que, depuis son arrivée, ceste armée a esté en perpetuelle action; et ne s'est quasi passé jour qu'il n'ayt cheminé, et aussy que nous avons tousjours esté à la veille d'une bataille, qui est depuis advenue; et estois bien ayse que ceulx qui estoient icy attendissent un peu d'advantage pour pouvoir rapporter en mes provinces la nouvelle du succez que je m'en estois tousjours promis, me confiant en la grace et bonté de Dieu et en la justice de ma cause. Dés le jour mesme de la bataille[1], je vous feis une depesche pour vous donner advis de l'heureuse victoire que j'en avois eue, laquelle ce dict por-

---

[1] C'est la bataille d'Arques.

teur m'a faict entendre vous avoir envoyée par un porteur qu'il vous depesche expressement, attendant que par luy-mesme vous en puissiés sçavoir les particularitez, qui sont bien dignes d'estre sceues, afin que l'on cognoisse l'evidente protection qu'il plaist à Dieu prendre de la deffence de mon faict. Il en a esté faict un discours où les choses y sont fort fidellement descriptes, que le dict porteur n'oubliera pas de vous porter, et lequel il sera bien à propos de respandre dans la province, afin que mes bons serviteurs sçachent les causes qu'ils ont de s'en resjouir et d'en rendre graces à Dieu, comme je desire que vous les y exhortiés et faites exhorter autant qu'il sera possible. Ce hurt[2] a esté sy grand contre mes ennemys, que je m'asseure que le contre-coup en fera effect en toutes les parts de ce Royaume, et me promets que, où vous estes, vous en recognoistrés de l'affoiblissement aux dicts ennemys, et du redoublement de force et de courage en mes bons serviteurs, et vous en appercevrés tousjours davantage par les fruicts que produira ceste victoire, dont j'ay de trés bonnes esperances quasy de toutes parts. Mais c'est lors qu'il se fault moins relascher avec les dicts ennemys, au contraire qu'il les fault plus presser, comme je fais icy, tant que le puis. Je desire que vous faictes delà le semblable, comme je m'asseure que vous ferés, et puisque, en leur plus grande force, vous leur avés peu faire teste, vous estant tousjours advantagé sur eulx, comme j'ay veu par vos dicts memoires, maintenant que toute leur fureur est passée et que ceste nouvelle aura bien aydé à les refroidir, que les progrés sur eulx vous seront bien plus faciles, et qu'au reste vous n'oublierés les moyens de l'industrie et de la douceur, non plus que ceux de la force. J'ay veu par vos dicts memoires, comme il eust esté bien necessaire de la vous faire plus grande par delà, dont je ne fais nulle doubte; mais toute la difficulté est de l'entretenement, sans lequel je considere que les forces et gens de guerre sont plus à charge à mes provinces que à aulcun le soulagement de le faire porter au païs; je crains qu'il ne le

---

[2] C'est-à-dire *heurt, choc, secousse, ébranlement.*

puisse faire. D'y envoyer d'ailleurs, il est impossible, n'y ayant province qui n'ayt plus de besoing d'estre secourue que de moyen de secourir. J'ay advis de mon cousin le duc de Montmorency, qu'il vous a assisté de quelques bonnes troupes. D'ailleurs mon cousin le mareschal de Matignon, s'en allant maintenant en Gascongne avec de trés belles forces, je luy ay mandé que, soit en allant ou en retournant, il repasse par le Rouergue. De sorte que je me promets que, avec ce que vous avés peu faire avec le secours que vous a envoyé mon dict cousin de Montmorency, que celuy qui sera suivy de la presence de mon dict cousin le mareschal de Matignon achevera de vous rendre toute ceste province nette. Quoy que ce soit, avant que le dict sieur mareschal se retire vous confererés et vous resouldrés avec luy de tout ce que vous y aurés à faire, et mesme à l'establissement des garnisons qui vous seront necessaires, que j'ay comprinses en l'estat de celles de Guyenne, que je luy ay envoyées, au mesme nombre qu'elles estoient l'année passée, ayant ordonné qu'elles feussent payées et entretenues des deniers qui se levent au dict païs, tant pour mes tailles que ce qui est imposé pour ayder à l'entretennement des dictes garnisons. Et est estably ung tel ordre, que les dicts deniers ne seront point divertis à autre effect, si ce n'est au payement des charges, qui ne seront payées que en concurrence et au sold la livre avec les dictes garnisons, comme vous entendrés de mon dict cousin le mareschal de Matignon, auquel j'ay envoyé le dict reglement pour le faire bien exactement observer. Si ce nombre des garnisons, porté par les estats pour vostre secours, n'est suffisant, m'en donnant ensemblement advis, et du moyen de leur entretenement, je vous en envoirray les expeditions, ne vous pouvant, comme je vous ay predict, secourir icy d'aultre chose ; estant force que chaque province porte la despense des forces qu'il y faut tenir pour sa conservation.

J'ay veu le tesmoignage que vous rendés de la bonne assistance que vous avés eue des s$^{rs}$ de Cormesson, Roquebaillac et Parisol, auxquels j'escris le contentement que j'ay, et comme je leur sçay trés bon gré, leur mandant qu'ils ne me peuvent servir maintenant plus à propos que en continuant ce mesme devoir en la dicte province, prés de vous. J'ay aussy faict expedier la commission de la cappitainerie du chasteau de Majac pour le capitaine Rives, et celle du fort de Campoulas, pour le s$^r$ de la Broha, suivant ce que vous m'escrivés. Je vous eusse aussy envoyé les commissions pour faire un regiment pour le s$^r$ de Villeneufve; mais j'en fais lever huict ou dix en Gascongne, pour me venir trouver avec mon cousin le viconte de Turenne, que je croy que c'est bien tout ce que le pays en peut maintenant fournir sans qu'il en demeure desgarny, aussy que tant de levées ensemble ne se font que gaster les unes les aultres. C'est pourquoy j'ay voulu differer à envoyer les dictes commissions au dict s$^r$ de Villeneufve, jusques à ce que les aultres regimens qui doibvent venir icy soyent partis du pays.

J'eusse voluntiers gratiffié celuy en faveur duquel vous m'avés escript pour l'office de mon advocat au siege de Villefranche, mesmes estant fils d'un pere duquel vous faictes sy bon recit; mais je suis en cela retenu par une ordonnance que j'ay trouvée establie par le feu Roy, mon seigneur et frere, de ne donner point d'office vacant par mort, parce que les deniers en sont reservez au remboursement de quelques particuliers qui ont secouru ses affaires et faict de grosses advances sur les dicts deniers. Ne m'estant encores aulcunement desparty de la dicte ordonnance, quelque commodité pourtant qu'il s'en soit offerte, il faudra, ou qu'il se reserve à quelque aultre occasion pour se ressentir de ma liberalité, ou qu'il se contente que je luy face accorder le dict office avec quelque moderation d'une bonne partie de la taxe, qui est ce que je puis en cela pour ceste heure. Pour le regard de ceulx de la dicte ville de Villefranche que vous m'escrivés qui vous sont suspects, c'est à vous d'en considerer et examiner bien tost les raisons; et si vous y trouvés du fondement, j'approuveray tousjours que vous les faictes sortir de la dicte ville. Mais avant que d'en venir là, il faut bien averer les choses, afin de ne faire injustice et desplaisir aux uns pour complaire aux autres. Quant aux appellations du siege, il n'y a point de difficultez qu'elles doivent ressortir à Carcassonne, où j'ay faict transferer mon parlement qui estoit estably à Tholose.

Pour vostre particulier, j'ay beaucoup de regret que je n'ay maintenant autant de moyen de vous recognoistre et relever des despenses extraordinaires où je veoy que vous estes constitué pour mon service, que j'ay de volunté et de cognoissance que je suis tenu et obligé de ce faire. Mais vous pouvés juger l'estat où se trouvent mes affaires, qui est tel qu'il fault que mes bons serviteurs me prestent leurs moyens et leurs peines, jusques à ce qu'ayant, par leur bon ayde, recouvert ce qui m'est injustement detenu, je puisse m'acquitter des recompenses qui leur en sont deues. Quant cela sera, vous pouvés asseurer que vous serés des premiers qui vous en ressentirés, comme je sçay que vous estes de ceulx qui avés esté des plus prompts et volontaires à exposer vos propres moyens pour mon service. Cependant, à mesure que les occasions s'offriront de faire pour vous et pour les vostres, pourveu que vous soyés des premiers advertis, vous pouvés faire estat de ce qui despendra de ma volunté; vous en serés tousjours gratiffié trés voluntiers. Je vous envoie la confirmation de vostre pouvoir, que vous avés desiré. Quant à la survivance de vostre estat, je me suis aussy obligé à l'observation de l'ordonnance qu'en avoit faicte le feu Roy, mon seigneur et frere, de n'en donner point; dont je ne me puis encores aucunement dispenser, et ne le pourrois sans faire une consequence generalle pour tous ceulx qui ont des charges, encores que les merites soient bien differens, mais la qualité du temps ne porte pas d'en faire la distinction sy exactement. Il fault que vous ayés pour cela un peu de patience, esperant avec le temps de recevoir contentement. Cette mesme consequence de difficulté me retient d'entrer en augmentation de vostre appointement, parce que je ne l'ay encores faict pour personne; et l'exemple de l'un feroit loy pour tous les autres, qui m'attireroit une grande augmentation de charges et despenses. Il fault que vous advisiés de vous prevaloir de cela en quelque autre chose ou en quelque autre forme, pouvant estre trés asseuré que si j'ay à m'eslargir et dispenser d'aucune de ces consequences, ce sera autant ou plus en votre faveur que de nul autre. Je porte aussy desplaisir bien grand de la detention de vos enfans[3], qui est contre toute humanité. Ce n'a pas esté faulte de m'en souvenir, qu'il n'ayt esté retenu quelqu'un de ceulx qui ont esté prins en la bataille pour les retirer; mais chacun d'eulx a maistre, qui ne s'en veult dessaisir qu'estant recompensé de la rançon qu'il en veult, ce que je ne me suis pas trouvé en commodité presente de pouvoir faire. Mais je vous promets que j'en auray soin et memoire de les retirer de là le plus tost qu'il se pourra. Je m'en remets du surplus de nos nouvelles à ce porteur, qui me gardera de vous faire ceste-cy plus longue. Sur ce je prie Dieu, Mons<sup>r</sup> de Bournazel, vous conserver en sa saincte garde. Escript au camp de Corbeil, ce ij<sup>e</sup> jour de mars 1590.

HENRY.

## 1590. — 6 MARS.

Orig. autographe. — Arch. royales de Würtemberg, à Stuttgart. Transcription de M. Kausler.

### A MON COUSIN LE DUC DE VIRTEMBERG,
#### PRINCE DU SAINCT EMPIRE.

Mon Cousin, Dés aussy tost que les troupes estrangeres ont esté entrées en mon Royaulme, j'ay commandé au s<sup>r</sup> de Sancy de les mettre entre les mains du s<sup>r</sup> de Dinteville[1], et retourner en Allemagne, tant pour tenir une nouvelle levée preste pour cest esté, que pour recueillir ce qui restoit des trois cens mil escuz que les princes m'avoient accordé pour subvenir à mes affaires, ayant affecté le reste,

---

[3] M. de Bournazel se refusa à racheter la liberté de ses enfants par l'abandon de la cause du Roi, comme la Ligue le lui offrait.

[1] Joachim, baron de Dinteville et de Meurville, seigneur de Fougerolles, etc. fils de Jean de Dinteville et de Gabrielle de Stainville, lieutenant général au gouvernement de Champagne et Brie en 1579, chevalier des Ordres du Roi en 1583, fut un des serviteurs les plus fidèles de Henri III et de Henri IV, et contribua de la manière la plus efficace, avec le président Roussat, à conserver la Champagne au Roi pendant les troubles de la Ligue. Il mourut à Dinteville le 1<sup>er</sup> octobre 1607.

tant aux affaires de Metz qu'aultres endroits pressez auxquels je ne pouvois pourveoir d'ailleurs. Je m'asseure, suivant la bonne volonté que vous m'avés cy-devant tesmoignée, que vous y aurés satisfaict, vous ayant dés lors envoyé le contract pour la somme entiere; mais l'effort que font ceulx qui embrassent la protection de mes subjects rebelles, pour accroistre leur puissance par la ruine d'aultruy, est tel, que j'ay besoin que mes amys qui desirent la conservation de cest Estat ne se lassent de ce qu'ils ont faict jusqu'icy, comme j'espere qu'ils ne m'abandonneront pas en sy beau chemin, et particulièrement vous, de qui l'amitié m'est plus asseurée, pour la souvenance de feu mon cousin le duc Chrystofle, vostre pere, que de nul autre. Je vous prie, mon Cousin, vous y esforcer et croire que je ne demeureray ingrat de ceste obligation, et auray, si Dieu plaist, en peu de temps, moyen de rembourser ce qui aura esté advancé pour une sy bonne occasion, et recognoistre le plaisir que j'auray receu de mes amys. Les s$^{rs}$ de Schomberg et de Sancy, qui sont par delà pour mes affaires, vous feront plus particulierement entendre de mes nouvelles, auxquels je vous prie adjouxter foy comme à moy-mesmes, qui prie Dieu, mon Cousin, qu'il vous conserve. Au camp devant Dreux, ce vj$^e$ mars 1590.

Vostre bon cousin,

HENRY.

## 1590. — 7 MARS. — I$^{re}$.

Imprimé. — *Second volume des Mémoires d'Estat..... en suite de ceux de M. de Villeroy.* Paris, 1636, in-8°, p. 378.

### A MON COUSIN MONS$^R$ DE LUXEMBOURG,
#### DUC DE PINEY, PAIR DE FRANCE.

Mon Cousin, Le s$^r$ de Maisse m'a faict entendre vostre arrivée et bonne reception à Venise[1], et aussy celle que vous avés eue, tant

---

[1] Cette dépêche de M. de Maisse, ambassadeur près de la seigneurie de Venise, est du 15 décembre. Il y dit : «Sire, le sieur de Luxembourg arriva en ce lieu

des aultres princes vers lesquels vous avés passé, que finalement du Pape, nonobstant toutes les traverses et empeschemens qu'on s'est efforcé vous donner pour vous y faire refuser la porte. Je loue Dieu, qui a voulu donner plus de lieu à la raison et à vostre merite et qualité qu'aux artifices que l'on y a voulu mettre en obstacle, dont j'espere que la suite pourra aussy reussir au bien de ce Royaume. Pour le moins vous laisserés ceste louable memoire à la posterité, de n'avoir craint les dangers ny espargné vostre peine pour y servir en occasion sy pregnante et de sy grande consequence. Les depesches du dict s$^r$ de Maisse, accusant vostre reception en tous les lieux susdicts, sont arrivées en mesme temps; qui ont esté les premieres nouvelles que j'ay eues de vous, depuis celles que le s$^r$ de Sillery, mon ambassadeur en Suisse, m'avoit données de vostre dict passage au dict pays, de sorte que, pour la malice du temps, j'en estois aulcunement en peine, et ay esté trés ayse d'entendre que fussiés rendu par delà; mais je le serois encore plus de vous voir de retour prés de moy en bonne santé, où vous pouvés estre asseuré que vous serés le trés bien venu. J'escris au s$^r$ de Maisse bien amplement de mes nouvelles et luy mande de vous en faire part; qui me gardera de vous en rien dire par la presente : priant Dieu, mon Cousin, qu'il vous ayt en sa saincte et digne garde. Du camp devant Dreux, le vij$^e$ mars 1590.

HENRY.

---

le troisiesme du present, où, selon le commandement qu'il a pleu à vostre majesté me faire, je l'ay accompagné et assisté en toutes choses. Ces Seigneurs l'ont receu avec beaucoup d'honneur......» Et plus loin : « Vostre majesté est beaucoup obligée à ces Seigneurs de cette demonstration d'amitié, faite à la veue des ministres du Pape et du Roy d'Espaigne. » (B. R. fonds Brienne, ms. 11, fol. 13 et 14.)

## 1590. — 7 MARS. — II^me.

*Imprimé. — Second volume des Mémoires d'Estat..... en suite de ceux de M. de Villeroy. Paris, 1636, in-8°, p. 363.*

### A MONS^R DE SCHOMBERG [1].

Mons^r de Schomberg, Comme je me promets que vous continuerés envers moy la mesme devotion que vous aviés envers le feu Roy, monsieur mon frere, pour le service de ceste Couronne, puisqu'il a pleu à Dieu m'y appeller en son lieu, je vous veux aussy bien asseurer que mon intention est vous y continuer l'estat et appointement de colonnel qu'il vous y avoit donné, dont la presente vous servira de confirmation de moy, attendant occasion de vous y employer; et s'il vous est deu quelque chose de vostre dict appointement ou pension, j'entends aussy que vous en soyés satisfaict; à quoy je feray pourveoir le plus tost qu'il sera possible. Ce pendant estant en lieu où vous pouvés ayder le bien de mon service, je vous prie d'y seconder le s^r comte de Nanteuil, vostre frere, de vostre bon credit, et assister aussy mes aultres serviteurs qui sont par delà ez affaires qu'ils y ont à traicter, de tout ce que vous pourrés, croyant que les bons offices que vous y ferés ne tiendront peu de lieu en la cognoissance de vos merites que vous pouvés esperer de ma part. Sur ce, je prie Dieu qu'il vous ayt, Mons^r de Schomberg, en sa saincte et digne garde. Du camp devant Dreux, le 7 mars 1590.

HENRY [2].

---

[1] Jean Wolf de Schomberg, seigneur de Pulmitz, fils aîné de Wolfang de Schomberg, seigneur de Schonau, et d'Anne de Minkuitz, n'avait point cessé d'habiter l'Allemagne, tandis que son frère Gaspard, déjà nommé dans la première partie de cette correspondance, s'était établi en France dès le règne de Charles IX, dont il obtint des lettres de naturalité en 1570, et avait acquis, du duc de Guise, le comté de Nanteuil en 1574.

[2] A la suite de cette lettre se trouve, en forme de post-scriptum, un long supplément à la dépêche diplomatique adressée le même jour au comte de Nanteuil.

1590. — 7 mars. — III^me.

Imprimé. — *Second volume des Mémoires d'Estat..... en suite de ceux de M. de Villeroy.* Paris, 1636, in-8°, p. 348.

[ *AUX VILLES IMPÉRIALES.* ]

Trés chers et bons amys, Vous aurés assez entendu en quel estat et trouble le feu Roy dernier decedé, nostre trés honoré seigneur et frere, nous avoit laissé ceste Couronne, lors de son deceds, au moyen de la rebellion qui avoit esté suscitée et meue contre luy, laquelle ayant encore depuis continué, nous avons esté contraincts en constituer le remede en la seule force de nos armes, le moyen de la douceur, dont nous avons faict essay, n'ayant peu rompre l'obstination de la pluspart de ceulx qui ont encouru ce crime, à nostre trés grand regret; et a, en cela, nostre labeur esté accompagné de telle grace et benediction de Dieu, que nous avons desjà purgé aulcunes de nos provinces d'armées ennemies, par la reduction qu'avons faicte soubs nostre obeissance des villes d'icelles; les unes qui ont trop voulu resister, ayant receu le chastiment de leur temerité, les aultres mieux conseillées experimenté nostre clemence, qui a tousjours à tous esté proposée la premiere. Mais le mal estant fomenté d'ailleurs par l'ambition de ceulx qui desirent, à la ruine de leurs voisins, estendre leur domination partout, nous avons besoin pour empescher leurs mauvais desseins et parvenir à l'entier retablissement de nostre auctorité en ce Royaulme, d'estre renforcez d'un bon et puissant secours de gens de guerre estrangers, tant de cheval que de pied, et de recourir à nos bons amys, affectionnez et interessez à la conservation de ceste Couronne, pour estre aydez de quelque prest de deniers à fournir à la despense qu'il nous conviendra faire à la levée et entretenement de ce renfort, à la charge de rembourser ceulx qui nous feront ce plaisir le plus tost qu'il nous sera possible. Entre lesquels, nous promettant ce bon office de vostre part, sçachant la bonne volonté que vous avés tousjours portée à ceste Couronne, et celle qu'entre aultres occasions vous avés tesmoignée envers nous particulierement, nous avons estimé pouvoir prendre ceste confiance de vous requerir et prier nous vouloir assister en ceste necessité (pour un sy bon effect, et qui ne regarde seulement cest Estat, mais aussy tous aultres auxquels la convoitise de ceulx qui soustiennent ceste guerre contre moy ne vouldront non plus pardonner) de telle somme que vostre commodité pourra porter, ayant donné charge de faire cest office en nostre nom à nos amez et feaux conseillers en nostre conseil d'Estat les s$^{rs}$ de Sancy et de Fresnes, avec pouvoir de vous passer toutes obligations et asseurances necessaires pour vostre remboursement. A ceste cause nous vous prions leur prester en cela, ou à l'un d'eux, la mesme foy et creance que vouldriés faire à nostre propre personne, vous asseurant que nous faisant le plaisir que nous attendons de vous en cest endroict, nous le recognoistrons à jamais sy avant, que vous aurés occasion de vous louer de nostre amitié. Sur ce, nous prions Dieu qu'il vous ayt, Trés chers et bons amys, en sa saincte et digne garde. Du camp devant Dreux, le vij$^e$ mars 1590.

HENRY.

1590. — 9 MARS.

Orig. — Arch. de feu M. le duc de Gramont-Caderousse. Copie transmise par M. le préfet de Vaucluse.

A MONS$^R$ DE VACHERES.

Mons$^r$ de Vacheres, la demonstration que vous faictes chascun jour aux occasions qui se presentent par delà pour mon service, de vouloir perseverer en la fidelité que je me suis toujours promise de vous m'est beaucoup agreable, et veulx croire que avec ceste ferme resolution vous rejetterés ceulx qui tascheront de vous en esbranler; en quoy je m'asseure que vous n'obmettrés aulcune chose de ce qui despendra de l'affection et fidelité que vous m'avés vouée, asseuré que je sçauray trés bien recognoistre ceux qui demeureront fermes en l'obeissance que Dieu leur commande de me rendre: priant Dieu, Monsr de Vacheres, qu'il vous ayt en sa saincte garde. Escript au camp d'Armantieres[1], le ixe jour de mars 1590.

HENRY.

FORGET.

### [ 1590. — VERS LE 10 MARS. ]

Orig. autographe. — Arch. du château de Grancey. Copie transmise par M. Garnier, correspondant du ministère de l'Instruction publique à Dijon.

Imprimé. — *Annuaire de la Côte-d'Or, 1822.*

### [A MONSR DE FERVAQUES.]

Fervaques, à cheval; car je veux voir à ce coup-cy de quel poil sont les oysons de Normandie. Venés droict à Alençon.

HENRY.

### [ 1590. — 11 MARS. ]

Imprimé. — *Mémoires des sayes et royales œconomies d'Estat,* etc. édition originale, t. I, p. 117. — *Vie militaire et privée de Henri IV.* Paris, an XII, in-8°, p. 161.

### [A MONSR DE ROSNY.]

Je viens d'avoir advis que l'armée des ennemys a passé la riviere à Mantes. Ils ne faudront pas de vous attaquer; je sçais bien que vostre place n'est pas en estat de resister[1], si n'y avés fort travaillé; partant, advisés à vous, car estant soldat et cappitaine, ou le devant estre, je remets en vostre disposition de prendre vostre party à propos; et me tenés adverty de tout.

HENRY.

---

[1] Armantières, du département de l'Eure.

---

[1] Cette place était Poissy. Sully raconte qu'il n'eut pas à soutenir cette attaque, les ennemis ayant passé à quelque distance, sans s'arrêter devant Poissy, comme ils en avaient d'abord eu l'intention, suivant l'avis donné au Roi.

## 1590. — 13 MARS.

Imprimé. — *Mémoires des sages et royales œconomies d'Estat*, etc. t. I, p. 118, édit. originale. — *Hist. de la maison de Béthune*, par André Duchesne, l. VI, p. 446. — *Vie militaire et privée de Henri IV*, etc. p. 162.

[A MONS<sup>r</sup> DE ROSNY.]

Mon amy, Je ne pensay jamais mieux veoir donner une bataille que ce jourd'huy. Mais tout s'est passé en legeres escarmouches, et à essayer de se loger chascun à son advantaige. Je m'asseure que vous eussiés eu regret toute vostre vie de ne vous y estre trouvé. Partant, je vous advertis que ce sera pour demain ; car nous sommes sy près les uns des aultres, que nous ne nous en sçaurions plus desdire. Amenés tout ce que vous pourrés, et surtout vostre compaignie et les deux compaignies d'arquebusiers à cheval de Badet et Jammes, que je vous ay laissées. A Dieu.

HENRY.

## 1590. — 14 MARS. — I<sup>re</sup>.

Cop. — Arch. de la cour royale de Rouen. Registr. secrets origin. du parlement de Normandie séant à Caen. Vol. du 26 juin 1589 au 8 novembre 1591, fol. 123 recto. Communication de M. Floquet, greffier en chef, correspondant de l'Institut.

Cop. — B. R. Suppl. fr. Ms. 1009-3, etc.

Imprimé. — *Recueil de divers mémoires servant à l'histoire de nostre temps.* Paris, 1623, in-4°, p. 226. — *Mémoires de la Ligue*, t. IV, p. 253. — *Vie militaire et privée de Henri IV*, p. 163. — *Correspondance politique et militaire de Henri IV avec J. Roussat, maire de Langres*, p. 50. — *Journal militaire de Henri IV*, publié par le comte DE VALORI, p. 117, etc.

LETTRE CIRCULAIRE SUR LA BATAILLE D'IVRY[1].

Il a pleu à Dieu de m'accorder ce que j'avoys le plus desiré : d'avoir moyen de donner une bataille à mes ennemys ; ayant ferme confiance

---

[1] Cette lettre, transcrite ou publiée dans plusieurs recueils comme circulaire, nous est parvenue aussi, comme on le voit, avec l'adresse de quelques-uns des personnages qui la reçurent. Nous donnons la préférence au texte de celle qui fut adressée à M. de la Vérune, gouverneur de Caen, et qui est conservée dans les registres secrets du parlement de Normandie. Les jours suivants, le Roi écrivit aux premiers corps de

que, en estant là, il me feroit la grace d'en obtenir la victoire, comme il est advenu ce jourd'huy. Vous avés cy-devant entendu comme, aprés la prinse de la ville de Honnefleur, je leur vins faire lever le siége qu'ils tenoient devant la ville de Meulan et leur y presentay la bataille, qu'il y avoit apparence qu'ils deussent accepter, ayant dés lors en nombre deux fois autant de force que j'en pouvoys avoir. Mais pour esperer le pouvoir faire avec plus de seureté, ils voulurent differer jusqu'à ce qu'ils eussent joinct quinze cens lances que leur envoyoit le prince de Parme, comme ils ont faict depuis quelques jours. Et dés lors publierent partout qu'ils me forceroient au combat, en quelque lieu que je feusse; et en pensoient avoir trouvé une occasion fort advantageuse, de me venir rencontrer au siége que je faisois devant la ville de Dreux. Mais je ne leur ay pas donné la peine de venir jusques là; car sy tost que je feus adverty qu'ils avoient passé la riviere de Seine, et qu'ils tournoient la teste devers moy, je me resolus de remettre plustost le siege que de faillir de leur venir audevant. Et ayant sceu qu'ils estoient à six lieues du dict Dreux, je partis lundy dernier, xij$^e$ de ce moys, et vins loger à la ville de Nonancourt, qui estoit à trois lieues d'eulx, pour y passer la riviere. Le mardy, je vins prendre les logis qu'ils vouloient pour eulx, et où estoient desjà arrivez leurs mareschaux des logis. Je me mis en bataille dés le matin en une fort belle plaine, à une lieue prés de celluy qu'ils avoient faict le jour precedent, où ils parurent aussy tost avec leur armée, mais sy loing de moy, que je leur eusse donné beaucoup d'advantaige de les aller chercher sy avant; et me contentay de leur faire quicter un village proche de moy, duquel ils s'estoyent saisys. Enfin la nuict nous contraignit chacun de se loger; ce que je feis aux villages les plus proches.

Ce jourd'huy ayant faict de bon matin recongnoistre leur conte-

l'État et aux principales villes du royaume. Nous avons les lettres qu'il adressa, le 20, à la ville de Caen et au parlement de Normandie, qui y résidait. Ces lettres annoncent, d'une manière succincte, l'importante nouvelle racontée ici avec des détails circonstanciés, et se réfèrent, pour ces détails, à cette lettre-ci, comme adres-

nance, et m'ayant esté rapporté qu'ils s'estoient representez, mais encores plus loing qu'ils n'avoient faict hyer, je me suis resolu de les approcher de sy prés que par necessité il se fauldroit joindre, comme il est advenu sur les entre dix et onze heures du matin, que les estant allé cherché jusques où ils estoient plantez, dont ils n'ont jamais advancé que ce qu'ils ont faict de chemin pour venir à la charge, la bataille s'est donnée, en laquelle Dieu a voulu faire cognoistre que sa protection est tousjours du costé de la raison². Car en moins d'une heure, aprés avoir jecté toute leur colere en deux ou trois charges

sée à M. de la Vérune dès le 14. (*Arch. municip. de Caen.* — *Registres secrets du parlement de Normandie.*)

² Malgré le manége invariable des chefs de la Ligue, qui substituaient l'annonce de prétendues victoires à leurs désastres les plus avérés, le succès des armes du Roi à la journée d'Ivry était trop éclatant pour pouvoir en prolonger le désaveu. Les libellistes du parti cherchèrent alors, dans l'annonce même de la victoire de Henri IV, un moyen de répandre sur ce prince des imputations calomnieuses, en lui attribuant une lettre à Élisabeth, comme ils avaient forgé l'année précédente la lettre au canton de Berne sur la mort de Henri III. Celle de la bataille d'Ivry fut répandue avec encore plus de profusion. Il nous en est parvenu des copies, conservées à la Bibliothèque royale, dans deux volumes, fonds Dupuy, ms. 136 et ms. 119, et dans le supplément français, ms. 1569, ainsi que dans les archives du département du Nord. Elle est aussi au Musée britannique, mss. Egerton, vol. V, fol. 58. Nous la trouvons imprimée à la suite des fameux sermons de la *Simulée conversion*, par Boucher. Paris, 1594, in-8°, et dans la vie de Thomas Egerton, p. 343.

« A LA ROYNE D'ANGLETERRE.

« Madame, Combien que je me sois par plusieurs fois excusé de ce que je ne pouvois suivre vostre advis touchant le conseil que m'avés donné de prendre la religion romaine, afin de m'installer plus facilement à mon Royaume, sauf à prendre par aprés le chemin que m'adressiés, pour remettre les choses en l'estat de la reformation de l'Eglise, à quoy je me sens appellé de Dieu pour toute la chrestienté, comme l'avés esté premierement pour vostre royaume d'Angleterre; sy est-ce que si je n'eusse donné lieu, par devant mon jugement, aux opinions des docteurs et ministres qui sont prés de ma personne, sans doubte que, ou pour l'apparence que je trouvois en vos raisons, ou pour le desir que j'ay tousjours eu de vous contenter, je me feusse conduict selon vos advertissemens; et me suis souventesfois trouvé en estat que j'ay eu regret de ne l'avoir faict dés le commencement. Mais comme je me suis proposé d'attendre determinement, sous la faveur du ciel et la grace de Dieu, le succez de ceste guerre fondée sur la liberté de l'évangile et la dispute de ma vraie et propre succession, la fin m'a faict cognoistre qu'il m'a esté bien meilleur de n'avoir point

qu'ils ont faictes et soutenues; toute leur cavalerie a commencé à prendre party, abandonnant leur infanterie qui estoit en trés grand

renoncé Jesus-Christ devant les hommes, lequel, en cas que je l'eusse faict, ores que ce n'eust esté que pour un temps et pour une bonne occasion, par adventure m'eust-il renoncé, et pour tousjours abandonné et mis aux mains des ennemys de son eglise et des miens ; lesquels au contraire, vaincus par ma perseverance jusqu'au pas de la mort, il les a totalement ruinez, et ce encores qui est un cas admirable en quoy nous devons cognoistre les miraculeux effects de sa divinité, par le moyen de ceux mesmes qui sont de leur religion, desquels mon armée est grosse et presque toute complette, qui m'ont si fidelement assisté à la bataille que je donnay hier au duc de Mayenne, et à ses estrangers, Allemands, Espagnols, Albanois, Wallons, Suisses et lansquenets, et si vaillamment et si opiniastrement combattu, que la victoire m'en est demeurée, graces à Dieu, lequel a porté telle faveur à nostre cause qu'il n'a point permis que j'aye perdu que fort peu de nostre religion, principalement de gens de marque ; ains seulement ceulx qui estoient catholiques, ce que j'estime plustost à perte et à ruine pour mes ennemis que pour moy ; combien qu'eux-mesmes, ne le pouvant apercevoir, en menent grande joie ; sur quoy j'ay dissimulé grande fascherie, comme sont contraincts faire toutes personnes qui sont appellées aux pesantes charges que nous tenons. J'espere, après ceste grande victoire que Dieu m'a donnée, qu'il me continuera les graces innumerables que je reçois de luy journellement, me faisant advancer la reduction de Paris, Rouen et de mes aultres villes, sans faire despense d'une seule volée de canon, pendant que chascun est

saisi d'espouvante, sinon à Orleans, où les habitans sont fort endurcis en leur idolastrie romaine, qui les rend, plus que tous les aultres, opiniastres à la rebellion contre leur prince; de quoy j'espere les chastier en sorte qu'ils serviront d'exemple à tout mon peuple pour luy oster par crainte, plus que je n'ay peu par doulceur, la pernicieuse credence qu'il a eue jusques icy aux seditieuses exhortations des prescheurs de l'eglise romaine. Au demeurant, la plus-part de mes affaires ne despendent pour le present, Dieu mercy, que de contenter le duc de Longueville, lequel m'a importuné plus que jamais de changer ma religion, sans considerer qu'il n'y vient plus à temps, veu ce qui s'est passé ; à quoy je suis contrainct luy user de quelque remise, jusques à ce que je croie qu'il soit bon luy franchir le sault de ma resolution, et luy faire entendre par douceur, tant que l'occasion le pourra permettre, à l'ayde du s$^r$ de la Noue, son guide et curateur, qu'il ne doibt rechercher en la conscience de celuy-là, lequel pouvant rechercher les aultres, en donne neantmoings la liberté à un chascun ; et, si cela ne luy suffit, je luy feray cognoistre que si je puis bien estre admonesté de plusieurs, je ne doibs pourtant estre corrigé que de Dieu seul, qui tient en sa main les cœurs de ceux auxquels il donne la charge des Royaumes.

« Voilà l'estat et bon portement de mes affaires. Reste de vous faire entendre les particularitez de la victoire, et de vous dire les morts et prisonniers de part et d'aultre ; ce que j'ay remis à la suffisance de ce porteur, que j'ay faict rendre certain de tout. Cependant je vous remercieray tousjours

nombre. Ce que voyant, leurs Suisses ont eu recours à ma misericorde, et se sont renduz les colonnels, capitaines, soldats et tous leurs drappeaux. Les lansquenets et François n'ont point eu le loisir de prendre ceste resolution, car ils ont esté taillez en pieces, plus de douze cens des uns et autant des autres[3]; le reste prisonnier et mis en roupte dans les boys, à la mercy des paysans. De leur cavalerie, il y en a de neuf cens à mille de tuez et de quatre à cinq cens de desmontez et prisonniers, sans comprendre ce qui s'est noyé au passage de la riviere d'Eure, qu'ils ont passé à Yvry, pour la mettre entre eulx et nous, qui sont en grand nombre. Le reste des mieulx montez s'est saulvé à la fuitte, mais ce a esté avec trés grand desordre, ayant perdu tout leur bagage. Je ne les ay point abandonnez qu'ils n'ayent esté prés de Mante. Leur cornette blanche m'est demeurée, et celluy qui la portoit prisonnier; douze ou quinze autres cornettes de leur cavalerie, deux foys dadvantaige de leur infanterie, toute leur artillerie, infinis seigneurs prisonniers, et de morts un grand nombre, mesmes de ceulx de commandement, que je ne me suis peu encores amuser de faire recongnoistre. Mais je sçais que entre autres, le conte d'Egemont[4],

de vostre ayde et bon secours, dont je vous suis tant redevable que je ne souhaite la reduction de mon Royaume, aprés l'advancement du regne de Jesus-Christ, principalement que pour m'acquitter envers vous des obligations auxquelles je vous suis constitué, et pour vous faire cognoistre quand l'occasion se presentera, à l'encontre de toutes personnes, que je vous suis et seray pour jamais un support le plus ferme et le plus asseuré que eussiés peu acquerir, pour n'espargner rien qui soit en ma puissance, ny ma propre personne, que tout ne soit exposé au debvoir de nostre association et fraternité de regne et de religion, en laquelle je prie Dieu qu'il vous veuille maintenir, malgré les ennemis de sa parolle, et vous donner, Madame, en toute felicité,
ses sainctes et dignes graces. Au camp d'Ivry, le jeudy xv<sup>e</sup> mars 1590.

« Vostre plus fidelle et parfaictement bon amy,
« HENRY. »

[3] Les lansquenets furent tous passés au fil de l'épée, pour venger la trahison dont ils s'étaient rendus coupables à la bataille d'Arques, où ayant feint de se rendre au Roi, ils avaient tourné leurs armes contre lui, dès qu'ils eurent été admis dans ses rangs.

[4] Philippe, comte d'Egmont, prince de Gavre, chevalier de la Toison d'or, gouverneur de l'Artois, fils aîné de Lamoral, comte d'Egmont, et de Sabine de Bavière. Il commandait les troupes que Philippe II avait envoyées au duc de Mayenne, et son

qui estoit general de toutes ces dictes forces qui leur estoient venues de Flandres, y a esté tué. Leurs prisonniers dient tous que leur armée estoit de quatre mil chevaulx et de douze à treize mil hommes de pied, dont je crois qu'il ne s'en est pas saulvé le quart. Quant est de la mienne, elle pouvoit estre de deux mil chevaulx et de huict mil hommes de pied. Mais de ceste cavalerie il m'en arriva, depuis que je fus en bataille, le mardy et mercredy, plus de six cens chevaulx; mesme de la derniere trouppe de la noblesse de Picardie, que amenoit le s$^r$ de Humieres, qui estoit de trois cens chevaulx, arriva, qu'il y avoit demie heure que le combat estoit commencé.

C'est un œuvre miraculeux de Dieu, qui m'a premierement voulu donner ceste resolution de les attaquer, et puis la grace de la pouvoir sy heureusement accomplir. Aussy à luy seul en est la gloire, et de ce qu'il en peut, par sa permission, appartenir aux hommes, elle est deue aux princes, officiers de la Couronne, seigneurs et cappitaines et à toute la noblesse qui se y est trouvée, et y accourut par telle ardeur, et se y est sy heureusement employée, que leurs predecesseurs ne leur ont point laissé de plus beaux exemples de leurs generositez, qu'ils laisseront, en ce faict, à leur posterité. Comme j'en suis grandement content et satisfaict, j'estime qu'ils le sont de moy, et qu'ils ont veu que je ne les ay voulu employer en lieu dont je ne leur aye aussy ouvert le chemin. Je suis tousjours à la poursuicte de la victoire avec mes cousins les princes de Conty, duc de Montpensier, comte de Saint-Paul, mareschal d'Aumont, grand-prieur de France[5], la Trimouille, les s$^{rs}$ de

impétuosité força ce duc à donner la bataille. Le comte d'Egmont fut tué en combattant avec la plus grande valeur. Il était âgé de trente-deux ans.

[5] Charles de Valois, fils de Charles IX et de Marie Touchet, né le 28 avril 1573, mort le 24 septembre 1650. Il fut duc d'Angoulême, pair de France, comte d'Auvergne, de Ponthieu, d'Alets, grand-prieur de France, chevalier des ordres du Roi, colonel général de la cavalerie légère. Par le mariage de Marie Touchet, sa mère, avec François de Balsac, comte d'Entragues, il se trouva frère utérin de la marquise de Verneuil, et, au sujet de cette maîtresse de Henri IV, prit part à plusieurs intrigues dont il sera question dans la suite de cette correspondance. Nous avons déjà cité les courts et intéressants mémoires qu'il a laissés sur les premiers mois

la Guische ⁶ et de Givry ⁷, et plusieurs autres seigneurs et capitaines. Mon cousin le mareschal de Biron est demeuré au corps de l'armée, pour y attendre de mes nouvelles, qui iront, comme j'espere, tousjours prosperant. Vous entendrés par ma prochaine depesche, qui de bien prés suivra ceste-cy, plus amplement les particularitez de ceste victoire,

du règne de Henri IV. Il épousa, en premières noces, Charlotte de Montmorency, fille du connétable, et, en secondes noces, à l'âge de soixante et un ans, Françoise de Nargonne. Cette dame lui survécut soixante-trois ans, et mourut dans sa quatre-vingt-treizième année, le 10 août 1713; de sorte qu'on a vu, ainsi que le remarque Saint-Foix, « par une espèce de « paradoxe chronologique, une bru mourir « cent trente-huit ans après son beau-père; « Charles IX, père du comte d'Auvergne, « étant mort en 1574. » L'auteur de la notice placée en tête des mémoires du duc d'Angoulême, dans la collection Petitot, recule encore de deux ans la mort de la comtesse d'Auvergne, et prolonge sa carrière jusqu'à la première année du règne de Louis XV, mais sans dire d'après quel nouveau document il aurait pu rectifier une date consignée jusqu'alors dans toutes les généalogies.

⁶ Philibert de la Guiche, seigneur de la Guiche et de Chaumont, fils aîné de Gabriel, seigneur de la Guiche, et d'Anne Soreau, dame de Saint-Géran, fut un des seigneurs les plus aimés et les plus considérés de Henri III et de Henri IV. Chevalier des ordres du Roi de la première promotion, il devint, la même année 1578, grand maître de l'artillerie de France, charge dont il se démit en 1596. Il était, en outre, conseiller d'état, gouverneur de Lyon, du Lyonnais, du Beaujolais et du Forez. Il mourut en 1607. Ce fut lui qui fit placer,

en 1584, sur la porte de l'Arsenal, cette inscription célèbre :

Etna hæc Henrico Vulcania tela ministrat,
Tela giganteos debellatura furores.

⁷ Anne d'Anglure, baron de Givry, comte de Tancarville, fils unique de René d'Anglure, vicomte d'Estoges, et de Marie de Vères, dame de Beauvais-Nangis, était lieutenant pour le Roi en Brie et mestre de camp de la cavalerie. Les auteurs du temps nous montrent en lui un de ces naturels privilégiés dont l'attrait est irrésistible; l'éclat de son courage l'avait fait surnommer *le brave Givry*. Son esprit, sa bonne grâce, la vivacité de ses saillies, n'étaient pas moins célèbres que sa bravoure. Il fut tué d'un coup d'arquebuse au siége de Laon, en 1594. Bien qu'il eût été accusé d'avoir empêché la prise de Paris, en 1590, par les abondantes provisions qu'il faisait passer aux dames assiégées, le Roi témoigna de sa mort un regret qui alla jusqu'à paraître impolitique, par la comparaison peu obligeante qu'il établissait entre Givry et les survivants. Mais « le Roi, dit de Thou, voyait périr, à la fleur de l'âge, un jeune homme d'une famille illustre, bien fait, plein d'esprit, qui entendait parfaitement le grec, le latin et beaucoup d'autres langues; savant dans les mathématiques; doué de toutes les vertus et de tous les talents qui font les grands capitaines; prudent, industrieux, en un mot, qui marchait à grands pas aux plus glorieux emplois du royaume. »

dont je vous ay bien voulu ce pendant donner ce mot d'advis, pour ne vous differer plus longuement le plaisir que je sçay que vous en recevrés. Je vous prie aussy en faire part à tous mes autres bons serviteurs de par delà, et sur tout d'en faire rendre grace à Dieu, lequel je prie, Mons.<sup>r</sup> de...... vous maintenir en sa saincte garde. Du camp de Rosny, ce xiiij<sup>e</sup> jour de mars 1590.

HENRY.

POTIER.

## 1590. — 14 MARS. — II<sup>me</sup>.

Cop. — B. R. Suppl. fr. Mss. 1009-3.

Cop. — Biblioth. de Reims, Mss. Lacourt, t. IV, n° 72. Envoi de M. Louis Paris, bibliothécaire, et Musée britannique, biblioth. Cottonienne, Galba, D. VII, fol. 86 B et 91. Envoi de M. l'ambassadeur de France.

Imprimé. — *Journal militaire de Henri IV*, publié par M. le comte DE VALORI, p. 116. — Rymer, *Fœdera*, etc. éd. de la Haye, 1742, t. VII, p. 28. — *Mémoires de la Ligue*, t. IV, p. 87 et 252 [1].

[A MON COUSIN LE DUC DE LONGUEVILLE.]

Mon Cousin, Nous avons à louer Dieu : il nous a donné une belle victoire. La bataille s'est donnée, les choses ont esté en branle; Dieu a determiné selon son equité : toute l'armée ennemie en route, l'infanterie tant estrangere que françoise rendue, les reistres pour la plupart defaits, les Bourguignons bien escartez, la cornette blanche et le canon pris, la poursuicte jusques aux portes de Mante. Je puis dire que j'ay esté trés bien servy, mais surtout evidemment assisté de Dieu, qui a monstré à mes ennemys qu'il luy est esgal de vaincre en petit ou grand nombre. Sur les particularitez, je vous despescheray au premier jour; mais pour ce qui est question d'user de la victoire, je vous prie, incontinent la presente receue, de vous advancer avec toutes vos forces sur la riviere de Seine, vers Pontoise ou Meulan, ou tel aultre lieu que jugerés propre, pour vous joindre avec

---

[1] Cette lettre se trouve imprimée deux fois dans le même volume des Mémoires de la Ligue.

moy; et croyés, mon Cousin, que c'est la paix de ce Royaulme et la ruine de la Ligue, à laquelle il faut convier tous les bons François à courir sus. Venés donc, je vous prie, et amenés avec vous vos estrangers, que je pense vous estre joincts à ceste heure. Je prie Dieu, mon Cousin, vous avoir en sa garde. De Rosny, à une lieue de Mantes, le xiiij$^e$ mars 1590.

HENRY.

² Vostre frere³ a faict paroistre qu'il craignoit aussy peu les Espaignols que moy; il a trés bien faict. Ils ne s'en retourneront pas tous. Nous avons presque tous les drapeaux et ceulx des reistres; il est demeuré douze ou quinze cens hommes de cheval. Mess$^{rs}$ de Humieres et de Mouy⁴ sont arrivez à la première volée de canon. Dedans deux jours je vous enverray les particularitez.

Le courrier rapporte que le duc de Mayenne s'est saulvé dedans Mante.

1590. — 14 MARS. — III$^{me}$.

Imprimé. — *Histoire de l'ordre du Saint-Esprit*, par Saint-Foix, t. II, p. 38, édition de 1775.

[A MONS$^R$ DE CURTON.]

Curton¹, Je viens de battre mes ennemys dans la plaine d'Ivry. Je ne tarde pas à te l'escrire, persuadé que personne n'en recevra la

---

² Ce post-scriptum était de la main du Roi.

³ Le comte de Saint-Paul, dont il a été question dès la première partie de cette correspondance, et que l'on vient de voir honorablement cité dans la circulaire précédente.

⁴ Isaac de Vaudrey, seigneur de Mouy, second fils de Louis de Vaudrey et de l'héritière de la Crosse en Poitou.

---

¹ Nous n'avons pu nous procurer d'autre texte de ce billet que le texte donné par Saint-Foix, qui nous paraît l'avoir un peu altéré, selon son usage et le goût de son temps. Au lieu du nom de la personne, placé simplement au commencement, il a intercalé dans le corps de la lettre les mots, *mon cher Curton*, disposition qui n'est pas du style épistolaire d'Henri IV. Du reste, on ne saurait élever de doute sur

nouvelle avec plus de plaisir que toy. Ce xiiije mars, à 9 heures du soir².

HENRY.

## 1590. — 14 MARS. — IVᵉ.

Imprimé. — *Histoires et discours d'une partie des choses faites et passées en ce royaume, depuis le 13 mai 1588 jusqu'au 16 juin 1598,* par Jehan Vaultier de Senlis. (Dans les Monum. inéd. de l'hist. de France, publiés par Adelm Bernier. Paris, 1835, in-8°, p. 205.)

[A MONSʳ DE LA NOUE.]

Monsʳ de La Noue, Dieu nous a benis. Ce jourd'huy, quatorziesme de ce present mois, la bataille s'est donnée. Il a esté bien combattu ; Dieu a monstré qu'il aimoit mieux le droict que la force ; la victoire nous a esté absolue : l'ennemy tout rompu, les reistres en partie desfaicts, l'infanterie rendue, les Bourguignons mal menez, la cornette blanche et le canon pris, la poursuicte jusqu'aux portes de Mantes. On a varié si on recevroit Mʳ de Mayenne : au moins n'y ont-ils point receu les reistres. Les particularitez s'en sçauront mieux demain, sur lesquelles je vous despescheray. Ce pendant il faut user de la victoire, et, pour ce, je vous prie avancer en diligence vers Pontoise et Meulan,

l'authenticité de ce billet. Le personnage à qui il s'adresse appartenait à l'antique et illustre maison de Chabanes, si honorablement continuée jusqu'à nos jours, qui tire son origine des anciens comtes d'Angoulême, par les sires et princes de Chabanais, et qui, entre autres grands hommes, a donné à la France le maréchal de la Palice, mort en héros à la bataille de Pavie. François de Chabanes, marquis de Curton, comte de Rochefort, vicomte de la Roche-Masselin, conseiller d'état, capitaine de cinquante hommes d'armes des ordonnances et chevalier des ordres du Roi, était fils de Joachim de Chabanes, et de Catherine-Claude de la Rochefoucauld, sa troisième femme. Il mourut en 1605.

¹ « Par un hasard assez singulier, dit Saint-Foix, le même jour et à la même heure, le marquis de Curton écrivait au Roi : « Je viens de battre vos ennemis dans « la plaine d'Issoire. Le comte de Randan, « qui les commandoit, vient de mourir de « ses blessures ; mon fils a esté aussi blessé, « mais j'espère qu'il n'en mourra pas. Ras-« tignac, Lavedan et Chazeron ont fait des « merveilles. J'enverray demain un plus « long détail à vostre majesté. Ce xiiijᵉ mars « 1590, à neuf heures du soir. » A la suite de cette brillante affaire, dont parlent tous les historiens du temps, M. de Curton fut nommé lieutenant général au gouvernement d'Auvergne, en remplacement du comte de Randan.

avec mon cousin de Longueville et nos reistres ; et me mandés les nouvelles de vostre acheminement, afin que nous puissions cueillir les fruicts de la guerre, que le bon Dieu nous a faicts. Du camp de Rosny, à une lieue prés de la ville de Mantes, à dix heures du soir, ce xiiij<sup>e</sup> jour de mars 1590.

HENRY.

1590. — 18 mars.

Orig. — Archives municipales de Bordeaux. Copie transmise par M. le secrétaire général de la ville.

A NOS TRÉS CHERS ET BIEN AMEZ LES MAIRE ET JURATS DE NOSTRE VILLE DE BORDEAULX.

Trés chers et bien amez, Ayant pleu à Dieu nous donner la victoire sur nos ennemys en une bataille que nous leur avons donnée prés le village d'Ivry, le xiiii de ce moys, nous avons bien voulu par ceste [lettre] vous faire part de ceste bonne et heureuse nouvelle, pour vous exhorter premierement en rendre graces à Dieu, à qui seul en est la gloire, ayant, par plusieurs effects particuliers et admirables, tesmoigné en ceste occasion qu'il est tousjours protecteur des bonnes causes et ennemy des mauvaises, et avec les actions de graces y joindre vos devotes prieres, à ce qu'il luy plaise continuer sa benediction sur nostre labeur jusqu'à la perfection de nostre desseing, qui n'est que la paix et union universelle de tous nos subjectz et la tranquillité en tout ce Royaume. Nous voulons aussy nous conjouir avec vous de ce genereux succez, et de l'esperance que nous avons occasion de prendre que ce sera un acheminement à quelque chose de mieulx, comme nous en voyons desjà des effects certains. Les villes de Vernon et de Mantes [se sont] remises soubs nostre obeissance [1], à quoy nous les avons humainement receues, comme nous ferons toutes les aultres, si elles sçavent aussi bien user de nostre

---

[1] La mention de ces deux événements, suite de la bataille d'Ivry, donne à cette lettre-ci un intérêt particulier que n'ont point les autres circulaires se bornant à annoncer la victoire du 14.

bonté que nous esperons faire de ceste victoire; les particularitez de laquelle vous voirés bien tost dans le discours qui en sera publié [2] pour en rendre la consolation et resjouissance plus generale à tous nos bons subjects, entre lesquels nous vous tenons tousjours des plus fidelles et affectionnez. Donné au camp de Vernon, le xviij[e] jour de mars 1590.

HENRY.

FORGET.

## 1590. — 20 MARS.

Orig. — Archives royales de Danemarck. Copie transmise par M. l'ambassadeur de France.

A TRÉS HAULT, TRÉS EXCELLENT ET TRÉS PUISSANT PRINCE, NOSTRE TRÉS CHER, ANTIEN ET TRÉS AMÉ COUSIN, AMY, ALLIÉ ET CONFEDERÉ, LE ROY DE DANNEMARCK.

Trés hault, trés excellent et trés puissant prince, nostre trés cher, antien et trés amé cousin, amy, allié et confederé, Nous avons receu avec trés grand plaisir les lettres de Vostre Majesté du dernier jour de novembre mil cinq cens quatre-vingtz-neuf, ensemble sa response par escript à la proposition de nostre amé et feal le s[r] de Bongars, que luy avions despesché [1], lequel aussy a faict son debvoir de nous advertir au vray de l'asseurance que luy avés donnée de vostre sincere intention et volonté à l'entretenement de la bonne amitié et alliance

---

[2] C'est la pièce qu'on lit dans les Mémoires de la Ligue, t. IV, p. 235, et dans le volume M du Recueil A, B, C, p. 235. L'édition originale, imprimée à Tours en 1590, in-8° de 55 pages, estintitulée: *Discours veritable sur la victoire obtenue par le Roy en la bataille donnée prés le villaged'Evry, le mercredy quatorziesme jour de mars 1590.*

---

[1] Bongars était chargé de demander de l'argent dans presque toute l'Allemagne. Une dépêche du 24 janvier précédent, qu'il adressait à M. de Révol, porte : « Dennemarc, à cause du bas aage de leur prince, ne pouvant, en choses extraordinaires, rien decider sans le consentement des conseillers d'Estat, pour lors espars deçà delà, m'a renvoyé à la journée ordinaire, qui se tiendra peu aprés la Pentecouste. » (*The life of Thomas Egerton*, p. 309.)

qui par une singuliere grace de Dieu a esté presque de tout temps entre nos Couronnes et Estats, et mesmes a esté grandement augmentée, ces dernieres années, par plusieurs bons et grands tesmoignages qu'avons receuz de l'entiere affection du feu roy de Dannemark, nostre bon frere, au bien et advancement de nos affaires en nos plus grandes adversitez, dont nous avons trés grand occasion de remercier Vostre Majesté, comme nous faisons par la presente, vous asseurant que prendrons tousjours singulier plaisir de faire paroistre en toutes occasions le desir qu'avons de vous rendre tous les offices de trés bon parent et antien amy et allié, n'ayant rien plus cher que la continuation perpetuelle et inviolable de vostre amitié. Or pour ce que par vostre dicte response qu'avés faicte au dict de Bongars, vous avés differé de vous resouldre sur ce qu'il vous a proposé de nostre part, jusqu'à la prochaine assemblée de vos Estats, et que l'opiniastreté de nos rebelles et les necessitez de la guerre nous contraignent de rechercher encores le secours et assistance des rois et princes nos amys, nous avons donné charge expresse à nostre amé et féal conseiller en nostre conseil d'Estat, le s$^r$ de Fresnes, estant pour le present en Angleterre, pour nostre service, de se rendre vers Vostre Majesté au temps de la dicte assemblée, et aprés vous avoir informé de l'estat de nos affaires et des raisons pour lesquelles nous desirons d'estre secourus promptement d'une armée de reistres et landsquenetz, vous prier instamment, en nostre nom, de voulloir fortifier nostre juste cause de quelque partie de moyens, avec la royne d'Angleterre, nostre trés chere sœur, et les princes d'Allemaigne, nos trés chers cousins et alliez, vers lesquels nous avons aussy depesché le dict s$^r$ de Fresnes, avec nos amez et feaulx les s$^{rs}$ de Schomberg et de Sancy, pour les mesmes occasions, lesquelles nous vous prions de rechef voulloir entendre de luy, et luy adjouster mesme foy que vouldriés faire à nostre propre personne; comme aussy nous luy avons donné plain pouvoir de traicter et contracter avec Vostre Majesté, tant pour la seureté du prest dont il vous requerra en nostre nom, que de toute autre chose, comme à l'un de nos plus confidens serviteurs et conseillers: et sur ce, nous remectans à sa suffisance, prions Dieu, Trés hault, trés excellent et trés puissant prince, nostre trés cher, antien et trés amé cousin, amy, allié et confederé, vous avoir en sa saincte garde. Escript au camp de Mante, le xxe jour de mars 1590.[2]

Vostre bien bon frere,

HENRY.

REVOL.

## 1590. — 21 MARS. — Ire.

Orig. autographe. — Archives royales de Wurtemberg; transcription de M. Kausler.
Imprimé. — *Recueil de divers mémoires..... servant à l'histoire de nostre temps.* Paris, 1623, in-4° p. 241.

### A MON COUSIN LE PRINCE DE VIRTEMBERG,
PRINCE DU SAINCT EMPIRE.

Mon Cousin, Le sr de Baradat, aprés avoir esté depesché par moy pour s'en retourner par delà, voyant que les choses se disposent à une prochaine bataille, en a voulu attendre l'isseue, comme aussy je l'ay trouvé bon. Le quatorziesme de ce mois en a esté la journée, et Dieu m'en a donné la victoire; ce que j'ay bien voulu adjouster à ma precedente[1], et en louer Dieu avec vous, pour le plaisir que je sçay que vous en recevrés, remettant aux srs de Sancy ou de Schomberg à vous faire part de ce que je leur escris de particularitez : et ne vous en diray pour ceste heure aultre chose, sinon que, si je suis promptement secouru de l'armée que j'attends d'Allemaigne, par le moyen de vous tous, j'espere, avec l'ayde de Dieu, mettre bien tost fin aux miseres de ce paulvre Royaume, et avoir moyen de recognoistre la

---

[2] A la même date, le Roi écrivit une lettre *aux magnifiques seigneurs, les conseillers et gouverneurs de l'Estat de Danemarck* (chargés de la tutelle du jeune roi), pour leur recommander de même ses intérêts et accréditer auprès d'eux le sieur de Fresnes; une copie en a été également envoyée par M. le comte de Saint-Priest.

[1] C'est probablement la lettre du 6 mars précédent.

bonne affection de ceulx qui se sont monstrez mes amys. Je prie Dieu, mon Cousin, qu'il vous conserve. Au camp à Mantes, ce xxi<sup>e</sup> mars 1590[2].

Vostre bien bon cousin,

HENRY.

## 1590. — 21 MARS. — II<sup>me</sup>.

Orig. — Archives du canton de Soleure. Copie transmise par M. le ministre de France en Suisse.
Imprimé. — *Recueil de divers mémoires..... servant à l'histoire de nostre temps.* Paris, 1623, in-4°, p. 239.

A NOS TRÉS CHERS ET GRANDS AMYS, ALLIEZ ET CONFEDEREZ LES AVOYERS, CONSEIL ET COMMUNAUTÉ DE LA VILLE ET CANTON DE SOLEURE.

Trés chers et grands amys, alliez et confederez, Avant la reception de la presente, vous aurés peu entendre l'heureuse victoire qu'il a pleu à Dieu nous octroyer en la bataille que nous avons donnée à nos ennemys, le mercredy xiiii<sup>e</sup> de ce mois, leur estant venu au devant à ceste fin, lorsque confians de leurs grandes forces, qui excedoient les nostres de la moitié en nombre au moins, pour le regard de la cavalerie, par le moyen de quinze cens lances et quelques harquebusiers à cheval qui leur estoient, peu de jours auparavant, venus de renfort des Pays-Bas[2]. Mais ayant Dieu de nostre costé, ils n'ont pas peu longuement resister à la force et vigueur qu'il nous a donnée, se monstrant juste protecteur de nostre bon droict; en quoy, avec le bon debvoir que y ont rendu les princes, officiers de nostre Couronne, seigneurs, et aultre bon nombre de nostre noblesse, qui y sont

---

[2] Le Roi avait écrit la veille au comte de Montbéliard, frère du duc de Wurtemberg, pour lui faire part du même succès. Cette lettre, qui ne contient aucune notion de plus, se trouve imprimée dans le même recueil, p. 235.

[1] Pareille lettre, datée du camp de Poissy, fut adressée le 26 au canton de Berne et à celui de Zurich. Nous donnons celle-ci de préférence comme contenant quelques faits de plus.

[2] Cette phrase est ainsi suspendue, tant

promptement accourus à nostre mandement des provinces voisines, nous avons aussy esté vertueusement et fidelement assistez des forces de vostre nation qui s'y sont trouvées avec nous, mesmes de ceulx de vostre canton, y ayant montré une sy brave resolution et generosité de courage, qu'il nous en demeure un trés grand contentement; dont nous vous avons bien voulu donner tesmoignage par la presente, et vous asseurer que cela nous accroist de plus en plus la volonté de les traicter le plus favorablement qu'il nous sera possible, et d'en estendre aussy l'effect à tout le surplus de vostre canton, comme participant au mérite de leur bon et loyal service[3]. Et d'aultant que, depuis l'arrivée du capitaine Creder prés de nous, les continuels exploits des guerres et courses où nous avons esté occupez ne nous ont donné aulcun repos ny loisir d'adviser aux affaires dont il a charge de vostre part, et lesquels nous sont continuement representez par le s$^r$ de Sillery, nostre ambassadeur, nous vous avons bien voulu dire l'occasion de ce retardement, afin que n'estimiés que nous n'y apportons toute la bonne volonté que la raison y desire de nostre part, vous asseurans que nous y pourvoierons dans peu de temps et le plus à vostre contentement que faire se pourra; comme nous esperons que l'advantage que Dieu nous a donné sur nos ennemys nous rendra les moyens plus prompts et faciles de vous satisfaire. Ce pendant nous le prions qu'il vous ayt, Trés chers et grands amys, alliez et confederez, en sa trés saincte et digne garde.

Escript au camp de Mante, le xxj$^e$ jour de mars 1590.

HENRY.

REVOL.

dans l'imprimé que dans la copie prise sur l'original.

[3] La lettre au canton de Zurich s'arrête ici.

1590. — 21 MARS. — III^me.

Imprimé. — *Recueil de divers mémoires..... servant à l'histoire de nostre temps.* Paris, 1623, in-4°, p. 243.

[A L'AMBASSADEUR DE VENISE.][1]

Mons^r l'ambassadeur, Comme j'ay toute asseurance que la seigneurie de Venise est trés affectionnée au bien de mon service, aussy je sçay que non seulement en ceste consideration, mais d'inclination naturelle, vous en desirés la prosperité et advancement. Au moyen de quoy j'ay estimé raisonnable vous rendre participant de l'ayse et contentement que Dieu a voulu donner à tous ceux qui aiment la conservation de ceste Couronne, par l'heureuse victoire dont il luy a pleu me favoriser contre mes ennemys, en la bataille advenuë entre nous, le mercredy xiv^e de ce mois, où leur armée a esté tellement deffaicte, que ce qui s'en est saulvé à la fuite (qui n'est pas le quart du grand nombre qui y estoit, mesmes des gens de cheval qui excedoit la moitié de ce que j'en avois avec moy) ne se remettra pas en estat bien-tost de faire grand effect. Je ne vous diray, pour ceste heure, les particularitez, remettant à ce qui s'en verra bien tost par escript. Mais j'ay bien voullu ce pendant vous tesmoigner, par la presente, l'estat et estime que je fais de l'amitié de la dicte seigneurie, et de la bonne volonté que, particulierement, vous me portés. Et d'autant que je mande à mes cousins les cardinaux de Vendosme et de Lenoncourt, de s'en venir me trouver par deçà, avec le reste de mon conseil qui est à Tours, j'ay bien aussy voullu vous en advertir, et vous prier vous approcher pareillement de moy avec ceste commodité : vous asseurant que tout ce qui sera de la part que vous representés, y sera tousjours le bien venu, et vous specialement, de plus, selon le merite que, de vous-mesmes, vous y apportés. Sur ce, je prie Dieu, Mons^r l'ambassadeur, qu'il vous ayt en sa saincte et digne garde.

Du xxj^e mars 1590.

HENRY.

---

[1] Jean Mocenigo, qui était déjà ambassadeur de la Seigneurie auprès de Henri III. Voyez, ci-dessus, la lettre du 12 décembre 1589.

## 1590. — 21 MARS. — IVᵐᵉ.

*Imprimé. — Recueil de divers mémoires..... servant à l'histoire de nostre temps. Paris, 1623, in-4°, p. 244.*

### A MONSʀ D'EMERY.

Monsʳ d'Emery, Revol m'a faict entendre ce que vous luy avés escript, mesmes de l'occasion où vous aviés opinion de me pouvoir faire quelque service; dont estimant que ce qui est arrivé depuis vous pourra encores plus faciliter le moyen, je treuve bon que vous en faciés essay, m'asseurant que vostre dexterité et preud'homie ayderont beaucoup à disposer les voluntez qui ont besoin de persuasion pour se resoudre à bien faire. Je mande à mes cousins les cardinaux de Vendosme et de Lenoncourt, de me venir trouver par deçà avec le reste de mon conseil : vous estes du nombre, et de ceulx que j'y verray plus volontiers; et si vous trouvés commodité seure de vous advancer, pour ne perdre aucun temps en l'affaire susdict, je l'auray très agréable : priant Dieu, Monsʳ d'Emery, qu'il vous ayt en sa saincte et digne garde. Au camp de Mantes, le xxjᵉ jour de mars 1590.

HENRY.

## 1590. — 22 MARS.

*Imprimé. — Recueil de divers mémoires..... servant à l'histoire de nostre temps. Paris, 1623, in-4°, p. 241.*

### A NOS TRÉS CHERS ET GRANDS AMYS, ALLIEZ ET CONFEDEREZ LES BOURGUEMESTRES, ADVOYERS, AMANS, CONSEIL ET COMMUNAUTEZ DES TREIZE CANTONS DES LIGUES SUISSES DES HAULTES ALLEMAIGNES.

Trés chers et grands amys, alliez et confederez, Dieu nous a voulu tant favoriser en une bataille qu'avons donnée contre nos ennemys, que de se faire cognoistre protecteur de nostre droict par l'heureuse victoire qui nous en est demeurée, toute leur armée ayant esté reduicte, excepté ceux qui se sont sauvez à la fuite par la vitesse de leurs chevaux. Il s'est trouvé, en la dicte armée, deux regimens de vostre nation, soubs les collonelz Phiffer et Berlinger, hors d'esperance d'eschapper, si nous les eussions voullu traicter à la rigueur, pour estre demeurez sur le champ, abandonnez de toutes aultres forces. Et combien qu'ils ne feussent dignes de nostre grace et misericorde, pour avoir contrevenu aux sermens de la paix perpetuelle et de la derniere alliance faicte entre ceste Couronne et vos cantons, toutes fois l'amitié que nous vous portons et vostre consideration ont eu plus de pouvoir sur nous que la transgression des dicts traictez par eux commise. Nonobstant laquelle, nous les vous avons bien voulu renvoyer comme nous faisons, conduicts par le s$^r$ Viger, nostre secretaire interprete[1], lequel nous avons depputé à cest effect, avec charge et pouvoir de leur faire fournir vivres jusques à ce qu'ils soyent hors de ce Royaume, oultre quelque argent dont nous les avons faict accommoder, vous priant leur faire telle reprimande de leur faulte, qu'elle serve à eulx et à tous aultres, pour n'y plus retomber à l'advenir; aultrement, nous aurions occasion de changer nostre clemence en la justice que permettent les lois de la guerre. Et pour vous faire encores plus avant cognoistre l'effect de nostre dicte amitié, nous vous renvoyons aussy par les dicts collonelz et capitaines, leurs enseignes, dont nous vous avons bien voulu faire present, combien que ce soit contre le droict de la guerre, pour estre les enseignes, les vraies marques de la victoire; esperant que vous recevrés ceste gratification de nous pour certain tesmoignage de nostre bonne volonté en vostre endroict[2] : et sur ce, nous prions Dieu, Trés chers et grands amys, alliez et confederez, qu'il vous ayt en sa saincte et digne garde. Au camp de Mantes, ce xxij$^e$ jour de mars 1590.

HENRY.

---

[1] Pour continuer Viger dans cette charge auprès des Ligues suisses, comme sous Henri III, le Roi écrivit le 25 à M. de Sillery une lettre imprimée également dans le recueil de Laennel, p. 249.

[2] Ce bon procédé, auquel rien ne manquait, toucha profondément les Suisses, et ils s'en montrèrent toujours reconnaissants.

1590. — 23 MARS.

Imprimé. — *Lettres de Henri IV, etc. publiées par* L. N. P. Paris, 1814, in-12, p. 90.

A MONS^r DE LARDIMALIE.

Mons^r de Lardimalie, J'ay esté bien ayse d'entendre de vos nouvelles par la lettre que vous m'avés escripte, et receu de bonne part vos excuses de ce que vous ne m'estes point encore venu trouver, la qualité de mes affaires estant telle que l'affection de mes bons serviteurs, en quelques lieux qu'ils soient maintenant, ne demeure point sans exercice. Je suis bien asseuré que la vostre n'est pas inutile, ayant de trop long temps cogneu qui elle est et la passion que vous apportés à mes dictes affaires, du discours desquelles, en ce qui est de deçà, je m'en remets à ce dict porteur, qui vous en sçaura rendre bon compte. Je vous diray seulement, pour vostre particulier, qu'ayant tant de tesmoignages, et de sy longue main, de vostre affection à mon service, j'en garderay la souvenance et les recognoistray trés volontiers. Sur ce, je prie Dieu, Mons^r de Lardimalie, vous conserver en sa saincte et digne garde.

Escript au camp de Mante, le xxiij mars 1590.

HENRY.

1590. — 25 MARS. — I^re.

Orig. — Arch. de la famille Le Roux d'Esneval. Copies transmises par M. le préfet de la Seine-Inférieure et par M. Floquet, correspondant de l'Institut.

A NOS AMEZ ET FEAULX CONSEILLERS LES GENS TENANS NOSTRE COURT DE PARLEMENT A CAEN.

Nos amez et feaulx, Estant bien informez comme le s^r de Lanquetot, conseiller en nostre grand conseil, à son retour de nostre ville de Dieppe, fut pris par Fontaine-Martel en sa maison, avec sa mere, sa femme et famille, et amené prisonnier au Havre, où il auroit esté contrainct faire plus long sejour qu'il n'eust desiré, tant pour le recouvrement des deniers de sa rançon que pour se guerir d'une maladie, à luy survenue en la dicte ville, et saichant qu'il desire maintenant s'acheminer en nostre ville de Caen pour nostre service, nous luy avons faict depescher nostre passeport [1] et vous avons bien voullu escrire la presente, affin que vous ayés à le recevoir comme celluy que nous avons tousjours tenu pour nostre bon serviteur. Donné au camp de Mante, le xxv<sup>e</sup> jour de mars 1590.

HENRY.

RUZÉ.

### 1590. — 25 MARS. — II<sup>me</sup>.

Cop. — Arch. de la Cour royale de Rouen. Registres secrets originaux du parlement de Normandie, séant à Caen, vol. du 26 juin 1589 au 8 novembre 1591, fol. 146 recto. Communication de M. Floquet, greffier en chef et correspondant de l'Institut.

A NOS AMEZ ET FEAULX CONSEILLERS LES GENS TENANS NOSTRE COURT DE PARLEMENT A CAEN.

Nos amez et feaulx, Ayant esté advertis que le s<sup>r</sup> de Gremonville, president en nostre court de parlement, desire s'acheminer en nostre ville de Caen, pour y exercer sa charge, nous luy avons faict depescher nostre passeport pour se y pouvoir rendre seurement. Mais d'autant qu'à l'occasion du voyage et sejour qu'il a faict en nostre ville du Havre, vous pourriés, possible, doubter de nostre volunté pour ce regard, nous vous avons bien voulu advertir que nous n'avons point trouvé maulvais le dict voyage et sejour, saichant ce que peut l'affection d'un pere envers son filz, estant bien asseurez que rien ne l'a amené en la dicte ville du Havre que le desir de pourveoir à la delivrance du s<sup>r</sup> de Lanquetot, son filz. Et pour ce sejour qu'il y a faict, est provenu d'une maladie à luy survenue, et non de faulte de bonne volunté à nostre service, de laquelle il nous a rendu trop de tesmoignage pour en doubter aucunement, mesmes en temps

---

[1] La famille d'Esneval conserve ce passe-port, dont nous avons une copie, et où il est fait mention de la rançon payée par M. de Lanquetot.

qu'il estoit prés de nous en nostre ville de Dieppe [1]. C'est pourquoy nous voulons qu'il soit par vous receu et qu'il exerce sa dicte charge en la maniere accoustumée; le tenant, comme nous l'avons tousjours tenu, pour nostre bon serviteur. Donné au camp de Mante, le xxv<sup>e</sup> jour de mars 1590.

HENRY.

RUZÉ.

## 1590. — 25 MARS. — III<sup>me</sup>.

Imprimé. — *Recueil de divers mémoires.....servant à l'histoire de nostre temps.* Paris, 1623, in-4°, p. 245.

Imprimé. — *Vie militaire et privée de Henri IV*, p. 172.

### A MONS<sup>R</sup> DE LUXEMBOURG.

Mon Cousin, Le courrier, present porteur, que vous avés depesché vers moy, a eu tant de difficulté à s'y pouvoir rendre seurement, que lorsqu'il y est arrivé il m'a trouvé à la veille d'une bataille avec mes ennemys, comme de faict elle a esté donnée deux jours aprés, qui fut le mercredy xiv<sup>e</sup> de ce mois, estant party du siege que je tenois devant Dreux, pour les venir rencontrer en chemin, sur l'advis que j'avois que aprés avoir recueilly en Picardie le secours qui leur estoit fraichement venu des Pays-Bas, d'environ quinze cens lances et quatre ou cinq cens harquebusiers à cheval, ils avoient passé la riviere de Seine pour me venir faire lever le siege, se vantans partout qu'ils me contraindroient de combattre ou de me retirer. S'ils avoient volonté du premier, ils ont cogneu que j'en desirois et cherchois l'occasion, comme Dieu me l'a mise en la main, et m'a donné la resolution, me confiant de sa bonne et saincte assistance en ma juste cause, d'en tenter la decision ceste fois, non obstant tant de forces

---

[1] On peut voir, au sujet de l'extrême rigueur des enquêtes que faisait le parlement de Caen sur la conduite politique de chacun de ses membres, les curieux et intéressants détails donnés par M. Floquet, *Histoire du parlement de Normandie*, t. III, p. 455 et suivantes.

amassées de diverses nations et endroicts, excedans de beaucoup en nombre celles que j'avois avec moy. J'estime que vous avés desjà peu entendre que la victoire m'en est demeurée, par l'entiere defaicte de l'armée des dicts ennemys, les chefs desquels ont pratiqué ce que, à fausses enseignes, ils m'avoient auparavant voullu attribuer[1], comme ils ont faict coustume d'entretenir leurs partisans de semblables vanitez, et ne doubte que encores ils ne facent tout ce qu'ils pourront pour leur cacher ou desguiser la verité de ce qui est advenu, au moins à ceux qui sont plus esloignez : car quant à ceux qui sont proches, l'effect que les uns en sentent et que les aultres cognoissent approcher d'eulx la leur faict veoir à descouvert. Et affin que vous soyés esclarcy du succez de la dicte bataille et de l'ordre qui y a esté tenu, je vous envoye un discours qui a esté faict pour en representer au vray les particularitez, qui, oultre le contentement que ce vous sera d'en avoir la certitude, vous servira pour en faire part, où vous verrés estre à propos. Le mesme jour de la bataille, mon cousin le mareschal de Biron receut ung bref du Pape, que le cardinal Cajetan lui a envoyé avec une lettre qu'il luy a escripte, par laquelle il monstre desirer de parler à luy, ce que je lui ay permis. Et attendant que je voye ce qui reussira de ceste conference, je n'ay voulleu retarder le retour de ce courrier vers vous, pour ne vous laisser en la peine où vous pourriés estre de son voyage, et d'estre trop longtemps à sçavoir de mes nouvelles : priant Dieu qu'il vous ayt, mon Cousin, en sa saincte et digne garde. Au camp de Mantes, le xxv<sup>e</sup> mars 1590.

HENRY.

---

[1] C'est-à-dire ont été battus. Allusion aux fausses victoires que madame de Montpensier attribuait continuellement à son frère, et dont elle faisait répandre les nouvelles dans Paris par toutes sortes de ruses.

1590. — 27 MARS.

Imprimé. — *Recueil de divers mémoires..... servant à l'histoire de nostre temps.* Paris, 1623, in-4°, p. 255.

### A MONS<sup>R</sup> DE SCHOMBERG,

COMTE DE NANTEUIL, CONSEILLER EN MON CONSEIL D'ESTAT, CAPPITAINE DE CINQUANTE HOMMES D'ARMES DE MES ORDONNANCES, ET FELD MARESCHAL DE MES GENS DE GUERRE ALLEMANDS EN ALLEMAIGNE.

Mons<sup>r</sup> le comte, J'ay cogneu le baron de Creange sy affectionné à mon service et sy capable pour s'acquitter d'une bonne charge, que je l'ay retenu pour l'un de mes collonelz de gens de cheval allemans, et desire l'employer en ceste qualité aux occasions qui se presenteront de faire levées pour mon dict service. A ceste cause, j'ay advisé de vous escrire la presente, pour vous faire sur ce entendre ma volonté, à ce que en l'armée que j'espere que vous dresserés pour me l'amener, vous luy donniés l'une des charges des dicts collonelz de gens de cheval, sur l'asseurance que j'ay que l'affection qu'il a au bien de mon dict service se trouvera accompagnée de sy bonne part et credit envers les gens de guerre, qu'il aura moyen de la fournir du nombre qu'il lui sera ordonnée; et en sy bon equippage que l'effect respondra à ce que je me suis promis de luy en cest endroict : et m'asseurant que vous satisferés pour ce regard à mon intention, je ne vous feray la presente plus longue que pour prier Dieu qu'il vous ayt, Mons<sup>r</sup> le comte, en sa saincte et digne garde. Du xxvij<sup>e</sup> mars 1590[1].

HENRY.

---

[1] Le même jour, le Roi donna avis de cette mesure à M. de Sancy, son ambassadeur en Allemagne, et il écrivait une autre lettre à M. de Schomberg, pour donner un régiment de lansquenets à M. de Haraucourt. (*Recueil de divers mémoires*, etc. p. 256.)

## 1590. — 4 AVRIL.

Cop. — B. R. Fonds Brienne, Ms. 11, fol. 193 verso.

### A MON COUSIN LE DUC DE MANTOUE.

Mon Cousin, La parenté qui est entre nous me donne tant d'asseurance de vostre amitié que, y voulant de ma part rendre toute bonne correspondance, j'ay donné charge au s$^r$ de Maisse, mon ambassadeur à Venise, de vous faire part de mes nouvelles et de l'estat de mes affaires, selon mesme ce que je luy en escris à present, esperant que vous les recevrés pour arrhes de ma bonne volonté en vostre endroict; dont je vous rendrai volontiers toute preuve, s'en offrant l'occasion. Il vous fera aussy entendre quelques particularitez que je luy ay ordonné vous communicquer. En quoy je vous prie le croire comme moy-mesme; priant Dieu, mon Cousin, qu'il vous ayt en sa saincte et digne garde.

Vostre bon cousin,

HENRY.

## [1590.] — 5 AVRIL.

Orig. autographe. — Arch. de madame la duchesse de Vicence, née Carbonel de Canisy.

### (A MADAME LA COMTESSE DE GRAMONT.)

Mon ame, Depuis que je vous escrivis, il est arrivé des nouvelles. Il plait à Dieu d'estendre le bonheur dont il favorise mes affaires. Le propre jour que je combattois à Ivry, Randan fut tué en Auvergne[1], qui avoit plus de cinq cens gentilshommes, et de l'infanterie en nombre. Il a laissé trois pieces d'artillerie, qui ne feront faulte entre nos mains.

---

[1] Voyez ci-dessus la lettre du 14 mars III$^{me}$ à M. de Curton, auteur de la défaite du comte de Randan. Jean-Louis de la Rochefoucauld, comte de Randan, baron de Luguet, chevalier de l'ordre du Roi, gouverneur d'Auvergne et capitaine de cinquante hommes d'armes, était le fils aîné de Charles de la Rochefoucauld et de Fulvia Pic de la Mirandol.

C'est effect de la justice de Dieu, qui tesmoigne evidemment à mes ennemys ce que doibvent attendre ceulx qui portent les armes contre leur debvoir. Vique, avec des troupes, n'a eu meilleur sort en basse Normandie. Canisy leur est tombé sus de telle furie qu'il les a couchez tous à plat. C'eust esté un triomphe complet, s'il ne l'avoit payé d'une seconde balafre, en la bouche[2]; ce qui n'empesche son brave langaige, mais bien disoit-il à la Noue de ne le plaindre point, puisqu'il lui en restoit assez pour crier *Vive le Roy* quand nous serons dedans Paris. Voilà certes, mon ame, un brave serviteur. Que ne m'aimés-vous autant! Dieu me donnera-t-il aussy victoire sur vostre cœur? Ce me sera la plus chere. Bonsoir, mon ame, je baise un million de fois vos blanches mains. Ce cinq avril.

## 1590. — 28 AVRIL.

Orig. — Arch. des Médicis, légation française, liasse V. Envoi de M. le ministre de France à Florence.

### A MON COUSIN MONS$^r$ LE GRAND-DUC DE TOSCANE.

Mon Cousin, Ne pouvant vous exprimer combien je sens l'obligation que je vous ay de la bonne volonté que vous tesmoignés envers moy par les desclarations que vous en avés faictes au s$^r$ de Maisse, conseiller en mon conseil d'Estat et mon ambassadeur à Venise, et par plusieurs bons offices que vous rendés continuellement à l'advantage de mes affaires, ny l'estime que je fais de vostre amitié, que par la creance que j'ay sur ce commise au dict s$^r$ de Maisse, pour la vous exposer, je vous prie le croire de ce qu'il vous dira de ma part comme moy-mesme, et au surplus recevant les considerations de l'estat de mes dictes affaires, selon qu'il vous en representera la consequence, m'en vouloir porter le secours et assistance, dont il vous requerra aussy en mon nom; vous asseurant que je vous en rendray telle retribution et recompense, s'il plaist à Dieu, que vous aurés

---

[2] Sur la première blessure du marquis de Canisy on peut voir ci-dessus la lettre à madame de Gramont, de la fin d'août 1586, t. II, p. 238.

occasion de vous en contenter : et me remettant sur tout à la suffisance du dict s^r de Maisse, je prie Dieu, mon Cousin, qu'il vous ayt en sa saincte garde. Escript du camp de Bray[1], le xxviij^e jour d'avril 1590.

[2] Mon cousin, croyés, je vous prie, que je ne suis poinct amy feint, ny froid, et que vous joignant d'amitié avec moy je ne vous abandonneray point, au cas que vous soyés travaillé par vos ennemys.

Vostre bon cousin,<br>HENRY.

[ 1590. — VERS LA FIN D'AVRIL. ]

Cop. — Arch. de la Couronne, salle 5, anciennes archives, Ms. 30, fol. 126 recto.
Cop. — Bibliothèque de M. Monmerqué, membre de l'Institut, Ms. intitulé : *Depesches, instructions et commissions,* fol. 109 recto.

[ A LA ROYNE D'ANGLETERRE. ]

Madame, Je penserois faillir à mon debvoir et faire tort à la bonne volonté dont il vous plaist favoriser mes affaires, si je ne vous tenoys informée des occurrences qui s'y offrent, me persuadant, pour les preuves que j'ay de vostre amitié, et du soing et desir que vous avés de ma consideration, que l'estat où sont les choses à present vous apporte quelque soing, davantaige, de ce qui en peut succeder ; et pour ce, je vous supplie avoir agreable ce que j'ay escript au s^r de Beauvoir, mon ambassadeur prés de vous, pour le vous communiquer[1], s'il vous

---

[1] Petite ville de Champagne, aujourd'hui l'un des chefs-lieux de canton du département de Seine-et-Marne.
[2] De la main du Roi.

---

[1] Par une singularité assez difficile à expliquer, Henri IV avait laissé passer tout le mois de mars et même une grande partie du mois d'avril sans donner directement avis à Élisabeth de la victoire d'Yvry. M. de Beauvoir, ambassadeur de France, après avoir averti le Roi, une première fois, du mauvais effet de ce silence, lui écrivit encore dans une lettre commencée le 18 janvier et terminée le 28 : « Vostre

plaist, et me vouloir continuer vostre bonne assistance au besoing et occasion qui s'en presente, selon qu'il vous en requerra de ma part, comme je me promectz que vous ne vouldrés laisser en danger de perir l'œuvre que vous avés desjà tant advancée par vostre grace et faveur et qui sera subject de perpetuelle gloire et louange de vostre regne et memoire, vous suppliant aussy croire que vous n'aurés jamais acquisition plus asseurée que celle que vous avés faicte de ma devotion à vostre service, laquelle je prie à Dieu, aprés vous avoir humblement baisé les mains, me faire la grace de vous rendre, en quelque chose, utile, et qu'il vous ayt, Madame, en sa tres-saincte et digne garde.

Vostre bien bon frere et affectionné serviteur,

HENRY.

majesté aura esté deuement advertie par les depesches que nous lui avons faictes, monsieur d'Incarville et moy, du xxij° du passé, iv°, v° x° et xiiij° de ce mois, du courroux de la Royne, et de la plainte que faisoient ses principaux conseillers, du retardement de vos nouvelles, après l'heureuse et grande victoire, de laquelle Dieu vous honora le xiiij° du passé, à vostre grande gloire, ruine et confusion de vos ennemys. Nous avons, le dict sieur d'Incarville et moy, à representer à vostre majesté, comme ce courroux est aucunement appaisé, mais non de tout estinct : car les premieres impressions, singulierement quand elles sont maulvaises, sont tousjours plus dangereuses et difficiles à arracher. Nous prismes occasion de demander audience sur la despesche que nous avons receu de vostre majesté par le s$^r$ Captot, qui arriva le xx° de ce mois, et deux jours plus tost que le colonel Boros, duquel encore que la despesche fust assez ample, et pour faire cognoistre à la Royne que vostre majesté n'avoit usé d'aucun mespris en son endroict, sy est-ce qu'elle ne feut si bien receue que si elle eust esté envoyée par ung gentilhomme des vostres, exprés : ce à quoy on s'attendoit par deçà après une sy notable victoire. » (Égerton, p. 341.)

La lettre que nous donnons ici n'attendit pas sans doute le second avis de M. de Beauvoir, qu'on vient de lire. Il est toutefois certain qu'elle n'était pas encore arrivée le 28 avril, dernière date de cette dépêche de l'ambassadeur. C'est ce qui nous l'a fait dater approximativement de la fin d'avril.

1590. — 6 MAI. — I<sup>re</sup>.

Orig. — A Londres, State paper office, ancient royal letters, vol. XXII, lett. 163. Copie transmise par M. Lenglet.

A MONS<sup>R</sup> LE GRAND TRESORIER D'ANGLETERRE.

Mons<sup>r</sup> le grand tresorier, Vostre prudence cogneue et celebrée de longue main m'est un suffisant argument pour esperer que vous apporterés tousjours volontiers ce que vous pourrés à l'advantaige de mes affaires contre les ennemys communs de la Royne, madame ma bonne sœur, et les miens. Mais j'ay, oultre ce, sy bonne preuve de vostre bonne volonté en mon endroict, que j'ay occasion de m'en promettre tous bons offices. Vous entendrés ce que j'escris à la dicte dame touchant l'armée d'Espaigne, que je suis adverty devoir bien tost sortir, et la supplication que je luy fais pour la seureté de mes costes de Bretaigne et Normandie. Je vous prie me faire ce plaisir, tenir la main à ce qu'elle veuille avoir en la recommandation qu'elle a longtemps eu, mes affaires, dont je recongnois, aprés Dieu, luy debvoir grande partie du bonheur que j'ay eu. Aussy je desire l'employer quelque jour en chose qui luy soit à service et contentement; et pour vostre particulier je seray tres ayse que vous m'employés en quelque chose, pour vous tesmoigner l'estime que je fais de vostre merite et vertu : priant Dieu, Mons<sup>r</sup> le grand tresorier, vous avoir en sa saincte garde. Escript au camp de Beaugency, le vj<sup>e</sup> jour de may 1590.

HENRY.

REVOL.

1590. — 6 MAI. — II^me.

Orig. — Musée britannique, Biblioth. Cottonienne, Caligula, E. VII, fol. 379. Transcription de M. Delpit, archiviste paléographe.
Cop. — B. R. Collection Bréquigny, Ms. 98.

### A MONS^R DE STAFFORT,
CONSEILLER AU CONSEIL D'ESTAT DE LA ROYNE D'ANGLETERRE, MADAME MA BONNE SŒUR.

Mons^r de Staffort, Il y a long tems que j'esperois avoir ce contentement [de vous] revoir par deçà auprés de moy, suivant ce que vostre secretaire m'en avoit dit, ce [que j'aurois eu] à grand plaisir, pour n'y pouvoir venir personne de la part de la Royne, madame ma sœur, que je y voye plus volontiers que vous; et y serés tousjours le bien venu, non-seulement p[our] le respect que je luy veulx rendre en toutes choses, mais aussy pour vostre consideration particuliere, comme vous tenant de mes bons amys, et en ceste confiance, escrivant à ladicte dame Royne, ma bonne sœur, sur les advis que j'ay que l'armée que le Roy d'Espaigne a faict dresser à la Coroigne est preste à sortir, la suppliant de vouloir recommander à la sienne la seureté de mes costes de Bretaigne et Normandie, je vous ay bien voulu prier par la presente d'y faire tous les bons offices que vous pourrés, tant envers elle que envers le s^r admiral vostre beau frere, encores qu'il m'ayt donné toute asseurance de sa bonne volonté, en laquelle neantmoins j'espere que vostre priere et persuasion le confirmera tousjours dadvantage; et m'y donnant les tesmoignages de la vostre que je me promets, ce me sera d'aultant plus d'occasion de continuer celle que j'ay desjà en vostre endroict : priant Dieu qu'il vous ayt, Mons^r de Staffort, en sa saincte garde. Escript au camp de Beaugency, le vj^e jour de may 1590[1].

HENRY.

REVOL.

---

[1] Entre la date de cette lettre et celle de la suivante, le Roi avait écrit au prince de Conti une lettre dont il ne nous est parvenu qu'un court fragment conservé par Saint-Foix dans l'Histoire de l'ordre du Saint-Esprit. Cette lettre fut remise au prince

1590. — 14 MAI. — Ire.

Orig. autographe. — Musée britannique, Mss. Egerton, n° 5, fol. 60. Copie transmise par M. Delpit, archiviste paléographe.

A MON COUSIN LE MARESCHAL DE MATIGNON.

Mon Cousin, J'ay esté trés ayse de l'alliance que vous faites par le moyen du sieur de la Roche [1], vostre fils : en quoy tout se rapporte dans le temps où, revenant de la bataille d'Yvry, dans son château de Bonnestable, au Maine, il s'était fait accompagner par MM. de Lestelle, de Hertray, de Vilaine, de Malherbe, de Bouillé, etc. pour assiéger la Ferté-Bernard, ville voisine, assez forte alors, et tenue pour la Ligue par Comnène, seigneur d'origine grecque, qui fit une assez longue résistance avant de capituler avec le prince de Conti. « Dragues Comnène, dit Saint-Foix, qui se disoit issu des empereurs d'Orient, commandoit dans la Ferté-Bernard, au nom de la Ligue. Bouillé n'avoit pas donné dans une embuscade qu'il lui avoit dressée, et l'avoit au contraire obligé de rentrer dans cette ville avec une perte de la moitié de sa troupe. Henri IV, en réponse à une lettre où le prince de Conti lui parloit de cette action, disoit :

« Le Manceau a donc été plus fin que le
« Grec ; je l'ay tousjours cogneu pour aussy
« advisé que valeureux ; je suis bien ayse
« que vous l'aimiés, et que vous le reteniés
« avec vous : il peut bien conseiller et bien
« agir. »

Le seigneur à qui s'appliquait un jugement si flatteur était René de Bouillé, seigneur de Bouillé et comte de Créance, capitaine de cinquante hommes d'armes des ordonnances, chevalier des ordres du Roi, conseiller d'état, gouverneur de Carlat et de Périgueux. Il était fils de René de Bouillé et de Jacqueline d'Estouteville, comtesse de Créance.

---

[1] Charles de Matignon, troisième fils du maréchal de Matignon et de Françoise de Daillon du Ludre, était appelé M. de la Roche-Goyon, du vivant de son frère aîné, qui mourut avant leur père. Après la mort de cet aîné, M. de la Roche devint comte de Thorigny, et, à la mort du maréchal, en 1597, il lui succéda comme sire de Matignon, baron de Saint-Lô, de la Roche-Tesson, prince de Mortagne, sire de l'Esparre, etc. Il était né à Thorigny, en 1564 ; il devint capitaine de cent hommes d'armes des ordonnances, en 1579 ; gouverneur de Saint-Lô, en cette année 1590 ; capitaine de Cherbourg et de Granville, en 1596 ; chevalier des ordres du Roi, en 1599 ; lieutenant général au gouvernement de Normandie, en 1608, etc. Il obtint entrée et séance au parlement de Normandie, en 1609, et mourut à Thorigny, le 6 juin 1648. Il était cité comme un des hommes les plus spirituels de la cour, où Henri IV se plaignait de ne pas le voir assez souvent.

pour mon contentement; car vous ne pouviés la prendre en lieu que j'aime et estime davantage, ny eux aussy se joindre à personne qui m'eust esté plus agreable[2]. Et n'auray point de peine d'en aimer les uns par les autres, ayant toujours esté mon naturel de porter affection à l'une et à l'autre famille. Je suis obligé de promesse, de longtemps, d'ayder au mariage de la fille, ce que je veux faire. Il n'y a que la saison qui y est un peu contraire. Ils en ont ouvert icy un moyen que vous jugerés par delà s'il sera propre; et s'il ne l'est, j'en feray chercher un autre, car c'est chose que je veux qui soit. J'eusse bien voulu de ceste heure aussy ce que vous m'avés escript pour ledict de la Roche, pour [le faict] des deux terres, mais parce que je n'ay encore rien resolu de ce qui demeurera à ma sœur, je ne veux de rien disposer, que je n'aye veu ce que je luy laisseray : et lors, et en cela, et ce pendant, en chose beaucoup meilleure, je seray bien ayse de gratiffier vous et les vostres, comme je m'y sens obligé. A Dieu, mon Cousin, lequel je prie qu'il vous conserve. De Chelles, ce xiiij[e] may 1590.

HENRY.

[1590.] — 14 MAI. — IIme.

Orig. autographe. — Bibliothèque de l'Arsenal, Mss. Histoire, 179, t. I.
Cop. — Suppl. fr. Mss. 1009-4 et 2289-2, etc.
Imprimé. — *Vie militaire et privée de Henri IV*, p. 190. — *L'Esprit d'Henri IV*, p. 163. — *Lettres de Henri IV..... publiées par* N. L. P. p. 55. Paris, 1814, in-12. — *Journal militaire de Henri IV*, publié par le comte DE VALORI, p. 329, etc.

[A MADAME LA COMTESSE DE GRAMONT.]

Mon ame, Je te prie de trouver bon, si le malheur vouloit que M. de Turenne mourust, que je ne donne l'estat que demandés à

---

[2] M. de la Roche s'alliait à la maison royale en épousant Éléonore d'Orléans, fille de Léonor d'Orléans, duc de Longueville, et de Marie de Bourbon. Le père Anselme ne place ce mariage qu'en 1596, époque où le comte de Thorigny, fils aîné du maréchal, mourut sans enfants. Le second fils, évêque de Coutances, était mort dès 1588. M. de la Roche devenait donc l'héritier de cette maison considérable, et pouvait ainsi prétendre sans obstacle à la haute alliance que son père avait préparée, comme on le voit, dès 1590.

vostre filz. Ce n'est chose propre pour luy, et seroit le rendre inutile; car depuis qu'ils sont à ceste charge, elle est sy cagnarde, que c'est la perte d'un jeune homme. Vous me l'avés donné; laissés-le-moy nourrir à ma fantaisie, et ne vous donnés peine de luy. J'en auray tel soin, que vous cognoistrés combien je l'aime pour l'amour de vous. J'en ay parlé à la Basse, et de vos aultres affaires. Je suis en colere quand vous croyés qu'il ne me fault que vouloir. Je vous jure qu'estant roy de Navarre je n'ay point esprouvé les necessitez que je fais depuis un an. Je suis devant Paris, où Dieu m'assistera. La prenant, je pourray commencer à sentir les effects de la couronne. J'ay pris les ponts Charenton et Saint-Maur à coups de canons, et pendu tout ce qui estoit dedans. Hier je prins le faux-bourg de Paris, de force; les ennemys y perdirent beaucoup et nous peu; bien est vray que M. de La Noue y fut blessé, mais ce ne sera rien. Je fis brusler tous leurs moulins, comme j'ay faict de tous les autres costez. Leur necessité est grande, et fault que dans douze jours ils soient secourus, ou ils se rendront. J'envoie querir vostre fils, car je crois qu'il se fera quelque chose de beau icy devant. Je retiens Castille pour huit jours. Je me porte très bien, Dieu mercy, et vous aime plus que vous ne faites moy. Dieu me doint la paix : que je puisse jouir de quelques années de repos. Certes, je vieillis fort. Il n'est pas croyable les gens que l'on met aprés moy pour me tuer; mais Dieu me gardera. Je suis fort fidelement servy, et vous diray que les ennemys me feront plus tost mal que peur. Sur ceste verité, je te baiseray, mon cœur, un million de fois les mains, la bouche et les yeux. A Chelles, ce xiiij may.

1590. — 16 MAI.

Cop. — Arch. de la cour royale de Rouen. — Reg. secrets originaux du parlement de Normandie séant à Caen. Vol. du 25 juin 1589 au 8 novembre 1591, fol. 163 verso. Communication de M. Floquet, greffier en chef, correspondant de l'Institut.

A MONS<sup>R</sup> DE LA COURT,
PREMIER PRESIDENT EN MA COURT DE PARLEMENT SEANT À CAEN.

Mons<sup>r</sup> le President, J'ay esté bien aise de veoir par vostre lettre l'advis que m'avés donné touchant mon cousin le mareschal de Retz [1] et d'entendre la prinse de Saint-Saulveur et de Vallongnes. J'ay mandé plusieurs de mes serviteurs pour me venir trouver; mais j'escris au comte de Thorigny qu'il demeure, pour continuer à faire vivement la guerre à mes ennemys. A quoy je vous prie tenir la main; comme aussy à ce que le s<sup>r</sup> de la Verune mette sa compagnie aux champs pour se rendre prés le dict s<sup>r</sup> comte de Thorigny, selon que je luy mande qu'il face. Je luy rescrips qu'il veille à la conservation de ce qui despend de son gouvernement, pour maintenir tous mes subjects en leur debvoir; et afin que ceulx qui sont mal affectionnez à mon service ne puissent rien executer au prejudice d'icelluy, il ne permette qu'il demeure, en tout ce qui despend de sa charge, aucuns, soient gentilz-hommes, habitans de villes ou aultres, qui n'ayent satisfaict aux soubmissions portées par mon edict, et qu'il n'aye toute asseurance d'eulx; et qu'il prenne garde aussy sur ceulx qui ont cy-devant traicté et pratiqué avec Vicques [2] et le Villars [3], et qu'il ne permette qu'il se

---

[1] Albert de Gondi, duc de Retz, fils d'Antoine de Gondi et de Marie-Catherine de Pierrevive, l'un des hommes les plus favorisés de la fortune, était pair et maréchal de France, général des galères, colonel de la cavalerie française, chevalier des ordres du Roi, premier gentilhomme de sa chambre, gouverneur de Provence, de Metz, de Nantes, lieutenant du Roi au marquisat de Saluces et capitaine de cent hommes d'armes. Il avait été envoyé, par Charles IX, pour épouser en son nom Élisabeth d'Autriche; il représenta le connétable au sacre de Henri III, et le comte de Toulouse au sacre de Henri IV, à qui il s'était sincèrement attaché dès le commencement du règne. Il mourut en 1602. Le célèbre cardinal de Retz était son petit-fils.

[2] De Vicques, dit l'Ile-Manière, était un des plus ardents ligueurs de Rouen. Voyez l'Histoire du parlement de Normandie, par M. Floquet, t. III, p. 469 et suiv.

[3] André-Baptiste de Brancas, seigneur

face aucunes menées avec eulz pour quelque cause et occasion que ce soit. Et s'il congnoit qu'il y ayt quelques uns qui aient escript ou envoyé vers le duc de Mayenne, il en face faire la recherche, pour me donner advis de ce qu'il en apprendra, ensemble de ceulx qui ont secouru mes ennemys de pouldres, blez et munitions; et pour le regard de ceulz qui ont obey et satisfaict à mon edict et declaration, qu'il face considerer leurs deportemens, afin qu'ils ne puissent rien entreprendre au prejudice de mon service. Ce que je vous ay bien voulu particularizer, afin que de vostre part vous y apportiés ce que je me promets de vostre affection et vigilance en ce qui regarde le bien de mes affaires : et sur ce je prie Dieu qu'il vous ait, Mons$^r$ le President, en sa saincte et digne garde. Du camp de Beaumont, ce xvj$^e$ jour de may 1590.

HENRY.

POTIER.

[4] Je mande plusieurs de mes serviteurs, par ce que j'espere combattre mes ennemys et prendre Paris. Qui me faict vous prier de tenir la main pour faire monter à cheval tous mes serviteurs, et que l'on pourvoye par mesme moyen à la seureté des places qui tiennent pour mon service. Du xvij$^e$.

de Villars, second fils d'Ennemond de Brancas et de Catherine de Joyeuse, était capitaine de cent hommes d'armes, lieutenant général pour le Roi aux bailliages de Rouen et de Caux. Il fut, jusqu'en 1594, comme le chef de la Ligue en Normandie, en maintenant dans ce parti la ville de Rouen, qu'il ne rendit qu'après la réduction de Paris. Personne ne se fit payer plus cher. Il exigea douze cent mille livres d'argent comptant, soixante mille livres de pension, le gouvernement de Rouen, du Havre, de Montivilliers et de Pont-Audemer, le droit d'être indépendant, pendant trois ans, du duc de Montpensier, gouverneur de la province, et la charge d'amiral de France, qu'on fut obligé d'ôter à Charles de Biron pour la lui donner. Il fut désigné pour être chevalier des ordres, après la promotion du 7 janvier 1595; mais il ne fut pas reçu, ayant été tué par les Espagnols, près de Doullens, le 24 juillet de la même année.

[4] De la main du Roi.

1590. — 17 MAI.

Orig. — Archives du canton de Berne. Copie transmise par M. le ministre de France en Suisse.

A NOS TRÉS CHERS ET GRANDS AMYS, ALLIEZ ET CONFEDEREZ LES ADVOYERS, CONSEIL ET COMMUNAUTÉ DE LA VILLE ET CANTON DE BERNE.

Trés chers et grands amys, alliez et confederez, Nostre cousin le duc de Longueville nous a faict entendre que le comte de Montbeliard poursuit ses officiers en son comté de Neufchastel, de recevoir certains deniers qu'il leur offre pour entrer en la possession de la terre et seigneurie de Valengin, qu'il dict avoir acquise des comtes de Torviel, pere et fils, et de la comtesse d'Avir; et sur ce que ses dicts officiers luy ont faict response qu'ils n'y avoient nul pouvoir et ne le pouvoient sy tost avoir de nostre cousine la duchesse de Longueville, sa mere, à cause qu'elle estoit detenue prisonniere par les perturbateurs de ce Royaume[1], vers laquelle ayant depesché plusieurs messagers, ils ont esté destroussez par les chemins, ou estant arrivez en la ville d'Amiens où elle est detenue, ne leur a esté permis de la voir ny parler à elle; ne s'est voulu contenter de cela, mais leur a repliqué que, s'ils ne veulent traicter avec luy, ils consignera les deniers en quelque lieu sûr, et de luy-mesme s'introduira en la possession de la dicte seigneurie : ce qu'il ne pourroit faire sans user d'un trop grand mespris à l'endroict de vous et des aultres trois cantons avec qui la maison de Longueville a perpetuelle combourgeoisie, et aussy de la sentence des neufs aultres cantons, par laquelle ils ont adjugé la souveraineté de la dicte seigneurie de

[1] La duchesse de Longueville était prisonnière dans Amiens, avec ses filles et sa bru. Le duc de Nevers, père de cette dernière princesse, raconte avec détails leur détention, dans son écrit intitulé : *Discours veritable sur l'inique emprisonnement et la détention de mesdames les duchesses et damoiselle de Longueville et de monseigneur le comte de Saint-Paul.* Les princesses restèrent dans Amiens, réduites à une assez dure captivité, depuis la fin de l'année 1588 jusqu'au 21 janvier 1591. (Voyez *Mém. de Nevers*, t. II, p. 158.)

Valangin à nostre dicte cousine et ses enfans. Toutesfois, estant nostre dict cousin en quelque opinion que le dict comte de Montbeillard pourroit tant plus tost entreprendre quelque chose en son prejudice, à cause des troubles qui sont maintenant en ce Royaume, à ceste cause, nous appartenant sy prés de sang comme il fait, et le voyant ordinairement exposer sa personne pour nostre service, nous vous en avons voulu escrire la presente, comme faisons aussy aux dicts aultres trois villes et cantons, pour vous prier de vouloir par ensemble faire une bonne depesche au dict comte de Montbeillard, par l'un de vos messagers, pour le prier de vouloir se desporter de la dicte poursuicte jusques à la deslivrance de nostre dicte cousine la duchesse de Longueville, et qu'estant les affaires de ce Royaume remises en quelque plus paisible estat, elle puisse assembler les gens de son conseil, et par leur advis dresser memoires et instructions, et depescher ambassadeurs, pour traicter ceste affaire avec le dict comte de Montbeillard; et où, aprés ceste priere, il vouldroit passer oultre et atempter aulcune chose au prejudice de nostre dicte cousine et cousin de Longueville, leur tendre la main de vostre bonne et favorable protection pour empescher toutes mauvaises entreprinses que luy et tout aultre vouldroient faire sur ce qui leur appartient; et nous tiendrons comme faict pour nostre service tout ce que vous ferés pour eulx : dont nous revancherons, l'occasion se presentant, d'aussy bon cœur que nous prions Dieu, Trés chers et grands amys, alliez et confederez, qu'il vous tienne toujours en sa trés saincte et digne garde. Escript au camp de Presle[1], le xvij$^e$ jour de may 1590.

HENRY.

REVOL.

---

[1] Presle, dans l'Ile-de-France, et aujourd'hui du département de Seine-et-Oise, arrondissement de Pontoise.

## 1590. — 19 MAI.

Orig. — Arch. municip. de Saint-Quentin. Copie transmise par M. de Chauvenet, membre de la commission des antiquités du département de l'Aisne.

### A NOS CHERS ET BIEN AMEZ LES ESCHEVINS ET HABITANS DE NOSTRE VILLE DE SAINT-QUENTIN.

Chers et bien amez, Nous avons en telle affection ce qui regarde le soulagement et repos de nos bons subjects, que nous souhaiterions pouvoir estre en un mesme temps par toutes nos provinces, pour pouvoir en un instant apporter le remede requis en chacune d'icelles; mais ne se pouvant faire, et estant necessaire de pourveoir à ce qui est plus important et qui presse le plus, nous nous sommes acheminez depuis quelques jours en çà ez environs de nostre ville de Paris, esperant la reduire, dans peu de jours, à telle extremité, que la necessité des vivres amenera les habitans d'icelle à leur debvoir, à quoy estant parvenus, donner ordre aux affaires de deçà. Nous esperons passer en nostre province de Picardie, pour delivrer nos villes d'icelle de l'oppression de nos ennemys, principalement nostre ville de Saint-Quentin, pour la fidelité que vous nous avés conservée, et bon debvoir que vous avés faict jusques ycy pour nostre service. Ce pendant nous vous exhortons de continuer de bien veiller à vostre conservation et vous asseurer que, en ce qui s'offrira pour vostre bien et soulagement, vous congnoistrés tousjours combien vostre fidelité et vos services nous sont recommandables.

Donné au camp de Beaumont, le xixe jour de may 1590[1].

HENRY.

POTIER.

---

[1] A la date du 29 du même mois, le Roi écrivit, du camp de Gonesse, à la ville de Saint-Quentin pour la tenir au courant des nouvelles de son armée. Cette lettre diffère peu de celle qui suit, à la ville de Metz. Henri IV annonce qu'il occupe tous les ponts pouvant donner entrée dans Paris, et qu'aussitôt cette ville prise, comme il l'espère bientôt, il avisera aux moyens de pourvoir au bien et au soulagement des autres villes de son royaume, entre autres, de sa fidèle ville de Saint-Quentin.

## 1590. — 20 MAI.

Orig. — Arch. municip. de Metz.
Imprimé. — *Lettres de Henri IV aux magistrats et aux habitants de la ville de Metz*, p. 7. Metz, 1820, in-fol.

A NOS TRÉS CHERS ET BIEN AMEZ LES MAISTRE-ESCHEVIN, TREIZE ET CONSEIL DE LA VILLE DE METZ.

Trés chers et bien amez, Ayant resolu de nous faire recognoistre par les habitans de nostre bonne ville de Paris, nous en sommes approchez depuis quelques jours en çà, et nous estant desjà saisy des ponts et passages des environs d'icelle, nous les incommodons des vivres, de telle sorte que nous esperons que la necessité les amenera bien tost à leur debvoir. A quoy estant parvenus et ayant donné ordre aux affaires de deçà, nous envoyerons telles forces au pays Messin qu'elles empescheront les desseings du duc de Lorraine, et establirons un bon et asseuré repos au dict pays, en continuant tousjours les habitans d'iceluy soubs nostre protection. Au reste, nous sommes bien marris de la foule et incommodité que vous avés receus, pour les prests qu'il vous a convenu faire aux gens de guerre de vostre garnison. Mais nous esperons y pourveoir bien tost à vostre contentement. Ce pendant nous vous prions de continuer le zele et affection qu'avés tousjours eus à nostre service, et vous asseurer de la bonne volonté que nous avons de vous gratifier, et tenir la main à vostre repos et soulagement, aultant que vous le pouvés desirer, comme nous esperons que Dieu nous fera la grace de vous faire voir les effects. Donné au camp de Beaumont, xx$^e$ jour de may 1590.

HENRY.

POTIER.

1590. — 14 JUIN.

Imprimé. — Abrégé de l'Histoire de Poitou, par Thibaudeau. Paris, 1784, in-12, t. V, p. 154.

[A MONS^R D'ABAIN.]

Mons^r d'Abain[1], J'ay esté fort ayse d'entendre vostre delivrance, laquelle, quand le moyen que vous y avés tenu eust failly, ne pouvoit plus guere estre differée; car prenant Paris, comme j'espere qu'il ne m'eschappera pas à ceste fois, j'estois bien resolu que ceux qui s'y trouveront me vaudront la liberté de tous mes serviteurs qui sont prisonniers, entre lesquels je vous asseure que vous avés tousjours esté le premier duquel je me suis ressouvenu; mais encore vaut-il mieux que cela soit de ceste heure que non pas qu'il fust differé davantage. J'ay esté aussy bien adverty du bon debvoir que vostre fils[2] fit à la defense du chasteau de Chauvigny, où il a rendu

---

[1] Louis Chasteigner, seigneur d'Abain, de la Roche-Posay, de Touflou, baron de Preuilly, chevalier des ordres du Roi, capitaine de cinquante hommes d'armes des ordonnances, conseiller d'état, gouverneur de la haute et basse Marche, lieutenant du Roi en Poitou au delà de la rivière de Vienne, était le septième fils de Jean Chasteigner et de Claude de Mauléon. Il avait été fort aimé de Charles IX et de Henri III, avait accompagné ce dernier prince en Pologne, s'était acquitté avec succès de plusieurs ambassades difficiles, et était estimé généralement pour sa prudence et son expérience des affaires. Il mourut à Moulins, le 29 septembre 1595, à l'âge de soixante ans.

[2] Henri Chasteigner, baron de Malval, fils aîné du précédent et de Claude du Puy.

M. de Malval fut tué dans un combat, et mourut jeune avant son père. L'action dont le Roi le loue ici est la défense du château de Chauvigny, dont la ville avait été prise par le vicomte de la Guierche, chef des ligueurs en Poitou, qui avait fait là prisonnier M. d'Abain. Le vicomte de la Guierche ne voulut délivrer le père que si le fils rendait le château. «Il m'a fait une offre, écrivait M. d'Abain à M. de la Trémouille, gouverneur de la province, que je n'ai voulu faillir de vous mander, affin que, si vous jugés qu'elle se doibt accepter, me le fassiés, s'il vous plait, entendre. C'est que mon dict sieur le vicomte m'a baillé parole de me mettre en pleine liberté, sans rien payer, si mon fils luy remet ledict chasteau entre les mains; et le laissera aussy sortir et tous ceux qui sont dans le dict chasteau, tant habitans que aultres, bagues sauves, et emportant tout ce qu'ils vouldront avec eux, avec armes et chevaux et toute telle capitulation que vouldrés, hormis que l'on laissera dans ledict chasteau ce qui sera de reste du blé

tesmoignage que c'est ung bon fruict de trés bonne plante; je m'en resjouis avec vous, comme je me plains de la mauvaise intelligence qu'il y a eu par delà entre mes serviteurs, d'avoir ainsi laissé à leur veue prendre et perdre tant de places par sy peu de gens. Je vous asseure que je l'ay porté fort impatiemment; et par ce que je prevois qu'il seroit encore pour arriver pis, si, suivant mon premier desseing, je retirois icy, prés de moy, une partie des forces qui sont ou doibvent estre dans la province; je me suis resolu de contremander tous ceulx que je faisois venir, et leur escris presentement qu'il demeurent dans le pays, et se rendent prés du s$^r$ de Malicorne, pour, estant ensemble, travailler à recouvrer ce que les ennemis ont acquis, et les renfermer dans Poictier, attendant que j'aye moyen de leur faire pis, comme j'espere que cela ne leur sera plus guere différé. Ce pendant je vous prie de dresser, si vous pouvés, vostre compagnie; sinon, avec le plus de vos amys que vous pourrés, vous rendre aussy prés le dict s$^r$ de Malicorne, m'asseurant que, oultre que vostre presence m'y sera trés utile, qu'elle y en appellera et retiendra beaucoup d'aultres. Faictes-moy donc ce service, je vous prie, et croyés que je le tiendray en compte des meilleurs que je sçaurois maintenant desirer de vous, à qui je ne feray pas icy long discours de nos nouvelles de deçà, me remettant au dict porteur : sur ce je prie Dieu, mons$^r$ d'Abain, vous conserver en sa saincte garde. Escript au camp de Gonesse[3], le xiv$^e$ jour de juin 1590.

HENRY.

de M. de Poitiers; et pourtant, monsieur, vous me ferés, s'il vous plait, cest honneur, que de me mander par le capitaine Breuil, que j'ai prié de vous aller trouver exprés, ce que jugerés n'estre prejudiciable au service du Roy, auquel ne vouldrois jamais que mon particulier fust preferé. » (Thibaudeau, lieu cité.)

Le cardinal de Lénoncourt ayant offert inutilement, de la part du Roi, au vicomte de la Guierche d'échanger M. d'Abain contre M. de Boisséguier, fait prisonnier à la bataille d'Ivry, la Trémouille approuva la capitulation. C'est par suite de cette délivrance de M. d'Abain que le Roi lui adressa cette lettre.

[3] Dans l'Ile-de-France, et aujourd'hui du département de Seine-et-Oise.

1590. — 15 juin.

Cop. — B. R. Fonds Dupuy, Ms. 317, fol. 79 recto. — Et Suppl. fr. Ms. 1009-3.
Imprimé. — *Recueil M.* (dans le recueil *A, B, C.*), 1760, in-12.
*Mémoires et correspondances de Du Plessis-Mornay*, t. IV, p. 470. Paris, 1824, in-8°.

[AUX MANANS ET HABITANS DE NOSTRE VILLE DE PARIS.]

Manans et habitans de nostre ville de Paris, Pour ce que vous avés peu demeurer estonnez de ce que nous avons revoqué le passeport que nous avions premierement accordé à ceulx que vous aviés depputez pour aller trouver le duc de Mayenne, c'est que nous ne doubtons point que ceulx qui, soubs leur faulx pretexte de religion et liberté, vous ont precipité aux extremes perils où vous estes, et qui ne fondent plus leur esperance que sur vos desespoirs, ne taschent maintenant sur ce subject que de vous desesperer de trouver jamais en nous aulcune grace et clemence. Nous avons bien voulu vous faire ceste-cy pour vous informer premierement que la principalle cause que nous avons eu de revoquer le dict passeport a esté pour ce que nous avons veu dans une lettre de l'un qui tient l'une des premieres charges d'entre vous (laquelle a esté interceptée, et que nous avons faict voir aux dicts deputez), comme le subject de leur legation estoit tout aultre de celuy que l'on nous avoit faict entendre qu'il devoit estre, et que ce n'estoit que pour aigrir et envenimer les affaires, au lieu d'y apporter remede et temperance, comme ils disoient que c'estoit leur charge et intention; de laquelle ayant ce tesmoignage en main sy contraire, nous ne les avons plus estimez dignes de la seureté qu'ils nous avoient faict demander pour leur dict voyage, n'estant raisonnable que nostre authorité leur servist de moyen à sy maulvais desseings, plus prejudiciables à vostre bien particulier qu'il ne le peuvent estre au general de nos affaires. Nous avons aussy bien voulu vous declarer icy que tant s'en fault que debviés sur ce apprehender et craindre que nous ayons voulu par là retirer ceste premiere affection que nous avons tousjours promise, que au contraire vous pouvés vous asseurer qu'elle nous augmente, tant plus nous congnoissons qu'elle vous est trés necessaire, et que nous entendons tousjours trés volontiers vos supplications et requestes, lesquelles meriteront de nous plus de faveur de vos seules mains, que de quelques aultres intercessions que vous y puissiés employer, voulant que la grace que vous recepvrés soit entierement faicte à vous, comme nous ne pouvons permettre que la debviés et en soyés obligez à aultres que à nous. Ceulx de vous qui ont plus de jugement ont deu preveoir de long temps l'estat où vous en estes. Mais vostre necessité presente en fournit assez maintenant aux plus simples pour congnoistre que la chose est prejudiciable. Il n'y peut avoir que les plus coulpables et desesperez qui aiment mieulx consentir à la ruine publicque que de souffrir que rien survive à l'effort de leur ambition, qui vous peuvent tromper en cela. La derniere description[1] que vous avés faicte de vos vivres doibt faire la solution à toutes autres vaines propositions.

Nous sçavons, comme vous voyés, quelle elle a esté, et jusques à quelle heure vous debvés subsister; et sçavons dadvantage ce que ne sçavés, et sur quoy estes abusez: que le secours que on vous promect est imaginaire. Le voyage que nous venons de faire le nous a encore mieulx faict paroistre que auparavant, comme vous-mesmes vous pouvés maintenant apercevoir, puisque le dict duc de Mayenne se reculle de vous, au lieu de s'en approcher, qui est un indice assez suffisant que son desseing n'est que particulier; auquel neantmoins voyant que le temps de vostre opiniastreté luy peut grandement servir, c'est la seule occasion pour laquelle il vous y entretient; ou bien s'il luy succedoit mieulx que par toute raison il ne debvroit faire, ce seroit pour vous pouvoir plus facilement livrer entre les mains des Espaignols, comme il est tout commun qu'il l'a ainsi traficqué et contracté avec eulx.

Vous ayant bien voulu dire tout succinctement ce que dessus, tant pour la descharge de nostre conscience envers Dieu et ne laisser rien de ce qui est de nostre debvoir et qui peut servir à vostre bien, que

---

[1] On diroit aujourd'hui *inspection*.

pour vous faire paroistre le charitable soing que nous avons de vous et de vostre conservation, et que ne debvés entrer en aulcun desespoir de ne pouvoir requerir et recouvrer vostre grace, laquelle, en vous reduisant en ce qui est de vostre debvoir, vous sera tousjours favorable et propice, et que aussy peu debviés avoir aucune apprehension que nous voulsissions rien innover, alterer ni changer de la religion catholique, laquelle nous protestons devant Dieu de voulloir conserver, maintenir et la prendre en nostre protection avecq tous ceulx qui en font profession ; et ne souffrirons aussy qu'il y soit rien attenté ou entrepris non plus que à nostre propre personne : ce sera à vous à vous conseiller, vous adresser à Dieu et recourir à sa saincte bonté, à ce qu'il luy plaise vous dessiller les yeulx, pour pouvoir discerner ce qui est de vostre salut ou de vostre ruyne, vous donner moyen de vous retirer du peril, qui vous est sy imminent, et vous pouvoir servir de ce peu de loisir qui vous reste, qui est veritablement bien bref, mais touttefois encores tel, qu'il vous peut servir, pourveu que le voulliés et que n'en laissiés escouler l'occasion. Advisés-y donc de bonne heure, et faictes que vostre exemple en ce faict ouvre la memoire de celuy par lequel une sy grande multitude de peuple se sont, à vostre imitation, laissé envelopper aux malheurs qu'ils souffrent et qui leur empireront infailliblement comme les vostres. Mais si vous remettés à l'extremité, il n'y aura plus de lieu de penitence ny de remede ; de quoy n'auriés aulcune juste occasion de vous plaindre, sinon de vos maulvais conseils, et non de nous qui vous faisons paroistre assez comme nous avons plus de soing et de pitié de vous, que vous n'avés de vousmesmes. Donné au camp de Aubervilliers[2], ce xve juin 1590.

HENRY.
FORGET.

[1] Dans l'Ile-de-France, aujourd'hui du département de la Seine.

## 1590. — 19 JUIN.

Orig. — Archives de M. le marquis de la Rouzière.

### A MONS^R DE LA ROUZIERE, S^R DE LA BOSME,
#### CHEVALIER DE MON ORDRE.

Mons^r de la Rouziere, Vous avés, longtemps y a, entendu, par lettres que le feu Roy, de bonne memoire, mon trés honoré seigneur et frere, a escriptes en Auvergne, sa resolution d'y envoyer mon nepveu le grand prieur de France, pour y prendre possession tant de ses biens domaniaux que du gouvernement du dict pays, qu'il luy avoit donné, et pourveoir par mesme moyen à ce que y seroit requis pour son service, et liberation de la dicte province, des incursions, oppressions et violences de ceulx qui la troublent et perturbent. Or, reprenant les erremens de ceste resolution, j'y envoye maintenant mon dict nepveu, à mesmes fins, muny des pouvoirs qui luy sont pour ce necessaires. Et l'ay bien voulu accompaigner de la presente, pour vous prier de vous rendre auprés de luy avecque vostre equipaige, et de l'y assister de vos moyens en tout ce qu'il vous sera possible, tant en mon service que pour ce qui le concerne particulierement, que (pour l'amitié que je luy porte) je n'estime moins que mon faict propre; et specialement de vous trouver en l'assemblée des Estats du dict pays, que je luy ay donné charge de convocquer à certain jour et lieu qu'il advisera, pour y proposer de ma part et mettre en deliberation ce qu'il me semble estre necessaire à mes subjects de ce pays-là, selon les occurences de ce temps, me promettant que vous y trouvant, vous ne fauldrés d'y apporter par vostre dexterité et prudence les bons effects que vostre bon zele a accoustumé de produire au bien et tranquilité publicque de ceste Couronne, et singulierement à mes dicts subjects de la dicte province, pour l'interest que vous avés à la conservation d'icelle. Aussy pouvés-vous prendre asseurance que, l'occasion s'offrant, je me resoubviendray sy bien du service que vous me ferés en cest endroict et de vostre assistance à mon dict nepveu, qu'il ne me requerra rien pour vous que je puisse, que je ne le face de bonne volonté : sur quoy me remettant à ce qu'il vous fera plus amplement sçavoir de mon intention, je prierai le Createur, Mons$^r$ de la Rouziere, qu'il vous ayt en sa saincte garde. Escript à Aubervilliers, le xix$^e$ jour de juing 1590.

HENRY.

POTIER.

1590. — 21 JUIN.

Orig. — Archives de M. le comte d'Houdetot.

### A MONS$^R$ DE HOUDETOT.

Mons$^r$ de Houdetot, J'ay entendu par le s$^r$ de Champeaux, lieutenant du s$^r$ de Saint-Denys Mailloc au gouvernement de ma ville de Lizieux, que les quatre compagnies de gens de pied que j'ay par cydevant ordonnées pour tenir garnison en la dicte ville sont sur le point de la quitter et s'en aller, à deffaut de leur payement. Et attendu que le dict payement est empesché par les courses et pilleries des ennemys, qui font qu'on ne peut lever et recueillir l'argent des tailles, je vous ay voulu escrire la presente, pour vous requerir qu'avec le plus de gentilz-hommes et autres de l'arriere-ban que pourrés, vous prestiés ayde au dict de Champeaux, affin de retenir la dicte garnison dans le debvoir, et delivrer le pays des dictes courses et pilleries, en telle façon que la dicte collecte se puisse faire et employer au payement des dictes compagnies. L'experience que j'ay de vostre zele, vaillance et fidelité ne me laisse un moment doubter du bon succés de cette entreprise, durant laquelle, comme en toute occasion, je prieray Dieu, Mons$^r$ de Houdetot, qu'il vous ayt en sa saincte garde. Au camp d'Aubervilliers, ce xxj$^e$ jour de juin 1590.

HENRY.

FORGET.

1590. — 22 JUIN. — I<sup>re</sup>.

Cop. — Archives de madame la duchesse de Vicence, née Carbonel de Canisy.

### A MONS<sup>R</sup> DE CANISY.

Mons<sup>r</sup> de Canisy, Saichant que vous seriés trop marry de perdre l'occasion d'une bataille, et esperant dans peu de jours d'en donner une au duc de Mayenne, si il s'avance, comme il dit le vouloir faire, pour secourir Paris, estant desjà à Soissons avec la plus-part de ses forces, je vous en ay voulu donner advis, et quant et quant vous prier, comme je fais au comte de Thorigny[1], de monter incontinent à cheval avec vostre compagnie, pour vous rendre au plus tost que vous pourrés à mon armée, à laquelle vous ne sçauriés estre trop tost; vous joignant en chemin à mon cousin le duc de Montpensier, si desjà il ne sera acheminé vers moy, comme je luy mande de faire incontinent : et sur ce je prie Dieu qu'il vous ayt, Mons<sup>r</sup> de Canisy, en sa saincte garde. Au camp d'Aubervilliers, ce xxij<sup>e</sup> jour de juin 1590.

HENRY.

1590. — 22 JUIN. — II<sup>me</sup>.

Orig. — Archives de la ville de Metz. Copie transmise par M. Clercx, archiviste.

### A NOS TRÉS CHERS ET BIEN AMEZ LES MAISTRE-ESCHEVIN ET TREIZE DE LA VILLE DE METZ.

Trés chers et bien amez, Vous faictes sy bon debvoir, en tout ce qui s'offre pour le bien de nostre service, et apportés tant d'affection en ce qui est de l'advancement de nos affaires, que le contentement que nous en recepvons augmente grandement nostre bonne volonté en vostre endroit; pour tesmoignage de quoy, nous avons bien resolu de vous gratiffier en tout ce que nous pourrons, esperant le vous faire congnoistre par les effects, lorsque nous aurons donné

---

[1] Le comte de Thorigny, fils de M. de Matignon, était le beau-frère de M. de Canisy, gendre de ce maréchal.

quelque ordre à nos affaires de deçà, qui sera bien tost, Dieu aydant, et mesmes vous ayder de bonnes forces pour empescher les desseings du duc de Lorraine et establir un asseuré repos en ce qui despend du pays Messin. A quoy nous vous prions continuer d'ayder de vostre part comme avés faict jusques icy, vous asseurant que selon que vous avés participé aux maulx que les traverses de nos ennemys nous ont apportez, nous vous ferons participer aussy au repos que nous esperons donner à tous nos bons subjects et à ceulx qui sont soubs nostre protection. Donné au camp d'Aubervilliers, le xxij<sup>e</sup> jour de juin 1590.

HENRY.

POTIER.

[1590.] — 27 JUIN.

Orig. autographe. — B. R. Fonds Béthune, Ms. 8456, fol. 57.

A MONS<sup>R</sup> DE LA NEUFVILLE.

Vous verrés par celle que j'escris à vostre voisin ce qui est arrivé icy; je ne fauldray, s'il se presente occasion de la bataille, de vous en mander : faites-en estat. A Dieu. De Aubervilliers, ce xxvij<sup>e</sup> juin.

HENRY.

1590. — 5 JUILLET.

Orig. — Archives du feu duc de Gramont-Caderousse. Copie transmise par M. le préfet de Vaucluse.

A MONS<sup>R</sup> DE VACHERES,

CAPPITAINE D'UNE COMPAIGNIE DE CHEVAUX-LEGIERS.

Mons<sup>r</sup> de Vacheres, J'ay entendu par le s<sup>r</sup> des Reaux d'Emery, à son retour du voyage qu'il a faict par delà, comme vous vous estiés retiré chez vous avec quelque mescontentement; dont il m'a despleu, n'estant saison que mes bons serviteurs se doibvent disposer à se retirer, soubs ombre de leurs passions particulieres, lesquelles il faut tousjours suspendre quand il est question de son debvoir envers son Roy. Aussy ne puis-je croire que vous veuilliés demeurer inutile, quand tous les aultres travaillent. Je desire que cela se puisse raccommoder, ou, s'il ne se peut faire quant à present, que vous me veniés trouver icy pour demeurer prés de moy, où je sçay que vous me pouvés faire de bien bons services, et y estre grandement utile. Je prendray tousjours plaisir aussy que la bonne volonté que je vous porte le vous puisse estre, en bienfaicts et honneurs, selon que les occasions s'en presenteront : sur ce, je prie Dieu, Monsr de Vacheres, vous conserver en sa saincte garde. Escript au camp d'Aubervilliers, le vᵉ jour de juillet 1590.

HENRY.

FORGET.

1590. — 9 JUILLET.

Orig. — B. R. Fonds Béthune, Ms. 9037, fol. 17.
Cop. — B. R. Suppl. fr. Ms. 1009-2.

A MON COUSIN LE DUC DE MONTMORENCY,

PAIR ET MARESCHAL DE FRANCE, GOUVERNEUR ET MON LIEUCTENANT GENERAL EN MON PAYS DE LANGUEDOC.

Mon Cousin, Vous trouverés mon aultre depesche, que vous avés avec ceste-cy, desjà de vieille date, parce que, depuis qu'elle fust faicte, ayant esté adverty du retour prochain du sr des Reaulx d'Emery, je feis differer la despesche de ce porteur que le sr Desdiguieres m'avoit envoyé, afin qu'il vous peust reporter par mesme moyen ma response sur ce que m'auroit apporté de vostre part le dict sr des Reaulx, lequel a un peu plus tardé à arriver que je ne pensois, car je ne l'ay icy que depuis bien peu de jours. En me rendant raison de son dict voyage, il n'a oublié de me tesmoigner avec combien de zelle et d'affection il vous a veu embrasser ce que je vous avois recommandé par luy pour mon service : dont je suis trés content et vous en sçais tout le bon gré que vous pouvés desirer. J'ay beaucoup de regret que toutes choses ne se sont aussy bien rapportées pour ceste entrevue que je desirois que ce fust, de vous et des s^rs de la Vallette, Alfonse[1] et Desdiguieres, comme y avés faict vostre volonté et grande diligence. Mais la prison de l'un[2] et les grands affaires de l'aultre ont esté cause qu'ils ne s'y sont peu trouver. Toutefois la peine que vous en avés prinse n'aura pas esté inutile, puisque le dict s^r Desdiguieres a peu par ce moyen estre instruict de vous sur la charge que vous avés entendu que je luy voulois commettre, pour laquelle j'ay esté bien ayse d'entendre que vous avés esté de mon advis; auquel, ayant encores puis nagueres entendu l'estat de la Provence, je me confirme plus que auparavant, n'estimant aultre meilleur moyen que cestuy-là pour divertir la tempeste dont elle est menacée. Pour ceste occasion j'envoye audict Desdiguieres par ceste depesche toute charge et liberté d'entamer cest affaire, quand il verra qu'il sera à propos, luy ayant donné toutes les meilleures provisions pour fournir à la despense qu'il m'a esté possible; entre lesquelles je luy fais estat de cent cinquante mines de sel, que j'ay veu, par l'instruction que vous avés baillée audit des Reaulx, que vous avés promis de luy faire delibvrer; ce que je vous prie d'accomplir, afin que cela ne retarde un sy bon effect,

---

[1] Alphonse d'Ornano était le fils aîné de Sanpietro d'Ornano, surnommé *di Bastorga*, seigneur de Benano, colonel général des Corses au service de France, et de Vanina d'Ornano. De Thou a raconté dans le livre XLI de son histoire la mort tragique de sa mère et de son père. Jamais les fureurs de la vengeance ne furent plus terribles. Alphonse fut élevé enfant d'honneur des fils de Henri II. Charles IX le nomma chevalier de son ordre. Il succéda à son père dans la charge de colonel général des Corses, fut ambassadeur à Gênes, gouverneur de Pont-Saint-Esprit et lieutenant général pour le Roi en Dauphiné. Après avoir servi avec beaucoup de courage et de fidélité les rois Charles IX et Henri III, il reconnut sans hésitation Henri IV, et le servit de même. Il fut reçu chevalier du Saint-Esprit en 1595, et la même année devint maréchal de France, et lieutenant général au gouvernement de Guienne. Il mourut de la pierre à Paris, le 21 janvier 1610, à l'âge de soixante-deux ans.

[2] Après avoir établi l'autorité du Roi en Dauphiné, de concert avec la Valette et Lesdiguières, d'Ornano étant passé dans le Lyonnais, mit le siège devant la ville de Toissay. Un gentilhomme nommé la Barre étant sorti de la place pour défier, au coup de pistolet, le plus hardi, d'Ornano, cédant à une fougue chevaleresque, se présenta, fut blessé, fait prisonnier, et ne recouvra sa liberté qu'en payant une rançon de quarante mille écus. Cette lettre donne la date de sa prison.

duquel je me promets un trés bon succés. J'ay bien consideré ce que vous dictes, qu'il sera mal aisé qu'il tire des forces de Languedoc, y en ayant maintenant de respandues en tant d'endroicts ; mais j'estime que avec les moyens que je luy donne, s'il les peut faire valoir, qu'il recouvrira des hommes ce qu'il a besoing. Je m'asseure qu'il n'advancera rien en cela sans vous en advertir. Je vous prie d'aussy l'assister tousjours de vos bons advis et moyens, autant que vous pourrés, attendant que ce desseing, s'estant un peu fortifié, comme j'estime qu'il fera aisement, merite d'estre sousteṇu d'une plus grande force, et peut-estre de ma presence, comme je m'y porterois aussy volontiers que en aulcune aultre affaire qui se puisse offrir.

J'ay veu aussy par la dicte instruction dudict des Reaulx, comme vous avés enfin descouvert que les traictez de ceulx de Lyon et de Grenoble n'estoient que tromperie. Vous avés cogneu par mes precedentes depesches que c'en estoit bien mon advis ; car j'ay ceste experience de tous ceulx de ceste faction qui sont par-deçà, qu'il n'y a en leurs parolles que toute simulation et perfidie. Vous verrés par ma dicte precedente despesche le desir que j'ay que vous vous approchiés du Dauphiné, pour faire une assemblée des principaux de la noblesse du pays, et là, avec leur advis, establir, s'il est necessaire, quelque ordre pour la conduicte des affaires du gouvernement, attendant la delivrance du seigneur Alfonse, que j'espére qui ne sera plus gueres differée. Pour ceste occasion, je ne serois pas d'advis qu'il s'y feist grand changement, si estoit possible. Je vous envoie le memoire de ceulx à qui j'ay escript pour se trouver à la dicte assemblée. Quand vous les en advertirés, vous ne laisserés pas pour cela d'y en appeller d'aultres, si voyés qu'il soit necessaire. J'eusse encore volontiers differé de le faire partir pour quelques jours, parce que je suis adverty que bien tost doibt arriver le chevalier d'Albene[3], que vous m'avés depesché, mais il s'of-

---

[3] Ainsi pour *d'Elbène*. Je ne trouve point vers cette époque dans la famille d'Elbène d'autre chevalier de Malte que Jacques d'Elbène, avant-dernier fils de Pierre d'Elbène et de Bartolomea Corsini. Il avait été panetier du roi Henri II, et était oncle d'Alexandre d'Elbène dont il a été question t. I, p. 235.

frira aultre commodité de vous donner advis de son arrivée, estant assez marry que vous avés chommé sy longuement de mes nouvelles, de celles de l'estat de mes affaires de deçà. Vous en aurés icy un petit memoire par où vous verrés que, Dieu mercy, elles vont prosperant. Nous sommes sur l'attente d'une seconde bataille, de laquelle il n'y a apparence que d'en esperer tout bon succés. Pour le moins, je vous puis dire qu'il y a peut-estre vingt et trente ans que l'on n'a veu en armée tant de noblesse françoise qu'il s'en verra en ceste-cy ; car j'estime que dans huict ou dix jours il se trouvera plus de trois mille cinq cens gentilz-hommes; et Dieu ne permettra pas que ceste bonne assemblée se fasse sans quelque bon effect. Les nouvelles ne vous en seront pas sy tardives qu'elles furent l'aultre fois. Sur ce, je prie Dieu, mon Cousin, vous conserver soubs sa saincte garde. Escript au camp de Sainct-Denys, le ix$^e$ juillet 1590.

HENRY.

## 1590. — 10 JUILLET.

Cop. — B. R. Suppl. fr. Ms. 1009-3.

### AU S$^R$ HORATIO RUCELLAI [1].

Mons$^r$ de Rucellai, Comme je sçay que de vous-mesme vous faites tous les bons offices que vous pouvés pour le bien de mes affaires, tesmoignant par ce moyen la continuation de la singuliere devotion que de tout temps vous avez monstrée envers ceste Couronne ; aussy je ne veulx attendre d'estre requis de vostre part de ce que je cognois pouvoir faire pour vostre contentement. Ce que j'ay voulu commencer à present, en ce que touche les benefices que j'ay esté adverty que vostre frere l'evesque tient en ce Royaume, desquels advenant vacation par son decés, sans en avoir disposé, la disposition vous en

---

[1] Les Ruccellai étaient de riches financiers florentins, alliés des Médicis. Un abbé de ce nom, connu à la cour par son opulence, joua un rôle actif dans plusieurs intrigues du règne de Louis XIII. Son père, qui vivait encore à cette époque, pourrait être le personnage à qui est adressée cette lettre de Hénri IV.

est, dés ceste heure, reservée, pour y nommer telles personnes capables que vous y adviserés, vous en donnant ma parolle par la presente, qui vous servira de tesmoignage et seureté de mon intention en cest endroict, avec assurance de plus, qu'en tout aultre chose où je vous pourray gratiffier, je le feray de trés bon cœur : priant Dieu, Mons<sup>r</sup> de Rucellai, qu'il vous ait en sa saincte garde. Escript au camp d'Aubervilliers, le x<sup>e</sup> jour de juillet 1590.

HENRY.

REVOL.

1590. — 15 JUILLET. — I<sup>re</sup>.

Orig. — Arch. de Bayonne. Copie transmise par M. Balasque, archiviste.

A NOS CHERS ET BIEN AMEZ LES MANANS ET HABITANS DE NOSTRE VILLE DE BAYONNE.

Chers et bien amez, Nous estimons que vous aurés esté advertys par vostre depputé, qui est par-deçà, comme sur les articles qu'il nous a presentez de vostre part nous y avons faict les meilleures responses et les plus favorables qu'il nous a esté possible, et qui l'auroient encore esté davantage si la qualité du temps le pouvoit permettre. Pour le moins vous pouvés estre asseurez que du bien et de la grace qui sera en nostre disposition vous en aurés autant de part que nuls aultres de nos subjects, estant tres contens et satisfaicts de vostre constance et fidelité et de l'affection particuliere que nous sçavons que vous nous portés. Nous avons veu par les vostres dernieres l'apprehension que vous avés des forces que vous entendés qui s'assemblent en Hespagne : en quoy nous louons grandement le soing que vous avés et de vostre conservation particuliere, et par consequent du bien general de cest Estat. C'est chose qu'il ne fault pas negliger, et qui merite au contraire de vous rendre plus soingneux et vigilans à ce qui peut concerner la seureté de vostre dicte ville, et pareillement au faict des intelligences qui se sont, par la malice du temps, rendues sy communes, que les conjectures doivent tenir lieu de preuves[1]. Vous vous comporterés en cela et en toute aultre chose par l'advis et conseil du s^r de la Hilliere, qui a rendu tant de preuve de sa fidelité, valeur et intelligence au faict des armes, que sa seule presence vous pourroit asseurer contre un plus grand effort. Nous luy escrivons aussy presentement que nous voulons qu'il se serve de vos conseils et advis, et sur tout que la bonne union et intelligence, qui a jusques icy esté entre luy et vous, y soit maintenant mieux confirmée et entretenue que jamais; ce que nous vous recommandons aussy singulierement; car cela estant, il est certain qu'il ne vous peut arriver aulcun inconvenient. Nous avons aussy escript à nostre cousin le mareschal de Matignon d'avoir soing de vous pourveoir, quand le besoing y sera, d'artillerie, munitions, gens de guerre, mesmes de sa presence s'il estoit necessaire; comme vous pouvés bien juger que nostre ville de Bayonne estant l'une des principales clefs de ce Royaume, que nous ne la laisserons en necessité d'aulcune chose. Mais ce en quoy nous nous asseurons plus de la seureté d'icelle est en vostre fidelité et au soing que nous sçavons que vous en avés, par lequel en conservant ce qui est de vos fortunes et familles, vous meriterés tousjours d'aultant plus de nostre bonne grace, en laquelle vous debvés vous asseurer d'avoir toute la bonne part que vous y pouvés desirer. Donné au camp de Sainct-Denys, le xv^e jour de juillet 1590.

HENRY.

FORGET.

---

[1] Maxime effrayante et dont il est surprenant qu'on n'ait point senti les dangereuses conséquences.

[1590.] — 15 JUILLET. — II^me.

Orig. autographe. — Biblioth. de l'Arsenal, Mss. Histoire, n° 179, t. I^er.
Cop. — B. R. Suppl. fr. Ms. 1009-4 et Ms. 2289.
Fac-similé gravé, communiqué par M. F. Feuillet de Conches.
Imprimé. — *L'Esprit d'Henri IV,* p. 164. — *Vie militaire et privée de Henri IV.* Paris, 1803, in-8°, p. 193. — *Journal militaire de Henri IV,* publié par M. le comte DE VALORI, p. 286. — *Lettres de Henri IV, publiées par N. L. P.* Paris, 1814, in-12, p. 57, etc.

[A MADAME LA COMTESSE DE GRAMONT.]

Vous aurés bientost de mes nouvelles par La Vye, pour qui j'ay faict en vostre faveur chose de quoy il est content. Sainct-Denys et Dammartin se sont rendus, Paris est aux abois, de telle façon que ceste sepmaine il luy fault une bataille ou des deputez[1]. Les Espagnols se joindront mardy prochain au gros duc[2]; nous y oirrons s'il aura du sang au bout des ongles. Je meine tous les jours vostre filz aux coups, et le fais tenir fort subject auprés de moy; je crois que j'y auray de l'honneur. Castille enrage que son regiment ne vient. Je vis hyer des dames qui venoient de Paris, qui me conterent bien des nouvelles de leurs miseres. Je me porte trés bien, Dieu mercy, n'aimant rien au monde comme vous: c'est chose de quoy je m'asseure que ne doubterés jamais. Sur ceste verité je vous baise, mon ame, un million de fois ces beaux yeux que je tiendray toute ma vie plus chers que chose du monde. Ce 15^me juillet.

1590. — 16 JUILLET.

Cop. — B. R. Suppl. fr. Ms. 1009-3. (D'après les registres du Parlement.)
Cop. — B. R. Fonds Dupuy, vol. 317, fol. 81 verso.
Imprimé. — *Journal militaire de Henri IV,* publié par M. le comte DE VALORI, p. 167, etc.

AUX PREVOST DES MARCHANS, ESCHEVINS, CONSEILLERS, MANANS ET HABITANS DE NOSTRE VILLE DE PARIS.

Manans et habitans de nostre ville de Paris, Si la raison, le debvoir

---

[1] Malheureusement pour le repos de la France, l'arrivée du duc de Parme les dispensa de cette alternative.
[2] Mayenne.

naturel et les anciennes lois et constitutions de ce Royaulme n'ont peu flechir vos cœurs à la recognoissance de nostre legitime vocation à ceste Couronne, abusez par les artifices de ceulx qui, aux despends de vos vies et moyens, osent aspirer à l'usurpation d'icelle, la necessité en laquelle ils vous ont reduicts, frustrez des secours qu'ils vous ont promis et par vous sy longuement attendus (en vain toutesfois, comme eu devés desormais estre assez esclaircis et resolus), vous devroit au moins faire ouvrir les yeux à une aultre voie du salut que vous ne debvés doubter de trouver en nostre grace et bonté, quand vous vouldrés y avoir recours, vous en ayant ouvert le chemin et faict desclaration par aultres nos lettres, que nous avons cy-devant envoyées pour vous y convier[1]. Et combien que nostre bonne volonté n'ait esté en cela receue comme elle meritoit, et que, par le miserable estat où nous sçavons que vous estes constituez, et le renfort qui nous arrive de jour à aultre en nostre armée, nous voyons comme à l'œil vostre perte proche et certaine, de sorte que, si le moyen de reduction nous estoit indifferent, nous n'aurions à nous donner peine que de poursuivre celuy de la force, dont, Dieu mercy, ne nous defaut aulcune commodité ; toutesfois l'affection que nous avons, plus grande que vous-mesmes, de vous conserver, nous a meus de jeter encore parmy vous la presente, pour reveiller vos esprits endormys et nonchalans à prendre le remede en vostre mal que vous y pouvés encore trouver ; et d'aultant que nous sommes advertys qu'on se sert, à l'endroict de ceulx qui ne sont retenus que du zele qu'ils ont à la religion catholique, apostolique et romaine, d'une crainte imaginée, qu'on leur imprime, de quelque force et contraincte que nous leur y pourrions faire (ce qu'ils ne se laisseroient persuader, s'ils estoient bien informez de nostre intention et du soing que nous avons, depuis nostre advenement à la Couronne, de maintenir la dicte religion et tous les catholiques, mesmes les ecclesiastiques), nous vous desclarons que, si vous voulés depputer quelques-uns d'entre vous pour nous venir trouver, auxquels

---

[1] Voyez ci-dessus, lettre du 15 juin.

nous enverrons nos passe-ports pour ce faire, nous leur donnerons pour ce regard les esclaircissemens et ce dont on vous tient en doubte sur ce sujet, et leur ferons en toutes aultres choses tellement cognoistre l'affection et bienveillance de laquelle nous desirons embrasser tous nos subjects, qu'ils se rangeront en leur debvoir en nostre endroict ; que ce qu'ils vous en rapporteront vous donnera occasion de prendre meilleur conseil pour vostre bien que celuy que, par imprudence, fausses subgestions, vous avés suivy jusques à maintenant ; voulant encore, pour particulier tesmoignage du soin que nous avons de vostre seureté, vous dire que nous sommes advertys qu'aulcuns estrangers, auxquels vous n'avés donné que trop de part et creance entre vous, et qui vous tenoient desjà pour butin asseuré de leur convoitise, se voyans prests à decheoir de ce dessein, pratiquent soubs main de faire mettre la ville au pillage, ne faisant difficulté ne conscience de vous sacrifier tous à leurs passions, pour nous rendre inutile la reduction d'icelle en nostre obeissance, qu'ils cognoissent ne se pouvoir plus esviter : à quoy vous ouvrirés les yeux et y pourvoirés, si bon vous semble, selon que le faict vous touche. Dieu vous fasse la grace de bien faire vostre profit de cette nostre paternelle admonition. Escript au camp de Saint-Denys, le xvj<sup>e</sup> juillet 1590.

HENRY.

## 1590. — 18 JUILLET.

Orig. — Arch. municipales de Bordeaux. Copie transmise par M. le secrétaire de la ville.

A NOS TRES CHERS ET BIEN AMEZ LES MAIRE ET JURATZ DE NOSTRE VILLE DE BOURDEAULX.

Trés chers et bien amez, La suffisance du fermier Martin, present porteur, nous dispensera de vous faire icy un discours de l'estat de nos affaires, luy en ayant donné toute charge, laquelle entendue, vous verrés que, graces à Dieu, ils sont dés à present en trés bon estat, et avec grande presumption et apparence qu'il sera bien tost meilleur ; estant en trés bonne esperance de recouvrer sous peu de jours nostre ville de Paris où de gagner une bataille, et peut-estre l'un et l'aultre, ce que nous asseurons qui sera bien secondé de vos bonnes prieres, comme nous vous y exhortons, et de faire de vostre part le semblable envers vos concitoyens. Au reste, ayant veu la requeste que vous nous avés envoyée d'aulcuns des habitans de nostre ville de Bourdeaux, sur l'advis qu'ils avoient d'une imposition que nous aurions ordonnée pour le payement des gages des officiers de nostre cour de parlement, nous avons advisé de la temperer et la restraindre sur l'entrée des denrées seulement, et non plus sur l'isseue. Nous l'eussions aussy volontiers entierement revoquée, si nous ne nous eussions trouvez sy pressez de la grande raison qu'il y a de pourveoir auxdicts gages, que nous sçavons estre trés bien acquis, et de l'incommodité de nos affaires; et ne le pouvons faire par aultre moyen. Mais Dieu permettant un meilleur establissement en nos dicts affaires, comme il semble que les choses s'y disposent trés bien, nostre intention est de descharger nostre dicte ville de ceste imposition et de beaucoup d'aultres. Cependant nous desirons que ceste-cy pour ceste heure soit receue, et que ce soit sans rumeur ny opposition, si c'est possible. Il ne nous reste que à vous exhorter aussy de bien continuer le soing que vous avés accoutumé d'avoir de la conservation de vostre ville, et des habitans d'icelle en toute bonne intelligence et amitié. Donné au camp de Sainct-Denys, le xviij$^e$ jour de juillet 1590.

HENRY.

FORGET.

## 1590. — 20 JUILLET.

Orig. — B. R. Fonds Béthune, Ms. 8859, fol. 90.
Cop. — B. R. Suppl. fr. Ms. 1009-4.

### A MON COUSIN LE S$^R$ DE MATIGNON,

MARESCHAL DE FRANCE.

Mon Cousin, Sans la nouvelle que j'eus de la venue du s$^r$ de Corne quelques jours avant son arrivée, il y a longtemps que je vous eusse renvoyé le fermier Martin, present porteur. Il y a huict ou dix jours que le dict s$^r$ de Corne est icy, et l'ay, depuis, souvent ouy sur ce qu'il a eu charge de me dire de vostre part, comme j'avois aussy faict auparavant le dict Martin : sur quoy je vous confesseray que j'ay esté autant trompé que vous, et que je faisois bien estat que vous deussiés bien mieulx estre assisté que vous n'avés esté au voyage que vous avés faict par delà. Mais oultre que le pays a quelques qualitez particulieres, la saison ayde sinon à les excuser du tout, pour le moins à s'y accomoder, comme je m'asseure que par vostre prudence vous aurés bien sceu faire. Je commenceray à vous respondre sur ce que j'ay veu par une des vostres, qu'il semble que vous ayés mal interpreté une des miennes. Je ne vous puis pas sy bien respondre du texte que je feray de l'intention, laquelle, je vous asseure, n'a jamais esté de rien considerer en toutes vos depesches et advis, que ce qui a esté de mon pur service, sans y avoir rien recogneu de vostre particullier desseing, mesmes sur le faict du pouvoir que vous dictes; n'ayant jamais doubté que vous n'eussiés prins toute confiance sur ce que je vous en ay cy-devant et sy ouvertement escript, et bien receu les raisons que je vous ay mandées qui m'en ont faict differer l'effect. Mais maintenant que je sçay que mon service presse de le faire, je ne l'ay plus voulu remettre davantage.

Je vous envoye par ce dict porteur le pouvoir de mon lieutenant general en Guienne, en l'absence de mon cousin le prince de Condé, laquelle ne sçauroit moins durer d'une vingtaine d'années[1], pendant lesquelles vous pouvés estre asseuré de tenir la dicte charge comme en

---

[1] Ce prince n'avait pas encore deux ans. Il était né posthume, le 1$^{er}$ septembre 1588, de Henri de Bourbon, prince de Condé, et de Charlotte de la Trémoille. Il prend dans cette branche de la maison de Bourbon le nom de Henri II. Ses titres furent prince de Condé, premier prince du sang, premier pair et grand maître de France, duc d'Enghien, de Montmorency, de Châteauroux, d'Albret et de Bellegarde; comte de Gex, de Châteaubriant, de Valery; seigneur de Chantilly et de l'Ile-Adam; chevalier des ordres du Roi. Il fut successivement gouverneur de Guienne, de Berry, de Bourgogne et de Lorraine, et représenta, au sacre de Louis XIII, le duc de Bourgogne. Il avait eu pour parrain Henri IV, et fut jusqu'en 1601 héritier présomptif de la

principal chef; dont je vous eusse aussy voluntiers donné le tiltre, sans quelques considerations que vous pouvés bien juger. Mais à personnes de vostre condition, qui abondent en jugement, il suffit de posseder la chose; et ne se travaillent gueres de la vanité du nom et des parolles. Je sçay que je ne pouvois remettre la dicte charge en meilleure main que la vostre, mais rien ne vous pouvoit estre offert de meilleure volunté que je le vous envoye.

J'ay consideré l'estat des garnisons que vous m'avés renvoyé, et lequel je vous renvoye, n'y ayant rien voulu changer, et trouvant trés bonne la resolution que vous avés faicte d'en retirer toute la cavallerie, de laquelle l'on se servira mieux estant reducte en compaignies de gens d'armes, que non pas comme elles estoient. Je vous en envoye aussy le rolle de celles qui doibvent estre entretenues en Guyenne, suivant vostre memoire, où que j'en ay seullement adjousté deux ou trois, afin de ne mescontenter personne. Cela ne vous oblige pas de vous servir que de celles que vous cognoistrés qui le pourront faire. J'ay entendu par le dict s' de Corne, que le s' de Fontrailles[2] eust desiré la garnison de Lestours un peu plus forte, comme à la verité j'estime qu'elle le merite. Mais je n'ay rien voulu changer à l'estat, pour ne faire point de consequence. Il sera plus à propos, si voyés que cela soit necessaire, que vous le faictes par une ordonnance particuliere, comme aussy pour quelque peu de garnison en une ou deux de ses maisons, que je n'ay pas aussy voulu, pour la mesme consideration, employer en l'estat; mais je desire bien qu'il soit gratiffié, comme vous sçaurés qu'il en est bien digne. J'ai veu le besoing que

couronne. On trouvera les détails sur son mariage avec mademoiselle de Montmorency à la fin de cette correspondance. Il eut pour fils aîné le grand Condé, et mourut à Paris, le 26 décembre 1646.

[2] Michel d'Astarac, baron de Marestang et de Fontrailles, vicomte de Congolas, gentilhomme de la chambre du Roi, sénéchal d'Armagnac, gouverneur de Leytours, capitaine de cent hommes d'armes. Il avait été colonel de la cavalerie de Jeanne d'Albret et lieutenant général au gouvernement de Guienne en l'absence du roi de Navarre. Il prolongea sa carrière au delà de 1604. Il était fils de Jean-Jacques d'Astarac, seigneur de Fontrailles, et d'Anne de Narbonne.

vous avés de pouldres, et que vous estiés en opinion d'en envoyer prendre à la Rochelle. Sans en chercher sy loing, vous en pouvés recouvrer à Navarrine³, où les pouldriers m'ont faict icy escrire qu'ils en avoient cinquante milliers prests; lesquels j'eusse faict venir à la Rochelle, pour m'en servir de deçà, si ce n'ait esté pour vous laisser. De ceste quantité vous adviserés s'il sera besoing d'en reserver quelque chose pour Bayonne, à quoy je vous prie de prendre garde, et s'il seroit point necessaire de fortiffier la garnison. Le sr de la Hilliere se plaint à moy, par toutes ses lettres, qu'il n'est point payé. Il est en lieu qui merite quelque privilege par dessus les autres. Je vous envoye presentement par le dict Martin une commission pour imposer de quarante mil escuz sur la province pour l'entretenement de l'armée, desquels je vous ay reservé trente mil escuz, et quatre mil escuz pour le dit sr de la Hilliere, pour ce qui est deu à luy et à sa garnison, de l'année passée : ce qu'il sera à propos que vous luy faites payer, de ce qui se levera de la dicte composition en la seneschaussée de Pamiers, afin qu'il soit plus en commodité. Pour les autres six mil escuz restans, je les ay reservez pour une aultre assignation particulliere. J'envoye aussy par le dict Martin une jussion bien expresse pour l'edict de la chambre, et leur mande comme j'en destine une partie des deniers pour ayder à recouvrer Marmande : que j'ay estimé estre la plus forte persuasion que je leur pouvois donner. Le dict Martin leur porte aussy l'edict de la reunion des seneschaussées d'Armaignac, Quercy et Rouergue, à mon parlement de Bourdeaulx, et par mesme moyen une creation de six conseillers, pour, avec ceux de la chambre des requestes que je fais incorporer au dict parlement, faire une troisiesme chambre des enquestes. Je vous ay sur les dicts deux edicts reservé aultres trente mil escuz, comme je vous ay cy-devant mandé par ma precedente depesche du xxij° du mois passé.

Quant à la chambre de justice que vous demandiés, l'on a estimé icy que peut-estre ceste reunion que je fais par le dict edict des dictes

³ C'est la ville de Navarreins en Béarn, dont nous avons dit que les rois de Navarre avaient fait une place d'approvisionnement.

seneschaussées à mon dict parlement de Bourdeaulx suffiroit pour rendre la justice assez facile à mes subjects, sans faire ceste déspense de l'entretenement de la dicte chambre, laquelle aussy bien ne pourroit de gueres servir que au lieu où elle sera establie, parce que les chemins de Rouergue et Quercy et Armaignac ne sont pas plus faciles que les aultres; et cependant que ce eust esté assez d'envoyer un conseiller du dict parlement en chacune des dictes seneschaussées pour y avoir l'intendance de la justice; touttesfois parce que nul ne peut mieulx juger de cela que vous, je me suis resolu de vous envoyer l'une et l'autre despesches, afin que vous vous serviés de celle qui vous semblera la meilleure. Vous trouverés celle de la dicte chambre de justice tout en blanc, pour ceulx qui la doibvent tenir, dont je vous laisseray aussy à faire le choix, et juger s'il sera à propos d'y prendre de ceulx du parlement de Thoulouse ou non. Car si la dicte reunion doibt avoir lieu, il semble qu'il les faudroit tous prendre du dict parlement de Bourdeaux. J'envoye aussy la commission pour imposer leur entretenement durant quatre mois. S'il est besoin de les y tenir davantaige, il sera aysé d'en faire la prolongation, suivant ce que j'ai veu dans vos memoires. Je vous envoie l'ordonnance pour les levées de gens de guerre, à ce qu'elles ne se puissent faire sans vostre attache, estant bien necessaire de la faire soigneusement observer; et à cest effect il sera bon de la faire imprimer et publier partout, afin que chacun en soit adverty; j'ay mis en vostre pouvoir particullier pour faire faire le serment à la noblesse et deffendre les fortiffications des maisons privées.

Je vous envoye aussy la provision de la cappitainerie du chasteau de Bourg pour le s$^r$ de la Roche, vostre fils, pour qui je ferois davantaige bien volontiers. Je crois que vous ayés receu la despesche que je vous ay faicte avec celle que j'ay envoyée aux jurats de Bordeaux pour la continuation du jurat la Plane, qui est du xij$^e$ de ce mois; et ne doubte point qu'elle ne soit arrivée à tems, avant l'eslection des nouveaulx. J'escris presentement aux s$^{rs}$ de Poyanne, vicomte de Gourdon, la Devyse, Lesignan, Maraval et Dubourg, que je veulx qu'ils demeurent prés de vous. Je crois que vous estes maintenant bien resolu de ceulx qui doibvent venir icy ; car l'on m'asseure que mon cousin le vicomte de Turenne doibt estre maintenant en Poïctou avec ses trouppes. Je crois que je n'y seray pas trompé comme j'ay esté à celles de mon cousin le duc d'Espernon, car lorsque j'estimois qu'elles feussent entre cy et Roches, j'ay sceu qu'elles estoient en Gascogne. Je n'ay poinct encores entendu avec quel desseing ; car si ce n'estoit que pour aller veoir madame de la Valette, il pourroit faire ce voyage en moindre compaignie, mesmes s'il y veult faire sy peu de sejour comme il dict, m'ayant faict asseurer par le dict s$^r$ de Corne qu'il doibt estre icy dans un mois. Je me promets que pendant qu'il sera par delà, qu'il s'offrira de vous assister, comme (s'il est accompaigné comme l'on m'a dict qu'il est) ce ne seroit pas un mauvais secours. Je luy escris presentement pour le haster de venir icy, où sa charge l'appelle plus que jamais. Car s'il a failly à la premiere bataille[4], et fauldra encores à la seconde ; si elle se doibt donner, il ne faudroit pas qu'il faillist à la troisiesme, que l'on dict que le duc de Parme viendra donner en personne, pour veoir s'il aura meilleure fortune que n'a eu en la premiere le duc du Maine, et n'aura, si Dieu plaist, en la seconde.

J'ay vu le propos qui vous a esté tenu pour la suspension, sur quoy je ne vous pouvois donner meilleure instruction que celle que vous avés prinse de vous-mesmes, estant bien resolu de ne leur donner jamais patience qu'ils ne m'ayent rendu ce qu'ils me doivent. J'ay entendu avec regret la mort du feu s$^r$ de Bournazel, parce que je l'ay tousjours tenu pour m'estre bon et affectionné serviteur. Je me suis resolu, avec vostre advis, de donner sa charge au s$^r$ de la Devise, que j'estime qui s'en sçaura dignement aquitter. Il le faudra presser de s'y en aller le plus tost qu'il sera possible. En vostre recommandation aussy j'ay accordé une moderation de sept ou huit cens escuz sur l'office de receveur d'Armaignac, pour le fils de celluy par la mort duquel

---

[4] Ivry.

il est vacant. Je suis bien aise de ce que vous m'avés escript du s^r de Fontrailles [5]; je vous prie le conforter en ceste bonne opinion le plus que vous pourrés; car j'aimerois mieulx le separer de ceste façon que par une plus violente. Quant à l'estat de mes affaires de deçà, je le vous laisseray conter au dict Martin, present porteur, qui a eu tout bon loisir de s'en bien informer. Touteffois afin de luy ayder, je lui ay faict bailler un petit memoire de ce qui s'est passé depuis que nous sommes icy à l'entour de Paris. Il a ceste bonne fortune de partir d'icy tousjours la veille de la bataille. J'estime que nous sommes maintenant aussy proches de la seconde, que nous estions de la premiere quand il partit l'aultre fois. Les ennemys publient qu'ils la donneront dans mardy ou mercredy prochain. Ils le peuvent bien faire, car ils ne sont qu'à douze ou quinze lieues d'icy; et est necessaire qu'ils le facent entre cy et ce temps-là, autrement ils verront perdre Paris à leur veue; car il ne peult plus subsister jusques là. J'estime, s'ils donnent la bataille, que Paris la verra perdre les premiers; et puis il aura moins de honte de se perdre. J'espere que bien tost vous en aurés de bonnes nouvelles. J'en attends aussy des vostres par le s^r d'Espalungues en bonne devotion; car le bruit est icy que vous estes aux environs de Thoulouze et que mon cousin le duc de Montmorency s'en doibt aussy approcher. Si ces deux grandes villes se pouvoient pleger l'une l'autre, ce seroit un grand coup pour mes affaires, que j'ay ferme esperance que Dieu conduira à quelque heureuse fin, et bien tost. Et la meilleure augure que j'en ay est en ceste ardente affection que je revoy en ma noblesse, dont il y a ici une aussy belle compaignie que l'on en veit de longtemps ensemble, car je vous asseure qu'il y a plus tost plus que moins de trois mil gentilz-hommes en ceste armée; et y en arrive tous les jours, comme vous dira plus particulierement le dict Martin, sur lequel me remettant, je ne vous en diray icy plus davantaige. Sur ce, je prie

---

[5] Nous venons de dire qu'il avait été, sous le règne précédent, lieutenant général au gouvernement de Guienne en l'absence du roi de Navarre, gouverneur en titre, et maintenant roi de France.

Dieu, mon Cousin, vous conserver en sa saincte garde. Escript au camp de S<sup>t</sup>-Denys, le xx<sup>e</sup> jour de juillet 1590.

HENRY.

Mon Cousin, j'ay de tout temps recongneu tant de fidelité et d'affection au fermier Martin, present porteur, que, s'il y a occasion de le retenir prés de vous pour quelques mois, ou si vous trouvés qu'il soit plus necessaire de le renvoyer à Bordeaux, je luy ay commandé de faire et accepter toute telle charge que vous luy voudrés commettre pour mon service, dont je suis fort asseuré qu'il se sçaura fort bien acquitter.

[1590. — VERS LE 20 JUILLET.]

Cop. — Biblioth. de Reims, Ms. Lacourt, t. IV, n° 83.
Imprimé. — *Mémoires de la Ligue*, t. IV, p. 295. (Discours de Pierre Cornejo.)
Cop. — B. R. Fonds Dupuy, Ms. 136.

[A MON COUSIN LE DUC DE NEMOURS.]

Mon Cousin, Vous avés faict assez paroistre vostre valeur et generosité en la defense de Paris, jusqu'icy; mais de vous opiniastrer davantage sous une vaine attente de secours, il n'y a aulcune apparence; et si vous me contraignés de tenter la force, vous pouvés penser qu'il ne sera lors en ma puissance d'empescher qu'elle ne soit pillée et saccagée. Encor quand le secours que vous attendés viendroit, vous sçavés qu'il ne peut passer jusques à vous sans une bataille, laquelle, devant que me donner ny presenter, vostre frere se souviendra de la derniere; et quand bien Dieu me defavoriseroit tant pour mes pechez que je la perdisse, vostre condition seroit encore pire, pour n'avoir voulu recognoistre vostre Roy legitime et naturel, de tomber sous le joug et domination des Espagnols, les plus fiers et les plus cruels du monde. Partant, je vous prie de vous souvenir de ce qui s'est passé, et jeter les yeux sur ce qui peut avenir, et me recognoistre pour tel que debvés :

Vostre bon roy et bon amy,

HENRY.

## 1590. — 22 JUILLET.

Orig. — B. R. Fonds Béthune, Ms. 9037, fol. 20.
Cop. — B. R. Suppl. fr. Ms. 1009-2.

[A MON COUSIN LE DUC DE MONTMORENCY,
PAIR DE FRANCE, GOUVERNEUR ET MON LIEUTENANT GENERAL EN LANGUEDOC.]

Mon Cousin, Je vous ay faict deux depesches puis peu de jours par un que m'avoit icy depesché le s$^r$ Desdiguieres, que je luy ay renvoyé [1]. Mais parce que je crains que son voyage soit long, avant qu'il arrive jusques à vous, mesme si le bruit qui est icy est veritable, que vous vous soyés approché de Toulouse, d'un costé, pendant que mon cousin le mareschal de Matignon s'en approchoit de l'autre, c'est pourquoy, renvoyant ce porteur vers luy, je vous ay voulu, par ceste voye, envoyer un double de la derniere despesche que je vous ay faicte, par celuy du dict s$^r$ Desdiguieres, et par mesme moyen vous faire ceste-cy, pour vous dire que despuis peu de jours est arrivé icy le chevalier d'Elbene, qui nous a trouvez sy occupez à serrer ceux de Paris et à nous preparer pour la bataille que les ennemys publient que nous aurons dans quelques jours, que je n'ay peu encore achever de l'ouïr; mais ce sera dans un ou deux jours, et puis je le vous renvoyeray incontinent. Car aussy bien, s'il ne feust venu, j'estois resolu de vous en depescher quelque autre, duquel il prendra la place; et par luy je vous manderay ce que l'aultre vous eust porté, et satisfera à ce qu'il me rapporte de vostre part. Ceste-cy n'estant cependant que pour accompagner le duplicata de ladicte despesche, avec laquelle vous aurés aussy le double d'un memoire de l'estat de mes affaires de deçà, qui estoit avec l'aultre, j'espere, dans peu de jours, avoir subject de vous en dire de plus particulieres; car il faut, de necessité, que les ennemys nous donnent la bataille dans mardy ou mercredy, ou qu'ils voyent perdre Paris à leur veue, car il ne peut subsister davantage, encores

---

[1] Voyez ci-dessus la lettre du 9 juillet.

sera-ce avec une necessité et abstinence incroyable, laquelle ils ont jusques icy supportée telle, qu'il faut confesser que nous nous y sommes tous trompez. Mais j'ay bonne opinion qu'ils s'y tromperont aussy à la fin, et qu'il sera mal aysé qu'ils m'eschappent à ceste fois. Il y a plus de vingt jours que le duc du Maine est à l'entour de Soissons, ramassant ses troupes, qui sont maintenant toutes ensemble et peuvent faire prés de trois mille chevaux, et de huit à dix mil hommes de pied. Il ne commence à cheminer que despuis hier, et tiennent qu'ils vont loger à La Ferté-Milon. De là, il ne tiendra qu'à luy qu'en deux jours il ne soit à nous. Mais il y a quelque apparence qu'il ne le fera pas ; car il est bien adverty qu'il y a icy la plus belle troupe de noblesse ensemble qu'il y eut peut-estre de trente ans en France. Car pour trois mille gentilz-hommes (j'estime qu'il y en ayt plustost plus que moins), d'infanterie j'ay plus de six mille que Suisses que lansquenets, et de François davantage : de sorte que je ne pense pas que le dict duc du Maine veuille prendre le hasard de ce combat, ayant essayé que nos hommes sont beaucoup meilleurs que les siens, si ce n'estoit qu'il voulust tenter de recouvrer sa reputation toute entiere. Et comme il perdit, estant le plus fort, à gagner ; aussy maintenant qu'il est le plus foible, Dieu en ordonnera sa volonté [2]. Mais j'ay bonne esperance qu'il ne retirera point sa benediction d'où il l'a premierement donnée. Comme vous en attendrés des nouvelles en bonne devotion, je suis aussy attendant des vostres ; et desirons qu'il fust vray que vous fussiés devant Toulouse, comme nous sommes devant Paris, car je tiendrois à bon augure que ces deux grandes villes tomberoient à mesme temps, dans lesquelles se trouveroient les clefs de beaucoup d'autres. Au reste, mon Cousin, me trouvant en grande peine de donner quelque commodité à mon cousin le mareschal de Matignon, pour l'entretenement de son armée, et aussy sur ce que m'a esté rapporté de la necessité en laquelle s'en trouvent tous mes subjects des senes-

---

[2] Le Roi ne pouvait savoir alors que le duc de Mayenne arriverait avec le duc de Parme, le meilleur capitaine du temps, qui trouverait le moyen de ravitailler Paris sans accepter la bataille.

chaussées d'Armagnac, Quercy et Rouergue, pour n'y avoir nulle justice, et ne la pouvoir aller chercher à Carcassonne, pour le peril et la longueur des chemins, j'ay esté conseillé de reunir les dictes trois seneschaussées à mon parlement de Bordeaux, dont elles ont esté autrefois distraites, ce qui me sert de fondement de faire une creation d'officiers au dict parlement, d'où il proviendra quelque secours, pour accommoder mon dict cousin le mareschal de Matignon. Je sçay bien qu'il n'y a rien en cela qui touche à vostre gouvernement, parce que les dictes seneschaussées sont de celles de Guyenne; toutesfois, je vous en ay bien voulu donner ce mot d'advis, afin que, si ceux du parlement qui est estably à Carcassonne en avoient quelque mescontentement, vous leur faictes entendre l'impossibilité qu'il y avoit que ceux des dictes seneschaussées y peussent aller chercher la justice, de laquelle il n'estoit pas raisonnable qu'ils demeurassent ce pendant privez, et leur asseurer que je leur revauldray d'ailleurs ceste distraction, que je ne tiens pas encore pour faicte ; car je doubte si le parlement de Bordeaux en vouldra veriffier l'edict, ceste creation d'officiers y estant joincte et inseparable. C'est pourquoy j'estime qu'il sera bon ne leur en parler point encores, mais que vous demeuriés seulement preparé pour leur respondre, si tant est que vous soyés bien informé que cela ayt eu lieu. C'est ce que je vous diray pour ceste fois : priant Dieu, mon Cousin, vous conserver en sa saincte garde. Escript au camp de S<sup>t</sup>-Denys, le xxii<sup>e</sup> jour de juillet 1590.

HENRY.

FORGET.

## 1590. — 23 JUILLET.

Orig. — State paper office, ancient royal letters, vol. XXII, lettre 149. Copie transmise par M. Lenglet.

Cop. — Arch. de la Couronne, salle 5, anciennes archives, Ms. 30, fol. 88 recto.

A TRÉS HAULTE, TRÉS EXCELLENTE ET TRÉS PUISSANTE PRINCESSE, NOSTRE TRÉS CHERE ET TRÉS AMÉE BONNE SOEUR ET COUSINE LA ROYNE D'ANGLETERRE.

Trés haulte, trés excellente et trés puissante princesse, nostre trés amée bonne sœur et cousine, Il nous a esté remonstré de la part de Noel Dehere, qui est chargé du fournissement de nos greniers à sel, que de certain nombre de navires revenans de Brouage, chargez de sel, qui avoient esté frettez par m$^e$ Jehan de Choisy, son commis à Caen, il en auroit esté prins quatre ou cinq par vos navires qui sont sur mer, le reste courant mesme peril, s'il n'y est pourveu. Et d'autant que la necessité et peine en laquelle se trouvent par faulte de sel les villes et pays de ce Royaulme qui nous rendent obeyssance, et la difficulté ou plustost impossibilité de les en fournir sans le consentement des aultres, nous a faict resoudre de permettre le fournissement general des dicts greniers, ayant à cest effect baillé nos passeports au dict Dehere pour luy, ses commis et tous aultres qui y seront employez, et que nous sommes asseurez que vous n'entendés que vos serviteurs et subjects facent la guerre à ceux de nos subjets qui sont advouez de nous : à cette cause, nous vous prions vouloir sur ce donner vostre commandement exprés, que les dicts navires prins soyent restituez avecq le sel et equipage d'iceulx, et que tous les aultres qui iront et retourneront pour le faict du sel de la part du dict Dehere, ses facteurs et commis, n'y soient empeschez ny inquiestez par vos navires et subjects, ains les laissent librement passer soubs le benefice et seureté de nos passeports, conformement au debvoir de la paix et bonne amitié qui est entre nous : et ce faisant nous aurons autant plus d'occasion d'y rendre nostre part de la bonne correspondance qui convient à la sincere observation d'icelle. Sur ce, nous prions Dieu, Trés haute, trés excellente et trés puissante princesse, nostre trés chere et trés amée bonne sœur et cousine, vous avoir en sa saincte garde. Escript au camp de S$^t$-Denys, le xxiij$^e$ jour de juillet 1590.

Vostre bon frere et cousin,

HENRY.

REVOL.

## 1590. — 28 JUILLET. — I^re.

Orig. — Archives royales de Saxe. Copie transmise par M. le ministre d'état baron Lindenau.

### A MON COUSIN LE DUC DE SAXE,
#### ESLECTEUR ET PRINCE DU SAINCT EMPIRE.

Mon Cousin, Je ferois tort à vostre generosité, si m'ayant asseuré de vostre amitié par vos lettres et par ce que en avés dit de bouche à mes ambassadeurs, je n'en esperois les vrais effects au besoing de mes affaires; et crois aussy que vous prendriés en mauvaise part si, à faulte d'y rechercher le remede que je puis recevoir de vostre part, à mesure que l'estat d'iceulx le requiert, je les laissois tomber en desordre. Qui me faict vous prier voulloir ouir mes dicts ambassadeurs sur ce que à present je leur en mande, et m'y estre autant favorable de vos moyens et de vostre credit et auctorité envers les autres princes qui desirent avec vous mon establissement en ce Royaulme, comme par ce qui vous sera representé de ma part vous congnoistrés estre plus que requis à la conservation et salut d'iceluy; vous voulant bien asseurer que, oultre la louange qui vous demeurera d'avoir faict un œuvre sy utile et necessaire au bien de la chrestienté, l'obligation qui vous sera par ce moyen acquise sur moy aura telle force en mon endroict, que je n'espargneray ma propre personne pour vostre bien et grandeur, si jamais il vous vient occasion de m'employer : priant Dieu, mon Cousin, vous avoir en sa saincte garde. Escript au camp de St-Denys, le xxviij^e jour de juillet 1590.

HENRY.

REVOL.

## 1590. — 28 JUILLET. — II^me.

Orig. — Archives royales de Wurtemberg, à Stuttgard. Transcription de M. Kausler.

### A MON COUSIN LE DUC DE WIRTEMBERG,
#### PRINCE DU SAINT EMPIRE.

Mon Cousin, L'affection hereditaire que vous portés à cette Couronne a esté par vous tesmoignée en plusieurs occasions, mais en nulles sy necessaire et importante que celle qui s'offre maintenant d'en rendre un bon et utile effect; laquelle ayant entendue, et le merite d'aultant plus grand que vous en pourrés acquerir envers moy et tous les bons François, je m'asseure que vous vous monstrerés des plus soigneux à y apporter un bon remede, qui, estant donné promptement mediocre, peut beaucoup plus servir que un plus grand, longuement differé. Vous entendrés, s'il vous plaist, par mes ambassadeurs estans par delà, la charge que je leur ay donnée et ce que je desire de mes amys pour ce regard. Je vous prie qu'en cela vous veuillés estendre les effets de vostre amitié selon le besoin que vous congnoistrés, parce qu'ils vous en representeront, que mes affaires en ont, vous asseurant que, m'y faisant le plaisir que je m'y promects de vous, je le tiendray à singuliere obligation, que je recongnoistray sy avant où l'occasion s'en offrira, que vous n'aurés regret à ce que vous aurés faict pour moy en cest endroict : priant Dieu, mon Cousin, qu'il vous ayt en sa saincte garde. Escript au camp de St-Denys, le xxvııj$^e$ jour de juillet 1590.

HENRY.

REVOL.

1590. — 28 JUILLET. — III$^{me}$.

Orig. — B. R. Fonds Béthune, Ms. 9104, fol. 8.<br>
Cop. — B. R. Suppl. fr. Ms. 1009-3.<br>
Imprimé. — *Mémoires de Nevers*, t. II, p. 211, édit. in-fol.

A MON COUSIN LE DUC DE NIVERNOIS,<br>
GOUVERNEUR ET MON LIEUCTENANT GENERAL EN MES PAYS DE CHAMPAIGNE ET BRIE.

Mon Cousin, Le s$^r$ de Tannerre, commandant pour mon service à Gien, m'a remonstré qu'il avoit esté assigné par le receveur general de mes finances estably à Blois, pour le payement des gens de guerre qui sont en garnison au dict Gien, sur les deniers des tailles de l'eslection de ceste ville-là, et dont le bureau estably à Donzy faict partie, comme dependant de la dicte eslection; neantmoings que jusques icy il n'en a peu rien toucher, à cause que vous ne voulés pas permettre que le commis estably à Donzy apporte ses deniers à Gien, comme il avoit accoustumé par le passé. Il m'a dict que la raison que vous avés d'en user ainsy est que vous voulés vous faire rembourser d'une partie de la somme de vingt-huit mil tant d'escuz que je vous dois : ce qui est vray ; mais vous ayant assigné ailleurs pour en estre payé, et estant certain que vous serés satisfaict de ceste nouvelle assignation, joinct qu'au commencement de ceste année, pour faciliter le payement des garnisons, je leur ay affecté les receptes sur les eslections qui en sont les plus proches, je vous prie donc, mon Cousin, de vouloir donner ordre que les plaintes de mes officiers ne viennent plus jusques à moy, et de commander au commis estably au bureau de Donzy qu'il apporte tous les deniers qu'il a en ses mains en celles du receveur des tailles de Gien, afin que la garnison du s$^r$ de Tannerre soit payée, comme il est bien raisonnable. J'ay aussy entendu que vous avés faict deffense à tous vos subjectz de laisser lever une creue que j'ay ordonné estre mise sur eulx, pour le supplement des garnisons, pour ce que le fonds de mes receptes ne le peut porter. Je seray bien aysé que vous me faciés sçavoir les raisons de vostre empeschement, afin d'y pourvoir ce que je verray estre à propos pour le bien de mes affaires. Je prie Dieu, sur ce, qu'il vous ayt, mon Cousin, en sa saincte et digne garde. Escript au camp de Saint-Denys, le xxviij$^e$ juillet 1590.

HENRY.
POTIER.

## [1590.] — 28 JUILLET. — IV$^{me}$.

Orig. autographe. — B. R. Fonds Béthune, Ms. 9131, fol. 155.
Cop. — B. R. Fonds Fontanieu, Ms. P. 73, fol. 155 recto.

### A ESTERNAY.

Esternay, J'ay nouvelles comme l'ennemy marche droict à moy. Pour ce, venés me trouver en toute diligence avec vostre compagnie de gens de cheval : et ceste-cy n'estant à aultre fin, je prieray Dieu qu'il vous ayt en sa saincte garde. De Chaillot, ce xxviij$^e$ juillet.

HENRY.

## 1590. — 4 AOÛT.

Orig.—Arch. de la famille de Puytesson en Vendée. Copies transmises par M. de la Villegille, secrétaire du comité historique, et par M. de Chergé, président de la société des Antiquaires de l'Ouest.

A MONS$^R$ DE LA ROUSSIERE.

Mons$^r$ de la Roussiere, J'ay de sy bonnes preuves de vostre fidelle affection à mon service, que je suis trés asseuré que tout ce que vous apercevés qui en despend vous est en singuliere recommandation. C'est pourquoy je ne fais nul doubte qu'ayant esté adverty, comme vous avés peu estre, des mauvais desportemens d'aucuns gens de guerre qui sont dans le pays à l'entour de vous, lesquels, au lieu de me venir servir icy en mon armée ou en celle que j'ay en Poictou, s'amusent à piller et ravager le pays, ainsy que l'on m'a faict entendre qu'ils font, vous n'y a[yés ap]porté du vostre tout ce q[ue] vous avés pensé pouvoir servir, pour l'en nettoyer. Neantmoins ayant de ma part telles violences et iniquitez en horreur, et autant à cœur comme j'ay le repos de mon pauvre peuple en recommandation, j'ay bien voulu adjouster ce tesmoignage de ma volonté à vostre affection, pour vous dire que je desire surtout que vous vous employés à cela de vostre pouvoir, faisant en sorte que, premierement par remonstrance et advertissement, et puis par la force, en assemblant le plus de vos amys et de ceulx que vous cognoistrés estre mes serviteurs que vous pourrés, pour leur courir sus et les mettre en pieces, le pays en soit purgé et nettoyé : en quoy vous me ferés service bien agreable de ne vous point espargner, non plus que vous avés par cy-devant faict en semblables occasions qui se sont presentées contre aulcuns de mes ennemys et rebelles, dont je ne perds point la souvenance, me reservant de la recognoistre en celles qui s'offriront par cy-aprés : priant Dieu, sur ce, Mons$^r$ de la Roussiere, vous conserver en sa saincte garde. Escript au camp de Sainct-Denys, le iiij$^e$ jour d'aoust 1590.

HENRY.

FORGET.

## DE HENRI IV.

### 1590. — 9 AOÛT. — I^re.

Cop. — Arch. de la Cour royale de Rouen. Registres secrets originaux du parlement de Normandie, séant à Caen, vol. du 25 juin 1589 au 8 novembre 1591, fol. 224 verso. Communication de M. Floquet, greffier en chef, correspondant de l'Institut.

A NOS AMEZ ET FEAULX CONSEILLERS LES GENS TENANS NOSTRE COURT DE PARLEMENT DE NORMANDIE A CAEN.

Nos amez et feaulx, Nous avons entendu par l'un des conseillers de nostre court, present porteur, ce qu'il avoit à nous dire de vostre part sur l'estat de nos affaires au dict pays, et des moyens que vous jugés propres pour l'advancement d'icelles. Nous avons trés agreable le soing que vous avés pour ce qui concerne nostre service, et desirons que vous continuiés d'embrasser ce qui concerne le bien d'iceluy par les moyens que advisés propres pour cest effect. Vous entendrés de ce dict porteur l'estat de nos affaires de deçà, et comme ceulx qui sont dans Paris envoyerent hyer vers moy le cardinal de Gondy et archevesque de Lyon pour traicter[1]. Nous vous advertirons incontinent

---

[1] L'Estoile place au 5 août cette entrevue du Roi avec les deux prélats, qui vinrent le trouver à Saint-Antoine-des-Champs, où il s'était fortifié dans l'abbaye, pour suivre les opérations du siège. « M. le cardinal de Gondy a dict dans sa harangue la substance de ce qui suit : Les bourgeois et gens de bien de Paris, contristés d'un juste desir de voir finir leurs miseres, les ont deputés vers sa majesté, pour la prier d'y apporter remede, et, affin qu'il fust plus efficace, leur permettre et leur donner passe-port pour aller trouver le duc de Mayenne, pour le porter à travailler avec sa majesté à une paix generale, d'où ils retourneroient dans quatre jours ; que si les Parisiens estoient reduicts au desespoir, l'exemple des Gantois et de Sancerre pourroit leur servir d'exemple.

« Le Roy leur a dit qu'il alloit leur faire responsé, et aprés avoir entretenu à part ces deux deputez, il est entré dans une autre chambre pour y deliberer avec son conseil. Une heure aprés, le Roy est venu les y rejoindre, et leur a d'abord demandé leur pouvoir, qu'ils lui ont presenté à l'instant. Cette pancarte estoit dressée en forme d'arrest, portant que le conseil assemblé dans la chambre de Saint-Louis iroit vers le roy de Navarre, pour le supplier d'entrer dans une pacification generale de ce Royaume, et iroit ensuite vers le duc de Mayenne, pour l'induire à rechercher la dicté pacification : « Arrestés-vous là ! a dit « le Roy ; si je ne suis que le roy de Na- « varre, je n'aurois que faire de pacifier « Paris et la France. Et toutesfois, sans « m'amuser à ceste formalité, qui est contre

de la resolution qui se prendra au dict traicté. Ce pendant vous embrasserés tout ce qui concernera le bien de nos affaires, de la mesme affection qu'avés faict jusques à present. Donné au camp de S<sup>t</sup>-Denys, le ix<sup>e</sup> jour d'aoust 1590.

HENRY.

POTIER.

## 1590. — 9 AOÛT. — II<sup>me</sup>.

Cop. — Arch. du département de l'Aube. Mémoires mss. de Duhalle, t. I, p. 158. Envoi de M. Vallet de Viriville, archiviste paléographe.

[A MONS<sup>R</sup> DE DINTEVILLE.]

Mons<sup>r</sup> de Dinteville, J'ay mandé au comte de Grandpré [1] et aultres mes serviteurs, qu'ils se joignent avec vous avec toutes les forces, tant

« ma dignité, sachés que je desire plus que tout autre de voir mon Royaume en repos. J'aime la ville de Paris comme ma fille aisnée, et lui veux faire plus de bien qu'elle ne m'en demande, pourveu qu'elle m'en sache gré, non point au duc de Mayenne ni au roy d'Espagne. Le bruit du secours espagnol ne m'estonne point; Paris et le Royaume sont un trop gros morceau pour la bouche du roy Philippes. Je donne aux Parisiens huit jours pour adviser à leur reddition, et aux articles d'une paix pour tout le Royaume. Au refus, je sçauray fort bien user du droit de victorieux à l'encontre des principaux moteurs et fauteurs de la rebellion. L'exemple de Sancerre et des Gantois est impertinent. Ceux de Sancerre s'estoient resolus à ces extremités, sur les violences par lesquelles on leur vouloit oster leurs biens, la liberté, la religion et leur vie. Mais je veux rendre aux Parisiens la vie que Mendoce, ambassadeur d'Espagne, leur ravit par la famine, et ne veux nullement les contraindre dans leur religion ni autrement. Pour les Gantois, les Parisiens ont assez montré le cœur qu'ils ont, en laissant occuper leurs faulx-bourgs. J'ay cinq mille gentilshommes avec moy, qui ne se laisseront pas traiter à la gantoise. D'ailleurs, j'ay Dieu pour moy et la justice de ma cause. Faites fidel rapport de mes paroles à ceulx qui vous ont envoyez. »

---

[1] Claude de Joyeuse, comte de Grandpré, gouverneur de Mouzon et de Beaumont en Argone, capitaine de cinquante hommes d'armes des ordonnances, fils de Foucaut de Joyeuse, comte de Grandpré, et de Catherine de Harenge. Il fut reçu, sous Louis XIII, chevalier des ordres du Roi.

de cavalerie que de gens de pié, qu'ils pourront assembler, pour s'opposer à mes ennemys et fortifier mes villes de frontiere, si elles en ont besoin. Attendant que j'envoye par delà de plus grandes forces, comme j'espere faire dans peu de temps, et saichant l'affection que vous avés tousjours portée à mon service et à l'advancement de mes affaires, je vous fais ce mot pour vous prier de mettre ensemble tout ce que vous pourrés de vos amys, et joindre le dict comte de Grandpré ; vous asseurant que je n'auray moins agreable le service que me ferés en ceste occasion, que si c'estoit prés ma personne, et le recognoistray en ce qui s'offrira pour vostre bien et advancement : et sur ce je prie Dieu qu'il vous ayt, Monsr de Dinteville, en sa saincte et digne garde. Du camp de Sainct-Denys, le ixe aoust 1590.

HENRY.

POTIER.

### 1590. — 11 AOÛT.

Cop. — B. R. Fonds de Fontette, Portef. 37, pièce 25.

#### A MONSR LE COMTE DE TAVANES,
LIEUTENANT GENERAL AU GOUVERNEMENT DE BOURGOGNE.

Monsr de Tavanes, J'ay advisé de vous renvoyer ce porteur, pour vous faire entendre l'estat de mon armée, m'asseurant que vous et tous mes serviteurs qui sont de delà seront bien ayses d'estre advertis du bon succez de mes affaires de deçà. Le duc de Mayenne s'est advancé avec ses forces és environs de Meaux; mais craignant de m'approcher, il se tient couvert de rivieres qui m'empeschent d'aller droict à luy, comme je ferois s'il estoit en lieu où je le peusse forcer au combat, ayant avec moy plus de quatre mille gentilz-hommes, qui ne desirent rien tant que de m'assister en ceste bataille. Ce pendant les habitans de Paris sont reduicts en telle extremité, qu'ils ont esté contraincts d'envoyer vers moy le cardinal de Gondy[1] et l'archevesque

---

[1] Pierre de Gondy, second fils d'Antoine de Gondy et de Catherine de Pierrevive, était le frère du maréchal de Retz. Il fut d'abord évêque de Langres, duc et pair de

de Lyon², pour traitter de la reddition ; dont je me promets une bonne isseue, esperant, s'ils ne s'y rangent bien tost de bonne volonté, les y contraindre par la force, estant mon infanterie logée dedans les faulx-bourgs de tous les costez de la dicte ville, et mesmes dedans les fossez en divers endroicts : et sur ce je prie Dieu, Monsʳ de Tavannes, qu'il vous ayt en sa saincte garde. Escript au camp de Sainct-Denys, le xjᵉ aoust 1590.

HENRY.

POTIER.

## 1590. — 15 AOÛT.

Orig. — Arch. municip. de Saint-Quentin. Copie transmise par M. de Chauvenet, membre de la commission des antiquités du département de l'Aisne.

A NOS CHERS ET BIEN AMEZ LES MAYEUR ET ESCHEVINS DE NOSTRE VILLE DE Sᵀ-QUENTIN.

Chers et bien amez, Nous avons receu vos lettres et veu le contenu en icelles. Pour response, encores que tous les advis que nous recevons d'ailleurs et que toutes les raisons de la guerre nous asseurent assez que le desseing du duc de Parme est tout aultre que de vous assieger, ains plus tost de venir joindre le duc de Mayenne, comme l'apparence y est et la necessité de Paris les en presse d'heure à aultre, sy est-ce que nous avons et voulons perpetuellement avoir tel soing

---

France, puis évêque de Paris, commandeur de l'ordre du Saint-Esprit, grand aumônier et chancelier des reines Catherine de Médicis et Élisabeth d'Autriche, chef du conseil du Roi, comte de Joigny, abbé de Saint-Jean-des-Vignes, de Saint-Crépin de Soissons, de Saint-Aubin d'Angers, de Saint-Martin de Pontoise, etc. enfin promu au cardinalat en 1587. On le verra plus tard, dans cette correspondance, négocier à Rome la réconciliation de Henri IV avec l'église. Il mourut en 1616. Son frère Jean-François de Gondy, qui lui succéda au siége de Paris, en fut le premier archevêque.

² Pierre d'Épinac, fils de Pierre d'Épinac, lieutenant du Roi en Bourgogne et en Lyonnais, et de Guicharde d'Albon, fut successivement chanoine - comte - doyen, puis archevêque de Lyon, siége où il succéda, en 1574, à Antoine d'Albon, son oncle maternel. Le dépit de n'avoir pas obtenu le chapeau de cardinal le jeta dans le parti des princes de Lorraine, et il resta ligueur exalté jusqu'à sa mort, arrivée le 9 janvier 1599.

de vous et de vostre conservation que, incontinent que nous verrons la resolution du dict duc de Parme de vous assieger, nous renvoyrons aussy tost nostre cousin le duc de Longueville avecques les forces de nostre pays de Picardie pour vous assister. Le siege d'une telle ville que la vostre n'est pas entreprinse qui se face en poste et qui ne se puisse preveoir et juger de quelques jours auparavant; c'est pourquoy vous aurés esveil à vous enquerir diligemment, comme nous ferons de nostre costé tout ce que nous pourrons pour en estre bien adverty; et croyés que plus tost nous laisserons tout aultre desseing pour vous secourir, si cela arrive, que de vous laisser perdre, après tant de fidelité et d'affection que vous nous avés faict paroistre à nostre service : priant sur ce Nostre Seigneur vous avoir, Chers et bien amez, en sa saincte et digne garde. Escript au camp devant Paris, le xv$^e$ jour d'aoust 1590.

HENRY.

RUZÉ.

## 1590. — 23 AOÛT.

Cop. — Arch. de la cour royale de Rouen. — Registres secrets originaux du parlement de Normandie, séant à Caen, vol. du 25 juin 1589 au 8 novembre 1591, fol. 220 verso. Communication de M. Floquet, greffier en chef, et correspondant de l'Institut.

### A MONS$^r$ DE LA COURT,
CONSEILLER EN MON CONSEIL D'ESTAT, ET PREMIER PRESIDENT EN MON PARLEMENT DE NORMANDIE.

Mons$^r$ le president, J'ay entendu ce qui est advenu aux trouppes du s$^r$ de Canisy et de Beaumont[1]. J'espere que, par leur valeur et courage, dans peu de temps ils auront revenche de la perte qu'ils peuvent avoir receue, laquelle est petite, puisque les chefs, la noblesse et quasy toute l'infanterie sont demeurez en leur entier. J'escris à mon cousin le prince de Dombes que, lorsque Vicques sera joinct avec le duc de Mercœur, il assemble les forces d'Anjou, de Maine et de la

---

[1] Charles du Plessis, seigneur de Liancourt, comte de Beaumont. Voyez ci-après, lettre du 31 août, la note sur la marquise de Guercheville, qu'il épousa plus tard.

basse Normandie, pour suivre le dict duc de Mercœur la part où il ira et le combattre, s'il est possible. Tenés la main, avec le s' de la Verune, pour faire assembler la noblesse, et usés des contrainctes necessaires contre ceulx qui vouldroient manquer à leur debvoir en telle occasion : à quoy m'asseurant que ne ferés faulte, et d'avoir l'œil ouvert à tout ce qui concernera le bien de mon service, je finiray la presente, priant Dieu qu'il vous ayt, Mons' le president, en sa saincte garde. Escript au camp de l'Hermitage prés Chaillot, le xxiij<sup>e</sup> jour d'aoust 1590.

HENRY.

POTIER.

1590. — 25 AOÛT. — I<sup>re</sup>.

Cop. — B. R. Fonds Béthune, Ms. 9045, fol. 60 recto.
Cop. — B. R. Suppl. fr. Ms. 1009-2.

### A MON COUSIN LE DUC DE MONTMORENCY,
#### GOUVERNEUR ET MON LIEUCTENANT GENERAL EN LANGUEDOC.

Mon Cousin, J'ay bien veu par vostre depesche, que j'ay eu par le chevalier d'Elbenne, et par ce qu'il m'a dict de vostre part, que vous estiés demeuré mal satisfaict de mon cousin le s' de Chastillon : dont j'ay esté fort marry ; car c'estoit ce que je luy avois le plus recommandé, que d'acquerir vostre amitié et bonne grace. Je luy en ay aussy faict telle reprimande, qu'il a bien congneu que cela m'a grandement despleu. Je luy en eusse encores dict davantaige, n'estoit qu'il me prend à garand de la justification dont il me demande pour juge et pour tesmoing, parce qu'il me represente qu'il vous avoit veritablement promis de demourer, mais que, ayant en mesme temps des commandemens sy exprés de moy de s'acheminer de deçà, et se trouvant pressé de sa promesse, et du respect qu'il doibt à mes dicts commandemens, il se resolut au dernier, estimant que cestuy-là le pouvoit excuser de l'aultre. Je considere bien que son sejour par delà y pourroit estre grandement utile ; mais son retardemen d'arriver icy m'apporteroit un prejudice irreparable; de sorte que, compensation faicte de l'un à l'aultre, il a encores esté meilleur pour mon service qu'il en ayt usé ainsy, que aultrément. Si cela s'estoit faict pour quelque aultre occasion, je ne l'en excuserois pas; mais estant advenu ainsy par mes exprés commandemens, qui ont esté suivis d'une vingtaine d'aultres qu'il a trouvez par les chemins, je vous prie l'en excuser, et que cela ne soit pas cause de le separer de vostre amitié; car je m'en sentirois, pour ce particullier accident, plus coulpable que lui-mesmes, que je veoy en ferme resolution de vous rechercher, et meriter autant qu'il pourra vostre bonne grace, à quoy je vous prie le recevoir. Il est desjà vostre parent[1], et au reste personnage de merite et digne d'estre tenu en bonne consideration. Je m'en apperçoy icy, où il travaille extremement et m'y est grandement utile. Je vous prie, pour ceste occasion, de l'avoir pour recommandé pour le payement de sa pension qu'il a accoustumé d'avoir par delà, et qui lui tient lieu de recompense du service et de la despense grande et extraordinaire qu'il fait icy prés de moy; et faictes, s'il est possible, que cela ne lui deffaille point; car vous sçavés que c'est le principal de son revenu, sur lequel est appoincté l'entretenement de sa famille et de ses enfans. Je desire aussy que la garnison de la ville de Montpellier soit payée et entretenue, et s'il y a lieu de quelque gratiffication particuliere, qu'elle s'en ressente, tant en consideration du dict s$^r$ de Chastillon, que aussy de la ville mesme, où je ne vouldrois pas que, faulte de payement, les soldats y feissent quelque desordre. Pour ceste raison je vouldrois, s'il estoit possible, que l'on ne leur fist pas les mois plus longs qu'ils ne doibvent estre; toutesfois je m'en remets à vous, à qui il me suffit de faire cognoistre que j'auray plaisir que ceste garnison soit autant ou plus favorablement traictée que aucune aultre du gouvernement. Je veux aussy, mon Cousin, que ceux de la dicte garnison qui sont venus icy avec le dict s$^r$ de Chastillon et

---

[1] L'amiral de Coligny, son père, était fils de Louise de Montmorency, sœur du connétable Anne de Montmorency, le père du maréchal, par conséquent cousin germain de celui-ci, qui était oncle à la mode de Bretagne de M. de Chastillon le fils.

me font service par deçà, soient passez aux monstres de delà, comme s'ils y estoient, car icy je vous asseure qu'ils ne reçoivent poinct d'argent. Vous en ferés l'ordonnance necessaire aux commissaires et contrerolleurs que vous ordonnerés pour faire les dictes monstres. Je vous ay ce jourd'huy faict une depesche par laquelle vous avés entendu l'estat de mes affaires : qui me gardera de vous en faire icy aultre redicte, ny ceste-cy plus longue, que pour prier Dieu, mon Cousin, vous conserver en sa saincte garde. Escript au camp de Chaillot prés Paris, ce xxv<sup>e</sup> jour d'aoust 1590.

HENRY.

FORGET.

[1590.] — 25 AOÛT. — II<sup>me</sup>.

Orig. autographe. — B. R. Fonds Béthune, Ms. 9109, fol. 4.
Cop. — B. R. Fonds Fontanieu, Ms. P. 73, fol. 18 verso, et Suppl. fr. Mss. 1009-3.
Imprimé. — *Mémoires de Nevers*; t. II, p. 212.

A MON COUSIN LE DUC DE NEVERS.

Mon Cousin, J'avois depesché à Pluviers devers vous sur l'advis que l'on m'avoit donné que vous estiés en ces quartiers-là; mais ce gentilhomme m'a resjouy d'une meilleure nouvelle, qui est de vostre arrivée à Corbeil; dont je suis trés ayse, et vous puis dire que vous soyés le trés bien venu, pour vous trouver à la bataille des bons François contre ceux qui ont quicté ce beau nom pour se faire Espaignols. L'esperance que j'ay de vous voir bien tost fera ma lettre plus courte; remectant le surplus sur le s<sup>r</sup> de la Rocque, avec priere à Dieu qu'il vous ayt, mon Cousin, en sa trés saincte et digne garde. De l'Hermitage prés Chaillot, ce xxv<sup>me</sup> aoust.

HENRY.

A Mon cousyn le Duc de
nevers

Mon cousyn, J'avoys depesche a pluzyers devers vous sur lavys que l'on m'avoyt donne que vous estyes en ces quartyers la moys ce Jantylhõme m'a resyoyny d'une mylleure nouuelle quy est de vre arryuee a corbeyl dont je suys tresayse et vous puys dyre que vous soyes le tresbyen venu pour vous trouuer a la batoylle des bons frances contre ceus quy ont quyte ce beau nom pour ce foyre espagnols l'esperance que j'ay de vous voyr byen tost fera ma lre plus courte remetant le surplus sur le sr de la vocque auec pryere a Dieu quyl vous oyt mon cousyn an sa tressoynte et dygne garde, de lermytag prez chalyoe ce xxvme aust

HENRY

1590. — 29 AOÛT. — I^re.

Orig. — B. R. Fonds Béthune, Ms. 9104, fol. 10.
Cop. — B. R. Fonds Fontanieu, Ms. P. 73, fol. 5 verso, et Suppl. fr. Ms. 1009-3.
Imprimé. — *Mémoires de Nevers*, t. II, p. 212.

A MON COUSIN LE DUC DE NEVERS.

Mon Cousin, Je vous advertis que j'ai eu advis de Crecy, comme tout ce qui estoit delà l'eau a passé. Vous ferés diligence de vous trouver demain au lieu assigné. Je prie Dieu qu'il vous donne, mon Cousin, longue et heureuse vie. A Chaillot, ce xxix^e aoust 1590.

HENRY.

1590. — 29 AOÛT. — II^me.

Orig. autographe. — Archives de la préfecture d'Indre-et-Loire. Envoi de M. le préfet.
Imprimé. — *Journal militaire de Henri IV*, publié par le comte DE VALORI. Paris, 1821, in-8°, p. 393. — *Lettres de Henri IV*, etc. publiées par N. L. P. Paris, 1814, in-12, p. 80.

A MONS^r DE HARAMBURE.

Borgne, si les ennemys n'ont point passé, vous m'aurés demain matin ou le baron[1]. Ce pendant tenés-moy adverty; ce pendant conservés-vous tous, car j'espere que nous nous battrons bien tost. M^r de Turenne arrive demain; je renforceray nostre troupe. Recommandés-moy aux compagnons. De l'Hermitage, ce mercredy à cinq heures du soir xxix^e aoust.

HENRY.

Le chancelier des Quinze-Vingts vous baise les mains; gare l'œil, car vous seriés aveugle.

[1] Le baron de Biron.

## 1590. — 31 [AOÛT.]

Imprimé. — *Journal de l'Estoile*, au 31 août 1590.

[*A MADAME DE LA ROCHE-GUYON*[1].]

Ma maistresse, Je vous escris ce mot le jour de la veille d'une bataille. L'yssue en est en la main de Dieu, qui en a desjà ordonné ce qui en doibt advenir et ce qu'il congnoist estre expedient pour sa gloire et pour le salut de mon peuple. Si je la perds, vous ne me verrés jamais, car je ne suis pas homme qui fuye ou qui recule. Bien vous puis-je asseurer que, si j'y meurs, ma penultiesme pensée sera à vous, et ma derniere sera à Dieu, auquel je vous recommande et moy aussy. Ce dernier aoust 1590, de la main de celuyqui baise les vostres et qui est vostre serviteur.

HENRY.

---

[1] Antoinette de Pons, marquise de Guercheville, fille d'Antoine, sire de Pons, comte de Marennes, et de Marie de Montchenu, dame de Guercheville, se trouvait alors veuve de Henri de Silly, comte de la Roche-Guyon, mort en 1586. Après avoir brillé à la cour de Henri III, elle était retirée dans ses terres en Normandie, où le Roi l'avait vue l'hiver précédent. Il en était devenu éperdument amoureux, jusqu'à lui proposer de l'épouser. Mais madame de la Roche-Guyon mit à lui résister une telle persévérance, qu'il finit par renoncer à ses poursuites, tout en conservant pour elle une estime et une considération qui durèrent autant que sa vie. Lorsqu'elle voulut se remarier, il appuya auprès d'elle les prétentions de Charles du Plessis, seigneur de Liancourt, comte de Beaumont, chevalier des ordres, et qui mourut gouverneur de Paris, en 1620. La marquise de Guercheville contracta ce second mariage le 17 février 1594. Henri IV lui avait dit que, puisqu'elle était réellement *dame d'honneur*, il voulait qu'elle le fût de la reine sa femme, si un divorce avec Marguerite lui permettait de se remarier. Elle fut en effet la première qu'il donna pour dame d'honneur à Marie de Médicis, et ce fut elle qui alla, en cette qualité, recevoir à Marseille la nouvelle reine, qu'elle suivit à Lyon. Elle mourut le 16 janvier 1632. Une note de la dernière édition du Journal de l'Estoile donne à tort cette lettre comme adressée à Gabrielle d'Estrées, que le Roi ne connaissait pas encore.

[1590. — 5 SEPTEMBRE.]

Imprimé. — *Mémoires et correspondance de du Plessis-Mornay*, Paris, 1824, in-8°, t. IV, p. 481; — Et *Recueil M.* (dans le recueil *A, B, C*), 1760, in-12, p. 163.

[A MON COUSIN LE DUC DE MONTPENSIER.]

[1] Mon Cousin, Ayant reduict ma ville de Paris à l'extremité que vous avés peu entendre, je fus adverty que le duc de Mayenne et le duc de Parme estoient arrivez à Claye avec leur armée et vouloient venir loger en ce lieu, puis couler par le bois de Vincennes à Paris. Pour rompre leur desseing, afin qu'ils ne trouvassent mon armée en divers endroits, deçà et delà la riviere, je partis des faulx-bourgs de ma ville de Paris le plus tard que je peus; et toute mon armée remise ensemble deçà l'eau, je vins avec une partie de mes troupes revoir ce logis et le champ de bataille que j'avois recogneu quelques jours auparavant, pour estre preparé à tout ce que mes ennemys pourroient entreprendre; et y arrivay sy à propos, que j'en chassay ceulx qui estoient desjà venus dans ce village pour s'y loger; et avec quatre cens chevaux je revins-battant eulx et huit cens lances ennemies qui les soubstenoient, jusques auprés de Claye, laissant dés lors le s[r] de Chastillon avec ses trouppes dans ce village avec le s[r] de Lavardin avec de la cavalerie, pour garder le logis jusques au lendemain samedy, premier jour de ce mois, que j'y arrivay de bonne heure avec toute mon armée, separée de celle de mes ennemys, de quelques ruisseaux et quelques marais seulement, l'un d'iceulx auprés de leur camp et l'aultre plus prés de nous. Aprés avoir mis mon armée en bataille, pour donner plus d'occasion à mes ennemys de venir au combat, je leur laissay le ruisseau plus prés de moy tout libre, et en ostay, ensemble, d'un petit chasteau et de quelques maisons qui sont là auprés, les soldats que j'y avois tenus le matin, encores que je les eusse peu opiniastrer, et garder, comme j'ay faict depuis. Mais voyant qu'ils s'es-

---

[1] La même lettre fut adressée le surlendemain au duc de Montmorency. L'original en est conservé à la B. R. Fonds Béthune, Ms. 9045, fol. 57.

toient venus loger au dict chasteau, ainsy abandonné, et leurs arquebusiers le long du ruisseau de leur costé, leur armée en bataille derriere eulx, sans entreprendre dadvantaige, je me resolus de reprendre à leur veue le dict chasteau et de leur faire quitter le ruisseau qu'ils vouloient garder, pensant que cela les eschaufferoit dadvantaige au combat.

Mais cest effort executé à la teste de leur armée leur donna plus tost estonnement ou refroidissement que hardiesse de combattre, comme ils le montrerent bien le lendemain; puisque, au lieu de venir à la bataille, comme je m'y attendois et m'y estois preparé tout le jour, ils se retrancherent et fortifierent, à la faveur du ruisseau et du marais qui estoit tout auprés de leur camp, où ils logerent leur artillerie. De sorte que depuis il n'y a eu moyen, quelques advancemens que j'ay peu faire de mes trouppes, par delà le premier ruisseau et jusques assez prés de leur retranchement, de les eschauffer et faire venir au combat, depuis cinq jours entiers, que je les ay attaquez par tous les costez que j'ay pensé les pouvoir endommager; au contraire tousjours couverts, serrez et campez en bataille dans leurs retranchemens.

Hier matin ils commencerent à battre Lagny, par deçà la riviere, dans leur mesme camp retranché, et feirent passer quelques regimens d'infanterie sur un pont à bateaux qu'ils avoient à leur faveur pour aller à l'assaut.

Telle feut leur batterie, qu'encores qu'elle feust de neuf pieces et deux aultres pour battre en courtine, elle ne feut poinct cogneue de nostre armée, que la breche ne deust estre faicte d'une sy mauvaise muraille, qui n'est pas meilleure que celle d'un village; tant parce que le vent estoit contraire et nous deroboit le bruict, que par le brouillard qui nous en deroboit la veue. Cependant au premier advis que j'en eus, tant de nos sentinelles, vedettes et corps de garde, que par deux paysans qui m'arriverent de Lagny, j'envoyay aussy tost cent cinquante arquebusiers en diligence, conduicts par le s$^r$ de Germincourt, soubs la charge du s$^r$ de Lavardin, qui les mena avec trois cens chevaulx et quelques rafraischissemens de pouldre, suivy de mon cousin le mareschal d'Aumont, qui en menoit encores dadvantage.

A l'arrivée du premier secours, un corps de garde de leur cavalerie feut mis en route, et entrerent nos arquebusiers, sur la fin du second assaut, que les miens avoient fort bien soubstenu, et fort bien repoussé les ennemys. Mais comme ceulx qui avoient soubstenu les assaults se retiroient pour faire place aux nouveaux arrivez et prendre quelques rafraischissemens, en ce changement de garde, les uns se retirans et les aultres non encore placez, le malheur voulut qu'il feut donné un troisiesme assault qui les emporta; dont je ne sçais pas encores les particularitez, mais seulement la prise de ceste mauvaise place, de la façon cy-dessus; dont je m'asseure que mes ennemys feront autant de bruict que s'ils avoient quelque grande conqueste; encores que j'espere que cela n'apportera pas grand advancement à leurs affaires, sinon en une chose, que ce passage leur donnera commodité de vivres, dont ils avoient grande faulte, et que par ce moyen, ne voullant poinct combattre, il sera encores plus mal aisé de les y forcer. De sorte que voyant la bataille quasy hors d'esperance et la prinse de Paris retardée pour ung long temps, et mon armée composée de noblesse volontaire, et la leur soldoyée et nouvellement payée, mes provinces degarnies pour l'esperance de la bataille, qui avoit amené la plus-part de ma noblesse en mon armée, je suis conseillé de renvoyer chacun en sa province, et pourveoir aussy de bonnes garnisons aux places que mes ennemys pourroient attaquer; et avec une bonne trouppe qui me demeurera encores de cavalerie et de gens de pied, non seulement donner sy bon ordre à la seureté de ce qu'ils vouldront entreprendre, que leur progrés ne sera pas long, mais les harasser et travailler de façon qu'à l'arrivée de mes estrangers, que j'attends bien tost en bon nombre, et au retour de ma noblesse rafraischie, Dieu me donnera le fruict de ma juste cause, et à eulx le chastiment qu'ils ont merité.

Je verray toutesfois, avant que de me resouldre, ce que feront mes ennemys, et s'il y aura moyen d'entreprendre quelque chose davantage, vous ayant bien voulu escrire ce pendant ce que dessus, afin que vous en faciés part à mes bons serviteurs, et que les impostures accoustumées de mes ennemys ne troublent point le repos de leurs esprits, ains que tousjours ils vivent en asseurance que Dieu ne permettra point que la felonie et temerité de mes ennemys ne soit bien tost chastiée. En ceste esperance, je prye Dieu qu'il vous ayt, mon Cousin, en sa saincte garde. Escript au camp de Chelles.

HENRY.

RUZÉ.

## 1590. — 7 SEPTEMBRE.

Orig. — Archives de la ville de Bordeaux. Copie transmise par M. le secrétaire général de la ville.

A NOS TRÉS CHERS ET BIEN AMEZ LES MAIRE ET JURATS DE NOSTRE VILLE DE BORDEAULX.

Trés-chers et bien amez, Ainsy que nous avons tousjours plaisir de vous faire part et communication de l'estat de nos affaires, nous avons estimé qu'il estoit maintenant aultant ou plus necessaire qu'auparavant d'y continuer, pour vous fournir de quoy congnoistre avec verité les artifices et faulx bruicts repandus par les ennemys, dont nous ne doubtons point qu'ils ne se prevalent plus que jamais, mesmes sur la venue du duc de Parme, qu'ils ont faict entrer avec les forces d'Espaigne en ce Royaume, voulant par là donner terreur et estonnement à nos bons et fideles subjects, et en tirer advantaige pour leur cause, au lieu qu'ils se debvroient efforcer de le celer et couvrir, comme l'acte le plus indigne de toute leur rebellion, et par lequel ils seront pour jamais convaincus pour parricides et deserteurs de leur patrie. Nous estimons aussy qu'ils n'auront manqué de remplir les voix de leurs trompettes ordinaires que, sy tost que les dictes forces seroient joinctes, ils nous viendroient donner une bataille pour reparer la honte de la premiere ; mais ils se sont contentez d'en avoir faict le bruict, ayant au contraire eu le mesme soing d'en fuir l'occasion, que nous avons eu de la chercher; car dés le premier logis qu'ils firent depuis Meaulx, où le dict duc de Parme joignit leurs forces, nous nous resolumes de leur venir au devant jusques en ce lieu, qui n'est qu'à une heure du dict logis de leur retraite. Mais, au lieu de comparoistre, ils se sont venus cacher dans un marais qu'ils ont retranché et fortifié, comme s'ils y estoient assiegez, sans que, pour quelques escarmouches qui leur ayent esté faicts, nous leur en ayons peu faire venir aulcune fantaisie, s'estant contentez de faire leur plus grand effort de prendre la petite ville de Lagny, qui n'est qu'un bourg renfermé, proche d'eux d'un quart de lieue, et distant de nostre armée de deux bonnes lieues, la riviere entre eulx; et neantmoins la dicte perte, pour legere qu'elle puisse estre, ne fust advenue, si le secours qui y fut envoyé eust esté un peu plus diligent. Pour cela, l'appetit de la bataille ne leur est pas venu plus grand, ayant deschargé leur colere sur toute espece de cruaultez qu'ils ont peu exercer en la dicte ville, y ayant aussy peu espargné les lieux saincts que les aultres.

Nous sommes tousjours après pour attendre et tenter l'occasion de les combattre, estant icy assistez quasy de tous les princes de nostre sang et aultres officiers de la Couronne, et la plus belle troupe de noblesse qui se soit veue de long temps ensemble, qui brusle d'envie de venger et punir la desloyauté de nos dicts subjects rebelles et la perfidie des estranges infractions des traictez qu'ils ont avec ceste Couronne; vous ayant bien voulu informer de ce que dessus, comme nous continuerons de ce qui en adviendra cy-après, afin que vous ne soyés surprins aux impostures qu'ils pourroient publier au contraire, estans trés asseurez, au reste, que la nouvelle de la venue et entrée des dicts estrangers, ennemys inveterez de cest Estat, n'aura servy qu'à vous animer tousjours davantaige d'ayder de toutes vos forces et moyens à repousser ceste injure faicte à toute la nation, bien et repos de cest Estat, comme nous vous exhortons et conjurons de faire pour dernier effort, acquerir la paix, et à vous et à toutes vos familles, recourant en cela à Dieu par vœux, prieres et toutes bonnes œuvres, à ce qu'il luy plaise continuer sa benediction sur nostre labeur jusques à la perfection de l'œuvre. Donné au camp de [Chelles], le vij° jour de septembre 1590.

HENRY.

FORGET.

## 1590. — 11 SEPTEMBRE. — I<sup>re</sup>.

Cop. — B. R. Suppl. fr. Ms. 1009-2. (D'après l'ancien cabinet de M. de Mendajors [1].)

[A MON COUSIN LE DUC DE MONTMORENCY,
PAIR ET MARESCHAL DE FRANCE, GOUVERNEUR ET MON LIEUCTENANT GENERAL EN LANGUEDOC.]

Mon Cousin, Vous verrés par l'aultre despeche que vous avés en ce mesme paquet, comme les choses s'estoient passées jusques icy, depuis que le duc de Parme eust joinct les ennemys. Despuis, voyant que j'estois forcé de separer mon armée, qui s'estoit aussy grossie de cette grande trouppe de noblesse, sous l'esperance d'une bataille, à laquelle ayant cogneu qu'il n'y avoit ordre de faire venir l'ennemy, ny de resolution ny par contraincté, il estoit impossible de les retenir icy davantage, y estant accourue quasy sans equipage et avec beaucoup d'incommoditez, je me resolus, avant que les separer, de faire un effort sur Paris ; et, avec une trouppe d'infanterie, et avec une aultre de noblesse, leur donner, ce matin, à la pointe du jour, une escalade, avec desseing, si le faict ne reussissoit pour la ville, que pour le moins ce seroit une occasion de faire venir l'ennemy au combat, les ayans faict attendre par le reste de mon armée. Mais ceux de dedans ayant esté advertys de l'entreprise de l'escalade, elle n'a point

---

[1] M. de Mendajors était membre de l'Académie des inscriptions et belles-lettres au commencement du siècle dernier. L'abbé de l'Écluse des Losges, qui, comme nous l'avons dit, avait projeté un recueil des lettres de Henri IV, avait obtenu communication de toutes celles que conservait M. de Mendajors, amateur distingué de curiosités littéraires.

eu d'effect. Aussy peu a eu l'aultre, car l'ennemy n'a aucunement voulu comparoistre, encores qu'il sentist mes forces divisées. Et voyant bien que, ne s'estant point voulu servir de ceste occasion, je ne luy en sçaurois presenter aucune aultre qu'il accepte, pour cette occasion, je me suis resolu de despartir mes dictes forces dans les provinces et d'en retenir prés de moy une bonne et forte partie, pour l'empescher de rien entreprendre sur les villes que je tiens sur ces rivieres, avec lesquelles Paris demeure tousjours autant assiegé qu'il feroit avec une armée. Ce sera en attendant mes forces estrangeres, qui ont un peu plus tardé que je ne pensois; mais j'espere que ç'aura esté pour le mieulx, et que trouvant celles des ennemys desjà harrassées, comme elles commencent dés maintenant à l'estre beaucoup, nous en aurons d'autant meilleur marché [2].

Je desire que vous faites part de ce discours à mes bons serviteurs, afin qu'ils ne se laissent pas surprendre aux faulx bruicts que je me doubte bien que respandront les dicts ennemys. Cette separation est, à la verité, un vray effect de necessité de moyens, car si j'en eusse eu, je pourrois retenir toute l'armée; et c'est en quoy seulement celle des ennemys a eu advantage sur la mienne. Mais puisqu'ils n'ont voulu combattre tant de gens d'honneur, je les feray combattre par la necessité, qui les defera avec moins d'honneur pour eux et plus de facilité pour nous. Ce qui est à observer, c'est qu'aux provinces esloignées, ils ne fassent entendre les choses tout autrement qu'elles ne sont, et fondent là-dessus leurs praticques et menées dans les villes; à quoy, mon Cousin, je vous prie donner tout le meilleur ordre qu'il vous sera possible. Ils ne peuvent pas estre entretenus en ceste bonne volonté par meilleur conseil et exemple que le vostre. Je vous prie faire une depesche generale en toute la province, pour les advertir de la verité de tout ce qui s'est passé, afin qu'ils ne s'y laissent pas surprendre, et les asseurer qu'ils ne tarderont guere d'entendre que la bataille

---

[2] Une lettre au duc de Luxembourg, conservée dans les archives de M. le duc de Luynes, est la reproduction littérale de ce premier alinéa. Le second ne se trouve que dans la lettre au duc de Montmorency.

que les ennemys ne nous ont pas voulu donner, qu'ils la donneront contre eux mesmes, la patience estant desja echappée aux François contre l'arrogance des Espagnols, qui leur est insuportable; et est trés certain qu'ils ne peuvent demeurer deux mois ensemble. Je revestiray ce pendant les provinces des forces dont cette esperance de bataille les auroit despouillées, où elles pourront faire la guerre aux ennemys bien aussy utilement qu'elles sçauroient faire quand nous demeurerions tous ensemble. J'ay veu par la derniere lettre, que vous estes aussy en opinion que les Espaignols vous veulent venir voir; je m'asseure que vous vous serés preparé pour les bien recevoir. Je fais estat, sy tost que j'auray resolu le departement de mes dictes forces, de vous renvoyer le s$^r$ d'Elbenne, par lequel me reservant de vous escrire plus amplement, je ne vous feray ceste-cy plus longue : priant Dieu, mon Cousin, vous conserver en sa saincte garde. Escript au camp de Gonnesse, le xj$^e$ jour de septembre 1590.

HENRY.
FORGET.

1590. — 11 SEPTEMBRE. — II$^{me}$.

Orig. — Archives de la ville de Bordeaux. Copie transmise par M. le secrétaire de la ville.

A NOS TRÉS CHERS ET BIEN AMEZ LES MAIRE ET JURATS DE NOSTRE VILLE DE BOURDEAULX.

Trés chers et bien amez, Nous avons veu par vos lettres le bon et prompt service qui a esté donné pour la reprinse de la ville de Saint-Emilion, et que de vostre part vous y avés apporté toute bonne assistance : dont nous vous sçavons trés bon gré; car oultre le salut de la ville, ce nous est un tesmoignage certain que vous veillés non-seulement pour vous, mais pour vos voisins : à quoy continuans et vous entresecourans ainsi les uns les aultres, c'est le plus certain moyen de rendre toutes vaines, et inutiles les entreprinses des ennemys, ce qu'il fault aultant ou plus observer maintenant que jamais. Nous avons veu avec desplaisir les insolences qui ont esté commises deppuis la reprinse de la dicte ville, car c'est un trés mauvais acte et duquel ceulx qui se trouveront coupables ne doibvent de nous attendre aucune grace; estant au contraire nostre intention que la justice exemplaire en soict faicte. Vous avés au reste bien veu par nostre precedente lettre en quel estat estoient nos affaires de deçà. Depuis, nous avons encores voulu retenter une occasion de faire revenir l'ennemy au combat, en nous estant rapproché de Paris, et ayant monstré d'y vouloir faire un effort; mais voyans que pour cela ils ne s'en esmouvoient pas davantage, ne pouvant pas retenir plus longuement ceste grande troupe de noblesse qui n'estoit accourue icy que sur l'esperance de bataille, et estant aussy necessaire d'en revestir les provinces qui en estoient demourées toutes despouillées, nous nous sommes resolus de la y despartir, et quelques-unes de nos forces, avec lesquelles l'on pourra nettoyer les dictes provinces, pendant qu'avec ce que nous retenons icy nous empescherons bien que l'ennemy n'y face aulcun progrés jusques à la venue de nos estrangers, que nous rassemblerons nos forces, lesquelles, ainsy un peu raffraischies, en retourneront avec plus de force et acheveront de ruiner bien aisement leur dicte armée, ce que la necessité des vivres et les maladies qui sont desjà parmy eux n'auront pu entierement destruire; de sorte qu'il n'y a lieu de faire aulcune mauvaise conjecture de la separation de nostre armée; au contraire ce faisant par desseing et conseil des plus saiges cappitaines de cest aage, qui se retrouvent prés de nous, il y a toute raison d'en bien esperer, comme nous desirons que vous faictes, et confortés nostre labeur de vos bonnes prieres et assistances particulieres quand l'occasion y eschera, ainsy que vous avés tousjours monstré avoir bonne intention de faire. Donné au camp de Gonnesse, le xj$^e$ jour de septembre 1590.

HENRY.

FORGET.

## 1590. — 14 SEPTEMBRE.

Orig. autographe. — Archives des Médicis, documents originaux, liasse XI. Envoi de M. le ministre de France à Florence.

[A MON COUSIN LE GRAND DUC DE TOSCANE.

Mon Cousin, Je n'ay veu le s$^r$ de Gondy[1] qu'à demy. Car mes affaires et les siennes m'ont quasy tousjours tenu d'un costé et luy de l'autre, depuis qu'il est venu. J'ay aussy prins tant de plaisir aux asseurances qu'il m'a données de la continuation de vostre amitié, que les heures que je l'ay entretenu m'ont peu duré, comme je luy ay commandé vous escrire, et que vous me trouverés tousjours semblable à moy-mesmes, en tout ce qui se presentera pour vostre contentement. Car les travaux de la guerre, quoiqu'ils soyent grands et ordinaires, ne me feront jamais oublier mes amys. Je me promets aussy qu'ils auront tousjours memoire de moy en leur repos. Enfin, mon Cousin, faites estat que je joindray tousjours ma fortune à la vostre et que je feray mon propre faict de tout ce qui vous concernera. Car vous m'y auriés obligé par le soing que vous avés eu de moy en ma necessité; dont je ne seray jamais mesconnoissant. Je prie Dieu, mon Cousin, qu'il vous ayt en sa saincte garde. Ce xiiij$^{me}$ septembre, à Monceaux.

HENRY.

## 1590. — 18 SEPTEMBRE.

Orig. — Arch. du canton de Soleure. Copie transmise par M. le ministre de France en Suisse.

A NOS TRÉS CHERS ET GRANDS AMYS, ALLIEZ ET CONFEDEREZ LES AVOYERS, AMANS, CONSEIL ET COMMUNAUTÉ DE LA VILLE ET CANTON DE SOLEURE.

Trés chers et grandz amys, alliez et confederez, les colonnels et cappitaines de vostre regiment qui est à nostre service nous ont fort

---

[1] Probablement un des fils de François Gondi et d'Anne Velez de Guevara, qui était resté à Florence, et dont un frère, Jérôme Gondi, était fixé en France, où il servit utilement Henri IV dans les missions à la cour de Rome.

instamment requis de donner congé de s'en retourner au pays avec leurs troupes; mais d'aultant que nous n'avons à present moyen de les satisfaire, et aussy que leur service nous est trés utile en la poursuicte que nous faisons de nostre establissement, dont depend la commodité que nous pouvons avoir de vous donner et à eulx satisfaction, nous avons desiré qu'ils nous y continuent encore leur service quelque temps, esperant tant de la bonté de Dieu (quelques empeschemens que nos mauvais subjets nous ayent suscitez par l'introduction des estrangers, anciens ennemys de ceste Couronne), que le retardement que le bien de nos affaires en reçoit ne sera pour longtemps, et que bien tost nous aurons meilleur moyen de donner contentement à vous et à vos gens. Ce pendant en faisant le despartement de partie de nos forces par nos provinces pour y estre employées à l'advancement de nos dictes affaires selon que les occasions s'en offriront, nous avons ordonné les dicts regimens en nostre pays de Champaigne prés nostre trés cher et bien aimé cousin le duc de Nivernois, qui aura soing de leur y faire tout le meilleur traictement qui sera possible; vous priant prendre en bonne part leurs retardemens; et vous asseure que comme nous vous cognoissons trés affectionnez au bien de nostre dict service, vous trouverés tousjours en nous une reciproque volonté, tant envers le general que, pour vostre particulier, en tout ce qui vous pourra toucher, ainsy que nous avons ordonné à nostre amé et feal conseiller et ambassadeur le s$^r$ de Sillery, vous en donner encore nouvelle asseurance de nostre part; à quoy nous remettant, nous prions Dieu, Trés chers et grands amys, alliez et confederez, qu'il vous ayt en sa saincte et digne garde. Escript au camp de Crel[1], le xviij$^e$ jour de septembre 1590.

HENRY:

REVOL.

---

[1] Creil, petite ville de l'Ile-de-France, et aujourd'hui du département de l'Oise, arrondissement de Senlis.

1590. — 22 SEPTEMBRE.

Cop. — B. R. Suppl. fr. Ms. 1009-2. (D'après l'ancien cabinet de M. de Mendajors.)

### A MON COUSIN LE DUC DE MONTMORENCY,

PAIR ET MARESCHAL DE FRANCE, GOUVERNEUR ET MON LIEUCTENANT GENERAL EN LANGUEDOC.

Mon Cousin, Je vous escrivis dernierement et vous envoyay un petit memoire de ce qui s'estoit passé icy, et de la resolution que je me preparois de faire, laquelle j'ay depuis effectuée, y ayant bien esté aydé par la presse et instance que ceste noblesse, qui estoit venue icy au bruict de la bataille, m'a faict de luy permettre de se retirer; et par ce que je ne doubte poinct que les ennemys n'employent sur ce subjet leurs artifices ordinaires, j'ay advisé de faire mettre par escript un sommaire discours de ce qui est advenu icy pendant que ces armées se sont approchées l'une de l'aultre, et des raisons que j'ay eues de faire la dicte separation de mes forces, pour le rendre public et commun entre mes subjects, afin qu'ils soient preparez et pourveus de quoy convaincre les impostures des ennemys, s'ils en proposent, comme je ne doubte point qu'ils ne facent, au contraire de la verité du faict. Je vous envoye un des dicts discours, qu'il sera bien à propos de faire imprimer promptement[1] et d'en envoyer des copies à ma cour de Parlement, aux villes et aux principaulx de la noblesse, auxquels vous escrirés particulierement, affin que chacun saiche qu'il n'y a rien en cela qui ne soit faict par raison et sans aulcune contraincte. Depuis ceste separation resolue, je suis venu assieger ceste ville, qui tient tousjours en subjection le passage de la Picardie, specialement de Senlis à Compiegne. J'espere d'en avoir la raison dans un jour ou deux. Cela faict, je tireray vers Mantes en bonne intention de ne chomer, non plus cest hiver que je fis l'aultre, les ennemys. Depuis que je les ay esloignez, ils n'ont encore rien entre-

---

[1] On le trouve dans le tome IV des Mémoires de la Ligue, p. 324 et suivantes.

pris, ny mis Paris en meilleure commodité qu'il estoit, la necessité y estant tousjours extreme[2]. Elle n'est pas moindre en leur armée, en laquelle la peste commence de se mettre, et y meurent grandement. Ils ont voulu eviter la bataille en gros, mais Dieu permet qu'ils l'ont en detail. J'ay encore eu presentement advis que les s<sup>rs</sup> de la Guiche, de Ruigny, Cipierre et la Ferté Imbaut, s'en retournant de compagnie, ont trouvé prés de Mantes le vicomte de Tavanes avec toutes les forces de Normandie, qu'ils ont defaict entierement, n'y ayant eu que les chefs qui se soient saulvez de vitesse. Tout le reste a esté tué ou prins avec tous leurs bagages. Les dicts ennemys font courir le bruict qu'ils assiegeront Corbeil et Melun. Ils trouveront l'un et l'aultre sy bien pourveus, que j'espere que ce sera la perfection de leur ruine, à laquelle j'ayderay aussy de mon costé; car ils n'y seront plus tost passez, qu'ils m'auront sur leurs bras. De ce qui en adviendra je vous en advertiray soigneusement. Ce pendant je vous prie d'advertir mes bons subjects qu'il n'y a, Dieu mercy, que toute raison d'esperer que ces estrangers qui sont entrez avec le duc de Parme ne s'en retourneront pas avec moins de honte et de peril que les aultres. Je m'asseure que ceux qui doibvent entrer de vostre costé n'y recevront pas meilleur traictement. J'ay advis certain que le secours qui me doibt venir d'Allemaigne entrera au plus tard dans la fin de novembre, qui sera du reste la plus belle armée, tant de cavalerie que d'infanterie, qui soit, de toutes les guerres, sortie d'Allemaigne. Avec cela, j'espere bien, à ce coup, avoir raison de mes ennemys. C'est ce que je vous puis dire pour ceste fois: sur ce, je prie Dieu, mon Cousin, vous

---

[2] Sur ce point Pierre Lestoile, qui ne quitta point Paris pendant tout le siége, qui s'y trouvait à la date de cette lettre, et qui notait presque jour par jour le prix du blé, mérite plus de confiance que ces lettres royales, destinées à atténuer autant que possible le fâcheux effet de la levée du siége de Paris, et l'évidente supériorité militaire du duc de Parme. Or nous voyons dans le Journal de Henri IV, que le blé, qui s'était vendu cent écus le septier le 24 août, se vendit cinq écus le septier le 17 septembre. Le cours de la haute Seine était redevenu libre, et le duc de Parme avait introduit dans Paris quinze cents grands chariots chargés de vivres. Le duc de Mayenne avait fait son entrée dans cette ville le 18.

conserver en sa saincte garde. Escript au camp devant Clermont, ce xxij<sup>e</sup> jour de septembre.

HENRY.

FORGET.

## 1590. — 30 SEPTEMBRE.

Cop. — B. R. Suppl. fr. Ms. 1009-2. (D'après l'ancien cabinet de M. de Mendajors.)

[A MON COUSIN LE DUC DE MONTMORENCY.]

Mon Cousin, J'aÿ veu par vos lettres, et entendu par ceulx qui sont venus vers moy de vostre part, le mescontentement que vous avés de mon cousin le s<sup>r</sup> de Chastillon, pour n'avoir satisfaict à la promesse qu'il vous avoit faict; sur quoy je ne vous diray aultre chose, sinon qu'il m'estoit icy trés necessaire, et qu'il estoit de besoing pour mon service qu'il me vint trouver en diligence, suivant les exprés commandemens que je luy en faisois; et que je crois, ainsy qu'il m'a juré, que cela a esté la seule cause qu'il n'a satisfaict à sa dicte promesse, et non faulte d'amitié en vostre endroict, vous priant pour cela ne le reculer de vos bonnes graces et n'empescher que sa pension de mille livres par mois, qu'il a en Languedoc, ne luy soit payée aussy bien que s'il y estoit, car c'est ma volonté, comme aussy la garnison de Monpellier, sans aulcun retranchement de jours, et que les capitaines et soldats que mon dict cousin a amenez avec luy des compagnies qui y sont entretenues soient passées à leur monstre, car c'est leur solde, ne recevant icy aultre chose. Je vous en escris plus au long par une aultre lettre[1]; qui me fera finir celle-cy pour vous prier de rechef satisfaire à cela, qui est de mon intention : et sur ce, je prieray Dieu qu'il [vous] ayt, mon Cousin, en sa saincte et digne garde. Escript au camp de Clermont, ce xxx<sup>e</sup> septembre 1590.

HENRY.

[1] Voyez ci-dessus la lettre du 25 août, I<sup>re</sup>.

1590. — 3 OCTOBRE. — II^me.

Imprimé. — *Mémoires de messire Philippes de Mornay*, t. II, p. 64, éd. de 1624.

[A MON COUSIN LE DUC DE SAXE,
PRINCE ET ESLECTEUR DU SAINCT-EMPIRE.]

Monsieur mon Cousin, J'ay receu un extreme plaisir par ce que j'ay entendu du s^r ambassadeur Horatio Palavicin, tant de l'affection dont vous embrassés le secours de mes affaires[1] qui m'oblige, et tout

---

[1] Élisabeth avait recommandé au duc de Saxe les affaires de Henri IV, comme elle le lui apprend dans cette lettre :

« A MON TRÉS CHER FRERE LE ROY TRÉS CHRESTIEN.

« Je crains que quelque mauvaise impression vous puisse mettre en soubçon de ma nonchalance de ce qui vous concerne pour avoir retardé ces messagers ; mais si seussiez quel grand travail le sieur Palavicini a enduré, vous eussiez eu pitié de trop le travailler, et esperant le reguerissement de Stafford, je croirois qu'il eust assez bien servy pour tous deux, qui ont esté les seuls retardemens de tous deux. Et pour ce je ne merite tant de blasme comme de prime face pourriez imaginer, et les vous envoyant du tout bien instruits, je ne puis moins faire qu'en somme vous exprimer mes conceptions de ces responces. J'ay bien au large escript au duc de Saxe que je m'estonne qu'en un tel temps de necessité, si mal propre pour quelque retardement d'affaire qui de si prés touche l'honneur et la vie d'un roy tel que vous, estant de sa religion, qu'il a eu si peu de consideration à vous demander questions au lieu de vous prester aide, voire quelques unes si frivoles que je l'imputerois plustost à la faulte de son secretaire que à si peu de respect qu'il l'y tient. Aussy que combien que vos ministres n'ont faict leurs offices si avisement qu'ils deussent, pour quoy empescheroient leurs offences, que vous sont les plus pesantes, qu'ils ne vous aidassent, de tant plus qu'ils en sont tesmoings. Si le roy d'Espagne avoit entre eux quelque espion, comme peut-estre qu'il en a, ils ne pourroient faire un meilleur tour pour son maître que ce que les princes mesmes ont faict. C'est pourquoy j'ay donné charge qu'ils sçachent la prompte volonté de tous ces princes et qu'ils sont tous prests, sinon qu'ils arrestent sur l'attente de quelques aultres ministres plus propres que les derniers, et quelques aultres petits princes qui bientost se resouldront. Voilà en somme ce que je pense necessaire pour leur cognoissement. Quant à vos resolutions pour la religion, je me trouve en diffidence que vous ne soyez si sage que ne pensiez que de sembler seulement d'en faire revolte, et que ce ne vous soit pas chose la plus perilleuse qui oncques vous pourra arriver. Oultre que le seul vindicateur de tant de blaspheme vous en rendroit trop de mice royaume, à le recognoistre à jamais envers vous et les vostres, comme particulierement de l'inclination que vous avés en mon endroict, que je ressens reciproque, ainsy qu'il vous tesmoignera et que vous l'appercevrés par effect, si jamais vous avés besoing d'estre assisté de vos amys; comme certes nous croyons que l'occasion n'en peut estre tardifve, la vertu que Dieu a mise en vous ne pouvant estre ni demeurer oisifve ou inutile. Je suis attaqué du roy d'Espagne principalement, qui m'a suscité pour troubler mon royaume ceulx de la maison de Lorraine. Aussy est-ce celuy seul qui espie depuis long-temps toutes occasions pour envahir la tyrannie sur ses voisins, et qui rend par ce moyen vostre cause commune. Il prend son subject sur la religion en laquelle je vis, pretendant par là m'exclure du royaume et de l'heritage de mes peres; c'est ce qui estrainct encore nos interests de plus en plus, estans conjoincts en ceste profession, en laquelle je suis resolu de persister tant que je vive. Je suis assailly et menacé de plusieurs parts; mais perseverant en la crainte de Dieu, je n'ay crainte de rien[2]; aussy sçay-je que c'est celuy qui donne les royaumes, qui m'a appelé à cestuy-cy, et qui a la volonté et la puissance de garentir ses donations contre tous les efforts des hommes, contre mes mauvais subjects. Au reste, je suis assisté des princes de mon sang, officiers de ma Couronne, et presque de toute ma noblesse, qui de tout temps sont et ont esté assez forts et puissans, sous la legitime auctorité de mes predecesseurs, pour dompter les rebelles. Si contre l'appuy et le secours qu'ils ont de

lions de revanches, de quoy me confie que n'en aurez jamais sentiment, comme ne le meritant. Je ne nie poinct que de temporiser en quelques endroicts vous est le plus propre et convenable. Vous voyez, mon trez cher frere, comme l'imagination que ma lettre vous parle me tire à plus long chemin que ne convient le compas d'une lettre. Pardonnez la faulte que le zele de vostre bien me fait commettre, en priant [Dieu] vous conserver par sa saincte main et vous donner la victoire sur voz ennemys.

« Vostre tres-assurée fidelle sœur et
« cousine.
« ELIZABETH, R. »

[2] Racine, avant la composition d'Athalie, avait pu lire cette phrase dans les Mémoires de du Plessis Mornay, imprimés en 1624.

l'Espagne et d'Italie, je suis assisté, comme je voy, de la royne d'Angleterre, ma bonne sœur, et de vous, comme je m'en tiens tout asseuré par la relation du dict seig$^r$ Palavicin, je ne crains poinct que bien tost je n'en ay la raison, et ne sois en estat par consequent d'assister mes amys en leurs desseings. Monsieur mon Cousin, je desire desormais entretenir une amitié estroicte avec vous. Pour la testifier plus vivement, j'ai faict choix de la personne de mon cousin M$^r$ de Turenne, qui dés sa jeunesse a esté prés de moy et m'a accompagné dans toutes mes adversitez, et cognoit le fond de mes intentions. Je vous prie de le croire comme moy-mesme et de cela et de tout ce qui concerne sa negociation, laquelle je desire et vous prie de prendre principalement en vos mains, et par vostre auctorité y amener les aultres princes, en faisant estat que vous n'avés amys sur qui vous ayés plus de puissance. J'attends aussy, pour gage de vostre affection, mon cousin le prince Christian d'Anhalt[3], que j'aimeray pour l'amour de vous, et honoreray pour sa propre vertu : et, sur ce, prie Dieu qu'il vous ayt, Monsieur mon Cousin, en sa saincte et digne garde.

HENRY.

[3] Christian, second fils de Joachim Ernest, prince d'Anhalt, et d'Agnès de Barby, frère de Jean-Georges, prince d'Anhalt alors régnant, partagea en 1606 avec lui la succession paternelle, et devint la tige des princes d'Anhalt-Bernbourg. Il mourut le 20 avril 1630, à l'âge de soixante-deux ans. Il rendit à Henri IV le service que ce prince attendait de lui, en amenant l'année suivante l'armée auxiliaire qu'avait formée le duc de Saxe, et dont il céda le commandement au vicomte de Turenne, en entrant en France.

## 1590. — 6 OCTOBRE.

Orig. — B. R. Fonds Béthune, Ms. 9037, fol. 24 recto.

A NOS CHERS ET BIEN AMEZ LES CONSULS DES VILLES ET DIOCEZES
DE MONTPELIER ET UZEZ.

Chers et bien amez, Nous avons receu vos depputez en leurs offres et soubmissions avec tres grand contentement, n'ayant jamais attendu ny esperé de vous que ce qui est deub de trés fidelles et affectionnez subjects. Nous les avons aussy oys en leurs remonstrances et receu leurs articles, que nous trouvons pleins d'equité et de trés grande consideration, auxquels nous desirons apporter les remedes, et pourveoir par tous moyens aultant que la gloire de Dieu, le bien et tranquillité de nos subjects et de cest Estat nous y convient; à quoy nous tendons singulierement et avec tout le zele et affection qui se peut requerir; mais pour les raisons qu'ils vous feront entendre, nous en avons remis et différé l'execution à quelque temps et lieu de plus de repos; pour avec meure deliberation la rendre parfaicte, et donner à nos dicts subjects le contentement et satisfaction qu'ils desirent: priant Dieu que ce soit bien tost, Escript au camp de Mante, le vj$^e$ jour d'octobre 1590.

HENRY.

REVOL.

## 1590. — 8 OCTOBRE. — I<sup>re</sup>.

Orig. — B. R. Fonds Béthune, Ms. 9045, fol. 52.
Cop. — Suppl. fr. Ms. 1009-2.

### A MON COUSIN LE DUC DE MONTMORENCY,
PAIR ET MARESCHAL DE FRANCE, GOUVERNEUR ET MON LIEUCTENANT GENERAL EN MON PAYS DE LANGUEDOC.

Mon Cousin, J'ay receu en mesme jour vos lettres du xxviii<sup>e</sup>, le premier l'original et le duplicata de celles du xix<sup>e</sup>, et les aultres du xxiii<sup>e</sup> du mois d'aoust, et veu par icelles comme vous avés maintenant l'effect de ce dont j'avois veu par vos lettres precedentes que vous aviés l'apprehension, de la descente des estrangers de la part du Roy d'Espagne en vostre gouvernement. J'ay advis du costé d'Italie que ce sont les troupes de landsquenetz du comte de Ledron, que l'on ne disoit estre que trois mille ; mais il s'y en peut estre joinct quelques aultres : ce sont des effects des bonnes intentions du mareschal de Joyeuse, qui sont bien indignes de son aage, et beaucoup plus du tiltre et qualité qu'il porte, en laquelle il s'est voulu faire remarquer pour y estre seul qui ayt abandonné son Roy et sa Couronne ; mais il y a aussy quelque juste recompense qu'il en attend. Je considere que c'est un grand orage qui vous tombe tout en un coup sur les bras. Je l'apprehenderois beaucoup davantage s'il touchoit à quelque aultre que à vous à s'en desmesler, toute ma consolation estant en vostre seule personne, et l'asseurance que j'ay que, pour les remedes qui dependent de la valeur et de la prudence, que vous les y apporterés mieux que nul aultre.

Par une de mes despesches que vous aurés receu depuis celles que vous accusés par vostre derniere, je vous ay envoyé une lettre pour mon ambassadeur en Suisse, pour faire faire la levée du nombre de Suisses que vous me demandés ; ce que je vois bien vous estre fort necessaire. J'eusse bien voulu plus tost vous envoyer les dicts Suisses que non la dicte lettre ; mais la necessité de moyens m'est icy sy extreme, que tout ce qui ne se peut executer sans cela languit longuement imparfaict. Ce fut pourquoy, pour ne vous en remettre là, j'estimay que en ceste necessité presente et peril sy eminent, le pays s'esforceroit de vous aider à la levée et entretenement des dicts Suisses, qui leur espargnera la despense d'aultres gens de guerre qui ne leur seront pas sy utiles. En tout evenement que la dicte lettre ne vous feust arrivée, je vous en renvoye encores une pareille pour mon dict ambassadeur, auquel dés long tems j'en ay particulierement escript; aussy, si vous pouvés envoyer ce qu'il faut pour la levée, je m'asseure qu'elle sera bien tost preste. Je voy qu'il faut que vous faictes fondement en vos seules forces; car de moy je ne vous en pourray envoyer de celles que j'ay icy, qui en sont trop esloignées, d'ailleurs de beaucoup diminuées. De vos voisins j'ay veu par leurs responses que chascun a des excuses et des affaires. Quant à mon cousin le mareschal de Matignon, sur une sienne despesche que j'ay depuis quelques jours, par laquelle il me mande qu'il a advis que les dictes troupes estrangeres se doivent despartir pour en venir une moitié en Guyenne, et que les principaux de la Ligue se sont desjà advancez vers Thoulouse, pour les aller recueillir, je luy ay respondu que de tant plus tost mon oppinion seroit qu'il s'approchast de vous pour vous y entresecourir l'un l'aultre; et si ce partage de forces se faisoit, vous estant si proche, que ce vous seroit peut-estre un moyen d'attaquer une des deux moitiez. Quoy que ce soit que de cest approchement, je prevoyois plus tost commodité que autrement. Je ne sçay à quoy il se resouldra, car il pourra avoir d'autres considerations pour son gouvernement, que je ne sçay pas. Quant à mon cousin le duc d'Espernon, je vouldrois que la raison qu'il vous a mandée eust valu, et qu'il me fust venu trouver aussy diligemment comme il vous escript qu'il vouloit faire; mes affaires en seroient bien en meilleurs termes qu'ils ne sont, car trois ou quatre mil hommes davantage me faisoient recouvrer Paris, et donner, et, ainsi que je croy, gagner, la bataille, comme, faulte de cela, j'ay failly l'un et l'aultre. Mais puisqu'il n'est poinct venu et qu'il jugea bien qu'il n'y arriveroit plus à tems, il m'eust faict un trés bon service de vous aller trouver; ce faisant, ces forces qu'il amene tousjours avec luy pourroient estre fort utilement employées. J'ay d'ailleurs les mesmes advis que vous me donnés des desseings du roy d'Espaigne de faire une aultre descente en Bretaigne; qu'elle puisse estre de sy grand nombre, il est impossible, mesmes d'Hespaignols naturels, qui n'ont pas accoustumé de sortir à sy grandes trouppes; comme aussy le pays ne le comporte pas; mais il paroist assez qu'il ne veult rien espargner pour nous tenir icy en confusion le plus qu'il pourra. Dieu est par dessus eux tous, et comme il est tousjours juste, il n'en ordonnera que justement. De ma part, je y porteray ma vie, tout mon labeur et mon industrie, pour empescher l'effect de leurs mauvais desseings. Je vois en ceste mesme resolution tous les princes et les principaux officiers et ministres de cest Estat et Couronne; qui me faict fermement esperer que les choses succederont à leur confusion.

Despuis mes dictes depesches que vous me mandés avoir receues, je vous en ay fait quatre ou cinq aultres. L'une fut [par] un des vostres, avec laquelle vous ont esté envoyées les commissions des tailles; les aultres ont esté par des porteurs particuliers qu'a adressé le chevalier d'Elbene pendant qu'il a esté icy; la derniere, par faulte de meilleure commodité, je l'ay adressée au s$^r$ de Botheon, pour la vous faire tenir, et avec ycelle je vous ay envoyé un discours de ce qui s'est passé icy pendant que ces armées ont esté sy proches l'une de l'aultre, où les [operations] sont fidelement descriptes. Je vous mandois pour ceste occasion de le faire imprimer, afin d'en informer plus facilement tous mes bons subjects, et les instruire et preparer contre les faulx bruits que je ne doubte point que les ennemys n'ayent respandu sur ce subject. Vous aurés veu par là les principales raisons de la separation de mes forces que j'ay faicte; il y en eust bien eu davantage d'oster l'occasion de la debvoir faire, comme il se fust faict, si ceste noblesse qui estoit sy courageusement accourue eust voulu un peu s'arrester et tenir ferme davantage; mais le mesme excés qui fut en l'ardeur de venir, il fust aussy tost en l'impatience de s'en retourner. C'est une humeur que je ne suis pas de ceste heure à recognoistre, m'estant aperceu assez de fois que de telles resolutions prises, ils n'en reviennent jamais, et ne sert rien de les y contredire; de sorte qu'il est encores meilleur de s'y accommoder, car le leur permettant volontairement, je m'asseure qu'à la premiere occasion qu'il se presentera ils s'y retrouveront tous. Mon desseing estoit de m'en venir droict à Mante; mais ayant sceu que ceulx de Senlis et de Compiegne estoient incommodez, pour leur passage et communication, de la ville et chasteau de Clermont, je y suis venu pour le recouvrer; comme j'ay faict, ayant prins la ville de force, et puis le chasteau par composition. Ce a esté sans aulcune perte des nostres, ny aultre dommage, sinon d'une harquebusade que y receut mon cousin le mareschal de Biron dans la peau de la bourse; mais ce n'a, Dieu mercy, rien esté, et cela ne l'empesche pas de me suivre. Les ennemys, depuis nostre separation, ont tousjours esté au siege de Corbeil, où ils n'ont encores rien advancé; ceulx de dedans s'estans fort courageusement deffendus. Si ceste place les a peu arrester jusques icy, les aultres, qui sont beaucoup meilleures, n'ont pas occasion de les craindre. Il semble que par raison ils devroient attaquer Melun, mais elle est merveilleusement bien fortifiée, et y a bon nombre de trés bons hommes dedans; de sorte que, s'ils le font, je m'asseure que ce siege nous vauldra le gain d'une bataille, laquelle ils n'ont pas voulu donner en gros, mais en detail. Ils ne s'en sont pas peu sy bien deffendre, leur ayant esté deffaictes deux ou trois de leurs troupes qui s'en retournoient, par les nostres qui les ont rencontrées. La necessité et les maladies leur font d'aultres combats tous les jours; de sorte que j'ay advis que leur armée est grandement diminuée; et n'est pas à craindre qu'elle face desormais grand effect de cest hiver, pendant lequel je ne fais pas estat de chommer, non plus que je ne fis l'aultre, en attendant mes forces estrangeres, desquelles je suis asseuré pour le mois de janvier prochain, et en trés bon nombre.

Je croy que à la fin vous aurez receu la depesche que je vous avois faicte par l'homme du s$^r$ Desdiguieres qui demeura mallade, et cela a esté cause de la longueur de son voyage. Je m'asseure que le dict s$^r$ Desdiguieres n'aura pas manqué de vous communiquer son desseing et la charge que je luy ay donnée. J'ay depesché aussy le dict s$^r$ de Guitry pour le secours de Geneve. J'estime que cela ensemble pourra destourner l'orage de la Provence. J'ay au reste trouvé trés bonne l'ouverture que vous m'avés faicte pour le sergent italien, selon que vous verrés par la response que je fais à la vostre, que vous m'en avés escripte, par celuy mesmes qui me l'a apportée. Pour ce que vous m'avés escript pour les biens du dict mareschal de Joyeuse, je les vous accorde trés voluntiers, y ayant du merite[1] des deux costez, à luy de les perdre et à vous d'estre recompensé de tant d'aultres pertes que vous faictes à l'occasion de mon service. Mais en l'expedition qui en a esté faicte, il a bien fallu, pour la consequence, y tenir la forme generale qui a esté resolue pour semblables dons, qui est de ne donner que les fruicts pour un an, et à la reserve d'un tiers pour mes affaires; mais vous pouvés asseurer que ceste condition cessera pour vous, qui veulx que vous en jouissiés à tousjours entierement et paisiblement, ayant bonne esperance vous tesmoigner en chose meilleure ce que je desire faire pour vous. J'eusse bien desiré aussy, suivant la recommandation que vous m'en avés faicte, gratifier entierement le s$^r$ de Montoison de l'estat de juge de Carcassonne, mais parce que des dicts estats vacans, la moitié en est asseurée aux tresoriers qui ont faict des advances sur les dicts offices, il n'en demeure en ma disposition que la moitié, de laquelle j'ay voluntiers gratiffié le dict s$^r$ de Montoison; reservant à parfaire ceste grace à la première occasion qui s'en offrira, comme je sçay que les services qu'il me faict par delà meritent de moy beaucoup mieulx. Je vous envoye des lettres pour des seigneurs particuliers du pays, que vous ferés remplir et distribuer, ainsy que vous adviserés qu'il sera à propos. Sur ce, n'ayant

---

[1] C'est-à-dire un traitement mérité.

rien à vous dire davantage pour ceste fois, je prie Dieu, mon Cousin, vous conserver en sa saincte garde. Escript au camp de Maigny[2], ce viij$^e$ jour d'octobre 1590.

HENRY.

FORGET.

1590. — 8 OCTOBRE. — II$^{me}$.

Cop. — Arch. de la cour royale de Rouen. Registres secrets originaux du parlement de Normandie, vol. du 25 juin 1589 au 8 novembre 1591, fol. 241 verso. Communication de M. Floquet, greffier en chef, correspondant de l'Institut.

A NOS AMEZ ET FEAULX CONSEILLERS LES GENS TENANS NOSTRE COURT DE PARLEMENT DE CAEN.

Nos amez et feaux, Nos subjects faisant profession de la religion reformée, habitans de nostre pays de Normandie, nous ont, par requeste à nous présentée, soubs le nom de leur deputé, trés humblement remonstré que par vostre ordonnance publiée en nostre ville de Caen ils ont esté condamnez à tendre devant leurs maisons durant la procession, sur peine de dix escuz, comme aussy par sentence du siege presidial du dict Caen, à faire le pain benit et en cueillir les deniers, et davantage qu'ils sont recherchez en leurs maisons par nos officiers pour le faict de leur conscience, et informations faictes pour la mesme cause par le juge criminel, nous suppliant et requerant faire cesser l'execution des dictes ordonnances, et toutes recherches et poursuictes pour ce regard. Vous avés entendu par la declaration que nous feismes, dés nostre advenement à ceste Couronne, l'intention que nous avions de faire une assemblée des princes, officiers de la Couronne et aultres principaulx du Royaulme, pour, avec leur advis et meure deliberation, prendre tel reiglement aux affaires d'icelluy qu'il seroit estimé convenable pour le bien public, repos et soulagement de nos subjects, chose que nous avons tousjours eu tellement à cœur, que rien ne nous a apporté plus de desplaisir, de tout

---

[2] Que l'on écrit aujourd'hui *Magny*.

ce qui a procedé dés ennemys, que le retardement de ce bon œuvre, ainsy que vous aurés encore peu congnoistre par aultres nos lettres et declarations subsequentes, faictes sur le mesme subject, dont, si l'effect n'est non plus ensuivy, aussy n'ont cessé les causes qui l'ont empesché dés le commencement, en estant au contraire les difficultez accreues et augmentées, ainsy que chacun voit, à nostre trés grand regret, pour le desir que nous avons de faire ressentir nos dicts subjects du fruict qui se peut esperer de ceste deliberation, comme nous n'y perdrons aucun temps, lorsque, avec plus de commodité et seureté [ que ] n'y auroit maintenant, la dicte assemblée pourra estre faicte. Nous ne pourrions à nostre gré et contentement determiner de chose qui importe plus le bien universel de l'Estat; cependant nous avons attendu de la discretion et prudence de nos officiers, mesmes de ceulx qui tiennent les premieres et les plus grandes charges, de se comporter ez choses qui pourroient apporter alteration entre nos subjects, qui nous rendent obeissance, tant d'une religion que d'aultre, ce qui se doibt juger par les exemples passez, de sorte qu'il ne soit excité nouveau subject de trouble et division entre eulx, au lieu de l'union et concorde où il est besoing les maintenir pour resister aux rebelles et leurs fauteurs, qui soubs faulx pretexte de religion tendent à la subversion de l'Estat et ruine de tous ceulx qui se veulent opposer à leurs malheureux desseings, joinct que la declaration faicte par le feu Roy dernier, nostre trés cher seigneur et frere, sur la trefve accordée entre nous, peut servir de loy et reigle à nos dicts officiers, nonobstant l'expiration du terme limité par icelle, attendant qu'il y ayt autre reiglement, veu qu'il n'y a clause peremptoire aprés le dict terme. Ce que aussy, aprés en avoir esté deliberé en nostre conseil, nous avons bien voulu desclarer par la presente, sur le subject qui s'offre, estre nostre intention; sans que ayons estimé necessaire faire aultre provision aux susdicts supplians, sur leurs dictes doleances; esperant que vous deduirés tels remedes aux cas particuliers, motifz d'icelles, tant en ce qui despend de vos charges que de nos aultres officiers de vostre ressort, qu'ils n'auront occasion de plus recourir à nous pour cest effect, vous advisant que vous ferés, ce faisant, chose digne de l'asseurance que nous avons de vostre equité et affection au bien de nos affaires et qui nous sera trés agreable. Donné au camp de Gisors, le viij⁰ octobre 1590[1].

HENRY.

POTIER.

## 1590. — 11 OCTOBRE.

Orig. — Archives de M. le vicomte de Gauville, communication de M. Floquet, correspondant de l'Institut.

### A MONS^R DE GAUVILLE,
LIEUCTENANT DE LA COMPAGNIE D'HOMMES D'ARMES DU S^r DE CARROUGE.

Mons^r de Gauville, Il se presente une occasion pour mon service, à laquelle je m'asseure que vous seriés bien marry de faillir et n'estre pas des premiers à m'y accompagner. A ceste cause, je vous prie vous rendre à Evreux avecq vostre compagnie et tout ce que vous pourrés mettre de vos amys à cheval, dans lundy ou mardy au plus tard, et vous en venir avecq le s^r de Carrouges au lieu que je luy ordonneray, sans bagage, d'aultant que le voyage ne sera que de huict ou dix jours seulement. En ceste asseurance, je prie Dieu qu'il vous ayt, Mons^r de Gauville, en sa saincte et digne garde. Escript au camp de Gisors, le xj^e jour d'octobre 1590.

HENRY.

RUZÉ.

---

[1] Les registres secrets du parlement de Normandie ajoutent à la transcription de cette lettre : « Deliberé que les conseillers depputez vers Sa Majesté luy representeront que la court en a ainsy usé pour la police et afin d'eviter les murmures et esmotions ; enjoint en mesme temps aux officiers des bailliages de faire executer l'ordonnance de la court. » On peut voir sur cet événement l'Histoire du parlement de Normandie, par M. Floquet, t. III, p. 550 et suivantes.

## 1590. — 16 octobre.

Orig. — Archives de M. le marquis de Chanaleilles, pair de France.

### A MONS^r DE CHANANEILLES.

Mons^r de Chananeilles, Avec la commodité qui se presente du s^r de Bonnevie, s'en retournant par de là, je n'ay voulu faillir de vous faire ce mot, pour que vous saichiés le contentement que j'ay eu du bon debvoir que vous feistes en la reduction des places que les ennemys occuperent au gouvernement de mon cousin le comte de la Voulte, en quoy je vous prie continuer et ne point vous lasser de bien faire. Et j'ay bien voulu vous faire ceste-cy pour vous ordonner de vous rendre prés de mon dict cousin, au premier mandement qu'il vous en fera, pour entendre ce qu'il vous dira de ma part pour mon service; en quoy vous l'assisterés de tout vostre pouvoir : et m'asseurant que vous ne voudrés manquer à ceste occasion, qui sera belle pour acquerir surcroist de reputation et d'honneur, je prie Dieu, Mons^r de Chananeilles, vous avoir en sa saincte garde. Escript au camp de Gisors, le xvj^e jour d'octobre 1590.

HENRY.

FORGET.

## [1590.] — 23 octobre.

Orig. — Archives de M. le comte d'Houdetot, pair de France, membre de l'Institut.

### A MONS^r DE HOUDETOT.

Mons^r de Houdetot, la dame Charlotte de Saint-Manivan, veuve du defunct sieur de Fleurimont, m'a supplié d'envoyer personnes capables pour retirer le s^r de Fleurimont son fils d'entre les mains d'aucuns ses ennemys cappitaulx, qui le tiennent prisonnier avec sa femme et enffans; pour la qualité duquel faict et que le dict s^r s'est tousjours fidelement gouverné à mon service, je desire faire droict à la dicte requeste; ce qui m'est cause de vous prier, attendu la grande et entiere confiance que j'ay en vous, que vous conferiés du dict faict avec le s^r de la Couldraye, ou aultre, commandant à present au chasteau de Pontorson, pour adviser aux moyens d'eslargir le dict Fleurimont et de le remettre entre les mains du s^r de Bourdeaux, cappitaine et gouverneur de Vire, à qui je donne charge de le conduire à Caen : et la presente n'estant à aultre fin, je prie Dieu qu'il vous ayt, Mons^r de Houdetot, en sa saincte garde. Au camp de Gisors, le xxiij^e jour d'octobre.

Vostre plus affectionné amy [1].

HENRY,

1590. — 27 OCTOBRE. — I^re.

Orig. — Arch. du royaume des Pays-Bas, registre des dépêches des années 1505 à 1595. Copie transmise par M. le ministre de France à la Haye.

Copie. — Arch. de la Couronne, salle 5, anciennes archives, Ms. 30, fol. 30 recto.

A NOS TRÉS CHERS ET BONS AMYS LES SEIGNEURS ET CONSEIL DES ESTATS UNYS DES PAYS-BAS.

Trés chers et bons amys, L'affection que vous monstrés au bien de nos affaires, et les offices que vous y rendés, vous acquierent tant de merite en nostre endroict, que nous ne voulons obmettre de vous tesmoigner le gré que nous vous en sçavons, et vous rendre aussy participans de nos deliberations sur le besoing de nos dicts affaires, et les provisions qui nous y sont necessaires; en quoy nous sommes asseurez que, selon les occasions et que vos moyens le pourront porter, vous nous ferés tousjours de plus en plus cognoistre vostre bonne volonté, comme vous pourrés aussy estre asseurez que Dieu nous faisant la grace de nous garantir des mauvaises intentions de nos

---

[1] Depuis l'avénement d'Henri IV au trône de France, l'étiquette semble s'opposer à ce qu'il emploie vis-à-vis d'autres personnages que des princes souverains cette formule si fréquente dans sa correspondance antérieure. Nous ignorons ce qui put motiver en faveur de M. d'Houdetot une exception que le Roi n'admet ni pour le duc de Nevers, ni pour le duc de Montmorency. Mais nous avons eu soin de vérifier nous-même sur l'original ces mots, *Vostre plus affectionné amy*, écrits, dans cette lettre, de la main du Roi au-dessus de sa signature.

ennemys, vous aurés à jamais de nostre part un trés certain rapport pour vostre seureté et repos; ce que pour plus particulierement vous exposer, nous advons advisé d'envoyer vers vous exprés nostre amé et feal gentilhomme ordinaire de nostre chambre le s^r de Buzanval, à la suffisance et fidelité duquel nous en remettant, nous vous prions le croire de ce qu'il vous dira de nostre part comme nous-mesmes: priant Dieu, Trés chers et bons amys, vous avoir en sa saincte garde. Escript au camp de Gisors, le xxvij^e jour d'octobre 1590[1].

HENRY.

REVOL.

[ 1590. — 27 OCTOBRE. ] — II^me.

Cop. — Arch. de la Couronne, salle 5, anciennes archives, Ms. 30, fol. 69 recto.
Cop. — Bibliothèque de M. Monmerqué, Ms. intitulé *Despesches, instructions et commissions,* fol. 44 recto.

[r] A TRÉS HAULT, TRÉS EXCELLENT ET TRÉS PUISSANT PRINCE, CHRISTIAN, ROY DE DANEMARK ET DE NORWEGE, DUC DE HOLSTEIN ET DE SCHLESVIC.

Trés hault, trés excellent et trés puissant prince, nostre trés cher et trés amé bon frere et cousin, compere, amy, allié et confederé, Vous avés peu entendre la grande et violente rebellion qui s'esleva en ce Royaume contre le feu Roy, dernier decedé, nostre trés cher seigneur et frere, aprés la mort du feu duc de Guise, et laquelle a tousjours continué contre nous depuis nostre advenement à cette Couronne, comme elle faict encores, la couvrant maintenant du pretexte de la religion, à cause que nous ne faisons profession de la romaine, qu'ils tiennent; qui n'empesche toutesfois que tous les

---

[1] Le même jour le Roi donna avis de cette lettre et de la mission de M. de Busenval à l'amiral des États, au comte Maurice de Nassau et aux principaux membres du conseil des États. (Ms. des arch. de la Couronne, fol. 76 et 77.)

[r] Parmi les lettres d'Henri IV, copiées en Danemarck, et transmises par M. le vicomte de Saint-Priest, se trouve le texte latin de celle-ci, daté de Gisors le 27 octobre 1590, et contre-signé Revol. L'ancien texte français que nous donnons ici peut être considéré comme la rédaction première, dont ce texte latin officiel est la traduction.

princes, tant de nostre sang que aultres, les mareschaux de France, officiers de la Couronne, principaux seigneurs et plus grande part de la noblesse, ensemble partie des villes et peuple, estant de la mesme religion romaine, nous recongnoissent et rendent obeissance : qui oste aux aultres la justification qu'ils veulent par leurs faux pretextes prendre de leurs mauvaises actions, comme Dieu les a aussy fait congnoistre telles par l'advantage qu'il nous a tousjours donné sur eulx, tant en batailles et autres combats qu'en la prinse de grand nombre de villes qu'ils occupoient, ayant mesme, par ung long siege et famine, reduict celle de Paris, capitale du Royaume et de ceste rebellion, à l'extremité de se rendre à nostre mercy. Mais le roy d'Espagne s'aydant du mesme pretexte, et en effet pour l'ambition qu'il a sur tous les estats voisins, prenant ceste occasion en main pour commencer l'execution de ses desseings par la ruyne de ceste Couronne, qui luy a esté tousjours le principal obstacle, a envoyé le duc de Parme contre nous avecq la plus grande partie des forces qu'il avoit au Pays-Bas, et à mesme temps en a faict entrer d'aultres en ce dict Royaume par divers endroicts; et combien que de nostre part nous nous soyons trouvé avec armée assez puissante pour donner la bataille à celles du dict duc de Parme et duc de Mayenne joinctes ensemble, comme nous en avons recherché toutes occasions, toutteffois eux les ayant fuyes avec l'advantage des lieux forts où ils se sont logez, de sorte qu'il ne nous a esté possible de les y attirer, et ne pouvant longuement retenir nostre dicte armée ensemble, pour estre principallement composée de nostre noblesse que nous y avions mandée et qui y estoit accourue presque sans bagaige, au bruit de la bataille que les ennemys, avant leur arrivée, publioient de nous vouloir donner, il nous a fallu resouldre de la despartir par nos provinces, en retenant seulement avec nous un bien petit nombre, et remettre à une aultre fois nostre entreprinse sur Paris, qui demeure neantmoins privé de la commodité des rivieres, par le moyen des villes et forts que nous avons sur icelles et que nous esperons conserver par les bonnes garnisons que nous y avons. Mais attendant que nous puissions redresser nouvelle armée pour nous opposer aux dicts ennemys, laquelle toutesfois ne pouvant faire assez forte de nous mesmes, ayant pour principal ennemy en cela le dict roy d'Espaigne, qui n'y espargne rien de ses moyens; la royne d'Angleterre nostre trés chere sœur, de laquelle nous avons esté grandement secouru en ceste guerre et nos trés chers et trés amez cousins les princes du Sainct Empire, protestans, tant eslecteurs que aultres, considerans la consequence de l'yssue de cest affaire, comme estant à tous suspecte avec bonne raison la grandeur et accroissement de l'Espaignol, ont bonne volonté de nous y donner une bonne et puissante assistance. Qui nous a meu d'envoyer à present devers eux nostre trés cher et trés amé cousin le vicomte de Turenne, premier gentilhomme de nostre chambre, des principaux seigneurs de nostre conseil et l'un de nos antiens et plus confidens serviteurs, comme nous avons congneu semblables qualitez estre desirées des dicts princes en celuy qui auroit à traicter de nostre part avec eulx de cest affaire et autres concernans le bien commun de tous. En quoy esperant que ne vous vouldriés monstrer moins secourable que les aultres à nostre besoing, tant pour les mesmes considerations qui les y meuvent que pour l'ancienne amitié, consideration et alliance qu'il y a tousjours eu entre les Roys nos predecesseurs, nos Couronnes et Royaumes, à ceste cause nous avons voulu vous rendre participans par la presente de l'estat de nos dicts affaires et vous prier, comme nous faisons trés affectueusement, nous y vouloir ayder et favorizer de vos moyens, selon la resolution que nostre dict cousin vous fera entendre avoir esté prinse de nostre secours avec les dicts princes, par celuy qu'il envoyera vers vous à cest effect, et donner à iceluy benigne audience et favorable response, comme s'il estoit depesché de nostre part; et ce faisant, vous acquerrés une trés grande obligation envers nous, qui le recongnoistrons à jamais en tout ce que nous sçaurons vous estre agreable; et aurés aussy part à un bon œuvre que Dieu en fera reussir, s'il luy plaist, de la conservation de ceste Couronne, qui redondera au benefice commun de toute la chrestienté et trés grande louange de ceulx qui y auront presté la main. Sur ce, nous prions Dieu, Trés hault, trés excellent et trés puissant prince, nostre trés cher et trés amé bon frere et cousin, qu'il vous ayt en sa saincte et digne garde.

HENRY.

## 1590. — 27 OCTOBRE. — III$^{me}$.

Orig. — Arch. royales de Saxe. Copie transmise par M. le ministre d'état, baron Lindenau.
Cop. — Arch. de la Couronne, salle 5, anciennes archives, Ms. 30, fol. 67 recto.
Cop. — Bibliothèque de M. Monmerqué, manuscrit intitulé : *Despesches, instructions et commissions*, fol. 43 recto.

### A MON COUSIN LE DUC DE SAXE,
ESLECTEUR ET PRINCE DU SAINT-EMPIRE.

Mon Cousin, La parenté et estroicte amitié qu'il y a toujours eu entre les maisons de France et de Saxe et que nos predecesseurs ont entretenue et confirmée par mutuels offices rendus entre eulx, selon que les occasions s'en sont presentées, a esté le premier fondement sur lequel j'ay assis une esperance que vous en auriés agreable la mesme observation entre nous. J'en ay despuis receu de bons tesmoignages de vostre part et encores toute asseurance par vos lettres, mesmes par celles que vous m'escrivites au mois d'avril dernier, auxquelles je vous ay faict response, que j'estime vous avoir esté rendue; mais la desclaration que vous m'avés de nouveau voulu faire de vostre bonne volonté en cest endroict par la bouche du s$^r$ Horatio Palavicin, conformement à ce que vous luy en avés baillé par escript, jusques à vouloir prendre sur vous le principal soing de me faire avoir le secours que vous avés sceu m'estre necessaire pour me pouvoir establir en ce Royaume, où il a pleu à Dieu m'appeller, ensemble de la levée et conduicte d'iceluy, surpasse encores toutes vos aultres demonstrations precedentes, et ce qui se doibt attendre d'une commune amitié procedant seulement d'un debvoir de succession hereditaire, au moyen de quoy j'ay occasion de tenir la vostre en plus grande estime et consideration, pour l'affection particuliere dont vous me faictes cognoistre qu'elle est accompagnée : qui m'a apporté un singulier plaisir et contentement, pour l'estat que je fais specialement, oultre les aultres qualitez qui se rencontrent en vostre personne, de vostre generosité et vertu, ne voulant aussy obmettre à vous dire que, si la charge de soy m'a deu estre agreable, le personnage à qui vous l'avés commise n'en a diminué le merite, s'en estant acquitté non moins dignement que je m'asseure qu'il m'a fidelement representé vostre intention, laquelle, comme je recognois tendre au bien de mes affaires, aussy, mon Cousin, voulant deferer à vostre bon jugement, je me suis resolu de m'y conformer en ce qui despend de moy, commençant par l'eslection de personne qui peut estre à vostre gré en ceste negociation : ce que j'ay pensé ne se pouvoir mieulx rencontrer que en celle de mon cousin le vicomte de Turenne, qui est le principal de mes antiens serviteurs, premier gentilhomme de ma chambre, participant de mes plus importans secrets, et des principaulx de mon conseil, et les aultres qualitez duquel le rendent aussy trés recommandable. A ceste cause, le jugeant le plus propre que je pouvois employer en la dicte charge, combien que l'estat de sa santé, non encores gueres raffermie des blessures et grandes maladies qu'il a eues, l'en eust peu exempter, toutesfois, esperant que Dieu luy accroistra la force selon la juste cause du voyage et l'affection qu'il a de voir mes affaires en bon estat, les aultres considerations susdictes ont vaincu la difficulté que ceste derniere y pouvoit apporter ; et me remettant sur sa suffisance et fidelité, avec l'ample pouvoir qu'il a de moy pour tout ce qui peut echeoir à traicter, tant pour la corroboration de nostre amitié que pour le faict du dict secours et toutes choses concernant le bien commun de nos affaires, je vous prie le croire et prendre la mesme confiance de luy, en tout ce qui sera à faire de ma part, comme si c'estoit ma propre personne : priant Dieu, mon Cousin, vous avoir en sa saincte garde. Escript au camp de Gisors, le xxvij<sup>e</sup> jour d'octobre 1590[1].

HENRY.

REVOL.

---

[1] Par plusieurs lettres à la même date, le Roi accrédita également le vicomte de Turenne auprès du duc de Wurtemberg, du duc palatin Casimir de Bavière, du

[1590. — VERS LA FIN D'OCTOBRE. — I<sup>re</sup>.]

Cop. — B. R. Ms. 4682, fol. 155 verso, et Suppl. fr. Ms. 1009-3.
Cop. — Arch. de la Couronne, salle 5, anciennes archives, Ms. 30, fol. 39 verso.
Cop. — Bibliothèque de M. Monmerqué, Ms. intitulé : *Despesches, instructions et commissions,* fol. 21 recto.
Imprimé. — *Second volume des Mémoires d'Estat....., en suite de ceux de M. de Villeroy,* p. 605.
Imprimé. — *The Life of Thomas Egerton, lord chancellor of England,* p. 366.

A TRÉS HAULT, TRÉS EXCELLENT ET TRÉS PUISSANT PRINCE NOSTRE TRÉS CHER ET TRÈS AMÉ BON FRERE, COUSIN ET ANTIEN ALLIÉ LE ROY D'ESCOSSE.

Trés hault, trés excellent, et trés puissant prince, nostre trés cher et trés amé bon frere et cousin, Nous avons advisé d'envoyer nostre cousin le viscomte de Turenne en Allemagne, pour traicter et resouldre en nostre nom du renfort de gens de guerre dont nous avons besoing d'estre assisté de ce costé là, pour nous ayder à empescher les iniques desseings que nos ennemys ont contre nous et ceste Couronne. A quoy d'aultant que la royne d'Angleterre, nostre trés chere et trés amée bonne sœur et cousine, nous a faict ceste faveur de joindre ses moyens et bon credit, prenant la conduicte et advancement de nos affaires en main, avec tant de soing et d'affection que nous luy en sommes grandement obligez, nous avons voulu faire passer devers elle nostre dict cousin, et avec ceste occasion vous visiter par la presente, et rendre participant du subject de son voyage, pour l'estat que nous faisons de vostre amitié et bonne volonté en nostre endroict, ainsy que vous pouvés faire de la nostre, et le desir que nous avons qu'elle soit de plus en plus confirmée entre nous, comme nous vous asseurons que nous vous en rendrons tousjours les offices qui y sont requis de nostre part, esperant y trouver en vous la mesme bonne cor-

---

margrave de Brandebourg, du prince d'Anhalt, de la ville d'Ulm et des autres villes impériales. La lettre au duc de Wurtemberg est conservée en original dans les archives royales de Stuttgard ; des copies des autres se trouvent dans les précieux manuscrits des archives de la Couronne et de la bibliothèque de M. Monmerqué.

respondance : et nous remettant à ce que nostre dict cousin vous fera plus particulierement entendre de nos nouvelles par ses lettres, dont il pourra accompagner la presente, nous ne vous la ferons plus longue que pour prier Dieu qu'il vous ayt, Trés haut, trés excellent, et trés puissant prince, en sa saincte et digne garde.

HENRY.

[ 1590. — VERS LA FIN D'OCTOBRE. — II$^{me}$. ]

Cop. — B. R. Fonds Béthune, Ms. 8682, fol. 154 recto, et Suppl. fr. Ms. 1009-3.
Cop. — Arch. de la Couronne, salle 5, anciennes archives, Ms. 30, fol. 38 verso.
Cop. — Bibliothèque de M. Monmerqué, Ms. intitulé : *Despesches, instructions et commissions*, fol. 20 verso.
Imprimé. — *Second volume des Mémoires d'Estat..... en suite de ceux de M. de Villeroy*, p. 603.
Imprimé. — *The Life of Thomas Egerton, lord chancellor of England*, page 366.

A TRÉS HAULTE, TRÉS EXCELLENTE ET TRÉS PUISSANTE PRINCESSE, NOSTRE TRÉS CHERE ET TRÉS AMÉE BONNE SOEUR ET COUSINE LA ROYNE D'ANGLETERRE.

Trés haulte, trés excellente et trés puissante princesse, nostre trés chere et bien amée bonne sœur et cousine, Le s$^r$ Horatio Palavicini[1] nous a rendu la lettre qu'il vous a pleu escrire par luy, et faict entendre trés disertement ce qui s'estoit passé en la negociation qu'il a faicte par vostre commandement à nos affaires en Allemaigne, comme nous vous avons supplié d'y interposer vostre bon credict et auctorité en nostre faveur; et par ce qu'il nous en a rapporté, nous avons prins une ferme confiance de la bonne volonté du duc de Saxe, particulierement à nous faire avoir un bon et puissant secours de ce costé-là, comme nous l'avons requis, pour nous aider à la conservation de nostre droict et legitime succession à ceste Couronne. La desclaration qu'il en a faicte au dict s$^r$ Palavicini nous a d'aultant plus faict

---

[1] Cet habile négociateur, très-utilement employé alors par Élisabeth dans ses missions en faveur de la France, était d'une ancienne et illustre famille établie sur plusieurs points de l'Italie. Il avait quitté Gênes, sa patrie, en embrassant la religion protestante.

cognoistre la sinceritè dont il vous a pleu vous y employer, de laquelle nous attribuons principalement ceste bonne disposition du dict duc, pour le respect que nous sçavons qu'il porte à ce qui vient de vostre part ; et si avons à nous louer de la bonne intention qu'en cela vous nous faictes, aussy avons de l'eslection d'un sy digne ministre pour la bien executer, par lequel comme nous avons eu tout esclaircissement de l'estat de nos dicts affaires et des moyens propres pour les advancer, ainsy nous croyons qu'il a faict par delà tous les bons offices que nous y pouvons desirer de luy ; de sorte qu'il nous en demeure un singulier contentement pour son regard, et trés grande obligation envers vous comme principal motif du bien qui nous en peut arriver, dont nous vous remercions trés affectueusement, ensemble de la continuation que vous avés commandée au dict s$^r$ Palavicini, de retourner faire la dicte negociation, si nous l'avons agreable ; en quoy vous avés preveu la requeste que nous vous en eussions faicte, comme de chose que nous avons en particulier souhait et opinion. Et d'aultant que pour satisfaire en ce qui despend de nous à ce que les dicts princes desirent, nous avons advisé d'envoyer vers eux de nostre part nostre cousin le vicomte de Turenne, et que nous desirons que tout soit conduict par vos bonnes instructions et commandemens, nous avons voulu les faire tous deux passer devers vous, pour aprés ensemblement, s'il vous plaist, achever le reste du voyage : au moyen de quoy, nous remectant à ce qu'ils vous feront entendre de la despesche que mon dict cousin porte de nostre part, nous ne ferons la presente plus longue, que pour prier Dieu, Trés haute, trés excellente et trés puissante princesse, qu'il vous ayt en sa saincte et digne garde.

Vostre bon frere et cousin,<br>HENRY.

[1590. — VERS LA FIN D'OCTOBRE. — III$^{me}$.]

Cop. — Arch. de la Couronne, salle 5, anciennes archives, Ms. 30, fol. 113 verso.

[A MON COUSIN LE COMTE D'ESSEX[1].]

Mon Cousin, Les bons offices que vous faictes continuellement pour mes affaires me sont sy particulierement representez par le s$^r$ de Beauvoir, qu'ils me rendent de plus en plus certain de la continuation de vostre bonne volonté en mon endroict; laquelle je n'estime seulement pour les bons effects que j'en reçois, mais aussy pour vostre vertu et generosité, qui vous rend recommandable et digne de toute amitié; et vous prie croire que la mienne vous est pour jamais tellement asseurée que j'auray à singulier plaisir quand il se presentera occasion de vous en donner quelque tesmoignaige. J'envoye mon cousin, le vicomte de Turenne, vers la Royne, madame ma bonne sœur, pour, aprés avoir receu ses bonnes instructions et commandemens, passer en Allemaigne. Il vous dira la charge que je luy ay donnée pour mes affaires et le besoing qu'ils ont d'estre principalement aydez de la part de la dicte dame. Je vous prie vouloir employer vostre bon credit, de façon que sa faveur et assistance m'y soit autant liberalement accordée comme elle m'y est necessaire : de laquelle recevant le fruict qu'elle me peut apporter, j'espere qu'il luy redondera quelque jour à commodité et contentement, avec l'ayde de Dieu, lequel je prie vous avoir, mon Cousin, en sa saincte et digne garde.

HENRY.

---

[1] Le Roi écrivit encore au grand trésorier et au chancelier d'Angleterre, pour leur recommander de même la mission du vicomte de Turenne. Ces lettres se trouvent à la B. R. Fonds Béthune, ms. 8682, fol. 156 et 158; dans le ms. des Arch. de la Couronne, fol. 40 (au verso duquel la lettre au chancelier d'Angleterre est faussement donnée comme adressée au comte d'Essex); dans le ms. de M. Monmerqué, fol. 21; et elles ont été imprimées dans la Vie de Thomas Egerton, p. 367.

[1590. — VERS LA FIN D'OCTOBRE. — IV^me.]

Cop. — Arch. de la Couronne, salle 5, anciennes archives, Ms. 30, fol. 125 recto.

### A MONS^R DE WILLIBY.

Mons^r de Williby, Vous m'avés tesmoigné trop d'affection et de bonne volonté en mon endroict, et sçay que vous la faictes encores tous les jours trop paroitre, pour estre oubliée de ma part, ce que aussy n'adviendra jamais; et attendant que je vous en puisse donner quelque preuve de plus de contentement, je ne veulx au moins laisser aux occasions qui se presentent de vous tesmoigner la souvenance que j'en ay, qui est telle, et l'estime que je fais de vostre vertu et valeur, que j'ay desiré avecq ceste occasion du voyage que mon cousin le viconte de Turenne va presentement faire vers la Royne, madame ma bonne sœur, que par sa bouche l'asseurance que je vous en ay cy-devant donné vous soit encores raffreschie et confirmée : ce que je vous prie de croire que j'auray plaisir de pouvoir faire par quelque bon effect. Ce pendant je prie Dieu qu'il vous ayt, Mons^r de Williby, en sa saincte garde. HENRY.

[1590. — VERS LA FIN D'OCTOBRE. — V^me.]

Cop. — Arch. de la Couronne, salle 5, anciennes archives, Ms. 30, fol. 36 recto.
Cop. — B. R. Fonds Béthune, Ms. 8682, fol. 147 verso.
Cop. — Bibliothèque de M. Monmerqué, Ms. intitulé : *Despesches, instructions et commissions*, fol. 18 verso.
Imprimé. — *Second volume des Mémoires d'Estat..... en suite de ceux de M. de Villeroy.* Paris, 1636, in-8°, p. 597.
Imprimé. — *The Life of Thomas Egerton, lord chancellor of England*, page 364.

### A MONS^R DE BEAUVOYR,
#### CONSEILLER EN MON CONSEIL D'ESTAT, CAPPITAINE DE CINQUANTE HOMMES D'ARMES DE MES ORDONNANCES ET MON AMBASSADEUR EN ANGLETERRE.

Mons^r de Beauvoyr, J'ay plusieurs de vos lettres, d'aulcunes desquelles je vous ay accusé la reception, et non des aultres; mais je suis encores à vous respondre presque à toutes, d'aultant que j'ay tousjours pensé d'y satisfaire en despeschant le s^r Pallavicini, comme j'estois en volonté de faire de jour à aultre; et n'en ont toutesfois les choses peu estre tant advancées qu'il y eust moyen de le faire partir jusques à present, par ce mesmement que les difficultez qui se trouvoient en l'eslection de celuy que j'avois à envoyer de ma part en Allemaigne ont apporté quelque longueur en la resolution, et autant de retardement du voyage, duquel la foiblesse où se trouve encores à present mon cousin le vicomte de Turenne ne l'a enfin peu exempter, pour l'avoir jugé le plus propre et de qualité plus respondant au desir de ces princes, que j'y pouvois envoyer : en quoy j'ay voulu preferer leur contentement à tout aultre respect et consideration. Mais avant qu'aller par devers eulx, je l'ay voulu faire passer vers la Royne, madame ma bonne sœur, pour luy communiquer la charge que je luy ay donnée, et recevoir ses bonnes et prudentes instructions sur icelle, ensemble ses commandemens sur toutes aultres choses où luy plaira les luy despartir, que je veux luy estre en plus singuliere recommandation que les miens propres. Ce sera par sa venue que vous aurés ceste depesche, et sçaurés plus particulierement ce qui s'offre en mes affaires, et en quel estat ils sont de present par deçà, qu'il ne vous pourroit estre representé par escript : qui me gardera de vous en faire icy aultre discours, et me contenteray, reprenant vos dictes lettres, de respondre aux poincts y contenus, où il eschet response, aprés vous en avoir cotté les dates, affin que vous recognoissiés s'il y en a aulcune perdue.

La plus vieille est du xxviij<sup>e</sup> d'aoust, deux y en a du present, et la derniere du xiv, receue le jour d'hier. Je vous diray aussy que j'en ay receu à diverses fois quatre que la Royne a voulu prendre la peine de m'escrire de sa main, et deux soubs le placart, comme j'ay aussy receu la belle escharpe qu'elle m'a faict cest honneur de m'envoyer[1],

---

[1] Cette écharpe était accompagnée de la lettre suivante :

« A MON TRES-CHER FRERE LE ROY TRES-CHRESTIEN.

« Monsieur mon bon frere, je me doubte que la longue attente d'une chose fort desiré ne me sera si favorable que d'accomplir la signelé joie que souvent elle apporte ; car oultre que la valeur n'est à comparer à la personne qui la demande, aussi qui est un present excellent, pour l'ornement qu'elle y a voulu adjouxter, mais encores plus pour estre sorty de la main d'une princesse de laquelle l'excellence n'est moins à remarquer par ses vertus que par ses aultres qualitez. Elle en sera remerciée en mon nom par mon dict cousin, oultre le remerciement que je luy en fais par mes lettres; et neantmoins vous ne laisserés de faire encores le semblable de ma part, comme d'une faveur que j'estime sur toutes celles que j'ay jamais receues et avec laquelle j'espere que Dieu me rendra sy heureux de faire telle preuve de l'affection et honneur que je porte à celle qui me la donne, qu'elle ne m'estimera indigne d'avoir part en sa bonne grace, soubs les voiles de laquelle je croiray tousjours mes actions ne pouvoir arriver qu'à bon port.

Le courroux qu'elle a monstré avoir de moy me mettroit en peine, pour la crainte que j'avois qu'il m'eust esloigné de sa bonne grace, sans les signalez tesmoignages qu'elle m'a donné en mesme temps de m'y vouloir conserver; et neantmoins pour ne luy laisser ce mauvais goust qu'on luy a voulu donner de ce que je n'ay exactement gardé la rigueur de la guerre durant le siege de Paris, mesmes en la sortie de ceux de dedans [2], je seray bien ayse que vous l'esclaircissiés que,

le pris est trop bas pour contenir si digne subjet, et vous supplie de couvrir sa defaulte soubs les ailes de votre bon naturel, et que ce petit present vous serve de memorial ; qu'il haste, bien que sagement arreste ; et que ung prince ne se doibt fayre la proye d'abeilles, lesquels l'hiver, si Dieu plaist, si jusques là ilz vivront, que Dieu ne veille reunir en leur propre nidz. Si, à mon occasion, vostre hasard s'advançast, je maudirois et leur jour et l'heure que chose sortist de mes mains, pour en estre source d'un tel desastre. Et pourtant pour mon respect favorisés mes doleurs, si avant, que n'en soyés vous mesme capable de mes ennuis. J'ay si peu d'argument sur quoy fonder plus longue lettre,

que je prie l'ambassadeur, pour me faire tant d'honneur que, pour ne vous fascher trop de mes escripts, vous participer quelques endroicts qui me semblent très-necessaires pour vostre service ; et le tout consiste en *caveatz*, qui, si on ne s'en garde, pourront mal arriver ; vous suppliant de vous assurer que mes prieres ne cesseront pour vos victoires et vostre conservation, comme le bon Dieu en est le meilleur tesmoing.

« Vostre très-assurée bonne sœur et
« cousine,

« ELIZABETH, R. »

[2] Henri IV avait même reçu d'Élisabeth, à ce sujet, une lettre que voici :

quand je ne l'eusse permis, il n'en fust venu aultre chose que de faire mourir au dedans ceux que la faim en chassoit, pour n'y trouver plus rien à manger, sans que la ville se fust plus tost rendue. Car les plus factieux, qui y avoient la force et l'authorité, et des provisions de reste, pour en avoir prins d'heure plus que leur part, les eussent

« AU ROY TRES-CHRESTIEN MONSIEUR MON BON FRERE.

« Mon tres-cher frere, Il y a eu une dispute entre les doctes s'il vauldroit mieulx avoir la possession de la veüe ou le don de ouir. Si jeusse esté de la compagnie, l'occasions se présentant telles que je trouve, je tiendrois la partie des yeulx, lesquels estant myennes, si elles eussent esté tant fortunées à voir les masques commissaires, qui nagueres vous saluerent, je n'eusse ouy les mal venues nouvelles que leur responce me donnerent, contenant le danger de votre personne, avec la hazard d'une bataille ; car le tant de protractions fort propre pour vous retarder leur obeissance, oultre l'eminent danger de l'accés de leur proche aide et secours, vous a conduict à cest extremité où avés plus de besoing de prieres que de pie conseil. De quoy je suis en tant de fascherie, que, si Dieu vous donne la victoire de sa grace misericordieusse, je vous jure que ce sera plus que (si je l'ose dire) par vostre nonchaillance, pourrés meriter. Comment est-il possible que soyés si mal counceillé à pencer que le meilleur liguer vous euct peu donner meilleur avis pour leur conserver, que pour leur conceder temps, qui leur sert pour tout leur bien, et vous oste le regaignement de tout que recherchés ! car la famine mesme, si tant n'en fussent sortie, voire par vostre licenze, ilz eussent esté poussé par necessité à se rendre ; car tant plus reste pour le demourant, quand le nombre est amoindry. Vingt-quatre heures euct esté que trop, si grand desastre se tenant sur la balance ; encor je m'en estonne, comme vous vous laissés persuader à ce eminent perilz, voyre aprés tant de remissions et jours assignez ; si s'euct esté à quelque pré, c'euct esté trop ; beaucoup moins à traictres qui ont eu assés de temps pour recongnoistre leur trahison. Vous estes que trop tardif à vous fayre du bien ; vous aimez plus hazarder que conclure. Tout deux se pourroient faire en mesme temps. Je n'eusse hasardé à vous escrire sans prendre quelque remede pour la cholere : mais vostre ambassadeur croit trop en ma suffisance pour vaincre vos passions ; et sur cette esperance, il m'a prié de ne differer que ma plume vous soit ministre de mes mescontentementz, que m'a faict esprouver vostre patience, qui, estant si grande en l'endroict de vos ennemis, j'espere d'en trouver quelque peu de reste pour vostre assurée. Si la vieillesse ne demandoit pardon pour mon audace, je me feusse retranché que seul de ce motz, mais celles de mon sexe babillent plus que les sages. Vous excuserés, s'il vous plaict, mes faultes, et suivré mes advis, qui sortent d'un cœur qui ne cessa d'importuner le tout voyant Dieu, par sa main vous conduisi à la victoire partout.

« Vostre tres-assurée bonne sœur et
« cousine.

« ELIZABETH, R. »

laissé perir devant leurs yeulx, comme ils ont faict plusieurs qui y sont demourez, plustost que de les secourir, et sy, en quelque façon que ce fust, ceulx qui estoient reduicts à ceste extremité ne laissoient de sortir sans permission, aimant mieulx s'exposer à estre tuez par nos soldats, comme ils s'y presentoient, si on les vouloit empescher de sortir, que rester dans la ville : qui mouvoit un chascun à telle compassion, que les plus severes leur faisoient passaige, ce que je confesse que je ne pouvois resprouver, saichant mesmes que faire aultrement ne pouvoit en rien advancer la reduction de la ville. Or Dieu n'y ayant voulu disposer les choses pour cette fois, il fault recevvoir en bonne part ce qu'il luy plait. En attendant que je puisse avoir de quoy faire mieulx, j'employeray le peu de forces qui me sont demeurées, selon que les occasions s'en presenteront, estant bien tenu à la dicte dame Royne, oultre tant d'autres obligations que je luy ay, du secours d'argent qu'elle m'a voulu faire encores à present pour m'ayder à l'entretenir, ce qui m'est venu trés à propos; et ne puis que louer grandement vostre dexterité à le luy avoir sceu persuader, car je ne sçaurois de quoy donner quelque contentement à mes estrangers; et encores suis-je trés empesché avec eux, pour ce que la necessité en laquelle ils me voyent les rend plus difficiles et mal traictables, menaçant tous les jours de m'habandonner.

Le s[r] de Maudetour[3] est arrivé à Dieppe avec les vingt-huit mil escuz que luy avés baillé pour m'apporter. J'ay envoyé pour me les faire amener icy, et donneray ordre sur les obligations, tant de cette somme que des aultres, de faire faire les expeditions en la forme qu'on les demande, ainsy qu'elles avoient desjà esté faictes pour les cinquante mille escuz que le s[r] de Buzenval avoit apporté; et vous furent envoyées il y a desjà quelques mois. Mais puisque vous ne les avés reçeues, ainsy que je congnois par l'instance que vous faictes encores de les vous envoyer, la depesche où elle estoit a esté perdue, et fauldra la faire extraire des registres de la court de

---

[3] Guillaume Rubantel, seigneur de Maudétour.

Parlement, où elle avoit esté enregistrée. Ou bien si vous m'envoyés un aultre double de la mesme obligation, l'on refera de nouveau les lettres de ratification sur icelle, pour les faire toutes emologuer ensemble en ladicte court, comme vous pourrés asseurer le millord grand tresorier, que j'y feray satisfaire; et serois bien marry qu'il y eust retardement dont il peust encourir blasme ny desplaisir, qui luy seroit trop maulvaise recompense des plaisirs et bons offices que vous me mandés et que je recongnois y avoir esté faicts de sa part; dont vous le remercierés de la mienne, et le prierés de continuer la bonne volonté qu'il tesmoigne en mes affaires, l'asseurant que je luy revauldray en aultre chose, si l'occasion s'en presente. Je luy ay escript par mon dict cousin le viconte de Turenne, ensemble au conte d'Essex et aultres seigneurs de delà, et luy ay donné la charge que vous entendrés de luy sur ce que vous m'avés mandé de la deliberation où l'on estoit d'envoyer des gens de guerre par deçà et és Pays-Bas. Vous remercierés le roy de Portugal de l'affection qu'il a en mon endroict, et luy direz que si Dieu permet quelque bon establissement en mes affaires il cognoistra que les siens me sont trés recommandez; au reste ne voulant differer davantaige de vous donner le soulagement que vous trouvés vous estre necessaire pour pourveoir à vostre santé, j'ay advisé d'envoyer, avec mon dict cousin, le s$^r$ de Buzenval pour me faire service en ceste charge-là, voulant toutes fois qu'avant que s'y arrester du tout, il face un voyage vers les sieurs des Estats, pour l'occasion que vous entendrés, qui, j'espere, ne le retiendra longuement au dict voyage, pendant lequel vous pourrés vous appresterpour partir aprés son retour, à vostre commodité, vous aydant de l'argent que vous avés reservé en vos mains, pour vous desgager de delà. Je vous feis une despesche à Clermont, où il y avoit un ample discours de ce qui s'est passé depuis la venue du duc de Parme. La vostre derniere ne faict point de mention que l'ayés receue. Je serois bien aise de sçavoir si elle est arrivée à bon port ou non. Je ne veux oublier de vous dire que j'ay receu les lettres de la Royne, que vous m'avez envoyées pour le grand-seigneur.

Le voyage du s<sup>r</sup> de la Fin, vostre frere, n'à peu estre sy prompt que je pensois. Pendant qu'il se guarit, dont il a desjà bon commencement, j'adviseray à ce qui sera necessaire pour sa depesche. Vous ne laisserés ce pendant de remercier la dicte dame de ses dictes lettres et des bons offices que je suis adverty que son agent continue me rendre auprès du dict grand-seigneur, où mes affaires sont en estat d'en bien esperer, y depeschant bien tost. Je prie Dieu, sur ce, Mons<sup>r</sup> de Beauvoir, qu'il vous ayt en sa saincte et digne garde.

HENRY.

### 1590. — 2 NOVEMBRE.

Cop. — B. R. Suppl. fr. Ms. 1009-2. (D'après l'ancien cabinet de M. de Mendajors.)

### A MON COUSIN LE DUC DE MONTMORENCY,
PAIR ET MARESCHAL DE FRANCE, GOUVERNEUR ET MON LIEUCTENANT GENERAL EN LANGUEDOC.

Mon Cousin, Voulant pourvoir au payement des gens de guerre que j'ay ordonné tenir garnison ez villes, chasteaux et aultres places fortes de mon pays de Languedoc en l'année prochaine, j'ay faict expedier les lettres de commission necessaires pour la levée de la somme à quoy a esté verifié en mon conseil se monter leur solde et entretenement de dix mois de la dicte année, que je vous envoye, et vous prie de tenir la main à ce que l'imposition et levée des dicts deniers se fasse le plus tost que faire se pourra, afin qu'ils puissent estre mis ez mains du tresorier de l'extraordinaire de mes guerres, au temps qu'il est ordonné, et par luy employez au payement des dicts gens de guerre, pour eviter le prejudice que la longueur de la dicte levée pourroit apporter au bien de mes affaires et service : et n'estant la presente à aultre effect, je prieray Dieu vous avoir, mon Cousin, en sa saincte et digne garde. Escript au camp d'Escouy[1], le ij<sup>e</sup> jour de novembre 1590.

HENRY.

FORGET.

[1] Bourg de Normandie, aujourd'hui du département de l'Eure.

1590. — 4 NOVEMBRE. — I<sup>re</sup>.

Orig. — B. R. Fonds Béthune, Ms. 9045, fol. 46.
Cop. — B. R. Suppl. fr. Ms. 1009-2.

A MON COUSIN LE DUC DE MONTMORENCY,

PAIR, MARESCHAL DE FRANCE, GOUVERNEUR ET MON LIEUCTENANT GENERAL EN MON PAYS DE LANGUEDOC.

Mon Cousin, Je n'ay perdu une seule commodité de vous faire sçavoir de mes nouvelles, et suis estonné de ce que je voy par vos dernieres, qui sont du mois de septembre, que vous n'en eussiés poinct receu, mesmes que un des vostres que m'adressa le chevalier d'Elbene, par lequel je vous ay envoyé les commissions des estats, et que je depeschay dés le mois d'aoust, ne vous fust point encore arrivé. Je vous feis, au mois de septembre, trois ou quatre depesches, et entre autres une que j'adressay au s<sup>r</sup> de Botheon[1], avec lesquelles je vous envoyois le discours de ce qui s'estoit passé entre nos armées, pendant qu'elles ont esté sy proches l'une de l'aultre; et vous mandois qu'il estoit à propos de le faire imprimer, pour preparer mes serviteurs contre les faux bruicts que mes ennemys ont sur ce peu repandre. Je vous ay depuis faict deux autres depesches que je vous ay envoyées par des porteurs que Forestier m'a adressez. J'en ay encores icy un que j'espere bien tost vous renvoyer. Cependant faisant une depesche à mon cousin le mareschal de Matignon, je luy ay voulu adresser ceste-cy pour vous, afin que d'un costé ou d'aultre vous ne puissiés faillir à avoir de mes nouvelles. Vous verrés toutes celles que nous avons de deçà, au memoire que vous aurés dans ce paquet, et comme nos Hespagnols sont bien plus honnestes gens que

---

[1] Guillaume de Gadagne, seigneur de Bothéon, baron de Verdun, fils de Thomas de Gadagne, seigneur de Beauregard, et de Perrette de Berty, fut chevalier des ordres du Roi en 1597, lieutenant général aux gouvernements du Lyonnais, Forez et Beaujolais.

les vostres; car ils ne veulent pas fouller leur hoste davantage, et parlent de se retirer. Ils nous ont faict si peu de mal, que je pense estre obligé à leur faire l'honneur de les reconduire. Je m'en vais faire une escapade sur ce desseing, où, à faulte de cestuy-là, sur un aultre. Ce pendant mon cousin le mareschal de Biron, à qui je laisse l'armée, ne chommera pas de son costé. J'ay veu par vos dernieres comme vous attendiés les estrangiers à leur passage, et aviés pourveu les villes et places, de sorte que je m'asseure qu'ils prendront aultre resolution que de vous venir voir. Vous estes plus proche du s$^r$ de Lesdiguieres que moy; mais par ses dernieres, qui sont depuis un mois, il me mandoit qu'il estoit à une lieue du duc de Savoye, et que malaisement se pourroient-ils esloigner sans combattre. J'en attends des nouvelles en bonne devotion. J'ay icy le dict chevalier d'Elbene, de retour de son voyage de Champagne. Il m'a voulu suivre en cestuy-cy que je vais faire, mais, cela faict, je le vous renverray, et par luy vous entendrés plus amplement de mes nouvelles. Ne voulant pas estendre icy davantage, me doubtant que vous n'aurés pas si tost ceste-cy, pour ce je prie Dieu, mon Cousin, vous conserver en sa saincte garde. Escript au camp d'Escouy, ce iiij$^e$ jour de novembre 1590.

HENRY.

FORGET.

### 1590. — 4 NOVEMBRE. — II$^{me}$.

Orig. — B. R. Fonds Béthune, Ms. 9045, fol. 49.

A NOS CHERS ET BIEN AMEZ, LES CONSULS, MANANS ET HABITANS DE NOSTRE VILLE DE MONTPELLIER.

Chers et bien amez, Le continuel exercice que nous avons tousjours eu en nostre armée, depuis que le s$^r$ de Vignolles, vostre depputé, est arrivé prés de nous, a esté cause du long sejour qu'il a faict par deçà, et que plus tost nous ne vous l'avons renvoyé avec la response de sa despesche. Nous l'avons entendu plusieurs fois, depuis qu'il est par deçà; et, par vos lettres qu'il nous a apportées et par la charge que vous luy avés donnée, trés bien recogneu ce que nous avons tousjours attendu de vous, qui est la continuation de vostre fidelité et sincere affection à nostre service. Il vous reportera aussy l'asseurance du soing et protection que nous voulons prendre de tout ce qui vous concernera, tant en general que chacun de vous en particulier; estans bien marrys que dés à present les effets de nostre bonne volonté ne peuvent apparoistre tels que nous le desirerions; mais nous esperons bien tost, avec l'ayde de Dieu, surmonter les obstacles qui nous sont donnez, et lors faisant jouir tous nos subjects d'un bon et asseuré repos, leur faire ressentir de nos graces et faveurs, specialement à ceulx qui, comme vous, nous ont tousjours esté tres fidelles et bien affectionnez. Nous avons faict voir en nostre conseil le cahier de vos remonstrances, sur quoy vous verrés les responses qui y ont esté faictes, que la qualité du temps rend un peu subjectes et contrainctes, mais avec un meilleur establissement, où nous esperons parvenir, les choses se pourront accommoder et temperer en meilleure forme; ce que nous sommes bien asseurez que vous saurés bien comprendre. Quant à la partie de dix-sept cens livres qui estoit consignée ez mains du s$^r$ Desdiguieres, nous luy avons ordonné de l'employer à l'effet auquel elle estoit premierement destinée. Comme vous verrés et sçaurés qu'il tient encores une armée en campagne, pour le mesme subject il sera necessaire que vous luy envoyés sa descharge pour la dicte partie, par laquelle nous estimons que vous ne vouldrés pas vous acquitter de la nouvelle subvention que cy-devant nous vous avons faict demander par le s$^r$ des Reaulx, que nous depeschasmes exprés par delà; et vous ayant tousjours tenus et recongneus pour nos plus affectionnez subjects, nous en attendons aussy des preuves et effects plus particuliers et de beaucoup d'autres, comme vous pouvés et devés attendre de nous toute protection et support, ainsy que plus particulierement vous entendrés du dict s$^r$ de Vignolles, auquel nous remettans nous ne vous ferons ceste-cy plus longue. Donné au camp de Serny[1], le iiij[e] jour de novembre 1590.

HENRY.

FORGET.

### 1590. — 4 NOVEMBRE. — IIIme.

Orig. — B. R. Fonds Béthune, Ms. 9045, fol. 55.

A NOS CHERS ET BIEN AMEZ LES MINISTRES DES EGLISES DE NOSTRE PAYS DE LANGUEDOC.

Chers et bien amez, Il a pleu à Dieu de nous faire vivre jusques icy quasy en continuelles peines et perils, et tout cela s'est encores augmenté de moictié depuis qu'il nous a establys en ceste dignité en laquelle nous n'avons encores jouy d'une seule heure de repos. Ce labeur nous est d'aultant moins pesant et moleste, que nous esperons qu'il en reussira quelque fruict à l'honneur de son nom, et au repos et tranquillité de tout cest Estat; mais estant aussy assidu comme il l'est, il nous oste bien le loisir de vacquer à nos aultres affaires tant qu'il seroit bien necessaire; et est la seule cause que vous n'avés plus souvent de nos nouvelles, et mesmes que plus tost nous ne vous avons renvoyé le dict de Vignolles, present porteur, l'ayant voulu exempter de la peine de nous suivre ordinairement. Comme il nous a apporté de vostre part la continuation de la sincere affection que vous avés tousjours eue à nostre personne et service, il vous reportera aussy de la nostre toute asseurance de nostre bonne grace, et de la satisfaction que nous avons de tous vos desportemens; en quoy nous vous exhortons de perseverer, mesmes en vos devotes prieres et oraisons. Ce mal qui nous afflige tant est devant plustost estre destourné par les armes spirituelles que par des temporelles; estant trés certain que Dieu estant apaisé, il fera tomber les armes des mains de nos ennemys, et leur descillera les yeux, pour leur faire voir

---

[1] Cerny, petite ville de l'Ile-de-France, aujourd'hui du département de Seine-et-Oise.

et apprehender ce que par raison doibt estre l'issue d'une sy mauvaise cause que celle qu'ils soustiennent. Nous avons aussy faict voir en nostre conseil les articles qui nous ont esté presentez de vostre part, auxquels il a esté respondu autant favorablement que la qualité du temps peut porter. Ce ne sera pas en cela seulement, mais en tout ce qui despendra de nostre auctorité, que vous cognoistrés toujours que nostre volonté en vostre endroict est telle que vous la pouvés desirer. Nous remettant du surplus au dict s$^r$ de Vignolles, nous ne ferons pas ceste-cy plus longue, que pour prier Dieu vous conserver tous en sa saincte garde. Donné au camp de Serny, ce iiij$^e$ jour de novembre 1590.

HENRY.
FORGET.

1590. — 4 NOVEMBRE. — IV$^{me}$.<br>
Orig. — B. R. Fonds Béthune, Ms. 9037, fol. 26.

A NOS CHERS ET BIEN AMEZ LES OFFICIERS DU PARLEMENT D'ORANGE.

Chers et bien amez, Nous avons receu de bien bonne part vos lettres qui nous ont cy-devant esté presentées par le s$^r$ de Vignolles, present porteur, lequel avec les nostres vous donnera toute asseurance que nous avons tousjours porté une singuliere affection à feu nostre trés cher et bien amé cousin le prince d'Orange, comme la sienne et ses bons offices en nostre endroict nous en donnent toute occasion. Nous la continuons semblable envers nostre trés cher et bien amé cousin le prince d'Orange, son fils; estant trés marry de son injuste detention, qui nous est encore une nouvelle cause d'avoir plus de soing de ce qui le concerne, que nous aurons tousjours en la mesme recommandation et protection que ce qui est de nostre Estat, et specialement sa principauté d'Orange, où nous avons plus de moyen de le secourir et assister; ce que nous ferons tousjours de trés bonne volonté, ayant ordonné non seulement aux s$^{rs}$ Lesdiguieres et de Blacons, mais au s$^r$ de la Valette, gouverneur de nostre pays de Provence, d'affectionner ce qui est de votre conservation comme ce qui est de leur charge. A quoy estant bien asseurez qu'ils ne fauldront pas, vous pourrés recourir à eulx quand vous aurés besoing de leur assistance. Toute la mienne ne manquera jamais à nostre dict cousin, à tout ce qui luy appartiendra, particulierement, à vous, ses officiers, qui pouvés attendre de nous toute faveur et support, ainsy que plus particulierement vous fera de nostre part entendre le dict s$^r$ de Vignolles : auquel nous remettant nous ne vous en dirons pas icy davantage, que pour prier Dieu vous conserver en sa saincte garde. Escript au camp de [Serny], ce iiij$^e$ novembre 1590.

HENRY.

1590. — [9] NOVEMBRE.
Orig. — B. R. Fonds Béthune, Ms. 9104, fol. 7.
Cop. — B. R. Suppl. fr. Ms. 1009-3.

A MON COUSIN LE DUC DE NIVERNOIS.

Mon Cousin, J'ay esté bien ayse d'entendre par le s$^r$ de Praslin[1] les particularitez de la deffaicte des trouppes de St-Pol[2]. J'en avois eu quelques advis, mais non pas encores de vos lettres, parce que vostre

---

[1] Charles de Choiseul, marquis de Praslin, comte de Chavignon, baron de Chaource, seigneur de la quatrième partie du comté de Soissons, fils aîné de Ferri de Choiseul et d'Anne de Béthune. Il fut gouverneur de Troyes, lieutenant général au gouvernement de Champagne, capitaine de la première compagnie des gardes du corps du Roi et de cinquante hommes d'armes de ses ordonnances. Il devint chevalier des ordres en 1595, maréchal de France en 1619, gouverneur de Saintonge et du pays d'Aunis. Il mourut le 1$^{er}$ février 1626.

[2] Ce Saint-Pol, ou Saint-Paul, dont le père avait été maître d'hôtel dans la maison de M. de Brichanteau-Naugis, s'éleva, à la faveur des guerres civiles, jusqu'à une fortune très-rare alors, ailleurs que dans l'église, parmi les hommes d'une condition inférieure. Il eut des commandements militaires importants et fut un des maréchaux de France de la façon du duc de Mayenne, qui le nomma aussi lieutenant au gouvernement de Champagne et de Brie. Il alla même jusqu'à prendre le titre de duc de Rethel, qui appartenait au duc de Nevers, du chef de sa femme. Saint-Pol périt à Reims, le 25 avril 1594, à la suite d'une altercation avec le jeune duc de Guise. Ce prince, trouvant qu'il lui manquait de respect, le tua d'un coup d'épée.

premiere depesche avoit esté perdue. Vous avés sy bien commencé à battre mes ennemys, que j'espere que leur ferés garder la possession qu'ils ont de se laisser battre. Depuis peu de jours le s$^r$ de Maligny a surpris le bourg de Bruseles, dans lequel il y avoit trois cens hommes logez, lesquels ont esté taillez en pieces. La compaignie du s$^r$ de Carouges a depuis deffaict deux compaignies, et le dict s$^r$ de Maligny, venant en mon armée, encores une autre. Mes dicts ennemys ne sont pas plus heureux sur la mer; car ces jours passez il a esté mis à fond le plus beau vaisseau qui fust au Havre avec cent hommes armez et deux cens harquebusiers qui estoient venus pour recongnoistre six vaisseaux que ceulx des Estats des Pays-Bas avoient envoyez en la coste de Normandie pour mon service. Le comte Morice est descendu prés Dunkerque avec six mil harquebusiers et six cens chevaulx. Il a prins une ville et a depuis assiegé le dict Dunkerque[3]. Ce sont les nouvelles que je vous puis mander, avec le partement du prince de Parme; duquel chacun tient le retour au dict Pays-Bas asseuré. J'en ay quelque opinion, sur les advis qui m'ont esté donnez et le chemin que je vois qu'il tient. Je ne doubte point qu'en passant il n'entreprenne ce qu'il pourra sur mes villes. J'ay faict mectre des pouldres dans celle de Crecy et crois qu'ils n'en attaqueront aulcune où ils penseront qu'il y ayt des hommes en volonté de se deffendre. Estant venu en ce lieu, suivant ce que je vous ay mandé, je me delibere y laisser le s$^r$ de la Noue avec six cens harquebusiers, pour asseurer ceste ville et recep-

---

[3] L'ordre dans lequel ces événements sont racontés ici diffère de ce qu'en rapporte de Thou, qui place l'entreprise sur Dunkerque avant la prise de ce vaisseau : « Maurice, dit-il, ne voulut pas que la marche qu'il avait faite pour surprendre Dunkerque fût tout à fait inutile; il ordonna donc à cinq vaisseaux très-bien équipés, qui l'avaient suivi dans cette expédition, de croiser sur les côtes de France, et d'y chercher quelque bâtiment ennemi pour le combattre..... Ils découvrirent sur la côte de Normandie et attaquèrent un vaisseau de deux cents tonneaux, qui appartenait à André de Brancas de Villars, gouverneur du Havre de Grâce pour la Ligue; ils s'en emparèrent après un combat obstiné; mais le feu s'y mit par hasard, et le soldat victorieux étant plus occupé à piller qu'à s'opposer à l'incendie, le vaisseau fut entièrement brûlé. » (*Hist.* livre C.) La lettre royale semble ici devoir rectifier le récit de l'historien.

voir les trouppes qui viendront de Melun et autres lieux, pour les employer selon les occasions qui s'offriront et suivant les commandemens que luy ferés. Je luy ay donné charge de vous envoyer d'heure à autre les advis qu'il aura des ennemys, comme je m'asseure qu'il fera ; sur lesquels vous adviserés ce que vous aurés à faire pour mon dict service. Ce pendant je suis d'advis que vous advanciés avec vos trouppes à Espernay et mandiés tous mes serviteurs auxquels j'ay escript cy devant, pour vous venir trouver, les pressant sur l'occasion qui se presente au passage de la dicte armée. Je parts presentement pour m'en retourner vers Compiegne, pour, avec les forces que j'ay amenées de mon armée et celles de Picardie et Isle de France, faire teste sur les passages de la riviere d'Aisne et juger ce que je pourray entreprendre sur l'armée de mes dicts ennemys, laquelle il nous fault conduire jusque hors mon Royaume, comme j'espere que nous ferons, et que pourrons beaucoup l'incommoder par le moyen de l'intelligence que nous aurons ensemble, et qu'estans nos forces proches comme elles seront, nous pourrons les assembler quand l'occasion se presentera de faire quelque bon effect. Le dict s$^r$ de la Noue a charge de m'advertir, et vous aussy en mesme temps, de ce qu'il apprendra de mes dicts ennemys. Je vous prie aussy, mon Cousin, donner ordre que j'aye souvent de vos nouvelles : et sur ce, je prie Dieu qu'il vous ayt, mon Cousin, en sa saincte garde. Escript à Chasteau-Thierry, le [ix$^e$][4] jour de novembre 1590.

HENRY.
POTIER.

[4] Le jour du mois, qui manque sur l'original, est indiqué par le renseignement que fournit la lettre suivante, du 10, sur le séjour du Roi à Château-Thierry, la veille. Les mémoires de Nevers ont daté mal à propos cette lettre-ci du 15, jour où le Roi était à Chauny.

## 1590. — 10 NOVEMBRE.

Orig. — B. R. Fonds Béthune, Ms. 9104, fol. 19.
Cop. — B. R. Suppl. fr. Ms. 1009-3.
Imprimé. — *Mémoires de Nevers*, t. II, p. 213.

A MON COUSIN LE DUC DE NIVERNOIS.

Mon Cousin, Estant hier à Chasteau-Thierry, je vous manday l'occasion de mon voyage au dict lieu, ce que j'estois deliberé de faire et ce que vous avés à faire de vostre part. Je continue en la mesme opinion, et partiray demain pour aller à Compiegne, ayant mandé les trouppes de Picardie qui sont és environs de Chauny, pour venir où je vous ay escript. L'armée de mes ennemys est ez environs de Meaulx, tirant vers Collommiers; et semble qu'elle n'ayt dessein d'attacquer Crecy, estant logée au deçà. Le duc de Mayenne estoit encores jeudy dernier à Paris. Le s$^r$ de Villeroy m'a envoyé demander passeport pour me venir trouver. Je lui ay mandé qu'il aille trouver mon cousin le marechal de Biron, pour continuer le traicté qui a esté commencé. Tous les advis que j'ay eu depuis peu m'asseurent du retour du duc de Parme et de son arrivée aux Pays-Bas. Les lettres interceptées du dict duc de Parme me confirment la mesme volonté. J'ay donné charge au s$^r$ de la Noue de vous donner advis, de jour à aultre, de tout ce qu'il apprendra de mes dicts ennemys, vous priant, mon Cousin, d'assembler le plus de forces que vous pourrés, affin que nous ayons moyen de faire quelque bel effect, et me mander souvent de vos nouvelles. Sur ce, prieray Dieu qu'il vous ayt, mon Cousin, en sa saincte garde. Escript au camp de Ceuvres, le x$^e$ jour de novembre 1590 [1].

HENRY.

POTIER.

---

[1] Date importante dans la vie de Henri IV. Ce fut en passant alors au château de Cœuvres, chez M. d'Estrées, qu'il vit pour la première fois la belle Gabrielle.

1590. — 15 NOVEMBRE. — Ire.

Cop. — B. R. Fonds Fontette, portefeuille VI, pièce 32.

A MON COUSIN LE MARESCHAL D'AUMONT.

Mon Cousin, Je vous ay mandé, ces jours passez, des nouvelles de mon voyage. Despuis la derniere que je vous ay escripte, j'ay esté à Chasteau-Tierry, où j'ay laissé le s[r] de la Noue avec plus de six cens hommes, pour conserver la dicte ville et entreprendre ce qu'il pourra sur mes ennemys, lorsqu'ils passeront pour s'en retourner. Je ne sçay si la prinse de Corbeil, faicte par le s[r] de Givry, les fera rebrousser chemin et changer de desseing pour reprendre de nouveau la dicte ville. Je ne puis croire qu'il [le] face, estant leur armée desjà advancée pour s'en retourner, et les affaires du Pays-Bas en tel estat que le retour du duc de Parme y est necessaire. Touteffois s'ils preignent ceste resolution, j'ay deliberé aussy de mon costé d'assembler toutes mes forces et d'aller droict à eulx pour les combattre. Je puis mener de ceste province mil chevaulx, lesquels sont auprés de moy; sans les forces qui sont prés de mon cousin le duc de Nevers, et celles qu'a le s[r] de la Noue. Si ceste occasion se presente, j'en advertiray tous mes serviteurs. J'escris à mon cousin le prince de Conty qu'aprés la prinse de Laverdin il ne s'esloigne, attendant de mes nouvelles. Sur ceste occasion, je crois que l'homme qui partit du Pont-St-Pierre pour vous aller treuver, s'en retournant de son pays, vous aura dict ce qu'il avoit charge de ma part, sur quoy j'attends de vos nouvelles. Et sur ce, je prie Dieu, mon Cousin, qu'il vous ayt en sa saincte garde. De Chauny, ce xv[e] novembre 1590.

HENRY.

POTIER.

[1] Despuis la presente escripte, le chasteau de Sabrianois, assis entre les villes de Chauny et Sainct-Quentin, qui tenoit le pays en subjec-

---

[1] De la main du Roi.

tion, s'est rendu, ayant veu mes forces et cinq pieces de batterie, et pouvant endurer trois cens coups de canon. J'espere demain faire mon entrée dans ma ville de St-Quentin.

## 1590. — 15 NOVEMBRE. — II$^{me}$.

Orig. — Archives du canton de Saint-Gall. Envoi de M. le ministre de France en Suisse.

A NOS TRÉS CHERS ET GRANDS AMYS, ALLIEZ ET CONFÉDEREZ LES BOURGMESTRES DE LA VILLE DE SAINCT-GAL.

Trés chers et grands amys, alliez et confederez, Le ressentiment que nous avons de la peine où nous cognoissons que sont vos gens de guerre estans à nostre service, de la necessité que peuvent souffrir leurs femmes et familles, à faulte de moyens, dont mesmes quand ils auroient de l'argent, ils ne leur pourroient subvenir de deçà, à cause du danger des chemins, nous a donné occasion de recourir à vous, pour estre aydez de vostre part à leur y donner quelque remede, selon que plus amplement vous fera entendre nostre amé et feal conseiller en nostre conseil d'Estat et ambassadeur ordinaire, le s$^r$ de Sillery, auquel nous avons donné charge vous faire ceste requeste, sur les asseurances et obligations que vous en passera de nostre part, suivant le pouvoir que nous luy envoyons pour cest effect; nous estans à ce plus librement disposez, pour estre œuvre de charité envers les vostres propres, qui neantmoins nous obligera grandement en vostre endroict; sur quoy, nous remettans à ce que vous dira plus amplement nostre dict ambassadeur, en nostre nom, nous vous prions le croire comme nous mesmes : priant Dieu qu'il vous ayt, Trés chers et grands amys, alliez et confederez, en sa saincte garde. Escript au camp d'Anet, le xv$^e$ jour de novembre 1590[1].

HENRY.

REVOL.

[1] Pareille lettre fut adressée le même jour au canton de Berne.

## 1590. — 16 NOVEMBRE.

Orig. — B. R. Fonds Béthune, Ms. 9104, fol. 20.
Cop. — B. R. Suppl. fr. Ms. 1009-3.

### A MON COUSIN LE DUC DE NIVERNOIS,
GOUVERNEUR ET MON LIEUCTENANT GENERAL EN CHAMPAGNE ET BRIE.

Mon Cousin, M'estant acheminé pour aller à S$^t$-Quentin, je m'arrestay hier en ce lieu pour prendre vostre chasteau[1], qui estoit occupé par mes ennemys et qui incommodoit grandement le passaige du dict S$^t$-Quentin à Chauny; et aprés l'avoir mis en mon obeissance, j'eus advis de l'armée de mes ennemys, laquelle s'advance et tire devers Soissons; qui m'a fait changer mon desseing et retourner sur mes brisées, pour m'approcher de l'armée de mes dicts ennemys, leur faire la guerre et les incommoder sur leur passaige : qui me fait, mon Cousin, vous prier de vous approcher promptement d'Espernay avec toute vostre cavalerie, suivant ce que je vous ay cy-devant mandé. Estant là, vous jugerés, par les advis que vous aurés du s$^r$ de la Noue et ce que vous apprendrés de mes ennemys, ce que vous aurés à faire. Si vous venés promptement et que puissions joindre nos forces, j'espere que nous ferons quelque bel effect. Je vous prie que j'aye, de jour à aultre, de vos nouvelles. Je vous escriray demain plus au long par celuy qui m'a apporté vos dernieres : et sur ce, je prie Dieu, mon Cousin, qu'il vous ayt en sa garde. Du camp d'Annay, le xvj$^e$ novembre 1590.

HENRY.

POTIER.

---

[1] C'est probablement celui qui est appelé Sabranoy dans la lettre I$^{re}$ du 15 novembre et Sabriannois dans celle du 18, mais dont on ne trouve aucune trace sur la carte de Cassini.

1590. — 18 NOVEMBRE.

Orig. — B. R. Fonds Béthune, Ms. 9104, fol. 21.
Cop. — B. R. Suppl. fr. Ms. 1009-3.
Imprimé. — *Mémoires de Nevers*, t. II, p. 216.

A MON COUSIN LE DUC DE NIVERNOIS,

GOUVERNEUR ET MON LIEUCTENANT GENERAL EN MES PAYS DE CHAMPAGNE ET BRIE.

Mon Cousin, J'ay veu par vostre lettre du x$^e$ de ce mois ce que vous avés faict depuis la deffaicte des troupes de S$^t$-Pol, et la resolution qu'avés prise, avec ceulx de mon Parlement et aultres de mes serviteurs, d'envoyer vers le duc de Lorraine pour remedier aux bruslemens qui se font par ceux de son armée, lequel expedient m'a semblé fort à propos. J'ay escript au s$^r$ de Chiverny et à ceulx de mon conseil qu'ils facent expedier le pouvoir que je vous ay accordé pour disposer des finances de ma generalité de Champaigne, et les employer à l'entretenement des forces qui sont prés de vous et aultres occasions qui s'offrent pour mon service, et leur ay mandé de le vous envoyer incontinent, ensemble les commissions qui vous seront necessaires pour faire levée de pionniers, chevaulx d'artillerie et munitions. J'estimois qu'il y eust davantage de pouldres au magasin de Chaalons, que la quantité que vous me mandés. Je vous prie donner ordre qu'il en soit faict promptement et mettre peine d'en tirer de Sedan. J'escriray pour cet effet à ma cousine de Bouillon. Le s$^r$ de S$^t$-Estienne, estant cy-devant à Maubert, m'escrivit qu'il y avoit certains marchans qui s'offroient d'en fournir deux cens milliers, en leur donnant partie de l'argent comptant et asseurance du surplus. Je vous prie d'adviser s'il y aura moyen de contracter avec les dicts marchans et les contenter, tant sur ce qu'ils demandent en deniers comptans que pour l'asseurance du reste. Quand aux commissions pour faire levée de compaignies de gens de pied, desquelles nul ne se veult charger, si ce n'est pour estre au regiment de Champaigne, vous pouvés augmenter le dict regiment jusques au nombre de vingt compaignies et y faire entrer celles ausquelles vous distribuerés les commissions que vous avés. Si vous sçavés quelqu'autre moyen plus propre pour leur faire tenir ensemble les gens de pied, m'en donnant advis, je y apporteray tout ce qui despend de ma volonté et de mon auctorité, m'asseurant que plus vous aurés de forces et plus mes affaires s'advanceront. Estant dernierement à Chateau-Thierry, je vous escrivis pour vous advertir comme je y avois laissé le s$^r$ de la Noue, pour le desseing que j'avois prins. Despuis, ayant veu que l'armée de mes ennemys ne s'advançoit, je suis allé vers S$^t$-Quentin pour reduire quelques chasteaulx qui estoient occupez par mes ennemys. Ayant prins celluy de Sabriannois, qui est entre Chaulny et S$^t$-Quentin et qui incommodoit grandement les dictes villes et mes subjects du plat pays, je fus adverty que mes ennemys estoient arrivez à Jouarre, pour passer la riviere et venir à Soissons; qui me fit incontinent rebrousser chemin pour m'approcher d'eulx. J'arrivay hier au soir en ce lieu, où le s$^r$ de la Noue m'a confirmé par sa lettre, que leur armée s'advance : qui m'a faict vous prier de vous approcher d'Espernay ou de Chasteau-Thierry avec tout ce que vous avés de cavallerye, afin qu'estant prés l'un de l'autre nous puissions joindre nos forces, et d'autant plus incommoder l'armée de nos dicts ennemys; laquelle estant hors mon Royaume, et vous ayant veu, comme j'espere faire avant mon retour, je pourvoiray avec vostre advis tant à la levée des Suisses[1] que aultres choses qui sont necessaires pour

---

[1] A cette lettre est jointe, dans le même manuscrit, la pièce originale suivante, qui en est le complément, mais qui n'a pas été imprimée dans les Mémoires de Nevers :

« Touchant la levée des 11$^m$ Suisses, si Sa Majesté ne veoit bien tost monsieur de Nevers, elle luy en mandera promptement sa resolution.

« Pour le regard des finances, Sa Majesté a permis à mondict sieur de Nevers de s'ayder de tous les deniers qui se levent en son gouvernement pour les employer au faict de la guerre. Et a Sa dicte Majesté commandé que le pouvoir lui en soit expédié et envoyé.

« Quant au gouvernement de la ville de Ste-Menehould, Sa Majesté desire avoir sur ce l'advis de mondict s$^t$ de Nevers.

« Pour le regard de celle de Maubert,

vostre gouvernement. Le s^r de la Noue m'a mandé par sa derniere, que vous avés chassé les forces du duc de Lorraine jusque hors mon Royaume : dont je suis trés-ayse, vous priant, mon Cousin, de vous rendre à Espernay le plus tost que vous pourrés : et sur ce, je prie Dieu qu'il vous ayt, mon Cousin, en sa saincte et digne garde. De Attichy, le xviij^e jour de novembre 1590.

HENRY.

POTIER.

1590. — 20 NOVEMBRE.

Orig. — B. R. Fonds Béthune, Ms. 9104, fol. 23.
Cop. — B. R. Suppl. fr. Ms. 1009-3.
Imprimé. — *Mémoires de Nevers*, t. II, p. 218.

### A MON COUSIN LE DUC DE NIVERNOIS,
GOUVERNEUR ET MON LIEUCTENANT GENERAL EN CHAMPAGNE ET BRIE.

Mon Cousin, Vous verrés le renvoy que je vous ay faict, par advis de mon conseil, du different que le s^r de Cury a avec le s^r de Berlotte, à l'occasion de sa prise et rançon, suivant lequel je vous prie juger le dict differend et garder le bon droict à celluy d'eulx deux à qui il appartient, comme je m'asseure que ferés : et n'estant la presente à

Sa Majesté a cy-devant mandé à monsieur de Nevers d'y envoyer le s^r de la Vieville pour y commander, ou s'il sçavoit quelque autre expedient pour le bien de son service, qu'il luy en donnast advis.

« Quant au gouvernement de Mauzon, mon dict sieur de Nevers jugera par les actions des nepveus du s^r de la Bresse s'ils sont bons serviteurs du Roy, et leur commandera ce qui est requis pour le service de Sa Majesté.

« Pour le regard des eslections qui sont du gouvernement de Champaigne, et de la generalité de Paris, sera proposé au conseil pour y estre pourveu.

« Sera envoyé commission à messieurs les tresoriers pour les magasins et chevaulx d'artillerie.

« Quant à l'intendance des finances, le s^r le Loindre estant mort, Sa Majesté trouve bon l'advis qui luy a esté donné par mon dict sieur de Nevers.

« Faict à Attichy, le xviij^e jour de novembre 1590. »

« HENRY.

« POTIER. »

aultre effect, je prie Dieu qu'il vous ait, mon Cousin, en sa saincte et digne garde.

De Attichy, le xxe jour de novembre 1590.

HENRY.

POTIER.

[1590.] — 21 NOVEMBRE.

Imprimé. — *Mémoires de Nevers*, t. II, p. 218.

[A MON COUSIN LE DUC DE NEVERS.]

Mon Cousin, l'affaire du sr Berlotte m'est fort recommandée. Mais celle de sa partie n'est pas moins considerable. Je ne veux en cela suivre ny mes sentimens ny ceux des interessez. Les Rois sont establys pour rendre justice, et non pour entrer dans les passions des particuliers; c'est pourquoy je remets toute mon autorité entre vos mains, affin que vous jugiés ceste affaire sans preoccupation. Je vous manderay au premier jour des nouvelles qui vous seront agreables aussy bien qu'à tous les bons François. Bon soir, mon Cousin. Ce xxje novembre.

HENRY.

1590. — 24 NOVEMBRE. — Ire.

Orig. — B. R. Fonds Béthune, Ms. 9104, fol. 24.
Cop. — B. R. Suppl. fr. Ms. 1009-3.
Imprimé. — *Mémoires de Nevers*, t. II, p. 220.

A MON COUSIN LE DUC DE NIVERNOIS.

Mon Cousin, Ayant entendu jeudy au soir que l'armée de mes ennemys avoit passé la riviere de Marne et qu'elle estoit logée à la Ferté-Milon et à Ully-St-Front[1], je partis hier matin pour m'approcher

[1] Neuilly-Saint-Front.

d'eulx; ce que je feis, car ayant trouvé les armées tirant à Fere, je chargeay cent de leurs gens de pied espaignols et valons, lesquels furent tous taillez en pieces. Il en fut tué cent aultres en diverses rencontres. Je fais estat de suivre les armées, pour tousjours les incommoder, et pourray cejourd'huy loger ez environs de Fere. J'ay mandé au s$^r$ de la Noue qu'il me vienne joindre, comme j'espere qu'il fera cejourd'huy. Je vous mande mon intention, afin que vous jugiés, selon le lieu où vous estes, les progrès que feront mes ennemys, et, [selon] les forces qu'avés prés de vous, ce que vous aurés à faire. Si nous pouvons estre tous joincts ensemble, nous serons prés de deux mille chevaulx, avec lesquels aurons moyen d'incommoder tellement l'armée de mes ennemys, avant qu'elle aye passé la Champaigne, qu'il demourera partie d'icelle. Vous ferés bien de faire approcher vostre infanterie et la loger en lieu advantaigeux. J'escris au s$^r$ de la Noue qu'il vous mande ce qu'il aura peu aprendre de son costé; sur quoy vous verrés ce que vous aurés à faire : et, sur ce, je prie Dieu, mon Cousin, qu'il vous ayt en sa garde. Du camp de Vierchy[2], le samedy matin, xxiiij$^e$ novembre 1590.

HENRY.

POTIER.

[3] Si nous sommes joincts, ils ne peuvent rien mettre sur la queue, que nous ne taillons en pieces. Ils pregnent le chemin de Reims. Bon jour, Cousin.

1590. — 24 NOVEMBRE. — II$^{me}$.

Orig. — B. R. Fonds Béthune, Ms. 9104, fol. 25.
Cop. — B. R. Suppl. fr. Ms. 1009-3.
Imprimé. — *Mémoires de Nevers*, in-fol. t. II, p. 219.

A MON COUSIN LE DUC DE NIVERNOIS,

GOUVERNEUR ET MON LIEUTENANT GENERAL EN CHAMPAGNE.

Mon Cousin, Je vous ay mandé comme j'estois venu loger ce jour-

---

[2] Ou Vierzy (département de l'Aisne).
[3] De la main du Roi.

d'huy ez environs de ce lieu, comme j'ay faict, poursuivant l'armée de mes ennemys, laquelle s'est advancée jusqu'à Fimes[1]. Mais ils sont chargez de tant de bagages et de sy grand attirail d'artillerie, qu'il leur est impossible d'advancer beaucoup leur chemin ; qui me faict resouldre d'approcher encore plus prés d'eux que je n'ay faict, pour continuer de les incommoder, ayans hier esté tué deux cens hommes de leur armée et aujourd'hui cent cinquante. Je vous envoye ce porteur pour vous faire entendre que telle est ma resolution, et vous prier de coupper chemin et me venir trouver à la queue de l'armée de mes dicts ennemys, laquelle je n'abandonneray, que je ne l'aye vue hors de mon Royaume. Venés donc, je vous prie, et amenés toute vostre cavallerie. Le s$^r$ de la Noue est joinct avec moy ; j'attends demain trois cens chevaulx que m'amene le s$^r$ de Givry ; si nous pouvons estre tous joincts ensemble, nous ferons quelque bel effect, vous priant, mon Cousin, y apporter tout ce qui despend de vous, et croire que je seray bien ayse de vous voir : et, sur ce, je prie Dieu qu'il vous ayt, mon Cousin, en sa saincte garde. Escript au camp de Fere, le xxiiij$^e$ jour de novembre 1590.

HENRY.

POTIER.

1590. — 27 NOVEMBRE.

Imprimé. — *Second volume des Mémoires d'Estat..... en suite de ceux de M. de Villeroy,* Paris, 1636. p. 528.

[A MON COUSIN LE MARESCHAL DE BIRON.]

Mon Cousin, Depuis que j'ay commencé d'approcher de mes ennemys, je vous ay mandé jour pour jour ce qui s'est faict et particulierement les xxiii et xxiiii de ce mois. La troisiesme journée, qui fut le xxv, a produit un grand effect ; car ayant, dés le matin, fait advancer le baron de Biron avec vingt chevaux et l'ayant suivy de prés, de

---

[1] Ou Fismes, ville de Champagne, aujourd'hui chef-lieu de canton du département de la Marne.

vingt autres, pour faire recongnoistre ce que faisoit l'armée de mes dicts ennemys, et depuis ayant faict venir le sʳ de la Boissiere avec sa compagnie et mes chevaux legers, j'attaquay mes dicts ennemys par continuels escarmouches et les piquay tellement, qu'ils assemblerent toute leur armée pour venir droict à moy. J'avois depuis faict venir mon cousin le duc de Longueville et le sʳ de la Noue avec autres cent chevaux et cent harquebusiers, et faut que je vous confesse que je me trouvay engagé avec les dictes troupes; mais Dieu me donna le moyen de sortir avec une retraite la plus honorable, heureuse et glorieuse qui se puisse dire. Il faudroit une main de papier, pour vous dire tout ce qui se passa en ceste journée. C'est pourquoy je vous envoye ce porteur, qui fut tousjours prés de moy, pour vous dire toutes les particularitez de ce qui se passa le dict jour; et parce que je sçay qu'il ne vous peut representer beaucoup de choses grandes qui se sont passées en ceste occasion, je me reserve à les vous dire quand nous serons ensemble. J'adjouxteray seulement à ce mot, que je ne vouldrois, pour beaucoup, n'avoir veu ce qui s'est passé en cela, et aussy pour vous dire le contentement que j'ay du dict sʳ de Biron, lequel m'a servy bravement et dignement en ceste occasion. Je vous prie d'en donner advis à tous mes serviteurs par les provinces de mon Royaume, le plus tost que vous pourrés. Je pars presentement pour suivre l'armée de mes ennemys, laquelle est logée à cinq lieues d'icy. Mon cousin le duc de Nevers, les sʳˢ de Givry, de Parabelle, se doivent trouver à neuf heures au rendés-vous de mon armée. Ayant maintenant plus de forces que je n'avois, j'espere aussy entreprendre davantage sur mes ennemys; dont je vous donneray advis. Sur ce, je prie Dieu, mon Cousin, qu'il vous ayt en sa saincte garde.

Escript à Noisy, le xxvijᵉ novembre 1590.

HENRY.

Encores que vous soyés le pere, vous n'aimés pas tant vostre fils que moy, qui puis dire de luy et de moy : Tel le maistre, tel le valet.

[ 1590. ] — 28 novembre.

Orig. autographe. — B. R. Fonds Béthune, Ms. 9104, fol. 6.
Cop. — B. R. Fonds Fontanieu, Ms. P-75, fol. 3 recto.

A MON COUSIN LE DUC DE NIVERNOIS,
à syssonne.

Mon Cousin, Durant la grande pluie qui faisoit ce soir, j'estois à voir la retraicte des ennemys. Ils sont allés coucher ce soir à Marle[1], mais je vous puis bien asseurer que ceulx qui faisoient la retraicte ne sont arrivez qu'à une heure de nuict, et qu'il y a bien eu des lances mouillées. Ils vont demain coucher à Guyse, qui est cause que nous avons resolu de partir demain du matin et nous trouver au rendés-vous, qui est à trois lieues d'icy, à Crecy-sur-Cerre[2] à dix heures du matin, et là, avec tous les gens de guerre et harquebusiers à cheval, essayer de donner quelque estrette aux ennemys et faire quelque effect. Les valets et les bagages iront aux quartiers que l'on fera au rendés-vous; et pour ce, je vous prie, si vostre santé le vous peut permettre, de vous trouver au dict Crecy, de bonne heure. Je fais raccoustrer les ponts de Liesse[3], de sorte que demain, à l'heure que vous vouldrés passer, vous les trouverés prests, car à l'heure que je vous escris il y a encore de nos trouppes qui ne sont pas logées. J'ay eu advis que, pour ce que nous pressons le prince de Parme, Mr de Mayne le conduira jusqu'en Flandres, et ne luy laissera pas un homme de guerre. Si j'apprends quelque chose, je vous en feray part demain, que j'espere de vous voir. Bonsoir, mon Cousin. De Missy[4], ce mercredy à 9 heures du soir, xxviij[e] novembre.

HENRY.

[1] Petite ville de Picardie, dans l'ancienne Thiérache (Aisne).
[2] Crécy-sur-Serre est un bourg de Picardie, aujourd'hui du département de l'Aisne, et qu'il ne faut pas confondre avec Crécy en Ponthieu, dans celui de la Somme.
[3] Ou Notre-Dame-de-Liesse, bourg du Laonnois.
[4] C'est Missy-lès-Pierrepont, dans le Laonnais (Aisne).

1590. — 9 DÉCEMBRE.

Orig. — Archives de la maison de Noailles. Communication de M. le duc de Noailles.

### A MONS^r LE COMTE DE LA VOULTE,
#### MON LIEUCTENANT AU PAYS DE LIMOUSIN.

Mons^r le comte, S'en retournant par deçà le s^r de Noailles, je luy ay donné charge de vous voir de ma part et de vous asseurer de la bonne volonté que je vous porte, et combien j'ay agreables les bons services que vous me faictes en vostre charge; lesquels je vous prie continuer, et croire que, s'offrant occasion de le recognoistre, je le feray fort volontiers. Il vous fera entendre de mes nouvelles, le bon estat auquel, Dieu mercy, mes affaires sont reduictes, et comme j'ay chassé le prince de Parme et son armée hors de mon Royaume, m'y ayant tousjours le dict s^r de Noailles assisté; qui me gardera de vous en dire davantage. Seulement pour fin, je vous prieray pour ce qui concerne le particulier du dict s^r de Noailles, de tenir la main qu'il soit payé des assignations qu'il a sur le Limosin, ensemble au soulagement de ses terres, comme l'affection qu'il porte à mon service le merite, et le bien que je luy veux le desire : et m'asseurant que le ferés, je prie Dieu, Mons^r le comte, qu'il vous ayt en sa saincte garde. De Sainct-Quentin, le ix^e jour de decembre 1590.

HENRY.

POTIER.

1590. — 10 DÉCEMBRE. — I^re.

Orig. — B. R. Fonds Béthune, Ms. 9104, fol. 28.
Cop. — B. R. Suppl. fr. Ms. 1009-3.
Imprimé. — *Mémoires de Nevers*, t. II, p. 221.

### A MON COUSIN LE DUC DE NIVERNOIS.

Mon Cousin, J'ay entendu par vostre lettre du septiesme de ce mois ce qui est advenu à Maubert; dont j'avois jà eu quelque advis du s^r de Malissy [1], non toutesfoys sy particulier que celluy qui est contenu en vostre dicte lettre, par laquelle vous me representés l'occasion de la rumeur qui est advenue au dict Maubert et ce qui en est reussy; ce qui asseure davantaige la dicte place pour mon service, ayant le cappitaine Garraut esté chargé et aucuns de ses soldats tuez, pour l'entreprise qu'il avoit faicte sur la dicte ville en faveur de ceulx de la Ligue, ce qui oblige de plus en plus ceulx qui sont dedans de me bien servir avec fidelité, comme ils me promettent de faire par la lettre qu'ils m'ont escripte, laquelle je vous envoye. Je leur escris pour leur desclarer que je loue la bonne intention qu'ils ont de me bien servir, et leur commande de vivre fraternellement pendant qu'ils seront ensemble en la dicte place, et n'avoir aultre but que le bien de mon service. Je vous prie leur escrire à mesme fin et user de la dexterité et moyens que vous adviserés, pour les contenir en leur debvoir. Vous pouvés aussy escrire au s^r de Vendic, lequel est entré en la dicte ville, qu'il s'accommode avec les dicts cappitaines, et qu'il face ce qu'il jugera estre pour le bien de mon dict service. Je suis bien ayse qu'ayés tiré quelque argent de ceulx de Fere, pour bailler aux Suisses, et encore plus de la prinse de Bresle, esperant, veu la façon de laquelle vous y avés proceddé, que vous en pourrés tirer quelque bonne somme, pour ayder au payement des dicts Suisses. Je trouve bon que vous y ayés laissé le cappitaine Valpergue, auquel j'escris, afin que, suivant le commandement que luy avés faict, il se fortiffie en la dicte place, pour cy-aprés faire la guerre à ceulx de Soissons. Ma cousine la duchesse de Bouillon aura tousjours agreable en ceste charge ceulx qui seront propres pour me servir. Il y a quatre jours que je suis en ceste ville, où les habitans m'ont faict entrer avec tout ce qu'ils ont peu de ceremonie, et avec toute la demonstration de bonne volonté que je pouvois desirer. Je ne partiray de ceste ville que je ne saiche que deviendra le duc du Mayne, avec les forces qui luy sont demeurées, qui sont composées de xiii cornettes,

---

[1] Mathieu Martin, seigneur de Malissy, maître d'hôtel du Roi.

faisans quatre cens chevaulx, et dix regimens, faisans deux mil hommes de pied ou environ. Le dict duc du Mayne a receu cent mil escuz, desquels il en a baillé dix mil à Saint-Pol, et le surplus doibt servir pour faire monstre à ses trouppes, la plus-part desquelles on estime se devoir desbander aprés la monstre faicte. Le dict S$^t$-Pol est allé à Reims, sans mener aucunes forces. Les ducs de Parme, de Lorraine et du Mayne se doibvent trouver ensemble le vi$^e$ du mois prochain. Je ne sçais encore en quel lieu ce sera, mais ils menacent de mettre de grandes forces ensemble à ce printemps. J'ay mandé au s$^r$ de la Noue de ne partir de Senlis, jusques à ce que je m'en approche, pour l'effect que sçavés. Je vous manderay ce que je pourray apprendre de mes ennemys, vous priant de faire le semblable de vostre part, et ne perdre le temps pour effectuer ce que nous avons deliberé : et, sur ce, je prie Dieu, mon Cousin, qu'il vous ayt en sa saincte garde. Du camp de Saint-Quentin, le x$^e$ decembre 1590.

HENRY.

POTIER.

Je vous prie m'envoyer incontinent le cappitaine Leclusel avec sa trouppe, car j'en ay besoing, et m'est necessaire.

1590. — 10 DÉCEMBRE. — II$^{me}$.

Imprimé. — *Mémoires de Nevers*, t. II, p. 210.

[A MON COUSIN LE DUC DE NIVERNOIS.]

Mon Cousin, Je m'asseure que vous serés aussy ayse que moy-mesme des nouvelles que je vous donne par la presente. Vous sçaurés que depuis hyer le gouvernement de mon cousin le duc de Longueville s'est accreu d'une bonne place. Les s$^{rs}$ de Humieres, de Parabelle et de la Boissiere[1] ont pris la ville de Corbie. Belle-Fouriere[2] y a esté

---

[1] Jean de la Boissière, seigneur de Chambors, fils de Guillaume de la Boissière et de la dame de Trie, etait maître d'hôtel du Roi, et remplit cette charge sous les six règnes de Henri II, François II, Charles IX, Henri III, Henri IV et Louis XIII. Il mourut en 1624, à l'âge de quatre-vingt-onze ans.

[2] Ponthus, seigneur de Bellefourière, de Cagny, d'Itre, etc. chevalier de l'Ordre,

tué en combattant et la plus part de sa compagnie, sans perte que de deux de mes soldats. On y a trouvé deux canons et une coulleuvrine, et quantité de munitions, qui serviront à prendre les chasteaux et les forts qui sont aux environs de ma ville d'Amiens, pour l'incommoder de plus en plus. J'espere que Dieu me fera la grace de voir bien tost de plus grands effects, et que mes affaires s'achemineront bien en toutes les aultres provinces, et speciallement en vostre gouvernement, par le soin et la diligence que vous y apporterés : et, sur ce, je prie Dieu qu'il vous ayt, mon Cousin, en sa saincte et digne garde. Escript à S$^t$-Quentin, le x$^e$ jour de decembre 1590 [1].

HENRY.

POTIER.

Je vous prie de m'envoyer incontinent l'Escluselle avec ses trouppes, car j'en ay tellement affaire que je ne m'en puis passer.

### 1590. — 28 DÉCEMBRE.

Orig. — B. R. Fonds Béthune, Ms. 9104, fol. 31.
Cop. — Suppl. fr. Ms. 1009-3.
Imprimé. — *Mémoires de Nevers*, t. II, p. 222.

#### A MON COUSIN LE DUC DE NIVERNOIS,
##### MON LIEUCTENANT GENERAL EN CHAMPAIGNE.

Mon Cousin, Envoyant le s$^r$ de Beauvais-Nangis vous trouver avec sa compaignée, je luy ai donné charge de vous faire entendre la venue de mon cousin le duc d'Espernon, lequel se joindra à moy avec ses trouppes dans deux ou trois jours. Je luy avois cy-devant mandé

avait été gentilhomme de la chambre de Henri III, et guidon de la compagnie de gendarmes du marquis d'Elbœuf. Il était le fils aîné de Charles, seigneur de Belle- fourière, et de Catherine de Saintan. Son petit-fils, Charles Maximilien de Bellefou- rière, marquis de Soyecourt, fut grand veneur de France sous Louis XIV.

---

[1] Cette lettre est datée à tort de 1589 dans les Mémoires de Nevers.

qu'il passast la riviere à Montereau, mais ayant sceu qu'il estoit arrivé à Espernon, je luy ay mandé qu'il vienne passer au pont St-Cloud. Ayant pourveu aux affaires pour lesquelles vous sçavés que je me suis acheminé de deçà, je passeray en Champaigne, suivant ma premiere resolution. Cependant je vous prie d'assembler toutes les compaignées que j'ay mandées, et vous advancer vers Provins. Selon que les affaires que j'ay par deçà s'achemineront, je vous en donneray advis; vous priant me faire part souvent de ce qui se passera de delà, et croire que je vous tiendray la promesse que je vous ay faicte : et sur ce, je prie Dieu, mon Cousin, vous avoir en sa garde. Du camp de St-Denys, le xxviij<sup>e</sup> decembre 1590.

HENRY.

POTIER.

### 1590. — 29 DÉCEMBRE.

Orig. — B. R. Fonds Béthune, Ms. 9104, fol. 33.
Cop. — B. R. Suppl. fr. Ms. 1009-3.
Imprimé. — *Mémoires de Nevers*, t. II, p. 223.

#### A MON COUSIN LE DUC DE NIVERNOIS,
PAIR DE FRANCE, GOUVERNEUR ET MON LIEUCTENANT GENERAL EN CHAMPAGNE.

Mon Cousin, Le s<sup>r</sup> de Givry m'estant venu trouver en ce lieu, pour me rendre compte de la prise de Laigny et recepvoir mes commandemens, je l'ay renvoyé pour assembler toute la noblesse de la Brie, luy ayant commandé de vous aller trouver incontinent, pour vous assister en ce qui s'offrira pour mon service, attendant que je peusse faire ce que nous avons advisé. Le dict s<sup>r</sup> de Givry vous dira les occasions qui me retiennent et la resolution que j'ay prise, ensemble ce que j'estime que debvés faire; en quoy si nostre premier desseing n'est du tout suivy, à cause de la prolongation du temps que j'avois pris, je ne veux laisser pourtant de le suivre, et m'ayder des forces qui sont prés de vous, et de celles que j'ay mandées pour vous venir trouver à d'autres effets, selon les occasions qui se presentent. Le dict s$^r$ de Givry vous dira ce que je luy ay faict entendre sur ce, et le chemin qu'il me semble que debvés tenir, tant pour executer ce qui est de nostre dict desseing, que pour servir aux aultres occasions qui se peuvent presenter. J'ay depesché vers vous depuis peu de jours le s$^r$ de Reau, lequel pourra parler de ma part aux capitaines et gentils-hommes que j'ay mandez, si voyés qu'il soit à propos ; sinon je depescheray quelqu'aultre pour cest effect, suivant ce que me manderés. Vous les pouvés tous asseurer que mon intention est de suivre mon premier desseing, encores que je l'aye retardé pour quelques jours. Tenés-les ensemble, je vous prie, et vous approchés du lieu que vous dira le dict s$^r$ de Givry, attendant de mes nouvelles, desquelles je vous feray part, de jour à aultre. J'eus hier nouvelles de la prise du chasteau de Gamache, lequel a esté prins d'escalade par l'aisné Berangleville : maintenant le chemin de Corbie à Dieppe est libre. J'ay mandé à mon cousin le duc de Longueville qu'il assemble quelques compaignées, lesquelles j'ay mandées de se rendre prés de luy. C'est pour le mesme effect que vous dira le dict s$^r$ de Givry. Durant que j'ay esté en ce lieu, j'ay appris les necessitez qui sont dans Paris, qui sont quasy aussy grandes qu'au plus fort du siege, le septier de bled y vallant seize escuz. Au reste considerant les services que m'a faict cy-devant le dict s$^r$ de Givry, la volonté et le moyen qu'il a de les continuer, je luy ay donné pouvoir de commander en la Brye, en vostre absence et du s$^r$ Dinteville : ce que j'ay estimé que vous aurés agreable, tant pour la valleur du dict s$^r$ de Givry que pour l'assistance et service que vous en pourrés recepvoir en ce qui s'offrira pour le bien et advancement de mes affaires. J'ay donné charge au s$^r$ de la Noue d'avoir soing de vous envoyer le commissaire de l'artillerie, canonniers et cappitaine de charroy que demandés. Prenés-vous-en à luy, s'il ne s'acquitte de la charge que je luy en ay donnée. J'ay deliberé de prendre deux ou trois chasteaux qui sont entre Clermont et Beauvais, lesquels incommodent tout le plat pays, ce que j'espere faire en trois ou quatre jours : et sur ce, je prie Dieu, mon Cousin, qu'il vous ayt en sa saincte et digne garde. De Sainct-Denys, le xxix<sup>e</sup> jour de decembre 1590.

HENRY.

POTIER.

Je vous prie de faire amener des pouldres de Chaalons, d'aultant que je me pourray servir de celles qui sont à Compiegne pour la reprinse des chasteaux qui sont ez environs de Beauvais, et aultres que j'ay resolu de reprendre. Je fais amener de Dieppe grande quantité de pouldres, desquelles je vous feray part quand en aurés besoing.

[ 1590. — VERS LA FIN. ] — I<sup>re</sup>.

Imprimé. — *Histoire du mareschal de Matignon*, par CAILLIÈRE. Paris, 1641, in-fol. p. 294.

[ A MON COUSIN LE MARESCHAL DE MATIGNON. ]

Mon Cousin, Je seray bien ayse de voir les depputez du parlement de ma ville de Bordeaux. Je suis sy satisfaict du service que vous me faictes, que j'ay chargé le seneschal, present porteur, vous le tesmoigner de ma part, vous priant faire tousjours estat de vostre bon maistre. Dieu vous conserve.

HENRY.

[ 1590. ] — II<sup>me</sup>.

Imprimé. — *Histoire du mareschal de Matignon*, par CAILLIÈRE. Paris, 1641, in-fol. p. 296.

A MON COUSIN LE S<sup>R</sup> DE MATIGNON,
MARESCHAL DE FRANCE.

Mon Cousin, J'ay receu vostre lettre par le s<sup>r</sup> de Frontenac. J'avois faict resolution de vous faire response par le s<sup>r</sup> du Fay, que vous cognoissés; mais pour l'indisposition qui luy est survenue, je vous ay renvoyé le dict s<sup>r</sup> de Frontenac, present porteur. Je vous diray que j'ay trouvé vostre lettre pleine de ceste abondance d'affection qui vous est sy familiere, et non pas de moins de jugement et de prudence ; à quoy je veulx aussy autant deferer qu'à aulcun aultre advis qui me vienne de quelque part que ce puisse estre. J'ay recogneu, entre aultres points, que celuy sur lequel vous et mes aultres affectionnez serviteurs faictes le principal fondement de l'establissement de mes affaires est sur le changement de religion, comme je crois veritablement que, cest article vuidé, il en vuideroit beaucoup d'autres qui y sont attachez. Mais je vous prie de considerer que, n'y ayant nul plus interressé que moy au bien et soulagement de cest Estat et à l'establissement de mon authorité, qui en est inseparable, nul ne doibt aussy tant desirer ny se bander l'esprit à chercher les moyens d'y parvenir que je fais et que je doibs faire ; et que celuy qui m'est proposé par vous, bien qu'il fust utile, ne peut estre sy prompt que l'on le desire ; car devant faire ceste resolution, je ne la veux poinct faire que par raison, et par ce qu'il faut, pour mon salut et le bien de mon Estat, que je le face en ferme intention de ne m'en despartir jamais, meritant bien, à ceste occasion, que ce soit avec quelque loisir et repos, pour en entrer en conference et en une meure et saincte consideration, comme en chose plus importante ne se puisse rapporter qu'en ce qui est de ma foy et de ma religion. Ceulx qui sçavent l'estat de mes affaires ont peu juger si, depuis que ceste succession m'est escheue, j'ay peu prendre le temps de ce loisir, et s'il ne m'est pas moins permis de le prendre maintenant qu'il n'a poinct encore esté ; estant les affaires de mes ennemys en tel estat que, pour peu que je les abandonne et leur donne patience, ils acheveront d'usurper tout le reste de cest Estat, ou du moins de m'en laisser une petite part ; et pour peu que je continue aussy de les presser, et leur faire une guerre un peu forte, je les puis ruiner et destruire : et par la comparaison de l'un à l'autre, il est aisé de discerner auquel il est plus necessaire de recourir, ou à celuy qui en se differant ne se rend que plus facile, ou à celuy dont perdant l'occasion elle est irrevocable.

La convocation que j'avois proposé de faire à Tours dés la fin du mois dernier, et la susdicte deliberation estant quasy une mesme chose, a esté aussy differée pour une mesme cause, ayant esté cogneu par ce qui s'est passé depuis trois mois, comme (partie par contraincte, partie par commodité des forces qui me vinrent trouver en Normandie, lesquelles par raison il a fallu employer) je n'ay peu me rendre au dict Tours au temps que j'avois assigné; et maintenant que je suis prest d'y arriver, il s'y trouve sy peu de ceulx qui y sont convoquez, que cela ne peut representer le corps de l'assemblée, capable de faire et resouldre la forme de l'establissement necessaire pour le bien et repos de cest Estat, joinct que la premiere levée d'estrangers que je fais venir estant desjà en France, il est necessaire que je les aille employer, si je ne veulx souffrir qu'ils demeurent sans occupation; et ils me seroient aussy incommodes comme je suis assuré qu'ils me seront utiles avec de l'exercice. C'est pourquoy je me suis resolu de ne faire pour ceste fois sejours à Tours que de trois sepmaines, et en repartir aussy tost et aller rejoindre les dicts estrangers, et differer, à ceste occasion, la dicte convocation jusqu'au xv$^e$ jour de mars, qui est aussy bien le temps que doibt expirer la trefve, estant ce faict digne de consideration ; esperant entre cy et ce temps-là faire un sy bon effort sur mes ennemys, que les resolutions qui se prendront dans la dicte assemblée en seront plus faciles et aisées; et quand pour mon particulier j'aurois à prendre quelque aultre resolution, elle ne pourroit pas estre imputée avoir esté faicte par force et par crainte des dicts ennemys, comme il est indubitable que, maintenant que leur orgueil n'est pas encore assez abaissé, ils publieroient, afin qu'on n'y adjoustat aucune creance, ne pouvant compter que quelque resolution que je prenne puisse estre attribuée à la seule inspiration qu'il plaira à Dieu m'en donner, comme par luy seul et pour son seul respect se doibt manier le faict des consciences; esperant aussy pendant ce temps tellement ouvrir le passage des provinces, que mes bons serviteurs qui ont du zele au bien de l'Estat pourront en seureté se trouver en la dicte convocation, en laquelle vous verrés, si vous vous y trouvés, comme je loue grandement l'intention que je voy que vous avés, et que j'y auray apporté une bonne et saincte intention, n'ayant pour but et fin, avec mon salut, que le bien de la paix, et au reste un esprit souple et sans aucune affection, capable d'estre manié par raison : n'ayant aultre resolution que de me porter en ce qui sera du bien public, avec le jugement et advis de ceulx qui s'y trouveront, que je n'appelle pas seulement comme officiers de ceste Couronne, mais aussy comme coadjuteurs de mon authorité, par laquelle ils delibereront comme pour leur propre faict.

Et pleust à Dieu que ceulx que vous voyés et oyés desirer une plus grande precipitation y apportassent une aussy bonne intention! Mais je sçay que la plus part ne le font que pour couvrir, soubs ce pretexte, une prudence de neutralité, et faire cependant cognoistre quelles sont leurs volontez ; et qu'ils n'attendent, que pour se mettre à plus haut prix et faire leurs conditions meilleures : n'y ayant sy foible jugement qui ne cognoisse que ceste guerre est un faict d'ambition d'estat, et non de religion : dont ceste seule preuve doibt suffire, qu'elle a esté commencée plus ardemment contre le feu Roy, monsieur mon frere, qui a esté jusques à sa mort le plus grand catholique qu'on ayt veu de ce siecle, qu'elle n'a esté contre moy ; et lors mesme qu'il se preparoit plus que jamais contre ceulx de la religion, à faire la guerre plus forte qu'il n'eust poinct encores faict. Or de prendre fondement de se deffier, sur ce que j'ay juré et promis, pour la religion catholicque, il ne seroit pas moins foible que l'aultre, ne pouvant estre remarqué que, non seulement depuis mon advenement à la Couronne, mais dés le temps que la trefve a esté accordée, je n'aye esté aussy soigneux de l'entretenement de la religion catholique que le plus grand catholique eust peu estre, comme je seray tousjours, avec ferme resolution de souffrir aussy peu qu'il soit innové ny attempté à tout ce qui en despend.

Je vous ay, mon Cousin, voullu discourir ce que dessus, pour vous informer particulierement de mes intentions, et ayder à vous en purger l'esprit, si l'on vous en avoit voulu donner quelque aultre impression, affin que l'ayant bien compris, vous le puissiés aprés faire bien comprendre aux aultres, estant adverty qu'aulcuns de mon parlement mal affectionnez, en sont entrez en des considerations fort esloignées de la raison et de leur debvoir : qui tiennent les esprits de plusieurs de la province en incertitude et deffiance et sont tousjours fort amateurs de la rebellion. Pour ceste raison je desire que vous entriés au parlement, et oultre ce que je leur en escris par les lettres que vous leur ferés bailler, que leur faciés entendre la substance de ce que dessus, affin que ceulx qui persisteront par cy-aprés en leurs premieres propositions soyent remarquez d'avoir faict à mauvais desseing, ce que jusques icy je n'ay voulu estimer avoir esté faict qu'à faulte d'advis. Et d'aultant que je suis aussi adverty que, combien que j'eusse faict un bail de mes droicts de la comptablie à Martin, que neantmoins, de leur authorité privée, ils ont entreprins de rompre, pour prendre les deniers pour le payement de leurs gages, je desire que leur disiés que je suis trés malcontent de cette irreverence ; et combien que je leur laisse ma justice entre leurs mains, que ce n'est pas pour estre juges en leur cause, ny en user ainsy à mon prejudice ; que je recognois bien qu'il est raisonnable qu'ils soyent payez de leurs gages, mais que ce soit par les formes ordinaires, en jouissant des assignations qui leur ont esté données ; mais que pour le regard du bail faict au dict Martin, je veulx resolument qu'il soit entretenu, ne voulant attendre ce reproche, qu'estant le premier que j'ay faict, j'aye esté forcé et desobey par ceulx qui sont ordonnez pour punir la desobeissance des aultres. Ce que je vous recommande comme chose qui regarde mon authorité, de laquelle, quoy qu'il advienne, je ne veulx me despartir, vous servant en cela des moyens que vous avés pour vous faire obeir, si voyés que ceulx de la douceur et remonstrance y soyent inutiles.....

(Le reste manque.)

[1590. — VERS LA FIN.] — III<sup>me</sup>.

Orig. autographe. — Bibliothèque de l'Arsenal, Mss. Histoire, 179, t. I.
Cop. — B. R. Suppl. franç. Ms. 1009-4 et Ms. 2289-2, etc.
Imprimé. — *Vie militaire et privée de Henri IV*, p. 185. — *L'Esprit d'Henri IV*, p. 165. — *Journal militaire de Henri IV*, publié par le comte DE VALORI, p. 324. — *Lettres de Henri IV... publiées par N. L. P.* p. 58, etc.

[A MADAME LA COMTESSE DE GRAMONT.]

Mon cœur, Il n'est rien survenu de nouveau depuis le partement de Maravat, sinon que ce qui restoit des Valons s'en sont retournez en Flandre, sans que le duc du Maine ayt eu pouvoir de les arrester : les Reistres en ont faict de mesme, qui ont esté presque tous desvalisez par les leurs mesmes. Le legat veult traicter asteure de la paix ; il ne se parle plus d'excommunication. Croyés que je ne m'endormiray pas en sentinelle. Je me porte trés bien, Dieu mercy, vous aimant comme le pourriés souhaiter. Vous auriés pitié de moy, si me voyés, car je suis accablé d'affaires, que j'en succombe soubs le faix. Aimés-moy comme celuy qui ne cessera jamais de volonté envers vous ; c'est assez dict, je baise un million de fois vos beaux yeux.

[1590.]

Cop. — Arch. de la Couronne, salle 5, anciennes archives, Ms. 30, fol. 123 verso.
Cop. — Bibliothèque de M. Monmerqué, Ms. intitulé : *Despesches, commissions et instructions*, fol. 108 recto.
Imprimé. — *The Life of Thomas Egerton, lord chancellor of England*, page 416.

[A LA ROYNE D'ANGLETERRE.]

Madame, C'est une de vos gloires et dont Dieu a voulu particulierement honorer vostre regne, que d'estre le recours des affligez, et mesmes, en occasion de tels merites, que d'avoir receu, entretenu et preservé de ses ennemys un roy injustement spolié de sa couronne[1].

---

[1] Don Antoine, prieur de Crato, prétendant au trône de Portugal, dont il a été question ci-dessus, t. I, lettres du 11 mai 1582 - I<sup>re</sup>, note 1, et du 3 septembre

L'honneur et le bien que vous luy avés faict et dont il n'est pas ingrat à vous donner la louange meritoient bien qu'il suivist pareillement vostre conseil, touchant le voyage qu'il avoit envie de faire par deçà, que j'eusse bien voulu aussy qu'il eust remis jusqu'à ce que j'eusse meilleur moyen de luy aider; mais puisque son affection l'a faict passer par-dessus toutes aultres considerations, je suis trés ayse que la mienne en ce lieu se soit rencontrée sy à propos, qu'il n'ayt eu besoing de se mettre en danger de passer plus oultre pour me voir, et contenter son desir de la communication qu'il vouloit avoir avec moy, dont, combien qu'il ne puisse à present rapporter aultre advantage en ses affaires, sy est-ce qu'elle m'a tant accreu la compassion de sa condition, que, lorsqu'il aura pleu à Dieu rendre la mienne meilleure qu'elle n'est à present, je tiendray à grand heur de contribuer au bon œuvre que vous desirés entreprendre en sa faveur. Cependant, si ma priere peut adjouxter quelque chose à la recommandation en laquelle vous avés ce qui peut estre de son bien, je vous supplie la recepvoir en ce lieu, comme pour chose que je n'affectionne moins que mon faict propre.

Vostre plus affectionné frere et serviteur,

HENRY.

1582-III<sup>e</sup>, note 2. Il avait fait l'année précédente, avec le chevalier Drak, une excursion sur les côtes d'Espagne, dont on peut lire le récit dans M. de Thou, livre XCVI. On a vu dans la lettre que le Roi écrivait à M. de Beauvoir, vers la fin d'octobre, les compliments dont il chargeait son ambassadeur pour le *roy de Portugal*. M. Ferdinand Denys a rassemblé sur ce prétendant beaucoup de documents curieux et inédits, propres à éclairer d'un jour nouveau les relations de la France avec cette partie de la péninsule; et il fera sans doute profiter le public de ces recherches précieuses.

## ANNÉE 1591.

### 1591. — 2 JANVIER. — I<sup>re</sup>.

Orig. B. R. Fonds Béthune, Ms. 9104, fol. 34.
Cop. — B. R. Suppl. fr. Ms. 1009-3.
Imprimé. — *Mémoires de Nevers*, t. II, p. 512.

### A MON COUSIN LE DUC DE NIVERNOIS,
PAIR DE FRANCE.

Mon Cousin, Vous aurés entendu par le s$^r$ de Reau ce qui s'est passé par deçà pour mon service. Depuis j'ay esté à S$^t$-Denys, où j'ay laissé le s$^r$ de Vic[1] gouverneur, et establi l'ordre necessaire pour la garnison de la dicte ville ; j'ay faict sortir de ceste ville quelques pieces, pour aller devers Beauvais reprendre quelques chasteaulx qui sont occupez par mes ennemys. J'ay mandé à mon cousin le duc de Longueville, qu'il se trouve à Nesle au xii$^e$ de ce mois avec tout ce qu'il pourra assembler de cavallerie. J'envoye le s$^r$ de Rhumesnil[2] pour vous faire entendre plus particulierement mon desseing et ce que vous avés à faire, ce pendant, pour mon service. L'asseurance que j'ay qu'adjouxterés foy à ce qu'il vous dira de ma part m'empesche de vous faire plus longue lettre : priant Dieu qu'il vous ayt, mon Cousin, en sa saincte et digne garde. Escript à Senlis, le ij$^e$ jour de janvier 1591.

HENRY.

POTIER.

[3] Vous aurés du contentement de ouyr ce que ce porteur vous dira.

---

[1] Sur M. de Vic, gouverneur de Saint-Denis, voyez ci-après la lettre du 3 janvier à M. de la Neuville, note.

[2] Louis de Mailly, seigneur de Rumesnil, fils aîné de Louis de Mailly et de Louise d'Ongnies, était capitaine de la porte. Il mourut en 1594.

[3] De la main du Roi.

[1591.] — 2 janvier. — II^me.

Orig. — B. R. Fonds Béthune, Ms. 8456, fol. 57.

[A MONS^R DE LA NEUFVILLE..]

Mons^r de la Neufville, J'escris où vous sçavés. Je vous prie de faire tenir ma lettre et me renvoyer la response par ce laquais, qui l'attendra. Hier je vous en depeschay un autre. Demain j'iray coucher à Marlou[1], n'y ayant peu aller aujourd'huy, comme je le vous avois escript, pour les affaires qui me sont survenus, et qui m'ont retenu. Adieu. De Senlis, ce ij^e janvier.

HENRY.

[1591.] — 3 janvier.

Orig. autographe. — Collection de M. Libri, membre de l'Institut.

A MONS^R DE LA NEUFVILLE.

Mons^r de la Neufville, Je suis où vous sçavés. Si les filles ne sont à Chauny, faictes que ce lacquais les aille trouver où elles sont ; et envoyés par un des vostres ceste que j'escris à M^r d'Estrées[1], par

---

[1] Dans la lettre suivante on lit *Merlo*, et, dans celle du 4 janvier, *Mesle*. C'est *Mello*, bourg de l'Ile-de-France, près Senlis, et qui se trouve aujourd'hui dans le département de Seine-et-Oise.

---

[1] Antoine d'Estrées, marquis de Cœuvres, vicomte de Soissons, premier baron du Boulonais, avait pour père Jean d'Estrées, seigneur de Valien et de Cœuvres, maître et capitaine général de l'artillerie de France, et pour mère Catherine de Bourbon, fille de Jacques de Bourbon, bâtard de Vendôme. Il avait été, sous Charles IX, chevalier de l'ordre du Roi, capitaine de cinquante hommes d'armes de ses ordonnances, premier gentilhomme de la chambre du duc d'Alençon, gouverneur, pour ce prince, des pays et duchés d'Évreux, Conches, Breteuil, etc. et conseiller au conseil privé. Henri III le nomma conseiller d'état, gouverneur de Boulogne et du Boulonais, puis chevalier du Saint-Esprit à la création de l'ordre en 1578; il érigea, en 1585, sa terre de Cœuvres en marquisat, et le pourvut, l'année sui-

laquelle vous apprendrés comme Dieu à sauvé miraculeusement S*t*-Denys[2], où le chevalier d'Aumale[3] et Tremblecourt[4] ont esté tuez sur la place, avec force aultres. Vous verrés la coppie de la lettre du dict s*r* de Vic[5], que j'envoye à ma tante[6]. A Dieu. Je pars pour aller coucher à Merlo. Ce jeudi iij*e* janvier.

HENRY.

vante, de la lieutenance générale de Picardie. En 1596, Henri IV le nomma gouverneur de l'Ile-de-France et lieutenant général, sous le Roi, au gouvernement de Paris, que S. M. s'était réservé à elle-même. L'année suivante M. d'Estrées rentra en possession de la charge de grand maître de l'artillerie de France, qu'avaient successivement possédée son père et son beau-père (M. de la Bourdaisière, père de madame d'Estrées), et qu'il avait lui-même remplie pendant une maladie de ce dernier, par commission de Charles IX. La grandeur de cette maison s'augmenta encore par la passion que *la belle Gabrielle*, fille de M. d'Estrées, venait d'inspirer à Henri IV, et qui est devenue si célèbre dans l'histoire de ce prince.

[2] Ce coup de main sur Saint-Denis avait été tenté dans la nuit même d'avant cette lettre. De Thou rapporte que les Parisiens comptaient, pour la réussite de l'entreprise, sur la protection de sainte Geneviève, dont la fête tombe le 3 janvier, et que depuis cet échec les ligueurs de Paris n'eurent plus la même dévotion qu'auparavant envers leur patrone.

[3] Claude de Lorraine, dit *le chevalier d'Aumale*, troisième fils de Claude de Lorraine, duc d'Aumale, et de Louise de Brézé, était chevalier de Malte, général des galères de la religion et abbé du Bec.

[4] La nouvelle de la mort de Tremblecourt était fausse; ce seigneur ne mourut qu'en 1596. Louis de Beauvau, seigneur de Tremblecourt, était le troisième fils de Claude de Beauvau et de Jeanne de Saint-Baussant. Il avait été élevé avec le marquis du Pont-à-Mousson, fils du duc de Lorraine. Il servit ensuite sous le duc de Parme, dans les guerres de Flandre, en qualité de lieutenant du régiment de M. de Saint-Balmont, son parent. Plus tard il eut la conduite de ce régiment, plusieurs fois cité dans cette correspondance sous le nom de *régiment de Tremblecourt*. En 1595, après la soumission du duc de Mayenne, il passa au service d'Henri IV, et partagea avec M. d'Haussonville le commandement des troupes que le duc remit au Roi. L'année suivante, étant allé voir à Remiremont une sœur du duc de Lorraine, chanoinesse de cette abbaye, et dont il passait pour être épris, le marquis du Pont, neveu de cette princesse, le fit tuer par des gens apostés. Nous trouvons ces renseignements précis dans la grande histoire généalogique de la maison de Beauvau, par Chevillard, conservée en manuscrit à la Bibliothèque royale, fonds de Saint-Germain.

[5] L'expression *du dict sieur de Vic* semblerait indiquer que ce seigneur vient d'être nommé ci-dessus; mais il ne l'a été qu'implicitement, Henri IV joignant ici la conservation de Saint-Denis à l'idée de celui qui, par sa valeur, avait conservé cette place déjà surprise. Car le chevalier d'Aumale, en passant les fossés sur la glace, y

## 1591. — 4 JANVIER.

Orig. — B. R. Fonds Béthune, Mss. 9104, fol. 35.
Cop. — B. R. Suppl. fr. Mss. 1009-3.
Imprimé. — *Mémoires de Nevers*, t. II, p. 226.

### A MON COUSIN LE DUC DE NIVERNOIS,
#### PAIR DE FRANCE.

Mon Cousin, Vous ayant, depuis deux jours, depesché le s$^r$ de Rumesnil, et faict entendre par luy bien particulierement de mes nouvelles, ceste-cy ne sera que pour vous dire qu'hyer matin iii$^e$ de ce mois, le chevalier d'Aumalle entra par escalade à trois heures du matin dans ma ville de S$^t$-Denys, avec cinq cens hommes, feit ouvrir la porte de la ville, par laquelle entra environ cent chevaulx, et ayant donné jusques auprés de l'abbaye, sans avoir trouvé aucune resistance; prés de la dicte abbaye, le s$^r$ de Vic, gouverneur de la dicte ville, et quelque trente hommes qu'il avoit ramassez, chargerent le dict chevalier d'Aumalle et sa troupe sy furieusement, qu'ils le firent reculer jusques à la porte de la ville. Il fut faict plusieurs charges par le dict s$^r$ de Vic; où le dict chevalier d'Aumalle, Tremblecourt et plusieurs autres furent tuez sur la place, et plusieurs autres prins. Dieu m'a conservé la dicte ville. J'ay eu advis du costé de Picardie

---

avait pénétré, quand le gouverneur sauva la ville par la mort de ce prince et l'expulsion de ceux qui étaient entrés à sa suite. Dominique de Vic, appelé aussi *le capitaine Sarred*, était le second fils de Raimond de Vic, seigneur de Camarde, et de la comtesse de Sarred, et le frère puîné de Méry de Vic, qui devint, sous Louis XIII, garde des sceaux de France. Il avait été, sous Henri III, enseigne, puis capitaine aux gardes, et avait perdu une jambe en 1586, au siége de Sainte-Bazeille. Il remplit avec beaucoup d'éclat, à la bataille d'Ivry, les fonctions de sergent de bataille, service qui lui valut la concession d'une fleur de lis à ajouter dans ses armes, en vertu de lettres patentes du mois de février 1603. Il fut pourvu de la riche abbaye du Bec, vacante par la mort du duc d'Aumale, devint successivement gouverneur de Calais et d'Amiens, et vice-amiral de France. Il acquit en 1600 la terre d'Ermenonville, et mourut trois mois après Henri IV, le 14 août 1610, à l'âge de cinquante-neuf ans.

<sup>a</sup> L'abbesse de Soissons.

qu'avés defaict ou prins prisonnier S.<sup>t</sup>-Pol. J'attends en bonne devotion la certitude de ceste nouvelle. Je vous prie, mon Cousin, de faire promptement ce dont je vous ay prié par le dict s<sup>r</sup> de Rhumesnil : et sur ce, je prie Dieu, mon Cousin, qu'il vous ayt en sa garde. Du camp de Mesle, iiij<sup>e</sup> janvier 1591.

HENRY.

POTIER.

### 1591. — 6 JANVIER.

Orig. — B. R. Fonds Béthune, Ms. 9104, fol. 36.
Cop. — Suppl. fr. Ms. 1009-3.
Imprimé. — *Mémoires de Nevers*, t. II, p. 227, édit. in-fol.

A MON COUSIN LE DUC DE NIVERNOIS,

PAIR DE FRANCE, GOUVERNEUR ET MON LIEUCTENANT GENERAL EN CHAMPAGNE ET BRIE.

Mon Cousin, Encores que l'on m'ayt asseuré que le s<sup>r</sup> Picart, contrerolleur general des fortifications de Champaigne, lequel a esté pris prisonnier par les s<sup>rs</sup> de Pralin, Cussy et de Chavigny[1], soit mon serviteur, sy est-ce que, pour mieux cognoistre de la verité de ce qui en est et faire conserver à un chacun son bon droict, j'ay ordonné que le dict Picart sera amené par devers vous par ceux qui l'ont pris, pour, après vous avoir faict entendre leurs raisons d'une part et d'autre, estre par vous jugé s'il est prisonnier de guerre ou non; occasion que je vous escris la presente, pour vous en advertir et vous prier que, si tant est qu'il vous apparoisse qu'il soit mon serviteur, vous le faciés mettre en liberté sans payer rançon, et luy faciés rendre entierement tout ce qui luy a esté pris : ce que m'asseurant que ferés, je prie Dieu, mon Cousin, qu'il vous ayt en sa saincte et digne garde. De Bulles[2], le vj<sup>e</sup> jour de janvier 1591.

HENRY.

POTIER.

---

[1] Les Mémoires de Nevers écrivent *Praslin, Cuissy* et *Chauvigny*.

[2] Cette petite ville du Beauvoisis (Oise) est assez connue par la beauté de ses lins.

## 1591. — 13 JANVIER.

Cop. — B. R. Suppl. fr. Ms. 1009-2. (D'après l'ancien cabinet de M. de Mendajors.)

[A MON COUSIN LE DUC DE MONTMORENCY.]

Mon Cousin, J'ay esté bien ayse de veoir par vostre lettre, que le s$^r$ de Buiz m'a portée, le bon tesmoignage que vous m'avés rendu de la continuation de la fidelité et affection qu'ont à mon service les diocesains de Lavaur et Toulouse, sur la requeste desquels j'ay respondu ce que le temps et la necessité de mes affaires m'a permis, ainsy que ce porteur vous pourra dire plus particulierement; auquel me remettant je vous prieray seulement, pour fin, de tenir tousjours la main à ce que mes dicts subjects se continuent en leur debvoir et en l'obeissance qu'ils me doibvent : et sur ce, je prie Dieu, mon Cousin, qu'il vous ayt en sa saincte et digne garde.

De Chaulny, ce xiij$^e$ jour de janvier 1591.

HENRY.

POTIER.

## 1591. — 17 JANVIER.

Orig. — B. R. Fonds Béthune, Ms. 9104, fol. 37.
Cop. — Suppl. fr. Ms. 1009-3.
Imprimé. — *Mémoires de Nevers*, t. II, p. 229.

A MON COUSIN LE DUC DE NIVERNOIS,
PAIR DE FRANCE, GOUVERNEUR ET MON LIEUCTENANT GENERAL EN CHAMPAGNE ET BRIE.

Mon Cousin, J'ay esté tres ayse d'entendre par vos lettres de l'unziesme de ce mois la reduction de ma ville de Provins; ce que je recongnois avoir esté faict plus par vostre dexterité et prudence que par la force, pour le peu de loisir qu'avés eu d'estre devant la dicte ville. Je vous prie vous arrester à Laigny et tenir vos trouppes prestes à passer, et le passage accomodé pour passer la riviere au mesme temps que je le vous manderay. Vous dirés à un chacun que c'est pour prendre Fresne et Clayes, et, possible, pour entreprendre d'avantage : cela tiendra ceulx de Meaulx en eschec; et, pour obliger d'avantage à demourer ceulx qui ont quelque volonté de s'en retourner, vous pourrés faire entendre à aucuns des principaulx mon desseing. J'espere dans demain au soir vous mander ce que vous avés à faire. Vous aurés entendu par un billet en chiffres que je vous envoyai hier ce qui m'a retardé. Vous n'aurés pour le present plus longue lettre de moy, sinon que je prie Dieu, mon Cousin, qu'il vous ayt en sa garde. De Senlis, le xvij° janvier 1591.

HENRY.

POTIER.

Mon cousin de Chastillon, les s$^{rs}$ de Dunac et de Tignonville se doivent rendre demain à Corbeil; vous pourrés leur faire entendre de vos nouvelles.

### 1591. — 18 JANVIER.

Orig. — B. R. Fonds Béthune, Ms. 9104, fol. 38.
Cop. — Suppl. fr. Ms. 1009-3.
Imprimé. — *Mémoires de Nevers*, t. II, p. 229.

#### A MON COUSIN LE DUC DE NIVERNOIS.

Mon Cousin, Incontinent que vous aurés receu la presente, je vous prie faire passer la riviere à vos troupes et tenir la main pour les faire passer sy promptement, qu'une bonne partie d'icelles puisse passer aujourd'huy et aller loger devers Claye pour se rendre demain au lieu que vous dira le s$^r$ de Beau, avec le reste de vos trouppes, lesquelles vous ferés passer demain de bon matin. Donnés ordre, je vous prie, qu'il demeure la plus grande partie du bagaige à Laigny : et m'asseurant que suivrés en cela mon intention, selon que le s$^r$ de Beau vous la fera entendre, je ne vous feray plus longue lettre, priant Dieu, mon Cousin, qu'il vous ayt en sa saincte garde. De Senlis, le xviij° janvier 1591.

HENRY.

POTIER.

1591. — 22 JANVIER.

Imprimé. — *Mémoires de Nevers*, t. II, p. 229 éd. in-fol.

[A MON COUSIN LE DUC DE NIVERNOIS ET DE RETHELOIS,
PAIR DE FRANCE, GOUVERNEUR ET MON LIEUCTENANT GENERAL EN MES PAYS
DE CHAMPAIGNE ET BRIE.]

Mon Cousin, Je suis party de bon matin, suivant ce que je vous avois hier escript, et suis allé jusques au rendés-vous, où je faisois estat de trouver douze cens chevaux françois seulement et autant de reistres. J'y ay trouvé plus de dix-huict cens chevaulx françois et plus de seize cens reistres, soubs sept cornettes, tous bien resolus de combattre, si l'occasion s'en fust presentée. Mais j'ay appris en arrivant que tout ce qu'il y avoit de mes ennemys logez en deçà de la riviere l'avoient repassée hyer, sur le soir. Il semble qu'ils ayent desseing de gaigner Beauvais le long de la riviere, et font courir le bruit qu'ils veulent s'aller loger dans Andely, pour, à la faveur des batteaux couverts, qu'ils feront passer soubs le pont de l'Arche, envoyer des harquebusiers à Rouen. Le prince de Parme est logé à Mereil[1]; ce qui me faict croire qu'ils n'ont pas envie de passer la riviere, comme ils se sont vantez de faire. Leur premier logis fera cognoistre quel chemin ils veulent tenir. J'ay presentement parlé à un homme qui a esté trois sepmaines en l'armée de mes ennemys et qui partit hyer d'Amiens, où il laissa le duc de Mayenne, le prince de Parme, le s$^r$ de Brissac et d'autres cappitaines françois qui sont prés de luy. Il m'a appris que ma tante et mes cousines de Longueville ne sont pas mises en liberté, dont je suis bien fasché; que le duc de Mayenne a faict paroistre avoir la volonté de les faire sortir de prison, mais que le peuple n'y a pas voulu consentir. C'est pourquoy je vous prie d'escrire à mon cousin le duc de Longueville, qu'il mande au vicomte de Tavannes qu'il le vienne trouver, parce que sa presence en l'armée

---

[1] Peut-être Mérey dans le département de l'Eure.

de mes ennemys porte beaucoup de prejudice à mon service. C'est homme m'a appris aussy l'estat des forces de mes ennemys, ce qu'il sçait au vray, pour avoir veu et consideré toutes leurs trouppes. Il dit que le duc de Parme a douze à quinze cens reistres, et que les Wallons et les Espagnols, et ce qui luy reste d'Italiens, font aultres quinze cens chevaulx; qu'il n'a pas à present plus de quinze cens Suisses, et que la mortalité a reduict à fort petit nombre leurs lansquenetz. Tout ce qu'il y a de cavalerie françoise ne sçauroit faire trois à quatre cens chevaulx, et il n'y a d'infanterie françoise que cinq ou six cens hommes. S$^t$-Pol est party de l'armée, mal content, à ce que l'on dict. Ce qui restoit de l'armée d'Italie s'est servy de ceste occasion pour s'en retourner. Je n'ay eu aujourd'huy aucunes nouvelles du siege de Rouen. Je vous feray part des premieres que j'auray et de ce que je pourray apprendre de mes ennemys. Je prye Dieu qu'il vous ayt, mon Cousin, en sa saincte garde. Escript au camp de Sommeuse, le xxij$^e$ jour de janvier 1591.

HENRY.

POTIER.

J'oubliois à vous mander qu'estant encores au rendés-vous, j'ay envoyé cent cinquante chevaulx à la guerre en trois trouppes. Je viens d'apprendre que ceulx qui repasserent hyer la riviere, la repasserent en partie d'effroy, et qu'ils abandonnerent beaucoup de leur bagage, parce que le cappitaine Fournier, avec quarante chevaux, donna prés de leur quartier.

1591. — 28 janvier.

Cop. — Arch. de la famille de Sis de Saint-Lon. Copie transmise par M. le préfet des Landes.

[A MONS$^r$ DE LA VALADE.]

Mons$^r$ de la Valade, J'escris à ma chambre des comptes de Nerac pour verifier le don de cinq cens journeaux de terres vagues en mes baronnies de Gosse et Segnans, que j'ay faict au s$^r$ de Sis, en consideration des fidelles services qu'il m'a de long-temps faicts, mesmês depuis deux ans qu'il a demeuré prés ma personne, où il m'a rendu de sy suffisans tesmoignages de sa fidelité, que j'en ay un trés grand contentement. Vous tiendrés donc la main à ce que le dict don luy soit verifié, sans en faire aucune difficulté; et en ça vous ferés ma volonté. Ce pendant je prieray Dieu, Mons.<sup>r</sup> de la Valade, qu'il vous tienne en sa saincte et digne garde. Escript au camp de Senlis, le xxviij<sup>e</sup> janvier 1591.

HENRY.

[ 1591. — 30 JANVIER. — I<sup>re</sup>. ]

Cop. — Envoi de M. Foucher, de Rennes, correspondant du ministère de l'Instruction publique.

[A LA ROYNE D'ANGLETERRE.]

Madame, Vous m'avés desjà faict cognoistre tant de bonne volonté et affection au bien de mes affaires et establissement de mon Estat, que d'un costé je suis honteux de joindre nouvelles importunitez à mes premieres, de l'aultre aussy, quand je considere mon dommage estre tellement conjoinct avec le vostre, l'asseurance de mon dict Estat le repos de vostre royaume, que vous ne pouvés rien perdre sy affectionné que moy en vostre endroict, et qui plus est, que vostre bon naturel ne m'a poinct faict tant de demonstrations de vostre bienveillance pour me delaisser au besoing, à l'accroissement de nostre commun ennemy et à la ruine de ce qui est nostre : toutes ces raisons ensemble me font perdre toute crainte de vous faire entendre le mal qui me presse. C'est, Madame, qu'estant advenu la perte de Henbont, prins par les Espagnols depuis quelques jours, et le port de Blavet qu'ils fortifient, en esperance d'y faire bien tost une nouvelle descente d'hommes et de vaisseaux, mes estats de Bretagne m'ont envoyé leurs depputez me remonstrer les progrés des Espagnols[1] et me supplier de

---

[1] Ce fut dans le commencement d'octobre que l'armée espagnole, forte de cinq mille hommes et commandée par don Juan d'Aquila, aborda au port de Blavet, où elle fut jointe par les troupes du duc de Mercœur. La double armée, après cette

joindre ma bien affectionnée priere à la supplication qu'ils desirent vous faire, comme je fais, Madame, remettant au s*r* de Beauvoir à la vous faire entendre, sans vous ennuyer de plus longue lettre, à laquelle seulement j'[adjouxteray] que vous n'employerés jamais vos courtoisies et bienfaicts en personne qui tant vous honore et desire vous servir que moy, qui vous baise trés humblement les mains, et qui demeure

         Vostre plus affectionné frere et
          serviteur.
            HENRY.

## 1590. — 30 JANVIER. — II$^{me}$.

Cop. — Registres originaux des États de Bretagne, pour l'année 1593. Envoi de M. Foucher, de Rennes, correspondant du ministère de l'Instruction publique.

### A MONS$^R$ DE BEAUVOIR LA NOCLE,
CONSEILLER EN MON CONSEIL D'ESTAT ET MON AMBASSADEUR EN ANGLETERRE.

Mons$^r$ de Beauvoir, J'ay tant receu de secours et de courtoisies de la Royne d'Angleterre, ma bonne sœur, que je suis honteux de retourner sy souvent à nouvelles importunitez; mais quand je considere la bonne affection qu'il luy plaist me porter et que son interest est tellement conjoinct avec mon dommaige, et mon repos avec l'asseurance de son Estat, je me veux promettre que toutes ces raisons ensemble auront assez de credit envers son naturel, pour obtenir quelque remede au mal commun qui se presente, et nous

---

jonction, marcha sur Hennebon, où commandait pour le Roi le capitaine du Pré, qui fut obligé de se rendre. Ces événements firent redoubler d'activité au prince de Dombes, gouverneur de la province, parfaitement secondé par les États de Bretagne, qui se montrèrent plus que jamais bons Français. Conformément à leur délibération solennelle de la fin de décembre, ils envoyèrent au Roi la députation dont il est question dans cette lettre. Rien ne préoccupait plus Élisabeth, dans les affaires de France, que ces succès des Espagnols sur nos côtes septentrionales ou occidentales, et, suivant Rapin Thoyras, elle mettait toujours la condition, à chaque nouveau secours qu'elle envoyait, que ses troupes seraient employées dans les frontières maritimes de Normandie, de Picardie et de Bretagne. Voyez l'Histoire d'Angleterre, de Rapin Thoyras, l. XVII, et de Thou, l. XCIX.

presse plus que je ne vouldrois. M'ayant donc les Estats de mon duché de Bretaigne envoyé leurs depputez, dont le tresorier general des Estats en est l'un[1], me remonstrer la perte advenue de Hennebont et du port de Blavet, et le progrés que mes ennemys peuvent faire, si on donne le loisir aux Espagnols de fortifier le dict port de Blavet qu'ils tiennent; ils me supplient, par mesme moyen, d'obtenir de la dicte Royne, ma bonne sœur, secours de deux mille hommes de pied et quelques munitions de guerre, comme le lieu le plus proche, et duquel ils peuvent esperer estre plus prompt et plus à propos secourus, avec charge de s'obliger du remboursement dans le temps qui sera convenu, et accorder des munitions qui leur seront fournies; sur quoy j'ay pensé que je les vous devois adresser, pour obtenir ce qu'ils demandent, et joindre, comme je fais, ma

---

[1] Ce trésorier se nommait Gabriel Hux, seigneur de la Bouchetière. Les États de Bretagne attachaient une telle importance à obtenir ce secours d'Angleterre, que leur envoyé resta à Londres jusqu'à l'embarquement. C'est ce que constate le certificat suivant délivré par M. de Beauvoir, et dont la copie a été conservée dans les registres des États, au procès-verbal de la séance du 2 janvier 1593 :

« Nous Jean de la Fin, sieur de Beauvoir la Nocle, conseiller du Roy en son conseil d'État, cappitaine de cinquante hommes d'armes de ses ordonnances, et ambassadeur pour sa majesté près la serenissime royne d'Angleterre, certifions que le sʳ de la Bouchetiere, Gabriel Hux, tresorier des États de Bretagne, a esté envoyé de la part de sa majesté en ce royaume d'Angleterre, et m'a apporté les originaux des lettres de sa dicte majesté dont les copies sont cy-dessus et de l'aultre part escriptes, lesquelles m'ont esté delibvrées par le dict Hux, en la ville de Londres, le lundy unziesme jour de febvrier dernier. Suivant icelles et attendant avoir response de sa dicte majesté sur la depesche à luy faicte par la serenissime Royne et nous, touchant l'effect des dictes lettres cy-dessus et aultres affaires de sa dicte majesté, envoyée par le sʳ Diork, aurions advisé que le dict Hux sejournast et eust attendu la response de sa dicte majesté, suivant laquelle la dicte serenissime Royne d'Angleterre auroit resolu d'envoyer une armée et secours en Bretaigne, et, icelle resolution prinse, aurions faict contract, nous comme anbassadeur de sa dicte majesté, et son procureur special des dicts Estats du dict pays; et aurions esté d'advis que le sʳ Hux sejournast jusques à ce que la dicte armée s'embarquast pour aller en Bretaigne : et afin que ces presentes pussent servir d'attestation et certificat au dict Hux, nous les avons signées. Le     d'avril 1591, nouveau stile.

« Signé : Jean de la Fin. »

bien affectionnée priere et mon obligation avec la leur, m'asseurant que vous sçaurés sy bien representer tout ce qui est en cela de mon service, et le peril qui est en la demeure et retardement, qu'ils s'en retourneront constans au bien de mes affaires. Je vous en prie donc encore une fois, et Nostre Seigneur vous avoir, Mons<sup>r</sup> de Beauvoir, en sa saincte garde. Escript à Senlis, le xxx<sup>e</sup> jour de janvier 1591.

HENRY.

1591. — 30 JANVIER. — III<sup>me</sup>.

Orig. — Archives du château de Mellau. Copie transmise par M. Grave, secrétaire général de la préfecture de l'Oise.

AUX CAPPITAINES DES CHASTEAU ET VILLE DE MELLAU, PREVOST DU DICT LIEU, ET HABITANS DE LA DICTE VILLE.

Chers et bien amez, Nous avons cy-devant transferé le baillage et siege presidial de Beauvais, pour la rebellion de nos subjects de la dicte ville, en nostre-ville de Baulmons, où nos officiers s'estant transportez pour y rendre la justice, n'y auroient peu demourer en seureté de leurs personnes : pour laquelle occasion nous avons advisé de remettre la translation du dict siege, d'icelle ville de Chaulmons en celle de Mello, qu'avons estimé estre plus seure pour la retraicte de nos dicts officiers; auxquels avons enjoinct d'eulx y transporter, pour y exercer leurs estats et rendre la justice à nos subjects, suivant et conformement à nos lettres patentes de la translation du dict siege en la dicte ville de Chaulmons; qui nous fait vous escrire la presente, à ce qu'ayés à les y recevoir, et leur donner lieu commode, tant pour l'exercice de la justice, que leur demeure, et entrans au chasteau, si besoing est pour seureté de leurs personnes : à quoy ne ferés fauste d'autant que desirés nous obeir. Donné à Senlis, le xxx<sup>e</sup> jour de janvier 1591.

HENRY.

POTIER.

[1591.] — 30 JANVIER. — IV^me.

Orig. autographe. — Musée britannique, Mss. Egerton, n° 5, fol. 57. Transcription de M. Delpit, archiviste paléographe.

A MONS^r DE REVOL.

Mons^r de Revol, La Tour vous portera la depesche qu'il emporte en Angleterre. Voyés-la, et s'il y manque quelque chose, comme en celle de mon cousin le vicomte de Turenne, faictes-le; ensemble une instruction. J'eusse bien desiré que, pour ceste depesche-là et une infinité d'aultres qui me sont survenues, vous eussiés esté prés de moy, où vous m'avés faict besoin; mais puisque cela n'a peu estre, advisés que la Tour ayt la sienne. Despeschés-le au plus tost, et datés ces lettres d'icy et du jour d'aujourd'huy. Je me repose sur vous de cela : et sur ce, Dieu vous ayt en sa saincte garde. De Senlis, ce xxx^me janvier.

HENRY.

1591. — 31 JANVIER.

Orig. — B. R. Fonds Béthune, Ms. 9104, fol. 39.
Cop. — Suppl. fr. Ms. 1009-3.

A MESS^rs LES CAPPITAINES DES TROUPES ESTRANGERES.

Mess^rs les cappitaines, J'ay esté bien ayse d'avoir entendu vostre arrivée en mon Royaulme, et le seray encores davantaige de vous veoir prés de moy avec vos compaignies, pour les bons services que je me promets d'en recevoir : qui me faict vous prier de vous acheminer en mon armée, le plus tost que vous pourrés, avec asseurance que vous y serés les bien venus et que ne sçauriés servir prince qui ayt plus de vollonté de recognoistre les hommes de valleur que moy. Ce pendant je prye Dieu qu'il vous ayt en sa saincte et digne garde. De Nanteuil le Haudoin, ce dernier jour de janvier 1591.

HENRY.

POTIER.

[ 1591. — JANVIER. ]

Cop. — Archives de la Couronne, salle 5, anciennes archives, Ms. 30, fol. 112 verso.

A NOZ TRÉS CHERS ET GRANDS AMYS, ALLIEZ ET CONFEDEREZ LES DUC ET SEIGNEURIE DE VENIZE.

Trés chers et grands amys, alliez et confederez, Le cappitaine Johan d'Aubierph est gentilhomme accompaigné de tant de vertu et valeur, et en a rendu sy bonnes preuves en la bataille derniere par nous donnée contre nos ennemys, que nous avons occasion de luy procurer tout ce qui luy peut servir à son bien et advancement; et ayant sondé l'affection qu'il vous porte et le service qu'il desire vous rendre, estimant que la charge de l'un de vos collonelz ordinaires en peut donner le moyen à ceulx qui sont poussez de mesme volonté : pour ces considerations nous vous avons bien voulu proposer en l'une des dictes charges le dict cappitaine Johan, et vous prier, comme nous faisons, si aulcune s'en trouve en vostre disposition, de l'y vouloir pourveoir; asseuré qu'il rendra sy fidele debvoir, que vous aurés, avec le contentement que vous recevrés de ses deportemens, occasion de vous louer de vostre election et d'avoir sy dignement colloqué la dicte charge que elle sera en luy : et en nostre particulier nous recevrons un singulier plaisir du lieu que vous aurés donné à la recommandation trés affectueuse que nous vous en faisons, et avecq priere à Dieu qu'il vous ayt, Trés chers et grands amys, en sa saincte et digne garde.

HENRY.

1591. — 9 FÉVRIER. — Ire.

Cop. — B. R. Suppl. fr. Ms. 1009-2. (D'après l'ancien cabinet de M. de Mendajors.)

[A MON COUSIN LE DUC DE MONTMORENCY.]

Mon Cousin, Ayant veu par vos depesches et celles que aucuns de ceulx de la Religion m'ont envoyé, ce qui est survenu, dont vous et eux me faictes plaintes respectivement; et cognoissant par le discours de leurs lettres que le sujet de vostre plainte et de la leur procede de ce que ceux de la dicte Religion ont entrepris pour l'exercice d'icelle plus qu'il ne leur est permis par mes edicts, je leur escris pour les blasmer de ce qu'ils ont voulu plus faire qu'il ne leur est permis, et pour les avertir que cy-aprés ils se conforment entierement à ce qui est porté par mes dicts edicts, attendant que le temps me permette de leur donner et à tous mes subjects plus de contentement; et par ce, mon Cousin, qu'ils se plaignent des charges qu'ils portent, qu'ils disent estre sy excessives qu'il est hors de leur puissance de les pouvoir supporter à l'advenir, je vous prie faire tout ce que vous pourrés pour le soulaigement et repos de mes subjects, tant d'une religion que d'aultre, et leur faire sentir le fruict de ma volonté, laquelle ne tend qu'à leur soulagement et à l'establissement d'un bon et asseuré repos, tout ainsy que je leur mande de se conformer à mes dicts edicts. Je vous prie aussy tenir la main, de vostre part, pour les faire observer; et neanmoins s'il se passe quelque chose en quoy ils n'observent sy exactement les dicts edicts comme je desirerois, je vous prie user de votre prudence accoustumée pour les admonester et remettre en leur devoir, afin qu'il n'en arrive scandale ny mescontentement parmy eux, qui d'ailleurs sont fort affectionnez à mon dict service, considerant la condition de ces temps (auxquels ceux de l'une et l'aultre religion ont pris telle licence) et de leur devoir. Je ne vous prescris point en cela ce que vous avés à faire; mais je vous prie qu'arrivant tels accidens, vous y pourvoyés par vostre sage et prudent conseil, pour empescher que les esprits de mes subjects ne s'alterent au prejudice de mon service : et m'asseurant que vous procederés en cela ainsy que je puis desirer pour le bien de mon dict service, je ne m'estendray dadvantaige, priant Dieu, mon Cousin, qu'il vous ayt en sa sainte et digne garde. De Melun, le ix<sup>e</sup> jour de febvrier 1591.

HENRY.

POTIER.

Mon Cousin, je depescheray dans quatre ou cinq jours Vissouze avec Barrettz, pour vous aller trouver de ma part. Je donneray charge par mesme moyen au dit Vissouze de parler à ceux des Églises, pour leur faire entendre ce qui est de leur devoir, et que mon intention est qu'ils vous obeissent.

1591. — 9 FÉVRIER. — II<sup>me</sup>.

Cop. — B. R. Suppl. fr. Ms. 1009-2. (D'après l'ancien cabinet de M. de Mendajors.)

[A MON COUSIN LE DUC DE MONTMORENCY.]

Mon Cousin, J'ai veu par la lettre que m'avés escripte l'instance et prière qui vous a esté faite, durant le conclave[1], par les Cardinaulx, et depuis par le duc de Toscane et la seigneurie de Gennes, pour leur accorder une traicte de certaine quantité de bled, qu'ils font estat de tirer du Languedoc pour s'en servir en la nécessité qu'ils prevoyent en l'année presente; qui est chose que j'auray agréable, pourveu que mes subjects du dict pays n'en reçoivent point d'incommodité et necessité. Mais je desire que cela me serve en deux occasions : l'une que vous traictiés en ceste façon avec les sieurs Cardinaulx, qu'ils m'en facent la requeste, et m'en saichent gré; ainsy que vous adviserés quel profit il se pourra tirer des bleds qui sortiront de mon dict pays de Languedoc, afin que vous puissiés par ce moyen faire une bonne somme de deniers, de laquelle je me puisse servir pour l'entretenement des forces estrangeres qui viennent pour mon service. Je vous prie donc de traicter avec les dessus dicts, de telle façon que j'en puisse tirer le fruict et commodité que je me propose; et faictes cognoistre au grand duc de Toscane la volonté que j'ay de le gratifier. Sur la response que vous me ferés, et suivant l'advis que me donnerés, je vous envoyeray les passeports et aultres

---

[1] C'était le conclave tenu après la mort d'Urbain VII. Ce conclave avait duré près de deux mois, et s'était terminé le 5 décembre précédent, par l'élection de Grégoire XIV.

depesches qui sont necessaires pour cest effect : et n'estant la presente à aultre fin, je prie Dieu qu'il vous ayt, mon Cousin, en sa saincte garde. Escript à Melun, le ix<sup>e</sup> jour de febvrier 1591.

HENRY.
POTIER.

1591. — 11 FÉVRIER. — I<sup>re</sup>.

Orig. — B. R. Fonds Béthune, Ms. 9104, fol. 41.
Cop. — B. R. Suppl. fr. Mss. 1009-3.
Imprimé. — *Mémoires de Nevers*, t. II, p. 231.

A MON COUSIN LE DUC DE NIVERNOIS,
MON LIEUCTENANT GENERAL EN CHAMPAIGNE ET BRYE.

Mon Cousin, Arrivant en ce lieu, j'ay eu advis que les habitans de ma ville de Poictiers ont arresté prisonnier le viconte de la Guierche[1] et sa femme, et l'ont contrainct de faire sortir le s<sup>r</sup> de Boiseguni[2] du chasteau du dit Poictiers, lequel après ils ont rasé, et detiennent encores le dict viconte prisonnier. Le s<sup>r</sup> de Preau, gouverneur de ma ville de Chastellerault, a defaict un regiment entier de ceulx de Poictiers, où il a esté tué plus de deux cens cinquante hommes, et huict drapeaux prins. Hier le s<sup>r</sup> de Sourdis[3], accompagné des s<sup>rs</sup> de Vivans et de Parabelle, chargerent le regiment d'un nommé la Croix, composé de plus de trois cens hommes; en tuerent quelques uns et

---

[1] Claude de Villequier, dit *l'aîné*, baron de Villequier, vicomte de la Guierche, capitaine de cinquante hommes d'armes des ordonnances et chevalier des ordres du Roi, était fils de Jean-Baptiste de Villequier et d'Anne de Rochechouart-Mortemart. Son fils, Georges de Villequier, avait été l'un des principaux favoris de Charles IX. Le vicomte de la Guierche vivait encore en 1595.

[2] Les Mémoires de Nevers écrivent ce nom *Brisogani*.

[3] François d'Escoubleau, seigneur de Sourdis, marquis d'Alluye, etc. capitaine de cinquante hommes d'armes des ordonnances, était le fils aîné de Jean d'Escoubleau, maître de la garde-robe, et d'Antoinette de Crives. Sa femme, Isabeau Babou de la Bourdaisière, dame d'Alluye, était tante maternelle de la belle Gabrielle, ce qui les mit très en faveur. M. de Sourdis devint premier écuyer de la grande écurie du Roi et gouverneur de Chartres. Il mourut en 1602.

prindrent tout le reste en un villaige entre Bonneval et Chartres; ce qui est venu à propos, mon cousin le mareschal de Byron s'estant acheminé pour attaquer Chartres, comme je vous ay mandé; qui me faict croire qu'il fauldra differer l'entreprinse que vous sçavés, n'y ayant moyen de faire l'une et l'aultre, et voyant plus d'apparence et de facilité en l'une qu'en l'aultre, dont je vous ay voulu incontinent donner advis et vous prier de vous rendre demain en ce lieu, s'il est possible. Vous trouverés le chemin beau et seur. Les advis que nous aurons demain de bonne heure, de toutes parts, nous resouldront ce qui sera à faire : et sur ce, je prie Dieu, mon Cousin, qu'il vous ayt en sa garde. D'Estampes, le xj$^e$ febvrier 1591.

HENRY.

POTIER.

J'ay advis certain que mon cousin le mareschal d'Aumont est party de Bloys, il y a huict jours. Il peut estre maintenant en Bourgoigne.

1591. — 11 FÉVRIER. — II$^{me}$.

Cop. — B. R. Fonds Leydet, Mém. mss. sur Geoffroy de Vivans, p. 86.

[A MONS$^R$ DE VIVANS.]

Mons$^r$ de Vivans, Je crois qu'il est trés necessaire que vous en alliés pourveoir à ce qui est necessaire pour la conservation de ma ville de Domme[1], et autant qu'ils sont soubs vostre charge. J'espere vous voir dans deux jours, qui est cause que je ne vous fais plus longue lettre : priant Dieu, mons$^r$ de Vivans, vous avoir en sa saincte garde. D'Estampes, le xj$^e$ febvrier 1591.

HENRY.

POTIER.

---

[1] Cette petite ville du haut Périgord (Dordogne) avait alors de l'importance par sa situation forte.

1591. — 13 FÉVRIER.

Orig. — B. R. Fonds Béthune, Ms. 9109, fol. 38.
Imprimé.— *Mémoires de Nevers,* t. II, p. 232.

### A MON COUSIN LE DUC DE NEVERS,

PAIR DE FRANCE, GOUVERNEUR ET MON LIEUCTENANT GENERAL EZ PAYS DE CHAMPAIGNE ET BRIE.

Mon Cousin, J'ay entendu de vos nouvelles par le s$^r$ de Givry. Je suis bien aise que vous soyés demeuré à Melun pour vous garder et guerir bien tost. Ayant entendu que mon armée estoit bien logée à quatre lieues de Chartres, je suis ce jour d'huy venu loger en ce lieu, où j'ay apprins que ma dicte ville de Chartres fut dès hier investie, et qu'en prenant les faux-bourgs, il a esté tué ou prins ce qu'ils pouvoient avoir de soldats etrangers ; en sorte qu'il n'y en a aulcuns en la dicte ville. J'ay apprins que les habitans d'icelle parlent de ne vouloir endurer le siege, et se resolvent à traicter avec moy. Soit que je les aye par capitulation ou par force, j'espere que ce sera faict dans huict jours, et, la dicte ville prinse, retourner sur mes brisées pour prendre le chemin de Champaigne, estant quasy resolu de n'entreprendre le voyage de Tours. Ce pendant, mon Cousin, je vous prie ne partir de ma dicte ville de Melun ; car sur l'opinion que pourroient avoir ceulx de Champaigne qui sont prés de vous et de moy, ils se pourroient debander et retirer en leurs maisons. Je vous prie me mander le temps dans lequel vostre santé vous pourra permettre de partir ; car encores que l'effect de Chartres ne fust executé, je ne laisseray de vous envoyer les forces que j'ay destinées pour estre prés de vous, vous priant, mon Cousin, d'autant que vous m'aimés et le bien et advancement de mes affaires, de prendre ceste resolution et croire, tout ainsy que je voy que le plus fort de mes affaires se presente aujourd'huy du costé de la Champaigne, aussy que ma resolution est de me rendre incontinent en la dicte province avec tout ce que je pourray assembler de forces. Je vous manderay, de jour à aultre, l'advancement de ce siege ; vous priant de me faire entendre souvent de vos nouvelles. Je vous enverray demain ou aprés-demain le sʳ de Givry, lequel vous pouvés envoyer le long de la riviere, pour me donner advis de ce que font mes ennemys. Sur ce, je prie Dieu qu'il vous ayt, mon Cousin, en sa saincte garde. Escript à Ably[1], le xiiiᵉ jour de febvrier 1591.

HENRY.

POTIER.

## 1591. — 14 FÉVRIER.

Orig. — B. R. Fonds Béthune, Ms. 9104, fol. 42.
Cop. — B. R. Suppl. fr. Ms. 1009-3.
Imprimé. — *Mémoires de Nevers*, t. II, p. 223, édit. in-fol.

### A MON COUSIN LE DUC DE NEVERS.

Mon Cousin, Suivant ce que je vous escrivis hier, je vous renvoye le sʳ de Givry, pour ce qu'il me semble estre fort à propos qu'il aille à Chasteau-Thierry avec cinquante chevaulx, pour faire la guerre et me tenir souvent adverty des actions et desportemens de mes ennemys. Il vous fera entendre ce qui s'est passé jusques à ceste heure à Chartres, pour avoir veu les lettres de mon cousin le mareschal de Biron. J'adjouxteray encores à sa creance, que je vous prie voulloir patienter là où vous estes, pour quelque peu de temps ; car j'espere prendre bien tost Chartres, selon l'advis mesme que m'en donne mon dict cousin le mareschal, qui l'a bien recogneu (n'y ayant pas plus de cent cinquante hommes estrangers en tout ce qui y est), et cela faict, tourner droict à vous, sans aller à Tours, comme plus particulierement je l'ay dict à icelluy sʳ de Givry, pour le vous faire entendre de ma part, et tout ce que je vous pourrois escrire : priant sur ce Nostre Seigneur vous avoir, mon Cousin, en sa saincte et digne garde. Escript au camp d'Ably, le xiiiᵉ jour de febvrier 1591.

HENRY.

RUZÉ.

---

[1] Village de Beauce, à cinq lieues d'Étampes.

[1591.] — 15 FÉVRIER. — I<sup>re</sup>.

Orig. autographe. — B. R. Fonds Béthune, Ms. 8948, fol. 2.

### A MONS<sup>R</sup> DE ROSNY.

Rosny, Toutes les nouvelles que j'ay de Mantes sont que vous estes harassé et amaigry, à force de travailler. Si vous avés envie de vous rafraischir et rengraisser, je suis d'advis que vous vous en veniés icy[1], ce pendant que vostre frere sera par delà, qui vous dira des nouvelles de nostre siege. De devant Chartres, ce xv<sup>e</sup> fevrier.

HENRY.

1591. — 15 FÉVRIER. — II<sup>me</sup>.

Orig. — Arch. de M. le vicomte de Gauville, à Rouen. Copie transmise par M. Floquet, correspondant de l'Institut.

### A MONS<sup>R</sup> DE GAUVILLE,

LIEUTENANT DE LA COMPAGNIE D'HOMMES D'ARMES DU S<sup>R</sup> DE CARROUGE.

Mons<sup>r</sup> de Gauville, Je vous prie d'assembler vostre compagnie et tout ce que vous pourrés de vos amys, et vous rendre en mon armée, mercredy prochain. J'ay commencé d'assieger ceste ville, de laquelle j'espere, avec la grace de Dieu, avoir bonne isseue; et si le duc de Mayenne s'advance pour secourir les assiegez, comme on dit qu'il est deliberé de faire, j'espere que nous le battrons. Et m'asseurant que ne vouldriés perdre une sy bonne occasion, je vous en ay voulu advertir, vous priant vous rendre en mon armée le susdict jour de mercredy au plus tard avec vostre trouppe : et sur ce, je prie Dieu qu'il vous ayt, Mons<sup>r</sup> de Gauville, en sa saincte et digne garde. Du camp de Chartres, le xv<sup>e</sup> jour de febvrier 1591.

HENRY.

POTIER.

---

[1] On menait en effet une assez joyeuse vie à ce siége de Chartres, où madame de Sourdis avait amené sa nièce, la belle Gabrielle, centre de fêtes et de plaisirs.

1591. — 18 FÉVRIER.

Orig. — Arch. du royaume des Pays-Bas. Regist. des dépêches des années 1505 à 1595. Copie transmise par M. le ministre de France à la Haye.

A NOS TRÉS CHERS ET BONS AMYS, LES S<sup>rs</sup> DEPUTEZ ET CONSEIL DES ESTATS GENERAUX DES PROVINCES UNIES DES PAYS-BAS.

Trés chers et bons amys, Par lettres que nostre cousin le vicomte de Turenne nous a escriptes de son passaige en voz pays, il nous a bien amplement representé la bonne reception et les faveurs et offices de bienveuillance que vous luy avés faicts de vostre bonne volonté en nostre endroict, de laquelle, combien que nous eussions desjà receu beaucoup de bons effects, sy est-ce que la continuation que nous en avons cogneue par ce nouveau tesmoignage nous a esté trés agreable; et vous en remercions affectueusement par la presente, comme nous mandons au s$^r$ de Buzanval, estant par delà pour nostre service, de faire encores plus particulierement, avec la charge que nous luy donnons d'aultres poincts concernans les affaires qui ont esté traictez entre vous et nostre dict cousin; dont nous remettant à la suffisance du s$^r$ de Buzanval, ensemble d'aulcunes choses qui regardent nostre service particulier, nous vous prions le vouloir croire de tout ce qu'il vous dira en nostre nom, comme nous-mesmes : priant Dieu, sur ce, qu'il vous ayt, trés chers et bons Amys, en sa saincte et digne garde. Escript au camp devant Chartres, le xviij$^e$ jour de febvrier 1591.

HENRY.

REVOL.

## 1591. — 21 FÉVRIER.

Cop. — Arch. de la cour royale de Rouen. Registres secrets originaux du parlement de Normandie, séant à Caen, vol. du 26 juin 1589 au 8 novembre 1591, fol. 286 recto. Communication de M. Floquet, greffier en chef, correspondant de l'Institut.

A NOS AMEZ ET FEAULX CONSEILLERS LES GENS TENANS NOSTRE COURT DE PARLEMENT A CAEN.

Nos amez et feaulx, Nous avons entendu le different intervenu entre vous et ceulx de la chambre des comptes, pour certaine impression faicte par ordonnance de la dicte chambre[1]; sur quoy nous vous dirons que nous ne pouvons trouver bonnes telles divisions, mesmes entre vous, qui par vos actions et desportemens debvés donner exemple d'une bonne concorde à tous nos aultres subjects. A ceste cause, nous vous prions d'avoir bonne intelligence ensemble, et unir vos voluntez pour les bander entierement à ce qui est pour nostre service et le bien de nos subjects; et en cas qu'il reste quelque dispute entre vous, pour raison du dict different, ou qu'il en survint aultre nouvelle occasion, nous nous en reservons la congnoissance, pour vous reigler et conserver aux uns et aultres l'auctorité et droicts que nous voulons vous estre maintenus : et nous asseurant que vous y comporterés en sorte que nous aurons occasion d'en demeurer contens, et tous nos subjects bien edifiez, nous ne vous en dirons davantaige. Donné au camp devant Chartres, le xxj<sup>e</sup> jour de febvrier 1591.

HENRY.

POTIER.

---

[1] La chambre des comptes de Normandie, réfugiée à Caen, ainsi que la partie royaliste du parlement de la même province, avait rendu, au sujet des impôts, un arrêt qui méconnaissait l'autorité et la suprématie du parlement. Cet arrêt avait été imprimé et affiché dans la ville de Caen, au grand mécontentement de la première cour souveraine, qui en avait blâmé la chambre des comptes, par un autre arrêt également placardé à Caen. Il s'ensuivit entre les deux compagnies une assez vive querelle, sur laquelle on peut voir au tome III, p. 585, l'Histoire du parlement de Normandie, par M. Floquet. C'est de lui que nous tenons ces détails, nécessaires à l'explication de la lettre d'Henri IV.

1591. — 24 FÉVRIER.

Orig. — Arch. municip. de Saint-Quentin. Copie transmise par M. de Chauvenet, membre de la commission des antiquités du département de l'Aisne.

A NOS CHERS ET BIEN AMEZ LES MAIEUR, ESCHEVINS ET HABITANS DE NOSTRE VILLE DE SAINT-QUENTIN.

Chers et bien amez, Nous escrivons à nostre cousin le duc de Longueville pour empescher que Ballagny[1] ne vous travaille, et espérons avec le temps establir ez environs de vostre ville un asseuré repos, et vous garantir des entreprinses du dict Ballagny : à quoy, et en tout ce qui sera pour vostre bien, nous tiendrons tousjours la main, saichant combien vous merités, pour la fidelité et affection qu'avés à nostre service. Nous avons assiegé nostre ville de Chartres, laquelle nous battons de quinze pieces, et esperons que Dieu nous en donnera bonne issue dans peu de jours. Donné au camp devant Chartres, le xxiiij$^e$ jour de febvrier 1591.

HENRY.

POTIER.

---

[1] Jean de Montluc, seigneur de Balagny, fils du célèbre évêque de Valence et d'une demoiselle nommée Anne Martin, fit une fortune remarquable et joua un rôle en évidence. Ayant été nommé en 1580 gouverneur de Cambrai pour la reine-mère Catherine de Médicis, il s'y maintint depuis la mort de cette princesse, et prit le titre de prince de Cambrai. Après avoir longtemps soutenu le parti de la Ligue, il traita en 1594 avec Henri IV, qui le créa maréchal de France, et engagea les habitants de Cambrai à le reconnaître pour leur prince sous la protection de la couronne. Mais, en 1595, il laissa prendre Cambrai par les Espagnols, et perdit à la même époque Renée de Clermont d'Amboise, sa première femme. De secondes noces, que Tallemant des Réaux dit avoir été la récompense d'un service important rendu par Balagny au siége de Laon, le maintinrent en faveur à la cour, s'étant remarié fort à propos à Diane d'Estrées, l'aînée des sœurs de la belle Gabrielle. Le maréchal de Balagny mourut en 1608.

## 1591. — 28 FÉVRIER.

Orig. — Arch. de M. le comte de Lubersac.

### A MONS{r} DE BRIQUEMAUT.

Mons$^r$ de Bricquemaut, Quatre jours aprés vostre despart, et l'endemain que nous venions d'investir Chartres, m$^r$ de Gramont y arriva avec une compagnie de chevaux legers, harquebusiers à cheval, ce qui a un peu rasseuré ceux de la ville et les faict chanter plus hault; mais nous avons de quoy chanter plus hault qu'eulx : c'est de quoy tirer plus de trois mille coups de canon, que m$^r$ de Lubersac a ramené de Normandie, soubs l'escorte de sa compagnie, non sans s'alleger du poids en route. Ce ne sera besoin de toute ceste musique pour leur ouvrir l'oreille, d'autant qu'il n'y a point d'indice de secours possible; mais, comme il vault mieux prevoir en tous cas, je vous prieray faire en sorte, en vostre quartier, que chascun soit prest à marcher à premier ordre. Ne manqués en ce de diligence; vous ferez chose agreable à

Vostre affectionné maistre et amy,

HENRY.

Du camp devant Chartres, ce xxviij$^e$ febvrier.

## 1591. — 3 MARS.

Orig. — Arch. du Royaume. Sect. hist. Série K. 105-2.

### A MON COUSIN LE DUC DE MONTPENSIER,
GOUVERNEUR ET MON LIEUCTENANT GENERAL EN NORMANDIE.

Mon Cousin, Ayant escript bien amplement, par aultre lettre, sur le faict de la capitulation d'Avranches, la presente sera pour vous respondre sur ce que m'avés escript en faveur des s$^{rs}$ de Beuvron et de Raseliere, touchant lesquels je vous diray que je suis tesmoing, autant que nul aultre, des bons services que m'a faict le dict s$^r$ de Beuvron, pour l'avoir employé et veu bien faire au lieu où se doibvent trouver les gens de bien, dont il se peut assurer que la souvenance que j'ay de ses services sera tousjours accompaignée d'une volonté de les recongnoistre en ce qui s'offrira pour son bien et advancement. Mais je ne l'ay peu faire en l'occasion que m'avés escripte, pour les raisons que je vous diray. J'espère qu'il s'en offrira d'aultres, auxquelles je luy feray congnoistre les effects de ma bonne volonté. Quant au s$^r$ de Raseliere, je ne puis luy donner le gouvernement de Chastellerault, en ayant pourveu, incontinent après la prise de la dicte ville, le s$^r$ de Preau, par la diligence et bon vouloir duquel la dicte ville a esté asseurée pour mon service. Pour le regard du s$^r$ de Canchy, l'on m'avoit asseuré qu'il estoit d'accord avec le s$^r$ de S$^{te}$-Marie [1]. Mon intention est de conserver l'un et l'aultre, en ce qui leur appartient; mais il faut adviser, mon Cousin, à reigler les garnisons de vostre gouvernement, et, pour avoir plus de moyen d'entretenir celles qui sont aux places de consequence, demanteler celles qui sont inutiles; sur quoy je vous prie me donner vostre advis, et ordonner en ma dicte ville d'Avranches la garnison que vous jugerés estre necessaire. J'ay faict depescher mes lettres patentes aux tresoriers de France, pour faire deppartir les sommes de deniers que vous avés prinses et empruntées pour les fraiz du siege de la dicte ville d'Avranches, selon que m'avés escript : et sur ce, je prie Dieu, mon Cousin, qu'il vous ayt en sa saincte et digne garde.

Du camp devant Chartres, le iij$^e$ jour de mars 1591.

HENRY.

POTIER.

---

[1] M. de Sainte-Marie et M. de Canchy étaient frères. Leur père était Nicolas de Sainte-Marie, seigneur d'Agneaux, et leur mère Marie de Longueval. Il sera question ci-après, p. 390, de M. de Sainte-Marie. Son frère puîné, Louis de Sainte-Marie, seigneur et patron de Canchy, était chevalier de l'ordre du Roi et gouverneur de Carentan. Il mourut en 1622.

1591. — 4 mars.

Cop. — Archives de madame la duchesse de Vicence, née Carbonnel de Canisy.

A MONS^R DE CANISY.

Mons^r de Canisy, J'ai entendu par le s^r de Viques, et depuis par ce porteur, ce qui s'est passé en la prise d'Avranches, et ay esté bien ayse que vous soyés demeuré en la dicte ville pour y commander. Je vous envoye le pouvoir pour le gouvernement de la dicte ville, et vous prie y avoir tellement l'œil, principalement sur les habitans d'icelle, auxquels il peut rester quelque maulvaise volonté, que la dicte ville soit conservée et que mes ennemys n'y puissent rien entreprendre contre mon service. Quant à ce que m'avés mandé, que Tommelaine et S^t-Michel sont encores occupez par mes ennemys, le dict s^r de Viques m'a asseuré que Tommelaine a rendu l'obeissance, que ceux de S^t-Michel ne feront cy-aprés la guerre. Je vous prie travailler pour asseurer l'une et l'autre pour mon service, par les moyens que jugerés les plus propres : et sur ce, je prie Dieu qu'il vous ayt, Mons^r de Canisy, en sa saincte et digne garde. Du camp devant Chartres, le iiij^e mars 1591.

HENRY.

POTIER.

1591. — 8 mars.

Orig. — Arch. du Royaume. Sect. hist. Série K. 105-2.

A MON COUSIN LE DUC DE MONTPENSIER.

Mon Cousin, je m'asseure tant de l'affection que me portés, que, je me promets, vous ne refuserés jamais chose qui soit en vostre pouvoir, qui puisse servir à l'advancement de mes affaires. C'est pourquoy je vous prie de permettre à mon cousin, le mareschal d'Aumont, de se servir des villes et places de vostre principauté de Dombes, et aultres commoditez qui en despendent, selon que les occasions s'en offriront pour le bien de mon service, et à cest effet en escrire au s^r de la Bastie sy expressement, qu'il n'y ayt aucune difficulté, car mes serviteurs de delà me mandent que par ce moyen mes affaires en iront beaucoup mieulx. C'est chose que je recognoistray en toutes aultres occasions que vous desirerés de moy, qui prie Dieu, pour fin, mon Cousin, qu'il vous ayt en sa saincte et digne garde. Du camp devant Chartres, le viij^e jour de mars 1591.

HENRY.

POTIER.

1591. — 9 MARS.

Orig. — Arch. du Royaume. Sect. historique. Série K. 105-2.

A MON COUSIN LE DUC DE MONTPENSIER.

Mon Cousin, J'ay esté bien ayse d'apprendre par le s^r de Vicques la reduction de ma ville d'Avranches soubs mon obeissance, et loue grandement le bon service que m'avés faict en ceste occasion, pour le bien que mes affaires en pourront recevoir cy-aprés et le repos que la prise de la dicte ville apportera à la basse Normandie, ne restant aucune place dans le dict pays à la devotion de mes ennemys, que le Mont St-Michel, à la reduction duquel je me promets que vous sçaurés pourveoir par vostre prudence, ainsy que le dict s^r de Vicques m'a faict entendre qu'avés desjà bien commencé. J'ay veu les articles de la capitulation qu'avés faicte avec ceux qui estoient dans ma dicte ville d'Avranches, lesquels j'estime qu'avés esté contrainct d'accorder sy advantageux, à cause de la longueur du siege et des necessitez qui se presentoient. Toutesfois, d'autant que l'execution d'aucuns des dicts articles importe à mon service et est de grande consequence pour mes aultres subjects, je vous prie d'apporter en la dicte execution quelque temperament qui puisse empescher le prejudice qu'ils pourroient apporter à mon service; en quoy je ne vous prescriray rien de ce qu'avés à faire, m'asseurant que, tout ainsy que vous avés conduict prudemment la reduction de ladicte ville, que de mesme par vostre prudence et dexterité vous pourrés donner contentement aux habitans de ma dicte ville, sur l'execution de ce qui est contenu en la dicte capitulation; à quoy ils s'accommoderont plus aysement, estans reduicts soubs mon obeissance, et voulant vivre soubs mon auctorité et les loix qui sont communes à tous mes subjects.

Il m'a fort despleu d'avoir entendu la prise de Honfleur[1], et que celluy qui estoit dedans ayt rendu sy laschement ce que j'avois conquis avec beaucoup de peine et pertes d'hommes. Maintenant que vous avés entierement nettoyé la basse Normandie, je vous prie vous advancer avec toutes vos forces devers le dict Honfleur, pour entreprendre sur la dicte place ou aultres chasteaux qui sont occupez par mes ennemys, selon que vous jugerés qu'il se pourra faire pour mon service. J'ay escript au comte de Thorigny, au sʳ de Hertré[2] et aultres, pour aller trouver mon cousin le prince de Dombes, et vous prie de tenir la main qu'ils y aillent, pour ayder aux affaires de Bretaigne. J'ay asseurance de la royne d'Angleterre, ma bonne sœur, du secours prompt et grand qu'elle doibt envoyer en mon pays de Bretaigne, dont j'ay adverty mon cousin vostre filz, et de ce qu'il a à faire par delà pour mon service.

Ce siege s'advance fort; je y ay trouvé plus de resistance que l'on ne me disoit; toutesfois j'espere, avec la grace de Dieu, en avoir bonne yssue. Je vous ay cy-devant escript pour vous prier de vous acheminer vers Fescamp, et, que si n'y pouviés aller, y envoyer le sʳ de Hallot avec le plus de forces que pourriés; à quoy j'estime que vous aurés pourveu. Mon cousin le duc d'Espernon, ayant assiegé un chasteau prés Bollongne, et le duc d'Aumalle estant venu avec forces pour le secourir, mon dict cousin a eu ceste bonne rencontre de tailler en pieces partie des dictes forces, et de faire retourner le dict duc d'Aumalle à Angers aussy viste qu'il a accoustumé. Le sʳ d'Humieres a deffaict deux compagnies d'Albanois prés de

---

[1] Le commandeur de Crillon, sur qui le Roi avait pris cette place en janvier 1590, venait de la reprendre.

[2] René de Saint-Denys, seigneur d'Hertré, gouverneur d'Alençon.

Noyon; et ayant depuis voulu charger un regiment de gens de pied, a eu une arquebusade au bras, de laquelle il commence à se bien porter. Je vous prie, mon Cousin, de vous remettre en campaigne aussy tost que vostre santé le vous pourra permettre, et me faire souvent part de vos nouvelles : et sur ce, je prie Dieu, mon Cousin, qu'il vous ayt en sa saincte et digne garde. Du camp devant Chartres, le ix$^e$ jour de mars 1591.

HENRY.

POTIER.

1591. — 12 MARS. — I$^{re}$.

Orig. — Arch. du feu duc de Gramont-Caderousse. Copie transmise par M. le préfet de Vaucluse.

A MONS$^R$ DE VACHERES.

Mons$^r$ de Vacheres, Je sçay que vostre fidellité et l'affection que vous avés tousjours monstrée à mon service, oultre l'amitié particulière et le respect que vous portés au seign$^r$ Alfonse d'Ornano, mon lieuctenant general en Dauphiné, ne demandent point d'estre excitez par lettres, pour me rendre cy-après le service que j'attends de vous prés de luy; et neantmoins, sur l'occasion qui se presente de son retour par delà, je ne laisseray à vous dire que le meilleur moyen que vous sçauriés tenir pour meriter et vous conserver ma bonne grace, c'est de continuer en ceste volonté, et de l'assister de vostre personne et de vos amys en tous les desseings et entreprinses qu'il fera pour mon dict service. Et pour vous tesmoigner l'estime que je fais de vostre valeur, je vous en ay voulu donner la charge d'une compagnie de cent chevaux legers, et vous envoye, à ceste fin, ma commission par le dict seign$^r$ Alfonse, en laquelle je me promets que vous me servirés sy fidelement que j'auray toute occasion de m'en contenter. C'est ce que je vous diray pour ceste fois : priant Dieu, Mons$^r$ de Vacheres, vous conserver en sa saincte garde. Escript au camp devant Chartres, le xij$^e$ jour de mars 1591.

HENRY.

FORGET.

## 1591. — 12 MARS. — II$^{me}$.

Orig. — Arch. de madame la marquise de la Porte, née de Marcieu. Communication de M. le marquis de Marcieu.

### A MONS$^R$ DE LARTAUDIÈRE.

Mons$^r$ de Lartaudiere, La valeur et les merites du seig$^r$ Alfonse d'Ornano, mon lieutenant general en Dauphiné, le rendent sy recommandable et tant aimé et desiré de ceulx qui l'ont cogneu et pratiqué, comme a faict la pluspart de ma noblesse de mon dict pays, depuis qu'il est estably en ceste charge, qu'il n'est point necessaire, maintenant qu'il s'y en retourne, de leur recommander le respect et l'obeissance qui lui est deue. Neantmoins voulant que l'estime et la consideration en laquelle je le tiens soit cogneue de tous, je ne l'ay point voulu laisser retourner sans les advertir en general, comme je vous fais en particulier, que c'est en quoy vous me pouvés autant faire cognoistre vostre fidelité et affection, que de le recognoistre et luy rendre, en toutes les occasions qui se presenteront doresnavant pour mon service, toute vostre assistance, avec l'honneur et reverence que vous sçavés qui luy est deue; ce que je recevray à bon et agreable service, dont vous devés attendre d'estre bien recogneus de moy, que vous experimenterés tousjours pour bon Roy et maistre bien affectionné. Sur ce, je prie Dieu, Mons$^r$ de Lartaudiere, vous conserver en sa saincte garde. Escript au camp devant Chartres, le xij$^e$ jour de mars 1591.

HENRY.

FORGET.

## 1591. — 13 MARS. — I$^{re}$.

Cop. — B. R. Fonds Lamarre, Ms. 9597, fol. 77.

### A MONS$^R$ DE LA CROIX.

Mons$^r$ de la Croix, J'ay sceu par le seig$^r$ Alphonse la bonne assistance qu'il a receue de vous, durant sa prison à Auxonne, et les bons services que vous me rendés journellement de delà : ce qui m'a esté fort agreable. Je desire infiniment que mes affaires me permettent de les recognoistre, comme j'en ay la volonté; et saichant comme vostre presence est fort requise en ma ville d'Auxonne, pour maintenir toujours les affaires en paix avec le s$^r$ de Senecé[1], je trouve bon que vous continués à y demeurer, m'asseurant qu'en quelque lieu que vous soyés, je y auray tousjours un bon serviteur : et sur ce, je prie Dieu, Mons$^r$ de la Croix, qu'il vous ayt en sa saincte et digne garde. Du camp devant Chartres, le xiij$^e$ jour de mars 1591.

HENRY.

POTIER.

[1591.] — 13 MARS. — II$^{me}$.

Orig. autographe. — B. R. Fonds Béthune, Ms. 9037, fol. 1.
Cop. — B. R. Suppl. fr. Ms. 1009-2.

A MON COUSIN LE DUC DE MONTMORENCY.

Mon Cousin, Vous orrés tout à la fois tant de gens qui partent d'auprés de moy, que ce que l'un pourra oublier, l'autre s'en soubviendra; de sorte qu'il n'y aura particularité de nos nouvelles de deçà qui leur eschappe et ne vous soit dicte. Je m'en remettray aussy à eulx, et ne vous en diray pas icy d'advantage; seulement je vous prie croire le s$^r$ Alfonse de ce qu'il vous dira de ma part, specialement sur le desir que j'ay de vous voir icy, duquel je ne me puis contenter que je ne vous y voye. Je m'asseure aussy que vous en serés beaucoup plus content de m'avoir veu. Je vous prie donc de vous y preparer le plus tost que vous pourrés, quand mesme vous n'y devriés faire qu'un voyage, pour retourner, si nous voyons qu'il soit necessaire. Venés donc, en toute asseurance que vous me trouverés fort veritable en tout ce que je vous ay promis, et trés disposé

---

[1] M. de la Croix était maire d'Auxonne, et M. de Senecey, comme on l'a vu, gouverneur de cette ville.

à vous aimer et cherir autant que vous le pouvés desirer. A Dieu, mon Cousin, lequel je prie vous avoir en sa saincte garde. Des fauxbourgs de Chartres, ce xiij° mars.

HENRY.

## 1591. — 13 MARS. — III^{me}.

Orig. — Arch. de la ville de Clermont-Ferrand. Copie transmise par M. Gonod.

### A NOZ CHERS ET BIEN AMEZ LES CONSULS ET HABITANS DE NOSTRE VILLE DE MONTFERRAND.

Chers et bien amez, Nous ayant faict entendre nostre nepveu le grand prieur de France la continuation de vostre fidellité et le bon debvoir que vous faictes pour nostre service ez occasions qui s'en offrent, nous en avons esté fort aise, et nous avons voulu tesmoigner par ces presentes le contentement que nous en avons. Continués tousjours de mieux en mieux et assistés nostre nepveu en ce qu'il desirera de vous pour nostre service, avec asseurance que pour recompense vous recevrés de nous ez endroits qui s'offriront pour vostre bien et soullagement, toutes sortes de gratiffications. Donné au camp devant Chartres, le xiij° jour de mars 1591.

HENRY.

POTIER.

## 1591. — 15 MARS.

Orig. — Arch. du Royaume. Sect. historique. Série K. 105-2.

### A MON COUSIN LE DUC DE MONTPENSIER,
GOUVERNEUR ET MON LIEUCTENANT GENERAL EN NORMANDIE.

Mon Cousin, Depuis la premiere lettre que je vous ay escripte par le s^r de Vicques, je l'ay retenu par deçà pour aucuns poincts de sa despesche qui restoient à resouldre. Je signeray la capitulation aussy tost que me l'aurés envoyée, signée de vous et en la forme qu'elle doibt estre. Il vous dira ce qui se passe en ce siege; à quoy j'adjouxteray seulement qu'il est tellement advancé que j'espere dans deux jours estre maistre du ravelin; qui me sera un grand advantaige sur la ville : et sur ce, je prie Dieu, mon Cousin, qu'il vous ayt en sa saincte et digne garde. Du camp devant Chartres, le xv$^e$ jour de mars 1591.

HENRY.

POTIER.

1591. — 19 MARS.

Orig. — Arch. de la principauté de Neufchâtel, pièce cotée C, n° 9. Copie transmise par M. Duvernois, correspondant du ministère de l'instruction publique à Besançon.

Cop. — Arch. de la Couronne, salle 5, anciennes archives, Ms. 30, fol. 108 recto.

Cop. — Bibliothèque de M. Monmerqué, Ms. intitulé : *Depesches, instructions et commissions*, fol. 129 recto.

A MON COUSIN LE PRINCE DE MONTBEILLARD,

PRINCE DU SAINCT EMPIRE.

Mon Cousin, J'ay esté adverty par mes cousins les duc de Longueville et comte de S$^t$ Paul, de la poursuicte que vous faictes contre eux pardevant les seigneurs de Berne, pour raison de quelques pretentions que vous avés sur la seigneurie de Vallengin qu'ils possedent; et que, sur la consignation que vous avés voulu faire de quelque somme de deniers, il leur a esté assigné terme pour y respondre, jusques au lendemain de Quasimodo seulement : à quoy il leur seroit impossible de satisfaire dans sy bref delay, tant à cause de l'estroicte prison où est detenue dans la ville d'Amiens ma tante, la duchesse douairiere de Longueville, leur mere et tutrice, et qui seule a la cognoissance de leurs affaires, que pour estre ceulx de leur conseil espars en divers endroicts, comme le malheur de la guerre les y a contraincts, et leurs titres et renseignemens concernant cest affaire serrez en lieu où l'accés ne leur est à present libre. Vous sçavés, mon Cousin, qu'il n'y a loy ny coustume sy rigoureuse qui n'excuse les absens et captifs, auxquels la faculté est ostée de se pouvoir deffendre; et d'ailleurs nul jugement ne peut valoir contre des mineurs non ouys. Et d'autant que toutes ces conditions concourent en la deffense de mes dicts cousins, comme estans encore soubs la tutelle de leur dicte mere, et que je m'asseure que vous ne vouldrés vous prevalloir, en ceste poursuicte à l'encontre d'eulx, de la calamité publique de ce Royaulme, et de l'affliction particulière de leur dicte mere, je n'ay peu moins faire pour la protection et faveur que je leur dois, tant en consideration de la parenté dont ils m'appartiennent, que des grands services que je reçois continuellement d'eulx, que de m'interposer en cest affaire, pour leur y moyenner tout le soulagement que la justice de leur cause et l'equité peut permettre; vous ayant bien voulu particulierement escrire la presente pour vous prier, mon Cousin, que, ayant esgard aux legitimes raisons susdictes, vous veuillés, en consideration d'icelles et pour l'amour de moy, leur donner terme jusques à la fin de ceste année, dans lequel temps ma dicte tante essayera de trouver moyen d'instruire quelqu'un pour envoyer devers vous et aultres que besoing sera, avec pouvoirs suffisans pour desduire leurs droicts et raisons. Et oultre que ce peu d'attente ne vous sera d'aulcun prejudice, ains ostant la precipitation, vous en acquerrés plus de louange, je recevray la patience que en cela vous leur donnerés à singulier plaisir : priant Dieu, mon Cousin, qu'il vous ayt en sa garde saincte. Escript au camp devant Chartres, le xixe jour de mars 1591 [1].

HENRY.

REVOL.

[1] D'autres lettres sur le même sujet, adressées collectivement à plusieurs états de la Suisse, sont conservées dans les mêmes archives et dans les mêmes manuscrits d'où celle-ci est tirée. M. de Sillery, ambassadeur de France en Suisse, reçut des instructions analogues dans une lettre que M. Duvernois a transcrite également d'après les archives de la principauté de Neufchâtel.

1591. — 20 MARS.

Orig. autographe. — B. R. Fonds Béthune, Ms. 9104, fol. 46.
Cop. — B. R. Suppl. fr. Ms. 1009-3.
Imprimé. — *Mémoires de Nevers*, t. II, p. 235.

A MON COUSIN LE DUC DE NIVERNOIS,
GOUVERNEUR ET MON LIEUCTENANT GENERAL EN MES PAYS DE CHAMPAGNE ET BRIE.

Mon Cousin, Le marquis de Raynel[1] m'a adverty de la prinse du chasteau du dict Raynel, des forces que le duc de Lorraine a mises ensemble et du desseing qu'il faict de s'accroistre par la prinse des places de la Faulche-Montigny et aultres. Le peu de resistance qu'ils tiennent donne le courage d'entreprendre; et ne pourroit y avoir sy peu de forces par delà, qu'elles ne fussent suffisantes pour empescher ses desseings. C'est pourquoy j'ay escript cy-devant à mon cousin le mareschal d'Aumont, qu'il s'advançast devers Langres et Chasteauvilain, pour empescher en ce qu'il pourroit les desseings du dict duc de Lorraine. Je luy fais recharge pour le prier instamment de s'advancer le plus qu'il pourra, pour secourir les villes et chasteaux de la dicte frontiere, et par sa venue et l'asseurance qu'il donnera de l'acheminement de mon armée dans peu de jours, arrester les progrés de l'armée de mes ennemys. J'escris à mon dict cousin, s'il est encore prés de vous, que vous preniés resolution ensemble de ce que jugerés estre à faire par delà pour mon service, sinon qu'il vous escrive pour en avoir vostre advis. Je suis adverty du costé de Chaalons, que les villes qui sont sur la riviere de Marne sont fort menacées par mes ennemys, et recongnois que mes serviteurs qui sont de delà sont plus estonnez par les faulx bruits et menaces de mes ennemys, qu'ils n'ont occasion de craindre. Ce qui donne lieu à cest estonnement, c'est qu'ils sont desnuez de forces et esloignez de

---

[1] Louis de Clermont d'Amboise, marquis de Rénel, fils d'Antoine de Clermont d'Amboise, marquis de Rénel, tué à la Saint-Barthélemy, était gouverneur et bailli de Chaumont, Monteclair et Vitry. Il fut tué en 1615.

vostre presence, laquelle leur suffiroit pour les asseurer contre tout ce que peuvent à present entreprendre mes ennemys. Ceste occasion s'offrant, je vous en ay bien voulu donner promptement advis, et par mesme moyen vous asseurer que je suis en la mesme resolution que je vous ay mandé par le sʳ de Dampierre[2], qui est de m'acheminer en mon pays de Champaigne avec toute mon armée, incontinent aprés la prinse de ceste ville. J'espere, avec l'ayde de Dieu, en avoir bien tost bonne yssue; qui me faict vous prier, mon Cousin, d'autant que vous aimés mon service et la conservation de vostre gouvernement, de vouloir incontinent assembler tout ce que vous pourrés de mes serviteurs, monter à cheval et vous advancer pour rencontrer mon armée au passaige de la riviere de Seine, suivant ce que je vous ay mandé par le dict sʳ de Dampierre. J'escris au sʳ de Praslin qu'il se rende avec ce qu'il pourra assembler de forces au lieu que vous lui ferés sçavoir. Cependant j'ay mandé au sʳ de Givry qu'il s'advance devers Espernay, pour jetter ce qu'il aura de forces dans les villes qui seront menacées d'un siege, esperant par ce moyen conserver les dictes villes et asseurer mes serviteurs que j'ay par delà. Je luy mande qu'il vous donne souvent advis de ce que feront mes dicts ennemys, et qu'il face ce que vous luy manderés : qui est tout ce que vous aurés de moy pour le present, priant Dieu, mon Cousin, qu'il vous ayt en sa saincte garde. Du camp devant Chartres, le xxᵉ jour de mars 1591.

HENRY.

POTIER.

[2] François de Cugnac, seigneur de Dampierre, fils de François de Cugnac, seigneur de Dampierre, et de Jeanne d'Avy, dame de Saint-Père-Avy, fut conseiller d'état, capitaine de cinquante hommes d'armes des ordonnances, maréchal de camp, lieutenant général au gouvernement de l'Orléanais. Il devint chevalier des ordres en 1595 et mourut en 1615.

1591. — 22 MARS.

Orig. — B. R. Fonds Béthune, Ms. 9104, fol. 48.
Cop. — Suppl. fr. Ms. 1009-3.
Imprimé. — *Mémoires de Nevers*, t. II, p. 233, édit. in-fol.

### A MON COUSIN LE DUC DE NIVERNOIS,
PAIR DE FRANCE.

Mon Cousin, Craignant que le duc de Lorraine ou de Mayenne approche de vostre chasteau de la Cassine-le-Duc, et que les trois canons de Sedan que vous y avés laissez soyent cause de leur faire entreprendre sur vostre dict chasteau, j'ay escript à ma cousine la duchesse de Bouillon de les envoyer querir, et mandé au s$^r$ de Tillongue de les luy deslivrer; de quoy je vous ay bien voulu advertir, affin que vous en saichiés l'occasion : et n'estant ceste-cy à aultre effect, je prie Dieu qu'il vous ayt, mon Cousin, en sa saincte et digne garde. Du camp devant Chartres, le xxij$^e$ jour de mars 1591.

HENRY.

POTIER.

1591. — 23 MARS.

Orig. — Arch. municipales de Rennes. Transcription de M. Maillet, bibliothécaire.

### A MONS$^R$ DE MONTBAROT,
GOUVERNEUR DE MA VILLE DE RENNES.

Mons$^r$ de Montbarot, J'ay faict voir à ceulx de mon conseil les lettres de grace de Claude de Varennes[1], lesquelles ayans esté trouvées de justice, je les luy ay faict despescher volontiers, et de tant plus pour le bon tesmoignage que vous m'avés donné des bons services

---

[1] Ce Claude de Varennes, un des capitaines cinquanteniers de la ville de Rennes, avait tué Guillaume Moulnier, comme on le voit par une lettre, en date de ce jour, sur le même sujet, que le Roi écrivit à la ville de Rennes, en lui annonçant qu'il avait surtout fait grâce à Varennes en considération des bons services qu'il recevait de sa ville.

qu'il m'a faicts, et recommandation que m'en avés faicte, vous priant tenir la main de vostre part qu'il joisse de l'effect d'icelles et veille tousjours à la conservation de ma ville de Rennes, selon la fiance que j'ay en vous : et sur ce, je prie Dieu qu'il vous ayt, Mons<sup>r</sup> de Montbarot, en sa saincte et digne garde. Du camp devant Chartres, le xxiij<sup>e</sup> jour de mars 1591.

HENRY.

POTIER.

1591. — 24 MARS.

Orig. — B. R. Fonds Béthune, Ms. 9104, fol. 49.
Cop. — Suppl. fr. Ms. 1009-3.
Imprimé. — *Mémoires de Nevers*, t. II, p. 234, édit. in-fol.

A MON COUSIN LE DUC DE NIVERNOIS,

GOUVERNEUR ET MON LIEUCTENANT GENERAL EN MES PAYS DE CHAMPAIGNE ET BRIE.

Mon Cousin, J'ay advis que le capitaine S<sup>t</sup>-Pol a esté à Mezieres, où il s'est faict declarer par cry public duc de Rhetellois, en vertu du don qu'il dit en avoir eu du pape, et publié partout que vous estiés mort. Il a faict publier ses hommages; et encores que je croye que vous en avés eu advis d'ailleurs, je n'ay voulu laisser de le vous mander et vous tesmoingner combien je treuve estrange l'outrecuydance du dict S<sup>t</sup>-Pol. J'espere que nous l'en ferons mentir dans peu de temps, et que Dieu me fera la grace de le rendre aussy petit compagnon qu'il ayt jamais esté. Je participe du tort qu'il vous faict, si tant est que vous en puissiés recevoir d'un tel homme que luy. Il ne reste qu'un bout du ravelin à mes ennemys, d'où j'espere les desloger demain, et bientost aprés faire une baterie sy forte, qu'il fauldra qu'ils me recongnoissent. Le bruit est que le duc de Mayenne vient pour secourir ceste place; ce qu'il ne peut sans combattre. Je continue en la resolution que je vous ay mandée par le s<sup>r</sup> de Dampierre et espere, incontinent aprés la prise de ceste ville, aller en Champaigne; qui me faict vous prier de commencer à vous acheminer pour rencontrer mon armée au lieu où je vous ay mandé : ce que m'asseurant que ferés, je prie Dieu qu'il vous ayt, mon Cousin, en sa saincte et digne garde.

Du camp devant Chartres, le xxiiij[e] jour de mars 1591.

HENRY.

POTIER.

[1591. — VERS LE MOIS DE MARS.]

Fac-simile gravé. — Collection alphabétique de l'Isographie, publiée par MM. DE CHÂTEAUGIRON, BERARD et TRÉMISOT.

[*A MADAME LA COMTESSE DE GRAMONT*[1].]

Madame, J'avois donné charge à Lareine[2] de parler à vous touchant ce qu'à mon grand regret estoit passé entre ma sœur et moy. Tant s'en fault qu'il vous ayt trouvé capable de me croire, que tous vos discours ne tendoient qu'à me blasmer, et fomenter ma sœur en ce qu'elle ne doibt pas[3]. Je n'eusse pas pensé cela de vous, à

---

[1] Le fac-simile donne cette lettre comme adressée *à la comtesse de Guissen*. Ce nom est probablement écrit à la place de *Guiche*. La belle Corisande est nommée en effet par les contemporains, tantôt la comtesse de Gramont, tantôt la comtesse de Guiche, titre que, selon l'usage de la maison de son mari, elle dut quitter à la mort de son beau-père pour prendre celui de Gramont.

[2] Si cette lettre, au lieu d'être prise sur un fac-simile qui paraît exactement dessiné, nous était arrivée par une simple copie, nous aurions proposé de lire, à la place de *Lareine*, soit *Lavie*, soit *La Varenne*. On a déjà vu le premier de ces deux noms comme celui d'un messager envoyé par le Roi à madame de Gramont. Quant à la Varenne, il sera souvent question de lui comme agent des amours de Henri IV. Son influence commençait à s'établir au milieu des intrigues qu'amena l'amour du Roi pour la belle Gabrielle, et il avait pu être choisi, dans une circonstance où il s'agissait de madame Catherine, comme connaissant tout l'entourage de cette princesse, dont il avait été cuisinier. Elle lui dit plus tard, à propos de tout le bien qu'il sut amasser dans son nouvel emploi : « La Varenne, tu as plus gagné à porter les poulets du Roi mon frère qu'à piquer les miens. »

[3] Le Roi ne cachait plus sa nouvelle passion. Gabrielle d'Estrées, devenue madame de Liancourt, après avoir quitté le mari qui venait de lui être donné pour sau-

qui je ne diray que ce mot : que toutes personnes qui voudront brouiller ma sœur avec moy, je ne leur pardonneray jamais. Sur ceste verité je vous baise les mains.

HENRY.

1591. — 6 AVRIL.

Cop. — B. R. Fonds Brienne, Ms. 12, fol. 11 verso.

A TRÉS HAULT, TRÉS PUISSANT, TRÉS MAGNANIME ET INVINCIBLE PRINCE, LE GRAND EMPEREUR DES MOUSULMANS AMURATHAN[1],
EN QUI TOUT HONNEUR ET VERTU ABONDE, NOSTRE TRÉS CHER ET TRÉS PARFAICT AMY.

Trés hault, trés excellent, trés puissant, trés magnanime et invincible prince, le grand empereur des Mousulmans, sultan Amurat han, nostre trés cher et trés parfaict amy, en qui tout honneur et vertu abonde, salut : Il auroit pleu à Dieu nous appeler à ceste Couronne du Royaume de France dés le deuxiesme jour d'aoust 1589, au lieu du feu Roy der-

---

ver les apparences, était venue, avec madame de Sourdis, sa tante, au siége de Chartres. Madame de Gramont, bien informée des nouvelles de la cour, comprit que son empire sur le Roi était fini. « La douleur qu'elle avait de se voir abandonnée de ce prince, dit M. de Thou, lui fit chercher les moyens de s'en venger. On avait autrefois parlé de faire épouser la princesse Catherine, sœur du Roi, au comte de Soissons. Elle écrivit en secret à ce prince et à cette princesse, et ralluma par des lettres séduisantes leur amour presque éteint. »

De Thou attribue même à l'effet de ces menées de Corisande l'accélération du siége de Chartres. « On disait de tous côtés, ajoute-t-il, que ce mariage allait se faire à l'insu du Roi et même malgré lui. Ce prince fut alarmé de cette démarche, et jugeant bien qu'elle ne se faisait que pour montrer le mépris qu'on avait pour lui, il se persuada qu'il fallait agir avec vigueur et faire un coup d'éclat, afin de rétablir la réputation de ses armes. » (Liv. CI.)

---

[1] Au lieu de *Amurath Khan*, comme l'on écrirait aujourd'hui ; et ces deux mots se trouvent, soit réunis, comme ici, à la manière italienne, soit séparés comme ci-après.

Amurath III, fils aîné de sultan Sélim II, avait succédé à son père, le 13 décembre 1574. Il mourut le 17 janvier 1595.

nier, nostre trés cher seigneur et beau-frere, deceddé par le cruel assassinat que ses subjects rebelles firent commettre en sa personne, n'ayant laissé aucuns enfans, ny aultres plus habiles à luy succeder, suivant les lois du Royaume, que nous, qui estions le premier prince du sang de France, jà de nostre chef roy de Navarre[2], nous aurions aussy, au mesme instant de son trespas, esté receu et recogneu pour Roy legitime de ce dict Royaume par tous les princes du dict pays, mareschaux et aultres officiers de la Couronne, les s$^{rs}$ du conseil et principaulx de la noblesse, et generallement par toute l'armée qu'il avoit devant la ville de Paris, en laquelle nous estions avec luy et où cet accident advint, et pareillement en toutes les provinces et villes par tous ses autres subjects de toutes quallitez qui estoient demeurez fidelles et fermes en son obeissance. Mais avecq cette succession qu'il

---

[2] Henri IV, n'étant encore que roi de Navarre, avait déjà entretenu une correspondance amicale avec Amurath, comme le prouve la lettre suivante de ce sultan, dont la traduction nous a été conservée par l'abbé de l'Écluse. B. R. Ms. 1009-4.

« Amurath, par la grâce du grand Dieu, très-grand empereur de Constantinople, de Syrie, Asie, Arabie, la Mecque, Jérusalem, Europe, seigneur de la maison des Ottomans et de tous les princes d'Asie et d'Afrique, souverain dominateur de la mer :

« A toi Henri, roi de Navarre, issu de la race invincible des Bourbons, je désire salut et heureuse fin.

« Pour ce que tu es très-clément et débonnaire, et qu'as été délaissé en bas âge par tes devanciers, la renommée est venue jusqu'à nous de la grandeur et magnanimité de ton courage, et que don Philippe, de la maison d'Autriche, favorisant ouvertement tes ennemis, tâche de te priver de la succession légitime qui t'appartient au royaume de France, qui est de notre alliance et confédération, en haine de ce que tu détestes le faux service des idoles, très-desplaisant au grand Dieu, pour avoir purement ce que tu estimes le meilleur du monde. Je te fais assurer qu'ayant en horreur cette tyrannie, qui ne tend qu'au profit particulier, je veux prendre ta protection, et tellement dompter la fierté de tes ennemis, même de ce cruel Espagnol, qui t'occupe injustement le royaume de Navarre, dont tu ne portes que le titre, qu'il en sera mémoire à jamais; t'en rendant victorieux, te rétablir avec ma puissance redoutable par tout le monde, au grand épouvantement de tous les rois et princes tes voisins, ayant moyen de les réduire en telle extrémité, qu'ils ne te feront jamais ennui. Si tu l'as agréable, et pour commencement et assuré témoignage de ma bienveillance, je t'enverrai deux cents voiles surgir au port d'Aigues-Mortes, aussi promptement que ta nécessité le requiert, etc. »

nous laissa, nous demeurerent aussy sur les bras les troubles et guerres qui avoient esté meus et dressez contre luy par les dicts rebelles avecq l'appuy et assistance qui leur estoit donnée d'ailleurs, specialement du roy d'Espaigne. Nous ne laissasmes tousjours, ez premieres deliberations de nos affaires et pour l'un des premiers offices que nous recogneusmes debvoir à ceste dignité, saichant l'amitié et bonne intelligence qui estoit entre Vostre Haultesse et le dict seigneur, par continuation hereditaire de tant d'années et regnes, de proposer d'envoyer quelques personnaiges de bonne qualité vers Vostre Haultesse pour nous condouloir avec elle du susdict assassinat et accident. Et asseurez qu'elle ne pourra entendre qu'un tel Roy, son amy, ayt esté sy inhumainement traicté, sans en sentir desplaisir et estre animé à favoriser la punition d'un acte sy cruel et de sy mauvais exemple, et pour offrir par mesme moyen à Vostre Haultesse une trés asseurée devotion de nostre part à l'entretenement de la dicte amitié, que nous cherissons en nostre cœur comme l'un des membres plus pretieux de ceste succession; la mesme intention et vollonté nous a tousjours continué, accompaignée d'un perpetuel regret de ne la pouvoir effectuer sy tost que nous desirions et que l'honneur deub à Vostre Haultesse le requeroit; et eussions craint qu'elle eut prins ce retardement pour indice d'aultre affection, sans l'information que nous sçavons luy en avoir esté donnée des grands affaires où nous avons esté continuellement enveloppez par la violente continuation des dicts troubles, en quoy nous avons esté encore plus consolez par la reception des favorables lettres qu'il a pleu à Vostre Haultesse nous escrire, où nous avons veu une claire asseurance de son intention à vouloir continuer en nostre endroict la mesme amitié et bienveillance qu'elle portoit à nostre dict predecesseur; et recongnoissons estre grandement obligez à sa bonté d'avoir voulu prevenir le debvoir qui debvoit en cela proceder de nostre part : dont nous remercions tres affectueusement Vostre Haultesse, ensemble des aultres faveurs qu'avons aussy congneu estre par elle imparties à nos affaires. Et combien que cest office deust estre faict par personnage exprés, comme nous demeurons tousjours en ceste resolution de nous en acquitter le plus tost qu'il nous en sera possible, et desjà il eust esté accomply sans l'accident advenu à un que nous avions choisi à ceste fin, d'avoir esté fort blessé en une action de guerre où il se trouva pour nostre service, dont il n'est encores bien guari, toutteffois ne voulant cependant laisser lieu de la nous imputer à negligence de ce devoir, comme nous sommes asseurez que nos ennemys pourront prendre toutes sortes d'argumens pour nous esloigner de la bonne grace de Vostre Haultesse, nous avons mieux aimé luy en faire entendre les difficultez, que de faillir à luy rendre le tesmoignage que nous pouvons de l'honneur et respect en quoy nous tenons l'amitié de Vostre Haultesse et de la correspondance que nous desirons y rendre par tous offices qui seront en nostre pouvoir. A quoy la presente suppleera, s'il luy plaist, à Vostre Haultesse, attendant que par moyen plus solemnel et digne de sa grandeur, nous luy pussions faire congnoistre que nous avons la mesme affection en son endroict gravée dans le cœur, que nous luy protestons de parole, suppliant trés affectueusement Vostre Haultesse vouloir cependant prendre en bonne part nos justes excuses, ne juger ny croire aultre chose de nostre intention en ce qui la concerne, que ce que nous luy en declarons par la presente, ne changer, s'il luy plaist, la bonne volonté qu'il luy a desjà pleu declarer en nostre faveur, ains plustost en accellerer et accroistre les effects pour ayder à conserver un Roy et Royaume qui luy sont dés jà longtems alliez[3] : qui sera acte digne de sa magnanimité et du support que doibt voulloir son amitié à ceulx qui en sont appuyez, et justement opposer sa grandeur à celuy duquel tous les desseings ont pour objet ordinaire et but principal la ruine d'icelle, dont Dieu la preservera, s'il luy plaist, et tous les autres, auxquels il faict desjà sentir les cuisans traits de son ambition, comme nous en prions la Majesté divine, et qu'elle veuille, Trés hault, trés excellent, trés puissant, trés magnanime et invincible

---

[3] L'alliance de la France avec la Turquie datait de 1545. Ce traité, qui fait des rois de France les plus anciens alliés de la Porte, avait été conclu entre François I" et Soliman II, grand-père d'Amurath.

prince, longuement [vous] conserver et accroistre avec fin trés heureuse.

Escript au camp devant Chartres, le vi<sup>e</sup> jour d'avril [4].

HENRY.

## 1591. — 8 AVRIL. — I<sup>re</sup>.

Cop. — Archives royales de Wurtemberg. Transcription de M. Kausler.

### A MON COUSIN LE COMTE FREDERIC [1].

Mon Cousin, Depeschant ce porteur vers mon cousin le vicomte de Turenne, je n'ay voulu perdre l'occasion de vous faire ce mot pour vous asseurer tousjours de la continuation de mon amitié, et vous prier que, continuant aussy en l'affection que vous m'avés tousjours monstré, vous vueillés favoriser les affaires pour lesquelles mon dict cousin est par delà, qui importent infiniment le bien de mon Estat, comme il vous en communiquera. Je sçay que vous y pouvés beaucoup, mesmes à affectionner mon cousin le duc de Wirtemberg à m'y assister. Je n'oublieray jamais les bons offices que vous m'avés faicts. J'ay faict despescher vostre homme. J'espere vous faire bien tost part des nouvelles du bon succés de ce siege. Au camp devant Chartres, le viij<sup>e</sup> [2] apvril 1591.

HENRY.

[4] Le même jour, le Roi écrivit *au premier bassa* et *au capitaine de la mer*. Ces lettres, de pure cérémonie, sont conservées dans le même manuscrit du fonds de Brienne, fol. 14 verso et 16 recto.

---

[1] La copie qui a conservé cette lettre a pu n'en pas transcrire exactement l'adresse. Le nom de Frédéric, porté par un grand nombre des membres de la famille ducale de Wurtemberg, était celui du comte de Montbéliard, qui succéda au duc Louis alors régnant; mais Henri IV, dans d'autres lettres, le qualifie ordinairement *mon cousin le comte de Montbelliard*.

[2] La copie qui nous a été transmise de cette lettre porte la date du 23 avril, ce qui est une erreur évidente, car le siége avait cessé le 19, par l'entrée du Roi dans Chartres; et, dès le 11, avait été signée la capitulation pour la reddition de la ville, si elle n'était secourue dans les huit jours. Ce résultat fut aussitôt annoncé dans les lettres écrites alors. Celle-ci ne peut

## 1591. — 8 AVRIL. — II$^{me}$.

Orig. — Arch. de l'hôtel de ville de Caen. Copie transmise par M. de Formeville, correspondant du ministère de l'instruction publique.

A NOS BIEN AMEZ LES ECHEVINS ET HABITANS DE LA VILLE DE CAEN.

Chers et bien amez, Nous avons entendu la proposition que les habitans de nostre ville de Dieppe nous ont faicte de vouloir amener quatre navires, pour faire la guerre pour six mois sur la mer et incommoder nos ennemis des villes du Havre et de Rouen, moyennant que vous en fourniriés aultant de vostre part, avec l'offre qu'ils vous ont faicte de fournir hommes, vaisseaux et munitions, en payant ou respondant par vous de ce qui sera necessaire ; et encores que nous nous asseurions que ne vouldriés permettre en ceste occasion, non plus qu'avés faict jusques icy en aucune aultre qui se soit offerte, que nuls autres de nos subjects vous devancent en affection au bien de nostre service, nous n'avons voulu laisser de vous y exciter par la presente, et vous asseurer que, ce faisant, vous nous ferés service trés agreable. Donné au camp devant Chartres, le viij$^e$ avril 1591.

HENRY.

POTIER.

## 1591. — 9 AVRIL.

Orig. — B. R. Fonds Béthune, Ms. 9104, fol. 5o.
Cop. — Suppl. fr. Ms. 1009-3.
Imprimé. — *Mémoires de Nevers*, t. II, p. 237.

A MON COUSIN LE DUC DE NEVERS.

Mon Cousin, J'ay esté bien ayse d'entendre, par ce porteur, des nouvelles de vostre disposition et d'avoir veu par vostre lettre qu'il m'a

donc être plus récente que le 10, et l'erreur qui l'a fait dater du 23 vient sans doute de ce qu'on aura cru voir deux X au lieu du V qui se joint par une ligature aux trois I dans le chiffre VIII en caractères romains.

apportée, que soyés en tel estat que bien tost vous pourrés monter à cheval. Ce siege a duré plus longtemps que je ne pensois. J'espere dans peu de jours en veoir la fin, soit par une capitulation, qui est commencée, ou par la force. Car d'un costé de la ville j'ay gaigné tout l'esperon que j'avois attaqué, et commencé à me loger sur le portail, et de l'aultre mes gens sont logez sur le rempart de la bresche que je fis faire le 11ᵉ de ce mois, et ne reste qu'à forcer leurs retranchemens ; qui me fait croire que les assiegez se rangeront bien tost à la raison. Aussy tost que ceste ville sera prinse, je m'achemineray en Champaigne avec mon armée, où je vous prie de vous rendre au mesme temps. J'eusse fort desiré que vous y fussiés allé plus tost, saichant combien vostre presence y eust esté utile ; mais puisque vous voulés m'attendre, m'acheminant avec mon armée au dict pays, je feray advancer quelque cavallerie jusqu'au lieu où il sera besoing, pour vous servir d'escorte. Je vous envoye le dupplicata de la depesche que j'ay cy-devant faicte pour la levée des reistres et Suisses, laquelle levée je vous prie faire advancer le plus que vous pourrés. J'ay advis de l'arrivée de mon cousin le vicomte de Turenne prés le duc de Saxe et de l'advancement de la grande levée qui se fait pour mon service, pour laquelle tous les princes d'Allemaigne sont autant disposez comme je puis desirer. J'ay faict une recharge aux tresoriers de France à Chaallons, pour faire le fonds de trente ou quarante mil escuz, duquel je leur ay cy-devant escript ; et leur mande qu'ils ne l'employent que par mes ordonnances, ou les vostres en mon absence. J'escris aussy aux habitans de ma dicte ville pour tenir preste la somme qu'ils m'avoient promise lorsque vous estiés par delà. Pour le regard du sʳ Dampierre, j'ay commandé que la depesche qu'il desire pour le payement de la compaignée luy soit envoyé, et quant à l'appointement de ses estats et pension, je remets à vous, mon Cousin, d'en faire comme vous adviserés. J'ay commandé aux officiers de mon artillerie d'avoir soing des six vingts chevaulx que leur avés laissez. Pour fin, je vous prie vous tenir prest de partir pour retourner en vostre gouvernement, car j'espere m'y acheminer dans peu de jours. Ce pendant je prie Dieu, mon

Cousin, qu'il vous ayt en sa saincte et digne garde. Du camp devant Chartres, le ıx⁰ jour d'avril 1591.

HENRY.

POTIER.

[1591. — 11 AVRIL. — I<sup>re</sup>.]

Cop. — Arch. de la Couronne, salle 5, anciennes archives, Ms. 30, fol. 121 recto.

[A LA ROYNE D'ANGLETERRE.]

Madame, Je pecherois trop contre le debvoir et obligation que je vous ay, saichant le soing et apprehension que vous avés de mes affaires, si je n'allegeois au plus tost l'attente où je sçay que vous estes de l'yssue de ce siege, en vous donnant compte de l'estat où j'en suis. Le dernier effort que je y fis faire, quoique le succès n'en fust tel que je desirois, a donné tel acheminement à nous rendre maistres du hault de la bresche de ce costé-là, et d'un ravelin que j'avois assailly du commencement, d'un aultre costé, que ceux du dedans, voyans le danger proche, et leurs secours sy loing qu'ils ne pourroient plus gueres avoir de fiance, sont entrez en conference, et enfin venus à composition arrestée et signée ce matin, de me rendre la ville, si dans huict jours, dont cestuy est le premier, il ne vient armée qui me face lever le siege. Celuy auquel ils s'en sont attendus n'a pas monstré grande resolution de le voloir entreprendre; car estant venu jusques à Paris, il tourna arriere aussy tost, et pour voiler son recullement il est allé assieger Chasteau-Thierry; qui, j'espere, me donnera loysir d'achever icy, et de le pouvoir secourir, comme j'y suis resolu avecq l'ayde de Dieu; et ceulx de dedans se promettent de le pouvoir attendre. Au demeurant, Madame, le bien de mes affaires despend, apres Dieu, de vostre bonne ayde et assistance, de laquelle je ne pourrois doubter sans offenser vostre bonté; mais je vous supplie adjouxter ce bien au bon secours qu'il vous plaira me donner, que je puisse, par la collecte d'iceluy, gaigner sur la longueur des ennemys ce qu'ils eussent peu gaigner sur moy, si le leur eust esté aussy prompt en effect qu'en parolles, vous asseurant que, si j'ay cest advantage, avec le bonheur qui accompaigne tout ce qui vient de vostre part, je le feray sy bien valloir, que j'espère que le fruict en sera double; qui rendra aussy mon obligation d'autant plus grande en vostre endroict. Et si rien me restoit à vous engager de moy-mesme, je le vous offrirois en recompense; mais vous estant desjà acquis tout entier, je ne vous puis proposer que l'honneur que ce vous sera de conserver ce qui est à vous, comme en vous baisant humblement les mains je vous supplie croire que je seray tousjours, Madame,

Vostre plus affectionné frere et serviteur,

HENRY.

1591. — 11 AVRIL. — II<sup>me</sup>.

Orig. — B. R. Fonds Béthune, Ms. 9104, fol. 51.
Cop. — Suppl. fr. Ms. 1009-3.
Imprimé. — *Mémoires de Nevers*, t. II, p. 238.

A MON COUSIN LE DUC DE NEVERS,

PAIR DE FRANCE, GOUVERNEUR ET MON LIEUCTENANT GENERAL EN CHAMPAIGNE ET BRYE.

Mon Cousin, Depuis vous avoir escript mon aultre lettre, les assiegez se voyant fort pressez, ont esté contraincts de venir à une capitulation, laquelle je leur ay accordée, pour le desir que j'ay de la conservation de mes villes et subjects, ne desirant d'eulx que l'obeissance qui m'est deue. Ils se doivent rendre le dix-neufviesme de ce moys; si dans le xviii<sup>e</sup> le duc de Mayenne ne vient me faire lever le siege, ou qu'il n'y entre quatre cens hommes de secours en une foys. Pour le premier, il n'y a point d'apparence que le duc de Mayenne vienne, aprés avoir tant attendu; et je vouldroys avoir quitté les dicts assiegez de leur promesse, et qu'il se fust resolu de s'advancer en lieu où je peusse luy donner une bataille. Quand au second, j'espere, avec l'ayde de Dieu, faire sy bonne garde pendant ces huict jours, que j'empescheray bien qu'il n'y entrera aucun secours. Le surplus des articles de la dicte capitulation est semblable à ce que j'ay accordé à ceux des aultres villes qui ont esté remises en mon obeissance. J'ay esté adverty que le dict duc de Mayenne a assiegé Chasteau-Thierry et que le vicomte de Comblizy se deffend courageusement. J'ay mandé à mon cousin le duc de Longueville de s'en approcher, et à mon cousin le duc d'Espernon, de le joindre, pour incommoder mes dicts ennemys et jecter des hommes dedans, s'il est possible, attendant que je m'y achemine, qui sera dans peu de jours; vous priant de vostre part vous tenir prest, pour vous acheminer en vostre gouvernement. Je vous feray sçavoir plus particulierement mon intention, avant que partir d'icy. Ce pendant je prie Dieu vous avoir, mon Cousin, en sa saincte et digne garde. Du camp de Chartres, le xj<sup>e</sup> jour d'avril 1591.

HENRY.

POTIER.

## 1591. — 12 AVRIL.

Cop. — B. R. Fonds Béthune, Ms. 9045, fol. 63 recto. — Et Suppl. fr. Ms. 1009-2.

### A MON COUSIN LE DUC DE MONTMORENCY,

PAIR ET MARESCHAL DE FRANCE, GOUVERNEUR ET MON LIEUCTENANT GENERAL EN MON PAYS DE LANGUEDOC.

Mon Cousin, J'estime que vous avés desjà, il y a quelque temps, veu par delà le seig<sup>r</sup> Alfonse[1], ou, s'il n'y a peu aller sy promptement, que vous avés au moins eu les s<sup>rs</sup> Vizouze et Barreti, et, par les depesches qu'ils vous ont portées, esté bien particulierement informé de l'estat de mes affaires. Depuis leur partement, je vous en ay faict une aultre, qui a esté mise en mains d'un porteur qui s'en retournoit par delà. Des vostres, je n'en ay poinct il y a bien fort longtemps, et crois qu'il s'en sera perdu quelqu'une. Je desire que cestecy vous puisse arriver seurement; car je ne doubte poinct que vous

[1] D'Ornano.

ne soyés en apprehension de l'evenement de ce siege, les ennemys n'ayant manqué d'en publier les bruicts le plus en la defaveur de mes affaires qu'ils ont peu; mais cela servira à faire perdre creance pour les aultres; se trouvans ceulx-cy sy promptement convaincus de faulseté pour ce qui doibt advenir de ce dict siege, que je tiens desjà pour advenu. A la verité le siége a desjà esté un peu plus long qu'il n'avoit esté preveu; mais le desir que j'ay tousjours eu de recouvrer ceste ville, qui est tres bonne, la plus entiere qu'il se pourroit, et la preserver du sac et pillage, en a esté la principale cause; n'ayant jamais voulu consentir qu'il se fist aulcun grand effort, sinon pied à pied; mais je m'attendois bien que nous deussions donner une bataille, ayant sceu comme le duc du Maine avoit mandé et asseuré sur son honneur à ceulx qui estoient dedans qu'il ne fauldroit de les secourir et qu'il se perdroit plustost que de les laisser perdre. Je ne faisois toutesfois pas tant de fondement sur ceste promesse, parce que je luy en ay souvent veu faire de telles, qu'il n'a pas tenues. Comme sur ce que je sceus qu'il s'estoit de Soissons acheminé au bois de Vincennes, et que toutes ses forces de toutes les provinces de delà avoient leur rendés-vous prés de luy, mesmes voyant celles de Normandie conduictes par le vicomte de Tavannes desjà arrivées à Dreux, je tenois pour tout certain qu'il hazarderoit un combat; mais il a esté mieux conseillé qu'il ne pensoit, et s'estant contenté d'avoir faict ceste contenance, au lieu de venir à nous, il a reprins son chemin vers la riviere de Marne, et, à son exemple, les autres troupes de Normandie qui s'estoient approchées se sont retirées. Ce pendant nous avons tellement pressé ceulx de ceste ville, que leur ayant faict quicter du tout leur ravelin, et nous voyant d'ailleurs logez sur la bresche qui fut faicte le deuxiesme de ce mois, ils ont prins la meilleure resolution, et ont ce jourd'huy conclud et signé la capitulation de la reddition de la dicte ville, de laquelle ils doibvent sortir de demain en huict jours, ou cas que dans ce temps il ne comparoisse armée qui me fasse lever le siege, ou qu'il entre dedans la place quatre cens hommes de guerre en une seule fois, qui sont conditions plus de vanité que de possibilité, parce que le dict duc du Maine a puis peu de jours commencé d'assieger la ville de Chasteau-Thierry; laquelle quand il abandonneroit dés lors qu'il pourra avoir ceste nouvelle, il ne sçauroit arriver pour les degager de la dicte capitulation, et ay bien plus d'esperance de pouvoir secourir Chasteau-Thierry que je n'ay d'apprehension qu'il vienne me faire lever le siege devant Chartres.

J'ay nouvelles d'Allemaigne, que mon cousin le vicomte de Turenne y a obtenu tout ce qu'il y a poursuivi; et crois que de long-temps il ne sortit une sy belle armée d'Allemaigne que celle qui se doibt amener. Les ennemys publioient que le duc de Parme devoit estre de retour en France, avec une plus puissante armée que celle qu'il y amena cest esté, dés la fin du mois passé. Je ne pense pas touttesfois qu'il y puisse entrer gueres plus tost que la fin de l'aultre, et j'espere qu'environ ce temps là, ou bientost après, l'armée estrangere sera bien prés de moy, qui pour ceste occasion ne m'esloigneray pas des rivieres, afin d'estre proche de les aller recueillir; et quand je les auray joincts il ne tiendra que aux ducs de Parme et du Maine que nous ne nous voyons de prés; et sy entre cy et là l'affaire demeuroit à terminer entre nous, sans que les estrangers s'en meslassent, j'espererois que l'advantage demeureroit du costé de la raison. Au reste, le s$^r$ Desdiguieres me mande, du mois passé, qu'il s'acheminoit en Provence pour assister le s$^r$ de la Vallette, où j'estime qu'il y auroit maintenant advantage d'y faire quelque effort, puisque le duc de Savoye en est party pour aller en Hespaigne, ainsy qu'il m'escript. J'ay esté esbahy que ceulx de Marseille l'ayent admis dans la ville; car c'est un prejugé, qu'il pourroit faire pis. Je vous prie de prevenir cela par les meilleurs moyens que vous pourrés, et si vos forces ne sont poinct occupées par delà, d'en vouloir aussy assister le dict s$^r$ de la Vallette, afin qu'en moins de temps il puisse executer davantaige. Je sçais qu'il n'est besoing vous en faire plus expresse recommandation, car l'intelligence, le soing et l'affection que vous y apportés vous y faict voir plus clair que nous ne sçaurions faire d'icy. Je n'adjouxteray aussy plus rien à ceste-cy; sinon pour vous asseurer que le desir que j'ay de vous voir près de moy m'augmente tousjours d'aultant qu'il m'est différé. Sur ce, je prie Dieu, mon Cousin, vous avoir en sa saincte garde. Escript au camp devant Chartres, le xij<sup>e</sup> avril 1591.

HENRY.

FORGET.

## 1591. — 19 AVRIL. — I<sup>re</sup>.

Orig. — Arch. de la ville de Bayonne, *Lettres des Rois et Reines.*

A NOS CHERS ET BIEN AMEZ LES MAIRE, JURATS, MANANS ET HABITANS DE NOSTRE VILLE DE BAYONNE.

Chers et bien amez, Ainsy que nous sçavons que vous communiqués aux peines et passions que nous portons à l'occasion de la rebellion et tumulte qui nous est suscité en cestuy nostre Royaume, aultant que bons et affectionnez subjects peuvent faire, aussy ne voulons-nous recepvoir aucun advantage et bon succés sans vous en faire part, afin que ce vous soit autant de consolation et de subject d'en rendre graces à Dieu, qui fait bien visiblement recognoistre qu'il tient en protection nostre cause, permettant que les choses nous succedent le plus souvent contre les discours humains, et que nos entreprinses se rendent en ceste guerre, et par sa grace, plus faciles et possibles qu'elles n'ont, en aultres, accoustumées d'estre, comme c'en est un trés grand exemple en la prinse et reduction que nous avons faicte de ceste ville de Chartres, l'importance et forteresse de laquelle est assez cogneue par les bruicts que les ennemys ont cy-devant publiez de l'impossibilité qu'il y avoit que nous la peussions recouvrer. Ils en ressentiront les incommoditez de la perte, et nous les advantages de l'avoir retiré de leurs mains, et esperons que le bon traitement que nous faisons aux habitans d'icelle, et grande clemence dont nous usons envers eux, invitera beaucoup d'aultres villes, qui ont esté pareillement seduictes, de se recognoistre, et que ce sera, en ceste-cy, en acquerir plusieurs aultres; et nous conjouissant du bien et faveur, avec vous, que Dieu nous y a voulu faire, nous vous exhortons de luy en rendre graces publiques et particulieres, avec prieres de vouloir continuer sa benediction sur nostre labeur, pour lequel vous cognoissés assez que nous ne nous espargnons poinct; qui vous doibt estre un argument de ne plaindre pas aussy le vostre, ny vos moyens et facultez pour nous assister à sortir, et finir ceste miserable guerre, ainsy que nous croyons que Dieu permettra que nous ferons bien tost, au soulagement et repos de tous nos bons subjects. Donné au camp de Chartres, ce xix$^e$ jour d'avril 1591.

HENRY.

FORGET.

### 1591. — 19 AVRIL. — II$^{me}$.

Cop. — Arch. de la cour royale de Rouen. Registres secrets originaux du parlement de Normandie, séant à Caen, vol. du 25 juin 1589 au 8 novembre 1591, fol. 296 recto. Communication de M. Floquet, greffier en chef, et correspondant de l'Institut.

A NOS AMEZ ET FEAULX LES GENS TENANS NOSTRE COURT DE PARLEMENT ESTABLIE A CAEN.

Dieu par sa grace n'a point voulu permettre que le long travail et peine que nous avons employez au siege de ceste ville, dont la bonté de la place a esté cause, nous ayt esté inutile, ains a faict que, suivant la capitulation arrestée le x$^e$ de ce mois, n'ayans les assiegez peu recevoir aucun secours pendant les huict jours que nous leur avions accordez par la vigilance que nous y avons apportée, nous sommes entrez ce jourd'huy en ladicte ville, avec beaucoup de contentement d'un sy heureux succez, mesmes de ce qu'il a pleu à Dieu inspirer les assiegez à se rendre, et esviter le desordre qui advient aux villes prinses de force. Nous n'y sejournerons que deux jours, pour pourvoir à ce qui est le plus necessaire pour la conservation de la dicte ville et repos des habitans d'icelle, ayant deliberé, avec l'ayde de Dieu, de partir le iii$^e$ avec mil chevaulx et mil harquebuziers à cheval, pour aller en diligence secourir Chasteau-Thierry, que le duc de Mayenne tient assiegé, esperant (s'il nous y attend) de conserver la dicte ville et le combattre, s'estant toute la noblesse de Picardie et de Champagne assemblée pour nous assister en une sy bonne occasion. De vostre part, nous vous prions continuer tousjours de tenir la main en ce qui concerne le bien de nostre service et favorizer de l'auctorité de vos charges ceulx qui commandent par delà pour nostre dict service, comme vous avés faict jusques icy. Donné au camp de Chartres, le xix$^e$ jour d'avril 1591.

HENRY.

POTIER.

1591. — 19 AVRIL. — III$^{me}$.

Orig. — B. R. Fonds Béthune, Ms. 9104, fol. 52.
Cop. — B. R. Suppl. fr. Ms. 1009-3.
Imprimé. — *Mémoires de Nevers*, t. II, p. 239.

A MON COUSIN LE DUC DE NEVERS,

GOUVERNEUR ET MON LIEUCTENANT GENERAL EN MES PAYS DE CHAMPAIGNE ET BRIE.

Mon Cousin, Depuis l'advis que je vous ay donné de la capitulation faicte le x$^e$ de ce mois avec les assiegez de ma ville de Chartres, j'ay faict sy bonne garde que, Dieu mercy, nul secours n'a peu entrer en la dicte ville. Les gens de guerre qui estoient en icelle sont sortis ce jourd'huy, suivant la dicte capitulation; et y suis entré, à mon grand contentement, pour le bien et advancement que la prinse de ceste place apportera à mes affaires. J'y sejourneray demain et aprés-demain pour pourveoir à ce qui est plus necessaire pour la conservation d'icelle, et le iii$^e$ jour j'ay resolu de partir avec mil chevaulx et mil harquebusiers à cheval pour aller en diligence secourir Chasteau-Thierry, ayant eu nouvelles qu'encores que le duc de Mayenne ayt prins la ville, le chasteau d'icelle, dans lequel est le vicomte de Comblizy, me donnera le loisir de la secourir; et sera possible occasion que je combattray mes dicts ennemys, s'ils s'opiniastrent et attendent ma venue. Car, oultre les forces que je meine, je trouveray mon cousin le duc de Longueville, avec les forces de Picardie, et mon cousin le duc d'Espernon, qui l'a joinct, lesquels m'attendent ez environs de Compiegne; et les s^rs comte de Brienne[1], Givry et Praslin sont de l'autre costé de la riviere avec quatre ou cinq cens chevaulx. Ceste occasion requerant un prompt remede ne me permet de vous attendre au passage de la riviere, comme je desirois, ny mesme d'amener mon armée, laquelle neantmoins viendra aprés moy et en passant reduira les chasteaux d'Aulneau, Dourdan, et aultres lieux que tiennent mes ennemys entre icy et Paris. Voila, mon Cousin, ma resolution, laquelle j'espere executer sy promptement, que dans peu de jours vous en entendrés des nouvelles. Ce sera le commencement de ce que j'ay deliberé faire en mon pays de Champaigne. Et d'aultant que je ne sçaurois estre trop assisté de cavallerie pour un tel effect, je meine avec moy les trouppes de Champaigne que m'avés laissées. Ce pendant je vous prie de monter incontinent à cheval, pour vous acheminer à Melun, jusques où j'estime que la noblesse de Nivernois et les garnisons des places qui tiennent pour mon service sur vostre chemin, vous pourront asseurer le passaige; et aussy tost que l'exploict de Chasteau-Thierry sera faict ou failly, je renvoyeray au devant de vous les s^rs de Givry, de Praslin et aultres de mes serviteurs, avec leurs trouppes, pour vous faire escorte jusques au lieu où je seray[2]. *Les habitans de Metz ont envoyé vers moy pour me faire entendre que le temps de la trefve est expiré, estant advisé avec Lorraine de la prolonger jusques au jour de la Pentecoste prochaine; sur quoy je leur ay encores*

---

[1] Charles de Luxembourg, comte de Brienne et de Roussy, fils de Jean de Luxembourg et de Guillemette de Lamarck, était gouverneur de Metz et du pays messin. Il devint, en 1597, chevalier des ordres du Roi, et mourut, sans enfants, en 1610. Après sa mort, son neveu Henri de Luxembourg vendit à Marie de Médicis l'hôtel qu'ils avaient dans le haut du faubourg Saint-Germain. Cette princesse le fit abattre, et sur l'emplacement, augmenté de terrains contigus, fit construire en 1615, par Jacques de Brosse, le palais qui porte encore aujourd'hui le nom de Luxembourg.

[2] La partie en italique est chiffrée dans l'original. Nous avons suppléé entre crochets, par conjecture, deux endroits non déchiffrés. Du reste, le texte que nous donnons est plus exact et plus complet que celui qu'on lit dans les Mémoires de Nevers.

déclaré ma volonté. Peu auparavant le s.<sup>r</sup> de Vanes m'estoit venu trouver pour me faire dire le propos qu'il avoit eu avec l'un de ceulx du conseil du Lorrain, duquel [il avoit appris] que le duc de Lorraine auroit la volonté de traicter avec moy pour apporter une fin à la guerre enfin. Mais je n'ay faict aultre response du dict s.<sup>r</sup> de Vanes que, quant [aux propositions] de la part de Lorraine, je feray ce que je verray estre à propos pour le bien. J'espere que vous serés prés de moy avant que je prenne resolution sur ce faict. Aussy desiré-je la faire avec vostre advis. Mon cousin le duc d'Espernon, venant trouver mon cousin le duc de Longueville, a prins le gouverneur de Montreuil, son fils et son lieutenant; et peu de jours auparavant, la garnison de Dieppe a deffaict cent cinquante chevaulx du duc d'Aumale. Le s.<sup>r</sup> de Guitry a aussy battu mes ennemys en un combat qu'il a faict contre eulx en Savoye; et mon cousin le prince de Dombes a deffaict depuis peu deux cens chevaulx et cinq cens hommes de pied du duc de Mercœur; qui faict assez paroistre combien Dieu par sa grace favorise de tous costez mes serviteurs : et sur ce, je prie Dieu qu'il vous ayt, mon Cousin, en sa saincte garde. Escript au camp de Chartres, le xix<sup>e</sup> jour d'avril 1591.

HENRY.

POTIER.

## 1591. — 19 AVRIL. — IV<sup>me</sup>.

Orig. — A Londres, State paper office. France. Transcription de M. Lenglet.

### A MONS<sup>R</sup> DE BEAUVOIR,

CONSEILLER EN MON CONSEIL D'ESTAT, CAPPITAINE DE CINQUANTE HOMMES D'ARMES DE MES ORDONNANCES ET MON AMBASSADEUR EN ANGLETERRE.

Mons.<sup>r</sup> de Beauvoir, Je vous ay donné advis par mes dernieres lettres, qui sont du xj<sup>e</sup> de ce moys, de la cappitulation où ceux de ceste ville estoient entrez avec moy, et quelle condition je leur avois accordée, à sçavoir qu'elle seroit remise à mon obeissance, si dans huit jours, qui expirerent hier, il ne venoit armée qui me feist lever le siege, ou qu'il y entrast à une fois jusques à quatre cens hommes de secours. Cela ayant esté ainsi accordé, je leur baillay mes passeports, pour envoyer vers le duc du Mayne et l'advertir de la dicte composition et sçavoir sur la promesse qu'il leur avoit faicte expresse de les venir secourir, jusques à dire qu'il se perderoit plustost que de les laisser perdre, quelle seroit sa resolution, de laquelle, combien que par son reculement aprés estre venu jusques auprés de Paris, ainsy que je vous ay escript, je jugeasse ce qui adviendroit, toutesfoys je m'estois preparé à tous evenemens, de sorte que j'esperois bien, avec l'ayde de Dieu, s'il eust entrepris ledict secours, qu'il ne luy eust cousté moins cher que feit, l'année passée, celuy qu'il voulut donner à la ville de Dreux; et au surplus, j'ay continuellement faict faire sy bonne garde, que quiconque se fust voullu hazarder d'entrer avec troupe s'en fust mal trouvé, ayant esté en cela tres bien servy de la noblesse qui est icy. Mais je ne leur ay rien fait faire dont je ne leur aye donné l'exemple. Pour le regard du premier point, les dicts deputez qui revindrent, pour couvrir son intention de n'y point venir et le manquement de sa promesse, en avoient, d'arrivée, rejecté le blasme sur ceux qui avoient faict la dicte capitulation mesme, pour la briefveté du terme, qui luy fournissoit quelque apparence d'excuse de n'y pas venir, mais non de ne s'y estre acheminé plus tost comme ils luy en avoient assez donné de loisir et faict instance, s'estans à la verité portez à la deffense de ceste place autant vaillamment qu'il est possible, et neantmoins pour ne renvoyer les dicts depputez du tout mal satisfaicts, il auroit depesché quant et eux le viconte de Chavanes, avec deux cens cuirasses et trois cens harquebuziers à cheval, qui sembloit, venant de loing, se pouvoir, avant que je sceusse sa venue, couler dans la dicte ville; mais en estant à trois lieues prés, la nuict d'entre lundy et mardy, il print pour excuse de ne passer oultre, que la nuict estant desjà trop advancée, il ne pourroit arriver que au jour, et estant descouvert, fauldroit à faire ce qu'il pretendoit. Avec ceste deffaicte il envoya en çà les dicts depputez, prenant son chemin vers Dreux, d'où il leur donnoit encore opinion qu'il viendroit la nuict derniere. Mais il a fait plus seurement pour luy, car il ne s'y est point presenté ny mis en chemin; aussy y eust-il mal fait ses besognes. Ce matin les gens de guerre qui estoient dans la dicte ville sont sortis, suivant la cappitulation, et dés aujourd'huy je m'y suis venu loger, pour empescher qu'il ne s'y face desordre, louant Dieu de tout mon cœur, comme tous mes bons serviteurs et aultres qui m'aiment ont occasion de faire, de ce bon succez, qui, j'espere, n'apportera pas moins de reputation que de commodité à mes affaires, pour estre ceste place de telle qualité et importance qu'elle est. Je fais estat de partir lundy avec bon nombre de cavalerie, pour aller secourir Chasteau-Thierry, et desjà mes cousins les ducs de Longueville et d'Espernon, et grand nombre de noblesse des provinces voisines, en sont approchez; lesquels, si l'ennemy me donne loisir de joindre, comme j'espere que les assiegez me le donneront d'y arriver à temps pour les delibvrer et que Dieu me continuera sa protection, il en pourroit succeder quelqu'aultre effect de plus grande consequence.

[1] *J'escris un mot à la Royne, ma bonne sœur, à laquelle vous ferés part de la presente, que je m'asseure qu'elle entendra volontiers, comme elle me faict ce bien d'affectionner ce qui me touche. Vous luy dirés au demourant, que le prince de Dombes m'a donné advis qu'il a appris, par lettres interceptées, qu'on escrivoit à ceulx qui sont descendus en Bretaigne, et par aulcuns qui ont esté prins, confirmé aussy par deux Italiens qui se sont rendus à luy, que ils ont commandement du roy d'Hespagne de fortifier en toute diligence le port de Blavet, pour servir de retraicte aux forces que le dict roy y veult envoyer, et mesme pour l'armée qu'il dresse pour faire passer, cest esté, en Angleterre. S'il plaist à la dicte dame faire haster le secours qu'il luy a pleu m'accorder pour le dict pays, j'espere qu'elle et moy nous sçaurons garentir du prejudice que la dicte place nous pourroit apporter; car si la noblesse s'y voit assistée de ce renfort, cela l'encouragera, et tous mes aultres bons serviteurs de la province, de soustenir mon service avec leurs libertez, ce que la pluspart n'osent entreprendre ouvertement, se voyans les plus foibles. Vous pourrés neantmoins avoir*

---

[1] La partie imprimée en italique est chiffrée dans l'original et transcrite sur un ancien déchiffrement.

entendu la deffaicte qui y est advenue depuis peu de jours sur les ennemys, où il est demeuré pour le moins cent gentilshommes, que morts que prisonniers, et grand nombre de gens de pied, avec bien petite perte des miens. En suite de quoy ceux qui estoient dans la ville de Montcontour, au siege du chasteau, l'ayans abandonné d'effroy, ils furent rencontrez, et une bonne partie taillez en pieces. Si ces bons succez, qui affoiblissent autant les cœurs des vaincus qu'ils l'augmentent aux vainqueurs, estoient promptement secondez de moyens, pour les poursuivre, sans doubte il en pourroit produire beaucoup [plus] de fruict que si on laisse refroidir ceste ardeur des uns, et rasseurer les aultres par quelque nouvelle entreprise qu'ils pourront faire, demourans les plus forts comme ils sont. J'attends aussy response, ou, selon mon desir, l'effect de l'autre secours que j'ay pareillement supplié la dicte dame, premierement par le courrier Romain, puis par le retour du s$^r$ Dyoch[2], et depuis encore par le s$^r$ de Reau, me vouloir encores envoyer, pour me donner moyen, quand le duc de Parme voudra entrer en ce Royaume, de m'y opposer, ou, s'il tarde quelque temps à venir, pour faire quelque bonne entreprise, comme j'en ay en ma main une occasion, qui, je m'asseure, seroit trés agreable à la dicte dame. Il y a ceste difficulté d'estre le premier armé; car celuy qui a cest avantage peut acquerir en peu de temps de quoy faire consummer à l'aultre, pour le regaigner, la vigueur de son armée et, selon les occurrences, faire encore mieulx, oultre infinis accidens qui sont conjoincts à la condition de l'un et de l'aultre, mesmes ez guerres civiles, où le peuple se tourne aysement suivant la fortune. Je vous prie ne cesser de presser la dicte dame et ceux de son conseil, tant pour la Bretaigne que pour le surplus, et souvent leur representer l'utilité de la diligence, comme je m'asseure que vous leur en sçaurés assez faire voir le bien et le mal que peut apporter la longueur. Je ne puis aussy obmettre de vous dire que Vilars faict arriver nombre de navires, et entre autres le grand Brassac, qui est du port de quatre cens tonneaux. Ceux de Somme[3]

---

[2] Ce nom se trouve écrit Dyorck ou d'York, dans une dépêche diplomatique adressée à M. de Beauvoir, le 6 du même mois.

[3] Le nom de la Somme désigne probablement ici plusieurs des villes de Picardie situées sur les bords de cette rivière.

en ont desjà treize de guerre dehors, de sorte que s'il n'y est promptement remedié, non seulement ils se rendront maistres, mais pourront entreprendre quelque chose de grand. Ceux de Dieppe ont accordé de mettre quatre navires en mer. J'escris à Caen pour les inciter à en faire autant. Mais quand ils y condescendroient, dont je ne suis asseuré, tout cela serviroit de peu, sans ayde. Je vous prye d'en parler aussy à la Royne et luy dire, tant à elle qu'à ceux de son conseil, la consequence aussy bien pour ses subjects que pour mon service, taschant de les induire à faire sortir, s'il est possible, nombre suffisant de navires, avec lesquels se joindront ceulx de mes dicts subjects, pour rompre le susdict desseing aux ennemys, avant que ils le puissent establir; car si on leur donne quelque loisir, les prises qu'ils feront sur sesdicts subjects et sur les miens les rendront plus forts de jour à aultre; et seroit chose très dangereuse, venant une armée d'Hespagne, qu'elle fust accreue de ce moyen, d'autant que ce seroit gens et vaisseaux plus duits que les Hespagnols aux entreprises qu'ils vouldroient faire contre nous et nos royaumes. Je ne doubte point que toutes ces propositions et la despense qu'elles peuvent apporter ne soyent trouvées estranges, vous asseurant que je me passerois volontiers luy en donner la fascherie, luy portant tel respect, que je prendrois beaucoup plus de plaisir à ce que je penserois luy en pouvoir apporter; mais le mal estant sy imminent et proche, de telle consequence qu'elle le sçaura trop bien juger, je ne puis moins faire que de le luy descouvrir, pour y rechercher le remede que je n'y puis donner de moy mesme, et pour l'asseurance que j'ay de sa bonne volonté en mon endroict, à laquelle je vous prie luy asseurer de ma part que je correspondray toute ma vie d'une entiere affection de luy faire service, qui ne me donnera jamais repos, jusques à ce que Dieu m'ayt rendu sy heureux de luy en rendre preuve par quelque bon effect, qui luy puisse apporter contentement. Je le prie, pour fin de la presente, qu'il vous ayt, Mons$^r$ de Beauvoir, en sa saincte et digne garde. Escript à Chartres, le xix$^e$ avril 1591.

HENRY.

REVOL.

## 1591. — 22 AVRIL.

Orig. — Arch. de la ville de Bayonne. Transcription de M. Balasque, archiviste.

A NOS CHERS ET BIEN AMEZ LES MAIRE, JURATS, MANANS ET HABITANS DE NOSTRE VILLE DE BAYONNE.

Chers et bien amez, Nous avons esté advertys, par nostre trés chere et bien améé sœur unique, de la bonne et honorable reception que vous luy avés faicte dernierement qu'elle a voulu aller en nostre ville de Bayonne, ce qui nous a esté sy agreable, que nous avons bien voulu vous tesmoigner par ces lettres particulierement le bon gré que nous vous en sçavons, qui ne sçauroit estre plus grand quand cest honneur auroit esté rendu à nostre propre personne. Nostre dicte sœur n'a pas manqué, de sa part, de nous faire entendre le grand contentement qu'elle en a receu, et de nous requerir en sa faveur de vous gratifier de ce que vous rechercherés de nostre grace, comme vous en pouvés estre asseurez, ne nous pouvant estre faicte recommandation de meilleure part que de la sienne, ny pour aulcuns de nos subjects que nous aimions plus que vous, de qui nous sçavons estre parfaictement aimez et fidelement servys. Donné au camp de Chartres, le xxij$^e$ avril 1591.

HENRY.

FORGET.

## 1591. — 28 AVRIL.

Orig. — Archives de la ville de Metz. Copie transmise par M. Clercx, archiviste.

A NOS TRÉS CHERS ET BIEN AMEZ LES MAISTRE-ESCHEVIN, GENS DE JUSTICE ET HABITANS DE LA VILLE ET CITÉ DE METZ.

Trés chers et bien amez, Nous avons entendu par vos depputez, et par les lettres du s$^r$ de Sobolle[1], ce qui a esté accordé pour la

---

[1] Roger de Cominges, seigneur de Saubolle et de Chantelle, fils aîné de Jean de Cominges et de Madeleine d'Espagne, né en 1553, conseiller d'état et chevalier de

continuation de la trefve. Nous avons en telle recommandation ce qui peut ayder à vostre repos et au bien de tout le pays Messin, que nous l'embrasserons tousjours avec mesme affection et volunté que celluy de noz propres subjects, vous asseurant que nostre protection vous sera autant favorable que celle des Roys nos predecesseurs : à quoy nous adjouxterons encore davantaige, si nous pouvons, pour là singuliere affection que nous avés tesmoignée dés nostre advenement à la Couronne et continuée de jour en jour pour ce qui concerne la dicte trefve. Nous approuvons la continuation d'icelle jusques au jour de Pentecoste, et mandons au s$^r$ de Sobolle de prolonger encores jusques au premier jour de juillet prochainement venant, dans lequel temps nous adviserons de la prolonger davantaige, selon qu'il sera requis pour le repos de vostre dict pays et le bien de nostre service. Le dict s$^r$ de Sobolle vous fera sur ce entendre plus particulierement nostre volunté. Et quant à l'entretenement de la garnison, nous avons commandé à ceulx de nostre conseil de faire bailler une bonne assignation pour ayder au payement d'icelle, affin que vous en puissiés recepvoir soulagement. Nous esperons dans peu de temps nous acheminer en nostre pays de Champaigne, qui ne sera sans vous mander de nos nouvelles, et vous veoir, si nos affaires nous le peuvent permettre. Sur ce, nous prierons Dieu qu'il vous ayt en sa saincte garde.

Donné à Senlis, le xxviij$^e$ jour d'apvril 1591,

HENRY.

POTIER.

---

l'ordre, avait été successivement capitaine de cinquante arquebusiers-reîtres, gouverneur de Saint-Béat, lieutenant du Roi au pays messin, puis gouverneur de la citadelle de Metz, charge qu'il remplit jusqu'en 1603. Il mourut le 24 juillet 1615.

1591. — 29 AVRIL.

Orig. — B. R. Fonds Béthune, Ms. 9115, fol. 77.
Imprimé. — *Mémoires de Nevers*, t. II, p. 241.

[A MON COUSIN LE DUC DE NIVERNOIS ET RETHELOIS.]

Mon Cousin, Suivant ce que je vous escrivis deux jours devant mon partement de Chartres, je partis avec mil chevaulx et mil harquebusiers à cheval, pour venir secourir Chasteau-Thierry, laissant mon armée à mon cousin le mareschal de Biron, pour reprendre les chasteaulx et forts que mes ennemys occupent entre la dicte ville de Chartres et Paris. J'apprins en chemin, à mon regret, que le dict Chasteau-Thierry estoit perdu. Toutefois je n'ay voulu laisser de m'approcher de mes ennemys, car ayant destiné quelques forces pour faire faire un fort sur la riviere de Marne, dans une isle prés Gournay, pour empescher le passage de la dicte rivière, je m'en vay presentement avec le reste de mes forces vers Chasteau-Thierry et Soissons, où est l'armée de mes ennemys, pour entreprendre ce que je verray pouvoir faire pour le bien de mon service. Cela faict, j'iray reprendre mon armée pour aller en ma province de Champaigne. Je vous prie me faire plus souvent part de vos nouvelles et des progrés que vous ferés, car depuis que vous estes entré en Bourgogne je n'en ay receu aucune. J'ay cogneu par une depesche que le Grand Seigneur m'a faicte, comme il est resolu d'attaquer à bon escient le roy d'Espagne ceste année, et encore plus l'année prochaine; et mon cousin le vicomte de Turenne m'a mandé que l'armée des princes d'Allemaigne, qui vient faire mon service, commencera à marcher au commencement du mois de may; et sur ce, je prie Dieu vous avoir, mon Cousin, en sa saincte et digne garde. De Senlis, le xxixe jour d'apvril 1591.

HENRY.

POTIER.

Mon Cousin, servés-vous des forces du sr de Guitry pour entreprendre ce qui se pourra sur mes ennemys.

1591. — 6 MAI.

Cop. — B. R. Suppl. fr. Ms. 1009-3.
Imprimé. — *Mémoires de Nevers*, t. I, p. 613.

[A MON COUSIN LE MARESCHAL DE BIRON.]

Mon Cousin, Je vous ay escript par mes dernieres lettres mon acheminement en ceste ville, où, estant arrivé vendredy au soir bien tard, je fus hier adverty, sur les onze heures ou midy, que le duc de Mayenne envoyoit à Noyon, Montdidier et Roye un regiment de lansquenetz nouvellement venus des Pays-Bas, que le gouverneur de Coussy ne les avoit pas voulu recevoir et qu'ils estoient en une extreme peur que je ne les chargeasse par les chemins. Je montay aussytost à cheval avec deux cens chevaulx, tant de ceulx que j'avois amenez avec moy que de ceulx de ce pays, estant vostre fils encore derriere de trois lieues, avec le reste des troupes, et pris mon chemin droict à la porte de la Fere, où le dict regiment se devoit retirer; mais il y eut de mes serviteurs plus diligens que moy, qui me releverent de ceste peine de les combattre, et m'ont laissé le contentement de la victoire et à eulx l'honneur de l'avoir executée; car un sergent de la garnison de St-Gobin, avec cinquante harquebusiers et environ quatre-vingts paysans, en esperance de faire quelque butin sur la queue, les trouva dans les bois, leur fit une salve d'harquebusades, et criant *vive le Roy*, par la volonté de Dieu les estonna si fort, que ceste petite troupe les mit en route, et de six cens hommes qu'ils estoient sous neuf enseignes, comme le sr de la Bastide, mon maistre d'hostel, qui a marché une journée avec eux, m'a dict, il ne s'en est sauvé que deux drapeaux et environ soixante hommes dans la Fere. Ce qui a desjà esté recognu des morts est le colonel, quasy tous les cappitaines, et environ deux cens soldats, cent prisonniers et le reste escarté sans armes, pour les avoir jetées, affin de mieulx fuir à vau de route parmy les bois, où plus de cinq cens paysans les courent, et leur feront le traictement que vous pourrés penser. Voilà comme les œuvres de Dieu sont admirables! Il s'est retiré au Pays-Bas bien cinq cens hommes de pied et deux cens chevaulx, et ont passé entre Vervins et La Chapelle, dont j'ay receu l'advertissement. Je ne sçauray ne vous dire poinct encore une fois combien ma presence estoit necessaire de par deçà, car cela se doibt dire et non pas escrire. Ceux qui estoient dans Manican, et qui tenoient ceste ville fort serrée, ayant sceu ma venue par deçà, la quicterent dès le soir auparavant, et ceux de Genlis sont investis. Sytost que je l'auray prins, qui sera dans peu de jours, si Dieu plaist, et que j'auray pourveu à ceste place, je m'en iray vous trouver; ce pendant je vous prie me mander de vos nouvelles. A Dieu, mon Cousin, Nostre-Seigneur vous ayt en sa saincte garde. Escript à Chaulny, le vj$^e$ may 1591.

HENRY.

RUZÉ.

[1591.] — 23 MAI.

Orig. autographe. — B. R. Fonds Béthune, Ms. 9109, fol. 1.
Cop. — B. R. Fonds Fontanieu, Ms. P. 73, fol. 21 verso, et Suppl. fr. Ms. 1009-3.
Imprimé. — *Mémoires de Nevers*, t. II, p. 242.

A MON COUSIN LE DUC DE NEVERS.

Mon Cousin, J'ay donné ordre aux affaires de Picardie, et vais trouver mon armée, pour, avec ceux de mon conseil, resouldre sur le general de mes affaires. Je m'en vay en Champagne avec ma dicte armée. Mandés, je vous prie, tous mes serviteurs; car licenciant les troupes de Touraine, le Mayne et Normandie, comme je fais, il m'est besoin d'en avoir d'aultres, attendant l'armée estrangere, laquelle se prepare fort, comme j'ay apprins par la derniere depesche de mon cousin le viconte de Turenne. Je vous prie que je saiche incontinent vostre arrivée à Melun, et de croire que je suis bien resolu de pourveoir à la Champaigne. Je m'asseure que vous y apporterés tout ce que pourrés de vostre part, comme je vous prie faire par vostre diligence accoustumée, priant Dieu, mon Cousin, qu'il vous ayt en sa garde. Escript à Senlis, le xxiij$^e$ may.

HENRY.

## 1591. — 26 MAI.

Cop. — B. R. Fonds Béthune, Ms. 9118, fol. 3.

### A MON COUSIN LE DUC DE LONGUEVILLE.

Mon Cousin, L'accord d'entre vous et mon cousin le duc d'Espernon estoit tellement advancé quand j'ay veu une lettre qu'avés escripte, qu'il n'y avoit rien qui le peust empescher. J'ai trouvé estrange le contenu de vostre lettre, parce que vous n'en aviés receu, aussy que personne ne peut avoir en plus grande recommandation ce qui touche vostre honneur que moy. Je pourrois, de mon auctorité, passer oultre et vous declarer ma volunté, ce que je ne veulx faire, estant bien ayse d'avoir sur vostre differend l'advis de mon cousin le duc de Nevers[1]. Ce pendant envoyés-moy les prisonniers, lesquels je veulx avoir prés de moy. J'ay donné charge au s$^r$ de Haraucourt de les aller querir et d'estre de retour demain au matin en ceste ville. A quoy m'asseurant que vous vous conformerés, je finiray la presente, priant Dieu, mon Cousin, qu'il vous ayt en sa garde. De Senlis, le xxvj$^e$ may 1591.

HENRY.

POTIER.

[2] Je vous prie n'user de remise au faict des prisonniers, car je m'en offenserois.

---

[1] Beau-père du duc de Longueville.
[2] Ce post-scriptum était de la main du Roi.

[1591.] — 27 MAI.

Orig. autographe. — B. R. Fonds Béthune, Ms. 9104, fol. 32.
Cop. — B. R. Suppl. fr. Ms. 1009-3. et Fonds Fontanieu, Ms. P. 73, fol. 12 recto.
Imprimé. — *Mémoires de Nevers*, t. II, p. 242.

### A MON COUSIN LE DUC DE NIVERNOIS,
PAIR DE FRANCE, GOUVERNEUR ET MON LIEUTENANT GENERAL EN CHAMPAGNE ET BRIE.

Mon Cousin, J'avois commandé la depesche de ce porteur, pour vous mander de me venir trouver à Villepreux, quand j'ay entendu vostre partement de Melun pour vous acheminer au dict Villepreux. La presente sera pour vous dire que je seray bien ayse de vous voir. La difficulté du passage de la riviere m'a faict ce jourd'huy sejourner en ce lieu. Je crois que vous aurés entendu la deffaicte des lansquenetz et du regiment de Vaudargant[1], qui estoient en Champaigne, ensemble la prinse dudict Vaudargant. L'esperance que j'ay de vous voir bien tost sera cause que je ne vous feray plus longue lettre : priant Dieu qu'il vous ayt, mon Cousin, en sa saincte garde. De Sainct-Denys, ce xvij<sup>e</sup> may.

HENRY.

1591. — 31 MAI.

Orig. — Arch. d'Agneaux, département de la Manche. Copie transmise par M. Houel.

### A MONS<sup>R</sup> DE S<sup>TE</sup>-MARIE,
MESTRE DE CAMP DE L'UN DE MES REGIMENS DE GENS DE PIÉ[1].

Mons<sup>r</sup> de S<sup>te</sup>-Marie, j'ay mandé au s<sup>r</sup> de Canchy, vostre frere, qu'il me vinst trouver avec sa compaignie, et se rende prés de moy le

---

[1] Les Mémoires de Nevers écrivent ce nom *Vau d'Argent*.

---

[1] Ce régiment était composé de dix compagnies. Jacques de Sainte-Marie, seigneur d'Agneaux, de la Haye-Belouze et d'Orbeville, était, en outre, capitaine de cent arquebusiers à cheval, gouverneur de Granville et des îles de Chaussey, chevalier de l'ordre du Roi, gentilhomme ordinaire de sa chambre. Il avait rempli la même charge dans la maison du roi Henri III, dans celle du duc d'Alençon, et la remplit ensuite sous Louis XIII. Il mourut en 1629.

dix ou douziesme jour de juin, au plus tard, pour me servir en quelques occasions qui se presentent, auxquelles m'asseurant que serés bien ayse d'estre employé, je vous ay faict aussy la presente, afin que vous acheminiés avec vostre dict frere et ameniés vostre regiment le plus complet qu'il vous sera possible, pour estre icy en mesme temps. L'asseurance que j'ay que n'y vouldrés faillir me fera finir la presente : pryant Dieu qu'il vous ayt, Mons' de S$^{te}$-Marie, en sa saincte garde. Du camp de Montfort-l'Amaury, le dernier may 1591.

HENRY.

POTIER.

## 1591. — 6 JUIN.

Cop. — Arch. de la cour royale de Rouen. — Reg. secrets originaux du parlement de Normandie, séant à Caen. Vol. du 25 juin 1589 au 8 novembre 1591, fol. 313 verso. Communication de M. Floquet, greffier en chef, correspondant de l'Institut.

A NOS AMEZ ET FEAULX CONSEILLERS LES GENS TENANS NOSTRE COURT DE PARLEMENT A CAEN.

Nos amez et feaux, Ayant pleu à Dieu nous favoriser tant que d'avoir remis ce jour d'huy la ville de Louviers sous nostre obeissance, et estant la dicte place de l'importance qu'elle est, nous vous en avons bien voulu advertir, afin que, saichant comme Dieu nous a assisté en cette entreprise, vous nous aydiés à luy en rendre graces. L'execution s'est faicte ce jourd'huy par le moyen de dix de nos gens de guerre, qui, en plain midy, se sont saisys d'une porte de la dicte ville; et à l'instant le baron de Biron, que nous avions faict approcher avec nos forces, y a donné et est entré dans la dicte ville. Et quelque resistance que Fontaine-Martel avec sa compaignie, et les habitans ayent sceu faire, nous en sommes demeurez le maistre. Nous avons eu ce contentement de nous estre trouvez presens à un sy heureux succés, et de y arriver assez à temps pour faire rendre partie des soldats qui s'estoient retirez dans l'un des portails d'icelle. L'evesque d'Evreux[1] et le dict Fontaine-Martel se sont trouvez prisonniers ez mains de nos soldats. Nous esperons que Dieu nous fera la grace de parachever de nettoyer ce que nos ennemys occupent encor en ce pays, comme nous en avons la volonté. Donné au camp de Vernon, le vj<sup>e</sup> jour de juing 1591.

HENRY.

POTIER.

[1591.] — 8 juin.

Orig. autographe. — Cabinet de M. Camille Fabre, de Bordeaux. Copie transmise par M. le secrétaire général de la Gironde.

Cop. — B. R. Fonds Leydet, liasse VII, arch. de La Force, 1<sup>er</sup> recueil, fol. 44 verso.

A MONS<sup>r</sup> DE LARCHANT.

Mons<sup>r</sup> de Larchant, Ce mot sera pour vous dire la fascheuse nouvelle de la prinse de Louviers, de laquelle je m'asseure que vous ne pleurerés poinct. J'ay icy avec moy vostre frere, qui dit qu'à ceste heure vous et luy avés quelque chose, et que vous jouirés du bien dont ces coquins vous empeschoient de jouir. Je vous prie de vous en venir avec mon cousin le cardinal de Bourbon. Le faict de Louviers est un miracle ; c'est Dieu qui en doit avoir l'honneur, bien que l'aultre prinse ayt esté trés bien executée. Ce porteur vous en contera les particularitez. J'espere qu'à vostre arrivée vous trouverés avoir quelque chose de meilleur. Je beserois les mains à mad<sup>e</sup> de Larchant, mais je crains que vous en soyés jaloux. On m'a dit qu'elle pleure quand il arrive quelque bon succés en mes affaires ; mandés-moy si c'est de joye ou de fascherye. Bonjour. De Vernon, ce viij<sup>e</sup> juin.

HENRY.

[1] Claude de Xaintes, sur lequel on peut voir l'excellente appréciation de M. Floquet, qui le signale comme « l'un des plus dangereux brouillons du royaume, un agent infatigable de révolte et un docteur de régicide. » (*Hist. du parlem. de Normandie*, t. III, p. 523.)

1591. — 11 JUIN. — I^re.

Orig. autographe. — Archives royales de Saxe à Dresde. Copie transmise par M. le ministre d'état baron Lindenau.
Cop. — Arch. de la Couronne, salle 5, anciennes archives, Ms. 30, fol. 126 verso.
Cop. — Bibliothèque de M. Monmerqué, Ms. intitulé : *Depesches, instructions et commissions*, fol. 113 recto.

### A MON COUSIN LE DUC DE SAXE,
#### ESLECTEUR DU SAINCT EMPIRE.

Mon Cousin, Par toutes les lettres que j'ay receues de mon cousin le vicomte de Turenne, depuis son arrivée auprés de vous, j'ay eu tant de confirmation de vostre bonne volonté à la prosperité et advancement de mes affaires, que à bon droict je recognois vous en avoir une trés grande obligation, m'ayant bien expressement faict entendre, oultre l'affection particuliere que vous montrés envers moy, le secours que vous y donnés de vos moyens, et le soing à ce que je sois assisté de sy bonnes forces, que les iniques desseings de mes ennemys et leur conjuration de la ruine et partage de ceste Couronne ne puissent prevaloir contre moy; dont je ne vous sçaurois assez à mon gré remercier; mais bien vous asseureray-je que vous acquerrés, en ce faisant, tant de pouvoir en mon endroict, que rien ne sera jamais en ma puissance, de quoy vous ne puissiés disposer autant librement comme volontiers vous donnés la main, avec tant de bons effects, au soulagement de ma juste cause. Et combien, mon Cousin, que mes dicts ennemys qui justement peuvent aussy estre reputez ennemys du repos public, pussent par les grands efforts qu'ils dressent, lasser mes amys de l'assistance qu'ils me donnent, toutesfois je m'asseure qu'ils n'auront particulierement cest advantage sur vostre generosité, et que vostre credit et auctorité retiendra les aultres princes en la mesme resolution que vous prendrés, s'il vous plaist, de la me continuer comme je vous prie vouloir le faire, selon le besoin que j'en pourray avoir et vostre naturelle inclination d'aimer aultant l'equité et la justice, comme la violence et ambition injurieuse est de soy detestable; que Dieu fera tomber, s'il luy plaist, au soulagement des bons : lequel je prie qu'il vous ayt, mon Cousin, en sa saincte garde. De Vernon, ce xj⁰ juin.

Vostre affectionné cousin,<br>HENRY.

1591. — 11. JUIN. — II<sup>me</sup>.

Orig. — Archives royales de Saxe à Dresde. Copie transmise par M. le ministre d'état baron Lindenau.

A MON COUSIN LE DUC DE SAXE,<br>PRINCE ET ESLECTEUR DU SAINCT EMPIRE.

Mon Cousin, Saichant que l'affection que vous avés au bien de mes affaires vous rend desireux de sçavoir l'estat d'iceulx, il est bien raisonnable que je vous en tienne adverty à mesure qu'il s'en offrira occasion, dont par cy-devant je me suis reposé sur la part que mon cousin le vicomte de Turenne vous feroit de ce que je luy en ay mandé; et doresnavant je y satisferay moy-mesme. Vous aurés sceu la reduction de ma ville de Chartres soubs mon obeissance, qui est des principales de mon Royaume, aprés laquelle tout aussy-tost je feis un voyage, avec de la cavalerie seulement, en Picardie, pour asseurer quelques villes qui estoient incommodées d'aulcuns chasteaux que les ennemys tenoient à l'entour; ce qui me succeda par la prinse d'iceulx selon mon intention; et estant de ce costé-là, il y eust une deffaicte de quelques enseignes de lansquenetz ennemys, executée par mes gens de guerre d'une garnison proche, pendant que j'estois à cheval pour les aller combattre, dont, avec la perte et mort de la plupart des hommes, me furent apportez deux drappeaulx. Pendant que je faisois le dict voyage, j'avois laissé mon armée soubs la conduicte de mon cousin le mareschal de Biron, qui l'employa à l'expurgation des chasteaux de Auneau et Dourdan entre Chartres et Paris, ce dernier trés fort, par le moyen desquels la dicte ville souloit tirer de grands rafraischissemens de vivres, et depuis la prinse d'iceulx elle demeure du tout privée des commoditez de la Baulce, qui lui fournissoit une partie de sa nourriture. Comme je fus de retour en mon armée, en mesme temps me vindrent nouvelles que les gens du duc de Savoye avoient esté deffaicts par les miens en Provence, en estant demourez plus de douze cens morts sur la place, plusieurs drappeaulx gaignez, et plus de quatre cens prisonniers, avec grand nombre de chevaulx; et en mon pays de Champaigne le semblable est advenu du regiment de lansquenetz de Collatto, avec un regiment françois dont la plus-part furent tuez et aulcuns des chefs retenus prisonniers. Cela a esté suivy d'un aultre aussy heureux exploict vers ma ville de Dieppe sur un regiment de Walons et un de François des forces de Rouen, qui ont esté entierement defaicts et la plus part tuez; et le vi$^e$ de ce mois ma ville de Louviers, à cinq lieues en deçà de Rouen, a esté surprinse et gaignée par les miens, à l'heure de midy et en ma presence, avec assez fort combat, pour la resistance que feirent ceux de dedans; mais ils feurent poursuivis si vivement que j'en suis demouré le maistre par la grace de Dieu, et se peult dire la dicte place l'une des fortes de mon Royaume. J'espere que, oultre ce fruict que j'ay desjà recueilly de ma venue en ce quartier, elle m'apportera encore quelque aultre bon effect, Dieu aydant, sans laisser cependant de donner ordre et pourveoir à la reception du secours que vous m'envoyés; et possible je me trouveray moy-mesme au devant lorsqu'il sera temps, si je cognois qu'il soit de besoing, selon ce que feront les ennemys, lesquels, oultre les forces que le duc de Parme et le duc de Lorraine font estat d'avoir de leur costé, attendant celles que le Pape a accordé d'envoyer, qui sont les cinq mil Suisses dont il a demandé la levée, mil harquebusiers et mil chevaulx italiens, s'estant laissé emporter aux persuasions des Espagnols qui possedent entierement la cour de Rome, de sorte qu'ils ont obtenu de luy des hommes, de l'argent et les fulminations qu'ils poursuivoient de long-temps de faire jetter contre les princes, seigneurs et aultres mes subjects catholiques, tant ecclesiastiques que lais, qui me recognoissent, lesquelles a envoyé publier par un de ses prelats venu esprés par deçà, pensans divertir, par ce moyen, de mon service, plusieurs des dicts catholiques; mais j'espere que Dieu, qui est par dessus les machinations des hommes, les fortifiera de sorte en la juste resolution qu'ils ont suivie jusques à present, qu'ils demoureront fermes en leur fidelité et devoir en mon endroict. La royne d'Angleterre, voyant une nouvelle descente d'Espagnols faicte en mon pays de Bretaigne, y a envoyé à mon secours trois mil Anglois, et me promet encore aultre renfort, soit pour m'en servir en mon pays de Normandie, ou pour aultre effect, selon que les actions et progrés de mes ennemys le requerront; ayant trés grande occasion de me louer de la bonne et favorable assistance que je reçois de la dicte dame à l'advancement de mes dictes affaires, desquelles ne pouvant vous dire à present aultre particularité qui [le] merite, je feray fin en cest endroict, aprés avoir prié Dieu, mon Cousin, vous avoir en sa saincte et digne garde. Escript à Vernon, le xj$^e$ jour de juing 1591.

HENRY.
REVOL.

1591. — 11 JUIN. — III$^{me}$.

Orig. autographe. — Archives royales de Wurtemberg; transcription de M. Kausler.

A MON COUSIN LE DUC DE WIRTEMBERG,
PRINCE DU SAINCT EMPIRE.

Mon Cousin, Vous avés faict cognoistre par l'assistance que vous avés voulu donner de vos moyens à mes affaires, ainsy que j'ay entendu par ce que mon cousin le vicomte de Turenne m'en a escript, que vous ressentés les injustes entreprises dressées sur ceste Couronne, selon l'amitié qui a tousjours esté entre les Rois de France et les princes de vostre maison, et que l'affliction de vos amys ne les vous faict abandonner au besoing; qui est la preuve certaine de la vraie amitié, et à moy un juste argument de faire estat de la vostre, comme j'ay toujours eu intention de vous rendre asseuré de la mienne, dont, attendant qu'il se presente quelque occasion, je vous remercie de trés bon cœur des effects par lesquels vous m'avés à present voulu obliger à la continuer; vous priant croire que je y rendray tousjours la parfaicte et entiere correspondance que merite la sincerité avec laquelle vous m'y avés de nouveau invité, et que je seray trés ayse quand je pourray faire chose qui vous soit à contentement : priant Dieu, mon Cousin, qu'il vous ayt en sa saincte garde. Escript à Vernon, le xj$^e$ jour de juing 1591.

HENRY.

REVOL.

### 1591. — 11 JUIN. — IV$^{me}$.

Orig. — B. R. Fonds Béthune, Ms. 9104, fol. 55.
Cop. — Suppl. fr. Mss. 1009-3.
Imprimé. — *Mémoires de Nevers*, t. II, p. 244.

#### A MON COUSIN LE DUC DE NIVERNOIS,
PAIR DE FRANCE, GOUVERNEUR ET MON LIEUCTENANT GENERAL EN CHAMPAGNE ET BRYE.

Mon Cousin, La prinse de Louviers a esté cause de retarder quelques jours le convoy de Dieppe. Depuys j'ay eu affaire aux Suisses, lesquels j'ay trouvé sy difficilles, qu'ils m'ont arresté et tout le reste de mon armée quatre jours entiers, pendant lesquels j'ay travaillé à leur faire trouver de l'argent et leur donner quelque contentement sur leur demande. J'espere desloger demain de ce lieu, et faire acheminer les forces qui doibvent aller à Dieppe, lesquelles, à ceste occasion, ne pourront estre de retour à Mante qu'au xxiiij$^{me}$ de ce mois. Estant les dictes pouldres arrivées, je ne perdray temps pour me rendre en mon pays de Champaigne le plus tost que je pourray. Ce pendant, mon Cousin, je vous prie d'assembler tout ce que vous pourrés de mes serviteurs, et entreprendre ce que vous jugerés qui se pourra faire pour mon service. Depuis la prinse de Louviers, ceux de Rouen sont entrez en telle defiance qu'ils ont arresté le vicomte de Tavannes jusqu'à ce qu'il eust fait sortir du fort S$^{te}$-Catherine ceulx qui estoient pour luy, ce qu'il a esté contrainct de faire; et au lieu des soldats estrangers qui estoient dans le dict fort, ceux de la dicte ville y ont mis les habitans d'icelle. Ils sont encore en telle rumeur qu'il ne peut qu'il n'y advienne un plus grand changement. J'ay advis que le duc de Mayenne vient à Amiens et de là à Rouen, qui sera cause que je rendray plus forte l'escorte laquelle j'envoye faire le dict convoy. Arrivant à Amiens, il aura trouvé les compaignées de Saisseval[1] et du vidame[2] defaictes, ce qui s'est executé aux portes d'Amiens, depuis six jours, par les compaignées des s[rs] d'Humieres et de la Boissiere, lesquelles ont prins plus de trente prisonniers, tué pareil nombre des ennemys et gaigné plusieurs charrettes pleines de marchandises. Les chefs des dictes deux compaignées se sont sauvez dans Amiens. Mon cousin le duc de Longueville m'a mandé que St-Gobin est assiegé par Rosne[3]. S'il assemble mes serviteurs, je ne doubte point qu'il ne face lever le siege. Lamet[4] a fait dire au dict duc du Mayne qu'il le supplioit de se reunir à Coucy. Rosne estant venu pour disner avec luy, il l'a laissé entrer avec peu de gens et luy a donné à disner dans la ville, sans qu'il soit entré dans le chasteau. Je vous prie que j'aye souvent de vos nouvelles : et sur ce, je prie

---

[1] François de Senicourt, seigneur de Sesseval, de Warmaise, de Chepoix, etc. fils de Pierre de Senicourt et de Catherine de Hallencourt, était alors engagé dans le parti de la Ligue, qu'il quitta depuis pour suivre celui du Roi. Ce prince le fit, en 1594, gouverneur de Beauvais; conseiller d'état et capitaine de cinquante hommes d'armes des ordonnances. Il fut nommé ensuite chevalier du Saint-Esprit, mais ne put être reçu, étant mort avant la promotion qui suivit sa nomination.

[2] Le vidame d'Amiens était alors Philibert-Emmanuel d'Ailly, fils de Charles d'Ailly et de Françoise de Varty. Il mourut en 1619.

[3] Chrétien de Savigny, seigneur de Rosne en Barrois, capitaine de cinquante hommes d'armes des ordonnances du Roi, mestre de camp de la cavalerie légère du duc de Lorraine, était fils de Jean de Savigny, seigneur de Rosne, et de Jeanne d'Haussonville. Il fut un des plus zélés partisans de la Ligue, qu'il servit comme lieutenant général des ducs de Parme et de Mayenne. Ce dernier le nomma en 1592 maréchal de France, ce qui le fait appeler quelquefois dans des livres du temps *le maréchal de Rosne*. Il devint ensuite gouverneur de Paris et de l'Ile de France. Henri IV l'ayant chassé du royaume, il passa au service de l'Espagne, où on l'accueillit favorablement. Il fut tué dans une campagne des Espagnols contre les Hollandais, en 1596.

[4] Adrien de Lameth, seigneur de Henencourt, de Bournonville, de Perne, de Conteville, de Warloy, de Senlis, de Bresle, etc. était le second fils de Philippe de Lameth, dit de Henemont, et d'Anne de Bournonville.

Dieu, mon Cousin, vous avoir en sa saincte et digne garde. Du camp de Vernon, le xj<sup>e</sup> jour de juing 1591.

HENRY.

POTIER.

## 1591. — 13 JUIN.

Cop. — B. R. Fonds Bréquigny, Ms. 51[1].
Imprimé. — RYMER, *Fœdera*, etc. édit. de La Haye, t. VI, p. 54.

### A LA ROYNE D'ANGLETERRE.

Madame, J'ay attendu quelques jours plus que je ne pensois, à faire partir le s<sup>r</sup> de Reau, pour l'esperance que j'avois qu'il vous pourroit porter, comme il fait, bonnes nouvelles d'une entreprinse que j'avois sur la ville de Louviers, ayant esté gagnée de force et reduicte en mon obeissance à l'heure de midy, et en ma presence, le sixiesme de ce moys, encores que ce ne fust sans grand combat, pour la resistance que feirent ceux de dedans, tant habitans que gens de guerre avec leur gouverneur; mais ils furent sy vivement poursuivis, que Dieu a voulu que j'en suis demouré le maistre, et l'evesque d'Evreux et le dict gouverneur prisonniers, entre autres, dont le dit s<sup>r</sup> de Reau vous fera, s'il vous plaist, plus amplement entendre les particularitez, ensemble de la deffaicte advenue peu de jours auparavant, vers Dieppe, des regimens de Tremblecourt et la Londe[2], où le s<sup>r</sup> Roger Vylemes[3] montra sa valeur par le bon debvoir qu'il y feit avec sa trouppe, de sorte que la victoire se peut proprement dire estre vostre, bien que le proffit en demeure à mon service. J'avois deliberé, Madame, en fai-

---

[1] Bréquigny indique comme original de sa copie un autographe du *British museum*, très-endommagé par le feu; mais Rymer avait donné le texte entier avant l'incendie.

[2] François de Bigars, seigneur de la Londe, près Elbeuf, était un des plus ardents partisans de la Ligue en Normandie.

[3] Ainsi, pour Roger Williams. C'était un seigneur distingué de la cour d'Angleterre, ami du comte d'Essex. Il venait d'être envoyé en France, pour la défense de Dieppe. Déjà il avait servi avec éclat sous le duc d'Albe en 1585, dans les guerres des Pays-Bas, dont il a laissé une histoire, imprimée à Londres en 1618, in-4°. Il resta alors en France deux ou trois ans, et y revint encore vers la fin de 1595.

sant la resolution de ce pour lequel je renvoye le dict de Reau, et luy avois donné en charge particuliere, de vous supplier de trouver bon que le dict Roger demeure du costé de deçà, lequel j'avois faict exprés venir par avant à moy, pour differer son partement, attendant vostre resolution, pour toutce qu'il cognoit [de] la France, et est cogneu de moy et des François; au moyen de quoy il sera tres propre à recevoir vos commandemens et les faire executer aux aultres chefs anglois qu'il vous plaira envoyer; et qu'il vous plaise aussy lui renforcer son regiment. Mais j'ay entendu par une lettre que je reçus hyer de mon ambassadeur, que vous avés desjà accordé le present poinct, dont ne je veulx faillir à vous remercier, et vous supplier accompagner ceste faveur du renfort de son dict regiment, afin qu'il ayt meilleur moyen de faire cognoistre l'honneur qu'il ressent de la charge que vous luy avés donnée. Quant aux quatre mille hommes que je vous avois supplié m'accorder, ce n'a jamais esté mon intention, en donnant ce commandement à mon dict ambassadeur, qu'il demandast nommeement le chef que je desirerois en avoir la charge, bien que à la verité, si de vostre propre volonté vous vous fussiés resolue de la donner au comte d'Essex, j'en eusse esté tres ayse, pour le pouvoir traiter le plus honorablement que mes affaires l'eussent peu permettre, tant pour ses merites et vertus, que pour ce que j'eusse estimé faire chose qui vous eust esté fort agreable, saichant que vous l'estimés. Mais j'ay attendu en cela, comme je feray encore, l'ellection qu'il vous plaira faire, que je recevray et honoreray en quelque forme que ce soit, comme meritant les grandes faveurs que je reçois de vostre liberalité et amitié, et ce que je dois aussy deferer toutes choses à vostre grande prudence et bon jugement. Je me remettray de tout le surplus à la creance qu'il vous plaira de donner à mon dict ambassadeur et au dict s$^r$ de Reau pour vous baiser humblement les mains en cest endroit, priant Dieu, Madame, qu'il vous ayt en sa trés sainte garde. A Andely, ce xiij$^e$ juin 1591.

Vostre plus affectionné et obligé serviteur,

HENRY.

1591. — 14 JUIN. — I<sup>re</sup>.

Orig. — B. R. Fonds Béthune, Ms. 9104, fol. 56.
Cop. — Suppl. fr. Ms. 1009-3.
Imprimé. — *Mémoires de Nevers*, t. II, p. 243.

### A MON COUSIN LE DUC DE NEVERS,
#### PAIR DE FRANCE ET MON LIEUCTENANT GENERAL EN CHAMPAGNE ET BRIE.

Mon Cousin, J'ay veu, par vostre lettre du neufviesme juin et par le memoire que m'avés envoyé, l'occasion de la detention du s<sup>r</sup> de Tremon. Je vous ay mandé comme je luy ay cy-devant accordé passe-port, qui est celluy duquel vous m'avés envoyé la copie. S'il n'a tenu le chemin droict pour aller en sa maison, ç'a esté pour aller en lieu où je luy ay permis d'aller, comme je vous diray lorsque je vous verray; qui me faict vous prier de le laisser passer oultre, suivant son dict passe-port. Ayant entendu par vos lettres et celles de mon cousin de Chastillon les affaires qui se presentent du costé de Mollins, je luy mande qu'il s'y en aille en diligence pour se jecter dans la dicte ville, au cas qu'elle fust assiegée, où neantmoins je ne vois nulle apparence, pour le peu d'hommes que le duc de Nemours a avec luy. Je luy mande que, ceste occasion passée, il vous vienne incontinent trouver. Ce pendant mandés les s<sup>rs</sup> de Bryenne, Givry, Praslin, Esternay et aultres mes serviteurs, qui sont assemblez, de vous venir trouver au lieu que vous les advertirés : ce que je leur mande qu'ils facent. Je ne vous sçaurois envoyer d'aultres forces qui peussent estre prés de vous, devant le temps que j'espere estre en mon pays de Champaigne. La difficulté que, depuis vostre partement, j'ay eue de traicter avec les Suysses m'a retenu jusques à present ez environs de ce lieu. Depuis vostre dict partement, j'ay tant faict que je leur ay baillé un prest et demy, et pars presentement pour m'en aller à Dieppe faire faire le convoy. Mon voyage ne durera que six ou sept jours, et aussy tost m'achemineray en mon pays de Champaigne, suivant la resolution que nous avons prise. J'ay advis que le duc de Mayenne est arrivé à Amiens, en intention de venir à Rouen. Si nous nous rencontrons par les chemins, j'espere que nous nous battrons. Il a assemblé ce qu'il a peu des garnisons de Picardie, mais il a trouvé celle d'Amiens fort affoiblie, pour la grande perte qu'ils ont faicte, comme je vous ay mandé par ma derniere. Je suis bien marry qu'à faulte de trois mil escuz la levée des Suisses pour Champaigne ayt esté retardée, selon que m'avés escript. Toutesfois j'ay veu par lettre de mon cousin le mareschal d'Aumont, escripte au president de Blancmesnil[1], qu'il y a deux mil Suisses à S$^t$-Jehan de l'Aulne; et ne sçay si ce sont ceulx qui doivent venir pour mon dict pays de Champaigne. Aussy tost que je seray de retour de Dieppe, je feray partir le s$^r$ de Rozieres pour vous aller trouver. Mon cousin le duc de Luxembourg partira au mesme temps, entre les mains duquel je feray mettre les lettres de l'evesque de Plaisance. Ceux de mon Parlement m'ont envoyé la copie du monitoire, avec leur advis sur icelluy, qui est de decretter contre ceulx qui se trouveront chargez du dict monitoire et faire renouveller les lettres-patentes et arrest, cy-devant donnez en ma court de Parlement contre les legats et nonces venans de Rome, qui ne s'adressent à moy. Mon cousin le duc de Longueville m'a envoyé la lettre que luy a escripte Landriano[2] et m'a mandé que le dict Landriano en a une semblable pour vous, et que mon dict cousin luy a faict response qu'il ne pouvoit conferer avec luy qu'avec ma permission. J'ay escript à mon dict cousin que je voulois prendre advis de mes cousins les cardinaulx, de vous et de ceulx de mon conseil, sur la response que vous tous debviés faire à telles lettres; qui me faict

---

[1] Nicolas Potier, seigneur de Blancmesnil, fils aîné de Jacques Potier, seigneur de Blancmesnil et de Françoise Ceuillette, dame de Gesvres. Conseiller au Parlement en 1564, il devint maître des requêtes en 1569, et président à mortier en 1578. Il servit Henri IV aussi fidèlement que son frère puîné, le secrétaire d'état Potier, appelé M. de Gesvres. Il fut chargé de présider la chambre de parlement établie alors à Châlons. Il devint chancelier de France sous la régence de Marie de Médicis et mourut le 1$^{er}$ juin 1635, à l'âge de quatre-vingt-quatorze ans.

[2] Sur le nonce Landriano et les circonstances de sa nonciature, voyez ci-après, lettre du 4 juillet.

vous prier de me donner, sur ce, vostre dict advis et me faire souvent part de vos nouvelles : et sur ce, je prie Dieu, mon Cousin, vous avoir en sa saincte et digne garde. Du camp de Andely, le xiiij° jour de juing 1591.

HENRY.

POTIER.

## 1591. — 14 JUIN. — II<sup>me</sup>.

Cop. — Arch. de la Cour royale de Rouen. Registres secrets originaux du parlement de Normandie, séant à Caen, vol. du 25 juin 1589 au 8 novembre 1591, fol. 317 recto. Communication de M. Floquet, greffier en chef, correspondant de l'Institut.

### A NOS AMEZ ET FEAULX LES GENS TENANS NOSTRE COURT DE PARLEMENT A CAEN.

Nos amez et feaulx, Nous avons entendu par l'un des conseillers de nostre court de Parlement, et veu par vostre lettre la volonté que vous avés de faire justice d'aulcuns qui se sont trouvez en nostre ville de Louviers, contre lesquels il y a plusieurs plainctes. Nous vous avons envoyé partie des dicts prisonniers par le s<sup>r</sup> d'O, et vous envoierons les autres, à mesure que l'on les retirera des capitaines et soldatz qui les tiennent prisonniers; estant nostre intention que la justice en soit faicte, comme nous asseurons que vous en sçaurés bien acquitter en vos consciences. Nous partons presentement pour aller à Dieppe, où nous sejournerons peu de jours, esperant à nostre retour entendre du s<sup>r</sup> d'O ce dont il aura conferé avec vous pour nostre service. Donné au camp d'Andely, le xiiij<sup>e</sup> jour de juin 1591.

HENRY.

POTIER.

## 1591. — 19 juin.

Cop. — Musée britannique, Biblioth. Cottonienne, Caligula, E, VIII, fol. 75. Transcription de M. Delpit, archiviste paléographe.
Imprimé. — Rymer, *Fœdera*, édit. de La Haye, 1742, t. VII, p. 55.

A MONS<sup>R</sup> LE GRAND TRESORIER DE LA ROYNE D'ANGLETERRE.
MA DAME ET BONNE SŒUR.

Mons<sup>r</sup> le grand tresorier, J'ay estimé que la Royne, madame ma bonne sœur, ne trouvera mauvais, si je me suis dispensé envoyer vers elle, de faire faire sans son congé un voyage au s<sup>r</sup> Grimeston[1], pour les considerations que je luy escris. Toutesfois pour ce que je aurois trop de regret si cela luy apportoit quelque diminution de la faveur que ses bons services meritent d'elle, je vous ay bien voulu particulierement escrire ce mot, pour vous prier de ayder à luy en faire sy bien recevoir mes excuses, que non seulement elle ne luy en saiche poinct de mauvais gré, mais aussy qu'elle attribue la confiance que je luy prouve en cela au desir que j'ay que elle use de tout pouvoir et commandement sur tout ce qui despend de moy : et m'asseurant que vous ferés volontiers cest office pour l'amour de moy, je prie Dieu qu'il vous ayt, Mons<sup>r</sup> le grand tresorier, en sa saincte garde. Escript à Dieppe, le xix<sup>e</sup> juin 1591.

HENRY.

[1] Edward Grimeston avait été envoyé pour la première fois en France en 1584. Après y avoir été secrétaire de lord Strafford, ambassadeur d'Angleterre, il fut lui-même chargé par Élisabeth d'une mission spéciale auprès de Henri IV, en 1590 et 1591. On conserve plusieurs lettres de Burghley qui lui sont adressées.

1591. — 27 juin. — I^re.

Orig. — B. R. Fonds Béthune, Ms. 9104, fol. 60.
Cop. — Suppl. fr. Ms. 1009-3.
Imprimé. — *Mémoires de Nevers*, t. II, p. 247.

A MON COUSIN LE DUC DE NEVERS,

PAIR DE FRANCE, GOUVERNEUR ET MON LIEUCTENANT GENERAL EN CHAMPAGNE ET BRIE.

Mon Cousin, J'ay esté bien marry d'entendre par vos lettres des xj^e et xiiij^e de ce moys le peu d'advancement qu'avés peu apporter à la levée des chevaux d'artillerie, finances et vivres, par la faulte de mes tresoriers à Melun, occasion que je leur escris le mescontentement que j'ay d'eulx, et leur commande qu'ils ne faillent de faire ce qui leur a esté mandé. Particulierement j'escris au general Lefevre de se rendre prés de vous et faire ce que vous luy ordonnerés. Je vous prie donc, mon Cousin, y faire user de toute diligence. Le s^r de Givry m'a donné advis des trouppes qui sont assemblées en vostre gouvernement pour mon service, mais il me mande qu'estant passée l'occasion de combattre, il craint que les dictes trouppes se desbandent, si moy ou vous n'allons bien tost par delà. Ma resolution est d'y aller comme je vous ay promis, et serois party aussy tost que j'ay esté de retour de mon voyage de Dieppe[1], d'où j'ay faict apporter bonne quantité de pouldres, n'estoit que je desire veoir mon cousin le cardinal de Bourbon, lequel doibt estre demain à Mante, où je vais aussy pour adviser avec luy et ceulx de mon conseil sur le general de mes affaires[2], et les instruire de ce qu'ils auront à faire pour

---

[1] Suivant Cayet, il revint de Dieppe à Gisors le 24 juin.

[2] « De Gisors, dit le même historien, Sa Majesté se rendit à Mantes, et le vingt-neufiesme du dict mois il alla au devant de madame de Bourbon, sa tante, abbesse de Soissons, que ceux de l'Union avoient mise dehors de son abbaye, quoy qu'elle fust plus que sexagenaire ( c'estoit une princesse tres vertueuse). Monsieur le cardinal de Bourbon, monsieur l'archevesque de Bourges et plusieurs autres evesques qui avoient demeuré à Tours depuis la mort du feu Roy, tenans le conseil d'Estat, estans mandez par le Roy de le venir trouver, vindrent premierement à Chartres, où ils trouverent monsieur le chancelier de Chiverny, avec l'autre partie du conseil,

mon service durant mon dict voyage, ayant deliberé de partir incontinent aprés. Ce pendant je vous prie, sur tant que vous m'aimés et que desirés l'advancement de mes affaires en la dite province, de vous y rendre au plus tost. J'escris à ceulx qui commandent aux dictes trouppes, qu'ils les tiennent ensemble et vous viennent trouver où vous leur manderés, m'asseurant qu'estans les dictes trouppes prés de vous, et les employant comme je m'asseure que vous sçaurés bien faire, vous les tiendrés ensemble, joinct l'esperance qu'ils auront de ma venue, de laquelle vous les pourrés asseurer. J'ay veu ce que le s$^r$ de Possé vous a escript, et trouvé bon qu'il luy soit delivré, des deniers de mon domaine de Mouzon, la somme de cinq cens escuz pour employer aux reparations plus necessaires à faire pour la seureté de la dicte ville, voulant neantmoins que ma cousine la duchesse de Bouillon jouisse de la pension que je lui ay assignée sur le dict domaine, selon que j'escris aux tresoriers de France à Chaalons. Je feray partir de Mante le s$^r$ de Roziere, pour vous aller trouver. Quant au president de Blancmesnil, vous sçavés la bonne opinion que j'ay de luy, tant pour le contentement que j'ay de ses services que pour le bon tesmoignage que vous m'en avés rendu. C'est pourquoy il ne doibt croire que je face plus de compte du service de l'abbé de Chesy que des siens, cognoissant assez les merites de l'un et de l'aultre. Mon cousin le viconte de Turenne me donne advis que dans peu de temps il sera sur la frontiere avec l'armée qui vient pour mon service, ce qui me pressera encore davantaige d'advancer mon voyage en Champaigne. En cest endroit je prie Dieu, mon Cousin, qu'il vous ayt en sa saincte et digne garde. Du camp de Magny, le xxvij$^e$ jour de juing 1591.

HENRY.
POTIER.

J'espere vous escrire de bonnes nouvelles dans peu de jours, s'il plaist à Dieu favoriser mes desseings.

lequel ne fut plus divisé : et toute ceste compagnie vint, avec madame de Bourbon et le dit sieur cardinal, à Mante. (*Chronologie novenaire*, fol. 447 recto.)

1591. — 27 JUIN. — II^me.

Orig. — B. R. Fonds Béthune, Ms. 9107, fol. 2.
Cop. — Suppl. fr. Ms. 1009-3.

A MA COUSINE LA DUCHESSE DE NEVERS.

Ma Cousine, Je vous sçay fort bon gré de l'offre que ce porteur m'a faict entendre que vous avés faicte au s^r du Chazeron[1] de l'assister de forces pour mon service, suivant laquelle maintenant que je mande à mon cousin le s^r de Chastillon d'assembler le plus de forces qu'il pourra pour reprendre ce que le duc de Nemours a nagueres prins prés de ma ville de Moulins, je vous prie luy envoyer le plus de cavallerie et de gens de pied que vous pouvés, mesme l'accommoder d'un ou deux de vos canons, selon que j'escris aussi à mon cousin vostre mary, pour me servir en la sus-dicte occasion : ce que m'asseurant que ferés volontiers, et suivant vostre affection accoustumée, je ne vous feray ceste-cy plus longue, sinon pour prier Dieu, ma Cousine, qu'il vous ayt en sa saincte et digne garde. Du camp de Magny, le xxvij^e jour de juin 1591.

HENRY.

POTIER.

1591. — 27 JUIN. — III^me.

Orig. — B. R. Fonds Béthune, Ms. 9104, fol. 62.
Cop. — Suppl. fr. Ms. 1009-3.
Imprimé. — *Mémoires de Nevers*, t. II, p. 246.

A MON COUSIN LE DUC DE NEVERS,

PAIR DE FRANCE, GOUVERNEUR ET MON LIEUCTENANT GENERAL EN CHAMPAGNE ET BRIE.

Mon Cousin, Estant necessaire pour le bien de mon service et le soulagement de mes subjects de Bourbonnois, de remettre au plus

---

[1] Gilbert de Chazeron, fils unique de Gilbert de Chazeron et de Claude le Mareschal-Fourcheaut, était seigneur de Chazeron, de Château-Guyon, etc. conseiller d'état, mareschal de camp, capitaine de cinquante hommes d'armes des ordonnances, gouverneur et sénéchal du Bourbonnais. Il devint chevalier des ordres en 1595. On lui attribue un petit ouvrage satirique sur les capucins, publié à la Rochelle, en 1597

tost soubs mon obeissance la ville de Varennes et le chasteau de la Ferté, que le duc de Nemours y a nagueres pris, j'ay advisé, pour l'absence de mon neveu le grand prieur de France, d'y employer mon cousin le s$^r$ de Chastillon. A cest effet, je luy escris presentement qu'il assemble le plus de forces qu'il pourra pour s'y acheminer incontinent. Je mande aux s$^{rs}$ de Montigny[1], d'Arquien[2] et de Tannerre[3] et aux principaulx de la noblesse d'Auvergne de l'assister en ceste occasion, et à ma cousine vostre femme, de luy prester un ou deux de vos canons et luy envoyer le plus de gens de cheval et de pied qu'elle pourra ; ce que je vous prie luy mander qu'elle face, qui me sera un service agreable. J'espere que mon dict cousin de Chastillon aura bien tost repris la conqueste du dict duc de Nemours, comme je desire qu'il face, pour, incontinent aprés, vous venir trouver en Champaigne : et sur ce, je prie Dieu, mon Cousin, vous avoir en sa saincte et digne garde. Du camp de Magny, le xxvij$^e$ jour de juing 1591.

HENRY.

POTIER.

---

[1] François de la Grange, seigneur de Montigny et de Sery, gouverneur de Berri, avait suivi Henri III en Pologne, fut gentilhomme ordinaire de sa chambre, capitaine des cent gentilshommes de sa maison et son premier maître d'hôtel. Après la mort de ce prince il servit très-fidèlement le parti de Henri IV, auquel il rendit de grands services, et qui lui témoigna beaucoup d'amitié. Il le fit chevalier de ses ordres en 1595, gouverneur de Paris en 1601, et à la place de ce gouvernement lui donna en 1603 celui de Metz, Toul et Verdun. M. de Montigny devint maréchal de camp en 1615 et maréchal de France le 7 septembre 1616. Il mourut l'année suivante, le 9 septembre.

[2] Antoine de la Grange, seigneur d'Arquien, de Prie et d'Infy, frère puîné du précédent, fut gentilhomme ordinaire de la chambre du Roi, capitaine de cinquante hommes d'armes de ses ordonnances, lieutenant au gouvernement de Metz, gouverneur de Calais, de Sancerre et Gien, lieutenant-colonel des gardes françaises et capitaine de la porte. Il servit les rois Henri III et Henri IV aussi fidèlement que son frère, et mourut en 1626. Sa petite-fille, Marie-Casimire de la Grange, épousa en secondes noces Jean Sobieski et devint reine de Pologne le 20 mai 1674. François et Antoine de la Grange étaient fils de Charles de la Grange, seigneur de Montigny, et de Louise de Rochechouart Mortemart.

[3] Les Mémoires de Nevers donnent *Ton-*

## 1591. — 27 JUIN. — IV^me.

Orig. — Arch. de la famille Le Roux d'Esneval. Copie transmise par M. le préfet de la Seine-Inférieure.

### A MONS^R DE LANCQUETOT,
CONSEILLER EN NOSTRE GRAND CONSEIL.

Mons^r de Lancquetot, Voulant gratifier et recongnoistre le s^r d'Arcona, gentilhomme ordinaire de ma chambre, des services qu'il m'a faict ordinairement, je luy aurois cy devant accordé la garde-noble et main levée des enfans et biens de feu son frere, encores qu'il eust porté les armes avec mes ennemys et rebelles, luy ayant pour cest effect faict delivrer les lettres pour ce necessaires. Mais d'autant que l'adresse d'icelles en fut faicte à nostre court de parlement, qui n'en auroit voulu cognoistre, je luy en ay faict de nouveau depescher et expedier la commission necessaire, adressante à la chambre de nostre domaine, suivant laquelle je vous prie et ordonne procedder incontinent à la verification d'icelle garde-noble et main levée des biens saisys à cause de la dicte rebellion, suivant mon intention, et pour donner moyen au dict s^r d'Arcona de me venir servir et rendre le vouloir que je m'attends de sa dilection et fidelité, en quoy faisant vous me ferés service tres agreable : priant Dieu vous tenir, Mons^r de Lanquetot, en sa saincte et digne garde. Escript au camp de Maigny, le xxvij^e jour de juing 1591.

HENRY.

RUZÉ.

¹ Tenés la main à ce que je vous escris pour le s^r d'Arcona, d'autant que c'est ma volonté qu'il soit expedié promptement; j'ay besoin de luy prés de moy.

nerre; mais on lit très-distinctement dans l'original, *Tannerre*; et je trouve des fiefs de ce nom dans plusieurs familles nobles sans pouvoir déterminer à laquelle appartient le personnage ainsi appelé dans cette lettre.

¹ Post-scriptum de la main du Roi.

[1591.] — 29 JUIN.

Cop. — B. R. Suppl. fr. Ms. 1009-4.
Imprimé. — *Bouclier d'honneur* du P. BENING. Avignon, 1616, in-8°.

A MONS<sup>R</sup> DE GRILLON.

Brave Grillon, Vous sçavés comme estant roy de Navarre je vous aimois, et faisois cas de vous. Depuis que je suis Roy de France, je n'en fais pas moins, et vous honore autant que gentilhomme de mon Royaulme ; ce que je vous prie de croire, et en faire estat, et qu'il ne se presentera jamais occasion où je vous le puisse tesmoigner, que vous ne m'y trouviés trés disposé. Je suis bien marry de ce que vostre santé ne vous permet pas d'estre prés de moy, pour le besoing que j'ay de tels gens que vous. Lorsqu'elle vous le permettra, vous me ferés un singulier plaisir de me venir trouver. Je ne vous diray poinct que vous serés le trés bien venu, je m'asseure que vous n'en doubtés nullement. Sur ce, Dieu vous ayt, brave Grillon, en sa saincte et digne garde. A Mantes, ce xxix<sup>e</sup> juin.

HENRY.

1591. — 30 JUIN.

Orig. — B. R. Fonds Béthune, Ms. 9104, fol. 63.
Cop. — B. R. Suppl. fr. Ms. 1009-3.
Imprimé. — *Mémoires de Nevers*, t. II, p. 248.

A MON COUSIN LE DUC DE NIVERNOIS,

PAIR DE FRANCE, GOUVERNEUR ET MON LIEUTENANT GENERAL EN MES PAYS DE CHAMPAIGNE ET BRYE.

Mon Cousin, J'ay entendu ce que vous avés ordonné sur le different d'entre le s<sup>r</sup> comte de Choisy[1] et le s<sup>r</sup> de Sainte-Mesme[2], pour

---

[1] Jacques de l'Hôpital, comte de Choisy, sénéchal d'Auvergne, capitaine de cinquante lances, élevé enfant d'honneur près des enfants de Henri II, avait été cor- nette de la compagnie du Roi, chambellan et gentilhomme ordinaire de S. M., premier écuyer du duc d'Alençon et chevalier d'honneur de la reine Marguerite. Les

raison du chasteau de Montigny : ce que j'ay treuvé bon. Et neantmoins ayant faict veoir en mon conseil la requeste presentée par le dict s$^r$ de S$^{te}$ Mesme, j'ay renvoyé les parties par devant leurs juges, pour leur faire droit, et ordonné qu'attendant la diffinition³ du procés, le dict s$^r$ de S$^{te}$ Mesme pourra faire sa demeure au dict chasteau de Montigny, lequel luy sera baillé en garde, en baillant caution de le rendre toutes fois et quantes qu'il sera ordonné, comme vous verrés par les despesches que j'en ay faict expedier au dict s$^r$ de S$^{te}$ Mesme; le contenu desquelles je vous prie faire effectuer et faire congnoistre au dit s$^r$ comte de Choisy, comme c'est chose qui ne luy peut prejudicier, puisque le dict s$^r$ de S$^{te}$ Mesme est obligé de rendre le dict chasteau toutes fois et quantes qu'il sera ordonné; l'asseurant de la bonne volunté que je luy porte, de laquelle je luy feray tousjours sentir les effects ez endroits qui s'en presenteront : et sur ce, je prie Dieu qu'il vous ayt, mon Cousin, en sa saincte et digne garde. Du camp de Magny, le xxx$^e$ jour de juing 1591.

HENRY.

POTIER.

Mon Cousin, Je vous prie remonstrer aux dicts s$^{rs}$ de Choisy et de S$^{te}$ Mesme qu'estans sy proches parens comme ils sont⁴, il leur sied mal de plaider, et disposer l'un et l'aultre à remettre leur different à des arbitres pour en sortir à l'amiable.

grands services qu'il rendit à Henri IV firent ériger son comté de Choisy en marquisat, en 1599, et il devint la même année chevalier des ordres du Roi. Il fut député de la noblesse aux états de 1614. Il était fils aîné de Jean de l'Hôpital, comte de Choisy, et d'Éléonore Stuard.

² René de l'Hôpital, second fils d'Aloph de l'Hôpital, comte de Choisy et de Louise de Poysieu, dame de Sainte-Mesme, était gentilhomme ordinaire de la chambre du Roi.

³ Nous conservons ce mot tel qu'il est écrit dans l'original.

⁴ M. de Sainte-Mesme était oncle de M. de Choisy. Le nom primitif de leur famille était Galucio.

1591. — 3 juillet. — Ire.

Orig. — B. R. Fonds Béthune, Ms. 9104, fol. 71.
Cop. — B. R. Suppl. fr. Ms. 1009-3.
Imprimé. — *Mémoires de Nevers*, t. II, p. 253.

A MON COUSIN LE DUC DE NIVERNOIS.

Mon Cousin, Il m'a beaucoup despleu d'entendre la blessure du s$^r$ d'Esternay. Le s$^r$ de Miraulmont[1] ayant eu le premier advis de sa blessure, m'a demandé le gouvernement de ma ville de Nogent, lequel je luy ay accordé, m'asseurant de sa fidellité, de l'affection qu'il a à mon service et que l'aurés agreable. Qui a esté cause que je ne l'ay peu bailler au s$^r$ de Rieux, en faveur duquel vous m'avés escript. Je reserveray la volunté que j'ay de le gratiffier en aultre occasion, luy ayant tesmoigné combien j'ay agreable le service qu'il me faict prés de vous. N'estant la presente à aultre effect, et vous ayant ce jourd'hui escript plus amplement, je ne vous la feray plus longue : priant Dieu qu'il vous ayt, mon Cousin, en sa saincte et digne garde. De Mante, le iij$^e$ jour de juillet 1591.

HENRY.

POTIER.

Depuis vous avoir escript ce [que] dessus, j'ay accordé au s$^r$ de Rieux le gouvernement de Mery-sur-Seine, lorsque la ville sera remise soubs mon obeissance, avec l'entretenement de telle garnison de gens de cheval et de pied que vous adviserés.

[1] Suivant les notes que M. le comte de Merlemont a bien voulu extraire pour nous de ses archives et d'autres documents qu'il possède sur la Picardie, Pierre de Miraulmont, né à Amiens, qualifié écuyer, seigneur de la Mairie et de Courchon, était fils de Martin de Miraulmont, procureur et notaire, et de Marie de Monténescourt. Il fut vingt-deux ans conseiller à la chambre du trésor et devint, vers 1580, lieutenant général de la prévôté de l'hôtel et grande prévôté de France. Enfin Henri IV, qui l'estimait très-particulièrement, le nomma prévôt de l'hôtel et grand prévôt de France. Il mourut à Paris, le 8 juin 1612, à soixante ans. Son mémoire sur l'origine des cours souveraines qui sont dans l'enclos du Palais, à Paris, fut publié en 1584. La Croix du Maine l'appelle « homme docte et grand rechercheur d'antiquités. » On voit ici ce magistrat devenir gouverneur de Nogent, comme le chancelier de Chiverny était gouverneur de Chartres.

## 1591. — 3 juillet. — II^me.

Orig. — B. R. Fonds Béthune, Ms. 9104, fol. 68.
Cop. — B. R. Suppl. fr. Ms. 1009-3.
Imprimé. — *Mémoires de Nevers*, t. II, p. 253.

### A MON COUSIN LE DUC DE NEVERS.

Mon Cousin, Sur l'advis qui m'a esté donné du decés du feu s^r d'Esternay, j'ay faict ellection du s^r de Miraulmont pour commander à Nogent-sur-Seine soubs vostre auctorité, m'asseurant que je ne pourrois mettre ceste charge entre les mains de personne qui s'en acquictast plus dignement ny plus fidellement qu'il fera; vous priant, en ceste consideration, le mettre en possession d'icelle, et vous servir de luy lorsque les occasions s'en presenteront, avecq asseurance que il se rendra sy soigneux de vous obeyr, suivant le commandement exprés que je luy ay faict, que vous aurés pour trés agreable le choix que j'ay faict de sa personne : priant sur ce Nostre Seigneur qu'il vous ayt, mon Cousin, en sa saincte et digne garde. Escript à Mante, le iij^e jour de juillet 1591.

HENRY.

RUZÉ.

## 1591. — 4 juillet.

Orig. — B. R. Fonds Béthune, Ms. 9104, fol. 69.
Cop. — B. R. Suppl. fr. Ms. 1009-3.

### A MON COUSIN LE DUC DE NIVERNOIS,
GOUVERNEUR ET MON LIEUCTENANT GENERAL EN CHAMPAGNE ET BRIE.

Mon Cousin, Depuis la derniere que je vous ay escripte de Magny, j'ai faict une grande cavalcade pour rencontrer mes ennemys prés du Pont de l'Arche, où ils s'estoient acheminez pour une entreprise qu'ils avoient sur la dicte ville; et les eusse trouvez fort à propos, selon que j'avois projecté, n'eust esté qu'ils furent advertys de ma venue, comme ils estoient jà partys de Rouen. Si mon entreprise n'eust esté descouverte, je faisois un grand effect; mais, Dieu ne l'ayant voulu permettre, il n'y a eu de pris que ceulx qui s'estoient enfermez dans ma dicte ville de Pont de l'Arche pour ayder à leur entreprise. Je suis aussy tost revenu en ceste ville pour adviser, avec mon cousin le cardinal et ceulx de mon conseil, aux affaires que nous avions esbauchez pendant que vous estiés avec moy, lesquels sont jà fort advancez. Aussy tost que je y auray mis fin, je feray le voyage auquel vous sçavés que je suis resolu. Je feray partir dans deux jours mon cousin de Luxembourg, avec lequel ira le s{{r}} de Rozieres. Je feray despartir quelque quantité de pouldres aux villes qui sont sur la riviere, suivant l'advis que vous me donnés. J'ay eu pareil advis touchant Landriano[1] à celluy que m'avés donné. Je crois qu'il ne trouve les affaires de deçà en tel estat qu'il avoit esté mandé de delà. J'ay veu la lettre que vous a envoyé le s{{r}} Justiniani et la response que luy avés faicte, laquelle est très à propos ; mais j'eusse desiré que vous eussiés differé pour quelque tems de luy faire response, rejectant l'occasion du retardement sur ce que m'en auriés mandé et que attendiés de mes nouvelles. Je vous feray entendre au premier jour ce que j'auray advisé avec mon dict cousin sur la venue du dict Andreani. Quand à ce que

---

[1] Marcellino Landriano, que le Roi appelle un peu plus bas *Andreani*, venait d'être envoyé en France par Grégoire XIV avec les instructions les plus hostiles au Roi. Ce prince donna, ce jour même, 4 juillet, des lettres patentes où, en rappelant la protection qu'il ne cessait d'accorder à la religion catholique, son désir d'être instruit et le respect qu'il était disposé à témoigner au Saint-Siége, il protestait contre la mission du nouveau nonce et ajoutait : « Nous avons resolu de remettre tout ce fait à la justice ordinaire, pour y proceder selon les loix et coustumes du Royaume : la garde et la conservation desquelles appartenant naturellement à nos cours de Parlement, nous leur en avons delaissé et remis toute la jurisdiction et cognoissance. »

Conformément à ce renvoi, le Parlement de Paris, séant à Tours, rendit, le 5 août suivant, un arrêt où il déclara les bulles monitoriales apportées par le nonce « nulles, abusives, seditieuses, damnables, pleines d'impietez et impostures, contraires aux saincts decrets, droicts, franchises et libertez de l'Eglise gallicane ; ordonne que les copies scellées du sceau de Marcelline Landriane, soubsignées Sesteline Lampineto, seront lacerées par l'executeur de la haute justice, et bruslées à un feu qui, pour cest effect sera allumé devant la grande porte du palais ; fait inhibitions et defenses, sur crime et peine de leze majesté, à tous prelats, curez, vicaires et aultres ecclesiastiques, d'en publier aulcunes copies, et à toutes personnes de quelque estat, qualité

vous me mandés, que le duc de Nemours se prepare pour retourner en Bourbonnois, vous aurés veu par les dernieres que je vous ay escriptes, l'ordre que j'ay donné pour empescher qu'il puisse rien faire au prejudice de mon service. Le duc de Mayenne est encore à Amiens. Le bruit est qu'il vient à Gournay, et de là à Rouen. S'il veult aller trouver le prince de Parme, comme vous me mandés, il aura beaucoup de chemin à faire, estant le dict prince de Parme allé vers Nimegue[2], pour s'opposer au comte Maurice, lequel a jà pris trois villes et est pour faire un plus grand progrés au dict pays. J'ay certain advis de ce que vous me mandés touchant Casset. Au surplus je ne doubte pas, mon Cousin, que l'argent, les hommes et quelques aultres moyens ne vous manquent pour faire d'aussy beaux effects pour le bien et advancement de mes affaires, comme je sçay que vous en avés la volonté et l'affection. Ceste necessité est commune en tout mon Royaume, et plus grande en mon armée qu'en aultre lieu : dont je suis tres marry. Neantmoins je veulx esperer que par vostre prudence et dexterité vous ferés de necessité vertu, et effectuerés pour mon service plus que ne vous promettés. J'ay advis que ceulx qui sont dans Vervin ont soustenu un grand assault, et que mon cousin le duc de Longueville est à cheval avec les trouppes de Picardie pour les aller secourir, ce qu'il aura loisir de faire, les munitions ayant manqué à mes ennemys. Je vous prie me donner souvent advis des occurrences de delà : et sur ce, je prie Dieu qu'il vous ayt, mon Cousin, en sa saincte et digne garde. De Mante, le iiij[e] jour de juillet[3] 1591.

HENRY.

POTIER.

et condition qu'elles soient, d'y obeir, d'en avoir et retenir..... Ordonne la cour que Marcelline Landriane, soy disant nunce du dict Gregoire, porteur des bulles, sera prins au corps et amené prisonnier en la conciergerie du Palais, pour là son procez luy estre faict et parfaict. »

[2] Suivant de Thou, le duc de Parme y avait envoyé le comte de Mansfeld, qui secourut la place. Mais le 22 octobre suivant le comte Maurice força Nimègue à une capitulation.

[3] Cette lettre est datée à tort du 4 septembre dans les Mémoires de Nevers.

Depuys la presente escripte, j'ay eu advis que le sʳ de la Noue, allant pour joindre mon cousin le prince de Dombes, a rencontré partie des trouppes du duc de Mercœur, où commandoit Guébrian[1], lesquelles il a deffaictes, et ont demeuré six cens hommes sur la place. Presentement celluy qui commande dans Chasteaugaillard m'a adverty que la nuict passée ceulx de la garnison de Gournay ayant faict entreprise sur le dict chasteau, il en a tué vingt neuf sur la place et pris cinq des ennemys. J'attends d'heure à aultre des nouvelles de Vervin.

### 1591. — 6 juillet.

Orig. — B. R. Fonds Béthune, Ms. 9104, fol. 72.
Cop. — B. R. Suppl. fr. Ms. 1009-3.
Imprimé. — *Mémoires de Nevers*, t. II, p. 254.

#### A MON COUSIN LE DUC DE NIVERNOIS,
PAIR DE FRANCE, GOUVERNEUR ET MON LIEUCTENANT GENERAL DE CHAMPAGNE ET BRIE.

Mon Cousin, D'autant que le sʳ de Praslain tient prisonnier le general[1] Thomelin, prétendant qu'il soit de bonne prinse, et que le dict Thomelin soustient le contraire, j'ay remis à vous de juger s'il est de bonne ou mauvaise prinse. A ceste occasion j'escris au sʳ de Praslain de le vous representer, et vous prye d'oyr incontinent les raisons d'une part et d'aultre, pour juger ce que vous trouverés raisonnable, vous donnant par la presente tout le pouvoir qui vous est ne-

---

[1] François de Felles, seigneur de Guébriant, fils de François de Felles, seigneur de Guébriant et de la Cornillière, et de Claude Glé, dame de Saint-Thomas. Ayant engagé sa terre de Guébriant pour garantie d'une somme que lui avait prêtée Jacques Budes, seigneur de Hirel, son cousin, Charles Budes, fils de celui-ci, fit évincer de ce domaine Louis de Guébriant, héritier de François de Felles; et la seigneurie de Guébriant passa alors dans la maison de Budes, où le titre en fut pris par le troisième fils de Charles Budes, Jean-Baptiste Budes, comte de Guébriant, maréchal de France.

---

[1] *Général* signifie ici, comme toujours dans cette correspondance, un receveur des finances.

cessaire pour cest effect : et sur ce, je prie Dieu qu'il vous ayt, mon Cousin, en sa saincte et digne garde. Du camp de Mante, le vje jour de juillet 1591.

HENRY.

POTIER.

1591. — 7 JUILLET. — Ire.

Cop. — Archives de M. le duc de Luynes, membre de l'Institut.

A MON COUSIN MONS{r} LE DUC DE RETZ,

PAIR ET MARESCHAL DE FRANCE.

Mon Cousin, Si la commodité porte que mon cousin mr de Luxembourg vous voye, il vous communiquera l'occasion du voyage qu'il retourne faire à Rome ; que je seray bien ayse que vous entendiés pour ayder de vos bons advis et credit à la conduicte et favorable reception de sa charge, comme je m'asseure que vous rendrés volontiers cest office et tous ceulx que vous pourrés, pour le bien de mon service et repos de ce Royaume, selon le devoir et interest que vous y avés : Et me remettant aussy à mon dict cousin de vous dire l'estat de mes affaires, je ne vous feray la presente plus longue, que pour prier Dieu qu'il vous ayt, mon Cousin, en sa saincte garde. Escript à Mante, le vije jour de juillet 1591.

HENRY.

REVOL.

1591. — 7 JUILLET. — IIme.

Cop. — B. R. Mss. de dom Housseau concernant la Touraine, t. XII, pièce cotée 5,186.

A MONS{r} DE MENOU,

COMMANDANT POUR MON SERVICE EN MA VILLE DE BLANC EN BERRY.

Monsr de Menou, J'ay sy bonne congnoissance de vostre merite, que je vous ay voulentiers accordé la charge du gouvernement dans ma ville de Blanc en Berry, m'asseurant que vous en ferés rendre bon compte. J'escris à mon cousin le prince de Conty d'adviser à la garnison qui y peult estre necessaire. Pour ceste occasion, vous adviserés à vous retirer vers luy, pour vous en faire l'estat, que mes finances ne peuvent pas porter estre de grande despense; aussy n'avés-vous principalement à vous garder que de surprinse. Il fault que vostre soing et vigilance supplée à ce qui y deffaudra de la force que on pourroit desirer, et par ceste presente charge monstrer que vous estes digne d'une meilleure, affin que, l'occasion s'en offrant, ce soit justice de vous y employer. C'est ce que je vous diray pour ceste fois : sur ce, Mons$^r$ de Menou, je prie Dieu vous tenir en sa saincte garde. Escript de Mante, ce vij$^e$ juillet 1591.

HENRY.

FORGET.

## 1591. — 8 JUILLET. — I$^{re}$.

Cop. — Arch. de la cour royale de Rouen. Registres secrets originaux du parlement de Normandie, séant à Caen, vol. du 25 juin 1589 au 8 novembre 1591, fol. 328 recto. Communication de M. Floquet, greffier en chef, correspondant de l'Institut.

A NOS AMEZ ET FEAULX CONSEILLERS LES GENS DE NOSTRE COURT DE PARLEMENT DE ROUEN, DE PRESENT TRANSFERÉE A CAEN.

Nos amez et feaulx, Nous eussions singulierement desiré que le Pape se fust comporté en nostre endroict et de nos bons subjects catholiques avec la doulceur et discretion que sa dignité et toute sa raison le vouloit, et ne nous eust non plus donné d'occasion de rien mouvoir pour son regard, que nous estimons ne luy en avoir du nostre, ayant, ce nous semble, fourny assez de subject à tous pour plustost bien juger et esperer de nos intentions que aultrement. Mais ceste procedeure derniere faicte par celluy qui se dict estre venu de sa part, a esté si violente et desraisonnable, que nous eussions estimé desfaillir à la deffense et protection des auctoritez de ceste Couronne et aux privileges de l'église gallicane, si nous eussions passé cela plus legerement soubs silence. Pour ceste occasion, nous avons advisé de faire la declaration que presentement nous vous envoyons, dont nostre principale intention est de justifier publicquement que les causes desdictes procedeures du Pape ne peuvent estre justement prinses sur nos desportemens, que nous avons tousjours rendus conformes à ce que nous avons promis, et dont nous ne voulons ne pretendons aucunement nous despartir, pour (ayant au reste entierement remis ce qui est de la defense de nos droicts et de ce Royaulme contre telles entreprinses, à ceulx qui en estes les juges naturels)[1] ce que nous sçavons aussy qu'y apporterés toute la fidelité, affection et integrité qui s'y peut apporter : qui est ce dont nous vous exhortons, et de user en ce faict de la diligence que vous congnoistrés estre requise et necessaire, afin que le mal ne puisse apparoistre en lieu où aussy tost n'y comparoisse le remedde. Donné à Mante, ce viij.º jour de juillet 1591.

HENRY.

FORGET.

1591. — 8 JUILLET. — II.ᵐᵉ

Cop. — Arch. de la cour royale de Rouen. — Registres secrets originaux du parlement de Normandie, séant à Caen, vol. du 25 juin 1589 au 8 novembre 1591, fol. 328 recto. Communication de M. Floquet, greffier en chef, et correspondant de l'Institut.

A NOS AMEZ ET FEAULX CONSEILLERS LES GENS TENANS NOSTRE COURT DE PARLEMENT DE ROUEN, DE PRESENT TRANSFERÉE A CAEN.

Nos amez et feaulx, Les raisons que nous avons eues de revoquer les edicts qui furent extorquez du feu Roy, nostre trés honoré seigneur et frere, ez années 1585 et 1588, pour la rupture des edicts de pacification precedens, sont sy connues et notoires à chacun en

[1] Il peut n'être pas inutile de guider le lecteur dans la singulière construction de cette phrase, où la locution *pour ce que* est séparée en deux par une assez longue parenthèse. Les phrases ainsi prolongées par une suite d'incidences étaient regardées alors comme un mérite de style. Nous en avons ici la preuve par le contre-seing de Forget, dont on estimait particulièrement la rédaction. « M. de Fresne, l'un des secrétaires d'Estat, dit le chancelier de Chiverny, couchoit parfaitement bien par escrit. » (*Mémoires d'estat*, p. 169.)

son particulier par tant de incommoditez, que nous asseurons que en la declaration que nous avons faicte pour la revocation d'iceulx edicts et le restablissement des aultres qui ont esté sy justement et solennellement faicts, il ne se y trouvera rien tant à redire, sinon qu'elle n'eust esté plus tost faicte, comme elle l'eust esté sans l'esperance que nous avons tousjours eue que les ennemys rebelles se reduiroient à quelque bonne resolution et nous donneroient subject et matiere de faire, avec la dicte revocation, un establissement d'une bonne et perdurable paix, comme de nostre part nous avons faict tout ce qui nous a esté possible pour les y exciter, en leur proposant toute doulceur et clemence. Mais voyant que cela n'a servy que à les endurcir d'avantage en leur maulvaise intention, nous avons jugé qu'il estoit prejudiciable à nostre service, à l'honneur et reputation de tous nos bons subjects qui sont extremement interessez et offensez par les dicts deux edicts, d'en differer plus longuement la revocation, aussy que de là despend la tranquillité et le repos que nous desirons qui soit entre tous nos bons subjects, tant de l'une que de l'aultre religion. Pour ceste occasion, nous nous sommes resolus, avec bonne et meure deliberation, de faire la dicte declaration, que presentement nous vous envoyons; à la publication et verification de laquelle nous voulons et vous demandons de proceder promptement, comme vous jugerés assez que c'est chose trés juste et raisonnable, et important nostre dignité, l'honneur et le contentement de tous nos bons subjectz qui se sont maintenus en la fidelité qu'ils nous doivent et le bien et repos universel de ce Royaume : en quoy vous ferés chose qui nous sera trés agreable, et convenante aux tesmoignages que vous avés tousjours rendus du soing et de l'affection que vous portés à ce que vous congnoissés estre du bien et de la dignité de cest Estat. Donné à Mante, le viij$^e$ jour de juillet 1591.

HENRY.

FORGET.

1591. — 8 juillet. — III^me.

Orig. — B. R. Fonds Béthune, Ms. 9045, fol. 69.
Cop. — Suppl. fr. Ms. 1009-2.

A MON COUSIN LE DUC DE MONTMORENCY,
PAIR ET MARESCHAL DE FRANCE, GOUVERNEUR ET MON LIEUCTENANT GENERAL EN MON PAYS DE LANGUEDOC.

Mon Cousin, Vous vous pouvés souvenir que les premieres desclarations que je feis publier si tost que Dieu m'eust appelé à ceste Couronne, ce fut pour faire une convocation et assemblée des princes, officiers de ceste Couronne, et des principaulx de tous les ordres de cest Estat, en l'opinion et advis desquels j'avois jugé que se devoit recouvrer le meilleur remede à tous les maux et malheurs dont est affligé ce Royaume. Vous avés aussy veu comme la dicte assemblée ayant esté differée de temps en temps, s'est toujours trouvée impossible par les oppositions et grands empeschemens que m'ont continuellement donné les ennemys; tant que je suis encores à attendre le premier jour de patience et repos; et estant encores maintenant autant ou plus malaisée que jamais, tant pour le peril des chemins, qui va tousjours augmentant, que aussy que la plus-part des princes et aultres des principaux qui sont necessaires à la dicte convocation, et sans lesquels elle seroit imparfaicte, sont tellement occupez dans les provinces qu'ils n'en peuvent partir sans les laisser en peril, je me resolus (en attendant que les choses soyent mieux disposées à la dicte convocation, laquelle je suis tousjours en intention de faire, et pour pourveoir cependant à plusieurs affaires importans et pressez qui se presentent, et remettre l'ordre en beaucoup où il va deperissant) d'appeler icy mon cousin le cardinal de Bourbon et tous ceulx de mon conseil qui estoient à Tours, lesquels se sont rendus en fort bonne et notable compagnie, depuis quinze jours, durant lesquels je me suis contrainct d'y demeurer avec eux, non sans quelque retardement des bons effects de mon armée.

Ce que l'on y a premierement traicté a esté, pour guarir ce mal par ordre, de considerer quelle est la premiere cause des troubles qui se sont renouvellez en ce Royaume, plus aspres et violens que jamais; et y ayant esté unanimement recogneu que c'est la rupture et revocation des edicts de pacification, faicte par celuy de l'union en l'année mil-cinq-cens-quatre-vingt-cinq, et depuis continuée et confirmée en celle de quatre-vingt-huict, il a esté aussy jugé que le torrent de ces malheurs qui sont derivez de ceste infraction de paix ne peut estre arresté sans premierement en destourner la plus prochaine et plus apparente source. Pour ceste occasion, je me suis resolu de casser et revoquer les dicts edicts de l'union et restablir ceulx de la paix, pour estre observez ainsy qu'ils l'estoient lorsque les aultres furent faicts; et en ay envoyé l'edict à mes cours de parlement pour le publier, comme je suis asseuré qu'elles feront volontiers sans difficulté. Je n'ay pas voulu ce pendant differer davantage de vous en advertir, tant pour vous rendre participant de mes principaux affaires et de mes resolutions sur iceulx, que aussy pour ce que je ne doubte poinct que les ennemys, qui n'ont d'aultre plus grande industrie que d'interpreter toutes mes actions au pire sens qu'ils peuvent, en glossent sur ceste-cy et ne facent tous leurs efforts de la faire trouver la plus maulvaise qu'ils pourront. A quoy je n'ay pensé aultre deffense estre necessaire sinon que de vous en tenir adverty de bonne heure; car des raisons que j'ay eu de ce faire, elles sont sy grandes et communes qu'elles ne peuvent estre ignorées de personne, s'il n'est prevenu de maulvaise intention. Il ne faut que se souvenir de l'estat où estoit ce Royaume auparavant les dicts edicts et le comparer à celuy où il a tousjours esté despuis qu'ils ont esté faicts. Et comme l'on a veu les malheurs de la France quasy comme arrivez à leur terme et periode par l'observation de la paix, et après redevenir plus grands et effroyables que jamais par la rupture d'icelle, à cela il se peut adjouxter s'il estoit juste et honeste de souffrir subsister plus longuement les injures, calomnies portées par les dicts edicts, non seulement contre moy en ma personne, tous les princes qui ont cest honneur de m'appartenir, mais contre tous les officiers de la Couronne et mes bons et affectionnez fidelles subjects et serviteurs. Par où l'on peut juger que, s'il y a rien à blasmer en la dicte revocation, c'est qu'elle ayt esté sy longuement differée ; ce qui n'eust pas esté sans les grands empeschemens que j'ay toujours eus, et que je ne voulois en cela rien resouldre que avec l'advis de mon conseil. Et quand les raisons n'y eussent esté sy pertinentes, la necessité de le faire y estoit manifeste pour pourveoir aux plainctes et remonstrances que j'avois journellement, non seulement de mes subjects, tant de l'une que de l'aultre religion, mais de mes parlemens et les aultres justices, pour les resouldre sur l'incertitude en laquelle ils estoient sur l'observation des dicts edicts, depuis l'expiration du temps de la trefve ; demeurant obligez, si n'y estoit pourveu, à l'entretenement des dicts edicts d'union, lesquels ils sçavoient estre trés injustes, et ne se pouvoient soustenir ; sur quoy ils seront maintenant esclaircys, et reglez comment ils auront à se comporter, par le restablissement des dicts derniers edicts de pacification, qui sont ceulx de tous les precedens qui ont esté le plus examinez et traictez en plus grande compaignie de princes, officiers de la Couronne et des plus notables personnages qui fussent lors, tant ecclesiastiques que aultres. Je me promets aussy que tous mes bons subjects en seront bien satisfaicts, le recevront avec actions de graces et pour un bon augure d'un plus doulx et meilleur siecle que celuy qui s'est passé depuis qu'ils furent revoquez.

Il n'y aura que les ennemys rebelles qui ne l'approuveront pas, et au contraire qui s'efforceront de le faire mal recevoir s'ils peuvent ; supposant que ce sera une innovation à la religion catholique, apostolique et romaine, pour essayer d'en donner quelque apprehension à mes bons subjects catholiques ; mais les argumens pour cela ne peuvent estre que sy foibles qu'ils sont indignes de solution. Mes desportemens jusques icy suffisent pour les convaincre [du contraire] de ce qu'ils vouldront imposer, que j'aye aultre desir que de maintenir et conserver la dicte religion catholique et ceulx qui font profession d'icelle. Et à cela viendra encore bien à propos la desclaration que j'ay nouvellement eu subject de faire pour confirmer et jurer la premiere que je feis à mon advenement à la Couronne pour la conservation et entretenement de la religion catholique ; afin de faire cognoistre combien est faulse et alienée de toute mon intention la supposition qu'ils ont faicte au Pape, que j'avois conjuré contre la dicte religion catholique et rejeté pour jamais toute instruction d'icelle ; qui a esté sur quoy il s'est principalement fondé de faire (par un nunce qu'il a nagueres depesché vers les chefs des dicts rebelles) publier des monitoires contre les princes, cardinaulx, officiers de la Couronne, prelats, et generalement tous mes bons et fideles subjects qui me servent et assistent, esperant que, comme la cause en est purement faulse, que les effects en seront plustost aussy vains et inutiles qu'aultrement; n'y ayant neanmoins rien voulu prononcer de mon auctorité privée; m'en estant du tout remis aux dicts parlemens et aux prelats et ecclesiastiques, pour s'y pourvoir par les voyes de droict, comme, s'y sentant fort bien fondez, je les veoy en bonne resolution de faire.

Vous ne tarderés pas que vous n'ayés par delà les dicts edicts et desclarations, où vous verrés plus particulierement mon intention descripte. Ce pendant je vous en ay bien voulu dire icy la substance, afin que vous ayés de quoy convaincre et refuter ce qui pourra estre par les dicts ennemys publié au contraire; en quoy je suis bien asseuré qu'ils auront plus faulte de subject et de bonnes raisons que de maulvaise volonté. Il sera aussy bien à propos que vous donniés communication de ceste-cy aux principaulx de mes serviteurs qui sont prés de vous, afin que par ceste verité chascun soit instruict et preparé contre la malice et mensonge des ennemys, et que la honte leur demeure de ceste-cy, comme elle a cy-devant fait de toutes les aultres. C'est ce que je vous diray sur ce subject : sur ce, je prie Dieu, mon Cousin, vous conserver en sa saincte garde. Escript à Mantes, du viij$^e$ jour de juillet 1591[1].

HENRY.

FORGET.

---

[1] Une lettre toute semblable fut écrite le même jour au duc de Nevers. L'original en est conservé à la Bibliothèque royale, fonds Béthune, Ms. 9104, fol. 73, la copie

# DE HENRI IV. 425

[1591.] — 8 JUILLET. — IV<sup>me</sup>.

Cop. — B. R. Fonds Béthune, Ms. 9104, fol. 54.
Cop. — Suppl. fr. Ms. 1009-3.
Imprimé. — *Mémoires de Nevers*, t. II, p. 254.

### A MON COUSIN LE DUC DE NEVERS,
PAIR DE FRANCE, GOUVERNEUR ET MON LIEUGTENANT GENERAL EN CHAMPAGNE ET BRIE.

Mon Cousin, Suivant ce que je vous ay cy-devant escript, je vous envoye presentement le s<sup>r</sup> de Rozieres pour vous soulager en ce qui est du faict des finances de vostre gouvernement. Et d'autant que l'affection qu'il porte au bien de mon service et sa suffisance vous sont assez cogneus, je ne vous en diray aultre chose, seullement que je luy ay commandé d'assembler le plus de deniers qu'il pourra, affin que je puisse m'en servir pour l'entretenement de mon armée, lorsque je seray au dict pays, où j'espere vous voir dans peu de jours, estant sur mon partement pour m'y acheminer. Vous entendrés du s<sup>r</sup> de Rozieres plus particulierement de mes nouvelles, dont je ne vous feray ceste-cy plus longue : priant Dieu qu'il vous ayt, mon Cousin, en sa saincte et digne garde. De Mante, le vuj<sup>e</sup> juillet 1591.

HENRY.

POTIER.

dans le supplément français, Ms. 1009-3, et elle est imprimée dans les Mémoires de Nevers, t. II, p. 249. Une lettre analogue et à la même date, mais moins détaillée, fut adressée, comme circulaire, aux principales villes du royaume. Nous avons les copies de celles que reçurent Bordeaux et Bayonne.

1591. — 8 JUILLET. — V$^{me}$.

Fac-simile. — Collection publiée pour M. le comte de Lasteyrie.

[A MONS$^R$ DE SOUVRÉ.]

La Gode, m'amye[1], Despuis cinq ou six jours que je suis icy, je n'ay esté sans peine. J'espere avoir parachevé dans trois ou quatre jours, et puis aussy tost partir pour m'en aller en mon armée, où je ne seray gueres que vous n'oyés parler de moy et que je ne tourmente fort mes ennemys. On m'a dict que vous ne m'aimés point, et le s$^r$ d'Emery, present porteur, m'a confirmé cela. S'il est ainsy, je vous desavoue, et la premiere fois que je vous verray, je vous couperay la gorge. A Dieu, la Gode m'amye. De Mantes, ce viij$^e$ juillet.

HENRY.

Faites mes recommandations à la vieille.

[ 1591. — VERS LE 10 JUILLET. ] — I$^{re}$.

Cop. — Arch. de la Couronne, salle 5, anciennes archives, Ms. 30, fol. 102 recto.
Cop. — Bibliothèque de M. Monmerqué, Ms. intitulé : *Despesches, instructions et commissions*, fol. 133 recto.

[AU GRAND SEIGNEUR[1].]

Trés hault, trés excellent, trés puissant, trés magnanime et invincible prince, le grand empereur des Moutsoulmans, sultan Amurat han, nostre trés cher et parfaict amy, en qui tout honneur et vertu

---

[1] Ce vieux mot *Gode*, qui était du genre féminin, motive ici l'expression *m'amye*, au lieu de *mon amy*, qu'on lit dans d'autres lettres à M. de Souvré. Roquefort, à l'article *Gode*, donne, pour sens de ce mot : *fainéante, paresseuse, femme de mauvaise vie*. Nous ignorons par suite de quel badinage Henri IV avait donné ce sobriquet à M. de Souvré, l'un des hommes les plus considérés de son temps et qu'il nomma gouverneur du dauphin.

---

[1] Pour la suscription entière, voyez ci-dessus, p. 363.

abonde. La justice estant la vertu qui affermit plus les sceptres et couronnes aux princes qui en sont douez, et Vostre Haultesse singulierement recommandée en ceste partie entre tant d'aultres qui decorent sa personne, cela nous rend asseuré qu'Elle ne prendra en maulvaise part que nous ayons receu en nostre protection Jehan Bogdan, prince de Moldavie, chevalier de nostre Ordre, deschassé de ses biens et Estats, ainsy qu'avoit faict le feu Roy dernier, nostre trés cher seigneur et frere, pour interceder son restablissement envers Vostre Haultesse, comme nous avons entendu qu'il luy avoit desjà pleu le promettre à nostre dict predecesseur[2]. Et neantmoings desirant le faire avec le bon gré d'icelle, nous avons advisé de luy escrire auparavant pour la supplier, comme nous faisons trés affectueusement, qu'il luy plaise accorder son sauf-conduict et passeport au dict prince, avec lequel il puisse aller en seureté presenter son innocence et trés humble reverence à Vostre Haultesse, comme il a deliberé faire, quand il aura ce tesmoignage qu'Elle l'ayt agreable, et accompaigner à ceste fin l'ambassadeur que nous esperons en bref depescher vers Vostre Haultesse[3]; attendant le partement duquel nous luy avons bien voulu procurer par la presente le contentement qu'il a desiré du dict passeport, pour luy servir de saulvegarde contre les machinations et entreprinses de ses ennemys; dont il ira attendre la response sur le chemin que prendra nostre dict ambassadeur pour faire le dict voyage. Et en le luy octroyant en nostre faveur, Vostre Haultesse nous fera aussy congnoistre n'avoir à desplaisir l'assistance que nous desirons luy rendre en son affliction; en consideration de laquelle, et pour l'amictié que nous luy portons, nous retiendrons son filz auprés de nous, attendant qu'il soit restitué en ses Estats. Sur ce,

---

[2] Ce qui regarde la Moldavie à cette époque est si confus dans tous les historiens, qu'il nous a été impossible, malgré beaucoup de recherches, de connaître quels furent pour Jean Bogdan les résultats des nombreuses et pressantes recommandations par lesquelles Henri IV continuait la protection que son prédécesseur, roi de France et de Pologne, avait accordée au prince moldave.

[3] L'accusation de certaines prévarications avait fait révoquer M. de Lancosme;

nous prions Dieu, Trés hault, trés excellent, trés puissant, trés magnanime et invincible prince, nostre trés cher et parfaict amy, qu'il veuille augmenter votre grandeur avec fin trés heureuse.

HENRY.

[ 1591. — VERS LE 10 JUILLET. ] — II<sup>me</sup>.

Cop. — Arch. de la Couronne, salle 5, anciennes archives, Ms. 30, fol. 102 verso.

A TRES ILLUSTRE ET MAGNIFIQUE SEIGNEUR MAHOMET,
PREMIER BASSA DE L'EXCELSE PORTE DU GRAND SEIGNEUR.

Trés illustre et magnifique seigneur, En attendant l'expedition que nous entendons faire en bref d'un ambassadeur de nostre part vers le Grand Seigneur, et la depesche que nous avons deliberé faire par mesme moyen en faveur de Jehan Bogdan, prince de Moldavie, chevalier de mon Ordre, deschassé de ses biens et Estats, affin qu'il luy plaise le restablir en iceux, comme nous avons entendu qu'il luy avoit pleu le promettre au feu Roy, dernier decedé, nostre trés cher seigneur et frere, nous avons bien voulu escrire à Sa Haultesse, à ce qu'il luy plaise, comme nous l'en supplions, accorder son passeport et sauf-conduict au dict prince, pour luy donner libre accez à l'Excelse Porte de Sa Haultesse, et luy servir de saulvegarde contre ses ennemys. Et pour ce que sa qualité, et condition où il est reduict le rend trés recommandable, nous vous prions vouloir, pour l'amour de nous, tenir la main à luy faire avoir le dict passeport, le plus favorable que faire se pourra; chose qui vous sera de merite envers Dieu, et que nous recevrons, en nostre particulier, à singulier plaisir, pour nous en revancher à ce que vous nous vouldrés employer : priant sur ce le Createur qu'il vous ayt, Trés illustre et magnificque seigneur, en sa saincte garde.

HENRY.

et M. de Brèves, son parent, qui s'était alors trouvé, en sa place, chargé des affaires de France à la Porte, n'était pas encore revêtu du titre d'ambassadeur, qu'il obtint le 8 juillet 1593.

[1591. — VERS LE 10 JUILLET.] — III^me.

Cop. — Arch. de la Couronne, salle 5, anciennes archives, Ms. 30, fol. 104 verso.

A MON COUSIN LE PRINCE DE MOLDAVYE.

Mon Cousin, J'ay entendu par la lettre que vous m'avés escripte, et par ce que le prince de [1]          , vostre fils, m'a exposé de vostre part, ce que vous desirés de moy en assistance de vos affaires; auxquels n'ayant moindre volonté de vous favoriser que vous avés congneu que le feu Roy, mon predecesseur, avoit, je n'oblieray, en la despesche de mon ambassadeur, que je fais estat de renvoyer le plus tost que je pourray vers le Grand Seigneur, de luy donner charge bien expresse de vous y faire de ma part tous les offices qui vous y seront necessaires, affin que vous puissiés parvenir au recouvrement de ce qui vous appartient; et en attendant que je puisse faire la dicte depesche, j'ay volontiers accordé les lettres que vostre dict fils m'a demandées, et seray bien ayse que en tout ma recommandation puisse apporter le fruict que vous en attendés; laquelle, ny aultre chose qui despende de moy, n'y sera espargnée pour vous en faciliter l'advancement : priant Dieu qu'il vous ayt, mon Cousin, en sa saincte et digne garde.

HENRY.

[1591. — VERS LE 10 JUILLET.] — IV^me.

Cop. — Arch. de la Couronne, salle 5, anciennes archives, Ms. 30, fol. 103 recto.

AU S^R MARIANY,

AMBASSADEUR POUR LA ROYNE D'ANGLETERRE PRÉS LE GRAND SEIGNEUR.

Mons^r Mariany, Desirant interceder auprés du Grand Seigneur pour le prince de Moldavie, Jehan Bogdan, chevalier de mon Ordre, à ce qu'il le veuille faire restituer en ses estats, ainsy que j'ay entendu

[1] Cette lacune se trouve dans le manuscrit.

qu'il l'avoit promis au feu Roy mon predecesseur, j'escris presentement à Sa Haultesse, ensemble au premier visir et autres bassas, pour luy faire obtenir un passeport, affin qu'il puisse, sous la sauvegarde d'iceluy, et avec permission de Sa Haultesse, se rendre en seureté en son Excelse Porte, en compaignie de mon ambassadeur, que j'espere y envoyer en bref. Attendant le partement duquel, il ne laissera de s'advancer sur le chemin, pour y attendre sa venue et le dict passeport. Et pour ce que je sçay l'affection avec laquelle vous avés embrassé mon service, et que j'ay en singuliere recommandation l'affaire du dict prince, je vous ay bien voulu escrire la presente, pour vous prier luy faire, pour l'amour de moy, tous les bons offices que vous pourrés, tant pour l'impetration du dict passeport que pour toutes aultres choses où vous congnoistrés pouvoir servir à l'advancement de sa juste poursuite, croyant que je tiendray tout ce que vous ferés pour luy, comme faict pour mon dict service : et sur ce, je prie Dieu, Mons<sup>r</sup> Mariany, qu'il vous ayt en sa saincte garde.

HENRY.

### 1591. — 12 JUILLET. — I<sup>re</sup>.

Orig. — A Londres, State paper office, ancient royal letters, vol. XXII, lett. 153. Copie transmise par M. Lenglet.

Cop. — Arch. de la Couronne, salle 5, anciennes archives, Ms. 30, fol. 103 verso.

Cop. — Bibliothèque de M. Monmerqué, Ms. intitulé : *Despesches, instructions et commissions*, fol. 109 verso.

Imprimé. — *The Life of Thomas Egerton, lord chancellor of England*, p. 397.

A TRÉS HAULTE, TRÉS EXCELLENTE ET TRÉS PUISSANTE PRINCESSE LA ROYNE D'ANGLETERRE, NOSTRE TRÉS CHERE ET TRÉS AMÉE BONNE SOEUR ET COUSINE.

Trés haulte, trés excellente et trés puissante princesse, nostre trés chere et trés amée bonne sœur et cousine, Encores que vostre charité envers les affligez n'a besoing d'estre excitée d'aultre part que de vostre propre inclination, et que le prince de Moldavie, chevalier de nostre Ordre, en ayt desjà ressenty de bons effects, toutesfois nous luy avons bien voulu donner ce tesmoignage de nostre bonne volonté en son endroict, pour les aultres effects qu'il en pourra recevoir, de vous prier, comme nous faisons trés affectueusement par la presente, qu'il vous plaise l'avoir, pour l'amour de nous, encores d'autant plus recommandé en son passaige par vostre royaume, et, de plus, escrire à vostre ambassadeur en Levant, à ce qu'il continue de luy faire de ce costé-là les bons offices qu'il a desjà commencé de luy despartir en ses affaires, et qu'il y employe vostre bon credit sy avant, qu'il face congnoistre que vous en desirés toute bonne issue, au contentement du dict prince, affin de rendre sa requeste plus exorable, comme nous sommes asseurez que vostre bon support la luy fera plus facilement obtenir; qui accroistra d'autant plus vostre louange et merite envers nous et le nombre des faveurs que nous recevons continuellement de vostre part : en recongnoissance desquelles, attendans que nous le puissions faire en aultre chose, nous prions Dieu qu'il vous ayt, Trés haute, trés excellente et trés puissante princesse, nostre trés chere et trés amée bonne sœur et cousine, en sa saincte garde. Escript à Mantes, le xij<sup>e</sup> jour de juillet 1591.

Vostre bon frere et cousin,

HENRY.

[1591.] — 12 JUILLET. — II<sup>me</sup>.

Cop. — Arch. de la Couronne, salle 5, anciennes archives, Ms. 30, fol. 104 recto.
Cop. — Bibliothèque de M. Monmerqué, Ms. intitulé : *Despesches, instructions et commissions*, fol. 110 recto.
Imprimé. — *The Life of Thomas Egerton, lord chancellor of England*, page 397.

### A MONS<sup>R</sup> DE BEAUVOYR,

CONSEILLER EN MON CONSEIL D'ESTAT, CAPPITAINE DE CINQUANTE HOMMES D'ARMES DE MES ORDONNANCES ET MON AMBASSADEUR EN ANGLETERRE.

Mons<sup>r</sup> de Beauvoyr, Les faveurs et courtoisies que vous avés faictes, de vous-mesme, au prince de Moldavie, dont il se loue bien fort, monstrent qu'il n'a besoing d'aultre recommandation envers vous, pour vous inciter à luy faire encores plaisir en ce que vous pourrés. Toutesfois, pour vous rendre encores mieux disposé, je vous ay bien voulu asseurer par la presente, que j'ay eu trés agreable que vous luy en avés desjà faict ressentir les effects de vostre bon naturel, et vous prier continuer ceste bonne volonté, vous employant particulierement envers la Royne, madame ma bonne sœur, affin qu'elle le veuille favoriser pour son passaige, là où il delibere d'aller, comme je luy escris une lettre à ceste fin; laquelle vous accompagnerés de toute aultre persuasion que vous pourrés, comme l'œuvre, de soy, est recommandable : et n'estant la presente à aultre fin, je ne la vous feray plus longue que pour prier Dieu qu'il vous ayt, Mons.r de Beauvoyr, en sa saincte et digne garde.

HENRY.

[1591]. — 12 JUILLET.] — III.me

Cop. — Arch. de la Couronne, salle 5, anciennes archives, Ms. 30, fol. 104 recto.

A MON COUSIN LE DUC DE SAXE,
PRINCE ET ESLECTEUR DU SAINCT-EMPIRE.

Mon Cousin, Le feu Roy, mon predecesseur, avoit commencé un office envers le Grand Seigneur, pour la restitution du prince de Moldavie, spolié de ses estats; qui seroit demeuré imparfaict, pour les accidens depuis survenus en ce Royaume; luy estant neantmoins encores resté ceste marque de ceste bonne volonté envers luy, de l'avoir associé à l'Ordre de France [1], comme il avoit faict. Et pour ce que la bonne intention qu'il avoit en cela est digne d'estre embrassée d'un chacun, j'ay deliberé d'y faire de ma part ce que je pourray,

---

[1] Le fils du prince de Moldavie fut aussi chevalier de Saint-Michel, suivant Saint-Foix; mais cet historien a commis une erreur en attribuant à Henri IV la promotion de l'un et de l'autre. « Le duc de Moldavie « et son fils, dit-il, chassés de leur état par « le Turc, choisirent leur asile en France. « Henri IV fournissait honorablement à « leur entretien et les fit chevaliers de Saint-« Michel. » (*Histoire de l'ordre du Saint-Esprit*, ch. IV.) — Cette lettre constate que le père devait le collier de l'ordre à Henri III.

faisant estat d'en donner charge bien expresse à mon ambassadeur, que j'espere envoyer en bref à Constantinople. Et s'estant le dict prince resolu de s'approcher ce pendant sur le chemin, pour mieux disposer les affaires, je vous ay bien voulu escrire la presente, pour vous prier, comme je fais très affectueusement, que, s'il passe de vostre costé, vous veuillés, pour l'amour de moy, favoriser son passaige, en ce qu'il pourroit avoir besoing de vostre appuy et support; et je tiendray à singulier plaisir la faveur qu'il recevra de vous en cest endroict : priant Dieu qu'il vous ayt, mon Cousin, en sa saincte et digne garde.

HENRY.

1591. — 14 JUILLET. — I<sup>re</sup>.

Orig. — B. R. Fonds Béthune, Ms. 9045, fol. 66.
Cop. — Suppl. fr. Ms. 1009-2.

A MON COUSIN LE DUC DE MONTMORENCY,

PAIR, MARESCHAL DE FRANCE, GOUVERNEUR ET MON LIEUCTENANT GENERAL EN MON PAYS DE LANGUEDOC.

Mon Cousin, Vous avés esté bien amplement informé de toutes nos nouvelles par le s<sup>r</sup> de Fosseuse[1]. Depuis son partement je n'ay poinct eu des vostres; et c'est ce qui me fait plus juger que vous estes occupé à bon escient. Par les dernieres que j'ay du seign<sup>r</sup> Alfonse, il me mande que ayant faict un voyage sur la frontiere de Savoye avec le s<sup>r</sup> Lesdiguieres, qu'il estoit resolu de vous aller trouver et vous mener une bonne troupe de cavalerie et d'infanterie; de sorte que je fais estat qu'il soit maintenant prés de vous, et que, ayant ce nouveau secours, vous aurés encore plus pressé les Hespaignols. J'ay

---

[1] Anne de Montmorency, marquis de Thury, baron de Fosseux, seigneur de Courtalain, chevalier de l'ordre du Roi et capitaine de cinquante hommes d'armes de ses ordonnances, était le fils aîné de Pierre de Montmorency et de Jacqueline d'Avaugour. Il avait été premier chambellan du duc d'Alençon, et, à l'avénement de Henri IV, avait, comme les autres Montmorency (le maréchal de Boisdauphin excepté), embrassé avec ardeur la cause du nouveau Roi. Il mourut l'année suivante, le 3 juin, au retour du siége de Rouen. Il était le chef de toute la maison de Mont-

advis que le duc de Joyeuse² en a faict entrer plus de cinq cens dans Thoulouse, contre le gré des principaulx de la ville, en laquelle il y avoit sur ceste occasion quelque rumeur; mesmes qu'ils en avoient faict sortir le president de Paule, qui estoit un de ceulx qui s'opposoient à l'entrée des dicts estrangiers. S'il en est quelque chose, vous en aurés esté adverty des premiers; et m'asseure que vous n'avés pas perdu l'occasion de profiter³ ce mauvais mesnage aultant qu'il aura esté possible. Je croy que à la fin Dieu nous ostera l'honneur de les vaincre en combat, pour accroistre leur honte de se desfaire d'eux-mesmes. Vous seutes par le dict de Fosseuse comme l'entreprinse de sur la ville de Louviers fut en plain midy heureusement exécutée. Depuis je fus jusques à Dieppe, d'où j'ay ramené une bonne provision de pouldres, dont les villes de deçà et celles de delà la Picardie avoient grand besoing. A mon retour icy j'y ai trouvé mon cousin le cardinal de Bourbon et tous ceulx de mon conseil qui estoient à Tours, avec lesquels j'ay demeuré icy quinze jours; et eust esté bien besoing, pour la quantité des affaires qui se presentent, que j'y eusse peu demeurer davantage, mais pour mon absence l'armée chomme, et chommant elle diminue. C'est pourquoy, je partiray demain pour m'y en retourner, et fais estat, pour m'acheminer en Champaigne, de prendre le chemin de la Picardie, où il se peut faire quelque chose de bon, pour un peu de sejour que je y donne. Je le y feray toutesfois le moins que je pourray, ayant opinion que mon armée estrangere sera plus tost à la frontiere que je n'y pourray estre, parce que les derniers advis que j'en ay portent qu'elle estoit preste à partir, et au reste qu'elle sera trés belle. Je laisse icy mon dict cousin avec mon conseil, pour continuer à travailler aux dictes affaires. Vous

morency. De lui descend, en ligne directe, à la septième génération, M. le duc de Montmorency actuel.

² Antoine Scipion de Joyeuse, troisième fils de Guillaume de Joyeuse et de Marie de Batarnay, chevalier de Malte et grand-prieur de Toulouse, était devenu duc de Joyeuse après la mort de son frère aîné, tué en 1587 à la bataille de Coutras. Il se noya dans le Tarn, à la suite du combat de Villemur, le 20 octobre 1592.

³ C'est-à-dire, *de mettre à profit*.

verrés par mon aultre lettre, que vous aurés avec ceste-cy, que nous y avons resolu la revocation des edicts de l'union, qui sont tels que je pense avoir plus à m'excuser de l'avoir tant differée que à rendre raison de ce que je l'ay faicte maintenant. Toutesfois je croy qu'il ne sera que à propos que vous communiquiés ma dicte lettre aux principaux de ceulx qui sont prés de vous, attendant que l'edict et la desclaration mentionnée en ma susdicte lettre soient verifiez en ma court de parlement. Je fais estat de les vous envoyer par un des gens du dict s$^r$ Alfonse que je feray partir dans un jour ou deux, et les vous aurois envoyées par ce dict porteur, n'estoit que j'ay estimé l'aultre commodité plus seure. Quant aux ennemys, je n'ay poinct d'advis que, pour les estrangers, il y en ayt de plus prests que ceulx qui viennent d'Italie; car, quant au duc de Parme, je n'estime pas qu'il puisse encore sy tost faire un grand effort. Le duc du Maine avoit long-temps sejourné à Amiens; mais depuis peu de jours il est venu faire un voyage à Rouen pour y installer de Villars et en tirer le vicomte de Tavannes : sur quoy il y a aussy de la rumeur entre eulx. C'est ce que je vous puis dire de leurs affaires de deçà, sinon que presentement j'ay eu advis que le duc de Mercœur a esté mal mené en Bretaigne en un combat qu'il a eu avec les nostres, où il y a perdu quantité des meilleurs hommes qu'il eust, entre aultres le s$^r$ de Goullaines, qui estoit son mareschal de camp. Mon cousin le prince de Conty a d'ailleurs tantost tout nettoyé le Poïctou, ayant recouvert Mirebeau qu'il tient assiégé, et dont j'ay eu aussy presentement advis qu'il a pris la ville d'assault, et ne reste plus que le chasteau. Il ne restera aux ennemys que Poictiers, qui se pourra aussy recouvrer par amour ou par force. C'est ce que je vous diray pour ceste fois, me remettant à vous en dire davantaige par la depesche que vous aurés avec les dicts edicts, que j'espere vous envoyer dans un jour ou deux. Sur ce, je prie Dieu, mon Cousin, vous conserver en sa saincte garde. Escript à Mante, le xiiij$^e$ jour de juillet 1592.

HENRY.

FORGET.

## 1591. — 14 JUILLET. — II^me.

Cop. — Archives de madame la duchesse de Vicence, née Carbonel de Canisy.

### A MONS^R DE CANISY.

Mons^r de Canisy, Ayant cogneu la volonté qu'avés de me venir trouver avec vostre compagnie, je vous ay voulu escrire la presente pour vous dire que j'auray bien agreable que veniés promptement; aprés toutesfois que aurés pourveu à ce qui est necessaire pour la seureté de ma ville d'Avranches, tant pour le regard de ceulx qui ont demandé les six mois aprés la prinse d'icelle, que pour les gentilshommes qui sont ez environs de la dicte ville, qui ont cy-devant favorisé le party de mes dicts ennemys, desquels il est besoin que vous asseuriés par les sermens et soubmissions ordonnées pour cest effect, ou bien que, les tenant pour ennemys, vous les contraigniés de quitter le pays, afin que mes subjects demeurent en plus grand repos et seureté cy-aprés; à quoy m'asseurant que vous adjouterés tout ce que je puis esperer de vostre service, je ne vous en diray davantage : priant Dieu qu'il vous ayt, Mons^r de Canisy, en sa saincte et digne garde. De Mantes, ce xiiij^e juillet 1591.

HENRY.

POTIER.

## 1591. — 14 JUILLET. — III^me.

Cop. — Arch. de la cour royale de Rouen. Registres secrets originaux du parlement de Normandie, séant à Caen, vol. du 25 juin 1589 au 8 novembre 1591, fol. 328 verso. Communication de M. Floquet, greffier en chef, correspondant de l'Institut.

### A NOS AMEZ ET FEAULX LES GENS TENANS NOSTRE COURT DE PARLEMENT DE NORMANDIE.

Nos amez et feaulx, Ayant recogneu par le progres de nos affaires que le meilleur et plus asseuré moyen d'affoiblir nos ennemys et restablir une paix universelle en nostre Royaulme est de reprendre et reduire peu à peu en nostre obeissance les villes et forteresses qui s'en sont distraictes et separées, nous avons resolu de continuer et poursuivre à bon escient la reduction encommencée de nostre province de Normandie, et pour cest effect n'espargner, non plus que nostre personne, aucune sorte de moyens qui soient en nostre puissance. A ceste cause, estant necessaire, pour l'execution de ce desseing, recouvrer quelque bonne et notable somme de deniers, et ne pouvant en estre tant urgente necessité où il s'agit du bien et salut commun de nos subjects, et particulierement de ceulx de nostre dicte province de Normandie, ny trouver un plus prompt et plus asseuré moyen de secours, que de faire vendre à perpetuité et sans rachapt quelques membres et menues parties moins dommageables de nostre domaine de nostre dicte province, jusques à la somme de trois cens mil escuz, pour une fois payez; nous en avons faict expedier nos lettres-patentes en forme de edict, que nous vous envoyons presentement, et vous mandons et enjoignons trés expresseement que vous ayés à procedder, aussy diligemment que vous recongnoissés qu'il est expedient pour le bien de nostre service, à la verification pure et simple de nostre dict edict, sans y user d'aucun refus, longueur ou difficulté, restriction, ne modification, postposant et mettant en arriere tous les empeschemens qui se y pourroient presenter, auxquels vous debvés d'autant moins vous arrester, que les occasions qui ont meu nos predecesseurs à vendre le dict domaine n'ont jamais esté plus justes ny plus pregnantes que celles qui s'offrent à present, où il est question de la restauration de cest Estat et liberté de nos subjectz contre les injustes entreprinses de l'Espaignol, leur ancien et capital ennemy. Sy, n'y faictes faulte, sur tant que vous avés le bien commun de ce Royaulme et vostre conservation particuliere en recommandation. Donné au camp de Mante, le xiiij$^e$ jour de juillet 1591.

HENRY.

POTIER.

1591. — 15 JUILLET. — I^re.

Orig. — B. R. Fonds Béthune, Ms. 9104, fol. 5.
Cop. — Suppl. fr. Ms. 1009-3.
Imprimé. — *Mémoires de Nevers*, t. II, p. 202.

A MON COUSIN LE DUC DE NEVERS,
GOUVERNEUR ET MON LIEUCTENANT GENERAL EN MON PAYS DE CHAMPAIGNE.

Mon Cousin, Vous estes bien adverty que l'armée estrangere que je fais venir est preste d'entrer en ce Royaume; vous sçavés aussy que le seul moyen d'en tirer bon service et la tenir en obeissance et discipline est de pourveoir à son payement, sans lequel elle est souvent plus incommode que utile; et ne voulant pas que cela advienne de ceste-cy, comme vous jugés bien que ce seroit la ruyne de mes affaires, je travaille autant que je puis d'en faire et assembler le fonds du dict payement. A quoy ne pouvant estre mieux ne plus justement aydé que de mes bons et affectionnez serviteurs et subjects qui sont dans les bonnes villes de mon obeissance, j'ay faict resolution de les faire rechercher de me faire quelque secours volontaire, durant chacun des six mois de ceste presente année, ayant à cet effect choisy le s^r de Rozieres, conseiller en mon conseil d'Etat, pour prendre la charge des provinces de Picardie et de Champaigne, et se transporter ez dites bonnes villes, pour exhorter les habitans et communaultez d'icelles à me faire le dict secours volontaire; ayant estimé que cest affaire estant entre les mains de personnage de sa qualité, il en devroit prosperer plus aisement, joinct que pour cestuy-cy les raisons en sont sy pregnantes qu'elles ne peuvent estre ignorées de personne. Touttesfois, j'en fais le principal fondement sur ceux qui ont de l'auctorité soubs moy dans les dictes provinces, ayant chargé le dict s^r de Rozieres de s'y conduire par leur advis et assistance, et particulierement pour ce qui est en vostre charge, y rechercher la vostre, vous conferant tout ce qui est de mon intention pour ce regard; laquelle je vous prie d'entreprendre de tout vostre pouvoir, affin qu'il en reussisse le fruict que j'en desire et qui m'est sy necessaire, et sans lequel je me pourrois retrouver en grande peine. Le jugement que vous-mesme en pouvés faire vous tiendra lieu d'instruction suffisante, d'en pouvoir instruire et persuader les aultres, comme je vous prie de faire, et assister en ceste dicte affaire de tout ce que vous pouvés le dict s<sup>r</sup> de Rozieres, sur lequel me remettant, tant sur ce subject que sur l'estat de mes affaires dont il est bien informé, je ne vous feray ceste-cy plus longue : priant Dieu, mon Cousin, vous conserver en sa saincte garde. Escript à Mante, le xv<sup>e</sup> jour de juillet 1591.

HENRY.

FORGET.

1591. — 15 JUILLET. — II<sup>me</sup>.

Cop. — B. R. Fonds Leydet, Mémoires mss. sur Geoffroy de Vivans, p. 80.

A MONS<sup>R</sup> DE VIVANS,

CAPITAINE DE CINQUANTE HOMMES D'ARMES DE MES ORDONNANCES, COMMANDANT POUR MON SERVICE À CAULMONT.

Mons<sup>r</sup> de Vivans, J'ay esté bien aise d'entendre que mon cousin le mareschal de Matignon soit party pour s'acheminer à Domme. Je sçay bien que le soin que vous avés eu de l'en solliciter a bien aydé à le y faire resouldre. J'entends que vous serés si bonne compagnie, que je crois que à ceste fois vous recouvrerés le chasteau Sarlat et tout ce que y tiennent les ennemys près de vous...... J'escriray aussy presentement à mon dict cousin de vous faire valloir l'ordonnance que je vous ay faict expedier pour l'entretenement de la garnison du chasteau de Caumont. Je sçais que vous en avés tant de soing, que je ne puis apprehender qu'il en puisse advenir inconvenient. De ce qui despendra de moy, vous pouvés bien vous asseurer que je y pourvoiray le mieux qu'il sera possible. Puisque vous vous retrouvés prés de mon dict cousin le mareschal de Matignon, je vous remettray de mes nouvelles de deçà à ce que je luy en escrips : et sur ce, je prie Dieu, Mons.<sup>r</sup> de Vivans, qu'il vous ayt en sa saincte et digne garde.

A Mante, ce xv<sup>e</sup> jour de juillet 1591.

HENRY.

1591. — 15 JUILLET. — III<sup>me</sup>.

Orig. — Archives municipales de Bordeaux. Copie transmise par M. le secrétaire général de la ville.

A NOS TRES CHERS ET BIEN AMEZ LES MAIRE ET JURATZ DE NOSTRE VILLE DE BORDEAUX.

Trés chers et bien amez, Nous avons entendu vostre depputé et receu en bonne part l'offre que en vostre nom il nous a esté faicte pour la revocation et extinction du subside qui se leve à Royan. Ce que nous recognoissons bien proceder de la bonne intention que vous avés de procurer par là quelque bon soulagement à toute la province, et augmentation et facilité du commerce en icelle. Nous aurions aussy, pour ceste consideration et pour le desir particulier que nous avons de vous donner contentement en tout ce que vous desirés de nous, accepté voluntiers vostre offre, mesmes, sans icelle, consenty et accordé que le dict subside demeurast dés ceste heure estinct et revocqué; mais nous sommes pressez d'une telle necessité, pour les grandes despenses que nous avons à supporter et maintenir, plus extremes qu'elles n'ont point encore esté, que le moins mal qui se puisse faire c'est de nous conserver et faire valoir ce peu de revenu qui nous reste le mieulx qu'il nous sera possible. Pour ceste occasion, nous sommes contraincts d'entendre à des conditions qui nous sont proposées pour le faict du dict subside beaucoup plus advantageuses que la vostre[1]; mais c'est tousjours en ferme resolution, sy tost qu'il aura pleu à Dieu composer ou terminer ces troubles dont ce Royaume est affligé et nous promettre quelque meilleur et plus doux establissement, de revocquer non seulement le dict subside mais plusieurs aultres que la

[1] Le 24 août suivant le Roi fit connaître à la ville de Bordeaux le nom du financier qui avait affermé cet impôt.

necessité nous force de tolerer et souffrir, contre nostre naturelle inclination, qui seroit bien plus tost de soulager nos subjects, mesmes des anciennes daces et impositions, que non pas les charger et opprimer de nouvelles; comme nous esperons que Dieu nous donnera assez de vie et de repos pour le justiffier par bons effects. Du surplus de ce qui nous a esté proposé par vostre depputé, il vous en remporte les responses, dont nous estimons que vous recevrés contentement tel que le vous peut donner le plus grand : c'est celluy que nous avons de tous vos bons comportemens, auxquels nous vous exhortons de continuer, mesmes pendant l'absence de nostre cousin le s^r mareschal de Matignon, et avoir plus de soing que jamais de ce qui peut maintenir nostre ville de Bourdeaux et tous les habitans d'icelle en tranquillité et repos, estant trés certain que les desseings des ennemys tendront toujours au contraire. Nous nous remettrons à vostre depputé de vous dire comme le rang que vous vous estes acquis par vos merites entre nos plus affectionnez serviteurs et subjects vous est tousjours bien conservé prés de nous, de qui vous pouvés attendre tout support, faveur et graces. Donné à Mante, le xv^e jour de juillet 1591.

HENRY.
FORGET.

## 1591. — 15 JUILLET. — IV^me.

Orig. — Arch. municipales de Bordeaux. Copie transmise par M. le secrétaire général de la ville.

A NOZ TRES CHERS ET BIEN AMEZ LES MAIRE ET JURATZ DE NOSTRE VILLE DE BOURDEAUX.

Trés chers et bien amez, En attendant que nous vous renvoyons vostre depputé qui est icy, nous n'avons voulu perdre ceste commodité de vous faire ceste-cy, mesme prevoyant qu'il ne vous pourra arriver auparavant le tems que vous debvés proceder à l'ellection d'un nouveau maire; sur quoy nous avons à vous dire que, eu esgard à la qualité du temps et pour plusieurs aultres bonnes considerations, nous desirons que vous continués en la dicte charge nostre cher et bien amé cousin le s^r mareschal de Matignon, nonobstant la continuation preceddente que vous en avés faicte, n'y en pouvant avoir aucun en la dicte charge qui y puisse apporter plus de dignité et intelligence que luy, tant pour le bien de mon service que pour la conservation de la dicte ville, pour laquelle il seroit perilleux en ceste saison d'y admettre aucun aultre qui eust à commencer à s'instruire en la conduicte des affaires de la dicte ville : dont touttesfois nous ne vous presserions pas, n'estoit la necessité que vous connoissés autant que nous-mesmes qu'il y a de le faire. Mais ce ne sera pas aussy pour en faire coustume, ny aucun prejudice à vos privileges et formes ordinaires, lesquelles nous voulons conserver et maintenir, ny y innover qu'autant que vous congnoistrés propre et utile pour le bien de vostre ville, comme nous nous asseurons que vous jugerés estre ce que dessus.

Donné à Mante, le xv^e jour de juillet 1591.

HENRY.

FORGET.

[1591.] — 18 JUILLET.

Orig. autographe. — B. R. Fonds Béthune, Ms. 8948, fol. 1.

A MONS^R DE ROSNY,

À MANTES.

Mons^r de Rosny, L'occasion de mon voyage est remise pour quelques jours; par quoy ne partés de vostre ville, en laquelle j'espere estre de retour demain de bonne heure, Dieu aydant.

Bonsoir. Ce dimanche xviij^e juillet, à Toery, à mynuit.

HENRY.

## 1591. — 26 JUILLET.

Orig. — B. R. Fonds Béthune, Ms. 9104, fol. 64.
Cop. — B. R. Suppl. fr. Ms. 1009-3.
Imprimé. — *Mémoires de Nevers*, t. II, p. 255.

### A MON COUSIN LE DUC DE NIVERNOIS,
PAIR DE FRANCE, GOUVERNEUR ET MON LIEUCTENANT GENERAL DE CHAMPAGNE ET BRIE.

Mon Cousin, J'ay apprins par vos deux dernieres vostre arrivée en ma ville de Chaalons et l'entreprinse qu'avés faicte d'assieger le chasteau de Mareuil. Je m'asseure que vostre presence en ma dicte ville servira grandement à mes affaires; et le siege qu'avés entreprins du dict Mareuil servira pour occuper les forces qui sont prés de vous, attendant que je sois par delà, qui sera bien tost, comme j'espere, avec la volonté de Dieu. Durant le sejour que j'ay faict en ma ville de Mante je vous ay escript les occasions qui m'y ont retenu et le fruict que j'en ay recueilly par le traicté que j'ay faict avec les Suisses, desquels il est demeuré trois mil en mon armée, par la reduction qui en a esté faicte, ayant licencié le reste, qui sont cinq ou six cens seulement. Au partir de Mantes, j'ay prins le chemin que je vous avois dict, ayant faict passer l'eaue à partie de mes forces, pour prendre le chasteau de Conflans, comme j'ay faict, et quatre ou cinq aultres forts qui estoient entre Pontoise et St-Denys. Passant prés de ma ville de Noyon comme je fais, je me suis resolu de l'attacquer: elle sera demain investie, et espere dans peu de jours en avoir la raison et en tirer des moyens pour l'entretenement de mon armée. Ceste occasion passée, rien ne peut retarder mon voyage, voulant vous faire congnoistre combien j'ay de volonté de le faire, comme je vous ay promis; et encores que la promesse que je vous en ay faicte ayt assez de pouvoir sur moy pour m'empescher de l'oublier[1], *la venue de mon armée estrangere, laquelle doibt estre dans la Lorrainne au dix$^{me}$ du mois prochain, à ne plus tarder, m'y oblige*, vous priant cepen-

---

[1] La partie en caractère italique est écrite en chiffre dans l'original; mais déchiffrée à l'interligné et transcrite dans l'édition des Mémoires de Nevers.

dant advertir tous mes serviteurs de ma venue et les mander pour me venir trouver. J'ay advis que le duc de Mayenne et le duc de Lorrainne doibvent joindre toutes leurs forces pour empescher la venue des dicts estrangers. Si ainsi est, j'espére me rendre assez à temps sur la frontiere pour favoriser leur entrée et combattre mes ennemys, s'ils ont le courage de s'y opposer. J'escris au s$^r$ de Givry, qu'il demeure prés de vous et mande tous ceulx de sa troupe qui estoient allez se raffraischir en leurs maisons. J'escris aussy au s$^r$ de Praslin, qu'il vienne incontinent vous trouver, et vous envoye plusieurs aultres lettres, lesquelles je vous prie faire tenir à tous mes aultres serviteurs pour se rendre incontinent prés de vous; *et parceque le mareschal d'Aumont m'a escript qu'il vous avoit adverty qu'il estoit prés de vous venir trouver et joindre ses forces avec les vostres pour vous opposer aux desseings du duc de Lorraine*, je luy mande que je trouve trés bon ce qu'il vous en a proposé *et qu'il s'achemine pour vous venir trouver*, et qu'il se gouverne en cela selon les advis que luy donnerés : remettant à vostre prudence, mon Cousin, ce que vous jugerés qui se pourra entreprendre presentement et ce que vous avés à faire et preparer, attendant ma venue. J'ay cy-devant mandé au s$^r$ de Sobole qu'il face tenir des farines prestes pour faire quantité de pains. Le maire de Langres m'a escript qu'il y a au magasin de ma dicte ville trois cens muids de grain. Je vous prie donner ordre aux aultres villes de vostre gouvernement, affin que mon armée, en passant, en puisse tirer des commoditez et raffraischissemens. J'escris à mes tresoriers du bureau de Chaalons qu'ils ayent à tenir la main pour le recouvrement des deniers, desquels avés faict estat tant à Langres que aultres lieux de vostre gouvernement pour *la levée des reistres et Suisses*. Quant à ce que me mandés *sur la prolongation de la trefve de Metz avec Lorrainne, s'il y a esté faict quelque chose entr'eux sans mon consentement et contre mon auctorité*, je ne suis obligé de le tenir au prejudice de mon service. Quant aux deniers du sel qu'avés aprins estre ez mains des officiers de Nogent, si ce sont deniers qui m'appartiennent, je trouve bon que vous en serviés pour l'effect que me mandés. Si les dicts deniers appartiennent aux marchans, vous en pourrés aussy servir, traictant avec eulx pour leur seureté et remplacement, affin que cela ne les empesche, à l'advenir, de faire le fournissement. J'estime que le s^r de Rozieres est à present prés de vous et qu'il servira suivant le commandement que je luy ay faict pour faire un bon fonds de deniers. A quoy je vous prie, mon Cousin, de vouloir bien tenir la main et y faire travailler incessamment le dict s^r de Rozieres et tous mes aultres officiers de mes finances. J'ay commandé l'expedition des lettres que desirés pour le faict de mes dictes finances. Je suis bien ayse que les entreprinses que me mandés avoir esté faictes sur Donchery, Mouson, la Cassine, et aultres lieux, n'ayent reussy. Estant hyer arrivé à Creil[2], j'eus advis que le duc de Mayenne estoit arrivé avec trois cens chevaulx à Beauvais dés le jour precedent et qu'il en partoit dés hyer au soir pour aller à Amyens, se doubtant que j'eusse quelque entreprinse sur la dicte ville de Beauvais. Par les dernieres lettres que j'ay eues de mon cousin le prince de Dombes, il me donne advis qu'aprés avoir recherché toutes les occasions de combattre le duc de Mercœur, et ayant deffaict plusieurs de ses trouppes en diverses rencontres, le dict duc de Mercœur a quicté la campagne et mis ses forces en garnison; ce qui a donné occasion à mon dict cousin d'assieger ma ville de Vannes, laquelle est la principale de la basse Bretagne. Mon cousin le prince de Conty a prins quinze ou seize villes ou chasteaux és environs de Poictou, et ne restant plus à mes ennemys au dict pays que Poictiers et Myrebeau, il a prins la ville du dict Myrebeau, et est sur les termes de cappituler avec ceulx du chasteau, lequel prins, il ne reste plus à mes dicts ennemys en tout le pays de Poictou, que Poictiers, lequel mon dict cousin fait estat de blocquer : qui est tout ce que je vous escriray pour le present, sinon que je prie Dieu qu'il vous ayt, mon Cousin, en sa saincte et digne garde.

Escript au camp de Compiegne, le xxvj^e jour de juillet 1591.

HENRY.

POTIER.

---

[2] Creil, petite ville de l'Ile-de-France, aujourd'hui du département de Seine-et-Oise, arrondissement de Senlis.

1591. — 30 JUILLET.

Orig. — B. R. Fonds Béthune, Ms. 9104, fol. 67.
Cop. — Suppl. fr. Ms. 1009-3.
Imprimé. — *Mémoires de Nevers*, t. II, p. 257.

A MON COUSIN LE DUC DE NIVERNOIS,

PAIR DE FRANCE, GOUVERNEUR ET MON LIEUCTENANT GENERAL EN CHAMPAGNE ET BRIE.

Mon Cousin, Je viens de recepvoir vostre derniere lettre, du xxiiij$^e$ de ce mois, ensemble la lettre que Rosne escrivoit à Tremblecourt pour faire acheminer son regiment à Noyon. La verité est que le dict regiment s'estoit mis en chemin pour s'y en venir, mais il fut chargé prés de Moncorné[1] par la garnison de la Capelle[2], et y en a esté tué environ trois cens sur la place; les aultres se sont retirez au dict Moncorné, où ils ont esté investys par le s$^r$ de Monceaux et ceulx de la dicte garnison de la Capelle, et n'en ay eu aulcunes nouvelles depuis. J'espere faire commencer demain la batterie de ceste ville de Noyon, qui sera de treize canons, et espere l'avoir bien tost reduicte soubz mon obeissance, n'y ayant dedans que les habitans, vi$^{xx}$ soldatz de la garnison ordinaire de la dicte ville, et environ vingt-cinq chevaulx qui y sont entrez du commencement. Ceste ville reduicte, vous me verrés bien tost prés de vous, selon que je vous ay escript par mes precedentes. Ce pendant, je prie Dieu qu'il vous ayt, mon Cousin, en sa saincte et digne garde. Du camp devant Noyon, le xxx$^e$ jour de juillet 1591.

HENRY.

POTIER.

[1] C'est Montcornet, petite ville assez importante de l'ancien Laonnais, aujourd'hui du département de l'Aisne.

[2] La Capelle en Thiérache, du même département, petite ville alors assez forte et qui passait pour une position importante.

1591. — 31 JUILLET.

Orig. — B. R. Fonds Béthune, Ms. 9104, fol. 78.
Cop. — Suppl. fr. Ms. 1009-3.
Imprimé. — *Mémoires de Nevers*, t. II, p. 258.

A MON COUSIN LE DUC DE NEVERS,

PAIR DE FRANCE, GOUVERNEUR ET MON LIEUCTENANT GENERAL DE CHAMPAGNE ET BRIE.

Mon Cousin, J'ay esté bien ayse d'entendre que vous ayés reduict le chasteau de Mareil soubz mon obeissance; qui tournera à un grand soulagement et commodité à mes subjects de Chaalons et Espernay. Ce sont les effects qu'apporte vostre presence en vostre gouvernement, lesquels il seroit mal aysé d'effectuer en vostre absence. Qui me faict avoir tant plus agreable que vous y soyés acheminé. Je vous prie continuer d'entreprendre ce que vous jugerés trop mieux pouvoir faire pour mon service, attendant mon arrivée au dict pays, où je m'achemineray sans faulte, au partyr d'icy, selon que je vous ay escript par ma precedente. Je suis bien marry que mes tresoriers de France de delà s'acquictent si mal de leur debvoir que me mandés. J'ay commandé que les commissions que desirés, pour leur faire deffense de disposer de mes deniers au prejudice de mon Estat, et aux recepveurs particuliers de ne payer aucunes charges que vous n'ayés receu la demie année de vostre assignation, soyent despeschées et envoyées scellées à Mante, pour aprés vous estre envoyées. Cependant j'escrips aux dicts tresoriers qu'ils ne faillent de faire fournir à Langres les quinze mil escuz pour la premiere monstre des Suisses et reistres. Je trouve fort bonne la response qu'avés faicte à Landriano[1] et vous

---

[1] Le nonce Landriano avait pour mission non-seulement de menacer de l'excommunication tous les ecclésiastiques qui n'embrasseraient pas le parti de la Ligue, mais encore « Il était chargé, dit M. de Thou, d'avertir la noblesse de prendre le même parti. » C'est à cet avertissement qu'avait loyalement répondu le duc de Nevers, dont l'opinion était toujours d'un grand poids, tant comme zélé catholique que par sa haute position et par sa science.

en sçay fort bon gré, remettant à vous faire entendre à mon arrivée par delà ce qui a esté resolu touchant le dict Landriano. Au reste, je suis bien marry de la mort du s^r Charles de Birague[2]. J'ay continué à sa veuve et enfans ses benefices, et vouldrois que la commodité de mes affaires me permist de leur continuer la pension qu'il avoit de quatre mille escuz par an, et de faire encore mieulx pour eulx; mais attendu la necessité de mes dicts affaires, par advis, de ceulx de mon conseil, les pensions viageres demeurent estinctes par mort. Quant au s^r Ludovic, il se peut asseurer que je le gratiffieray en toutes occasions qui se presenteront, en consideration de ses services : et sur ce, je prie Dieu qu'il vous ayt, mon Cousin, en sa saincte et digne garde. Du camp devant Noyon, le dernier jour de juillet 1591.

HENRY.

POTIER.

[ 1591. — VERS LA FIN DE JUILLET. ] — I^re.

Cop. — Arch. de la Couronne, salle 5, anciennes archives, Ms. 30, fol. 118 recto.

[A MON COUSIN LE COMTE D'ESSEX.]

Mon Cousin, Ce que vous avés voulu hasarder de la bonne grace de la Royne, madame ma bonne sœur, pour venir chercher par deçà les occasions d'employer vostre valleur et vos moyens au bien de mes affaires, est une preuve sy grande de vostre bonne volunté en mon endroict, que j'ay bien occasion de m'en recongnoistre vostre obligé ; et recongnois bien aussy que la permission qu'elle vous en a donnée est comme chose tirée de son plus precieux tresor, qui tesmoigne la grande recommandation avec laquelle elle embrasse la seureté et advancement de mes dicts affaires, vous asseurant, mon

---

[2] Charles de Birague, quatrième fils de César de Birague et de Laure Turriane, avait occupé d'importants emplois sous les deux règnes précédents. Il était conseiller d'état, capitaine de cinquante lances, chevalier des ordres du Roi, gouverneur pour S. M. du marquisat de Saluces.

Cousin, que je n'eusse peu recevoir nouvelle plus agreable, que d'entendre que je pourray avoir ce bien, avec son bon gré, que de vous veoir bien tost par deçà. Ce qu'attendant je vous ay bien voulu remercier par la presente de vostre bonne affection, sur l'asseurance de laquelle et de ce qu'il plait à la Royne me conseiller et offrir, j'ay pris la hardiesse de la supplier vouloir adjouxter un nouvel effort de ses moyens au secours qu'il lui a desjà pleu m'accorder, ainsy que le s$^r$ de..... vous fera plus particullierement entendre, lequel m'a grandement conforté en la deliberation de ceste requeste, par l'asseurance qu'il m'a donnée que la Royne ne prendra en mauvaise part que j'use de ceste confiance envers elle, au besoing où elle veoit que sont reduicts mes affaires, qui pourroient tomber en plus grand danger, si elle ne m'y donnoit encores ceste assistance. Je vous prie accompaigner ma dicte requeste de tous les bons offices que vous pourrés, pour la faire bien recevoir et reussir; et si par vostre moyen et de m$^r$ le grand tresorier, vous pouvés faire advancer au dict s$^r$..... les trois mil escuz qu'il luy fault pour la levée de trois cens chevaulx, et autant pour aultres deux cens, dont le dict s$^r$..... m'a dict que un sien frere pourroit prendre [la garantie], ce seroit pour honnorer et fortiffier d'autant plus la vostre, et n'y auroit faulte que les dicts deniers ne feussent rendus en vos mains à vostre arrivée par deçà, pour les faire rembourser à ceulx qui les auroient fournys. L'amitié que vous me portés me faict presser sy avant vostre credit, et la bonne vollonté que j'ay de m'en revancher en tous les endroicts qui s'en pourront offrir pour vostre contentement : priant Dieu qu'il vous ayt, mon Cousin, en sa saincte et digne garde.

HENRY.

[1591. — VERS LA FIN DE JUILLET.] — II^me.

Cop. — Arch. de la Couronne, salle 5, anciennes archives, Ms. 30, fol. 119 recto.

### A MONS^R LE GRAND TRESORIER D'ANGLETERRE.

Mons^r le grand tresorier, Si j'ay à me louer de tant de grandes faveurs qu'il plait à la Royne me despartir continuellement, j'ay aussy trés grande occasion de vous sçavoir bon gré du soing que je sçay que vous rendés à en faire bien tost reussir les effects; dont je vous ay bien voulu faire ce nouvel remerciement, comme les nouvelles occasions m'en donnent le subject, lesquelles, combien qu'elles soyent desjà grandes et en qualité et en nombre, sy est-ce que m'asseurant que l'intention de la Royne n'est de retirer la main de l'œuvre auquel elle a desjà tant contribué, et dont la conservation luy sera à perpetuelle gloire et plus grande seureté de ses affaires, j'ay pris subject et hardiesse, sur les bons advis qu'elle m'a faict cest honneur de me donner, de rechercher encores nouvelle ayde de sa part pour pouvoir arrester l'impetuosité de l'oraige dont elle sçait que je suis menacé. Je vous prie y apporter, de vostre part, la consideration et facilité que vous sçaurés assez juger l'affaire le meriter; et d'autant qu'il me seroit aussy trés à propos d'estre renforcé jusques à quatre mil chevaux de vostre nation, s'il plait à la Royne le permettre, et que la dilligence y est trés necessaire, si par vostre moyen et de mon cousin le conte d'Essex, vous pouvés faire encores six mil escus pour la levée d'iceux, il n'y auroit faulte qu'ils ne feussent rendus au dict s^r comte à son arrivée par deçà pour les faire rembourser à ceux qui les auroient fournys. Je luy en ay touché un mot, comme aussy j'ay voulu à vous, pour l'asseurance que j'ay de vostre bonne volonté au bien de mes affaires, desquelles comme vous ayderés l'advancement, aussy vous veux-je asseurer que vous ne me trouverés jamais moins disposé pour vostre contentement en tout ce que vous pourrés desirer de ma part : priant Dieu, Mons^r le grand tresorier, qu'il vous ayt en sa saincte et digne garde.

HENRY.

1591. — 1ᵉʳ AOÛT. — Iʳᵉ.

Orig. — B. R. Fonds Béthune, Ms. 9104, fol. 79.
Cop. — Suppl. fr. Ms. 1009-3.
Imprimé. — *Mémoires de Nevers*, t. II, p. 259.

A MON COUSIN LE DUC DE NIVERNOIS,
PAIR DE FRANCE, GOUVERNEUR ET MON LIEUCTENANT GENERAL EN CHAMPAGNE ET BRIE.

Mon Cousin, Vous aurés peu veoir par mes precedentes les occasions pour lesquelles je ne me suis rendu en mon pays de Champagne sy tost que je vous avois dict, qui estoient sy importantes au bien de mon service qu'il a esté hors de ma puissance de m'advancer davantaige. Ce siege que j'ay entreprins n'est moins necessaire, pour le secours que j'en puis esperer pour mon armée. Il est en tel estat, que j'espere dans quatre jours avoir reduict la ville en mon obeissance : à quoi servira grandement la prinse qui a esté faicte, la nuict passée, du vicomte de Tavanes et deffaicte des trouppes qu'il amenoit pour entrer en icelle, qui estoient trois ou quatre cens chevaulx et cinq cens hommes de pied. Et toutesfois, mon Cousin, j'ay veu par vos trois dernieres lettres l'opinion que vous avés prinse de mon dict retardement, que vous jugés provenir du peu de volonté que j'ay d'aller au dict pays ; qui est cause que vous voulés prendre resolution de partir de vostre gouvernement. Je me fasche que vous preniés telles opinions, veu que, pour les affaires que j'ay eues et le progrés que j'ay faict, vous n'en avés occasion. Je vous sçais fort bon gré de considerer ce qui touche la conservation des places de vostre gouvernement, mais je vous prie aussy de juger combien il est necessaire que je pourvoye au general de mes affaires. Je suis bien marry, qu'attendant ma venue, je ne vous ay desparty davantaige de mes forces, mais je vous ay baillé ce que j'ay peu, avec les despesches necessaires pour assembler toute la noblesse du pays. Que si elle eust faict tel debvoir, comme vous avés faict de vostre part, vous ne fussiés en l'estat où vous estes ; vous priant de croire que je vous aime trop pour engager et vous faire perdre tant soit peu de vostre honneur. Je desire seulement que vous consideriés l'estat de mes affaires; affin de ne m'attribuer la cause de ce qui advient au prejudice de mon service et de vostre interest particulier; esperant neantmoins que, si ceulx qui sont dans vostre chasteau d'Aumont ont tant soit peu de courage, ils vous donneront le loisir de les secourir, et possible le moyen de combattre nos ennemys. Car j'ay bien resolu, au partir de ce siege, d'aller droict à vous, comme je vous ay cy-devant mandé et comme vous dira le s$^r$ de Reau-Lemery, present porteur, lequel je vous envoye exprés pour vous en asseurer plus amplement. Cependant je ne laisseray d'escrire de nouveau à mon cousin le mareschal d'Aumont, par l'un des siens qui est prés de moy, de vous joindre incontinent avec les forces qui sont prés de luy, bien que j'estime qu'il ne pourra le faire sy tost que je seray avec mon armée en mon dict pays de Champagne, où je feray incontinent advancer partie de ma cavallerie. Je vous prie donc, mon Cousin, d'advertir tous mes serviteurs, comme je vous ay mandé par ma derniere, et m'attendre, sur l'asseurance que je vous donne de me rendre incontinent par delà. Sur ce, je prie Dieu qu'il vous ayt, mon Cousin, en sa saincte garde. Escript au camp de Noyon, le premier jour d'aoust 1591.

HENRY.

POTIER.

[1] Mon Cousin, depuis la presente escripte, j'ai esté adverty de la reddition de vostre chasteau d'Aumont et de l'avantageuse capitulation faicte à ceux qui estoient dedans. Mes ennemys leur ont accordé tout ce qu'ils ont voulu, parce qu'ils n'avoient de quoy leur mal faire. Je suis adverty qu'ils tournent en çà. J'espere que Dieu me fera la grace de les battre aussy bien qu'a esté le viconte de Tavannès, lequel je tiens prisonnier.

---

[1] Le post-scriptum est de la main du Roi.

## 1591. — 1ᵉʳ AOÛT. — IIᵐᵉ.

Cop. — Arch. de la préfecture d'Indre-et-Loire. Communication de M. Léon Aubineau, archiviste de la préfecture, correspondant du ministère de l'Instruction publique.

A NOS CHERS ET BIEN AMEZ LES MAIRE ET ESCHEVINS, MANANS ET HABITANS DE NOSTRE VILLE DE TOURS.

Chers et bien amez, Si les bonnes nouvelles ne doibvent jamais estre celées à personne, on en doibt principalement faire part à ceulx qu'on est asseuré s'en debvoir resjouir; et d'aultant que nous vous tenons pour estre de ce nombre, saichans combien vous desirés la prosperité de nos affaires, nous avons voulu vous faire entendre particullierement ce qui s'est passé en nostre armée depuis que nous avons faict investir la ville de Noyon, trés importante pour la Picardie. Vous sçaurés doncques qu'aprés que le viconte de Tavanes eust essayé, ces jours passez, de mettre secours d'hommes et de pouldres en la dicte ville, et qu'il fust repoussé avecq perte de ses gens par nos reistres, le quartier desquels ils avoient choisy pour le plus foible de nos gardes, ceste nuict il y est venu luy-mesme sur la mye-nuict avecq quatre cens chevaulx qu'il avoit tirez de toutes les garnisons de Picardie et Normandie, et six cens hommes de pied choisys, tant Espaignolz que des regimens de Tremblecourt, Gribouval[1] et chevalier Picard. Si les premiers ne feirent aucun effect, ceulx-cy ont acquis aussy peu d'honneur et de proffict en leur entreprinse, pour ce que, à la premiere rencontre qu'ils ont faicte de la trouppe du sʳ de Haraucourt[2], qui estoit en garde sur le chemin de leur passage, ils se sont retirez en desordre et avec telle espouvante que, chargez par la cavallerie des enfans du sʳ de Pienne[3], qui n'estoient arrivez

---

[1] Henri de Grouches, seigneur de Gribouval. Il mourut en 1616.

[2] Philippe de Longueval, seigneur de Haraucourt et de Cramail, chevalier de l'ordre du Roi, était alors âgé de soixante et dix-huit ans. Il mourut en 1620, à l'âge de cent sept ans. Il avait été maître de la garde-robe d'Antoine de Bourbon, roi de Navarre.

[3] Parmi les lettres que le Roi écrivit,

en nostre armée que deux heures auparavant, et celle du s$^r$ de la Boissiere[4], qui y sont accourus au premier alarme, ils ont esté mis en routte, plusieurs pris prisonniers et, entre autres, le viconte de Tavanes, blessé de trois coups d'espée. La nuict a esté leur seul salut; car sans cela il n'en feust pas eschappé un seul. Mais pour se saulver plus ayseement soubs la faveur de l'obscurité et des bois et des bledz, ils ont quicté leurs armes, mesmes Gribouval qui marchoit à la teste. Et a esté trouvé et pris plus de vingt pertuysanes et force picques et arquebuzes. Le s$^r$ de la Curée[5] et aultres les pour-

le même jour, à d'autres villes considérables, nous avons celle qui fut adressée à la ville de Metz. Les détails qu'elle contient sont tous reproduits dans celle-ci, qui en ajoute plusieurs autres. Mais à cet endroit la lettre à la ville de Metz nomme, au lieu du sieur de Pienne, *le duc d'Alençon*. Il n'y avait pas alors de duc d'Alençon; l'erreur est évidente, et le texte de cette lettre-ci permet aisément de la corriger. On aura lu *Alençon* au lieu de *Hallwin*. Henri III avait érigé, en 1588, la terre de Maignelais en duché-pairie, sous le nom de Hallwin, pour récompenser de ses éminents services Charles de Hallwin, seigneur de Pienne, marquis de Maignelais, troisième fils d'Antoine de Hallwin et de Louise de Crèvecœur. Il avait été, sous Charles IX, capitaine de trente lances des ordonnances et chevalier de l'ordre du Roi. Il fut compris dans la première promotion de l'ordre du Saint-Esprit en 1578, devint lieutenant général et gouverneur de Picardie, puis de Metz et du pays Messin, conseiller d'état et capitaine de cent hommes d'armes. Dans la lettre du Roi aux messins, il y eut sans doute un motif de convenance à désigner leur gouverneur par son titre le plus élevé. C'est pour cela qu'en citant la part que la cavalerie des enfants perdus prit à l'affaire qu'il raconte, au lieu d'écrire, « des enfans du s$^r$ de Pienne, » il écrit : « des enfans de mon cousin le duc d'Hallwin. »

[4] Christophe de Lannoy, seigneur de la Boissière, était chef d'une branche de l'illustre maison de Lannoy en Belgique, branche établie en Picardie. Les services que M. de la Boissière rendit à Henri IV lui valurent, en 1598, le gouvernement d'Amiens. Il mourut le 6 février 1600, et fut enterré aux Chapelains de Notre-Dame-d'Amiens.

[5] Gilbert Filhet, seigneur de la Curée et de la Roche-Turpin, fils de Gilbert Filhet, seigneur de la Curée, et de Françoise Erraut de Chemans, fut conseiller d'état, capitaine de cinquante hommes d'armes des ordonnances, capitaine-lieutenant des chevau-légers de la garde, maréchal des camps et armées du Roi; et, en 1619, chevalier des ordres. Il mourut en 1633, à l'âge de soixante et dix-huit ans. Il était fort aimé de Henri IV, qui l'appelait familièrement *monsieur le curé*. Il a laissé, sur les opérations militaires des premières années du règne de ce prince, un journal estimé, conservé en manuscrit à la B. R.

suivent encores; et sont courus dans les bledz par nos soldatz, de façon que d'heure à aultre l'on en amene de prisonniers. Nous esperons tirer de cette routte deux advantages au bien de noz affaires : l'un que les trouppes ramassées de beaucoup d'endroicts se sont retirées avec tel effroy qu'elles ne se rassembleront de long temps, l'aultre que ceulx de ceste ville ont par ce moyen perdu toute esperance de secours, et en seront plus tost reduicts en nostre obeissance par amour ou par force. La conscience du dict viconte de Tavanes l'estonne fort. Nous l'avons envoyé querir, tant pour parler à luy, que pour sçavoir que c'est qu'il nous veult dire et qu'il asseure nous debvoir donner contentement; et selon ce qu'il nous dira, nous le vous manderons. Ce pendant nous vous prions resjouir nos bons serviteurs de ceste bonne nouvelle, et Dieu qu'il vous ayt, Chers et bien amez, en sa saincte et digne garde. Escript au camp devant Noyon, le premier jour d'aoust 1591.

HENRY.

RUZÉ.

Le s$^r$ de la Curée est retourné tout presentement, qui a son logis plein de prisonniers.

## 1591. — 4 AOÛT.

Imprimé. — Abrégé de l'Histoire de Poitou, par Thibaudeau. Paris, 1784, in-12, t. V, p. 157.

[A MONS$^R$ D'ABAIN.]

Mons$^r$ d'Abain, Si le desir que j'ay eu de la reduction de ma ville et chasteau de Mirebeau a esté grand, vous pouvés penser que la nouvelle que j'ay eue qu'elle soit advancée m'a esté trés agreable, comme à la verité ce n'est pas sans raison, ne restant plus aprés ceste place que Poictiers, en toute ceste province, à reduire en mon obeissance. J'ay bien occasion d'en sçavoir gré à tous mes bons serviteurs qui

dans le fonds Béthune, et qui a été publié en 1821, avec d'autres pièces du temps, par le comte de Valori. Paris, Firmin Didot, in-8°.

ont assisté mon cousin le prince de Conty, comme je vous en ay particulierement du bon debvoir que vous y avés faict, dont vous debvés estre asseuré que j'auray tousjours la bonne souvenance. Je vous prie de continuer jusqu'à la perfection de l'œuvre qui reste en la reduction de Poictiers, qu'il fault achever, s'il est possible. Vous y aurés ce particulier avantage par dessus les aultres qui ne sont du pays comme vous, qu'oultre l'honneur dont vous participerés avec eulx, vous vous sentirés du repos et soulagement qu'en recevra toute cette province, invitant avec cela les aultres, par vostre exemple, d'en faire de mesme; à quoy estant bien asseuré que vous ne vouldrés faillir, je ne vous en feray poinct d'aultre particuliere recommandation. Sur ce, je prie Dieu, Mons$^r$ d'Abain, vous conserver en sa saincte garde. Escript au camp de Noyon, le quatriesme jour d'aoust 1591.

HENRY.

1591. — 5 AOÛT.

Orig. — B. R. Fonds Béthune, Ms. 9104, fol. 82.
Cop. — Suppl. fr. Ms. 1009-3.
Imprimé. — *Mémoires de Nevers*, t. II, p. 261.

A MON COUSIN LE DUC DE NEVERS,

PAIR DE FRANCE, GOUVERNEUR ET MON LIEUCTENANT GENERAL EN CHAMPAGNE ET BRIE.

Mon Cousin, Je vous ay escript bien amplement par le s$^r$ de Reau-Lemery, que je vous depeschay exprés avant-hier. Ceste-cy sera seulement pour vous faire part de plusieurs bonnes nouvelles que j'ay despuys receues de divers endroicts, m'asseurant que vous en serés trés ayse, specialement de la ville de St-Vallery, qui vous appartient; laquelle le s$^r$ de Pallecheul a prise par escalade. Le chasteau n'estoit encores pris, mais j'estime qu'il l'aura esté depuys, ayant eu nouvelles que le s$^r$ de Chatte y estoit allé avec six vaisseaux de guerre, et de tant plus qu'il aura peu s'ayder des quatre mil hommes de pied et quatre cens chevaulx anglois, nagueres descendus à Dieppe, conduicts par le comte d'Essex. Du costé de Bourbonnais, le cappitaine

Brame m'a rendu la ville et chasteau de Cusset; et en faisant cest effect, a remis soubs mon obeissance la ville de Vichy, où ont esté trouvées deux pieces de canon, et Varennes a esté repris par le s$^r$ de Chazeron. En Bretaigne, mon cousin le prince de Dombes a fait quicter la campaigne au duc de Mercueur, lequel a esté contrainct mettre partie de ses forces en garnison, les aultres s'estant dissipées. Mais le malheur a voulu que mon dict cousin ayant assiegé Lamballe, le s$^r$ de la Noue y a esté blessé d'une harquebusade et le s$^r$ de Montmartin d'une autre. Touttesfois, l'on m'a mandé qu'encores que le s$^r$ de la Noue soit blessé à la teste, que neantmoins l'os n'est offensé, et m'asseurent de sa guerison[1]. De la venue de mon armée estrangere je ne vous en diray rien, saichant que vous en avés appris d'ailleurs ce que je vous en pourrois mander : et n'ayant à vous dire aultre chose pour le present, sinon que je commence ce matin la batterie de ceste ville et que, incontinent aprés la prise d'icelle, m'acheminerary en Champaigne, je finiray la presente en priant Dieu, mon Cousin, qu'il vous ayt en sa saincte et digne garde.

Du camp devant Noyon, le v$^e$ jour de aoust 1591.

HENRY.

POTIER.

## 1591. — 7 AOÛT.

Orig. — B. R. Fonds Béthune, Ms. 9045, fol. 83.
Cop. — Suppl. fr. Ms. 1009-3.
Imprimé. — *Mémoires de Nevers*, t. II, p. 262.

### A MON COUSIN LE DUC DE NEVERS,
PAIR DE FRANCE, GOUVERNEUR ET MON LIEUCTENANT GENERAL EN CHAMPAGNE ET BRIE.

Mon Cousin, Je vous ay escript bien particulierement par le s$^r$ de Reau Lemery. Depuis par aultre lettre je vous ay donné advis de la

---

[1] Cette espérance ne fut pas réalisée ; et le brave la Noüe avait succombé la veille même de la date de cette lettre, ce que le Roi put apprendre seulement quelques jours plus tard.

descente de quatre mil Anglois, qui sont arrivez à Dieppe. La presente est pour vous advertir que je feray demain battre ceste ville, laquelle le duc de Mayenne promet de secourir, et pour cest effect avoit envoyé à Han quatre ou cinq cens chevaulx commandez par le duc d'Aumalle, lesquels estans venus ce matin pour lever le logis de mes chevaulx-legers, ont esté sy bien soustenus, que les dicts chevaulx-legers, suivys des s$^{rs}$ de Lannoy[1] et de l'Argerye avec leurs compaignies, les ont menez battans jusques dans les portes de Han, où les dicts ennemys ont perdu plusieurs de leurs cappitaines et gendarmes. Le s$^r$ de Longchamp, lequel commandoit en ma ville de Lisieux quand je la prins, est prisonnier et plusieurs aultres cappitaines jusques au nombre de cinquante, et y en a davantage de morts. Le combat a esté beau et grand. Il a esté faict seize ou dix-sept charges. Si le duc d'Aumalle y estoit, il a eu peu de puissance de retenir ses gens, lesquels se sont retirez à l'accoustumée. Je ne veulx oublier que le baron[2], au bruit de l'alarme, s'y est rendu si à propos, qu'il a esté aux dernieres charges et y a trés bien faict, comme aussi ont [faict] tous ceulx qui ont l'honneur de s'y estre trouvez. Le duc de Mayenne est à Amyens. L'on dit que Rosne s'approche. J'attends qu'il soit plus prés de moy pour l'aller veoir, et espere avec l'ayde de Dieu prendre ceste ville à leur barbe[3], *et aussy tost m'acheminer pour aller en Champaigne, comme je vous ay escript par le s$^r$ de Reaux, vous priant croire que ma resolution est de faire le dict voyage.* J'envoye presentement vers mon cousin le vicomte de Thurenne, pour l'en asseurer. Incontinent que ceste ville sera prinse, je vous feray plus particullierement de mes nouvelles : ce pendant je prie Dieu qu'il vous ayt, mon Cousin, en sa saincte garde. Escript au camp devant Noyon, le vij$^e$ jour d'aoust 1591.

HENRY.<br>POTIER.

---

[1] René de Crevant, seigneur de Lannoy, de Beauregard, etc. était le sixième fils de François de Crevant, seigneur de Bauché, et de Marguerite d'Archiac.

[2] C'est le baron de Biron.

[3] Les mots en italique sont chiffrés dans l'original et déchiffrés dans les Mémoires de Nevers.

Depuis j'ay prins d'assault le faulxbourg et abbaye St-Eloy, qui estoit le plus fort de la ville. Le duc de Mayenne est à Han, et St-Pol vers Laon, avec leurs forces. Neantmoins j'espere prendre la dicte ville à leur barbe, et que Dieu me fera la grace les battre comme ont esté les aultres, s'ils s'advancent pour m'empescher.

[1591. — VERS LE 14 AOÛT.]

Cop. — Arch. de la Couronne, salle 5, anciennes archives, Ms. 30, fol. 122 recto.

[A LA ROYNE D'ANGLETERRE.]

Madame, J'ay reçeu ensemble par le retour du s$^r$ de Reau deux lettres qu'il vous a pleu prendre la peine m'escrire de vostre main, et le double d'une aultre precedente qui avoit esté perdue, toutes trois portans de nouveau trés certain tesmoignage que vous desirés ma conservation et prosperité, par le regard que vous me faictes ce bien d'avoir à ce qui me touche, et les remedes que vous y donnés pendant que je suis engaigé en aultres occasions : qui est accumuler obligations sur obligations, de tant de sortes que le nombre est desormais infiny, et le merite surpasse tout ce que je pourrois jamais faire pour m'en revancher. Mais, comme c'est vostre plaisir de m'obliger de plus que je ne puis acquitter, je ne doibs faire difficulté de vous en demeurer debiteur, n'ayant ny vie ny aultre chose que je n'advoue et ne veuille tenir pour vostre service, auquel je reputeray beaucoup d'heur de trouver lieu et occasion de vous rendre preuve de la devotion avec laquelle j'honore vos bonnes graces et estime vos singulieres vertus. Je ne veulx cependant faillir de vous remercier des faveurs qu'il vous plaist tous les jours me despartyr, de la facilité desquelles je vous supplie, Madame, croire que je ne vouldrois abuser; mais je m'asseure aussy que la necessité me pressant, vous tiendriés à offense si je la vous celois, et seriés [contre moy] à tesmoignage, si, à faulte d'y requerir vostre bon secours, je tombois à inconvenient, comme j'en serois en danger si je n'estois aydé d'autres remedes que celuy que je y puis donner de moy-mesmes, trop foible, ayant affaire à tant d'ennèmys, sy puissans de moyens et sy animez à ma ruyne, pour s'emparer de ceste Couronne. Cela est cause que je me suis resolu renvoyer vers vous le dict s$^r$ de Reau avec la charge qu'il vous fera entendre, s'il vous plaist l'ouyr comme je vous en supplie, et adjouxter foy à ce qu'il vous dira sur ce de ma part, ainsy qu'il vous plairoit faire à moy-mesme, si j'avois l'honneur de vous baiser les mains en personne; dont la presente fera cependant l'office, en mon nom, que je vous prie recevoir comme de celuy qui, en priant Dieu pour votre prosperité et longue vie, sera à jamais, Madame,

Vostre humble et plus affectionné serviteur,

HENRY.

### 1591. — 14 AOÛT.

Orig. — A. Londres, State paper office, ancient royal letters, vol. XXII, lettre 155. Copie transmise par M. Lenglet.

A MONS$^R$ LE GRAND TRESORIER D'ANGLETERRE.

Mons$^r$ le grand tresorier, Par le retour du s$^r$ de Reau j'ay entendu ce qu'il avoit pleu à la Royne, ma bonne sœur, m'accorder, à la requeste que je luy avois envoyé faire par luy. C'est toujours multiplier les effects de sa bonté envers moy et accroistre mes obligations; dont j'envoye à present la remercier. Mais ne pouvant bien seurement tirer le fruict de ceste nouvelle faveur, s'il ne luy plaist y adjouxter encores les aultres commoditez desquelles je l'ay pareillement faict requerir pour le mesme effect, elle en sera de nouveau suppliée de ma part. Je vous prie d'y vouloir ayder de vos bons offices accoustumez, comme vous sçaurés trés bien juger que c'est pour mieux asseurer l'execution de nostre desseing, dont, si je ne voyois le besoin, je ne luy vouldrois faire ceste recharge d'importunité. Je ne sçay si la poursuicte en sera faicte par le s$^r$ de Beauvoir ou le s$^r$ de Reau, ayant prins en cela double adresse, selon que vous entendrés par celui des deux, qui vous rendra la presente : auquel m'en remettant d'en traitter et communiquer plus particulierement avec vous, je ne la vous feray pas plus longue, que pour prier Dieu, Mons' le grand tresorier, vous avoir en sa saincte garde. Escript au camp devant Noyon, le xiiijᵉ jour d'aoust 1591.

HENRY.

REVOL.

1591. — 15 AOÛT. — Iʳᵉ.

Orig. autographe. — A Londres, State paper office, ancient royal letters, t. XXII, lett. 154. Copies transmises par M. l'ambassadeur de France et par M. Lenglet.

Cop. — Arch. de la Couronne, salle 5, anciennes archives, Ms. 30, fol. 124 recto.

Cop. — Bibliothèque de M. Monmerqué, Ms. intitulé : *Despesches, commissions et instructions*, fol. 108 verso.

Imprimé. — *The Life of Thomas Egerton, lord chancellor of England*, page 416.

[A LA ROYNE D'ANGLETERRE.]

Madame, J'ay l'image de vos bienfaicts tellement empreinte au cœur, qu'ils me sont un objet perpetuel et mes sens plus continuellement occupez en la consideration de leur merite, de vostre magnanimité et grande bonté envers moy, avec souhait ordinaire, oultre mes plus ardentes prieres, de vous pouvoir un jour tesmoigner, par quelque bon service, que je n'en veulx laisser le fruict ensevely au tombeau d'ingratitude; et comme en toutes qualitez je les recognois et advoue sans exemple, aussi je vous supplie, Madame, de croire que je ne mets en comparaison avec nulle autre l'estime que je fais de vostre Majesté, ny l'honneur et l'obeissance que je desire toute ma vie vous rendre. Le secours qu'il vous a pleu à present m'accorder m'est une singuliere grace, pour la qualité de celuy auquel il vous a pleu en donner la principale charge, et pour la belle force dont il est composé, et vous en remercie tres affectueusement; mais je vous diray, Madame, que je ne me suis de rien tant resjouy de ce que le sʳ de Reaulx m'a rapporté à son retour, que d'avoir entendu que vous faisiés estat de venir à Porsemue[1], lorsque nous serons vers la coste de Normandie : ce que advenant, je vous supplie trouver bon que je vous aille baiser les mains, comme roy de Navarre, et estre auprés de vous deux heures, affin que j'aye ce bien d'avoir veu au moins une fois en ma vie celle à qui j'ay consacré et corps et tout ce que j'auray jamais, et que j'aime et revere plus que chose qui soit en ce monde. Et dés ceste heure je reçois un grand contentement en moy-mesme de l'esperance que j'ay que vous ne me desnierés ce bonheur, duquel je m'asseure que la jouissance me sera ouverture et comme gaige de toute felicité à l'advenir[2]. Je vous supplie aussy prendre en bonne part la charge que j'ay donné au dict s^r de Reau vers vous, ou au s^r de Beauvoyr, s'il est encores en vostre court, dont l'instance qu'il m'a faicte de luy permettre faire un voyage par deçà me rend incertain; qui m'a faict en cela prendre double adresse. Mais s'il n'en est encores party, ce sera luy qui fera cet office, ayant, en ce cas, ordonné au dict s^r de Reau demourer auprés de mon cousin le comte d'Essex, vostre lieutenant, pour tenir la main à ce qu'il soit servy, et vos forces qu'il conduict traictées le mieux que sera possible. Et soit l'un ou l'aultre qui fera le dict office en vostre endroict, je vous supplie luy vouloir donner benigne audience, et mesme creance qu'il vous plairoit faire à moy-mesme, qui, vous baisant, sur ce, humblement les mains, prie Dieu qu'il vous ayt, Madame, en sa trés sainct et digne garde.

Au camp devant Noyon, le xv^e d'aoust.

        Vostre plus affectionné frere
        et serviteur,

          HENRY.

---

[1] Le manuscrit de M. Monmerqué et l'édition d'Egerton donnent *Pont-de-Seyne*; mais le manuscrit des archives de la Couronne s'accorde avec l'original pour écrire *Porsemue*, où l'on ne peut guère hésiter à reconnaître *Portsmouth*.

[2] Le texte imprimé par Egerton s'arrête court ici au bas d'un feuillet. Peut-être devait-il être complété sur quelque feuillet en double, à intercaler en cet endroit, comme en plusieurs autres de cette impression si bizarrement irrégulière.

1591. — 15 AOÛT. — II^me.

Orig. — B. R. Fonds Béthune, Ms. 9104, fol. 84.
Cop. — Suppl. fr. Ms. 1009-3.
Imprimé. — *Mémoires de Nevers*, t. II, p. 263.

A MON COUSIN LE DUC DE NIVERNOIS,

PAIR DE FRANCE, GOUVERNEUR ET MON LIEUCTENANT GENERAL EN CHAMPAGNE ET BRIE.

Mon Cousin, Ce siege a duré plus long temps que je ne pensois, pour les difficultez qui se sont presentées. Si je ne suis allé en Champaigne sy tost que je vous avois mandé, pour le moins j'ay diverty les forces que vous aviés sur les bras, lesquelles sont venues joindre le duc de Mayenne, qui est à Han, proche de quatre lieues de mon armée. Il est vray qu'il a mis la riviere entre deux. J'espere que dans deux jours ceste ville sera prise ou que la bataille se donnera. Il ne tiendra qu'à mes ennemys qu'elle ne se donne, estant resolu les attaquer aussy tost qu'ils auront passé la riviere pour venir à moy; et pour cela ne quitter ce siege, ayant assez de force pour faire l'un et l'aultre, pourveu qu'il plaise à Dieu m'assister de sa grace comme il a tousjours faict. Je vous envoye la coppie d'une lettre touchant quelques compagnies du duc de Parme, qui ont esté deffaictes au Pays-Bas, par laquelle vous cognoistrés que le s^r duc de Parme n'est sans affaire par delà. J'attends le retour du s^r de Reau Lemery, lequel j'ay envoyé vers vous, et tiens une somme preste pour vous envoyer aussy tost que ceste ville sera prise ou la bataille donnée; lequel je suivray de prés. Ce pendant je vous prie advertir tous mes serviteurs de ma venue et les mander pour vous venir treuver : et sur ce, je prie Dieu qu'il vous ayt, mon Cousin, en sa sainte et digne garde. Du camp devant Noyon, le xv^e jour d'aoust 1591.

HENRY.

POTIER.

### 1591. — 15 AOÛT. — III^me.

Cop. — Arch. de M. le duc de Luynes, membre de l'Institut.

#### A MON COUSIN LE DUC DE PINEY.

Mon Cousin, Je vous ay accordé la declaration que desirés, touchant l'abbaye de Nostre-Dame des Vaulx en Barrois, et vous envoye cy-enclos le brevet que j'en ay faict despescher. J'espere avoir pris dans deux jours ceste ville de Noyon, ou donner la bataille à mes ennemys, si le duc de Mayenne, qui est à Ham, à quatre lieues d'icy, où il a assemblé ses forces, passe la riviere pour venir à moy. Incontinent aprés, j'ay deliberé de m'acheminer en Champaigne. Ce pendant je vous prie vous tenir prest, avec vostre compaignie et celle de vostre fils, pour m'assister à mon arrivée au dict pays, qui sera dans peu de jours, Dieu aydant : lequel je supplie vous avoir, mon Cousin, en sa saincte et digne garde. Du camp devant Noyon, le xv^e jour d'aoust 1591.

HENRY.

POTIER.

### [1591. — VERS LE 15 AOÛT.] — I^re.

Orig. autographe. — B. R. Fonds Béthune, Ms. 9129, fol. 3.
Cop. — Musée Britannique. Biblioth. du roi Georges III, vol. CIX, fol. 2.

#### ¹ A MONS^r DE ROSNY,
##### GOUVERNEUR DE MA VILLE DE MANTES.

J'ay dict à ce porteur le tant que nous pourrons fournir d'hommes. Si l'occasion de la bataille se presente, je n'oublieray à vous advertir. J'escris à ma maistresse; faites m'en tenir la response, et l'assurés tousjours de ma resolution à l'adorer. Bonsoir.

HENRY.

---

¹ On ne sait pourquoi les copies de ce billet et du suivant, conservées au Musée Britannique, portent pour suscription : *A M. de Montigny.*

[1591. — VERS LE 15 AOÛT.] — II$^{me}$.

Orig. autographe. — B. R. Fonds Béthune, Ms. 9129, fol. 3.
Cop. — Musée Britannique. Biblioth. du roi Georges III, vol. CIX, fol. 2.

A MONS DE ROSNY,

GOUVERNEUR DE MA VILLE DE MANTES.

Je n'oublieray point à vous advertir s'il faut venir à la bataille. J'escris à ma chere maistresse; portés luy mes lettres. Je me porte trés bien, Dieu mercy. Il fait trop chaud pour faire plus longue lettre. Bonjour.

HENRY.

1591. — 19 AOÛT. — I$^{re}$.

Orig. — B. R. Fonds Béthune, Ms. 9104, fol. 85.
Cop. — Suppl. fr. Ms. 1009-3.
Imprimé. — *Mémoires de Nevers*, t. II, p. 264.

A MON COUSIN LE DUC DE NIVERNOIS,

PAIR DE FRANCE, GOUVERNEUR ET MON LIEUCTENANT GENERAL EN CHAMPAGNE ET BRIE.

Mon Cousin, J'ay entendu par le retour du s de Reau Lemery ce que l'avés chargé de me dire; et encores qu'il me desplaise grandement que ne soyés assisté de plus grandes forces pour pouvoir executer ce que vous desiriés pour le bien de mon service et de mes subjects de vostre gouvernement, j'ay esté bien ayse d'avoir sceu que ne vous soyés esloigné d'icelluy, affin qu'à mon arrivée en Champaigne, qui sera bien tost après la presente, nous puissions pourvoir à tout ce qui sera necessaire. Cependant je vous diray qu'encores qu'il y ayt dix jours que le duc de Mayenne est arrivé à Han, à quatre lieues d'icy, avec toutes ses forces, tant de François que d'estrangers, qu'il a peu assembler, et que j'aye tiré ce siege en quelque longueur pour donner loisir et occasion au dict duc de Mayenne de venir à la bataille, et que, pour le y convier davantage, samedy dernier ayant commencé à faire la bresche et pouvant prendre le mesme jour la ville de force, j'aye receu les soldats à capitulation et donné deux jours aux dicts assiegez, d'estre secourus; neantmoins le dict duc de Mayenne n'a osé passer la rivière, pour attaquer un de mes logis, non plus que de me presenter la bataille, tellement que je suis entré ce jourd'hui en la dicte ville, et est advenu, comme je vous escrivis dernierement, que Dieu m'a faict ceste grace d'emporter ceste place à la barbe du dict duc de Mayenne et à la teste de son armée. Ce qu'estant succedé sy heureusement, j'ay resolu, suivant ce que je vous ay cy-devant escript, de *aller, au partir d'icy, en Champagne; et partiray dans trois ou quatre jours pour m'y acheminer. J'iray droit à Donchery, où je vous prie d'assembler incontinent toute la noblesse la plus proche de vous. J'ay depesché un gentilhomme devers la riviere de Seine, par lequel j'ay escript à tous mes serviteurs pour les avertir de mon acheminement, les prier de se rendre dans le dernier jour de ce mois, ou incontinent après, entre Chaalons et Sainte-Menehoult. Je [vous] adresseray celles que j'escris pour les gentilshommes qui sont du costé de Langres, pour les faire rendre en mesme temps vers Sainte-Menehoult. A mesure qu'ils arriveront, vous les advertirés de s'advancer, pour me venir trouver vers Donchery; car, il me semble, est à propos de joindre mon armée d'estrangers, avant d'aller à Chaalons, [afin] de avoir moyen avec mes forces de faire de plus beaux effects, et ce que nous verrons estre plus utile pour mon service et le bien de mes subjects. Ce pendant preparés tout ce que congnoistrés necessaire et pour l'execution des choses qui seront à entreprendre à mon arrivée*.[1] : et esperant de vous voir bien tost, je prie Dieu qu'il vous ayt, mon Cousin, en sa saincte et digne garde. Escript au camp de Noyon, le xix<sup>e</sup> jour d'aoust 1591.

HENRY.

POTIER.

---

[1] La partie en italique est écrite en chiffres dans l'original, où elle se trouve déchiffrée dans les interlignes.

1591. — 19 AOÛT. — II^{me}.

Orig.—B. R. Fonds Béthune, Ms. 9104, fol. 86.
Cop. — B. R. Suppl. fr. Ms. 1009-3.
Imprimé. — *Mémoires de Nevers*, t. II, p. 265.

A MON COUSIN LE DUC DE NIVERNOYS,
PAIR DE FRANCE.

Mon Cousin, Ayant entendu que vous estes d'advis que les cappitaines de Souches, Ferrière et Vilyers tiennent garnison à Dymon et Turny, et esté asseuré des bons services qu'ils m'ont faicts cy-devant et ceulx qu'ils continuent de me faire, je vous ay bien voulu escrire la presente, pour vous prier de pourveoir à leur entretenement et payement de leurs compagnies, des deniers ordonnez pour l'entretenement des garnisons de Champaigne : et n'estant ceste-cy à aultre effect, je prie Dieu qu'il vous ayt, mon Cousin, en sa saincte et digne garde. De Noyon, le xix^e jour d'aoust 1591.

HENRY.

POTIER.

1591 — 22 AOÛT.

Cop. — B. R. Suppl. fr. Ms. 1009-2. (D'après l'ancien cabinet de M. de Mendajors.)

[A MON COUSIN LE DUC DE MONTMORENCY.]

Mon Cousin, Je vous ay escript, depuis que je suis à ce siege, par un messager qui avoit esté depesché icy par le president de Bourgade, et vous envoye par luy la commission de l'estat de procureur general en mon parlement de Carcassonne pour celuy que vous m'avés mandé. Je n'ay poinct eu depuis, ny de longtemps auparavant, aucune despesche de vous. J'en ay bien, puis peu de jours, du seig^r Alphonse, qui me mande comme il se disposoit de vous aller trouver. J'estime que vous differerés jusqu'à son arrivée à vous approcher de plus prés des ennemys. Je ne fais aulcune mauvaise conjecture, pour n'avoir poinct de vos nouvelles, qu'ils ayent par delà acquis aulcun advantage, car ils sont sy diligens à publier ce qui faict pour eulx, que nous en aurions desjà sceu quelque chose ; mais ils n'en ont rien magnifié par delà : qui me faict croire qu'ils n'en doibvent avoir aulcun subjet. J'ay sceu du s$^r$ de la Valette comme le duc de Savoye est retourné en Provence avec huict ou neuf galeres, et que ceulx de Marseille n'ont permis qu'il en soit entré que deux dans le port, et chargées de ceulx de sa maison seulement. Si cela est, c'est signe qu'ils ne sont pas encore de tout à luy, comme j'ay sceu qu'il le faict dire en Italie. Je vous prie que les affaires de vostre gouvernement ne vous facent oublier et perdre le soing de ceulx de la dicte province, en laquelle je vois bien que le dict s$^r$ de la Valette s'y comporte avec beaucoup de valeur et de bonne conduicte; mais je considere que de ses seules forces il ne pourra pas subsister contre une si grande que celle du dict duc de Savoye. Je me resjouis de ce qu'on m'a mandé, que vous vous approchiés de Beaucaire, pour ce que je presuppose que ce sera un bon moyen d'y faire venir le dict s$^r$ de la Valette, et peut-estre les dicts s$^{rs}$ Alphonse et Desdiguieres, pour faire une communication entre vous et eulx, de laquelle il ne pourroit que reussir un grand bien pour mes affaires. J'ay aussy advis que les trouppes du pays s'advancent et se hastent fort d'approcher du passage, que je crois que ceulx qui sont par delà pour mon service ne s'y endormiront pas; et s'il y a lieu de les combattre ou de leur donner quelque empeschement, qu'ils n'en perdront point l'occasion, ce qui seroit un trés grand service; car encores que ce secours et ce que l'on en rapporte ne soit pas fort grand, toutesfois, parce que c'est le premier prest, il importe beaucoup de les en pouvoir priver.

Je fais estat de faire partir le capitaine Baron, qui a esté icy despesché par le sieur Berticheres, et par luy vous envoyer les commissions des estats qui sont toutes prestes, parce que je les tiendray plus seurement en ses mains que d'un simple porteur. Cependant avec la commodité de ce laquais que j'envoye audict s$^r$ Desdiguieres, je vous ay voulu faire ceste cy pour vous donner de mes nouvelles, qui sont, Dieu mercy, assez bonnes, ayant enfin recouvert ceste ville par composition, au lieu que je pensois bien que ce dust estre par l'evenement d'une bataille, le duc de Mayenne y estant venu avec toute son armée et ayant demeuré à quatre lieues de nous, plus de dix jours, estant un tiers plus de gens de guerre que nous. Mais il s'est contenté de la laisser prendre à sa veue; en quoy il est allé grandement de sa reputation.

Dieu n'a pas voulu que nous ayons jouy de ceste bonne adventure sans la mesler de quelque amertume; ayant presentement eu advis que le duc de Guise, qui estoit prisonnier à Tours, s'est evadé[1], plus, comme j'estime, par la negligence de ceulx qui en avoient la charge que par aultre malice ou infidelité. Je porterois bien plus patiemment ceste nouvelle[2] qu'une aultre qui l'a accompagnée, du s$^r$ de la Noue, que l'on m'a mandé estre mort d'une blessure qu'il a cy-devant eue en Bretagne, où je l'avois envoyé pour estre prés de mon cousin le prince de Dombes. J'en porte un regret extreme, comme font bien tous ceulx qui l'ont pratiqué, et comme au nombre desquels je sçay que vous serés autant que nul aultre. Dieu par sa grace m'a dés longtemps accoustumé à toute sorte de fortunes, et jusques icy plus aux unes qu'aux aultres; mais par ce j'ay appris à le louer de tout, et recevoir ce qu'il luy plaist m'envoyer en patience.

Je fais estat de partir dans bien peu de jours pour m'acheminer

---

[1] Cette évasion s'était faite le 5, suivant l'Art de vérifier les dates; et le 15, suivant Estienne Pasquier, qui l'a racontée avec les détails les plus circonstanciés, dans sa lettre du 31 août à M. le comte de Sanzay. Cette date du 15, qui se retrouve dans les autres auteurs contemporains, est la véritable, et doit faire rectifier l'erreur de la première.

[2] La plupart des auteurs du temps ont remarqué l'heureux effet qu'eut pour les affaires de Henri IV l'évasion du duc de Guise, par la rivalité qui s'éleva presque aussitôt entre ce jeune prince et son oncle le duc de Mayenne. On alla jusqu'à faire honneur de cette combinaison à la prudence du Roi qui, prévoyant ce désaccord entre les deux chefs de la Ligue, aurait, dit-on, laissé le projet d'évasion s'exécuter sans obstacles. Ce qui est certain c'est qu'on ne se trompa pas à Rome sur les suites de l'événement. « Les beaux esprits y jugerent incontinent, dit Cayet, *che quella uscita del signor duca di Ghisa fuori di prigione era la ruina della Lega*, par les diverses intentions de luy et du duc de Mayenne son oncle. » (*Chronol. noven.* fol. 647 recto.)

en Champaigne au-devant de l'armée estrangere, qui doibt maintenant estre en France, comme y sont desjà les quatre mille Anglois que m'a envoyé la royne d'Angleterre. L'on dit aussy que le duc de Parme s'advance pour y entrer bien tost. S'il a aussy bonne envie que moy d'en venir à un combat general, nous le despartirons dans peu de temps. Je me reserve vous escrire plus amplement par la dicte prochaine despesche qui suivra de prés ceste-cy, n'ayant rien voulu hasarder de plus grande consequence par ce porteur. Sur ce, je prie Dieu, mon Cousin, vous avoir en sa saincte garde. Escript au camp de Noyon, ce xxij$^e$ jour d'aoust 1591.

HENRY.

FORGET.

[1591.] — 23 AOÛT.

Orig. autographe. — State paper office, ancient royal letters, vol. XXII, lettre 156. Copies transmises par M. l'ambassadeur de France à Londres et par M. Lenglet.

[A LA ROYNE D'ANGLETERRE]

Madame, Je n'avois deliberé faire passer le s$^r$ de Reau jusques à vous pour ce voyage, sans l'occasion survenue depuis son partement; qui m'a fait resouldre de luy faire, sur ce, nouveau commandement et despeches, affin de vous aller trouver, vous suppliant le croire de ce qu'il vous dira de ma part, en compagnie du s$^r$ de Beauvoir, mon ambassadeur, et me conserver tousjours en vos bonnes graces: priant Dieu, après vous avoir baisé les mains, qu'il vous ayt, Madame, en sa saincte et digne garde. De Noyon, ce xxiij$^e$ d'aoust.

Vostre bien humble frere et plus affectionné serviteur,

HENRY.

1591. — 24 AOÛT. — I^re.

Orig. — B. R. Fonds Béthune, Ms. 9104, fol. 87.
Cop. — B. R. Suppl. fr. Ms. 1009-3.

A MON COUSIN LE DUC DE NEVERS.

Mon Cousin, Je vous ay cy-devant renvoyé une requeste qui m'a esté presentée par Jehan de Villiers le Preudhomme, où il est question d'un faict de guerre, duquel ceulx de la justice de Langres ont pris la congnoissance; et d'aultant qu'auparavant que mes lettres-patentes expediées pour le dict renvoy soient scellées et qu'elles vous puissent estre apportées, ils pourroient, par adventure, passer plus avant et condamner par coutumace le dict le Preudhomme, qui ne s'ose presenter à eulx, pour l'animosité qu'aulcuns ont conceue allencontre de luy, je vous ay faict la presente, pour vous prier de leur escrire qu'ils ayent à differer la poursuicte qui se faict allencontre du dict le Preudhomme, jusques à ce que par mes dictes lettres-patentes ils ayent esté instruicts de ma volonté, afin que vostre lettre, conforme à celle que je leur ay escript sur le mesme subject, leur face davantaige congnoistre que c'est mon intention ; et croyés que vous ferés chose qui me sera trés agreable : priant Nostre Seigneur qu'il vous ayt, mon Cousin, en sa saincte et digne garde. Escript à Noyon, le xxiiij^e jour d'aoust 1591.

HENRY.

RUZÉ.

1591. — 24 AOÛT. — II^me.

Orig. — Arch. municipales de Bordeaux. Copie transmise par M. le secrétaire général de la ville.

A NOS TRÉS CHERS ET BIEN AMEZ LES MAIRE ET JURATS DE NOSTRE VILLE DE BOURDEAUX.

Trés chers et bien amez, Nous vous avons cy-devant faict entendre par nos lettres clauses comme, encores que nous eussions receu de bonne part ce qui nous fut proposé par vostre depputé sur la revocation du subside qui se leve à Royan[1], et que nostre desir eust esté bien conforme à vostre requeste; toutesfois la necessité où nous reduisent nos affaires nous auroit contrainct de remettre l'effect de ceste nostre bonne volonté à quand il aura pleu à Dieu permettre quelque meilleur establissement en nos dicts affaires; à quoy par sa grace ils s'y vont tousjours acheminant. Depuis, nous avons faict un nouveau contract de nos droicts avec du Verger, et affin qu'il demeurast obligé à faire cesser toutes les impositions extraordinaires qui se font sur les dicts droicts sans nostre permission, et rendre la navigation et le commerce sy libre et facile que les marchans puissent traficquer en toute seureté sans estre volez ny tourmentez, comme nous sommes advertys qu'ils ont esté jusques icy, nous avons esté contrainct d'augmenter l'imposition, qui estoit de 11 escuz par tonneau, d'un escu davantaige, qu'il y a grande raison aux marchans de payer volontairement, puisque c'est pour les reduire d'une bien plus grande dace[2] et vexation, qu'ils ont soufferte jusques icy. Nous avons aussy, ce faisant, revocqué les impositions qui se faisoient pour le payement des gaiges des officiers de nostre cour de parlement, et oultre faict reduire, pour les bourgeois de nostre ville de Bourdeaux, les cinq pour cent qu'ils souloient payer, à trois et demy pour cent ; ayant aussy ordonné que la recepte des dicts droicts se fera doresnavant dans nostre ville de Bourdeaux, sur le quay des Chartreux d'icelle, tant pour la seureté de la recepte des dicts droicts que pour la commodité des marchans trafficquans en rivieres : dont nous vous avons bien voulu advertir, affin que vous en rendiés bien capables les dicts bourgeois, manans et habitans de nostre ville de Bourdeaux. Et comme nous n'avons rien faict en cela que pour le bien et commodité de nostre dicte ville, attendans que Dieu nous ayt donné moyen de leur faire en meilleure occasion ressentir les effects de l'affection et bonne

---

[1] Sur la même affaire, voyez ci-dessus la lettre du 15 juillet 1591.

[2] Ancien mot qui se disait de certaines taxes, et que l'on dérive du latin *datio* ou de l'italien *dazio.*

volonté que nous leur portons, vous exhortons de vostre part de favoriser le faict du dict contract faict avec ledict du Verger, autant qu'il vous sera possible : ce que nous recevrons à bien bon et agreable service. Donné au camp de Noyon, ce xxiiij<sup>e</sup> d'aoust 1591.

HENRY.

FORGET.

## 1591. — 27 AOÛT.

Orig. — B. R. Fonds Béthune, Ms. 9104, fol. 88.
Cop. — Suppl. fr. Ms. 1009-3.
Imprimé. — *Mémoires de Nevers*, t. II, p. 265.

### A MON COUSIN LE DUC DE NEVERS,
PAIR DE FRANCE, GOUVERNEUR ET MON LIEUCTENANT GENERAL EN MON PAYS DE CHAMPAGNE.

Mon Cousin, J'escris un mot à mon cousin le vicomte de Turenne pour ne le laisser incertain de mes nouvelles, et ay estimé que les lettres estans entre vos mains, vous aurés moyen de les luy faire tenir selon le lieu où vous pourrés sçavoir qu'il se trouvera; qui est cause que je les vous envoye, et vous prie leur donner la plus prompte et seure adresse qu'il se pourra, pour luy estre seurement portées. L'esperance que j'ay de ne tarder gueres à vous voir me gardera faire la presente plus longue, que pour prier Dieu vous avoir, mon Cousin, en sa saincte garde. Escript à Noyon, ce xxvij<sup>e</sup> jour d'aoust 1591.

HENRY.

REVOL.

## 1591. — 29 AOÛT.

Cop. — B. R. Suppl. fr. Ms. 1009-2. (D'après l'ancien cabinet de M. de Mendajors.)

### A MON COUSIN LE DUC DE MONTMORENCY.

Mon Cousin, Il y a quinze ou vingt jours que je vous escrivis par un messager qu'adressa Forestier, qui faict icy vos affaires; et vous envoyay par luy la commission de l'estat de procureur general pour celuy que vous m'avés nommé. Je vous ay, depuis cinq ou six jours, encore escript par un laquais que je renvoyay vers le sʳ Desdiguieres, estant contrainct de me servir de ces commoditez, faulte de meilleures : et de peur que le dict laquais se soit perdu, et que vous n'ayés poinct eu la lettre qu'il avoit pour vous, j'ay advisé de vous faire mettre icy un duplicata, par lesquelles vous verrés l'estat auquel estoient mes affaires de deçà, et qu'il n'est rien survenu de nouveau, sinon que, pendant que le sieur Erdonville, qui commandoit à l'Isle-Adam, estoit venu pour se trouver à la bataille, ceux de Pontoise ont surprins le bourg et chasteau du dict l'Ile-Adam, où ils se sont fort insolemment portez, mesme dans le vieil chasteau, qu'ils ont gasté en plusieurs endroicts, dont j'ay eu desplaisir; et j'espere bien le leur faire bien payer, mesme à celuy qui commande dans le dict Pontoise, qui a d'aultres maisons où il sera aisé de se revancher. Depuis l'evasion du duc de Guise, j'ay traicté et accordé de l'eschange de ma cousine la duchesse de Longueville et de ses filles avec le vicomte de Tavanes, et espere que cela s'effectuera dans peu de jours. Ceste affaire, et quelque secours que je doibs tirer de ceste ville pour donner à mes Suisses, m'y a faict faire un peu plus de sejour, joinct que j'y fais venir le comte d'Essex, qui commande le secours que la royne d'Angleterre m'a envoyé, afin de le voir avant de m'enbarquer à mon voyage de Champaigne, parce que pendant iceluy, luy et ses troupes demeureront en Normandie, ou en ces quartiers de deçà, où je fais aussy estat de laisser le corps de mon armée avec mon cousin le mareschal de Biron, afin que je puisse plus legerement faire mon dict voyage, duquel je fais estat d'estre de retour dans trois semaines, car j'ay advis que, dés le commencement de ce mois, l'armée estrangere devoit avoir passé le Rhein, et estre en Lorraine, où le duc s'estoit retiré en quelque place forte qu'il y a, ayant abandonné tout son pays au passage de la dicte armée, qui luy aura esté un tel dommage que ce sera tout ce que le roy d'Espagne et la Ligue pourra faire que de les reparer, tant s'en faut qu'il soit en terme de proffiter beaucoup en ce party, auquel j'espere qu'enfin ils se trouveront tout aussy bien trompez comme luy. C'est ce que nous avons icy de nouvelles, desquelles je vous entretiens, n'ayant rien à vous dire sur les vostres, pour le long temps qu'il y a que je n'ay poinct de vos lettres, et vois certainement qu'il y doibt avoir quelque despesche perdue. Du reste, mon Cousin, je vous envoye les commissions des estats, que vous eussiés eues plus tost s'il s'en fust offert quelque seure commodité; et me sers de celle de ce porteur, à l'adventure; mais c'est parce que je fais estat de vous envoyer un duplicata de la dicte despesche par le cappitaine Baron, qui doibt partir d'icy dans deux ou trois jours, afin que par une adresse ou par l'aultre vous ne puissiés faillir de recevoir l'une des dictes deux despesches. Il default à celle-cy la commission des garnisons, parce que l'estat general d'icelles n'est poinct encore resolu; mais n'y ayant poinct à avoir de changement pour celles de vostre gouvernement, vous l'aurés avec celle que portera le dict cappitaine Baron, à laquelle me reservant je ne vous feray ceste-cy plus longue : priant Dieu, mon Cousin, vous avoir en sa saincte garde. Du camp de Noyon, le xxix$^e$ jour d'aoust 1591.

HENRY.

FORGET.

[ 1591. — COMMENCEMENT DE SEPTEMBRE. ]

Cop. — Arch. de la Couronne, salle 5, anciennes archives, Ms. 30, fol. 125 recto.
Cop. — Bibliothèque de M. Monmerqué, Ms. intitulé : *Despesches, instructions et commissions*, fol. 107 recto.
Imprimé. — *The Life of Thomas Egerton, lord chancellor of England*, page 414.

[ A LA ROYNE D'ANGLETERRE. ]

Madame, Je ne pouvois recevoir tesmoignage plus signalé de l'amitié et faveur qu'il vous plaist me porter, que d'avoir voulu commettre la charge du nouveau secours que m'avés faict ce bien de m'envoyer à seigneur sy principal qu'est mon cousin le comte d'Essex : en quoy vous avés surmonté non mon souhait, qui, je confesse, regardoit sa personne, par la grande estime que sa reputation m'avoit inspirée de luy, mais bien l'opinion d'estre tellement favorisé de vostre part, que je n'eusse osé vous le demander. Mais c'est acte de vostre magnanimité, de rendre vos graces plus parfaictes qu'elles ne sont esperées, et lier celuy qui les reçoit en sy haulte obligation, que, rien de sa part ne la pouvant esgaler, il soit à jamais tenu recognoistre vous debvoir plus qu'il ne sçauroit acquitter. Celle que vous avés maintenant acquise sur moy est parvenue à ce degré; et pour tout je ne vous puis offrir que ce que vous avés de long temps rendu entierement vostre; vous asseurant, Madame, que je remarqueray la journée de la premiere entreveue que j'ay eue de mon dict Cousin, pour l'une des plus heureuses de ma vie, pour la reputation qu'elle a apporté à mes affaires [1], et par la dignité de sa personne, et pour ce qu'il m'a dict de vostre part, de vostre singuliere bien-veuillance en mon endroict : dont je vous remercie trés humblement, et vous supplie de croire que vostre respect a tant de pouvoir de me faire aimer et cherir, que c'est chose qui ne me sera de moindre soing que la conservation de moy-mesme, qui aurois trop de regret de

---

[1] L'arrivée du comte d'Essex, alors à l'apogée de la faveur, causa une grande sensation en France, comme on peut en juger par ce récit d'un historien contemporain, témoin oculaire :

« Le Roy ayant sejourné quelques jours dans Noyon, vint à ce siége (de Pierrefons), où le comte d'Essex avec soixante gentilshommes anglois luy vint baiser les mains et luy offrir quatre mil Anglois et cinq cens chevaux que la royne d'Angleterre, sa maistresse, luy envoyoit pour son service. Le Roy estant adverty de sa venuë, envoya le comte de Chaulne à Compiegne pour l'y recevoir le vingt-neufiesme d'aoust. Quand à la personne du dict comte d'Essex et de ceux de sa suitte, il ne se pouvoit rien voir de plus magnifique ; car, entrant dans Compiegne, il avoit devant luy six pages montez sur de grands chevaux, habillez de velours orangé tout en broderie d'or : et luy avoit une casaque de velours orangé toute couverte de pierreries, la selle, la bride et le reste du harnois de son cheval accomodé de mesme. Son habit et la parure de son cheval valoient seuls plus de soixante mil escus. Il avoit douze grands estafiers, et six trompettes qui sonnoient devant luy. De Compiegne il vint au camp de Pierrefonds, le dernier jour d'aoust, trouver le Roy : d'où ils s'en allerent à Noyon, là où Sa Majesté le festoya trois jours durant avec tout son train. » (Cayet, *Chronologie novenaire*, fol. 464 verso et 465 recto.)

mourir avant de vous avoir faict quelque agreable service; et vous diray aussy que, si ses vertus ont merité le jugement que vous avés faict de luy, l'affection et grande reverence que j'ay cogneu qu'il vous porte, le rendent encores plus digne de vostre bonne grace et adjouxtent tant, en mon endroict, aux aultres considerations qui le rendent recommandable, qu'elle luy acquiert pour jamais trés grande et asseurée part en mon amitié. Je croy qu'il vous fera entendre ce que nous avons traicté et resolu ensemble avec mon cousin le mareschal de Biron, et ce qu'il a recogneu de l'estat de mes affaires; qui me gardera de vous en ennuyer par la presente, joinct aussy que j'ay donné charge au s$^r$ de Beauvoir, mon ambassadeur, de le vous representer de bouche, vous suppliant aussy, pour fin de ceste lettre, de croire que je observeray le plus exactement que je pourray les advertissemens qu'il vous plaist me donner par la vostre, et que je n'useray de vos hommes que avec toute la raison que requiert l'honneur que vous me faictes de m'en assister. Sur ce, vous baisant trés humblement les mains, je prie Dieu, Madame, qu'il vous ayt en sa trés saincte et digne garde.

Vostre trés affectionné et humble frere<br>et serviteur,<br>HENRY.

## 1591. — 3 SEPTEMBRE.

Cop. — Arch. de la cour royale de Rouen. Registres secrets originaux du parlement de Normandie séant à Caen, vol. du 25 juin 1589 au 8 novembre 1591, fol. 345 verso. Communication de M. Floquet, greffier en chef, correspondant de l'Institut.

A NOS AMEZ ET FEAULX LES GENS TENANS NOSTRE COURT DE PAR-
LEMENT DE NORMANDIE.

Nos amez et feaulx, Nous vous avons assez faict entendre avec combien d'affection nous desirons effectuer la deliberation que nous avons prise de reduire en notre obeissance le reste des villes rebelles de nostre province de Normandie; mais, comme une telle entreprise ne se peut executer sans une grande et forte armée, ne un sy grand amas de forces subsister longtemps sans finances, que vous pouvés sçavoir estre l'un des principaulx nerfz de la guerre, aussy avons-nous recherché tous moyens à nous possibles pour en recouvrer sans surcharger nostre pauvre peuple, ayans nous-mesmes à ceste fin faict expedier nos lettres-patentes de edict, que nous vous envoyons presentement, pour la vente et alienation, à faculté de rachapt perpetuel, de vi mil libvres de rente, à raison du denier dix, pour le tout principal d'icelle, selon la coustume de nostre pays et duché de Normandie, à prendre sur toutes sortes et natures de deniers, tant ordinaires que extraordinaires, de la recepte generale de nos finances à Caen, dont nous esperons tirer promptement quelque bonne somme de deniers, pour employer à partie des despenses necessaires pour l'effect susdict. A ces causes, nous voulons et vous mandons que, incontinent ces presentes receues, vous ayés à procedder à la verification pure et simple de nos susdictes lettres-patentes de edict, y usant de toute la diligence et celerité dont vous pourrés vous adviser, postposant et mettant en arriere toutes les difficultez qui se y pourroient presenter, considerant à cest effect que le temps et la necessité où nous sommes reduicts, joincts à nostre volonté, vous doivent servir de contrepoidz à toutes les raisons que vous pourriés alleguer au contraire, et que voulant traicter les affaires comme au passé, ce seroit, en consommant le temps en longueurs et remises, les acheminer à leur ruine. Sy, n'y faictes doncq faulte, sur tant que vous desirés nous faire service agreable : car tel est nostre plaisir. Donné au camp de Noyon, le iij$^e$ jour de septembre 1591.

HENRY.

FORGET.

## 1591. — 4 SEPTEMBRE.

Cop. — Arch. de la cour royale de Rouen. Registres secrets originaux du parlement de Normandie, séant à Caen, vol. du 25 juin 1589 au 8 novembre 1591, fol. 351 verso. Communication de M. Floquet, greffier en chef, correspondant de l'Institut.

A NOS AMEZ ET FEAULX CONSEILLERS LES GENS TENANS NOSTRE COURT DE PARLEMENT DE NORMANDIE, DE PRESENT TRANSFERÉE A CAEN.

Nos amez et feaulx, Nous vous envoyons l'edict que nous avons faict pour la vente à perpetuité de quelques parties de nostre domaine, pour nous subvenir à ceste necessité presente et puissante où sont nos affaires; lequel nous ne doubtons point que vous ne trouviés extraordinaire et contre les loix du Royaulme; mais ce vous doibt estre un grand tesmoignage que nous sentons le mal qui oppresse cest Estat, arrivé à grande extremité, puisque nous sommes contraincts de nous ayder de sy extremes remedes, lesquels nous avons differez le plus que nous avons peu, esperant ou que l'affection et industrie de nos bons subjects nous produiroit quelques aultres moyens, ou que le mal se pourroit temperer; mais il est assez notoire qu'il en est advenu aultrement. Pour ceste occasion, nous vous mandons et trés expressement enjoignons que, tous aultres affaires cessans, vous ayés à proceder promptement à la verification du dict edict, sans le tenir en aucune longueur, ny vous reserver à nous faire sur ce vos remonstrances, lesquelles vous debvés croire que nous avons assez considerées, et sommes bien advertiz qu'elles peuvent estre pleines de toutes bonnes raisons ; mais vous n'y en trouverés point d'assez forte pour divertir le peril, qui est sy eminent[1] que les choses ne sont plus capables de longue deliberation. Nous vous despeschons expressement ce porteur pour vous presenter le dict edict et le nous rapporter sy tost qu'il aura esté verifié ; ce que nous vous prions faire le plus promptement qu'il vous sera possible, ne vous voulant celer que nous aurions à extresme desplaisir que cest affaire feust manié

---

[1] Ainsi écrit, pour *imminent*. C'est une forme qui se trouve plusieurs fois.

par les formalitez ordinaires, et que, pour se y vouloir trop arrester, l'on mist, non seulement nostre personne, mais tout cest Estat à un peril quasy inevitable. Ce que nous asseurons que par vos prudences vous sçaurés bien considerer, et nous donner sur ce tout contentement, comme nous vous en prions et conjurons par toute l'auctorité que nous avons sur vous, et sur tant que vous desirés le bien et advancement de nos affaires. Donné à Noyon, ce iiij$^e$ septembre 1591 [2].

HENRY.

FORGET.

## 1591. — 6 SEPTEMBRE.

Orig. — Arch. de M. Paul de Lalande, au château de la Bonnetière, près Loudun. Copie transmise par M. de Chergé, président de la société des Antiquaires de l'Ouest.

### A MONS$^R$ DE BOISGUERIN,
#### GOUVERNEUR DE MON CHASTEAU DE LOUDUN.

Mons$^r$ de Boisguerin, Je pars presentement pour m'en aller au devant de mon armée estrangere, que je trouveray desjà sy advancée que je fais estat d'estre de retour de ce voyage dans un mois. Mais parce que je suis bien adverty que le duc de Parme s'advance aussy tant qu'il peut, et que je suis resolu luy faire la mesme courtoisie de luy aller au devant, que je lui feis dernierement de le reconduire, et le combattre dés qu'il commencera à entrer en France, et avant qu'il y disne, s'il est possible, je fais advertir mes bons serviteurs qui ne sont obligez aux aultres armemens, estans dans mes aultres provinces, de me venir trouver, au nombre desquels je ne vous ay pas

---

[2] Cette lettre, et surtout la précédente, pourraient à la rigueur ne point être considérées comme des *lettres missives*, et, par cette raison, auraient pu n'être point admises en entier dans ce recueil, où une simple mention à la liste générale en aurait indiqué la date et le sujet. Mais les notions si précises qu'elles fournissent sur les difficultés de la situation où se trouvait alors Henri IV, et sur la nature des relations de la royauté avec les autres pouvoirs de l'État, nous ont paru d'un intérêt historique supérieur à toute autre considération.

voulu oublier. Et pour ceste occasion, je vous prie de vous preparer de bonne heure, pour vous acheminer en mon armée avec la meilleure trouppe de vos amys que vous pourrés, et vous y rendre dans la fin du mois prochain, vous joignant, à cest effect, à mon cousin le s$^r$ de la Trimouille, auquel j'ay ordonné de recueillir et assembler toute la noblesse du Poictou, que je mande de me venir trouver. Mais il n'y fault pas faillir, car je croy qu'il s'y donnera la plus belle bataille qu'il s'y soit donnée de longtemps; et ay bonne esperance, avec l'ayde de Dieu, que la victoire se rangera du costé de la bonne cause. Je sçay assez que vous avés trop de bonne volonté pour estre besoing de vous y conjurer davantage. Sur ce, je prie Dieu, mons$^r$ de Boisguerin, vous avoir en sa saincte garde. Escript au camp de Noyon, le vj$^e$ jour de septembre 1591.

HENRY.

FORGET.

## 1591. — 7 SEPTEMBRE.

Orig. — Arch. municip. de Rennes. Transcription de M. Maillet, bibliothécaire.

A NOS CHERS ET BIEN AMEZ LES HABITANS DE NOSTRE VILLE DE RENNES.

Chers et bien amez, Ayant entendu la perte du s$^r$ de la Noue, de laquelle nous avons esté trés marrys, et desirant pourveoir au default que sa mort pourroit apporter à l'advancement des affaires de nostre pays de Bretaigne, nous avons mandé au s$^r$ de Lavardin qu'il assiste nostre cousin le prince de Dombes, et ne parte d'auprés de luy tant qu'il en sera besoing. Nous allons presentement en nostre pays de Champaigne recevoir nostre armée qui vient d'Allemaigne, composée de six mil chevaulx et douze mil lansquenetz, desquelles forces nous pourrons faire part à nostre dict cousin, à nostre retour, s'il en sera besoing. Ce pendant ayant esté adverty que en nostre ville de Rennes il y a quelques jalousies et divisions entre les habitans d'icelle, chose grandement prejudiciable au bien de nostre service, conservation et repos de la dicte ville, nous vous exhortons de fuir telles divisions, et embrasser l'union et concorde comme celle qui peut, plus que toute aultre force, empescher les pernicieux desseings de nos ennemys, et les ruiner : ce que voulant esperer que ferés, et de tant plus, considerant que vostre particulier est tellement joinct à nostre service, que l'un s'en va quand et quand l'autre, nous ne vous en dirons pas davantage. Donné à Noyon, le vij° jour de septembre 1591.

. HENRY.

POTIER.

[1591.] — 12 SEPTEMBRE.

Cop. — B. R. Fonds Béthune, Ms. 9104, fol. 89 recto.

[A MON COUSIN LE DUC DE NIVERNOIS.]

Mon Cousin, Je pensois monter à cheval à ce matin pour aller à Chaulny et retourner dés ce soir en ceste ville, pour partir demain et me rendre lundy à Crecy; mais une grosse fiebvre m'a pris, et me tient il y a xiiii heures, sans qu'il y ayt aucune apparence de diminution, ny que les medecins saichent dire quelle elle sera à ce soir ou demain matin. Je vous en manderay des nouvelles. Cependant je trouve trés bon vostre advis de passer mon armée où vous m'avés escript, pour les raisons que vous me mandés, et pour oster tout ombrage à celluy duquel vous m'avés envoyé le double de la lettre qu'il m'escript, au sujet de laquelle je vous puis asseurer n'avoir jamais pensé comme je luy fais entendre par ma response, et mande encore au s$^r$ de Sancy, qui est de ses amys, de le luy dire plus particulierement de ma part. Vous pouvés executer vostre desseing sans peril; car le duc d'Aumale s'est retiré avec toutes les forces de Picardie en telle diligence qu'il n'a osé sejourner en un seul lieu, qu'une heure à la Fere: encore a-t-il laissé de ses plumes à la garnison de Chaulny.

Le reste de l'armée est fort diminuée et s'est logée le long de la riviere d'Aisne, tirant de Soissons à Rethel. Toutesfois, de peur qu'elle n'entrepreigne quelque chose ou qu'elle ne donne allarme à ceulx de mes villes de Chaalons, Espernay et aultres de mon pays de Champaigne, nous voyant esloignez, j'escris au s$^r$ de Thomassin, de Vignolles, à ma court de Parlement et à ma dicte ville de Chaalons qu'ils soient diligens à se garder de surprise et qu'ils s'asseurent de mon brief retour, comme je leur ay promis. Les nouvelles des Pays-Bas contiennent la prise de Comurdin et la deffaicte de trois regimens de lansquenetz et de la cavallerie qui estoit envoyée pour vostre province. S'il est ainsy, le duc de Parme ne peut entreprendre de venir en mon Royaume de plus de trois mois. J'ay adverty mon cousin le cardinal de Bourbon, les s$^{rs}$ de mon conseil... de se trouver aujourd'huy ou demain à Senlis, afin de les y prendre et de les mener avec moy à Melun, où il me tarde que je ne sois desjà arrivé : priant sur ce Nostre Seigneur vous avoir, mon Cousin, en sa saincte et digne garde. Escript à Noyon, le xij$^e$ jour de septembre.

HENRY.

RUZÉ.

1591. — 14 SEPTEMBRE. — I$^{re}$.

Orig. — B. R. Fonds Béthune, Ms. 9104, fol. 90.
Imprimé. — *Mémoires de Nevers*, t. II, p. 269.

A MON COUSIN LE DUC DE NEVERS,

PAIR DE FRANCE, GOUVERNEUR ET MON LIEUCTENANT GENERAL EN CHAMPAIGNE ET BRIE.

Mon Cousin, Le baron de Biron doibt arriver ce jourd'huy en ce lieu avec les trouppes. Je fais estat de partir demain ; j'iray par le mesme chemin que je vous ay dit cy-devant ; je vous en ay voulu advertir, et par mesme moyen vous envoyer des lettres pour les gentilshommes mes serviteurs qui ne sont pas encore avec vous, afin de les solliciter de s'y rendre promptement, parce que les forces d'Italie[1] estant joinctes avec le duc de Lorraine, comme elles sont, pourront aussy se joindre au duc de Mayenne, et toutes ensemble entrer dans mon Royaume. J'ay advis que la resolution du duc de Parme est d'y entrer le xxvııjᵉ jour de ce mois; c'est pourquoy j'ay resolu d'assembler toutes les forces que je pourray, pour aller droict à mes ennemys et les combattre. A cest effect j'ay escript au mareschal d'Aumont qu'il s'achemine promptement à Saincte-Menehoust avec tout ce qu'il pourra assembler. Je vous envoye le duplicata de la lettre que je luy ay escripte, pour la luy faire tenir seurement. J'espere de vous voir dans cinq ou six jours. Je vous advertiray de mon acheminement d'un jour à aultre. Ce pendant je vous prie d'advertir tous mes serviteurs de se rendre prés de vous et me donner advis de ce que vous apprendrés des desseings de mes ennemys. Je vous informeray de tout. Sur ce, je prie Dieu qu'il vous ayt, mon Cousin, en sa saincte et digne garde. Escript à Chaulny, le xııjᵉ septembre 1591.

HENRY.

POTIER.

Mon Cousin, je parts demain matin; j'espere de vous voir dans quatre jours.

### 1591. — [14] SEPTEMBRE. — IIᵐᵉ.

Orig. — B. R. Fonds Béthune, Ms. 9104, fol. 93.
Cop. — B. R. Suppl. franç. Ms. 1009-3.
Imprimé. — *Mémoires de Nevers*, t. II, p. 268.

A MON COUSIN LE DUC DE NEVERS,

PAIR DE FRANCE, GOUVERNEUR ET MON LIEUCTENANT EN CHAMPAGNE ET BRIE.

Mon Cousin, J'ay un extresme regret de la perte des despesches desquelles estoit chargé ce porteur, lesquelles ont esté prinses à une

---

[1] Ces troupes, commandées par le duc de Montemarciano, neveu du Pape, venaient d'entrer en Lorraine, et avaient été reçues près de Verdun par les ducs de Lorraine et de Mayenne, qui étaient allés à leur rencontre.

lieue de ceste ville : qui est cause que je n'ay peu apprendre de vos nouvelles, sinon ce que ce dict porteur m'en a peu dire. Il m'a asseuré de la deffaicte des cinq compaignies de cavallerye qu'avés chargées, dont je suis trés ayse, et de l'acheminement de mon armée estrangere, laquelle il dict estre fort advancée. J'ay sesjourné deux jours en ce lieu pour *occasion que je vous diray*[1]. *J'attends ce soir le baron de Biron avec les trouppes qu'il doibt amener de mon armée. Je fais estat d'amener mil bons chevaux, desquels il y en a six à sept cens François et le reste reistres et quatre cens harquebusiers à cheval. S'il s'offroit occasion de charger l'armée de Mayenne, ou partie d'icelle, j'espererois avec mes dictes trouppes et ce que vous avés prés de vous, faire un bel effect. C'est pourquoy je vous prie de descouvrir où est l'armée de mes ennemys, veoir ce qui se pourra faire; la partye dressée, je seray dans peu de jours prés de vous pour l'executer. J'ay advis de la prinse de Namegur. Vous pourrés adresser à la Capelle ceulx qui me porteront de vos nouvelles.* Et sur ce, je prie Dieu qu'il vous ayt, mon Cousin, en sa saincte garde. Escript à Saulny[2], ce [XIVe] jour de septembre 1591.

HENRY.

POTIER.

[1591.] — 15 SEPTEMBRE.

Orig. autographe. — B. R. Fonds Béthune, Ms. 9132, fol. 1.
Cop. — B. R. Suppl. fr. Ms. 1009-3.

[A MONSr DE HUMIERES.]

Monsr de Humieres, Je suis extremement marry de vostre maladie, que l'on m'a dict estre augmentée. Je me doubte que ce qui en est

---

[1] La partie imprimée en italique est chiffrée dans l'original.

[2] Écrit ainsi au lieu de *Chaulny*. Les Mémoires de Nevers ont daté cette lettre du 12, mais le Roi était ce jour-là à Noyon. Or, cette lettre-ci est évidemment du même jour que la précédente, où l'arrivée de Biron est aussi annoncée; ce qui autorise à suppléer par la date du 14 le quantième qui manque dans l'original.

la principale cause est le desplaisir que vous avés de Pierrefonds[1]; mais ne vous en affligés davantage, car j'espere que nous l'aurons une aultre fois. Cependant advisés de vous guerir pour vacquer à la charge que je vous ay donnée de la lieutenance en Picardie, car le prince de Parme est prest d'y entrer. Je m'asseure que le desir de m'y bien servir, comme avés accoustumé, advancera vostre guerison. Je m'en vas ce pendant trouver mon armée, que j'espere bien-tost mettre en besongne contre le dict prince de Parme. A Dieu, croyés que je vous aime autant que le sçauriés desirer; je le prye qu'il vous veuille bien tost guerir. Escript à Chauny, ce xv$^{me}$ septembre.

HENRY.

### 1591. — 17 SEPTEMBRE.

Orig. — B. R. Fonds Béthune, Ms. 9104, fol. 91.
Cop. — B. R. Suppl. fr. Ms. 1009-3.
Imprimé. — *Mémoires de Nevers*, t. II, p. 270.

#### A MON COUSIN LE DUC DE NEVERS,
PAIR DE FRANCE, GOUVERNEUR ET MON LIEUCTENANT GENERAL EN CHAMPAGNE ET BRIE.

Mon Cousin, J'arrivay hier au soir en ce lieu de la Capelle[1] avec ma cornette seulement, ayant faict prendre à mes trouppes le droict chemin pour advancer devers la Champagne. *Je me rendray demain avec mes trouppes, qui seront à deux lieues de Maubert*[2]. J'ay esté contrainct de sesjourner ce jourd'huy en ce lieu, à cause de la grande journée que feis hier. J'ay ouy dire qu'avés assiegé vostre chasteau

---

[1] Le Roi avait quitté le siége de cette place, pour aller à Sedan voir la duchesse de Bouillon et recevoir l'armée étrangère. Le maréchal de Biron, qu'il y laissa, fut obligé de lever le siége au bout de trois semaines. Le déplaisir qu'éprouvait déjà M. de Humières montre que ce fâcheux résultat était prévu.

---

[1] Petite ville de Picardie, aujourd'hui du département de l'Aisne
[2] En chiffres.

de d'Omont³. Si cela est et qu'ayés besoing de mes forces, je me rendray au dit d'Omont incontinent. Je vous prie, donnés moyen à ce porteur d'aller seurement trouver mon cousin le vicomte de Turenne. Le sʳ Pinart s'estoit hyer sauvé, voulant aller à Vervins, mais Dieu voulut permettre qu'il fut reprins dans le bois. Par là il fait cognoistre qu'il sent sa conscience chargée de la faulte de laquelle il est accusé⁴. L'esperance que j'ay de vous veoir bien tost sera cause que ne vous feray plus longue lettre, priant Dieu ce pendant qu'il vous ayt, mon Cousin, en sa saincte garde. Escript à la Capelle, le xvıjᵉ jour de septembre 1591.

HENRY.
POTIER.

1591. — 18 SEPTEMBRE.

Orig. — B. R. Fonds Béthune, Ms. 9104, fol. 92.<br>
Cop. — B. R. Suppl. fr. Ms. 1009-3.<br>
Imprimé. — <i>Mémoires de Nevers</i>, t. II, p. 271.</p>

A MON COUSIN LE DUC DE NIVERNOIS ET RHETELOIS,<br>
PAIR DE FRANCE, GOUVERNEUR ET MON LIEUTENANT GENERAL EN CHAMPAGNE ET BRYE.

Mon Cousin, Je suis presentement arrivé en ceste ville de Maubert ayant faict une grand traitte depuis la Capelle jusques en ce lieu, qui est cause que je seray contraint d'y sejourner demain. Ce pendant mes trouppes ne laisseront de s'advancer, et me rendray aprés demain avec icelles à deux lieues du chasteau d'Aumont. Je vouldroys que ma presence peust apporter advancement à la prinse du dict chasteau. Je suis venu en trois journées de Chaulny en ce lieu, qui est la plus grande diligence que j'aye peu faire. Vous aurés entendu des nouvelles de mon armée estrangere par Launay; lequel

---

³ Ou plutôt Hautmont, ou Aumont, près de Sedan. Il en sera question ci-après avec plus de détails.

⁴ On l'accusait d'avoir livré Château-Thierry, dont il était gouverneur, et qu'il avait laissé prendre au duc de Mayenne.

m'a apporté vos lettres, qui sera cause que je ne vous en feray reditte. Je vous diray seulement que je desire infiniment vous veoir, et me tarde fort que je me sois joinct avec ma dicte armée pour entreprendre ce qui sera le plus à propos pour le bien de mon service; et espere qu'estant en mon pays de Champaigne, ceulx de mes serviteurs qui ont opinion d'estre abandonnez demoureront contens de moy, voyans que je n'espargne rien et fais tout ce que je puis pour les secourir, et ayder à leur conservation, comme les effects le feront tousjours paroistre. L'esperance que j'ay de vous veoir aprés-demain sera cause que ne vous feray plus longue lettre : priant Dieu, mon Cousin, qu'il vous ayt en sa saincte garde. Du camp de Maubert, le mercredy xviij® jour de septembre 1591.

HENRY.

POTIER.

[1591.] — 20 SEPTEMBRE. — I<sup>re</sup>.

Orig. autographe. — B. R. Fonds Béthune, Ms. 9109, fol. 5.<br>
Cop. — B. R. Fonds Fontanieu, Ms. P<sup>73</sup>, fol. 19 recto.<br>
Et Suppl. fr. Ms. 1009-3.

A MON COUSIN LE DUC DE NIVERNOIS.

Mon Cousin, Vous entendrés de mes nouvelles par le s<sup>r</sup> Dampierre; et sa suffisance, aussy que j'espere vous voir demain, Dieu aydant, me feront finir ceste-cy pour vous prier de le croire comme moy-mesme, et Dieu vous avoir en sa garde. De Maubert, ce xx<sup>me</sup> septembre.

HENRY.

1591. — 20 SEPTEMBRE. — II<sup>me</sup>.

Imprimé. — Mémoires de Nevers, t. II, p. 270.

[A MON COUSIN LE DUC DE NEVERS.]

Mon Cousin, Je vous escris de ma propre main, pour vous faire sçavoir de mes nouvelles. Le s<sup>r</sup> de Dampierre que j'ay choisy pour vous les porter, vous en entretiendra fort particulierement. C'est une personne que je considere, et pour sa fidelité et pour sa suffisance. Je vous prie de le croire comme moy-mesme, et de faire attention sur tout ce qu'il vous dira. Je le suivray de prés; et s'il n'arrive quelque grand empeschement, je seray demain avec vous[1]. C'est pourquoy je ne vous diray rien davantage. Je prye Dieu qu'il vous ayt en sa garde. De Maubert, ce xx<sup>e</sup> septembre 1591.

HENRY.

[1591. — VERS LE 20 SEPTEMBRE.]

Cop. — Arch. de la Couronne, salle 5, anciennes archives, Ms. 30, fol. 126 recto.

[A MON COUSIN LE COMTE D'ESSEX.]

Mon Cousin, Je vous ay faict une despesche sur mon partement de Chaulny, par double voye, dont je m'asseure que l'une et l'aultre aura eu seur passage. J'en faict à present une en Angleterre, tant pour tenir la Royne advertye de la continuation de mon voyage, que pour les aultres poincts contenus en la lettre que j'escrips au s<sup>r</sup> de Beauvoyr mon ambassadeur, de laquelle j'envoye coppie en chiffre à mon cousin le mareschal de Biron, et luy mande de la vous communiquer et en conferer avec vous, affin d'y joindre de vos bons advis et offices, selon que par ensemble vous jugerés estre à propos, comme je vous prie me continuer en cela, et en toutes aultres choses et occasions qui s'offriront, les bons tesmoignages que vous m'avés desjà donné de vostre amitié, et vous asseurer que vous en recevrés à jamais toute la bonne correspondance de ma part que vous sçauriés desirer : priant Dieu, mon Cousin, qu'il vous ayt en sa saincte et digne garde.

HENRY.

---

[1] Le lendemain, en effet, le Roi fut reçu et traité magnifiquement par le duc de Nevers, à son château de la Cassine-le-Duc. Il y fut accompagné des ducs de Montpensier et de Longueville, du comte de Saint-Paul, de MM. de la Guiche, de Biron, de Gramont, de Brienne, de Larchant, d'Auchy, de la Chapelle-aux-Ursins, et autres seigneurs de marque.

1591. — 21 SEPTEMBRE.

Orig. — B. R. Fonds Béthune, Ms. 9108, fol. 3.
Cop. — B. R. Suppl. fr. Ms. 1009-3.

A MON COUSIN LE DUC DE NIVERNOIS.

Mon Cousin, Pource que mon chemin est de passer auprès d'Osmont [1], je vouldroys bien que vous prinsiés la peine de me venir trouver quelque peu en deçà du dict Osmont, afin qu'ensemblement nous le puissions recognoistre, et resouldre ce que nous avons à faire. En ceste esperance, je prie Dieu qu'il vous ayt, mon Cousin, en sa saincte garde. Escript à Tiersmoustiers, ce xxj<sup>e</sup> septembre 1591.

HENRY.

1591. — 27 SEPTEMBRE.

Imprimé. — *Lettre à M<sup>r</sup> de Bongars, conseiller du Roy en son Conseil d'Estat et son ambassadeur en Allemagne, sur les faulx bruicts contre l'honneur du president Roussat de Langres.* In-8° sans date ni lieu, p. 31.

A NOSTRE AMÉ ET FEAL MONS<sup>R</sup> ROUSSAT,
MAIRE DE LANGRES.

Nostre amé et feal, Vous nous avés si fidellement servy et en tant d'occasions, durant que vous avés esté employé en la charge de maire de nostre ville de Langres, que la memoire nous en demeurera à tousjours, accompagnée d'une volonté de recognoistre vos services, en ce qui s'offrira pour vostre bien et advancement; et bien que vostre charge soit transferée à un aultre, nous nous asseurons neantmoins que l'affection qu'avés eue tousjours à nostre service vous est demeurée, et nous promettons que continuerés de nous en faire veoir de bons effects à l'advenir, comme avés faict par le passé. Continués donc de nous donner advis de tout ce qui s'offrira pour le bien de

---

[1] C'est le château d'Aumont, qui appartenait au duc de Nevers, et que ce prince assiégeait.

nostre service, et de tenir la main au bien et advancement de nos affaires, et vous asseurés que la crainte qu'avés eu de ceulx qui veulent blasmer vos actions est mal fondée, ne pouvant avoir aultre opinion de vous que celle dont vous vous estes rendu digne par vos services. Donné à la Cassine-le-Duc, le xxvij<sup>e</sup> jour de septembre 1591.

HENRY.

POTIER.

1591. — 3 OCTOBRE. — I<sup>re</sup>.

Orig. — B. R. Fonds Béthune, Ms. 9104, fol. 94.
Cop. — Suppl. fr. Ms. 1009-3.
Imprimé. — *Mémoires de Nevers*, t. II, p. 272.

A MON COUSIN LE DUC DE NIVERNOIS.

Mon Cousin, Je suis arrivé en ce lieu de Grandpré, revenu de mon voyage, lequel, encores qu'il n'ayt pas reussy comme je l'eusse bien desiré, il n'est pas toutesfois du tout inutile; et n'a pas tenu à bonne diligence qu'il ne soit faict quelque chose de mieux, car dés lundy, en passant prés de ce lieu, et adverty que les trouppes du duc de Lorraine estoient logées aux environs de Montfaucon [1], je m'y acheminay au grand trot, et arrivant à demye lieue prés, sur le commencement de la nuict, je sceus qu'elles en estoient deslogées sur le midy, et que toute l'armée des ducs s'estoit resserrée d'effroy dans Verdun. Ce qui n'avoit peu loger dans la ville et aux faulxbourgs s'estoit campé le long de la contrescarpe; de sorte que, pour ne harasser point les miens davantage que ce qu'ils estoient, de douze ou quatorze lieues, je logeay à Renonville [2], prés le dict Montfaucon, en deliberation de veoir le lendemain les ennemys et charger infanterie ou cavallerie, tout ce que je trouverois; et pour cest effect, je montay à cheval sur

---

[1] Montfaucon est aujourd'hui un chef-lieu de canton dans l'arrondissement de Montmédy, département de la Meuse.

[2] Les Mémoires de Nevers nomment ce lieu *la Lenonville*, en s'écartant mal à propos de l'original.

les dix heures du matin, et marchay avecq toute mon armée jusques à une lieue et demye de Verdun. Là nous decouvrismes cent cinquante chevaulx, de ceulx de Victry et aultres qui estoient dans Montfaucon et qui en sortirent à la sourdine, lesquels virent arriver mes trouppes. Le s$^r$ de Givry envoya le capitaine Fournier devant, avecq vingt chevaulx, et le soustint avec trente, les suivirent au galop jusques à demye lieue du dict Verdun, et, voyant que l'alarme estoit en leur camp, il fut advisé qu'il estoit plus à propos d'aller vers Mouza[3], où l'on me dict que Amblise[4] estoit avecq huit cens chevaulx de ceulx des ducs de Lorraine et de Mayenne, pour entreprendre quelque chose sur le logis du Chesne, en esperant de les combattre si nous les trouvions, ou pour le moins lever le dict logis. Par les chemins nous trouvasmes quatorze ou quinze Albanoys qui conduisoient des charrettes de vivandiers, chargées de vivres, que nous prismes avecq trois prisonniers des dicts Albanoys, et sceumes d'eulx que le dict Amblise, ayant l'alarme de nous, avoit tenu des vedettes sur les collines, et si tost qu'elles virent mes premieres trouppes, il s'estoit retiré par dedans les bois, mais que, si je leur voulois couper chemin vers Dauvilliers[5], je les pourrois trouver. Cest advis me fit advancer avecq quatre cens chevaulx et passer un grands boys fort fascheux, faisant suivre le reste de l'armée, et feus jusques à la portée du canon de Dauvilliers, sans faire aucune rencontre; de sorte que en quatre heures je me trouvay hors de mon Royaume en divers pays, une fois en Lorraine et l'aultre en Luxembourg, où il n'y avoit pas faulte de vivres ny de butin, si j'eusse voulu rompre pour si peu de chose. Quoy voyant, et qu'il estoit desjà tard, mes troupes fort lassées de deux grandes journées, je me resolus de loger à Sevry sur Meuse[6];

[3] Ou plutôt *Mouzay*, village du canton de Stenay, arrondissement de Montmédy (Meuse).

[4] Africain d'Anglure, baron de Bourlemont, prince d'Amblise, seigneur de Busancy, etc. fils de René d'Anglure et d'Antoinette d'Aspremont, était chambellan du duc de Lorraine, et guidon de sa compagnie de gendarmes. Il fut tué l'année suivante au siége de Beaumont en Argonne.

[5] Chef-lieu de canton dans l'arrondissement de Montmédy (Meuse).

[6] Ou *Chevry*, comme le donnent les Mé-

et, pour ne m'en retourner pas sans veoir les ennemys de plus prés, hier, dés l'aube du jour, je montay à cheval et me rendis avecq tout ce que j'avois emmené quant et moy, à une bonne lieue du dict Verdun, en esperance d'y presenter la bataille. Mais comme la proposition est aux hommes et la disposition en la main de Dieu[7], la pluye fut si grande et travailla tellement, par l'espace de trois grandes heures, mon armée desjà harassée d'aultres pluyes et de deux grandes journées passées avecq beaucoup d'incommoditez, sans apparence que tel orage se deust moderer, mais plus tost continuer toute la journée, que je feus contrainct d'envoyer loger toutes mes trouppes en leurs quartiers; et avec deux cens chevaulx, entre lesquels mes cousins le duc de Montpensier et le prince d'Enhalt[8] estoient avec vingt ou vingt-cinq Allemans, j'allay à demye lieu de Verdun recongnoistre la contenance des ennemys.

A mon arrivée sur le hault d'une colline, je veis d'assez loing environ soixante lances de celles du duc de Montemartiano, sortys, comme je crois, pour venir prendre langue et veoir mon armée. Je feis ce que je peus pour les asseurer et pour les faire approcher davantage : je leur laissay faire la descouverte de trois hameaux separez, qui estoient en la vallée d'entr'eulx et moy, et pour les y attirer et les engager au combat, j'envoyay les s$^{rs}$ de Praslin, de la Curée et Largerye[9] avec vingt chevaulx, entre lesquelz se trouva le s$^r$ de Vaubecourt[10], un des siens, et un de ceulx du s$^r$ de Brienne, avecq

moires de Nevers. Mais il faut lire *Sivry*, village sur la Meuse entre Dun et Verdun.

[7] « Homo proponit, Deus autem disponit. » (*De Imitatione Christi.*)

[8] Ainsi écrit, pour *Anhalt*. Voyez ci-dessus la lettre du 3 octobre 1590 II$^{me}$, et la note 3 sur cette lettre.

[9] Charles d'Ongnies, comte de Chaulnes, seigneur de la Hargerie, conseiller d'état, chevalier des ordres du Roi et capitaine de cinquante hommes d'armes de ses ordonnances ; d'une famille originaire de Flandre, était le second fils de Louis d'Ongnies, comte de Chaulnes et d'Antoinette de Rasse, dame de la Hargerie.

[10] Jean de Nettancourt, baron de Vaubécourt, seigneur de Passavant, d'Autrecourt, etc. fils de Georges de Nettancourt et d'Anne d'Haussonville, avait été, en 1573, guidon de la compagnie du comte de Brienne, avec lequel on le voit ici combattre. En 1586 il commanda une compagnie de cent chevau-légers du duc de Lorraine, dont il était gentilhomme servant.

commandement au s^r baron de Biron de les soustenir à la main droicte de trente chevaulx, s'il en estoit besoing, et au s^r de la Chappelle aux Ursins [11], de faire le semblable à la main gauche, de pareil nombre de trente chevaulx; ce pendant que je m'advançois au trot sur une petite colline pour tenir ferme plus prés d'eulx, avec environ soixante chevaulx de ma cornette et de mon dict cousin le prince d'Enhalt. Si tost que les vingt premiers commencerent à aller à la charge, les ennemys rentrerent en leur possession de se retirer, et partirent de sy bonne heure, que, encores qu'ils n'allassent que au grand trot, les nostres ne les pouvoient joindre au gallop et quasy à toute bride. Toutesfois, se voyant approcher de trois gros hocqz [12] de cavallerie des leurs qui parurent sur le hault de la montagne joignant la ville de Verdun, ils revinrent à la charge, tuerent d'assez loing d'un coup d'escopette le cheval du s^r de la Curée, et d'un autre ils percerent la cuirasse du dict s^r de Praslin, sans l'offenser, Dieu mercy; ils lui donnerent trois coups de lance dans son manteau, qu'il portoit tant à cause de la pluye que pour ce qu'il n'avoit poinct de brassarts. Ce petit nombre de vingt se porta si vertueusement et vaillamment qu'il tua six des ennemys sur la place, huict chevaulx, amenerent deux prisonniers, en blesserent dix ou douze, chasserent les

Néanmoins il embrassa le parti de Henri IV, qui lui confia le commandement de l'aile gauche à la bataille d'Yvry. Il se distingua encore au combat de Fontaine-Française et à celui d'Aumale, où il fut grièvement blessé en dégageant le Roi. En récompense de ses services, Henri IV le nomma gouverneur du comté de Beaulieu en Argonne.

[11] François Jouvenel des Ursins, marquis de Traynel, baron de Neuilly, seigneur de la Chapelle et de Doué, colonel des reîtres français, maréchal des camps et armées du Roi, était fils aîné de Christophe Jouvenel des Ursins et de Madeleine de Luxembourg. Il combattait ici avec ses deux oncles : le comte de Brienne, frère de sa mère, et le seigneur de la Hargerie qui avait épousé sa tante, Anne Jouvenel des Ursins. Il fut chevalier des ordres du Roi en 1599, et fut envoyé, en 1619, comme ambassadeur à Rome et en Angleterre, où il déploya une grande magnificence. Il mourut, en 1650, à l'âge de quatre-vingt-un ans. Il descendait en ligne directe de Jean Jouvenel des Ursins, prévôt des marchands de Paris en 1388.

[12] Dans l'édition des Mémoires de Nevers, on a supprimé ce mot, que nous donnons comme il est écrit dans l'original.

aultres fuyans jusques à leur gros, revindrent où s'estoit faicte la charge ; un changea la selle de son cheval à une meilleure, et prindrent les cazacques de quelques-uns des tuez, feirent longtems effort à relever un fort beau cheval qui estoit par terre, et qu'ils ne voyoient point blessé, pour le bailler au dict s$^r$ de la Curée, mais estant debout ils le trouverent blessé, sans que durant tout ce temps le dict gros ny aultre feist semblant de les enfoncer ou de les suivre.

Entre les morts s'est trouvé le lieutenant du s$^r$ Octavio de Chezy et le cappitaine de la garde du dict duc de Montemartiano, et entre les prisonniers un de ses gardes, et un cavallier qui offre mille escuz de rançon et que le s$^r$ marquis de Pizany dict avoir veu à Rome en reputation de bon cappitaine, et avoir esté entretenu mestre de camp par le feu pape Sixte. Il a le cœur françois, mais ayant esté banny, pour estre congneu tel, le ban luy a esté remis comme à beaucoup d'aultres, à la charge de me venir faire la guerre. Je confesse que leur cavallerie est bien armée et trés bien montée, mais qu'elle n'est poinct semblable à la mienne, car, à dire la verité, il ne se peut faire mieulx ; et n'y eust entre les morts et les blessez, hommes et chevaulx, un seul qui n'eust un coup de pistollet et deux ou trois grands coups d'espée au deffault des armes et au visage. Le prisonnier asseure que la levée des chevaulx du Pape a esté de mil chevaulx, maintenant reduicte, par mort ou maladie, à huict cens pour le plus ; l'infanterie italienne de deux mil à douze ou treize cens, et les Suisses, payez pour quatre mil, reduicts à trois ; la maladie encores fort grande parmy toutes leurs trouppes ; les Napolitains que l'on disoit estre passez, ce sont dixhuict cens Espagnols, et non plus du terze [13] de Naples, et que la meilleure cavallerie qui soit en leur armée c'est celle qui estoit venue à ce combat, duquel ils ont laissé beaucoup plus d'honneur aux nostres et d'envie de bien faire à nos estrangers qui les ont veus, qu'ils n'en ont rapporté de proffict et de reputation. J'en fais garder des casacques, pour les vous montrer. Ce qui me confirme encores plus en

---

[13] De l'italien *terzo*, qui s'emploie pour une compagnie de soldats. Voyez Alberti au mot *Terzo*.

ceste opinion, c'est que, en tant de logis que mes trouppes ont tenus fort escartez, trois jours durant, assez prés d'eulx, ils n'ont jamais eu la hardiesse de nous donner une seule alarme. Seullement ceste nuict passée, il est venu trois cens chevaulx recongnoistre le logis du s$^r$ de Givry et mes chevaulx-legers, mais ils n'ont jamais eu le courage d'entreprendre aultre chose que de repoulser deux sentinelles jusques à un corps de garde de trente chevaulx, sans les oser enfoncer, ains se sont contentez de faire un aultre corps de garde auprés d'eulx. Ce matin, environ deux heures devant le jour, une de leurs sentinelles, lassée que on ne la venoit relever, est partie pour s'en aller plaindre et en faire renvoyer une aultre; mais de fortune en pensant retourner aux siens elle s'est addressée à un de mes chevaulx-legers, et demandant l'un à l'aultre *qui vive?* mon dict cheval leger a recongneu à la lune une lance et des croix de Lorraine, et portant à l'aultre la pistolle à la teste, l'a faict rendre. Il se trouve que c'est celuy mesme qui en eut un des miens prisonniers à Han, auquel il féit payer trois cens escuz. J'espere qu'il les rendra, et qu'ils reviendront à la trouppe. Pour fin de lettre, encores que la pluye nous ayt faict beaucoup de mal et empesché un beau desseing, je vouldrois que celle qui est tombée dans le chasteau d'Aumont[14] fust encore tombée sur nous, et qu'il n'y en eust poinct là du tout. Je vous prie me mander demain, à Attigny, à quoy vous en estes et si vous avés quelques nouvelles du prince de Parme. Ce pendant je prieray Dieu qu'il vous ayt, mon Cousin, en sa saincte garde. Escript au camp de Grand-Pré, le iij$^e$ jour d'octobre 1591.

HENRY.

RUZÉ.

Mon Cousin, je ne veux oublier à vous dire que le cappitaine Bataille qui estoit dans le fort de Montfaucon et qui tira fort sur nous quand nous passasmes auprés, est party ce matin d'effroy, et a quitté

---

[14] C'est le lieu appelé aujourd'hui Haumont-près-Samognieux, petit village du canton de Montfaucon, arrondissement de Montmédy (Meuse). Cette place, alors très-forte, appartenait, comme on l'a vu, au duc de Nevers.

la place, si tost qu'il a sceu mon retour. Je y ay mis le cappitaine Flamanville avecq trente chevaulx, en attendant que j'aye advisé avecq vous ce qui s'en devra faire.

[1591.] — 3 OCTOBRE. — II$^{me}$.

Orig. autographe. — B. R. Fonds Béthune, Ms. 9104, fol. 27.
Cop. — B. R. Suppl. fr. Ms. 1009-3.
Imprimé. — *Mémoires de Nevers*, t. II, p. 275.

A MON COUSIN LE DUC DE NIVERNOIS.

Mon Cousin, En vous donnant advis de ce qui s'est passé en mon voyage, je m'estois oublié de vous prier faire conduire mes mulets, qui sont chez vous, jusques à Attygny. Je vous prie donc leur faire donner escorte de cinquante chevaux, affin qu'ils y soyent demain lorsque j'y arriveray : et n'estant ceste-cy à aultre fin, je prie Dieu, mon Cousin, qu'il vous ayt en sa garde. Escript à Grandpré, le iij$^e$ octobre.

HENRY.

Je vous prye de m'envoyer aussy vos deux hostes, Revol et Gesvres [1].

[1591.] — 5 OCTOBRE. — I$^{re}$.

Orig. autographe. — B. R. Fonds Béthune, Ms. 9115, fol. 36.
Cop. — B. R. Fonds Fontanieu, Ms. P-73, fol. 37 verso, et Suppl. fr. Ms. 1009-3.

A MON COUSIN LE DUC DE NIVERNOIS.

Mon Cousin, Je vous envoye le capitaine Tessier, qui n'est pas moins au fait de petards et saussices qu'estoit le pauvre feu Alfanty, et encores plus heureux. Il est fort brave. Je vous prie le faire conduire au lieu que vous sçavés [1], afin que la mort du dict Alfanty ne vous retarde plus long temps. Bonjour, mon Cousin. D'Attigny, ce v$^e$ octobre.

HENRY.

[1] C'est le secrétaire d'état Potier.

---

[1] Au château d'Aumont, pour l'attaque duquel le Roi voulait se réunir au duc de Nevers.

1591. — 5 OCTOBRE. — II^me.

Orig. — B. R. Fonds Béthune, Ms. 9104, fol. 96.
Cop. — Suppl. fr. Ms. 1009-3.
Imprimé. — *Mémoires de Nevers*, t. II, p. 276.

A MON COUSIN LE DUC DE NIVERNOIS.

Mon Cousin, Je vous envoye des lettres qui estoient pour vous en mon pacquet. J'en ay ouvert une; pour ce que l'on me mande que je y trouverois des nouvelles de la deffense du duc de Savoye. Je vous prie ne le trouver point maulvais, et, s'il y a en chiffre quelque chose digne de me le faire sçavoir, me le mander; ensemble à quoy vous estes de vostre entreprise du chasteau de Haultmont. Et en attendant, je prye Dieu qu'il vous ayt, mon Cousin, en sa saincte garde. Escript à Attigny, le v^e jour d'octobre 1591.

HENRY.

RUZÉ.

[1] J'espere demain vous aller voyr en vostre maison d'Aulmont [2].

---

[1] Post-scriptum de la main du Roi.

[2] Ce projet s'effectua, et l'arrivée du Roi devant Aumont, ou Hautmont, eut le succès que raconte ainsi Cayet : « Le sixiesme [d'octobre] il alla pour voir la batterie et l'assaut que monsieur de Nevers vouloit faire donner à Haumont, qu'il tenoit tousjours assiégé. Après que l'on eust tiré quelques coups de canon, Sa Majesté voulut luy-mesme pointer le canon, et fit donner au mitan du portail : ce coup fut si heureux que le capitaine, le lieutenant et l'enseigne en furent tuez; ce qui bailla une telle espouvante aux assiegez, qu'ils monstrerent un chapeau sur la muraille, pour signal qu'ils vouloient parlementer. La composition fut qu'ils rendroient la place, et que ceulx qui vouldroient prendre le party du Roy auroient leurs armes; et les aultres qui ne vouldroient le prendre s'en iroient avec un baston. » (*Chronolog. nov.* fol. 481, recto et verso.)

[1591]. — 5 OCTOBRE. — III^me.

Orig. autographe. — B. R. Fonds Béthune, Ms. 9115, fol. 38.
Cop. — B. R. Fonds Fontanieu, Ms. P-73, fol. 39 recto, et Suppl. fr. Ms. 1009-3.

A MON COUSIN LE DUC DE NIVERNOIS.

Mon Cousin, J'ay veu ce que vous me mandés. Souvenés-vous de faire faire trois ou quatre bons corps de garde qui seront suffisans pour empescher le secours d'entrer; et que je saiche de bonne heure demain matin de vos nouvelles. Bon soir, mon Cousin. D'Attigny, ce v^me octobre.

HENRY.

1591. — 9 OCTOBRE. — I^re.

Orig. — B. R. Fonds Béthune, Ms. 9104, fol. 97.
Cop. — Suppl. fr. Ms. 1009-3.

A MON COUSIN LE DUC DE NIVERNOIS,
PAIR DE FRANCE, GOUVERNEUR ET MON LIEUCTENANT GENERAL EN CHAMPAGNE ET BRIE.

Mon Cousin, L'asseurance que le s^r de Beauvais-Nangy m'a donnée, que les maisons de Bersu et de Vergigny ne feront aucunement la guerre et ne serviront de retraicte à mes ennemys me faict vous escrire la presente, pour vous dire que, à la priere du dict s^r de Beauvais, et soubs la dicte asseurance, j'ay accordé que ces dictes maisons ne seront demantelées; et pour ce, je vous prie de les faire laisser au mesme estat qu'elles sont à present : priant Dieu, mon Cousin, qu'il vous ayt en sa saincte et digne garde. Du camp d'Attigny, le ix^e jour d'octobre 1591.

HENRY.

POTIER.

### 1591. — 9 OCTOBRE. — II^me.

Orig. — B. R. Fonds Béthune, Ms. 9109, fol. 11.
Cop. — Suppl. fr. Ms. 1009-3.
Imprimé. — *Mémoires de Nevers*, t. II, p. 276.

A MON COUSIN LE DUC DE NEVERS.

Mon Cousin, Puisque l'embarrassement est si grand que vous me le mandés, je me suis resolu de ne faire poinct partir demain mon armée, et à petites troupes aller demain desjeusner avec vous, pour resoudre ce que nous avons à faire. Mais je suis bien d'advis et vous prie de faire advancer l'artillerie au cartier que le s^r baron de Biron vous envoyera [1]. Pour l'esperance que j'ay de vous voir demain au matin je finiray, priant Dieu qu'il vous ayt, mon Cousin, en sa saincte et digne garde. De Brioulle [2], le neufviesme jour d'octobre 1591.

HENRY.

RUZÉ.

### [1591.] — 15 OCTOBRE.

Orig. autographe. — Fonds Béthune, Ms. 9104, fol. 26.
Cop. — B. R. Suppl. fr. Ms. 1009-3.

A MON COUSIN LE DUC DE NIVERNOYS.

Mon Cousin, J'ay veu l'advis que m'avés envoyé. Je n'ay pas icy un homme de cheval, que ceulx qui sont venus avec moy, qui sont sans armes. J'espere vous voir à ce soir ou demain au matin, et vous dire un autre moyen que j'ay de faire quelque chose de bon. Au surplus, j'ay eu advis que S^t-Pol est allé en Flandres; c'est bien le

---

[1] C'est-à-dire, dont le s^r baron de Biron vous enverra la désignation.

[2] Les Mémoires de Nevers écrivent *Boieulle*, et Cayet nomme *Baionville*, le dernier lieu où séjourna le Roi avant d'arriver à Sedan le 11 octobre. C'est probablement ce nom-là qui a été altéré dans la lettre. On trouve un village de Bayonville dans le canton de Busancy, arrondissement de Vouziers, département des Ardennes.

contraire de ce que l'on vous a mandé, si ainsy est. Ceste-cy n'estant à aultre fin, je prie Dieu, mon Cousin, qu'il vous ayt en sa garde. Escript à Sedan[1], ce xv$^{me}$ octobre.

HENRY.

Le capitaine Tessyé arriva arsoir. Je vous diray tout.

1591. — 20 OCTOBRE. — I$^{re}$.

Orig. — B. R. Fonds Béthune, Ms. 9109, fol. 12.
Cop. — Suppl. fr. Ms. 1009-3.

A MON COUSIN LE DUC DE NIVERNOIS,
PAIR DE FRANCE.

Mon Cousin, Le s$^r$ de la Guiche vient de m'advertir qu'il ne peut faire marcher l'artillerie, d'autant que l'affut du canon qui fut rompu devant vostre chasteau d'Aumont n'est encores prest; occasion que je vous prie, mon Cousin, de luy faire deslivrer incontinent l'affut d'un des canons que vous avés, pour gaigner temps, et il fera payer la depense de remontaige de vostre dict canon : ce que m'asseurant que ferés, je prieray Dieu, mon Cousin, qu'il vous ayt en sa saincte et digne garde. Du camp de Sedan, le xx$^e$ jour d'octobre 1591.

HENRY.

POTIER.

---

[1]. Le Roi était arrivé dès le 11 dans cette ville, où il fit célébrer, le jour même de la date de cette lettre, le mariage du vicomte de Turenne avec la duchesse de Bouillon, princesse souveraine de Sedan. Le silence qu'il garde sur ce point dans la lettre au duc de Nevers peut être regardé comme un ménagement; car ce prince avait espéré un si riche parti pour le duc de Rethélois, son fils.

1591. — 20 OCTOBRE. — II^me.

Orig. — Archives royales de Wurtemberg. Transcription de M. Kausler.

## A MON COUSIN LE DUC DE WIRTEMBERG,
### PRINCE DU SAINCT EMPIRE.

Mon Cousin, Si vostre lettre, qui m'a esté rendue par mon cousin le vicomte de Turenne, est pleine d'asseurance de vostre bonne volonté envers moy, il m'en a encores, de bouche, donné plus grande confirmation, selon les bons effects que vous en avés rendus par la liberale contribution que vous avés faicte de vos moyens à l'advancement de mes affaires. De quoy je me sens vous estre grandement obligé; et vous en ay bien voulu encores remercier par la presente, attendant que je m'en puisse mieulx acquitter, comme je n'en perdray aucune occasion, à mesure qu'il plaira à Dieu m'en eslargir les moyens. Je sçay, mon Cousin, l'amitié que vostre maison a tousjours eue avec la couronne de France, et vous prie croire que je ne seray jamais moins soigneux de l'entretenir que ont esté les Roys mes predecesseurs, pour vous en rendre tous les offices qui despendront de moy. Et comme nous avons des ennemys communs, ainsy je desire que nous demourions joincts de bonne intelligence contre eulx; et de ma part je vous y favoriseray tousjours de ce que je pourray, mesmes aux justes querelles et inimitiez que vostre cousin le conte de Montbeliart a contre le duc de Lorraine, comme aussy je feray tout ce qui despendra de mes moyens et auctorité, pour la satisfaction et accomplissement des contractz qui ont esté passez en mon nom, avec vostre dict cousin, où je suis trés marry qu'il soit empesché. Mais j'espére que Dieu me donnera la force et le moyen d'en surmonter les difficultez avec tant d'autres qui me sont injustement opposées. Au demourant, desirant entretenir dignement l'amitié que j'ay avec vous et les autres princes de qui j'en ay receu de si bonnes arrhes, j'ay advisé d'establir pour mon ambassadeur ordinaire vers vous tous le s^r de Fresnes, conseiller en mon conseil d'Estat, qui est par delà ; auquel, à ceste cause, je vous prie prester foy et creance en toutes occasions qui s'offriront, comme vous feriés à moy-mesme. Il vous fera entendre l'estat present de mes dictes affaires, suivant le discours que je luy en envoye : à quoy me remettant, je prie Dieu, mon Cousin, vous avoir en sa saincte garde. Escript à Sedan, le xx<sup>e</sup> jour d'octobre 1591.

HENRY.

REVOL.

1591. — 21 OCTOBRE. — I<sup>re</sup>.

Orig. — Arch. du canton de Zurich. Copie transmise par M. le ministre de France en Suisse.

A NOS TRES CHERS ET GRANDS AMYS, ALLIEZ ET CONFEDEREZ LES BOURGMESTRE ET CONSEIL DU CANTON DE ZURICH.

Trés chers et grands amys, alliez et confederez, Saichant la bonne volonté et promptitude que vous avés demonstrée, en toutes occasions, pour le bien de nostre service, et mesmes en ce que vous avés esté requis tant par nos trés chers et trés amez cousins, les princes electeurs du Sainct Empire, que par nostre cousin le viconte de Turenne, et nostre ambassadeur, le s<sup>r</sup> de Sillery, de joindre quelque secours de vostre part à l'armée qui nous est venue d'Allemaigne, ainsy qu'ils nous en ont advertys, nous avons bien voulu vous en remercier par la presente, comme d'un nouveau tesmoignage adjouxté à tous les precedens, dont vous avés rendu recommandable vostre affection envers ceste nostre Couronne. Et d'autant que ceste conjonction de forces et volontez portera grand avantage et reputation au bien commun de tous, nous vous prions trés affectueusement de vouloir haster vostre dict secours pour se rendre à nostre dicte armée, prés de nous, le plus tost qui sera possible, la diligence emportant partie du fruict que nous en pouvons esperer, pour le service que nous en pourrons tirer plus à propos, estant de bonne heure joinct avec nos aultres forces : et nous remectant à ce que nostre dict ambassadeur representera sur ce plus amplement, nous ne vous ferons la presente plus longue que pour prier Dieu, Trés chers et grands amys, alliez et confederez, vous avoir en sa saincte garde. Escript à Sedan, le xxj° jour d'octobre 1591 [1].

HENRY.

REVOL.

## 1591. — 21 OCTOBRE. — II<sup>me</sup>.

Orig. — Archives de la ville de Strasbourg. Envoi de M. le préfet du Bas-Rhin.

### A MONS<sup>R</sup> DE HOEFELDER,
SECRETAIRE DE LA SEIGNEURIE DE STRASBOURG.

Mons<sup>r</sup> Hoefelder, Ayant entendu par mon cousin le vicomte de Turenne l'affection que vous montrés continuellement au bien de mes affaires en toutes les occasions qui s'en presentent et le particulier tesmoignage que vous en avés rendu, en ce que vous avés peu, pour ayder à mettre sus et advancer le service qui m'est venu d'Allemaigne, je vous ay bien voulu escrire particulierement la presente, pour vous en remercier et vous prier vouloir continuer vos bons offices en tout ce qui touchera mon service, selon que le besoing et subject s'en presentera, vous asseurant que vous ne demourerés sans estre bien recongneu de ma part le merite que en ce faisant vous acquerrés en mon endroict. Ce pendant je prie Dieu, Mons<sup>r</sup> Hoefelder, vous avoir en sa saincte garde.

Escript à Sedan, le xxj° jour d'octobre 1591.

HENRY.

REVOL.

[1] Le même jour pareille lettre fut adressée au canton de Berne.

## 1591. — 26 OCTOBRE.

Orig. — Archives royales de Wurtemberg, à Stuttgard. Transcription de M. Kausler.

### A MON COUSIN LE DUC DE WIRTEMBERG,
#### PRINCE DU SAINCT-EMPIRE.

Mon Cousin, Je sçay que ce qui touche le public a tant de force et privilege en vostre endroict sur les passions particulieres, que vous n'aurés laissé de sentir regret et desplaisir de la mort de mon cousin l'electeur de Saxe, pour le lieu qu'il tenoit entre vous és affaires de nostre commune conservation et deffense; ce qui m'a meu de m'en condouloir avec vous, pour l'interest commun de nos affaires et la connexité qu'ils ont ensemble. Mais je prens ma consolation pour ce regard, en l'esperance que j'ay que vos prudences sçauront bien suppleer à ce que, par ceste perte, rien ne defaille qui puisse estre necessaire pour empescher tous mauvais desseings qui pourroient estre faicts sur cette occasion, au prejudice du repos public. En quoy je vous ay bien voulu, par mesme moyen, offrir tout le secours et assistance qui peut despendre de moy, desirant me unir de plus en plus avec vous pour la defense de la cause commune, laquelle je vous prie aussy n'abandonner en ce qui me touche particulierement, et croire le s$^r$ de Fresne, mon ambassadeur ordinaire vers vous et aultres princes du Sainct Empire, mes bons parens et amys, de ce qu'il vous dira sur le tout de ma part, comme vous feriés moy-mesmes : priant Dieu, mon Cousin, vous avoir en sa saincte garde. Escript au camp d'Origny, le xxvj$^e$ jour d'octobre 1591.

HENRY.

REVOL.

## 1591. — 4 NOVEMBRE.

Orig. autographe. — A Londres, State paper office, ancient royal letters, t. XXII, lettre 156. Copie transmise par M. l'ambassadeur de France.

[A LA ROYNE D'ANGLETERRE.]

Madame, Le s$^r$ Roger Wuyllames m'estant venu trouver de la part de mon cousin le comte d'Essex, pour me faire entendre les resolutions avec lesquelles il vous a pleu trouver bon son retour en Normandie, j'ay estimé ne vous pouvoir donner compte de l'estat de mes afferes par moyen qui vous doibve estre plus agreable que par l'un de vos propres serviteurs; entre lesquels cognoissant ledict s$^r$ Roger vous estre tres-affectionné (qui me faict l'aimer davantage), et pour ce qu'il a trés bonne cognoissance de mes dicts affaires, je l'ay prié de vous aller trouver pour vous en informer au vray, afin qu'il vous plaise d'y avoir, par vostre prudence et bonté, d'aultant meilleure consideration, comme je vous en supplie, Madame, d'avoir agreable la confiance que j'ay prinse de me servir de luy en ceste occasion, le faisant, s'il vous plaist, cognoistre par si favorable demonstration en son endroict, que vos aultres serviteurs ne craignent de s'employer pour mes dicts affaires, quand je les en requerray; ce que toutesfois je ne feray jamais que aultant que penseray n'offenser le respect que je vous doibs et le debvoir que j'ay à l'amitié que vous me faictes cest honneur de me porter : et vous baisant sur ce trés humblement les mains, je prie Dieu, Madame, qu'il vous ayt en sa trés saincte garde.

A Noyon, ce iiij$^e$ novembre 1591.

HENRY.

[1591.] — 21 NOVEMBRE.

Orig. autographe. — B. R. Fonds Béthune, Ms. 9104, fol. 13.
Cop. — B. R. Fonds Fontanieu, Ms. P73, fol. 7 verso, et Suppl. fr. Ms. 1009-3.
Imprimé. — *Mémoires de Nevers*, in-fol. t. II, p. 277.

A MON COUSIN LE DUC DE NIVERNOIS.

Mon Cousin, Il me vient d'arriver un laquais de Noyon, qui m'a apporté lettres du gouverneur, qui me mande que le duc de Mayenne est à Laon, et que son armée est encore à Montcornet en Tirache, et qu'il fait estat d'attaquer Vervins en passant. Il me mande aussy que le prince de Parme doibt sans doubte bien tost entrer en mon Royaume; mais il ne me specifie poinct le temps: c'est tout ce dont je puis pour ceste heure vous advertir. Bon soir, mon Cousin; je prie Dieu qu'il vous ayt en sa garde. Escript à Neufchatel, le xxj° novembre à dix heures du soir.

HENRY.

1591. — 26 NOVEMBRE. — I$^{re}$.

Orig. autographe. — A Londres, State paper office, ancient royal letters, t. XXII, lettre 158. Copie transmise par M. l'ambassadeur de France.

[A LA ROYNE D'ANGLETERRE.]

Madame, Le s$^r$ Grymeston ayant faict le voyage de Champagne avec moy, à ma priere et sur l'asseurance que je luy donnay que vous le trouveriés bon, comme je vous en supplie, s'est à present voulu retirer devers vous, suivant vostre commandement; où je l'ay bien voulu accompagner de ce mot, pour vous dire qu'il s'est si sagement comporté en toutes ses actions, pendant qu'il a esté par deçà pour vostre service, que j'en demeure fort satisfaict, et ay estimé raisonnable de vous en donner ce tesmoignage, affin qu'il vous plaise l'avoir plus recommandé, comme s'estant dignement acquitté de sa charge; et si ma priere luy peut apporter quelque faveur en vostre endroict, la presente en fera l'office de ma part, l'employant trés volontiers à cest effect pour l'avoir aussy trouvé plein d'integrité et affection à vostre service. Sur ce, aprés vous avoir baisé bien humblement les mains, je prie Dieu qu'il vous ayt, Madame, en sa trés saincte garde. Escript au camp devant Rouen, ce xxvj$^e$ novembre 1591.

Vostre trés humble frere<br>et serviteur.<br><br>HENRY.

1591. — 26 NOVEMBRE. — II$^{me}$.<br>Orig. — B. R. Fonds Béthune, Ms. 9109, fol. 13.<br>Cop. — Suppl. fr. Ms. 1009-3.

A MON COUSIN LE DUC DE NIVERNOIS.

Mon Cousin, Sur la plaincte qui m'a esté faicte, par les marchans adjudicataires de mes greniers, de la vente que j'avois ordonnée estre faicte du sel qu'ils ont faict mener au grenier de Grandvillier pour satisfaire à leur contract, sans avoir ordonné que le prix de marchant leur seroit conservé, j'ay pensé, pour leur donner moyen de continuer la fourniture de mes dicts greniers, estre trés necessaire de les faire joyr de leur dict prix, puis qu'ils y ont faict conduire le sel à leurs despens et qu'il leur appartient. A ceste cause, je vous prie de tenir la main à ce qu'il ne leur soit faict aucun empeschement, à la reception du dict prix de marchant, et leur faictes remplacer ce qui en a esté pris, sur les droicts de gabelle et augmentations à moy appartenans; et pour ce qui reste du dict sel au dict lieu de Grandvillier, si jugés qu'il y soit seurement, faictes qu'il y soit conservé sans estre porté ailleurs, laissant faire la recepte des deniers provenans de la vente d'icelluy par m$^e$ Jacques Lefort, grenetier du dict grenier, et par eulx commis à ce faire ; auquel je veulx qu'il soit rendu compte et payé le reliquat des deniers qui se trouveront avoir esté receus, tant du sel que j'ay ordonné estre envoyé à Gournay que des aultres deniers provenans de la vente qui s'en est faicte depuis la commission donnée de mon ordonnance à Moreau, contrerolleur du dict grenier, de laquelle, en ce faisant, il demeurera deschargé : et sur l'asseurance que j'ay, que ferés satisfaire à ceste mon intention, je ne la vous feray plus longue, et prieray Dieu vous conserver, mon Cousin, soubs sa saincte protection et digne garde. Escript au camp devant Rouen, le xxvj<sup>e</sup> jour de novembre 1591.

HENRY.

RUZÉ.

### 1591. — 30 NOVEMBRE.

Orig. — B. R. Fonds Béthune, Ms. 9109, fol. 14.
Imprimé. — *Mémoires de Nevers*, t. II, p. 318.
Cop. — Suppl. fr. Ms. 1009-3.

A MON COUSIN LE DUC DE NIVERNOYS.

Mon Cousin, Sur les nouvelles que j'ay de l'entrée du duc de Parme en mon Royaume, je vous envoye le s<sup>r</sup> Darcona[1] pour vous dire l'estat auquel il m'a laissé, la resolution que j'ay prinse et ce que je desire de vous. En quoy je vous prie de le croire et assister mes affaires de vostre prudence et secours en l'occasion qui se presente, comme vous m'en avés tousjours faict paroistre la volonté et les effects : priant, sur ce, Nostre Seigneur vous avoir, mon Cousin, en sa saincte et digne garde. Escript au camp devant Rouen, le dernier jour de novembre 1591[2].

HENRY.

Depuis ma lettre faitte, j'ay advis que le desseing de mes ennemis est sur Compienne; et de faict, par lettres interceptées, Tremblecourt en demande le gouvernement au duc de Mayne, quant elle sera prise,

---

[1] L'abbé de l'Écluse a lu *Darerna*. Les Mémoires de Nevers donnent *d'Arcon*.

[2] Les Mémoires de Nevers placent fautivement cette lettre à l'année 1592. Cette erreur en a entraîné une autre du marquis d'Aubais dans son itinéraire de Henri IV. Il y signale le séjour du Roi au camp de Rouen le 30 novembre 1592.

de façon que ce quartier-là a bon besoing de vostre presence. C'est pourquoy je vous envoye le s<sup>r</sup> de Thoys³ au lieu du s<sup>r</sup> Darcona, pour vous dire mon intention et me rapporter vostre resolution. Je fais venir à Melun mes Suisses qui sont à Sedan, affin de nous en servir selon que l'occasion s'en offrira.

HENRY.

RUZÉ⁴.

1591. — 1<sup>er</sup> DÉCEMBRE. — I<sup>re</sup>.

Imprimé. — Journal de Lestoile, au 1<sup>er</sup> décembre 1591. — *Mémoires de la Ligue*, t. V, p. 107, éd<sup>on</sup> de 1758, Amsterdam, in-4°; et *Lettres de Henri IV*, etc. publiées par L. N. P. Paris, 1814, in-12, p. 113.

A NOS AMEZ ET FEAULX LES MAIRE, ESCHEVINS ET HABITANS
DE NOSTRE VILLE DE ROUEN.

Nos amez et feaulx, Encores que vous ayés peu congnoistre par le succez de mes affaires ma bonne et saincte intention à l'endroict de mes subjects, que je desire favorablement traiter comme un bon pere fait ses enfans, ce neantmoins, persuadez par le roi d'Espagne (qui me veut priver de ma legitime succession) que je veulx abolir la religion catholique romaine, vous continués tousjours en vostre rebellion, encore que j'aye faict paroitre du contraire ez villes qui se sont soumises à mon obeissance, où la dicte religion catholique y est entretenue de point en point, et mes bons et loyaux subjects catholiques paisiblement maintenus en l'exercice d'icelle. De quoy je vous ay bien voulu advertir par ces presentes, afin que, secouant le joug des Espaignols qui vous rendront à jamais miserables, vous recognoissiés vostre Roy

---

³ Timoléon Gouffier, seigneur de Thois, de Brasseux, etc. sixième fils de François Gouffier, seigneur de Crèvecœur, et d'Anne de Carnazet, fut chevalier de l'ordre du Roi, gentilhomme de sa chambre, capitaine de cinquante hommes d'armes de ses ordonnances, mestre de camp et vice-amiral sur les côtes de Picardie. Il servit avec fidélité les rois Henri III et Henri IV dans les troubles de la Ligue, et mourut en 1614.

⁴ Cette lettre se trouve signée ainsi deux fois dans l'original : la première partie par le Roi seul, et la seconde par le Roi avec le contre-seing de Ruzé de Beaulieu.

legitime et luy rendiés l'obeissance que luy rendent les aultres villes catholiques, qui ont pour le moins autant de zele que vous à la religion catholique. Aultrement, si vous me contraignés de tenter la force, et me servir des moyens que Dieu m'a mis en main, il ne sera pas en ma puissance d'empescher que la ville ne soit pillée et saccagée. Le secours du duc de Parme, que vous attendés, ne vous servira de gueres, car il ne pourra passer jusques à vous sans une bataille, laquelle, devant que me presenter, les ligueurs se souviendront de celle d'Yvry. L'evenement vous en fera sages, et vous fera cognoistre la miserable condition de vos rebellions. Vous ferés beaucoup mieulx de me rendre ma ville, que de vous exposer aux pertes qui vous sont toutes certaines, et lesquelles vous ne pouvés eviter qu'en me rendant ce que me devés. Dieu vous y veuille bien inspirer. Au camp de Vernon, le premier jour de decembre 1591 [1].

HENRY.

FORGET.

[1591.] — 1er DÉCEMBRE. — IIme.

Orig. — Arch. de M. de la Fontenelle de Vaudoré, conseiller à la cour royale de Poitiers, correspondant de l'Institut et du ministère de l'Instruction publique.

[A MONSr DE VAUDORÉ.]

Monsr de Vaudoré [1], Il est tout certain que le duc de Parme est entré depuis peu dans mon Royaume avec une forte armée, laquelle

---

[1] Les ligueurs de Rouen, en racontant aux Parisiens, la réception de cette lettre, dont ils leur envoyèrent copie, ajoutaient : « La lecture de ceste lettre fut faicte le 2 decembre dans une assemblée de la ville, pour response de laquelle le gouverneur dit à l'heraut qui l'avoit portée, de dire à son maistre que la ville ne se soucioit pas beaucoup de ses menaces, et qu'elle estoit resoluë de plustost perir que de recognoistre pour Roy de France un heretique. » (Lestoile, lieu cité.)

---

[1] François Salomon de Bremond, seigneur de Vaudoré, était gouverneur de Parthenay et pays de Gastine. Par une suite d'alliances, la terre de Vaudoré est aujourd'hui dans la famille de la Fontenelle.

il employera, ou pour attaquer quelques unes de mes places de Picardie, ou pour s'en venir droict à moy, qui suis tout resolu, en ce cas, de faire une partie du chemin et de luy donner la bataille, à laquelle je desirerois que tous mes bons et vieux serviteurs, du nombre desquels vous estes, se puissent trouver et y avoir part avec moy. Venés-vous-en donc, je vous prie, le plus tost que vous pourrés, avec le meilleur nombre de vos amys que vous trouverés dans le pays, prenant la commodité du passage de mon cousin le s$^r$ de la Tremoille, vers lequel je depesche exprés pour le haster de venir me trouver. Je vous attendray donc en bonne devotion. Au camp devant Rouen, ce 1$^{er}$ decembre.

HENRY.

## 1591. — 3 DÉCEMBRE.

Orig. — B. R. Fonds Béthune, Ms. 9109, fol. 15.
Cop. — Suppl. fr. Ms. 1009-3.
Imprimé. — *Mémoires de Nevers*, t. II, p. 278.

### A MON COUSIN LE DUC DE NIVERNOIS,
#### PAIR DE FRANCE.

Mon Cousin, La reduction de S$^t$-Valery soubs mon obeissance me semble sy utile à mes affaires, mesmes pour la commodité et seureté de ce siege, et se pouvant en cela profiter le sejour que vous estiés contrainct faire en ce quartier-là, que j'ay esté bien ayse d'entendre, par vos lettres et par ce que le s$^r$ de Montholon[1] m'a dict de vostre part, la resolution que vous aviés faicte de l'entreprendre, suivant ce que je vous en avois escript; et pour vous donner meilleur moyen de l'executer, n'ayant point de canons françois à Dieppe, ny en aultre lieu, d'où que je vous en puisse assez tost faire fournir, nous avons

---

[1] Jérôme de Montholon, seigneur de Pérousseaux, conseiller d'état et conseiller au parlement de Paris, second fils de François de Montholon et de Marie Boudet, était le frère puîné de François II de Montholon, garde des sceaux de France, à qui est adressée la seconde lettre de ce volume. Il mourut le 27 janvier 1608, comme le constate, dans son journal, Pierre Lestoile, dont il était l'oncle.

advisé d'y faire servir quatre pieces de celles que les Estats des Pays-Bas m'ont prestées pour l'entreprinse de ceste ville, lesquelles sont encore au dict Dieppe, et ay donné l'ordre que j'ay pensé estre necessaire pour les vous faire incontinent envoyer avec des pouldres et bouletz pour trois cens coups, que j'estime suffiront, avec ce que vous avés, pour venir à bout de la dicte entreprinse; esperant que ce sera ouvrage de sy peu de durée, que je pourray avoir icy les dictes pieces assez tost pour le temps que l'occasion y sera de m'en servir. Le dit Monthelon vous pourra dire les particularitez des bonnes nouvelles qui me sont venues de Provence, de la reduction de quatre ou cinq places soubs mon obeissance, du siége levé par le duc de Savoye de devant un lieu appellé le Puech[2], proche d'Aix, après cinq assaultz soubstenus avec perte de plus de douze cens hommes des siens, mesme des chefs. A Marseille luy ont desarmé trois galaires, une sienne, deux d'Espaigne, et chassé ses partisans. La comtesse de Sault[3], qu'il avoit faict arrester à Aix et qui est echappée, estant tournée contre luy, et presque tous faisant le semblable, de sorte qu'on l'estime party du pays, et pour n'y avoir doresnavant gueres de part. Le mesme porteur des dictes nouvelles asseure que le siege que les ennemys tenoient devant la ville de Carcassonne estoit levé. Le sr du Plessis sera icy dans deux jours, mais non pas si bien garny que ne nous trouvions courts de quelque partie de la somme qui nous est necessaire, dont je ne suis en peu de peine. Mon cousin le cardinal de Bourbon et ceulx de mon conseil seront demain à Louviers ; je les pourray faire approcher pour adviser au remede. Il est sorty quelques soldats de Rouen, qui disent qu'il y a grande dissension entre les habitans et les gens de guerre, desquels plusieurs sont en volonté de l'abandonner, et y en a desjà plusieurs des plus braves de tuez et blessez. Ils disent aussy que dans la dicte ville ne pensent pas pouvoir tenir, si le fort est prins. J'espere que nous en aurons la raison dans peu de jours. Mais le Villars, pour les asseurer, leur

---

[2] *Le Puch*, suivant les Mémoires de Nevers.
[3] Sur la comtesse de Sault, voyez ci-après la lettre du 27 février 1592.

dict que le duc du Mayne est desjà à Beauvais avec cinquante mil hommes, pour me venir faire lever le siege, leur promettant que ce sera dans quatre ou cinq jours. J'estime qu'il leur en sera mauvais guarent, s'il plaist à Dieu : lequel je prie, pour fin de la presente, mon Cousin, vous avoir en sa saincte garde. Escript au camp devant Rouen, le iij<sup>e</sup> jour de decembre 1591.

HENRY.

REVOL.

Mon Cousin, j'envoye le commandeur de Chaste à Dieppe, pour d'autant plus accelerer le faict et pourveoir aux difficultez, s'il y en survient, en sorte qu'il ne s'y perde tems.

### 1591. — 6 DÉCEMBRE.

Orig. — B. R. Fonds Béthune, Ms. 9109, fol. 16.
Cop. — Suppl. fr. Ms. 1009-3.
Imprimé. — *Mémoires de Nevers*, t. II, p. 279.

#### A MON COUSIN LE DUC DE NEVERS,

PAIR DE FRANCE, GOUVERNEUR ET MON LIEUCTENANT GENERAL EN CHAMPAGNE ET BRIE.

Mon Cousin, Ce porteur, l'un de mes valetz de chambre, qui commande pour mon service dans le chasteau de Marac, appartenant au duc d'Elbœuf, vous fera entendre comme pour la conservation du dict chasteau il a entretenu ceste année vingt cuirasses et quinze harquebusiers, pour l'entretenement desquels il n'a receu que la paye d'un mois; qui me fait vous prier, selon qu'il vous requerra, de pourveoir au payement de ce qui lui reste deub pour l'entretenement de la dicte garnison, sur l'estat de l'année prochaine des garnisons de vostre gouvernement, ainsy que verrés estre requis pour le bien de mon service : priant Dieu qu'il vous ayt, mon Cousin, en sa saincte et digne garde. Du camp devant Rouen, le vj<sup>e</sup> jour de decembre 1591.

HENRY.

POTIER.

## 1591. — 8 DÉCEMBRE.

Orig. — B. R. Fonds Béthune, Ms. 9109, fol. 17.
Cop. — Suppl. fr. Ms. 1009-3.
Imprimé. — *Mémoires de Nevers*, t. II, p. 280.

### A MON COUSIN LE DUC DE NIVERNOIS,
PAIR DE FRANCE, GOUVERNEUR ET MON LIEUCTENANT GENERAL EN CHAMPAGNE ET BRIE.

Mon Cousin, J'ay eu advis du commandeur de Chate, qu'il vous a envoyé deux canons, deux couleuvrines et de quoy tirer cinq cens coups, qui seront, comme j'estime, arrivez près de vous, il y a quelques jours, et avec lesquels vous pourrés reduire St-Vallery en mon obeissance, si ce n'est que le secours qui y est entré vous en empesche. Considerant les forces qui sont entrées en la dicte ville, et celles que vous avés, vous jugerés ce que vous avés à faire pour continuer vostre desseing, lequel je desirerois pouvoir reussir, pour l'importance de la place. J'ay entendu particulierement du sr de Thois les difficultez qui se presentent pour les estrangers qui sont prés de vous; à quoy j'ay pourveu, ayant accordé avec leurs depputez pour le payement de toutes leurs trouppes, en sorte qu'ils demeureront contens, dont vous les pouvés asseurer. Je fais travailler tous les jours pour m'approcher du fort Ste-Catherine[1]; j'en suis logé fort prés, et aussy tost que les quatre cens premiers Angloys, qui sont arrivez du jour d'hier à Dieppe, seront en mon armée, j'espere advancer cest ouvrage si promptement, qu'en peu de jours je seray logé dans les fossés du dict fort. Je vous donneray advis, de jour à aultre, de ce qui s'y passera : et sur ce, je prie Dieu, mon Cousin, vous avoir en sa saincte et digne garde. Du camp devant Rouen, le viij<sup>e</sup> jour de decembre 1591.

HENRY.

POTIER.

---

[1] Position qui domine la ville de Rouen.

1591. — 9 DÉCEMBRE.
Orig. — B. R. Fonds Béthune, Ms. 9109, fol. 18.
Cop. — B. R. Suppl. fr. Mss. 1009-3.
Imprimé. — *Mémoires de Nevers*, t. II, p. 281.

A MON COUSIN LE DUC DE NIVERNOIS,

PAIR DE FRANCE, GOUVERNEUR ET MON LIEUCTENANT GENERAL EN CHAMPAGNE ET BRIE.

Mon Cousin, J'ay entendu particulierement par vostre lettre du vi$^e$ de ce mois les difficultez qui se presentent et qui vous traversent en l'execution de l'entreprinse de St-Vallery; auxquelles neantmoins je me promets que vous remedierés par vostre prudence et diligence; et, de ma part, je feray ce qui despend de moy pour faciliter la dicte entreprise, laquelle je sçay estre trés utile pour le bien de mon service. Je trouve trés bon que vous preniés sur les villaiges les plus proches du dict St-Vallery la somme de cinq cens escuz pour employer aux frais et despenses les plus pressez et necessaires. J'en ay faict despescher l'ordonnance, que je vous envoye, et escris aux tresoriers qui sont à Dieppe, que par le receveur des tailles ils facent fournir à ceulx qui auront baillé les dictes sommes les quictances et descharges qui leur sont necessaires. Les commissaires des vivres de mon armée mandent à ceulx qui sont prés de vous de prendre les munitions qui vous seront necessaires, à rabattre sur la quantité qu'ils doibvent fournir durant ce siege. J'ay aussy commandé au s$^r$ de Chates d'envoyer quelques vaisseaulx pour empescher les secours qui pourront venir à ceulx du dict S$^t$-Vallery. J'ay accordé avec mon cousin le prince d'Enhalt et les depputez, de leur payement, et les ay contentez non seulement pour ce mois, mais je leur ay donné asseurance, dans certain temps, d'un aultre mois : en sorte qu'ils sont contens; vous en pouvés asseurer ceulx qui sont prés de vous. Ceste nouvelle leur fera accroistre le couraige pour me bien servir en l'occasion qui se presente, où je vous prie, mon Cousin, voulloir travailler en sorte que la dicte ville puisse estre reduicte en mon obeissance. Je ne doubte point qu'il ne se presente beaucoup de difficultez; mais je m'asseure que par vostre soing et prudence vous les surmonterés. Je ne trouverois aucunement bon de traiter avec ceulx qui sont dans S^t-Vallery pour les laisser en neutralité. La dicte ville est d'aultre consequence que celle d'Eu, à cause de l'embouchure de la riviere; et en la fortiffiant je puis entierement incommoder les villes qui sont sur la dicte riviere, ou permettant le passage des marchandises, en tirer tel impost, que j'en recepvray beaucoup de commodité en mes affaires. Demeurant neutre me seroit inutile et serviroit davantaige à mes ennemys qu'à moy. Mon Cousin, la dicte ville m'est de telle importance, que, si faillés votre entreprinse, ce seroit la premiere que je vouldrois executer au partir de ce siege. Je vous prie donc ne traicter aucunement avec eulx pour la neutralité : et m'asseurant que suivrés en cela mon intention, je finiray la presente, priant Dieu, mon Cousin, qu'il vous ayt en sa saincte et digne garde.

Du camp devant Rouen, le ix^e jour de decembre 1591.

HENRY.

POTIER.

Mon Cousin, j'ay commandé au s^r de Chates de vous envoyer promptement secours de canon et quelques petits vaisseaulx. Je desire infiniment la reduction de S^t-Vallery, pour l'importance de la place.

### 1591. — 12 DÉCEMBRE. — I^re.

Orig. — B. R. Fonds Béthune, Ms. 9109, fol. 19.

Cop. — Suppl fr. Ms. 1009-3.

Imprimé. — *Mémoires de Nevers*, t. II, p. 281.

### A MON COUSIN LE DUC DE NIVERNOIS,

PAIR DE FRANCE, GOUVERNEUR ET MON LIEUCTENANT GENERAL EN CHAMPAGNE ET BRIE.

Mon Cousin, Ayant deliberé de mettre une bonne garnison dans S^t-Valery, si vous le remettés soubs mon obeissance, comme je l'espere, j'ay advisé d'y faire entrer le s$^r$ de Vuysmes[1] avec sa compaignée, pour l'affection qu'il a à mon service et pour l'asseurance que j'ay qu'il fera à bon escient la guerre à mes ennemys, joinct qu'estant prés d'Escosse il aura tant plus de moyen de tenir sa compaignée forte et bien complette. C'est pourquoy je vous prie aussy tost que vous aurés pris la dicte ville, d'y faire entrer le dict s$^r$ de Vuysmes avec sa dicte compaignée, à l'entretenement de laquelle je pourvoieray: et n'estant ceste-cy pour autre subject, je prie Dieu, mon Cousin, qu'il vous ayt en sa saincte et digne garde. Du camp devant Rouen, le xij$^e$ jour de decembre 1591.

HENRY.

POTIER.

1591. — 12 DÉCEMBRE. — II$^{me}$.

Orig. — B. R. Fonds Béthune, Ms. 9109, fol. 20.
Cop. — Suppl. fr. Ms. 1009-3.

A MON COUSIN LE DUC DE NIVERNOIS,

PAIR DE FRANCE, GOUVERNEUR ET MON LIEUCTENANT GENERAL EN CHAMPAGNE ET BRIE.

Mon Cousin, Suivant ce que je vous ay dernierement escript, j'ay rendu content mon cousin le prince d'Anhalt, pour le paiement de ce qui est de sa levée, et espere que dans dix jours je pourvoieray à ce qui est de besoing pour le payement des collonelz Frentz, Rebours et Tempel, de quoy vous les pourrés asseurer. Cependant, affin que par faulte d'argent vous ne soyés mal assisté d'eulx, je vous envoye deux rescriptions, pour faire recepvoir deux mil escuz, que vous leur ferés delivrer sur et tant moins de ce qui leur est deub, attendant le surplus, qu'ils toucheront dans peu de jours, comme vous pourrés

---

[1] C'est le même qui est appelé ci-après, dans la lettre du 17 décembre, le s$^r$ *Douymes*, manière d'écrire qui semble répondre à la prononciation du *w* anglais; et on lit, en effet, *Dwuysmes* dans la lettre du 18. Ce qui est dit, à la fin de cette phrase, des avantages que ce commandant tirerait du voisinage de l'Écosse, s'accorde avec ces indices pour faire regarder ce nom comme celui d'un personnage anglais.

entendre plus particulierement par les s$^{rs}$ de Sancy, baron de Salignac et de Rozieres, que j'envoye par dellà pour traicter avec mes dicts reystres : et, sur cette asseurance, je prie Dieu vous avoir, mon Cousin, en sa saincte et digne garde. Du camp devant Rouen, le xij$^e$ jour de decembre 1591.

HENRY.

POTIER.

1591. — 12 DÉCEMBRE. — III$^{me}$.

Orig. — Archives de l'hôtel de ville de Caen. Copie transmise par M. de Formeville, correspondant du ministère de l'Instruction publique.

A NOS CHERS ET BIEN AMEZ LES MAIRE, ESCHEVINS, MANANS ET HABITANS DE NOSTRE VILLE DE CAEN.

Chers et bien amez, Nous vous avons cy-devant faict entendre l'ordre qu'il est necessaire de tenir pour nourrir et medicamenter les soldats qui seront blessez durant ce siege, et mandé que vous eussiés à envoyer la quantité de cent paires linceulx[1], cent couvertures et trente paillasses, à quoi vous avés esté taxez pour vostre part des meubles et ustenciles qui seront besoing pour la commodité des dicts blessez. Dont nous sommes grandement estonnez que vous n'ayés tenu aucun compte d'y satisfaire, estant ceste œuvre sy charitable qu'il n'est pas honneste à vous de vous en faire solliciter davantage. A ceste cause, nous vous mandons que, incontinent la presente receue, vous ayés à envoyer vostre dicte taxe, afin de commencer à recevoir et accomoder les soldats blessez, dont le nombre augmente de jour à aultre : et partant, n'y faictes faulte. Donné au camp devant Rouen, le xij$^e$ jour de decembre 1591.

HENRY.

POTIER.

[1] Ce mot signifiait alors draps de lit.

1591. — 13 DÉCEMBRE. — Ire.

Imprimé. — *Mémoires de Nevers*, t. II, p. 282.

[A MON COUSIN LE DUC DE NIVERNOIS.]

Mon Cousin, Je vous envoye le sr de Reaux bien instruict de ce que je luy ay commandé. Je vous prie de vous resouldre à ce qu'il vous dira, d'autant que cela importe infiniment au bien de mon service. Il vous apprendra de mes nouvelles et ce que je luy ay commandé. Ce mot n'estant à aultre fin, je prieray Dieu qu'il vous ayt, mon Cousin, en sa garde. Devant Rouen, ce xiije jour de decembre 1591.

HENRY.

1591. — 13 DÉCEMBRE. — IIme.

Orig. — Arch. de la ville de Metz. Copie transmise par M. Clercx, archiviste.

[A NOS TREZ-CHERS ET BIEN AMEZ LES MAISTRE ESCHEVIN ET TREIZE DE LA CITÉ DE METZ.]

Trez-chers et bien amez, Les bons services que le baron de Creange, colonel d'un regiment de reistres, nous faict icy en nostre armée, et l'affection que ceulx de sa maison ont tousjours portée au service de ceste Couronne, nous faict desirer de la voir favorablement traicter. Et pour ce vous nous ferés chose tres agreable de maintenir les barons de Creange en leurs biens, terres et seigneuries, et les faire jouir de leurs droicts, pour ce qui est de la justice, selon la coustume du pays où leurs terres sont assises, ne permettant qu'il soit faict desplaisir ez personnes et biens de leurs subjects, ains tenir la main à leur conservation et soulagement, comme estans du nombre de nos serviteurs. Donné au camp devant Rouen, le xiije jour de decembre 1591.

HENRY.

POTIER.

1591. — 14 DÉCEMBRE.

Cop. — B. R. Suppl. fr. Ms. 1009-2. (D'après l'ancien cabinet de M. de Mendajors.)

[A MON COUSIN LE DUC DE MONTMORENCY.]

Mon Cousin, Je vous ay escript depuis sept ou huict jours par un porteur, nommé Jacques Lavanssac, qui est de Castres. Depuis, le secretaire Vizouze est arrivé, mais ce n'est que depuis deux jours, et je n'ay peu encore prendre le loisir de l'entretenir ; ce sera pour le premier loisir que j'auray. Cependant je n'ay voulu perdre la commodité de ce porteur, sans vous faire ceste-cy, pour vous dire de mes nouvelles, qui sont, Dieu mercy, assez bonnes, ce siege s'allant tousjours acheminant, non pas du tout jusques icy si diligemment que j'espere qu'il fera doresnavant, attendant icy dans deux ou trois jours dix-huict ou vingt pieces d'artillerie qui sont à Dieppe, avec les pouldres et balles pour tirer plus de douze cens coups de canon ; que j'ay esté contrainct me resouldre de faire apporter par mer, parce que je n'avois pas assez de chevaulx d'artillerie ; et pour les faire venir par mer, afin que ce fust sans danger de mauvaise rencontre, il a fallu attendre quelques vaisseaux armez, que ceulx des Estats des Pays-Bas me prestent, lesquels ne serviront pas seulement à ceste voiture, mais aussy à me rendre maistre de la riviere, de sorte que la ville demeurera tres-bien assiegée, et sera bien mal aysé qu'il entre du secours ; et puis, je viens d'avoir nouvelles comme mon cousin le duc de Nevers, que je faisois tenir avec quelques forces du costé de la Picardie, a prins Sainct-Valery, qui est l'embouchure de la riviere de Somme, par où les ennemys avoient leur principal desseing de mettre du secours en ceste ville, laquelle je suis bien resolu de presser doresnavant le plus que je pourray, car j'ay advis certain que le duc de Parme est enfin resolu de venir, et y a desjà de ses troupes entrées dans le Royaume ; mais je veux, s'il est possible, avoir achevé ce siege avant qu'il puisse estre icy, et ay voulu commencer par le fort Saincte-Catherine ; car, l'ayant emporté, j'espere avoir beaucoup meilleur marché de la ville. Je n'ay que depuis quatre ou cinq jours mes lansquenetz en ceste armée, car ils n'ont jamais voulu venir qu'ils n'ayent esté payez : qui est ce qui m'a autant empesché que le siege. Le dict duc de Parme publie partout qu'il vient pour me donner la bataille, à laquelle je me prepare aussy le mieux que je puis, et espere que je n'y seray pas moins bien assisté que je l'ay esté aux aultres. Vous aurés entendu comme à Paris ces mutins, qui se faisoient appeler le conseil des seize, avoient de leur authorité privée pendu le president Brisson et deux aultres conseillers[1]. Depuis, le duc du Maine y est arrivé, qui a faict pendre à son tour tous les dicts mutins[2], a osté celuy qui estoit dans la Bastille[3], et a faict sortir les Espagnols qui estoient au dict Paris. Il y a apparence que cela ne sera pas bien receu du roy d'Espagne, et crois qu'ils commenceront bien tost à faire separation dans les affaires[4]. Il me tarde que je ne les voye desjà en ces termes. Toutesfois, le dict duc du Maine est party du dict Paris pour aller au devant du dict duc de Parme. S'ils viennent droict à moy, comme ils le publient, ceste rencontre fera un grand effect; Dieu par sa grace en ordonnera, s'il luy plaist, au bien et repos de ce Royaume.

C'est l'estat où nous nous retrouvons icy. Du vostre je n'en ay poinct de nouvelles qui ne soient vieilles, sinon qu'il s'est dict icy qu'il s'estoit faict une trefve par-delà, ce que je ne puis croire, n'y ayant veu aulcune disposition par vos dernieres; aussy n'en faut-il venir à aller avec eulx que le plus tard que l'on peut, parce que les

---

[1] C'était le 16 novembre que cet attentat avait été commis sur le président Brisson, les conseillers Larcher et Tardif. Le fait est trop connu pour entrer à ce sujet dans aucun détail.

[2] Il en fit pendre quatre : Ameline, Louchard, Aimonnot et Auroux. Leur exécution est du 4 décembre, dix jours avant la date de cette lettre. Le parlement délivré fit pendre le bourreau qui avait porté la main sur les trois magistrats.

[3] Bussy-le-Clerc.

[4] L'attitude prise par le duc de Mayenne avec une vigueur et une décision qui étaient rarement dans son caractère est attribuée, par les historiens, à la découverte d'une lettre des Seize au roi d'Espagne, que Henri IV avait interceptée et fait passer au duc de Mayenne. Les Seize y proposaient au roi d'Espagne de placer l'infante, sa fille, sur le trône de France en la mariant au duc de Guise.

trefves leur sont tousjours plus avantageuses qu'à nous. Elles le seroient bien maintenant au roy d'Espagne, si la nouvelle que j'ay du costé de Bayonne est veritable, que la revolte d'Arragon soit plus forte que jamais[5], et qu'il a esté contrainct d'y tourner toutes ses forces. S'il y avoit moyen d'ayder à luy entretenir ceste occupation, ce seroit pour commencer la revanche de la peine qu'il prend de se mesler de nos affaires. Je crois du reste que le s$^r$ de Hallot, vostre cousin, vous escript comme sa blessure ne sera pas si perilleuse que nous avions pensé, et qu'il y a bonne esperance qu'il en guerira et sans estre estropié[6]. C'est ce que je vous diray pour ceste fois. Sur ce, je prie Dieu, mon Cousin, vous avoir en sa saincte garde. Escript au camp devant Rouen, ce xiiij$^e$ jour de decembre 1591.

HENRY.
FORGET.

1591. — 17 DÉCEMBRE.

Orig. — B. R. Fonds Béthune, Ms. 9109, fol. 21.
Cop. — Suppl. fr. Ms. 1009-3.
Imprimé. — *Mémoires de Nevers*, t. II, p. 283.

A MON COUSIN LE DUC DE NIVERNOIS,
PAIR DE FRANCE, GOUVERNEUR ET MON LIEUCTENANT GENERAL EN CHAMPAGNE ET BRIE.

Mon Cousin, J'ay entendu par le s$^r$ d'Eclebec[1] la reduction de S$^t$-Valery et les particularitez de la cappitulation qu'avés accordée

---

[5] L'insurrection de cette partie de l'Espagne avait été suscitée quelques mois auparavant par l'arrivée du ministre disgracié, Antonio Pérez, qui pour échapper au supplice s'était réfugié en Aragon, et avait fait appel aux *fueros* ou anciens priviléges nationaux de cet état. Les conséquences de la révolte furent terribles pour l'Aragon. C'est un des épisodes les plus animés des annales espagnoles. M. Mignet vient d'en enrichir l'histoire par une suite de savants articles insérés dans le Journal des Savants, n$^{os}$ de février, mars et avril 1845.

[6] Il avait été gravement blessé au siége de Rouen et s'était vu forcé de se retirer dans sa maison, où il ne pouvait encore marcher qu'avec des béquilles, lorsqu'il fut assassiné par d'Alègre. (Voyez ci-dessus la note 2 de la lettre du 19 octobre 1589.)

---

[1] Ou *de Clebecq*, suivant les Mémoires de Nevers.

aux gens de guerre estans en ycelle; ce qui m'a esté fort agreable pour la consequence de la place, les munitions espargnées et le temps qu'avés gaigné. J'ay veu par vostre lettre que les s$^{rs}$ d'Eclebec et de Fleury desiroient commander en la dicte place, et d'ailleurs vous me proposés les necessitez qui se trouvent en icelle; à quoy il seroit besoing de pourveoir, avant qu'ils voulussent accepter ceste charge, de laquelle l'un et l'aultre s'acquitteroient beaucoup mieulx qu'il ne se pourroit [sans] pourveoir aux dictes necessitez et munir la dicte place comme ils la demandent. C'est pourquoy j'estime, mon Cousin, qu'il sera à propos, si vous le trouvés bon, d'en donner la charge au s$^r$ Douymes, comme je vous en ay cy-devant escript. Il peut faire une bonne compaignée de gens de pied des harquebusiers qu'il a à present dans sa compaignée. Vous pourrés laisser une aultre compaignée telle qu'adviserés, oultre celle du s$^r$ de Chantrene auquel j'ay accordé commission pour cest effect, suivant ce que m'avés escript. Le dict s$^r$ Douymes pourra garder la dicte place avec les dictes trois compaignées de gens de pied et la sienne de chevaulx legers, en laquelle il y a plus de quarante maistres; et m'asseure qu'il rendra aussy bon compte qu'aultre qui en puisse avoir la charge. Davantage il vous servira avec toute affection et fidelité en ce que vous luy commanderés pour vostre particulier, et suivra l'ordre et establissement que luy donnerés. Vous jugerés, mon Cousin, ce qui sera le plus à propos, et l'ordre qui doibt estre establý en la dicte place pour la conservation d'icelle; à quoy je vous prie de pourveoir promptement, afin que vous rebroussiés chemin, suivant ce que je vous en escris par le s$^r$ de Reau, duquel j'attends le retour, et par luy vostre advis sur ce qu'il vous a proposé de ma part, n'ayant rien apprins, du depuys, de la frontiere de Picardie dont je vous puisse donner advis. Au reste, mon Cousin, faisant le payement de mes estrangers, je me suis trouvé court de l'argent que je pensois avoir comptant, pour leur payement, des regimens qui sont prés de vous, aussy bien que des aultres. Les deniers qui y sont destinez n'ont peu estre prests sy tost que je desirois. Ceulx de mon conseil travaillent fort pour les assembler, comme j'espere qu'ils feront bien tost, mesmes une partie de six mil escuz, provenant de l'office de premier president des aydes, lequel j'ay accordé au s$^r$ Chandon. Les colonnelz des dicts regimens envoyans leurs depputez vers moy, ceux de mon dict conseil mettront peine de les contenter; vous priant, mon Cousin, les y disposer autant que vous pourrés et me renvoyer promptement le s$^r$ de Reau avec vostre advis et resolution sur ce que je vous ay mandé. Le siege s'advance fort; nous serons demain logez sur la contrescarpe du fossé du fort S$^{te}$-Catherine, et, quasy au mesme temps, aux mains avec les ennemys. Il m'est arrivé quantité de pionniers d'Angleterre, lesquels me servent bien en ceste occasion. Le duc de Mayenne est retourné vers Laon. Je seray incontinent adverty de ce qu'il fera, dont je vous feray part. Ce pendant je prie Dieu, mon Cousin, qu'il vous ayt en sa saincte et digne garde. Du camp devant Rouen, le xvij$^e$ jour de decembre 1591.

HENRY.

POTIER.

[2] Mon Cousin, despuys ma lettre escripte, j'ay receu lettres de Malicy, du viii$^e$ de ce mois, par lesquelles il me mande que le duc de Parme doibt entrer le x$^{me}$, en intention de me venir combattre; qui me fait vous prier de me renvoyer incontinent des Reaux avec vostre resolution.

## 1591. — 18 DÉCEMBRE. — I$^{re}$.

Orig. — B. R. Fonds Béthune, Ms. 9109, fol. 23.
Cop. — Suppl. fr. Ms. 1009-3.
Imprimé. — *Mémoires de Nevers*, t. II, p. 285.

### A MON COUSIN LE DUC DE NIVERNOIS,
PAIR DE FRANCE, GOUVERNEUR ET MON LIEUCTENANT GENERAL EN MES PAYS DE CHAMPAGNE ET BRIE.

Mon Cousin, J'ay receu vostre lettre du xiii$^e$ de ce mois, par laquelle j'ay esté bien ayse d'entendre particulierement l'estat de la

[2] Post-scriptum de la main du Roi.

place de St-Vallery et vostre advis sur ce qui se doibt faire pour la rendre en estat de la pouvoir deffendre, ensemble le nombre de gens de guerre que vous jugés debvoir estre estably en ycelle pour la conserver, comme aussy le profit et la commodité qui reviendra à mes affaires en la conservant. Je loue et ay fort agreable le jugement qu'en avés faict et l'advis que m'en avés donné. Vous avés veu par la derniere que je vous ay escripte que, pour le nombre de gens de guerre, nos advis sont conformes; et parce qu'il est besoin d'establir promptement l'ordre que jugés estre necessaire pour la fortiffication et conservation de la dicte ville, je vous prie, incontinent que vous aurés receu la presente, d'y travailler et ordonner tout ce qui est à faire, tant pour l'establissement du gouverneur et des forces qui doibvent tenir garnison en icelle, que pour faire promptement les dictes fortiffications et reparations les plus necessaires, prescrivant particulierement aux s$^{rs}$ Dwuysmes et aultres, que vous y laisserés pour y commander, ce qu'ils auront à faire, tant pour la dicte fortiffication, par les moyens que m'avés proposé par vostre dicte lettre, que pour la garde de la dicte ville. Ce qui me faict vous en presser, mon Cousin, c'est pour le subject du voyage du s$^r$ de Reau et pour le nouveau advis que j'ay eu de l'entrée du duc de Parme en mon Royaume; qui me faict continuer la priere que je vous ay faicte par le dict s$^r$ de Reau, duquel j'attends le retour, et vous prie ne perdre temps en ceste occasion, comme je m'asseure que vous ne ferés, considerant l'importance de ce que je vous ay faict representer par le s$^r$ de Reau.

J'ay veu par vostre dicte lettre comme vous ne me donnés seulement advis de ce qui est necessaire pour la dicte garnison, mais de ce qui peut servir pour l'entretenement d'icelle, m'ayant representé le grenier à sel qui y est, et proposé d'y establir la recepte des tailles et de lever un impost sur les vins et aultres marchandises qui entrent par la riviere; sur quoy j'ay commandé à Parant d'y envoyer un commis, pour le faict du sel et pour le regard de la recepte. Je vous prie, mon Cousin, d'y commettre tel homme que jugerés capable pour faire la dicte charge, attendu que les tresoriers de France de la generalité de

Picardie sont trop esloignez pour y pourveoir. Quand à l'impost, je treuve bon qu'il soit levé sur le vin, à raison de trois escuz pour tonneau, et plus, s'il se peut. Vous adviserés aussy à ce qui se peut lever sur les aultres marchandises qui entreront par la dicte riviere; et m'advertissant de l'ordre que y aurés estably je feray expedier toutes les despesches necessaires, touchant les arreraiges qui vous sont deubz de la rente que vous avés sur ma recepte generalle de Normandie. Je trouve bon que vous preniés moitié des deniers qui proviendront du dict impost, jusques à ce que vous soyés entierement payé d'iceulx. Le reste des deniers du dict impost servira pour entretenir la garnison, qui sera le moyen de continuer la levée d'iceluy et de conserver la dicte place. Pour le regard des munitions et aultres choses qui sont necessaires pour la dicte ville, je vous prie y pourveoir du mieulx que vous pourrés, soit des premiers deniers qui proviendront du passeport que je vous envoye, ou par le moyen du commandeur de Chaste, qui a interest à la conservation de la dicte place, auquel j'en escris : et sur ce, je prie Dieu qu'il vous ayt, mon Cousin, en sa saincte et digne garde. Du camp devant Rouen, le xviij<sup>e</sup> jour de decembre 1591.

HENRY.

POTIER.

## 1591. — 18 DÉCEMBRE. — II<sup>me</sup>.

Imprimé. — *Mémoires de Nevers*, t. II, p. 286.

[A MON COUSIN LE DUC DE NEVERS.]

Mon Cousin, Un de mes serviteurs, qui est dans Rouen, et qui est dans la confidence du gouverneur, m'a faict savoir que ce bon garçon-là n'est pas sy fort mon ennemy qu'il paroit, et que l'asseurance que le duc de Parme luy a donné d'estre bien tost à luy, n'est pas la plus grande joie qu'il ayt jamais receue. Les damoiselles qui font une partie de son conseil ont les mesmes sentimens, et aimeroient bien autant avoir à traicter avec moy qu'avec les Espaignols. Si le duc de Parme eust tardé encore quelque temps à entrer dans mon Royaume, je ne doubte point qu'il ne se fust faict un grand changement dans ceste province-cy. Mais si je bats mes ennemys, tout est à tout, et Villars deschirera de bon cœur l'escharpe de la Ligue[1]. Bon soir, mon Cousin. A onze heures du soir, à Dernetal, ce xviij<sup>e</sup> décembre 1591.

HENRY.

### 1591. — 19 DÉCEMBRE. — I<sup>re</sup>.

Orig. — B. R. Fonds Béthune, Ms. 9109, fol. 26.
Cop. — Suppl. fr. Ms. 1009-3.
Imprimé. — *Mémoires de Nevers*, t. II, p. 287.

A MON COUSIN LE DUC DE NIVERNOIS.

Mon Cousin, Depuis le partement du s<sup>r</sup> de Reaulx, les nouvelles de l'entrée du duc de Parme en mon Royaume me sont tellement confirmées que je n'en doubte plus; et pour ceste occasion je vous prie de prendre le chemin de Gisors et vous y haster le plus que vous pourrés, car le plus tost sera desormais le meilleur pour mon service, ayant donné ordre pour le payement des colonnels Frentz, Testin, Rebours, et Tempel, comme je l'escris aux s<sup>rs</sup> de Sancy et de Rozieres, assez marry que je ne puis faire davantaige. Mais j'espere que mon entreprinse, de laquelle j'attends de la main de Dieu une heureuse yssue, apportera quelques remèdes pour sortir et ne tumber plus aux necessitez qui ont traversé mes affaires jusques à ceste heure. En ceste confiance, je prie Dieu qu'il vous ayt, mon Cousin, en sa saincte et digne garde. Escript au camp de Darnetal devant Rouen, le xix<sup>e</sup> jour de decembre 1591.

HENRY.
RUZÉ.

---

[1] L'événement ne justifia cette prédiction que trois ans plus tard.

1591. — 19 DÉCEMBRE. — II^me.

Orig. — B. R. Fonds Béthune, Ms. 9109, fol. 25.
Cop. — Suppl. fr. Ms. 1009-3.
Imprimé. — *Mémoires de Nevers*, t. II, p. 287.

A MON COUSIN LE DUC DE NIVERNOIS,

PAIR DE FRANCE, GOUVERNEUR ET MON LIEUCTENANT GENERAL EN CHAMPAGNE ET BRIE.

Mon Cousin, J'ay presentement receu lettres du s^r de Manican[1], lequel commande en ma ville de Noyon, par lesquelles il me donne advis que l'armée du prince de Parme est logée ez environs de Ham et s'advance en çà. Le dict s^r de Manican m'a envoyé par mesme voye plusieurs lettres interceptées, oultre celles du duc de Mayenne adressantes au prince de Parme, par lesquelles il le prie de faire advancer ses forces le plus qu'il pourra devers Rouen, pour secourir les assiegez. Cela faict congnoistre que leur intention n'est de s'arrester à un siege, mais de degaiger ceux qui sont dedans Rouen, s'il leur est possible. C'est pourquoy, mon Cousin, j'ay mandé tous mes serviteurs pour se rendre incontinent en mon armée (laquelle sera tres belle avec l'ayde de Dieu), avant que l'armée de mes ennemys soit prés de moy. Il me semble que de vostre part vous devés venir incontinent vous loger entre Neufchastel et Gournay, tirant vers Granvillier et Formery, pour manger le pays de mes ennemys, lesquels s'approchans, vous pourrés vous retirer à la faveur de l'une des dictes villes; et j'iray à vous avec toute ma cavallerie françoise. Si mes ennemys ne s'advancent, vous pourrés venir devers Gisors, suivant ce que je vous ay escript cy-devant. Je vous prie, mon Cousin, de suivre ce desseing sans perdre une seule journée. Je vous feray part, de jour à aultre, de mes nouvelles et de ce que j'apprendray de mes ennemys. Ce pen-

---

[1] Philippe de Longueval, seigneur de Manicamp.

dant je prie Dieu qu'il vous ayt, mon Cousin, en sa saincte et digne garde.

De Trepaigny[2], ce xixe jour de decembre 1591[3].

HENRY.

POTIER.

1591.

Cop. — Arch. de la Couronne, salle 5, anciennes archives, Ms. 30, fol. 153 recto.

A MONS[R] SCALIGER[1].

Mons[r] Scaliger, Les sieurs des Estats de Hollande, soigneux de ne laisser esteindre les belles lumieres de doctrine et vertu que leur université de Leyden a produit jusques icy au profficț du publicq, et de rechercher les moyens plus propres là où ils se peuvent trouver, pour la maintenir en sa splendeur, ont particulierement jecté les yeux sur vostre personne, pour vous y donner lieu et entretenement honorable, si vous le voulés accepter; et oultre qu'ils envoyent exprés vers vous le s[r] Gherard Tunig, docteur et professeur ez loix civiles, pour vous en faire offre de leur part, et vous convier par

---

[2] Estrepagny était un bourg de la Normandie, qui est devenu chef-lieu de canton du département de l'Eure.

[3] Une lettre, à la même date, écrite de la main du Roi, mais dont la suscription manque, est conservée à Londres, au *State paper office*. Le Roi fait part de toutes les instructions qu'il donne ici au duc de Nevers et dans les mêmes termes.

---

[1] Joseph-Juste Scaliger, fils de Jules-César Scaliger, né à Agen le 4 août 1540, mort à Leyde le 21 janvier 1609, célèbre dans toute l'Europe par son érudition, dut à sa réputation le choix que firent de lui, cette année, les États de Hollande pour remplacer Juste Lipse à l'université de Leyde. Il voulut d'abord s'en excuser, mais cette lettre du Roi leva les obstacles sur lesquels il avait compté pour rester en France, libre de toutes fonctions publiques. Toutefois il ne partit pour Leyde qu'en 1593; et il ne paraît pas qu'il ait été fort reconnaissant de cette intervention du Roi, quelque honorables qu'en soient les termes, si l'on en juge par le *Scaligeriana*, où Henri IV est fort maltraité.

toutes honnestes conditions, ils m'ont escript, comme aussy a faict mon cousin le comte de Nassau, affin de favoriser en cela leur juste desir de ce qui peut deppendre de moy. Et encores que la bonne volonté et opinion qu'ils tesmoignent par là en vostre endroict, et le debvoir que chacun a de communiquer au publicq les graces que Dieu lui a desparties, vous doibvent assez inciter d'embrasser ceste occasion, joinct le merite et honneur que vous y pourrés acquerir, sy est-ce qu'ils me sont sy conjoincts d'amitié, et ay tant d'occasion de desirer leur contentement en toutes choses, mais d'autant plus en celle-cy (que toute la chrestienté a interest de pourveoir et advancer comme un bien commun qui, derivant de ceste source, se peut respandre partout), que pour vous faire congnoistre combien j'auray agreable que veuillés vous y disposer, j'ay bien voulu accompagner de la presente leur dellegué, pour vous en prier, et vous asseurer que le service que vous ferés là ne vous acquerra moins de recommandation envers moy, pour en esperer quelque bonne gratification et recongnoissance de ma part, que si l'avois receu particulierement en mes plus importans affaires; et n'y sçaurois desirer plus favorable intercession que le tesmoignage que j'auray du contentement que vous leur aurés donné en cest endroict : priant Dieu vous avoir, Mons$^r$ Scaliger, en sa tres saincte garde.

HENRY.

## VERS L'ANNÉE 1591. — I$^{re}$.

Cop. — Arch. de la Couronne, salle 5, anciennes archives, Ms. 30, fol. 120.

### A NOS TRÉS CHERS ET BONS AMYS LES MAIRE ET ESCHEVINS DE LA CITÉ DE LONDRES.

Tres chers et bons amys, Les grandes demonstrations que nostre tres chere et tres amée bonne sœur et cousine la Royne, vostre princesse, faict de sa bien-veuillance envers nous, et les faveurs qu'il luy plait continuellement despartir à l'advancement de nos affaires, nous sont argumens sy indubitables de semblable affection de ses bons subjects en nostre endroict, que, pour le lieu que vous tenés entre iceux, et pour la reverence que vous luy portés, nous ne pouvons doubter que vous ne secondiés volontiers ses bons offices de quelque secours de vos moyens, pour le bien de nos dicts affaires, mesme en l'occasion qui vous sera representée, le bon succez de laquelle, que nous esperons de la bonté de Dieu, asseurera la liberté du commerce, à present interrompue entre nos deux royaumes, et produira à nostre proffict particulier de quoy vous rendre ce que vous y aurés voulu advancer, dont toutesfois l'obligation du plaisir que vous nous aurés faict demeurera à jamais gravée en nostre memoire, pour en recongnoistre le merite en tous les endroicts que nous pourrons. A ceste cause, sur ceste confiance de vos bonnes volontez, nous avons voulu vous escrire la presente, avecq la despesche que nous faisons à la Royne sur le mesme subject, pour vous prier, comme nous faisons bien affectueusement, de nous y vouloir ayder, selon que vous en serés particulierement requis en nostre nom, avecq la permission de la dicte dame, de laquelle nous esperons, avecq ses aultres bienfaicts, ceste grace particuliere, que non seulement elle trouvera bon, mais vous sçaura gré, que vous vous rendiés faciles à nostre requeste; et acquerrés aussy, ce faisant, envers nous tant de recommandation et d'avantages, que vous en recevrés, aux occasions qui pourront s'offrir, tous les bons effects que vous pourrés desirer de nostre part. Ce pendant nous prions Dieu vous avoir, Tres chers et bons amys, en sa trés saincte et digne garde.

HENRY.

## VERS L'ANNÉE 1591. — II$^{me}$.

Orig. — Arch. de M. le comte Charles de Montalembert, pair de France.

### A MONS$^R$ DE ROGYER[1].

Mons$^r$ de Rogyer, Je depesche ce present porteur vers vous, pour vous remonstrer la belle occasion qui s'offre de me venir joindre

---

[1] Christophe de Montalembert, seigneur de Roger, de Montgaillard, des Rouets, conseiller d'état, chevalier de l'ordre du Roi, capitaine de cinquante hommes d'ar-

avec les parties d'argent dont j'ay bien grand besoin à ceste heure. Ne manqués donc d'en profiter, et me l'amener avec toute securité : sur quoy je vous attens en grand desir. [ et serés ] le bien venu et receu de

Vostre plus affectionné maistre et amy [2].

HENRY.

mes de ses ordonnances, colonel de quatre compagnies de pistoliers, gouverneur de Penne en Agenois, était le fils aîné de Sylvestre de Montalembert, seigneur de Roger, et de Jeanne de Morlhon. Il avait été maître d'hôtel de Jeanne d'Albret et était déjà vieux sous le règne de Henri III, qui lui écrivait : « Je sçais que bien que, vous ayés la teste blanche, vous avés le cœur vert pour mon service. » C'est de ce prince que M. de Roger paraît avoir reçu la devise *ferrum fero, ferro feror*, conservée depuis dans sa famille et que MM. de Montalembert portent encore aujourd'hui. Probablement une sorte d'application de cette devise le fit inhumer, revêtu de son armure, dans l'église de Notre-Dame de la Grace, à la Mothe-Roger en Agenois, où l'on voit encore son tombeau. Il est désigné dans les Commentaires du maréchal de Montluc, sous les noms de M. de Rougier ou de la Mothe-Rouge. Il vivait encore en 1602.

[2] Depuis l'avénement de Henri IV au trône de France, l'emploi de ce genre de salutation, précédant ainsi la signature, devient fort rare, ainsi que nous l'avons remarqué, page 272. Nous avons signalé à cet endroit le seul cas où le mot *amy* ne soit pas joint au mot *roy* ou *maistre* dans des lettres à des sujets. Le billet du 1ᵉʳ novembre 1589, à M. de Harambure, est signé *votre meilleur maistre*. La lettre au duc de Nemours, gouverneur de Paris pour la Ligue, porte *votre bon roy et bon amy*. Enfin deux lettres offrent la formule : *Votre plus affectionné maistre et amy* : l'une à M. de Briquemaut, du 28 février 1591, l'autre ici à M. de Rogyer. L'âge de ce seigneur et le rang qu'il avait tenu à la cour de Jeanne d'Albret, pendant l'enfance de Henri IV, expliquent cette dérogation à l'étiquette. Nous fixons approximativement cette lettre, comme celle aux échevins de Londres, à l'année 1591, une de celles où le besoin d'argent est le plus souvent exprimé dans la correspondance de Henri IV.

[AVANT 1592[1].] — Ire.

Cop. — Arch. de la Couronne, salle 5, anciennes archives, Ms. 30, fol. 78 recto.

[AU DUC CASIMIR.]

Mon Cousin, Il y a un gentilhomme de mes subjects, nommé le baron du Chastellet, qui se trouvant, il y a quelque temps, en la court du duc de Lignitz, y auroit tué un gentilhomme : qui est une faulte peu excusable. Toutesfois l'acte estant tel, qu'il n'est au pouvoir de celuy qui l'a commis de le pouvoir amander, que par un extreme regret et desplaisir, et sçaichant de combien le dict s[r] du Chastellet est touché en son cœur, je ne fais doubte que le dict sieur duc ne preigne cela pour une juste satisfaction et ne luy en remette l'offense. Neantmoins, pour l'y rendre d'autant plus flexible, je luy en fais une particuliere recommandation, à laquelle aussy je vous ay bien voulu prier de joindre la vostre, à ce que tous ces bons offices estans unys, ils rendent la poursuicte que le baron de..... va faire pour la liberté du dict s[r] du Chastellet, son frere, de plus efficace et favorable, et me puissent tous deux venir trouver pour me rendre le service que j'en attends; ce que je recevray de vous pour un tres singulier plaisir : priant Dieu qu'il vous ayt, mon Cousin, en sa saincte garde.

HENRY.

---

[1] Jean Casimir de Bavière mourut le 6 janvier 1592. C'est le seul indice que nous ayons pour la date de cette lettre et des deux suivantes, qui, à moins de plus amples renseignements, restent seulement circonscrites entre le commencement du règne d'Henri IV et le jour où ce prince reçut la nouvelle de la mort du duc Casimir, ce qui dut être vers la mi-janvier 1592.

[AVANT 1592.] — II^me.

Cop. — Arch. de la Couronne, salle 5, anciennes archives, Ms. 30, fol. 77 verso.

### A MON COUSIN LE DUC DE LIGNITZ[1],
#### PRINCE DU SAINCT EMPIRE.

Mon Cousin, J'ay entendu la faulte que le baron du Chastellet a commise en vostre court; de laquelle si vous estiés en intention d'en rechercher la correction, je veulx croire qu'elle s'extendroit à quelque severe punition. Toutesfois m'asseurant que le congnoissant gentilhomme, yssu de sy bon lieu que il est, appartenant à personnes de qualité et merite, que je tiens pour mes serviteurs, je ne fais doubte que n'en convertissiés le juste ressentiment en une doulceur et clemence; à quoy maintenant, pour vous y rendre plus disposé, j'ay bien voulu accompagner de mes lettres le baron de . . . . . . . son frère, qui s'en va par delà pour vous recommander la poursuicte et vous prier tres affectueusement, comme je fais, de vouloir, pour l'amour de moy, pardonner audict s^r du Chastellet telle faulte, le faire mettre en liberté, à ce qu'il me puisse venir trouver et rendre le service que j'en attends; ce que je tiendray pour un singulier plaisir que vous me ferés, dont, s'il s'offre occasion de le recongnoistre, j'en auray tres bonne souvenance : priant Dieu qu'il vous ayt, mon Cousin, en sa saincte et digne garde.

HENRY.

---

[1] Frédéric IV, duc de Lignitz, second fils de Frédéric III et de Catherine de Mecklembourg, né le 20 avril 1552, fut d'abord, à la mort de son père, en 1575, chargé, par les commissaires impériaux, de l'administration du duché, à la place de son frère Henri, qui était absent. Il lui succéda en 1588, et mourut le 6 avril 1596.

## [AVANT 1592.] — III^me.

Cop. — Arch. de la Couronne, salle 5, anciennes archives, Ms. 30, fol. 78 verso.

### A MONS^R DE SCHOMBERG,

COMTE DE NANTEUIL, CONSEILLER EN MON CONSEIL D'ESTAT, CAPPITAINE DE CINQUANTE HOMMES D'ARMES DE MES ORDONNANCES ET MARESCHAL DE MES GENS DE GUERRE ALLEMANDS EN ALLEMAIGNE.

Mons^r le comte, Le baron du Chastellet est gentilhomme yssu de sy bon lieu, et sa vertu et valeur le rend sy plein d'estime, que cela me faict desirer le veoir prés de moy, pour recepvoir de luy le service que je puis attendre de ceux de sa qualité. Toutesfois, ayant entendu qu'il est detenu et poursuivy pour raison de quelque accident qui luy seroit arrivé, d'avoir tué un gentilhomme de la cour du duc de Lignitz, et qu'à cette occasion le s^r de             , un de mes pensionnaires [1], a faict tres grande instance, et desirant qu'il s'en desiste, à ceste cause je vous prie, Mons^r le comte, de vouloir interposer vostre credit à l'endroict du dict s^r de             et aultres que vous jugerés estre à propos, à ce qu'ils se departent de la dicte poursuicte, et remettent, en ma contemplation, au dict s^r du Chastellet l'offense qu'ils peuvent ressentir de luy, procéddée, comme j'estime, plus par cas d'adventure que de malice pourpensée; en quoy, oultre l'obligation que vous vous acquerrés sur le dict s^r du Chastellet, vous ferés chose qui me sera trés agreable : priant Dieu qu'il vous ayt, Mons^r de Nanteuil, en sa saincte et digne garde.

HENRY.

---

[1] Les principaux souverains avaient alors dans les cours étrangères quelques personnages en crédit auxquels ils faisaient des pensions. C'était un de ces pensionnaires du Roi de France, à Lignitz, qui, se trouvant probablement allié du gentilhomme tué par M. du Chastellet, avait demandé justice de ce meurtre.

## ANNÉE 1592.

1592. — 1ᵉʳ JANVIER.

Orig. autographe. — B. R. Fonds Béthune, Ms. 9109, fol. 27.
Cop. — B. R. Suppl. fr. Ms. 1009-3.
Imprimé. — *Mémoires de Nevers*, t. II, p. 288.

A MON COUSIN LE DUC DE NIVERNOIS,

PAIR DE FRANCE, GOUVERNEUR ET MON LIEUTENANT GENERAL EN MES PAYS DE CHAMPAGNE ET BRIE.

Mon Cousin, mon cousin le duc de Longueville m'a escript du XXIX du passé, que l'armée de mes ennemys est deslogée des environs de la Fere et s'est advancée devers Ham, estant toute logée au deçà de la riviere d'Oise. Il ne fault plus craindre le siege de Compiegne, ny doubter qu'ils ne viennent à nous, prenant leur chemin par le Senterre[1], pour venir à Amiens, dont je vous ay voulu advertir, et par mesme moyen vous prier d'avoir l'œil sur mon armée, et d'envoyer souvent à la guerre pour prendre langue d'eulx, et empescher qu'ils n'entreprennent sur ma dicte armée. Mon cousin le duc de Montpensier est arrivé avec cinq cens chevaulx. Les troupes de Beausse et du Maine sont fort advancées pour me venir trouver. A mesure qu'elles passeront la riviere, je les envoyeray au corps de ma dicte armée, comme je feray aussy celles que mon dict cousin le duc de Longueville doibt amener; lequel m'asseure qu'il partira quatre jours aprés celuy qu'il m'a envoyé. Je vous prie faire vivre l'armée sur les pays où mes ennemys doibvent passer, pour d'autant les incommoder, et me donner advis tant de ce que vous apprendrés d'eulx, que de ce que vous jugerés estre à faire pour mon service. Quant à ce siege, je vous advise que nous sommes logez sur le bord du fossé, et

---

[1] *La Senterre*, dans l'édition des Mémoires de Nevers.

que j'espere, avec l'ayde de Dieu, dans six jours, avoir bonne part dans le fort : et sur ce, je prie Dieu qu'il vous ayt, mon Cousin, en sa saincte garde. Escript au camp de Dernetal, le premier jour de janvier 1592.

HENRY.

POTIER.

[2] Mon advis est qu'ils prennent le chemin de Amiens, Abbeville et le Crotoy : deux jours nous en feront sages. Je viens de recevoir des nouvelles du mareschal d'Aumont, qui sera à Gien le $vi^e$ de ce mois, et huict jours aprés icy avec de belles trouppes.

1592. — 2 JANVIER.

Orig. — Archives de la ville de Rennes. Copie transmise par M. Maillet, bibliothécaire.

A NOS CHERS ET BIEN AMEZ LES HABITANS DE NOSTRE VILLE DE RENNES.

Chers et bien amez, Nous sommes tres marrys de l'oppression que vous souffrés de nos ennemys, pour n'estre à present nostre cousin le prince de Dombes assez fort pour empescher le duc de Mercueur de tenir la campagne; mais nous esperons qu'elle ne sera longue, car incontinent aprés ce siege nous avons deliberé d'envoyer à nostre cousin de bonnes forces de nostre armée, et, s'il est possible, nous y acheminer en personne. Cependant pour eviter que vous ne soyés davantage travaillez, nous mandons à nostre cousin le prince de Conty, qu'il assemble promptement toutes les forces de Poictou, pour s'opposer au dict duc de Mercueur; et escrivons à nostre cousin le prince de Dombes de s'aller joindre à luy, afin qu'ensemblement ils soyent plus forts pour rompre les desseings du dict duc de Mercueur et entreprendre sur luy. Assistés seulement pour ce qui despendra de vous nostre dict cousin le prince de Dombes à vous eslargir et delibvrer de

[2] Post-scriptum de la main du Roi.

la tyrannie des Espagnols, antiens ennemys de cest Estat, et vous asseurés qu'en bref nous les en reculerons autant qu'ils pensent y estre bien advancez. Donné au camp devant Rouen, le ij<sup>e</sup> jour de janvier 1592.

HENRY.

POTIER.

1592. — 3 JANVIER. — I<sup>re</sup>.

Cop. — B. R. Suppl. fr. Ms. 1009-2. (D'après l'ancien cabinet de M. de Mendajors.)

[A MON COUSIN LE DUC DE MONTMORENCY.]

Mon Cousin, Je vous feis, le xiii<sup>e</sup> du passé, une despesche par un porteur qui s'en retournoit; par où je vous advertissois de l'estat où j'en estois de ce siege, et vous disois tout ce que nous avons icy d'aultres nouvelles. Je n'ay poinct des vostres depuis vos lettres du xxvii<sup>e</sup> septembre; qui me faict croire qu'il fault, de necessité, qu'il y ayt quelques-unes de vos despesches perdues, et le crois d'autant davantage que je vois icy des nouvelles du Languedoc toutes communes, dont je m'asseure que vous m'auriés voulu advertir, mesme d'une trefve avec le duc de Joyeuse, que l'on tient icy toute certaine, dont toutesfois j'ay protesté que je doubterois tousjours jusqu'à ce que j'en aye de vos nouvelles. Je vous mandois par mes dictes dernieres le retour icy prés de moy du secretaire Vizouze; mais je ne l'y ay gueres tenu, luy ayant, dés le lendemain de ma dicte lettre, faict faire un voyage pour mon service, duquel il n'est pas encore de retour. Je l'attends dans un jour ou deux, et luy donneray audience tout à la fois sur ses deux voyages, et puis en ce qu'il escherra response pour vostre regard, je vous la feray par le sindic de la province de Languedoc, qui a sa depesche toute preste et qui doibt partir dans bien peu de jours. Cependant je n'ay voulu perdre la commodité de ce porteur, qui le veult devancer, sans vous faire ceste-cy pour vous tenir tousjours adverty de l'estat de mes affaires de deçà, qui sont bien proche d'un grand jugement qui s'en doibt faire, estant tres certain que le duc de Parme est en Picardie. Il y a desjà prés de quinze jours que le duc du Maine l'a joinct. Sy font ensemble, selon le commun advis, de dix-huict à vingt mille hommes de pied, et de quatre à cinq mille chevaulx. Leur premiere opinion estoit, à ce que j'en entends, de choisir le moyen de la diversion et s'attaquer à quelqu'une des villes de la Picardie; mais j'ay advis qu'ils ont faict, depuis, toutes aultres resolutions, et qu'ils viennent droict à nous, leur armée y ayant desjà leur teste tournée. S'ils le font, je fais bien estat de les y bien recevoir. Ils me feront faveur de me donner patience de quinze jours; car entre cy et là j'auray pris le fort S$^{te}$-Catherine et peut-estre la ville; mais ce qui m'est de plus asseuré, c'est qu'il me vient plus de douze mille cinq cens chevaulx et cinq ou six mille hommes de pied, dont les esloignez ou les plus paresseux seront icy dans le vingt de ce mois. Si cela me peut joindre avant que les ennemys soyent à nous, l'advantage sera de mon costé en nombre d'hommes, et aussy bien qu'il est en la justice de la cause, de laquelle il est infaillible qu'il ne se face icy une grande decision, dont la confiance que j'ay en la bonté et la justice de Dieu et en l'assistance de tant de gens de bien que je vois icy prés de moy me faict bien esperer. Vous ne pouvés guere tarder que vous n'en ayés des nouvelles. Pleust à Dieu que vous feussiés plus en estat d'en donner aux aultres que d'en recepvoir. J'en tiendrois bien la partie plus forte. Mon cousin le mareschal d'Aumont est un de ceulx que je y attends, et qui m'amenera une des meilleures trouppes; car le comte de Schomberg est avec luy, qui a six cens fort bons reistres à mon dict Cousin, et aussy mille ou douze cens Suisses. Mon cousin le duc de Bouillon y sera aussy, le duc de Lorraine ayant levé le siege qu'il avoit mis devant Stenay, que vous avés sceu que mon dict cousin luy a surprins d'escalade[1], et

---

[1] Le vicomte de Turenne, devenu, comme nous l'avons dit, duc de Bouillon par son mariage avec l'héritière de cet état souverain, avait surpris Stenay le 15 octobre précédent, la nuit même de ses noces. Lorsqu'il vint au lever du Roi lui annoncer cet exploit, « Ventre saint gris ! dit Henri IV, je serois bientôt maître de mon royaume, si les nouveaux mariés me faisoient de pareils présens de noces. »

qu'il a depuis bien sceu garder contre toute son armée, qui s'en est enfin retirée, de sorte qu'il est maintenant en toute liberté de me venir trouver, comme je luy mande qu'il face. Ce porteur suppleera à vous donner compte des aultres particularitez de nostre siege. Il vous dira aussy comme l'assignation qu'il poursuivoit icy en vostre nom luy a esté ordonnée sur les deniers de ma recette generale de Languedoc. Si vous y desirés quelque chose davantage, me le faisant sçavoir je y feray pourveoir, c'est ce que je vous diray pour ceste fois : sur ce, je prie Dieu, mon Cousin, vous conserver en sa saincte garde. Escript au camp devant Rouen, ce iij<sup>e</sup> janvier 1592.

HENRY.

FORGET.

## 1592. — 3 JANVIER. — II<sup>me</sup>.

Imprimé. — *Mémoires de messire Philippe de Mornay*, 1624, in-4°, t. II, p. 165.

### A MONS<sup>R</sup> DU PLESSIS.

Mons<sup>r</sup> du Plessis, J'ay receu vostre lettre de Dieppe[1] et veu la conference que vous avés eue avec le personnage qui s'y estoit rencontré venant de delà[2]. Vous estes tesmoing, par l'office que vous avés faict de ma part pour persuader ce que l'on desire de celuy qui est icy, qu'il n'a tenu à moy qu'il ne s'y soit resolu[3] ; et vouldrois bien qu'il l'eust faict, ne pouvant que porter beaucoup de regret du malcontentement dont sa demeure par deçà est cause[4] ; mais ma

---

[1] Du Plessis-Mornay venait d'être chargé, auprès d'Élisabeth, d'une négociation dont il nous a laissé un récit plein d'intérêt. L'objet de cette mission était d'obtenir un nouveau secours de cette reine, que le retour du comte d'Essex en France, malgré sa volonté, mettait alors dans les plus mauvaises dispositions envers la France.

[2] Leighton, oncle du comte d'Essex, qui venait d'arriver à Dieppe pour essayer de faire revenir son neveu à Londres.

[3] Dans le récit de cette négociation, Mornay raconte avoir d'abord remontré au Roi « qu'il n'y feroit rien s'il ne renvoyoit le comte d'Essex. Tant qu'enfin il lui commanda de voir avec lui s'il pourroit l'y induire, à quoy il tascha par plusieurs raisons ; mais le dict sieur comte n'y peut estre esmeu, alleguant qu'il lui seroit trop prejudiciable de sortir de France quand le duc de Parme y entroit. »

[4] « L'absence du dit seigneur comte,

priere et mon advis n'ayant assez de force, je ne puis pas user d'aultre moyen pour l'y inciter. Je vous diray, au demeurant, que j'ay eu quelque advis que, si les choses sont dextrement maniées, vostre voyage ne sera du tout infructueux : dont je vous ay bien voulu advertir, pour l'ouverture que cela vous péut faire à mieux cognoistre et mesnager ce qu'il y peut avoir de bonnes dispositions, en quoy n'est besoing que l'on cognoisse rien du dict advis. Vous verrés ce que je vous escris par mon aultre lettre; je seray bien aise que vous faciés naistre l'occasion qu'on la veuille voir (si ce n'est la Royne, au moins le grand tresorier), que vous faciés bien cognoistre le peu de bonne opinion que j'ay de l'ambassadeur[5] en ce qui touche mes affaires. La presente et l'aultre mienne susdicte seront communes entre le s$^r$ de Beauvoir et vous, comme je desire que soit tout le faict de vostre charge et negociation. Je prie Dieu vous avoir, Mons$^r$ du Plessis, en sa saincte garde. Escript au camp devant Rouen, le iij$^e$ jour de janvier 1592.

HENRY.

REVOL.

## 1592. — 3 ET 6 JANVIER.

Imprimé. — *Mémoires de messire Philippe de Mornay,* 1624, in-4°, t. II, p. 162.

[A MONS$^R$ DU PLESSIS.]

Mons$^r$ du Plessis, Le lendemain de vostre partement j'eus nouvelle, par homme à cheval que mon cousin le duc de Longueville m'envoyoit exprés en toute diligence, que le duc de Parme estoit party de La Fere, et y laissoit la plus grande partie de sa grosse artillerie, menant avec luy nombre de pieces de campagne, qui faisoit cognoistre que son intention n'estoit d'assieger places de longue re-

uniquement favorisé de la Reine; aigrissoit extremement S. M. et d'autant plus qu'il partoit contre son gré, menacé de defaveur, et preferant sa reputation à ses commandemens. » (*Mémoires de Mornay,* 1624, in-4°, t. II, p. 165.)

[5] Cet ambassadeur était M. Unton. Voyez la note 1 de la lettre suivante.

sistance, mais de venir droict, pour essayer de nous faire lever le siege. En confirmation de quoy j'ay eu encores, la nuict du premier de ce mois, nouvel advis, de mesme part, qu'ils marchoient et s'en viennent à Amiens. De là je suis encore incertain quel chemin ils vouldront prendre, ou par Abbeville et Eu, pour attaquer le Paulet[1], qui mettroit la ville de Dieppe en grande peine, ou vers Beauvais. Le premier seroit le plus long; mais pour estre celuy qui m'incommoderoit le plus, c'est aussy celuy que je crois plustost qu'ils vouldront prendre; joinct que de l'aultre costé je leur pourray donner plus d'empeschement par le moyen des villes de Gisors, Gournay et aultres que j'y tiens, et de l'advantage que vous sçavés qui se peut prendre pour deffendre les passages des rivieres et de la forest qui y sont. Et ay aussy esté adverty qu'ils se sont laissez entendre depuis l'ordre que j'ay mis audict Gisors, que cela avoit en quelque chose fait changer leur dessein. Je suis aprés à me resouldre de ce que j'auray à faire en l'un ou en l'aultre cas, selon les nouvelles que j'auray et que je me trouveray pourveu de forces, dont je crains bien que la plus grande partie de celles que j'attends ne vienne plus tard, et que je me pourray trouver court pour continuer le siege et faire teste à l'armée, mesme estant foible d'infanterie comme vous sçavés que je suis, de laquelle je ne puis pas esperer grand renfort avec les troupes de cavallerie qui me viennent, tant à cause de la diligence que je leur mande faire, voyant le besoing sy proche, que pour le grand nombre de places où il faut laisser bonnes garnisons par les provinces pour les conserver. Ce qui se peut par soing et diligence, je le puis promettre non seulement de ma part, mais aussy des seigneurs et bons cappitaines dont je seray accompagné en ceste occasion, comme j'espere qu'il n'y aura aulcun manquement de ce qui peut despendre de nous. Ce pendant vous pourrés faire entendre à la Royne, ma bonne sœur, lesdicts derniers advis que j'ay eus du progrés des dicts ennemys, comme je luy ay donné part et commu-

---

[1] Faubourg de Dieppe.

nication des precedens, à mesure que je les ay receus; en quoy je ne suis sans soupçon que son ambassadeur ne m'a faict les bons offices que je me promettois de luy[2], veu le refus qu'il m'a prononcé de la part de la dicte dame, et que le s$^r$ de Beauvoir, mon ambassadeur prés d'elle, m'a aussy confirmé luy avoir esté faict par elle-mesme du nouveau secours que je luy ay demandé, et ce que vous sçavés que le dict ambassadeur mesme a faict pour empescher que je ne vous envoyasse luy en faire nouvelle instance; ne pouvant croire qu'elle eust prins telle resolution, s'il luy eust donné information, au vray, de l'estat et besoing de mes affaires, selon la cognoissance qu'il en a. Et pour ce, je seray bien ayse que vous taschiés dextrement de sçavoir quels auront esté ses offices en cest endroict, afin que je saiche mieux de quelle façon j'auray à traicter avec luy à l'advenir; voulant, au demeurant, que vous faciés cognoistre à la dicte dame, pour le regard de mon cousin le comte d'Essex, qu'encore que j'estime beaucoup de l'avoir prés de moy, pour le cognoistre seigneur de grand merite et valeur, toutesfois je porte tant d'honneur à icelle dame, que je serois trés marry qu'à mon occasion il fist chose qui la peust fascher; et qu'il n'y aura jamais empeschement de ma part qu'elle ne soit satisfaicte de ce qu'il plaira luy ordonner; n'entendant aussy qu'aprés luy avoir representé la necessité qui me fait la requerir du dict nouveau secours, vous l'en pressiés, qu'autant qu'elle l'aura agreable. Et si je n'ay ce bon heur, je porteray mes incommoditez le mieux que je pourray, sans toutesfois jamais rien changer, quelque condition où mes affaires puissent tom-

[2] Mornay nous a laissé sur cette partie de la lettre du Roi les plus curieux renseignements. Il dit de cette lettre et de la précédente : « Lesquelles lettres en original ledit sieur du Plessis envoia dechiffrées au dict sieur de Beauvoir, de Douvres, le 18 janvier; et lui escrivit qu'il estoit d'avis que l'une, à sçavoir la plus longue, fust communiquée à M. le grand thresorier, et ce, nonobstant qu'il y fust fait mention de M. Houton, ambassadeur pour la Reine en France, tant parce que l'intention du Roi estoit telle, que pour ce aussi qu'on ne nuit jamais à un ambassadeur de l'avoir pour suspect..... lui envoia aussi le chiffre, afin de justifier par iceluy les deschiffremens, si besoin estoit. »

ber, de l'affection que de long-temps je luy ay vouée, et que je doy aussy à tant de faveurs que j'ay receues de sa part, dont le temps ny aultre accident ne me feront jamais perdre la souvenance et gratitude. Sur ce, je prie Dieu, Mons<sup>r</sup> du Plessis, vous avoir en sa saincte garde. Escript au camp devant Rouen, le iij<sup>e</sup> janvier 1592.

HENRY.

REVOL.

Mons<sup>r</sup> du Plessis, la presente estoit preste dés le iij<sup>e</sup> de ce mois, sur l'opinion en laquelle mon cousin le comte d'Essex estoit d'envoyer dés lors un des siens par delà; mais l'ayant retardé j'ay voulu despescher homme exprés pour vous la porter; et s'estant à present resolu de faire partir le sien, j'adjouxteray que tous les advis qui me sont encore venus depuis (et que mesmes j'ay apprins par lettres interceptées du duc de Mayenne, escriptes aux s<sup>rs</sup> de Villeroy et d'Halincourt, qui sont à Pontoise) portent que, toutes aultres choses laissées, ils s'en viennent icy. Je croy bien que l'embarrassement du grand bagage qu'ils menent, et le desgel qui a commencé dés hier, me donneront cest advantage d'avoir une bonne partie des trouppes que j'ay mandées; et desjà il commence d'en arriver; et ay eu ce jourd'huy nouvelles de divers endroicts que les aultres sont en chemin pour venir. J'escris un mot à la Royne, et luy mande que s'il luy plaist m'envoyer promptement le secours dont je l'ay envoyé supplier par vous, j'espere avoir de quoy combattre les dicts ennemys sans lever le siege, et que Dieu me donnera la victoire en l'un et en l'aultre, encore que par les bruicts qu'ils font courir, ils publient leurs forces fort grandes. Je luy touche un mot de la consequence qui despend de ce succés, non seulement pour mon regard, mais aussy pour toute la chrestienté, encores qu'elle le sçaura assez juger d'elle mesmes; et sçay bien qu'il n'en sera rien oublié de vostre part. C'est le vj<sup>e</sup> du dict mois de janvier.

## 1592. — 6 janvier.

Orig. autographe.— B. R. Fonds Béthune, Ms. 9109, fol. 28.
Cop. — Suppl. fr. Ms. 1009-3.
Imprimé. — *Mémoires de Nevers*, t. II, p. 289.

A MON COUSIN LE DUC DE NIVERNOIS.

Mon Cousin, Tous les advis que j'ay receus de l'armée du duc de Parme, portant que le premier jour de ce mois elle estoit encore aux environs de la Fere et de Chaulny, et qu'elle marche droict à Amiens pour me venir donner la bataille, ils me sont confirmez par tant d'endroits, oultre l'apparence, qui y est tres grande, que je n'en doubte plus. Et en ceste consideration, je vous prie ne vous esloigner poinct de moy, ains vous tenir tout prest pour partir à me venir trouver au premier advis que vous en aurés de moy; qui sera, comme je croy, si tost que ma premiere lettre pour cest effect suivra ceste-cy de bien prés. Ce pendant je fais ce que je puis pour advancer mon entreprise du fort Saincte-Catherine, et en espere bonne ysseue : priant, sur ce, Nostre Seigneur vous avoir, mon Cousin, en sa saincte garde. Escript au camp de Darnetal devant Rouen, le vj$^e$ jour de janvier 1592.

HENRY.

RUZÉ.

## 1592. — 8 janvier.

Orig. — Arch. du Royaume. Sect. judic. Parlem. de Tours. (Conseil.) T. XV, fol. 36 recto.

A NOS AMEZ ET FEAULX CONSEILLERS LES GENS TENANS NOSTRE COURT
DE PARLEMENT.

Nos amez et feaulx, Nous n'avons pas sy peu de soing de ce qui touche vostre conservation, qu'encore que nous ayons besoing de toutes nos forces, tant pour l'execution de l'entreprise que nous avons sur nostre ville de Rouen, que pour estre assistez à la bataille que nous sommes resolus de donner au duc de Parme, qui s'achemine droict à nous pour essayer de nous faire lever le siege, nous n'ayons contremandé nostre tres cher et tres amé cousin, le prince de Conty, sy tost que nous avons eu l'advis des entreprises du duc de Mercœur, et que, par trois despesches consecutives, nous luy ayons donné charge de s'opposer à ses desseings et faire mieux s'il s'en presente occasion, avec l'assistance de plusieurs seigneurs et gentilz-hommes, nos bons et fidelles serviteurs et subjectz, et la bonne intelligence qu'il aura avecq nostre tres cher et tres amé cousin le prince de Dombes; de sorte que nous avons bonne esperance que tous ensemble sçauront bien empescher le dict duc de Mercœur de passer plus oultre, et rompre le cours à la prosperité de ses affaires. Vivés doncques en repos de ce costé, et vous tenés pour asseurez que nous ne vous abandonnerons point : priant, sur ce, Nostre Seigneur qu'il vous ayt, Noz amez et feaulx, en sa saincte et digne garde. Escript au camp devant Rouen, le viij$^e$ jour de janvier 1592.

HENRY.

RUZÉ.

## 1592. — 9 JANVIER.

Orig. — B. R. Fonds Béthune, Ms. 9109, fol. 29.
Cop. — Suppl. fr. Ms. 1009-3.
Imprimé. — *Mémoires de Nevers*, t. II; p. 290.

### A MON COUSIN LE DUC DE NIVERNOIS,

PAIR DE FRANCE, GOUVERNEUR ET MON LIEUTENANT GENERAL EN CHAMPAGNE ET BRIE.

Mon Cousin, Je vous envoye la coppie de deux lettres que m'a escriptes le s$^r$ de Guitry, par lesquelles vous verrés que mes ennemys sont proches de Beauvais. Pour ceste occasion, je suis resolu d'aller demain à Gisors, pour y assembler mes forces, et y dresser la teste de mon armée, avec laquelle j'espere, et l'ayde de Dieu, m'opposer à leurs desseings. Je desirerois infiniment que votre santé vous peust permettre de venir au dict Gisors, pour estre assisté de vous et avoir vostre advis ez occasions qui se presenteront journellement. Toutesfois, si vostre indisposition vous en empesche, je vous prie d'envoyer au dict Gisors les compaignées de cavalerie et les gens de pied qui sont prés de vous, lesquelles je vous envoyeray pour vous faire escorte, quand vous viendrés, pour estre à la bataille. Le s<sup>r</sup> de Fleury vous dira le logis que je gagnay hier, par le moyen duquel et la diligence dont il sera usé, j'espere beaucoup advancer ce siege. Je ne vous puis limiter certain temps pour attendre le jour de la bataille, parce que cela despendra du chemin que fera l'armée de mes ennemys; mais voyant que ceulx qui sont dans le fort seront pressez, je crois qu'ils s'efforceront de les secourir, ce qu'ils ne pourront faire sans combattre. C'est ce qui me fait croire que la bataille se donnera bien tost; et parce que je m'asseure que ne vouldrés perdre ceste occasion, tant pour la generosité qui est en vous, que pour l'affection qu'avés au bien et advancement de mes affaires, je vous prieray seulement de me venir trouver au dict Gisors aussy tost que vostre santé vous le pourra permettre. J'ay faict entendre particulierement au s<sup>r</sup> de Fleury mon intention, sur quoy je vous prie le croire : et sur ce, je prie Dieu, mon Cousin, qu'il vous ayt en sa saincte garde. Du camp devant Rouen, le ix<sup>e</sup> janvier 1592.

HENRY.

POTIER.

## 1592. — 15 JANVIER.

Orig. — B. R. Fonds Béthune, Ms. 9104, fol. 31.
Imprimé. — *Mémoires de Nevers*, t. II, p. 291.

### A MON COUSIN LE DUC DE NIVERNOIS.

Mon Cousin, Presentement j'ay receu une despesche de Dernetal, par laquelle l'on me donne advis qu'avant hier ceulx qui sont dans le fort firent une saillie, et qu'au commencement ils renverserent cinq barriques. Cest effort fut si bien soustenu qu'ils furent à l'instant repoulsez, et demoura sept des ennemys morts sur la place et plusieurs blessez. Le baron de Biron a esté un peu blessé au bras d'un coup de picque qui ne faict qu'efleurer. Celuy qui commandoit à la troupe des ennemys a esté prins, et est depuis mort. Mon cousin le mareschal de Biron m'escrit que l'on continue la tranchée tout le long de l'espaule et que l'on fait trois entrées pour donner dans le fossé; qui est selon l'advis que m'avés donné, estant à Mantes. Les gens de pied que j'ay envoyez y arriverent à propos. Le s$^r$ de Laverdin passe ce jourd'huy avec ses trouppes par Vernon. J'ay envoyé haster mon cousin de la Trimouille, lequel a passé la riviere il y a six jours. Je vais ce jourd'huy loger à Gournay, et vous attends, mon Cousin, suivant la promesse que m'avés faicte, et vous prie me venir trouver au plus tost. Je vous envoye la coppie d'une lettre du comte Charles de Mansfeld. Je vous en garde d'aultres, escriptes en espaignol, par lesquelles vous verrés le mauvais mesnaige qui est entre les estrangiers et les François ennemys : et sur ce, je prie Dieu, mon Cousin, qu'il vous ayt en sa saincte et digne garde. Escript à Gisors, le xv$^e$ jour de janvier 1592.

HENRY.

POTIER.

1592. — 18 JANVIER. — I$^{re}$.

Orig. — B. R. Fonds Béthune, Ms. 9109, fol. 34.
Cop. — B. R. Suppl. fr. Ms. 1009-3.
Imprimé. — *Mémoires de Nevers*, t. II, p. 292.

A MON COUSIN LE DUC DE NEVERS.

Mon Cousin, J'ay receu presentement la vostre du quinziesme, et ce matin celle que m'avés escripte par ce porteur. Je vous envoye le deschiffrement des lettres escriptes par le duc de Mayenne à la mareschalle de Joyeuse et au cappitaine Goujon, qui commande au Havre, par lesquelles vous verrés que la resolution des ennemys est de s'approcher pour secourir Rouen, ou donner la bataille. Je fais estat d'aller demain loger à Grantvilier ou à la commanderie de Sommereuse[1] assez proche du dict Grantvilier, où je seray bien ayse que veniés loger, et que soyés prés de moy, pour avoir vostre advis sur les occasions qui se presentent. Mes dicts ennemys estoient encores hier au logis de Nesle et de Lihons[2]. Le s^r d'Humieres m'escrit qu'ils doibvent partir ce jourd'huy, et que le bruict est qu'ils doibvent aller vers Clairemont. Estans plus prés d'eulx, nous en aurons les advis plus certains et plus frequens. Le dict s^r d'Humieres m'a envoyé plusieurs lettres escriptes de Rome au duc de Mayenne; la date en est fresche. Elles ne sont encore deschiffrées; je vous les communiqueray demain. Il y a deux jours que je n'ay eu nouvelles de Rouen, qui sera cause que je ne vous en manderay à present. Sainct-Valery est perdu, par la trahison d'un sergent et de quelques soldats qui estoient de la Ligue, et s'estoient faict enrooller aux compaignées faictes pour la dicte garnison, en esperance de faire la dicte trahison : qui est tout ce que vous aurés de moy à present, sinon que je prie Dieu, mon Cousin, qu'il vous ayt en sa garde. De Gournay, le xviij^e janvier 1592.

HENRY.

POTIER.

[3] En achevant ceste lettre, j'ay eu nouvelles de mon cousin le duc de Longueville, comme les gens de pied estoient partys de Nesle et s'en alloient à Arbonnieres, mais qu'ils y devoient sejourner deux ou trois jours. J'ay eu aussy nouvelles de mon cousin le mareschal de Biron, de Rouen; mais il n'y a rien de nouveau.

---

[1] Sommereuse et Grandvilliers sont deux bourgs de l'ancienne Picardie, faisant aujourd'hui partie du département de l'Oise.

[2] Bourg de l'ancienne Picardie, avec prieuré de bénédictins, aujourd'hui du département de la Somme.

[3] Post-scriptum de la main du Roi.

· 1592. — 18 JANVIER. — II^me.

Orig. — B. R. Fonds Béthune, Ms. 9109, fol. 33.
Cop. — B. R. Suppl. fr. Ms. 1009-3.
Imprimé. — *Mémoires de Nevers*, t. II, p. 293.

A MON COUSIN LE DUC DE NIVERNOIS,
MON LIEUCTENANT GENERAL EN CHAMPAGNE.

Mon Cousin, Ayant apprins que mes ennemys s'advancent, je suis resolu de sejourner demain en ce lieu, comme je vous prie de faire où vous estes. Je ne laisseray d'aller demain au rendés-vous, où les s^rs de Guitry, Laverdin et les aultres capitaines se doibvent trouver. Je seray de retour en ce lieu à une heure aprés-midy, ou à deux, vous priant de vous rendre en ceste ville à la mesme heure, afin que je vous puisse voir, et communiquer les advis que j'ay de mes ennemys, et me resouldre avec vous de ce que j'ay à faire. Ce porteur est venu à propos, et à l'heure que je vous escrivois la presente, pour vous advertir du changement que j'ay faict depuis que je vous ay renvoyé l'un de vos gardes. L'esperance que j'ay de vous voir demain sera cause que ne vous feray plus longue lettre : priant Dieu, mon Cousin, qu'il vous ayt en sa garde. De Gournay, le xviij^e janvier 1592.

HENRY.

POTIER.

[ 1592. — 18 JANVIER. ] — III^me.

Imprimé. — *Mémoires et correspondances de Du Plessis-Mornay.* Paris, 1824, in-8°, t. V, p. 148.

[A MONS^R DE UNTON,
CONSEILLER AU CONSEIL DE LA ROYNE, MADAME MA BONNE SŒUR, ET SON AMBASSADEUR PRÉS DE MOY[1].]

Mons^r l'ambassadeur, Vous pourrés faire entendre à la Royne, ma bonne sœur, comme aussy tost que mon cousin le comte d'Essex a

---

[1] C'est par une erreur évidente, que l'édition d'où nous tirons cette lettre la donne comme adressée à M. de Beauvoir. Quelque ancien manuscrit indiquait peut-

parlé de la volonté qu'elle avoit qu'il s'en retournast, il ne m'a fallu de grandes parolles pour le luy persuader, encores que l'esperance et l'apparence d'une prochaine bataille dont les ennemys nous menassent, le conviast assés, luy plein de valeur et de courage, de demeurer. Je luy ay tant d'obligation, que je ne la vous puis celer sans luy faire trop de tort, et vouldrois avoir autant de moyen de la luy recognoistre que je m'y sens obligé par mon dict cousin. Vous entendrés autant de mes nouvelles et de celles de mes ennemys, que je vous en pourrois escrire, par un aultre. Aussy c'est ce qui fera la mienne plus courte : et sur ce, je la finiray pour prier Dieu qu'il vous ayt, Mons$^r$ l'ambassadeur, en sa saincte garde. De Gournay.

HENRY.

Hier j'envoyay cinquante chevaulx des miens à la rencontre, qui en trouverent cent du prince de Parme. Ils en tuerent quarante-trois sur la place, cinq de prisonniers, et les aultres furent mis en deroute et deffaicts.

### 1592. — 19 JANVIER.

Orig. — B. R. Fonds Béthune, Ms. 9037, fol. 43.
Cop. — B. R. Suppl. fr. Ms. 1009-2.

#### A MON COUSIN LE DUC DE MONTMORENCY.

Mon Cousin, Je vous ay cy-devant escript comme j'avois donné au fils aisné du feu s$^r$ de Chastillon tous les estats qu'avoit son feu pere, l'un desquels est le gouvernement de ma ville de Montpellier : de quoy je vous ay bien voulu advertir, estant mon intention qu'il en joisse tout ainsy que faisoit le dict feu s$^r$ de Chastillon, son pere, et que les cappitaines qu'il y avoit laissez en garnison à son parte-

---

être pour suscription les mots à l'ambassadeur d'Angleterre, ce qu'on aura confondu avec l'ambassadeur du Roi en Angleterre. Mais la formule Mons$^r$ l'ambassadeur est exclusivement réservée à ceux qui sont envoyés près du Roi par les puissances étrangères. Pour les siens, il les appelle par leur nom.

ment, commandant les compagnies de ses enfans, y soient continuez, avec le mesme pouvoir qu'ils avoient auparavant, sans qu'il soit changé aulcune chose en l'ordre et garde de la ville, veu qu'ils se sont tousjours bien conservez avec mes subjets, les habitans d'icelle, en bonne union et concorde, tant d'une que d'aultre religion. Je leur ay escript à tous de continuer dé bien en mieux; vous priant, mon Cousin, aimer tousjours ses enfans, pour l'amour de moy, et faire pour eulx tout ce qui sera en vostre pouvoir; et croyés que vous ferés chose qui me sera tres agreable : priant, sur ce, Nostre Seigneur qu'il vous ayt, mon Cousin, en sa saincte et digne garde. Escript au camp de Darnetal devant Rouen, le xix$^e$ jour de janvier 1592.

HENRY.

RUZÉ.

1592. — 21 JANVIER. — I$^{re}$.

Cop. — B. R. Fonds Béthune, Ms. 9110, fol. 63. Et Suppl. fr. Ms. 1009-3.

[A MONS$^R$ DESDIGUIERES.]

Mons$^r$ Desdiguieres, J'ay eu deux advis de la defaicte des forces du duc de Savoye qui estoient en Provence. Le premier m'a esté envoyé de Paris, sur celuy qui leur a esté apporté de Lyon. Le second m'a esté envoyé par ma cousine la duchesse de Nivernois; et encores que par le dict advis le nombre des hommes qui ont esté deffaicts soit specifié, ensemble la prise de deux canons, je desire entendre de vous au vray les particularitez arrivées. Je m'asseure par les lettres que les s$^{rs}$ de la Valette, d'Ornano et vous m'avés escriptes, que vous ne perdrés l'occasion de cueillir le fruict de ceste victoire, entreprenant ce que vous jugerés qui se pourra faire pour le bien de mon service. Je suis à la veille d'une bataille. Prevoyant ceste occasion de longue main, j'ay mandé la plus-part de mes forces pour m'assister, mesme mon cousin le mareschal d'Aumont et le s$^r$ de Schomberg, lesquels estoient fort necessaires pour s'opposer aux desseings du duc de Nemours, comme ils avoient jà faict; et d'aultant que le dict duc de Nemours, qui avoit beaucoup de forces ensemble, pourroit, à l'occasion de leur absence, entreprendre sur l'Auvergne et le Bourbonois et faire beaucoup d'effects ez dictes provinces, au prejudice de mon service, n'y ayant, en icelles, forces suffisantes pour s'y opposer, attendant que je renvoye par delà mon dict cousin et d'aultres forces, pour me servir ez dictes provinces (ce que je ne puis faire qu'aprés le siege de Rouen, ou que la bataille soit donnée), j'ay pensé que, pour rompre ses desseings, il sera à propos que le dict s$^r$ d'Ornano et vous entriés promptement au Lyonnois, avec les forces que vous avés. L'absence du dict duc de Nemours vous pourra donner moyen d'y faire quelques effects, pour le moins le divertir des desseings qu'il a sur les dicts pays d'Auvergne et Bourbonnois. Ceste occasion requiert beaucoup de diligence, parce qu'en peu de temps il se peut beaucoup accroistre, si ceulx qui ont les charges par delà ne s'y opposent non plus qu'ils ont faict par le passé; et vous me ferés en cela bon service signalé : qui me fait vous prier de vous rendre incontinent au pays de Lyonnois avec le plus de forces que vous pourrés, et, par les entreprises que vous ferés, donner occasion au dict duc de Nemours de s'y en retourner. L'intention du duc de Parme est de secourir Rouen. J'ay laissé mes cousins les duc de Montpensier et mareschal de Biron avec tous mes gens de pied et quatre cens chevaulx, pour continuer le siege, lequel s'advance tous les jours, et suis venu au devant de mes ennemys avec trois mil chevaulx estrangers, deux mil françois et deux mil harquebusiers à cheval. Ce sont les forces que j'ay auprés de moy, mais j'attends dans cinq ou six jours deux mil chevaulx davantage, conduicts par mes cousins les ducs de Longueville, mareschal d'Aumont, de Bouillon, de la Tremouille, les s$^{rs}$ de Schomberg, d'Inteville, et aultres mes serviteurs. J'espere, avec les dictes forces et la grace de Dieu, incommoder beaucoup l'armée de mes ennemys, et (si l'occasion s'offre) de les combattre; en quoy, j'espere que Dieu par sa bonté assistera la justice de ma cause, comme il luy a pleu faire en toutes occasions : et sur ce, je prie Dieu qu'il vous ayt, Monsr Desdiguieres, en sa saincte garde. Escript au camp de Sommereuil¹, le xxjᵉ jour de janvier 1592 ².

HENRY.

POTIER.

1592. — 21 JANVIER. — II<sup>me</sup>.

Cop. — B. R. Fonds Béthune, Ms. 9110, fol. 36 recto. Et Suppl. fr. Ms. 1009-3.

A MONSʀ D'INTEVILLE.

Monsr d'Inteville, Je vous ay escript depuis peu de jours, pour vous prier de me venir trouver avec les forces de Champaigne; mais ayant entendu que Sainct-Pol est party de l'armée de mes ennemys, avec quelque cavalerie et infanterie, et qu'il va en Rethelois et en Champaigne; craignant que ce soit pour entreprendre sur quelqu'une de mes villes, et que vostre absence luy augmente le courage de ce faire; estimant à ceste occasion vostre presence necessaire pour la conservation des places de vostre gouvernement, et pour empescher les desseings du dict Sainct-Pol, je vous ay voulu escrire la presente pour vous prier, ceste occasion s'offrant, de ne me venir trouver comme je vous avois mandé, mais de vous arrester en vostre gouvernement et pourvoir à la seureté des places, mesme d'assembler ce que vous pourrés de mes serviteurs qui sont demeurez au dict pays, pour vous opposer à tous les desseings du dict Sainct-Pol. Mon cousin le duc de Bouillon amenera les gentilshommes et aultres mes serviteurs qui vouldront estre à la bataille, laquelle j'espere donner bien tost, estant proche de mes ennemys comme je suis, et incontinent renvoyer toutes les forces de Champaigne, avec mon cousin le duc de Nivernois, le-

---

¹ Ou *Sommereux* pour *Sommereuse*, lieu d'où est datée la lettre du jour suivant, et dont il est parlé ci-dessus dans celle du 18 janvier.

² Une lettre presque entièrement semblable fut écrite le même jour au seigneur Alphonse d'Ornano; et le Roi donna avis de ces deux lettres à M. de la Valette en lui répétant à peu près les mêmes termes.

quel, ayant voulu demeurer pour estre à la bataille, s'en retournera en son gouvernement avec les dictes forces, aussy tost que ceste occasion sera passée. Ce pendant je vous prie veiller à tout ce qui despend de vostre charge comme vous avés accoustumé de faire: et sur ce, je prie Dieu qu'il vous ayt, Mons<sup>r</sup> d'Inteville, en sa saincte et digne garde. Escript à Sommereuil, ce xxj janvier 1592.

HENRY.

POTIER.

1592. — 22 JANVIER.

Orig. — B. R. Fonds Béthune, Ms. 9109, fol. 35. Et Cop. Suppl. fr. Ms. 1009-3.

A MON COUSIN LE DUC DE NIVERNOIS,

PAIR DE FRANCE, GOUVERNEUR ET MON LIEUCTENANT GENERAL EN CHAMPAIGNE ET BRIE.

Mon Cousin, Je suis party de bon matin, suivant ce que je vous avois hyer escript, et suis allé jusques au rendés-vous, où je faisois estat de trouver douze cens chevaulx françois seulement et aultant de reistres. Estant au dict rendés-vous, il s'y est trouvé plus de 1,800 chevaulx françois, et plus de seize cens reistres, soubs sept cornettes, tous bien resolus de combattre, si l'occasion s'en feust presentée; mais estant là, j'ay apprins que tout ce qu'il y avoit de mes ennemys logez au deçà de la riviere la repasserent hier sur le soir, et que ce semble que ce soit pour gagner devers Beauvais, le long de la riviere, faisant courrir le bruict qu'ils ont desseing de s'aller loger dans Andely, pour, à la faveur des basteaux couverts qu'ils feront passer sous le Pont de l'Arche, envoyer des harquebusiers à Rouen. Le prince de Parme est logé à Moreil[1]. Aussy tost que les troupes qui se reti-

---

[1] C'est Moreuil, bourg de Picardie, aujourd'hui du département de la Somme, arrondissement de Montdidier. Il y a en cet endroit de la lettre, sur l'original, une correction où la rature laisse distinguer ce qui était d'abord écrit : *le prince de Parme n'est logé à Moreil, ains à Ailly à deux lieues de là. Il y a de l'infanterie logée au dict Moreil*. Une information plus exacte sur les mouvements du duc de Parme, reçue entre le moment où fut écrite cette lettre et celui où elle fut envoyée, dut motiver ce changement dans la rédaction.

rerent hier furent passées, ils rompirent la chaussée et pont du dict Moreil, qui me faict croire qu'ils n'ont envie de passer la riviere. Leur premier logis fera cognoistre le chemin qu'ils veulent tenir. J'ay presentement parlé à l'homme qui a esté trois sepmaines en l'armée de mes ennemys, qui partit hier d'Amiens, où il laissa le duc de Mayenne, le prince de Parme, le s^r de Brissac et aultres capitaines françois, qui sont prés de luy. Il m'a apprins que mes tante et cousines de Longueville ne seront mises en liberté, dont je suis bien fasché; que le duc de Mayenne a faict paroistre avoir volonté de les faire sortir, mais le peuple ne l'a voulu consentir; qui me fait vous prier d'escrire à mon cousin le duc de Longueville qu'il mande au vicomte de Tavanes de le venir trouver, parce que sa presence en l'armée de mes ennemys porte beaucoup de prejudice à mon service [2]. Il m'a apprins davantaige l'estat des forces de mes ennemys, ce qu'il sçait au vray pour avoir veu et consideré toutes leurs trouppes; que le duc de Parme a de XII à XV cens reistres, et que les Wallons, Espagnols et ce qui leur reste d'Italiens font aultres quinze cens chevaulx; qu'il ne leur reste pas quinze cens Suisses, et que la mortalité a reduict à fort petit nombre leurs lansquenetz. Tout ce qu'il y a de cavalerie françoise ne sçauroit faire trois à quatre cens chevaulx, et n'y a d'infanterie françoise que cinq à six cens hommes. Sainct-Pol est party de l'armée, malcontent, à ce que l'on dict. Ce qui restoit de l'armée d'Italie s'est servy de ceste occasion pour s'en retourner. Je n'ay eu ce jourd'huy aulcunes nouvelles du siege de Rouen; je vous feray part des premieres que j'auray, et de ce que je pourray apprendre de mes dicts ennemys : priant Dieu, sur ce, qu'il vous ayt, mon Cousin, en sa saincte garde. Escript au camp de Sommeuse, le xxij^e jour de janvier 1592.

HENRY.

POTIER.

---

[2] Le vicomte de Tavanes, fait prisonnier par les troupes du Roi, n'avait été relâché, sur sa parole, que pour être échangé contre la mère et la femme du duc de Longueville, retenues prisonnières à Amiens.

P. S. J'oubliois à vous mander qu'estant encores au rendés-vous, j'ay envoyé cent cinquante chevaulx à la guerre en trois trouppes. Je viens d'apprendre que ceux qui repasserent hier la riviere partirent d'effroy et abandonnerent partie de leur bagage, parce que le cappitaine Fournier avec quarante chevaulx donna prés de leur quartier.

[1592.] — 23 JANVIER.

Cop. — B. R. Fonds Béthune, Ms. 9109, fol. 84.

[A MON COUSIN LE DUC DE NEVERS.]

Mon Cousin, Les ennemys ne sont point deslogez d'aujourd'huy; qui sont toutes les nouvelles que je vous puis mander, sinon que tout presentement je viens de prendre un laquais de Gramont, qui s'en va à Paris et porte des lettres de Vitry[1] à sa femme par exprés. Il luy mande comme mes tante et cousines les duchesses de Longueville[2] furent hier mises en liberté : de quoy je vous ay bien voulu

[1] Sur le marquis de Vitry, voyez ci-après la lettre du 8 avril 1592.

[2] C'était depuis la fin de décembre 1588 que les ligueurs d'Amiens retenaient prisonnières ces quatre princesses. Celle que Henri IV appelle sa tante était la duchesse douairière de Longueville, Marie de Bourbon, fille de François de Bourbon, comte de Saint-Paul, et d'Adrienne d'Estouteville. Elle avait épousé en premières noces Jean de Bourbon, duc d'Enghien; en secondes noces François de Clèves, duc de Nevers, et se trouvait par ce second mariage la belle-sœur d'Henriette de Clèves, duchesse de Nevers, femme du duc de Nevers, à qui cette lettre est adressée. Enfin, elle avait contracté le 2 juillet 1563 un troisième mariage avec Léonor d'Orléans, duc de Longueville, mort en 1573. Leur fils aîné, Henri d'Orléans, alors duc de Longueville, avait épousé Catherine de Gonzague-Clèves, fille aînée du duc de Nevers et que Henri IV appelle sa *cousine*. Les autres princesses à qui il donne aussi ce titre de parenté, et qu'il appelle dans d'autres lettres les *damoiselles de Longueville*, étaient les deux autres filles de la duchesse de Longueville, Catherine d'Orléans, dite *mademoiselle de Longueville*, morte à Paris en 1638, et Marguerite d'Orléans, dite *mademoiselle d'Estouteville*, morte à Paris en 1615, sans avoir été mariées ni l'une ni l'autre. La détention de ces princesses était un chagrin continuel pour le duc de Nevers, qui avait fait inutilement les plus grands efforts pour obtenir leur liberté, et avait publié sur ce sujet, au mois de mai 1590, une ample réclamation, intitulée : *Discours véritable sur l'inique emprisonnement de mesdames les duchesses et damoiselles de Longueville, et de monseigneur le comte de Saint-Paul.*

advertir aussy tost par ce porteur, et vous faire entendre ces bonnes nouvelles. Bonsoir, mon Cousin. De Sommereul, ce jeudy xxiij° janvier³.

HENRY.

## 1592. — 29 JANVIER.

Orig. — Arch. de la ville de Metz.
Imprimé. — *Lettres du roi Henri IV aux magistrats et habitants de la ville de Metz.* 1820, in-fol. à Metz, p. 10.

A NOS TRÉS CHERS ET BIEN AMEZ LES MAISTRE ESCHEVIN, TREIZE ET CONSEIL DE LA VILLE DE METZ.

Tres chers et bien amez, Nous avons entendu par vos depputez, et veu particulierement par les articles et remonstrances qu'ils nous ont presentez de vostre part les grandes advances que vous avés faictes pour l'entretenement de la garnison de la ville et citadelle de Metz, et la necessité en laquelle vous estes reduicts par les dictes advances, qui vous oste tout moyen, à l'avenir, de pouvoir continuer les prests pour la dicte garnison. C'est à nostre grand regret que nous cognoissons vostre derniere necessité, et que nous ne pouvons à present y apporter le remede que nous desirerions et tel que nous esperons y donner à l'advenir; mais nous nous asseurons que, considerans de vostre part les grandes despenses desquelles nous sommes chargez,

---

³ Les embellissements qu'on a voulu faire à cette lettre, dans les Mémoires de Nevers, par un arrangement évidemment plus moderne, l'ont entièrement dénaturée, en y introduisant, sur les personnes dont il y est fait mention, des erreurs graves qui suffiraient à dénoter l'altération, quand même on n'aurait pas le contrôle de l'ancienne copie. L'abbé de l'Écluse s'était contenté de ce texte des Mémoires de Nevers : « Mon Cousin, les ennemis ne sont pas encore deslogez. Je verray aujourd'huy ce qu'ils veulent. Ces nouvelles *ne meritent pas de vous estre mandées.* Mais en voicy une qui merite toute la diligence du courrier. Je viens de prendre un laquais de Gramont, qui s'en alloit à Paris pour porter des lettres de Vitry à *ma* femme. J'ai appris par *la lecture d'une,* que *mes tantes* et *ma cousine* la duchesse de Longueville furent hier mises en liberté. Jugés si je suis bien ayse d'estre le premier à vous donner cette bonne nouvelle, puisque je sçay le contentement que vous en recevrez. Bon soir, mon Cousin. De Sommereul, ce jeudy 23 de janvier 1592. Signé HENRY. »

vous jugerés aussy le peu de moyens que nous avons d'y pourveoir à present. Toutesfois, voulant vous donner en cela quelque soulagement, et pourveoir à l'entretenement de la dicte garnison, nous avons commandé que assignation soit baillée au tresorier de l'extraordinaire de nos guerres, de la somme de vingt cinq mille escuz, pour y employer comme vous pourrés veoir, par les despesches qu'en ont vos dicts depputez, esperant que Dieu nous fera la grace de restablir et pourveoir tellement à nos affaires, que nous pourrons à l'advenir donner moyen aux gens de guerre qui sont en ladicte garnison de nous y servir, sans que vous en recepviés foule ny incommodité, desirant vostre repos et soulagement autant et plus qu'ayt peu faire nul de nos predecesseurs, comme nous vous ferons cognoistre par les effects, pendant que Dieu nous fera la grace de vous pouvoir conserver et maintenir soubs nostre protection.

Nous escrivons au sr de Sobolle de vous soulager en tout ce qu'il pourra, et d'adviser avec vous les moyens qui pourront servir à l'entretenement de la dicte garnison et desquels vous recepvrés le moins d'incommodité; à quoy nous vous prions de tenir la main de vostre part, et croire que nous aurons tousjours en singuliere recommandation ce qui sera pour vostre bien, repos et soulagement, comme nous vous exhortons d'embrasser avec affection ce qui sera pour le bien de nostre service et advancement de nos affaires. Nous escrivons au sr de Sobolle ce qui se passe en nostre armée et au siege de Rouen, et esperons que Dieu favorisera tant la justice de nostre cause, qu'il nous donnera victoire sur nos ennemys, afin que nous ayons moyen d'establir un bon et asseuré repos en nostre Royaume; en quoy nous desirons estre assistez de vos prieres envers Dieu, comme nous nous asseurons que ferés, pour l'affection que vous avés à la conservation de ceste Couronne : et sur ce, nous prions Dieu qu'il vous ayt, Tres chers et bien amez, en sa saincte et digne garde. Du camp de Poix[1], le xxixe jour de janvier 1592.

HENRY.

POTIER.

[1] Petite ville de Picardie, aujourd'hui chef-lieu de canton du département de la Somme.

## 1592. — 3 FÉVRIER.

Imprimé. — *Lettres inédites de Henri IV...*, recueillies et publiées par J. B. EUSÈBE CASTAIGNE. Angoulême, 1844, in-8°, p. 6.

### A MONS{r} DE L'ESTANG[1].

Monsr de l'Estang, J'ay sceu par le sr vicomte d'Aubeterre les bons services que vous m'avés faicts près de luy depuis son retour en Guyenne; dont j'ay receu beaucoup de contentement, lequel je vous ay voulu tesmoigner par la presente, et vous prie de continuer aux occasions qui s'en presenteront, avec la mesme affection que vous avés faict par le passé, vous asseurant que les services que vous me ferés auprés du dict sr vicomte me seront aussy agreables que si vous me les aviés faicts auprés de moy, pour les recongnoistre par toutes les gratifications que vous sçauriés justement desirer de vostre Roy, qui prie Dieu qu'il vous ayt, Monsr de l'Estang, en sa saincte et digne garde. Escript à Aumalle, le iije jour de febvrier 1592.

HENRY.

RUZÉ.

## [1592.] — 4 FÉVRIER.

Cop. — B. R. Suppl. fr. Ms. 1009-2. (D'après l'ancien cabinet de M. de Mendajors.)

### [A MON COUSIN LE DUC DE MONTMORENCY.]

Mon Cousin, J'ay continué aux enfans du feu sr de Chastillon tous les dons que je luy avois faict; et d'autant que je desire qu'ils ne leur soyent inutiles, je vous prie de les faire jouir de ce qui sera en

---

[1] David Mehée, seigneur de l'Estang, enseigne de la compagnie d'ordonnance du vicomte d'Aubeterre. Il mourut le 3 juin de cette même année. M. Eusèbe Castaigne, qui nous fournit ce renseignement, a donné sur tous les personnages nommés dans les huit lettres publiées par lui, des notions pleines d'intérêt et qui témoignent de son zèle éclairé pour le perfectionnement de notre histoire.

vostre gouvernement, afin qu'ils ayent plus de moyens d'estre instruicts pour se rendre capables de me faire un jour service. La dame de Chastillon, leur mere, m'a faict entendre comme desjà vous leur avés, et à elle, monstré beaucoup d'amitié, de quoy je suis bien ayse, m'asseurant que continuerés à les aimer et favoriser en tout ce qui sera de vostre pouvoir. Leur pere m'a faict de sy bons services que je m'en veux ressouvenir envers eux. Je suis venu jusques icy pour y recevoir le duc de Parme avec honneur; j'espere que dans peu de jours je le verray, et vous manderay de mes nouvelles. Je vous recommande ma garnison de ma ville de Montpellier, pour laquelle je vous ay escript plusieurs fois; ma volonté est que les compagnies qui y sont en garnison soyent payées au nombre porté par leurs commissions; vous en ferés donc faire l'estat : et sur ce, je prie Dieu qu'il vous ayt, mon Cousin, en sa saincte garde. D'Aumale, ce iiij$^e$ febvrier.

HENRY.

1592. — 6 FÉVRIER. — I$^{re}$.

Orig. — Arch. de la ville de Compiègne. Copie transmise par M. le secrétaire général du département de l'Oise.

A NOS CHERS ET BIEN AMEZ LES GOUVERNEUR ET ATOURNEZ [1] DE NOSTRE VILLE DE COMPIEGNE.

Chers et bien amez, Afin que les artifices desquels nos ennemys ont accoustumé d'user ne puissent troubler le repos et donner peine à vos esprits, si vous entendés dire quelque chose à nostre prejudice sur ce qui arriva hier à nostre armée[2], nous avons faict dresser un ample discours de tout ce qui s'y passa : à quoy vous debvés adjoux-

---

[1] Ce titre de magistrature, usité dans l'administration de quelques anciennes villes, vient du bas latin *atturnatus*, qui signifie *procureur*, et d'où les Anglais paraissent avoir fait aussi leur mot *attorney*.

[2] C'était le combat d'Aumale, dont on trouve un récit détaillé dans tous les historiens. L'ardent désir qu'avait le Roi de décider le duc de Parme à une bataille l'avait engagé, lorsqu'on vit arriver l'ar-

ter foy, comme à chose tres veritable, sans croire rien de ce que l'on vous vouldra dire au contre, et que nous esperons que Dieu nous donnera bien tost la victoire de nos ennemys, avecque le moyen d'asseurer quelque repos à nos bons et fidelles subjectz; de quoy vous le debvés tous prier devotement, tant en general qu'en particulier, affin qu'il luy plaise vous en faire la grace : et nous le prierons qu'il vous ayt, Chers et bien amez, en sa saincte et digne garde. Au camp de Neuf-Chastel[3], le vj[e] jour de febvrier 1592.

HENRY.

POTIER.

mée espagnole, à aller lui-même en escarmouche avec cent cavaliers seulement. En faisant repasser le pont d'Aumale à sa petite troupe, il voulut se retirer le dernier et fut blessé aux reins d'un coup d'arquebuse. A cette occasion le duc de Parme, qui était resté fidèle à sa prudence ordinaire, dit qu'il avait pensé avoir affaire à un général d'armée et non à un capitaine de chevau-légers, comme il voyait maintenant qu'était le roi de Navarre. La blessure de Henri IV se trouva peu dangereuse; mais le pansement l'obligea de garder quelques jours le lit à Neufchâtel, suivant les *OEconomies royales,* ou à Gerberoy en Beauvoisis, selon l'historien de cette petite ville. « S'étant fait panser à la hâte dans le bois, dit ce dernier auteur, et ayant reconnu que sa blessure n'étoit pas profonde, il se fit porter à Gerberoy comme dans un lieu de sûreté..... Il logea en la maison du sieur Michel de Bricqueville... Quelques jours après, le duc de Parme, doubtant de la vie de notre généreux prince, envoya après lui un trompette à Gerberoy pour reconnoistre ce qui en estoit, avec ordre de feindre d'estre venu pour composition de prisonniers. Le Roy, qui vit bien l'adresse du duc, avant que de donner audience au trompette, feignit de vouloir aller à la chasse; sur quoi il donna l'ordre de tenir son cheval prest; sur lequel estant monté, il se fit voir au trompette, comme s'il n'eust eu aucune blessure; et, après l'avoir congédié, il se remit au lit. » ( *Histoire de la ville et chasteau de Gerberoy en Beauvoisis,* par Jean Pillet, Rouen, 1674, in-4°, liv. IX, chap. x.) On voit par ces détails que les circonstances se prêtaient assez à des bruits inquiétants tels que le Roi cherche à les dissiper ici.

[3] Cette lettre, datée de Neufchâtel, s'accorde avec le récit des *OEconomies royales.* Mais comme l'historien de Gerberoy apporte des preuves de son assertion, qu'il dit appuyée sur le témoignage d'un grand nombre de témoins oculaires, on peut supposer que le Roi se serait fait transporter de Neufchâtel à Gerberoy.

## 1592. — 6 FÉVRIER. — II$^{me}$.

Orig. — Arch. de la ville de Rennes. Transcription de M. Maillet, bibliothécaire.

A NOS CHERS ET BIEN AMEZ LES ESCHEVINS ET HABITANS DE NOSTRE VILLE DE RENNES.

Chers et bien amez, Depuis un mois en çà que nous sommes venus au devant de l'armée de nos ennemys, avec la pluspart de nostre cavalerie, nous les avons veus souvent, pour les incommoder, et recognoistre leurs forces et couraiges. Ils sont maintenant sy advancez, qu'il est malaisé qu'ils s'approchent davantage de Rouen, sans que la bataille se donne. Nous sommes tousjours à leur teste, et s'ils s'advancent, la bataille se pourra donner dans trois ou quatre jours ; de laquelle nous esperons que Dieu nous donnera bonne issue ; attendant le succez de laquelle nous envoyons à nostre cousin le prince de Dombes un discours de ce qui se passa hyer à leur arrivée à Aumale : et nous asseurant qu'il le vous communiquera, nous nous remettrons à iceluy et ne vous en dirons davantage. Donné au camp de Neuf-Chastel, le vj$^e$ jour de febvrier 1592.

HENRY.

POTIER.

## [1592. — 6 FÉVRIER. — III$^{me}$.]

Imprimé. — *Mémoires et correspondance de Du Plessis-Mornay.* Paris, 1824, in-8°, t. V, p. 149.

A MONS$^R$ DE BEAUVOIR,

CONSEILLER EN MON CONSEIL D'ESTAT, CAPITAINE DE CINQUANTE HOMMES D'ARMES DE MES ORDONNANCES ET MON AMBASSADEUR EN ANGLETERRE.

Mons$^r$ de Beauvoir, Je vous envoye le memoire de ce qui se passa hyer. C'est un eschantillon de plus, si nous sommes assistez à temps ; car il m'est trop dur de demordre Rouen. Mais je suis en peur, si la Royne ne m'assiste promptement ; et il y va de trop pour m'abandonner en ce besoing ; et plaise à Dieu qu'elle en vist la consequence, soit à mal, soit à bien. Pressés l'en donc, je vous prye, et que bientost j'en reçoive les fruicts que j'attends de sa bonne affection et de vostre diligence : et sur ce, je prie Dieu, Mons' de Beauvoir, qu'il vous ayt en sa saincte garde.

HENRY.

Je suis en peur du pauvre Saqueville. Asseurés la Royne et ceulx à qui il appartient que j'en auray soing; et desjà j'ay envoyé un trompette pour sçavoir ce qu'il sera devenu. Je crains qu'il ne se soit engagé trop avant.

1592. — 11 FÉVRIER.

Orig. — B. R. Fonds Béthune, Ms. 9109, fol. 37.
Cop. — Suppl. fr. Ms. 1009-3.
Imprimé. — *Mémoires de Nevers*, t. II, p. 293.

A MON COUSIN LE DUC DE NIVERNOYS.

Mon Cousin, D'autant que deux des chariots qu'a faicts le s' de la Riviere, de Sedan, se sont rompus en ce lieu, je vous prie, incontinent la presente receue, de m'envoyer de Clere quatre chariots pour pouvoir porter les pieces des deux qui sont rompus jusqu'au dict Clere [1]. Envoyés avec ces dicts chariots vingt ou trente harquebusiers à cheval pour les conduire et convoyer icy à l'aube du jour. Du dict

---

[1] Cette partie de l'itinéraire d'Henri IV témoigne de sa merveilleuse activité. Souffrant d'une blessure si récente, il s'était mis à la poursuite du duc de Parme, en apprenant que ce prince retournait vers la Somme. C'est en revenant lui-même de cette poursuite qu'il se rendit à Claire, où il dut arriver le 14 ou le 15. L'état de sa blessure l'y fit un peu s'arrêter. Voici ce que nous apprennent à ce sujet les secrétaires de Sully : « Il se mit aux trousses du duc de Parme, nonobstant sa blessure...; mais ce vieil et rusé capitaine luy faisoit toujours des testes d'infanterie. Il n'executa rien d'importance; et l'ayant suivi jusques au Pont-Dormy, il s'en retourna à Neuf-Châtel, et de là loger à Claire....... Monsieur de Claire, comme vostre amy et allié, vous fit donner une petite chambre dans le chasteau où vous demeurastes (avec un valet de chambre, un page et un laquais seulement) auprés du Roy, qui se faisoit encore panser de sa blessure. » (*OEconomies royales*, chap. XXXIV).

Clere nous les envoyerons à Dernetal. Bon soir, mon Cousin. Escript à Offy², ce mardy xj<sup>e</sup> jour de febvrier, entre les huict ou neuf du soir 1592.

HENRY.

### 1592. — 12 FÉVRIER.

Orig. — B. R. Fonds Béthune, Ms. 9109, fol. 39.
Cop. — B. R. Suppl. fr. Ms. 1009-3.
Imprimé. — *Mémoires de Nevers*, t. II, p. 294.

#### A MON COUSIN LE DUC DE NEVERS.

Mon Cousin, Le baron de Biron vient de venir de la guerre. Il m'a rapporté ce qui s'est passé de Neufchastel, qui est que six heures aprés que le s<sup>r</sup> de Givry y fut arrivé hier, il fut investy des ennemys, qui dresserent leurs batteries à cinq cens pas à descouvert, commencerent à deux heures aprés midy à battre de dix pieces, et à cinq heures avoient faict bresche de cent pas, où les charrettes pouvoient monter. Ce que voyant le dict s<sup>r</sup> de Givry, et que dans le chasteau il ne pouvoit retirer deux cens maistres qu'il avoit, et les regimens de Rempel¹ et Rebours, a capitulé, et est sorty tambours battans, enseignes desployées, trompettes sonnans et en bataille, a emporté et emmené tout ce qu'il a peu de la ville; que les habitans ne seroient pillez; et a laissé dans le chasteau toutes les munitions et gens de guerre qui y sont necessaires, et a emmené les chevaulx de ceulx qui sont demeurez dans le dict chasteau : en quoy j'estime qu'il a faict ce qu'il pouvoit pour mon service. Et parce qu'il est necessaire de pourvoir à ce que nous avons à faire, je vous prie, mon Cousin, de vous rendre demain à onze heures au chasteau de Blainville², où je

---

² C'est Auffay ou Offey, bourg de Normandie, à quelque distance d'Arques, aujourd'hui dans le canton de Tôtes.

---

¹ Le manuscrit écrit ce nom *Temps*, erreur que nous avons pu reconnaître et corriger, en rapprochant deux autres endroits où sont nommés les régiments suisses de Rempel et Rebours.

² Ce château, qui avait appartenu au

vous donneray à disner. J'ay mandé aussy à mon cousin le mareschal de Biron et aux s^rs d'O et de la Guiche, de s'y trouver à la mesme heure. Ce pendant je prieray Dieu qu'il vous ayt, mon Cousin, en sa saincte et digne garde. Du camp de Buchy, le mercredy au soir, xij^e [3] jour de febvrier 1592.

HENRY.

POTIER.

## 1592. — 13 FÉVRIER.

Orig. — Arch. de l'hôtel de ville de Caen. Copie transmise par M. de Formeville, correspondant du ministère de l'Instruction publique.

A NOS AMEZ ET FEAULX LES MAIRE ET ESCHEVINS DE NOSTRE VILLE DE CAEN.

Nos amez et feaulx, La resolution qu'avons prise de nous opposer à l'armée et forces que les ennemys, usurpateurs de cest Estat, ont assemblé, et continuer neantmoins le siege de Rouen, esperant que Dieu nous fera la grace d'en executer l'un et l'aultre, nous a fait despescher le chevalier Duguet, nostre maistre d'hostel, et l'un de nos commissaires generaulx de nos vivres, vers vous, pour le faict des dicts vivres et desquels il est trés necessaire que nostre armée soit promptement secourue, selon que vous entendrés plus particulierement de luy, lequel vous prions croire, et faire en sorte que incontinent les vivres qui doibvent venir de vostre ellection soient fournys et envoyez : à quoy nous asseurant que satisferés, nous prions Nostre Seigneur qu'il vous maintienne en sa saincte garde. A Blainville, le xiij^e febvrier 1592.

HENRY.

POTIER.

sire de Blainville, un des deux mareschaux de France sous Charles V, est aujourd'hui détruit. Le bourg où il était situé fait partie du canton de Buchy (Seine-Inférieure).

[3] Les Mémoires de Nevers datent cette lettre du 21, date que nous rectifions d'après l'original.

[1592. — 18 FÉVRIER. — I<sup>re</sup>.]

Imprimé. — *Mémoires de messire Philippe de Mornay,* t. II, p. 185.

[A LA ROYNE D'ANGLETERRE.]

[1] Madame, Vous sçaurés mieux par mons<sup>r</sup> Houton vostre ambassadeur, ce qui se passa hier en l'entreprinse que j'avois sur le quartier du duc de Guise[2]; car il fut present à tout, et n'y a meilleur temoingnage que luy de toutes les particularitez[3]. Croyés, Madame, que pour peu de faveur que j'eusse de vous, je vous rendrois bon compte de ces gens, et espererois qu'ils ne feroient guere de mal à nos estats, et seroient bien aise de retourner en seureté, pour conserver les leurs. Mais vous considererés que j'ay à continuer le siege de Rouen; que je ne veux desmordre, et en mesme temps à m'opposer à eux à la campagne; ce qui m'est difficile sans vostre ayde, comme souvent je vous ay remonstré, et que je pense aussy ne m'estre retardé que par les vents. Nous en sommes là, Madame, que les armées s'entreregardent, et se fussent desjà battues s'ils eussent eu autant de resolution de secourir Rouen, que moy de continuer le siege pour l'emporter à leur veue; et pour ce, je vous supplie de juger, selon votre prudence, de combien il y va, et ne permettre que par faulte d'un mediocre secours un si grand œuvre soit abandonné et tant de labeurs perdus, lorsque nous sommes sur le poinct d'en recueillir les fruicts. J'ay donné charge à mon ambassadeur de vous en dire là dessus davantage, sur lequel me remettant ne feray cestecy plus longue que pour prier Dieu qu'il vous ayt, Madame, en sa saincte et digne garde.

Vostre affectionné frere et serviteur,

HENRY.

---

[1] Dans les Mémoires de Mornay on lit en marge de cette lettre : « Faite par M. du Plessis. »

[2] Ce cmbat est raconté avec détails dans les Mémoires de Mornay, t. II, p. 182.

[3] D'Aubigné, qui confond l'ambassadeur Unton, avec Thomas Edmonds, son agent (plusieurs fois nommé à la suscrip-

1592. — 18 FÉVRIER. — II^me.

Cop. — B. R. Fonds Saint-Germain-Harlay, Ms. 331, fol. 42 recto.

A ANCEL,

SERVITEUR ORDINAIRE DE MA CHAMBRE, RESIDANT POUR MES AFFAIRES ET SERVICE À LA COUR DE L'EMPEREUR, MON BON FRERE.

Mons^r Ancel, Aussy tost que ma blessure, de laquelle je vous ay donné advis, m'a permis d'aller à la guerre, j'ay bien voulu faire sentir à mes ennemys qu'elle n'est pas telle, Dieu mercy, qu'ils en faisoient courir le bruit, et qu'ils n'en tireront pas l'advantage qu'ils s'estoient promis. Pour ce faire, je montay à cheval hier matin avec quinze cens chevaulx françois, et six cens harquebusiers tant à cheval que à pied, en intention d'aller lever le logis de Bure [1], où estoient logez le duc de Guise et la Chastre, avec onze cornettes de cavallerie et cinq regimens de gens de pied. Ceste mienne desliberation cuida estre interrompue par la rencontre que soixante chevaulx, que j'avois jectez devant moy, et quelques harquebusiers feirent de cent chevaulx ennemys, conduicts par le comte de Chaligny, à une lieue et demie du logis du dict duc de Guise; mais ils furent chargez sy resoluement, que soixante demourerent morts sur la place, ou prisonniers : entre autres le dict comte de Chaligny, prisonnier et fort blessé [2]. Le reste

---

tion de lettres de Burghley), dit au sujet de la part que l'un ou l'autre prit à l'affaire : « L'ambassadeur d'Angleterre Edmond se déroba du Roi pour taster cette meslée, et en fut repris par lui. » (Hist. univ. t. II,

liv. III, chap. XIV.) Tous les Anglais qui étaient à ce siége mirent beaucoup d'ardeur à chercher les occasions d'y paraître avec éclat. Édouard Devereux, cousin du comte d'Essex, s'y était fait tuer l'année précédente,

---

[1] Bures est un village sur la Béthune, entre Neufchâtel et Dieppe (Seine-Inférieure).

[2] Ce prince, frère consanguin de la reine douairière de France et du duc de Mercœur, fut blessé et pris, au combat de

Bures, par Chicot, fou du Roi, qui en l'amenant à Henri IV lui dit : « Tiens, voilà ce que je te donne. » D'Aubigné prétend que Chicot cherchait depuis longtemps à se venger sur un prince lorrain des coups de canne qu'il avait reçus du duc de

fut poursuivy jusqu'à leur village, auquel ils porterent l'alarme; et demourerent les nostres fermes une grande demye heure, attendans mes trouppes qui ne pouvoient encore estre arrivées. Ce pendant ils donnerent loisir à leur cavallerie de monter à cheval et à leurs gens de pied de se baricader et de border sur les advenues les hayes de leurs harquebusiers. Trois cens chevaulx ennemys sortirent, et combien que le nombre fust plus grand que celuy des miens, et du tout inegal, toutesfois, environ les deux heures aprés midy, aussy tost que je descouvris mes dictes troupes sur un hault, là auprés, marchans au grand trot, et le peu d'asseurance que je recogneus aux dicts ennemys, je les feis charger sy à propos, Dieu mercy, que ce petit nombre les ramena battans, leur feit passer leur village, et les nostres en demeurerent maistres plus d'une heure. Il y fut tué prés de trois à quatre cens hommes, tant de cheval que de pied, quatre cens chevaulx buttinez, leur bagage, vaisselle d'argent et habillemens, jusques à la valeur de plus de cinquante mille escuz, et la cornette du duc de Guise, qui estoit allé ce matin-là au quartier du duc de Parme. S'ils montrerent peu de courage à deffendre et garder leur logis, ils n'en eurent pas davantage ny plus d'assurance à faire quelque chose de mieulx sur nostre retraicte; car jamais ils ne sortirent pour nous suivre, combien que ce fust à la teste de leur armée, ains nous laisserent paisibles possesseurs de leurs prisonniers et de leurs despouilles. Mon cousin le duc de Nivernois, qui estoit à ma main droicte, à une lieue de Bure, donna dans un aultre village, auquel estoit logé le regiment

Mayenne, et que, bravant tous les périls pour trouver cette occasion, il avait eu, depuis deux ans, cinq chevaux tués sous lui. M. de Chaligny, furieux d'être tombé ainsi aux mains du bouffon, lui donna un coup d'épée dont il mourut. Chicot fut regretté du Roi, qui se plaisait à la liberté de ses saillies, et estimait sa bravoure. Il le dit même à M. de Chaligny, pour le consoler de la manière dont il était devenu prisonnier. L'Estoile était mal informé lorsqu'il rapporte que Chicot fut tué après avoir tué lui-même le comte de Chaligny, car ce prince ne mourut qu'en 1601. Il était fils de Nicolas de Lorraine, duc de Mercœur, et de Catherine de Lorraine, sa troisième femme. Il épousa en 1597 Claude de Mouy, et prit, l'année suivante, du consentement de son beau-père, le titre de marquis de Mouy, qui fut également porté par son fils.

de Barlette³ dont il en fut tué soixante sur la place; et douze chevaulx qui se retiroient les derniers de la trouppe de mon dict cousin en rencontrerent seize des ennemys, qu'ils chargerent. Quatre furent tuez sur la place, le maistre de camp de Cluseaulx et quatre aultres pris prisonniers et le reste mis à vau de route. Ceste nouvelle, que je vous ay bien voulu faire sçavoir, vous rendra asseuré tant de mon bien porter, grace à Dieu, que de l'assistance qu'il pleut à sa divine bonté me continuer en la justice de mes armes, afin que vous en faciés part à ceulx que vous jugerés estre à propos, après en avoir pris la resjouissance qui est deue à vostre bonne volonté, et à l'affection que vous portés à mon service : priant, sur ce, Nostre Seigneur vous avoir en sa saincte garde. Escript au camp de Buchy, ce xviij° febvrier 1592⁴.

HENRY.

## 1592. — 27 FÉVRIER.

Cop. — B. R. Suppl. fr. Ms. 1009-2. (D'après l'ancien cabinet de M. de Mendajors.)

[A MON COUSIN LE DUC DE MONTMORENCY.]

Mon Cousin, Je vous escripvis dés le lendemain que je feus blessé, par un porteur qui se trouva prest à partir pour vous aller trouver. Depuis je vous ay faict une aultre despesche pour vous oster hors de la peine où vous pouviés estre pour la qualité de ma blessure; et vous mandois qu'elle estoit telle qu'elle ne m'avoit pas empesché, le xij° ou le xiij° jour aprés, de faire une bonne cavalcade pour aller lever le logis de l'avant-garde de l'ennemy, où estoit le duc de Guise.

---

³ Peut-être faut-il lire ici *la Berlote*, comme en plusieurs autres endroits, où il est question du colonel la Berlote et de son régiment. C'est du moins l'orthographe qu'on rencontre le plus. On trouve aussi la *Burlote*, ce qui répond à la manière dont le nom est latinisé par de Thou, dans le CV° livre de son histoire. « Claudius Burlota, dit-il, qui chirurgi munere olim in familia Caroli [de Mansfeld] functus, virtute meruerat, ut legionis tribunus esset. » L'interprétation des noms français jointe à l'édition de Londres, 1733, in-fol. donne ici *la Burlotte*.

⁴ Une lettre toute semblable fut adressée le même jour au maréchal de Matignon. L'original en est conservé à la B. R. fonds Béthune, Ms. 8824, fol. 115.

Je fais mettre avec celle-cy le duplicata de la dicte despesche, pour vous en servir en cas que la premiere ne vous fust arrivée. J'ay depuis receu la vostre du ix$^e$ du passé, avec le duplicata de celle du v$^e$ decembre, que je n'avois point receue. J'ay veu par la premiere l'histoire au vray du faict de Carcassonne; qui a esté un grand malheur, auquel je voy bien que, de vostre part, vous avés pourveu autant qu'il vous estoit possible. S'il se decouvre qu'il y ayt eu de l'infidelité, il est trés necessaire de la faire bien et exemplairement chastier. Si c'est la pure malice des habitans, ils ne tarderont gueres d'en faire la penitence et de s'apercevoir qu'ils n'auront pas gagné à changer de maistre, avec ce qu'il est veritable que la justice de Dieu ne leur manquera pas. Vous avés trés bien faict de fortifier les garnisons des places qui en sont les plus proches, affin que les dicts ennemys ne s'estendent pas de ce costé davantaige. Par la vostre derniere j'ay aussy veu ce qui est advenu du faict de la ville et chasteau de Clermont, où par vostre prudence il a esté bien pourveu. Mais parce que l'exemple a quelque consequence, s'il y a eu lieu de donner quelque contentement à Fabre, en quelque aultre chose, quand bien elle seroit plus à son avantage, j'estimerois que ce seroit encores le meilleur. Toutesfois, je m'en remets à vous pour en user ainsy que vous jugerés que les affaires de delà le peuvent comporter.

Quand à Marseille, j'avois bien veu, il y a quelque temps, par lettres qui ont esté interceptées, de la comtesse de Saulx[1] et du corps mesme

---

[1] Chrétienne d'Aguerre, fille de Claude d'Aguerre, seigneur de Vienne-le-Chastel, et de Jeanne de Hangest-Moyencourt, avait épousé en premières noces Antoine de Blanchefort, seigneur de Saint-Janvier, qui, en héritant du cardinal de Créquy, son oncle maternel, prit pour lui et ses descendants le nom et les armes de Créquy. Sa veuve se remaria à François-Louis d'Agoult, comte de Sault, dont elle eut un fils qui, étant mort sans enfants, la fit son héritière. Elle-même légua tous ses biens au fils qu'elle avait eu de son premier mariage, Charles de Créquy, sire de Créquy et de Canaples, prince de Poix, qui devint aussi comte de Sault, puis, ayant épousé en 1595 Madeleine de Bonne, fille de Lesdiguières, hérita, à la mort de celui-ci, en 1626, du duché-pairie de Lesdiguières, créé en 1611. Quant à sa mère, la comtesse de Sault, elle n'était pas encore disposée à contracter avec Lesdiguières l'alliance qui se forma trois ans plus tard; car elle avait tenu jusqu'alors le parti de la Ligue dans la Pro-

de la dicte ville, au duc de Mayenne, comme ils estoient du tout separez du duc de Savoye. J'en eus encores nouvelle et confirmation par les lettres que je vois qui vous ont esté escriptes, qui ne sont pas du tout aux termes qu'elles devroient estre; mais estant ceste affaire conduite de sy bonne main que la vostre, prens par ce commencement bonne augure qu'ils pourroient achever de se remettre du tout à leur debvoir, dont je trouve bon que vous leur donniés toute occasion, par les gratifications que vous leur pourrés faire; et serois bien ayse qu'ils ayent conclud cette trefve avec le s$^r$ de la Valette, ce qui ne se pouvoit traicter par meilleure intervention que la vostre.

J'ay veu dans vos dictes lettres les nouvelles que vous aviés d'Arragon, qui sont conformes à celles que j'en ay d'ailleurs; et eusse bien desiré qu'ils eussent un peu plus de courage [2]. Car celuy qui a tant de soing de nourrir et entretenir la rebellion chez ses voisins, meritoit bien qu'il en essuyast chez luy un peu davantage. Je crois qu'il n'a patience que du temps, et que tost ou tard, c'est chose qui ne luy peut manquer.

Quant à nos nouvelles de deçà, il ne s'est, depuis ma derniere despesche, rien exploicté de remarquable à la campagne, entre les deux armées. Je suis tousjours à leur teste avec ma cavallerie, à quatre lieues d'eulx. S'ils font encores un logis en çà, il est inevitable que, deux jours aprés, nous sommes à la bataille. Mais comme je mets toute mon industrie à les y embarquer, ils employent toute la leur à s'en excuser; et vois bien qu'ils n'y viendront jamais que contre leur

---

vence, où elle avait appelé le duc de Savoie pour l'aider à défendre Aix contre M. de la Valette. Elle vit bientôt les maux que cet appel de l'étranger causait à sa patrie, et pour faire rentrer dans le devoir les parties de la Provence révoltées, elle entra en négociations avec le Roi par l'intermédiaire de Lesdiguières et du duc de Montmorency. Arrêtée avec son fils par ordre du duc de Savoie, comme on l'a vu ci-dessus, elle se sauva à la faveur d'un déguisement. Elle mourut en 1611.

[2] Voyez sur les rigueurs excessives que Philippe II exerça contre l'Aragon, à la suite de la révolte excitée par Antonio Perez, l'ouvrage de M. Mignet que nous avons dejà cité.

gré. Cependant le siege se continue tousjours au fort de Saincte-Catherine. Il nous y est venu un peu de desordre depuis trois jours, par une grande sortie que firent les assiegez, à la faveur d'un grand brouillard qui les couvrit jusques à ce qu'ils feussent dans les tranchées; lesquelles ils attaquerent par la teste et par la queue; et pendant que les François combattoient à la dicte teste, quelques lansquenetz, qui estoient à la queue, l'abandonnerent, de sorte que les dicts François se trouverent assaillys par devant et par derriere. Cependant le meurtre y fut bien egal de part et d'aultre. Mon cousin le mareschal de Biron accourut à l'alarme avec un regiment de Suisses; mais ce ne put estre sy tost, que les ennemys n'eussent eu le loisir de rouler dans leurs fossez trois de nos canons, qui en estoient fort proches. Mon dict cousin les poursuivit et chassa jusques à leur contrescarpe, où il fut blessé d'une arquebusade à la jambe, au-dessous du genouil, sans toucher à l'os; et n'est la blessure aucunement dangereuse. La fortune a desjà commencé à nous reparer ceste petite defaveur, s'estant le vent tourné, aprés avoir demeuré, prés de cinq sepmaines, contraire au passage de trois mil soldats que menoient ceux des Pays-Bas, et viens de recevoir nouvelle qu'ils sont arrivez à Dieppe; et pareillement j'ay eu aussy advis qu'un pareil secours qui me venoit d'Angleterre estoit embarqué, et devoit arriver dans un jour ou deux. Avec cela j'espere de faire de seize à dix sept mil hommes de pied, qui est plus qu'en ont les ennemys; mais j'ay bien plus d'advantage en quantité et qualité de cavallerie, car il n'y a pas icy moins de cinq mille chevaux françois et quatre mille reistres, et tout avec telle resolution au combat, qu'il y a bien plus de peine à les retenir qu'à les esmouvoir. Avec de sy belles et bonnes forces, je m'asseure que je seray excusé de hazarder la bataille, si l'occasion s'en presente. Il ne peut plus gueres differer que les choses ne se resolvent ou au combat, ou que les ennemys ne facent place. Vous ne tarderés pas longtemps que vous n'en ayés des nouvelles, et espere qu'elles ne seront que bonnes. C'est ce que je vous diray pour ceste fois: sur ce, je prie Dieu, mon

Cousin, vous avoir en sa saincte garde. Escript au camp de Clere, le xxvij febvrier 1592.

HENRY.

FORGET.

1592. — 3 MARS.

Cop. — B. R. Fonds Fontette, portefeuille VI, pièce 54.

A MONS<sup>R</sup> LE BARON D'AIX[1].

Mons<sup>r</sup> le baron, J'ay donné à mon cousin le duc de Nevers charge de pourveoir à la garnison necessaire pour la conservation de la ville de Mussy et entretenement de la dicte garnison, comme je m'asseure qu'il fera incontinent qu'il sera de retour en son gouvernement. Ce pendant, je vous prie de veiller à la conservation de la dicte place et croire que j'ay fort agreable le service que m'y faictes. S'offrant occasion de quelque prisonnier, j'auray souvenance de vous; mesmes dés à present, traictant pour la liberté du comte de Chaligny, je vous promets que ce sera la vostre [2]. Mes ennemys s'estoient approchez de neuf lieues de ceste ville; mais voyans n'y pouvoir faire lever le siege, ny secourir les assiegez, sans donner bataille, ils se sont esloignez, comme vous entendrés plus particulierement de ce porteur: auquel me remettant pour ce regard, je prie Dieu, Mons<sup>r</sup> le baron, qu'il vous ayt en sa saincte et digne garde. Du camp de Rouen et Darnetal, ce iij<sup>e</sup> mars 1592.

HENRY.

POTIER.

[1] Charles de Pérusse d'Escars, ou des Cars, baron d'Aix et de la Mothe Trichasteau, puis, après la mort de son frère, comte d'Escars, seigneur de Ségur, etc. conseiller d'état, capitaine de cent hommes d'armes des ordonnances. Il était le second fils de François, comte d'Escars, et de Claude de Bauffremont. Il mourut en 1626.

[2] Suivant Davila, les trente mille écus de rançon du comte de Chaligny furent employés à indemniser la duchesse de Longueville de pareille somme qu'elle avait payée en recouvrant sa liberté. Il se peut qu'on y ait joint la condition de mettre en liberté le baron d'Aix.

1592. — 4 mars.

Orig. — Archives du Royaume. Sect. judiciaire. Parlement de Tours, conseil, t. XV, fol. 202 recto.

A NOS AMEZ ET FEAULX LES GENS TENANS NOSTRE COURT
DE PARLEMENT.

Nos amez et feaulx, Nous avons receu les lettres que voús nous avés escriptes, et prenons en bonne part les remonstrances que vous nous faictes pour l'expedition de ceulx qui poursuivent leur restablissement, attendu la longueur du temps qu'ils en font instance. Mais d'autant que l'expedition de justice doibt estre desirée d'un chacun, vous jugiés aussy, nous tenans pour tel, que leur restablissement, n'a esté differé que pour occasion juste et legitime, laquelle nous entendons par les commissaires de nostre court de Parlement : et vous ferons entendre sur tout nostre volonté. Ce pendant nous vous ordonnons et trés expressement enjoignons de tenir en surseance ces affaires, suivant ce que nous vous avons par cy-devant escript par deux de nos lettres consecutives. Donné au camp de Torcy, le iiij$^e$ jour de mars 1592.

HENRY.

RUZÉ.

1592. — 6 mars.

Orig. — B. R. Fonds Béthune, Ms. 9109, fol. 40.
Cop. — B. R. Suppl. fr. Ms. 1009-3.
Imprimé. — *Mémoires de Nevers*, t. II, p. 295.

A MON COUSIN LE DUC DE NIVERNOIS ET DE RETHELOIS,
GOUVERNEUR ET LIEUCTENANT GENERAL POUR LE ROY EN CHAMPAIGNE ET BRYE.

Mon Cousin, L'armée de mes ennemys a marché aujourd'huy et va droit à Pontdormy [1]. Partie d'icelle est allé passer à Abbeville. Leurs

---

[1] On prononçait ainsi alors le nom de la petite ville de Pont-de-Remy, sur la Somme, au-dessus d'Abbeville.

gens de pied marchans ce jourd'huy, ont eu leur part du mauvais temps, ayans le vent au visage. Je monteray à cheval à lune levant, pour les suivre ; je vous prie d'estre de la partie et [nous] venir trouver au rendés-vous, suivant ce que vous escrira le baron. La lettre du s$^r$ de la Chastre, qu'avés deschiffrée, faict assez juger quelle est leur intention. J'ay veu ce que vous escript Vitry[2]. Je vous prie luy mander que je me suis plaint de ce qu'il a abusé du dernier passeport que je luy avois accordé, ayant debauché vingt-cinq ou trente de mes serviteurs, pendant qu'il a eu le dict passeport, lesquels il a amenez avec luy en ce voyage : que je ne veulx qu'il se serve de mes passeports au prejudice de mon service. Vous luy pouvés mander que, s'il a volonté de se retirer en sa maison pour estre mon serviteur, que vous employerés volontiers pour luy. C'est tout ce que j'ay à vous escrire, mon Cousin, sinon que je prie Dieu qu'il vous ayt en sa garde. Du camp d'Amvermeuil[3], le vj$^e$ mars 1592.

HENRY.

POTIER.

[4] Mon Cousin, J'espere demain leur faire la croix sur le dos à la chaussée de Pont-Dormy.

## 1592. — 9 MARS.

Orig. — Arch. municipales de Rennes. Transcription de M. Maillet, bibliothécaire.

A NOS CHERS ET BIEN AMEZ LES ESCHEVINS ET HABITANS DE NOSTRE VILLE DE RENNES.

Chers et bien amez, Nous avons esté tres ayse d'entendre la conference que nos cousins les princes de Conty et de Dombes ont eu ensemble, et la resolution qu'ils ont prinse d'assembler le plus de forces qu'ils pourront, pour après se mettre en campaigne et pourveoir

---

[2] Sur M. de Vitry, voyez ci-après, billet du 8 avril de cette année.
[3] C'est Envermeu, bourg considérable du pays de Caux (Seine-Inférieure).
[4] Post-scriptum de la main du Roi.

à ce qui est requis pour le bien de nostre service et repos de nostre province de Bretaigne. Nous avons donné ordre à ce que la Royne d'Angleterre, nostre bonne sœur, envoye bien tost au dict pays une recrue pour fortifier les trouppes angloises qui sont au dict pays, et avons deliberé d'y envoyer d'ailleurs toutes les forces des provinces voisines de Bretaigne qui sont en nostre armée, incontinent aprés le siege de Rouen, duquel nous esperons que Dieu nous fera la grace d'avoir bien tost une bonne issue, puisque les ducs de Parme et de Mayenne, aprés s'estre approchez de sept lieues du dict Rouen pour nous faire lever le dict siege, et voyans ne le pouvoir faire sans donner la bataille, ont mieux aimé rebrousser chemin et repasser la riviere de Somme que de hazarder la dicte bataille, se deffiant de leur mauvaise cause et redoubtant le courage de la noblesse qui nous assiste, la valeur de laquelle nous leur avons faict sentir en plusieurs occasions qui se sont offertes, durant six sepmaines que les deux armées ont esté assez proches l'une de l'aultre. Nous les avons suivys jusqu'au passage de la dicte riviere de Somme, leur faisant serrer la file, tuant et prenant prisonniers beaucoup des leurs; mesmes avant-hier le régiment de Gribouval fut entierement deffaict par nos chevaulx-legers.

Maintenant nous en retournons continuer le siege de Rouen, resolus de l'attaquer en divers endroicts et la battre de quarante canons, ce qui nous sera plus aysé à faire qu'il n'a esté cy-devant, tant pour l'esloignement de l'armée de nos dicts ennemys, que pour l'arrivée de trois mil Walons et Escossois qui nous sont venus depuis quatre jours; et attendons dans quatre jours deux mil Anglois. Nous escrivons à la noblesse de Bretaigne de se tenir prests pour assister nostre dict cousin en ceste occasion. De vostre part apportés-y ce qui despendra de vous, et vous asseurés que nous ferons tout ce qui sera en nostre pouvoir pour le bien et repos de nostre dicte province de Bretaigne, et pour vous delivrer de l'oppression de nos dicts ennemys; ayant autant en recommandation la conservation de nos bons subjects d'icelle, specialement de ceulx de nostre dicte ville de Rennes, pour la fidelité et affection que vous nous avés conservée, que de nuls aultres de nostre Royaume. Donné au camp de Blangy[1], le ix$^e$ jour de mars 1592.

HENRY.

POTIER.

1592. — 16 MARS.

Orig. — Archives de la famille de Treignan. Copie transmise par M. Jubé, sous-chef de bureau au ministère de l'Instruction publique.

### A MONS$^R$ DE TRIGNAN,
#### GOUVERNEUR DE MA VILLE DE SISTERON.

Mons$^r$ de Trignan, Je n'employeray point beaucoup de mots en vostre endroict, car vostre aage, vostre qualité et la preuve que vous avés rendu de vostre sincere affection au service des feux Roys mes predecesseurs, et moy, me font asseurer qu'en ceste occasion sy importante que la mort du feu s$^r$ de la Valette vous aurés affectionné vos gens à ce qui est de leur debvoir envers leur Roy. Dés que j'ay eu ceste nouvelle, j'ay advisé d'envoyer le s$^r$ chevalier de Buous[1], attendant que dans peu de jours je pourvoye à ce que j'estime necessaire pour la seureté et conservation de mes subjects. Je l'ay expressement chargé de vous voir, et communiquer de ce qui sera de mon service, vous priant l'assister de vos advis et conseils, que je ne perdray poinct le souvenir du soing et de la peine que vous y aurés apporté : priant sur ce le Createur, Mons$^r$ de Trignan, vous avoir en sa garde. Au camp de Darnetal, le xvj$^e$ jour de mars 1592.

HENRY.

FORGET.

---

[1] Blangis ou Blangy est une petite ville du pays de Caux, sur la Bresle (Seine-Inférieure).

---

[1] Antoine de Pontévez, seigneur de Buous, chevalier de Malte, gouverneur de Grasse. Son frère aîné, Pompée de Pontevez, était lieutenant général au gouvernement de Provence. Ils étaient fils de Gabriel de Pontévez, seigneur de Buous, et d'Anne Grimaud de Sades, dame d'Aiguières.

## 1592. — 18 MARS.

Imprimé. — *Mémoires de messire Philippe de Mornay,* 1624, in-4°, t. II, p. 215.

[A MONS<sup>R</sup> DU PLESSIS.]

Mons<sup>r</sup> du Plessis, Ayant veu par la lettre que vous avés escript à Revol que le s<sup>r</sup> de Villeroy vous a faict cognoistre qu'il a charge de traicter [1], je trouve bon que vous entriés en conference avec luy sur les moyens de la paix, dont, s'il se peut faire quelques bonnes ouvertures entre vous, il ne tiendra à moy qu'il n'en sorte le fruict que tous les gens de bien desirent. Sur quoy j'attendray de sçavoir de vos nouvelles, pour ne vous en pouvoir à present dire aultre particularité: priant Dieu qu'il vous ayt, Mons<sup>r</sup> du Plessis, en sa saincte garde.

A Dernetal, le xviij<sup>e</sup> mars 1592.

HENRY.

## 1592. — 19 MARS.

Orig. — Archives de la famille de Treignan. Copie transmise par M. Jubé, sous-chef de bureau au ministère de l'Instruction publique.

### A MONS<sup>R</sup> DE TRIGNAN,
GOUVERNEUR DE MA VILLE DE SISTERON.

Mons<sup>r</sup> de Trignan, Sy tost que j'ouis la fascheuse nouvelle de la mort du feu s<sup>r</sup> de la Valette, je despeschay, dés le lendemain, le chevalier de Buous pour s'en retourner par delà, et vous escrivis par luy un mot seulement, pour vous asseurer que vous avés occasion de vous consoler sur la dicte perte; parce que, si Dieu vous avoit osté un bon amy, il vous avoit conservé un bon maistre, qui vous aime et estime, et ne vous laissera jamais despourveu d'honneurs et de biens. J'ay

---

[1] Voici les premières traces de cette importante négociation, qui prépara de longue main la soumission du duc de Mayenne et la paix. Mais elle avait été commencée dès la fin de l'année précédente, comme nous l'apprennent les Mémoires de madame de Mornay. Le voyage de son mari en Angleterre avait interrompu les premières négociations, déjà assez bien mises en train.

depuis receu la lettre du xxiiij<sup>e</sup> du passé, en laquelle j'ay esté bien ayse de voir la profession que vous me faictes de choses que j'ay tousjours tenu pour bien asseurées, qui est vostre bonne affection et fidelité. Vous l'avés trop longuement gardée, pour pouvoir estre suspect de la vouloir perdre maintenant. Suivant l'advis que vous me donnés du besoing qu'il y avoit d'envoyer promptement quelqu'un par delà, prevoyant que celuy que j'y eusse peu despescher d'icy ne fust pas arrivé à temps, je mande au seig<sup>r</sup> Alfonse de s'y acheminer en diligence et mener le plus de forces qu'il pourra. Je luy envoye expressement le secretaire Viçoze pour le presser de partir, et vous prie, y estant, de l'aller trouver et de l'assister de tout ce que vous pourrés. J'ay donné charge au dict Viçoze de passer jusques en Provence, pour vous voir tous de ma part, et vous entre les aultres. Vous le croirés de ce qu'il vous dira de ma part, et luy pourrés aussy fier seurement ce que vous aurés à me faire entendre de la lettre. Sur ce, je prie Dieu, Mons<sup>r</sup> de Trignan, vous tenir en sa saincte garde. Escript au camp devant Rouen, ce xix<sup>e</sup> jour de mars 1592.

HENRY.

[1] Ce porteur vous est congneu : il m'est fidele et instruict de mes intentions; je vous prie le croire.

1592. — 23 MARS. — I<sup>re</sup>.<br>
Orig. — B. R. Fonds S<sup>t</sup>-Germain-Harlay, Ms. 1024 anc. pièce 188.<br>
Cop. — Fonds Brienne, Ms. 13, fol. 276 recto.

A MONS<sup>R</sup> DE MAISSE,<br>
CONSEILLER EN MON CONSEIL D'ESTAT, ET MON AMBASSADEUR À VENIZE.

Mons<sup>r</sup> de Maisse[1], *J'ay entendu par toutes vos lettres la bonne volonté en laquelle perseverent nos amyz, d'ayder les desseings du s<sup>r</sup> Desdiguieres,*

[1] De la main du Roi.

---

[1] Cette lettre, écrite en chiffre dans l'original, se trouve déchiffrée par la copie du manuscrit de Brienne.

quand ils verront la besongne commencée et acheminée par quelque bon exploict. Sur la confiance de ceste promesse, il s'est preparé, et estoit sur le point de mettre la main à l'œuvre, quand l'accident est advenu, trés mal à propos pour mon service, de la mort du s$^r$ de la Valette; dont craignant quelque maulvaise suitte au dict pays, comme il n'a deu doubter que l'ennemy n'essayast tous moyens de s'en prevalloir, il a, pour ceste occasion, differé son entreprise[2] pour conforter mon service au dict pays, en se tenant sy prest avec les forces que cela puisse empescher quelque esbranlement des courages ou volontez, mesmes parmy le peuple, peu resolu à supporter quelque adversité, s'il n'est sousteñu d'esperance d'un prompt secours, et de tenir l'ennemy en bride, attendant l'ordre que j'y pourrois donner, n'ayant failly de m'en advertir incontinent par homme exprés venu de sa part, qui a eu charge de me dire pareillement les forces et moyens qu'il a prests pour l'effect de son entreprinse, comme il me les a pareillement representez et faict congnoistre, tels que j'ay occasion d'en esperer tout bon succez au bien de mes affaires et contentement de mes amys. J'ay aussy tost resolu, pour le regard de la Provence, d'y envoyer le s$^r$ Alfonse Corse, pour commander, en attendant que j'aye pourveu au gouvernement, comme je suis en opinion de le donner à un prince, afin de contenter en cela les humeurs de ceulx du païs; et ay redespesché vers le dict s$^r$ Desdiguieres son homme, avec charge et commandement, qu'il luy porte de moy, de continuer et accelerer ses dicts desseings, ainsy que son dict homme m'a asseuré de sa part que incontinent il en fera veoir de bons effectz. Pour autant j'ay pensé estre necessaire que vous saichiés l'occasion qui l'a retardé en l'estat où les choses en sont, pour en advertir nos amys, affin que l'attente qu'il y auroit davantage ne leur face estimer qu'il y ayt changement, et que non seulement ils demeurent en la bonne disposition qu'ils ont monstrée de l'y vouloir assister, mais qu'ils en tiennent, s'il leur plaist, les moyens sy prests, que la longueur, aprés qu'il sera engagé, ne destruise les bons fondemens qu'il aura jectez, qu'il ne pourroit pas longuement soustenir de soy-mesmes. Et pour ce, je vous prie travailler de vostre costé à luy

---

[2] Lesdiguières préparait une expédition en Piémont, qu'il exécuta à l'automne de cette année, avec de brillants succès.

*asseurer et accelerer ce secours le plus qu'il sera possible, pour l'importance que c'est de l'avoir à temps:* priant Dieu, Mons<sup>r</sup> de Maisse, vous avoir en sa sainte garde. Escript au camp devant Rouen, le xxiij<sup>e</sup> jour de mars 1592.

HENRY.

REVOL.

## 1592. — 23 MARS. — II<sup>e</sup>.

Orig. — B. R. Fonds Béthune, Ms. 9109, fol. 41.
Cop. — B. R. Suppl. fr. Ms. 1009-3.

[A MONS<sup>R</sup> LE COMMANDEUR DE CHATTE.]

Mons<sup>r</sup> de Chatte, Ayant esté adverty que mon cousin le duc de Mantoue[1] a envoyé quelques navires à Dansic pour charger des bleds pour ses terres, et que les conducteurs d'iceulx pourront avoir besoin de vostre faveur pour faciliter leur passaige, desirant gratifier mon dict cousin en tout ce qui m'est possible, je vous ay bien voulu prier par la presente que, si ceulx qui conduisent ses dicts navires, et qui vous feront apparoir de son passeport, ont besoin de vostre assistance, vous lui favorisiés de tout vostre pouvoir, en tout ce qu'ils vous requerront, vous asseurant que ce me sera chose tres agreable, pour le desir que j'ay de luy faire paroistre en ceste occasion et en toute aultre l'amitié et bonne volonté que je luy porte : et sur ce, je prie Dieu qu'il vous ayt, Mons<sup>r</sup> de Chatte, en sa saincte et digne garde. Du camp devant Rouen, le xxiij<sup>e</sup> jour de mars 1592.

HENRY.

POTIER.

---

[1] Vincent I<sup>er</sup>, duc de Mantoue, fils de Guillaume, duc de Mantoue, et d'Éléonore d'Autriche, fille de l'empereur, né le 21 septembre 1562, succéda à son père le 14 août 1587, et mourut le 18 février 1612.

[ 1592. ] — 24 mars. — I^re.

Orig. — A Londres, State paper office, ancient royal letters, t. XII, lettre 159. Envoi de M^r l'ambassadeur de France à Londres.

[A LA ROYNE D'ANGLETERRE.]

Madame, Quelques marchans, mes serviteurs, ont affaire en vostre ville de Londres, pour lesquels l'un d'eux, nommé Dargouge, y est envoyé, où vostre faveur pourra estre necessaire; et pour ce que, oultre la recommandation que leur fidelité et affection leur apporte envers moy, j'ay particuliere occasion de l'estendre en ce faict, pour quelque commodité que mes affaires en recevront, je vous ay bien voulu supplier par la presente, qu'il vous plaise, Madame, en ce que vostre auctorité et grace y pourra estre requise, de luy vouloir impartir (selon vostre bonté accoustumée en ce qui me touche, comme à chose que je repute mienne et dont l'obligation sera entiere sur moy) une augmentation de vos bienfaicts, que je recongnoistray tousjours estre le principal soustenement de mes affaires, après Dieu : lequel je prie, après vous avoir humblement baisé les mains, qu'il vous ayt, Madame, en sa saincte garde. Du camp devant Rouen, ce xxiiij^e mars.

Vostre humble frere et affectionné serviteur,

HENRY.

[ 1592. ] — 24 mars. — II^me.

Orig. autographe. — B. R. Fonds Béthune, Ms. 9062, fol. 5.

A MONS^R DE MARIVAUX [1].

Mons^r de Marivaux, Si m^r du Maine passe en çà pour venir à nous, venés après en toute diligence avec ce que vous pourrés ame-

---

[1] Claude de l'Isle, seigneur de Marivaux, etc. fils de Jean de l'Isle et d'Hélène d'Aspremont, fut successivement capitaine et gouverneur du château d'Arques, conseiller et chambellan du duc d'Alençon, capitaine de cinquante hommes d'armes

ner, car il ne me sçauroit empescher que je ne luy donne la bataille; et s'il attaque quelque chose, assistés Givry, et faites par delà tout ce que vous verrés pour le mieux pour mon service. Advertissés-moy de ce que vous apprendrés m'importer. Bon soir. Ce xxiiij<sup>e</sup> mars, à neuf heures du soir.

HENRY.

## 1592. — 24 MARS. — III<sup>me</sup>.

Orig. — Archives de la famille de Treignan. Copie transmise par M. Jubé, sous-chef de bureau au ministère de l'Instruction publique.

### A MONS<sup>R</sup> DE TRIGNAN,
#### GOUVERNEUR DE MA VILLE DE SISTERON.

Mons<sup>r</sup> de Trignan, Je despesche presentement le secretaire Viçose vers le seig<sup>r</sup> Alfonse, avec charge de passer en Provence. Il vous porte de mes lettres, par lesquelles et par ce qu'il vous dira de bouche vous serés informé de mes intentions et du desir que j'ay de bien et favorablement recognoistre vos services. Cela me gardera de vous en rien repliquer par ceste-cy, qui n'est que pour accuser la reception de la vostre du xxiij<sup>e</sup> du passé : et sur ce, je prie Dieu, Mons<sup>r</sup> de Trignan, vous tenir en sa saincte garde. Escript au camp devant Rouen, le xxiiij<sup>e</sup> jour de mars 1592.

HENRY.
FORGET.

des ordonnances, gouverneur de Laon, lieutenant général au gouvernement de l'Ile-de-France, chevalier des ordres en 1595; il mourut en 1598. On l'avait surnommé *Marivaux le Sage*.

[1592.] — 25 MARS. — I<sup>re</sup>.

Cop. — Archives municipales de Clermont-Ferrand. Copie transmise par M. Gonod, bibliothécaire de la ville.

[AU COMTE D'AUVERGNE.]

Mon Nepveu, L'on m'a rapporté que par les impressions qui vous ont esté données vous estes entré en quelques soupçons et deffiances de moy; ce que j'ay trouvé autant estrange comme il est esloingné de toute verité. Je vous ay tousjours aimé comme mon fils; mes actions et le soing que j'ay eu de vostre advancement vous l'ont deu faire congnoistre, et par mesme moyen composer vos actions pour me rendre les services et l'affection laquelle je me suis tousjours promis de vous. En quoy je veulx croire que vous ne manqueré̀s jamais et que telles impressions ne procedent de vostre instinct, ains des artiffices d'aulcuns qui sont prés de vous, qui ont l'ame et la volonté tres mauvaises. Tels conseils sont pernicieux, et ne debvés endurer prés de vous ceulx qui vous les donnent, qui n'ont but que de profiter de vostre ruyne, comme je m'asseure que mon cousin le duc de Montmorency[1] vous sçaura bien conseiller. Croyés-le, je vous prie, et tenés pour veritable qu'il n'y a qui vous acquiere plus d'honneur, d'avancement et de contentement, que de vous conserver en mes bonnes graces, auxquelles vous aurés tousjours bonne part, vous en rendant capable, comme je m'asseure que vous ferés par vos services et l'affection que ferés paroistre au bien et advancement de mes affaires. Je sçay que vous estes si bien né que vous ferés tousjours ce qui sera de vostre debvoir; mais il faut que vous jugiés avec prudence les conseils et advis de ceulx qui sont prés de vous, pour observer ceulx qui vous conseillent ce qui est vertueux et de vostre debvoir, et esloigner de vous les mauvais serviteurs. Vissouse, present porteur,

[1] Le jeune comte d'Auvergne était, comme nous l'avons dit, gendre de ce duc, dont il avait épousé la fille aînée, Charlotte de Montmorency, le 6 mai de l'année précédente.

vous dira que j'ay resolu de continuer ce siege, duquel j'espere avoir bonne yssue, avec l'ayde de Dieu et les forces desquelles la royne d'Angleterre ma bonne sœur, et mess^rs des Estats, me secourent. Je vous prie de pourveoir ce pendant en vostre gouvernement à ce qui sera à faire pour mon service : et je prie Dieu qu'il vous ayt, mon Nepveu, en sa saincte garde. De Darnetal, ce xxv^e mars.

HENRY.

## 1592. — 25 MARS. — II^me.

Imprimé. — *Mémoires et correspondance de Duplessis-Mornay*, Paris, 1824, in-8°, t. V, p. 244.

### A MONS^R DU PLESSIS.

Mons^r du Plessis, Lomenie ayant esté prins comme il alloit à la Roche-Guyon, et mené à Pontoise, le s^r de Villeroy luy a teneu quelques propos sur l'estat des affaires, pour me les faire entendre, representant particulierement le danger bien proche de la liaison avec l'Espaignol, s'il n'y est obvié, laquelle faicte ostera tout moyen de reconciliation, et luy a dict que le cardinal de Gondy y peut servir ; vers lequel, à cette occasion, j'ay advisé d'envoyer le s^r de la Verriere, son cousin, pour voir quelles ouvertures il pourra tirer des moyens qui seroient à tenir pour empescher le mal eminent, et parvenir à quelque repos : dont je vous ay bien voullu advertir, afin que, si vous n'avés veu le dict s^r de Villeroy, comme, par le langage qu'il a teneu au dict Lomenie, il n'en donnoit pas grande opinion, vous teniés tout en surseance, sans plus avant le convier à vostre entreveue, attendant que nous saichions, par ce voyage du s^r de la Verriere, quel chemin ils y vouldront tenir. Ce pendant je prie Dieu qu'il vous ayt, Mons^r du Plessis, en sa saincte garde. Du camp devant Rouen, ce xv^e mars 1592.

HENRY.

[1592. — VERS LE 25 MARS.]

Cop.[1] — Arch. de M. le duc de la Force[2], pair de France.
Imprimé. — *Mémoires authentiques de Jacques Nompar de Caumont, duc de la Force, etc.* publiés par le marquis DE LA GRANGE, t. I, p. 256.

### A MONS<sup>R</sup> DE RAVIGNAN.

Mons<sup>r</sup> de Ravignan[3], J'ay receu du desplaisir de la façon que le voyage de mon cousin le comte de Soissons s'est entrepris. Je ne vous en diray aultre chose, sinon que, s'il se passe rien où vous consentiés ou assistiés contre ma volonté, vostre teste m'en respondra[4].

HENRY.

---

[1] Cette copie est à la suite d'une lettre adressée par le président de Ravignan au duc de la Force, le 12 avril 1595. M. de Ravignan, en donnant copie de cette lettre à M. de la Force, avait gardé l'original autographe, qui était pour lui, comme on va le voir, de la plus haute importance.

[2] Nous avons indiqué par erreur, dans notre second volume, comme des archives du marquis de la Grange, d'autres lettres provenant, comme celle-ci, des archives de la maison de Caumont. C'est avec l'assentiment du duc de la Force, chef de cette maison, que M. de la Grange, son gendre, a publié la partie si intéressante qui forme les quatre volumes des Mémoires du maréchal de la Force.

[3] Pierre de Mesmes, seigneur de Ravignan, était premier président du conseil souverain de Pau depuis l'an 1582. Il mourut en janvier 1606. (Note de M. de la Grange.)

[4] On a vu ci-dessus, page 362, qu'au mois de mars de l'année précédente madame de Gramont avait rallumé l'amour du comte de Soissons et de Madame, sœur du Roi, héritière présomptive du royaume de Navarre. La lettre sévère qu'elle reçut de lui ne fit point cesser l'intrigue, qui prenait un caractère inquiétant du rang des deux amants et du genre d'influence que le comte de Soissons, placé si près du trône, pouvait exercer comme catholique. Le comte profita d'un prétexte spécieux pour quitter le Roi pendant le siège de Rouen, et, sur l'avis de madame de Gramont, s'étant rendu directement à Pau, il y avait trouvé madame Catherine toute prête à l'épouser, lorsque le Roi, prévenu à temps, s'y opposa par un coup d'autorité dont on voit ici un des moyens. Le ton de cette lettre s'accorde bien avec ce que rapportent les secrétaires de Sully : « Avoit le Roy une telle passion à cette affaire, pour ce que quelques malins luy avoient dit que ce mariage mettroit sa vie en danger s'il en venoit des enfans, que vous ne l'aviés jamais veu parler d'affaire avec telle violence. » (*OEconomies royales*, chap. XIV.)

1592. — 26 mars. — I<sup>re</sup>.

Orig. — B. R. Fonds S<sup>t</sup>-Germain-Harlay, Ms. 1024; pièce 189.

A MONS<sup>R</sup> DE MAISSE,

CONSEILLER EN MON CONSEIL D'ESTAT, ET MON AMBASSADEUR À VENIZE.

Mons<sup>r</sup> de Maisse, J'ay à respondre à plusieurs de vos depesches, dont la derniere est du x<sup>me</sup> febvrier. Je y satisferay dans peu de jours plus amplement, vous faisant ce pendant ceste-cy legere, pour ne vous laisser plus longtemps sans sçavoir de mes nouvelles[1], dont je ne doubte que ce que vous aurés entendu de l'apparence qu'il y a eu d'une prochaine bataille entre deux armées qui ont esté sy voisines, ne vous ayt rendu l'attente de sçavoir l'isseue penible et ennuyeuse. Le propre jour que je la tenois plus certaine, par la demonstration que feit le duc de Parme de se vouloir advancer (ce que s'il eust faict il ne s'en pouvoit plus demesler sans combattre) fut le commencement de sa retraicte, qu'il couvrit par quelque trouppe qu'il poussa avant la nuict, pour nous oster la congnoissance de son desseing, et qui s'en retourna aussy-tost, nous tenant d'aultre costé en jalousie de Gournay, pour ce qu'en deslogeant il tourna la teste de ce costé-là. Mais il se contenta de quelqu'advantage que les assiegez avoient eu en une sortie qu'ils avoient faicte sur nos gens qui gardoient les tranchées contre le fort, ainsy que vous avés peu veoir par un sommaire discours qui vous en a esté envoyé, ou, pour mieulx dire, de s'en servir pour excuse de ne se hazarder au combat, encores que les assiegez n'ayent senty autre allegement de sa venue, estant tousjours demouré le siege en l'estat qu'il estoit et la ville affoiblie d'hommes et de toutes commoditez. Comme j'eus congnoissance qu'il faisoit retraicte, je me meis à le poursuivre: le tenant de sy prés, que plusieurs des siens sont demeurez à diverses fois, pour marque de la haste qu'il avoit de mettre

---

[1] Cette lettre résume d'une manière substantielle les derniers événements et la situation présente. Elle peut avantageusement tenir lieu de la relation que le Roi avait fait rédiger, et dont il parle dans plusieurs autres lettres.

la riviere de Somme entre deux; qui a esté la borne de ma poursuicte, pour n'abandonner de trop loing et par trop longtemps mon desseing d'icy, où, peu de jours aprés qu'il a eu passé la riviere, je suis revenu pour continuer l'entreprinse de ceste ville, comme je y suis resolu, et y seray beaucoup aydé par le nouveau renfort qui m'est venu, de deux mil cinq cens bons soldats des Pays-Bas, et aultre que j'attens encores, de jour en jour, de deux mil Anglois. Le dict duc ne s'est encores esloigné de la dicte riviere, faisant semblant de vouloir assaillir Rue, pour me mettre en jalousie de son retour; à quoy il pourroit aussy estre convié par le congé que j'ay donné à la pluspart des trouppes qui m'estoient venues, au bruict de la bataille; mais il y en a une bonne partie qui ne sont sy esloignez qu'ils ne se retrouvent aussy tost icy, comme il pourra avoir rassemblé ce qui s'est desbandé de son armée depuis qu'il est au delà de la dicte riviere, et mesmes de ses propres forces, et presque tous les François, qui se sont retirez chacun chez soy.

C'est l'estat où sont maintenant les affaires de ce costé et ce que vous aurés de moy, attendant ma premiere despesche; si ce n'est que d'autant que vous pourrés estre en peine sur les bruits qu'on pourroit faire courir d'un voyage que mon cousin le comte de Soissons est allé faire, premierement pour veoir sa mere qui se trouvoit mal, et de là plus avant, je vous diray que depuis trois ou quatre jours est arrivé icy un sien maistre d'hostel qu'il a envoyé vers moy, pour me dire de sa part que ayant sceu que ma sœur devoit estre bien tost à la Rochelle, pour venir par deçà, comme je luy ay mandé, il s'estoit resolu de l'aller recevoir pour l'accompagner, luy semblant que nul ne le doibt preceder en ce debvoir, et me prioit l'excuser s'il ne me l'avoit faict sçavoir avant que l'entreprendre : dont vous ay bien voulu advertir, afin que vous saichés que respondre, si l'occasion se presente d'en parler. Sur ce, je prie Dieu, Mons<sup>r</sup> de Maisse, qu'il vous ayt en sa saincte garde. Escript au camp devant Rouen, le xxvj<sup>e</sup> jour de mars 1592.

                                        HENRY.

                                        REVOL.

1592. — 26 MARS. — II^{me}.

Orig. autographe. — B. R. Fonds Béthune, Ms. 9045, fol. 72.
Cop. — B. R. Suppl. fr. Ms. 1009-2.

A MON COUSIN LE DUC DE MONTMORENCY,

PAIR ET MARESCHAL DE FRANCE, GOUVERNEUR ET MON LIEUCTENANT GENERAL EN MON PAYS DE LANGUEDOC.

Mon Cousin, Je vous ay escript du xxvij^e du passé, faisant response à la vostre du ix^e janvier. Depuis, vostre secretaire est arrivé, et encores depuis son arrivée j'ay receu des vostres du xx^e du passé. J'ay esté bien amplement informé de l'estat du Languedoc par vostre dict secretaire, et par ses memoires et instructions; sur quoy je reserve à vous respondre par luy-mesme, que je fais estat de vous renvoyer bien tost. J'ay veu par vos dernieres lettres, que vous avés grandement communiqué en l'affliction que j'ay eue de la perte du feu s^r de la Vallette, qui a merité d'estre plainct et regretté, car il a tousjours tesmoigné beaucoup d'affection à mon service, et d'estre bien pourveu de toutes les qualitez pour en pouvoir faire de tres bons. Je prie Dieu me vouloir conserver ce qui me reste de mes bons serviteurs, mesmement de ceulx qui ont acquis par l'experience la capacité de service aux grandes charges de cest Estat, dont le nombre diminue, et la necessité que j'en ay m'en augmente. En ceste priere que je fais à Dieu, vous pouvés asseurer que vous y avés tres bonne part, et celle que vostre dignité et la cognoissance que j'ay de vostre merite et affection particuliere vous y acquierent. Quant au fait de la Provence, considerant la necessité qu'il y a d'envoyer un chef pour y representer l'auctorité qu'y avoit le dict s^r de la Vallette, et que celluy que je pourrois envoyer d'icy pour succeder à ceste charge n'y sçauroit arriver assez à temps, je me suis resolu, en attendant que j'aye faict le choix de celuy à qui je donneray le gouvernement (ce que je seray bien aise de faire avec un peu de loisir), d'y faire acheminer le seigr Alfonse, avec les meilleurs forces qu'il y pourra mener, luy depeschant presentement le secretaire Viçouse pour le haster de partir, et luy porter le pouvoir par commission pour la dicte province. J'eusse esté bien ayse d'y employer le marquis d'Oraison[1]; mais j'ay esté adverty que les aultres ne luy eussent pas volontiers obey. C'est pourquoy je suis contrainct, en cela comme en beaucoup d'aultres choses, d'accommoder mes volontez à la condition du temps et de ceux auxquels l'on a affaire. Je vous prie luy escrire que pour cela il ne perde poinct esperance de ne pouvoir parvenir avec le temps à ce qu'il peut desirer pour ce regard.

J'entends que la plus grande necessité qu'il y ayt par delà, c'est de bled. Je me trouve en peine de les pouvoir secourir d'icy, comme ils m'en requierent, parce que les mariniers de deçà ne sont poinct accoustumez à passer le destroict[2]. Je vous prie adviser s'il y auroit quelque moyen de les en secourir; vous me feriés en cela un tres bon service, car il n'y a incommodité que j'apprehende plus pour la Provence que ceste-là; parce que je suis adverty que c'est aussy le principal desseing des ennemys, que de leur empescher de faire la recolte. Je ne vous recommande point d'avoir les yeux sur la dicte province, car je sçay bien que, encores que la vostre soit pleine de grands affaires, que pour cela vous ne laisserés de veiller sur les aultres, vos voisines; qui est aussy en quoy je me confie le plus. Je me suis aperceu que vous n'y perdés point de temps, par les despesches que vous y avés faictes depuis le decés du dict feu sr de la Vallette, que je sçay qui y auroit servy, et aussy par ce que vous faictes traicter avec ceulx de Marseille, que je prendrois grand plaisir de voir du tout resolus à ce que est de leur debvoir. Faisant passer le dict secretaire Viçouse en Provence, je l'ay chargé d'une lettre pour eulx, laquelle il leur fera tenir, selon la disposition où il trouvera les dicts affaires par delà. Il repassera aprés vers vous,

---

[1] François d'Oraison, vicomte de Cadenet, marquis d'Oraison, fils d'Antoine d'Oraison et de Marthe de Foix.
[2] Le détroit de Gibraltar.

pour vous rendre compte de tout ce qu'il aura faict en son dict voyage.

J'ay veu ce que vous escripvés des advis que vous avés d'Hespaigne, qui sont conformes à ce que j'en ay d'ailleurs, excepté que l'on me mande que les Catelans ne se veulent pas sy aisement rendre que ont faict les Arragonnois, et qu'il semble qu'il y aura, à ceste occasion, encore assez d'exercice, pour l'année, qui tient le roy d'Espaigne.

Quant à nos nouvelles, je m'attendois qu'il surviendroit quelque grand effect de l'approchement de nos armées; mais le duc de Parme s'est contenté de moins que nous ne pensions; car ayant couvert ce qu'il n'a osé entreprendre, de secourir ceste ville, de publier qu'elle n'avoit besoing de secours, il a commencé à se retirer, et ayant gagné neuf grandes lieues devant moy, feit en une nuict une grande traicte et passa la riviere de Somme à Pont-Dormy, où j'arrivay encores assez à temps pour en attrapper quelques-uns. Depuis, je m'en suis revenu à ce siege, en resolution de le continuer avec plus d'assiduité qu'il n'a encores esté poursuivy jusques à ceste heure. Il est vray que depuis que je suis de retour il m'y est advenu ce que je suis tout accoustumé de voir advenir à toutes les grandes assemblées que nous faisons, qui est que, aprés un mois de sejour en l'armée, chascun se veult retirer. Je ne me suis gueres opposé, mesmes pour les compaignies qui sont de ces quartiers, parce que ce leur est autant de rafreschissement, et que en huict jours, une occasion survenant, je les puis tous ravoir. Encores que beaucoup de François se retirent, cela ne me faict point changer d'advis pour ce siege; car j'ay tousjours dix mil soldats estrangers et quatre mil reistres qui ne se retirent poinct. Le duc de Parme a bien eu ceste mesme incommodité; car tous les François l'ont du tout laissé. Le fils de m$^r$ de Lorraine s'est aussy retiré, et l'on m'asseure que toute sa cavallerie des ordonnances des Pays-Bas s'en est aussy allée, de sorte qu'il se retrouve reduict à bien petit nombre. L'on m'avoit donné advis qu'il estoit allé assieger Rue; mais depuis l'on m'a escript qu'il y a trouvé les eaux si débordées qu'il n'en est peu approcher. Je n'en avois pas grande apprehension, parce que le s' de Rubempré[3] est dedans avec une bonne trouppe d'honnestes gens, et qui ont encores esté renforcez de nouveau secours, depuis que le duc de Parme a fait contenance de la vouloir assieger. Je ne sçay point encores à quoy il se resouldra. J'ay bien surprins des lettres de ceulx de ceste ville qui luy mandent que, s'il ne les secourt dans huict jours, qu'ils ne peuvent plus tenir; mais je ne pense pas que pour cela il se haste de retourner. Toutesfois, cela me retient bien de ne presser pas encores tant ce siege que si je le voyois du tout hors de France, ou attaché à quelque aultre besogne; mais huict ou dix jours nous en esclaireront du tout.

Mon cousin le comte de Soissons estoit party ces jours passez d'icy, sur le bruict qu'il disoit avoir de l'extreme maladie de ma tante, sa mere; mais il s'est advisé de passer oultre; et vient presentement m'arriver un des siens par lequel il me supplie de luy pardonner, si ayant esté adverty que ma sœur s'acheminoit en çà il s'est advancé pour l'accompagner, estimant que ce luy eust esté honte de se laisser prevenir en ce service à aulcun autre qui ne luy fust pas sy proche qu'il est. J'estime que ne trouvant pas ma sœur sy preste à partir, qu'il continuera son voyage à aller prendre les bains pour s'achever de guarir et sa fievre quarte. C'est ce que je vous diray pour ceste fois : sur ce, je prie Dieu, mon Cousin, vous conserver en sa saincte garde. Escript au camp devant Rouen, ce xxvj[e] jour de mars 1592.

HENRY.

FORGET.

Je ne veulx oublier à vous dire comme, sur l'advis que j'ay eu du mareschal de Joyeuse, j'ay pourveu de son estat mon cousin le duc de Bouillon, les services et merites duquel meritoient cest honneur,

---

[3] Charles de Bourbon-Vendôme, seigneur de Rubempré, gouverneur de Rue en Picardie, fils d'André de Bourbon et d'Anne de Roncherolles, sa seconde femme. Il mourut en 1595.

sans contredict. Aussy ceste provision a esté louée de tous les princes et seigneurs qui sont icy. Je m'asseure qu'elle le sera encores plus de vous que de nul autre, parce que oultre ce qu'il vous appartient de sy prés [a], je sçais que particulierement vous l'aimés comme vous l'en cognoissés bien digne.

### 1592. — 27 MARS.

Orig. — B. R. Fonds Béthune, Ms. 9109, fol. 42.
Cop. — B. R. Suppl. fr. Ms. 1009-3.
Imprimé. — *Mémoires de Nevers*, t. II, p. 295.

### A MON COUSIN LE DUC DE NIVERNOYS,

PAIR DE FRANCE, GOUVERNEUR ET MON LIEUCTENANT GENERAL EN CHAMPAGNE ET BRIE.

Mon Cousin, J'envoie le s$^r$ de Rieux vous trouver de ma part, pour vous faire entendre les advis que j'ay eus, desquels vous serés encore plus esclaircy par les lettres interceptées qu'il vous porte; sur quoy, je vous prie, mon Cousin, me donner advis de ce que j'ay à faire en ceste occasion : et attendant vostre prudent et bon conseil, et me remettant à ce que vous dira le dict s$^r$ de Rieux de ma part, lequel je vous prie de croire, je prieray Dieu, mon Cousin, qu'il vous ayt en sa garde. Du camp devant Rouen, le xxvij$^e$ mars 1592.

HENRY.

POTIER.

---

[a] Le vicomte de Turenne, duc de Bouillon, dont le Roi annonce ici l'élévation à la dignité de maréchal de France, était le propre neveu du maréchal de Montmorency, par sa mère, Madeleine de Montmorency, fille aînée du connétable Anne.

1592. — 28 mars. — I<sup>re</sup>.

Orig. — Musée britannique, Biblioth. Cottonienne, Caligula, E, VIII, fol. 533. Transcription de M. Delpit, archiviste paléographe.
Cop. — B. R. Fonds Bréquigny, Ms. 99.
Imprimé. — Rymer, *Fœdera*, édit. de la Haye, 1742, t. VIII, p. 91 [1].

### A MONS<sup>R</sup> UNTON,
CONSEILLER AU CONSEIL DE LA ROYNE D'ANGLETERRE, MADAME MA BONNE SŒUR, ET SON AMBASSADEUR PRÉS DE MOY.

Mons<sup>r</sup> l'ambassadeur, Je vous envoye une despesche que je fais à la Royne, madame ma bonne sœur, et à mons<sup>r</sup> de Beauvoir, mon ambassadeur prés d'elle, sur le subject que vous verrés par la coppie que vous aurés aussy avec la presente, tant de la lettre que je fais à la dicte dame que de celle des ducs de Parme et du Mayne qu'on m'a envoyé de Picardie, où elles ont esté prinses; par lesquelles cognoissant leur dessein, je me veulx aussy preparer de tout ce que je pourray, pour ne leur en laisser emporter l'advantage, comme j'espere que Dieu me le permettra, s'il luy plaist, mesmes s'il plaist à la Royne, madame ma bonne sœur, m'y continuer son bon secours, ainsy que je l'en supplie, à quoy je vous prie me faire ce plaisir d'adjouxter vos bons offices, tant envers elle qu'envers les conseillers de son conseil, m'asseurant que vos persuasions ayderont beaucoup la bonne resolution que j'en attends, moyennant laquelle, avec l'aide de Dieu, j'espere que, à ceste fois, les dicts ennemys nous pourroient apporter la victoire qui nous est eschappée à leur premier voyage. J'ay cogneu tant de bonne volonté, de vostre part, à l'advancement et perfection de ceste entreprinse, que je m'asseure que, en l'occasion de recueillir ou perdre le fruict de ce qui a desjà esté faict, où vous aviés contribué beaucoup de vos moyens et credit, vous redoublerés plustost vostre labeur que le laisser imparfaict; qui me gardera de

---

[1] Le feu a causé de nombreuses lacunes dans l'original de cette lettre; nous avons pu les rétablir à l'aide du texte donné en entier, mais avec beaucoup d'incorrection, par Rymer.

vous en presser davantage, mais seulement vous diray que le merite que vous y aurés acquis me sera en perpetuelle souvenance pour le recognoistre, si l'occasion s'en presente : priant Dieu, Monsr l'ambassadeur, qu'il vous ayt en sa saincte garde. Escript au camp devant Rouen, le xxviije jour de mars 1592 [2].

HENRY.

REVOL.

1592. — 28 MARS. — IIme.

Orig. — Arch. du royaume des Pays-Bas. Regist. des dépêches des années 1585 à 1595. Copie transmise par M. le ministre de France à la Haye.

A NOS TRÉS CHERS ET BONS AMYS, LES S{ns} DEPUTEZ ET CONSEIL DES ESTATS GENERAUX DES PROVINCES UNIES DES PAYS-BAS.

Trés chers et bons amys, La cognoissance que nos ennemys ont eue du danger où ils se pouvoient mettre, entreprenant le secours de ceste ville, pour lequel ils estoient venus, pendant que nous estions accompagné des belles et grandes forces qui nous estoient arrivées, leur a faict non rompre leur desseing, mais le differer soubs une feincte retraicte, pour nous donner occasion de licentier le grand nombre de nostre noblesse qui estoit accouru au bruict de la bataille. Ce que ayant clairement cogneu par lettres interceptées de leurs chefs qui nous sont venues en mains, par lesquelles ils mandent leurs partisans pour se trouver dans peu de jours au rendésvous qu'ils ont choisy à cest effect, nous avons incontinent donné tout l'ordre que nous pouvons de nostre costé, pour rassembler nos dictes forces; comme nous esperons y trouver nos bons serviteurs aussy prompts qu'ils s'y sont monstrez la premiere fois. Mais d'autant que les dicts ennemys ne laisseront rien en arriere pour se rendre les plus forts qu'ils pourront, comme mesmes nous sommes advertys que le duc de Parme faict encore venir de nouvelles forces

---

[2] Cette lettre est datée à tort de 1591, par Rymer.

des Pays-Bas; nous avons bien voulu vous escrire la presente pour vous prier nous vouloir faire ce plaisir de nous continuer le secours de vos trouppes et navires qui sont icy, jusques à ce que nous ayons la fin de ceste entreprinse d'une façon ou d'aultre, que nous esperons que Dieu rendra sy heureuse pour nous, que la victoire nous en demeurera, à l'advantage de nos affaires et contentement de nos amys; entre lesquels nous avons trés juste occasion de vous tenir, comme nous faisons, des plus asseurez, et y rendrons toujours une parfaicte correspondance de nostre part: et nous remettant sur le tout à ce que le s$^r$ de Buzanval vous dira plus particulierement de nostre part, nous prions Dieu qu'il vous ayt, Trés chers et bons amys, en sa saincte garde. Escript au camp devant Rouen, le xxviij$^e$ jour de mars 1592.

HENRY.

REVOL.

1592. — 28 MARS. — III$^{me}$.

Orig. — Arch. de M. le vicomte de Gauville, à Rouen. Copie transmise par M. Floquet, correspondant de l'Institut.

A MONS$^R$ DE GOVILLE,

LIEUCTENANT DE LA COMPAGNIE D'HOMMES D'ARMES DU S$^r$ DE CARROUGE.

Mons$^r$ de Goville, Les ducs de Parme et de Mayenne sont resolus de venir à moy pour donner la bataille. Les advis que j'en ay sont certains et me sont confirmez par lettres interceptées des dicts ducs à S$^t$-Pol, Guyonnelle, et à tous ceulx des garnisons qui sont ez villes rebelles, du costé de Champaigne et de Picardie; lesquels sont mandez à cest effect, et leur rendés-vous est au viij$^e$ du mois prochain à Montdidier. C'est à ce coup que la bataille se donnera, car je suis resolu, aussy tost qu'ils s'approcheront de moy, de lever le siege et aller à eulx. Je m'asseure que vous ne vouldriés que ceste occasion se passast sans vous y trouver; qui est cause que je vous en ay voullu advertir, et vous prie d'en donner advis à tous vos amys et les faire tenir prests pour monter à cheval au premier mandement que vous aurés de moy. Ce voyage ne peut estre que pour quinze jours au plus; et ne vous manderay que bien à propos. L'asseurance que j'ay que n'y ferés faulte m'empeschera de vous faire plus longue lettre: priant Dieu, Mons$^r$ de Goville, qu'il vous ayt en sa saincte et digne garde. Escript au camp devant Rouen, ce xxviij$^e$ jour de mars 1592.

HENRY.

POTIER.

1592. — 29 MARS. — I$^{re}$.

Cop. — Archives municipales de Clermont-Ferrand. Copie transmise par M. Gonod, bibliothécaire de la ville.

[A MON NEPVEU LE COMTE D'AUVERGNE.]

Mon Nepveu, Depuis celle que je baillay hier à Vissouze, escripte de ma main, j'ay eu advis que mes ennemys, craignant l'isseue du siege de Rouen et saichant que j'ay licencié la pluspart de ma cavallerie, se resolvent de passer la riviere de Somme, pour venir à moy; ce qui m'a faict aussy-tost resouldre de remander les troupes de Normandie et de Picardie, lesquelles partant de mon armée m'ont asseuré de me venir trouver au premier mandement. Si mes ennemys suivent ceste deliberation, je tiens pour certain que nous donnerons la bataille; car aussy-tost qu'ils s'approcheront, je leveray le siege et iray droict à eulx. Je vous convierois à ceste bataille, n'estoit que vous estes trop esloingné de moy, et que possible l'occasion sera passée avant qu'en soyés adverty. Il me suffit que vous pourvoyés ce pendant à ce qui est à faire en vostre gouvernement pour mon service, non selon l'advis de quelques-uns qui sont prés de vous, qui n'aiment le bien de mon dict service ny vostre honneur, mais par le conseil de mon cousin le duc de Montmorency et de ceulx qui sont mes serviteurs et qui aiment l'advancement de mes affaires. Aulcuns de mes officiers m'ont adverty qu'il se passe beaucoup d'affaires en vostre gouvernement, tant au fait de la justice qu'aux finances, où les formes accoustumées et ce qui est de mon authorité et de mon service n'est observé, ce qui se fait par aulcuns qui sont prés de vous, lesquels, pour leur interest particulier, abusent de vostre authorité, laquelle vous ne sçauriés mieux appuyer et fonder qu'en me faisant obeir, et contenant chacun en son debvoir soubs mon authorité. Cela est de vostre debvoir, pour la charge de laquelle je vous ay honoré, et y estes plus obligé pour l'amitié paternelle que je vous porte, avec laquelle je veux embrasser tout ce qui pourra ayder à vostre advancement. Je vous congnois de sy bon naturel que je veulx croire que vous ne manquerés jamais à ce qui est de vostre debvoir. Mais je desire de vous que vous faciés difference des conseils de ceux qui sont prés de vous, pour vous servir des gens de bien et qui aiment vostre honneur, et non de ceulx qui, poulsez de leur interest particulier, abusent de vostre bonté. Vous aimant comme mon fils, je vous prie recevoir l'instruction que je vous donne, de la mesme affection que je vous aime et veulx embrasser tout ce qui sera pour vostre advancement. Suivés ce qui est de mon intention; il vous en prendra bien et en recepvrés contentement. J'ay donné charge au dict Vissouze de vous faire plus particulierement congnoistre ce que vous avés à faire; lequel je vous prie croire et vous conformer à ce qui est de ma volonté. Je depescherai dans peu de jours le s$^r$ de Rieux, pour vous aller trouver et me servir prés de vous, par lequel je vous escriray plus particulierement pour ce qui concerne les affaires de vostre gouvernement : et sur ce, je prie Dieu qu'il vous ayt, mon Nepveu, en sa saincte et digne garde.

Escript au camp devant Rouen, le xxix$^e$ jour de mars 1592.

HENRY.

POTIER.

## DE HENRI IV. 601

### 1592. — 29 MARS. — II$^{me}$

Orig. — Arch. du canton de Berne. Copie transmise par M. le ministre de France en Suisse.

A NOS TRÉS CHERS ET GRANDS AMYS, ALLIEZ ET CONFEDEREZ LES ADVOYERS, CONSEIL ET COMMUNAUTÉ DE LA VILLE ET CANTON DE BERNE.

Trés chers et grands amys, alliez et confederez, Les veuve et heritiers du feu s$^r$ de Clairvaut nous ont faict entendre que feu nostre cousin le prince de Condé, estant en Allemaigne, auroit emprunté de vous la somme de quatre mille escuz, de laquelle le dict feu s$^r$ de Clairvaut auroit respondu, et, pour seureté et asseurance de payement d'icelle, obligé la baronnie de Coupes, à luy appartenant, assise sur vos terres, sur laquelle est assigné le douaire de la dicte veufve, laquelle baronnie, après le decés du dict s$^r$ de Clairvaut, à faulte de payement de la dicte somme, vous vous seriés faict adjuger par decret, pour la somme de quatre mille escuz et interest d'icelle, sans la charge du douaire de la dicte veufve, qui par ce moyen est beaucoup interessée, mesmement la dicte baronnie se deperissant de jour à aultre; comme aussy les dicts heritiers, pour valoir la dicte baronnie beaucoup davantage qu'elle n'a esté adjugée; joinct qu'ils ne sont debiteurs de la dicte somme que pour nostre dict feu cousin, contre la succession duquel ils ont leur recours, pour leurs dommages et interests, desquels ils n'ont peu et ne peuvent encore se faire rembourser, tant pour les grands troubles dont ce Royaume a toujours esté depuis affligé que pour estre demourée la dicte succession fort embrouillée; au moyen de quoy ils nous ont prié et requis vouloir interposer nostre faveur envers vous, pour faire remettre entre les mains des dicts heritiers la dicte baronnie, à la charge qu'elle demeurera hypothequée, comme elle estoit, au payement de la dicte somme et interests d'icelle : ce que leur ayant volontiers accordé, pour les bons services que le dict feu s$^r$ de Clairvaut nous a faicts, et estre la dicte somme deue par la succession de nostre dict cousin, lequel l'a despensée pour nostre service; à ceste cause nous vous avons bien voulu faire la presente pour vous prier, comme nous faisons, vouloir, pour l'amour de nous, remettre la dicte baronnie entre les mains des dicts heritiers, en attendant que l'on ayt pourveu au payement de la dicte somme de quatre mille escuz et interets d'icelle, demeurant toutefois, ce pendant, la dicte baronnie obligée et hypothequée comme elle estoit auparavant de la dicte adjudication. En quoy faisant vous recevrés plus de commodité en vos affaires, pour vous estre à present la dicte baronnie quasy du tout inutile; sur les fruicts et revenus de laquelle, estant entre les mains des dicts heritiers, vous pourrés au moins estre payez de vos dicts interets, oultre que d'ailleurs les dicts heritiers adviseront des moyens plus prompts pour vostre payement du principal, dont ils esperent vous rendre satisfaicts et contens à leur descharge, et de la succession de nostre dict feu cousin, qui aultrement encourroit de grands dommages et interets. Ce qui nous faict esperer que vous ne denierés en nostre faveur ceste gratification aux dicts veufve et heritiers, laquelle nous tiendrons à singulier plaisir, et nous en revencherons volontiers en aultre chose que nous pourrons faire pour vous : priant Dieu, Treschers et grands amys, alliez et confederez, qu'il vous ayt en sa saincte et digne garde.

Escript au camp devant Rouen, le xxix$^e$ jour de mars 1592.

HENRY.

REVOL.

## 1592. — 29 MARS. — III$^{me}$.

Orig. — Copie transmise par M. Roux Alpheran, ancien greffier en chef de la cour royale d'Aix.
Imprimé. — *Mémorial d'Aix* du 16 juin 1842.

### A MONS$^r$ DE SAINCT-ESTIENNE.

Mons$^r$ de Sainct-Estienne, La nouvelle de la mort du feu s$^r$ de la Vallette me treuva aux confins de mon Royaulme, le plus esloigné, et sy envelloppé d'affaires, que pour le premier remede à ceste signallée perte, j'avois deliberé de renvoyer en diligence le sr chevallier de Buous, pour visiter mes serviteurs. Depuis, j'advise de despecher quant et luy le secretaire Viçose, avec les pouvoirs et instructions necessaires, les ayant chargez tous deux de vous voir, vous representer ce qui se passe, et le desir que j'ay qu'un chascun remedie à cesté occasion, l'assistance et le debvoir à quoy il est obligé. Je m'asseure que vous n'y manquerés point, de vostre part, comme je vous en prie, et vous asseure aussy que je ne perdray point le souvenir de l'affection et fidellité que vous m'y tesmoignerés, ainsy que j'ay chargé les dicts srs chevallier et Viçoze vous dire de ma part; sur lesquels je me remettray : priant sur ce le Createur, Monsr de Sainct-Estienne, vous avoir en sa saincte garde. Au camp devant Rouen, le xxixe jour de mars 1592.

HENRY.

FORGET.

1592. — 30 MARS. — Ire.

Orig. — Arch. municip. de Rennes. Copie transmise par M. Maillet, bibliothécaire.

A NOS CHERS ET BIEN AMEZ LES MAIRE, ESCHEVINS ET HABITANS DE NOSTRE VILLE DE RENNES.

Chers et bien amez, Nous avons amplement entendu par vos depputez, presens porteurs, le contenu en vos remonstrances et tout ce qu'ils avoient charge de nous dire de vostre part, tant pour le general de nostre province de Bretaigne, que pour ce qui touche vostre particulier; sur quoy vous sçaurés d'eux ce que nous vous avons accordé, vous asseurans que nous serons tousjours bien ayse de vous gratifier, cognoissans l'affection qu'avés au bien de nostre service, laquelle nous promet que l'auctorité que nous vous avons donnée, par l'octroy d'un corps de ville, vous donnera plus de force pour nous servir et vous maintenir contre les entreprises de nos ennemys. Quant aux maux que souffre le general de nostre dicte province, nous avons deliberé, aussy tost que ce siege sera parachevé, d'y pourveoir de telle sorte que en recepviés contentement, ainsy que plus particulierement nous avons faict entendre à vos dicts députez, lesquels nous n'avons peu vous renvoyer plus tost, pour les grandes affaires que nous avons eu depuis leur arrivée ; joinct que par l'isseue d'une bataille nous esperions pourveoir de plus prompts remedes sur vos dictes remonstrances. Ce pendant, nous escrivons à nostre cousin le prince de Dombes qu'il s'advance avec les forces qu'il a assemblées, pour s'opposer au dict duc de Mercueur et vous soulager le plus qu'il luy sera possible. De vostre part, continués de l'assister et nous servir aux occasions qui se presenteront avec la mesme affection et fidelité que vous avés tousjours faict par le passé, comme nous voulons croire que ferés. Donné au camp devant Rouen, le xxx$^e$ jour de mars 1592.

HENRY.

POTIER.

### 1592. — 30 MARS. — II$^{me}$.

Orig. — B. R. Fonds Béthune, Ms. 9109, fol. 54.
Cop. — Suppl. fr. Ms. 1009-3.
Imprimé. — *Mémoires de Nevers*, t. II, p. 296.

A MON COUSIN LE DUC DE NIVERNOIS.

Mon Cousin, Ayant donné au s$^r$ de Corna la charge de commandant dans ma ville de Stenay, et estant besoing de mettre en garnison dans ma ville de S$^{te}$-Manehould quelque aultre en sa place, je vous ay bien voulu escrire ce mot pour vous prier d'y faire entrer le s$^r$ de Humbervert, l'affection et vigilance duquel me sont assez cogneues, et m'asseure qu'il me servira fidelement. En cest endroict, je prie Dieu, mon Cousin, qu'il vous ayt en sa saincte et digne garde. Du camp devant Rouen, le xxx$^e$ jour de mars 1592.

HENRY.

POTIER.

[1592.] — 30 mars. — III^me.

Orig. autographe. — B. R. Fonds Béthune, Ms. 9104, fol. 66.
Cop. — B. R. Fonds Fontanieu, Ms. P. 73, fol. 14 recto, et Suppl. fr. Ms. 1009-3.
Imprimé. — *Mémoires de Nevers*, t. II, p. 296.

A MON COUSIN LE DUC DE NIVERNOIS.

Mon Cousin, J'ay esté bien ayse de sçavoir vostre bonne volonté par M. de Rieux. Je n'en ay aussy nullement doubté. J'ay eu ce soir advis, par deux des miens qui sont arrivez de l'armée des ennemys, comme ils se preparent de venir à la bataille. Je trouve bon que vous meniés vos canons où m'a dit ledict s^r de Rieux, et que vous sesjourniés avec les trouppes és environs de Melun. Vous sçavés que je ne vous manderay point à faulte, ny qu'il n'en soit temps. Vous entendrés le surplus par le s^r de Sancy, sur lequel me remettant je ne vous en diray davantage, pour prier Dieu qu'il vous ayt, mon Cousin, en sa garde. Ce xxx^e mars, à Dernetal.

HENRY.

1592. — 31 mars.

Orig. — B. R. Fonds Béthune, Ms. 9109, fol. 43.
Cop. — Suppl. fr. Ms. 1009-3.
Imprimé. — *Mémoires de Nevers*, t. II, p. 297.

A MON COUSIN LE DUC DE NIVERNOIS.

Mon Cousin, La response laquelle m'a apportée le s^r de Rieux, et ce qu'il m'a dict de vostre part est conforme à ce que j'en attendois, m'asseurant que, s'offrant l'occasion de la bataille, vous ne la vouldriés laisser passer. Je trouve bon que vous alliés ce pendant jusques à Melun avec vos trouppes. Vous pouvés faire quelque effect és environs du dict Melun pour mon service, et je vous advertiray de jour à aultre de ce que j'apprendray de mes ennemys. Il est arrivé à Dieppe quinze enseignes d'Anglois, la plus-part picquiers. J'ay adverty les trouppes de Normandie de se tenir prestes à monter à cheval au premier mandement, comme aussy mon cousin le duc de Longueville et les trouppes de Picardie. Je ne vous donneray l'alarme qu'après estre bien adverty du desseing de mes ennemys. J'ay advis que d'Amblise traicte avec le s$^r$ de Brosse pour entrer dans ma ville de Mouzon, et y commander. J'escris au s$^r$ de Brosse et aux habitans du dict Mouzon pour les faire souvenir de la promesse qu'ils m'ont faicte. Je vous prie de leur escrire pour les sommer de n'y manquer : et je prie Dieu qu'il vous ayt, mon Cousin, en sa saincte et digne garde. Escript au camp devant Rouen, le dernier jour de mars 1592.

HENRY.

POTIER.

### 1592. — 3 AVRIL.

Orig. — B. R. Fonds Béthune, Ms. 9109, fol. 44.
Cop. — Suppl. fr. Ms. 1009-3.
Imprimé. — *Mémoires de Nevers*, t. II, p. 298.

**A MON COUSIN LE DUC DE NIVERNOYS ET DE RETHELOIS,**
PAIR DE FRANCE, GOUVERNEUR ET MON LIEUCTENANT GENERAL EN CHAMPAGNE ET BRIE.

Mon Cousin, Les advis que j'ay de Champaigne par les dernieres despesches qui m'ont esté envoyées me font congnoistre que le duc de Lorraine faict ses efforts pour entreprendre sur la frontiere, ayant jà prins quelques chasteaulx et ruiné beaucoup de mes subjects du plat pays. N'estoit que je suis obligé à ce siege, je vous envoyerois dés ceste heure les lansquenetz et reistres que je vous ay promis; mais il fault achever cest œuvre que j'ay commencé, comme j'espere que Dieu m'en fera la grace avec le temps. Ce pendant je desire que tous mes serviteurs de Champaigne s'assemblent et s'esvertuent pour s'opposer aux desseings du dict duc de Lorraine. Ce me seroit un grand contentement si je voyois que vous allissiés[1] droict en vostre

---

[1] Nous conservons cette singulière forme de conjugaison, telle qu'elle est dans la lettre originale, signée du Roi et du secrétaire d'état.

gouvernement; neantmoins je ne vous en veulx presser, puisque vous avés resolu d'aller en vostre duché et veoir ma cousine; et si tant est que vous continués en ceste resolution je vous prie, avant que les Champenois se deppartent d'auprés de vous, les conjurer de s'assembler prés du s$^r$ de Dinteville et aultres qui sont prés de vous. J'ay advis que le duc de Guyse est party ce jourd'huy de l'armée de mes ennemys pour aller à Paris. La dicte armée se desbande fort, mais ils attendent de nouvelles forces et ont mandé toutes les garnisons. Je crois que la necessité croistra beaucoup dans Rouen, auparavant qu'ils soyent arrivez, et que j'auray loisir de mander les trouppes de Picardie et Normandie pour estre à la bataille. Pour le moins, vous puis-je asseurer qu'avec les Anglois, lesquels arriveront demain en mon armée, je suis plus fort d'infanterie qu'ils ne sont. Je vous feray part, de jour à aultre, des advis que j'auray de mes dicts ennemys: et sur ce, je prie Dieu, mon Cousin, qu'il vous ayt en sa saincte et digne garde. Du camp devant Rouen, le iij$^e$ jour d'avril 1592.

HENRY.

POTIER.

## 1592. — 4 AVRIL.

Cop. — B. R. Fonds Dupuy, Ms. 429. Et fonds Brienne, Ms. 12, fol. 303 verso.

[AU GRAND SEIGNEUR.]

Trés haut, trés puissant, trés excellent, trés magnanime et invincible prince, le grand empereur des Mousoulmans, sultan Amurat Han, en qui tout honneur et vertu abonde, nostre trés cher et parfaict amy, Nous avons cy-devant par nos lettres faict entendre à Vostre Haultesse l'intention que nous eusmes, dés nostre avenement à ceste Couronne, d'envoyer un ambassadeur vers elle, pour luy faire cognoistre l'estime en laquelle nous tenons l'amitié et bonne intelligence de sy longtemps contractée entre les grands empereurs ses predecesseurs, et les Roys de France, et soigneusement entretenues jusques au trepas du dernier d'iceulx, auquel nous avons succedé par proximité de sang, confirmer de nostre part la dicte amitié et asseurer Vostre Haultesse de l'immuable volonté qui nous accompagnera jusques au tombeau, d'y perseverer, mesmes l'estreindre et corroborer davantaige, si faire se peut, et en rendre tous les offices qui pourront despendre de nous; ayant par les mesmes lettres particulierement respondu à Vostre Haultesse sur les empeschemens qui nous avoient jusques là retardé l'effect de ce desseing, comme encore il faisoit, procedant de la guerre que le roy d'Espaigne, qui a embrassé la rebellion, mena contre le feu Roy, nostre dernier predecesseur, de partie de ses subjects, et qui continue encore contre nous à entreprendre injustement pour usurper ceste Couronne, seul obstacle du desseing que son pere et luy ont toujours eu à la ruine de l'Estat et puissance dont Vostre Haultesse jouit par la grace de Dieu, que nous luy souhaitons perdurable en tout heur et felicité, et à quoy le refus que les Roys nos predecesseurs, plusieurs fois recherchez de se joindre avec eulx, ont faict de vouloir adherer (qui aussy les empesche de pouvoir contraindre les aultres princes chrestiens) a esté cause d'une haine et inimitié immortelles, qu'ils ont toujours portées aux Roys de France, et qu'ils les ont plusieurs fois assailly, et recherché tous moyens de les troubler en leur Royaulme, sans toutesfois y avoir peu prendre pied, jusqu'à ce que la dicte rebellion luy a donné plus d'entrée et facilité, soubs le manteau et faulx pretexte de religion, qu'ils n'avoient jamais peu trouver; ce qui luy a creu l'appetit et desir d'en tenter l'entière conqueste, y employant ses forces en divers endroits, et n'espargnant l'or et l'argent que les Indes luy fournissent en abondance, ny aultre sorte de moyens qu'il pense luy en pouvoir advancer l'effect.

La crainte qui luy est passée de voir sortir, ceste année, aulcune armée de Vostre Haultesse contre luy (comme despuis deux ans la reputation a couru qu'elle s'y preparoit pour luy empescher la dicte entreprinse, en estant bien informé) luy fait à present redoubler ses efforts. Et qui plus est, nous avons esté advertys qu'il a envoyé vers elle un ambassadeur, pour entrer en quelque traicté, soubs couleur de rechercher Vostre Haultesse : qui n'est en effect que pour s'acquerir autant de repos de la part d'icelle, rendre ses armées et moyens plus libres contre nous, à l'usurpation de ceste mesme Couronne, qui n'assouviroit pas son ambition, ayant de sy longtemps en principal objet la ruyne de la puissance de Vostre Haultesse, comme plusieurs argumens tres notoires rendent son intention en cela indubitable. Et encores que nous soyons asseurez que non seulement vostre prudence ne sera circonvenue par ses artifices, au prejudice des affaires de Vostre Haultesse, mais aussy qu'elle aura regard, bien qu'il n'y allast sy avant comme il faict de son propre interest, à ne laisser opprimer un roy et royaume dont l'amitié lui a esté tousjours chere et à ses dicts predecesseurs, et qui, demeurant entier, peut de soy et par l'appuy dont il sert aux aultres princes et estats chrestiens contre l'ambition hespagnole, faire contenir dans ses limites cest ennemy commun, duquel semble que la convoitise n'a aultres bornes que la domination universelle de tout le monde : toutesfois, nous avons bien voulu escrire la presente à Vostre Haultesse, pour la supplier ne donner lieu aux propositions frauduleuses qui luy pourroient estre faictes pour le recevoir en sa grace, comme ne tendant qu'à gaigner temps et moyen, par la ruyne de ceste Couronne, de mieux fonder et affermir ses desseings contre Vostre Haultesse, mesmes en la destruction de sa grandeur ; la suppliant en oultre qu'il luy plaise faire tel ressentiment, avec le bonheur de ses armes, de l'injuste guerre qu'il nous faict, que nous en puissions tant plus tost et facilement estre dellivrez, et les effectz de nostre amitié estre plus utiles à Vostre Haultesse, en ce que l'occasion s'en pourroit offrir, estans bien marrys de n'avoir peu faire par nostre ambassadeur l'office que nous faisons par la presente, lequel neantmoins nous avons resolu despescher et faire partir dans peu de temps, forçant les difficultez qui nous pourroient encores justement rendre excusables de le differer. Mais saichant que celuy d'Hespagne est desjà par delà, nous avons estimé debvoir hasarder la presente, que

Vostre Haultesse recepvra, s'il luy plaist, en bonne part, attendant que nostre dict ambassadeur puisse arriver vers elle : priant Dieu, Trés haut, trés excellent, trés puissant, trés magnanime et invincible prince, le grand empereur des Mousoulmans, sultan Amurat Han, en qui tout honneur et vertu abonde, nostre trés cher et parfaict amy, qu'il veuille icelle Vostre Haultesse longuement conserver et accroistre avec fin trés heureuse. Escript au camp devant Rouen, le iiij$^e$ jour d'avril 1592 [1].

HENRY.

POTIER.

[1592. — 8 AVRIL.]

Cop. — Bibliothèque de M. le comte de Merlemont. Journal manuscrit d'un habitant de Beauvais, de 1572 à 1593.

[A MONS$^R$ DE VITRY.]

[1] La presente receue, ne fais faulte me venir trouver pour courir le cerf, parce que la plus part de mes gens sont malades.

HENRY.

---

[1] A la suite de cette lettre, dans le manuscrit de Brienne, d'où nous l'avons tirée, il s'en trouve deux du même jour sur le même sujet, l'une au premier bassa, l'autre au capitaine de la mer.

---

[1] Le journal manuscrit qui nous a conservé ce court billet le fait suivre des détails suivants : « Les lettres portées furent monstrées à M. de Guise, qui le licentia d'y aller, parce qu'il est bon chasseur ; et Vitry s'en alla à Trie » (où était le Roy). Les bonnes relations que Henri IV entretenait ainsi avec M. de Vitry, qui était encore de la Ligue, portèrent plus tard leurs fruits, car le 4 janvier 1594 ce seigneur remit volontairement la ville de Meaux au Roi, comme à son légitime souverain, acte qu'il accompagna de la publication d'un manifeste très-énergique en faveur de la cause royale. Ce fut l'heureux prélude de la soumission de Paris et du reste du royaume. Louis Gallucio de l'Hôpital, marquis de Vitry, gouverneur de Meaux, fils aîné de François de l'Hôpital, seigneur de Vitry, et d'Anne de la Châtre, avait été gentilhomme du duc d'Alençon, et devint, sous Henri IV, capitaine des gardes, mestre de

1592. — 11 AVRIL. — I<sup>re</sup>.

Orig. — B. R. Fonds Béthune, Ms. 9109, fol. 45.
Cop. — B. R. Suppl. fr. Ms. 1009-3.
Imprimé. — *Mémoires de Nevers*, t. II, p. 299.

A MON COUSIN LE DUC DE NIVERNOIS.

Mon Cousin, Les garnisons de Dreulx, Verneuil, Meaux et aultres de ces quartiers-là sont passées, au huitiesme[1], comme il leur avoit esté ordonné; quelques aultres ont voulu faire le semblable; mais le voyage que j'ay faict à Gisors et jusques à Méru[2] les a empeschez jusques au dixiesme, quand elles m'ont veü revenir en mon armée; et le duc de Parme continue, par tous les advis que j'ay les plus certains, de haster toutes ses forces pour venir lever ce siège : qui me fait vous prier, mon Cousin, bien affectionnement, vous tenir tout prest et advertir toutes vos troupes de faire le semblable, pour partir au premier advis que vous en aurés de moy; vous asseurant que je ne vous le donneray que bien à propos et qu'il n'en soit besoing. En ceste asseurance, je prie Dieu qu'il vous ayt, mon Cousin, en sa saincte et digne garde. Escript au camp devant Rouen, le xj<sup>e</sup> jour d'apvril 1592.

HENRY.

POTIER.

camp de la cavalerie légère, lieutenant de la vénerie et fauconnerie de France, capitaine de Fontainebleau, et, en 1597, chevalier des ordres du Roi. La confiance et l'amitié que lui témoigna toujours ce prince le rendirent inconsolable de sa mort, et il ne lui survécut que peu de temps, étant mort à Londres en 1611. Ses deux fils, le duc de Vitry et le seigneur du Hallier, furent maréchaux de France.

---

[1] Nous suivons toujours l'original. L'édition des Mémoires de Nevers donne, *Ont passé, le huictiesme de ce mois.*

[2] Méru, bourg de Picardie, aujourd'hui du département de l'Oise, appartenait à la maison de Montmorency.

## 1592. — 11 AVRIL. — II^me.

Orig. — Arch. de l'hôtel de ville de Caen. Copie transmise par M. de Formeville, correspondant du ministère de l'Instruction publique.

A NOS CHERS ET BIEN AMEZ LES MAIRE ET ESCHEVINS, MANANS ET HABITANS DE NOSTRE VILLE DE CAEN.

Chers et bien amez, La resolution que nous avons prinse de continuer le siege jusqu'à ce qu'ayons reduict la ville de Rouen à nostre obeissance, joinct les nouvelles et estrangeres forces qui nous viennent, à la nourriture desquelles et pour la fourniture de ce siege, tant qu'il durera, il convient promptement pourveoir, affin de ne manquer à la necessité, nous a fait renvoyer le chevallier Duguey, nostre maistre d'hotel et l'un des commissaires generaux des vivres, par devers vous, pour advancer en toute diligence le reste de la taxe imposée pour le faict des dicts vivres sur la generalité de Caen, et d'icelle faire venir en ce lieu, ou aultre commode, selon le commandement qu'il en a de nous. Vous le croirés de ce qu'il vous dira, et, au cas que la dicte fourniture ne fust preste, prendrés des bleds par toutes les maisons de nostre ville où il y en aura, sans aucune acception, à la charge touttesfois de le remplacer incontinent des levées qui se font en chacune eslection de la generalité de Caen, selon nos lettres et commission cy-devant expediées et envoyées à nos amez et feaulx les tresoriers generaulx de la dicte generalité : à quoy nous asseurans que vous satisferés, en remettant le tout au dict chevalier Duguey, ne vous en ferons plus particulierement commandement. Donné au camp devant Rouen, le xj^e jour d'avril 1592.

HENRY.

RUZÉ.

1592. — 16 AVRIL. — I^re.

Orig. — B. R. Fonds Béthune, Ms. 9109, fol. 46.
Cop. — B. R. Suppl. fr. Ms. 1009-3.

A MON COUSIN LE DUC DE NEVERS.

Mon Cousin, Les mesmes raisons qui m'ont jusques à ceste heure convié à vous prier de tenir vos trouppes ensemble, pour me venir assister au premier advis que je vous en donnerois, sont encores celles-là mesme qui me confirment en ceste premiere opinion; et d'heure à aultre le besoing que j'en dois avoir s'approche de moy et me presse davantaige, comme je le vous ay faict entendre par mes dernieres lettres. Toutesfoys, celles que vous m'avés escriptes, avecques une infinité d'aultres que j'ay receues de ma province de Champaigne, par quatre ou cinq porteurs despeschez en diligence, les uns aprés les aultres, me font changer ma deliberation, et non seulement trouver bon que vous y ayés renvoyé le s^r de Dinteville avecq partie de ma noblesse, mais que vous-miesme, mon Cousin, donniés jusques à Chaalons avecq tout ce qui vous est demeuré des trouppes ordonnées pour vostre gouvernement. Vous ferés en cela plusieurs choses d'un seul coup : l'une que vous confirmerés les bons, et rassurerez les esprits les plus foibles et ceux qui pourroient estre estonnez; conserverés ce qui est encores en son entier, et garderés les investys ou assiegez de se perdre, par l'autorité qui est deue à ce que vous estes et la creance que les grands et les petits auront en vous de s'assembler aux rendés-vous que vous leur donnerés, et de faire ce que vous leur commanderés; et davantage vostre presence retiendra S^t-Pol et les forces de ces quartiers-là de se venir joindre aux ducs de Parme et de Mayenne et me tomber sur les bras comme vous sçavés qui est leur desseing, et de me surprendre, s'il leur est possible, avant que mon armée soit rassemblée. C'est bien à mon grand regret que je vous voy eslongné de moy, en ce besoing, pour l'assistance que je m'estois promise de vous et de vostre prudence et bon conseil; mais puisque toutes les lettres que j'ay receues de tous costez me pressent sy fort de vostre retour, et que tous s'accordent que ma dicte province ne se peut saulver que par vostre prudence, pour infinies raisons qu'ils m'alleguent, je trouve tres bien et vous prie, mon Cousin, d'y voulloir retourner en la plus grande diligence que vous pourrés, pour y pourveoir selon vostre prudence, comme vous adviserés estre plus à propos, et sans vous arrester aux formes ordinaires, ny à l'ordre des finances, en ce que vous jugerés ne les debvoir pas suivre, pour un coup d'estat sy important que la conservation de ma dicte province; m'asseurant que vous n'y mettrés pas la confusion, ains que vous y ferés meilleur mesnage que moy-mesme. Je vous dis cecy, mon Cousin, pour ce que vous scavés l'estat de mes affaires aussy bien que nul aultre, et qu'il n'est pas en ma puissance, sans perdre ma couronne, de despartir si peu que j'ay de forces icy auprés de moy, pour vous en envoyer, et aussy peu vous secourir d'argent. C'est pourquoy je remets encores une fois, mon Cousin, à vous et à vostre prudence de faire pour conserver ma dicte province tout ce que vous jugerés estre pour le mieulx, et de me tenir souvent adverty de tout ce qui y surviendra : priant, sur ce, Nostre Seigneur vous avoir, mon Cousin, en sa saincte et digne garde. Escript au camp devant Rouen, le xvj$^e$ jour d'apvril 1592.

HENRY.

RUZÉ.

J'ay advis certain que S$^t$-Pol est passé et joinct à l'armée des ducs de Parme et de Mayne; de sorte que vous aurés moins d'ennemys en ma province de Champagne et j'en auray davantage sur les bras. Touttesfois, j'espere que Dieu benira de sa faveur la justice de mes armes, et que dans dix jours au plus tard il me donnera la victoire sur mes ennemys.

1592. — 16 avril. — II^me.

Cop. — B. R. Fonds Béthune, Ms. 9110, fol. 72 recto.

## A MONS^R DE BLANCMESNIL,
### CONSEILLER EN MON CONSEIL PRIVÉ, ET PRESIDENT EN MA COURT DE PARLEMENT DE CHAALONS.

Mons^r le president, Aussy tost que par vos lettres et d'aultres encores que l'on m'a escriptes de plusieurs endroicts, receues toutesfois en un mesme temps, j'ay sceu l'estat des affaires de ma province de Champagne, j'ay escript à mon cousin le duc de Nivernois, et l'ay prié de s'y acheminer en toute diligence avec ce qui luy estoit resté des forces de son gouvernement, depuis le partement du s^r de Dinteville qu'il avoit desjà renvoyé devant, afin que tous ensemble vous vous opposiés aux mauvais desseings du duc de Lorraine, encores que telles forces me fussent bien necessaires pour la bataille que le duc de Parme se prepare de me venir donner dans peu de jours, ayant preferé vostre conservation à la mienne, et pourveu à vostre danger par le peril de moy-mesme, bien marry que je n'ay peu faire davantage; car vous sçavés qu'estant icy engagé comme je suis au siege de l'une des plus grandes et meilleures villes de mon Royaume, et une grosse armée des ducs de Parme et de Mayenne sur les bras, à la veille d'une bataille, je ne puis desbander une seule de mes trouppes de pied ou de cheval, sans me retirer de mon entreprise avec honte, et par consequent ruiner du tout et mes officiers et mon Estat. Mais j'espere que bien tost Dieu me donnera bonne isseue de ce siege, ou la victoire de la bataille; et lors vous pouvés estre tout asseuré que je feray tout ce qui me sera possible pour le repos et le contentement de ma dicte province. Ce pendant, je vous prie, faictes de necessité vertu; et vivés en sy bonne intelligence les uns avec les aultres, que vostre union et vostre valeur surmonte les necessitez et les perils qui se pourront presenter; car c'est là que se cognoissent les ames genereuses, et non pas en la prosperité. En ceste confiance je prie

Dieu qu'il vous ayt, Mons' le president, en sa saincte et digne garde. Escript au camp de Darnetal de Rouen, le xvj° jour d'apvril 1592.

HENRY.

RUZÉ.

### 1592. — 20 AVRIL.

Orig. — B. R. Fonds Béthune, Ms. 9109, fol. 47 et 48*.
Cop. — Suppl. fr. Ms. 1009-3.
Imprimé. — *Mémoires de Nevers*, t. II, p. 300.

A MON COUSIN LE DUC DE NEVERS.

Mon Cousin, Saichans mes ennemys que j'estois despourveu de cavallerie françoise, ils ont usé de telle diligence qu'en trois journées ils sont venus de la riviere de Somme à moy; qui a esté cause que j'ay levé le siege, et me suis venu loger en ce lieu, distant de trois lieues de Rouen, où je me deslibere d'attendre les compagnies de cavalerie que j'ay mandées, pour aprés aller vers mes ennemys pour les combattre. Car je suis assez fort d'infanterie, ayant douze ou treize mil hommes de pied, entre lesquels y a sept mille piques; de quoy je vous ay bien voulu advertir pour vous faire part de tout ce qui se passe. J'ay entendu par les dernieres lettres de Champaigne l'estat de la dicte province, particulierement le siege de Coiffy[2], et eusse bien desiré que vous eussiés peu vous acheminer au dict pays pour y pourveoir. Mais puisque vous estes allé en Nivernois, selon que je vous avois permis, je vous prie, mon Cousin, d'y sejourner le moins que vous pourrés, et vous rendre au plus tost en vostre gouvernement, où je vous envoyeray bien tost les forces que je vous ay promises, et vous donneray le moyen de me servir en la dicte province, selon la volonté que je sçay que vous en avés, incontinent

---

[1] Cette lettre, ainsi que la suivante, se trouve en duplicata dans le manuscrit 9109.

[2] Coiffy-le-Haut, château très-fort, près de Bourbonne-les-Bains, était une des clefs de la Champagne, du côté de la Lorraine.

que mes affaires de deçà le permettront. Ce pendant ne laissés, je vous prie, de vous y advancer, saichant que vostre presence encouragera grandement tous mes serviteurs, pour s'opposer à mes ennemys, et arrestera leurs progrés : et m'asseurant que le ferés, pour l'affection que me portés et à la conservation de la dicte province, je prieray Dieu qu'il vous ayt, mon Cousin, en sa saincte et digne garde. Du camp de Gouy³, le xx⁰ jour d'avril 1592.

HENRY.

POTIER.

### 1592. — 22 AVRIL.

Orig. — B. R. Fonds Béthune, Ms. 9109, fol. 49 et 51.
Cop. — Suppl. fr. Ms. 1009-3.
Imprimé. — *Mémoires de Nevers*, t. II, p. 301.

A MON COUSIN LE DUC DE NIVERNOIS ET DE RETHELOIS,
GOUVERNEUR ET MON LIEUCTENANT GENERAL EN CHAMPAGNE ET BRIE.

Mon Cousin, Je vous ay adverty par ma derniere comme pour le peu de cavalerie françoise que je me suis trouvé prés de moy à l'arrivée de l'armée des ducs de Parme et de Mayenne, j'ay levé le siege de devant Rouen et me suis venu loger en ce lieu, pour prendre le champ de bataille et attendre les forces que j'ay mandées. La journée d'hier et celle d'aujourd'huy se sont passées sans que mes ennemys se soyent advancez vers moy. Il m'est arrivé depuis hier matin environ quatre cens chevaulx, et espere que dans vingt-quatre heures mes cousins les ducs de Montpensier et de Longueville arriveront en mon armée avec plus de huict cens chevaulx. Ayant les dictes forces, je fais estat de m'approcher de mes dicts ennemys, lesquels, à ce que j'ay appris, ont desseing d'assieger ma ville de Caudebec; qui me faict esperer d'avoir loisir de les approcher de sy prés, qu'il

---

³ Village de Normandie, dans l'élection de Rouen.

ne sera en leur puissance d'eviter l'occasion de la bataille. J'auray dans demain deux mil hommes de pied françois plus que je n'avois à vostre partement, avec lesquels je seray plus fort d'infanterie que mes dicts ennemys ne sont; et si je n'ay autant de cavallerie qu'eulx, la mienne vauldra pour le moins la leur, et espere que Dieu me fera la grace de donner la bataille et d'en avoir une heureuse yssue. Par vos lettres, que le s$^r$ de la Verriere m'a apportées, j'ay entendu le grand effort que le duc de Lorraine faisoit contre Coiffy; et depuis, par lettres du s$^r$ de Praslin, j'ay appris la perte du dict Coiffy, l'estonnement qu'elle apporte à ceulx de Langres et des aultres places circonvoisines; dont il me desplait grandement, et encores plus de n'y pouvoir remedier presentement, pour l'occasion qui me retient par deçà, laquelle je m'asseure vous jugés tant importante au general de mes affaires, que je ne puis m'esloigner de l'armée de mes dicts ennemys, ny separer parties de forces qui sont prés de moy, sans faire une grande breche à mes affaires. Ce qui me console, c'est que nous en sommes en tels termes, qu'il ne peut qu'il ne s'en face une fin dans peu de jours, de laquelle, j'espere, reussira beaucoup d'heur et d'advancement pour mes affaires, tant pour la volonté que je recognois en tous mes serviteurs qui sont prés de moy, de combattre, que pour l'esperance que j'ay en la bonté et grace de Dieu, lequel m'a tousjours assisté en mes plus grandes affaires. Cependant, mon Cousin, saichant combien vostre presence peut servir en vostre gouvernement, tant pour contenir les habitans des villes en leur debvoir, que pour faire monter la noblesse à cheval et s'opposer aux desseings du dict duc de Lorraine, je desirerois que vous acheminissiés promptement en vostre dict gouvernement, attendant que, ceste occasion passée, qui sera dans peu jours, je vous puisse ayder des moyens que je vous ay dict à vostre partement. J'escris au s$^r$ de Dinteville que, attendant vostre venue, il convie tous mes serviteurs de monter à cheval et me servir en ceste occasion contre le dict duc de Lorraine, et qu'il pourveoie à la seureté de mes villes du mieux qu'il luy sera possible; qui sera touttesfois peu, au respect de ce que vous pourriés faire. C'est pourquoy je vous prie, mon Cousin, d'autant que vous aimés le bien de mon service, particulierement ce qui concerne vostre gouvernement, de ne tarder davantaige à vous y acheminer. J'escris aux habitans de Langres pour les asseurer de la volonté que j'ay de les secourir et de libvrer de l'oppression du duc de Lorraine. Je vous prie de leur escrire de vostre part, et les asseurer que bien tost vous serés prés d'eulx : et esperant vous faire sçavoir bien tost ce qui se passera entre ces deux armées, je ne vous feray ceste-cy plus longue, priant Dieu, mon Cousin, qu'il vous ayt en sa saincte et digne garde. Du camp de Gouy, le xxij° jour d'avril 1592.

HENRY.

POTIER.

## 1592. — 23 AVRIL. — I<sup>re</sup>.

Orig. — B. R. Fonds Béthune, Ms. 9109, fol. 53.
Cop. — Suppl. fr. Ms. 1009-3.
Imprimé. — *Mémoires de Nevers*, t. II, p. 320.

### A MON COUSIN LE DUC DE NIVERNOIS,
PAIR DE FRANCE, GOUVERNEUR ET MON LIEUCTENANT GENERAL EN CHAMPAGNE ET BRIE.

Mon Cousin, Le desir que j'ay de vous donner le plus de moyen que la necessité de mes affaires peut permettre, pour l'entretenement des forces qui me doibvent servir prés de vous en vostre gouvernement, et des garnisons d'iceluy, m'a faict depescher les ordonnances que je vous envoye cy-encloses, lesquelles je vous prie faire effectuer, et des deniers qui en proviendront pourvoir à l'entretenement des garnisons de Dimont, Turny, Vaudur et Aynon, qui ont esté obmises l'année passée et presente sur l'estat des garnisons de la dicte province, selon que vous jugerés estre requis pour le bien de mon service et soullagement de mes subjects; et en cas que vous trouviés qu'il y ayt quelqu'une des dictes garnisons qui ne soit necessaire, je vous prie pourvoir à leur payement du passé et les licencier : et

sur ce, je prie Dieu qu'il vous ayt, mon Cousin, en sa saincte et digne
garde. Du camp de Gouy, le xxiij° jour d'avril 1592.

HENRY.
POTIER.

## 1592. — 23 AVRIL. — II<sup>me</sup>.

Orig. — Arch. du château de Poyanne. Copie transmise par M. le baron Méchin.

[A MONS<sup>R</sup> DE POYANNE.]

Mons<sup>r</sup> de Poyanne, Je differerois volontiers trois ou quatre jours
à vous faire ceste depesche pour vous pouvoir mander par mesme
moyen l'evenement de la bataille que j'espere que nous donnerons
entre cy et là au duc de Parme, n'estoit que je m'asseure que sur sa
venue à Rouen, les ennemys publieront des bruits les plus à la des-
faveur de mes affaires qu'ils pourront, pour essayer de desbaucher
ou, pour le moins, destourner et affliger mes bons serviteurs. C'est
pourquoy je n'ay pas voulu differer davantage de vous faire sçavoir
comme les choses sont passées pour ce regard, ce que vous verrés
au vray descript par ce memoire que je vous envoye; dont je desire
que vous faciés part à mes dicts bons serviteurs, afin qu'ils soyent
preparez à rejetter l'alarme que l'on leur en vouldroit donner, esperant qu'ils auront dans peu de jours plustost subject de se resjouir,
de ce que le susdict duc de Parme en est venu sy avant, que de s'en
affliger. Car je parts demain pour l'aller affronter, ce que j'estime
pouvoir faire en tel lieu et de sorte qu'il luy sera mal aisé de s'en
desdire, et en pouvés, avec l'ayde de Dieu, attendre toutes bonnes
nouvelles. Sur ce, je prie Dieu, Mons<sup>r</sup> de Poyanne, vous avoir en
sa saincte garde. Escript au camp de Gouy, ce xxiij° jour d'avril
1592.

HENRY.
FORGET.

1592. — 26 AVRIL. — I<sup>re</sup>.

Imprimé. — *Mémoires de messire Philippes de Mornay*, 1624, in-4°, t. II, p. 247.

[A MONS<sup>R</sup> DU PLESSIS.]

Mons<sup>r</sup> du Plessis, Vous avés bien faict de demeurer, et ne laisser l'avantage aux aultres de dire que nous avons rompu les premiers; ce que je seray bien ayse que vous ne faciés encores, tant que vous verrés quelque lieu de plus longue attente[1]. Je partis hier de nostre logis d'au deçà du Pont-de-l'Arche et vins coucher en ce lieu, en intention d'estre bien tost près des ennemys, lesquels sont devant Caudebec, qu'ils n'avoient poinct commencé encores hier de battre qu'aux deffenses. J'ay chassé, en passant, des gens qu'ils avoient laissez à Martinville, et dans ce chasteau. Je prie Dieu qu'il vous ayt, Mons<sup>r</sup> du Plessis, en sa saincte garde. Escript au camp de Fontaine-de-Bourg[2], le xxvj<sup>e</sup> jour d'avril 1592.

HENRY.

REVOL.

[1592.] — 26 AVRIL. — II<sup>me</sup>.

Orig. autographe. — B. R. Suppl. fr. Ms. 1939, fol. 39.

A MONS<sup>R</sup> DE SOUVRÉ.

La Godé, Nous allons aujourd'huy loger à deux lieues des ennemys; la bataille ne se peut plus eviter. C'est pourquoy je vous prie

---

[1] Du Plessis Mornay était à Mantes, où il continuait avec Villeroi des pourparlers de paix, qui ne laissaient plus guère d'espoir de réussite. On peut voir dans sa Vie et dans ses Mémoires, ainsi que dans ceux de Villeroi, les derniers détails de cette négociation.

[2] Fontaine-le-Bourg est situé au nord-est de Rouen, entre cette ville et Neufchâtel. Le Roi, en quittant Darnetal, s'était d'abord porté un peu vers le sud, jusqu'auprès de Pont-de-l'Arche. En se dirigeant sur Fontaine-le-Bourg, d'où il devait tourner droit à l'ouest vers Caudebec, il laissa Rouen à sa gauche, ce qui était nécessaire pour n'avoir point la Seine à traverser.

dé vous en venir en toute diligence droict au Pont-de-l'Arche, et là où je seray, vous hastant le plus que vous pourrés. Peut-estre vous escris-je la veille de la bataille. Bonjour. A Fontenay-le-Bourg, ce xxvj<sup>e</sup> avril.

HENRY.

[1592. — VERS LE MOIS D'AVRIL.]

Cop. — Arch. de M. le duc de la Force, pair de France.
Imprimé. — *Mémoires authentiques de Jacques de Caumont, duc de la Force*, etc. publiés par M. le marquis DE LA GRANGE, t. I, p. 256.

[A MONS<sup>R</sup> DE RAVIGNAN.]

Mons<sup>r</sup> de Ravignan, J'advoue ce que vous avés fait à Pau pour un des plus signalez services que m'eussiés seu faire [1], et vous prie de continuer, vous asseurant que je vous seray tousjours bon maistre et qu'il ne se presentera occasion que je ne vous face paroistre la volonté que

---

[1] Voyez, ci-dessus, p. 588, la lettre au même personnage placée vers le 25 mars, M. de la Grange dit du président de Ravignan : « Ce fut lui que Henri IV chargea d'empêcher le mariage de madame Catherine de Bourbon, sa sœur, avec le comte de Soissons. » (*Mémoires de la Force*, t. I<sup>er</sup>, p. 183, note.) Madame Catherine ne quitta le Béarn que le 10 octobre de cette année. Mais comme la comtesse de Gramont avait tout préparé, « le premier pas que firent la princesse et le comte, dit l'abbé Poeydavant, ce fut de se donner leur foi et des promesses par écrit. Ils étaient près de passer outre, en célébrant leur mariage. » (*Histoire des troubles du Béarn*, l. X.) Le Roi, prévenu immédiatement, donna en temps utile tous les ordres nécessaires. Le parlement de Pau et le conseil souverain de Béarn se réunirent pour faire soulever tout le pays contre le comte de Soissons, qui fut obligé de partir pendant que la princesse était gardée à vue dans le château. Tout cela dut se succéder avec une grande promptitude. Or, dès le 26 mars, nous voyons le Roi parler au duc de Montmorency de ce départ du comte de Soissons. C'est ce qui nous a décidé à placer approximativement au mois d'avril la lettre par laquelle le Roi fait succéder aux menaces qu'il avait d'abord adressées à M. de Ravignan, des remercîments de la part principale qu'il prit à l'exécution de ses ordres rigoureux. Ces deux courtes lettres sont d'autant plus importantes, qu'elles rectifient l'assertion des historiens, qui attribuent à M. de Paugeas la direction des mesures prises à temps pour empêcher le mariage.

j'ay de recognoistre vos services. Sur ce, je prie Dieu, Mons<sup>r</sup> de Ravignan, qu'il vous ayt en sa saincte garde.

HENRY.

DE LOMENIE.

[1592.] — 1<sup>er</sup> MAI.

Orig. autographe. — Musée britannique, Biblioth. Cottonienne, Caligula E, VII, fol. 386. Transcription de M. Delpit, archiviste paléographe.
Cop. — B. R. Fonds Bréquigny, Ms. 99.
Imprimé. — RYMER, *Fœdera*, édit. de la Haye, 1742, t. II, p. 91.

[A LA ROYNE D'ANGLETERRE.]

Madame, J'estime que vous aurés eu agreable d'entendre par le s<sup>r</sup> de Beauvoyr, mon ambassadeur prés de vous, ce qui se passa mardy dernier xxvııj<sup>e</sup> entre nous et les ennemys, sur lesquels nous gagnasmes le logis d'Yvetot et encores deux aultres plus proches, et à la veue du lieu où leur corps d'armée est retranché, les leur ayant faict quitter par force; où furent prins et tuez plusieurs des leurs, le reste de ce qui y estoit s'estant saulvé à la fuite, ainsy que le dict s<sup>r</sup> de Beauvoyr vous en aura faict le discours, suivant ce que je luy en ay mandé expressement pour le vous faire entendre. Mercredy nous sesjournasmes, tant pour donner un peu de rafraischissement à mon armée, que pour voir le pays et les avenues du camp des ennemys, afin de pouvoir mieux juger ce que nous aurions à faire; et le jour d'hier nous changeasmes de logis, les ayant encores approchez davantage et en lieu plus à propos pour les incommoder; et après l'assiette de nos dicts logis, qui sont sy proches de leur armée que le canon tira d'une part et d'aultre, estant allé pour la recognoistre, sans m'accompaigner de trouppes de cavalerie, je prins six vingt picquiers et soixante mousquetaires de nos trouppes pour me servir d'escorte, les ayant faict advancer et arrester environ cent cinquante pas hors de leur logis, où vinrent prés de quatre cens lanciers et de sept à huict cens Espagnols de pied les charger par deux endroicts; et y eut un combat des plus furieux qui se puissent voir, tellement soustenu, à plusieurs reprinses, que la plus-part des chefs des dictes trouppes ennemies y furent tuez, avec plusieurs aultres. Les morts nous demeurerent et une cornette de gens de cheval,

Je laisse au sr Roger Wilemes et aultres principaux de sa trouppe de dire comment combattirent les François qui s'y trouverent; mais je vous diray bien, Madame, que les vostres montrerent tant de valeur et de courage, qu'il n'est possible de mieulx faire qu'ils feirent, particulierement le dict sr Roger, qui feit acte d'un vray Cesar; comme aussy le cappitaine Morgan y a tres bien faict. Et entre aultres choses singulieres du dict sr Roger, il tua de sa main au combat, et seul à seul, un des dicts chefs, qui se monstroit fort brave; comme aussy le baron de Biron, qui y estoit avec peu d'aultres gentils-hommes et sans estre armé, en tua un aultre de mesme façon. Ces premieres trouppes des dicts ennemys ayant ainsy esté repoussées, je feis retirer les nostres, pour ce que la nuit approchoit, et m'en revins à mon logis. Mais les ennemys, picquez du mauvais succés, vinrent aprés en plus grand nombre assaillir nos dictes trouppes en leur logis, où toutesfois ils n'eurent meilleure fortune que auparavant, ayans esté de rechief bravement chassez, et perdu plus de deux cens hommes.

Ces bons commencemens donnent sy evident tesmoignage de la benediction de Dieu sur nos armées, que j'espere, par sa grace, aussy heureuse issue du reste, mesmes si j'ay ce bonheur d'estre bien tost renforcé du nouveau secours que je me promets encore de vostre bonté, les dicts ennemys estans en lieu et estat qu'ils ne peuvent eviter la bataille, ou une tres grande honte et perte, et jusques icy ils se monstrent plus tost resolus à la bataille que à prendre aultre party; dont attendant l'evenement tel qu'il plaira à Dieu le nous donner, je vous ay bien voulu faire part de ces premieres rencontres: et sur ce, vous baisant humblement les mains, je le prie qu'il vous ayt, Madame, en sa tres saincte et digne garde.

Du camp de Varicarville, ce premier may.

Vostre tres affectionné frere et serviteur,
HENRY.

1592. — 2 MAI.

Orig. — B. R. Fonds Béthune, Ms. 9109, fol. 55.
Cop. — Suppl. fr. Ms. 1009-2.
Imprimé.— *Mémoires de Nevers*, t. II, p. 303.

A MON COUSIN LE DUC DE NIVERNOIS,
GOUVERNEUR ET MON LIEUCTENANT GÉNÉRAL EN CHAMPAGNE ET BRIE.

Mon Cousin, Estant au camp de Gouy, je vous escripvis par le s<sup>r</sup> d'Espez et vous manday les occasions qui m'avoient faict lever le siege de devant Rouen. Mes cousins les ducs de Montpensier et de Longueville estans arrivez deux jours après en mon armée, je partis le lendemain pour m'approcher de celle de mes ennemys, laquelle estoit devant Caudebec, où le duc de Parme fut blessé d'une harquebusade au bras[1], le jour que je partis du dict Gouy. Vous verrés par le discours cy-enclos ce qui s'est passé jour pour jour depuis mon dict partement, et espere que Dieu me donnera subject de vous escrire encores de meilleures nouvelles dans peu de jours ; car mes ennemys estans pressez de necessité, et mon armée se faisant plus forte de jour à aultre par l'arrivée des forces qui viennent journellement, il ne se peut faire que dans peu de jours il ne reussisse quelque plus grand effect. Je n'en perdray, si je puis, les occasions. En telle affaire vous pouvés juger combien me sont necessaires les forces qui sont près de moy ; qui est cause que, pour le present, je ne vous puis envoyer celles que je vous ay promises, ce que neantmoins j'espere de faire aussy tost que ceste occasion sera passée. Selon que je vous ay escript par ma derniere, vous jugés assez l'importance d'icelle, et que je ne doibs à present me destituer des forces lesquelles me sont plus que necessaires pour ruiner l'armée de mes ennemys. C'est, mon Cousin, ce qui m'empesche d'envoyer presentement en Champaigne les forces que j'y ay destinées, et non le default de volonté

[1] Ce fut des suites de cette blessure que ce grand capitaine mourut quelques mois après.

de conserver la dicte province comme me mandés, de laquelle je desire la conservation autant que de nulle aultre de mon Royaume, comme estant l'une des principales; et quand Dieu m'aura faict la grace d'avoir combattu l'armée de mes ennemys, laquelle j'ay en teste, je feray cognoistre par les effects combien je desire conserver ma dicte province de Champaigne, et tous mes subjects et bons serviteurs qui sont en icelle. Mais ce pendant que je suis occupé en une aultre province, et pour occasion important grandement au general de mes affaires, comme chascun le voit assez, je me repose sur mes lieutenans generaulx et gouverneurs, qui ont charge aux aultres provinces, pour pourveoir aux affaires qui s'y presentent. Je sçais que le duc de Lorraine a beaucoup de forces, que ses desseings sont grands sur mon dict pays de Champaigne, mais je ne doubte poinct que si vous estes au dict pays pour assembler mes serviteurs, lesquels en ceste occasion ne fauldront de vous assister, tant pour l'affection qu'ils ont à mon service que pour leur interest particulier, vous ne peussiés empescher et rompre les desseings du dict duc de Lorraine, attendant de plus grandes forces pour entreprendre sur luy, comme j'espere vous en donner les moyens avant qu'il soit peu de temps: qui me fait vous prier de vous acheminer en vostre gouvernement, où je m'asseure que vostre presence pourra apporter autant d'advancement en mes affaires comme vostre absence y seroit dommageable; et croyés que, ceste occasion passée, je vous envoyeray des forces pour vous donner moyen de me servir selon la volonté que je sçay que vous en avés, et l'auctorité et dignité avec laquelle je desire que soyés employé pour mon dict service. Mes serviteurs qui sont en Champaigne desirent vostre presence, comme trés necessaire pour assembler la noblesse et forces du dict pays, et je sçais bien que mes affaires, estans conduicts par vostre prudence, m'apporteront beaucoup de contentement. J'ay entendu le differend qui est entre les s[rs] d'Inteville et de Chastelles, à quoy je vous prie pourveoir par vostre prudence, en sorte que leurs querelles particulieres n'apportent prejudice à mon service, et pourveoir à la seureté de ma ville de Langres, sur laquelle, je ne doubte que le dict duc de Lorraine n'ayt ses principaulx desseings : et sur ce, je prie Dieu qu'il vous ayt, mon Cousin, en sa saincte et digne garde. Escript au camp devant l'ennemy, à Baricarville², le ij<sup>e</sup> jour de may 1592.

HENRY.

POTIER.

1592. — 5 MAI.

Cop. — B. R. Fonds Dupuy, Ms. 88, fol. 135 recto.
Cop. — B. R. Suppl. fr. Ms. 1009-3.
Imprimé. — *Lettres de Henri IV*, publiées par le comte DE VALORI. Paris, 1821, in-8°, p. 352.

[A MON COUSIN LE CARDINAL DE VENDOSME.]

Mon Cousin, Je ne sceus vous escrire hyer au soir ce que nous avons faict la journée, parce que pour avoir esté armé et à cheval depuis une heure devant jour jusqu'à cinq heures du soir, j'estois sy las que je me pensois endormir à table. Les ennemys avoient fortifié un hameau où il y avoit un bois sy prés de moy que, logeant de l'artillerie, ils pouvoient incommoder une partie de nos logis, et qui n'estoit qu'à mille pas de leur retranchement. Cela fut cause qu'il fut resolu dimanche au soir que nous l'attaquerions lundy à l'aulbe du jour. Nostre armée estoit toute en bataille pour estre preste aux occasions que cela nous pourroit presenter; ce qui ne se peut faire sy tost, à cause de la paresse de nos gens de guerre, qui n'arriverent où il leur estoit ordonné que à huict heures; qui nous cuida bien porter du prejudice. Car en ces quatre heures du soir ils acheverent autour du dict bois quatre petits esperons qui nous penserent faire rompre nostre resolution, et mirent à nostre veue jusqu'à mille Espagnols et mille Wallons dedans, et toute leur armée en bataille dedans leur retranchement. Ce non obstant, continuant nostre premier desseing, nous ordonnasmes les trouppes et fismes donner, en diverses trouppes, mille enfans perdus, de toutes nations, qui donnèrent sy bravement

---

² Ainsi, pour *Varicarville*.

qu'ils les emporterent, non sans grand combat, comme il apparut par trois cens, tant d'Espagnols que Wallons, qui nous sont demeurez sur la place, où il y a nombre de cappitaines. Le reste fut mené battant jusque dedans le camp retranché, où le baron de Biron, avec cinquante chevaulx de mon regiment, que conduisoit le s<sup>r</sup> de Maligny, feit une charge entre le dict hameau et le camp, où il en tua encores cent ou six vingts. Nous fumes dix heures en bataille devant eux, pour voir si cest affront leur donneroit quelque envie de la donner; mais nous y recognusmes plus d'estonnement que de courage, n'esprouvant leur mauvaise volonté qu'à force coups de canons, dont ils nous tuerent plus de trente à quarante chevaulx dedans nos escadrons. J'avois faict avancer deux couleuvrines et une bastarde, que nous fismes tousjours tirer à travers de leur camp, que je m'asseure qui les endommagerent fort. Voyans que ne pouvions faire davantage, nous nous retirasmes à nos quartiers, fort ayses d'avoir recogneu que nostre infanterie avoit presque autant d'avantage sur la leur que nostre cavallerie. Nous regardons aujourd'huy à pourveoir à tout ce qui est des vivres pour les hommes, car pour les chevaulx il n'est pas croyable le bon pays où nous sommes, et leur preparer encore quelque attaque. Oultre la benediction que Dieu a faict paroistre en general en tout ce que j'ay entrepris contre ceste armée, il en parut hier une particuliere en l'attaque de ce quartier, qui fut desfendu des ennemys à coups de mousquets et de picques. Il n'y eut des nostres que trois de tuez et huict blessez : chose presque incroyable, mesme à ceulx des nostres qui l'ont veue. Dieu nous doint tous les jours quelque nouveau subject de vous pouvoir mander quelque chose de bon. Priés Dieu pour nous; nous nous battrons bien pour vous. Bon soir, mon Cousin. Faictes part de ces bonnes nouvelles à ma tante. De Varicarville, ce v<sup>e</sup> mai 1592.

HENRY.

[1] Je ne vous escris point de ma main, car certes je n'en ay le loisir, mais vous cognoistrés bien que ce discours n'est de secretaire.

[1] Post-scriptum de la main du Roi.

1592. — 7 MAI.

Cop. — B. R. Suppl. fr. Ms. 1009-2. (D'après l'ancien cabinet de M. de Mandajors.)

[A MON COUSIN LE DUC DE MONTMORENCY?]

Mon Cousin, je vous ay escript du xxvj$^e$ du passé par un porteur que vous depeschoient vos gens qui sont icy. Vous aurés veu par la dicte depesche, si elle vous est arrivée, en quel estat estoient lors icy mes affaires. J'estimois que la premiere que vous auriés de moy seroit par vostre secretaire; mais ne s'estant pas trouvé encores prest à partir, je n'ay cependant voulu perdre ceste commodité de vous donner de mes nouvelles, que je sçay que vous attendés tousjours avec grand desir. Le mien seroit bien de vous les rendre plus communes et frequentes; mais la difficulté des passages ne le permet pas. Il y a desjà quelques jours que ce que vostre dict secretaire avoit à poursuivre par deçà a esté resolu, dont vous en avés les expeditions par luy-mesme, qui ne sçauroit gueres tarder à partir pour vous retourner trouver. L'imposition d'un escu pour quintal de sel y a, entre aultres poincts, esté confirmée. L'estat de vos garnisons a aussy esté veu à mon conseil, où il a esté trouvé qu'elles estoient un peu traictées trop grassement, puisque l'on leur fait le fonds pour le payement de l'année entiere, et oultre, que l'on veut faire payer ce qui leur est deub des arrerages des années passées. Si cela estoit connu par deçà, il y en auroit beaucoup qui ne plaindroient pas leur voyage pour aller servir de delà, car à la verité ils ne peuvent pas estre icy sy bien traictez ny à sy haulte paye, specialement la cavallerie. Je ne doubte point que vous n'y faictes le meilleur mesnage que vous pouvés, mais je vous prie de bien considerer la consequence que les gens de guerre soyent mieux apointez en un lieu qu'en un aultre. Il touche à vous plus qu'à personne d'y mettre l'ordre[1]; c'est pourquoy je n'apprehende

---

[1] Allusion à la dignité de connétable, promise au duc de Montmorency, et qui lui fut conférée l'année suivante. Ce premier officier de la couronne, étant chef de l'armée, avait plus d'intérêt que tout autre à ce que l'ordre y régnât.

qu'il passe rien par vos ordonnances qui le puisse changer ou intervertir en aucun poinct. Vous aurés veu, par ma dicte derniere despesche, celuy que j'avois donné pour la Provence, et comme j'ay envoyé au seigr Alphonse un pouvoir pour y commander jusques à ce que j'y aye aultrement pourveu, luy ayant despesché expressement le secretaire Vissoze, que je fays aussy passer en Provence pour voir de ma part les principaux du dict pays et les rendre capables de mes intentions. Depuis ceste depesche faicte, mon cousin le duc d'Espernon a envoyé vers moy l'un des siens, par lequel il ne s'offre pas seulement, mais me supplie de l'envoyer en Provence pour y commander l'armée, pour laquelle il propose de mener de bonnes trouppes. Je n'ay point encore, sur ce, pris de resolution; mais avant que vostre dict secretaire parte, elle se fera et vous en aurés par luy toutes certaines nouvelles. Je n'en ay point de ces quartiers, depuis celles qui m'annoncerent la mort du feu sr de la Valette, et en serois en plus grande peine, n'estoit que je m'asseure que vous en ayés soin et y veillés comme à ce qui est en vostre charge.

J'ay advis du costé d'Espagne que les affaires d'Arragon se vont apaisant; et, comme elles seront achevées, que leur dessein est de faire descendre en Languedoc une partie de ceste armée qui estoit levée pour cet effect, dont je ne doubte point que vous soyés bien adverty et preparé pour les y recevoir, parce que l'on avoit tousjours cru qu'il n'y avoit que l'opiniastreté du feu mareschal de Joyeuse qui retinst son fils en ce party, auquel il n'avoit pas d'ailleurs grande affection. L'on avoit cru qu'estant, par sa mort, deschargé de cette subjection, il seroit pour se reduire à son devoir. Toutesfois, je n'ay point eu encores vostre sentiment, et crois que, s'il en eust eu quelque volonté, il s'en fust plustost adressé à vous, pour le me faire sçavoir, qu'à nul aultre. Il ne sera pas neantmoins, me semble, mal à propos de le faire sonder là dessus, et luy aider autant que faire se pourra, à y prendre quelque bonne resolution. A quoy, comme vous y voyés plus clair que personne, aussy m'en remets-je du tout à vous, et pour y tenir tel moyen et à luy tel langage que vous verrés estre convenable. Quant à nos nouvelles de deçà, il n'y a pas grand changement depuis ma dicte derniere despeche, sinon que j'ay icy à ce siege les Anglais et Wallons que je y attendois. Je n'ay pas pour cela voulu y faire encores grand effort, parce que les plus communs et certains advis sont que le duc de Parme, estant fort pressé de ceux de Rouen, pour la grande necessité de vivres où ils sont, et laquelle ils ne veulent et ne peuvent plus gueres supporter, se resoult de retourner pour les secourir. Or, je ne veux pas qu'il me surprenne qu'en estat de le pouvoir bien recevoir, comme je m'y prepare le mieux que je puis, tenant ce pendant ceulx dudit Rouen sy serrez, qu'il ne leur peut entrer aucun secours de vivres, dont je suis averty qu'ils ont telle faulte, qui les pourroit bien persuader à prendre party.

Le duc du Maine avoit bien, sous main, fait sentir qu'il avoit quelque disposition à la paix; à quoy je luy ay fait cognoistre que j'y entendray bien volontiers. Ce propos s'entretient tousjours, mais c'est sy foiblement que je n'en veux encores promettre ce qui en seroit infailliblement s'ils y apportoient autant de bonne volonté et de resolution que moy, qui me reserve à vous en dire de plus certaines nouvelles par vostre dict secretaire; et differerois volontiers trois ou quatre jours à vous faire ceste despesche, pour vous pouvoir mander par mesme moyen l'evenement de la bataille que j'espere que nous donnerons, entre cy et là, au duc de Parme; n'estoit que je m'asseure que sur sa venue à Rouen, les ennemys publieront des bruits le plus en la defaveur de mes affaires qu'ils pourront, pour essayer de desbaucher ou pour le moins d'estonner et affliger mes bons serviteurs. C'est pourquoy je n'ai pas voulu differer davantage de vous faire sçavoir comme les choses sont passées pour ce regard; ce que vous verrés au vray descript par ce memoire que je vous envoye, dont je desire que vous faciés part à mes bons serviteurs; afin qu'ils soyent preparez à rejecter l'alarme que l'on leur en vouldroit donner, esperant qu'ils auront, dans peu de jours, plustost subject de se resjouir de ce que ledict duc de Parme en est venu sy avant, que de s'en affliger; car je pars demain pour l'aller affronter, ce que j'estime pouvoir faire en tel lieu et de telle sorte qu'il luy sera mal aysé de s'en desdire; et en pouvés, avec l'ayde de Dieu, attendre toutes bonnes nouvelles.

Je vous feis dernierement une despesche et vous envoyay un memoire de ce qui s'estoit passé à mon deslogement de devant Rouen; mais je crains bien que faulte de commodité de porteur, que vous n'aurés ce premier pacquet gueres plus tost que cestuy-cy, dans lequel vous trouverés un aultre memoire de ce qui est advenu depuis que je me suis approché de l'armée des ennemys; par où vous verrés que je fais ce que je puis pour les attirer au combat; et eulx aultrement, employent toute leur industrie pour m'esviter et m'eschapper, s'ils peuvent; se trouvant bien plus engagez qu'ils n'avoient jamais pensé le pouvoir estre. Et suis bien adverty que le duc de Parme confesse qu'il ne s'est jamais veu si empesché; et, sy, est en perpetuelles piques et reproches avec le duc de Mayenne; de moy, oultre que l'importance du faict me presse assez d'y employer tout mon soin et labeur, parce que cestuy-cy est un coup de partie, le grand zele et courage que je cognois en tous ces princes, seigneurs et infinie noblesse qui y accourt tous les jours, m'y enflamme encore davantage, et me donne aussy tout bon presage qu'il ne m'y peut que bien advenir. L'incertitude n'y sçauroit plus estre longue; car ils pastissent telle necessité de vivres, qu'il faudra dans quatre ou cinq jours, ou qu'ils se resolvent de prendre le large de la campagne, ou de venir librement au combat. Il est vray que dés ceste heure il se juge bien qu'ils n'y viendront point volontairement; et la cognoissance qu'en ont les nostres leur est un redoublement de forces.

J'eusse volontiers differé à vous faire ceste seconde despesche jusqu'à ce que je vous eusse peu dire la conclusion de cest affaire, qui peut advenir de jour à aultre, n'estoit que je considere qu'il n'est possible que nous saichant sy prés les uns des autres, vous ne soyés en peine, si vous n'en avés des nouvelles. C'est pourquoy, avec ceste occasion, j'ay esté bien ayse de faire cependant prendre cette despesche, afin que vous saichiés que jusques icy il n'y a, Dieu mercy, que toute occasion de bien esperer de ceste entreprise, qui peut estre la fin de tous les maux et afflictions de cest Estat. Je vous prie faire part du dict memoire à tous mes bons serviteurs de par delà, pour leur donner autant de consolation et d'argument d'assister nostre labeur, en une sy importante occasion, de leurs bonnes prieres. Je retiens expressement vostre secretaire qui est par deçà, pour vous rapporter la nouvelle de ce qui adviendra; à quoy me reservant, je ne vous feray ceste-cy plus longue : priant Dieu, mon Cousin, vous avoir en sa saincte garde. Escript au camp d'Yvetot, ce vij$^e$ jour de may 1592.

HENRY.

FORGET.

Mon Cousin, je vous prie envoyer au seig$^r$ Alphonse le paquet que vous trouverés avec la presente, à luy adressant, que je luy fais sur le mesme subject que ceste dicte presente.

1592. — 11 MAI. — I$^{re}$.

Cop. — B. R. Suppl. fr. Ms. 1009-3. (D'après l'ancien cabinet de M. de la Meinières.)

[A MON COUSIN LE CARDINAL DE BOURBON.]

Mon Cousin, Duret fut tousjours tout hier auprés de moy, qui vous escrira particulierement de ce qui se passe; seulement je vous diray qu'à un village appelé Maulevrier[1], nous chargeasmes trente et une cornettes des ennemys, tant Espagnols, Vallons, que reistres; nous les defismes et eusmes quatre de leurs cornettes, et leur tuasmes plus de trois cens hommes sur la place. Il y eut plus de trois ou quatre cens chevaulx de gagnez et tout leur butin, qui vaut plus de trente-cinq mille livres. Bref, c'est une des plus belles deffaictes que nous eussions peu souhaiter, n'y ayant eu que trois ou quatre de nos soldats tuez et peu de blessez, entre lesquels ont esté le comte de Chasteauroux[2],

---

[1] A une lieue au nord de Caudebec.

[2] Charles de Maillé de la Tour-Landry, comte de Châteauroux, fils aîné de François de Maillé de la Tour-Landry, et de

le maistre de camp la Garde, Sainct-Remy³. Je vous garde les cornettes pour parer l'église de Louviers, et espere, avec l'ayde de Dieu, que nous aurons de quoy parer force aultres. Priés Dieu pour nous: et je le prie qu'il vous ayt, mon Cousin, en sa garde. Le xj⁰ may, à Yvetot, 1592.

HENRY.

Tous les chariots des reistres ont esté bruslez ; les François de l'ennemy sont passez à Quillebœuf.

1592. — 11 MAI. — II^{me}.

Orig. — B. R. Fonds Saint-Germain-Harlay, Ms. 1024 ancien, pièce 200.

A MONS^R DE MAISSE,

CONSEILLER EN MON CONSEIL D'ESTAT, ET MON AMBASSADEUR À VENIZE.

Monsʳ de Maisse, Depuis que je me levay de devant Rouen, pour convertir le siege en une bataille, si je y pouvois attirer les ennemys, aprés que j'aurois un peu de renfort (comme dans quatre ou cinq jours il m'en vint tant que aussy tost je m'acheminay pour en approcher), je vous ay adverty de ce qui s'est passé de l'advantaige que Dieu m'a donné en tout ce que j'ay entreprins sur eulx, vous en ayant envoyé des memoires bien particuliers où vous aurés aussy veu l'estat et necessité où ils estoient reduicts. A present je vous en envoye encores un aultre, par lequel vous apprendrés leur deslogement et ce que j'entreprins et executay encores le jour d'hyer sur leur cavallerie; qui n'est pas pour diminuer leur dicte necessité; mais j'espere que Dieu me fera la grace que je feray perdre le chemin ou l'envie à ceulx qui restent, de plus revenir ravager et troubler ce royaume, comme je sçais enfin retorquer telles iniques entreprises ou dom-

Diane de Rohan. Il fut tué en duel à Paris, en 1605.

³ Antoine de Conflans, seigneur de Saint-Remy et d'Ennoncourt-le-Sec, lieutenant de la compagnie du vicomte d'Auchy et mestre de camp, était le fils aîné d'Antoine de Conflans et de Françoise Boulard.

maige de ceux qui les font. Je le prie, pour fin de la presente, qu'il vous ayt, Mons<sup>r</sup> de Maisse, en sa saincte garde. Escript au camp d'Yvetot, le xj<sup>e</sup> jour de may, 1592.

HENRY.
REVOL.

## 1592. — 17 MAI.

Orig. — B. R. Fonds Béthune, Ms. 9109, fol. 57 recto.
Cop. — Suppl. fr. Ms. 1009-3.
Imprimé. — *Mémoires de Nevers*, t. II, p. 364.

### A MON COUSIN LE DUC DE NIVERNOIS,
PAIR DE FRANCE, GOUVERNEUR ET MON LIEUCTENANT GENERAL DE CHAMPAGNE ET BRIE.

Mon Cousin, Vous aurés veu par les discours que je vous ay envoyé les progrés que j'avois faicts sur l'armée de mes ennemys, jusqu'au dixiesme de ce mois. Depuis, les ducs de Mayenne et de Parme, avec ce qui restoit de leur dicte armée, ont passé la riviere à la faveur de Caudebec, lequel j'ay reprins; et m'en vais en diligence avec mon armée passer la riviere pour poursuivre mes ennemys, ayant resolu de ne les abandonner que je ne les aye combatus; ce que je n'ay peu faire jusques icy, pour s'estre tousjours tenus dans leur camp retranché, jusqu'à ce qu'ils ont passé la dicte riviere. J'espere que bien tost vous en entendrés un heureux succés. Ce pendant je prie Dieu qu'il vous ayt, mon Cousin, en sa saincte et digne garde. Du camp de Clavy<sup>1</sup>, le xvij<sup>e</sup> jour de may 1592.

HENRY.
POTIER.

---

<sup>1</sup> Ainsi écrit, probablement au lieu de *Claville*, qui est un village du pays de Caux, près de Cany.

[1592. — 24 MAI[1].]

Orig. autographe. — A Londres, State paper office, ancient royal letters, t. XXII, lettre 160. Copie transmise par M. l'ambassadeur de France à Londres.

[A LA ROYNE D'ANGLETERRE.]

Madame, Le s$^r$ de Beauvoir, mon ambassadeur prés de vous, desireroit avoir permission d'enlever et sortir de vostre royaume jusques au nombre de trente ou quarante canons de fer, pour equiper quelques navires, pour la garde de ma couste de Normandie. Et d'aultant qu'oultre que je desire son contentement en plus grande chose, celle-là tournera à mon service, j'ay bien voulu vous supplier par la presente qu'il vous plaise luy octroyer, pour l'amour de moy, la dicte permission, que je tiendray à singuliere faveur et plaisir, qui accroistra de tant plus mes obligations en vostre endroict : et sur ce, aprés vous avoir baisé les mains, je prie Dieu, Madame, vous maintenir avec la santé que vous desire

Vostre affectionné frere et serviteur,
HENRY.

[1592[1].] — 19 JUIN. — I$^{re}$.

Orig. autographe. — Musée britannique, Biblioth. Cottonienne, Caligula E, VIII, fol. 362. Transcription de M. Delpit, archiviste paléographe.

Cop. — B. R. Fonds Bréquigny, Ms. 99.

Imprimé. — RYMER, Fœdera, etc. édit. de la Haye, t. VII, p. 54.

[A LA ROYNE D'ANGLETERRE.]

Madame,

Encores que je m'asseure que le s$^r$ Unton, vostre ambassadeur, n'a besoin d'aultre tesmoignage envers vous que celuy que vous avés,

[1] D'après le catalogue du State paper office.

[1] Le relevé des séjours de Henri IV nous fait dater avec certitude de 1592 cette lettre que Rymer place par erreur à 1591. Dans cette année 1591, nous avons

par ses actions, de sa prudence et affection à vostre grandeur et service, qu'il y a fait paroistre, sy est-ce que comme celuy qui en a plus particuliere congnoissance, par ce que nous avons traicté ensemble du bien commun de nos affaires, je n'ay peu, sur l'occasion de son retour, me garder de vous dire que la sincerité avec laquelle je l'y ay tousjours veu procedder m'a faict prendre telle confiance de luy, et suis tousjours demeuré sy satisfaict de nos relations et conferences, trouvant en luy la vraie representation de vostre bonne volonté envers moy, que je m'estimeray privé d'un singulier plaisir par son absence; qui me fera ardemment desirer qu'elle soit briefve, comme je vous en supplie, et de croire que sa probité et l'ardent zele dont est accompagnée la fidelité qu'il vous doibt est le principal subject de la requeste que je vous en fais: à laquelle je n'adjouxteray aultre chose par la presente que la priere que je fais à Dieu qu'il vous ayt, Madame, en sa saincte garde, vous conservant en tres bonne santé, heur et prospérité. A Gisors, le xix<sup>e</sup> jour de juing.

Vostre plus affectionné frere et serviteur,<br>HENRY.

## 1592. — 19 JUIN. — II<sup>me</sup>.

Orig. — A Londres, State paper office, ancient royal letters, vol. XXI, lettre 161. Copie transmise par M. Lenglet.

### A MONS<sup>R</sup> CECIL[1],
CONSEILLER AU CONSEIL D'ESTAT DE LA ROYNE D'ANGLETERRE MA BONNE SŒUR.

Mons<sup>r</sup> Cecil, Saichant combien volontiers vous vous employés pour l'advancement de mes affaires envers la Royne ma bonne sœur,

mis aussi au 13 juin une lettre qu'il date du 3; mais sa copie, faite à une époque où l'original n'était pas encore endommagé par le feu, a permis de remplir les lacunes laissées tant dans la copie de Bréquigny que dans celle qui a été prise récemment pour notre édition. Il en est de même de cette lettre-ci.

---

[1] Probablement le fils du grand trésorier.

j'ay bien voulu, envoyant à present vers elle le s^r de Sancy, conseiller en mon conseil d'Estat, et mon premier maistre d'hostel, luy donner ceste particuliere adresse, de vous communiquer la charge que je luy ay commise, principalement pour le secours de la Bretagne, vous priant d'y apporter ce que vous pourrés, afin que bientost il s'y face la bonne resolution que l'estat et la necessité de la province a besoing, selon que vous entendrés plus amplement de luy : auquel me remettant, je prie Dieu, Mons^r Cecil, qu'il vous ayt en sa saincte garde. Escript au camp de Gisors, le xix^e juing 1592.

HENRY.

1592. — 19 JUIN. — III^me.

Cop. — B. R. Suppl. fr. Ms. 1009-3. (D'après l'ancien cabinet de M. de Mandajors.)

[A MON COUSIN LE DUC DE MONTMORENCY.]

Mon Cousin, Si la derniere despesche que je vous ay faict vous est arrivée, vous aurés veu par le memoire qui y estoit enclos, quelle fut la forme de la retraite que fit à Caudebec le duc de Parme, de devant nous, passant de nuict la riviere de Seine, à force de bateaux ; et comme en son malheur il fut sy heureux que nous ne nous en aperceumes qu'il ne fust jour, tant l'assiette de son camp luy estoit favorable[1]. Cela fut cause qu'il en receut moins de dommage. Toutesfois, il demeura une partie de son equipage[2], et il vit dés le lendemain

---

[1] Cette retraite fut généralement considérée comme une des plus belles opérations militaires du siècle. Les deux armées en présence, le duc de Parme, blessé mortellement, sut faire passer la Seine, sur un point où le fleuve est si large, à son armée tout entière. Son fils, le prince Ranuccio Farnèse, traversant à l'arrière-garde, sous le canon du Roi, et attaqué par ses vaisseaux, ne prit terre qu'après avoir débarqué jusqu'au dernier des soldats et toute l'artillerie, brûlant ensuite ou coulant à fond le pont de bateaux qui avait servi au passage de l'armée. Henri IV, si admirable dans l'action, où son exemple entraînait tout, n'avait pas cette science militaire. Lorsque le duc de Parme lui envoya demander par un trompette ce qu'il pensait de cette retraite, il répondit brusquement qu'il ne s'y connaissait pas, et que la plus belle retraite il l'appelait une fuite.

[2] Ceci ne doit s'entendre que de l'attirail

reprendre la dite ville de Caudebec qu'il avoit auparavant prise. Je vous mandois aussy la resolution que je faisois de le suivre, au moins de l'aller attendre à son passage pour l'aller reconduire, ainsy que j'avois faict. Et m'y estois rendu sy à propos, avec une bonne troupe de cavallerie, qu'il estoit impossible qu'il m'eschappast, que je ne luy fisse une rude charge et que je n'emportasse une partie de son armée. Car oultre l'indisposition de sa personne, qui est trés grande, à cause de sa blessure, ceste armée cheminoit en tel effroy et desordre, qu'il n'y a eu sy petite de nos garnisons, par où elle a passé, qui n'en ayt eu sa proie[3], mesme jusqu'aux paysans qui leur ont fait quitter une de leurs couleuvrines, qui leur est demeurée. C'est pourquoy je pouvois justement esperer d'en avoir ma bonne part avec la troupe que j'avois, qui estoit fort gaillarde. Mais, comme j'estois sur le point de les approcher, me survint la nouvelle de l'accident survenu le xxiij[e] du passé, à mes cousins les princes de Conty et de Dombes, du levement du siege de Craon, d'où s'estant approché le duc de Mercœur avec son armée, la premiere opinion des nostres fut de la combattre, et de fait prirent leur place de bataille vis à vis les ennemys; et s'y commença une forte escarmouche de part et d'aultre, qui dura depuis six heures du matin jusque sur les trois heures aprés midy, que mes dicts cousins furent conseillez, voyant que les ennemys ne faisoient pas contenance de rien entreprendre, de retirer l'artillerie et l'aller loger. Dont les dicts ennemys s'approchant, et prenant le temps à propos, aydez aussy des chemins et passages de la dicte retraicte, où la cavallerie ne pouvoit aucunement combattre, avec toute leur armée ils chargerent une partie de l'infanterie qui faisoit la dicte retraite, qu'ils emporterent. Toutesfois ce ne fut qu'avec un grand combat où la perte fut quasy egale. Ce qui fit la nostre plus grande, ce fut que nostre artillerie fut abandonnée et demeura aux ennemys. Tout ce

inutile laissé par le comte de Bossu dans le fort de la rive gauche, entièrement évacué avant que les troupes royales s'en emparassent.

[3] D'après la plupart des relations du temps, ces détails ne seraient pas complètement exacts.

qui s'y est perdu ne sont qu'environ trois cens hommes de pied Anglois[4] et lansquenetz, car de cavalerie il n'y en est pas demeuré une vingtaine. Il n'y a eu que le s^r de la Rochepot[5], qui voulut accourir pour soustenir la dicte infanterie, qui y est demeuré prisonnier, et deux ou trois aultres. Et combien que la perte soit plus en la reputation qu'elle n'est en effect, toutesfois je consideray bien qu'il estoit necessaire d'arrester promptement le cours de cet advantage qu'avoient les ennemys; et pour ceste occasion, je me resolus aussy-tost de me departir de mon premier dessein, pour proche que je le visse de son execution, pour pourveoir à ce qui estoit de plus pressé, et feis aussy partir mon cousin le mareschal d'Aumont, avec ce que j'avois de cavallerie, des provinces de delà, pour advancer droict au pays du Maine, attendant que m'estant rejoinct à mon armée, que j'avois laissée en ces quartiers de deçà, à mon cousin le mareschal de Biron, je me feusse resolu d'envoyer de nouvelles forces en Bretagne, ou de les y mener moy-mesme.

Je suis, de devant-hier, arrivé icy seulement, et y doit aujourd'huy arriver mon cousin le mareschal de Biron, avec l'armée. Je pensois que nous ferions icy le sejour qui est à faire pour se resoudre sur les occasions qui se presentent; mais nous avons advisé qu'il estoit plus à propos de l'aller faire à S^t-Denis, où nous aurons moyen, pendant que l'on vacquera aux affaires, de ne tenir pas l'armée inutile. Nous nous resouldrons là du departement des forces qui est à faire; car il en faut envoyer en Champagne et en Bretagne, et en retenir par deçà

[4] Élisabeth ne prit pas aussi aisément son parti de la perte de ses Anglais. Sans tenir compte de l'ardeur chevaleresque qui leur faisait toujours demander vivement les postes où il y avait le plus de danger, elle faisait de grandes plaintes aux ambassadeurs du Roi sur la manière dont il exposait les hommes qu'elle lui envoyait; elle lui écrivit, à quelque temps de là, dans une lettre dont l'original, conservé à Londres, ne porte point de date: «L'appeler de nos troupes, après tant de morts, estropied, blessés et ruinés ne vous semblera estrange, j'espère, ains mais consonnant à la raison..»

[5] Antoine de Silly, seigneur de la Rochepot, baron de Montmirail, damoiseau de Commerci, gouverneur d'Anjou, chevalier des ordres du Roi en 1594, était le second fils de Louis de Silly, seigneur de la Rocheguyon, et d'Anne de Laval, dame de la Rochepot.

pour n'y laisser rien en peril. Je fais estat de vous renvoyer vostre secretaire, qui vous portera l'advis de ceste resolution, avec les expeditions que vous luy avés donné charge de recouvrer par deçà, où je ne l'eusse pas si longtemps retenu, sans les occasions qui se sont offertes, qui avoient apparence de quelque evenement de consequence, dont je voulois qu'il vous peust rendre raison à son retour.

Depuis le mien de mon voyage de Picardie, j'ay receu les vostres des ıȷ, ııȷ, ıııȷ, v et xvıııᵉ du mois passé; par où je vois le soin que vous avés eu de la Provence, dont je vous sçay trés bon gré. Je suis bien ayse de la conference que vous avés eue avec la comtesse de Saulx, que je vois que vous avés à demy convertie à s'employer pour le bien de nostre affaire. Si elle y apporte aussy bonne volonté qu'elle en a de moyen, il ne peut qu'il n'en reussisse quelque chose de bon. J'ay aussy pris plaisir de voir que vous avés conferé avec les sʳˢ Grimaldi et marquis de Caigne, ayant d'ailleurs bon recit d'eux, et que leur inclination n'est point mauvaise. Je crois que le sʳ de Mesplez, que j'ay renvoyé en Provence, n'aura pas passé sans vous voir, et vous aura dict l'acheminement de mon cousin le duc d'Espernon en Provence; ce que j'avois d'autant plus volontiers trouvé bon, que j'estimois par là de dispenser le seigʳ Alfonse du voyage que je luy avois ordonné d'y faire, et luy oster, par ce moyen, tout subject d'entendre à la trefve qui estoit proposée du Dauphiné avec le Lyonnois. Toutesfois, il court icy un bruit, depuis deux ou trois jours, que cela n'a point empesché qu'elle ne se soit faicte, et mesmes à des conditions qui semblent peu raisonnables. J'attendray à en juger jusques à ce que je saiche plus particulierement les raisons qu'ils auront eues de prendre ceste resolution. C'est ce que je vous diray pour ceste fois : sur ce, je prie Dieu, mon Cousin, vous conserver en sa saincte garde. Escript au camp de Gisors, ce xıxᵉ jour de juin 1592.

HENRY.

FORGET.

1592. — 28 JUIN.

Orig. — Arch. de la ville de Rennes, transcription de M. Maillet, bibliothécaire.

A NOS CHERS ET BIEN AMEZ LES MAIRE ET HABITANS DE NOSTRE VILLE DE RENNES.

Chers et bien amez, Nous sçavons le bon et fidele devoir dont vous usés à vous conserver soubs nostre obeissance : à quoy nous vous exhortons de continuer, et vous asseurer que dans peu de temps nous sçaurons bien remedier à la prosperité que le duc de Mercœur semble avoir en ses affaires, par une forte armée que nous avons deliberé d'envoyer pour secourir le pays et vous delibvrer de la cruaulté de vos ennemys. Ce pendant vous veillerés et ferés sy soigneuse garde, que le dict duc de Mercœur ne s'accroisse davantage, ny altere rien de ce qui est de nostre service, comme nous asseurons de bons et loyaulx subjects tels que nous vous tenons. Donné à Senlis, le xxviij<sup>e</sup> jour de juing 1592.

HENRY.

RUZÉ.

[1592. — VERS LE MILIEU DE L'ANNÉE.]

Cop. — Collection de M. Libri, membre de l'Institut.

[A LA ROYNE D'ANGLETERRE.]

Madame, Pour ne rien laisser de ce que le s<sup>r</sup> de Sidnay m'a proposé de vostre part, sans vous y respondre, je vous diray par ce mot, pour le regard de Brest, qu'il m'a encore faict grande instance de bailler pour la retraite de vos trouppes, advenant le besoing[1], que je

---

[1] Dès l'année précédente, suivant Rapin-Thoiras, Élisabeth avait demandé la cession d'un port de mer et d'une ville murée. Rymer donne une lettre de Burghley à l'ambassadeur Unton, en date du 6 juin 1592, où le grand trésorier rappelle les premières demandes de sa souveraine, qui étaient « d'avoir un port de mer pour la retraite de ses gens, et une communication par mer pour leur envoyer du

pense que les raisons que je vous ay cy-devant faict entendre m'empescher de le pouvoir faire me serviront encores de legitime excuse envers vous pour ce regard, m'asseurant que vous ne desirés chose qui puisse prejudicier à mon service. Tout neantmoins le danger ne seroit seulement de la perte de la place, le voulant tenter, mais il apporteroit un tel degoustement à mes aultres serviteurs, qu'il m'en pourroit advenir beaucoup de mal davantage en mes affaires. Je vous supplie donc, Madame, trouver bon que je ne face rien en cela qui puisse diminuer l'affection avec laquelle ils ont si liberalement exposé et exposent tous les jours leurs vie et moyens pour la conservation de ceste Couronne soubs mon auctorité, et l'obligation qu'ils ressentent tous avec moy vous avoir de l'assistance qu'il vous a pleu m'y donner, et pour laquelle je m'asseure que, s'il se presentoit occasion où vous eussiés besoing de leur service, je n'aurois peine à les y persuader, les y recongnoissant tous trés disposez; qui m'est un trés grand contentement, pour les voir en cela conformes à ma volonté, qui, je vous supplie croire, ne sera jamais aultre que de vous servir et honorer de tout mon pouvoir. Sur ce, vous baisant humblement les mains, je prie Dieu qu'il vous ayt, Madame, en sa trés saincte garde.

Vostre trés affectionné frere et serviteur,

HENRY.

secours. » Une autre pièce sans date, mais placée par Rymer entre cette lettre et une du mois d'août, est plus explicite. C'est une réponse faite par le lord trésorier, le lord amiral et le lord chambellan à MM. de Beauvoir et de Sancy, pour promettre le secours demandé. La première condition est : « Que le Roi s'engagera à remettre à la Reine telle ville de Bretagne qu'elle demandera. » Au mois de mai précédent, Élisabeth avait donné des ordres pour qu'une partie des troupes qu'elle entretenait dans les Pays-Bas passât en France. Le chevalier Robert Sidney, gouverneur de Flessingue, était le principal chef de ces troupes. L'instruction donnée par Rymer ne fait point mention de l'envoi de ce seigneur en France. Mais le départ des troupes sous ses ordres, et cette lettre, où est nommé le sieur de Sidney, peuvent faire conjecturer qu'il fut alors envoyé en France avec ce secours, et chargé en même temps de demander formellement la ville de Brest. Ces diverses considérations nous ont paru motiver la date que nous avons assignée à cette lettre importante.

1592. — 9 JUILLET.

Orig. — B. R. Fonds Béthune, Ms. 9135, fol. 58.
Cop. — Suppl. fr. Ms. 1009-3.
Imprimé. — *Mémoires de Nevers*, t. II, p. 350.

A MON COUSIN LE DUC DE NIVERNOIS.

Mon Cousin, J'ay veu la lettre que vous escrivés au s$^r$ baron de Biron et suis trés aise de la diligence dont vous usés. Mais de vous envoyer de la cavallerie, il ne se peut faire, car je n'en ay point encore. Nostre deliberation estoit de nous servir de la commodité des reistres, et de faire amener de Sedan encore deux canons et quelques munitions, oultre celles de la Cassine : je pense qu'il nous en fauldra passer par là. Lundy j'espere que nous leur donnerons congé, et seront conduicts par mon cousin le duc de Bouillon, qui vous verra en passant, pour vous dire ce que nous aurons resolu de faire. J'ay mandé les compagnies de la Capelle et de Maubertfontaine se trouver à Sedan pour ce mesme effect. Vous entendrés le surplus par mon dict cousin le duc de Bouillon, qui reviendra vous trouver au retour de la conduicte des reistres, pour faire ce que vous luy dirés. Si vous voyé toutesfois que vous puissiés ce pendant faire amener de la Cassine les canons et les munitions qui y sont, je le remets à vostre prudence; mais je ne suis pas d'advis de rien hasarder, si vous n'y voyés de la seureté : priant, sur ce, Nostre Seigneur vous avoir, mon Cousin, en sa saincte garde. Escript à Dammery[1], ce ix$^e$ de juillet 1592.

HENRY.

RUZÉ.

---

[1] Damery-sur-Marne, en Champagne, entre Aï et Châtillon, aujourd'hui du département de la Marne.

## 1592. — 10 JUILLET[1].

Cop. — A Londres, State paper office, Mss. France. Transcription de M. Lenglet.

### A MONS<sup>R</sup> DE BEAUVOIR,
#### CONSEILLER EN MON CONSEIL D'ESTAT.

Mons<sup>r</sup> de Beauvoir, Je vous ay escript depuis trois jours par le messager qui m'avoit apporté la vostre du $ix^e$ du passé. Je ne pensois pas avoir occasion de vous faire une aussy prompte recharge, mesmes pour un si fascheux subject que cestuy-cy, ayant à vous dire comment hier estant logé au bourg de Damery, et ayant voulu monter à cheval aprés souper, pour aller le long de la riviere, de l'aultre costé d'Espernay, en recognoistre les advenues, mon cousin le mareschal de Biron ayant, contre mon opinion, voulu venir avec moy, il est advenu qu'un coup d'une petite piece, qui fut tiré de la ville, luy porta sur la teste, dont il mourut sur l'heure; le malheur estant tombé sur luy seul, n'ayant aucun aultre de la trouppe esté blessé. Ce m'a esté une des pires afflictions dont je pouvois estre visité, ayant perdu en luy non seulement le plus ancien et experimenté cappitaine de mon Royaulme, mais celuy en la fidelité et prudence duquel je remettois mes principaux affaires, ayant, oultre l'intelligence grande qu'il avoit d'iceulx, recogneu en luy une particuliere affection qu'il me portoit, qui m'en augmente le regret autant que nulle aultre consideration. Il a atteint la fin où aspirent tous cœurs genereux, qui est de mourir avec honneur aux yeux et pour le service de son Roy et de cest Estat; où il est generalement plainct et regretté, et de moy plus que de nul aultre, entre toutes les occasions où je le trouve desjà à dire, et pour la charge que je luy avois destinée en Bretagne, où je fais toute la diligence qu'il m'est possible, d'assembler les forces que je puis envoyer. Mais je ne me suis point encore voulu resouldre qui je luy feray succeder en la charge et commandement du dict pays; et seray

---

[1] Cette lettre rectifie les dates diverses que les biographes avaient assignées à la mort du maréchal de Biron, la plaçant au 17, au 26, etc.

bien aise, ainsy que j'attends le principal secours de ceste province de la Royne ma bonne sœur, aussy de luy deferer de tant que de me comporter en cela par son advis, lequel je desire; en luy faisant entendre cest accident, que vous cherchiés d'apprendre d'elle si elle auroit pour ceste dicte charge plus tost acception de l'un que de l'aultre : en quoy, comme en tout ce qui despendra de moy, je feray tousjours ce que je pourray pour la rendre contente. Vous aurés veu, au reste, par mes precedentes despesches, comme j'avois esté contrainct d'accorder le licenciement des reistres et lansquenetz que m'avoit amenez mon cousin le prince d'Anhalt, lequel et ses colonels ont pris aujourd'huy congé de moy pour partir demain. J'envoye mon cousin le duc de Bouillon pour les reconduire jusques à la frontiere. Sur ce, je prie Dieu, Mons$^r$ de Beauvoir, vous avoir en sa saincte garde. Du camp de Mareuil[2], ce x$^e$ jour de juillet 1592.

HENRY.

## 1592. — 15 JUILLET.

Orig. — B. R. Fonds Béthune, Ms. 9115, fol. 59.
Cop. — Suppl. fr. Ms. 1009-3.
Imprimé. — *Mémoires de Nevers*, t. II, p. 306.

### A MON COUSIN LE DUC DE NIVERNOIS.

Mon Cousin, J'ay aujourd'huy receu vos deux lettres du xiij$^e$; mais je ne les ay peu entendre, parce que nous n'avons pas vostre contre-chiffre. Je partiray demain et me rendray à Suippes, pour aller au devant de vous, estant necessaire que nous soyons ensemble le plus tost qu'il sera possible. Je reserve alors à me resouldre de ce que nous aurons à faire. Vous verrés plus tost que moy mon cousin le duc de Bouillon, qui vient de partir; il vous dira quel est l'estat de mes affaires. Je n'ay encores icy arrivée aulcune des troupes de ce pays que j'ay mandées, et les attends de jour à aultre. La reveue des

---

[2] Village à l'est d'Épernay.

premieres n'est poinct encore faicte. Pendant que je suis icy, je fais solliciter un chascun et advancer tout tant qu'il m'est possible. C'est ce que je vous diray pour ceste fois : sur ce, je prie Dieu, mon Cousin, vous avoir en sa saincte garde. Escript à Chaallons, ce xv$^e$ jour de juillet 1592.

HENRY.

FORGET.

1592. — 17 JUILLET.

Orig. — B. R. Fonds Béthune, Ms. 9115, fol. 60.
Cop. — B. R. Suppl. fr. Ms. 1009-3.

A MON COUSIN LE DUC DE NIVERNOIS.

Mon Cousin, J'ay tant faict que je suis party de Chaalons et venu trouver mon armée en ce lieu. Je iray demain, si Dieu plaist, loger à Sonppy [1], et m'advanceray encores dimanche trois ou quatre lieues plus avant, au lieu que vous me manderés, s'il en est de besoing, pour favoriser vostre passage. Je vous prie, mon Cousin, faisons diligence et nous hastons de faire quelque chose de bon, ce pendant que la saison est belle, et que l'estonnement est parmy nos ennemys. Rosne a rompu la sienne, et a desparties [2] ses trouppes par les garnisons, de sorte que personne ne nous empeschera de bien faire, si nous voulons ne perdre point de temps. Attendant de vos nouvelles, je prie Dieu qu'il vous ayt, mon Cousin, en sa saincte et digne garde. Escript au camp de Suippe, le xvij$^e$ juillet 1592.

HENRY.

RUZÉ.

[1] Probablement Sompy ou Sommepy, au nord de Suippe.
[2] Telle est l'orthographe de l'original.

## 1592. — 18 JUILLET.

Orig. — B. R. Fonds Béthune, Ms. 9109, fol. 62.
Cop. — Suppl. fr. Ms. 1009-3.
Imprimé. — *Mémoires de Nevers*, t. II, p. 306.

A MON COUSIN LE DUC DE NIVERNOIS.

Mon Cousin, Je vous escrivis dés hier au soir, comme je m'en allois coucher à Sonppy, où je vous prie me faire sçavoir de vos nouvelles. Presentement viennent d'arriver icy les charrois qui portent de la pouldre et balles à Chaalons; mais ç'a esté si mal à propos, que toutes les trouppes estoient deslogées, et n'en restoit plus pour leur pouvoir faire escorte; de sorte que je suis contrainct de les faire venir en mon quartier [1], d'où demain je les feray accompaigner. Puisque vous avés veu mon cousin le duc de Bouillon, il vous aura dict les nouvelles de la prinse de Stenvicq par le comte Maurice [2]. Je crois que je puis attendre de cela quelque faveur en mes affaires. Sur ce, je prie Dieu, mon Cousin, vous conserver en sa saincte garde. Escript au camp de Suippes, ce xviije juillet 1592.

HENRY.

RUZÉ.

## 1592. — 24 JUILLET.

Orig. — B. R. Fonds Béthune, Ms. 9109, fol. 63.
Cop. — Suppl. fr. Ms. 1009-3.
Imprimé. — *Mémoires de Nevers*, t. II, p. 307.

A MON COUSIN LE DUC DE NIVERNOIS.

Mon Cousin, Il fault confesser que ce fut Dieu qui m'inspira de partir hier comme je le feis, et de venir coucher en ce lieu, où je suis

---

[1] C'est ce qui avait causé le retour du Roi à Suippe, d'où cette lettre-ci est encore datée, bien qu'il se fût avancé, la veille, jusqu'à Sommepy.

[2] La ville de Steenwick, sur l'Aa, dans la province d'Over-Yssel, venait de soutenir contre le prince d'Orange un siége long et très-meurtrier, qui est raconté en détail par de Thou, livre CIV. La prise de cette ville était une nouvelle importante.

arrivé ce matin à une demye heure de jour, et ay faict passer la riviere au sʳ de Givry, qui est allé à Boursault, maison qu'il a sur le bord de la riviere. Ayant reposé deux heures sur la paille et esté demye heure à desjeuner [1], j'ay eu advis par des batteurs d'estrade et des paysans que le dict sieur de Givry avoit envoyez çà et là, qui me sont venus trouver, que le lieutenant-collonnel de la Berlotte, qui est celuy qui mena le secours de Rouen, partoit de Dormans avec deux cens soixante hommes, pour se venir poster dans Espernay; et Lauger a esté comme de ceulx à qui on dict : Les voilà. Le dict sʳ de Givry estant desjà aprés, incontinent je suis monté à cheval avec ce que j'ay peu et quatre compagnies d'harquebuziers à cheval qui venoient d'arriver avec les sʳˢ de Biron et Sainct-Luc, et ay passé la riviere. Sainct-Estienne, servant de guide, s'est mis devant avec les dicts sʳˢ de Biron et Sainct-Luc. La resolution a esté telle aux ennemys, qui pour lors estoient au bord du bois du costeau qui regarde en la ville, que, voyans que nous estions encore tous ensemble et que la pluspart de ce qui estoit avec moy n'estoyent que harquebuziers à cheval (pour ce que les gens de cheval arrivoient encore à la file), ils ont entreprins de passer en despit de nous. A quoy les dicts sʳˢ de Biron, Sainct-Luc et Givry y ont apporté ce qui estoit en leur puissance. Mais l'extresme resolution des ennemys les rendoit moins accompagnez qu'il n'estoit besoing, et l'heur a esté tel pour moy, que, avec quinze ou vingt des miens, j'y suis arrivé assez à propos pour les enfoncer. Pour ce que je ne suis point vain, je ne vous diray poinct qui y a bien faict; vous l'apprendrés à vostre venue par ceulx qui y estoient : mais bien vous assureray-je, mon Cousin, qu'avant que partir du lieu où je les ay chargez, je n'en ay bougé tant qu'il y en a eu un seul en vie, de façon qu'il ne s'est saulvé qu'un lacquais, monté sur le

---

[1] Ce détail pouvait avoir pour but de piquer d'émulation le duc de Nevers, qui aimait beaucoup ses aises, si l'on en croit les Œconomies royales. Les secrétaires de Sully nous y représentent ce prince, pendant une marche de l'hiver de cette année 1592, par un temps très-rude et des chemins presque impraticables, restant enfoncé dans son carrosse, les bras dans son manchon, dont il se garantissait même le visage.

cheval du dict lieutenant-collonnel, et douze soldats, qui ont chacun quatre ou cinq coups d'espée au travers du corps. J'ay faict fouiller ce dict lieutenant, et sur luy on a trouvé le mandement que luy faisoit Rosne de prendre du dict regiment deux cens soixante hommes, des meilleurs qui feussent, pour se jecter dans la dicte place. Je n'y ay perdu que ce pauvre baron du Fort et le s$^r$ Patras, et quelques-uns blessez. Vous pouvés croire que c'est la plus necte deffaicte de secours qui se soit jamais faicte, et à deux cens cinquante pas de la courtine de la ville. Un sergent, qui estoit demeuré dans le bois, pour ne pouvoir cheminer à cause de son aage, m'a esté amené prisonnier, qui m'a asseuré qu'au dict regiment il ne reste pas cent hommes, et encores qu'ils ne sont que canaille.

Je vous prie de venir demain avec les Suisses et l'artillerie coucher à Ay, faisant aussy descendre les bateaux pour faire le pont, afin qu'en mesme temps on le puisse faire où on l'avoit faict faire l'aultre jour, faisant advancer le reste de l'armée jusques icy. Les bagages de ceulx qui ne pourront passer sur le pont le pourront au gué qui est icy devant, où nous avons passé. Je vous prie d'y arriver de bonne heure, affin que nous puissions empescher que personne n'y puisse jecter aucun secours. Je vous promets bien, avec l'ayde de Dieu, que ceste nuict, ny pour tout demain, rien n'y entrera. Je n'ay le loisir de faire part de ceste bonne nouvelle et de cest heureux commencement à mes bons subjects de ma ville de Chaallons, au s$^r$ president de Blancmesnil, ny à ma court de parlement. Vous ferés cela pour moy et leur communiquerés ceste-cy. Il me semble que nous en debvons tous rendre graces à Dieu; et n'y aura point de mal de faire chanter le *Te Deum*, affin que, voyant que nous ne sommes point ingrats de luy rendre graces des faveurs qu'il nous faict, il nous les continue : de quoy je le supplye de tout mon cœur, et qu'il vous ayt, mon Cousin, en sa saincte garde. Escript à Damery, le vendredy à midy, xxiiij$^e$ jour de juillet 1592.

HENRY.

1592. — 25 JUILLET. — I^re.

Orig. — B. R. Fonds Béthune, Ms. 9109, fol. 64.
Cop. — Suppl. fr. Ms. 1009-3.
Imprimé. — *Mémoires de Nevers*, t. II, p. 310.

A MON COUSIN LE DUC DE NIVERNOIS.

Mon Cousin, La grande traicte et la garde perpetuelle que nous avons faicte depuis mon arrivée, avecque le peu de gens que nous sommes, nous a tellement harassez que nous n'en pouvons plus. Je pensois que le pont de bateaux deust arriver hier à Toul-sur-Marne[1], et que dès ce matin il deust estre à Ay, afin de faire passer nostre infanterie. Mais, à ce que l'on m'a dict, il n'y est pas encores, dont je suis en grand'peine; qui me fait vous prier de le haster, non seulement d'arriver, mais de le faire dresser en toute diligence, afin que nous puissions estre secourus de nostre infanterie. Et ce pendant envoyés-moy vostre cavalerie legere, la cavalerie de Maubert, celle de Donchery, et vos harquebusiers à cheval, pour nous rafraischir; et qu'elle soit devant la ville deux heures devant soleil couché. Si le pont pouvoit estre sy tost prest, que nous peussions avoir de vostre infanterie pour investir du tout Espernay, ce nous seroit un trés grand soullagement. J'ay recogneu toute la place, et entre aultres un endroict par lequel j'espere que nous aurons bonne et brefve issue de nostre entreprinse. Les ennemys ont faict une sortie ceste nuit; mais ils ont laissé six des leurs sur la place, sans les blessez et les armes qu'ils ont abandonnées, et sans perte de pas un des nostres, Dieu mercy : que je prie vous avoir, mon Cousin, en sa saincte garde. Escript à Damery, le xxv^e jour de juillet 1592.

HENRY.

RUZÉ.

[1] Ce nom est ainsi écrit très-distinctement dans l'original et dans la copie du manuscrit n° 1009; et on l'a imprimé de même dans les Mémoires de Nevers. Mais il faut lire *Tours-sur-Marne*, village dont la situation entre Châlons et Ay s'applique fort bien ici.

1592. — 25 juillet. — II^me.

Orig. — B. R. Fonds Béthune, Ms. 9109, fol. 65.
Cop. — B. R. Suppl. fr. Ms. 1009-3.
Imprimé. — *Mémoires de Nevers,* t. II, p. 309.

A MON COUSIN LE DUC DE NIVERNOIS.

Mon Cousin, Je vous avois prié par mes lettres de ce matin m'envoyer vos chevaulx legers et la cavallerie de Maubert-Fontaine et Donchery, avecques vos harquebuziers à cheval; mais ils ne sont point arrivez ny à l'heure que je les attendois, ny depuis, jusques à ceste heure; et n'ay eu aucune response de vous : dont je me suis trouvé en grand'peine. Ceste entreprise merite diligence; et si chascun n'y met la main d'une mesme correspondance, l'issue n'en peut estre selon nos intentions. C'est pourquoy je vous prie venir demain avecques toutes vos trouppes à la justice qui est entre cy et Espernay, du costé de delà la riviere; et là vous y trouverés le s^r de Biron avecq la carte du departement[1] que nous avons faict, ou pour le moins le mareschal des logis de l'armée, si le dict s^r de Biron se trouve lors engagé à quelqu'autre chose, comme il s'en presente assez d'occasion. Et ce pendant envoyés-moi, je vous prie, vos dicts chevaulx legers et la dicte cavallerie de Maubert et Donchery, et vos harquebuziers à cheval, dés le matin, à la dicte justice; et là il leur sera monstré le lieu auquel ils devront entrer en garde. Car toutes nos trouppes n'en peuvent plus, et c'est ceste nuict et demain que nous devons plus craindre que les ennemys facent quelque effort pour mettre du secours dans Espernay, puisque celuy qu'ils y pensoient mettre a été taillé en pieces en plus grand nombre que nous ne pensions, par la reveue des morts qui en a esté faicte ce jour d'huy : priant, sur ce, Nostre Seigneur vous avoir, mon Cousin, en sa saincte garde.

Escript au camp de Damery, le xxv^e jour de juillet 1592, à mynuict.

HENRY.

RUZÉ.

---

[1] C'est-à-dire, la carte des positions assignées aux diverses troupes, suivant qu'elles sont *départies*.

[1592.] — 28 JUILLET.

Orig.—B. R. Fonds Béthune, Ms. 9104, fol. 9.
Cop. — R. R. Fonds Fontanieu, Ms. P. 73, fol. 4, verso.
Imprimé. — *Mémoires de Nevers*, t. II, p. 324.

A MON COUSIN LE DUC DE NIVERNOIS.

Mon Cousin, Incontinent aprés que vous fustes party hyer au soir d'avec moy, arriva le s$^r$ de Biron[1], qui me dit avoir tellement pourveu à ce que l'on continuast le travail pour le regard des tranchées, que ma presence n'y estoit nullement necessaire; et resolusmes de partir de bon matin pour faire un tour à l'entour de la ville et recognoistre mieux le lieu où nous ferons faire la batterie. Le s$^r$ de Born s'y trouvera; et pour ce que je desire infiniment que vous y soyés, je vous prie, mon Cousin, de monter à cheval et passer le ruisseau pour vous rendre au fauxbourg où est logé Saint-Luc, afin que nous ayons ensemble un lieu plus propre pour faire la dicte batterie, et à toutes choses necessaires. Bon jour, mon Cousin; ce mardy à quatre heures du matin, xxviij$^e$ jour de juillet.

HENRY.

1592. — 31 JUILLET.

Orig. — Archives du royaume des Pays-Bas, Regist. des dépêches, années 1585-1595. Copie transmise par M. le ministre de France à La Haye.

A NOZ TRÉS CHERS ET BONS AMYS MESS$^{rs}$ DES ESTATS UNYS DES PAYS-BAS.

Trés chers et bons amys, Je n'ay que depuis deux jours receu vostre depesche du xxvj$^e$ du mois passé, et ay veu comme estans bien advertys du nombre auquel sont reduictes les trouppes dont vous m'avés voulu assister, soubs la charge de mon cousin le comte Philippe de

---

[1] « Le Roi revint à Épernay avec plus d'ardeur, à la sollicitation du fils du maréchal de Biron, qui croyait sa gloire intéressée à la prise d'une place devant les murs de laquelle son père avait été tué. » (De Thou, l. CIII.)

Nassau, vous avés jugé que le service qu'elles pouvoient faire ne respondoit pas à la despense que vous faictes pour leur entretenement, la leur continuant pour leur nombre entier, encores qu'il soit beaucoup moindre; ce que je ne puis contredire, estant bien veritable que les dictes trouppes sont beaucoup diminuées, tant par la maladie qui s'y est mise, que aussy ne s'estans poinct esloignez de la mer, que plusieurs se sont servys de ceste commodité pour leur retour, auquel les cappitaines, pour n'estre pas eux-mesmes preparez à un sy long sejour qu'ils ont faict par deçà, n'ont voulu donner tout l'empeschement qu'ils eussent bien peu. Pour ceste occasion, puisque je voy que vostre volonté est de les rappeller à vous, je le treuve trés bon, et le fais ainsy presentement entendre à mon dict cousin le comte Philippe, vous remerciant affectueusement de ce bon office d'amitié que vous m'avés voulu rendre par l'assistance d'un tel secours qui me vint trés à propos, et me fut dés son arrivée, comme il a depuis esté, trés utile, estant obligé de tesmoigner en faveur de mon dict cousin, de ses cappitaines, et mesmes de tous les particuliers soldats, que en toutes les occasions qui se sont offertes, ils s'y sont tousjours fort dignement et vertueusement employez, ayans non seulement faict cognoistre leur valeur et courage, mais aussy representé en toutes leurs actions le zele et affection de ceulx de qui ils estoient envoyez, estant pour mon regard trés marry que je n'ay peu leur faire le traictement digne de leurs merites, mais pour le moins je croy qu'ils vous rapporteront qu'il a esté le meilleur qu'il m'a esté possible. Je fais la mesme ordonnance pour le licentiement de vos vaisseaux, canons et balles, dont ceux qui en ont eu la charge ont aussy trés bien faict leur debvoir. Il n'y a que les pouldres que je suis contrainct, pour le grand besoing que j'en ay, de vous prier de me vouloir laisser, et accroistre encores de ceste faveur la grande obligation que je vous ay de ceste honorable assistance que vous m'avés faicte.

J'eusse bien desiré que ce remerciement eust peu estre pour la derniere importunité que vous recepvés de moy, et que je puisse doresnavant commencer à ne vous estre plus à charge et à peine; mais nos affaires sont demeurées en tel estat, que je ne vous en puis encores du tout descharger. Car, ayant esté contrainct de licentier mon armée allemande, pour n'avoir eu moyen de l'entretenir davantage, je me retrouve maintenant avec moins de forces que je n'ay point encores esté, et vois ailleurs mes ennemys en preparer de plus grandes qu'ils n'ont point encores eu, ayans cest advantage sur moy, que ceux qui les soustiennent ne les laissent poinct manquer de moyens, comme vous estes bien advertys que le roy d'Espagne leur en a envoyé nouvellement une trés grande somme. C'est pourquoy, ayant à m'opposer à cest effort qu'ils pretendent faire, et, à cest effect, mettre sus de nouvelles forces, je suis contrainct de rechercher mes amys de m'y ayder; et n'en ayant point de qui je m'asseure tant que de vous, je m'y adresse aussy peut-estre plus librement que les premiers offices que j'en ay desjà receus et la cognoissance que j'ay des grands affaires que vous avés à supporter pour vous-mesmes ne permettroient. Mais l'asseurance que j'ay de la bonne affection que vous me portés, et aussy que le bien et le mal de ma fortune est conjoinct et inseparable de la vostre, me faict passer pardessus ces considerations.

Pour ceste cause, je vous prie me faire encores ceste amitié de me vouloir continuer vostre bonne assistance, et pour ne vous desgarnir poinct de vos gens de guerre, je me contenteray que vous me veuillés continuer le secours que vous m'avés envoyé, en un regiment de lansquenetz, dont la despense ne sçauroit guere estre plus grande que de l'entretenement des trouppes que vous avés par deçà. Je me promets tant de vostre bonne volonté, que vous ne me refuserés de ceste priere, non plus que vous avés faict des aultres precedentes, de toutes lesquelles ceste-cy est la plus importante, comme j'espere qu'elle sera la plus utile, si elle a son effect et que cela puisse estre prompt; car cela estant, je fais bien estat de faire moy-mesme le premier effort, avant que les forces que les dicts ennemys preparent puissent estre ensemble. Je n'use point avec vous de plus grande ceremonie, parce qu'il me semble que la bonne amitié qui est entre nous ne le comporte pas, et aussy que le meilleur argument pour vous persuader de m'ayder est que j'en ay besoing. Je ne vous diray poinct l'obligation que je vous en auray, me reservant à quand il aura pleu à Dieu me donner et permettre un meilleur establissement, et le tesmoigner par la revanche que j'en prendray tousjours aussy volontiers que presentement je vous recherche de continuer à m'obliger.

Je reserve pour fin de ceste-cy de me conjouir avec vous de la prinse de la ville de Steenwych. Le mesme office que je vous en fais icy, je le reçois de mes aultres amys, qui sçavent que ce bonheur m'est commun avecq vous, de qui voyant Dieu favoriser la juste cause, il y a bon augure qu'il en fera ainsy de la mienne, et que bien tost je vous donneray le mesme plaisir de mes bons succés que je le reçois des vostres. Je me remettray au s$^r$ de Buzanval, mon ambassadeur, à vous estendre plus amplement le faict que dessus, et vous dire aussy de l'estat de mes affaires de deçà, pour ne vous faire ceste-cy plus longue : priant Dieu, Trés chers et bons amys, vous avoir en sa saincte garde. Escript au camp devant Espernay, ce dernier juillet 1592.

HENRY.

FORGET.

## 1592. — 1$^{er}$ AOÛT.

Orig. — Archives de M. le duc de Crillon, pair de France.

Cop. — Suppl. fr. Ms. 1009-4.

### A MONS$^R$ DE GRILLON.

Mons$^r$ de Grillon, je suis trés ayse que l'issue du siege de Quillebœuf ayt esté telle que je m'estois promis; car saichant que vous y estiés entré et vous y estiés mis dés le commencement, je m'assuray bien que mes ennemys n'y acquerroient que de la honte. Je vous loue donc du bon debvoir que vous avés rendu, et vous prie de continuer à me faire voir les effects de vostre valeur et courage en toutes aultres occasions qui s'offriront pour le bien de mon service. J'ay assiegé ma ville d'Espernay despuis quelques jours. En l'investissant, je traictay fort mal le secours des Wallons qui vouloient entrer en icelle; car il en fut tué plus de treize cens, à cinq cens pas de la muraille de la dicte ville. J'espere que l'issue n'y sera pas moins heureuse qu'a esté le commencement : et sur ce, je prie Dieu, Mons<sup>r</sup> de Grillon, vous avoir en sa saincte et digne garde. Escript au camp devant Espernay, le premier jour de aoust 1592.

HENRY.

POTIER.

## 1592. — 9 AOÛT.

Cop. — B. R. Fonds Brienne, Ms. 13, fol. 44 recto.

A NOS TRÉS CHERS ET GRANDS AMYS, ALLIEZ ET CONFEDEREZ LES DUC ET SEIGNEURIE DE VENISE.

Tres chers et grands amys, alliez et confederez, Combien que nous soyons bien asseurez que vous avés nostre amitié en sy bonne consideration et estes sy bien informez des bonnes qualitez du s<sup>r</sup> de Maisse, nostre ambassadeur prés de vous, que vous l'escouterés tousjours bien volontiers sur ce qu'il aura à vous proposer de nostre part, touttesfois, luy envoyant presentement instruction pour traicter avec vous d'un affaire particulier qui est de bonne consequence, nous vous avons aussy bien voulu particulierement faire ceste-cy pour vous prier de luy donner au plus tost vostre audience, et adjouxter foy à ce qu'il vous dira en nostre nom, comme vous feriés à nous-mesmes, estant chose que nous avons estimé du debvoir de la parfaicte amitié que nous vous portons, et qui convient à la bonne correspondance que nous desirons estre tousjours entre nous. A quoy vous pouvés attendre de nous tout bon exemple et les meilleurs offices que vous en sçauriés desirer, ainsy que plus particulierement vous entendrés du dict s<sup>r</sup> de Maisse, nostre ambassadeur : auquel nous en remectans, nous ne vous ferons ceste-cy plus longue, que pour prier Dieu, Trés chers et grands amys, alliez et confederez, vous avoir et conserver en sa saincte garde. Escript. de nostre camp de la ville d'Espernay, ce neufiesme jour d'aoust 1592.

HENRY.

FORGET.

## 1592. — 12 AOÛT.

Cop. — Arch. de la cour royale de Rouen. — Reg. secrets originaux du parlement de Normandie séant à Caen. Vol. du 6 juillet au 31 décembre 1592, fol. 45 verso. Communication de M. Floquet, greffier en chef, correspondant de l'Institut.

A NOS AMEZ ET FEAULX CONSEILLERS LES GENS TENANS LA COURT DE PARLEMENT DE NORMANDIE.

Nos amez et feaulx, Nous avons au lieu de Quillebœuf, à present nommé *Henricarville*[1], une galiote fort propre à incommoder et faire la guerre à nos ennemys; mais d'autant qu'à faulte de forçatz elle demeure inutile, vous nous ferés service agreable de destiner à la dicte galiote et faire conduire au dict Henricarville, les malfaicteurs qui par vos jugemens seront trouvez coulpables de la peine des galleres, jusques à ce que la dicte galliote soit remplie du nombre desdictz forçatz qu'il est necessaire. Donné au camp d'Espernay, le xij° jour d'aoust 1592.

HENRY.

POTIER.

## 1592. — 13 AOÛT.

Cop. — B. R. Fonds Béthune, Ms. 9695, fol. 80 recto.

[A NOZ TRÉS CHERS ET GRANDS AMYS, ALLIEZ ET CONFEDEREZ MESSIEURS DES LIGUES GRISES.]

Trés chers et grands amys, alliez et confederez, Combien que nous ayons faict une depesche generale et assez ample pour les trois Ligues Grises, tant pour leur remonstrer que les grandes affaires que nous avons eues à supporter sont la seule cause du retardement qui a esté

---

[1] Ce nom n'est pas plus resté à la ville de Quillebœuf, que le nom de *Ville-Fran-çoise* n'était resté au Havre, en l'honneur de François Ier.

au payement des debtes dont nous vous sommes redevables, et les prier en general de nous vouloir faire cest office de bonne amitié que d'attendre avec un peu de patience que nous nous soyons remis en meilleure commodité, comme nous esperons bien tost pouvoir faire, comme aussy sur le faict de l'ambassadeur que le roy d'Espagne tient prés de vous, pour vous desbaucher de nostre alliance et vous attirer à la sienne, et encores qu'oultre la dicte lettre generale, vous aurés esté plus amplement informez de nostre intention par le s$^r$ de Sillery, nostre ambassadeur en Suisse et aux dictes trois Ligues Grises, suivant la charge qu'il en a de nous; toutesfois, despeschant aussy, à ce mesme effect, le colonel Hartman, et luy ayant ordonné de vous voir particulierement de nostre part, nous l'avons bien aussy voulu accompagner de ceste lettre particuliere, pour vous prier d'avoir consideration aux grandes affaires que nous avons eu à supporter pendant ceste guerre de rebellion, esmeue et soustenue par les moyens et artifices du roy d'Espagne, qui, au lieu de nous assister en ce trouble auquel il doibt par raison estre plus subject que vous, s'en est au contraire voulu prevaloir pour son particulier, violant les traictez qu'il a avec ceste Couronne, et qu'en cela est la seule cause du retardement du payement de vostre debte, dont nous n'avons moindre regret que vous, qui pouvés estre asseurez que nous travaillons incessamment à vous y faire cependant quelque provision, laquelle nous desirons et vous prions d'avoir agreable, et de vouloir porter avec un peu de patience que nous la puissions faire meilleure.

Quant au faict de la legation que le roy d'Espagne vous a faict faire, pour vous distraire de l'alliance et confederation qui est entre nous et qui a esté sy solemnellement jurée et, jusques à present, sy sainctement entretenue, nous n'estimons pas à propos ny necessaire de vous en rien dire, estans tres asseurez que vous estes trop soigneux de vostre honneur et de vostre foy pour bransler à si impertinentes propositions qu'il vous a faict faire; estans au reste assez advertys de ce qu'il nous veult imputer, de payer mal nos debtes. Il en est bien plus coupable que nous, comme tant de banqueroutes qu'il a faictes, et reniemens de grandes debtes qu'il avoit en Italie en sont assez de tesmoignages ; la caution des biens de ceste Couronne estant trop meilleure que ne sera jamais la sienne. Sur quoy nous ne vous en dirons pas davantage, mais nous pouvons bien vous dire que vous avés juste occasion de vous tenir offensez de ce qu'il vous ayt envoyé ceste ambassade, par laquelle il faict assez cognoistre que ce n'est que pour vous attirer en societé de la faulte qu'il a faicte de manquer à sa foy, et de vous rendre suspects de ce que vous avés tousjours eu le plus en horreur, qui est d'estre legers et inconstans sur l'observation de vos traictez. Et sembleroit que vous ne debvriés pas seulement n'escouter ceste legation, mais faire commandement à celuy qui en est le porteur de sortir de vostre Estat, avec bonne resolution de n'en admettre plus de semblable, ce que toutesfois nous remettons à considerer et juger à vos prudences ; nous contentans de vous asseurer icy que, pour le regard de nos debtes, elles ne courent aucune fortune pour en estre le payement retardé, comme il l'a esté, à nostre grand desplaisir, jusques icy ; que le fonds sur lequel elles sont assignées est bon et solide, non conquis ny usurpé, mais l'ancien patrimoine de ceste Couronne, qui ne peut manquer ny faillir ; que pour le regard de la confederation et alliance qui est entre nous, que nostre resolution est de la conserver religieusement, comme une chose la plus chere et precieuse que nous ayons ; que nous desirons et prions affectueusement que de vostre part vous en faciés le semblable, comme plus particulierement vous entendrés de nostre dict ambassadeur, suivant la charge particuliere qu'il en a de nous, comme nous l'avons aussy donnée au dict colonel Hartman, lequel vous pourrés croire de ce qu'il vous dira de nostre part : à quoy nous remettans, nous ne vous ferons ceste-cy plus longue, que pour prier Dieu, Trés chers et grands amys, alliez et confederez, vous avoir et conserver en sa saincte et digne garde. Escript en nostre camp d'Espernay, le xiij$^e$ aoust 1592.

HENRY.

FORGET.

## 1592. — 15 AOÛT.

Orig. — Bibliothèque de la ville de Saint-Étienne. Copie transmise par M. de la Tour-Varan, bibliothécaire.

### A MONS$^R$ DE S$^T$-CHAUMONT.

Mons$^r$ de S$^t$-Chaumont, S'en retournant le s$^r$ de Malezieux par delà, je n'ay pas voulu que ç'ayt esté sans vous porter ce mot de ma part ; qui ne sera que pour vous dire l'estat que je fais de vostre devotion à mon service, et le desir que j'ay de la vous recognoistre aux occasions qui s'en presenteront. Au reste, je vous veulx bien advertir de la resolution que j'ay prise de faire faire, à bon escient, la guerre en vos quartiers; pour lequel j'y envoyeray dans peu de jours un de mes plus grands et plus expérimentez chefs, qui tiendra un corps de forces en campaigne, où mes serviteurs du pays se pourront rendre : entre lesquels, comme vous estes des premiers en rang et moyens, aussy m'asseuré-je que vous ne serés pas des derniers en volonté de m'y faire de bons services. Sur ce, je prie Dieu, Mons$^r$ de S$^t$-Chaumont, vous avoir en sa saincte garde. Escript du camp d'Espernay, le xv$^e$ jour d'aoust 1592.

HENRY.

FORGET.

## 1592. — 25 AOÛT.

Cop. — B. R. Fonds Béthune, Ms. 9540, fol. 51.

### [A MONS$^R$ DE DINTEVILLE.]

Mons$^r$ de Dinteville, J'ay destiné deux cens chevaux à Langres, pour s'opposer à mes ennemys et favoriser les moissons et vendanges de mes subjects de la dicte ville et des environs, et ay fait donner assignation pour deux mois de l'entretenement des dicts deux cens chevaux. J'entends que vous en mettiés incontinent sus cent, compris vostre compagnie et vos gens d'armes, qui seront soubs vostre charge.

Et quant aux autres cent chevaux, j'en ay donné la charge au s$^r$ comte de Grand-Prey, lequel ne fauldra de se rendre au dict Langres bien tost aprés la presente, vous priant ne laisser inutiles les dictes forces et ne perdre aucune occasion qui s'offre pour soullaiger mes subjects et incommoder nos dicts ennemys. Ma ville de Pont-sur-Seine se rendit hyer à moy, et j'espere que Provins en fera de mesme ; qui est tout ce que j'ay à vous dire pour le present : et, sur ce, je prie Dieu, Mons$^r$ de Dinteville, vous avoir en sa saincte et digne garde. Du camp devant Provins, le xxv$^e$ jour d'aoust 1592.

HENRY.

POTIER.

### 1592. — 26 AOÛT.
Cop. — Archives de M. le duc de Luynes, membre de l'Institut.

#### A MON COUSIN LE DUC DE LUXEMBOURG ET DE PINAY,
PAIR DE FRANCE.

Mon Cousin, J'ay entendu que les papiers du s$^r$ l'Argentier, que l'on a fait sortir de Troyes, sont maintenant à Pangy[1], si bien qu'il sera fort facile de les faire porter seurement en ma ville de Chaalons, ce que je vous prie de faire le plus tost que vous pourrés. Et là, par les mains d'une tierce personne (que vous jugerés solvable pour en respondre), les ferés voir au dict s$^r$ l'Argentier ; et où pour s'excuser de satisfaire au contenu du compromis que vous avés faict ensemble, il vouldroit feindre les dicts papiers n'estre le tout ou partie de ceulx qu'il demande, je vous permets de les retirer et les restituer à ceulx qui vous les ont baillez de bonne foy, ne voulant qu'ils puissent estre arrestez pour quelques causes et personnes que ce soit : ce que je vous permets par la presente, laquelle n'estant à aultre fin, je prieray Dieu, mon Cousin, vous avoir en sa saincte et digne garde. Escript au camp devant Provins, le xxvj$^e$ jour d'aoust 1592.

HENRY.

RUZÉ.

---

[1] C'est plutôt Pongny ou Pogny, entre Vitry et Châlons.

1592. — 28 août.

Imprimé. — *Mémoires de messire Philippes de Mornay*, édit. in-4°, t. II, p. 342.

[A MONS<sup>R</sup> DU PLESSIS.]

[1] Mons<sup>r</sup> du Plessis, Je suis las de vous escrire tousjours une mesme chose. Je desire infiniment de vous voir, mesmes avant la venue des deputez qui doivent venir avec Viçose, et que j'ay mandez par luy. Venés; j'ay tant de besoing de vostre presence que je ne m'en puis passer, pour des raisons que je ne vous puis escrire. Venés encore un coup; vostre sejour prés de moy ne sera que de peu de jours. Je seray bien ayse que vous ayés donné quelque ordre à rendre contens les Suisses; mais que cela ne vous attache point tant par delà que vous en soyés plus long-temps à venir. A Dieu, lequel je prie vous avoir, Mons<sup>r</sup> du Plessis, en sa garde. Ce xxviij<sup>e</sup> aoust, à Melun.

HENRY.

Venés, venés, venés, si vous m'aimés.

1592. — 30 août.

Cop. — B. R. Fonds Béthune, Ms. 9540, fol. 55 recto.

[A MONS<sup>R</sup> DE DINTEVILLE.]

Mons<sup>r</sup> de Dinteville, Suivant ce que je vous ay desjà escript, je vous prie tenir la main et faire tous les bons offices que vous pourrés, affin que, à la premiere eslection qui se doibt faire du maire de nostre ville de Langres, le s<sup>r</sup> Roussat soit receu. Car j'ay tant de contentement de ses services passez, et il s'est sy bien et sy dignement acquitté de la dicte charge, que j'estimeray à beaucoup de service de le veoir de nouveau esleu en la charge, m'asseurant qu'en vostre absence les affaires de la dicte ville en iront mieux par

---

[1] Les Mémoires de Mornay nous apprennent que cette lettre était autographe.

son moyen : et n'estant ceste-cy pour aultre subject, je prie Dieu, Mons<sup>r</sup> de Dinteville, vous avoir en sa saincte et digne garde. Du camp devant Provins, le xxx<sup>e</sup> jour d'aoust 1592.

HENRY.

POTIER.

[1592.] — 2 SEPTEMBRE. — I<sup>re</sup>.

Orig. autographe. — B. R. Fonds Béthune, Ms. 9104, fol. 58.
Cop. — B. R. Fonds Fontanieu, Ms. P.73, fol. 13 recto. Et Suppl. fr. Ms. 1009-3.
Imprimé. — *Mémoires de Nevers*, t. II, p. 311.

A MON COUSIN LE DUC DE NIVERNOIS.

Mon Cousin, Je vous prie de donner ordre que les munitions et ce qui vous vient d'Espernay soyent menez aux Filles-Dieu, où est logé le regiment de Berne. Je vous puis asseurer que demain à deux heures aprés midy, l'artillerie, les gabions et les plates-formes y seront. Si nous usons de diligence, nous pourrons commencer aprésdemain la batterie, et prendre la ville en mesme temps; ce que je desire infiniment, pour aller secourir Crespy[1], qui est assiegé, comme presentement j'en viens d'avoir nouvelles, et que, à l'arrivée, ceulx de dedans ont faict une brave sortie, où ils ont tué force Espagnols. Bon soir, mon Cousin. Des Cordelieres, ce mercredy à six heures du soir, ij<sup>e</sup> septembre.

HENRY.

[1592.] — 2 SEPTEMBRE. — II<sup>me</sup>.

Cop. — B. R. Fonds Béthune, Ms. 9118, fol. 98.

A MONS<sup>R</sup> D'ESTRÉES.

Mons<sup>r</sup> d'Estrées, J'ay esté bien ayse d'entendre par vostre lacquais ce qui s'est passé en ma ville de Noyon. Vous sçavés bien que je vous

---

[1] Cette ville, alors assez importante, était la capitale du Valois (département de l'Oise).

avois adverty qu'il y avoit entreprinse sur vostre place; mais je n'en sçavois la forme. Il y en a encore une sur Compiegne, car j'en ay bon advis. J'espere, jeudy, Dieu aydant, estre dans Provins. Si j'eusse esté bien assisté, veu mes diligences accoustumées, j'y feusse desjà. Si vous avés des nouvelles des Pays-Bas, faictes m'en part. Sur ce, je prie Dieu qu'il vous ayt, Mons<sup>r</sup> d'Estrées, en sa garde. Ce deuxiesme de septembre, devant Provins.

HENRY.

## 1592. — 5 SEPTEMBRE. — I<sup>re</sup>.

Orig. — B. R. Fonds Béthune, Ms. 9109, fol. 67.
Cop. — B. R. Suppl. fr. Ms. 1009-3.
Imprimé. — *Mémoires de Nevers*, t. II, p. 312.

### A MON COUSIN LE DUC DE NIVERNOIS.

Mon Cousin, J'ay resolu de continuer mon voyage par où j'ay dict au s<sup>r</sup> de Launay. Ce ne sera que pour six jours. Je vous prie ce pendant, mon Cousin, prendre le soing de mon armée. Les s<sup>rs</sup> de Biron et mareschaulx de camp ont commandement de vous obeir comme à moy-mesmes. Vous me ferés un service tres agreable de prendre ce petit chasteau qui est icy auprés, comme je l'ay faict entendre au dict s<sup>r</sup> de Launay. C'est tout ce que je vous puis mander de mes nouvelles: priant, sur ce, Nostre Seigneur vous avoir, mon Cousin, en sa saincte garde. Escript à Jouy[1], ce v<sup>e</sup> jour de septembre 1592.

HENRY.

RUZÉ.

J'ay receu tout à ceste heure advis que le chasteau de Vey tient encores, et qu'il y est entré cinquante hommes de renfort, venus de Compienne. Cela me fait haster. Je vous prie encore une fois d'estre demain avecques mon artillerie en main. C'est tout ce que je vous recommande.

[1] Abbaye de l'ordre de Cîteaux, à deux lieues au nord de Provins.

## 1592. — 5 SEPTEMBRE. — II^me.

Orig. autographe. — B. R. Suppl. fr. Ms. 1939, fol. 33.
Imprimé. — *Journal militaire de Henri IV*, publié par le comte DE VALORI. Paris, 1821, p. 373.

### A MONS^R DE SOUVRÉ.

La Gode, J'escry à ma sœur la duchesse d'Angoulesme[1], et luy mande de me venir trouver au plus tost; et pour ce qu'elle n'ose entreprendre ce voyage sans escorte, je vous ay bien voulu faire ce mot pour vous prier de la vouloir conduire jusqu'en ma ville de Blois, ou plus loing si vous pouvés. J'escris à Montigny de la mener jusques à Chartres, et aux aultres gouverneurs de la conduire, à ce que seurement et au plus tost elle puisse estre prés de moy : et sur ce, Dieu vous ayt, la Gode, en sa garde. Ce v^e de septembre, à Sourdon prés Prouvins.

HENRY.


## 1592. — 6 SEPTEMBRE.

Orig. — B. R. Fonds Béthune, Ms. 9109, fol. 68.
Cop. — Suppl. fr. Ms. 1009-3.
Imprimé. — *Mémoires de Nevers*, t. II, p. 312.

### A MON COUSIN LE DUC DE NIVERNOIS.

Mon Cousin, Je trouve bon ce que vous avés advisé pour le desmantellement de Courlon; je vous prie le faire executer promptement. J'ay advis que le chasteau de Vay tient encores, et qu'il y est

---

[1] Diane, légitimée de France, fille de Henri II et d'une demoiselle piémontaise nommée Philippe Duc, fut d'abord mariée en 1552 à Horace Farnèse, duc de Castro; puis, étant devenue veuve deux ans après, elle se remaria en 1557 à François, duc de Montmorency, fils aîné du connétable Anne, et le perdit en 1578. Elle avait été faite duchesse de Châtellerault en 1563, et d'Étampes en 1576. Elle échangea en 1582 le duché de Châtellerault pour celui d'Angoulême joint au comté de Ponthieu. Henri IV la nomma, comme on le verra ci-après, gouvernante de Limousin. Elle mourut à Paris le 11 janvier 1619, âgée de quatre-vingts ans.

entré du secours. Je pars presentement pour m'advancer vers mes ennemys. Le rendés-vous de mon armée est à Jouarre, où j'adviseray du passage de la riviere, et du logis que je feray pour ce soir. N'estant la presente à aultre effect, je prie Dieu qu'il vous ayt, mon Cousin, en sa saincte garde. Escript à Jouy, le vj<sup>e</sup> jour de septembre 1592.

HENRY.

POTIER.

¹ Je vous prie, mon Cousin, de donner ordre que les maisons que occupent Sainct-Pol et Baussant soient desmantelées.

1592. — 9 SEPTEMBRE.<br>
Orig. — B. R. Fonds Béthune, Ms. 9109, fol. 69.<br>
Cop. — Suppl. fr. Ms. 1009-3.<br>
Imprimé. — <i>Mémoires de Nevers</i>, t. II, p. 305.</div>

A MON COUSIN LE DUC DE NIVERNOIS.

Mon Cousin, Je vous escrivis le jour d'hier; mais on me vient de rapporter que le messager a esté pris. Le duc de Mayenne est encore reculé et n'a pas les forces que l'on disoit. Il a, pour le plus, six cens chevaux; et de trois mil hommes de pied qu'il avoit, en ayant envoyé à Meaux, il peut luy en estre demeuré deux mil cinq cens. Les nouvelles que j'ay du Pays-Bas portent que le duc de Parme est à l'extremité, qu'il a recullé la venue des forces qu'il faisoit assembler et remis son partement au xv<sup>e</sup> jour du mois prochain, mais on ne sçait s'il pourra donner à sa vie un si long terme; que le duc Maurice a pris le chasteau de Cowerden ¹, et dit-on qu'il a deffaict les trouppes

---

¹ De la main du Roi.

---

¹ C'est la forte place de Coevorden dans l'Over-Yssel, entre Groningue et Deventer. La mention de la prise de cette ville dans cette lettre du 9 septembre permettrait de

que le duc de Parme y avoit envoyées pour le secourir, qui sont celles qu'il devoit amener en mon Royaume. Mais je ne vous dis pas ceste deffaicte pour chose bien certaine, car elle ne m'est pas asseurée. J'ay mandé mon cousin le cardinal de Bourbon et les s$^{rs}$ de mon conseil se trouver sabmedy ou dimanche à Senlis, et seray, si Dieu plaist, lundy à Cressy, n'ayant rien, Dieu mercy, qui me puisse empescher le passage. Ce pendant je donne le meilleur ordre que je puis à ce costé de deçà, et tel que, quand j'en serois à cent lieues, il me donnera loisir d'y arriver. Je vous prie de vostre costé employer mon armée en ce que vous congnoistrés que son effort sera plus utile et plus à propos pour mon service, comme par vostre prudence vous le sçaurés bien juger : et je prieray Dieu, mon Cousin, qu'il vous ayt en sa saincte garde. Escript à Noyon, le ix$^e$ septembre 1592.

HENRY.

RUZÉ.

J'ay trouvé que les villes de ce païs ont merveilleusement bien travaillé; je vous laisse à penser si je leur feray perdre la volonté de continuer.

Depuis la presente escripte et fermée, j'ai receu advis que le duc d'Aumalle arriva hier soir à la Fere, et qu'à Travecy, qui en est à demye lieue, sont logez un bon nombre de chevaux; et dit-on que c'est pour reprendre le chemin d'Amiens.

relever une erreur dans M. de Thou, qui place cet événement au 12; à moins qu'il ne faille appliquer aussi à la prise de Coevorden ce que dit le Roi du peu de certitude de l'autre nouvelle.

1592. — 12 SEPTEMBRE.

Orig. — B. R. Fonds Béthune, Ms. 9109, fol. 70.
Imprimé. — *Mémoires de Nevers*, t. II, p. 319.

A MON COUSIN LE DUC DE NIVERNOIS.

Mon Cousin, *Je pensois monter à cheval pour aller à Chaulny, et retourner dés ce soir en ceste ville pour partir demain et me rendre lundy à Crecy; mais une grosse fiebvre m'a pris et me tient il y a quatorze heures, sans qu'il y ayt encore apparence de diminution ny que les medecins saichent dire quelle elle est et quelle elle sera. A ce soir ou demain matin je vous en manderay des nouvelles. Ce pendant je trouve trés bon vostre advis de faire passer mon armée où vous m'avés escript, pour les raisons que vous me mandés, et pour oster tout ombrage à celuy duquel vous m'avés envoyé le double de la lettre qu'il m'escript; au suject de laquelle je vous puis asseurer que je n'ay jamais pensé, comme je luy fais entendre par ma response. Je mande la mesme chose au s$^r$ de Sancy, qui est de ses amys, et luy ordonne de le luy dire plus particulierement de ma part. Vous pouvés executer vostre desseing sans peril; car le duc d'Aumale s'est retiré avec toutes les forces de Picardie, en telle diligence qu'il n'a osé sesjourner en un seul lieu qu'une heure à la Fere; encores a-t-il laissé de ses plumes à la garnison de Chaulny*[1].

Le reste de leur armée est fort diminué et s'est logé le long de la rivière d'Aisne, tirant de Soissons à Retheil. Toutesfois, de peur qu'elle n'entrepreigne quelque chose ou qu'elle donne allarme à ceulx de mes villes de Chaalons, d'Espernay et aultres lieux de mon païs de Champagne, nous voyant esloignez, j'escris aux s$^{rs}$ de Thomassin, de Vignolles, à ma court de parlement de ma dicte ville de Chaalons, qu'ils soyent diligens à se garder de surprise et qu'ils s'asseurent de mon brief retour, comme je le leur ay promis. Les nouvelles du Païs-Bas continuent la prise de Cowerden et la deffaicte

[1] Cette première partie de la lettre, en chiffres, a été déchiffrée dans l'édition des Mémoires de Nevers.

des trois regimens de Lansquenetz et de la cavallerie qui estoit envoyée pour le secourir. S'il est ainsy, le duc de Parme ne peut entreprendre de venir en mon Royaume de plus de trois mois. J'ay adverty mon cousin le cardinal de Bourbon, les s$^{rs}$ de mon conseil et d'O, de se trouver aujour d'huy ou demain à Senlis, afin de les y prendre et de les mener avec moy à Meleun, où il me tarde que je sois desjà arrivé : priant, sur ce, Nostre Seigneur qu'il vous ayt, mon Cousin, en sa saincte et digne garde. Escript à Noyon, le xij$^e$ jour de septembre 1592.

HENRY.

RUZÉ.

Mon Cousin, depuis la presente escripte et fermée, qui est le dupplicata de celle que je vous envoye par une aultre voye et que j'ay gardée jusques à ce jour d'huy, pour la vous faire tenir par ceste commodité, ma fievre, graces à Dieu, m'a quicté du tout, et espere qu'elle ne me reprendra plus; de façon que je partiray demain, sans faillir, pour me rendre en mon armée, suivant ce que je vous ay mandé. Encores fussé-je party dés aujourd'hui, si mon cousin le duc de Bouillon fust arrivé hier, comme je l'attendois pour donner ordre à nos garnisons; mais s'estant voulu purger, il ne sera icy que tantost.

### 1592. — 16 SEPTEMBRE.

Orig. — B. R. Fonds Béthune, Ms. 9109, fol. 72.
Cop. — Suppl. fr. Ms. 1009-3.

A MON COUSIN LE DUC DE NIVERNOIS.

Mon Cousin, Suivant ce que je vous ay escript, je pensois partir dés lundy dernier pour retourner en mon armée. Mais n'estant pas encores lors tout mon conseil à Sainct-Denys, et mon cousin le duc de Bouillon et le s$^r$ d'O venus seullement icy que le mesme jour de lundy, je n'ay peu achever que ce matin l'ordre des garnisons et fortifications des deux places de Noyon et Chaulny, auxquelles ayant assez bien pourvéu, Dieu mercy, je m'en vay coúscher à Compienne, pour estre demain à Senlis et vendredy à S<sup>t</sup>-Denys, où je pourray sejourner un jour seullement, pour amener le s<sup>r</sup> d'O au lieu que vous sçavés. Ce pendant je vous recommande tousjours mon armée, et prie Dieu qu'il vous ayt, mon Cousin, en sa saincte garde. Escript à Noyon, le xvj<sup>e</sup> jour de septembre 1592.

HENRY.

RUZÉ.

### 1592. — 18 SEPTEMBRE.

Orig. — Collection de M. de la Fontenelle de Vaudoré, conseiller à la cour royale de Poitiers, correspondant de l'Institut et du ministère de l'Instruction publique.

#### A MONS<sup>R</sup> DE PUYRAVEAU.

Mons<sup>r</sup> de Puyraveau, Estant necessaire plus que jamais de lever et mettre sus un bon nombre de gens de guerre, tant de cheval que de pié, pour nous en servir et prevaloir aux occasions qui se presentent, nous avons songé a eslire de bons, vaillans et experimentez personnages, de la fidelité desquelz nous ayons quelques preuves. Vous nous avés faict de bons, fideles et agreables services : et y ayant esgard, comme ayant pleine confiance en vostre personne et diligence, nous vous avons ordonné cappitaine d'une compaignie de cent hommes de guerre, arquebusiers à cheval, dont nous vous envoyons le brevet, sous le scel de nostre secret. Vous en ferés la levée la plus prompte pour les conduire à la guerre pour nostre service; et d'aprés la confiance que nous avons en vous, vous les ferés vivre en tel ordre et police qu'il ne nous en vienne aulcune plainte. Ceste lettre n'estant à aultre fin, nous prions Dieu, Mons<sup>r</sup> de Puyraveau, qu'il vous ayt en sa saincte garde. En nostre camp de Champ-sur-Marne, le xviij<sup>e</sup> jour de septembre 1592.

HENRY.

[1592.] — 1ᵉʳ OCTOBRE.

Orig. autographe. — B. R. Fonds Béthune, Ms. 9044, fol. 7.

### A MONSᴿ DE MARIVAUX.

Monsʳ de Marivaux, J'ay accordé à la demoiselle de la Raverie un passe-port pour faire mener à Paris quelques bleds, vin et bois pour sa provision. Je vous prye ne faire difficulté de le laisser passer. Vous estes de vous-mesme assez courtois aux belles dames comme elle[1], sans vous y convier davantage. Sur ce, Monsʳ de Marivaux, Dieu vous ayt en sa garde. Escript à Champ-sur-Marne[2], le premier jour d'octobre.

HENRY.

1592. — 6 OCTOBRE.

Orig. — Archives de la ville de Bayonne. Transcription de M. J. Balasque, archiviste.

### A NOS CHERS ET BIEN AMEZ LES MAIRE ET JURATZ DE NOSTRE VILLE DE BAYONNE.

Chers et bien amez, Nous eussions tres volontiers pourveu le cappitaine Adam de Larralde de la cappitainerie de Chasteau-Neuf de Bayonne, suivant l'instance et priere que vous nous en faictes par vostre lettre du vi aoust, le cognoissant digne de cela et mieux, non seulement par vostre tesmoignage, mais aussy par le rapport de plusieurs aultres de nos serviteurs, n'eust esté que sur l'advis qui nous estoit venu de la mort du sʳ de Treignan, long-temps devant que vous nous en eussiés escript, nous en avons pourveu le sʳ de Cachac, personnage de beaucoup de valeur, et de fidelité esprouvée à nostre

---

[1] Cette demoiselle de la Raverie était, suivant les remarques de la satire Ménippée, une *femme d'amour*, que hantaient les seigneurs de la première volée. Il est plusieurs fois question d'elle dans des mémoires du temps. Elle habitait Paris ou Saint-Denis.

[2] Petite ville de l'Ile-de-France, aujourd'hui du département de Seine-et-Marne, arrondissement de Meaux.

service, auquel il ne seroit pas raisonnable de l'oster maintenant. Mais nous vous asseurons bien que pour ne laisser la vertu et suffisance du dict cappitaine Larralde oisive, et pour satisfaire au desir que nous voyons que vous avés qu'il soit employé, que nous ne manquerons pas de luy donner des charges dignes de luy, aux premieres occasions qui s'en offriront, de laquelle asseurance nous desirons que vous et luy vous contentiés pour ceste heure, et la teniés pour arre certaine de l'effect qui s'en ensuivra. Donné au camp de Champs-sur-Marne, le vj<sup>e</sup> jour d'octobre 1592.

HENRY.

FORGET.

## 1592. — 7 OCTOBRE.

Orig. — B. R. Fonds Saint-Germain-Harlay, Ms. 1024, pièce 219.

### A MONS<sup>R</sup> DE MAISSE,

CONSEILLER EN MON CONSEIL D'ESTAT ET MON AMBASSADEUR À VENIZE.

Mons<sup>r</sup> de Maisse, Encores que je m'asseure que vous croirés bien que la despesche qui vous est à present faicte au nom des princes, officiers de la Couronne et aultres s<sup>rs</sup>, comme representans tous les estats catholiques de ce Royaume qui me recognoissent, est faicte de mon sceu et consentement, sy est-ce que je le vous ay bien voulu confirmer par la presente, en vous priant, comme je fais, d'en embrasser et poursuivre l'effect requis de vostre part, comme si elle vous estoit faicte par moy-mesme ; d'autant qu'elle est selon ma volonté, et pour le bien de mon service ; et me remettant de toutes aultres choses aux aultres despesches que vous recevrés de ma part en mesme temps que la presente, je ne la feray plus longue, que pour prier Dieu, Mons<sup>r</sup> de Maisse, vous avoir en sa saincte garde. Escript au camp de Champs, le vij<sup>e</sup> jour d'octobre 1592.

HENRY.

REVOL.

[1592. — 8 OCTOBRE.] — I^re.

Cop. — Biblioth. de l'Arsenal, Ms. de Conrart, Hist. litt. n° 677, vol. 5, p. 215.

[A NOSTRE SAINCT PERE LE PAPE.]

Tressainct Pere[1], Comme nous sommes resolus de faire prester en nostre nom et rendre toute nostre vie l'obeïssance que nous devons à Vostre Saincteté et au Sainct-Siege apostolique, nous desirons aussy reprendre et suivre en toutes choses les mesmes moyens qui ont esté tenus et usez par les Roys trés chrestiens, nos predecesseurs, en l'observation de l'honneur et respect deus au Sainct-Pere et au Sainct-Siege, et pour entretenir avec la devotion et reverence filiale qui y appartient la bonne et parfaite intelligence qui y est requise entre eux et les Roy et royaume de France, pour le bien universel de la chretienté, et manutention de la Saincte-Eglise et religion catholicque en icelluy. Pour cest effect, nous avons bien voullu, incontinent aprés la prestation de nostre obeïssance, remettre et restablir un ambassadeur ordinaire de nostre part, prés de Vostre Saincteté, ainsy qu'il a esté accoustumé par le passé. A quoy sçachant que ne pourrions employer personne accompagnée de plus dignes qualitez pour s'en bien acquitter, que de celle de nostre amé et feal, le marquis de Pisany, chevalier de nos ordres, conseiller en nostre conseil d'Estat et cappitaine de cinquante hommes d'armes[2], lequel durant le temps qu'il a desjà exercé semblable charge de la part du feu Roy

---

[1] Hippolyte Aldobrandini, né à Fano, créé cardinal en 1585, venait d'être élu pape à la fin du mois de janvier, en remplacement d'Innocent IX, qui n'avait occupé que deux mois la chaire de saint Pierre. Il avait pris le nom de Clément VIII.

[2] « Le Roi s'étant rendu à Argenteuil, les évêques, secondés par le cardinal de Gondi, qui, sur le point d'aller à Rome, faisait de grandes offres de service au Roi, obtinrent de ce prince qu'il enverrait un ambassadeur au pape. Jean de Vivonne, marquis de Pisany, dont la fidélité était reconnue, et qui avait été longtemps ambassadeur à la cour de Rome, fut choisi pour cette ambassade........ Le cardinal de Gondi se mit en chemin au mois d'octobre avec le marquis de Pisany. » (De Thou, *Hist. univ.* liv. CIII.)

dernier, nostre predecesseur, que Dieu absolve, y a rendu de si bonnes preuves de sa grande pieté et devotion, que nous avons occasion d'esperer qu'elles seront tousjours la vraie regle de ses actions, de sorte que Vostre Saincteté en aura tout contentement, nous l'avons, par ces dignes considerations, choisy et ordonné pour nous faire ce service. A cette cause, Tressainct Pere, nous supplions trés affectueusement Vostre Saincteté que le bon plaisir d'icelle soit de le recevoir et admettre en la dicte charge de nostre ambassadeur prés d'elle, l'honorer de sa bienveillance et de la mesme faveur et bon traictement, en ce qui nous concerne, que les merites de nos dicts predecesseurs envers le Sainct-Siege nous y ont acquis et laissé par juste possession. Laquelle sera tousjours accompagnée, de nostre part, de tous les devoirs qu'il convient pour y estre conservée, suppliant aussy Vostre Saincteté qu'en tout ce qu'il aura à traicter et luy faire entendre en nostre nom, pour nos affaires et de nostre dict Royaume, elle veuille ajouster mesme foy et creance à ses paroles qu'il luy plairoit faire à nostre propre personne : et sur ce, nous prions Dieu, Tressainct Pere, qu'il ayt Vostre Saincteté en sa saincte et digne garde.

HENRY.

1592. — 8 OCTOBRE. — II$^{me}$.

Orig. autographe. — Archives des Médicis, légation française, liasse V. Envoi de M. le ministre de France à Florence.

A MON COUSIN MONSIEUR LE GRAND DUC DE TOSCANE.

Mon Cousin, Le s$^r$ marquis de Pisany estant envoyé de mon vouloir et consentement vers le Pape, au nom des princes de mon sang et aultres princes, prelats et seigneurs, comme representans tous les estats catholicques de ce Royaulme qui me rendent obeissance, et avec la charge particuliere qu'il a aussy de moy; l'une des grandes confiances que j'ay d'en voir reussir le fruict desiré pour le bien et repos de ce dict Royaume consiste ez bons offices que je m'y promets de vostre part, selon l'asseurance que vous m'avés donnée de vostre amitié en mon endroict, et l'affection que vous avés tousjours monstrée à l'acheminement et perfection de ce bon œuvre. Et pour ce, je luy ay ordonné de vous communicquer tout le fait de sa charge et legation, que je desire estre examinée par vostre bon jugement, et assistée de vos bons advis et faveurs, vous priant adjouxter foy à tout ce que le dict s$^r$ marquis vous dira en mon nom comme à moymesme : et sur ce, je prie Dieu, mon Cousin, qu'il vous ayt en sa saincte garde. Escript à Chams-sur-Marne, le viij$^e$ jour d'octobre 1592.

Vostre affectionné cousin,
HENRY.

[1592. — 8 OCTOBRE.] — III$^{me}$.

Cop. — B. R. Suppl. fr. Ms. 1009-3. (D'après les registres du Parlement.)

[A MON COUSIN LE GRAND DUC DE TOSCANE.]

Mon Cousin, Je ne me suis voulu contenter de la communication que vous avés eue par mon cousin le cardinal de Gondy, et que vous donnera le s$^r$ marquis de Pisany, de ma resolution en ce qui despend de moy, touchant les moyens qui ont esté proposés pour la pacification de ce Royaulme, comme je leur ay à tous deux donné charge de vous faire entendre la declaration que je leur en ay faicte, ayant encore voulu despescher vers vous exprés le s$^r$ de la Clyelle [1], pour vous en porter particulierement la confirmation de ma part, comme celuy à qui je dois le premier acheminement de ce faict, et de qui j'en attends encore la principale conduicte. J'ay, sur ce, baillé un memoire au dict de la Clyelle, qui contient aussy quelques aultres choses, tant sur l'estat de mes affaires que sur aultres particularitez. Je vous prie le voir, et ouïr encores sur le tout le dict s$^r$ de la Clyelle,

---

[1] Isaïe Brochard, seigneur de la Clielle, maître d'hôtel du Roi et gentilhomme servant de S. M., fut employé avec succès en diverses ambassades, notamment à Florence et à Venise.

le croyant de ce qu'il vous dira de ma part comme moy-mesme : et sur ce, je prie Dieu vous avoir, mon Cousin, en sa saincte et digne garde.

Vostre affectionné cousin,

HENRY.

[1592. — 8 OCTOBRE.] — IV$^{me}$.

Cop. — B. R. Suppl. fr. Ms. 1009-3. (D'après les registres du Parlement.)

[A MA NIEPCE LA GRANDE DUCHESSE DE TOSCANE.]

Ma Niepce, Envoyant le s$^r$ de la Clyelle vers mon cousin le grand duc, vostre mary, je ne l'ay voulu laisser aller sans l'accompagner de ce mot et luy donner charge de vous visiter de ma part, affin de nous rapporter de vos nouvelles à son retour, specialement de vostre disposition et santé, ensemble de vos enfans, que je vous souhaite à tous aussy bonne que je la desire pour moy-mesme, vous priant croire que rien ne vous sera jamais plus asseuré que mon amitié, comme elle vous est acquise par double lien, l'un de nostre proximité, l'aultre du merite de celle de mon dict Cousin envers moy, qui, sur ce, prie Dieu vous avoir, ma Niepce, en sa saincte garde.

Vostre bon oncle,

HENRY.

[1592.] — 8 OCTOBRE. — V$^{me}$.

Orig. autographe. — B. R. Suppl. fr. Ms. 1939, fol. 34 recto.

*Lettres autographes de Henri IV*, lithographiées pour M. le comte DE LASTEYRIE, n° 2. — *Journal militaire de Henri IV*, publié par M. le comte DE VALORI. Paris, 1821, in-8°, p. 371.

A MONS$^r$ DE SOUVRÉ.

La Gode, Je vous ay desja escript ce jourd'huy par Forget; ce n'est pas ma coustume de mettre sy souvent la main à la plume; mais vous aurés encore ce mot de moy par Feret, que j'envoye en Guyenne, pour vous asseurer que je vous aime plus que vous ne le sçauriés imaginer. Crois, mon amy, que je desire fort qu'il se presente une bonne occasion pour te le faire paroistre. Si le prince de Parme s'approche de nous, vous aurés de mes nouvelles bien tost, et je me promets que vous ne serés pas des derniers qui se rendront prés de moy. Feret vous contera le reste : et sur ce, la Gode, Dieu vous ayt en sa garde. Escript à Chams-sur-Marne, le viij<sup>e</sup> octobre.

HENRY.

[1592.] — 8 OCTOBRE. — VI<sup>me</sup>.

Orig. autographe. B. R. — Fonds Béthune, Ms. 9044, fol. 9.

A MONS<sup>R</sup> DE MARIVAUX.

Mons<sup>r</sup> de Marivaux, Comme j'ay veu que Feret passoit par Corbeil, je n'ay point voulu vous envoyer homme exprés, car il est capable de vous dire de ma part ce que je veux que saichiés. Vous le congnoissés assez pour le croire de ce qu'il vous dira de ma part. Amassés vostre trouppe et me venés demain trouver, car m<sup>r</sup> du Maine vient à nous. Dieu vous ayt, Mons<sup>r</sup> de Marivaux, en sa garde. Ce viij<sup>me</sup> octobre.

A Champ-sur-Marne.

HENRY.

[1592. — AVANT LE 10 OCTOBRE[1].]

Cop. — Arch. de la Couronne, salle 5, anciennes archives, Ms. 30, fol. 79 verso.

[A           .]

Mons<sup>r</sup> de           La Royne d'Angleterre m'a faict entendre que, sur l'advis que vous a donné ma sœur la princesse de Navarre, vous avés fait constituer prisonnier un nommé Anthoine, Anglois fugitif, et traitre à la dicte dame, laquelle, à ceste occasion [desire]

[1] Époque où Madame Catherine quitta le Béarn, qu'elle gouvernait, et vint se réunir au Roi son frère.

qu'il luy soit renvoyé pour le faire chastier de ses demerites; en quoy desirant luy complaire comme j'ay occasion de faire en toutes choses qui luy touchent, selon la bonne correspondance qui est entre nous et que meritent les bons offices que je reçois continuellement en mes affaires de sa part, à ceste cause, je vous prie et ordonne que vous ayés à mettre le dict Anthoine entre les mains de quelque marchand anglois qui soit congneu fidelle subject à la dicte dame, pour le ramener dans son navire en Angleterre et le rendre où elle voudra ordonner; dont vous ferés charger le dict marchand par sa promesse et obligation, et m'envoyerés coppie de l'acte qui en sera faict pour s'en rendre responsable à icelle dame : et m'asseurant que vous ne fauldrés d'y satisfaire, je ne vous feray sur ce la presente plus longue que pour prier Dieu vour avoir, Mons$^r$ de               , en sa saincte garde.

HENRY.

### 1592. — 13 OCTOBRE. — I$^{re}$.

Orig. — B. R. Fonds Béthune, Ms. 9109, fol. 74.
Cop. — Suppl. fr. Ms. 1009-3.

A MON COUSIN LE DUC DE NIVERNOIS ET DE RETHELOIS,
GOUVERNEUR ET MON LIEUCTENANT GENERAL EN CHAMPAIGNE ET BRIE.

Mon Cousin, J'arrivay hyer d'assez bonne heure en ceste ville. J'ay senty beaucoup de mal et eu la fiebvre durant le chemin. Je me suis mieulx porté ceste nuit, Dieu mercy. Touttesfois, mes medecins ont advisé de me faire saigner ce matin de l'aultre bras. Je n'ay trouvé aulcune trouppe arrivée que celle du s$^r$ de Marcilly[1], lequel j'ay faict partir ce matin pour aller en l'armée. J'ay depesché de tous costez pour faire venir ceulx que j'ay mandez; et estant venu hyer Lyerville, escuyer de mon cousin le comte de S$^t$-Paul, me trouver pour sçavoir

---

[1] Jean Damas, baron de Marcilly, seigneur de Sassangy, vicomte de Châlons, chevalier de l'ordre, gouverneur du château de Baffey. Il mourut en 1632. Il avait pour père Claude Damas, baron de Marcilly, et pour mère Anne de Renty.

ce que mon dict cousin avoit à faire pour mon service, j'ay renvoyé le dict Lyerville, par lequel j'ay mandé à mon dict cousin de monter incontinent à cheval, pour me venir trouver avec toutes les compaignies que j'ay mandées. Le dict Lyerville sera arrivé ce matin prés de luy, de sorte que j'estime qu'il pourra monter demain ou aprés-demain à cheval. J'ay aprins que le duc de Mayenne a mandé toutes les forces qu'il peut esperer de Normandie; et desjà toute l'infanterie, qui estoit devers Bernay et qu'il a tirée de Dreux et Verneuil, a passé la riviere et tire devers Amiens. J'espere qu'avant que les forces soyent assemblées, Dieu me fera la grace de me bien porter et monter à cheval pour me trouver à ceste occasion. Je vous prie d'escrire à ceulx de vostre gouvernement pour les haster de venir, et me faire part souvent de vos nouvelles. Sur ce, je prie Dieu qu'il vous ayt, mon Cousin, en sa saincte et digne garde.

Escript à S$^t$-Denys, le xiij$^e$ jour d'octobre 1592.

HENRY.

POTIER.

[2] Mon Cousin, Despuys que je vous ay escrit la presente il m'a prins une sueur universelle qui m'a guaranti de la saignée et m'a du tout osté la fievre; qui me faict esperer que Dieu me donnera la grace de me bien porter [3].

---

[2] De la main du Roi.

[3] C'est peut-être ici qu'il faut placer une lettre de Gabrielle d'Estrées au Roi, dont l'abbé de l'Écluse nous a conservé la copie :

« Je meurs de peur: asseurés moy, je vous supplye, en me disant comme se porte le plus brave du monde. Je crains que son mal ne soit grand, puisque aultre cause ne me devoit priver de sa presence aujourd'huy. Dis m'en des nouvelles, mon cavalier, puisque tu sçais combien le moindre de ses maux m'est mortel. Combien que par deux fois j'aye sceu de vostre estat, aujourd'huy je ne sçaurois dormir, sans vous envoyer mil bonsoirs; car je ne suis pas douée d'une ladre constance. Je suis la princesse Constance, et sensible pour tout ce qui vous touche, et insensible à tout ce qui reste au monde, soit bien ou mal. »

( B. R. Suppl. fr. Ms 1009.)

1592. — 13 OCTOBRE. — II^me.

Orig. — B. R. Fonds Béthune, Ms. 9109, fol. 75.
Cop. — Suppl. fr. Ms. 1009-3.

A MON COUSIN LE DUC DE NIVERNOIS ET DE RETHELOIS,
GOUVERNEUR ET MON LIEUCTENANT GENERAL EN CHAMPAGNE ET BRIE.

Mon Cousin, J'ay presentement aprins d'un homme qui est ce jour d'huy party de l'armée du duc de Mayenne, que le dict duc de Mayenne, ayant ce jour d'huy entendu que mon armée passoit delà l'eau, a commandé à tous les cappitaines de se tenir en leurs quartiers, qui sont ez villages de Chambry, Chauconnin et Neufmoustier au deçà de la riviere. Le mesme personnage m'a asseuré qu'il n'y a pas cinq cens chevaulx avec le dict duc de Mayenne, qu'il est bruict que le duc de Guise et Sainct-Pol doibvent arriver : qui ne peut estre de deux ou trois jours. Je sçais pour certain que le s^r de Rosne a dict depuis vingt-quatre heures que, si l'eglise du prioré de Gournay n'estoit abattue, il y auroit moyen d'y loger des pieces qui empescheroient que personne ne se pourroit tenir dans le fort; dont je vous ay voulu advertir, afin que vous faciés travailler incontinent à la mettre par terre, ensemble le colombier qui est en la maison au devant du fort, et ce que vous verrés qui peut nuire au dict fort. J'ay nouvelles que mes forces viennent de toutes parts, et que tous mes serviteurs accourent pour se trouver en ceste occasion. Je me porte beaucoup mieux que ce matin, lorsque je vous ay escript, et sens, d'heure à aultre, amendement à ma santé, dont je loue Dieu. Je prendray demain medecine, et espere, dans la fin de ceste sepmaine, estre en mon armée. Ce pendant, mon Cousin, je me repose sur vous de toute la conduicte d'icelle, et vous prie qu'on ne perde une seule heure de temps à ce qui est necessaire pour mettre le dict fort en deffense. Je prie Dieu, sur ce, qu'il vous ayt, mon Cousin, en sa saincte garde. Escript à Sainct-Denys, ce xiij^e jour d'octobre 1592.

HENRY.

FORGET.

1592. — 13 OCTOBRE. — III^me.

Orig. — B. R. Fonds Béthune, Ms. 9109, fol. 76.
Cop. — Suppl. fr. Ms. 1009-3.

A MON COUSIN LE DUC DE NIVERNOIS.

Mon Cousin, Je viens tout presentement de parler à trois des gardes du s^r de Balagny qui sont partys ce matin sur les huict heures de Meaulx, où ils ont laissé le duc de Mayenne, qui n'a encores que de trois à quatre cens chevaulx et trois mille hommes de pied, resolu de ne rien entreprendre que les ducs de Guise, d'Aumalle et les forces que Guionnelle luy pourra amener ne soyent arrivez, ce qu'il espere dans la fin de ceste sepmaine. Je pense que desjà quelques trouppes des nostres vous sont arrivées, et que aujourd'huy mon cousin le duc de Longueville et les forces de Picardie pourront estre joincts à mon armée, car j'ay nouvelles de Compiegne despuis qu'il en est party. Si vous avés besoing de la compagnie du s^r de Vic, je la vous envoyeray; elle est de plus de quatre-vingts maistres, luy en estans venu hier et aujourd'huy. J'ay escript de toutes parts, et espere que mon cousin m^r l'admiral de Biron[1] retournera et le s^r de Sainct-Luc. J'espere que dans la fin de ceste sepmaine, si je continue à amander comme j'ay fait ce jour d'huy, je pourray me rendre en mon armée; et sy tost que je pourray aller en carrosse, je ne me tiendray icy. Je vous envoyeray des moullins à bras d'icy; et ce qui vous manc-quera et que je pourray recouvrer icy, mandés-le moy. Si vous n'avés à faire de la compagnie du s^r de Vic, elle servira à faire escorter les vivres de l'armée. Je fais faire des munitions, et quoique je sois au lict, je n'oublie rien de ce que je pense qu'il vous face besoing. Je vous prie de faire en sorte que l'on travaille fort au fort et que l'on se diligente. Mandés-moy à toute heure des nouvelles, et ne crai-gnés point de m'escrire en ce que vous jugerés que je pourray faire

---

[1] Le baron de Biron, dont le père avait été tué au siége d'Épernay, le 16 juillet, venait d'être pourvu de l'office d'amiral de France, le 4 octobre.

de la Normandie, Beausse, et ce que nous aurons de la Picardie, Isle-de-France et ce qui est avec vous. J'espere de faire plus de huict cens bons chevaulx. Bon soir, mon Cousin, ce xiij<sup>me</sup> octobre, à S<sup>t</sup>-Denys, à quatre heures du soir, 1592.

HENRY.

## 1592. — 14 OCTOBRE. — I<sup>re</sup>.

Orig. — B. R. Fonds Béthune, Ms. 9109, fol. 78.
Cop. — Suppl. fr. Ms. 1009-3.

### A MON COUSIN LE DUC DE NIVERNOIS ET DE RETHELOIS,
PAIR DE FRANCE, GOUVERNEUR ET MON LIEUTENANT GENERAL EN CHAMPAIGNE ET BRIE.

Mon Cousin, Par lettres que j'ay presentement receues de Corbie, j'ay aprins que le duc d'Aumale n'en est encores party, qu'il ne peut assembler les garnisons de la Ligue qui sont en Picardie, pour venir trouver le duc de Mayenne. S'il y vient, ce ne sera pas si tost, et amenera fort peu d'hommes. Mon cousin le duc de Longueville a couché à Senlis, et se rendra aujourd'huy en mon armée. Il n'amene qu'une partie des compagnons; les aultres sont en chemin, qui les suivent de prés. Mon amendement est tel, Dieu mercy, que j'espere estre dans deux jours en mon armée. Ce pendant, mon Cousin, je vous prie ne perdre une seule heure de temps, tant à l'advancement du fort qu'à ce que vous verrés estre à faire pour le bien de mon service. Je vous escrivis hier touchant la demolition de l'eglise du prioré de Gournay, et des aultres bastimens qui peuvent nuire au fort; à quoy m'asseure que vous aurés pourveu. Je vous envoye un maistre de camp avec deux cens hommes de pied, pour prendre quartier en mon armée. Je prie Dieu, sur ce, qu'il vous ayt, mon Cousin, en sa saincte et digne garde. De Sainct-Denys, le xiiij<sup>e</sup> jour d'octobre 1592.

HENRY.<br>POTIER.

Presentement j'ay parlé à un laquais de Grandmont, lequel partit dimanche de Troye, où il laissa le duc de Guise, lequel n'estoit encores prest à partir. Guyonnelle et le s^r de la Chastre ne sont plus prés de luy; et quand le duc de Guise viendra, il ne sçauroit amener que cent cinquante chevaulx. Je vous envoye une lettre de mon cousin de Longueville et de m^r de Malleyssy.

### 1592. — 14 OCTOBRE. — II^me.

Orig. — B. R. Fonds Béthune, Ms. 9109, fol. 77.
Cop. — Suppl. fr. Ms. 1009-3.

#### A MON COUSIN LE DUC DE NIVERNOIS.

Mon Cousin, J'ay esté tres aise d'entendre par le s^r de Beaulieu[1] toutes les particularitez que vous m'avés mandées de mon armée, et pensois le vous renvoyer dés aujourd'huy, mais il est desjà si tard que je l'ay retenu, afin que demain, par son retour et son escorte, il vous face mener du pain et pourvoir à ce qu'il sera necessaire pour le bled et les moulins qui doibvent estre envoyez au fort, suivant le memoire qu'il m'a apporté. Ce pendant je vous diray que mon cousin le duc de Longueville, les s^rs d'Humieres, de Haraucourt et de Bouteville[2] sont partys ce matin de Senlis pour aller en ma dicte armée, et que j'ay nouvelles de tous costez que ceulx que j'ay mandez se hastent tant qu'ils peuvent, et au contraire le duc de Guise est encore à Troye et le duc d'Aumalle à Amiens (s'ils n'en sont partys ce jourd'huy) avec beaucoup moins de trouppes que l'on en fait courrir le bruict : de sorte que j'espere estre en ma dicte armée avant qu'ils arrivent en celle du duc de Mayenne. S'il m'en survient aultres nouvelles, je les vous manderay demain par le retour du dict

---

[1] C'est le secrétaire d'état Ruzé, par qui cette lettre est contre-signée.

[2] Louis de Montmorency, seigneur de Bouteville et de Précy, comte de Luxe, chevalier de l'ordre du Roi et vice-amiral de France, était fils de François de Montmorency, seigneur de Hallot et de Claude Hébert d'Ossonvilliers. Sa belle défense de Senlis en 1589 avait conservé au Roi cette ville attaquée par la Ligue. Henri IV l'en nomma bailli et gouverneur en 1593. Il fut député de la noblesse du bailliage de Senlis aux États généraux de 1604, et mourut l'année suivante.

sr de Beaulieu : priant, sur ce, Nostre Seigneur vous avoir, mon Cousin, en sa saincte et digne garde. Escript à Saint-Denys, ce xiiij<sup>e</sup> jour d'octobre 1592.

HENRY.

RUZÉ.

Je vous prie commander au chevalier du guet[1] qu'il envoye tous les mulets des vivres, et tout ce qu'il a de sacs, et que le tout soit icy à huict heures du matin, leur donnant escorté pour les accompaigner, qui servira à renvoyer le dict s<sup>r</sup> de Beaulieu. S'il les eust envoyez, vous eussiés eu du pain dés aujourd'huy; car il est tout prest.

### 1592. — 15 OCTOBRE. — I<sup>re</sup>.

Orig. — Arch. du grand-duché de Hesse-Cassel.
Imprimé. — *Correspondance de Henri IV avec Maurice le Savant,* publiée par M. de Rommel. Paris, 1840, in-8°, p. 3.

[A MON COUSIN LE LANDGRAVE DE HESSE[1].]

Mon Cousin, J'ay entendu avec tres grand regret et desplaisir le trespas de feu mon cousin vostre pere, pour la perte que je y ay faicte d'un tres bon amy et pour l'ennuy que je m'asseure qu'elle vous a laissé en vostre particulier. Toutesfois, considerant que Dieu l'a ap-

---

[1] Le chevalier du guet était le capitaine d'une compagnie d'archers à pied, établie à Paris pour la police de nuit. Son titre de chevalier lui venait du privilége spécial de porter le collier de l'ordre de l'Étoile, fondé par le roi Jean, et qui depuis fort longtemps ne se conférait plus à personne autre. En temps ordinaire le chevalier du guet ne sortait point de Paris. Mais par la rébellion de cette ville le Roi avait pu nommer près de lui à cet emploi quelque officier de son armée. La charge de chevalier du guet a été supprimée en 1733.

[1] Maurice le Savant, landgrave de Hesse-Cassel, fils aîné du landgrave Guillaume le Sage, et de Sabine de Wurtemberg, né le 25 mai 1572, venait de succéder à son père, le 25 août 1592. Presque tout son règne fut troublé par les procès et les guerres que suscita l'héritage du landgrave de Hesse-Marbourg. Maurice le Savant abdiqua en 1627 en faveur de son fils Guillaume, et il mourut le 15 mars 1632.

pellé à meilleure vie, comme il a passé celle-cy en sa crainte et amour, cela doibt servir de consolation à ceulx qui l'aimoient, mesmes à vous particulierement, mon Cousin, avec ce que sa memoire demeure pleine d'honneur et louange, pour sa singuliere pieté et vertu, vous laissant aussy grand nombre de bons amys qu'il avoit acquis et qui vous seront un asseuré support en vos affaires, d'autant plus volontiers que, au debvoir de ceste amitié, est conjoinct vostre propre merite. De ma part, je l'ay congneu tant affectionné en tout ce qui s'est presenté par delà pour mon service et en ay ressenty de si bons effects, que la souvenance m'en demeurera à jamais : qui me donnera d'autant plus occasion, avec l'ancienne amitié qui estoit entre nous, et que je desire continuer en vostre personne, de vous rendre tous les bons offices qui pourront despendre de moy, en ce qui sera pour vostre bien et contentement, comme je vous en ay bien voulu asseurer par la presente; attendant la preuve que vous en recevrés aux occasions qui s'en pourront offrir, ainsy que le s$^r$ de Fresne, mon ambassadeur en Allemagne, vous dira plus amplement de ma part : sur lequel me remettant, je prie Dieu, mon Cousin, vous avoir en sa saincte garde. Escript au camp de Champs, le xv$^e$ jour d'octobre 1592.

HENRY.

1592. — 15 OCTOBRE. — II$^{me}$.

Orig. — B. R. Fonds Béthune, Ms. 9109, fol. 79.
Cop. — B. R. Suppl. fr. Ms. 1009-3.

A MON COUSIN LE DUC DE NIVERNOIS ET DE RETHELOIS,
PAIR DE FRANCE, GOUVERNEUR ET MON LIEUCTENANT GENERAL EN CHAMPAGNE ET BRIE.

Mon Cousin, J'ay mandé le s$^r$ d'Haraucourt pour me servir en la charge de mareschal de camp en mon armée, de laquelle je sçay qu'il est capable, et luy ay commandé de vous aller presentement trouver avec mon cousin le duc de Longueville. Je vous prie donc de l'employer, avec asseurance que vous serés dignement assisté de luy, et qu'il ne manquera de debvoir et diligence à l'execution de ce que vous luy commanderés pour mon service. Pour le regard de mes aultres affaires, je vous renvoye le s$^r$ de Beaulieu, bien informé de ma volonté, lequel je vous prie croire sur ce qu'il vous dira de ma part : priant Dieu qu'il vous ayt, mon Cousin, en sa saincte et digne garde. Escript à Sainct-Denys, le xv$^e$ jour d'octobre 1592.

HENRY.

POTIER.

[1592.] — 15 OCTOBRE. — III$^{me}$.

Orig. autographe. — B. R. Fonds Béthune, Ms. 9104, fol. 12.
Cop. — B. R. Fonds Fontanieu, Ms. P-73, fol. 6 recto, et Suppl. fr. Ms. 1009-3.

A MON COUSIN LE DUC DE NIVERNOIS.

Mon Cousin, La Rochette vient d'arriver, qui laissa hier m$^r$ de Mayne, qui faisoit estat de venir loger aujourd'huy à Condé et aultres villages le long du Morin. Je ne pense pas qu'il entreprenne aulcune chose, que m$^r$ de Guyse et les trouppes qu'il attend ne soyent joinctes à luy. Ce pendant je pense que le plus expedient et le plus pressé est que vous faciés loger tous les gens de pied françois le plus prés de vous que vous pourrés, et que vous envoyés tous les jours quatre cens hommes de pied françois dans le fort, et deux cens Suisses, qui pourront attaquer quelques escarmouches, qui empescheront que les ennemys ne puissent recognoistre nostre fort; que vous envoyés tous les jours des gens de cheval sur le passage du gué et que vous faciés abattre le prioré et le colombier. Je vous prie de faire commencer à travailler au fort de deçà l'eau. Je vous envoye dés aujourd'huy cinquante paysans et, dans deux jours, deux cens, qui ne bougeront plus que tout ne soit parachevé. Ils ne manqueront de rien, mais je vous prie encore un coup de faire user de diligence; m'advertissant à toutes heures de ce dont vous aurés besoin, et de ce que vous apprendrés. A Dieu, mon Cousin. Ce jeudy à deux heures aprés midy, xv$^e$ octobre, à Sainct-Denys.

HENRY.

1592. — 20 OCTOBRE.

Orig. — Archives du canton de Berne. Envoi de M. le ministre de France en Suisse.

A NOS TRÉS CHERS ET GRANDS AMYS, ALLIEZ ET CONFEDEREZ, LES ADVOYERS, CONSEIL ET COMMUNAUTÉ DE LA VILLE ET CANTON DE BERNE.

Trés chers et grands amys, alliez et confederez, La necessité de nos affaires ne nous permettant encore de satisfaire les sieurs de Geneve de plusieurs sommes de deniers qu'ils nous ont cy-devant prestez et qu'ils ont aussy despensez pour nostre service, selon qu'ils en ont esté requis de nostre part, ou que les occasions s'en sont presentées, et se trouvans les dicts s$^{rs}$, d'aultre part, redebvables envers vous d'une bonne somme qu'ils n'ont à present moyen de vous payer, sinon qu'ils feussent payez de ce qui leur est par nous deub; nous avons pensé, ne leur pouvant donner contentement pour ce regard, de leur procurer envers vous temps et loisir pour le payement de ce qu'ils vous doibvent. En quoy esperant vous trouver d'autant plus disposez que, oultre l'obligation qu'ils vous en auront, il nous en demeurera une double de la faveur que vous leur aurés faicte en notre recommandation, et du soulagement que nous en recevrons en nos affaires : à ceste cause nous vous avons bien voulu prier, comme nous faisons par la presente, vouloir surseoir la poursuicte du payement de ce qu'ils vous doibvent, jusqu'à ce qu'ils ayent plus de commodité ou de leurs moyens, ou du payement de ce que nous leur devons; à quoy nous donnerons le meilleur ordre qu'il nous sera possible, pour nous en acquitter le plus tost que faire se pourra, et leur donner moyen d'en faire de mesme en vostre endroict : et ce pendant nous prions Dieu, Trés chers et grands amys, alliez et confederez, vous avoir en sa saincte garde. Escript à S$^t$-Denys, le xx$^e$ jour d'octobre 1592[1].

HENRY.

REVOL.

---

[1] Des lettres analogues, et conçues à peu près dans les mêmes termes, furent adressées le même jour au canton de Saint-Gall et à la république de Strasbourg.

## 1592. — 21 OCTOBRE.

Orig. — Arch. municip. de Saint-Quentin. Copie transmise par M. de Chauvenet, membre de la commission des antiquités du département de l'Aisne.

A NOS CHERS ET BIEN AMEZ LES MAYEUR, ESCHEVINS, MANANS ET HABITANS DE NOSTRE VILLE DE SAINT-QUENTIN.

Chers et bien amez, Nous avons estimé tres necessaire pour vostre soulagement et ayder à la conservation de nostre ville de Sainct-Quentin, maintenant que nous sommes advertys de toute part que le duc de Parme est prest de rentrer en nostre Royaume, de munir nostre dicte ville d'un bon nombre de gens de guerre; et pour cest effect nous vous envoyons le cappitaine Tribouillet avec sa compagnie, laquelle nous avons nagueres retirée de nostre ville de Gournay, où elle a vescu avec telle police et modestie, par la prudence et sage conduicte du dict cappitaine Tribouillet, que nous sommes asseurez que n'en recevrés aulcune incommodité; dont nous voulons vous donner advis par la presente, afin que vous ayés à recepvoir le dict cappitaine Tribouillet avec sa dicte compaignie en nostre dicte ville de Sainct-Quentin, où elle sera entretenue des deniers que nous avons pour ce destinez, suivant l'estat qui en a esté dressé et mis ez mains du tresorier de l'extraordinaire de nos guerres, ainsy que nous avons mandé à nostre cousin le duc de Longueville et au s$^r$ d'Humieres, lesquels nous vous promettons qu'ils tiendront la main, comme vous ferés aussy de vostre part, pour faire effectuer en cela ce qui est de nostre volonté.

Donné à Sainct-Denys, le xxj$^e$ jour d'octobre 1592.

HENRY.

POTIER.

### 1592. — 22 OCTOBRE. — I<sup>re</sup>.

Cop. — Arch. de la cour royale de Rouen. Registres secrets originaux du parlement de Normandie, séant à Caen, vol. du 6 juillet au 31 décembre 1592, fol. 85 recto. Communication de M. Floquet, greffier en chef, correspondant de l'Institut.

#### A NOS AMEZ ET FEAULX LES GENS TENANS NOSTRE COURT DE PARLEMENT DE CAEN.

Nos amez et feaulx, Saichant que tous nos bons serviteurs et subjects seront tousjours bien ayses d'entendre que nos affaires prosperent, specialement vous, nous avons bien voulu vous faire part de deux heureux succez qu'il a pleu à Dieu nous donner ces jours passez, sur les forces des ducs de Savoye et de Lorraine, par la valeur et conduicte de nos cousins les ducs d'Espernon et de Bouillon, comme verrés particulierement par l'extrait des lettres qui nous en ont esté escriptes, affin que vous en puissiés resjouir et en faire part à tous nos bons serviteurs et subjects de delà, et tenir la main qu'il en soit rendu graces publicques à sa divine Majesté, comme de chose provenant d'elle et du soing qu'il luy plaist avoir de nos affaires et de cest Estat. Donné à S<sup>t</sup>-Denys, le xxij<sup>e</sup> jour d'octobre 1592.

HENRY.

POTIER.

### 1592. — 22 OCTOBRE. — II<sup>me</sup>.

Orig. — B. R. Fonds Béthune, Ms. 9109, fol. 73.
Cop. — Suppl. fr. Ms. 1009-3.

#### A MON COUSIN LE DUC DE NIVERNOIS ET DE RETHELOIS, GOUVERNEUR ET MON LIEUCTENANT GENERAL EN CHAMPAIGNE ET BRIE.

Mon Cousin, Les s<sup>rs</sup> de Marsily et Edrunvile revenans ce soir de la guerre, m'ont rapporté qu'ils ont donné aux quartiers où estoient logez les ennemys, d'où ils sont deslogez ce matin, et ont passé la rivicre d'Ourc à Lisy[1] et sont allez loger à Bonmy, Coulong et Vendratz. Leur deslogement nous fera changer de desseing : qui me fait vous prier de partir demain du matin pour venir disner en ce lieu, afin que nous advisions à bon escient à tout ce qui est à faire; vous pryant qu'il soit travaillé au fort en vostre absence. C'est tout ce que j'ay aprins à mon retour : et sur ce, je prie Dieu, mon Cousin, qu'il vous ayt en sa garde. De S<sup>t</sup>-Denys, le xxij<sup>e</sup> octobre 1592.

HENRY.

POTIER.

[1592.] — 23 OCTOBRE. — I<sup>re</sup>.

Orig. autographe. — B. R. Fonds Béthune, Ms. 9135, fol. 1.
Cop. — Suppl. fr. Ms. 1009-3.
Imprimé. — *Mémoires de Nevers*, t. II, p. 277.

A MON COUSIN LE DUC DE NIVERNOYS.

Mon Cousin, Pour ce que mon cousin le s<sup>r</sup> de Lusambourg[1] faict quelques difficultés de faire fournir l'argent que j'avois ordonné pour le voyage du s<sup>r</sup> marquis de Pisany, je vous prie, suivant la lettre que je luy en ay escript, de faire qu'il se trouve demain au rendés-vous que j'ay ordonné, pour aller à la guerre avec nous, afin qu'il s'en puisse aller resolu de ma volonté de ce que je desire de luy, et qu'il doibt attendre de moy : et ceste-cy n'estant à aultre fin, je prieray Dieu qu'il vous ayt, mon Cousin, en sa garde. Ce xxij<sup>e</sup> octobre à Sainct-Denys.

HENRY.

[1] Lisy-sur-Ourcq est un bourg à trois lieues de Meaux.

[1] Manière d'écrire le nom de Luxembourg, qui indique quelle était alors la prononciation de la Cour, où beaucoup de noms se prononçaient, comme on sait, d'une manière convenue qui défigurait le mot plus ou moins.

1592. — 23 OCTOBRE. — II^me.

Orig. — B. R. Fonds Béthune, Ms. 9109, fol. 80.
Cop. — Suppl. fr. Ms. 1009-3.
Imprimé. — *Mémoires de Nevers*, t. II, p. 314.

A MON COUSIN LE DUC DE NIVERNOIS,
PAIR DE FRANCE, GOUVERNEUR ET MON LIEUCTENANT EN CHAMPAIGNE ET BRIE.

Mon Cousin, Un peu auparavant que j'aye receu vos lettres, j'ay eu advis de mes ennemys, semblable à celuy que m'avés envoyé. Qui me faict continuer en ma premiere resolution, laquelle je vous ay faict particulierement entendre par le s^r de Marivaulx. Je vous prie donc de monter à cheval à l'heure que je vous ay mandé, et n'oublier l'artillerie. Si mes ennemys sont logez aux villages que m'avés mandé, j'espere que nostre entreprinse ne sera inutile. Je vous prie de vous trouver au rendés-vous à l'heure que je vous ay mandé. N'estant la presente à aultre effect, je prie Dieu qu'il vous ayt, mon Cousin, en sa saincte et digne garde. Escript à S^t-Denys, le xxiij^e d'octobre 1592.

HENRY.

POTIER.

Mon Cousin, je ne fauldray d'estre au rendés-vous, à l'aulbe du jour [1].

[1] La lettre de la veille où est donné ce rendez-vous est datée de Saint-Denys, et le Roy y prie le duc de Nevers « de partir demain du matin pour venir disner en ce lieu. » Ce post-scriptum prouve que le lieu et le jour du rendez-vous avaient été changés, puisque le Roi annonce, le 23, qu'il doit s'y rendre à l'aube du jour, et dans la lettre du lendemain écrite à midi, le rendez-vous venait d'avoir lieu.

[1592.] — 23 OCTOBRE. — III^me.

Orig. — B. R. Fonds Béthune, Ms. 9104, fol. 14 recto.
Cop. — B. R. Suppl. fr. Ms. 1009-3.

A MON COUSIN LE DUC DE NIVERNOIS ET DE RETHELOIS,
PAIR DE FRANCE, GOUVERNEUR ET MON LIEUCTENANT GENERAL EN CHAMPAIGNE ET BRIE.

Mon Cousin, L'advis que vous a donné le s^r de Givry, lequel m'avés envoyé, n'est certain, car le vicomte d'Auchy vient d'arriver, qui est party de Meaulx entre six et onze heures, et y a laissé le duc du Mayne. Le bruict est qu'il en doibt partir demain. Si ainsy est, nostre dessein ne sera que fort à propos; qui me fait vous prier, mon Cousin, de vous trouver au rendés-vous à l'heure que je vous ay mandé, et avec les trouppes et attirail que vous a dict de ma part le s^r de Marivaulx. Je ne fauldray de m'y rendre : et sur ce, je prie Dieu, mon Cousin, qu'il vous ayt en sa garde. De S^t-Denys, le xxiij^e octobre, à sept heures du soir.

HENRY.

POTIER.

[1592.] — 24 OCTOBRE.

Orig. — B. R. Fonds Béthune, Ms. 9104, fol. 15.
Cop. — B. R. Suppl. fr. Ms. 1009-3, et fonds Fontanieu, Ms. P-73, fol. 9 verso.
Imprimé. — *Mémoires de Nevers*, t. II, p. 315.

A MON COUSIN LE DUC DE NIVERNOIS.

Mon Cousin, Estant arrivé en ce lieu-cy, je trouvay que l'advis que je vous avois donné ce matin, que le duc du Mayne devoit venir à Paris, estoit vray; car il est arrivé sur les huict heures, avec trois ou quatre cens chevaulx et quelques gens de pied; et sur les neuf heures y sont arrivées les garnisons de Dreux et de Verneuil, qui peuvent estre de cent cinquante bons chevaulx; qui me faict changer d'advis. J'avois envie de vous voir demain icy; mais il est à propos que vous ne bougiés, et que vous pourvoyés à la seureté des logis de nostre infanterie et de nostre cavallerie, car les ennemys, forts comme ils sont, pourroient bien entreprendre quelque chose. Il faudra ordonner à la cavallerie qui est logée en la France[1] qu'elle face garde du costé de Paris. Si j'aprens quelque aultre chose, je vous en donneray aussytost advis, comme aussy vous de ce que vous sçaurés. Sur ce, Dieu vous ayt, mon Cousin, en sa saincte garde. Ce xxiiij$^e$ jour d'octobre, à S$^t$-Denys, à midy[2].

HENRY.

### 1592. — 25 OCTOBRE. — I$^{re}$.

Orig. — B. R. Fonds Béthune, Ms. 9109, fol. 81.
Cop. — B. R. Suppl. fr. Ms. 1009-3.
Imprimé. — *Mémoires de Nevers*, t. II, p. 315.

A MON COUSIN LE DUC DE NIVERNOIS ET RHETELOIS, PAIR DE FRANCE, GOUVERNEUR ET MON LIEUCTENANT GENERAL EN CHAMPAIGNE ET BRIE.

Mon Cousin, Je vous ay mandé par le S$^r$ du Buat ce que vous avés à faire pour mon armée, et l'ordre que je desire que vous y donniés; à quoy je vous prie de pourveoir dans ce jour d'hui, et venir demain matin me trouver pour adviser au reste de mes affaires, sur quoy je seray bien aise d'avoir vostre advis : et sur ce, je prie Dieu, mon Cousin, qu'il vous ayt en sa garde. De Sainct-Denys, le xxv$^e$ octobre 1592.

HENRY.

POTIER.

[1] C'est-à-dire dans l'Ile-de-France.
[2] On aurait peine à concilier cette lettre avec les précédentes, si l'on ne se rappelait que le dîner se faisait alors entre neuf et dix heures du matin. Il avait probablement été avancé, ce jour-là, pour le rendez-vous donné à une heure très-matinale ; et le Roi, revenu à Saint-Denys, écrivait dès midi au duc de Nevers les nouvelles qu'il venait d'y trouver.

## 1592. — 25 OCTOBRE. — II^{me}.

Orig. — B. R. Fonds Béthune, Ms. 9109, fol. 82.
Cop. — B. R. Suppl. fr. Ms. 1009-3.
Imprimé. — *Mémoires de Nevers*, t. II, p. 316.

A MON COUSIN LE DUC DE NIVERNOIS.

Mon Cousin, Il est si necessaire que je confere avecques vous de plusieurs choses, que je vous prie donner tel ordre à tout ce que vous jugerés estre besoing pour la seureté de mon armée en vostre absence, que vous me puissiés bien trouver demain non seulement pour disner, mais pour y coucher, s'il est possible; et, en ce cas, envoyés dés aujourd'huy prendre vos logis : priant sur ce Nostre Seigneur vous avoir en sa saincte garde. Escript à Sainct-Denys, ce xxv^e jour d'octobre 1592.

HENRY.

RUZÉ.

J'ay sceu que le duc de Mayenne n'a poinct amené d'infanterie et que les trouppes de Dreux s'en retournent aujourd'huy. Je feray veiller à ce que vous m'escrivés.

## 1592. — 27 OCTOBRE.

Orig. — Arch. de la ville de Bayonne. Transcription de M. Balasque, archiviste.

A NOS CHERS ET BIEN AMEZ LES MAIRE ET JURATZ DE NOSTRE VILLE DE BAYONNE.

Chers et bien amez, David Fouges, Johan de Barotz, dict Dorleuc, Miquelon de Maron et Grace d'Arosete, veufve de feu Bernard de Barade, bourgeois, manans et habitans de la ville de Bourdeaulx et païs de Biaritz en Labourt, nous ont cy-devant faict plaincte qu'un navire à eux appartenant, nommé *la Marguerite*, de Bordeaulx, de port de cent cinquante tonneaux, leur avoit esté prins par les Espagnols comme il revenoit des Terres-Neufves, chargé d'environ deux cens milliers de poisson vert et sec, et de trente barriques de graisse ou huile de balleine, de valeur de plus de dix mille escuz, lequel ils ont faict declarer de bonne prinse par sentence du general de Sancto-Pardo-Uzorus, du cinquiesme jour de novembre 1590, avec l'advis du licencié Loppe de Bustamente Bustille, son assesseur : pour raison de quoy nous leur avons, dés le xxvii$^e$ jour de janvier dernier, faict expedier nos lettres patentes de represailles pour faire saisir et arrester les navires, marchandises, debtes et aultres biens quelconques qu'ils descouvriront appartenir aux dicts Espagnols, en quelques lieux et endroicts qu'ils puissent estre trouvez, tant par mer, rivieres, ports, havres, villes et aultres lieux quelconques de nostre Royaume, pays, terres et seigneuries de nostre obeissance, et iceulx faire vendre et adjuger au plus offrant et dernier encherisseur, à la maniere accoustumée, pour les deniers qui en proviendront leur estre baillez et delivrez, jusques à la valeur, entier payement et satisfaction de leurs dicts navire, et marchandises à eux prinses, ainsy que plus à plain est porté par nos dictes lettres. En vertu desquelles ils auroient voulu faire saisir en nostre ville de Sainct-Jean de Luz certains biens et marchandises appartenans aux dicts Espagnols, ce qui auroit esté empesché par les habitans du dict lieu, lesquels auroient battu et oultragé deux de nos huissiers ou sergens, qui vouloient faire la dicte saisie, l'un desquels ils auroient jetté dans la mer, et blessé l'aultre de trois coups de poignart, au grand mepris de nostre auctorité : desquels excés nous desirons justice et punition exemplaire en estre faicte, et neantmoins nos dictes lettres-patentes estre ce pendant entierement executées. A ceste cause, nous vous prions, et neantmoins mandons et tres expressement enjoignons, que vous ayés à tenir la main à l'execution de nos dictes lettres-patentes, selon leur forme et teneur, en sorte que les dicts Foucques Barats, de Maron et d'Arrosette puissent estre satisfaicts et recompensez de la prinse sur eux faicte par les dicts Espagnols : à quoy nous asseurans que vous ne ferés faulte, nous prierons Dieu, Chers et bien amez, vous avoir en sa saincte et digne garde. Donné à Sainct-Denys, le xxvij<sup>e</sup> octobre 1592.

HENRY.

REVOL.

## 1592. — 28 OCTOBRE.

Cop. — B. R. Fonds Leydet, Mémoires mss. sur Geoffroy de Vivans, p. 69.

### A MONS<sup>R</sup> DE VIVANS[1],
CAPPITAINE DE CINQUANTE HOMMES D'ARMES DE MES ORDONNANCES ET GOUVERNEUR DE CAUMONT.

Mons<sup>r</sup> de Vivans, J'ay entendu avec beaucoup de desplaisir la mort du feu s<sup>r</sup> de Vivans, vostre pere, pour la perte que j'y ay faicte d'un trés bon et trés fidele serviteur, comme sa fin en a encore rendu trés asseurée preuve et confirmation, de ce qu'il avoit de si longtemps faict cognoistre de la valeur et de l'affection qu'il avoit à mon service. Je le plains aussy grandement, pour l'amour de vous, à qui la perte touche plus avant que nul aultre; mais l'honneur dont il a accompagné toutes ses actions jusques au dernier soupir de sa vie vous demeure pour consolation, avec l'asseurance que vous pouvés avoir, de retrouver en moy la mesme faveur et bonne volonté que je luy portois pour ses merites, comme j'espere que vous serés heritier de sa vertu et fidelité, pour en rendre trés bons effects en ce qui sera de mon service, suivant l'instruction et exemple qu'il vous en a donné, aussy que durant sa vie vous avés desjà faict cognoistre par experiences en plusieurs bonnes occasions le vouloir en cela imiter : et pour vous donner moyen de faire plus honorablement valoir ceste

---

[1] Jean de Vivans, fils aîné de Geoffroy de Vivans et de Jeanne de Cladech de Péchau, succéda, comme le prouve cette lettre, aux charges de son père, pour lequel on a vu ci-dessus la grande considération de Henri IV, par les lettres qu'il lui adressa étant roi de Navarre. Son fils fut, comme lui, capitaine de cinquante hommes d'armes des ordonnances, gouverneur de Caumont, Tournon, Domme et Saint-Céré, et reçut le collier de Saint-Michel ainsi que le titre de conseiller du Roi.

bonne volonté, je vous ay volontiers accordé la compagnie de gens d'armes de feu vostre dict pere, ensemble la charge et gouvernmeent de Caumont et des aultres places de la maison du dict Caumont où il avoit commandement, et à vostre frere[2] la compagnie destinée pour la garde de la ville du dict Caumont, qui estoit sous vostre nom, ayant du tout fait faire et baillé à vostre homme les expeditions necessaires pour le vous porter avec ordonnance, ainsy que pour vous faire employer en l'estat de l'extraordinaire de mes guerres, aussy et en la mesme qualité et appointement que vostre dict pere estoit. Sur ce, je prie Dieu, Monsr de Vivans, qu'il vous ayt en sa saincte garde.

Escript à St-Denys, le xxviij<sup>e</sup> octobre 1592.

HENRY.

REVOL.

## 1592. — 31 OCTOBRE.

Cop. — Arch. de madame la duchesse de Vicence, née Carbonnel de Canisy.

### A MONS<sup>R</sup> DE CANISY,

GOUVERNEUR EN MA VILLE D'AVRANCHES ET MON LIEUCTENANT AU BAILLIAGE DE COSTENTIN.

Monsr de Canisy, J'ay veu par vostre lettre ce qui se passe en vostre gouvernement et le devoir que vous faictes pour contraindre le tout à sortir de mon pays de Normandie, pour soulager mes subjects de la foulle et oppression qu'ils en reçoivent. Je loue le devoir duquel vous usés en cela; mais je vous prie de travailler de telle sorte qu'en peu de temps mes subjects puissent recevoir le soulagement. Le comte de Thorigny vous fera part de la nouvelle que je luy mande : et sur ce, je prieray Dieu qu'il vous ayt, Monsr de Canisy, en sa saincte et digne garde. Escript à Sainct-Denys, le dernier jour d'octobre 1592.

HENRY.

POTIER.

[2] Probablement Henri de Vivans, frère puiné de Jean, lequel avait encore un autre frère, appelé Bernard, qui mourut à Ostende.

1592. — 1ᵉʳ NOVEMBRE.

Orig. — A Londres, State paper office, Mss. France. Copie transmise par M. Lenglet.

A MONSᴬ DE BEAUVOIR,
CONSEILLER EN MON CONSEIL D'ESTAT.

Monsʳ de Beauvoir, Je vous ay, il y a assez longtemps, escript en recommandation d'un affaire du feu sʳ de Chastillon, mon cousin, qu'en ma faveur la Royne, madame ma bonne sœur, eust agreable luy accorder de pouvoir transporter d'Angleterre trente ou quarante canons de fer, et non de fonte, pour employer en ce qui seroit de mon service, au faict de sa charge d'admiral de Guyenne; mais j'ay sceu que l'accident de sa mort en avoit differé la poursuicte; qui m'a donné subject de vous en faire ceste seconde depesche, vous priant vous employer de nouveau en cest affaire et n'oublier rien de tout ce que vous estimerés pouvoir servir à y faire condescendre la Royne, madame ma bonne sœur, à qui j'en avois aussy escript par ma premiere, ce qui, je crois, suffira. Or je vous recommande cest affaire tant plus instamment qu'il y va en cela de mon service, encores que j'estime que la memoire que vous avés des merites de ceste maison et de vostre amitié avec le grand-pere et le pere des enfans[1] qui esperent ce bon office de vous, vous y convieront assez : et faisant fin, je prie Dieu vous avoir, Monsʳ de Beauvoir, en sa saincte et digne garde. Escript à Sainct-Denys, le premier novembre 1592.

HENRY.

REVOL.

---

[1] L'amiral de Coligny et le comte de Châtillon, son fils.

1592. — 6 NOVEMBRE.

Orig. — Cabinet de M. Marcel, notaire à Louviers.

A MONS^R LE MARQUIS DE PISANY,

CHEVALIER DES ORDRES, CONSEILLER EN MON CONSEIL D'ESTAT, ET CAPPITAINE DE CINQUANTE HOMMES D'ARMES DE MES ORDONNANCES.

Mons^r le marquis, Parmy plusieurs bons succés advenus puis naguéres en divers endroicts pour mon service, ainsy que je vous en ay adverty, il est arrivé un accident que les ennemys ne fauldront de publier à leur grand advantaige, pour contrepeser ou effacer les evenemens precedens, encores que, Dieu mercy, le subject ne leur puisse apporter grande utilité ny consequence : c'est que par la pratique de deux prisonniers de guerre qui estoient dans le chasteau du Pont de l'Arche[1], tenus en beaucoup de liberté avec tout gracieux traictement, il a esté executé une trahison, par le moyen de laquelle les ennemys s'en sont rendus les maistres. Mais Dieu a voulu qu'elle n'a peu penestrer jusques dans la ville, ayans ceux qui y commandoient esté si diligens, au premier bruict de ce qui se passoit au dict chasteau, qu'ils auroient incontinent coupé une arche du pont contre iceluy, et par ce moyen sont demourez maistres de la dicte ville et du pont, que j'espere qu'ils conserveront, avec le secours qui y est aussy tost accouru de mes garnisons plus proches, comme au premier advis que j'ay eu de ce faict je y ay aussy envoyé d'icy de fort bonnes forces; et ay nouvelles que les lieuctenans generaulx de la basse Normandie s'y en alloient pareillement avec celles du dict pays. Je ne sçay si pour ceste heure ils pourront advancer quelque chose au recouvrement du dict chasteau[2]; mais au moins les ennemys ne s'en pourront en rien prevaloir pour le passage de la riviere, me demourant la ville et le pont;

---

[1] C'étaient MM. de la Châtre et du Cluseau. De Thou raconte le fait avec détails.

[2] Le château ne put être repris, et il resta ainsi à la Ligue pendant que la ville était au Roi ; cet état de choses ne cessa qu'à la soumission de Rouen, en 1594.

et pour mon regard, ce ne me sera pas grande incommodité de ne m'en pouvoir aussy servir, parce que j'ay tous les aultres passages des ponts estans sur la dicte riviere jusques à Paris, tenant Vernon, Mantes, Meulan, Poissy. J'ay bien voulu vous advertir du dict accident et de l'estat où ces choses en demeurent, afin que vous ayés, en vous-mesmes et à l'endroict des aultres, de quoy rabattre ce que les ennemys en vouldront, par leurs artifices, imprimer de plus au prejudice de mes affaires, avec ce que j'espere que Dieu ne laissera longuement ceste occasion mesmes de s'en resjouir. Je le prie, pour fin de la presente, qu'il vous ayt, Mons<sup>r</sup> le marquis, en sa saincte garde. Escript à S<sup>t</sup>-Denys, le vj<sup>e</sup> jour de novembre 1592 ³.

HENRY.

REVOL.

[1592.] — 7 NOVEMBRE.

Orig. autographe. — B. R. Fonds Béthune, Ms. 9104, fol. 16.
Cop. — B. R. Fonds Fontanieu, Ms. P-73, fol. 9 verso, et Suppl. fr. Ms. 1009-3.
Imprimé. — *Mémoires de Nevers*, t. II, p. 316.

A MON COUSIN LE DUC DE NIVERNOIS.

Mon Cousin, Aussy tost que je suis arrivé icy, je vous ay despesché un homme par lequel je vous mandois comme je seray demain, de bonne heure, en mon armée, et que l'occasion pour laquelle j'estois demeuré à Senlis estoit pour ce que je n'y avois peu faire ce pour quoy j'y estois allée, qu'aujourd'huy matin qu'il estoit plus de neuf heures. Enfin j'y en ay faict une partie et emporté avecques moy quelque peu d'argent. Comme je commençois à m'endormir, on m'est venu reveiller d'une trés bonne nouvelle, de quoy aussy soubdain je vous ay voulu faire part. C'est un gentilhomme que m'a envoyé

---

³ Une lettre toute semblable fut adressée le même jour à M. de Maisse, ambassadeur à Venise. L'original en est conservé à la Bibliothèque royale, fonds Harlay, ms. 1024 ancien, pièce 225.

le sʳ de Themines[1], qui m'a apporté la defaicte de mʳ de Joyeuse devant Villemur, où il est mort, deux mille hommes aussy de morts et cinq canons de prins et vingt-six enseignes. Bref, c'est une des plus heureuses victoires que nous eussions sceu souhaiter. Je vous prie d'en faire chanter le *Te Deum* et tirer le canon. Je voudrois tous les soirs estre réveillé par d'aussy bonnes nouvelles, en peine de ne dormir point. Bonsoir, mon Cousin. Ce samedy, à onze heures du soir, vıȷᵉ[2] novembre, à Sᵗ-Denys.

HENRY.

J'oubliois à vous dire que Pardaillan, que vous avés veu lieuctenant de la garde des Suisses du feu Roy, y est mort sur la place.

[1592. — 9 NOVEMBRE.]

Cop. — Arch. de la Couronne, salle 5, anciennes archives, Ms. 30, fol. 183 recto.
Cop. — Bibliothèque de M. Monmerqué, Ms. intitulé : *Despesches, instructions et commissions*, fol. 187 verso.

A MON COUSIN LE Sᴿ DE MATIGNON,

MARESCHAL DE FRANCE.

Mon Cousin, J'ay pourveu le sʳ vicomte de Bourdeille de l'estat de seneschal de Périgord, vacant par la mort du sʳ vicomte d'Aubeterre[1], et luy ay donné par mesme moyen la charge et commission de com-

---

[1] Pons de Lauzières, marquis de Thémines, sénéchal et gouverneur de Quercy, capitaine de cinquante hommes d'armes des ordonnances, était fils de Jean de Lauzières et d'Anne de Puymisson. Il devint chevalier des ordres en 1597, fut fait maréchal de France en 1616, après avoir arrêté le prince de Condé, et mourut en 1627.

[2] Les Mémoires de Nevers datent, par erreur, cette lettre du 11 novembre.

---

[1] Le vicomte d'Aubeterre était le beau-frère du vicomte de Bourdeilles, ayant épousé René de Bourdeilles, sa sœur aînée. André de Bourdeilles avait laissé à son gendre sa charge de sénéchal de Périgord, pour qu'elle revînt plus tard à son fils, alors trop jeune pour lui succéder : cette lettre est l'accomplissement de son désir. Brantôme fut très-irrité de n'avoir pas été choisi pour successeur de son frère, et il se déchaîne en toute occasion contre le vicomte d'Aubeterre.

mander au dict pays pour mon service, comme mon lieuctenant general en vostre absence, ainsy que l'avoit le dict s' d'Aubeterre, et avec les mesmes estats et appointemens dont il jouissoit pour sa personne, entendant aussy pour le regard des garnisons et aultres forces que j'y avois ordonnées soubs la charge du dict feu s' d'Aubeterre, qu'elles y soyent continuées et entretenues par les mesmes assignations baillées pour leur payement, laissées pour le reste de ceste année, selon le dernier estat que j'en ay faict; remettant à ordonner pour l'année prochaine, tant du nombre des dictes forces, et de leur payement, selon que je verray estre bon pour mon service, et dont je desire aussy que au plus tost vous me donniés advis affin que je me puisse mieux resouldre de ce que j'auray à faire touchant le dict estat. Et comme je m'asseure que le dict s' de Bourdeille se comportera en sa dicte charge avec l'honneur et respect qui appartiennent au lieu et à la qualité où vous estes constitué, aussy je vous prie tenir la main, en ce qui despendra de vous, qu'il y soit recongneu et obeï, et y apporter encores tout le confort et assistance que vous pourrés, pour luy faciliter d'autant plus les moyens de s'en mieux acquitter à l'advantaige de mon dict service; et vous ferés, ce faisant, chose qui me sera très agreable : priant Dieu, mon Cousin, qu'il vous ayt en sa saincte garde.

HENRY.

[1592.] — 17 NOVEMBRE.

Orig. autographe. — B. R. Fonds Béthune, Ms. 9109, fol. 3.
Cop. — B. R. Fonds Fontanieu, Ms. P-73, fol. 23 recto. Et Suppl. fr. Ms. 1009-3.
Imprimé. — *Mémoires de Nevers*, t. II, p. 322.

A MON COUSIN LE DUC DE NIVERNOIS.

Mon Cousin, Je vous envoye la lettre cy enclose, par laquelle vous verrés comme ceulx de Patay[1] sont investys. J'ay pensé qu'il estoit

---

[1] Petite ville de la Beauce, entre Orléans et Châteaudun, aujourd'hui département du Loiret.

nécessaire que vous ne bougeassiés de l'armée, de peur que les ennemys n'y entreprinssent quelque chose durant vostre absence. Pour ce j'ay prié mon cousin le s$^r$ Dampville [2] d'aller là pour m'amener les deux canons, les regimens de François qui sont logez dans Marigny [3] et le regiment de Balthazar ou de Heitz; mais il faut user de diligence et doubler plustost l'equipage de l'artillerie, à ce qu'elle puisse pour le moins venir coucher en ce lieu. Par mon dict cousin vous entendrés ce que je luy ay commandé de vous dire, le croyant comme moy-mesme. Sur ce, Dieu vous ayt, mon Cousin, en sa garde. D'Angerville [4], ce mardy entre une et deux heures aprés mynuict, xvij$^{me}$ novembre.

HENRY.

[2] Charles de Montmorency, troisième fils du connétable Anne de Montmorency, et de Madeleine de Savoie, avait porté d'abord le titre de seigneur de Méru, qu'il quitta en 1579 pour prendre celui de Damville, porté jusque-là, comme on l'a vu, par son frère Henri, devenant duc de Montmorency, à la mort, sans enfants, de leur frère aîné François. Il avait été fait prisonnier, avec son père et un de ses frères, à la bataille de Saint-Quentin en 1557, s'était trouvé aux batailles de Dreux, de Saint-Denis, de Moncontour. Charles IX le nomma colonel général des Suisses. Son union avec son frère en Languedoc fit respecter le parti des *politiques* par la cour, qu'il avait quittée à la Saint-Barthélemy, et où il ne revint qu'au commencement de 1589, en amenant à Henri III trois cents gentilshommes, ses vassaux, levés à ses frais. Il contribua puissamment à la réunion de ce prince avec le roi de Navarre, fut un des premiers à reconnaître celui-ci comme roi de France, et le soutint de ses armes, de ses conseils et de ses biens, dont il engagea une partie pour le service d'Henri IV. Ce prince le nomma amiral de France et de Bretagne en 1596, chevalier du Saint-Esprit en 1597. Sa terre de Damville fut érigée en duché-pairie en 1610. Il mourut en 1612, à l'âge de soixante et quinze ans. « C'estoit, dit Brantôme, le plus digne homme du conseil, et qui avoit meilleure cervelle et meilleur advis. »

[3] Abbaye de bénédictins auprès d'Étampes.

[4] Petite ville de la Beauce, près d'Étampes, aujourd'hui du département de Seine-et-Oise.

## 1592. — 22 NOVEMBRE. — Ire.

Cop. — Bibliothèque de M. Monmerqué, Ms. intitulé *Lettres à l'ambassadeur du Levant.*

### A MONS[r] DE BREVES[1],

GENTILHOMME ORDINAIRE DE MA CHAMBRE, RESIDANT POUR MON SERVICE À L'EXCELSE PORTE DU GRAND SEIGNEUR.

Mons[r] de Breves, Estant à Chastres sous Montlhery[2] le xve de ce mois, je fus adverty qu'il y avoit au bourg de Pasté[3], proche de cinq lieues d'Orleans, et distant de Chastres de vingt lieues, deux regimens de pied de mes ennemys, l'un de Guerriez, l'autre de Montplaisir, avec quelque cavalerie. Aussy tost je me resolus d'aller deffaire les dicts regimens; et, pour cest effect, j'advertys le s[r] de Marolles, gouverneur de Janville, d'aller promptement avec sa compaignie et quelque gens de pied du regiment du s[r] de Chambray[4], qui estoit au dict Janville, droict au dict Pasté; et le lendemain seiziesme je deslogeay du dict Chastres, pour venir en ce lieu, où j'eus advis que les dictes trouppes estoient encores logées au dict Pasté, et montay à cheval sur les quatre heures aprés midy avec partie des trouppes de mon armée, pour aller droict au dict Pasté, où j'arrivay le lendemain, à la poincte du jour, et trouvay que le dict s[r] de Marolles avoit investy le dict Pasté avec sa dicte compaignie et deux cens hommes de pied, encores qu'il y eust six cens soldats et trente hommes de cheval de mes ennemys dans le dict Pasté, lesquels craignans d'estre forcez, comme j'esperois de faire bien tost après, ayant

---

[1] François Savary, seigneur de Brèves et de Maulevrier, avait remplacé à Constantinople M. de Lancosme, son parent, convaincu d'assez graves malversations. M. de Brèves n'obtint le titre d'ambassadeur que le 27 juillet suivant. Il fut ensuite ambassadeur à Rome et devint gouverneur de Gaston de France, duc d'Orléans, frère de Louis XIII.

[2] Cette petite ville de la Beauce, nommée aujourd'hui Arpajon, prit ce nom sous Louis XIV du duc d'Arpajon qui en était seigneur, et sur lequel on peut voir de curieux détails dans les Mémoires de Saint-Simon.

[3] C'est Patay, en Beauce.

[4] Louis de Pierrebuffière, seigneur de Chambret, Beaumont et Marillac, gouver-

commandé d'amener aprés moy deux canons et un regiment de Suisses, demanderent à parlementer, et se rendirent à ma mercy et discretion. A quoy je les receus, leur ayant à tous donné la vie, retenu les cappitaines prisonniers, et donné leurs chevaux, armes et plusieurs soldats à de mes serviteurs, pour retirer de leurs soldats qui sont prisonniers dans ma ville d'Orleans. Des dicts six cens hommes, il est demeuré deux cappitaines à mon service avec leurs compagnies de cent hommes chacune, oultre plusieurs soldats qui se sont jectez dedans les compagnies de gens de pied de mon armée. Les dicts regimens estoient de ceux qui devoient suivre le duc de Guise en Guyenne, et lesquels le s$^r$ de la Chastre avoit ce pendant retirez prés de luy : et sur ce, je prie Dieu, Mons$^r$ de Breves, qu'il vous ayt en sa saincte et digne garde. Du camp d'Estampes, le xxij$^e$ jour de novembre 1593[5].

HENRY.

REVOL.

1592. — 22 NOVEMBRE. — II$^{me}$.

Orig. — Arch. de la famille de Malet. Communiqué par M. le marquis Olivier de Malet et M. le marquis Albert de Malet.

Imprimé. — *Revue historique de la noblesse,* par M. BOREL D'HAUTERIVE, t. I, p. 428.

A MONS$^R$ DE LA JORIE [1].

Mons$^r$ de la Jorie, Le s$^r$ de la Lande, qui m'est venu apporter les nouvelles de la deffaicte du duc de Joyeuse, m'a dict le bel effect que

[1] Cette lettre paraît adressée à Grégoire Malet, seigneur de Gicquet et d'Autreville, frère puîné d'Hélie Malet, seigneur de la neur de Figeac et Cardeval, gentilhomme ordinaire de la chambre du Roi, était fils de François de Pierrebuffière et de Jeanne de Pierrebuffière. Il épousa, en 1611, dans un âge déjà avancé, Marie de la Noue, petite-fille du brave la Noue, qui fut depuis la maréchale de Thémines.

[5] Une lettre toute semblable fut adressée le même jour à M. de Maisse, ambassadeur à Venise.

Jorie, auquel on a vu une lettre du roi de Navarre adressée vers le 10 avril 1580. Hélie Malet était mort avant le 9 août

vous fistes à ceste occasion contre mes ennemys. Aussy ne veulx-je faillir de vous adviser du grand contentement que j'en ay. C'est un bon et loyal service, que je n'oublieray non plus que les aultres que j'ay receus de vous. Continués tousjours de bien faire; vous servés un bon maistre, qui ne desire rien tant que d'avoir les moyens aussy bien que la volonté de recognoistre par effects la desvotion de ses bons serviteurs : sur quoy, je prieray Dieu, Mons<sup>r</sup> de la Jorie, vous avoir en sa saincte garde. Escript au camp d'Estampes, le xxij<sup>e</sup> jour de novembre 1592².

HENRY.

### 1592. — 23 NOVEMBRE.

Orig. — Arch. du Royaume. Sect. hist. Série M, dossier Saint-Ours.

#### A MONS<sup>R</sup> DE LA BOURELLIE.

Mons<sup>r</sup> de la Bourellie, Comme je suis bien adverty du grand debvoir que vous fistes dernierement à la desfaicte du duc de Joyeuse, aussy desiré-je que vous saichiés le contentement que j'y ay eu et le bon gré que je vous en sçay. C'est pourquoy s'en retournant par delà, le s<sup>r</sup> de la Lande, qui m'avoit esté depesché par le s<sup>r</sup> de Themines

---

1591. Son fils aîné ne pouvait avoir plus de dix ans en 1592. On ne voit donc dans toute la famille de Malet aucun autre personnage à qui cette lettre puisse être adressée que ce seigneur de Gicquet qui, pendant la minorité de son neveu, se sera fait appeler M. de la Jorie, du nom du principal fief de la famille. Il était, depuis l'année 1568, gouverneur du château d'Excideuil. Suivant les pièces rassemblées dans la Revue historique de la noblesse, à l'article de *Malet*, cité ci-dessus, sa famille se rattachait directement à celle des Malet de Graville, l'une des plus anciennes du royaume, alors déjà éteinte en Normandie, mais dont une branche, qui subsiste encore honorablement aujourd'hui, s'était établie en Limousin vers 1380. Guillaume Malet, auteur de cette branche, était le second des frères de Jean Malet, sire de Graville, de Bernay et de Séez, décapité à Rouen le 5 avril 1356. Il avait quitté la Normandie pour le Limousin, à la suite des désastres de sa maison.

¹ On donne à cette lettre, dans la Revue de la noblesse, la date de 1591, erreur évidente, l'histoire ne laissant aucun doute sur l'époque du combat de Villemur, livré le 19 octobre 1592, et où le duc de Joyeuse périt dans le Tarn en se retirant.

pour m'apporter les nouvelles de la dicte defaicte, je n'ay pas voulu faillir de vous faire ce mot pour vous en asseurer, et de la volonté que j'ay de vous recongnoistre ce bon et signalé service; l'effect de laquelle ne vous sera différé que jusques à la premiere occasion. Ce pendant je vous exhorteray de perseverer tousjours en vostre ardeur et devotion accoustumée à mon service, et prieray Dieu, Mons<sup>r</sup> de la Bourellie, vous avoir en sa saincte garde. Escript au camp d'Estampes, le xxiij<sup>e</sup> jour de novembre 1592.

HENRY.

FORGET.

### 1592. — 7 DÉCEMBRE.

Orig. — B. R. Fonds Béthune, Ms. 9109, fol. 83.
Cop. — B. R. Suppl. fr. Ms. 1009-3.
Imprimé. — *Mémoires de Nevers*, t. II, p. 34.

#### A MON COUSIN LE DUC DE NIVERNOIS.

Mon Cousin, Vous verrés par celle que j'escris à mon cousin le cardinal de Bourbon ce qui s'est passé en mon voyage et les nouvelles que j'ay eues d'Arras, de la mort du duc de Parme, qui mourut au dict lieu, le mercredy deuxiesme jour de ce mois, à trois heures aprés minuict. Elles seroient bien meilleures si elles estoient suivies de la mort de son maistre. D'une chose suis-je en peine, c'est de qui il pourra faire estat pour commander au Pays-Bas et amener une grande armée en France. Ceste-cy est le double de la despesche que dés le iiij<sup>e</sup> de ce mois vous feis par Armajgnac, que je vous renvoye par Petit, craignant que vous ne l'ayés eue. Je n'y adjouxteray que ce mot : c'est que hier au soir j'eus nouvelles de m<sup>r</sup> de la Boissiere, gouverneur de ma ville de Corbye, qui me mande comme ceulx d'Arras se sont chargez du corps mort du duc de Parme, qu'ils ont mis dans une eglise; et qu'ils ont chassé les Espagnolz et Italiens qui estoient dans la ville, et commençoient à voulloir secouer le joug de la tyrannie espagnole. Les affaires n'en demeureront point là, Dieu aydant. C'est à nous à nous bien servir de ceste occasion, et ne la perdre. Je pars presentement pour m'en aller coucher à Senlis, et n'auray cesse que je ne sois rendu prés de vous : et ceste-cy n'estant à aultre fin, je prieray Dieu de vous avoir, mon Cousin, en sa saincte et digne garde. Escript à Compiegne, le lundy vij[e] jour de decembre 1592, avant jour.

HENRY.

## 1592. — 21 DÉCEMBRE.

Cop. — Bibliothèque de M. Monmerqué, Ms. intitulé *Lettres à l'ambassadeur du Levant.*

### A MONS[r] DE BREVES,

GENTILHOMME ORDINAIRE DE MA CHAMBRE, RESIDANT POUR MON SERVICE À L'EXCELSE PORTE DU GRAND SEIGNEUR.

[1] Mons[r] de Breves, J'ay entendu par vos lettres des vi et xix septembre ce qui se passoit par delà et les exprés commandemens qui avoient esté donnez pour empescher l'accez à l'ambassadeur d'Espagne, estimant sa charge et venue pleine de fraude et tromperies, sous especes d'amitié. Ils sont si clairvoyans, que je crois qu'ils ne se laisseront abuser. J'ay veu aussy ce que vous me mandés touchant le prince de Moldavie, et à quelle consequence l'on veut tirer par delà ce qui n'est qu'une charitable intercession et recommandation en semblables occasions (dont vous m'avés faict plaisir de m'advertir, croyant que vous n'estes meu en cela que du zele que vous avés au bien de mon service[2]), pour laquelle je vous ay faict une sy ample despesche par Lambert, que je desirerois fort qu'elle puisse parvenir

---

[1] Les détails diplomatiques du commencement de cette lettre, outre leur brièveté, ont encore l'intérêt d'un sujet auquel se rapporte déjà une suite de lettres, datées des 10 et 11 juillet 1591.

[2] Le fils du prince de Moldavie s'était plaint à Henri IV du mauvais vouloir de M. de Brèves, comme le prouve une dépêche du Roi, en date du 30 septembre de cette année, que donne aussi le manuscrit de M. Monmerqué : « Le fils du prince de Moldavie, qui est icy, ayant sceu que je vous donnois charge des affaires de son pere, m'a faict entendre qu'il vous estime mal affectionné envers luy ; ce qu'encores que je ne pense pas, ny mesme, quand vous auriés quelque animosité contre luy, que vous en voulussiés user contre mon commandement, toutesfois, au lieu de vous envoyer les lettres que j'es-

en vos mains, affin que vous embrassiés doresnavant avec charge et authorité de ma part ce que vous avés traicté par cy-devant de vous-mesmes, pour l'affection que vous avés au bien de mes affaires.

Le roy d'Espagne, pensant me troubler davantage, a faict tomber les opinions, tant du Pape que des chefs de ceste rebellion, à l'eslection d'un Roy; et pour cest effect ils auroient assigné une assemblée au xx$^e$ de ce mois, en laquelle le duc de Parme s'y devoit trouver avec une nouvelle armée qu'il avoit toute preste à faire entrer en ce Royaume, pour encourager les plus factieux et intimider les aultres de leur faction, affin de faire tomber la dicte eslection en la personne du dict roy d'Espagne, comme il est tout congneu qu'il y aspire : qui n'est pas sans jalousie des dicts, mesmes du duc de Mayenne. Mais il est en telle necessité, et leur baille des moyens, à mesure qu'il desire quelque advantage de leur part.

Sur le poinct de la venue du duc de Parme, la mort le surprit, le II$^e$ de ce mois en la ville d'Arras, l'armée estant desjà sur la frontiere. Le comte de Fuentés, venu peu auparavant d'Espagne, en a la charge, à ce que l'on dit, attendant le duc de Feria, qui est encores en Italie ; de sorte qu'ils font estat qu'à l'occasion de la dicte mort leurs affaires n'en seroient poinct retardez. Sy m'asseuré-je de tirer advantaige de la dicte mort et de ce changement de chefs, esperant que Dieu me fera la grace de faire payer à ces nouveaux cappitaines l'apprentissage de ce qu'ils peuvent moins sçavoir du mestier de la guerre que celuy duquel ils prennent la place, et renverser, s'il lui plaist, les iniques desseings sur les testes de ceulx qui en pensent tirer leur fruict. Et neantmoins il est à propos, ce pendant, que vous en faciés comprendre le but et la consequence par delà, affin d'y faire d'aultant mieulx ouvrir les yeux pour eux-mesmes. De ma part, oultre les forces [que j'ay] (et à tout besoing je puis en peu de temps assembler mesmes de ma noblesse, qui s'anime encores davantage à

crivois en sa faveur, je les luy adresse directement à Venise où il est ; et ne veulx que vous parliés de ses affaires, expressement, si ce n'est que par luy vous en soyés requis. »

bien faire côntre ceste ambition insatiable du roy d'Espagne), j'ay resolu de faire une nouvelle levée de Suisses et attendre encores un bon secours de la part de la royne d'Angleterre et des Pays-Bas, au moyen de quoy je me pourray rendre assez fort pour renvoyer ceste nouvelle armée aussy deffaicte que s'en sont retournées les preceddentes, si ce n'est que Dieu la veuille du tout faire perdre en ce Royaume. Et en cela il importe beaucoup pour la seureté et advancement de mes affaires, qu'on ne desiste par delà des progrés commencez du costé de la Hongrie, parce que cela empesche le roy d'Espagne de pouvoir tirer des forces d'Allemagne. C'est ce que vous aurés de moy pour ce coup : priant Dieu, Mons$^r$ de Brevès, qu'il vous ayt en sa saincte et digne garde. Escript à Chartres, le xxj$^e$ decembre 1592.

HENRY.

1592. — 22 DÉCEMBRE.

Orig. — B. R. Fonds Saint-Germain Harlay, Ms. 457 ancien, pièce 107.

A NOS CHERS ET BIEN AMEZ LES S$^{ns}$ DES ESTATS DE NOSTRE PAYS DE LANGUEDOC.

Chers et bien amez, Nous avons bien voulu vous tesmoigner par ce mot, que nous avons trés agreable ce qu'avés, en vostre derniere assemblée et sur l'instance que vous en auroit faict faire le s$^r$ de Sillery nostre ambassadeur en Suisse, accordé que les Suisses nos bons amys, alliez et confederez jouiront du privilege qu'ils ont de tirer tous les ans deux cens muids de sel de nostre païs de Languedoc, francs de touttes les nouvelles impositions portées par le bail faict au s$^r$ de Stuebe. Et d'autant que nous desirons donner tout le contentement qui nous sera possible aux dicts Suisses, qui pourront demander ce qui leur debvoit estre delibvré depuis tantost quatre ans, nous prendrons aussy à grand contentement, et vous ordonnons, que lorsqu'ils envoyeront enlever le dict sel, ils l'ayent sans aulcun contredict et selon que le mandera le dict s$^r$ de Sillery ; vous asseurant qu'il est trés important pour le bien de nostre service que les dicts Suisses reçoipvent le fruict qu'ils ont esperé de la traicte du dict sel, et que nous vous sçaurons trés bon gré que l'effect de leur intention s'ensuive. A tant, Chers et bien amez, nous prierons Dieu vous avoir en sa trés saincte garde. Escript à Chartres, le xxij° jour de decembre 1592.

HENRY.

[1592.] — 28 DÉCEMBRE.

Orig. autographe. — B. R. Suppl. fr. Ms. 1939, fol. 35 recto.

Imprimé. — *Lettres autographes de Henri IV*, lithographiées pour M. le comte DE LASTEYRIE, n° 4. — *Journal militaire de Henri IV*, publié par le comte DE VALORI. Paris, 1821, in-8°, p. 373.

A MONS<sup>R</sup> DE SOUVRÉ.

La Gode, J'escris à ma sœur d'Angoulesme, qu'elle me vienne trouver, et mande aussy à des belles de delà d'estre de la partie. Je vous prie, quand elles voudront partir, de les faire accompagner jusqu'à Vendosme. Peut-estre ferés-vous cest office mal volontiers, pour le regret que vous aurés d'en perdre la vue de quelqu'une. Mais il se fault consoler, que l'absence n'est pas la mort des belles amitiez; c'en est au contraire l'eschole où elles s'apprennent le mieulx. Pontcarré, que j'envoye par delà, vous dira de mes nouvelles. A Dieu, la Gode. Ce xxviij° decembre, à Chartres.

HENRY.

# ANNÉE 1593.

## 1593. — 11 JANVIER.

*Orig. — Archives du canton de Zurich. Copie transmise par M. le ministre de France en Suisse.*

A NOS TRÉS CHERS ET GRANDS AMYS, ALLIEZ ET CONFEDEREZ LES BOURGMAISTRE ET CONSEIL DE LA VILLE ET CANTON DE ZURICH.

Trés chers et grands amys, alliez et confederez, Les collonel, cappitaines et gens de guerre de vostre ville et canton qui estoient à notre service, nous ayans remonstré le desir et besoing qu'ils ont de revoir leurs maisons et familles, qui ont desjà assez longtemps esté privées de leurs presences, nous leur avons volontiers accordé le licentiement qu'ils nous ont demandé à cest effect, vous ayant bien aussy voulu escrire la presente, pour vous asseurer qu'ils nous ont faict si bon et fidel service, se sont employez en tous les endroicts où les occasions s'en sont presentées, avec tant de valeur et affection au bien de nos affaires, qu'il nous en demoure un trés grand contentement, et se sont rendus d'autant plus recommandables en vostre endroict, pour avoir vertueusement soustenu et conservé la gloire que vostre nation a de longtemps acquise au faict des armes; ce que nous vous pouvons tesmoigner, pour avoir esté le plus souvent honnorez de nostre presence et commandement; et l'avons voulu faire afin que vostre faveur leur soit d'autant plus liberalement impartye, en ce qu'ils en pourront avoir besoing, estans au reste bien marrys que ne les avons peu contenter à leur payement, selon leurs merites et services, pour la necessité de nos affaires, procedant des grandes charges et despenses que nous avons eu à supporter continuellement depuis nostre advenement à la Couronne, et où nous sommes encores constituez, pour resister aux puissans efforts de nos ennemys, et des ruines advenues à ceste occasion, en ce Royaume. Toutesfois, c'est bien nostre intention de les satisfaire le plus tost que nos moyens le pourront permettre. Ce pendant, d'autant que nous serions tres-desplaisans si les dicts collonel et cappitaines estoient molestez pour raison de ce qu'ils peuvent devoir à leurs soldatz, nous vous prions bien affectueusement leur en vouloir, par vostre auctorité, moyenner toute la patience et relasche qui sera possible, attendans que, par le payement que nous leur ferons faire, ils les puissent rendre contens; et s'il vous plaisoit, en nostre faveur et consideration, les accommoder de quelque somme pour leur distribuer, nous vous en aurions la mesme obligation que si le prest estoit faict à nous-mesmes, et pour nostre propre service, ainsy que vous dira plus particulierement le s$^r$ de Sillery : à la suffisance duquel nous remettans sur le tout, nous finirons la presente en priant Dieu, Trés chers et grands amys, alliez et confederez, vous avoir en sa saincte garde. Escript à Chartres, le xj$^e$ jour de janvier 1593.

HENRY.

REVOL.

[1593.] — 16 JANVIER.

Cop. — B. R. Fonds Béthune, Ms. 9113, fol. 16. Et Suppl. fr. Ms. 1009-3.

A MONS$^R$ D'AMBLY.

Mons$^r$ d'Ambly, Estant necessaire pour mon service que mon cousin le duc de Bouillon soit promptement assisté de mes serviteurs de delà, pour empescher les desseings du duc de Lorraine, lequel a faict rapprocher ses forces de Villefranche, en intention de la ravitailler, et prendre les forts d'alentour qui tiennent pour mon service, je vous ay bien voulu prier par la presente de monter incontinent à cheval avec le plus de forces que vous pourrés, pour vous rendre au plus tost prés de mon dict cousin, afin de servir en ceste occasion comme je desire que faciés en toutes aultres qui s'offriront pour le bien de mon service, aprés avoir pourveu à la seureté de vostre dicte place : et m'asseurant que n'y fauldrés, je prie Dieu qu'il vous ayt, Monsr d'Ambly, en sa saincte et digne garde.

Du bois Males-Herbes, ce xvj^e jour de janvier.

HENRY.

POTIER.

[1593.] — 20 JANVIER.

Orig. — A Londres, State paper office, ancient royal letters, vol. XXII, lettre 168. Copie transmise par M. Lenglet.

A TRÉS HAULTE, TRÉS EXCELLENTE ET TRÉS PUISSANTE PRINCESSE NOSTRE TRÉS CHERE ET TRÉS AMÉE BONNE SOEUR ET COUSINE LA ROYNE D'ANGLETERRE.

Trés haulte, trés excellente et trés puissante princesse, nostre trés chere et trés amée bonne sœur et cousine, Martissant de Harques, marchant marinier de nostre ville de Saint-Jehan-de-Luz, nous ayant faict entendre que, ayant en l'année 1591, luy et ses freres, faict equipper un navire à eulx appartenant, nommé *le St.-Esprit*, pour faire le voyage des Terres Neuves, auroit le dict navire, au retour du dict voyage, esté rencontré par aucuns des vostres, entre aultres *l'Elizabet Bonnaventure* et gallion *Dugly*, où commandoient les cappitaines Crose et Then, lesquels l'auroient prins, chargé de deux cens quinze milliers de poisson, et iceluy mené, avec les dictes marchandises et hommes qui estoient dedans, en Angleterre, en un havre nommé Milfort, où les dictes marchandises auroient esté vendues, nonobstant les plainctes et tout ce que Adam de Harques, frere du dict Martissant, et aultres qui estoient au dict navire, peurent faire pour l'empescher, estant le dict Adam mort à la poursuicte de la restitution du dict navire et marchandises, de sorte que le dict Martissant, se voyant par la perte d'iceluy navire et marchandises quasy du tout ruyné, seroit allé en vostre Royaume, où il a demeuré l'espace de deux ans, sans avoir peu tirer aucune raison de la dicte prinse, quelque poursuitte qu'il en ayt faite; en laquelle ayant consumé une partie de ce qui lui restoit de commodité, il a esté contrainct de s'en revenir en France et s'adresser à nous, pour implorer nostre ayde, faveur et assistance pour la restitution du dict navire et marchandises, ou satisfaction d'icelles : ce que nous ne luy avons peu desnier, tant pour estre de nostre debvoir de proteger nos subjects, que pour estre la dicte depredation chose du tout contraire à l'alliance qui a esté et est entre nos deux royaumes, et la liberté du commerce dont doibvent jouir reciproquement nos subjects, qui pourroit estre alterée, si telles licences n'estoient reprimées. A ceste cause nous vous avons bien voulu escrire la presente, à ce que, ayant compassion de la misere et pauvreté du dict Martissant Harques, vous veuillés ordonner raison luy estre faicte de la valeur des dictes marchandises et navire, de maniere qu'il puisse estre relevé de la ruyne qui luy seroit inevitable par la perte d'icelles, ce qu'il attend de vostre justice et equité accoustumée ; et nous asseurons que donnerés tel ordre, comme il sera aussy faict de nostre part, pour empescher que telles choses ne se commettent cy-après ; que nos subjects puissent reciproquement vacquer à leur commerce, avec la seureté qu'il est requis pour le bien commun des deux royaulmes : priant Dieu, Trés haulte, trés excellente et trés puissante princesse, nostre trés chere et trés amée bonne sœur et cousine, qu'il vous ayt en sa saincte et digne garde. Escript à Mantes, le xx$^e$ jour de janvier.

Vostre bon frere et cousin,<br>HENRY.

## 1593. — 22 JANVIER.

Orig. — Archives du canton de Berne. Envoi de M. le ministre de France en Suisse.

A NOZ TREZ CHERS ET GRANDZ AMYS, ALLIEZ ET CONFEDEREZ LES ADVOYERS, CONSEIL ET COMMUNAUTÉ DE LA VILLE ET CANTON DE BERNE.

Trés chers et grands amys, alliez et confederez, Nous avons receu la lettre que nous avés escripte touchant la neutralité du comté de

Bourgogne, sur l'instance que vous ont faicte ceulx du dict pays par leurs ambassadeurs, envoyez exprés vers vous, d'interceder à ce que ne veuillons consentir la rupture de la dicte neutralité, que menacent nos serviteurs et subjects des provinces voisines ; et avons aussy benignement ouy celuy de vos bourgeois qui nous a apporté la dicte lettre, accompagnée d'une aultre du s$^r$ de Sillery, nostre ambassadeur, concernant le mesme subject, sur ce que luy en aviés pareillement escript, pour le grand contentement que nous avons de la bonne volonté qu'entre tous aultres vous faictes paroistre en tout ce qui nous touche ; comme aussy tout ce qui nous viendra de vostre part, et qui regardera vostre commodité, et de nos aultres trés chers et grands amys alliez et confederez des Ligues en general ou en particulier, sera tousjours favorablement receu de nous, selon le debvoir de la parfaicte amitié [qui est entre nous. Les mesmes instances] nous ont esté faictes par nos subjects et serviteurs de nos dictes provinces voisines, mesmes de nostre duché de Bourgogne, dont se sont à present trouvez icy aulcuns depputez, ayans sur ce charge expresse que passans ou faisans passer par le dict comté des commoditez qui leur estoient necessaires, tant armes, munitions que aultres choses, au lieu de leur y garder la franchise de neutralité, tout leur y auroit esté arresté et retenu sans en avoir jamais peu obtenir aulcune raison, quelque poursuicte qu'ils en ayent faicte, mesmes par nostre entremise, ainsy qu'ils nous ont faict entendre ; et ne voulons vous nier que, comme ils ont estimé cela estre une rupture volontaire de la part de ceulx du dict pays, ils ne nous ayent faict instance à ce qu'il leur fust par nous permis d'en prendre revanche. Toutesfois ayant tousjours esté nostre intention de garder bonne voisinance où le reciproque sera rendu à nous et à nos subjects, nous serons trés ayse, specialement en vostre contemplation, que les choses se puissent si bien accommoder pour ce regard, que nous n'ayons occasion de nous despartir de nostre dicte resolution ; et d'autant que ceulx du dict comté ne sçauroient mieux tesmoigner de vouloir entretenir la dicte neutralité qu'en commençant par la reparation des contraventions qui y ont esté faictes au prejudice de nos dicts subjects, dont ils nous ont faict presenter un memoire, nous avons bien voulu, au lieu de leur y faire aultre provision, l'envoyer à nostre dict ambassadeur pour le vous faire veoir, afin de vous employer, s'il vous plaist, à faire entrer en raison ceulx du dict comté envers ceulx de nos dicts subjects auxquels elle est deue, ainsy qu'ils se sont aydez de vostre moyen en nostre endroict pour l'observation de la dicte neutralité. En quoy, pour leur monstrer cependant la force que a eu vostre recommandation à l'asseurance que nous prenons qu'ils ne vouldront faillir à la promesse qu'ils vous ont faicte, nous envoyons dés à present une ordonnance, pour faire publier en nos dictes provinces voisines, prohibitive à nos dicts subjects de ne faire, ny entreprendre aulcune chose au prejudice de la dicte neutralité ; et escrivons aux gouverneurs et lieutenans generaulx en icelles, afin qu'ils tiennent la main à faire observer nostre dicte deffense et chastier ceulx qui se licencieront d'y contrevenir, pour quelque cause que ce soit ; voulans neantmoins, au cas que la liberté de laquelle ils doibvent reciproquement jouir ne leur soit maintenue à l'avenir, qu'ils se pourvoyent sur leurs griefs et doleances par devers nous, sans rien attendre de leur auctorité privée, pour y estre de nostre part porté tels remedes et moyens que verrons estre justes et raisonnables ; et pour ce qu'il y pourra eschoir beaucoup de particularitez dont nous aurons à nous reposer sur la suffisance, et presence par delà, de nostre dict ambassadeur, mesme pour obvier à la longueur et difficulté des voyages, nous vous prions luy donner la mesme creance en cela que en toutes les aultres affaires de sa charge : priant Dieu, Trés chers et grands amys, alliez et confederez, vous avoir en sa saincte garde. Escript à Chartres, le xxij$^e$ jour de janvier 1593.

HENRY.

REVOL.

# DE HENRI IV.

## 1593. — 29 JANVIER.

Orig. — B. R. Fonds Saint-Germain Harlay, Ms. 1024 anc. p. 244.
Cop. — Fonds Brienne, Ms. 13, fol. 156 recto.

### A MONS^r DE MAISSE,
CONSEILLER EN MON CONSEIL D'ESTAT ET MON AMBASSADEUR À VENIZE.

Mons^r de Maisse, Je vous ay escript puis peu de jours, vous ayant donné advis de la reception des vostres des XXIX^e novembre et XIJ^e decembre, et envoyé mes lettres par double voye, dont j'espere que l'une ou l'aultre aura eu seur passage. Je n'ay depuis bougé d'icy, à me preparer de ce qui m'est necessaire pour pouvoir ressortir au plus tost avec mon armée et m'aller mettre au-devant de celle des ennemys, qui est rentrée en mon Royaume, conduicte par le comte Charles[1]. J'espere y estre assez à temps pour le garder de faire grand effect. [2] *Le duc du Mayne, faisant grand fondement des asseurances qui luy sont données de Rome, est conforté en ses esperances et desseings par les cardinaulx de Pelvé[3] et Sega[4], à poursuivre son assemblée, de façon que, puis trois jours, l'ouverture en a esté faicte[5], où il leur a faict sa pro-*

---

[1] Charles, comte de Mansfeld, second fils de Pierre-Ernest, comte de Mansfeld, et de Marguerite de Brederode. Il était lieutenant général des armées impériales en Hongrie et capitaine général de la mer en Flandre. L'empereur le créa prince de l'Empire. Il mourut le 14 août 1595.

[2] La partie en italique est chiffrée dans l'original et déchiffrée dans la copie du fonds Brienne.

[3] Nicolas de Pelvé ou Pellevé, fils de Charles de Pelvé, seigneur de Jouy, etc. et d'Hélène du Fai, d'une ancienne famille de Normandie, était né le 18 octobre 1518. Il fut évêque d'Amiens en 1553, archevêque de Sens en 1563, cardinal en 1570. Il se rendit à Rome en 1572 et y passa vingt ans, s'y montrant constamment un des plus ardents soutiens de la Ligue. Nommé, en 1589, à l'archevêché de Reims, il vint prendre possession de son siége en 1592, seconda de toutes ses forces le duc de Mayenne, et présida l'ordre du clergé aux états de Paris. Malade en cette ville, il y mourut le 26 mars 1594, de l'émotion violente que lui causa l'entrée du Roi, dont il était resté ennemi implacable.

[4] Philippe Séga, évêque de Placencia en Espagne, cardinal du titre de Saint-Onuphre en 1591, légat du Pape en France, soutint vivement, dans les états de Paris, les prétentions de l'Espagne. Il retourna à Rome en 1594, et mourut en 1596.

[5] La correspondance de Henri IV fait

*position; et le lendemain devoit partir pour aller recueillir la dicte armée estrangere. Quelques jours avant*[6] *la dicte ouverture, il avoit faict publier une declaration plus artificieuse que veritable, estant pleine de calomnies, faulsetez et impostures, pour donner couleur à sa maulvaise intention, et l'insinuer plus facilement ez esprits du peuple; laquelle il fait cognoistre manifestement eslongnée de toute reconciliation et accord, taschant neantmoins de persuader qu'il n'a tenu que à moy que la verité soit clairement congneue contraire, et prenant à grand avantage et justification de son desseing, le refus que le Pape faict d'entendre à la legation des catholicques qui me rendent obeissance.*

*Sa temeraire et insolente entreprise de convocquer et assembler estats et faire tous aultres actes de souveraineté, et l'effect à quoy tout cela tend, a fait juger aux princes et seigneurs de mon conseil qu'il estoit necessaire d'y opposer mon auctorité, non-seulement avec les armes, mais aussy par la voye de justice; comme, à ceste fin, j'ay faict expedier mes lettres-patentes, en forme de declaration, pour faire publier en mes courts de parlement; desquelles je vous envoyeray bien tost le double, pour vous tenir informé de ce qui se passe. Et pour ce que, par le dict escript, il passe sy avant que semondre les princes et aultres seigneurs, et principaulx catholicques, mes serviteurs, d'envoyer en son assemblée, qu'il dict estre pour resoudre des moyens de la conservation de la religion catholique et de l'Estat, il a esté advisé de luy faire, en leur nom, une contre-*

---

assez peu de mention de ces fameux états de la Ligue, qui occupèrent tant les Parisiens. Ces états, convoqués à Paris par le duc de Mayenne, s'ouvrirent le 26 janvier 1593, et furent à peu près clos le 8 août. Ce fut contre eux que plusieurs gens d'esprit du parti royal publièrent la célèbre Satire Ménippée, dont le succès fut un coup mortel pour la Ligue. Comme toutes les traces des actes de ce parti furent anéanties autant que possible après l'entier rétablissement de la royauté, les diverses pièces des procès-verbaux des états de 1593, conservées çà et là comme des raretés historiques dans les collections de manuscrits, ont été laborieusement réunies par M. Auguste Bernard, et ont pris place, en 1842, dans la présente Collection des documents inédits sur l'histoire de France, où il les a publiées avec beaucoup de soin.

[6] Dans le manuscrit on lit *après*; mais la déclaration du duc de Mayenne est du mois de décembre. Elle a été imprimée plusieurs fois, notamment dans la Chronologie novenaire, et par M. Aug. Bernard, dans les Procès-verbaux des états-généraux de 1593.

*semonce, telle que vous verrés par la copie cy enclose, laquelle l'on ne pense pas qu'elle le face destourner du chemin qu'il a pris. Car les siens propres, qui n'ont encores les cœurs saisys du poison d'Espagne, le voyent du tout porté et resolu à ce party-là. Mais son refus d'entendre à l'offre qu'ils luy font par ma permission fera ouvertement congnoistre que la protestation qu'il faict de n'avoir aultre but que la conservation de la religion catholicque et le repos du Royaume n'est que feincte et dissimulation; comme infailliblement le contraire resulte de toute aultre resolution que d'une reconciliation avec moy. D'autant que ce ne sera que enflammer et rendre la guerre immortelle, de laquelle ne peut ensuivre que la ruyne de la religion et de l'Estat ensemble. Ce que, si le Pape vouloit examiner, par preuve moins suspecte que de donner toute creance à ceulx qui sont notoirement congneus de vouloir profficter de la dissipation, il seroit à esperer que la verité qu'il entendroit prevauldroit envers luy, et l'induiroit à prendre les vrays remedes qui peuvent guerir le mal, laissant les conseils qui luy sont malicieusement suggerez pour le rendre incurable et mortel à ceste Couronne.*

*Je n'ay voulu que mes courts de parlement ayent rien faict contre sa bulle de pretendue eslection, ayans seulement ceulx de Chaalons faict quelque arrest avant que avoir receu mon commandement, sans avoir depuis passé plus oultre, combien que ceux de Tours m'ont faict remonstrer le prejudice que je me fais de conniver en chose sy extraordinaire, et avec ce m'ont aussy faict instance de donner reglement à la provision des benefices, pour la confusion qu'ils congnoissent y naistre tous les jours, à faulte d'y avoir esté donné ordre, attendant que à Rome soit donné occasion d'y retourner pour cest effect. Mais je leur ay faict response que je ne veulx toucher à l'un ny à l'aultre, quoiqu'il y allast du mien, que premier l'on n'ayt veu quelle issue prendra la legation du marquis de Pisany. Si ma patience n'est prinse pour argument d'une volonté disposée, de ma part, à tout ce que on peut raisonnablement desirer de moy, et que on veuille jouer à pis faire, je seray justifié envers Dieu et les hommes du mal que telle pernicieuse resolution pourra produire, et espere que sa bonté divine fera tomber les fouldres de ceste conjuration sur ceulx qui les auront machinées au detriment d'aultruy. Vous communiquerés de ces choses-là où vous estes, autant et ainsy que vous adviserés pour l'avantage de mes affaires, et pour rendre la sincerité de mes intentions d'autant plus congneue à un chacun.*

*Je vous ramentevray encores ce que je vous ay desjà plusieurs fois escript pour le secours du s<sup>r</sup> des Diguieres, vous priant de le presser autant que vous en congnoissés l'importance et le besoing, que je ne vous repeteray pour le vous avoir desjà si amplement representé par mes precedentes, que la redicte en seroit superflue, joinct que vous mesmes en avés plus particuliere congnoissance que nul aultre.* Je prie Dieu, Mons<sup>r</sup> de Maisse, qu'il vous ayt en sa saincte garde. Escript à Chartres, ce xxix<sup>e</sup> jour de janvier 1593.

HENRY.

REVOL.

[1593.] — 4 FÉVRIER.

Cop. — B. R. Suppl. fr. Ms. 1009-4.

Imprimé. — *Histoire des amours de Henri IV*, Leyde, 1663, in-12, p. 75 (2<sup>e</sup> partie), p. 288, etc. *Journal de Henri III*, édition de Cologne, 1720, in-12, t. I<sup>er</sup>. — *Les Amours de Henri IV*, Cologne, 1736, in-12, p. 320.

[A GABRIELLE D'ESTRÉES [1].]

Mon bel ange [2], si à toutes heures m'estoit permis de vous importuner de la memoire de vostre subject, je crois que la fin de chaque

---

[1] Gabrielle d'Estrées, dite *la belle Gabrielle*, fille d'Antoine d'Estrées, marquis de Cœuvres, etc. et de Françoise Babou de la Bourdaisière, née vers 1575, vit pour la première fois Henri IV en novembre 1590, comme nous l'avons remarqué ci-dessus (p. 297). L'année suivante on la maria à Nicolas d'Amerval, seigneur de Liancourt, dont il est dit dans les Amours du grand Alcandre : «Il avoit du bien et estoit d'assez bonne condition ; mais pour le regard de sa personne et de son esprit, ils estoient aussy mal faits l'un que l'aultre.» Ce mariage, de pure forme, ne fut point consommé, et il fut cassé en 1594 sous prétexte de l'impuissance du mari, bien que M. de Liancourt eût eu onze enfants de sa première femme. A la cour on n'appela guère la nouvelle madame de Liancourt du nom de ce mari. Nous voyons dans les ouvrages du temps qu'on la nommait habituellement *Madame Gabrielle* : ce qui dura jusque vers la fin de 1595, où elle prit le nom de marquise de

lettre seroit le commencement d'une aultre. Ainsy incessamment je vous entretiendrois, puisque l'absence me prive de le faire aultrement. Mais les affaires, ou, pour mieux dire, les importunitez sont en plus grand nombre qu'elles n'estoient à Chartres. Ils m'arrestent encore demain, que je debvois partir. Dieu sçait les benedictions que ma sœur leur baille³. Souvray nous fait aujourd'hui festin, où seront toutes les dames. Je ne suis vestu que de noir : aussy suis-je veuf de ce qui me peut porter de la joye et du contentement. Il ne se vit oncques une fidelité si pure que la mienne ; glorifiés-vous-en, puisque c'est pour vous. Si d'O est où vous estes, advertissés-le quand mes laquais partent, affin qu'il me mande des nouvelles des ennemys. Dés que j'auray veu ma sœur, je vous enverray la Varrenne, qui vous apportera le jour de mon retour asseuré, que j'advanceray, comme la personne du monde qui a le plus d'amour et qui est absent de sa deité. Croyés-moy, ma chere souveraine, et recevés ces, ou xxxx, ou cent baise-mains, d'aussy bon cœur que les vous feis hyer. Ce IV° febvrier.

1593. — 9 FÉVRIER. — I<sup>re</sup>.

Orig. — B. R. Fonds Béthune, Ms. 9109, fol. 85.
Cop. — Suppl. fr. Ms. 1009-3.

A MON COUSIN LE DUC DE NIVERNOIS.

Mon Cousin, Je receus hyer vostre lettre par l'homme de mon cousin le duc de Bouillon, par laquelle vous me mandiés que le duc

---

Monceaux, et fut alors appelée à la cour *la marquise*. Elle fut faite duchesse de Beaufort le 10 juillet 1597, et mourut empoisonnée, le 10 avril 1599, laissant au Roi trois enfants : César, duc de Vendôme ; Catherine-Henriette, légitimée de France, depuis duchesse d'Elbeuf ; et Alexandre de Vendôme, grand-prieur de France.

² Sur ce nom de *bel ange*, que Henri IV aimait à donner à Gabrielle, on fit courir à Paris deux épigrammes qui nous ont été conservées par Lestoile. L'une n'est pas de nature à être reproduite ici ; voici l'autre :

> Gabriel vint jadis à la Vierge annoncer
> Que le Sauveur du monde auroit naissance d'elle ;
> Mais le Roy aujourd'hui par une Gabrielle
> A son propre salut a voulu renoncer.

³ Madame Catherine, arrivée à Saumur depuis trois semaines, y attendait impatiemment le Roi son frère, qui ne put l'y rejoindre que le 28 de ce mois.

de Guise estoit à Sens; mais j'ay eu ce matin, sur les huict heures, advis par le s$^r$ de Faur, qui est à Jergeau[1], comme il estoit passé prés du dict Jergeau avec trois cens chevaulx et qu'il pourroit estre arrivé à Orleans hier sur les trois heures. C'est en intention d'aller secourir le Bourg-Dieu, qui a capitulé de se rendre, au cas qu'il ne soit secouru dans le xj$^e$. C'est pourquoy je me suis resolu de partir presentement pour m'en aller à Boigency, afin, si le dict duc de Guise s'est acheminé vers le dict Bourg-Dieu, de me mettre à sa suite avec ma cavallerie; et laisseray toute mon infanterie dans le Pertereau[2], que je feray fortiffier. Pour le moins, cela me vauldra que si le siege du dict Bourg-Dieu est levé, que je le reprendray et que je contraindray les dicts Champenois d'aller passer la riviere à Rouanne, de sorte qu'ils ne pourront estre, dedans le mois, de retour en leur pays, et vous y laisseront la campagne libre; vous ayant bien voulu donner cest advis, que j'espere qui sera bien tost suivy de quelque aultre meilleur, car je fais bien estat que ce voyage ne sera pas inutile. Sur ce, je prie Dieu, mon Cousin, vous avoir en sa saincte garde. De Chasteaudun, ce ix$^e$ jour de febvrier 1593.

HENRY.

FORGET.

[1593.] — 9 FÉVRIER. — II$^{me}$.

Cop. — B. R. Fonds Dupuy, Ms. 407, fol. 40 recto. Et Suppl. fr. Ms. 1009-4.
Cop. — Biblioth. de l'Arsenal, Mss. de Conrart, Hist. litt. n° 677, vol. V, p. 73.
Imprimé. — *Lettres inédites de Henri IV et de plusieurs personnages célèbres*, par SÉRIEYS, Paris, an x (1802), in-8°, p. 34.

[A GABRIELLE D'ESTRÉES.]

Mon bel ange, pour ce que j'arrivay arsoir à dix heures, l'on ne sceut despescher vostre faict de d'Argouge; dès l'aube du jour tout

---

[1] Ou plutôt *Jargeau*, petite ville de l'Orléanais, sur la Loire, aujourd'hui du département du Loiret.

[2] Ou plutôt le *Portereau*, faubourg d'Orléans, sur la rive gauche de la Loire. Il en est déjà question dans les guerres de la Pucelle, sous Charles VII.

a esté expedié. Comme je voulois me lever pour vous escrire, il s'en est presenté un beau subject : c'est que M. de Guyse est arrivé à Orleans avec des forces pour secourir le Bourg-Dieu, ce qu'il peut faire devant que le terme de la capitulation soit expiré. Je monte à cheval tout à ceste heure pour aller secourir Montigny[1], et espere que par ma diligence je regaigneray l'advance que mes ennemys ont plus que moy. Le cœur me dit que nous fairons quelque chose de bon. Vous sçaurés tous les jours de mes nouvelles ; que je saiche des vostres, particulierement de vostre santé. Je ne partis jamais d'avec vous plus triste et plus constant. Tenés pour constant (puisque ainsy parle le siecle) que mon amour ne peut recevoir d'alteration par quoy que ce soit, fors d'un rival. Mandés-moy comme l'on vous aura recueilly à Mante. Je suis et seray jusques au tombeau vostre fidele esclave. Je vous baise un million de fois les mains. Ce ix$^e$ fevrier.

[1593.] — 10 FÉVRIER.

Cop. — B. R Fonds Dupuy, Ms. 407, fol. 39 verso. Et Suppl. fr. Ms. 1009-4.
Cop. — Biblioth. de l'Arsenal, Ms. de Conrart; Hist. litt. n° 677, vol. V, p. 74.
Imprimé. — *Lettres inédites de Henri IV et de plusieurs personnages célèbres*, par SÉRIEYS, Paris, an x, in-8°, p. 31, etc.

[A GABRIELLE D'ESTRÉES.]

Je ne sçay de quel charme vous avés usé, mais je ne supportois point les aultres absences avec tant d'impatience que ceste-cy; il me semble qu'il y a desjà un siecle que je suis eslongné de vous. Vous n'aurés que faire de solliciter mon retour; je n'ay artere ny muscle qui à chaque moment ne me represente l'heur de vous voir, et ne me face sentir du desplaisir de vostre absence. Croyés, ma chere souveraine, que l'amour ne me violenta jamais tant qu'il fait. J'advoue avoir tout subject de m'y laisser mener; aussy le fay-je avec une naïfveté qui tesmoigne la realité de mon affection, parce que je m'as-

---

[1] Montigny en Beauce, aujourd'hui du département d'Eure-et-Loir.

seure que vous n'en doubtés pas. Je finiray ce discours pour en commencer un aultre, qui est que nos dames ont bien couru fortune, et ont bien ressenty des incommoditez de la guerre. Vostre tante[1] vous en escript, à qui le parentage de mon bel ange servit fort. J'y feis ce que je debvois. Je monte à cheval et vais disner à Boigency. Si mr de Guyse est parti d'Orleans, demain nous nous verrons. Mon tout, aymés-moy fort. Je te jure, mes belles amours, qu'en tout mon voyage mes yeux ne verront qu'autant qu'il fauldra pour raconter ce qui sera par où je passeray. Ce voyage retardera mon retour de trois jours. Bonjour, ma souveraine. Je baise un million de fois vos belles mains. A Marchenoy[2], ce x{e} febvrier.

[1593.] — 17 FÉVRIER. — Ire.

Orig. autographe. — B. R. Suppl. fr. Ms. 1939, fol. 38.

### A MONS{R} DE SOUVRÉ.

Monsr de Souvré, Vous m'avés faict plaisir de vous estre gouverné comme vous avés fait, ainsy que j'ay entendu par la Bastide, par lequel vous sçaurés comme je pars demain pour m'en aller à Tours. J'espere d'arriver dans quatre jours. Vous sçaurés par luy ce qui m'a retardé jusqu'à ceste heure, et de mes nouvelles. Bonjour, la Gode. Ce xvije febvrier, à Olivet[1].

HENRY.

[1] Isabelle Babou, fille de Jean Babou, seigneur de la Bourdaisière, maître de l'artillerie de France, et de Françoise Robertet, était sœur de madame d'Estrées, et ainsi tante de la belle Gabrielle. Son mari, François d'Escoubleau, marquis de Sourdis, eut le gouvernement de Chartres par délégation du chancelier de Chiverny, gouverneur en titre, et avec qui madame de Sourdis avait des relations de galanterie bien connues.

[2] C'est Marchenoir en Beauce, à trois lieues de Beaugency (Loir-et-Cher).

---

[1] Joli village sur le Loiret, à une demi-lieue d'Orléans.

[.1593.] — 17 FÉVRIER. — II^me.

Cop. — B. R. Fonds Dupuy, Ms. 407, fol. 40 verso. Et Suppl. fr. Ms. 1009-4.
Cop. — Biblioth. de l'Arsenal, Ms. de Conrart, Hist. litt. n° 677, vol. V, p. 75.
Imprimé. — *Lettres inédites de Henri IV et de plusieurs personnages célèbres*, par A. SÉRIEYS, Paris, an x, in-8°, p. 36, etc.

[A GABRIELLE D'ESTRÉES.]

Mon malheur de ne sçavoir point de vos nouvelles continue, qui me fait vous envoyer La Fon en diligence, craignant qu'il vous soit arrivé quelque accident. Renvoyés-le moy promptement, mes cheres amours, je vous supplie. Il m'a promis d'estre plus diligent que lorsque je le depeschay d'Esperney. Je pars demain et seray à Tours dimanche, s'il plaist à Dieu. Ce voyage de Berry a retardé de huict jours mon retour. J'espere qu'il n'arrivera plus d'incident notable qui me retarde. Le desir extresme que j'ay de vous voir me fait passer par dessus infinies occasions qui naissent à tout moment. Je n'ay failly un seul jour à vous depescher un laquais. Mon amour me rend aussy jaloux de mon debvoir que de vostre bonne grace, qui est mon unique tresor. Croyés, mon bel ange, que j'en estime autant la possession que l'honneur d'une douzaine de batailles. Soyés glorieuse de m'avoir vaincu, moy qui ne le feus jamais tout à fait que de vous, à qui je baise un million de fois les pieds. Ce xvij^e febvrier.

1593. — 19 FÉVRIER.

Orig. — B. R. Fonds Béthune, Ms. 9113, fol. 1.
Cop. — Suppl. fr. Ms. 1009-3.

A MON COUSIN LE DUC DE NEVERS,

PAIR DE FRANCE, GOUVERNEUR ET MON LIEUCTENANT GENERAL EN CHAMPAGNE ET BRIE.

Mon Cousin, J'ay receu hier les lettres que m'avés escriptes de Bryarre. Ce mot est seulement pour vous dire que je pars presentement pour continuer mon voyage, duquel j'espere estre bien tost de retour. Je me suis approché d'Orleans pour recognoistre si ce qui m'avoit esté proposé se pourroit executer; mais j'y ay congneu tant de difficulté que je ne l'ay voulu entreprendre. Je laisse mon armée en Solongne pour reduire quelques chasteaux qui y sont occupez par mes ennemys. Presentement j'ay eu advis de mon cousin le duc de Montpensier d'une entreprinse qui estoit pratiquée sur ma ville de Rennes, laquelle il a descouverte. Le s^r de Crapador[1] s'est trouvé coulpable, et a eu la teste tranchée[2], et quelques aultres gentilz-hommes. L'on fait aussy le procés au s^r d'Asserac[3], qui est aussy chargé de la dicte conspiration. Estant pressé de partir, je ne vous feray plus longue lettre à present, remettant de vous escrire plus amplement par l'un des gens du s^r d'Inteville qui est prés de moy. Sur ce, je prie Dieu qu'il vous ayt, mon Cousin, en sa saincte garde. Escript au camp de Clery[4], le xix^e jour de febvrier 1593.

HENRY.

POTIER.

[1] Auger de Crapador ou Crapado, gentilhomme de la maison du duc de Montpensier, était l'un des députés envoyés vers le Roi par les états de Bretagne. Séduit par le marquis d'Acérac, il avait projeté de livrer à l'ennemi la ville de Rennes et le duc de Montpensier.

[2] Cette exécution se fit sans délai, par le jugement d'un conseil de guerre, que ratifia le duc de Montpensier, au nom du Roi. « Cette mort, dit M. de Thou, causa de grands murmures; et la plupart furent indignés que, sous les yeux du parlement et dans la capitale de la province, un homme d'une noblesse distinguée eût été condamné à mort par d'autres que par ses juges naturels. » (Livre CIII.)

[3] Le marquis d'Acérac, au moins aussi coupable que Crapado, *mais d'une naissance encore plus distinguée,* ayant été jugé régulièrement, dut peut-être la vie à une espèce de réaction de l'abus de pouvoir dont son complice avait été victime. Jean de Rieux, seigneur de l'Ile-Dieu, marquis d'Acérac, fut tué à Paris en 1595. Il était fils aîné de René de Rieux, seigneur de la Feillée, et de Marguerite de Conan.

[4] Ou Notre-Dame de Cléry, petite ville de l'Orléanais (Loiret), lieu de la sépulture de Louis XI, qui avait une dévotion particulière pour le culte qu'on y rend à la Vierge.

## 1593. — 22 FÉVRIER.

Cop. — Archives de madame la duchesse de Vicence, née Carbonel de Canisy.

### A MONSR DE CANISY.

Monsr de Canisy, Je suis bien adverty que mes ennemys ont resolu d'assembler toutes leurs forces, mesme d'appeler et introduire en mon Royaume tout ce qu'ils pourront d'Espagnols et aultres estrangers, pour à ce printemps entreprendre quelque effect au prejudice de mon service et du repos de mes subjects. Il est jà entré en mon Royaume une partie des dictes forces estrangeres, et ne doubte point que leurs mauvaises volontez ne tendent du tout à la ruine de cest Estat, de la noblesse d'iceluy et de tous mes aultres subjects et serviteurs. Leurs pernicieux desportemens le font assez paroistre, mais j'espere que Dieu, qui a toujours eu en sa protection ceste Couronne, fortifiera de sa grace mes armes et la justice de ma cause, et me donnera la force, non seulement de m'opposer à leurs desseings, comme j'ay faict ez années dernieres, mais de punir et chastier l'oultrecuidence des dicts estrangers, tellement qu'ils craindront cy-après d'entrer en mon dict Royaume. J'ay advisé pour cet effect de mander bon nombre de compagnies de mes ordonnances, pour me venir trouver en mon armée, du nombre desquelles est la vostre, comme vous aurés entendu par la publication et convocation que j'en ay faict faire; et par mesme moyen j'ay faict pourveoir au payement des dictes compagnies, pour la monstre qu'elles doibvent faire en mon armée. Mais parce que je reserve à me servir des dictes compagnies lorsque je seray prest à donner une bataille, ou de faire quelque aultre bel effect, donnés ordre que toute vostre compagnie soit preste dans le xxe jour de mars prochain, pour la faire marcher et me revenir trouver en mon armée au premier mandement que vous aurés de moy; et tenés la main qu'il n'y ait poinct de faulte, afin que ma volonté estant suivie je puisse me servir de vostre compagnie, comme j'en ay faict estat, et que l'occasion le requiert: ce que m'asseurant que ferés, je prie Dieu qu'il vous ayt, Monsʳ de Canisy, en sa saincte et digne garde. De Tours, le xxijᵉ febvrier 1593 [1].

HENRY.

POTIER.

### 1593. — 23 FÉVRIER.

Orig. — B. R. Fonds Béthune, Ms. 9109, fol. 86.
Cop. — B. R. Suppl. fr. Ms. 1009-3.

A MON COUSIN LE DUC DE NIVERNOIS ET DE RETHELOIS,
PAIR DE FRANCE, GOUVERNEUR ET MON LIEUCTENANT GENERAL EN MES PROVINCES
DE CHAMPAGNE ET BRIE.

Mon Cousin, J'ay receu vostre lettre du xiiiᵉ de ce mois, par laquelle vous me donnés advis du partement du duc de Mayenne et de l'armée de mes ennemys, laquelle s'approche de la riviere de Marne, pour la faire passer en la Brye. Si cela est, je croy que leur desseing est de s'arrester à Espernay, comme l'une des villes qu'ils tiennent pour la moins forte. Je m'asseure que le sʳ de Vignolle y fera tout ce que l'on peut esperer d'un homme de bien. Mais si vous jugés qu'ils doibvent entreprendre ce siege, je vous prie de jecter des hommes dans la dicte ville et l'assister de ce que vous pourrés, affin qu'il ayt plus de moyen d'amuser l'armée de mes dicts ennemys et me donner loisir d'aller à eulx. Je pars demain pour aller a Saulmeur. J'y sesjourneray le moins que je pourray, pour l'envie que j'ay de revenir en mon armée et d'aller au devant de mes dicts ennemys. Je suis bien ayse que vous soyés arrivé en vostre gouvernement, m'asseurant que vous pourvoirés à tout ce qui sera necessaire pour mon service. Par les lettres que le laquais du sʳ de Sobolle m'a apportées, l'advis que m'avés donné de ce qui est arrivé au pays de Luxembourg m'a esté confirmé, et que, depuis, ceulx du dict Luxem-

---

[1] Une lettre toute semblable fut adressée le même jour à M. de Beuvron, et probablement à plusieurs autres gentilshommes de marque, également capitaines de compagnies d'ordonnance de cinquante hommes d'armes.

bourg ont appellé le comte Charles pour les secourir. Le s' de Vic me confirme aussy ce que vous m'escriviés de l'assemblée de Paris et du fruict qu'a produit la proposition qui leur a esté faicte. Je vous prie, mon Cousin, me donner advis, de jour à aultre, du progrés que fera l'armée de mes dicts ennemys; et croyés que vous aurés bien tost des nouvelles de mon retour. N'estant la presente à aultre effect, je prie Dieu qu'il vous ayt, mon Cousin, en sa saincte garde. Escript à Tours, le xxiij<sup>e</sup> jour de febvrier 1593.

HENRY.

POTIER.

1593. — 26 FÉVRIER. — I<sup>re</sup>.

Orig. — B. R. Fonds Béthune, Ms. 9109, fol. 89.
Cop. — Suppl. fr. Ms. 1009-3.

A MON COUSIN LE DUC DE NIVERNOIS ET DE RETHELOIS,
PAIR DE FRANCE, GOUVERNEUR ET MON LIEUCTENANT GENERAL EN CHAMPAGNE ET BRIE.

Mon Cousin, Desirant de divertir les forces du duc de Lorraine de continuer à entreprendre dans ma province de Champaigne, comme il n'en manque de volunté, et l'occuper le plus qu'il me sera possible à la deffense de son païs, j'ay donné charge à mon cousin le duc de Bouillon d'aller faire la guerre en la Lorraine, et pour le rendre plus fort je lui ay faict depescher de nouveau trente commissions de gens de pied qu'il pourra faire lever en mes provinces de Champaigne et Picardie : de quoy je vous ay bien voulu advertir, affin que, saichant que telle est ma volunté, vous ne donniés aulcun empeschement dans vostre gouvernement à ceux qui auront charge de faire la levée des dictes compaignies, mesmes assister mon dict cousin du plus de forces, tant de cheval que de pied, que les affaires de vostre dict gouvernement le pourront permettre, s'il en a besoing et qu'il vous en requiere pour la dicte guerre de Lorraine : ce que m'asseurant que ferés, cognoissant que c'est le bien de mon service, je prieray Dieu qu'il vous ayt, mon Cousin, en sa saincte et digne garde. De Tours, ce xxvj<sup>e</sup> jour de febvrier 1593.

HENRY.

POTIER.

1593. — 26 FÉVRIER. — II<sup>me</sup>.

Orig. — Collection de M. Émile Truaut, juge adjoint au tribunal d'Oran. Copie transmise par M. André, procureur du Roi à Oran.

A MONS<sup>R</sup> DE LUZIGNAN,

CAPPITAINE DE CINQUANTE HOMMES D'ARMES DE MES ORDONNANCES, GOUVERNEUR DE PUYMIROL.

Mons<sup>r</sup> de Luzignan, J'ay entendu par le s<sup>r</sup> de Maravas, et le tresorier Martin, que mon cousin le mareschal de Matignon a depeschez vers moy, comme mes ennemys tiennent la campagne en Guyenne et y ruinent et ravagent mes subjects; dont je ne porte pas seulement du desplaisir, mais aussy de la honte, m'asseurant d'y avoir, sur le nombre, de bons serviteurs qui, s'ils estoient bien unys ensemble, ils seroient plus que suffisans pour dissiper et perdre en peu de temps mes ennemys : et desirant remedier à ce desordre, j'ay pensé que le plus propre et expedient moyen estoit de faire une assemblée generale de mes plus speciaux serviteurs, chefs de la province, pour adviser de mettre sus, à ce printemps, une bonne forte armée, et aux moyens qu'il y aura de l'entretenir pendant cette année. J'en envoye presentement le pouvoir à mon cousin, et ay bien voulu par mesme moyen vous en donner advis, afin que vous vous prepariés pour vous y trouver au jour qui sera assigné. Je m'asseure que y tenant l'ordre que j'ay donné charge aux dicts s<sup>rs</sup> de Maravas et Martin de faire entendre à mon dict cousin, vous ferés retirer les ennemys, et les reduirés au petit pied. J'ay eu aussy advis que mon dict cousin s'est arresté au siege de Blaye, auquel je desire et vous recommande de l'assister de tout vostre pouvoir, comme de chose trés importante à mon service. De moy, je ne perds poinct de temps de deçà, me disposant, au retour d'un voyage que je vais faire à Saumur, d'aller au devant des estrangers qui font contenance de vouloir rentrer par la Picardie. Me remettant pour vous faire plus particulierement entendre ma volonté, aux s^rs Maravas et Martin, je prie Dieu, Mons^r de Luzignan, vous avoir en sa saincte garde. Escript à Tours, le xxvj^e jour de febvrier 1593.

HENRY.

### 1593. — 26 FÉVRIER. — III^me.

Cop. — B. R. Fonds Béthune, Ms. 9113, fol. 22.
Cop. — Suppl. fr. Ms. 1009-3.

A MONS^R DE CHAZERON,
MON LIEUCTENANT GENERAL AU GOUVERNEMENT DE BOURBONNOIS.

Mons^r de Chazeron, Estant necessaire pour mon service de faire ramener au plus tost de mon pays de Champaigne les deux canons que mon cousin le mareschal d'Aumont a cy-devant tirez de ma ville de Langres, et laissez en ma ville de Moulins, je vous prie de les faire delibvrer à mon cousin le duc de Nevers, ou à ceulx qu'il enverra pour les recevoir, suivant ce que j'escris aux habitans de ma ville de Moulins, lors qu'il vous enverra les recepissez des dicts deux canons, que vous et les dicts habitans avés donné à mon dict cousin le mareschal d'Aumont, lesquels recepissez j'ay faict delibvrer par mon cousin le mareschal d'Aumont à mon cousin le duc de Nevers, pour les vous faire rendre, afin qu'il n'y ayt aucune difficulté en la delivrance des dicts deux canons : et sur ce, je prie Dieu qu'il vous ayt, Mons^r de Chazeron, en sa saincte et digne garde. De Tours, le xxvj^e febvrier 1593.

HENRY.

POTIER.

1593. — 26 FÉVRIER. — IV^me.

Orig. — Arch. de M. le comte de Meslon, à Rauzan. Copie transmise par M. Ferdinand Le Roy, correspondant du ministère de l'Instruction publique.

[A MONS^R DE MESLON.]

Mons^r de Meslon, Lorsque j'ay esté adverty du siege que mon cousin m^r le mareschal de Matignon a mis devant Blaye, j'ay sceu aussy, par mesme moyen, que vous estiés de la partie : de quoy je suis bien ayse, pour la cognoissance que j'ay de vostre valeur, qui, je m'asseure, se fera paroistre en ceste occasion, en laquelle je vous prie et recommande d'assister tousjours mon dict cousin jusques à la fin, croyant que vous ne sçauriés pour ce jour d'huy me faire service plus agreable, ny que plus volontiers je vous recognoisse, ainsy que j'ay donné charge au s^r de Marval[1] et au tresorier Martin, que je renvoye presentement par delà, de vous faire plus particulierement entendre : sur lesquels me remettant, je ne vous feray ceste-cy plus longue que pour prier Dieu, Mons^r de Meslon, vous avoir en sa saincte garde. Escript à Tours, ce xxvj^e jour de febvrier 1593.

HENRY.

FORGET.

1593. — 27 FÉVRIER.

Orig. — B. R. Fonds Béthune, Ms. 9109, fol. 91.
Cop. — B. R. Suppl. fr. Ms. 1009-3.

A MON COUSIN LE DUC DE NIVERNOIS ET DE RETHELOIS,
PAIR DE FRANCE, GOUVERNEUR ET MON LIEUTENANT GENERAL EN CHAMPAGNE ET BRIE.

Mon Cousin, J'ay veu les articles desquels mon cousin le duc de Bouillon et S^t-Pol avoient traitté, qui m'ont esté renvoyez par mon

[1] On vient de voir ci-dessus, dans la seconde lettre du 26 février à M. de Lusignan, le même nom écrit *Maravas*.

dict cousin. Je desirerois qu'ils peussent autant apporter de repos et de soulaigement à mes bons subjectz comme le dict St-Pol et mes subjects rebelles se promettent d'en tirer d'advantage pour leurs affaires au prejudice de mon service, comme les dicts rebelles ont assez faict paroistre en Auvergne, Daulphiné et aultres provinces de mon Royaume, où ils ont, soubs coulleur de semblables traictez, surprins mes villes, et executé plusieurs desseings, au grand prejudice de mon dict service. C'est pourquoy j'escris à mon cousin le duc de Bouillon, que je ne trouve aucunement bon le contenu aux dicts articles, si ce n'est pour ce qui concerne les laboureurs et le labouraige, ce que je desire estre reiglé suivant les articles lesquels j'ay cy-devant envoyez pour cest effect à mon Parlement, et mandé à mon dict cousin le duc de Bouillon que je vous ay fait entendre sur ce ma volonté, suivant laquelle vous y sçaurés bien pourveoir; que pour cest effect il vous pourra escrire, l'asseurant que vous aurés agreables les advis qu'il vous donnera, tant sur ce que sur toutes aultres affaires concernans mon service. J'ay receu vostre lettre escripte de Montereau. J'estime que vous serés à present en ma ville de Chaalons et que vous aurés pourveu à fortiffier d'hommes ma ville d'Espernay, puisque l'armée de mes ennemys s'en approche. J'ay fort advancé les affaires que j'avois par deçà. Je vous puis dire avoir par ma presence asseuré le fonds qui est necessaire pour l'entretenement de mon armée. Je parts presentement, pour aller à Saumeur veoir ma sœur, où je sesjourneray quatre ou cinq jours seulement; et aussy tost prendray mon chemin pour m'en retourner en mon armée, avec laquelle je marcheray droict où sont mes ennemys. Ce pendant je vous prie de pourveoir aux places de vostre gouvernement, et assembler ce que vous pourrés de forces, pour incommoder mes ennemys. Mon armée est encores en Solongne. Mon cousin l'admiral a prins le chasteau de la Ferté et, depuis, Meneton. Il reduiroit plusieurs aultres petites villes de Berry, n'estoit que je luy ay mandé de s'approcher incontinent du passaige de la riviere de Seine, où il se rendra dans peu de jours, et moy incontinent aprés. Ce pendant je vous prie me donner souvent advis des progrés que fera l'armée de mes ennemys : et sur ce, je prie Dieu, mon Cousin, qu'il vous ayt en sa saincte et digne garde. De Tours, ce xxvij° jour de febvrier 1593.

HENRY.

POTIER.

1593. — 3 MARS.

Orig. — B. R. Fonds Béthune, Ms. 9115, fol. 5.
Cop. — Suppl. fr. Ms. 1009-3.

A MON COUSIN LE DUC DE NIVERNOIS,
PAIR DE FRANCE, GOUVERNEUR ET MON LIEUCTENANT GENERAL EN CHAMPAGNE ET BRIE.

Mon Cousin, J'ay esté bien ayse d'entendre par la lettre que vous avés escripte de Montereau[1], que vous feussiés sur vostre partement pour aller à Chaalon, jugeant combien vostre presence y est necessaire, maintenant que l'armée de mes ennemys est proche de Reims. Je m'asseure que vous n'oublierés de jetter des hommes dans Espernay, et aultres lieux que vous estimerés debvoir estre assiegez. J'ay mandé à mon cousin l'admiral qu'il face passer mon armée à Jargeau et qu'il s'approche de la riviere de Seine, où j'espere me rendre dans dix jours au plus tard. Ce pendant je n'ay perdu temps de deçà, tant pour le fonds de deniers, desquels j'ay besoin pour l'entretenement de mon armée, que pour celuy qui est requis pour l'entretenement des forces lesquelles je loge aux environs de ma ville de Paris, ayant treuvé ceulx de ma court de Parlement et tous mes aultres serviteurs qui sont à Tours prompts à me secourir en ceste occasion. La royne d'Angleterre, ma bonne sœur, a envoyé quinze cens Anglois à Dieppe, commandez par le s' Roger Wyleme, lequel a commandement de les amener en mon armée ou aultre lieu que je leur manderay. Je luy ay ja escript qu'il s'achemine avec les dicts Anglois devers Compiegne, pour les mettre en mon armée quand je

---

[1] C'est Montereau-Faut-Yonne.

seray par delà. Quant à ce que vous m'avés escript touchant Courlon, je treuve bon que les habitans du dict lieu jouissent de ce qui leur a esté promis, voulant que vous interdisiés au cappitaine Bourdeaulx de faire aulcune poursuicte contre eulx des actes de guerre par eulx faicts durant la guerre. Pour le regard de ce que mes ennemys ont entrepris en vostre gouvernement durant vostre absence, il en fault avoir la raison, à quoy je vous prie de travailler : et sur ce, prie Dieu qu'il vous ayt, mon Cousin, en sa saincte et digne garde. De Saulmeur, le iiij$^e$ jour de mars 1593.

HENRY.

POTIER.

## 1593. — 4 MARS.

Orig. — Archives de M. le marquis de Bournazel. Copie transmise par M. G. Belhomme, archiviste du département de la Haute-Garonne.

### A MONS$^R$ DE BOURNAZEL.

Mons$^r$ de Bournazel, J'ay eu fort agreable d'entendre la diligence de laquelle vous avés dernierement usé à vous assembler avec le s$^r$ de Messillac pour assister mon nepveu le comte de Clermont à s'opposer au duc de Nemours, et loue grandement la bonne union et intelligence que vous avés avec tous mes serviteurs de delà en ce qui regarde le bien de mon service ; à quoy je vous prie continuer tousjours, assistant mon dict nepveu le comte de Clermont et le dict s$^r$ de Messillac, aux occasions qui s'offriront pour mon dict service, vous asseurant que je sçauray bien recongnoistre par honneur et bienfaicts les bons services que vous me ferés. Je suis venu en ce lieu de Saumur pour veoir ma sœur. Ce pendant je fais acheminer vers la riviere de Seine mon armée, laquelle je joindray dans peu de jours, pour avec icelle aller droict à l'armée de mes ennemys pour la combattre : et sur ce, je prie Dieu qu'il vous ayt, Mons$^r$ de Bournazel, en sa saincte et digne garde. De Saumur, le iiij$^e$ jour de mars 1593.

HENRY.

1593. — 13 MARS.

Orig. — B. R. Fonds Béthune, Ms. 9115, fol. 6.
Cop. — Suppl. fr. Ms. 1009-3.

A MON COUSIN LE DUC DE NIVERNOIS ET DE RETHELOIS,
GOUVERNEUR ET MON LIEUCTENANT GENERAL EN MES PAYS DE CHAMPAGNE ET BRIE.

Mon Cousin, J'ay esté bien ayse d'entendre, par vostre lettre du xxiiij<sup>e</sup> du mois passé, vostre arrivée à Sezane, et comme vous acheminiés pour aller en ma ville de Chaalons, jugeant combien vostre presence est necessaire en vostre gouvernement pour la seureté des villes d'icelluy. A quoy je vous prie de pourveoir comme vous jugerés necessaire, maintenant que mes ennemys en sont proches. J'ay entendu par vostre lettre les advis que me donnés de mes ennemys, et de ce qui se passe entre le duc de Lorraine et ceulx de Strasbourg; et vous prie continuer à m'advertir de ce que vous apprendrés de mes dicts ennemys, du progrés de leur armée et de ce que vous pourrés descouvrir de leurs desseings. Je vous ay adverty, par ma derniere, de mon arrivée en ceste ville, où je fais advancer les affaires qui m'y retiennent. Le principal est pour faire recevoir les deniers desquels j'ay faict estat pour l'entretenement de mon armée, et des garnisons lesquelles je veulx establir ez environs de Paris. A quoy j'espere, dans peu de jours, avoir pourveu, et partir aussy tost pour m'en retourner en mon armée, et de là m'acheminer droict où seront mes ennemys. Ce pendant, mon Cousin, je vous prie de pourveoir à la seureté des villes de vostre gouvernement, et adviser avec mes cousins, le duc de Longueville, mareschal de Bouillon, le s<sup>r</sup> d'O et aultres de mes serviteurs, ce que vous pourrés faire pour vous opposer aux desseings de mes ennemys, attendant que je m'approche de vous avec mon armée. La royne d'Angleterre, ma bonne sœur, m'envoye deux mil Anglois, entretenus, soubs la charge du s<sup>r</sup> Roger Wilemes, pour demeurer prés de moy et me servir en mon armée, desquels j'espere tirer beaucoup de service, ensemble des Suisses et gens de pied françois de ma dicte armée; au payement et entretenement desquels j'ay pourveu pour le reste de ceste année. Les affaires de Bretaigne me retiennent aussy en ceste ville; auxquelles j'ay donné ordre, ayant advisé de renvoyer mon cousin le duc de Montpensier au dict pays pour quelque temps, mon cousin le mareschal d'Aumont et le s$^r$ de S$^t$-Luc avec luy. Ils menent trois mil harquebuziers françois, et trouveront prés de Laval quatre mil Anglois; avec lesquelles forces et celles qui se trouveront dans le pays, j'espere qu'il se pourra faire beaucoup d'effects utiles et necessaires au bien de mon service. Je vous advertiray, par ma premiere, du jour de mon partement, vous asseurant que ce sera dans peu de jours : et sur ce, je prie Dieu, mon Cousin, qu'il vous ayt en sa saincte et digne garde. A Tours, ce xiij$^e$ jour de mars 1593.

HENRY.

POTIER.

1593. — 23 MARS. — I$^{re}$.

Orig. — B. R. Fonds Béthune, Ms. 9115, fol. 10.
Cop. — Suppl. fr. Ms. 1009-3.

A MON COUSIN LE DUC DE NIVERNOIS ET DE RETHELOIS,
GOUVERNEUR ET MON LIEUCTENANT GENERAL EN MES PAYS DE CHAMPAGNE ET BRIE.

Mon Cousin, J'ay esté bien ayse d'entendre par vostre lettre du quatriesme de ce mois vostre arrivée en ma ville de Challons; mais je desireroys que l'entreprise qu'aviés faict sur S$^t$-Pol eust reussy. Je vous sçay bon gré de la response qu'avés faicte au dict S$^t$-Pol; et pour le regard du traicté duquel il vous recherche, je le remects à vous, m'asseurant que ne laisserés rien passer en cela qui ne soit à l'advantaige de mon service. J'ay escript au s$^r$ de Vignolles, pour luy declarer combien je trouve mauvais ce qui a esté faict par ceux de la garnison d'Espernay, au prejudice de vostre saulve-garde et de mon authorité, en aucunes choses concernant le faict de la justice, mesmes pour le regard du presche; luy ayant mandé ne faire rien en cela que ce qui est permis par mes edicts. Je crois que vous aurés esté adverty du siege de Noyon, duquel ayant eu advis je me suis resolu d'y aller pour le secourir. Je pars presentement et fais marcher mon armée aux plus grandes journées que je pourray. J'ay donné ordre de faire advancer les deux mil Anglois qui sont à Dieppe, pour se rendre à Mante au mesme temps que j'y seray. Je desireroys, mon Cousin, que vous puissiés vous rendre devers Compiegne avec tout ce que vous pourrés assembler de cavallerie, au mesme temps que je seray par delà, pour m'assister et ayder à faire lever le dict siege. Ceste occasion vous retiendroit sy peu de temps et apporteroit tant de bien et d'advancement en mes affaires, que je me veulx promettre que vous entreprendrés d'y venir, si les assiegez vous en donnent le loisir. J'ay faict entendre le semblable à mon cousin le duc de Bouillon, lequel vous viendra joindre pour cest effect, si vous luy mandés. Vous n'aurés de moy, pour le present, plus longue lettre, sinon que je prie Dieu, mon Cousin, qu'il vous ayt en sa saincte garde. De Tours, ce xxiij° jour de mars 1593.

HENRY.

POTIER.

## 1593. — 23 MARS. — II$^{me}$.

Cop. — Arch. de la cour royale de Rouen. Registres secrets originaux du parlement de Normandie séant à Caen, vol. du mois de février à la fin de juillet 1593, fol. 50 recto. Communication de M. Floquet, greffier en chef, correspondant de l'Institut.

A NOS AMEZ ET FEAULX CONSEILLERS LES GENS TENANS NOSTRE COURT DE PARLEMENT A CAEN.

Nos amez et feaulx, Nous avons entendu par les deux conseillers de nostre court, lesquels avés depputez vers nous, l'occasion de leur voyage et le desir que vous avés de veoir nostre cousin le duc de Montpensier en son gouvernement, afin qu'il pourvoye aux affaires qui se presentent en iceluy pour le bien de nostre service. Nous prenons de bonne part vostre remonstrance et le soing que vous faictes paroistre en cela qu'avés au bien et advancement de nos affaires, jugeant combien la presence de nostre dict cousin est necessaire en son dict gouvernement. Nous l'avons mandé pour nous venir trouver. Quand il aura esté quelques jours prés de nous, et l'ayant particulierement instruict de nostre volunté sur ce qu'il aura à faire pour nostre service, nous l'envoyerons en son dict gouvernement. Ce pendant tenés la main à tout ce qui s'offrira pour nostre service et advancement de nos affaires, comme vous avés tousjours faict. Nous renvoyons le comte de Thorigny, et aultres nos serviteurs de nostre dict pays de Normandie, pour avoir l'œil en ce qui despend de leurs charges. Donné à Tours, le xxiij° jour de mars 1593.

HENRY.

POTIER.

1593. — 23 MARS. — III$^{me}$.

Orig. — Arch. du canton de Saint-Gall. Copie transmise par M. le ministre de France en Suisse.

A NOS TRÉS CHERS ET GRANDS AMYS, ALLIEZ ET CONFEDEREZ LES BOURGMESTRE ET CONSEIL DE SAINCT-GAL.

Trés chers et grands amys, alliez et confederez, Le s$^r$ Studer nous a faict entendre la bonne intention que vous nous portés, et que particulierement en consideration des bons services qu'il nous a faicts et continue de faire, vous l'avés beaucoup favorisé et secouru en ses affaires; en quoy, comme vous nous avés obligez aussy, avons nous bien voulu vous tesmoigner par ceste-cy le bon gré que nous vous en sçavons, et par mesme moyen vous prier de continuer icelle bonne volonté en nostre endroict, et de la despartir encores tant au dict Studer que à nos aultres bons serviteurs, ses semblables : ce que nous recongnoistrons envers vous à toutes les occasions qui s'en presenteront, d'aussy bon cœur que nous prions Dieu, Trés chers et grands amys, alliez et confederez, qu'il vous ayt en sa saincte garde. A Tours, ce xxiij° jour de mars 1593.

HENRY.

FORGET.

1593. — 26 MARS.

Orig. — Musée Britannique, biblioth. Lansdowne, vol. LXXVI, art. 65. Copie transmise par M. l'ambassadeur de France à Londres.

[A MONS$^R$ LE GRAND TRESORIER D'ANGLETERRE.]

Mons$^r$ le grand tresorier, J'envoye le s$^r$ vidame de Chartres vers la Royne, madame ma bonne sœur, avecq la charge qu'il vous fera entendre, comme je luy ay ordonné la vous communiquer, pour la bonne affection de laquelle j'ay tousjours cogneu que vous avés assisté tout ce que j'ay recherché et qui s'est presenté pour le bien de mes affaires. Je vous prie le vouloir encores favorablement employer en ceste occasion, de laquelle me remettant au dict s$^r$ vidame à vous faire plus particuliere ouverture, cela me gardera d'extendre davantage la presente, que à prier Dieu, Mons$^r$ le grand tresorier, qu'il vous ayt en sa saincte et digne garde. Escript à Chartres, ce xxvj$^e$ jour de mars 1593.

HENRY.

[1593.] — 29 MARS. — I$^{re}$.

Orig. autographe. — A Londres, State paper office, ancient royal letters, t. XXII, lett. 202. Transcription de M. Lenglet.
Imprimé. — *Journal des Savants*, mai 1845, p. 287.
Et *Antonio Perez et Philippe II*, par M. MIGNET. Paris, 1845, in-8°, p. 228.

[A LA ROYNE D'ANGLETERRE.]

Madame, L'un des contentemens que j'ay eu en mon voyage de Tours a esté de trouver le s$^r$ Antonio Perés[1] avec ma sœur, comme je

---

[1] Antonio Perez, fils de Gonsalvo Perez, secrétaire de Charles-Quint et de Philippe II, devint aussi secrétaire d'état sous ce dernier roi et jouit d'abord d'une grande faveur, puis fut disgracié en 1581 pour des causes que M. Mignet a développées dans le savant morceau historique qu'il a consacré à ce personnage remarquable (*Journal des Savants*, août et décembre 1844, janvier, février, mars, avril et mai 1845, et 1 vol. in-8°, Paris, 1845). Philippe II voua dès lors à Perez une

luy avois mandé me l'amener; l'ayant cogneu, aux discours qu'il a eus avec moy, personnage non moins capable du lieu qu'il a tenu, que indigne de la persecution qu'il souffre, de laquelle il est d'aultant plus à plaindre que c'est sans faulte de sa part, et par la seule malice d'aultruy, ainsy que j'ay entendu. J'espere me pouvoir prevaloir en mes affaires de l'intelligence et bon jugement qu'il a [monstré] en celles qui luy sont passées par les mains; et pour ceste occasion je l'ay retenu à mon service. Mais estimant, Madame, que vous serés bien ayse de le voir et conferer avec luy, j'ay trouvé bon qu'il vous allast baiser les mains, avec ceste occasion du voyage du s\**r*\* vidame de Chartres, et l'ay bien voulu accompagner de la presente, afin qu'il vous plaise le favoriser d'autant plus volontiers de vostre bon accueil et benigne audience, de laquelle m'asseure qu'il vous laissera toute satisfaction, et que vous entendrés de luy chose dont vous pourrés vous servir, qui est la principale raison qui m'a meu le vous envoyer; et seray tres joyeux que le faict puisse respondre à ma bonne volonté, vous suppliant trouver bon, aprés l'avoir ouy, qu'il me vienne retrouver en compagnie du dict s\**r*\* vidame, auquel j'ay fort expressement recommandé d'avoir soin de sa personne, pour me le ramener en seureté; qui sera pour l'employer non moins à ce qui touchera vostre service, selon que vous le jugerés propre, que au mien, m'estant l'un et l'autre en esgale consideration, et vostre contente-

haine implacable, à laquelle le ministre en disgrâce ne put échapper que par des prodiges d'adresse et d'énergie. Après dix années de prison, mis à la torture, condamné à mort, excommunié, il parvint à se réfugier dans l'Aragon, qu'il fit soulever en sa faveur, mais sans autre résultat que de grandes calamités pour cette province. Il passa alors les Pyrénées, fut reçu à Pau par Madame Catherine le 26 novembre 1591, y resta toute l'année suivante, et fut amené par elle à la cour, comme on le voit ici. Il passa le reste de ses jours en France, d'où il fit plusieurs voyages en Angleterre, toujours occupé de démarches infructueuses pour rentrer dans sa patrie. Il mourut à Paris, au mois de novembre 1611, à l'âge de soixante et douze ans. Il avait beaucoup écrit et d'une manière brillante qui lui valut une haute réputation d'homme d'esprit. L'ouvrage de M. Mignet le fait connaître à la fois comme écrivain et comme politique.

ment sur toutes choses. Sur ce, vous baisant humblement les mains, je prieray Dieu, vous avoir,

Madame,

En sa tres saincte garde. A Chartres, ce xxix<sup>e</sup> mars.

Vostre plus affectionné frere et serviteur,
HENRY.

## 1593. — 29 MARS. — II<sup>me</sup>.

Orig. — Collection de M. Lucas de Montigny, membre du conseil de préfecture de la Seine.
Imprimé. — *Revue rétrospective*, seconde série, t. XI, 1837, p. 19.

### A MONS<sup>R</sup> LE MARQUIS DE PISANY,
CHEVALIER DES ORDRES, CONSEILLER EN MON CONSEIL D'ESTAT ET CAPITAINE DE CINQUANTE HOMMES D'ARMES DE MES ORDONNANCES.

Mons<sup>r</sup> le marquis, Le voyage que j'ay faict à Tours et Saumur, comme je vous escrivis du viij<sup>e</sup> febvrier, a esté plus long que je n'avois faict estat, pour les affaires que j'ay eu à vuider de ce costé-là, pendant que j'y estois. Mon eslongnement a donné occasion aux ennemys de mettre le siege devant Noyon, dés le xiij<sup>e</sup> de ce mois, aprés l'avoir failly par surprinse huict jours auparavant, encores qu'ils feussent desjà entrez dedans de deux à trois cens hommes choisys, desquelz y en demeura une partie morts ou prisonniers, le reste estant rejecté dehors par les mesmes eschelles, ou par dessus les murailles; en quoy se recogneut une grande resolution et courage de ceulx de la garnison, qui, de bonne fortune, avoit esté renforcée, le jour precedent, de deux cens Suisses. La nouvelle du siege m'ayant esté apportée à Tours, où j'estois encores, je me resolus (aprés avoir donné l'ordre que je peus aux affaires de ce costé-là, et à faire suivre mon armée qui s'estoit entretenue en Berry pendant mon dict voyage et sesjour) de m'en venir devant avec quelque cavallerie seulement; et arrivay hyer au soir en ceste ville, d'où je pars ce matin mesme, en intention de me rendre à Compiegne dans mercredy, esperant avec les forces que je trouveray desjà assemblées de ce costé-là, commencer à donner un grand confort aux assiegez. Ce matin m'est arrivé un courrier du s$^r$ d'O, qui est au dict Compiegne avec cinq ou six cens chevaulx, comme mon cousin le duc de Longueville en a autant de l'aultre costé, lequel m'a apporté nouvelles que vendredy dernier les ennemys avoient faict une furieuse batterie à un portail et ravelin qui est devant, et donné trois assaultz qui avoient esté bravement soustenus avec très grande perte du costé des ennemys de bon nombre de leurs meilleurs hommes, mesmes des cappitaines, ceulx de dedans estans demourez maistres du ravelin. Vous verrés, par le memoire qui accompagne la presente, les particularitez qui m'en ont esté envoyées. L'on a aussy escript que Apio Conty, general des trouppes du Pape, avoit esté tué en querelle particuliere, et celuy qui a faict le coup, blessé et arresté prisonnier, qui s'appelle le s$^r$ de Chasteau-Brehein, collonel des lansquenetz soldoyez par le Pape. Ce desordre advenu entre les chefz commençoit desjà d'estre suivy de quelque mutinerie et desbauche parmy les dictes trouppes. Si je puis avoir mon armée à temps pour les trouver encores engagez au dict siege, j'ay bien deliberé de ne perdre l'occasion que cela me pourroit apporter de faire quelque bon effect.

En ce peu de sesjour que j'ay faict icy, j'ay entendu le contenu de vostre depesche du xiij$^e$ janvier, que l'on m'y avoit gardée, pensant mon retour plus prompt qu'il n'a esté. Les s$^{rs}$ de Gondy et de Busay m'avoient veu à Blois, où ils m'attendoient, et encores depuis, par chemin, jusques icy, où je les laisse pour me venir retrouver avec mon armée, et lorsqu'ils m'auront rejoinct, avec mon conseil, que je faict ce pendant, avec la mesme commodité et en compagnie de ma sœur, approcher à Mante, je adviseray à la resolution que je pourray prendre sur ce que j'ay entendu de la disposition des affaires du pays où vous estes. A quoy je seray d'autant plus aydé si entre cy et là il me vient encores quelques nouvelles de vostre part, vous ayant bien ce pendant voulu escrire la presente pour ne vous laisser du tout incertain des miennes, dont ne vous pouvant, avec si peu de loisir, dire maintenant aultre chose, je prie Dieu qu'il vous ayt, Mons<sup>r</sup> le marquis, en sa saincte garde. Escript à Chartres, ce xxix<sup>e</sup> mars 1593.

HENRY.

REVOL.

## 1593. — 3 avril [1].

Orig. — B. R. Fonds Béthune, Ms. 9115, fol. 13.
Cop. — Suppl. fr. Ms. 1009-3.

A MON COUSIN LE DUC DE NIVERNOIS ET RETHELOIS,
PAIR DE FRANCE, GOUVERNEUR ET MON LIEUCTENANT GENERAL EN CHAMPAGNE ET BRIE.

Mon Cousin, Partant de ma ville de Tours, je vous donne advis de mon acheminement pour venir secourir ma ville de Noyon. Mais quelque diligence que j'aye faite, je n'ay pu arriver assez à temps, car la dicte ville a esté rendue au mesme jour que je passay à Chartres. Je n'ay laissé de venir jusques en ce lieu pour empescher que mes ennemys ne feissent un plus grand progrez; à quoy j'espere pourveoir, moyennant l'ordre que je donneray pour la seureté de mes aultres villes. Ceulx qui estoient dans Noyon ont fait tous les debvoirs que peuvent rendre gens de bien en telles occasions. L'armée de mes ennemys est logée entre Ham et La Fere; je ne sçay de quel costé elle tournera. Puisque ceste occasion est passée, je vous prie, mon Cousin, vous arrester en vostre gouvernement et veiller en tout ce que vous jugerés estre à faire pour la conservation d'icelluy et le bien de mon service. Le duc de Mayenne est allé à Rheims pour voir le duc de Lorraine. Je sesjourneray quelques jours en ce lieu, attendant que je voye ce que deviendra l'armée de mes ennemys; et aprés que j'auray prins resolution sur ce que j'ay à faire, je vous en

---

[1] Deux autres lettres du même jour, l'une à M. de Maisse à Venise, l'autre à M. de Brèves à Constantinople, reproduisent textuellement les mêmes détails.

donneray advis. Ce pendant je prie Dieu, mon Cousin, qu'il vous ayt en sa saincte garde. De Compiegne, le iij avril 1593.

HENRY.

POTIER.

Mon Cousin, J'ay presentement eu advis que le comte Charles, avec les forces estrangeres, se separa hyer du duc de Mayenne, estant pressé de retourner par ceulx des Pays-Bas, à cause de la perte d'une ville prinse par le conte Maurice et du siege qu'il a mis depuis devant une aultre. L'advis n'est si particulier, comme j'espere l'avoir bien tost s'il est veritable; mais il est certain que toute leur armée a passé la riviere de Somme à Ham, et est à quatre heures au delà, vers la frontiere. Cela estant, vous n'aurés qu'à vous opposer au duc de Guyse à Rheims. Je m'asseure que le ferés à bon escient.

1593. — 4 AVRIL.

Orig. — B. R. Fonds Béthune, Ms. 9115, fol. 14.
Cop. — B. R. Suppl. fr. Ms. 1009-3.

A MON COUSIN LE DUC DE NEVERS,

PAIR DE FRANCE, GOUVERNEUR ET MON LIEUCTENANT GENERAL EN CHAMPAGNE ET BRIE.

Mon Cousin, Je m'estois acheminé en ma ville de Tours, tant pour voir ma sœur que pour donner ordre à plusieurs grands et importans affaires, et avois ce pendant envoyé mon armée en Sollongne pour reduire soubs mon obeissance quelques petites villes et chasteaulx qui estoient occuppez par mes ennemys, et de là investir la ville de Celles, que mes ennemys avoient surprise, quand je fus adverty que l'armée estrangere de mes ennemys, conduicte par le duc de Mayenne et le comte Charles, avoit assiegé ma ville de Noyon; qui fut cause qu'encore que la reprise de ma dicte ville de Celles me fust de grande importance, et que mon cousin l'admiral, qui l'avoit investy avec ma dicte armée me donnast esperance de la reprendre dans peu de jours, desirant secourir ma dicte ville de Noyon et ne perdre une telle occasion de combattre l'armée de mes dicts ennemys, je me resolus de faire quicter le siege du dict Celles pour faire marcher mon armée en toute diligence vers Noyon, et au mesme temps je partis de ma dicte ville de Tours ; et laissant ma dicte armée et mon baccaige derriere, je m'advançay avec partye de ma cavallerye, aux plus grandes jornées qu'il me fut possible, en intention d'incommoder l'armée de mes dicts ennemys à mon arrivée, et jecter du secours dans la dicte ville de Noyon, attendant la venue de ma dicte armée et des aultres forces que j'avois mandé de tous costez pour les contraindre à lever le dict siege ou leur donner une battaille. Mais le malheur a voulu que quelque dilligence que j'ay sceu faire pour secourir la dicte ville de Noyon (qui a esté telle que dans sept jours je me suis rendu de Tours en ceste ville de Compiegne), la dicte ville de Noyon a esté rendue par cappitulation, deux jours avant mon arrivée en ce lieu, non par faulte de courage et bon debvoir des assiegez, lesquels ont enduré dix-huict cens coups de canon et soustenu trois assaults, ains seulement pour ne l'avoir peu garder d'advantaige, tant ils ont esté furieusement battus et assaillys par mes dicts ennemys ; de quoy je suis trés marry, pour me veoir deceu de l'esperance que j'avois de conserver ma dicte ville de Noyon et encore plus de combattre mes dicts ennemys. Car aussy tost que le duc de Mayenne et le comte Charles m'ont senty approcher d'eulx, ils se sont retirez devers Han, et le lendemain, ayant sceu mon arrivée en ceste ville, et que je faisois passer quelques-unes de mes trouppes pour aller à eulx, ils ont faict passer toute leur armée delà la riviere de Somme, et tout loger cinq lieues par delà Han. Depuis, leur dicte armée a commencé à se desbander, s'en estant retournées en leurs garnisons les trouppes de Picardie et aultres lieux. J'ay aussy appris par plusieurs advis que le comte Charles s'en retourne au Pays-Bas avec ses trouppes, estans pressez de ce faire par le progrez du comte Maurice, qui depuis peu de jours a pris une ville au dict pays et en a assiegé une autre. D'ailleurs la mort d'Apio Conti, collonnel des trouppes du Pape, lequel a esté tué par Chasteaubrun, nepveu de Bassompierre et collonnel d'un regiment de lansquenetz, a tellement mutiné les dictes trouppes du Pape et le dict regiment de lansquenetz, que de là ils ont pris subject de se desbander de la dicte armée. Je ne sçay que deviendra le reste; mais j'ay resolu d'aller droict à eulx avec ce que j'ay de forces et celles qui me doibvent venir dans peu de jours, esperant que Dieu me fera la grace, non seulement de recouvrer sur mes dicts ennemys l'advantaige qu'ils ont prins par la prise de Noyon, mais de faire de plus grands effects; que vous pourrés sçavoir dans peu de temps.

Ce pendant je ne laisseray de vous dire que je viens d'avoir presentement advis que hier la garnison de Chaulny, commandée et conduicte par le s$^r$ de la Hargerye, trouva deux cens lansquenetz et soixante lanciers entre Noyon et Han, conduisant un canon, qu'ils ont chargez et deffaictz, et ont admené le dict canon au dict Chaulny, qui est un viel canon de France, de ceulx qui furent perdus à la bataille de S$^t$-Laurens. Il a esté tué vingt-cinq hommes de la cavallerye des dicts ennemys et cinquante des gens de pied. Quasy tout le reste a esté prins, et n'a esté tué qu'un seul soldat de ceulx qui estoient avec le dict s$^r$ de la Hargerye. Il a esté gaigné à la dicte charge, cent cinquante chevaulx, tant de ceulx des dicts gens de guerre que de ceulx qui servoient pour mener le dict canon et munitions. Et sur ce, je prie Dieu qu'il vous ayt, mon Cousin, en sa saincte et digne garde. De Compiegne, ce iiij$^e$ avril 1593.

HENRY.

POTIER.

## 1593. — 9 AVRIL.

Orig. — B. R. Fonds Béthune, Ms. 9115, fol. 16.
Cop. — Suppl. fr. Ms. 1009-3.

### A MON COUSIN LE DUC DE NEVERS,

PAIR DE FRANCE, GOUVERNEUR ET MON LIEUCTENANT GENERAL EN CHAMPAGNE ET BRIE.

Mon Cousin, J'ay esté adverty que le s$^r$ de Brosse est mort; et encores que j'estime que vous saichés au vray ce qui en est, je n'ay voulu laisser de vous escrire la presente, pour vous prier, si cela est, de pourveoir promptement à la conservation de ma ville de Mouzon, suivant ce que je vous ay cy-devant dict de bouche : ce que m'asseurant que ferés, je prie Dieu, mon Cousin, qu'il vous ayt en sa saincte et digne garde. De Compiegne, ce ix<sup>e</sup> jour d'avril 1593.

HENRY.

POTIER.

### 1593. — 10 AVRIL. — I<sup>re</sup>.

Orig. — B. R. Fonds Béthune, Ms. 9112, fol. 1.

#### A MON COUSIN LE DUC DE NEVERS,

PAIR DE FRANCE, GOUVERNEUR ET MON LIEUCTENANT GENERAL EN CHAMPAIGNE.

Mon Cousin, J'ay resolu d'envoyer en mon pays de Bourgogne, mon cousin le comte de S<sup>t</sup>-Paul, pourveoir aux affaires de la dicte province, et le feray partir pour s'y acheminer aussy tost que ceulx du dict pays auront advisé des moyens qui puissent servir pour l'entretenement des forces que j'ay destinées pour me servir prés de luy au dict pays. Mais, par ce qu'attendant sa venue, il se pourra presenter des occasions auxquelles ceulx de mon dict pays de Bourgongne auront besoin d'estre assistez de forces, je vous ay bien voulu prier par la presente de les secourir de tout vostre pouvoir, aux dictes occasions qui se presenteront, selon que vous en serés par eux requis, et que les affaires plus pressez de vostre gouvernement de Champagne le vous permettront. De leur part ils seront prompts de monter à cheval pour vous aller trouver, comme je leur mande qu'ils facent, tant pour ce qui se passe en Bourgogne qu'en Champaigne : et sur ce, je prie Dieu qu'il vous ayt, mon Cousin, en sa saincte et digne garde. De Compiegne, le x<sup>e</sup> jour d'avril 1593.

HENRY.

POTIER.

[ 1593. ] — 10 AVRIL. — II^me.

Orig. autographe. — B. R. Fonds Béthune, Ms. 8948, fol. 1.

A MONS^R DE ROSNY.

Oultre ce que vous aimés bien particulierement, il y a fort longtemps, mon cousin le duc de Bouillon, et que vous le croirés bien de ce qu'il vous diroit de ma part, sy vous ay voulu faire ce mot de ma main, pour vous prier d'adjouxter foy à luy comme à moy-mesmes, et que je vous aime autant que vous le sçauriés souhaiter. Bonjour, Mons^r de Rosny. Ce x^e avril, à Compiegne.

HENRY.


1593. — 12 AVRIL.

Orig. — B. R. Fonds Béthune, Ms. 9115, fol. 19.
Cop. — B. R. Suppl. fr. Ms. 1009-3.

A MON COUSIN LE DUC DE NIVERNOIS ET DE RETHELOIS,
PAIR DE FRANCE, GOUVERNEUR ET MON LIEUCTENANT GENERAL EN CHAMPAGNE ET BRIE.

Mon Cousin, Par trois de vos lettres que j'ay receues depuis que je suis en ceste ville, vous m'avés representé ce qui est des affaires de vostre gouvernement, ensemble les desseings du duc de Guyse et les entreprises qu'il faict de jour à aultre avec les forces qu'il a peu assembler. J'ay aussy veu par les mesmes despesches comme vous travaillés de vostre part pour vous y opposer, ayant assemblé partie des forces de vostre gouvernement, et vous estant mis en campaigne pour aller secourir Tonnerre, qu'on dict estre assiegé par le dict duc de Guyse; qui me faict croire que non-seulement vous aurés empesché le dict siege, mais que, si le dict duc de Guyse vous a attendu et que vous ayés eu moyen de le combattre, vous n'en aurés perdu l'occasion. J'ay escript à mes serviteurs qui sont en Bourgongne, qu'ils vous aillent trouver quand vous leur manderés. Aussy je vous prie, mon Cousin, si les forces de mes ennemys, tant de la Champagne que Bourgogne, s'assemblent, de vouloir assembler les forces des dictes provinces pour vous opposer à leurs desseings. Je vous ay donné advis par ma derniere de ce qui s'est passé en la prise de Noyon, mesmes depuis mon arrivée en ce lieu. Du despuis, l'armée de mes ennemys est demeurée delà la riviere de Somme et est logée entre Han et Peronne, tirant vers la frontiere. Je n'ay peu encores sçavoir leurs desseings. Il est vray que le comte Charles est fort sollicité par ceux des Pays-Bas de s'en retourner, à cause du siege de S$^t$-Guldeberghe, que le comte Maurice tient assiegé. Si l'armée de mes dicts ennemys entreprend quelque aultre siege, ou qu'elle sesjourne davantaige en mon Royaume, j'ay logé mon armée en tel lieu et donné tel ordre pour les forces que j'ay mandées, que je pourray dans peu de temps me rendre où seront mes dicts ennemys et empescher leurs desseings.

Ce pendant j'ay desliberé de faire un voyage à Mante, où est ma sœur et ceux de mon conseil, pour donner ordre à plusieurs affaires, importans grandement à mon service. Je vous manderay souvent de mes nouvelles comme je vous prie de faire le semblable de ce qui se passera en vostre gouvernement. Puisque vous avés assemblé les forces de vostre dict gouvernement et commencé à tenir la campaigne, j'espere que vous en garderés la possession. Je suis bien ayse que vous ayés accordé les s$^{rs}$ de Thomassin, Vaubecourt et le lieutenant Godet, car leurs divisions ne pouvoient qu'apporter du prejudice à mon service. Quand au s$^r$ de Vignolles, s'il a eu de la peine, il en est cause, s'estant oublyé en ce qui estoit de son debvoir. Neantmoins je ne laisse de vous sçavoir bon gré de ce que vous avés faict pour luy. Je luy ay faict entendre ma volonté sur ce qui est de sa charge, afin qu'il y conforme ses actions selon les commandemens que luy ferés.

Quand à ce que vous m'escriviés touchant le maire de Langres, je vous ay prié avant vostre partement, que lorsque vous seriés sur les lieux, vous vous informeriés particulierement comme tout se passe en la dicte ville, pour me donner advis de ce que vous jugeriés y estre à faire pour mon service. Pour le particulier du dict maire, ses depportemens et actions passées ont faict congnoistre l'affection qu'il a à mon service, et combien il a servy pour contenir en debvoir le peuple de la dicte ville, avec lequel il a beaucoup de creance. Toutesfoys, cela ne luy doibt donner occasion de manquer au respect qu'il doibt au s$^r$ d'Inteville, tenant le lieu qu'il faict pour mon service. Le dict maire m'a, par plusieurs lettres, asseuré qu'il ne manquera jamais de ce qui est de son debvoir; mais ne tendant le but de l'un et de l'aultre qu'à ce qui est du bien et advancement de mes affaires, je vous prie, mon Cousin, de faire entendre et prescrire à chacun d'eulx ce qui est du debvoir de sa charge, speciallement au dict s$^r$ de Dinteville à se comporter tellement, par sa prudence, qu'il saiche s'ayder du dict maire et aultres mes serviteurs qui sont en la dicte ville, pour faciliter ce qui pourra ayder au bien de mon dict service. Les maire et eschevins du dict Langres m'ont plusieurs foys escript, mesmes depuis vostre partement, pour se plaindre des oppressions qu'ils reçoivent de mes ennemys, qui se sont saisys de Mont-Saugeon et d'autres petits chasteaux proches de la dicte ville; et desireroient la reduction des dictes places pour leur soullaigement et pour avoir moyen de jouir de leurs biens. Estant sur les lieux vous pourrés juger quel moyen il y aura de les contenter; et si c'est chose que vous estimiés pouvoir effectuer avec les forces de vostre dict gouvernement, je vous prie les en delivrer. Je vous prie aussy donner l'ordre que vous jugerés necessaire pour l'entretenement de la cavallerie et gens de pied qui sont ordonnez au dict Langres, afin que les habitans de la dicte ville n'en reçoipvent incommodité.

Mon cousin le duc de Bouillon m'est venu trouver, esperant estre assez à temps pour secourir Noyon. Il m'a dict que sans ceste occasion et le commandement qu'il avoit de me venir trouver, qu'il[1] fust allé vous joindre avec les forces qu'il m'a amenées, comme il fera en toutes aultres occasions qui s'offriront. Pour le regard du chasteau de

---

[1] On trouve fort souvent dans ces lettres le *que* ainsi répété.

Buzancy, je luy en ay parlé : il vous fera entendre à son retour ma volonté, et fera en cela et en toutes aultres choses ce que vous desirerés, m'ayant asseuré de vous rendre content pour ce regard, et le comte de Grandpré, pour l'interest qu'il y a : et sur ce, je prie Dieu, mon Cousin, qu'il vous ayt en sa saincte et digne garde. A Compiegne, le xıj$^e$ jour d'avril 1593.

HENRY.

POTIER.

[1593.] — 15 AVRIL. — I$^{re}$.

Cop. — B. R. Fonds Dupuy, Ms. 407, fol. 41 verso. Et Suppl. fr. Ms. 1009-4.
Cop. — Biblioth. de l'Arsenal, Mss. de Conrart, Hist. litt. n° 677, vol. V, p. 76.
Imprimé. — *Lettres inédites de Henri IV et de plusieurs personnages célèbres,* par A. SÉRIEYS. Paris, an x, in-8°, p. 42, etc.

[*A GABRIELLE D'ESTRÉES.*]

Ha! que je fus affligé arsoir, quand je ne trouvay plus le subject qui me faisoit treuver le veiller si doux! mille sortes de delices se representoient devant moy, tant de singulieres raretez! Bref, j'estois plus enchanté que ce magicien [qui] ne vous a faict treuver vostre cassette. Certes, mes belles amours, vous estes admirable; mais pourquoy vous loué-je? ceste gloire vous a rendu infidelle jusques-cy, et la cognoissance de ma passion. Que la verité de ces belles paroles proferées avec tant de doulceur sur le pied de vostre lict, mardy la nuict fermante, m'oste toutes mes vieilles et inveterées opinions! Je remarque le lieu et le temps pour vous monstrer combien je les ay gravées en ma memoire et pour vous en rafreschir le souvenir. Je monte à cheval pour aller coucher à Meulan. Je ne sçay encores si j'iray à Mante, bien que la voisine soit partie. Demain je vous en manderay la certitude. Pour fin je vous diray que le desplaisir de vous laisser m'a saisy tellement le cœur, que j'en ay cuidé mourir toute ceste nuit, et me trouve encores bien mal : qui me faict achever plus tost que je ne desirerois, ceste lettre, en vous baisant un million de fois les mains. Ce xv$^e$ avril.

[1593.] — 15 avril. — II^me.

Cop. — B. R. Fonds Dupuy, Ms. 407, fol. 41 verso. Et Suppl. fr. Ms. 1009-4.

Cop. — Biblioth. de l'Arsenal, Mss. de Conrart, Hist. litt. n° 677, vol. V, p. 77.

Imprimé. — *Lettres inédites de Henri IV et de plusieurs personnages célèbres*, par A. Sérieys. Paris, an x, in-8°, p. 24, etc.

[*A GABRIELLE D'ESTRÉES.*]

L'aultre lettre ne faisoit qu'achever de se fermer lorsque Larchant est arrivé ; je ne l'ay voulu mener plus loing. Je seray tres ayse que voyés celluy de qui vous pouvés apprendre des nouvelles ; mais que cella ne me tarde point l'heur de vostre presence. J'attendray ce que vous aurés apprins avec impatience, mais non telle que vostre venue, que je vous supplie ne vouloir differer. Vous escrivant, m'est venu advis que trois cens chevaulx de Rouen sont arrivez à Pontoise, qui viennent au-devant du Villars. Je n'en ay que deux cens, mais je m'en vay passer à la veue de la ville pour voir s'ils veulent se battre ; et s'ils le font, je donneray un coup de pistolet pour l'amour de vous. Bonjour, mes cheres amours ; je te baise un million de fois les mains. Ce xv^e avril.

[1593.] — 16 avril.

Cop. — B. R. Fonds Dupuy, Ms. 407, fol. 39 verso. Et Suppl. fr. Ms. 1009-4.

Cop. — Biblioth. de l'Arsenal, Mss. de Conrart, Hist. litt. n° 677, vol. V, p. 78.

Imprimé. — *Lettres inédites de Henri IV et de plusieurs personnages célèbres*, par A. Sérieys. Paris, an x, in-8°, p. 30.

[*A GABRIELLE D'ESTRÉES.*]

Je m'en vas disner à Mante et reviendray coucher icy, puis demain j'y iray du tout. Sauveterre n'est point venu, de quoy je suis en peine. Je vous manderay forces nouvelles par La Varanne, que je vous despescheray demain. Vraiment ma venue estoit necessaire en ce pays, si elle le fut jamais en lieu. Ne faillés, mes cheres amours, à venir au jour que m'avés promis. Plus je vas en avant, et moins je m'accoustume à supporter l'absence. Vous m'avés, je le confesse, plus charmé que je ne le feus jamais. Excusés si n'avés que ce mot pour aujourd'huy, et aymés vostre subject comme vos yeux. Certes il vous adore avec extresme passion et fidelité. Bonjour, chere maistresse; je te baise un million de fois les pieds. De Meulan, ce xvj[e] avril.

[ 1593. ] — 19 AVRIL.

Cop. — B. R. Fonds Dupuy, Ms. 407, fol. 42 recto. Et Suppl. fr. Ms. 1009-4.
Cop. — Biblioth. de l'Arsenal, Mss. de Conrart, Hist. litt. n° 677, vol. V, p. 79.
Imprimé. — *Lettres inédites de Henri IV et de plusieurs personnages célèbres* par A. SÉRIEYS. Paris, 1802, in-8°, p. 47, etc.

[ A GABRIELLE D'ESTRÉES. ]

Arsoir, tout tard, un de mes laquais revint, par lequel vous m'asseurés de ne manquer point à vostre venue, comme vous me l'avés promis. Ce m'a esté une extresme consolation aux travaux que j'ay icy, mais le porteur m'a dict despuis de bouche, que ne partiriés que mardy. Cella me tua, craignant vos longueurs. Excusés ma passion, si je crains tout de vous, mon bel ange. La despesche de Lavaranne vous aura faict haster, à mon advis. Jesus! je vous verray aprés-demain. Quelle joye! Certes mes discours sont bien coupez; aussy l'est mon ame, ne l'ayant (horsmis mon amour) jamais eue plus traversée. Madame de Guyse et sa fille viennent voir ma sœur un de ces jours [1]. Madame de la Roche revient aussy, que je ne verray que ne

[1] La duchesse de Guise et sa fille, qui se trouvaient dans Paris, dès avant le siége, avaient obtenu un passe-port du Roi pour se rendre dans un de leurs châteaux. En passant à Mantes elles allèrent saluer S. M. et Madame Catherine. Elles étaient d'ailleurs fort curieuses de voir madame Gabrielle, dont la beauté si vantée préoccupait les dames de Paris. Enfin la mère et la fille passaient pour être éprises du duc de Bellegarde, aimé de Gabrielle, et dont la rivalité causait tant de jalousie au Roi. Bellegarde avait cherché à écarter ces soupçons par son assiduité auprès des deux princesses lorraines. Quand il se trouva vis à vis d'elles et de Gabrielle, son embarras fut grand. La manière dont Henri IV l'observait le décida alors, pour calmer ce prince, à se déclarer assez ouvertement l'amant de mademoiselle de Guise, au risque de contrister beaucoup Gabrielle. On peut lire cet épisode dans

soyés veneue. Croyés, ma chere maistresse, qu'en ce qui despendra de l'obeyssance de vos commandemens, vous me treuverés sans reproche. Cette lettre vous trouvera vers Chambly. Le bruict court icy que m^r de Montmorency s'est marié à une demoiselle de Languedoc [2]. Je n'en ay point eu de nouvelles. Si cella est, il y en aura bien de faschées en ce pays : vous m'entendés bien. Dormés bien, mes belles amours, afin d'estre grasse et fresche à vostre arrivée [3]. Pour moy j'en fay provision. Bonjour, mon tout. Je baise un million de fois vos beaux yeux. Ce xix^e avril, à Mante.

les Amours du grand Alcandre, où la duchesse de Guise est désignée sous le nom de Dorinde, et où sa fille, depuis la princesse de Conti, auteur de cet ouvrage, s'est elle-même désignée sous le nom de Milagarde. On voit d'après cela que le passage des deux princesses à Mantes n'était rien moins qu'indifférent au Roi. Suivant Cayet, cette entrevue n'eut lieu que pendant le siège de Dreux, qui fut au mois de juin.

[2] Louise de Budos, fille aînée de Jacques de Budos, vicomte de Portes, et de Catherine de Clermont-Montoison. Elle s'était trouvée à dix-sept ans veuve de Jacques de Gramont, seigneur de Vachères, et venait de contracter un second mariage avec le duc de Montmorency, le 29 mars précédent. Du même âge que Gabrielle et d'une beauté presque aussi grande, elle causa beaucoup de sensation à la cour lorsqu'elle y arriva deux ans après ; et le Roi fit peut-être plus d'attention à elle que ne l'auraient désiré Gabrielle et le connétable. Au reste sa vie fut encore plus courte que celle de la belle favorite. Elle mourut à Chantilly le 26 septembre 1598. Elle est désignée dans les Amours du grand Alcandre sous le nom de la belle Léonide.

[3] Ces joyeuses pensées, exprimées gaillardement par Henri IV dans cette partie de sa correspondance, s'accordent bien avec le témoignage de l'historien Legrain, qui se trouvait en ce moment auprès du Roi. « Sa Majesté, dit-il, se donne un peu de bon temps, attendant la conclusion des Estats de la Ligue, de laquelle il faisoit peu d'estat. » Naturellement l'auteur fait mention en cet endroit des visites du prince à « Madamoiselle Gabrielle, fille du sieur d'Estrées, grand maistre de l'artillerie, laquelle a depuis esté duchesse de Beaufort, à laquelle il vouloit du bien : aussi le meritoit-elle pour la vertu et doulceur qui estoit en elle, oultre sa beauté agreable. » (*Decade du Roy Henry le Grand*, liv. V.)

[ 1593. ] — 20 AVRIL. — I<sup>re</sup>.

Cop. — B. R. Fonds Dupuy, Ms. 407, fol. 42 verso. Et suppl. fr. Ms. 1009-4.
Cop. — Biblioth. de l'Arsenal, Mss. de Conrart, Hist. litt. n° 677, vol. V, p. 80.

Imprimé. — *Lettres inédites de Henri IV et de plusieurs personnages célèbres,* par A. Sérieys. Paris, an x, in-8°, p. 49.

[ *A GABRIELLE D'ESTRÉES.* ]

Mes belles amours, ce sera demain que je baiseray ces belles mains par millions de fois; je ressens desjà du soulagement en mes peines par l'approche d'un tel heur, que je tiens cher comme ma vie; mais si vous me le retardés d'un jour seulement, je mourray. Envoyés-moy anhuy Lavarene, instruict de vos commandemens. J'ay recouvert un cœur de diamant[1] qui vous faira mourir d'envie. Si les anges portoient des bagues[2], il vous seroit extrémement propre. Jamais absence ne m'a tant ennuyé que ceste-cy. Passer le mois d'avril absent de sa maistresse, c'est ne vivre pas. Vous recepvrés deux lettres anhuy de moy, et moy deux baisers demain de vous. Bonjour, ma chere maistresse; je baise un million de fois vos pieds. De Mante, ce xx<sup>e</sup> avril.

1593. — 20 AVRIL. — II<sup>me</sup>.

Cop. — Musée Britannique, Mss. de Burney, vol. CCCLXXI, fol. 132. Transcription de M. Delpit, archiviste paléographe.

Imprimé. — *Épistres françoises des personnages illustres et doctes à M. Joseph-Juste de la Scala,* mises en lumière par Jacques de Reves. Harderwick, 1624, in-8°, p. 356.

A MONS<sup>R</sup> DE LA SCALA.

Mons<sup>r</sup> Scaliger, J'ay esté trés ayse d'entendre que vous vous estes enfin resolu d'aller en Hollande pour estre en l'université de Leiden,

---

[1] L'expression *recouvert* (forme qu'on employait alors pour *recouvré*) semble indiquer un des bijoux que Henri IV avait mis en gages, étant roi de Navarre, et en possession duquel il venait peut-être de rentrer.

[2] Ce mot est pris ici dans le sens de *joyaux, bijoux,* qu'il avait alors.

selon que je vous ay cy-devant escript que je le desirois[1], m'estant un grand plaisir que les sieurs Estats du Pays-Bas ayent ce contentement au desir qu'ils avoient de vous avoir en la dicte université pour l'estat et estime qu'ils font de vostre vertu, laquelle ne peut estre employée en lieu qui me soit plus agreable que celuy-là et qui vous acquerra plus de recommandation en mon endroict, ayant receu tant de bons offices, secours et assistances en mes affaires desdicts seigneurs, que je ne desire moins leur bien et contentement que le mien mesme; de sorte que vous vous pouvés asseurer que vous estant resolu à cela, vous n'avés seulement satisfaict à ce que les dicts seigneurs desirent de vous, mais aussy faict chose que j'ay tant agreable que la bonne volonté que j'avois de faire pour vous m'en est augmentée, et laquelle sera suivye des effects, quand il se presentera occasion où j'aye moyen de vous tesmoigner le plaisir que vous m'avés faict d'accepter la dicte charge : priant Dieu, Mons.<sup>r</sup> Scaliger, qu'il vous ayt en sa saincte garde. Escript à Mante, le xx<sup>e</sup> jour d'apvril 1593.

HENRY.

REVOL.

[1593]. — 20 AVRIL. — III<sup>e</sup>.

Imprimé. — *Épistres françoises des personnages illustres et doctes à M. Joseph-Juste de la Scala*, mises en lumière par JACQUES DE REVES. Harderwick, 1624, in-8°, p. 357.

A MONS<sup>R</sup> DE SOUVRÉ.

Mons<sup>r</sup> de Souvré, Le s<sup>r</sup> Scaliger, present porteur, s'en va aux Pays-Bas, selon qu'il a esté requis par les s<sup>rs</sup> Estats generaux des dicts pays, et que je luy ay faict entendre que je desirois qu'il feist ce voyage pour donner contentement aux dicts seigneurs en chose qu'ils

---

[1] Voyez cette lettre, ci-dessus, p. 530, à la fin de 1591, où nous l'avions placée approximativement avant de connaître le volume très-rare dont nous devons l'indication à l'érudition bibliographique de M. Monmerqué, et qui est intitulé : *Épistres françoises des personnages illustres et doctes à M. Joseph-Juste de la Scala*. Cette lettre s'y trouve à la page 1, et elle est datée du 3 décembre 1591.

desirent de luy; et afin qu'il se puisse rendre seurement jusques en lieu où il aye moyen de s'embarquer, j'escris aux gouverneurs de mes villes qui sont sur le chemin par où il doit passer, de luy faire bailler l'escorte qui luy sera necessaire pour le conduire seurement de lieu en lieu : comme je vous ay bien voulu particulierement faire la presente pour vous prier, comme je fais, de l'assister, en son passage, de tout ce qu'il aura besoin, et nommeement de si bonne escorte, afin qu'il se rende seurement jusques en lieu où il en puisse avoir d'aultre; m'estant sa personne en telle recommandation, oultre le desir que j'ay que les dicts s$^{rs}$ Estats ne soyent privez du contentement qu'ils s'attendent recevoir de luy, estant delà, que je tiendray la faveur que vous luy ferés pour un nouveau tesmoignage de vostre affection à mon service : priant Dieu, Mons$^r$ de Souvré, qu'il vous ayt en sa saincte garde. Escript à Mante, le xx$^e$ jour d'apvril 1593.

HENRY.

REVOL.

[1593.] — 21 AVRIL.

Cop. — B. R. Fonds Dupuy, Ms. 407, fol. 39 recto. Et Suppl. franç. Ms. 1009-4.
Cop. — Biblioth. de l'Arsenal, Mss. de Conrart, Hist. litt. n° 677, vol. V, p. 81.
Imprimé. — *Lettres inédites de Henri IV et de plusieurs personnages célèbres,* par A. Sérieys. Paris, an x, in-8°, p. 27.

[ A GABRIELLE D'ESTRÉES. ]

Je n'eus point hier de vos nouvelles; je ne sçay à quoy il a tenu. Si vous respectastes le jour de Pasques[1], je ne l'ay pas faict : si c'est

---

[1] Pâques tomba cette année-là le 18 avril. Le Roi écrit le 21, qu'il attendoit pour la veille une lettre qui auroit été écrite deux jours auparavant. Ainsi la distance qui le séparait de sa maîtresse ne pouvait être franchie qu'en deux jours. Il ne s'en suit pas qu'elle fût très-longue. Les communications étaient bien difficiles alors. Rosny, adressant au Roi à Paris l'importante nouvelle de la reddition de Rouen, d'où il écrivait, fit partir en toute hâte son courrier, « lequel, disent les *OEconomies royales,* fit si bonne diligence qu'il ne mit que quatre jours à aller et à revenir. »

paresse, vous avés tort. Il est midy et je n'en ay point encore : c'est bien loing de l'asseurance que vos parolles m'avoient donnée de vous voir anhuy. Quand apprendrés-vous à tenir chere vostre foy? je n'en fay pas ainsy de mes promesses. La voisine[1] est venue ce matin devant mon reveil. Soudain, sans besoing, j'ay prins medecine; de quoy je me treuve sy mal que je n'en puis plus : qui me faict finir, vous jurant que je vous veux bien mal, et ne baisant que vostre belle bouche, encores m'en fairay prier. Ce xxj<sup>e</sup> avril.

## 1593. — 25 AVRIL. — I<sup>re</sup>.

Orig. — B. R. Fonds Béthune, Ms. 9115, fol. 23.
Cop. — B. R. Suppl. fr. Ms. 1009-3.

### A MON COUSIN LE DUC DE NIVERNOIS,

GOUVERNEUR ET MON LIEUCTENANT GENERAL EN CHAMPAGNE ET BRYE.

Mon Cousin, Sur ce que mon cousin le duc de Luxembourg m'a faict entendre que par l'estat qui a esté dressé ceste année des garnisons de mon pays de Champaigne, on a reduict la garnison de Pougy, qui avoit accoustumé d'estre de soixante hommes de pied, au nombre de vingt-cinq harquebusiers à cheval, et que le nombre n'estant suffisant pour la garde de la place, mes deniers de la recepte qui y a esté transferée deviennent en peril, j'ay advisé de remettre et continuer la dicte garnison de soixante soldats à pied, l'estimant necessaire pour le bien de mon service et la seureté de mes dicts deniers, et en ay à ceste fin faict expedier mon ordonnance au tresorier extraordinaire de mes guerres; dont je vous ay bien voulu advertir par la presente, vous priant de regarder les moyens de pourveoir à leur entretenement, afin qu'ils ne soyent contraincts, faulte de paiement, d'abandonner la dicte place, et laisser, en ce faisant, les deniers de la dicte recepte en proye à un chascun : ce que m'asseurant que vous

[1] Il paraît que dans sa correspondance familière Henri IV, en badinant, désigne ainsi la fièvre.

ferés, je finiray la presente en priant Dieu, mon Cousin, vous avoir en sa saincte garde. Escript à Mante, ce xxv$^e$ jour d'apvril 1593.

HENRY.

REVOL.

### 1593. — 25 AVRIL. — II$^{me}$.

Orig. — B. R. Fonds Béthune, Ms. 9115, fol. 24.
Cop. — Suppl. fr. Ms. 1009-3.

A MON COUSIN LE DUC DE NIVERNOIS,
GOUVERNEUR ET MON LIEUTENANT GENERAL EN CHAMPAGNE ET EN BRYE.

Mon Cousin, Ayant entendu, tant par ce que m'a escript la dame de Farvacques, que de bouche par le s$^r$ Lorrando, commandant pour mon service à Grancey, la necessité en laquelle la dicte place est reduicte, par le grand nombre des garnisons que les ennemys tiennent aux environs d'icelle, et le besoing qu'il y a de renforcer la garnison de la dicte place d'une compagnie de cinquante chevaulx legiers, pour y servir selon que les occasions s'en offriront, j'ay ordonné au dict Lorrando de lever et mettre sus la dicte compagnie de cinquante chevaulx legiers, pour demeurer en garnison en la dicte place soubs sa charge, et luy ay, à ceste fin, faict expedier mes lettres de commission; dont je vous ay bien voulu advertir et vous prier, par mesme moyen, de pourveoir à l'entretenement de la dicte compaignie, des deniers destinez au payement des garnisons, affin qu'elle se puisse maintenir et conserver pour me faire service, tant en la dicte garnison que aux occurrences qui s'en pourront offrir dehors : priant Dieu, mon Cousin, qu'il vous ayt en sa saincte garde. Escript à Mante, le xxv$^e$ jour d'apvril 1593.

HENRY.

REVOL.

## 1593. — 26 AVRIL.

Orig. autographe. — Archives des Médicis, légation française, liasse 3. Envoi de M. le ministre de France à Florence.

[A MON COUSIN LE GRAND DUC DE TOSCANE.]

Mon Cousin, J'ay veu le sʳ de Gondy trés volontiers, pour estre venu de vostre part, oultre l'occasion que j'ay de l'aimer, pour m'estre affectionné comme il est, et, avec extresme contentement, entendu de luy l'affection que vous me portés; de laquelle, comme je n'ay jamais doubté de la continuation d'icelle, je recognois vous avoir trés grande obligation et vous en remercie. J'ay aussy entendu par le sʳ de Gondy vos bons conseils et advis en ce qui touche mes affaires, et vous diray que, combien que les accidens survenus depuis le partement de mon cousin le cardinal de Gondy soyent tels qu'ils m'ayent donné assez de subject pour devoir avoir nouvelles considerations, neantmoins faisant estat de vostre prudent conseil, comme je sçay que le merite la sincerité avec laquelle me le donnés, et vostre bon jugement, non seulement je vous veux confirmer ce que je vous ay mandé par le dict sʳ cardinal de Gondy touchant ma conversion, mais j'ay voulu et veux de plus vous promettre, comme je fais, en foy et parole de Roy, par la présente, escripte et signée de ma main, de faire declaration et profession publique de la religion catholicque, selon les constitutions de l'Eglise (comme ont faict les rois de France mes predecesseurs) dans deux mois après que mon cousin le duc de Lorraine sera tombé d'accord avec moy par juste et convenable composition.

Et parce que, comme avés trés bien jugé, ceste mienne resolution peut apporter grand changement en mes affaires, de sorte qu'il faut que je la face avec les fondemens necessaires pour me pouvoir faire obeir et recognoistre par ceux qui vouldroient perseverer et s'obstiner en leur rebellion, j'ay tant plus clairement cogneu vostre bonne volonté envers moy, en ce que je vois qu'avés pensé au grand besoin que j'ay, en telle occasion, d'une bonne levée de

Suisses ; et pour ce, j'ay volontiers accepté l'offre de la levée de quatre mille Suisses payez pour un an, que le s$^r$ de Gondy m'a faict de vostre part, avec la solde pour six mois de mille aultres Suisses ou environ, qui me demeurent des aultres qui sont auprés de moy, que je desire retenir, pour ce qu'ils sont bien aguerrys et qu'ils me seront fort utiles. Et pour vous pouvoir, mon Cousin, mieulx representer l'estat de mes affaires, j'ay voulu que le s$^r$ de Gondy y ayt veu sy clair qu'il vous en puisse rendre particulier compte; estant, comme il est, mon serviteur et le vostre. Il vous dira que, me faisant ce plaisir de m'accommoder de deux cens mil escuz comptant, oultre la levée et entretenement des dicts Suisses, qui seront, avec les aultres deniers pour la dicte levée et entretenement, distribuez et payez par celuy ou ceulx qu'il vous plaira nommer, par ce moyen je pourray reduire la ville de Paris en sy brief temps qu'en aurés grand contentement, comme plus particulierement vous apprendrés du dict s$^r$ Gondy. Je vous prie donc, mon Cousin, ne me desnier ce secours, lequel non seulement me rendra Paris et aultres villes circonvoisines, mais encores me delivrera de la gene et subjection en laquelle aucuns mesmes qui se disent mes serviteurs me tiennent, pour retarder tousjours l'effect de ma bonne intention, qui me peut [enlever] entierement les moyens de recognoistre mes amys, et vous, mon Cousin, sur tous, à qui je demeureray du tout acquis et tousjours prompt à me revencher, de tres bon cœur, des bons offices et secours signalez que je reçois journellement de vous. Faictes donc, je vous prie, mon Cousin, que les Suisses, avec l'argent pour leur entretenement susdict, et les deux cens mil escuz, soyent, au plus tost que pourrés, prés de moy ; car je n'attendray aultre chose pour effectuer ma promesse susdicte : et aprés vous avoir prié de rechef de continuer à m'aimer et vous asseurer, en contreschange, de mon entiere et parfaicte amitié, je prieray Dieu, mon Cousin, qu'il vous ayt en sa saincte garde. Escript à Mante, le xxvj$^e$ d'avril 1593.

Vostre plus affectionné et obligé cousin,<br>
HENRY.

[1593.] — 28 AVRIL.

Orig. autographe. — B. R. Suppl. fr. Ms. 1939, fol. 27.

A MONS$^r$ DE SOUVRÉ,
ET EN SON ABSENCE AU MAIRE DE MA VILLE DE TOURS.

La Gode, Je vous fais ce mot pour vous dire que, si tant est que mon cousin le comte de Soissons se presentast pour entrer en ma ville de Tours, comme j'ay eu advis qu'il vouloit faire, vous ne l'y laissiés entrer, que premierement, sur cela, vous n'ayés aultre commandement de moy. Et si, pour les occasions qui se peuvent presenter pour mon service, je vous mandois de me venir trouver, vous ferés entendre ceste mienne volonté aux maire et eschevins de ma ville. Mais tenés cest affaire segrete : et ceste-cy n'estant à aultre fin, je prieray Dieu qu'il vous ayt, la Gode, en sa saincte garde. Ce xxviij$^e$ jour d'avril, à Mante.

HENRY.

1593. — 4 MAI.

Cop. — Arch. de la cour royale de Rouen, Registres secrets orig. du parlement de Normandie, séant à Caen, vol. de février à la fin de juillet 1593, fol. 94 recto. Communication de M. Floquet.

A NOS AMEZ ET FEAULX LES GENS TENANS NOSTRE COURT
DE PARLEMENT A CAEN.

Nos amez et feaulx, Le refus qui a esté par vous faict à m$^e$ Jacques Moynet, conseiller en nostre court de parlement de Normandie, de luy laisser continuer l'exercice de son office (comme il a faict depuis ces troubles jusques au siege de Rouen, qu'il seroit venu en nostre armée pour quelques siens affaires), soubs pretexte que depuis quelque temps il faict profession de la religion pretendue refformée, nous a donné occasion de luy faire expedier sur ce nos lettres-patentes, à vous adressantes, lesquelles voullons sortir effect. A ceste cause, nous vous mandons et ordonnons que, le faisant joyr du contenu d'icelles, vous ayés à permettre au dict Moynet l'entrée et séance en nostre dicte court, et luy laisser continuer l'exercice de son dict office de conseiller, au mesme rang que avant qu'il feist profession de la dicte religion ¹, laquelle ne luy voullons nuire ne prejudicier pour ce regard, ne pour nos aultres officiers qui feront pareille profession; selon que nous vous avons cy-devant faict entendre par vos depputez, auxquels avons commandé de vous en faire fidelle rapport.

Donné à Mantes, le iiij° jour de may 1593.

HENRY.

POTIER.

1593. — 5 MAI.

Cop. — Arch. de la cour royale de Rouen. Registres secrets orig. du parlement de Normandie, séant à Caen, vol. de février, à la fin de juillet 1593, fol. 94 verso. Communication de M. Floquet, greffier en chef, correspondant de l'Institut.

A NOS AMEZ ET FEAULX LES GENS TENANS NOSTRE COURT DE PARLEMENT DE NORMANDIE A CAEN.

Nos amez et feaulx, Nous envoyons nostre cousin le duc de Montpensier à son gouvernement de Normandie, pour assembler les forces d'icelluy et les conduire en nostre armée, avec laquelle nous luy avons donné charge de reduire soubs nostre obeissance quelques places et forts que nos ennemys occupent au dict pays, comme il vous fera entendre plus particulierement. Assistés-le de vos bons advis et de l'auctorité de vos charges, en ce qui sera de besoing, et luy obeissés comme si c'estoit nous-mesme : et vous nous ferés chose trés agreable.

Donné à Mante, le v° jour de may 1593.

HENRY.

POTIER.

¹ Jacques Moynet, sieur de Taucourt, étant déjà conseiller au parlement de Normandie, avait embrassé la réforme sous le règne de Henri III, puis était revenu au catholicisme, qu'il avait abandonné de nouveau lorsqu'il arriva pour siéger à Caen, avec cette lettre du Roi. Le parlement refusa de l'admettre, et, malgré les instances réitérées du Roi, persista dans ce refus jusqu'en 1598. Moynet fut alors réintégré dans sa charge, en vertu de l'édit de Nantes. Voyez l'Histoire du parlement de Normandie, par M. Floquet, t. IV, p. 100 et suivantes.

## 1593. — 8 MAI.

Orig. — B. R. Fonds Béthune, Ms. 9115, fol. 25.
Cop. — Suppl. fr. Ms. 1009-3.

### A MON COUSIN LE DUC DE NIVERNOIS,
PAIR DE FRANCE.

Mon Cousin, La derniere que j'ay receu de vous est de Chasteaufort, par laquelle j'ay esté bien ayse d'avoir entendu que vous ayés faict quicter la campaigne au duc de Guyse, et qu'ayés pris le chasteau de la Maisonfort. Je sçay, à mon regret, le peu de moyens que vous avés d'effectuer la volonté qui est en vous de me servir et faire prosperer mes affaires en vostre gouvernement; mais je sçay aussy combien vostre presence est utile pour mon service en tous lieux où vous estes, et comme elle sert d'obstacle aux desseings de mes ennemys; qui me faict desirer grandement que vous soyés en personne en vostre dict gouvernement, où je m'asseure que vous sçaurés sy bien juger ce qui se pourra faire pour l'advancement de mes affaires, et vous ayder et mesnager ce peu de moyens qu'avés, que vous ne laisserés de produire beaucoup de bons effects de ce que je me suis tousjours promis de vostre affection et diligence. J'ay veu l'estat que m'avés envoyé des forces de mes ennemys, dont je vous sçay fort bon gré. Le s<sup>r</sup> de la Boissiere m'a adverty que, depuis, leur dicte armée est fort diminuée, et qu'elle est maintenant reduicte à quatre ou cinq mil hommes, tant de pied que de cheval. Elle estoit logée dans le bourg de Beauquesne, où d'abordée la Bourlotte a esté tué, selon le dernier advis que j'en ay eu.

J'ay resolu ne m'esloigner de Paris, à cause de la conference [1], et

---

[1] Cette conférence se tenait à Suresne, entre l'archevêque de Bourges, MM. de Chavigny, de Rambouillet, de Schomberg, de Bellièvre, de Pontcarré, de Thou, Revol et de Vic, pour le Roi; et d'autre part l'archevêque de Lyon, l'évêque d'Avranches, l'abbé de Saint-Vincent, MM. de Villars, Averson, Jeanin, de Pontarlier, de Montigny, du Pradel, Le Maistre, Bernard, Dulaurens et de Villeroi, de la part des états.

d'aller pendant icelle du costé de Senlis et Compiegne. La dicte conference se faict au village de Suresne, et les depputez d'une part et d'aultre s'y sont trouvez par divers jours, durant lesquels ils n'ont encores traicté que des seuretez requises et de la difficulté qu'ils faisoient de recepvoir aulcuns des depputez en la dicte conference. Toutesfois ils sont enfin tombez d'accord sur l'un et l'aultre poinct, et commencerent avant-hier à parler du subject de la dicte assemblée. Les dicts deputez de part et d'autre promettent beaucoup de fruict de la dicte conference, ce que je desire plus que chose du monde, pour le repos general de mon Royaume : à quoy je tiendray la main et apporteray de ma part tout ce que je pourray pour le repos de mon Royaume et le contentement de tous mes subjects catholicques. Ce pendant j'ay faict acheminer mon armée en Normandie et y ay envoyé mon cousin le duc de Montpensier, pour faire quelques effects qui peuvent apporter beaucoup de repos à la dicte province.

Ceulx de Moulins ont tort de vouloir retenir les canons, que j'entens estre ramenez en Champaigne : et s'il est besoing de leur en faire quelque aultre commandement plus particulier, je le feray : et sur ce, aprés vous avoir prié me faire souvent part de vos nouvelles, je prieray Dieu qu'il vous ayt, mon Cousin, en sa saincte et digne garde. De Mante, ce viij<sup>e</sup> jour de may 1593.

HENRY.

POTIER.

1593. — 10 MAI.

Orig. — Archives de madame la duchesse Mathieu de Montmorency. Copie transmise par M. Paul de la Salle, membre de la commission historique de l'arrondissement de Mamers.

A MON COUSIN LE PRINCE DE CONTY.

Mon Cousin, Vous avés esté cy-devant adverty de la conference par moy promise aux princes, prelats, gentilshommes et aultres seigneurs catholiques qui estoient prés de moy avec ceulx de l'assemblée de Paris. Les depputez d'une part et d'aultre s'estans assemblez dès le xxix<sup>e</sup> du passé, au village de Suresne, n'ont jusques à present traicté que des seuretez requises d'une part et d'aultre, ayant aussy esté interrompus par la venue des ducs de Mayenne, de Guise et aultres chefs de leur party à Paris, où leurs depputez les ont esté trouver ; et ce pendant les s<sup>rs</sup> de Schomberg et de Revol me sont venus rendre compte, au nom de tous les dicts depputez, de ce qui s'est passé entre eux et les aultres ; où ils ne pouvoient aller plus avant sans estre plus amplement esclaircys de ma volonté, de laquelle les ayant fort particulierement instruicts, je les ay renvoyez pour continuer la conference. Vous sçavés, mon Cousin, que la proposition de la dicte conference fut introduicte parmy des deliberations où l'on vouloit faire tomber l'assemblée de Paris, de proceder à l'election d'un roy. Il se cognoist que ce moyen a suspendu les esprits de plusieurs de la dicte assemblée, qui ne vouldroient tomber sous la domination de l'Espagnol, à laquelle ils voyent qu'on les veut soubmettre, et à personnes du tout despendantes d'eux ; et ceste crainte, joincte la necessité qu'ils sentent de la longueur de la guerre, leur a engendré un desir de s'accommoder avec moy, si j'estois de leur religion. Ceulx qui ont aultre intention, qui sont les chefs, monstrent neantmoins semblable intention, parce qu'ils ne veulent faire cognoistre s'estre nourrys d'aultre cause que de leur religion ; mais en faisant semblant d'adherer à la mesme opinion des aultres, la traictent avec termes qu'ils sont bien asseurez y former une impossibilité, quand ils seroient pris au mot de ma conversion, la renvoyans, comme ils font, au Pape, qu'ils sçavent n'avoir en cela mandement ny volonté que celle du roy d'Espagne ; ce qui les a rendus plus libres à faire quelque demonstration de me vouloir recognoistre, après que ceste formalité seroit intervenue, pensant tirer du refus que j'en ferois, ou de la difficulté que j'y trouverois quand je le vouldrois tenter, une grande confirmation de leur pretexte et credit envers le peuple, et par là le faire plus facilement condescendre à ce qu'ils desirent, poursuivant ce pendant, par tous les moyens et artifices qu'ils peuvent, de rendre suspect et odieux tout traicté de mon costé ; en quoy les ministres d'Espaigne meslent de grands offres pour le public, et advantages pour les particuliers qui peuvent quelque chose, soit par l'espée ou par la langue. Et d'aultant qu'ils ne peuvent bien rompre la disposition du peuple en mon endroict, que en luy faisant perdre toute opinion et esperance de ma conversion, où ils n'espargnent aucune invention, ne supposition de bons advis, qu'ils disent en avoir, et que ceulx qui cognoissent ces mauvaises volontez et menées les ayans neanmoins en horreur, doubtent que, si cest artifice n'est rabattu par quelque apparence qu'ils ne puissent cacher au peuple, ils le facent precipiter à une resolution qui ne laisseroit plus lieu de reconciliation, comme seroit l'eslection à laquelle ils tendent, et qui semble incliner à la personne du roy d'Espaigne, pour ne voir aulcun subject assez puissant pour les maintenir : j'ay pensé ne pouvoir trouver meilleur remede que de convoquer un nombre de prelats auprés de moy, pour entendre à mon instruction, qui servira aussy à contenter le commun souhait de mes subjects catholiques qui me recognoissent; en quoy, pour le moins, j'espere que vauldra la dicte convocation, si elle n'a force en l'aultre party[1].

C'est en ceste occasion sy importante et necessaire à cest Estat, que je desire estre assisté de vous, mon Cousin, qui avés tesmoigné

---

[1] Le 17 de ce mois une lettre sur le même sujet fut adressée au marquis de Pisany, ambassadeur à Rome. Tout le premier alinéa est conçu absolument dans les mêmes termes. Au lieu du second alinéa, on lit dans la lettre à l'ambassadeur :

« Voilà ce qui s'est passé jusques à present en la dicte conference et le subject de ma dicte resolution, dont je vous ay voulu aussy tost donner advis, affin que vous ayés de quoy fermer la bouche à ceulx qui feront courir des bruits au desavantage de mes affaires ; esperant vous mander dans peu de jours les progrés et yssue de la dicte conference. De vostre part, je vous prie me tenir soigneusement adverty des occurrences de delà, et comme le Pape aura prins les advis qu'il aura eus de ce qui s'est passé jusques à present en la dicte conference. Je prie Dieu, etc. » (Original. — Collection de M. Lucas de Montigny.)

M. de Maisse, ambassadeur à Venise, en reçut aussi une semblable, également du 17, et qui se termine par des instructions diplomatiques.

Celle qui fut écrite au duc de Nevers est du 18, et, à quelques mots près, du commencement et de la fin, reproduit textuellement cette lettre au prince de Conti.

en tant d'aultres l'affection que vous avés au bien et conservation d'iceluy et à la protection et manutention de mon auctorité, pour l'entier establissement de laquelle, et adviser aux moyens de l'entretenir, je mande par mesme moyen le plus grand nombre de princes, seigneurs et aultres notables personnages, tant de nostre court de Parlement que aultres, mes bons et fideles serviteurs, pour se rendre tous ensemble dans le dixiesme du mois de juillet prochain, en ceste ville, où je vous prie vous trouver en mesme temps pour mettre la main à un sy bon œuvre, sy profitable, avec l'ayde de Dieu, qui en fera, s'il luy plaist, sortir le fruict conforme au desir des gens de bien. Je le prie, pour fin, qu'il vous ayt, mon Cousin, en sa saincte et digne garde. De Mantes, ce x<sup>e</sup> jour de may 1593.

HENRY.

POTIER.

## 1593. — 18 MAI. — I<sup>re</sup>.

Cop. — Suppl. fr. Ms. 1009-3.

Imprimé. — *Chronologie novenaire*, par CAYET, V<sup>e</sup> partie, fol. 78 recto. — *Mémoires de la Ligue*, t. V, p. 360, édit. de 1758, Amsterdam, in-4°. — *Journal de Lestoile*, édit. de M. Champollion, p. 140, note 2, etc.

[A MONS<sup>R</sup> L'EVESQUE DE CHARTRES.]

Mons<sup>r</sup> de Chartres[1], Le regret que je porte des miseres où ce Royaulme est constitué par aulcuns qui, sous le faulx pretexte de la religion, duquel ils se couvrent, ont enveloppé et trainent lié avec eulx en ceste guerre le peuple ignorant leurs maulvaises intentions, et le desir que j'ay de recognoistre envers mes bons subjects catho-

---

[1] Nicolas de Thou, frère de Christophe de Thou, premier président au parlement de Paris, était fils d'Augustin de Thou, seigneur de Bonnœil, etc. et de Claude de Marle. Il fut conseiller clerc au Parlement, archidiacre de l'église de Paris, abbé de Saint-Symphorien de Beauvais et évêque de Chartres. En cette dernière qualité il sacra Henri IV l'année suivante; et il a laissé de cette cérémonie une relation que cite l'illustre historien son neveu. Il composa plusieurs autres ouvrages d'érudition et de piété, entre autres l'Explication de la messe et de ses cérémonies. Il mourut en 1598, à l'âge de soixante et dix ans.

liques la fidelité et affection qu'ils ont tesmoignées, et continuent chacun jour, à mon service, par tous les moyens qui peuvent despendre de moy, m'ont faict resouldre, pour ne leur laisser aucun scrupule, s'il est possible, à cause de la diversité de ma religion, en l'obeissance qu'ils me rendent, de recevoir au plus tost instruction sur les differends dont procede le schisme qui est en l'Eglise, comme j'ay tousjours faict cognoistre et declaré que je ne la refuseray ; et n'eusse tant tardé d'y vacquer, sans les empeschemens notoires qui m'y ont esté continuellement donnez. Et combien que l'estat present des affaires m'en pourroit encore justement dispenser, je n'ay toutesfois voulu differer davantage d'y entendre, ayant à ceste fin advisé d'appeller un nombre de prelats et docteurs catholicques, par les bons enseignemens desquels je puisse, avec le repos et satisfaction de ma conscience, estre esclaircy des difficultez qui nous tiennent separez en l'exercice de la religion. Et d'autant que je desire que ce soyent personnes qui, avec la doctrine, soyent accompagnées de pieté et preud'hommie, n'ayans principalement aultre zele que l'honneur de Dieu, comme de ma part j'y apporteray toute sinceritè, et qu'entre les prelats et personnes ecclesiastiques de mon Royaume, vous estes l'un desquels j'ay ceste bonne opinion : à ceste cause, je vous prie de vous rendre prés de moy en ceste ville, le quinziesme jour de juillet, où je mande aussy à aulcuns autres de vostre profession se trouver en mesme temps, pour tous ensemble tendre à l'effect les efforts de vostre debvoir et vocation ; vous asseurant que vous me trouverés disposé et docile à tout ce que doibt un Roy trés chrestien, qui n'a rien plus vivement gravé dans le cœur que le zele du service de Dieu et manutention de sa vraie Eglise. Je le supplie, pour fin de la presente, qu'il vous ayt en sa saincte garde. Escript à Mantes, ce dixhuitiesme jour de may 1593.

HENRY.

1593. — 18 mai. — II<sup>me</sup>.

Orig. — B. R. Fonds Fontette, portef. VI, pièce 64.

A NOTRE AMÉ ET FEAL MAISTRE BENIGNE OCQUIDAM,
CONSEILLER EN NOSTRE COURT DE PARLEMENT DE BOURGOGNE [1].

Nostre amé et feal, Ne voulans laisser aucun scrupule à nos bons subjects catholiques en l'obeissance qu'ils nous rendent, ny opinion à aulcuns aultres de moins de soing que nous ne debvons au soullagement et repos de ce Royaulme, à faulte de faire congnoistre par effect ce que nous avons de long temps et plusieurs fois protesté en ce que touche la relligion, que nous estions et sommes nects de toute opiniastreté, et prests à recepvoir instruction sur les differens qui sont cause du schisme en l'Eglise, combien que pour le regard de ceulx qui maintiennent ce Royaulme en trouble, il est tout clair que aultre chose les y poulse que le zele duquel ils se servent à la ruine qu'ils ont juré de ceste Couronne, nous avons voulu prendre le temps et loisir à present, nonobstant que aultres affaires pressez nous pourroient, pour encores, justement dispenser, d'entendre et vacquer à la dicte instruction ; ayans pour ce soin advisé d'appeler un nombre de prelats et docteurs catholicques prés de nous en ceste ville, au quinziesme jour de juillet prochain, trés disposé à recepvoir et suivre ce que par bons enseignemens l'on nous fera congnoistre appartenir à la vraye pieté et relligion : de quoy nous vous avons bien voulu advertir, et par mesme moyen vous dire que voulons aussy profficter ce sesjour à regarder et pourveoir aux affaires de ce Royaulme, pour y donner le meilleur ordre qu'il sera possible selon les occurences. Nous avons aussy resolu d'assembler à ceste fin le plus grand nombre que faire se pourra des princes et aultres notables personnages, nos

---

[1] Cette lettre est une circulaire, qui fut trés-répandue. Nous avons, entre autres, les exemplaires adressés à M. de Rambouillet, à M. d'Abain, à M. de Lancquetot. Elles présentent entre elles quelques légères différences. Nous avons choisi celle à M. Ocquidam comme la plus développée.

bons et fideles serviteurs, mesmes de nos courts de parlement, affin d'apporter et contribuer chacun ce que sa capacité et debvoir commun au bien public luy suggereront : et d'autant que nous entendons que vous soyés du nombre, nous vous mandons ne faillir de vous rendre au mesme temps en ceste dicte ville, où nous nous trouverons lors, pour mettre la main à un sy bon œuvre et sy necessaire, avec l'ayde de Dieu, qui en fera, s'il luy plaist, sortir le fruict conforme au desir des gens de bien. Donné à Mantes, ce xviij$^e$ jour de may 1593.

HENRY.

POTIER.

## 1593. — 20 MAI.

Orig. — B. R. Fonds Béthune, Ms. 9115, fol. 28.
Cop. — B. R. Suppl. fr. Ms. 1009-3.

### A MON COUSIN LE DUC DE NIVERNOIS,
#### GOUVERNEUR ET MON LIEUCTENANT GENERAL EN CHAMPAIGNE ET BRYE.

Mon Cousin, Depuis mon advenement à la Couronne, mess$^{rs}$ des Estats[1] ont fait paroistre en tant d'occasions l'affection qu'ils ont au bien et advancement de mes affaires, que je puis dire avec verité qu'ils n'en ont eu moins de soing que de leurs propres; ce qui m'oblige et me donne occasion d'embrasser de pareille affection ce qui leur touche et principalement les occasions desquelles le fruict et utilité m'est commune avec ceulx des dicts Estats. Il y a longtemps que mon cousin le comte Maurice et ceulx des dicts Estats m'ont proposé le desseing qu'ils ont d'advancer leurs forces, et gaigner pied à pied devers les provinces des Pays-Bas les plus proches de la frontiere de mon Royaume, pour avoir moyens de joindre leurs dictes forces avec les miennes : ce qu'ils sont prests d'executer, pourveu que je mette ensemble quelques forces sur la dicte frontiere, pour favoriser leur

---

[1] Les états de Hollande.

entreprinse. Congnoissant combien ce desseing est utile à mon service et ne voulant perdre l'occasion de me servir des moyens qu'ils m'offrent pour cest effect, desirant aussy contenter mon dict cousin et ceulx des dicts Estats, sur la priere et instance qu'ils m'ont faicte de commettre ceste charge à mon cousin le duc de Bouillon, j'ay advisé de donner ce commandement à mon dict cousin, et l'envoyer dans peu de temps sur la frontiere de mon Royaume pour assembler les forces lesquelles j'ay destinées pour me servir prés de luy en ceste occasion : dont je vous ay voulu advertir, afin que, congnoissant mon intention, vous le favorisiés en ce qui despendra de vous, comme je vous prie de faire. Et parce que, selon les occasions qui s'offriront, les compagnies qui sont sur la dicte frontiere, comme celles des s$^{rs}$ de Rhumenil, de Malissy et des aultres, pourront beaucoup servir, j'escris aux dicts cappitaines qu'ils assistent mon dict cousin quand il les en requerra; et parce qu'il est besoing que les dictes forces s'assemblent en lieu commode, tant pour la proximité de la frontiere, que pour servir en Champaigne, Picardie ou Isle de France, s'il se presentoit quelque bonne occasion, j'ay commandé à mon dict cousin d'assembler les dictes forces dans le pays de Thierache, tirant vers Laon et Merle. J'espere que ce desseing apportera beaucoup d'advancement en mes affaires; qui me faict de rechef vous prier, mon Cousin, de tenir la main en ce qui despend de vous pour faire observer ce qui est en cela de ma volonté; ce que me promettant de vous, je ne vous feray plus longue lettre : priant Dieu, mon Cousin, qu'il vous ayt en sa saincte garde. De Mante, le xx$^e$ jour de may 1593.

HENRY.

POTIER.

1593. — 24 MAI. — I^{re}.

Orig. — B. R. Fonds Béthune, Ms. 9115, fol. 32.
Cop. — B. R. Suppl. fr. Ms. 1009-3.

A MON COUSIN LE DUC DE NIVERNOIS ET DE RETHELOIS,
GOUVERNEUR ET MON LIEUCTENANT GENERAL EN CHAMPAIGNE ET BRYE.

Mon Cousin, Il a esté commencé quelque traicté avec Bassompierre[1] pour la trefve avec les Lorrains, lequel a esté acroché par le moyen du duc de Mayenne. Qui est cause que j'envoye mon cousin le duc de Bouillon à Sedan, pour veoir ce qu'il pourra entreprendre sur la Lorraine, sur l'instance de mess^{rs} des Estats et du comte Maurice. Et pour ne perdre l'occasion de me servir des moyens qu'ils me presentent, j'ai faict un aultre commandement à mon dict cousin, lequel je luy ay donné charge de vous communicquer, et sur icelluy prendre vostre advis en ce que vous jugerés estre à faire pour mon service. Ces deux occasions peuvent produire de beaux effects, et apporter beaucoup d'advancement à mes affaires, comme j'espere qu'ils feront, tant par le moyen du secours que ceulx des dicts Estats y doibvent apporter, que par l'assistance des forces qui se peuvent tirer des garnisons de mes villes de frontiere, pour servir en ceste occasion. Je vous prie, mon Cousin, de favoriser en tout ce que vous pourrés les dictes entreprinses, et selon que les occasions s'offriront, ayder mon dict cousin des forces que luy pourrés envoyer. Les forces des ennemys qui vous travaillent en vostre gouvernement seront par ce moyen diverties; et si vous jugés que vous ayés besoing de mon dict cousin de Bouillon, il vous ira trouver pour vous assister en ce que vous en aurés besoing pour mon dict service. A quoy je vous

---

[1] Christophe, baron de Bassompierre, seigneur d'Harouel, de Remauville, de Baudricourt et de Thiécourt, était grand maître d'hôtel et chef des finances du duc de Lorraine. En 1570 il avait servi la France comme colonel de quinze cents reitres au service de Charles IX. Il mourut en 1596. Il était le troisième fils de François, sire de Bassompierre, bailli des Vosges, etc. et de Marguerite de Dompmartin. Son fils aîné est le célèbre maréchal de Bassompierre dont nous avons les Mémoires.

puis asseurer que le trouverés entierement disposé, tant pour mon service que pour l'affection particuliere qu'il vous porte, comme il m'a asseuré. Croyés donc, mon Cousin, tout ce que vous dira ou fera entendre mon dict cousin de Bouillon de ma part, comme si c'estoit moy-mesme : et sur ceste asseurance je prieray Dieu qu'il vous ayt, mon Cousin, en sa saincte garde. Escript à Mantes, le xxiiijᵉ jour de may 1593.

HENRY.

POTIER.

1593. — 24 MAI. — IIᵐᵉ.

Orig. — B. R. Fonds Béthune, Ms. 9115, fol. 3o.
Cop. — B. R. Suppl. fr. Ms. 1009-3.

A MON COUSIN LE DUC DE NIVERNOIS,
GOUVERNEUR ET MON LIEUCTENANT GENERAL EN CHAMPAIGNE ET BRYE.

Mon Cousin, Par les dernieres lettres que les habitans de ma ville de Langres m'ont escriptes, ils me representent la necessité des gens de guerre, tant de cheval que de pied, qui sont en garnison en icelle, comme font en semblable les sʳˢ de Grantpré et Sᵗ-Cheron, ce qui provient de faulte de payement : à quoy je desireroys, mon Cousin, qu'il feust pourveu, et que, des assignations quy ont esté données pour les garnisons de vostre gouvernement, ce qui se receoit au plus proche de ma dicte ville de Langres feust destiné pour le payement de la dicte garnison ; ce que je vous prie de faire executer, pour donner contentement aux dicts gens de guerre et empescher qu'à faulte de payement, les dicts habitans en reçoipvent incommodité. Je vous ay renvoyé les articles touchant la trefve qu'ils ont traictée et vous ay mandé que, pour ce qui concernoit le labouraige, je trouve bon ce qui en avoit esté accordé soubs mon bon plaisir ; et pour le regard de la levée des deniers, je vous ay pryé par la mesme depesche de veoir qu'il ne se face rien en cela au prejudice de mon authorité. Les habitans de la dicte ville m'ont servy fidelement et leurs services sont d'autant plus louables, pour estre voisins de mes ennemys, lesquels ont essayé tous moyens pour ebranler leur fidelité, en laquelle je m'asseure qu'ils continueront avec l'ayde que vous y apporterés par vostre prudence. Je ne doubte que quelques uns ne veuillent blasmer aucune de leurs actions à l'endroict de mes serviteurs ; mais il fault quelquefois excuser les peuples, si par opinion ils sont emportez à quelques deportemens extraordinaires, quand l'on congnoist que telles passions procedent du zele qu'ils ont à bien servir et à se conserver ; en quoy le remede est de les rendre capables de ce qui est de leur debvoir, et leur faire congnoistre les bornes dans lesquelles ils se doibvent contenir, comme je m'asseure que vous sçaurés par vostre prudence faire dextrement, et y apporter les remedes necessaires, avec telle douceur qu'il ne s'alterera rien de la volunté qu'ont les dicts habitans à mon service ; ne voulant oublyer à vous dire que j'ay beaucoup de preuve de la fidelité du lieutenant Roussart [1], lequel je vous prie, en ceste consideration, avoir en recommandation, et vous servir de luy en ce qui s'offrira pour mon service.

Je vous ay escript touchant la surseance d'armes qui s'est traictée par Bassompierre pour la Lorraine [2]. J'estime que la resolution en sera differée par l'artiffice du duc de Mayenne, lequel crainct que le duc de Lorraine se separe d'eulx. Les depputez de Paris tiennent [3] en longueur la response qu'ils doibvent faire, sur l'asseurance qui leur a esté donnée de mon instruction. Je vous advertiray de la response qu'ils auront faicte, et quelle qu'elle soit, elle ne peut rien changer de la resolution que j'ay prinse, dont je vous ay adverty bien particulierement par mes lettres du xviij$^e$ de ce mois : et sur ce, je prie Dieu qu'il vous ayt, mon Cousin, en sa saincte garde. De Mante, ce xxiij$^e$ jour de may 1593.

HENRY.

POTIER.

---

[1] Le nom de Roussat, maire de Langres, se trouve assez souvent écrit de cette manière.

[2] Voyez la lettre précédente.

[3] Ainsi dans l'original.

## 1593. — 24 MAI. — III^me.

Orig. — Arch. de la famille de Noailles. Communication de M. le duc de Noailles, pair de France

[A MONS^R DE NOAILLES.]

Mons^r de Noailles, Estant necessaire pour le bien de mon service que je sois assisté dans peu de temps de mes bons serviteurs et de bonnes forces, pour m'opposer aux desseings de mes ennemys rebelles, et desirant que vous soyés de ce nombre et que vous me veniés trouver au plus tost avec vostre compagnie, je vous ay accordé la somme de trois mille escuz, à prendre sur les deniers des restes des années passées qui me sont dus des tailles du hault et bas Limosin et pays d'Issan-Dunois, pour vous donner moyen de la mettre sus, vous asseurant qu'en toutes aultres occasions qui s'offriront pour vostre bien et advancement je n'oublieray jamais à recognoistre les bons services que j'ay reçus de vous : et en ceste volonté je prie Dieu qu'il vous ayt, Mons^r de Noailles, en sa saincte et digne garde. De Mantes, ce xxiiij^e may 1593.

HENRY.

POTIER.

## 1593. — 25 MAI.

Imprimé. — *Mémoires de messire Philippes de Mornay*, t. II, p. 312, éd. de 1625.

### A MESS^rs DES EGLISES REFORMÉES.

[1] Chers et bien amez, La longueur des guerres a tellement affoibly et esbranlé nostre Royaume, qu'il se peut dire penchant à sa ruine et proche de sa fin, si Dieu, par sa faveur, ne l'appuie et redresse. Jusques icy il nous est tesmoing si, avant et depuis nostre avenement à la Couronne, nous avons espargné nul remede ; mais l'artifice et la malice des anciens ennemys de cest Estat et les nouveaux François-Espagnols et aultres en ont retardé le fruict. Mesmes à ces derniers jours leur rage et leur insolence les avoit portez jusques à proceder à

---

[1] « Dressée et minutée par M. du Plessis. » (*Mém. de Mornay.*)

l'eslection d'un roy, contre les vraies loix fondamentales de l'Estat. On a arresté pour encores le cours de ce pernicieux desseing, et resolu de faire une assemblée generale des princes, prelats, officiers de la Couronne, seigneurs et aultres de nos subjects, tant d'une que de l'aultre religion, au xxe juillet prochain, en ceste ville de Mantes, pour nous assister de leurs advis et conseils sur les affaires qui seront lors proposez pour le salut de l'Estat, bien et soulagement de nos subjects : et desirant qu'on face partir et acheminer diligemment les depputez que nous attendons des provinces de Poictou, pays d'Aunix, Xaintonge, Guyenne et Gascogne, nous avons advisé d'y envoyer le secretaire Viçoze, instruict de nos plus intimes volontez, vous priant le croire comme nous-mesmes, et vous asseurer que nous continuerons tousjours en la mesme affection et bienveillance en vostre endroict que vous avés esprouvée et recogneue en nous en tant de diverses et perilleuses saisons, n'ayant rien de plus cher que l'advancement de la gloire de Dieu et vostre conservation et seureté, ainsy que le dict de Viçose vous fera plus particulierement entendre : sur lequel nous remettans, prierons le Createur, Chers et bien amez, vous avoir en sa garde.

A Mantes, le xxve may 1593. HENRY.

POTIER.

## 1593. — 26 MAI.

Orig. — Arch. de M. le duc de la Force, pair de France.
Cop. — B. R. Fonds Leydet, liasse 2.
Imprimé. — *Mémoires authentiques de Jacques Nompar de Caumont, duc de la Force*, publiés par M. le marquis de la Grange, t. Ier, p. 240.

[A MONS{R} DE LA FORCE.]

Monsr de la Force, Je ne doubte poinct qu'on n'ayt diversement discouru de la conference avec les depputez de Paris, de la continuation et suite d'icelle, et qu'on n'en face divers jugemens. C'est pourquoy envoyant le secretaire Viçose en Guyenne pour faire advancer ceulx que je mande, pour se trouver à l'assemblée convoquée en ma ville de Mante, au xx<sup>e</sup> de juillet, de mes principaux serviteurs de l'une et de l'aultre religion, je lui ay commandé de vous veoir et vous representer particulierement la disposition des affaires : vous priant le croire comme moy-mesme : et sur ce, Mons<sup>r</sup> de la Force, Dieu vous ayt en sa garde. A Mante, le xxvj<sup>e</sup> jour de may 1593.

HENRY.

FORGET.

## 1593. — 27 MAI.

Orig. — Arch. de M. le marquis de Senegas, à Castres. Copie transmise par M. Belhomme, archiviste du département de la Haute-Garonne.

### A MONS<sup>R</sup> DE SENEGAS,
#### GENTILHOMME ORDINAIRE DE MA CHAMBRE.

Mons<sup>r</sup> de Senegas, J'ay advisé de vous mander pour estre à l'assemblée de mes principaulx serviteurs de l'une et l'aultre religion que j'ay convoquée en ceste ville de Mantes, au xx<sup>e</sup> juillet prochain, afin de rechercher et resouldre les moyens de parvenir à une paix generale, et rompre les praticques et conjurations de mes ennemys; vous priant ne faillir de vous acheminer en diligence, instruict des necessitez de vostre province. Ceste occasion est sy importante pour le bien de l'Estat, conservation et seureté de mes bons subjects, que je m'asseure que vous n'y vouldrés faillir, ainsy que j'ay chargé le s<sup>r</sup> de Beauchamp, que j'envoye exprés par delà, vous faire entendre de ma part; sur la fidelité duquel je me remettray : et sur ce, Mons<sup>r</sup> de Senegas, Dieu vous ayt en sa garde. A Mantes, le xxvij<sup>e</sup> jour de may 1593.

HENRY.

## 1593. — 29 MAI.

Orig. — B. R. Fonds Béthune, Ms. 9115, fol. 33.
Cop. — B. R. Suppl. fr. Ms. 1009-3.

### A MA COUSINE LA DUCHESSE DE NIVERNOIS.

Ma Cousine, Je suis contrainct recourir à tous mes bons serviteurs pour estre promptement secouru de deniers, pour le payement des gens de guerre de mon armée et les faire vivre en quelque ordre et discipline ; ayant, de ce nombre, choysi les adjudicataires des greniers à sel de mon Royaulme, qui se sont efforcez autant qu'ils ont peu, comme ils me font presentement congnoistre par le secours qu'ils me promectent, partie duquel doibt provenir du costé de Dezise ; ce qui ne peut estre apporté prés de moy en seureté que par vostre moyen et assistance. A quoy je vous prie vous voulloir employer, et faire tant que je puisse estre aussy tost secouru de ces quartiers-là que je me le promets par vostre moyen, en faisant donner, pour la conduicte, bonne et seure escorte aux commys des dicts adjudicataires, à ce qu'il n'arrive aucun hazard des deniers qu'ils me font apporter. C'est ce de quoy je desire vous prier, et supplier le Createur, ma Cousine, vous conserver en sa garde. De Mante, ce XXIX<sup>e</sup> jour de may 1593.

HENRY.

POTIER.

---

1593. — 30 MAI. — I<sup>re</sup>.

Orig. — Archives des Médicis, légation française, liasse 3. Copie transmise par M. le ministre de France à Florence.

### A MON COUSIN LE GRAND DUC DE TOSCANE.

Mon Cousin, Les grands et continuels efforts que mes ennemys ont faict contre moy depuis mon advenement à ceste Couronne m'ont tenu tellement occupé, et rendu l'accés vers moy sy difficile et dangereux, qu'il ne m'a esté possible de faire assemblée suffisante, ny moy-mesmes prendre loisir pour l'instruction que j'ay tousjours protesté estre prest de recevoir en ce qui touche la religion ; dont la longueur m'a apporté un trés grand regret, pour avoir en cela congneu mon vœu le souhaict commun de tous mes bons subjects catholiques, et receu ce pendant tant de preuves de leur fidelité et affection à mon service, que j'ay juste occasion de leur donner tout le raisonnable contentement qui peut despendre de moy. Et combien que les mesmes empeschemens qui continuent tousjours de la part de mes ennemys, avec la mesme animosité et rigueur qu'ils ont accoustumé, me pourroient encores justement excuser de ceste action, si j'avois intention de la tirer en longueur, ou frustrer mes dicts bons subjects de leur desir et attente, ainsy que mes ennemys en veulent faire valoir l'oppinion, à la justification de leurs faulx pretextes, toutesfois, je me suis resolu de surmonter les susdictes incommoditez pour accélerer le contentement des uns, faire voir à descouvert les maulvaises intentions des aultres, s'ils veulent perseverer en leurs actions et desportemens passez; et à cest effect j'ay convoqué auprés de moy, au xx⁰ de juillet prochain, plusieurs prelats et docteurs catholiques, pour mon instruction et me resouldre avec eulx des points qui nous ont jusques icy tenus separez les uns des aultres, en la foy et creance de la religion, esperant que Dieu assistera de sa grace par son Sainct-Esprit ceste mienne resolution selon le sainct zele que j'y apporte; qui ne tend qu'à embrasser et suivre la vraye voie de mon salut. Et d'autant que je advise, selon l'asseurance que j'ay de vostre amitié, que ceste nouvelle vous sera agreable, pour le bien que vous estimés que l'effect me pourra apporter en mes affaires, sy vous en ay bien voulu faire part et vous asseurer que, si vous desirés ma prosperité, je n'auray jamais moins d'affection d'employer ce qu'elle m'apportera de commodité pour vostre seureté et conservation, s'il s'en offre quelque occasion; ayant bien voulu donner charge au s⁰ Hieronimo de Gondy, chevalier de mon ordre et gentilhomme ordinaire de ma chambre, s'en retournant par delà, de faire plus amplement l'office susdict avec vous en mon nom; auquel je vous prie adjouxter foy à ce qu'il vous dira de ma part comme à moy-mesmes : priant Dieu, mon Cousin, vous avoir en sa saincte et digne garde. Escript à Mante, le xxx⁰ jour de may 1593.

Vostre affectionné cousin.

HENRY.

1593. — 30 MAI. — II^me.

Orig. — B. R. Fonds Béthune, Ms. 9135, fol. 7.
Cop. — Suppl. fr. Ms. 1009-3.

## A MON COUSIN LE DUC DE NIVERNOIS,
GOUVERNEUR ET MON LIEUTENANT GENERAL EN CHAMPAIGNE ET BRIE.

Mon Cousin, Renvoyant à present le s^r de Gondy en Italie, je desire que vous soyés en lieu sur son passage, qu'il vous puisse voir pour vous communiquer la despesche qu'il porte de ma part, et en prendre de vous pour le pays où il va, selon que, par ce que vous entendrés de l'estat de mes affaires et de mes resolutions, vous jugerés qu'icelles y pourront servir et estre à propos. En quoy je deffere tant à vostre bon advis et jugement, que je m'asseure que les offices que vous trouverés bon d'y faire ne pourront estre que trés utiles. Je vous prie aussi, mon Cousin, pourveoir à la conduicte et escorte du dict s^r de Gondy, de lieu à aultre, jusqu'à ce qu'il soit rendu en Lorraine, de sorte qu'il y puisse arriver seurement, s'il est possible. Car, oultre qu'il importe au bien de mon service, je serois marry, pour sa consideration particuliere, qu'il lui advint inconvenient, l'ayant congneu sy affectionné à mon service, et sy capable, que cela m'a accreu le contentement du voyage qu'il est venu faire vers moy. Il a passe-port du duc de Mayenne; mais vous sçavés qu'envers les voleurs la principale seureté despend du moyen qu'on a de se garantir d'eux par la force. C'est pourquoy je desire qu'il soit accompagné le mieux qu'il sera possible, et le vous recommande encores un coup: priant Dieu, mon Cousin, vous avoir en sa saincte garde. Escript à Mantes, le xxx^e jour de may 1593.

HENRY.

REVOL.

[1] Mon Cousin, Je vous prie de vouloir avoir le s^r de Gondy pour recommandé, pour la seureté de son voyage.

[1] De la main du Roi.

[1593.] — 31 MAI. — I<sup>re</sup>.

Orig. autographe. — Arch. des Médicis. Légation française, liasse 3. Copie transmise par M. le ministre de France à Florence.

A MON COUSIN LE GRAND DUC DE TOSCANE.

Mon Cousin, Ce mot de ma main n'est que pour vous faire les remerciemens que je convertirois plustot en effects pour tant de bonne volonté que vous tesmoignés me porter. J'ay dict au s<sup>r</sup> de Gondy combien vivement j'en ressens l'obligation en mon cœur, pour la vous representer; ayant esté trés ayse que la communication de nos affaires et volontez soit en main de personne sy affectionnée et fidelle à vous et à moy. Je vous prie recevoir ce qu'il vous dira de ma part et le croire comme si c'estoit de ma propre bouche : priant Dieu vous avoir, mon Cousin, en sa trés saincte garde. Ce dernier de may, à Mante.

Vostre plus affectionné et obligé cousin,

HENRY.

1593. — 31 MAI. — II<sup>me</sup>.

Orig. — B. R. Fonds Béthune, Ms. 9115, fol. 34.
Cop. — Suppl. fr. Ms. 1009-3.

A MON COUSIN LE DUC DE NIVERNOIS ET RETHELOIS,
GOUVERNEUR ET MON LIEUCTENANT GENERAL EN CHAMPAIGNE ET BRYE.

Mon Cousin, Sur l'advis qui m'est venu de l'heur que Dieu vous a donné en la rencontre de la compagnie du duc de Guyse, que, pour bonne marque de la victoire que vous en avés eue, le lieuctenant vous est demouré prisonnier, aucuns de mes principaulx serviteurs, entre aultres le s<sup>r</sup> d'O, m'ont prié vous escrire, à ce que vueillés faire, s'il est possible, qu'il leur soit remis entre les mains, en payant la rançon à ceulx à qui il appartient, pour pouvoir retirer, par son moyen, le s<sup>r</sup> de Coupigny¹, que les ennemys tiennent prisonnier avec grande rigueur. Et m'asseurant que vous serés bien ayse de favoriser, en ce que vous pourrés, la delivrance d'un de mes bons serviteurs, comme est le dict s<sup>r</sup> de Coupigny, recommandé d'ailleurs par la priere de ceulx qui s'y emploient, je vous ay bien voulu faire la presente pour vous prier, comme je fais, mon Cousin, de vouloir moyenner la composition susdicte avec ceulx qui ont prins le dict lieuctenant, dont ils n'auront occasion de faire difficulté, n'estant que à la condition susdicte de les contenter raisonnablement de sa rançon, joinct qu'ils feront en cela chose qui me sera trés agreable, en laquelle en ceste occasion je ne doubte pas que vous n'employés volontiers vostre auctorité et persuasion, saichant que vous me ferés aussy grand plaisir en ce faisant; vous voulant bien, au reste, dire que la nouvelle de ce bon succés m'a donné double joye, de vous voir non seulement victorieux, mais preservé du danger où ceste rencontre inopinée vous a cuydé faire tomber, selon qu'il m'a esté representé; en quoy Dieu a montré un soing particulier qu'il a voulu avoir de vostre personne, dont de ma part je le remercie. Les gaiges qui vous en sont demourez feront perdre credit aux artifices des ennemys, s'ils s'en veulent donner l'advantaige, comme ils ont desguisé la retraicte precipitée que vous feistes faire au dict duc de Guyse, ayant faict accroire qu'il vous avoit poursuivy quinze lieues, en vous retirant à Nevers, ainsy que j'ay veu par lettres interceptées, tant du legat que d'aultres, qui l'escrivoient ainsy en Italie. La verité enfin se sçait, et rend la honte double à ceulx qui la veulent desguiser. Je prie Dieu, mon Cousin, qu'il vous ayt en sa saincte et digne garde. Escript à Mante, ce dernier jour de may 1593.

HENRY.

REVOL.

---

¹ Gabriel du Quesnel, seigneur de Coupigny.

## 1593. — 4 JUIN.

Imprimé. — *Histoire de Poitou*, par Thibaudeau, t. V, p. 184.

[A MONS^R D'ABAIN.]

Mons^r d'Abain, Je vous ay, ces jours passez, donné advis de la resolution que j'avois prinse d'entendre à mon instruction, et d'assembler en ce lieu un bon nombre de prelats, princes et mes officiers, tant pour vacquer à ma dicte instruction que pour achever tous remedes possibles à la restauration de cet Estat; à laquelle mes ennemys auroient faict paroistre avoir quelque inclination, au commencement de la conference que j'ay permis estre faicte à Suresne; mais par la longueur dont ils usent, depuis quinze jours et plus, à faire response à ce qui leur a esté proposé de ma part, ils font assez cognoistre n'avoir aulcune volonté à la paix. Je ne laisseray pour cela de chercher l'effect de ma dicte resolution, auquel je ne doubte poinct que mes dicts ennemys ne donnent tout l'empeschement qu'ils pourront. C'est pourquoy j'ay advisé pour la seureté de la convocation d'y faire venir les compagnies de gens d'armes desquelles ont charge mes serviteurs qui s'y doibvent trouver; et vous prie, à ceste fin, tenir la vostre preste, pour la faire monter à cheval et l'amener avec vous en ce dict lieu, où vous me trouverés très disposé à recepvoir vos bons advis, et à suivre ce qui sera jugé utile et necessaire pour le bien, repos et conservation de mon Royaume. Je prie Dieu ce pendant, qu'il vous ayt, Mons^r d'Abain, en sa saincte et digne garde. Escript à Mantes, le iiij^e jour de juin.

HENRY.

1593. — 9 JUIN. — I^re.

Orig. — Collection de M. Lucas de Montigny.
Cop. — Fonds Brienne, Ms. 13, fol. 224.

## A MONS^R LE MARQUIS DE PISANY,
CHEVALIER DES ORDRES, CONSEILLER EN MON CONSEIL D'ESTAT ET CAPITAINE DE CINQUANTE HOMMES D'ARMES DE MES ORDONNANCES.

Mons^r le marquis, *Je vous ay adverty de la resolution que j'ay prise d'appeler auprés de moy mes prelats et docteurs catholiques, pour recevoir d'eulx instruction en la religion et entendre à ma conversion; ayant par mesme moyen mandé grand nombre de princes et aultres seigneurs, ensemble des officiers de mes cours de parlemens, pour y intervenir et, avec leur advis, mettre le meilleur ordre que faire se pourra aux affaires de mon Royaume. La longueur et incertitude du remede esperé, par le moyen de vostre depesche, du costé du Pape, et le desir de faire au plus tost cesser le pretexte de la guerre, qui porte chacun jour tant de desordres et ruines, m'ont fait resouldre n'attendre davantage à proceder à ma dicte instruction et conversion, ayant assigné le terme aux dicts prelats, docteurs et aultres par moy mandez, au xx^e de juillet prochain, avec intention neantmoins de depescher vers le Pape, aprés l'acte de ma conversion, pour recevoir sa benediction et luy rendre l'obedience et submission telle que doibt un roy de France, catholique et trés chretien. Ceste mienne resolution a esté declarée par les depputez qui sont de ma part à la conference qui se faict à Suresne, à ceulx de l'assemblée de Paris, avec semonce d'entrer en traicté des aultres points et moyens de la paix; attendant l'effect de ma dicte conversion, avec reservation, s'ils vouloient, que ce qui seroit faict et accordé n'auroit lieu que aprés icelle. C'estoit pour gaigner autant de temps au soulagement du peuple, où un jour d'attente peut porter un dommage inestimable; dont pour commencer à luy donner quelque relasche, bien plus necessaire en ceste saison de la recolte, qui approche, que en nulle autre, et aussy, pour n'estre interrompu en ma susdicte deliberation, j'estois volontiers condescendu à donner une trefve de deux ou trois mois.*

*La proposition des points susdicts a esté plausiblement receue à Paris, quasy generallement, tant en l'assemblée que parmy les habitans, à quoy a grandement aydé la poursuicte que les Espagnols ont faicte en mesme temps de leurs pretentions pour avoir la couronne, faisans voir à un chacun leur insatiable ambition, qui les a rendus communement autant odieux, comme ils pensoient estre bien voulus. Mais c'est à ce coup qu'ils ont deployé leurs plus grands artifices, n'espargnans les grandes promesses et esperances de toutes façons à leurs partisans, ny argent pour aiguiser les langues venales des maulvais prescheurs, à faire detester et rejetter toute sorte d'accord, comme contraire à leur dessein; en quoy l'on recongnoist les plus mauvais offices estre procedez du cardinal de Plaisance, qui, du tout joinct aux praticques et intentions du roy d'Espagne, en est venu sy avant que de faire mesme protestation que eulx de s'en aller, s'ils entroient seulement en traicté de la trefve avec moy; et finalement ne pouvans directement destourner le desir commun, que les principales villes et la noblesse du dict party ont du repos, chacun jugeant la perte inevitable de l'Estat, s'ils prennent autre resolution que de se reconcilier avec moy, en me faisant catholique, ceux qui veulent la ruine du Royaume ont pensé que trouvans moyen d'y interposer quelque temps, ils pourroient plus facilement rompre ceste ardeur de maintenant, d'autant mesmement qu'ils pretendent se rendre ce pendant plus forts, et faire lors, avec la force, ce que leurs persuasions ne peuvent gaigner à present.*

*Le moyen qu'ils ont pris en cela est que, par la response rendue aux susdictes propositions faictes de ma part, en monstrant avoir agreable l'asseurance de ma conversion, ils declarent ne pouvoir entrer en aucune sorte de recongnoissance, ny traicté avec moy, que ma dicte conversion ne soit premierement jugée et approuvée par le Pape, et moy absous de l'excommunication, presupposant mesme qu'il n'y peut estre procedé que avec son auctorité et delegation; et à ceste fin, ont voulu persuader que, avant toute aultre chose, j'envoyasse vers luy, me laissans entendre d'y vouloir aussy depescher de leur part, pour luy representer l'estat des affaires et le supplier de conjoindre la consideration d'iceulx avec ma conversion pour apporter son jugement et les offices de pere commun au bien de la* religion catholicque et repos de l'estat en ce Royaume. Et pour faire esperer que je y trouverois le Pape bien disposé en recourant à luy, ils ont lasché quelques mots d'une depesche, qu'ils disent leur estre venue du commandeur de Dieu, où il mande que le Pape s'estoit fort alteré contre le duc de Serre, quand il s'estoit declaré des pretentions du roy d'Espagne sur ceste Couronne pour l'infante sa fille; dont ils monstrent tirer comme un prejugé d'une bonne inclination de sa part à favoriser la paix en ce dict Royaume, moyennant ce devoir de mon costé.

Je veulx plustost juger de cela par l'opinion que j'ay de sa prudence et debonnaireté, selon l'asseurance qui m'en a esté donnée par mes bons amys de delà, que par ses actions passées, les imputant plustost à la mauvaise information qui luy estoit donnée de mes intentions, que à son naturel. Mais l'experience du passé, en ce qui despend des offices de ceulx qui ne se sont encores faict congnoistre aultres que mes ennemys, me faict justement doubter quels ils les voudront rendre en ceste occasion; et la maulvaise volonté trop congneue du roy d'Espagne me faict à bon droict croire qu'il employeroit tout son credit et pouvoir, que on sçait n'estre que trop grand à Rome, et redoutable mesme au Pape, pour m'y traverser, et empescher tous les effects qui pourroient ayder le salut de cest Estat, duquel il se veult rendre maistre ou le ruiner; en quoy, comme il est notoire que le retardement de ma conversion peut grandement favoriser ses inicques desseings, ainsy j'ay juste occasion de le craindre et eviter tant qu'il me sera possible, joinct que, selon les advis que m'ont cydevant donnez les dicts amys, j'ay pensé faire chose agreable au Pape d'y proceder par deçà, d'autant qu'il sera deschargé, ce faisant, des importunitez et violences dont les Espagnolz luy pourroient user, si premierement je m'en adressois à luy.

C'est pourquoy j'ay resolu de ne changer l'ordre que j'avois jà arresté de m'ayder en cela du moyen et ministere des prelats et docteurs catholicques de ce Royaume, et après l'acte de ma dicte conversion, depescher à Rome, pour requerir la benediction du Pape, en luy rendant l'honneur et l'obedience que doit un roy de France. Et ne doubte point que mes ennemys ne calomnient envers luy ceste procedure, et ne taschent de la *luy faire trouver mauvaise, soit en luy deguisant les raisons qui m'y meuvent et mes intentions, ou par aultrès moyens et artifices qu'ils sçauront inventer : ce qui m'a principallement donné occasion de vous faire ce discours, jugeant qu'il est necessaire qu'il soit informé du tout, le plus tost qu'il sera possible, pour prevenir, si faire se peut, leurs calomnies et impostures. Quant au moyen de le faire bien à propos, je n'en sçay point de meilleur, ny de qui je me puisse mieulx fier, que de mon cousin le grand-duc, et croy qu'il le fera volontiers pour l'affection qu'il a au bien et repos de ce Royaume. Partant je vous prie luy faire communicquer la presente le plus diligemment que vous pourrés aprés la reception d'icelle, mesmes la luy laisser s'il le desire, et le prier de ma part de se vouloir employer en cest affaire, selon et de la façon qu'il le sçaura trop mieulx juger estre besoing, pour bien disposer le Pape et la court de Rome, à prendre de bonne part la voye que j'ay deliberé tenir, ainsy qu'elle est cy-devant representée. Et neantmoins, pour ce que ceulx qui ont envie de continuer à faire la guerre en ce Royaume se pourroient couvrir de la defectuosité que mes ennemys arguent en ma conversion, si son auctorité n'y intervient, ou jusques à ce qu'il l'ayt approuvée, je prie aussy mon dict cousin de voir s'il plairoit au Pape, pour oster ce subject de trouble, d'envoyer son brief à quelques prelats par deçà, pour les autoriser, en tant que besoin, à recevoir ma conversion. S'il y condescendoit et qu'il le voulust remettre au cardinal de Plaisance, il faudroit remonstrer que ses deportemens sont tellement formez au desir des Espagnolz, que ce seroit autant que de me remettre à eulx-mesmes. D'en envoyer un aultre non partial, c'est ce que j'avois desiré et dont vous auriés chargé de le requerir; mais aprés avoir passé tant de temps, je ne pourrois attendre sa venue, sans laisser trop longuement à mes ennemys le pretexte qui tient le peuple uny avec eulx, encores que chacun congnoisse qu'ils ont aultre but que de la Religion; et en cest intervalle, le roy d'Espagne pourroit faire tels effects et praticques, que le mal se rendroit beaucoup plus grand et dangereux; que pour y obvier, il seroit besoin que le dict brief fust adressé à prelats françois, aultres neantmoins que de la Ligue, parce qu'ils se monstrent trop animez à ceste guerre, et n'oseroient aussy faire que ce* que vouldroient leurs maistres, de la volonté desquels les demonstrations qui s'en voyent ne font rien esperer de bon. S'il fault nommer ceulx qui sont les plus proches et se peuvent plus commodement trouver en ceste action : les archevesques de Bourges et de Tours, evesques de Chartres, de Nantes, du Mans, de Seez et d'Angers. L'on m'a dict que deux ou trois, voire un seulement, y pouvoient satisfaire ; et pourtant ne fauldroit adresser le brief à plus grand nombre[1].

Vous adviserés de conduire le tout au plus viste que faire se pourra de ce que vous congnoistrés, par la presente, estre requis à l'advancement de la paix, tant necessaire en ce Royaume, non seulement pour le bien d'iceluy, mais aussy de toute la chrestienté, que l'ambition des Espagnols se propose de butiner et subjuguer entierement. Je ne vous advertiray du moyen que vous aurés à tenir pour traicter de ce que dessus avec mon dict cousin le grand-duc, puisque, estant proche de luy, vous pourrés sçavoir le respect avec lequel il y fault proceder; et estime estre à propos, si mes cousins les mareschal de Retz et cardinal de Gondy sont en lieu que vous puissiés conferer avec eulx du contenu en la presente, que vous en preniés leurs advis, ensemble celuy du s$^r$ de Maisse; croyant toutesfois estre necessaire de ne le divulguer, pour ne preparer les Espagnols à m'y traverser. Si les dicts briefs se peuvent obtenir, depeschés un courrier exprés pour me les envoyer en toute diligence, car je ne pourray gueres differer aprés l'assemblée de ceulx que j'ay mandez, pour ce que les ennemys en feroient leur profit à mettre le peuple en doubte de ma volonté, comme ils ne cessent d'en susciter et publier chacun jour nouvelles occasions, telles qu'ils se peuvent imaginer[2]. Je prie Dieu, Mons$^r$ le marquis, vous avoir en sa saincte garde. Escript à Mante, le ix$^e$ jour de juin 1593.

HENRY.

REVOL.

---

[1] Preuve du peu d'appui que Henri IV trouvait alors dans l'église de France.

[2] La lecture de cette lettre, écrite en chiffres, nous est fournie par la copie du manuscrit de Brienne.

1593. — 9 juin. — II$^{me}$.

Orig. — B. R. Fonds Béthune, Ms. 9115, fol. 39.
Cop. — B. R. Suppl. fr. Ms. 1009-3.

A MON COUSIN LE DUC DE NIVERNOIS,

GOUVERNEUR ET MON LIEUCTENANT GENERAL DE MES PAYS DE CHAMPAIGNE ET BRYE.

Mon Cousin, J'ay esté bien ayse d'entendre de vos nouvelles, comme j'ay faict par vos lettres du xxix$^e$ du mois passé, par ce qu'il y avoit desjà assez long temps que je n'en avois eu. J'ay eu beaucoup de contentement d'entendre par vos dictes lettres la deffaicte de la compaignie du duc de Guyse, la prinse de Rozoy et le voyage que vous avés faict devers Mouzon, pour empescher les maulvais desseings de S$^t$-Pol. J'ay beaucoup de regret que vous et mes cousins les ducs de Longueville et de Bouillon n'ayés trouvé le dict S$^t$-Pol devant Rosoy, mais il fault advouer qu'il a cest advantaige de faire ses retraictes plus diligemment que mareschal de France[1] qui ayt esté il y a longtemps. Il est tombé en mes mains plusieurs lettres interceptées, de celluy qui faict les affaires prés du duc de Feria, lequel luy mande que le roy d'Espaigne le tient pour le plus affectionné serviteur qu'il ayt en France, et qu'encores que la paix se face, le dict roy ne laissera de l'entretenir et luy donner moyen de faire la guerre. C'est pourquoy, mon Cousin, il [la] luy fault faire à bon escient, pour luy faire quicter ce qu'il a usurpé et luy faire perdre, par mesme moyen, touttes les vaines qualitez qu'il a prises. Je crois que mon dict cousin le duc de Bouillon vous aura veu, et qu'avés entendu de luy ce que je luy ay donné charge de vous dire, tant pour la trefve de Lorraine que pour aultres occasions importantes à mon service. Mon dict cousin est party, en resolution de vous assister de sa per-

---

[1] Allusion au titre de maréchal de France, que le duc de Mayenne avait donné à Saint-Pol. La plaisanterie devait être fort du goût du duc de Nevers, à qui ce Saint-Pol prenait son titre de duc de Rethel.

sonne et de toutes les forces qu'il pourra assembler, en ce que vous en avés besoing pour mon service. Mes dicts cousins les ducs de Longueville et de Bouillon m'ont mandé la resolution qu'ils ont prinse de s'assembler du costé de la Tierasche, pour faire les effects qu'ils vous auront representez. C'est à vous, mon Cousin, de leur dire ce qu'ils ont à faire et les employer en ce que vous jugés estre le plus utile pour mon service; mais je vous prie de pousser à la roue pour les faire assembler, car c'est le moyen d'incommoder mes dicts ennemys; et les dictes trouppes estans ensemble seront prestes pour servir à touttes les occasions qui s'offriront.

Je ne vous feray long discours par la presente de ce qui s'est passé à la conference, parce que j'ay chargé le s$^r$ de Gondy de vous voir en passant, et vous envoye par luy un ample discours de tout ce qui s'est passé en la dicte conference; à quoy je ne puis rien adjouxter, que de vous dire que je suis resolu de ne m'esloigner de Paris que je ne voye l'isseue de la dicte conference, ce que je desire pour le bien et repos de tous mes subjects, estant resolu d'y apporter pour cest effect tout ce qui despendra de moy. L'assemblée se fera au temps que je vous ay mandé, en laquelle je seray bien ayse que vous vous trouviés, si les affaires de vostre gouvernement le permettent. Ce pendant, mon Cousin, ne voulant laisser mon armée inutile, après la prinse de Bernay, et ne me pouvant esloigner de Paris, à cause de la dicté conference et des occasions qui se presentent journellement pour mon service, j'ay faict approcher ma dicte armée, et je fis hier investir ma ville de Dreux, laquelle je suis resolu d'assieger et la battre avec douze canons. Le s$^r$ de Vieupont est hors de la dicte ville, et la pluspart de sa garnison; qui me faict esperer, avec l'ayde de Dieu, de la pouvoir emporter dans peu de jours. Je vouldrois que l'occasion du dict siege fist prendre resolution à mes ennemys d'entreprendre de me le faire lever, pour l'esperance que j'aurois d'y donner encores une bataille; qui ne seroit sans vous en donner advis, affin que vous fussiés de la partie. Je vous prie, mon Cousin, que j'aye souvent de vos nouvelles : et sur ce, je prie Dieu qu'il vous ayt, mon Cousin, en sa saincte et digne garde. De Mante, le ix^e jour de juin 1593.

HENRY.

POTIER.

1593. — 9 JUIN. — III^me.

Orig. — B. R. Fonds Béthune, Ms. 9115, fol. 41.
Cop. — Suppl. fr. Ms. 1009-3.

A MON COUSIN LE DUC DE NIVERNOIS,
GOUVERNEUR ET MON LIEUCTENANT GENERAL EN MON PAYS DE CHAMPAIGNE ET BRYE.

Mon Cousin, J'ay receu plusieurs lettres de ceulx du corps et conseil de ma ville de Langres, par lesquelles ils me remonstrent la necessité trés grande de la garnison qui est establie en la dicte ville, et qu'à ceste occasion l'on n'en peut tirer le service qui est necessaire pour les conserver et deffendre contre les courses des ennemys. D'ailleurs ils disent qu'ils sont menassez d'une grande entreprinse qu'a le duc de Lorraine sur ma dicte ville, et que s'ils ne sont assistez de quelques forces plus grandes, et que les forts de Montsaugeon et aultres qui sont occupez par mes ennemys ne soyent bien tost reduicts, qu'ils ne pourront recueillir les fruicts de ceste année, et que par ce moyen ma dicte ville demourera desnuée de toutes commoditez, et le peuple reduict à telle necessité que cela à la longue pourroit alterer le repos de ma dicte ville. Ils adjoustent à leurs remonstrances le mescontentement que le s^r d'Inteville faict paroistre avoir contre eulx, à l'occasion de ce qu'ils ont faict sortir le predicateur et le s^r de Pouilly de ma dicte ville, contre la volonté du dict s^r d'Inteville, et de plusieurs aultres differends qui se sont passez entre le dict s^r d'Inteville et eulx : disans avoir esté menassez par le dict s^r d'Inteville, tant en general que en particulier. Sur le premier advis que j'en ay eu, je vous ay escript[1], mon Cousin, pour vous prier de

---

[1] Voyez ci-dessus la lettre du 12 avril.

pourveoir à ce qui est à faire pour la conservation de la dicte ville, et prendre aussy la peine de leur oster l'ombrage qu'ils ont prins des menasses du dict s$^r$ d'Inteville. Par les mesmes despesches les dicts habitans me donnent beaucoup de tesmoignages de leur fidellité, et m'asseurent d'apporter tant de devoir et de diligence pour la conservation de ma dicte ville, qu'ils empescheront qu'il se face rien au prejudice de mon service et du repos d'icelle. Il reste, mon Cousin, que vous apportiés ce qui despend de vous, pour leur moyenner quelque soulagement des oppressions qu'ils reçoivent par mes ennemys : ce que je remects à vostre prudence et à ce que vous jugerés qui se pourra faire. Si la trefve avec le duc de Lorraine a lieu, ils seront en repos de ce costé ; il ne restera qu'à reduire le dict Montsaugeon et les aultres forts qui sont occuppez par mes ennemys. Je travaille pour la trefve generalle : et ne tient qu'à mes ennemys qu'elle ne soit resolue ; à quoy je suis poussé principalement pour le repos et soulagement de mes subjects. Pour ce qui touche le s$^r$ d'Inteville, je le cognois si prudent et advisé, qu'il ne fera rien contre les dicts habitans qui puisse prejudicier à mon service et au repos de la dicte ville. Aussy, mon Cousin, il fault considerer que c'est un peuple fort affectionné à mon dict service, et que quand il auroit mis hors de la dicte ville les susdicts, mal à propos, il est croyable qu'ils y ont esté poulsez par le zele qu'ils ont à mon dict service et le soing qu'ils ont de leur conservation, encores qu'ils l'ayent faict sur quelques ombrages et opinions legerement prinses, dont ils peuvent estre excusez, puisqu'en le faisant, le peuple en receoit contentement, et que leurs bonnes volontez et l'affection qu'ils ont à mon service me sont d'autant plus confirmées. Qui me faict vous prier, mon Cousin, de conduire cest affaire avec vostre prudence accoustumée et empescher qu'il ne se face rien contre les dicts habitans qui puisse alterer leur repos et l'affection qu'ils ont à mon dict service. Estant informé particulierement de ce qui s'est passé, et cognoissant le mal qui y est, vous pourrés aussy y apporter les remedes que jugerés necessaires; ce que je vous prie de faire, d'autant que vous aimés le bien de mon service et que vous jugerés l'importance de la dicte ville : et sur ce je prie Dieu, mon Cousin, vous avoir en sa saincte garde. De Mante, ce ix⁰ jour de juin 1593.

HENRY.

POTIER.

[1593.] — [9] JUIN. — IV^me.

Orig. autographe. — B. R. Fonds Béthune, Ms. 9109, fol. 6.
Cop. — B. R. Fonds Fontanieu, Ms. P73, fol. 19 verso, et Suppl. fr. Ms. 1009-3.

A MA COUSINE LA DUCHESSE DE NEVERS.

Ma Cousine, Si plus tost je ne vous ay redespesché ceulx par lesquels vous m'avés escript, ce n'est pas que je me sois refroidy en l'envie que j'ay de vous voir : au contraire, elle croist de jour à aultre; mais mes affaires estoient en tel estat lors de leur arrivée prés de moy, que je ne sçavois quelle resolution prendre sur ce qui se presentoit, et que je ne voulois les vous renvoyer avec incertitude. Maintenant que, puis deux jours, je suis attaché au siege de Dreux[1], aussy que j'estime que vous aurés parachevé vostre diete, donnés-moy ce contentement que je desire il y a sy long temps avec tant de violence ; car j'ay tant de choses à vous dire, et sur icelles à prendre conseil de vous, qu'une rame de papier ne suffiroit à les vous escrire. Mandés-moy donc si vous continués en vostre resolution, afin qu'aussy tost j'escrive à tous mes serviteurs de vous faire escorte jusques à Melun, où je vous iray voir de Dreux, sans vous donner la peine de venir jusques icy ; que si vous la prenés, ce ne sera pas m'obliger de peu. Et croyés, ma Cousine, que l'amitié que je vous porte et l'envie que j'ay de vous voir vous y doit convier, qui la recognoistray où j'en auray le moyen. Aussy estes-vous celle de mes parentes de qui je fais plus d'estat, comme vous devés faire le semblable de

---

[1] C'était le 7 juin que le Roi avait fait commencer ce siége par l'amiral de Biron.

mon amitié. Sur ceste verité, je finis pour vous baiser, ma Cousine, bien humblement les mains. Ce² [IXe] juin, à Mantes.

HENRY.

### 1593. — 9 JUIN. — V<sup>me</sup>.

Cop. — Archives du Royaume, section judiciaire, Ms. intitulé : *Journal de la Ligue*, trouvé dans les papiers de M. Pithou.
Imprimé. — *Revue rétrospective*, seconde série, t. XI, p. 60.

A MONS<sup>R</sup> BENOIST [1],

CURÉ DE SAINT-EUSTACHE.

Mons<sup>r</sup> Benoist, Dés l'heure que j'ay eu la volonté de penser à ma conversion, j'ai jetté l'œil sur vous pour estre l'un de ceulx desquels

---

[2] La place du quantième se trouve déchirée dans l'original; mais ce qui vient d'être dit du siége de Dreux, commencé deux jours auparavant, permet de la restituer avec certitude.

---

[1] René Benoist, Angevin, curé de Saint-Eustache, avait été docteur régent en la faculté de théologie de Paris et confesseur de la reine Marie Stuart, qu'il avait accompagnée en Écosse, après la mort de François II. Il avait composé sur la théologie et la controverse religieuse de nombreux ouvrages, dont l'un avait été imprimé dès l'année 1558. Il devait donc, à la date de cette lettre, joindre au crédit de ses fonctions curiales et à sa réputation comme théologien le poids de l'expérience et l'autorité de l'âge. Mais un esprit de tolérance qui n'était guère de son temps lui avait fait beaucoup d'ennemis, et l'avait exposé à des calomnies, non sur sa vie, qui était exemplaire, mais sur l'orthodoxie de sa foi. On n'est point trop surpris qu'il ait été exposé à de telles accusations, et même expulsé de la Sorbonne comme hérétique, lorsqu'on lit ce titre d'un de ses ouvrages : *Examen pacifique de la doctrine des huguenots, où l'on montre, contre les catholiques rigides de ce siècle.... que nous qui sommes membres de l'église catholique, apostolique et romaine, ne devons point condamner les huguenots comme des hérétiques, avant qu'on l'ait prouvé de nouveau;* imprimé à Caen en 1590. Aussi fut-ce vainement que Henri IV le nomma en 1594 à l'évêché de Troyes. Il ne put jamais obtenir ses bulles, et fut enfin obligé de renoncer à cet évêché en 1604. Il mourut en 1608.

Le curé Benoist se rendit à la conférence à laquelle le Roi l'invitait par cette lettre, et, le mois suivant, il assista à la cérémonie de l'abjuration avec trois de ses collègues : Jean de Chavaignac, curé de Saint-Sulpice; Guincestre, curé de Saint-Gervais; et Claude de Morenne, curé de Saint-Merry, depuis évêque de

j'auray l'assistance fort agreable à ceste occasion. La reputation de vostre doctrine, laquelle est suivye d'une vie non moins louable, me faict esperer de recevoir beaucoup de service et de contentement de vous, si j'en suis assisté. Qui est cause que je vous fais ce mot pour vous faire congnoistre combien je l'auray agreable; mesme que vous prepariés, à cest effet, aucuns de vostre college, que vous congnoistrés avoir la crainte de Dieu, et estre accompagnez d'esprit doux, et aimant le bien et repos de mes subjects. Advisés donc des moyens que vous tiendrés pour me venir trouver, et m'en donnés advis, affin que j'y apporte ce qui despendra de mon authorité. Ce pendant, que j'aye part en vos prieres, et vous asseurés de ma bonne volonté en vostre endroict : et sur ce, je prie Dieu qu'il vous ayt, Mons$^r$ Benoist, en sa saincte garde. Escript à Mantes, ce neufviesme jour de juin 1593.

HENRY.

POTIER.

1593. — 10 JUIN. — I$^{re}$.

Minute. — B. R. Fonds Dupuy, Ms. 62, fol. 35.
Cop. — B. R. Suppl. fr. Ms. 1009-3. (D'après l'ancien cabinet Joly de Fleury.)

[A MON COUSIN LE DUC D'ESPERNON.]

Mon Cousin, La depesche que j'ay de vous est du xv$^e$ avril; et ay veu par icelle comme vous aviés recouvert les places de Loriol et de Rocquevayre, et l'execution que vous feistes faire de ceulx qui s'estoient opiniastrez dans le dict Loriol, laquelle, comme j'estime, vous espargnera quelques coups de canon contre d'aultres qui deviendront

---

Séez. Benoist, Chavaignac et Morenne restèrent même auprès du Roi, après son abjuration, si l'on s'en rapporte à ce passage du Dialogue du Maheustre et du Manant. Ce dernier reprochant à Henri IV de conserver près de lui ses ministres protestants et de les entendre prêcher, le Maheustre répond : « Tout beau, car je vois bien qu'il y a de la malice en ceux qui vous donnent tels advertissemens. Il n'y a prés de luy aucun ministre, mais seulement sept ou huict bons, doctes et vertueux prelats, et trois de vos curez : Benoist, Chavaignac et de Morene. » Fol. 22 recto de l'édition originale de 1594.

sages par cest exemple. J'ay receu aussy en la dicte depesche les coppies des lettres que ceulx de Marseille escrivoient au Pape; qui est une preuve bien certaine pour les convaincre qu'ils n'ont rien de bon dans le cœur : car en mesme temps ils me faisoient tenir tout aultre langage, comme je crois qu'ils ont faict à vous-mesme, qui avés pris la bonne resolution de les approcher et leur faire sentir quelles sont les conditions de la guerre, car il n'y a rien que l'ayde et le repos qu'ils ont par dessus les aultres, qui les facent entrer en ces vaines presomptions de ne devoir despendre de personne. J'ay sceu comme vous deviés entrevoir mon cousin le duc de Montmorency, vous et le seig$^r$ Alphonse; dont j'ay esté bien ayse, parce que je m'asseure que de ceste communication que vous avés ensemble, il en reussira beaucoup de fruict à mon service. Il a couru icy quelque bruict, depuis peu de jours, que vous estiés allez ensemble assieger la ville d'Arles, et que vous l'aviés emportée; mais n'en voyant nul advis de vostre part, je ne me veux pas haster de le croire, et la tiens tousjours pour incertaine. Si elle estoit vraye, ce seroit un grand advantage acquis en ceste province, et croy que celles d'Aix et de Marseille rabattroient beaucoup de leur opiniastreté. Quant au retranchement que vous vous plaignés qui a esté faict sur les garnisons de vos gouvernemens de Xaintonge et Angoumois, je vous manday, dès le commencement de ceste année, qu'encores que ceste reduction soit generalle pour toutes les provinces, que neantmoins j'en eusse volontiers excepté celles de vos gouvernemens, n'eust esté l'impossibilité qu'il y avoit de faire quelque fonds pour la garnison de Metz. J'ay estimé que, pour un aussy bon effect, vous consentiriés plus volontiers la dicte reduction; toutesfois, je feray ce qui sera possible pour vous contenter en cela pour l'année prochaine.

Quant à nos nouvelles d'icy, je vous ay cy-devant faict entendre la resolution que j'avois prise de recevoir instruction sur le faict de la religion, suivant la promesse que j'en feis à mon advenement à ceste Couronne; et à present, à cest effect, je fais faire une deputation des prelats et de grands personnages ecclesiastiques qui m'ont esté nommez, et pareillement de princes et principaux seigneurs de ce Royaume qui s'y peuvent trouver, l'ayant assignée au xx$^e$ du mois prochain. Je persiste tousjours à ceste resolution d'y effectuer et y apporter tout ce qui peut despendre de moy, pour donner contentement à tous mes subjects et parvenir à une bonne et perdurable paix en ce Royaume. Vous avés aussy entendu la conference qui s'est commencée entre les depputez des princes, seigneurs et de mes bons subjects catholiques, et ceulx qui ont esté envoyez de la part de l'assemblée de la Ligue. Je sçay qu'il ne s'y est faict aucune resolution. Les choses y ayans d'une part esté traictées avec grande longueur, ils se sont enfin resolus de negocier par escript; et sur la premiere proposition qui leur fut faicte, ils y ont faict une response, à laquelle il a despuis esté faict une replique, sur quoy ils n'ont pas encores respondu. Et parce que j'ay estimé que ce vous seroit contentement, et qu'il estoit aussy bien convenable que vous fussiés particulierement informé de ce qui y a esté traicté, je vous envoye la coppie des dictes propositions, response et replique : par où vous verrés en quels termes est demeuré cest affaire, et pourrés juger ce qu'il peut devenir, au moins à qui il tiendra qu'il ne se resolve à un trés bon effect; pour l'acheminement du quel il a esté faict proposition d'une trefve ; mais ils ont jusques icy monstré sy peu d'inclination à la paix, que je crains qu'ils n'apprehendent et rejettent tout ce qu'ils penseroient en approcher et y apporter quelque acheminement. Leur premiere response accusera plus clairement ce qui est en cela de leur intention ; dont je vous tiendray promptement adverty.

Ce pendant, pour ne perdre temps, je me suis resolu d'assieger la ville de Dreux, que je feis hier investir; ce qui a esté si à propos, que le gouverneur et deux ou trois aultres des principaux chefs s'en sont trouvez absens, qui m'en faict esperer encores meilleure isseue, avec ce que je suis bien adverty qu'elle n'est pas bien fournie de gens de guerre. Je m'y en vais presentement retrouver mon armée, en bonne intention de diligenter le dict siege le plus qu'il sera possible, comme j'ay bon moyen de le faire, ayant la provision de tout ce qui m'est, pour ce, necessaire, toute preste. Si les ennemys y viennent pour le secourir, comme ils publient qu'ils feront, j'espere qu'ils n'en auront pas meilleur marché qu'ils eurent l'aultre fois ; pour le moins je y ay beaucoup d'avantages que je n'aurois pris lors. L'evenement d'une bataille feroit bien le jugement du differend, aussy prompt que pourroit faire la conference, si la victoire se range du costé de la raison, comme j'espere qu'elle fera, et y penseray avoir bonne part, car la maulvaise intention des chefs de ce party est plus determinée que jamais, et font bien cognoistre qu'ils ne sont que ministres du roy d'Espaigne, qui se declare plus ennemy de cet Estat que jamais, ayant tant eu d'authorité à Rome qu'il a jusques icy empesché que le marquis de Pizany n'y ayt peu encores estre admis par le Pape, qui de sa part monstre peu d'affection à ceste Couronne.

Je vous diray à ce propos que j'ay esté bien adverty que l'evesque de Mirepoix est allé vers luy de vostre part, qu'il est aussy passé avec charge particuliere aux aultres princes d'Italie. Je vous asseure que je n'en ay aucun umbrage, estant bien asseuré que ce ne doibt estre que pour un affaire privé, ou, s'il a parlé des miens, qu'il n'aura rien, sur ce, à dire de vostre part que je ne creusse falloir dire moy-mesmes. Mais parce qu'il est de consequence de se despartir des antiennes lois du Royaume, qui ne permettent point aux princes et seigneurs particuliers de rien traicter avec les estrangers, sans la permission du Roy, et encores par ses propres ministres, et que, sur cest exemple, d'aultres en pourroient abuser autrement ; que cela mesmes en Italie, où l'on discourt autant sur les formes que sur les effects, pourroit faire presumer que les respects fussent moindres en mon endroict que envers les Roys mes predecesseurs, et y tenir mes affaires en mespris, au moins en moindre consideration qu'ils n'y doivent estre, je vous prie, s'il vous survient occasion de faire traicter quelque chose, tant de ce costé que ailleurs, hors ce Royaume, ne le faire poinct sans m'en advertir, et que ceulx que vous envoyerés n'y aillent qu'ils ne soyent accompagnez de mes despesches, afin d'en demourer tousjours, pour ce regard, aux formes ordinaires, vous pouvant asseurer que, ainsi que je suis bien asseuré que vous n'avés de desseing et intention que au bien de mes dicts affaires et service, que j'entreprendray et affectionneray aussy, tant que vous sçauriés desirer, les vostres, et que, de ce qui pourra despendre de moy, vous serés tousjours aussy volontiers gratiffié que vous le sçauriés souhaiter. Sur ce, je prie Dieu, mon Cousin, vous avoir en sa saincte garde. Du x$^e$ jour de juin 1593.

HENRY.

## 1593. — 14 JUIN.

Orig. — Arch. de M. Bunel, à Tournay (Calvados). Copie transmise par M. de Formeville, correspondant du ministère de l'Instruction publique.

[A MONS$^R$ DE SAINCT-DENYS.]

Mons$^r$ de Sainct-Denys, Le duc de Mayne a mandé l'armée espagnole et toutes ses garnisons, pour tous ensemble me venir donner la bataille, ou me faire lever le siege de devant ceste ville ; et je suis resolu de l'y recevoir, esperant que Dieu m'y donnera aussy genereuse victoire qu'il luy pleust me la donner à Ivry, estans mes armes assistées de la mesme justice qu'elles estoient alors, et le dict duc de Mayenne et les siens en la mesme rebellion et injustice qu'ils estoient. A ceste cause, je vous prie, incontinent la presente receüe, me venir trouver en toute diligence avec le meilleur nombre que vous pourrés assembler de vos amys. Car je m'asseure que vous seriés trop marry de perdre une sy belle occasion d'accompagner vostre Roy et d'avoir part en l'honneur de la victoire qu'il espere de la main de Dieu et de la valeur de ses bons et loyaulx subjects, entre lesquels je vous ay tousjours congneu trop affectionné, pour doubter que vous ne soyés des premiers. En ceste asseurance, je prie Dieu qu'il vous ayt, Mons$^r$ de Sainct-Denys, en sa saincte garde. Escript au camp devant Dreux, le xiiij$^e$ jour de juin 1593.

HENRY.

## [1593.] — 15 juin.

Cop. — B. R. Fonds Dupuy, Ms. 407, fol. 34 recto.
Cop. — Biblioth. de l'Arsenal, Ms. de Conrart, Hist. litt. n° 667, vol. V, p. 83.
Imprimé. — *Lettres inédites de Henri IV et de plusieurs personnages célèbres,* par A. Sérieys. Paris, an x, in-8°, p. 29.

### [A GABRIELLE D'ESTRÉES.]

Je viens de revenir des tranchées, où nous avons triomphé de travailler, nous estans logez dans tout le bastion, jusques au tapecu de la porte, fortement et seurement. J'espere jeudy disner dans la ville, avec l'aide de Dieu. La compaignie de M. d'Estrées estoit en garde au bastion; certes le lieutenant et l'enseigne sont de pauvres prebstres et ne sont point de ceulx qui menent bien harquebuziers. Les ennemys ont tant perdu de gens, qu'ils nous ont laissé faire au pays tout ce que nous avons voulu. Il est mardy; il n'y a plus que huict jours à avoir l'honneur de vous voir. Je ne le desiray jamais tant, n'ayant jamais esprouvé mon amour sy violente que je fay. Je vous jure, mes cheres amours, que si vous voyiés ce que j'ay en l'ame pour vous, vous partiriés dés samedy. Je m'en vais dormir, y ayant deux fois vingt et quatre heures que je n'ay clos l'œil. Je finis, vous baisant un million de fois les mains. L'enseigne de Grandmaison n'est gueres blessé. Je l'ay vu. Bonjour, mon menon. Ce xv$^e$ juin.

## [1593.] — 16 juin.

Cop. — B. R. Fonds Dupuy, Ms. 407, fol. 40 verso.
Cop. — Biblioth. de l'Arsenal, Ms. de Conrart, Hist. litt. n° 677, vol. V, p. 84.
Imprimé. — *Lettres inédites de Henri IV et de plusieurs personnages célèbres,* par A. Sérieys. Paris, an x, in-8°, p. 37.

### [A GABRIELLE D'ESTRÉES.]

J'ay patienté un jour de n'avoir point de vos nouvelles; car, mesurant le temps, cela debvoit estre. Mais le second, je n'en voy raison que la paresse de mes lacquays, ou que les ennemys les ayent prins;

car de vous en attribuer la coulpe, jà n'adviene, mon bel ange : j'ay trop de certitude de vostre affection, qui m'est certes bien deue, car jamais mon amour ne fut plus grande, ny ma passion plus violente; qui me faict user de ceste redite par toutes mes lettres : Venés, venés, venés, mes cheres amours, honorer de vostre presence celluy qui, s'il estoit libre, iroit de mille lieues se jetter à vos pieds pour n'en bouger. Quant à nos affaires d'icy, nous avons osté l'eau du fossé, mais nostre batterie ne peut estre preste que vendredy, que je souperay, s'il plaist à Dieu, dans la ville. Le lendemain que vous arriverés à Mante, ma sœur viendra à Anet, où j'auray l'honneur de vous voir tous les jours. Je vous envoye un bouquet d'oranger, que l'on me vient d'envoyer. Je baise les mains à la vicomtesse, si elle y est, et à ma vraye amye, et à vous, mes cheres amours, un million de fois les pieds. Ce xvj$^e$ juin.

## 1593. — 20 JUIN. — I$^{re}$.

Orig. — Arch. du grand-duché de Hesse-Cassel.

Imprimé. — *Correspondance de Henri IV avec Maurice le Savant, landgrave de Hesse*, publiée par M. DE ROMMEL. Paris, 1840, in-8°, p. 4.

[A MON COUSIN LE LANDGRAVE DE HESSE.]

Mon Cousin, Les affaires de mon Royaume ont pris un tel chemin depuis quelque temps, que le roy d'Espaigne, continuant toujours ses praticques et desseings, a peu faire tenir une forme d'estats dans Paris, pour faire procedder à l'eslection de sa fille, ou de quelque prince qui fust à sa disposition. Ce que j'ay jugé sy pernicieux pour le bien de mon Estat et de ceulx qui sont conjoincts en ma cause, que j'ay estimé à propos de convocquer une notable assemblée de princes, officiers de ma Couronne, seigneurs et aultres notables personnages, tant d'une que d'aultre religion, pour regarder ensemble à cé qui est de la religion et de l'Estat, et les unir estroictement par ce moyen, pour faire une forte opposition à mes ennemys. Je suis contrainct d'appeller à ceste fin prés de moy, de divers lieux, ceulx qui peuvent aux occasions presentes m'assister de leurs sages advis et conseils; entre lesquels j'ay faict choix du s$^r$ de Fresnes, conseiller en mon conseil d'Estat et mon ambassadeur prés les princes protestans de l'Empire, tant pour la singuliere affection qu'il a tousjours portée au bien de mes affaires, que pour la suffisance et experience qu'il s'est acquise par le continuel maniement d'iceulx. Voilà pourquoy je luy mande fort expressement qu'il s'achemine prés de moy au plus tost qu'il luy sera possible, tant pour m'assister aux occasions presentes, que pour entendre par luy l'estat de vos affaires et les resolutions que l'advancement des desseings de nos communs ennemys vous peuvent suggerer à l'advenir. Je le pourray renvoyer prés de vous, selon que jugeray sa demeure y estre necessaire pour mon service et la correspondance estroicte qui doit estre prés de nous. Ce pendant il vous fera part de l'estat de mes affaires, comme je luy en escris bien au long pour vous donner advis : et je prieray Dieu, mon Cousin, qu'il vous ayt en sa saincte et digne garde. Escript au camp de Dreux, le xx$^e$ jour de juing 1593.

HENRY.

## 1593. — 20 JUIN. — II$^{me}$.

Orig. — Arch. du royaume des Pays-Bas, registr. des dépéches, années 1585-1695. Copie transmise par M. le Ministre de France à La Haye.

A NOS TRÉS CHERS ET BONS AMYS, MESSIEURS DES ESTATS GENERAULX DES PROVINCES UNIES DES PAYS-BAS.

Messieurs, Je ne doubte pas que la suite des affaires et les efforts que les ennemys font tous les jours de nouveau ne vous facent justement apprehender quelque sinistre accident en mon Royaume, n'estant plus possible que les choses puissent subsister d'une ny d'aultre part sans quelque nouveau changement. Comme je vous puis bien asseurer que l'assemblée de Paris a tellement advancé l'eslection d'un nouveau roy, qu'elle semble de tout inevitable, sans un extreme remede, et que la longueur de la guerre et les ruines qui la suivent ordinairement ont formé tant d'opinions en l'esprit de ceux qui jusques icy ont persisté en mon obeissance que je n'en puis attendre que de pernicieux effects, si je ne me resouls à oster le pretexte aux uns et aux aultres, venant à entendre dans peu de temps à quelque instruction; j'ay prins resolution là-dessus de faire une assemblée des princes, seigneurs, prelats et aultres notables personnages, tant d'une que d'aultre religion, pour adviser ensemblement au moyen de conserver mon Royaulme contre les efforts des ennemys, et unir tellement tous mes subjects en mutuelle union et correspondance, que l'opposition en puisse estre plus forte et de plus longue durée. Sur quoy j'ay bien voulu envoyer vers vous le s$^r$ de Morlans, l'un de mes conseillers et plus speciaux serviteurs, pour vous faire entendre les extremitez auxquelles mes affaires sont reduictes, et les remedes qu'on me propose pour les remettre en meilleur estat, pensant bien que la singuliere affection que vous avés demonstrée jusques icy au bien et conservation de ma Couronne merite bien que rien ne se passe en mon Royaulme de quoy vous n'ayés particulier et veritable advis, et aussy que j'ay pensé estre necessaire, sur les bruits que les ennemys pourront faire courir de toutes parts, vous donner nouveaux tesmoignages de mon affection et de la conjunction de nos affaires, de laquelle je suis resolu de ne me despartir jamais, pour aulcune consideration que ce soit. J'ay donné charge au s$^r$ de Morlans de vous desclarer toutes choses bien particulierement : sur lequel aussy me remettant, comme celuy auquel je desire que vous ayés la mesme creance qu'à moy-mesmes, je prieray Dieu, Messieurs, qu'il vous ayt en sa trés saincte et digne garde. Escript au camp de Dreux, le xx$^e$ jour de juing 1593.

HENRY.
REVOL.

[1593.] — 23 JUIN.

Cop. — B. R. Fonds Dupuy, Ms. 407, fol. 36 recto.
Cop. — Biblioth. de l'Arsenal, Ms. de Conrart, Hist. litt. n° 677, vol. V, p. 85.
Imprimé. — *Journal de Lestoile*, au 26 mars 1592 [1]. — *Lettres inédites de Henri IV et de plusieurs personnages célèbres*, par A. SÉRIEYS, p. 28.

[*A GABRIELLE D'ESTRÉES.*]

Mes belles amours, vous avés cuidé perdre vostre serviteur, depuis le partement d'Esternay, d'un coup de faucon[2]. Je n'estimois ces pieces dangereuses qu'à Vernon[3]. Vraiment Dieu m'a bien aydé. J'ay trouvé, il n'y a qu'une heure, un moyen de faire achever vostre vaisselle. Voilà comme je suis soigneux de vous, ce pendant que la moindre chose me distrait de vostre memoire. Si je n'avois faict serment de ne me plaindre jamais, je sçay que je crierois justement. Je vien d'avoir nouvelles de Dauphiné : que M. de Lesdiguieres a deffaict les Espagnols et Italiens de M. de Savoye, tué le general des Espagnols et le mareschal de camp, et six cens demeurez à terre, et six vingts prisonniers, dont il y a quinze cappitaines[4]. Vous dirés ceste nouvelle

---

[1] L'ancienne copie du fonds Dupuy et celle de la Bibliothèque de l'Arsenal donnent la date du 23 juin; et, quant à l'année 1593, que nous suppléons, elle n'est pas moins certaine, par la mention détaillée de la victoire de Lesdiguières. La date du journal de Lestoile est donc fautive pour le mois comme pour l'année. C'est une preuve que parfois Lestoile a pu intercaler après coup, un peu au hasard, dans son journal, quelques-unes de ces pièces curieuses dont il faisait collection.

[2] Ce coup avait été tiré du château de Dreux. « Ils commencèrent, dit Cayet, à tirer sur le Roy, qui estoit proche dudict chasteau avec Madame sa sœur, madame de Rohan et ses filles, et plusieurs autres dames et demoiselles. C'estoit trop hasarder, car les balles passerent si prés de leurs personnes, que quelques officiers de leurs maisons en furent blessez. »

[3] Quant à une allusion fort libre qu'il y aurait ici au sujet de quelque aventure galante arrivée à Vernon au cardinal de Bourbon, nous ne pouvons que renvoyer à la dernière édition du journal de Lestoile.

[4] Cette brillante affaire s'était passée dans la vallée d'Oulx, le 7 juin. De Thou fait mention de cinq cents morts et d'environ cent prisonniers, nombre que la première nouvelle aurait, comme toujours, exagéré, en annonçant aussi la mort de don Garcie de Miedes, mestre de camp général, qui fut fait prisonnier, suivant de Thou. Mais cet historien rapporte, comme

à ma sœur[5], et que je la baise cent mille fois, et à vous les pieds un million. Ce xxiij[e] juin.

1593. — 25 JUIN. — Ire.

Orig. — Fonds Béthune, Ms. 9115, fol. 43.<br>
Cop. — Suppl. fr. Ms. 1009-3.

### A MON COUSIN LE DUC DE NIVERNOIS.

Mon Cousin, Je suis trés ayse de la resolution qu'a prinse le s[r] de Poutrincourt. Je vous prie le confirmer en ceste bonne volonté, autant qu'il vous sera possible et l'employer en ce que vous cognoistrés estre le plus à propos pour mon service, comme par vostre prudence vous en sçaurés bien juger les occasions et l'heure et le temps. Quand à mon entreprise de ceste place, vous sçaurés que, Dieu mercy, j'ay pris heureusement la ville, et suis en esperance de faire le semblable du chasteau, encores que le duc de Mayenne face courir le bruit partout qu'il me levera le siege ou qu'il me donnera la bataille, que pour cest effect le comte Charles soit mandé avecques son armée, et que mardy dernier il ayt faict passer son canon au Pontdormy. Mais s'il l'entreprend, j'espere le traicter à la mode d'Ivry, et que la victoire qu'il plaira à Dieu me donner sera un acheminement à une plus doulce vie et à quelque repos pour ce pauvre Royaume. Le comte de Brissac voulut dernierement faire une sortie au pont d'Ozance sur ceulx que j'avois ordonnez pour le blocus de Poictiers, où il a esté fort blessé en trois endroicts, cinquante des siens tuez sur la place, beaucoup de prisonniers et de blessez, le tout des principaulx, et le reste mis en routte, sans qu'il y ayt perte que du s[r] d'Espannes, qui

cette lettre, la mort de don Rodrigue de Tolède, qui commandait dans l'armée du duc de Savoie les troupes auxiliaires, formées de Milanais, de Napolitains et d'Espagnols.

[5] Ceci n'infirme point ce que la Chronologie novénaire rapporte de la présence de Madame Catherine près du Roi son frère, lorsqu'il courut le danger dont la mention commence cette lettre. Madame, qui était venue ce jour-là au siége, était probablement retournée ensuite dans la ville du voisinage où elle tenait sa cour, dont Gabrielle faisait alors partie.

a esté fort blessé et un de ses chevaux legers tué. Ce sont les nouvelles certaines que le s^r de Malicorne m'en envoya hier par l'un des siens : et sur ce, je prie Dieu qu'il vous ayt, mon Cousin, en sa saincte et digne garde. Escript au camp de Dreux, le xxv^e jour de juing 1593.

HENRY.

RUZÉ.

[1593.] — 25 JUIN. — II^me.

Imprimé. — *Mémoires de messire Philippes de Mornay,* 1624, in-4°, t. II, p. 329.

[A MONS^R DU PLESSIS.]

Mons^r du Plessis, La conference est rompue, et les Espagnols ont faict des offres sy grandes, que les ennemys ont presté l'oreille. Ils ne demandent seulement, sinon que l'on eslise le duc de Guise et qu'il espouse la fille d'Espagne, de quoy le duc de Mayenne semble avoir quelque jalousie. Nous avons prins assez heureusement ceste ville; mais le chasteau tient encore. J'espere toutesfois, avec l'aide de Dieu, que dans cinq ou six jours il sera en mon obeissance, car de trois puits qu'il y a, nous en avons gasté deux, et un homme qui en vient de sortir tout presentement m'a asseuré que nous leur avons rompu un seul moulin qu'ils avoient, ce que je croy fort aisement; car d'une cave qui est sous le dict chasteau et de laquelle nous l'oyons moudre, nous ne l'entendons plus. Il y a plus de quatre mille personnes retirées au dict chasteau; ce qui m'en faict avoir bonne esperance. Ce pendant le duc de Mayenne assemble tout ce qu'il peut pour nous faire lever le siege, ou nous donner la bataille; et le comte Charles a passé la riviere de Somme avec son armée et vient droict à moy. Pour ce, incontinent la presente receue, montés à cheval avec vostre compagnie et le plus de vos amys que vous pourrés, et venés en diligence; aultrement vous serés des derniers; et je m'asseure que vous auriés trop de regret d'y manquer. Souvenés-vous qu'à la bataille d'Ivry vous n'arrivastes que fort à propos[1]; et quel ennuy ce vous

[1] « Il arriva prés de Sa Majesté justement le treiziesme de mars; et le quatorziesme la bataille se donna à Ivry entre le Roy et le duc de Mayenne. Il menoit au Roy

eust esté si, à quatre lieues de là, vous eussiés apprins des nouvelles de la bataille gagnée sans vous! Aussy, j'ay affaire de vous et de vostre advis sur ce qui se presente. Pour ce, sans plus d'excuse ou de remise, venés et usés de diligence. A Dieu. Ce xxv<sup>e</sup> juin, à Dreux.

HENRY.

[1593.] — 26 JUIN.

Cop. — Fonds Dupuy, Ms. 407, fol. 41.
Cop. — Biblioth. de l'Arsenal, Ms. de Conrart, Hist. litt. n° 677, vol. V, p. 86.
Imprimé. — *Lettres inédites de Henri IV et de plusieurs personnages célèbres*, par A. SÉRIEYS. Paris, an x, in-8°, p. 39.

[ A GABRIELLE D'ESTRÉES. ]

J'ay receu la lettre qu'il vous a pleu m'escrire, du xxiii<sup>e</sup> de ce mois. Je vous cuydois à S<sup>t</sup>-Denys, mais le commandement de vostre pere vous a retenu. Je suis trés ayse que vous soyés bien avec luy; vous ne me reprocherés plus qu'il vous veuille mal à mon occasion. Nous combattons icy à la barriere, mais elle est plus dangereuse que celle de Compiegne. Nous ne laissons pas d'y avoir des dames. Vous dictes que si aulcune de vos lettres m'a deu apporter du desplaisir, que ç'aura esté ceste derniere. Vous sçavés bien la resolution que j'ay prinse de ne me plaindre plus ; j'en prends une aultre : de ne me fascher plus. La premiere me fait n'importuner plus personne ; la seconde soulagera fort mon esprit. J'arrivay au point du jour à Mante, dormis trois heures l'aprés-disnée, et en repartis à cinq heures du matin. Ce n'est pas pour y avoir perdu beaucoup de temps; je ne prins point un jour pour l'aultre ; mais l'entreprise de Meulan me fait avancer une aultre chose. J'ay esté toute ceste nuit en garde et y seray encores anhuy. Je m'en vais dormir, accablé de sommeil. Je baise un million de fois vos mains. Ce xxvj<sup>e</sup> juin.

quatre-vingts maistres et autant d'harquebusiers à cheval, et quarante mil escuz, qui luy vinrent fort à propos pour contenter ses Suisses. Sa Majesté voulut qu'il combattist en son esquadron, sur sa main gauche, laquelle soustint le plus grand effort de l'esquadron des Bourguignons conduit par le comte d'Egmont. » (*Mémoires de madame du Plessis-Mornay*, page 186.)

## 1593. — 27 JUIN.

Orig. — B. R. Fonds Béthune, Ms. 9115, fol. 44.
Cop. — Suppl. fr. Ms. 1009-3.

### A MON COUSIN LE DUC DE BOUILLON,
#### MARESCHAL DE FRANCE.

Mon Cousin, Je vous envoye le double d'une lettre interceptée, escripte en chiffre par le duc de Lorraine. Vous verrés par là ses desseins, et la bonne foy de laquelle il vouloit traicter avecq moy. Si vous avés moyen de luy donner quelque bonne estrette, ce pendant que je suis engaigé en ce siege, vous me ferés un trés grand service. J'escris pour cest effect à mon cousin le duc de Nevers qu'il vous assiste de toutes les forces qu'il pourra, et aux s$^{rs}$ de Maleissy à la Capelle, et de Rumesnil à Mauber-Fontaine, qu'ils vous aillent trouver au premier mandement que vous leur en ferés. Si le comte Charles n'estoit desjà advancé, et la resolution du duc de Mayenne bien certaine de venir à moy pour me faire lever ce siege, j'escrirois à mon cousin le duc de Longueville, et au s$^r$ d'Humieres de faire le semblable. Mais je haste ma noblesse de toutes parts, autant qu'il m'est possible, de me venir joindre, sur le bruit et apparence qu'il y a de donner bien tost la bataille. Quand j'auray achevé ceste mienne entreprise et faict resserrer le comte Charles, s'il ne veut venir au combat, je vous envoyeray, s'il en est besoing, ou peut-estre moy-mesme vous meneray en diligence une bonne trouppe. Mais pour ceste heure, je suis, comme vous voyés, attaché à une place qui m'amenera par adventure à une seconde bataille. Faites donc, je vous prie, ce pendant, mon Cousin, par vostre prudence, tout ce que vous cognoistrés estre le plus à propos pour mon service ; et disposés vos affaires de façon que vous puissiés bien tost me venir trouver, car j'ay extremement affaire de vous pour desmesler tant de sortes d'affaires que j'ay sur les bras en un mesme temps : et pour fin de lettre, je prie Dieu qu'il vous ayt, mon Cousin, en sa saincte garde. Escript au camp de Dreux, ce xxvij° jour de juing 1593.

HENRY.

RUZÉ.

## 1593. — 30 JUIN.

Orig. — Archives de la ville de Bayonne. Transcription de M. J. Balasque, archiviste.

A NOS CHERS ET BIEN AMEZ LES MAIRE ET JURATS DE NOSTRE VILLE DE BAYONNE.

Chers et bien amez, Nous avons ordonné par arrest de nostre conseil, du sixiesme de febvrier dernier, que pour recompenser Michel Cheberry, marchand de St-Johan-de-Luz, d'un navire et marchandises qui luy ont cy-devant esté prises en mer par le cappitaine Tailler, Anglois, appreciées à cinq mil deux cens trente libvres, il seroit levé deux et demy pour cent sur toutes sortes de marchandises appartenantes aux marchans anglois, et qui seroient, par eux ou pour eux, deschargées en tout le coustumal de Bayonne et de St-Johan-de-Luz, jusques à la concurrence de la dicte somme; l'execution duquel arrest nous avons faict surseoir jusques à ce que nous en eussions donné advis à la royne d'Angleterre, nostre bonne sœur, afin que cela n'alterast la bonne amitié et intelligence qui est entre nous : et ayant eu response d'elle, que pour le present elle ne pouvoit pourvoir au remboursement du dict Cheberry, et se remettoit du tout à nostre bon plaisir et volonté, nous, pour la protection et justice que nous debvons à nos subjects, avons resolu que le dict arrest sera executé de poinct en poinct, selon sa forme et teneur, à quoy non seulement nous n'entendons pas que vous vous opposiés, mais aussy nous desirons que vous y teniés la main : et estans asseurez que n'y ferés faulte, nous ne vous en ferons plus longue lettre. Donné au camp de Dreux, le dernier jour de juin 1593.

HENRY.

FORGET.

1593. — 5 JUILLET.

Orig. — B. R. Fonds Béthune, Ms. 9115, fol. 45.
Cop. — B. R. Suppl. fr. Ms. 1009-3.

A MON COUSIN LE DUC DE NIVERNOIS ET DE RETHELOIS.

Mon Cousin, Mon intention estoit, quand je laissay le commandement de ma ville d'Espernay au sʳ de Vignolles, que le sʳ de Vaulgré y commandast en son absence, comme il avoit faict du temps de Sᵗ-Estienne. Mais pour ce que je me suis deschargé de la despense d'un lieutenant, en l'absence des cappitaines et commandans en chascune de mes villes, et que je ne puis conserver le dict sʳ de Vaulgré en ceste charge, sans tirer à consequence tous les aultres, je me suis resolu de garder mon reglement, qui est que le plus antien cappitaine de la garnison y commandera en l'absence de celuy qui est le gouverneur, ou commandant, en ma ville d'Espernay. A ceste cause, je vous prie y faire establir et garder cest ordre, et je feray pour icelluy sʳ de Vaulgré quelque aultre chose, quand l'occasion s'en offrira : priant, sur ce, Nostre Seigneur vous avoir, mon Cousin, en sa saincte et digne garde. Escript au camp de Dreux, le vᵉ jour de juillet 1593.

HENRY.

RUZÉ.

1593. — 8 JUILLET.

Minute. — B. R. Fonds Dupuy, Ms. 117, fol. 7 recto.
Cop. — B. R. Fonds Harlay, Ms. 1129 ancien, fol. 429. Et Suppl. fr. Ms. 1569, fol. 82 recto.

[A MONSʀ L'ARCHEVESQUE DE BOURGES.]

Monsʳ de Bourges[1], Sur l'opinion que j'avois eue d'avoir à faire icy quelque plus long sesjour, j'avois resolu de vous mander que

---

[1] Renaud de Beaune était le quatrième fils de Guillaume de Beaune, seigneur de Semblançay et de la Barte, et de Bonne Cochereau, dame de Maintenon. Il fut

vous me vinssiés trouver pour commencer à conferer avec vous sur le faict de mon instruction à la religion catholique, estant assez informé que je ne puis estre à cela preparé par la communication de personne qui ayt plus d'intelligence des sainctes lettres, ny qui penetre plus avant aux secrets de ceste doctrine, que vous; mais ce dessein est intermis par l'advis que j'ay eu que les ennemys ont assiegé la ville de Rue, qu'il faut de necessité que j'aille secourir. Ce voyage ne peut estre long, car je feray trés grande diligence pour y aller; et y estant nous combattrons bien promptement, ou ils se reculeront; et m'asseure que cela ne m'empeschera poinct que je ne me rende à Sainct-Denys dans la fin de ce mois au plus tard, pour commencer l'assemblée que j'ay assignée, sur cette esperance, à laquelle ne puis faillir. Je m'y feusse rendu dans bien peu de jours, car mon intention seroit plus tost de la devancer que de la reculer, tant j'en desire les effects, esperant bien que ceulx qui publient que ce que je propose faire est à fard et à feintise auront toute occasion de s'en desdire, et les effects contraires à leurs opinions se recognoistront si prés d'eulx que, s'ils n'en veulent estre les tesmoings, ils en

---

successivement conseiller au Parlement en 1555, président des enquêtes en 1559, maître des requêtes en 1563, puis abbé de la Cour-Dieu et de Molesme, évêque de Mende, chancelier du duc d'Alençon, et en 1581 archevêque de Bourges. Henri IV le nomma, le 12 juillet 1591, grand aumônier de France, commandeur de l'ordre du Saint-Esprit. Quinze jours après la date de cette lettre-ci, l'archevêque de Bourges reçut l'abjuration du Roi. Il assista à son sacre au commencement de l'année suivante. Il devint archevêque de Sens en 1602, et mourut à Paris le 27 septembre 1606, à l'âge de soixante et dix-neuf ans. Pour avoir pris hautement le parti du Roi contre la cour de Rome, l'archevêque de Bourges s'était exposé à la haine des ardents catholiques, comme en déterminant et recevant l'abjuration de ce prince il encourut celle des protestants. Ceux-ci lui reprochaient de ne pas croire en Dieu, accusation dont ils se montraient fort prodigues. Les catholiques donnaient comme preuve de son ambition le projet de soustraire la France à l'unité de l'Église, en y établissant un patriarche qui n'aurait pas relevé de Rome, dignité qui lui aurait été conférée. La Ligue, à l'époque de cette lettre-ci, fit courir sur le Roi, sur lui et sur le curé Benoît l'épigramme suivante :

De trois B. B. B. garder se doit-on,
De Bourges, Benoist et Bourbon :
Bourges croit Dieu piteusement,
Benoist le presche finement ;
Mais Dieu nous gard' de la finesse
Et de Bourbon et de sa messe.

pourront au moins avoir souvent de bien certaines nouvelles. Je vous prie ce pendant vous preparer de bonne heure et tout ce que vous jugerés estre à cela propre et necessaire, comme de ma part j'espere que Dieu m'y fera la grace d'y porter l'esprit vuide de toute aultre passion que de ce qui est de sa gloire, de mon salut et du bien de cest Estat. Sur ce, je prie Dieu, Mons<sup>r</sup> de Bourges, vous conserver en sa saincte et digne garde. Escript au camp de Dreux, ce viij<sup>e</sup> juillet 1593.

HENRY.

### 1593. — 12 JUILLET. — I<sup>re</sup>.

Orig. — B. R. Fonds Béthune, Ms. 9115, fol. 46.
Cop. — Suppl. fr. Ms. 1009-3.

[A MON COUSIN LE DUC DE NEVERS.]

PAIR DE FRANCE, GOUVERNEUR ET MON LIEUCTENANT GENERAL EN CHAMPAGNE ET BRIE.

Mon Cousin, Ayant eu advis que le fils du duc de Mayenne et le vicomte de Tavanes ont assemblé quelques forces en Bourgoigne, avec lesquelles ils entreprennent d'attaquer les places qui sont en mon obeyssance, et craignant que mes serviteurs qui sont au dict pays ne soyent pour le present assez forts pour s'opposer à leurs desseings, à cause mesmes des divisions et maulvaise intelligence qui ont esté cy-devant entre eulx, je vous ay faict ce mot pour vous prier qu'en attendant que je puisse envoyer mon cousin le comte de Sainct-Paul au dict pays, vous les assistiés du plus de forces que vous pourrés, selon le besoing que vous cognoistrés qu'ils en auront, et que les affaires de la Champaigne le pourront permettre, pour rompre les desseings de mes dicts ennemys, et dissiper par ce moyen leurs forces, si possible est, afin de vous pouvoir aprés ayder de celles du dict pays de Bourgoigne, selon les occasions et affaires qu'aurés en Champaigne. J'ay esté asseuré que la necessité a rendu sages mes dicts serviteurs en Bourgoigne, et leur a fait congnoistre combien leur estoient dommageables les divisions qui estoient entre eulx. Ce sera chose que j'auray fort agreable, si vous vous employés pour les confirmer et entretenir en si bonne et saincte resolution : et sur ce, je prie Dieu, mon Cousin, vous tenir en sa trés saincte et digne garde. A Mante, le xij<sup>e</sup> jour de juillet 1593.

HENRY.
RUZÉ.

## 1593. — 12 JUILLET. — II<sup>me</sup>.

Orig. — Arch. de la ville de Nimes, t. II du volume intitulé : *Troubles du Royaume*. Copie transmise par M. le préfet du Gard.

A NOS CHERS ET BIEN AMEZ LES CONSULS ET CONSISTOIRE DE NISMES.

Chers et bien amez, Nous avons sceu, il y a quelque temps, ce qui est advenu en la ville d'Aubenas[1], dont nous aurions eu autant de contentement si cela eust esté executé quelque temps auparavant, comme nous avons eu de deplaisir qu'il l'ayt esté dans ce temps de la trefve generalle qui a esté accordée par nostre cousin le duc de Montmorency, et que nous avons depuis confirmée. Car ceste contravention qui a esté faicte emporte de necessité ou la rupture de la dicte trefve ou le restablissement de ce qui a esté faict en la dicte ville d'Aubenas ; à quoy nous nous sommes d'autant plus tost resolus, que la consideration doibt tousjours estre plus favorable de ce qui est du faict du public que du particullier, et aussy par l'approbation que nous avons faicte de la dicte trefve. Nous sommes obligez de nostre parolle à l'entretenement d'icelle ; en quoy nous ne vouldrions pas laisser cest advantaige à nos ennemys de pouvoir dire que nous eussions manqué, ne l'ayant jamais faict en chose que nous eussions promise. Nous avons differé d'en escrire à ceulx de la dicte ville d'Aubenas, pour leur donner autant de loisir de raccommoder doulcement ceste affaire et chercher d'en contenter nostre cousin le duc

---

[1] « Il n'y eut d'autre infraction à la trève que la surprise d'Aubenas en Vivarais par Chambaud à la tête des religionnaires : mais le duc de Montmorency désavoua cette entreprise aussitôt qu'il en eut connaissance et ordonna de rétablir les choses dans leur premier état. » (D. Vaissète, *Hist. de Languedoc*, l. XLI.)

de Montmorency, qui s'y trouve le plus interessé, ayant à faire entendre raison à ceulx avec lesquels il a traicté de la dicte trefve, qui se plaignent de l'infraction d'icelle. Mais, au lieu de ce faire, nous sommes advertys qu'ils presument de soubstenir la faulte, et qu'ils en ont escript à vous et aux aultres eglises de la province pour les attirer en societé de leur imprudence, et les esmouvoir à s'interesser en la deffense de ceste cause, comme si elle touchoit au faict general de la religion. Et combien que nous soyons bien asseurez que vous estes assez advisez pour juger que c'en est chose toute separée, et considerés la mauvaise consequence qui en arriveroit, si ceulx des eglises se joignoient en vostre cause, nous avons bien encore voulu vous en dire par escript nostre intention, qui est que vous et ceulx des aultres eglises ne s'en meslent aucunement et ne leur donnent à cela aucun ayde ny assistance, ne pouvant recevoir qu'à trés grand desservice et à une opposition manifeste à ce qui est de nostre volonté fondée en toute justice, s'il en estoit autrement usé; ne leur pouvant au reste à eux et ceulx qui les aiment estre faict un meilleur office que de les exhorter à se conformer en cela à ce qui leur sera ordonné par nostre cousin le duc de Montmorency, que nous sommes bien asseurez qui ne sera que pour leur conservation bien chere; vous enjoignant d'ainsy le faire sur tant que vous desirés nous continuer la bonne opinion que nous avons de vostre prudence et l'affection particuliere que vous avés au bien de nos affaires. Donné à Mantes, le xij<sup>e</sup> jour de juillet 1593.

HENRY.

[1593.] — 12 JUILLET. — III<sup>me</sup>.

Cop. — B. R. Fonds Dupuy, Ms. 407, fol. 40 recto.
Cop. — Biblioth. de l'Arsenal, Ms. de Conrart, Hist. litt. n° 677, vol. V, p. 87.
Imprimé. — *Lettres inéd. de Henri IV*, etc. par SÉRIEYS; et *Journal de Lestoile*, au 12 juillet 1593.

[*A GABRIELLE D'ESTRÉES.*]

Ma maistresse, je suis arrivé à trois heures en ce lieu, n'y ayant apprins nulles nouvelles de celluy que je venois chercher. Givry est allé pour en apprendre. L'on ne parle icy que de ceste beauté nouvelle. Ma presence estoit fort necessaire en ce lieu. Je m'en vais disner puis dormir; mais je vous paye premier ce tribut, car vous marchés la premiere en toutes mes passions. Certes, mes cheres amours, vous debvés plus tost craindre que je vous aime trop que trop peu. Ceste faulte vous est agreable, et à moy aussy puisqu'elle le vous est. Voilà comme je me transforme en toutes vos volontez. N'est-ce pas pour estre aimé? Aussy croy-je que vous le faictes; et l'ame contente de ce costé là, je finy vous baisant un million de fois les mains. Ce xij<sup>e</sup> juillet, à S<sup>t</sup>-Denys.

## 1593. — 16 JUILLET.

Orig. — Collection de M. Lucas de Montigny.
Imprimé. — *Revue rétrospective*, seconde série, t. XI, 1837, p. 29.

### A MONS<sup>R</sup> DE RAMBOUILLET,
#### CHEVALIER DES DEUX ORDRES ET CAPPITAINE DES CENT GENTILZ-HOMMES DE MA MAISON.

Mons<sup>r</sup> de Rambouillet, Vous sçavés que le vingtiesme de ce mois approche, qui est le jour auquel j'ay assigné la convocation que je fais faire à S<sup>t</sup>-Denys pour y recevoir l'instruction à laquelle je me suis disposé dés mon advenement à ceste Couronne. Et pour ce qu'incontinent aprés je delibere de m'y faire sacrer et couronner[1], suivant les antiennes coustumes observées par les Roys mes predecesseurs, et qu'en une si celebre que sera celle-là, il fault que les choses se facent avec les mesmes ceremonies qui de tout temps ont esté gardées en pareil cas; à ceste cause, je vous prie d'y faire trouver douze ou quinze des cent gentilz-hommes de ma maison, desquels vous avés la charge, et leur mander qu'ils se rendent incontinent au dict lieu de S<sup>t</sup>-Denys, sans y faillir, affin d'assister aux dictes ceremonies, suivant leur devoir accoustumé. Je mande au s<sup>r</sup> de Chavi-

---

[1] Ce premier arrangement fut ensuite modifié, puisque le sacre eut lieu à Chartres, et seulement au commencement de l'année suivante.

gny² qu'il en ayt autant avec luy : à quoy m'asseurant que vous donnerés ordre, je prieray Dieu qu'il vous ayt, Monsr de Rambouillet, en sa saincte et digne garde. Escript à Mante, le xvjᵉ juillet 1593.

HENRY.

RUZÉ.

[1593.] — 20 JUILLET.

Orig. — B. R. Fonds Béthune, Ms. 9111, fol. 2.
Cop. — B. R. Suppl. fr. Ms. 1009-3.

A MON COUSIN LE DUC DE NIVERNOYS.

Mon Cousin, Aprés la prinse par nous faicte sur ceulx de la Ligue du chasteau de la Maisonfort, duquel ils s'estoient emparez par la trahison de ceulx qui estoient dedans, vous avés ordonné que les fossez en seroient remplys, afin qu'il n'y eust plus de forteresse ; et d'aultant qu'il appartient au sr de Thiboutel, j'ay esté trés humblement requis et supplié par mon cousin le duc de Montpensier de vous escrire pour faire laisser les choses en l'estat que vous les avés trouvées. C'est pourquoy je vous fais la presente, tant en faveur de la priere de mon dict cousin, que des services que me faict le dict sr de Thiboutel, en la charge qu'il a de lieutenant de sa compaignie de cent hommes d'armes, et en plusieurs aultres où je l'employe ordinairement, pour vous prier de revocquer l'ordonnance que vous avés faicte, affin que ceulx auxquels vous avés donné charge de faire remplir les dicts fossez ne passent oultre à l'execution de vostre dicte ordonnance ; et croyés que vous ferés chose qui me sera trés agreable : priant, sur ce, Nostre Seigneur qu'il vous ayt, mon Cousin, en sa saincte et digne garde. Escript à Mantes, le xxᵉ juillet.

HENRY.

RUZÉ.

---

² M. de Chavigny, sur lequel on peut voir ci-dessus la note 1 de la lettre du 24 août 1589, était capitaine de la première des deux compagnies des cent gentilshommes de la maison du Roi. M. de Rambouillet était capitaine de la seconde.

[1593.] — 23 JUILLET.

Orig. autographe. — Fonds Béthune, Ms. 9128, fol. 73.
Cop. — B. R. Fonds Dupuy, Ms. 407, fol. 41 recto; et Suppl. fr. Ms. 1009-4.
Cop. — Biblioth. de l'Arsenal, Ms. de Conrart, Hist. litt. n° 677, vol. V, p. 88.
Imprimé. — *Journal de Lestoile,* au 3 juillet 1593. — *Lettres inédites de Henri IV et de plusieurs personnages célèbres,* par A. SÉRIEYS. Paris, an x, in-8°, p. 41. — *Journal de Henri III,* édition de Cologne, t. I (2° partie), p. 281, etc.

[*A GABRIELLE D'ESTRÉES.*]

J'arrivay arsoir de bonne heure et fus importuné de Dieu-gards jusques à mon coucher. Nous croyons la trefve et qu'elle se doit conclurre ce jour d'huy. Pour moy je suis, à l'endroict des Ligueurs, de l'ordre de sainct Thomas. Je commence ce matin à parler aux evesques[1]. Oultre ceulx que vous manday hier pour escorte, je vous envoye cinquante harquebusiers qui valent bien des cuiraces. L'esperance que j'ay de vous voir demain retient ma main de vous faire plus long discours. Ce sera dimanche que je fairay le sault perilleux[2]. A l'heure que je vous escris j'ay cent importuns sur les espaules, qui me fairont haïr St-Denys comme vous faictes Mante. Bonjour, mon cœur, venés demain de bonne heure, car il me semble desjà qu'il y a un an que je ne vous ay veue. Je baise un million de fois les belles mains de mon ange et la bouche de ma chere maistresse. Ce xxiij° juillet.

---

[1] Les historiens s'accordent à dire que Gabrielle d'Estrées avait beaucoup exhorté le Roi à sa conversion.

[2] La vivacité d'esprit de Henri IV lui laissait échapper de ces saillies, d'après lesquelles on a prétendu trop souvent juger le fond même de ses sentiments et les principaux mobiles de ses actions. Quelque mot de ce genre prononcé devant son fou, Chicot, lui avait fait dire auparavant par celui-ci : « Monsieur mon ami, de moi je tiens que tu donnerois en un besoin les papistes et huguenots aux protonotaires de Lucifer, et que tu fusses paisible roi de France. »

1593. — 25 JUILLET. — I<sup>re</sup>.

Orig. — Arch. de la ville de Bordeaux, de la ville de Rennes, de la ville de Compiègne, etc.
B. R. — Fonds Béthune, Ms. 9045, fol. 75.
Musée britannique, Mss. additionnels, n° 6873, fol. 80, etc.
Cop. — B. R. Fonds Dupuy, Ms. 119, fol. 13 recto.
Cop. — B. R. Fonds Béthune, Ms. 9114, fol. 91 recto.
Cop. — Suppl. fr. Ms. 1569, fol. 113 verso et Ms. 1009-3, etc.

Imprimé. — *Chronologie novenaire*, par CAYET, V<sup>e</sup> partie, fol. 224 recto. — *Mémoires de la Ligue*, t. V, p. 381. — *Mémoires et correspondance de Du Plessis-Mornay*, in-8°, t. V, p. 496. — *Abrégé de l'Histoire de Poitou*, par THIBEAUDEAU, t. V, pag. 359, etc.

*LETTRE CIRCULAIRE SUR L'ABJURATION DU ROI.*

Nos amez et feaulx, Suivant la promesse que nous fismes à nostre advenement à ceste Couronne par la mort du feu Roy, nostre trés honoré seigneur et frere, dernier decedé, que Dieu absolve, et la convocation par nous faicte des prelats et docteurs de nostre Royaume, pour entendre à nostre instruction, par nous tant desirée et tant de fois interrompue par les artifices de nos ennemys, enfin nous avons, Dieu mercy, conferé, avec les dicts prelats et docteurs, assemblez en ceste ville pour cest effect, des poincts sur lesquels nous desirions estre esclaircys; et aprés la grace qu'il a pleu à Dieu nous faire par l'inspiration de son Sainct-Esprit, que nous avons recherchée par tous nos vœux et de tout nostre cœur pour nostre salut, et satisfaict par les preuves qu'iceulx prelats et docteurs nous ont rendues, par escripts des apostres, des saincts Peres et docteurs receus en l'Eglise, recognoissans l'eglise catholique, apostolique et romaine estre la vraie Eglise de Dieu, pleine de verité, et laquelle ne peut errer, nous l'avons embrassée et sommes resolus d'y vivre et mourir. Et pour donner commencement à ceste bonne œuvre, et faire cognoistre que nos intentions n'ont eu jamais d'aultre but que d'estre instruicts sans aucune opiniastreté, et d'estre esclaircys de la verité et de la vraie religion pour la suivre, nous avons ce jour d'huy ouï la messe, et joinct et uny nos prieres avec la dicte eglise, aprés les ceremonies necessaires et accoustumées en telles choses, resolus d'y continuer le reste des jours qu'il plaira à Dieu nous donner en ce monde; dont nous vous avons bien voulu advertir, pour vous resjouir d'une si agreable nouvelle, et confondre par nos actions les bruits que nos dicts ennemys ont fait courir jusqu'à ceste heure, que la promesse que nous en avons cy-devant faicte estoit seulement pour abuser nos bons subjects et les entretenir d'une vaine esperance, sans aulcune volonté de la mettre à execution : de quoy nous desirons qu'il soit rendu graces à Dieu par processions et prieres publiques, afin qu'il plaise à sa divine bonté nous confirmer et maintenir le reste de nos jours en une si bonne et si saincte resolution.

Donné à Sainct-Denys en France, le dimanche xxv⁰ jour de juillet 1593.

HENRY.

POTIER.

## 1593. — 25 JUILLET. — II$^{me}$.

Orig. — Arch. de M. le marquis de Senegas. Copie transmise par M. Belhomme, archiviste du département de la Haute-Garonne.

Cop. — B. R. Fonds Dupuy, Ms. 119, fol. 5 verso.

Cop. — Arch. du département du Nord. Envoi de M. Le Glay, archiviste, etc.

Imprimé à la suite des *Sermons de la simulée conversion*, etc. par JEAN BOUCHER. Paris, 1594, in-8°.

[*A CERTAINS GENTILSHOMMES DE LA RELIGION.*]

Mons$^r$.... Je fais presentement une depesche generale pour vous donner à tous advis de la resolution que j'ay faicte de faire doresnavant profession de la religion catholique, apostolique et romaine; de laquelle, combien que je m'asseure que vous aurés communication, j'ay bien voulu vous faire encore particulierement ceste-cy, pour vous prier de ne recevoir ceste nouvelle avec une apprehension que ce changement, qui est mon particulier, en apporte aucun en ce qui est porté et permis par les edicts precedens pour le faict de vostre religion, ny aussy peu en l'affection que j'ay tousjours portée à ceulx qui en sont : ce que j'en ay faict n'ayant esté qu'à fort bonne intention, et principalement pour la seure asseurance que j'ay d'y pouvoir faire mon salut, et pour n'estre en ce point different des Roys mes predecesseurs, qui ont heureusement et pacifiquement regné sur leurs subjects, esperant que Dieu me fera la mesme grace, et que par ce moyen seroient ostez non seulement les pretextes, mais aussy les causes des divisions et revoltes qui minent aujourd'huy cet Estat; estant pour cela mon intention qu'il ne soit faict aucune force ny violence aux consciences de mes subjects. Ce que je ne vous prie pas seulement de croire en vostre particulier, mais de veiller et vous employer à ce que les aultres n'en prennent aucune opinion, comme il leur sera justiffié par tous mes deportemens qu'ils n'en auront occasion d'en doubter, et qu'ainsy qu'il a pleu à Dieu m'ordonner Roy de tous mes subjects, que je les aimeray et auray tous en esgale consideration. Prenés en bien ceste creance, pour vous-mesme, et ne départés, je vous prie, de ceste affection particuliere que j'ay recogneu en vous, comme vous verrés tousjours accroistre la mienne en vostre endroict. Sur ce, je prie Dieu, Mons<sup>r</sup>..... qu'il vous ayt en sa saincte garde. Escript à S<sup>t</sup>-Denys en France, le xxv<sup>e</sup> jour de juillet 1593.

HENRY.

### 1593. — 25 JUILLET. — III<sup>me</sup>.

Cop. — B. R. Fonds Dupuy, Ms. 119, fol. 5 recto.
Cop. — Arch. du département du Nord. Envoi de M. Le Glay, archiviste.
Imprimé à la suite des *Sermons de la simulée conversion*, par JEAN BOUCHER. Paris, 1594, in-8°.

[A NOS CHERS ET BIEN AMEZ LES MAIRE, ESCHEVINS ET PAIRS DE NOSTRE VILLE DE LA ROCHELLE.]

Chers et bien amez, Ayans faict resolution, sur la conference que nous avons eue avec les prelats et ceulx qui ont plus de congnoissance des sainctes lettres, que nous avons faict assembler par deçà, de faire doresnavant profession de la religion catholique, apostolique et romaine (et y commencerons dés ce jour d'huy), nous vous en avons bien voulu icy donner advis, et vous asseurer que ce que nous en avons faict a esté pour bonne consideration, principalement pour avoir veu et cogneu d'y pouvoir faire nostre salut et y vivre selon la loy et commandement de Dieu. Mais c'est tousjours avec ferme resolution d'entretenir les edicts de pacification qui ont esté cy-devant faicts, sans souffrir qu'au faict de vostre religion vos consciences soyent forcées; dont vous prions en demeurer trés asseurez et ne nous donner pas ce desplaisir qu'il en paroisse aucun indice de deffiance; ce qui nous seroit aussy moleste que nous sentons qu'il n'y a rien tant esloigné de nostre intention, laquelle, ainsy qu'elle ne changera point en ce qui sera de l'observation des dicts edicts, changera aussy peu en l'affection que nous vous avons tousjours portée, ayans toute occasion, pour les bons services et l'assistance que nous en avons tousjours eue, de vous aimer et gratifier, et preserver de toute oppression et injure : ce que nous ferons tousjours de nostre pouvoir, comme nous le justifierons par nos comportemens, que l'on verra principalement tendus à maintenir tous nos bons subjects en une bonne paix et repos : à quoy nous esperons que Dieu nous fera la grace de parvenir, ainsy que c'est ce que plus nous reclamons de sa divine bonté, et le principal but et fondement de tous nos labeurs. Donné à Sainct-Denys en France, le dimanche xxv<sup>e</sup> juillet 1593.

HENRY.

## 1593. — 25 JUILLET. — IV<sup>me</sup>.

Cop. — B. R. Fonds Dupuy, Ms. 119, fol. 12.

[*AUX VILLES DE LA LIGUE.*]

Chers et bien amez, Nous sçavons assez par expérience combien peut en ames conscientieuses le desir de conserver la religion et la crainte de la perdre. C'est pourquoy nous excusons aucunement la difficulté et reffus que plusieurs de nos subjects ont faict jusques icy de nous recognoistre, pour la difference de la religion que nous tenions lors, avec la leur, et pour l'occasion qu'ils avoient de redoubter que nous n'y voulussions apporter quelque changement. Mais maintenant qu'il a pleu à Dieu nous inspirer à nous reduire au giron de l'Eglise catholique, apostolique et romaine, où nous protestons de vivre et mourir, à l'imitation des Roys trés chrestiens, nos ancestres, tous ceulx de nos dicts subjects qui persevereront à nous desnier l'obeissance que naturellement ils nous doibvent, ne pourront plus alleguer pour leur justiffication que ce soit la religion qui le leur face faire ; ains fauldra qu'ils advouent que c'est une pure obstination qui les possede et un desesperé desseing qu'ils ont de se perdre, ce qu'il ne leur pourra fuir en brief, s'ils n'y pourvoyent par un desseing contraire de se soubmettre à nous, de qui la domination legitime leur sera aussy doulce et profictable que l'estat où ils sont à present reduicts leur est ruineux et insupportable : et parce que vous estes de ceulx dont nous desirons particulierement la conservation, nous vous avons bien voulu escrire ceste lettre pour vous exciter et semondre de penser à vous et prendre là-dessus une bonne et saincte resolution, vous asseurans que, comme vous vous disposerés à nous recongnoistre et obeir, vous nous trouverés tout de mesme disposez à vous recepvoir et embrasser avec toute l'affection qu'un bon prince doibt à ses bons subjects, sans que rien de ce qui s'est passé jusques à maintenant vous puisse estre imputé ny tourner à prejudice. Donné à S$^t$-Denys en France, ce xxv$^e$ jour de juillet 1593.

HENRY.

# NEUF DÉPÊCHES DIPLOMATIQUES

## DE HENRI IV

A M. DE BEAUVOIR, SON AMBASSADEUR A LONDRES,

COMPLÉTANT LES NOTIONS HISTORIQUES RASSEMBLÉES DANS CE VOLUME SUR LES RELATIONS ENTRE LA FRANCE ET L'ANGLETERRE, DE 1591 À 1593;

Transcrites à Londres, au *State paper office*, par M. Lenglet, dans le recueil de copies intitulé FRANCE.

---

### 1591. — 6 AVRIL.

Monsr de Beauvoir, Je crois que le sr d'York sera retourné seurement par delà. Et premierement le courrier romain vous aura rendu une depesche par laquelle vous aurés sceu ce que je desirois de la Royne madame ma bonne sœur, saichant assez l'apprehension qu'elle a de mes affaires, ce qui me faisoit esperer que les trois mil vieux Anglois seroient de retour des Pays-Bas en Angleterre, dés le mois de febvrier, oultre lesquels je la priois de me secourir encores de trois ou quatre mil hommes, le tout plus particulierement par le sr de Reau, veu le grand besoing que j'ay de renfort, pour avoir tousjours moyen de tenir un corps, avec lequel, si je ne puis combattre le duc de Parme, j'aye au moins moyen de maintenir mes affaires en la plus grande seureté et reputation qu'il sera possible, attendant l'armée d'Allemagne. Mais bien tost aprés le partement du dict sr d'York, je receus une depesche des Pays-Bas, de la substance qu'il vous en a esté escript; par où j'ay congneu que les choses n'y estoient pas selon la resolution de la dicte dame ma bonne sœur, et par consequent le secours pour la Bretagne estoit encores bien incertain, ou pour le moins tiroit en longueur, ce qui venoit très mal à propos, veu la diligence que les Espagnols font tousjours de s'y fortifier, et veu le renfort qui leur debvoit arriver de jour à aultre. Je mets aussy en consideration que, si la Royne pressoit davantage les Estats, sans remplacer ce qu'elle en vouloit tirer, cela se faisant à mon occasion, le prejudice en pourroit tomber sur moy, par quelque refroidissement de leur bonne volonté en mon endroict, ou pour le moins par l'affoiblissement de leurs entreprises, qui donneroit moyen au duc de Parme d'amener plus grandes forces contre moy. Ainsy je me resolus d'envoyer vers la dicte dame le dict s$^r$ de Reau, la principale charge et conduitte duquel gist en vous; qui estoit principalement pour faire avancer le dict secours par la Bretaigne, et moyenner, si la Royne persistoit à vouloir retirer les dicts vieux soldats des Pays-Bas, qu'elle en envoyast pareil nombre de nouveaux, affin que l'ayde qu'elle me feroit d'un costé ne me nuisist de l'aultre. Sur son partement arriva vostre lettre du septiesme mars, où, combien que j'ay veu que les remonstrances des dicts Estats avoient prevalu à l'endroict de la dicte dame, et que leurs depputez s'en retournoient contens, de sorte qu'il n'auroit peine de composer ceste difficulté, toutesfois, demeurant encores entier l'aultre point de sa depesche et le plus important, qui est l'acceleration du secours, je ne laissay de le faire partir incontinent, sans l'avoir voulu retenir, pour vous porter la response de vostre dicte lettre, dont je vous ay à present voulu satisfaire par la commodité de ce porteur, et y adjouxter que, depuis le partement du dict de Reau, j'ay eu advis qu'il est de nouveau descendu trois mil Hespagnols en Bretaigne, où à ceste occasion vous pourrés juger que mes affaires ne pourroient se porter que mal, si le dict secours que la dicte dame estoit resolue d'y envoyer n'arrivoit bien tost; et me trouverois en mauvais termes, si, à l'entrée du duc de Parme en ce Royaume, n'ay avec moy l'aultre troupe, dont je l'ay pareillement suppliée me vouloir renforcer. Je vous prie bien luy faire comprendre si bien le besoing et l'importance de l'un et de l'aultre, et la grande obligation que je luy auray, m'y donnant ceste bonne assistance, que j'en puisse bien tost recevoir l'effect, sans lequel je prevoy un grand desordre à mes affaires, qui m'apporteroit grand dommage, et à elle, par l'amitié qu'elle me faict ce bien de me porter, beaucoup de regret et de deplaisir. Le mal est imminent et proche, et partant a besoing de prompt remede. Vous le sçaurés trop bien juger et remonstrer : qui me gardera de vous en dire davantage.

Je fais estat de faire partir le s$^r$ de la Noue dans deux jours, pour aller en Bretaigne. La response que je vous puis faire, sur le memoire de celuy qui offre de m'accommoder d'une bonne somme de deniers sur mes terres des Pays-Bas, est qu'elle me viendroit fort à propos, mais elles sont desjà engagées au comte de Montbeliart, ce qui est besoing que cestuy-là sçache; et s'il me vouloit accommoder de ses deniers sur aultre chose, je tascherois de les luy bien asseurer.

## 1591. — 21 AVRIL.

Mons$^r$ de Beauvoir, J'ay veu le duplicata de vostre depesche du xviij$^e$ mars, avec le memoire qui l'accompagnoit, et vostre lettre du xvij$^e$ du present. La response emportée par le s$^r$ d'Yorck et la charge que j'ay encores aprés donnée au s$^r$ de Reau, qui, j'espere, sera arrivé par delà depuis vos dernieres, satisfont à la pluspart du dict memoire, et portent aussy nouvelles en vertu de ce que je desire que vous taschiés d'en obtenir l'effet, s'il est possible, non seulement pour le regard du secours de la Bretaigne, mais aussy du renfort pour moy, dont je supplie la Royne, selon que par toutes mes precedentes je vous ay representé l'occasion et le besoin de l'un et de l'aultre, pour vous en ayder à ceste poursuitte. Vous sçaurés tres bien comprendre ce que de vous-mesmes vous cognoistrés m'y pouvoir servir. Quant à la demande pour l'entretenement de l'armée, si je l'eusse mesurée par la necessité de mes affaires, je ne me fusse restreint au payement d'un second mois; mais la craincte que le plus ne fust cause d'un refus et refroidissement de bonne volonté m'a gardé de passer plus oultre, et ne sçay que vous dire sur l'explication qu'on demande de combien vous entendés, parlant de quelques mois, sinon que c'est sur ce que vous cognoissés de leur affection; et cela selon ce que vous aurés à vous resouldre, considerant pour mon regard que, tant plus que vous en pourrés obtenir, tant plus grande seureté y auroit pour mes affaires, pourveu qu'il se puisse demander sans y rien gaster. Il a esté satisfaict de ma part à la consideration portée par le dict memoire de ne consumer pour les affaires d'aultruy la solde que l'armée debvra recevoir par moy, ayant mandé à mon cousin le vicomte de Turene de ne s'engager à entreprendre ce que les Estats desirent, sans estre bien asseuré que rien n'en courra à mes despens, du temps qu'elle y pourra employer. Et neantmoins l'advis que vous luy en avés encores voulu donner, et mesmement du lieu que vous l'avés eu, ne pourra estre que fort à propos. Quant à l'obligation des pouldres pour Boulogne, je donneray ordre à vous en decharger; mais doresnavant n'empruntés plus rien pour la dicte place sans avoir mon commandement. Je vous escris la presente à haste, qui est cause que je ne l'estendray davantage que pour prier Dieu qu'il vous ayt, Mons$^r$ de Beauvoir, en sa saincte garde. Escript à Chartres, le xxj$^e$ jour d'avril 1591.

HENRY.

REVOL.

### 1591. — 14 SEPTEMBRE.

Mons$^r$ de Beauvoir, Je crois qu'on vous aura fait tenir mes dernieres lettres, par lesquelles vous aurés entendu la venue de mon cousin le comte d'Essex à Noyon, et la resolution que j'avois prinse en sa presence de ce que nous avions à faire. Hier les troupes que j'attendois de mon armée, pour m'accompagner en mon voyage, s'approcherent d'icy. Aujourd'huy je les fais avancer quelques lieues sur mon chemin, pour faire demain une bonne traicte, en esperance de joindre l'armée d'Allemagne dans huict jours. Les forces du Pape sont passées, sans s'arrester, en Lorraine, et se doibvent rendre le vingt-deuxiesme de ce mois à Valenciennes, où le duc de Parme a deliberé faire l'amas de son armée, et puis, le vingt-huitiesme de ce mois precisement, entrer en France. On faict à ceste heure les forces du Pape plus grandes que ne portoient les precedens advis; car on y adjouste deux mil Espagnols, passez nouvellement d'Espagne, et quelques Napolitains. Et moy je ne change mon desseing de Rouen; toutesfois si le dict duc effectue le sien d'entrer si tost en ce dict Royaume, j'ay deliberé d'aller droict à luy, comme chose necessaire avant toute aultre œuvre; et dés à ceste heure je donne ordre de faire tenir le plus de forces prestes que je pourray, pour me venir trouver au premier mandement. Mais je vous diray que la dicte armée d'Allemagne n'est de si grand nombre qu'on s'estoit promis, mesmes les aultres levées qu'on a fait faire pour la rendre plus forte, et j'ay entendu que de quatre mil hommes de pied et deux cens chevaulx que les s$^{rs}$ de Roybours et Tempel [1] avoient pris charge de fournir, à peine y en a-t-il la moitié; et le semblable est advenu de quelques aultres. Ce n'a esté par faute de prevoyance, y ayant esté donné tout l'ordre et rendu le soing qu'il se peut, comme il n'avoit aussy rien esté obmis de ma part pour le passage des dictes forces du Pape, ayant dés longtemps ordonné à mon cousin le mareschal d'Aumont de s'approcher de la Bresse, et aux s$^{rs}$ Desdiguières et Alfonse de se joindre avec luy pour essayer de les combattre; mais les affaires de la guerre, mesmes telle qu'elle est en ce Royaume, sont subjectes à tant de divers accidens, que, selon qu'ils arrivent, il faut changer d'advis et faire nouvelle resolution, ce que je vous prie de remonstrer à la Royne, de façon qu'elle puisse demeurer satisfaicte de moy, l'asseurant que je n'oublieray un seul point et n'espargneray soing, labeur, ny ma vie, pour employer à propos les forces et moyens que j'auray. Vous luy mettrés aussy en consideration le grand effort que les ennemys ont deliberé faire en ce coup contre moy, de sorte que j'auray aussy d'autant plus grand besoing de mes amys, du nombre desquels je ne la tiens seulement la premiere, mais aussy mon prin-

---

[1] Ce nom se trouve écrit tantôt *Rempel*, tantôt *Tempel* ou même *Temple*; et le précédent est plus ordinairement écrit *Rebours*.

cipal appuy et support aprés Dieu; et pour ce vous la supplierés de trouver bon que je me puisse ayder de ses forces, pour combattre le dict duc, si l'occasion s'en offre, laquelle je chercheray autant que la raison le permettra, et qu'elle en veuille faire commandement au dict s$^r$ comte, qu'il ne face difficulté de me venir trouver quand je le pourray mander, considerant, s'il luy plaist, qu'en cela ne gist seulement la seureté de l'entreprise de Rouen, mais de tout le reste de mes affaires, comme je m'asseure que par sa grande prudence elle sçaura bien juger. On m'escrit d'Italie que le Pape envoye legat en France le cardinal Alexandrin, du tout espagnol, pour faire proceder à l'election d'un roy à la devotion du roy d'Espagne. Dieu en sera le souverain juge, auquel je me confie. Le s$^r$ de Maisse me mande que la Provence pourroit estre secourue de bleds et munitions de guerre par le moyen des Anglois qui trafiquent en ceste mer-là, lesquels seroient bien payez, s'ils alloient descendre ez lieux qui sont en mon obeissance, dont Tholon est le premier port, et qu'il vous en a escript. Je vous prie voir si par ceste voye se pourroit apporter quelque soulagement à mon service de ce costé-là : priant Dieu, Mons$^r$ de Beauvoir, vous avoir en sa saincte garde. A Chaulny, le xiiij$^e$ jour de septembre 1591.

HENRY.

REVOL.

## 1591. — 9 OCTOBRE.

Mons$^r$ de Beauvoir, Si la necessité du voyage que je suis venu faire par deçà est justifiée par les raisons que la prevoyance du besoing d'icelle m'avoit suggerées, et qu'elles soyent amplement desduictes ez depesches que je vous ay cy-devant faictes, speciallement en l'instruction que vous porte le s$^r$ de Reau, j'ay encores mieux recogneu, estant sur le lieu, que ma venue n'importoit rien moins que la conservation de ceste armée à mon service. Car sur les advis qu'ils avoient que le duc de Parme estoit desjà sur la frontiere de Picardie pour les combattre, comme c'est chose certaine (et, sans les empeschemens qui luy sont survenus ez Pays-Bas, il pouvoit estre prest d'entrer dans ce Royaulme vers la fin du mois passé, et s'y preparoit), ils n'avoient deliberé de passer oultre, et s'en fussent plus tost retournez, si je ne me fusse trouvé par deçà, dont le prejudice que en eussent receu mes affaires est si apparent, qu'il n'est besoing de pareilles raisons pour le faire croire, et mesmes pour le desseing du siege de Rouen; car si je m'y feusse trouvé engagé, privé du renfort de la dicte armée, tant s'en fault que j'eusse peu poursuivre l'entreprise, les ennemys ayans les forces prestes qu'ils ont maintenant, qu'il m'eust fallu reduire à une bien foible defensive, trés dangereuse à la condition de mes dicts affaires, au temps où nous sommes, que la plus part des hommes suivent plus tost la reputation et la fortune que le debvoir. Je sçay aussy combien m'importe de me conserver l'amitié et le secours de la royne d'Angleterre, madame ma bonne sœur: sy, je ne la mets en comparaison avec nulle aultre, car rien ne m'est plus cher ny en plus grande estime et consideration. Mais s'estant rencontré en mesme temps l'arrivée de ses forces et de celles d'Allemaigne ez deux frontieres et contrées sy eloignées l'une de l'aultre, ce qu'il n'a tenu à moy ny à aulcune provision que j'aye peu donner, qu'il n'ayt esté disposé en differentes saisons, et plus advancé, de sorte que, en estant advenu aultrement, il n'y a rien de ma faulte, j'estime, après avoir deliberé de ce que j'avois à faire et qu'il eust esté jugé que ma venue par deçà estoit necessaire, que je ne defaillis cependant en rien de l'aultre costé, y envoyant, comme j'ay fait, mon cousin le mareschal de Biron avec le gros de mon armée, veu qu'il pouvoit suffire avec les forces de la dicte dame, pour les entreprises qui sont à faire, avant que estre à celle de Rouen, des moindres villes prochaines, qu'il faut necessairement attacquer les premieres, et sans la prise desquelles le siege de Rouen seroit moins asseuré que aultre chose, quand je y eusse esté en personne, ny aultre que moy, faire satisfaction à ce qui s'offroit du costé de delà; de sorte que le departement que j'ay faict a esté le seul remede que j'ay peu donner à deux occurrences si diverses, qu'il a esté besoing pourveoir en mesme temps. Bien ay-je eu un extreme regret quand j'ay sceu par le s^r de Reau, lequel je n'ay plus tost veu que le cinquiesme de ce mois, que la royne d'Angleterre avoit prins la peine de venir à Port-Semue[1], sur l'opinion qu'elle a eue de trouver l'entreprinse commencée, m'imputant de n'avoir satisfaict à la promesse que je luy avois faicte pour ce regard. J'ay esté toute ma vie, je suis trop jaloux de tenir ma parole à l'endroict de toutes personnes, pour y vouloir manquer à une princesse à laquelle je me recognois tant obligé et que j'estime sur tout ce qui est en ce monde, comme j'en ay assez de subject et d'occasion; et quand je luy auray promis quelque chose qui despendra de moy, j'y satisferay, quand il iroit de ma vie et de tout ce que j'ay en ce monde; mais je la supplie n'interpreter à promesses absolues les deliberations faictes sur les affaires dont l'execution consiste en moyens qui despendent d'aultruy, et où les accidens qui surviennent peuvent faire changement; car en ce cas, si l'on n'en suit pas les resolutions prinses, c'est un conseil necessaire et non un changement de volonté qui doivent estre imputez à faulte. Je ne me suis pourtant departy de la resolution faicte par l'advis general de la dicte dame de l'entreprise de Rouen, et n'y a rien de changé de ma part que le terme que je n'en ay peu precisement suivre, en ayant au surplus tousjours la mesme intention.

Bien vous diray-je que l'estat où les choses se sont trouvées, à mon arrivée par deçà, a fait juger, par l'advis de tous les princes et aultres seigneurs et principaux cappitaines estans avec moy, que le premier œuvre à quoy j'avois à m'employer estoit à empescher, s'il estoit possible, que les forces papalles, et aultres qui estoient assemblées en Lorraine, ne se joignissent avec le prince de Parme, ou, ne les pouvant abattre separement, tascher de leur empescher à tous ensemble l'entrée en ce Royaulme; car feust que Dieu m'en donnast la victoire, ou que au moins je les peusse repousser, c'estoit tirer un grand avantage, en toutes mes affaires, du temps que je y employeray, et particulierement rendre l'entreprise de Rouen plus asseurée; sur quoy je vous

[1] Portsmouth.

feis une depesche, de Sedan, pour vous representer l'estat des affaires et susdictes resolutions, pour la faire entendre à la royne d'Angleterre et la supplier de trouver bon, en cas qu'il me succedast, de pouvoir tirer les premieres forces au combat separement et, pour m'ayder à les combattre toutes ensemble en m'opposant à leur entrée, que mon cousin le comte d'Essex me vint joindre avec ses trouppes, quand je luy manderois; ce que je me promettois qu'elle m'accorderoit volontiers, veu le soing qu'il luy plaist avoir de ma conservation, qui ne despend seulement de faire l'entreprise de Rouen, mais le succés mesme de icelle ne peut estre que incertain, si auparavant il n'estoit pourveu à rompre les obstacles qui s'y voyent preparez, à quoy tendoit la susdicte resolution, joinct aussy qu'alors qu'elle m'accorda les dicts secours ce fut pour l'une et l'aultre fin que je luy demanday, ou du siege de Rouen, ou de combattre le dict duc de Parme, si l'occasion s'en offroit la premiere, comme il a semblé qu'il faisoit à present; et depuis, elle-mesme, entre les conseils qu'elle m'a fait cest honneur de me donner par ses lettres, m'exhorte fort expressement d'empescher l'entrée du dict duc; qui monstre qu'elle en a bien consideré l'importance, et me faict croire qu'elle ne vouloit reprouver le conseil et advis sur ce pris, l'occasion estant proche, qui se trouve conforme aussy, et suivant la dicte resolution.

Saichant que les forces papalles, lorraines et du Maine sejournoient ez environs de Verdun avec peu de deffiance de moy, pour voir mon armée desjà avancée quatorze ou quinze lieues en deçà de la dicte ville, et la riviere de Meuse au devant d'eulx, laquelle toutesfois estoit encore gueable en plusieurs endroicts, j'ay dressé un voyage de ce costé-là, avec mille chevaulx françois, quatre mil reistres, et cinq ou six cens arquebuziers à cheval, sans infanterie, pour essayer de les surprendre à l'impourveu, comme l'apparence estoit; et neantmoins la rencontre qu'il y eut, de quelque course qu'une troupe des leurs avoit entrepris vers Aulmont, que mon cousin le duc de Nevers tenoit assiegé, et qui a esté depuis pris, leur donna congnoissance de ma venue, et l'alarme et frayeur sy grande, qu'ils se retirerent tous en foulle dans la ville et fauxbourgs, et le long des fossez et contrescarpe du dict Verdun, de sorte que mon voyage ne m'apporta le fruict que j'en avois esperé; qui ne fut neantmoins inutile, car par le peu que y passay, je recongneus le nombre des forces des dicts ennemys beaucoup moindre qu'on ne faisoit, et encores moins de courage et resolution en eulx, ainsy que vous verrés par un discours à part que je vous envoye², tellement qu'il y avoit apparence que, y entreprenant plus avant, comme j'avois deliberé faire, j'en pourrois avoir bon marché et emporter à leur barbe quelques places du dict duc de Lorraine, où je me vouldrois adresser pour les inciter au combat, ou leur faire recevoir la honte de les laisser prendre à leur veue, et ce pendant empescher tant que je pourrois leur acheminement. Toutesfois ayant veu ce que le s¹ de Reau m'a apporté de la part de la Royne, tant par la lettre qu'elle a pris la peine de m'escrire que par le contenu des vostres, et ce qu'il m'a dict de bouche, je me suis resolu de postposer tous ces advantages et le danger mesme que peuvent courir ces provinces de deçà par mon eloignement, au devoir et desir que j'ay de rendre mes actions agreables à la dicte dame, prenant ses conseils en cela pour resolutions, sans plus admettre aucune raison au contraire, tant pour l'amitié que je sçay qu'elle me porte, que par l'estime que je fais de sa prudence, tesmoignée par le bon et sage gouvernement de son royaume, dont elle est non seulement louée, mais aussy admirée en nostre siecle; de sorte que, me conformant à ses bons advis, j'estimeray ne pouvoir errer, et quand le succés ne m'en arriveroit, tel que je peux desirer, je le porteray plus patiemment, en luy faisant cognoistre l'affection que j'ay de la rendre contente, que je ne ferois d'estre en sa mauvaise grace avec beaucoup de prosperité, ne souhaitant rien plus que de demeurer si estroictement lié d'amitié et d'intelligence avec elle, que, comme j'ay receu et reçois la plus seure assistance de sa part en mes affaires, aussy elle ayt occasion de prendre

---

² Sur les escarmouches qui eurent lieu devant Verdun entre la troupe du Roi et les avant-postes de l'armée lorraine et pontificale, voyez ci-dessus la lettre du 3 octobre 1591 au duc de Nevers.

entiere confiance, que rien ne sera jamais plus à sa disposition que moy, et ce qui sera en ma puissance.

C'est en somme la resolution que j'ay prise sur sa dicte depesche, et de laisser quelque nombre de forces, pour tenir les dictes provinces de deçà en la plus grande seureté qu'il sera possible; ce que vous luy ferés incontinent entendre, et que je fais estat de tourner visage vers la Normandie dans six jours, sans plus m'arrester à chose quelconque qui se puisse offrir en chemin, de sorte que j'espere, avec l'ayde de Dieu, de m'y rendre à la fin de ce mois, ayant esté contrainct d'accorder aux reistres et lansquenetz le dict terme de six ou sept jours, prés de ville où ils se puissent pourveoir de plusieurs choses qui leur sont necessaires. Vous la suplierés au demeurant remettre le courroux qu'elle a eu de ce que je ne me suis trouvé au dict pays de Normandie, lorsqu'elle s'en est approchée, le rejectant, s'il luy plaist, sur les empeschemens proceddez de l'estat des affaires, tel qu'il est contenu cy-dessus, et que vous luy representerés, si elle vous le permet, pour ne luy laisser aucune impression, que je ne prise et honore comme je dois tout ce qui vient d'elle et luy peut toucher, vous asseurant qu'il me demeure et demeurera un regret infiny d'avoir perdu une si bonne occasion d'aller luy baiser les mains, ainsy que j'avois deliberé, jusques à ce que quelque aultre subject m'apporte ce bonheur, pour lequel nulle peine ny aultre incommodité ne me sera difficile, quand Dieu permettra et la dicte dame que je puisse en cela contenter mon desir. Vous la suplierés aussy, en excusant le temps qui a couru, avant que pouvoir employer son secours à l'effect susdict, non seulement de ne le vouloir revocquer, mais le continuer pour le temps qu'il m'y pourra estre necessaire; et si mes moyens ne peuvent porter de les payer pendant qu'ils auront à servir, aprés les deux mois qu'elle leur a advancez, avec les autres despenses que j'auray à soustenir en mesme temps, qu'il luy plaise adjouster encores ce nouveau moyen à ce qu'elle a desjà fourny, tant en cela qu'en aultres endroicts, pour le bien de mes affaires, qui sera faciliter le remboursement qui luy est assigné, sur le faict que m'apportera l'effect mesme où ils seront employez; dont sans cela je ne pourrois avoir si tost d'ailleurs la commodité, oultre la consequence que y va encores de prevenir le pied que les Espagnols y pourroient prendre, si, après la publication qui a esté faicte de la dicte entreprise, je n'avois le moyen de la pouvoir bien tost faire, comme il me seroit impossible sans l'aydé de la dicte dame.

Si l'artillerie et munitions qu'elle avoit accordez n'avoient encore esté envoyez, ou qu'elle les eust retirez, vous en ferés pareillement instance, affin qu'il ne se perde temps après mon arrivée; et pour ce que sera ouvrage de pionniers autant que d'aultre chose, si vous voyés que ce ne soit importunité, vous luy pourrés encores reiterer la requeste que je luy ay faict faire cy-devant, craignant en avoir faulte, et que la besongne soit retardée, si n'en suis secouru de sa part. Toutesfois, vous vous arresterés aux termes auxquels fauldra pour ne point la fascher: car la raison veut qu'on se contente de ce qu'elle fait de bonne volonté, croyant que, congnoissant comme elle faict ce que y est necessaire, elle fera volontiers ce qu'elle pourra pour advancer l'œuvre.

Vous n'oublierés aussy le poinct de la seureté de la mer, afin que luy plaise d'y pourveoir, selon qu'elle jugera necessaire et estre besoin, ce que je ne peux principalement attendre que de sa part. Et si Dieu me donne le bon succés que j'espere en ceste entreprise, mon intention est de passer aprés en Bretaigne et de travailler surtout doresnavant à la conservation et seureté des dictes provinces, que cognois veritablement, comme la dicte dame le juge, estre la besongne la plus importante et plus necessaire que j'aye à poursuivre. Ce pendant vous la supplierés de ne se lasser aussy du bien qu'elle y apporte et continue jusqu'à present, y laissant encores ses troupes, avec commandement au general Norris de seconder, comme il a trés bien faict jusques icy, mon cousin le prince de Dombes, à soustenir les affaires qui s'y presentent. Je commande aussy au s$^r$ de Lavardin et aux aultres qui se sont retirez, à ce que j'entends, seulement pour prendre un peu de rafraischissement, qu'ils ayent à retourner le plus tost qu'ils pourront.....

D'Attygny, ix<sup>e</sup> octobre 1591.

## 1592. — 21 OCTOBRE.

Mons<sup>r</sup> de Beauvoir, J'espere que vous aurés receu ma depesche du ix<sup>e</sup>, suivant le contenu de laquelle je vous diray que je feis dés hier tourner la teste à mon armée, pour prendre la brisée de Normandie, et qu'estant venu icy, pour aujourd'huy, y achever les depesches que j'avois à faire en Allemagne, elle n'a laissé de s'advancer, faisant estat de faire demain ce qu'elle aura faict en deux jours, et de poursuivre mon voyage aux meilleures journées qu'il sera possible, sans m'arrester à occasion quelconque par chemin, pour le desir que j'ay de mettre bien tost la main à l'œuvre de si longtemps designé; dont j'espere que mon cousin le mareschal de Biron, avec la bonne assurance de mon cousin le comte d'Essex, et de ses troupes, aura si bien advancé les preparatifs qui devoient estre prealablement faicts, ainsy que je vous ay cy-devant escript, que l'execution du principal sera d'autant plus prompte et facile; que mon absence n'y aura apporté aucun retardement. L'armée papale et lorraine s'est tousjours tenue resserrée dans ses forts, depuis la course que je feis sur eulx. Je laisse par deçà des forces à mon cousin le duc de Nevers, et à mon cousin le vicomte de Turenne avec luy. Le duc de Parme estoit encores nagueres à Bruxelles, malade de la goutte. Le porteur, qui avoit passé par les Pays-Bas, le disoit estre à Anvers, mais j'ay advis contraire, qui m'estoit venu de si bonne part, que je m'y arrestay davantage. Aussy en la defaicte que je vous ai dernierement escript qu'on disoit estre advenue au duc de Savoye, ç'a esté sur don Amedée, son frere bastard, et des troupes d'Espagnols et Napolitains qui debvoient passer par deçà, et en passant ont voulu faire quelque ravage en la frontiere de Daulphiné, du costé de Montmelian, pendant que le dict s<sup>r</sup> Desdiguieres estoit en Provence. Mais il revint tout à temps, et tellement à l'impourveu qu'il leur a faict bien cherement payer le dommage qu'ils pouvoient avoir faict. Je vous en envoye un memoire qui en est venu icy aujourd'huy, après aultres precedens qui ne s'accordent pas bien des particularitez, desquelles cestuy-cy contient l'histoire au vray. Je prie Dieu, Mons$^r$ de Beauvoir, qu'il vous ayt en sa saincte garde. Escript à Sedan, le xxj$^e$ jour d'octobre 1591.

HENRY.

REVOL.

## 1592. — 27 JUIN.

Mons$^r$ de Beauvoir, Je receus hier vostre depesche du xvij$^e$ du present, faisant mention d'une du x$^e$, qui n'est point encore venue jusques à moy. J'espere que le temps aura esté si favorable au passage du s$^r$ Unton, qui est retourné par delà, et du s$^r$ de Sancy que j'ay envoyé par mesme moyen (lesquels par lettres du s$^r$ de Sancy, venues avec vostre depesche, j'ay sceu estre arrivez seurement à Dieppe) que bien tost après ils seront rendus là où vous estes; et suis très aise que la resolution que j'ay prise, d'y depescher le dict s$^r$ de Sancy, et l'advis que sur ce vous me donnés, se soyent trouvez conformes. Vos dictes dernieres ne m'ont donné subject de rien adjouxter à la charge que je luy ay donné commune avec vous. Il aura fait entendre à la Royne ma bonne sœur comme je faisois estat de faire sejour aux environs de Sainct-Denys, et quelles en estoient les occasions. Mais le plus souvent la necessité de mes affaires me tire où je ne vouldrois pas, et m'empesche de faire ce qui seroit plus à mon contentement. Ce qui m'a contraint de faire tourner mon armée en ce quartier et venir en ceste ville a esté que j'ay eu advis que l'armée du duc de Parme demoure, encores que luy et son fils se soyent retirez, et alloit assieger Espernay; et combien que la place ne soit pas bonne, sy est-ce qu'il y a un bon nombre d'hommes dedans, pour tenir quelques jours, et est de telle importance pour ma ville de Chaalons, que la perte m'en seroit trés fascheuse; et pour ce, je suis après à adviser les moyens de la secourir, et disposer les reistres à me faire encores ce service, en passant pour se retirer, comme ils sont resolus de faire. Je ne suis aussy sans difficulté à faire marcher les Suisses, qui est un mal si ordinaire à mes affaires que le plus souvent les occasions se perdent, pendant qu'on est à cercher les moyens pour leur donner quelque commodité.....

La haste avec laquelle le dict s$^r$ de Sancy fut depesché fut cause qu'il ne vous a pas esté fait response à ce dont le grand thresorier vous avoit escript, pour le regard des navires arréstez à Marseille : sur quóy je vous diray que, bien que la dicte ville aye chassé ce qui y estoit de la part du duc de Savoye, sy est-ce que pour cela elle n'est entrée en aucune declaration ny acte d'obeissance envers moy, disant seulement se vouloir conserver soubs la couronne de France pour un roy catholique, qui est suivre les projets de la Ligue, de sorte que mes lettres ne pourroient encores de rien servir en ce que pretendoit le dict grand thresorier; auquel vous ferés entendre l'estat auquel les choses demeurent encores à ce compte-là. Le s$^r$ Desdiguieres est en Provence le plus fort à la campagne, travaillant à mettre hors les Savoyards, sur lesquels il avoit desjà reprins beaucoup de places et continuoit ses progrés à les reculer du costé d'Antibes et Cannes, qui sont sur la frontiere, tirant vers Nice. J'ay nouvelles que le duc de Mercure est descendu en la basse Bretagne avec intention d'attaquer Guingan, qui m'est d'importance. Je vous prie remonstrer à la Royne ma bonne sœur, que le principal fruict du secours qu'il luy plaira envoyer gist en la celerité, et que le moyen de haster le partement de mon cousin le mareschal de Biron pour s'y acheminer est de la resolution qu'elle y aura prise; et à ceste occasion il importe que ce soit le plus tost qu'il sera possible : priant Dieu, Mons$^r$ de Beauvoir, vous avoir en sa saincte garde. Escript au camp de Senlis, ce xxvij$^e$ jour de juin 1592.

HENRY.

## 1592. — 7 JUILLET.

Monsr de Beauvoir, J'ay cogneu par vostre depesche du ixe du mois passé, que vous aviés laissé la Royne madame ma bonne sœur en bonne disposition de me secourir. Depuis, le sr de Sancy sera arrivé, lequel je feis partir avec l'ambassadeur, qui s'y en est retourné. Ayant eu la communication de ses instructions, je m'asseure qu'aurés ensemble faict tout ce que aurés jugé convenir à la conduicte et expedition de l'affaire et legation pour laquelle il a esté depesché par delà, dont je suis attendant des nouvelles, en bonne devotion. Le sr de Sancy vous aura dict les raisons que j'eus de changer, pour remectre à Sainct-Denys le sejour que j'avois premierement proposé de faire à Gisors, tant pour arrester le compte des estrangers qui se doivent retirer, que pour faire le departement de mes forces pour le secours de celles de mes provinces qui en ont le plus de besoing. Mais si tost que je fus arrivé à Senlis, j'eus nouvelle comme l'armée des ennemys qui estoit en Champaigne avoit investy la ville d'Espernay, et que si elle n'estoit promptement secourue, qu'elle estoit en danger de se perdre, et eus cest advis avec une trés grande instance de toutes les aultres villes que j'ay en ceste province, mesmes de Chaalons, qui en est la principalle, de m'y vouloir acheminer, me representant qu'il n'y alloit pas seulement du salut de la dicte ville d'Espernay, mais de toutes les aultres qui estoient menacées de la force, et praticquées par l'esperance de quelque repos si elles vouloient traicter avec les ennemys. Toutes ces considerations me firent promptement resouldre à m'y en venir avec toute mon armée, s'estant trouvé fort à propos qu'elle estoit desja passée la riviere d'Oyse..., Mais à la troisiesme journée que je feis pour venir en çà, j'eus advis que la dicte ville estoit rendue, dont j'ay eu beaucoup de desplaisir. Ma premiere opinion avoit esté de ne passer pas oultre, pour retourner parachever ce que j'avois remis à resouldre et conclure en la dicte assemblée et sejour que j'avois advisé faire au dict

S<sup>t</sup>-Denys, et me contenter d'envoyer quelques forces en la dicte province de Champaigne, pour la fortiffier, et par icelles faire par mesme moyen accompaigner les estrangers qui se retirent. Mais j'ay voulu, avant que m'en resouldre, que mon cousin le duc de Bouillon ayt faict un voyage jusques au dict Chaalons, pour recongnoistre l'estat de la dicte ville. Il en arriva hier de retour, et avec luy des depputez du parlement et du corps de la ville, qui se sont venus jecter à mes pieds avec de telles et instantes supplications de les aller secourir, que ce sont vraies protestations et excuses des resolutions qu'ils pourroient prendre prejudiciables à mes affaires, si je les en refuse. C'est pourquoy cest affaire ayant esté mis en deliberation, il a esté jugé necessaire que je m'y acheminasse pour donner quelque soulagement à ceste province, qui est chargée de deux armées ennemies : de celle du duc de Parme, qui l'opprime du costé de Chaalons, et de celle du duc de Lorraine, qui fait de mesme prés de Langres, et contre lesquelles il est impossible qu'elle puisse subsister et qu'elle ne succombe par la force, ou qu'elle ne s'accommode aux praticques que y font les ennemys, qui ont desjà eu quelques effects et sont pour en avoir de pires, s'il n'y est promptement pourveu. Je me suis sur ce resolu de m'y acheminer et y faire un voyage, qui aura ce double fruict, que je consoleray par ce moyen ceste province, et sera un peu de contentement aux estrangers de voir que je les accompaigne avec mon armée jusques à my-chemin de leur retour, qui tiendra quelque lieu sur celuy que je ne leur ay peu donner en leur payement, tel que je l'eusse bien desiré. Je ne fais pas estat que ce voyage me retienne longuement; car je me delibere de faire d'abordée un bon effort pour recouvrer la dicte ville d'Espernay, comme je pense pouvoir faire : ayant cela faict, laisser quelques forces à mon cousin le duc de Nevers (lequel est desjà arrivé au dict Chaalons), pour poursuivre le reste et m'en retourner continuer mon premier desseing, dont les deux principaux chefs sont, l'un de faire partir mon cousin m<sup>r</sup> de Biron pour aller en Bretagne, où j'espere arriver aussy tost que se pourra faire le secours que la Royne ma bonne sœur m'y voudra envoyer, sans lequel il n'y pourroit rien advancer; le second est celuy duquel le dict s$^r$ de Sancy luy aura parlé.

Je vous ay voulu faire tout ce discours afin que vous en soyés preparé pour en donner compte à la dicte dame, à laquelle j'en escript un mot sommairement, me remettant à ce que vous luy en ferés plus amplement entendre de ma part. Au reste, ceulx de la Rochelle m'ont escript puis quelques jours, comme ayans sceu qu'en l'isle de Rhé estoient arrivez un Anglois et un Escossois, et en estans entrez en soupçon, ils s'en sont saisys et ont trouvé à la verité qu'ils estoient chargez de plusieurs lettres et memoires d'Espagne. Je leur ay mandé qu'ils m'en envoyent les coppies, et ce pendant qu'ils tiennent les prisonniers en bonne garde. J'ay sceu que celuy qui est Anglois se nomme Gilbert Leyton, natif de Mildepiz prés Londres, aagé d'environ vingt-quatre ans; et l'Escossois, Baltazard Ressis. Vous en pourrés donner advis à la dicte dame et l'asseurer que, si je recognois par les dicts papiers qu'il y ayt rien qui concerne son service, que je ne fauldray de luy envoyer les dicts prisonniers avec tous leurs memoires. Si le s$^r$ de Sancy est encores par delà je desire que ceste lettre soit communicquée à vous et à luy. Sur ce, je prie Dieu, Mons$^r$ de Beauvoir, vous avoir en sa saincte garde. Escript au camp de Fere en Tartenois, ce vij$^e$ jour de juillet 1592.

HENRY.

## 1592. — 30 SEPTEMBRE.

Mons$^r$ de Beauvoir, Depuis la despesche que je vous ay faicte par un secretaire de mon cousin le duc de Bouillon, que j'ay sceu estre arrivé seurement jusques à Dieppe, laquelle contient la response que j'avois peu faire à ce que le s$^r$ de Sancy m'avoit apporté touchant les Anglois de Bretaigne, j'ay renvoyé le s$^r$ Roger Wilhelmes vers la royne d'Angleterre madame ma bonne sœur, et vous ay escript un mot sur l'occasion de son voyage, qui est principallement affin d'obtenir d'elle le remplacement de ses troupes pour revenir auprés de moy, dont je luy fais à present un mot de recharge sur les advis qui me sont confirmez de tous costez que le duc de Parme doibt revenir en ce Royaume, partant le mois d'octobre, pour s'y trouver au temps de l'assemblée convoquée à Soissons, pour l'election qu'ils veulent faire d'un roy, à quoy le roy d'Espagne pretend, et se fait desjà proposer ouvertement, pensant que la force, les grands moyens, et les promesses qu'il y veut employer, seront moyens assez puissans pour y faire parler le langage qu'il voudra, dont la dicte dame pourra, s'il luy plaist, considerer le danger et la consequence. Il est temps plus que jamais que je sois assisté de mes amys. Je sçay bien qu'elle a la bonne volonté de me secourir, mais le principal est qu'il luy plaise n'en laisser perdre ny diminuer le fruict par la longueur qui souvent apporte des inconveniens. Je vous prie d'y tenir la main et le faire valoir, avec raisons pertinentes, et les plus fortes considerations dont vous les sçaurés bien accompagner, combien que j'en constitue la plus vive persuasion en son bon naturel et en la bienveillance qu'elle me porte.

Au demourant je croy que son ambassadeur en Levant luy aura escript comme le Grand Seigneur a faict prendre et voulu faire mourir le s$^r$ de Lancosme, et qu'enfin il m'en a remis le chastiment, l'ayant ce pendant faict mettre prisonnier dans la tour de sa mer Noire jusques à ce que je face sçavoir ce que je veulx en faire faire. Cela est advenu principallement par l'industrie et diligence de son dict ambassadeur, qui a trouvé moyen de faire surprendre des lettres qui venoient de Rome avec quelque argent et deniers du roy d'Espagne pour le dict Lancosme; par où a esté descouverte son intelligence de ce costé-là, et plusieurs espions qui luy servoient aussy, desquels aulcuns ont esté pareillement prins, et le nom d'Espagnol rendu d'autant plus odieux. Je sçay que ce qui a principalement poulsé le dict ambassadeur à ce faire est l'affection qu'il congnoist que la dicte dame me porte et au bien de mes affaires, suivant laquelle il s'est estudié, depuis mon advenement à ceste Couronne, de m'y faire tous les services qu'il a peu, ainsi que j'ay sur aultres occasions tesmoigné à la dicte dame, comme j'ay bien encores voulu faire ce nouvel effect qu'il en a rendu. Pourtant vous le luy ferés entendre, et remercierés de ma part, adjouxtant que j'ay esté adverty qu'on lui a faict quelques mauvais rapports de son ambassadeur, par la suggestion d'un nommé Miromandes, qui se fait aultrement appeler le chevalier Portugais, tenu pour mechant homme; et encores que je sçache qu'elle sçaura bien garder le droict à son serviteur, et que je ne me doibve entremettre de ce qui est entre elle et les siens, sy est-ce que je penserois pescher d'ingratitude, si en ceste occasion je ne la suppliois, ainsy que je le fais, que, comme j'ay ressenty en mes dicts affaires l'affection de laquelle son dict ambassadeur embrasse ce qu'il sçait luy estre agreable, il luy plaise encores, pour l'amour de moy, l'avoir en plus grande recommandation, ce qui luy donnera encores plus de courage et occasion de s'employer pour mes dicts affaires.

Vous sçavés le long temps qu'il y a que j'ay resolu un ambassadeur en ce pays-là, que j'avois mesme pensé debvoir faire le s$^r$ de la Fin, vostre frere; mais sa prinse, blessure et aultres accidens survenus, avec les incommoditez communes en mes affaires, ont interrompu ce desseing; et neantmoins, comme ceste nouvelle occasion du faict de Lancosme est survenue et m'a pressé davantaige de pourveoir à la dicte charge, il s'est en mesme temps offert un moyen d'y satisfaire aulcunement, que je n'ay peu refuser, et sans lequel je me fusse encores trouvé empesché : c'est qu'un gentilhomme, nommé le s$^r$ de Breves, parent de Lancosme, qui estant allé avec luy en Levant, s'en est separé il y a longtemps à l'occasion de mon service, et aultant recommandé de preudhomie et vertu que l'aultre recongnu perfide et mechant, m'a esté proposé comme se trouvant posté sur le lieu et en fort bonne reputation; et combien que cela pourra estre receu en moindre dignité et honneur que d'un qui partiroit exprés d'icy, sy est-ce que se trouvant d'ailleurs vuidée la difficulté du voyage et beaucoup d'aultres qui y pouvoient apporter encores de la longueur, je me suis resolu à ce party et luy envoyer à present les despeches necessaires, non avec tiltre d'ambassadeur, mais avec charge d'y resider pour mon service, attendant que le temps me soit plus commode pour faire plus solennelle demonstration de l'estime que je fais de leur amitié. Je vous ay bien voulu advertir de la dicte resolution pour la faire entendre à la royne d'Angleterre, et la prier vouloir commander à son dict ambassadeur qu'ils ayent bonne intelligence ensemble, comme il convient à nostre amitié et à la connexité de nos affaires et service, ainsy que j'ay fait fort exprés commandement au sʳ de Breves, et suis d'advis que vous taschiés d'avoir un duplicata de la lettre qu'il luy plaira escrire, et me la faciés tenir, afin qu'elle soit envoyée des deux costez, d'autant qu'il importe pour ceste bonne correspondance entre nos ministres, celle qui est entre nous. Vous luy dirés aussy que je donne charge expresse au mien de poursuivre la sortie, à la premiere saison, de ceste grande armée promise il y a longtemps contre le roy d'Espagne [1] seullement, sans s'attacher à [2]...... pour ne contraindre les aultres de joindre leurs forces aux siennes, oultre leur volonté que l'on sçait n'y estre apertement disposée. Et sur le propos de la dicte guerre, s'il plaist à la dicte dame preparer en mesme temps pour se rendre maistresse de la terre ou aultres lieux propres à rompre la navigation d'Espagne aux Indes, qui seroit couper l'arbre par la racine, elle y pourroit estre grandement aydée, non seulement par la division que la dicte guerre feroit des forces du roy d'Espagne, mais aussy faisant requerir le Grand Seigneur d'envoyer avec icelle quelques grands vaisseaux pour passer le destroit de Gibraltar et se joindre à l'armée de la royne d'Angleterre, à faire la dicte entreprinse. Vous pourrés aussy toucher cesté ouverture en luy representant le surplus, pour y faire telle consideration et donner tels commandemens à son dict ambassadeur qu'il luy plaira.

Je n'ay oublié en l'instruction que j'ay envoyée au sʳ de Breves de luy ordonner de faire tous les offices que besoing sera de ma part, en recommandation des affaires du roy de Portugal; mesmes luy ay

---

[1] Voyez ci-dessus, page 364, note 2.
[2] Ici un mot qui n'a pu être lu dans le manuscrit et qui consiste en un signe d'abréviation, suivi des lettres *ples.*

recommandé, comme le s$^r$ de Sancy m'a dict qu'il le desiroit, ce que luy ferés entendre.

Aprés la prinse de Provins, qui fut le quatriesme de ce mois, j'ay fait un voyage de quinze jours en Picardie, pour faire quelques provisions necessaires aux garnisons, sur le bruict du retour du prince de Parme, que les ennemys remettent à la fin d'octobre, et y ay donné tel ordre aux places, que s'il y fait quelque entreprise, elles me pourroient donner loisir. De là je suis venu faire commencer un fort que j'avois dés longtemps desseigné sur cette riviere de Marne, prés de Gournay, pour coupper les commoditez de la riviere à la dicte ville de Paris, qui seule luy demouroit ouverte, esperant, le dict fort achevé, la réduire par ce moyen en telle necessité avec peu de despense, qu'elle pourroit la faire venir à la raison : qui est tout ce que je vous diray, pour ceste fois, priant Dieu, Mons$^r$ de Beauvoir, vous avoir en sa saincte garde.

HENRY.

## 1593. — 2 JUILLET.

Mons$^r$ de Beauvoir, Comme vous vous plaignés d'estre mal adverty d'icy, j'ay grande occasion de me louer de l'estre fort bien et diligemment de vous, ayant receu toutes vos depesches jusques à celles du xv$^e$ du passé, qui est la derniere que j'aye eue par ce porteur. Ce qui a esté cause de ceste longue intermission que l'on a faicte de vous escrire est que les deux secretaires qui ont charge de faire les depesches de dehors n'estoient point prés de moy, et y estoient attendus de jour à aultre, l'un estant occupé à la conference et l'aultre n'estant encores venu de Tours, où il avoit eu congé de demeurer quelque temps. Cela n'adviendra plus, saichant de combien il importe à la conduicte et reputation de mes affaires que vous soyés adverty et preparé sur toutes les occurrences qui adviennent. Vous serés maintenant hors de ceste peine pour tout ce qui s'est passé jusques au partement du s$^r$ de Morlans, qu'il y a prés de quinze jours qui est party;

et croy qu'il doibt estre à present prés de vous. Oultre que son instruction est bien ample, il est luy-mesme fort praticqué de l'affaire qu'il va traicter par delà, pour y avoir esté icy employé, de sorte qu'il ne vous laissera en incertitude de rien. Je sçay que l'affaire est épineux et difficile, et le tiendrois davantage pour tel s'il estoit entre aultres mains que les vostres. Depuis son partement il ne s'est rien advancé à la conference, les depputez de Paris ayans fort instamment prié les nostres d'attendre la response à la derniere replicque, laquelle il y a quinze jours qu'ils promettent d'un jour à l'aultre; mais il est bien certain qu'ils sont en grande division, ne se pouvant accorder sur la trefve; que la noblesse et le peuple desirent et reclament : et n'y a que le clergé, qui se gouverne entierement par les maniemens des ministres d'Espagne, qui s'y oppose formellement. Le peuple a commencé à se licentier jusques à faire des affronts publiquement au legat et au duc de Feria. Ce sont les avant-coureurs et prejugez qu'ils pourront bien cy-aprés entreprendre pis contre eulx; dont pour le moins ils en ont la peur, car, oultre leur coustume, ils se font et l'un et l'aultre accompagner chascun de leur garde, quand ils vont par la ville; et si apertement ils commencent à se deffier de ceulx de la ville, ce sera encore une plus grande occasion à ceulx de la ville de se deffier d'eulx; qui est l'acheminement à la justice de Dieu de les ruiner les uns par les aultres. Leur court de parlement s'est de sa part declarée, ayant, puis deux jours, ordonné par arrest qu'il seroit procedé contre ceulx qui proposeroient d'enfreindre la loy salicque, qui est la condamnation du droict qu'ils vouloient faire valoir pour l'infante[1]. La fin de ceste conference, qui ne peut plus gueres estre différée, produira quelque evenement

---

[1] Ce celèbre arrêt, que nous citons, au commencement du présent volume, dans le sommaire historique des événements de l'année 1593, a été imprimé en entier par M. Monmerqué, 1<sup>re</sup> série des Mémoires relatifs à l'histoire de France, t. XLIX, p. 465, dans le mémoire de Michel de Marillac, garde des sceaux de France sous Louis XIII, qui se trouvant en 1593 conseiller au parlement de Paris, y avait fait la proposition sur laquelle fut rendu l'arrêt du 28 juin.

qui apportera grande lumiere au cours de cest affaire; et ne doubtés que ne soyés soigneusement adverty du tout.

Quant à la response de vos despesches, je permuteray l'ordre pour commencer par la derniere, qui est celle qui porte la meilleure nouvelle, qui m'a esté fort agreable, du secours des quinze cens hommes de pied que la Royne madame ma bonne sœur s'est accordée de m'envoyer, pour demeurer icy près de moy avec les aultres quinze cens, qui sont avec le s<sup>r</sup> Roger Willemes : qui m'est d'elle une faveur trés grande, et de vous et de vostre fils un fort signalé service de l'avoir peu mener et conduire à ce poinct, qui m'est de trés grande importance. Car bien que les dictes trouppes ne pourroient arriver pour estre à la bataille, s'il y avoit à en donner une sur la dispute de ce siege, le duc de Mayenne et mesmes le comte Charles, estans advertys de ce renfort, se pourroient retenir de venir, ne saichant ny le temps qu'ils y pourroient estre, ny si je pourrois differer de combattre jusqu'à ce qu'ils fussent arrivez. Mais quand ils ne serviroient, ny pour estre à la bataille, ny pour empescher les ennemys de se resouldre, comme il semble desjà qu'ils soyent comme resolus de n'y venir poinct, pour le peu de devoir qu'ils font de s'y preparer, le dict secours me peut servir maintenant en aultres effects autant ou plus qu'une bataille. Car mon desseing est incontinent aprés ce siege de m'approcher de Paris, pour favoriser ce trouble qui y est, en m'y voyant arriver renforcé des dictes forces. Je suis desjà pourveu d'une grande quantité de cavalerie qui m'est arrivée : cela augmentera le courage à ceulx qui s'y sont desjà declarez estre contre l'Espagnol, et le fera perdre à ceulx qui le soustiennent, de sorte qu'il est pour advenir quelque bon et grand effect. Et puis aux crises de telles maladies comme nous en sommes en celle de ceste-cy, les moindres accidens sont de trés grande consequence, et me peut plus valloir maintenant, d'estre fort à la campagne et prés de Paris, que en une aultre saison plus grand avantage. Ce que je vous prie bien representer à la Royne madame ma bonne sœur, afin qu'elle sçache que, encores qu'il ne me vienne point de faveur de sa main que je ne sente bien grande, que je me ressens particulierement obligé de ceste-cy, de laquelle j'espere me prevalloir plus que de beaucoup d'aultres de plus grande despense qu'il luy a pleu me faire cy-devant. Si les dictes trouppes n'estoient pas parties avant que ceste-cy vous arrive, je vous prie, pressés-les de partir, et qu'elles viennent descendre à Dieppe, où je donneray ordre qu'il leur soit preparé tout ce qui sera necessaire, et en cecy travaillés que la legation du vidame vostre fils[2] reussisse comme je me le suis promis.

Quant à la Bretagne, dont je vois que la Royne madame ma bonne sœur, par une lettre qu'elle m'a par cy-devant escripte de sa main, est mal contente, et du retardement de mon cousin le mareschal d'Aumont, je confesse qu'elle en a raison et en ay esté moy-mesme fort mal satisfait; et maintenant qu'il y est, se plaint qu'il n'y peut rien faire, parce que les trouppes du s$^r$ Norreïs sont tellement diminuées, qu'il me mande qu'il ne s'y trouve pas mil hommes de pied. Sans doute j'en suis en bien grande peine, car ce pendant il ne peut rien entreprendre, ayant en teste le duc de Mercure, qui a de six à sept mille hommes de pied bien payez et bien entretenus. S'il y avoit moyen sans offenser la dicte dame, on la peut prier de parfaire au general Norreïs le nombre qu'il doibt avoir, l'accordant et y renvoyant ce renfort promptement. Ce seroit de quoy entreprendre quelque chose; car l'equipage de l'artillerie est tout prest, et mon cousin le mareschal d'Aumont sera fort bien assisté de cavallerie, n'ayant pas voullu appeller prés de moy aucune des compagnies que je luy ay destinées, lesquelles n'attendent aussy que son mandement pour l'aller trouver.

Il se plaint, et non seulement luy mais tout le pays, des excés et desordres que commettent les compagnies du s$^r$ general Norreïs, entre lesquelles il y a peu de discipline. Je vous en ay fait une depesche, à l'instance de mon cousin le mareschal d'Aumont, pour en faire remonstrance à la dicte dame, et vous envoyois la coppie de la

---

[2] M. de La Fin, fils de M. de Beauvoir, était vidame de Chartres.

lettre que j'en avois escripte au dict s^r general Norreïs, et en adressois le pacquet à mon dict cousin le mareschal d'Aumont, pour le vous faire tenir. Vous en userés avec la discretion qui s'y doibt apporter.

Quant à Boullogne, je craindrois d'en faire importuner la Royne madame ma bonne sœur, mais puisqu'elle s'y est desjà engagée de promesse, je vous prie d'y faire envoyer cinq ou six milliers de pouldre et jusques à quatre mil escuz en argent; estant bien adverty qu'il y en a grande necessité. Si M. d'Espernon n'en eust point fait transporter l'artillerie et les munitions qui y estoient, ceulx qui sont en la place ne seroient maintenant en peine d'en aller mendier ailleurs.

J'ay nouvelles d'Italie bien fraisches, par lesquelles on me mande que le s^r marquis de Pisany n'avoit point encores esté admis à Rome, et neantmoins le Pape le fait prier soubs main d'avoir patience; mais il est resolu de ne la prendre plus longue, et m'asseure qu'il partira pour son retour dans la fin de ce mois. J'ay aussy advis comme le s^r de Breves, qui faisoit cy-devant mes affaires en Constantinople, et auquel j'ay donné charge d'y resider pour mon ambassadeur, y a esté fort bien receu de ce Seigneur et de ses ministres, et avec grande confirmation d'amitié entre nous, et que de ceste année il en produira des effects, et en la prochaine de beaucoup plus grands; dont vous pourrés donner avis à la Royne madame ma bonne sœur, si jà elle n'en a esté advertie par son agent qui est par delà.

J'ay esté bien ayse de la bonne nouvelle que vous m'avés donnée de la convalescence du vidame vostre fils; je vous prie me le renvoyer le plus tost que pourrés; car il se pourroit presenter icy telle occasion où il auroit regret de ne s'estre trouvé. C'est ce que je vous diray pour ceste fois : sur ce, je prie Dieu, Mons^r de Beauvoir, vous avoir en sa saincte garde. Escript au camp de Dreux, le ij^e juillet 1593.

HENRY.

FIN DU TOME TROISIÈME.

# TABLE

# DE PLUSIEURS LETTRES DE HENRI IV,

ÉCRITES ENTRE LE 2 AOÛT 1589 ET LE 25 JUILLET 1593,

QUI N'ONT POINT PARU DEVOIR ÊTRE IMPRIMÉES DANS CE VOLUME.

| DATES. | LIEUX DE LA DATE. | ADRESSES DES LETTRES. | SUJETS DES LETTRES ET SOURCES. |
|---|---|---|---|
| 1589. 3 août. | Du camp de Saint-Cloud. | Au capitaine Ponsort. | Annonce de la mort de Henri III. Exhortation à la fidélité envers son successeur. Orig. — Archives de M. le baron de Ponsort. — Imprimé, Journal de la Marne, du 6 octobre 1841. |
| 8 août. | Camp de Poissy. | A la ville et au canton de Zurich. | Pareille à la lettre du même jour au canton de Berne. Orig. — Archives du canton de Zurich. |
| Idem. | Ibidem. | A la ville et au canton de Soleure. | Idem. Orig. — Archives du canton de Soleure. |
| 10 août. | Camp de Pontoise. | A M. de Lanquetot, conseiller au grand conseil. | Annonce de la mort de Henri III. Exhortation à la fidélité. Orig.— Archives de la famille Le Roux d'Esneval. |
| 12 août. | Camp de Clermont. | Au parlement de Normandie séant à Caen. | Idem. Envoi de la déclaration qui assure la protection du Roi à tous ses sujets catholiques. Cop. — Archives de la cour royale de Rouen. Registres secrets du parlement de Normandie, vol. du 26 juin 1589 au 8 novembre 1591, fol. 40 verso. |
| 16 août. | Camp de Chambly. | A M. de Lanquetot. | Assurance de la protection de S. M. pour lui et pour le président de Grémonville, son père. Orig. — Archives de la famille Le Roux d'Esneval. |
| 18 août. | Camp de Neuilly. | A M. de Maisse, ambassadeur à Venise. | Dépêches diplomatiques. (Deux du même jour.) Cop. — B. R. Fonds Brienne, Ms. 11, fol. 85 recto et verso. |
| 27 août. | Camp de Dieppe. | A la reine de Danemarck. | Notification de la mort de Henri III et de l'avènement de Henri IV. Orig. — Archives de Danemarck. |
| Idem. | Ibidem. | Aux conseillers et gouverneurs de l'État de Danemarck. | Idem. Ibidem. |
| 1ᵉʳ septembre. | Camp devant Rouen. | Au parlement de Normandie séant à Caen. | Expression de satisfaction sur la publication qu'ils ont faite de la déclaration du Roi. Encouragement à persévérer dans ce loyal concours. Cop. — Archives de la cour royale de Rouen, vol. cité, fol. 50 recto. |

# TABLE DE PLUSIEURS LETTRES

| DATES. | LIEUX DE LA DATE. | ADRESSES DES LETTRES. | SUJETS DES LETTRES ET SOURCES. |
|---|---|---|---|
| 1589. 17 octobre. | Du camp de Dieppe. | A M. de Lanquetot. | Annonce de la convocation des états de Normandie. Invitation à s'y trouver.<br>Orig. — Archives de la famille Le Roux d'Esneval. |
| 24 octobre. | Camp de Pont-Saint-Pierre. | Au parlement de Normandie séant à Caen. | Ordre d'enregistrer un aveu expédié pour le meurtre de Patureau, capitaine d'Alençon, tué par le baron de Renty.<br>Cop. — Archives de la cour royale de Rouen, vol. cité, fol. 56 verso. |
| 7 novembre. | Camp devant Étampes. | A M. de Maisse. | Dépêche diplomatique.<br>Cop. — B. R. Fonds Brienne, Ms. 11, fol. 93 recto. |
| 20 novembre. | Camp de Vendôme. | Aux échevins et habitants de la ville de Caen. | Annonce de l'arrivée du duc de Montpensier, gouverneur de la province. Recommandation de le seconder.<br>Orig. — Archives de l'hôtel de ville de Caen. |
| 28 novembre. | Camp du Mans. | Au parlement de Normandie séant à Caen. | Avis sur la convocation qui devait se faire à Tours, le 31 octobre, et qui est remise au 15 mars suivant. Ordre d'enregistrer et de publier la déclaration accordée aux sujets rebelles.<br>Archives de la cour royale de Rouen, vol. cité, fol. 80 recto. |
| 30 novembre. | Ibidem. | A M. de Maisse. | Dépêche diplomatique.<br>Cop. — B. R. Fonds Brienne, Ms. 11, fol. 98 recto. |
| Idem. | Ibidem. | Au grand trésorier d'Angleterre. | Pour le prier de favoriser la négociation dont est chargé le sieur d'Incarville.<br>Orig. — Musée britannique. Bibliothèque Lansdowne, vol. 60, art. 72. |
| Idem. | Ibidem. | à M. de Walsingham. | Idem.<br>Orig. — State paper office, ancient royal letters, vol. XXII, lettre 145. |
| 5 décembre. | Ibidem. | Aux habitants de la ville de Caen. | Recommandation de bien seconder le duc de Montpensier dans la soumission des rebelles de la province.<br>Orig. — Archives municipales de Caen. |
| 12 décembre. | Laval. | à M. de Maisse. | Dépêche diplomatique.<br>Cop. — B. R. Fonds Brienne, Ms. 11, fol. 103 verso. |
| 28 décembre. | Ibidem. | Au même. | Idem.<br>Cop. — Ibid., fol. 146. |
| 1590. 17 janvier. | .................. | A M. de Beauvoir. | Idem.<br>Imprimé. — 2ᵉ vol. des Mémoires d'Estat... en suite de ceux de M. de Villeroy, p. 294. |
| Idem. | Camp de Lisieux. | Au parlement de Normandie séant à Caen. | Ordre d'enregistrer et publier des lettres pour l'interprétation d'autres lettres patentes du 18 novembre précédent.<br>Cop. — Archives de la cour royale de Rouen, vol. cité, fol. 86 verso. |

# NON IMPRIMÉES DANS CE VOLUME. 855

| DATES. | LIEUX DE LA DATE. | ADRESSES DES LETTRES. | SUJETS DES LETTRES ET SOURCES. |
|---|---|---|---|
| 1590. 22 janvier. | A Honfleur | A M. de Sancy, ambassadeur en Allemagne. | Dépêche diplomatique.<br>Imprimé. — *Suite des Mémoires de Villeroy,* déjà citée, p. 295. |
| Idem. | .................... | A M. de Sillery, ambassadeur en Suisse. | Idem.<br>Imprimé. — *Ibid.,* p. 302. |
| Idem. | Camp devant Honfleur. | A M. de Maisse. | Idem.<br>Cop. — B. R. Fonds Brienne, Ms. 11, fol. 149. |
| 24 janvier. | .................... | A M. de Sillery. | Dépêche diplomatique.<br>Imprimé. — *Suite des Mémoires de Villeroy,* déjà citée, p. 306. |
| 27 janvier. | Camp devant Honfleur. | A Messieurs du conseil d'État. | Confirmation du don fait par Henri III à M. de Rambouillet de l'état de procureur au Mans.<br>Orig. — Collection de M. Lucas de Montigny. |
| 29 janvier. | Ibidem. | A ***. | Pour engager à prêter de l'argent au Roi les personnes qu'on y saurait disposées. (Deux lettres.)<br>Orig. — Archives du château de Wufflans, dans le canton de Vaud. |
| Idem. | .................... | A M. de l'Onglée. | Dépêche diplomatique.<br>Imprimé. — *Suite des Mémoires de Villeroy,* déjà citée, p. 323. |
| 30 janvier. | .................... | A M. de Sancy. | Idem.<br>Ibid., p. 308. |
| 7 février. | Camp devant Dreux. | Aux gens des finances. | Transport, à faculté de rachat, au comte de Montbéliard, des terres, seigneuries et biens possédés par le Roi aux Pays-Bas, pour s'acquitter de ses dettes envers ce duc.<br>Orig. — Archives de Würtemberg. |
| 10 février. | Camp de Breteuil. | Au parlement de Normandie séant à Caen. | Évocation de la cause de plusieurs gens de guerre détenus prisonniers par ce parlement, pour être renvoyés devant le grand-prévôt.<br>Cop. — Archives de la cour royale de Rouen, vol. cité, fol. 97 verso. |
| 7 mars. | Camp devant Dreux. | A M. de Maisse. | Dépêche diplomatique.<br>Cop. — B. R. Fonds Brienne, Ms. 11, fol. 155 recto. |
| Idem. | .................... | A M. de Sancy. | Idem.<br>Imprimé. — *Suite des Mémoires de Villeroy,* déjà citée, p. 342. |
| Idem. | .................... | A M. de Schomberg. | Idem. (Deux lettres.)<br>Ibid., p. 339. |
| Idem. | .................... | A M. de Sillery. | Idem.<br>Ibid., p. 368. |
| Idem. | .................... | A M. de Quitry. | Idem.<br>Ibid., p. 374. |

# TABLE DE PLUSIEURS LETTRES

| DATES. | LIEUX DE LA DATE. | ADRESSES DES LETTRES. | SUJETS DES LETTRES ET SOURCES. |
|---|---|---|---|
| 1590. 14 mars. | .................. | A M. de Fresnes. | Dépêche diplomatique.<br>Imprimé. — *Suite des Mémoires de Villeroy*, déjà citée, p. 407. |
| Idem. | .................. | A M. de Maisse. | Idem.<br>*Ibid.*, p. 380, et cop. — B. R. Fonds Brienne, Ms. 11, fol. 155 recto. |
| 20 mars. | Au camp de Vernon. | Aux échevins et habitants de Caen. | Annonce de la bataille d'Ivry.<br>Orig. — Archives municipales de Caen. |
| Idem. | Ibidem. | Au parlement de Normandie séant à Caen. | Idem.<br>Cop. — Archives de la cour royale de Rouen, vol. cité, fol. 122 verso. |
| Idem. | .................. | Au comte de Montbéliard. | Idem.<br>Imprimé. — *Suite des Mémoires de Villeroy*, déjà citée, p. 235. |
| 21 mars. | .................. | A M. de Sillery. | Dépêche diplomatique.<br>*Ibid.*, p. 236. |
| 25 mars. | Au camp, à Mantes. | A la ville et au canton de Zurich. | Annonce de la bataille d'Ivry.<br>Orig. — Archives du canton de Zurich. |
| Idem. | .................. | A M. de Sillery. | Nomination du sieur Viger à la charge de secrétaire interprète près des ligues suisses.<br>Imprimé. — *Recueil de Laennel*, p. 240. |
| Idem. | Mantes. | A M. de la Boderie. | Dépêche diplomatique.<br>*Ibid.*, p. 250. |
| 27 mars. | .................. | A M. de Schomberg. | Idem.<br>*Ibid.*, p. 256. |
| Idem. | .................. | A M. de Sancy. | Idem.<br>*Ibid.*, p. 256. |
| Idem. | Mantes. | A M. de Maisse. | Idem.<br>*Ibid.*, p. 252. |
| Idem. | Ibidem. | A M. de Sillery. | Idem.<br>*Ibid.*, p. 257. |
| 4 avril. | Camp de Corbeil. | A M. de Maisse. | Idem.<br>Cop. — B. R. Fonds Brienne, Ms. 11, fol. 190 verso. |
| 8 avril. | .................. | Au même. | Idem.<br>*Ibid.*, fol. 156 recto. |
| 28 avril. | Camp de Bray. | Au même. | Idem.<br>*Ibid.*, fol. 182 recto. |
| 29 mai. | Camp de Gonesse. | Aux échevins et habitants de Saint-Quentin. | Annonce du siège de Paris.<br>Orig. — Arch. municipales de Saint-Quentin. |
| 11 juillet. | Camp de Saint-Denis. | A M. de Maisse. | Dépêche diplomatique.<br>Cop. — B. R. Fonds Brienne, Ms. 11, fol. 215 verso. |
| 13 juillet. | Saint-Denis. | A M. de Beauvoir. | Idem.<br>Cop. — A Londres, *State paper office*, Mss. France. |

## NON IMPRIMÉES DANS CE VOLUME.

| DATES. | LIEUX DE LA DATE. | ADRESSES DES LETTRES. | SUJETS DES LETTRES ET SOURCES. |
|---|---|---|---|
| 1590. 31 juillet. | Au camp de Saint-Denis. | A M. de Maisse. | Dépêche diplomatique. Cop. — B. R. Fonds Brienne, Ms. 11, fol. 125 verso. |
| 9 août. | Ibidem. | Au duc de Montmorency. | Pour la convocation des États de Languedoc. Cop. — B. R. Suppl. fr. Ms. 1009-2. |
| 15 août. | Ibidem. | A M. de Maisse. | Dépêche diplomatique. Cop. — B. R. Fonds Brienne, Ms. 11, fol. 235 recto. |
| 19 août. | Au camp de Chaillot. | Au parlement de Normandie séant à Caen. | Ordre de faire vendre les meubles et saisir le revenu des immeubles des rebelles de la province. Cop. — Arch. de la cour royale de Rouen, vol. cité, fol. 223 recto. |
| 10 septembre. | Camp de Gonesse. | Au duc de Piney-Luxembourg. | Annonce du siége de Paris, dans les mêmes termes qu'une lettre au duc de Montmorency, du 11. Cop. — Arch. de M. le duc de Luynes. |
| 24 septembre. | Camp de Pont-Saint-Pierre. | A M. de Maisse. | Dépêche diplomatique. Cop. — B. R. Fonds Brienne, Ms. 11, fol. 282 recto. |
| 30 septembre. | Camp devant Clermont. | A M. de la Roussière. | Invitation de seconder les bons serviteurs du Roi, pour réduire les ennemis dans le Poitou. ( Le texte est rempli de lacunes.) Orig. autographe. — Arch. de la famille de Puytesson en Vendée. |
| 7 octobre. | Camp de Maugny. | Au parlement de Normandie séant à Caen. | Annonce de la nomination du sieur de Rouziers au bailliage d'Alençon, et ordre de l'installer immédiatement dans cette charge. Cop. — Arch. de la cour royale de Rouen, vol. cité, fol. 242 recto. |
| 27 octobre. | Camp de Gisors. | Au duc de Würtemberg. | Exposé de l'état du royaume. Envoi du vicomte de Turenne, accrédité comme ambassadeur extraordinaire près des princes d'Allemagne. Orig. — Arch. royales de Würtemberg. |
| Idem. | ................. | Au duc Casimir. | Idem. Cop. — Arch. de la Couronne, vol. cité, fol. 70 verso. — Bibliothèque de M. Monmerqué, vol. cité, fol. 45 verso. |
| Idem. | ................. | Au marquis de Brandebourg. | Idem. Ibid., fol. 71 recto. — Fol. 46 recto. |
| Idem. | ................. | Au prince d'Anhalt. | Idem. Ibid., fol. 68 recto. — Fol. 43 recto. |
| Idem. | ................. | A la ville impériale d'Ulm. | Idem. Ibid., fol. 71 verso. — Fol. 46 verso. |
| Idem. | ................. | Au comte Maurice. | Avis de la mission de M. de Busenval. Cop. — Arch. de la Couronne, Ms. déjà cité, fol. 76 verso. |
| Idem. | ................. | A l'amiral des états des Pays-Bas. | Idem. Ibid., fol. 77 recto. |

# TABLE DE PLUSIEURS LETTRES

| DATES. | LIEUX DE LA DATE. | ADRESSES DES LETTRES. | SUJETS DES LETTRES ET SOURCES. |
|---|---|---|---|
| 1590. 27 octobre. | .................. | Au chancelier d'Angleterre. | Pour réclamer son concours dans les négociations du vicomte de Turenne.<br>Cop. — Arch. de la Couronne, vol. cité, fol. 114 verso. |
| Idem. | .................. | Au grand trésorier d'Angleterre. | Remerciement de ses bons services auprès de la reine d'Angleterre ; prière de les continuer et de seconder les négociations dont est chargé M. de Turenne.<br>Cop. — B. R. Fonds Béthune, Ms. 8682, fol. 156 verso. et Suppl. fr. Ms. 1009-3. — Arch. de la Couronne, vol. cité, fol. 40 recto. — Bibliothèque de M. Monmerqué, vol. cité, fol. 21 verso. — Imprimé. *The Life of Thomas Egerton*, p. 367. |
| 28 octobre. | Au camp d'Escouys. | Au parlement de Normandie séant à Caen. | Envoi de l'édit de suppression de tous les offices tenus par les sujets rebelles, et ordre d'enregistrement de cet édit.<br>Cop. — Arch. de la Cour royale de Rouen, vol. cité, fol. 251 verso. |
| 1591. 24 janvier. | Senlis. | Au même parlement. | Ordre d'enregistrer une permission accordée aux marchands de Caen à l'effet de transporter des vivres dans des villes rebelles.<br>Cop. — *Ibid.*, fol. 279 recto. |
| 25 janvier. | *Ibidem.* | Au même parlement. | Avis de la nomination du sieur de Hallot au gouvernement des bailliages de Rouen et d'Évreux ; ordre d'enregistrer les lettres.<br>Cop. — *Ibid.*, fol. 278 verso. |
| 30 janvier. | *Ibidem.* | Au même parlement. | Ordre de laisser passer toutes les marchandises par les villes du ressort, après acquittement des droits.<br>Cop. — *Ibid.*, fol. 279 verso. |
| 17 février. | .................. | A M. de Maisse. | Dépêche diplomatique.<br>Cop. — B. R. Fonds Brienne, Ms. 11, fol. 334 recto. |
| 18 février. | .................. | Au même. | Idem.<br>*Ibid.*, fol. 338 recto. |
| 4 mars. | Camp devant Chartres. | A M. de Stafford. | Assurance de la bonne volonté du Roi, qui avait été mise en doute.<br>Orig. — Musée britannique, biblioth. Cotton. Caligula E. VII, fol. 355. |
| 5 mars. | *Ibidem.* | Au parlement de Normandie séant à Caen. | Le receveur Girard recommandé comme un des plus fidèles serviteurs du Roi.<br>Cop. — Arch. de la cour royale de Rouen, vol. cité, fol. 287 verso. |
| 7 mars. | *Ibidem.* | Au même parlement. | Ordre d'enregistrer sans délai un édit concernant un impôt sur le sel.<br>Cop. — *Ibid.*, fol. 291 verso. |
| 18 mars. | *Ibidem.* | Au même parlement. | Avis de la nomination du comte de Thorigny à la charge de lieutenant au gouvernement d'Alençon et du Cotentin, et ordre de procéder à la vérification de ses pouvoirs.<br>Cop. — *Ibid.*, fol. 291 recto. |

NON IMPRIMÉES DANS CE VOLUME. 859

| DATES. | LIEUX DE LA DATE. | ADRESSES DES LETTRES. | SUJETS DES LETTRES ET SOURCES. |
|---|---|---|---|
| 1591. 19 mars. | Au camp devant Chartres. | A M. de Sillery. | Instruction au sujet de la poursuite exercée par le comte de Montbéliard contre les ducs de Longueville et de Saint-Paul dans l'affaire de Valengin. (Même sujet que la lettre du même jour au comte de Montbéliard.) Cop. — Arch. de la principauté de Neuchâtel, c. 4, n° 5 (oaa). |
| 23 mars. | Ibidem. | Aux échevins et habitants de la ville de Rennes. | Avis des lettres de grâce accordées, sur leur demande, à Claude de Varennes, capitaine cinquantenier de la ville de Rennes. Arch. municipales de la ville de Rennes. |
| 6 avril. | Camp devant Chartres. | A M. de Maisse. | Dépêche diplomatique. Cop. — B. R. Fonds Brienne, Ms. 12, fol. 1 recto. |
| Idem. | Ibidem. | Au premier bassa. | Avis de la lettre du même jour au Grand Seigneur. Compliments. Ibid., fol. 14 verso. |
| Idem. | Ibidem. | Au capitaine de la mer. | Idem. Ibid., fol. 16 recto. |
| 21 avril. | Ibidem. | A. M. de Beauvoir. | Idem. Cop. — A Londres, State paper office, Mss. France. |
| 22 avril. | Ibidem. | Aux maire, jurats et habitants de la ville de Bordeaux. | Invitation à seconder le maréchal de Matignon de leurs deniers, pour amener l'expulsion des étrangers hors de la province. (Cette lettre est interrompue par de nombreuses lacunes.) Orig. — Arch. de la ville de Bordeaux. |
| 28 avril. | Ibidem. | Aux mêmes. | Annonce de la révocation d'un impôt à Royan, en leur considération, tout en réclamant leur part du subside nécessaire pour l'entretien de l'armée étrangère. Orig. — Ibid. |
| 22 mai. | Senlis. | Au parlement de Normandie séant à Caen. | Pour faire observer les règlements concernant l'amirauté. Orig. — Arch. de la cour royale de Rouen, vol. cité, fol. 314 recto. |
| 1er juin. | Camp de Montfort. | Aux échevins et habitants de la ville de Rennes. | Annonce de l'envoi du sieur de la Noue pour aider le prince de Dombes à chasser les Espagnols de la province. Invitation à seconder ce prince et M. de la Noue. Orig. — Arch. de la ville de Rennes. |
| 2 juin. | Mantes. | A M. de Maisse. | Dépêche diplomatique. Cop. — B. R. Fonds Brienne, Ms. 12, fol. 75 recto. |
| 18 juin. | Camp d'Andely. | Au parlement de Normandie. | Injonction de juger, suivant la date de leurs lettres de provision, le procès entre les prétendants au bénéfice de Danvon. Cop. — Arch. de la cour royale de Rouen, vol. cité, fol. 322 recto. |
| 30 juin. | Camp de Mantes. | A M. de Maisse. | Dépêche diplomatique. Cop. — B. R. Fonds Brienne, Ms. 12, fol. 70 recto. |

# TABLE DE PLUSIEURS LETTRES

| DATES. | LIEUX DE LA DATE. | ADRESSES DES LETTRES. | SUJETS DES LETTRES ET SOURCES. |
|---|---|---|---|
| 1591. 8 juillet. | A Mantes. | Aux maire et jurats de Bayonne. | Avis d'une remise de la réunion des États, et d'une convocation du conseil à Tours. Orig. — Arch. de la ville de Bayonne. |
| 14 juillet. | Mantes. | Au canton de Soleure. | Congé des troupes de ce canton; attestation de leurs bons services; regret d'être forcé d'ajourner leur paye. Arch. du canton de Soleure. |
| 15 juillet. | Ibidem. | A M. de Maisse. | Dépêche diplomatique. Cop. — B. R. Fonds Brienne, Ms. 12, fol. 94 recto. |
| 29 juillet. | Camp de Noyon. | Au même. | Idem. Cop. — Ibid., fol. 95 verso. |
| 1er août. | Ibidem. | Aux magistrats et habitants de la ville de Metz. | Même objet que la lettre adressée à la ville de Tours, à la même date. Orig. — Arch. municipales de la ville de Metz. — Imp. Lettres du roi Henri IV aux magistrats et habitants de la ville de Metz, in-fol. 1820, à Metz, p. 8. |
| 3 août. | Ibidem. | A M. de Maisse. | Dépêche diplomatique. Cop. — B. R. Fonds Brienne Ms. 12, fol. 99 verso. |
| 15 août. | Ibidem. | A M. de Hompton, ambassadeur d'Angleterre en France. | Félicitations de ce qu'il vient d'être nommé ambassadeur auprès de Sa Majesté. (Cette lettre est interrompue par beaucoup de lacunes.) Orig. — Musée britannique, biblioth. Cotton. Caligula, VIII, fol. 10. |
| 16 août. | Ibidem. | A M. de Maisse. | Dépêche diplomatique. Cop. — B. R. Fonds Brienne, Ms. 12, fol. 119 verso. |
| 22 août. | Ibidem. | Au parlement de Normandie séant à Caen. | Envoi de lettres patentes pour la continuation des séances du parlement pendant le temps des vacations. Cop. — Arch. de la cour royale de Rouen, vol. cité, fol. 341 recto. |
| Idem. | . . . . . . . . . . . . . . . . . . . | A M. de Reau. | Dépêche diplomatique. Cop. — A Londres, State paper office, Mss. France. |
| 26 août. | Camp devant Noyon. | A M. de Maisse. | Idem. Cop. — B. R. Fonds Brienne, Ms. 12, fol. 121 recto. |
| 28 août. | Ibidem. | Aux gens des trois États de Guyenne et du Bordelais. | Convocation aux États de la province qui doivent se tenir à Bordeaux. (La date de cette convocation est restée en blanc.) Orig. — Arch. municipales de la ville de Bordeaux. |
| 4 septembre. | Ibidem. | A M. de Maisse. | Dépêche diplomatique. Cop. — B. R. Fonds Brienne, Ms. 12, fol. 125 verso. |
| 14 septembre. | Chauny. | A M. de Beauvoir. | Idem. Cop. — A Londres, State paper office, Mss. France. |
| 25 septembre. | Sedan. | A M. de Maisse. | Dépêche diplomatique. Cop. — B. R. Fonds Brienne, Ms. 12, fol. 149 verso. |
| 8 octobre. | . . . . . . . . . . . . . . . . . . . | Au même. | Idem. Cop. — Ibid., fol. 154 verso. |

## NON IMPRIMÉES DANS CE VOLUME.    861

| DATES. | LIEUX DE LA DATE. | ADRESSES DES LETTRES. | SUJETS DES LETTRES ET SOURCES. |
|---|---|---|---|
| 1591. 18 octobre. | Du camp de Beaumont. | Aux magistrats et habitants de la ville de Metz. | Assurance des soins de Sa Majesté pour pourvoir à leur soulagement.<br>Orig. — Arch. municipales de la ville de Metz. — Imp. *Lettres du roi Henri IV*, etc. p. 9. |
| Idem. | Ibidem. | A M. de Maisse. | Dépêche diplomatique.<br>Cop. — B. R. Fonds Brienne, Ms. 12, fol. 171 verso. |
| 17 novembre. | Camp de Crèvecœur. | A M. de Luxembourg. | Idem.<br>Cop. — Arch. de M. le duc de Luynes. |
| 9 décembre. | .................... | A M. de Maisse. | Idem.<br>Cop. — B. R. Fonds Brienne, Ms. 12, fol. 212 recto. |
| 1592. 10 janvier. | Camp de Darnetal. | Au duc de Montmorency. | Exposé de l'état des affaires. (Les lacunes de la copie sont trop nombreuses pour pouvoir rétablir le sens de la lettre, dont l'original était probablement chiffré dans la plus grande partie.)<br>Cop. — B. R. Suppl. fr., Ms. 1009-2. |
| Idem. | Camp de Rouen. | A M. de Maisse. | Dépêche diplomatique.<br>Orig. — B. R. Fonds Saint-Germain-Harlay, Ms. 1024, p. 179. |
| 21 janvier. | Sommereuil. | A M. d'Ornano. | Même objet que la lettre adressée le même jour à M. de Lesdiguières.<br>Cop. — B. R. Fonds Béthune, Ms. 9110, fol. 37 verso, et Suppl. fr., Ms. 1009-3. |
| Idem. | Ibidem. | A M. de la Valette. | Avis de l'envoi de la lettre ci-dessus et de celle qui est adressée à M. de Lesdiguières.<br>Cop. — Ibid., fol. 38 recto, et Suppl. franç., Ms. 1009-3. |
| 25 février. | Camp de Clère. | Au Parlement. | Ordre de surseoir à l'expédition des lettres de rétablissement accordées par le Roi, jusqu'à ce que l'expulsion des ennemis permette à Sa Majesté d'entendre elle-même l'état des affaires du Parlement.<br>Orig. — Arch. du royaume, sect. judiciaire, parlement de Tours (conseil), t. XV, fol. 167 recto. |
| 18 mars. | Camp devant Rouen. | A la reine d'Angleterre. | Prière de continuer ses secours. (Lettre très-endommagée par le feu.)<br>Orig. autogr. — Musée britannique, biblioth. Cotton. Caligula, E. XII, fol. 354. |
| 4 avril. | Camp devant Rouen. | A M. de Maisse. | Dépêche diplomatique.<br>Orig. — B. R. Fonds Saint-Germain-Harlay, Ms. 1024, pièce 192. |
| 24 avril. | Camp de Gouy. | Au même. | Idem.<br>Orig. — Ibid., pièce 195. |
| 11 juin. | Camp de Clermont. | Au parlement de Normandie séant à Caen. | Ordre de lever tout obstacle à la perception de l'impôt destiné à l'entretien des vaisseaux qui gardent les côtes de Normandie.<br>Orig. — Arch. de l'hôtel de ville de Caen. |
| 18 juin. | Gisors. | Au même parlement. | Même objet que la précédente.<br>Orig. — Ibid. |

| DATES. | LIEUX DE LA DATE. | ADRESSES DES LETTRES. | SUJETS DES LETTRES ET SOURCES. |
|---|---|---|---|
| 1592. 21 juillet. | A Saint-Denis. | Au parlement de Normandie séant à Caen. | Ordre d'enregistrer des lettres-patentes concernant un emprunt à constitution d rente sur les recettes générales. Cop. — Arch. de la cour royale de Rouen, Registres secrets du parlement du 6 juillet au 31 décembre 1592, fol. 37 verso. |
| 27 juillet. | Camp devant Épernay. | Au même parlement. | Ordre d'enregistrer des nominations à divers offices. Cop. — Arch. de la cour royale de Rouen, vol. cité, fol. 82 recto. |
| 31 juillet. | Ibidem. | A M. de Maisse. | Dépêche diplomatique. Orig. — B. R. Fonds Saint-Germain-Harlay, Ms. 1024, pièce 209. — Cop. B. R. Fonds Brienne, Ms. 13, p. 38. |
| 13 août. | Ibidem. | Au même. | Idem. Orig. — B. R. Fonds Saint-Germain, vol. cité, fol. 213. — Brienne, Ms. 13, fol. 43. |
| 29 août. | Camp devant Provins. | Au même. | Idem. Orig. — B. R. Fonds Saint-Germain, vol. cité, fol. 216. — Brienne, Ms. 13, fol. 51 verso. |
| 2 septembre. | Ibidem. | Aux nobles, bourgeois et habitants de la ville de Rennes. | Convocation des deux députés de la ville aux états de Bretagne. Orig. — Arch. de la ville de Rennes. |
| 4 septembre. | Ibidem. | Aux échevins et habitants de la ville de Rennes. | Avis de la nomination du sieur de Saint-Luc à la charge remplie naguère chez eux par le sieur de la Hunaudaye. Orig. — Ibid. |
| 30 septembre. | .................... | A M. de Brèves, résident auprès de la Sublime Porte. | Dépêche diplomatique. Cop. — Biblioth. de M. Monmerqué, Ms. intitulé : Lettres à l'ambassadeur du Levant. |
| Idem. | Camp de Champs. | A M. de Brèves. | Idem. Ibidem. |
| Idem. | Ibidem. | A M. de Maisse. | Idem. Orig. — B. R. Fonds Saint-Germain-Harlay, Ms. 1024 ; pièce 218. — Cop. B. R. Fonds Brienne ; Ms. 13, fol. 95 recto. |
| Idem. | Ibidem. | Au parlement de Normandie séant à Caen. | Ordre d'enregistrer sans délai, moyennant les lettres de relief d'adresse, l'édit concernant l'emprunt à constitution de rentes sur les recettes générales. Cop. — Arch. de la cour royale de Rouen, vol. cité, fol. 79 recto. |
| 5 octobre. | Ibidem. | Aux échevins et habitants de la ville de Rennes. | Avis de la nomination du maréchal d'Aumont à la charge de gouverneur de la province. Orig. — Arch. de la ville de Rennes. |
| 7 octobre. | Ibidem. | A M. d'Abain, gouverneur de la Marche. | Ordre de donner escorte au sieur de Hernyes, président de la cour des aides de Montferrand, se rendant, par la Marche, auprès du comte de Clermont. Orig. — Arch. de Mauriac (Cantal). |

## NON IMPRIMÉES DANS CE VOLUME.

| DATES. | LIEUX DE LA DATE. | ADRESSES DES LETTRES. | SUJETS DES LETTRES ET SOURCES. |
|---|---|---|---|
| 1592. 7 octobre. | Au camp de Champs. | A M. de Maisse. | Dépêche diplomatique.<br>Orig. — B. R. Fonds Saint-Germain-Harlay, Ms. 1024, pièce 221. — Cop. — Fonds Brienne, Ms. 13, fol. 100 verso. |
| 10 octobre. | Ibidem. | Au même. | Idem.<br>Orig. — B. R. Fonds Saint-Germain-Harlay, Ms. 1024, pièce 222. — Cop. Fonds Brienne, Ms. 13, fol. 100 verso. |
| 20 octobre. | Saint-Denis. | Aux bourgmestres et conseil de la ville de Saint-Gall. | Pour obtenir un sursis à la poursuite du payement de ce qui leur est dû par la ville de Genève, jusqu'à ce que Sa Majesté ait pu elle-même s'acquitter envers cette ville.<br>Orig. — Arch. du canton de Saint-Gall. |
| Idem. | Ibidem. | Aux ammeister, stettmeisters et conseil de la république de Strasbourg. | Prière de ne point poursuivre la ville de Genève, qui s'est constituée garante de la somme de 20,000 florins que la république de Strasbourg a prêtée à Sa Majesté.<br>Orig. — Arch. de la ville de Strasbourg. |
| 25 octobre. | Ibidem. | Aux échevins et habitants de la ville de Caen. | Invitation à acquitter au plus tôt la somme à laquelle ils ont été taxés pour l'entretien des vaisseaux qui gardent les côtes de Normandie.<br>Orig. — Arch. de l'hôtel de ville de Caen. |
| 3 novembre. | Ibidem. | A M. de Maisse. | Dépêche diplomatique.<br>Orig. — B. R. Fonds Saint-Germain-Harlay, Ms. 1024, pièce 224. — Cop. B. R. Fonds Brienne, Ms. 13, fol. 102 verso. |
| 6 novembre. | Ibidem. | Au même. | Idem.<br>Orig. — B. R. Fonds Saint-Germain-Harlay, Ms. 1024, pièce 225. |
| 7 octobre. | .................. | Au même. | Idem.<br>Orig. — Ibid. pièce 226; et Cop. B. R. Fonds Brienne, Ms. 13, fol 104 verso. |
| 22 octobre. | Camp d'Étampes. | Au même. | Idem. (Deux du même jour.)<br>Orig. — B. R. Fonds Saint-Germain-Harlay, Ms. 1024, pièce 228 et 229. |
| Idem. | .................. | A M. de Brèves. | Idem.<br>Cop. — Biblioth. de M. Monmerqué, Ms. déjà cité. |
| 20 décembre. | Chartres. | A M. de Maisse. | Idem.<br>Orig. — B. R. Fonds Saint-Germain-Harlay, Ms. 1024, pièce 232. — Cop. Brienne, Ms. 13, fol. 134 verso. |
| 22 décembre. | Ibidem. | Au même. | Idem.<br>Orig. — B. R. Fonds Saint-Germain-Harlay, Ms. 1024, pièce 235. — Cop. Fonds Brienne, Ms. 13, fol. 117 recto. |
| 1593. 11 janvier. | Ibidem. | Aux échevins de la ville de Caen. | Ordre de procéder à l'élection d'un capitaine de la ville, à la place du sieur de Gavrus.<br>Arch. de l'hôtel de ville de Caen. |

# TABLE DE PLUSIEURS LETTRES

| DATES. | LIEUX DE LA DATE. | ADRESSES DES LETTRES. | SUJETS DES LETTRES ET SOURCES. |
|---|---|---|---|
| 1593. 11 janvier. | A Chartres. | A M. de Maisse. | Dépêche diplomatique. Orig. — B. R. Fonds Saint-Germain-Harlay, Ms. 1024, pièce 237. — Cop. B. R. Fonds Brienne, Ms. 13, fol. 138 recto. |
| Idem. | .................. | Aux advoyers, conseil et communauté de la ville et canton de Berne. | Semblable à celle du même jour au canton de Zurich. Orig. — Arch. du canton de Berne. |
| Idem. | Chartres. | Au marquis de Pisany. | Dépêche diplomatique. Orig. — Collection de M. Lucas de Montigny. |
| 19 janvier. | Ibidem. | A M. de Maisse. | Idem. Orig. — B. R. Fonds Saint-Germain-Harlay, Ms. 1024, pièce 240. |
| 31 janvier. | Ibidem. | Au parlement de Normandie séant à Caen. | Envoi d'une déclaration contre le projet d'une assemblée des états convoqués par le duc de Mayenne, et ordre de faire publier cette déclaration dans tout le ressort. Cop. — Arch. de la cour royale de Rouen, vol. cité, fol. 7 verso. |
| 8 février. | .................. | A M. de Brèves. | Dépêche diplomatique. Cop. — Biblioth. de M. Monmerqué, Ms. intitulé : Lettres à l'ambassadeur du Levant. |
| Idem. | Ibidem. | Au marquis de Pisany. | Idem. Orig. — Collection de M. Lucas de Montigny. |
| Idem. | Ibidem. | A M. de Maisse. | Idem. Orig. — B. R. Fonds Saint-Germain-Harlay, Ms. 1024, pièce 247. — Cop. Fonds Brienne, Ms. 13, fol. 171 recto. |
| 22 février. | Tours. | A M. de Beuvron, capitaine de cinquante hommes d'armes des ordonnances. | Pareille à la lettre adressée le même jour à M. de Canisy. Orig. — Cabinet de M. Pélissier. |
| 26 février. | Tours. | Aux échevins et habitants de la ville de Moulins. | Avis de l'ordre donné au duc de Nevers de prendre deux canons à Moulins. Cop. — B. R. Fonds Béthune, Ms. 9113, fol. 23 recto. |
| 29 mars. | Chartres. | A M. de Maisse. | Dépêche diplomatique. Orig. — B. R. Fonds Saint-Germain-Harlay, Ms. 1024, pièce 246. — Cop. Fonds Brienne, Ms. 13, fol. 203 recto. |
| Idem. | .................. | A M. de Brèves. | Idem. Cop. — Bibliothèque de M. Monmerqué, Ms. intitulé : Lettres à l'ambassadeur du Levant. |
| 22 avril. | Mantes. | A sir John Norris. | Exposé de l'état des affaires. Invitation à seconder vivement Sa Majesté avec le secours des troupes anglaises. (Lettre remplie de lacunes.) Orig. — State paper office, vol. de Mélanges. |
| 27 avril. | Ibidem. | Au marquis de Pisany. | Dépêche diplomatique. Orig. — Collection de M. Lucas de Montigny. — Imprimé. Revue rétrospective, seconde série, t. XI, p. 22. |

## NON IMPRIMÉES DANS CE VOLUME.

| DATES. | LIEUX DE LA DATE. | ADRESSES DES LETTRES. | SUJETS DES LETTRES ET SOURCES. |
|---|---|---|---|
| 1593. 27 avril. | A Mantes. | A M. de Maisse. | Dépêche diplomatique. Orig. — B. R. Fonds Saint-Germain-Harlay, Ms. 1024, pièce 251. — Cop. Fonds Brienne, Ms. 13, fol. 193 verso. |
| 16 mai. | ................ | A M. de Beauvoir. | Idem. Cop. — Musée britannique, biblioth. Cotton. Caligula E. IX, fol. 128. |
| 17 mai. | Ibidem. | A M. de Maisse. | Idem. Orig. — B. R. Fonds Saint-Germain-Harlay, Ms. 1024, pièce 255. — Cop. Fonds Brienne, Ms. 13, fol. 215. |
| Idem. | Ibidem. | Au marquis de Pisany. | Idem. Orig. — Collection de M. Lucas de Montigny. — Imprimé. Revue rétrospective, seconde série, t. XI, p. 25. |
| 18 mai. | Ibidem. | A M. de Lanquetot. | Pareille à la lettre adressée le même jour à M. Ocquidam. Orig. — Arch. de la famille Le Roux d'Esneval. |
| Idem. | Ibidem. | A M. d'Abain. | Idem. Imprimé. Thibaudeau, Histoire de Poitou, t. V, p. 182. |
| Idem. | Ibidem. | A M. de Rambouillet. | Idem. Cop. — B. R. Suppl. fr., Ms. 1009-3. |
| Idem. | Ibidem. | Au duc de Nevers, gouverneur et lieutenant général en Champagne et Brie. | Pareille à la lettre adressée le 10 mai précédent au prince de Conti. Orig. — B. R. Fonds Béthune, Ms. 9115, fol. 26. — Cop. — Suppl. fr., Ms. 1009-3. |
| 30 mai. | ................ | Au marquis de Pisany. | Dépêche diplomatique. Orig. — Collection de M. Lucas de Montigny. — Imprimé. Revue rétrospective, seconde série, t. XI, p. 28. |
| 31 mai. | Mantes. | A M. de Maisse. | Idem. Orig. — B. R. Fonds Saint-Germain-Harlay, Ms. 1024, pièce 257. — Cop. Fonds Brienne, Ms. 13, fol. 221 verso. |
| 20 juin. | Camp devant Dreux. | A lord Burghley. | Recommandation en faveur du sieur de Morlans, envoyé extraordinaire de Sa Majesté. Orig. — A Londres, State paper office, ancient royal letters, vol. XXII, lettre 167. |
| 26 juin. | Ibidem. | A M. de Boislandry. | Ordre d'installer Damien Renouard dans les fonctions de procureur général des eaux et forêts. Cop. — Arch. de la préfecture d'Eure-et-Loir. |
| 14 juillet. | ................ | A M. de Brèves. | Dépêche diplomatique. Cop. — Bibliothèque de M. Monmerqué, Ms. Lettres à l'ambassadeur du Levant. |
| Idem. | Saint-Denis. | A M. de Maisse. | Idem. Orig. — B. R. Fonds Saint-Germain-Harlay, Ms. 1024, pièce 258. — Cop. Fonds Brienne, Ms. 13, fol. 233 verso. |
| 16 juillet. | Mantes. | Aux maire et échevins de la ville de Caen. | Ordre de procéder à l'élection d'un nouveau capitaine de la ville, à la place du sieur du Rozel. |

# LISTE ALPHABÉTIQUE

## DES PERSONNES

À QUI SONT ADRESSÉES LES LETTRES RASSEMBLÉES DANS CE VOLUME.

ABAIN (D'), p. 201, 455, 787.
AIX (Le baron D'), p. 575.
AMBLY (D'), p. 714.
AMURATH, sultan des Turcs, p. 363, 426, 607.
ANCEL, p. 569.
ANGLETERRE (La reine d'). *Voyez* Élisabeth.
ANGLETERRE (L'ambassadeur d'). *Voyez* Unton.
ANGLETERRE (Le grand trésorier d'). *Voyez* Burghley.
AUGUSTE, duc de Saxe, p. 10, 108, 231, 259, 276, 393, 394, 432.
AUMONT (Le maréchal D'), p. 298.
AUVERGNE (Le comte D'), p. 586, 599.
BAVIÈRE (Le duc de). *Voyez* Jean-Casimir.
BAYONNE (Les maire, jurats, manans et habitans de la ville de), p. 92, 214, 375, 384, 672, 695, 813.
BEAUVOIR (DE), p. 89, 97, 139, 282, 332, 379, 431, 505, 555, 564, 645, 699, 827, 829, 830, 832, 839, 840, 842, 844, 848.
BENOIST, curé de Saint-Eustache à Paris, p. 798.
BERNE (La ville et le canton de), p. 13, 197, 601, 688, 716.
BIRON (Le maréchal DE), p. 306, 387.
BLANCMESNIL (DE), p. 615.
BOISGERIN, p. 149, 480.
BORDE (DE LA), p. 37.
BORDEAUX (Le maire et les jurats de), p. 172, 218, 248, 252, 440, 441, 471.
BOUILLON (Le duc DE), p. 812.
BOURBON (Le cardinal DE), p. 633.
BOURDAIGE (DE), p. 58.
BOURELLIE (DE LA), p. 707.
BOURGES (L'archevêque de), p. 814.

BOURNAZEL (DE), p. 65, 149, 737.
BRÈVES (DE), p. 705, 709.
BRIQUEMAUT (DE), p. 347.
BURGHLEY (Lord), grand trésorier d'Angleterre, p. 25, 34, 49, 60, 190, 404, 450, 460, 742.
BUZENVAL (DE), p. 29.
CAEN (Les échevins, manans et habitans de la ville de), p. 49, 56, 109, 368, 519, 567, 612.
CANISY (DE), 208, 349, 436, 698, 729.
CÉCIL, p. 637.
CHANANEILLES (DE), p. 271.
CHARTRES (L'évêque de), p. 771.
CHASERON (DE), p. 733.
CHATTE (Le commandeur de), p. 583.
CHRISTIAN IV, roi de Danemarck, p. 31, 173, 273.
CHRISTINE DE LORRAINE, grande-duchesse de Toscane, p. 23, 677.
CLÉMENT VIII, pape, p. 674.
COMBLESY (Le vicomte DE), p. 18.
COMPIÈGNE (Le gouverneur et les attournés de la ville de), p. 562.
CONTY (Le prince DE), p. 768.
COURT (DE LA), p. 138, 195, 239.
CRILLON, p. 34, 68, 127, 410, 656.
CROIX (DE LA), p. 353.
CURTON (DE), p. 170.
DANEMARCK (Le roi de). *Voyez* Christian IV.
DINTEVILLE (DE), p. 236, 555, 661, 663.
ÉCOSSE (Le roi d'). *Voyez* Jacques VI.
ÉGLISES RÉFORMÉES, p. 779.
ÉLISABETH, reine d'Angleterre, p. 27, 50, 54, 66, 120, 121, 148, 188, 229, 279, 320, 331, 370, 399, 430, 459, 461, 470, 475,

506, 507, 568, 584, 623, 636, *ibid.* 642, 715, 742.

ÉMERY (D'), p. 179.
ESPERNON (Le duc D'), p. 83, 123, 799.
ESSEX (Le comte D'), p. 281, 448, 489.
ESTANG (DE L'), p. 561.
ESTELLE (DE L'), p. 48.
ESTERNAY (D'), p. 233.
ESTRÉES (M' D'), p. 664.
ESTRÉES (Gabrielle D'), p. 722, 724, 725, 727, 754, 755, *ibid.* 756, 758, 760, 804, *ibid.* 811, 818, 821.
FÉDOR IVANOVITCH, grand-duc de Russie, p. 113.
FERDINAND I<sup>er</sup> DE MÉDICIS, duc de Toscane, p. 21, 187, 254, 675, 676, 763, 782, 785.
FERVAQUES (DE), p. 161.
FLERS (Le baron DE), p. 57.
FORCE (DE LA), p. 80, 780.
FRANCE (Reine douairière de). *Voyez* Louise de Lorraine.
FRÉDÉRIC IV, duc de Lignitz, p. 535.
FRESNES (DE), p. 97, 131.
GAUVILLE (DE), p. 122, 270, 343, 598.
GRAMONT (La comtesse DE), p. 40, 82, 116, 122, 135, 186, 193, 216, 320, 362.
GREMONVILLE (Le président DE), p. 15.
GRAND-SEIGNEUR (LE). *Voyez* Amurath.
GRILLON. *Voyez* Crillon.
GRISES (Les ligues) ou *Grisons*, p. 658.
HESSE (Le landgrave DE). *Voyez* Maurice le Savant.
HARAMBURE (DE), p. 63, 243.
HOEFELDER, p. 504.
HOUDETOT (D'), p. 207, 271.
HUMIÈRES (D'), p. 137, 485.
JACQUES IV, roi d'Écosse, p. 119, 278.
JEAN-CASIMIR, duc de Bavière, p. 534.
JORIE (DE LA), p. 706.
LANCQUETOT (DE), p. 409.
LARTAUDIÈRE (DE), p. 353.
LANGRES (Le maire et les échevins de la ville de), p. 81. *Voyez aussi* Roussat.
LANGUEDOC (Les états de), p. 711.
LANGUEDOC (Les ministres des églises du), p. 292.
LARCHANT (DE), p. 392.

LARDIMALIE (DE), p. 181.
LESDIGUIÈRES (DE), p. 553.
LIGNITZ (Le duc DE). *Voyez* Frédéric IV.
LIGUE (Les villes de la), p. 825.
LONDRES (Le maire et les échevins de la cité de), p. 531.
LONGUEVILLE (Le duc DE), p. 169, 389.
LOUIS, duc de Würtemberg, p. 107, 155, 175, 231, 396, 502.
LOUISE DE LORRAINE, reine de France, p. 75.
LUSIGNAN (DE), p. 732.
LUXEMBOURG (DE), duc de Piney. *Voyez* Piney.
MAHOMET, premier pacha de la Porte ottomane, p. 428.
MAISSE (DE), p. 581, 589, 634, 673, 719.
MANTELAY (DE), p. 117.
MANTOUE (Le duc DE). *Voyez* Vincent I.
MARIANY, p. 429.
MARIVAUX (DE), p. 584, 672, 678.
MAROC (L'empereur de), p. 111.
MATIGNON (DE), p. 59, 78, 79, 192, 219, 315, *ibid.* 702.
MAURICE LE SAVANT, landgrave de Hesse, p. 685, 805.
MELLO (Le capitaine, le prévôt et les habitants du château et de la ville de), p. 334.
MENOU (DE), p. 417.
MESLON (DE), p. 734.
METZ (Le président DE), p. 18.
METZ (Les maître-échevin et treize de la ville de), p. 17, 91, 200, 208, 384, 520, 559.
MOLDAVIE (Le prince DE), p. 429.
MONTBAROT (DE), p. 360.
MONTBELLIARD (Le prince DE), p. 356, 367.
MONTFERRANT (Les consuls et habitants de la ville de), 355.
MONTHOLON (DE), p. 3.
MONTMORENCY (Le duc DE), p. 210, 227, 240, 250, 256, 258, 263, 288, 289, 327, 336, 338, 354, 372, 421, 433, 467, 473, 521, 539, 552, 561, 571, 591, 629, 638.
MONTMORENCY (La duchesse DE), p. 33, 93, 99, *ibid.* 115.
MONTPELLIER (Les consuls de la ville et du diocèse de), p. 262, 290.
MONTPENSIER (Le duc DE), p. 245, 347, 349, 350, 355.

NEMOURS (Le duc DE), p. 226.
NEUFVILLE (DE LA), p. 209, 323, *ibid.*
NEVERS (Le duc DE), p. 7, 95, 232, 242, 243, 294, 297, 300, 301, 303, 304, *ibid.* 305, 308, 309, 311, 312, 313, 322, 325, 326, 327, 328, 329, 339, 341, 342, 358, 360, 361, 368, 371, 377, 386, 388, 390, 397, 401, 405, 407, 410, 412, 413, *ibid.* 416, 425, 438, 443, 446, 447, 451, 456, 457, 463, 465, 467, 471, 473, 482, 483, 484, 486, 487, 488, *ibid.* 490, 491, 497, *ibid.* 498, 499, *ibid.* 500, *ibid.* 501, 507, 508, 509, 512, 514, 515, 516, 517, 518, 520, 523, 525, 527, 528, 529, 537, 546, 547, 548, 549, 551, 556, 558, 565, 566, 576, 595, 604, 605, *ibid.* 606, 611, 613, 616, 617, 619, 625, 635, 647, 648, *ibid.* 649, 652, 653, 664, 665, 666, 667, 669, 670, 679, 681, 682, 683, 684, 686, 687, 690, 691, 692, 693, *ibid.* 694, 695, 703, 708, 709, 723, 727, 730, 731, 734, 736, 738, 739, 746, 747, 749, 750, 751, 761, 762, 767, 774, 776, 777, 784, 785, 793, 795, 806, 814, 819, 820.
NEVERS (La duchesse DE), p. 103, 407, 781, 797.
NÎMES (Les consuls et le consistoire de), p. 817.
NOAILLES (DE), p. 86, 779.
NORMANDIE (le parlement de), p. 5, 36, 80, 90, 144, 147, 181, 182, 235, 268, 345, 376, 391, 403, 418, 419, 436, 477, 479, 546, 658, 690, 740, 765, 766.
NOUE (DE LA), p. 171.
OCQUIDAM, p. 773.
ORANGE (Les officiers du parlement d'), p. 293.
PAPE (Le). *Voyez* Clément VIII.
PARIS (Les manans et habitans de la ville de), p. 203, 216.
PARLEMENT (Le), p. 576.
PARLEMENT (Le) de Normandie. *Voyez* Normandie.
PAYS-BAS (Les états unis des), p. 272, 344, 597, 653, 806.
PINEY (Le duc DE), 156, 183, 464, 662.
PISANY (Le marquis DE), p. 700, 744, 788.
PLESSIS-MORNAY (DU), p. 28, 35, 63, 69, 70, 136, 541, 542, 580, 587, 621, 663, 810.
POYANNE (DE), p. 8, 55, 94, 620.
PONSORT (Le capitaine), p. 26, 40.

PUYRAVEAU (DE), p. 671.
RAMBOUILLET (DE), p. 819.
RAVIGNAN (DE), p. 588, 622.
RENNES (Les habitans de la ville de), p. 481, 538, 564, 577, 603, 642.
RETZ (Le duc DE), p. 417.
REVOL, p. 335.
ROCHE-GUYON (M^me DE LA), p. 244.
ROCHELLE (Le maire, les échevins et les pairs de la ville de la), p. 824.
ROGYER (DE), p. 532.
ROSNY (DE), p. 145, 161, 162, 343, 442, 464, 465, 751.
ROUEN (Le maire et les échevins de la ville de), p. 510.
ROUSSAT, p. 38, 490.
ROUSSIÈRE (DE LA), p. 234.
ROUZIÈRE (DE LA), sieur de la Bosme, p. 206.
RUCELLAI (Horacio), p. 213.
RUSSIE (Le grand-duc de). *Voyez* Fédor Ivanovitch.
SAINTE-AULAIRE, p. 51.
SAINT-CHAUMONT, p. 661.
SAINT-DENYS (DE), p. 803.
SAINT-ESTIENNE (DE), p. 602.
SAINT-GAL (Les bourgmestres de la ville de), p. 299, 741.
SAINT-GENIÈS, p. 16.
SAINT-JEAN-DE-JÉRUSALEM (Le grand maître de l'ordre de), p. 110.
SAINTE-MARIE-AUX-AIGNEAUX (DE), p. 390.
SAINT QUENTIN (Les mayeur, échevins, manans et habitans de la ville de), p. 75, 199, 238, 346, 689.
SALERS (Les consuls de), p. 44.
SAXE (Le duc DE). *Voyez* Auguste.
SCALIGER, p. 530, 758.
SCHOMBERG (DE), p. 129, 158, 185, 536.
SENECEY (DE), p. 45.
SENEGAS (DE), p. 781.
SOLEURE (Les avoyers, amans, conseil et communauté du canton de), p. 19, 106, 176.
SOUVRÉ (DE), p. 88, 145, 426, 621, 666, 677, 712, 726, 759, 765.
STAFFORT (Lord), p. 191.
STRASBOURG (Le secrétaire de la république de). *Voyez* Hoefelder.

STRASBOURG (Les stattmestre et conseil de la république de), p. 62, 77.
SUISSES (Les treize cantons des ligues), p. 11, 179.
TAVANES (Le comte DE), p. 237.
TOURS (Les maire et échevins, manans et habitans de la ville de), 453.
TOSCANE (Le grand-duc de). *Voyez* Ferdinand I<sup>er</sup> de Médicis.
TOSCANE (La grande-duchesse de). *Voyez* Christine de Lorraine.
TRIGNAN (DE), p. 579, 580, 585.
TROUPES ÉTRANGÈRES (Les capitaines des), p. 335.
UNTON, p. 551, 596.
UZÈS (Les consuls de la ville et du diocèse d'), p. 262.
VACHÈRES (DE), p. 160, 209, 352.
VALADE (DE LA), p. 330.
VAUDORÉ (DE), p. 511.
VENDOSME (Le cardinal DE), p. 100, 627.

VENISE (L'ambassadeur de), p. 178.
VENISE (Le doge et la seigneurie de), p. 24, 101, 336, 657.
VILLES DU ROYAUME (Les principales), p. 1.
VILLES IMPÉRIALES, p. 159.
VINCENT I, duc de Mantoue, p. 136.
VITRY (DE), p. 610.
VIVANS, p. 41, 97, 104, 340, 439, 697.
VOULTE (Le comte DE LA), p. 309.
WALSINGHAM (Lord), p. 25, 61.
WILLUGHBY (Le baron DE), p. 74, 96, 118, 282.
WURTEMBERG (Le duc DE). *Voyez* Louis, duc de Würtemberg.
ZURICH (Le bourgmestre et le conseil du canton de), p. 503, 713.

LETTRES sans désignation d'adresse, p. 162, 678, 822, 823.

# INDICATION

### DES

### NOTES SUR LES NOMS PROPRES.

---

Quel que soit l'endroit du texte où se trouve un nom déjà annoté, cette table et celles des deux volumes précédents permettront de recourir à la note dont ce nom est l'objet.

Abain (Louis Chasteigner, seigneur d'), p. 201.
Acerac (Jean de Rieux, marquis d'), p. 728.
Ailly (Philibert-Emmanuel d'), vidame d'Amiens, p. 398.
Allègre (Christophe, marquis d'), p. 59.
Aix (Charles d'Escars, baron d'), 575.
Amblise (Africain d'Anglure, prince d'), p. 492.
Amiens (le vidame d'). *Voyez* Ailly.
Amurath III, sultan des Turcs, 363.
Angoulême (Diane, légitimée de France, duchesse d'), p. 666.
Anhalt (Christian, prince d'), p. 261.
Arquien (Antoine de la Grange, seigneur d'), p. 408.
Aumale (Claude de Lorraine, dit le Chevalier d'), p. 324.
Badefol (Hélie de Gontaut, baron de), p. 78.
Balagny (Jean de Montluc, seigneur de), p. 346.
Baradat (Guillaume de), p. 129.
Barlote ou Berlote (Claude de la), p. 571.
Bassompierre (Christophe, baron de), p. 776.
Beaumont (Charles du Plessis, comte de), p. 239.
Beaune (Renaud de), archevêque de Bourges, p. 814.
Beauvoir-la-Nocle (Jean de la Fin, seigneur de), p. 25.
Bellefourière (Ponthus, seigneur de), p. 311.

Benehard (Jacques de Maillé, seigneur de), p. 85.
Benoist (René), curé de Saint-Eustache, à Paris, p. 798.
Beuvron (Pierre de Harcourt, marquis de), p. 118.
Birague (Charles de), p. 448.
Biron (Charles de Gontaut, baron de), p. 145.
Blancmesnil (Nicolas Potier, seigneur de), p. 402.
Bogdan (Jean), prince de Moldavie, p. 427 et 432.
Boisguerin (Claude du Perrier, seigneur de), p. 149.
Boissière (Jean de la), seigneur de Chambors, p. 311.
Boissière (Christophe de Lannoy, seigneur de la), p. 454.
Borde (Michel Colas, seigneur de la), p. 37.
Born (Jean de Durfort, seigneur de), p. 127.
Bothéon (Guillaume de Gadagne, seigneur de), p. 289.
Bouillé (René, seigneur de), p. 191.
Bourdaisière (Isabelle Babou de la), dame de Sourdis, p. 698.
Bourges (l'archevêque de). *Voyez* Beaune.
Bournazel (Antoine de Buisson, seigneur de), p. 65.
Bouteville (Louis de Montmorency, seigneur de), p. 684.

Breves (François Savary, seigneur de), p. 705.
Brienne (Charles de Luxembourg, comte de), p. 378.
Brissac (Charles de Cossé, comte de), p. 116.
Buous (Antoine de Pontevez, seigneur de), p. 579.
Canchy (Louis de Sainte-Marie, seigneur de), p. 348.
Carouges (Jacques Le Veneur, baron de), p. 122.
Chaligny (Henri de Lorraine, comte de), p. 570.
Chambret (Louis de Pierre-Buffière, seigneur de), p. 705.
Chapelle aux Ursins (François Jouvenel des Ursins, seigneur de la), p. 494.
Charles II, dit le Grand, duc de Lorraine, p. 38.
Chaste ou Chatte (Aymar de), gouverneur de Dieppe, p. 29.
Chartes (l'évêque de). *Voyez* de Thou.
Châteauroux (Charles de Maillé de la Tour-Landry, comte de), p. 633.
Chavigny (François le Roy, seigneur de), p. 28.
Chazeron (Gilbert, seigneur de), p. 407.
Choisy (Jacques de l'Hôpital, comte de), p. 410.
Christian IV, roi de Danemarck, p. 31.
Christine (de Lorraine), grande-duchesse de Toscane, p. 23.
Cigogna (Pascal), doge de Venise, p. 24.
Clément VIII (Hippolyte Aldobrandini), p. 674.
Clielle (Isaïe Brochard, seigneur de la), p. 676.
Colas (François), échevin d'Orléans, p. 37.
Comblisy (Claude Pinard, vicomte de), p. 18.
Condé (Henri II, prince de), p. 220.
Coupigny (Gabriel du Quesnel, seigneur de), p. 786.
Court (Claude Groulart, seigneur de la), p. 117.
Crapador (Auger de), p. 728.
Crillon (Georges de Berton des Balbes de), p. 127.
Curée (Gilbert Filhet, seigneur de la), p. 454.
Curton (François de Chabanes, marquis de), p. 170.
Dampierre (François de Cugnac, seigneur de), p. 359.
Dampville (Charles de Montmorency, seigneur de), p. 704.

Danemarck (Roi de). *Voyez* Christian IV.
Dinteville (Joachim, baron de), p. 155.
Doge de Venise. *Voyez* Cigogna.
Egmont (Philippe, comte d'), p. 166.
Elbène (Jacques d'), p. 212.
Épinac (Pierre d'), archevêque de Lyon, p. 238.
Estang (David Mehée, seigneur de l'), p. 561.
Estouteville (Marguerite d'Orléans, dite Mademoiselle d'), p. 558.
Estrées (Antoine d'), p. 323.
Estrées (Gabrielle d'), p. 722.
Fedor Ivanovitch, grand-duc de Russie, p. 113.
Ferdinand I$^{er}$ de Médicis, grand-duc de Toscane, p. 21.
Flers (Henri de Pelevé, baron de), p. 57.
Fontrailles (Michel d'Astarac, baron de), p. 221.
Fosseux (Anne de Montmorency, baron de), p. 433.
France (Reine douairière de). *Voyez* Louise de Lorraine.
Frédéric IV, duc de Lignitz, p. 535.
Gauville (Louis le Pellerin, seigneur de), p. 123.
Givry (Anne d'Anglure, baron de), p. 168.
Gondy (le cardinal Pierre de), p. 237.
Gondy (le sieur de), p. 254.
Grandpré (Claude de Joyeuse, comte de), p. 236.
Grand-Prieur de France. *Voyez* Valois.
Gribouval (Henri de Grouches, seigneur de), p. 453.
Grimeston (Edward), p. 404.
Guébriant (François de Felles, seigneur de), p. 416.
Guercherville (M$^{me}$ de). *Voyez* Roche-Guyon.
Guiche (Philibert, seigneur de la), p. 168.
Guierche (Claude de Villequier, vicomte de la), p. 339.
Hallot (François de Montmorency, seigneur de), p. 138.
Haraucourt (Philippe de Longueval, seigneur de), p. 453.
Hargerie (Charles d'Ongnies, seigneur de la), p. 493.
Hertré (René de Saint-Denis, seigneur d'), p. 351.
Hesse (landgrave de). *Voyez* Maurice le Savant.
Humières (Charles, sire d'), p. 137.

## SUR LES NOMS PROPRES.

Jorie (Grégoire Malet, seigneur de Giquet et d'Autreville, dit M. de la), p. 706.
Joyeuse (Antoine Scipion de), grand-prieur de Toulouse, p. 434.
Lameth (Adrien de), p. 398.
Landriano (Marcellino), p. 447.
Lannoy (René de Crevant, seigneur de), etc. p. 458.
Lanquetot (Bretel de), p. 15.
Lignitz (duc de). *Voyez* Frédéric IV, duc de Lignitz.
Londe (François de Bigars, seigneur de la), p. 399.
Longueville (Henri d'Orléans, duc de), p. 43.
Longueville (Marie de Bourbon, duchesse douairière de), p. 558.
Longueville (Catherine d'Orléans, dite Mademoiselle de), p. 558.
Lorraine (duc de). *Voyez* Charles II, dit le Grand.
Louis, duc de Würtemberg, p. 107.
Louise de Lorraine, reine de France, p. 75.
Maisse (André Hurault, seigneur de), p. 101.
Malissy (Mathieu-Martin, seigneur de), p. 810.
Malval (Henri Chasteigner, baron de), p. 201.
Manicamp (Philippe de Longueval, seigneur de), p. 529.
Manou (Jean d'O, seigneur de), p. 35.
Mansfeld (Charles, comte de), p. 719.
Mantoue (duc de). *Voyez* Vincent I<sup>er</sup>.
Marcilly (Jean Damas, baron de), p. 679.
Marivaux (Claude de l'Isle, seigneur de), p. 584.
Maurice le Savant, landgrave de Hesse, p. 685.
Miraulmont (Pierre de), p. 412.
Moldavie. *Voyez* Bogdan.
Montmartin (Jean le Groing, vicomte de), p. 58.
Montholon (François de), seigneur d'Aubervilliers, p. 3.
Montholon (Jérôme de), seigneur de Perousseaux, etc. p. 512.
Montigny (François de la Grange, seigneur de), p. 408.
Montmége (Jean de Souillac, seigneur de), p. 698.
Montmorency (Louise de Budos, duchesse de), p. 757.

Montmorency (Antoinette de la Marck, duchesse de), p. 33.
Moucheron (Melchior Boulay de), p. 113.
Mouy (Isaac de Vaudrey, seigneur de), p. 170.
Nevers (Henriette de Clèves, duchesse de), p. 103.
Noailles (Henri, seigneur de), p. 86.
Oraison (François, marquis d'), p. 592.
Ornano (Alphonse d'), p. 211.
Pape (le). *Voyez* Clément VIII.
Pelvé (le cardinal Nicolas de), p. 719.
Perez (Antonio), p. 742.
Pienne (Charles de Hallwin, seigneur de), p. 454.
Piney (François de Luxembourg, duc de), p. 22.
Pont-à-Mousson (Henri de Lorraine, marquis de), p. 39.
Potier (Louis), baron de Gesvres, p. 2.
Praslin (Charles de Choiseul, marquis de), p. 294.
Randan (Jean-Louis de la Rochefoucauld, comte de), p. 186.
Raverie (la demoiselle de la), p. 672.
Ravignan (Pierre de Mesmes, seigneur de), p. 588.
Raynel (Louis de Clermont d'Amboise, marquis de), p. 358.
Retz (Albert de Gondi, duc de), maréchal de France, p. 195.
Revol (Louis), p. 9.
Richelieu (François du Plessis, seigneur de), p. 74.
Rieux (René de), p. 86.
Rieux (Suzanne de), p. 115.
Rochepot (Antoine de Silly, seigneur de la), p. 640.
Roche-Goyon (Charles de Matignon, seigneur de la), puis comte de Thorigny, p. 192.
Roche-Guyon (Antoinette de Pons, marquise de Guercheville, comtesse de la), p. 244.
Roger (Christophe de Montalembert, seigneur de), p. 532.
Rosne (Chrétien de Savigny, seigneur de), p. 398.
Rubempré (Charles de Bourbon-Vendôme, seigneur de), p. 594.

Rumesnil (Louis de Mailly, seigneur de), p. 322.
Russie (grand-duc de). *Voyez* Fedor Ivanovitch.
Ruzé (Martin), seigneur de Beaulieu, p. 5.
Saint-Jean-de-Jérusalem (Grand maître de l'ordre de). *Voyez* de Verdalle.
Saint-Julien (Étienne de Gontaut de Saint-Geniès, seigneur de), p. 79.
Saint-Pol, p. 294.
Saint-Remy (Antoine de Conflans, seigneur de), p. 634.
Sainte-Aulaire (Germain de Beaupoil, baron de), p. 51.
Sainte-Marie (Jacques de), seigneur d'Agneaux, p. 390.
Sainte-Mesme (René de l'Hôpital, seigneur de), p. 411.
Sancy (Nicolas de Harlay, seigneur de), p. 13.
Saubolle (Roger de Cominges, seigneur de), p. 384.
Saulx ou Sault (Chrétienne d'Aguerre, comtesse de), p. 572.
Scaliger (Joseph-Juste), p. 530.
Schomberg (Jean Wolf de), seigneur de Pulmitz, p. 158.
Séga (Philippe), cardinal légat, p. 719.
Senecey (Claude de Bauffremont, baron de), p. 45.
Sesseval (François de Senicourt, seigneur de), p. 398.
Sillery (Nicolas Brulart, seigneur de), p. 12.
Sourdis (François d'Escoubleau, seigneur de), p. 339.
Sourdis (M<sup>me</sup> de). *Voyez* la Bourdaisière.
Téligny (Odet de la Noue, seigneur de), p. 35.
Themines (Pons de Lauzières, marquis de), p. 702.

Thois (Timoléon Gouffier, seigneur de), p. 510.
Thou (Nicolas de), évêque de Chartres, p. 771.
Toscane (le grand-duc de). *Voyez* Ferdinand I.
Toscane (la grande-duchesse de). *Voyez* Christine de Lorraine.
Toulouse (le grand-prieur de). *Voyez* Joyeuse.
Tremblecourt (Louis de Beauvau, seigneur de), p. 324.
Valois (Charles de), grand-prieur de France, p. 167.
Varenne (Claude de), p. 360.
Varenne (la), p. 362.
Vaubécourt (Jean de Nettencourt, baron de), p. 493.
Vaudoré (François-Salomon de Bremond, seigneur de), p. 511.
Verdalle (Hugues de Loubens de), grand maître de Malte, p. 110.
Verune (Gaspard de Pelet, seigneur de la), p. 49.
Vic (Dominique de), p. 325.
Vicques (de), dit l'Isle-Manière, p. 195.
Villars (André-Baptiste de Brancas, seigneur de), p. 195.
Vincent I, duc de Mantoue, p. 583.
Vitry (Louis Gallucio de l'Hôpital, marquis de), p. 610.
Vivans (Jean de), p. 698.
Vivans (Henri de), p. 697.
Voulte (Anne de Lévis, comte de la), p. 51.
Williams (Roger), p. 399.
Willughby (lord Peregrin Bastie, baron), p. 74.
Würtemberg (duc de). *Voyez* Louis, duc de Würtemberg.

# TABLE DES MATIÈRES.

                                                                                                                Pages.

AVERTISSEMENT........................................................ 1

SOMMAIRE HISTORIQUE.................................................. XI

## RECUEIL DES LETTRES MISSIVES DE HENRI IV.
### SECONDE PÉRIODE.
#### APRÈS L'AVÉNEMENT AU TRÔNE DE FRANCE.

#### 1589 — 1610. CORRESPONDANCE DE HENRI IV.

SUITE DE L'ANNÉE 1589................................................. 1

ANNÉE 1590............................................................ 115

ANNÉE 1591............................................................ 322

ANNÉE 1592............................................................ 537

ANNÉE 1593............................................................ 713

NEUF DÉPÊCHES DIPLOMATIQUES À M. DE BEAUVOIR, COMPLÉTANT LES NOTIONS HISTORIQUES SUR LES RELATIONS ENTRE LA FRANCE ET L'ANGLETERRE, DE 1591 À 1593. 827

TABLE DE PLUSIEURS LETTRES ÉCRITES ENTRE LE 2 AOÛT 1589 ET LE 25 JUILLET 1593, QUI N'ONT POINT PARU DEVOIR ÊTRE IMPRIMÉES DANS CE VOLUME........ 853

LISTE ALPHABÉTIQUE DES PERSONNES À QUI SONT ADRESSÉES LES LETTRES RASSEMBLÉES DANS CE VOLUME................................................... 867

INDICATION DES NOTES SUR LES NOMS PROPRES............................ 871

FIN DE LA TABLE DU TOME TROISIÈME.

## ADDITIONS.

Page 43, ligne 4 : Les reitres que a amenez Tisels Schomberg. — *Ajoutez un renvoi à la note suivante :* C'est l'officier dont parle ainsi Péréfixe, à l'endroit de la bataille d'Ivry, et qui y fut tué ; nous abrégeons un peu son récit : « Le colonel Thische ou Theodoric de Schomberg, commandant quelques compagnies de reitres, avoit été forcé la veille de la bataille, par les crieries de ces mercenaires, de demander les montres qui lui etoient dues. Le Roi tout en colère lui repondit : « Comment, colonel Thische, est-ce le fait d'un homme d'honneur, de demander « de l'argent quand il faut prendre les ordres pour combattre ? » Le lendemain comme le Roi eut arrangé ses troupes, poussé d'un remord il alla le trouver et lui dit : « Colonel, nous voici dans « l'occasion ; il se peut faire que j'y demeurerai : il n'est pas juste que j'emporte l'honneur d'un « brave gentilhomme comme vous. Je déclare donc que je vous reconnois pour homme de bien « et incapable de faire une lâcheté. » Cela dit, il l'embrassa cordialement. Voyez l'Histoire de Henri le Grand, livre II.

Page 90, ligne 19, *au mot* Escoumois, *ajoutez un renvoi à la note suivante :* C'est Escomoy dans le Maine, petite ville fort ancienne, où nos premiers rois avaient un château.

Ibid. ligne 29, *au mot* Crèvecœur, *ajoutez un renvoi à la note suivante :* François Gouffier, marquis des Deffens, seigneur de Crèvecœur et de Bonnivet, chevalier des Ordres du Roi de la première promotion en 1578, conseiller d'état, lieutenant général au gouvernement de Picardie et capitaine de cent hommes d'armes. Il était fils de Guillaume Gouffier, seigneur de Bonnivet, amiral de France, tué à la bataille de Pavie, et de Louise de Crèvecœur. Il mourut en 1594.

## CORRECTIONS.

Page 25, ligne 23, — page 61, ligne 2, — et page 97, ligne 15 : State paper's office, *lisez* State paper office.

Page 29, ligne 22, suite de la note 2, colonne 2 : à la fin de l'année, *lisez* l'année suivante.

Page 53, ligne 5 : douze cents, *lisez* douze mille.

Page 80, ligne 2 : de M. le marquis de la Grange, membre de la chambre des députés, *lisez* de M. le duc de la Force, pair de France.

Page 144, ligne 3 : Le xij° fevrier. *Cette lettre est ainsi datée dans les mémoires de Villeroy, qui nous l'ont seuls conservée, mais elle paraît devoir être datée du 22. On peut donc corriger :* le xxij° fevrier.

Page 197, avant-dernière ligne de la note : 1591, *lisez* 1592.

Page 232, ligne 22, et au titre de quelques lettres au duc de Nevers, imprimées dans ses Mémoires, *supprimez les mots :* éd. in-fol. (*Ces mémoires n'ayant pas d'autre édition.*)

Page 332, ligne 11 : 1590, *lisez* 1591.

Page 544, en haut de la 2° colonne de la note : et ce, nonobstant, *lisez* et ce non obstant.

## SUPPLÉMENT AUX ADDITIONS ET CORRECTIONS
### DES DEUX PREMIERS VOLUMES.

Tome I$^{er}$, page xxxii, ligne 27 : treize, *lisez* quatorze. — Page 3, lignes 3 et 4 de la note, 1$^{re}$ colonne : Gremonville, *lisez* Grimonville. — Page 21, ligne 8 de la note, colonne 1 :

## ADDITIONS, CORRECTIONS, ETC.

1571, *lisez* 1568. — Page 37, ligne 16 de la note, colonne 1 : neuf, *lisez* dix. — Page 48, ligne 12, MONSIEUR, *lisez* MONS<sup>r</sup>. — Page 72, ligne 8: 1575, *lisez* 1574. — Page 81, ligne 1 de la note, colonne 1 : Jean, *lisez* Henri. — Page 87, 1<sup>re</sup> ligne de la note : Montbanoz, *lisez* Montbazon. — Page 106, ligne 18 : MONSIEUR, *lisez* MONS<sup>r</sup>. — Page 287, ligne 7 : Tit. B. VII, *lisez* Titus B. vol. VII, fol. 319. — Page 336, ligne 11 : MONSIEUR, *lisez* MONS<sup>r</sup>. — Page 662, ligne 2 : 917, *lisez* 913. — Page 687, ligne 3 de la note : Batarnos, *lisez* Bastarnay. — Page 697, *supprimez* les derniers mots de la page, après : en 1588. — Page 700, ligne 17, 1<sup>re</sup> colonne: *effacez* 302 à la fin de la ligne, et *intercalez* entre cette ligne et la suivante : BATZ (madame de), p. 302. — Page 706, 2<sup>e</sup> colonne, après la ligne 1, *intercalez* : BATZ (madame de), p. 302.

Tome II, page. 15, ligne 13, *entre les mots* bibliothèque Harléienne *et* article 5, *intercalez* : vol. 376. — Page 136, ligne 13, *entre* biblioth. Lansdowne *et* article 17, *intercalez* : vol 45. — Page 228, ligne 2, Harléienne, n° 14, *lisez* Harléienne, vol. 1583, fol. 114. — Page 284, *changez ainsi les trois premières lignes de la dernière note* : François de Valon du Boucheron, seigneur d'Ambrugeac et de Saint-Hippolyte en Limousin, d'une famille d'ancienne chevalerie, originaire de Querci, était fils de Léonet de Valon du Boucheron. — Page 285, ligne 7 : Comte de Chanaleilles, *lisez* marquis de Chanaleilles.— *A la fin de la note qui termine cette même page, ajoutez :* D'après la généalogie de la maison de Chanaleilles, insérée dans la Revue historique de la noblesse, cette lettre et plusieurs autres de Henri IV auraient été adressées non pas à Gaspard de Chanaleilles, mais à son plus jeune frère, Jean-Claude de Chanaleilles, seigneur du Buisson, né en 1565, et duquel descendent directement messieurs de Chanaleilles d'aujourd'hui. — Page 320, ligne 21, *entre les mots* Lansdowne *et* article 31, *intercalez* : vol. 53. — Page 333, ligne 13, *entre les mots* Lansdowne *et* article 3, *intercalez* : vol. 53. — Page 388, ligne 18, *entre* Lansdowne *et* article 32, *intercalez* : vol. 57. — — Page 508, colonne 2, ligne 38 : Emmanuel Philibert, *lisez* Charles-Emmanuel. — Page 515, 4<sup>e</sup> colonne, ligne 18 : de Charles IX, *lisez* de François II. — Page 635, ligne 26 : Treignan (Basses-Pyrénées), *lisez* Treignan près Nérac. — Page 638, ligne 25 : 24 février, *lisez* 29 février.

www.ingramcontent.com/pod-product-compliance
Lightning Source LLC
Chambersburg PA
CBHW070853300426
44113CB00008B/821